1 MONTH OF
FREE
READING

at

www.ForgottenBooks.com

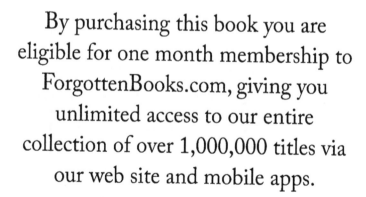

By purchasing this book you are
eligible for one month membership to
ForgottenBooks.com, giving you
unlimited access to our entire
collection of over 1,000,000 titles via
our web site and mobile apps.

To claim your free month visit:
www.forgottenbooks.com/free1002027

ISBN 978-0-331-01044-2
PIBN 11002027

Vollständige, theoretisch-praktische

Grammatik

der

englischen Sprache.

Nach dem gegenwärtigen Standpunkte der Wissenschaft.

Mit vielen, das gründliche Studium außerordentlich erleichternden praktischen
Beispielen, erklärenden Anmerkungen und Aufgaben

nebst

durchgehends beigefügter englischer Aussprache.

Für

Lehranstalten und zum Selbststudium.

Nach einem neuen Systeme bearbeitet

von

J. S. S. ROTHWELL,

Professor der neueren Sprachen.

"'Tis education forms the common mind;
"Just as the twig is bent the tree's inclin'd."
Pope.

„Sprachkunde, lieber Sohn, ist Grundlag' allem Wissen;
„Derselben sei zuerst und sei zuletzt beflissen."
Rückert.

Neunte vermehrte und verbesserte Auflage.

München, 1866.
Verlag von Julius Grubert.

"He who wishes to teach an art, *must know it thoroughly; he must give none but clear, precise, and well digested notions of it: he must instil them, one by one, into the minds of his pupils,* and *above all, he must not overburden their memory with useless, or unimportant rules.*"

                                                                    Johnson.

Vorwort zur ersten Auflage.

Es ist bei Schriftstellern nicht ungewöhnlich, im Vorworte zu ihren Werken sich zu entschuldigen, daß sie sich der Aufmerksamkeit des Publikums aufdrängen. Im gegenwärtigen Fall kann weder der Reiz der Neuheit, noch Mangel an Sprachlehren als Entschuldigung für mein Werk dienen. Es würde auch unrecht von mir sein, die Arbeiten anderer Sachkundigen und Gelehrten, welche so manches Gute zur Beförderung des Studiums der englischen Sprache geschrieben haben, zu tadeln, oder meine eigenen Verdienste dadurch erhöhen zu wollen, daß ich versuchte die ihrigen zu verkleinern. Indem ich meine vorliegende Arbeit, wodurch ich gestrebt habe, mit meinen Vorgängern das gleiche Ziel zu erreichen, dem Urtheil des Publikums und der Sachkundigen unterstelle und denselben die Vergleichung meiner Leistungen mit jenen Anderer überlasse, erlaube ich mir nur hier Folgendes zu bemerken.

Ungeachtet aller Forschung ist dieser Gegenstand keineswegs erschöpft, und obgleich mehrere meist Vorgänger sich als vortreffliche Sprachforscher bewiesen haben, dürfte doch mein Bestreben: die Resultate so vieler Forschungen in einer leicht verständlichen und schnell zum Ziele führenden Form zu ordnen, und dieselben durch meine eigenen mehrjährigen Erfahrungen im Lehrfache zu vervollkommnen, nicht als überflüssig befunden werden. — Manche Grammatiken (*) sind zu gelehrt und zu theoretisch, so daß sie den Anfänger verwirren; andere enthalten zu wenig Theorie und sind zu kurz abgefaßt, so daß sie selten dem erwünschten Zweck entsprechen; wieder andere enthalten unter vielem Guten auch leider sehr viel Unnützes, nicht selten Abgedroschenes, so daß sie nichts für den Geist darbieten; überdies hat man zu wenig gesucht, das Nützliche mit dem Angenehmen zu verbinden, oder das Studium der Sprache durch angemessene Erklärungen, welche in Abwesenheit des Lehrers als Rathgeber dienen können, zu erleichtern. Häufig ist auch die Eintheilung der Art, daß der Lernende oft Stunden lang das Gewünschte vergebens sucht, obgleich er wohl weiß, daß der Gegenstand, worüber er Belehrung haben möchte, in der Grammatik erklärt ist.

Bei Abfassung dieses Lehrbuchs habe ich, so viel es in meinen Kräften stand, gesucht, die Fehler meiner Vorgänger zu vermeiden, ihre Vorzüge aber wieder zu geben, und so dem Publikum eine Grammatik zu liefern, die vermöge ihrer inneren Eintheilung, ihrer

---

(*) Unter den vorzüglicheren Grammatiken verdienen besonders die folgenden genannt zu werden: Eb, Flügel, Wagner, Lloyd, Williams, Clairmont, Callin, Fölsing, etc. etc.; die schlechteren, sogenannten "Nürnberger Trichter," "Kleine Engländer," "Kurzmögliche Grammatiken," etc. etc. wären schwer hier alle anzuführen, denn ihr Name ist Legion.

A*

Vollſtändigkeit und ihrer reichhaltigen Anmerkungen (wodurch Tauſende der Feinheiten und Eigenthümlichkeiten der Sprache, die nicht unter beſtimmte Regeln geſtellt werden können, erklärt ſind) jedem Freunde der engliſchen Sprache ein treuer Rathgeber und bequemes Aufſchlage= buch bei allen vorkommenden Zweifeln ſein dürfte.

Langes und wiſſenſchaftliches Studium meiner Mutterſprache, hauptſächlich häufiges Vergleichen derſelben mit andern Sprachen, und vieljährige Erfahrung im Lehrfache werden mich einigermaßen zu dieſer Arbeit berechtigen; ob dieſelbe auf Vorzüge vor andern Grammatiken Anſpruch machen darf, darüber mögen Sachkundige entſcheiden. Ich beſchränke mich hier auf Anführung einiger Punkte, in welchen ſich die Brauchbarkeit meiner Arbeit vor andern beſonders bewähren dürfte:

I.   Die Einleitung und der Lehrplan, welche für alle, die ſich dem Lehrfache zu widmen gedenken, ſo wie auch für jene, welche ohne Lehrer die Sprache ſtudiren wollen, von großem Nutzen ſein dürften.

II.   Die tabellariſche Ueberſicht der Ausſprache der Vocale, nebſt den vereinfachten Regeln über die Ausſprache im Allgemeinen.

III.   Die jedem Worte mit deutſchen Buchſtaben beigedruckte Ausſprache, welche, wiewohl ſie nicht immer der lebenden Ausſprache ganz gleich iſt (was in manchen Fällen rein unmöglich wäre), doch dem Lernenden, wenn er die richtige Ausſprache einmal von ſeinem Lehrer gehört hat, von großem Nutzen ſein, und ihm das Erlernen derſelben bedeutend erleichtern wird. (S. Note 17, S. 43).

IV.   Die Art und Weiſe, wie jene wichtigen Punkte der Sprache, nämlich: die unbeſtimmten Fürwörter *all, one, any, some, etc.,* die Adverbien, die Präpoſitionen und Conjunctionen, alle durch Bei= ſpiele erläutert ſind, ſo daß der Lernende über den richtigen Gebrauch des einen oder des andern Wortes nicht erſt lange nachzuſinnen hat.

V.   Die Art und Weiſe, wie die Eigenthümlichkeiten der unper= ſönlichen, zurückführenden, Hülfs= und unregelmäßigen Zeitwörter, welche wohl den ſchwerſten Theil jeder Sprache ausmachen, eingetheilt und erklärt ſind, wodurch ſich Jedermann den richtigen Gebrauch der= ſelben mit Leichtigkeit aneignen kann.

VI.   Die durchgehends beigegebenen Anmerkungen, wodurch Tauſende von Eigenheiten der Sprache erklärt und mit Beiſpielen erläutert ſind, um ſie dem Gedächtniſſe deſto leichter einzuprägen.

VII.   Die ſorgfältige Wahl eines, beſonders für junge Leute, intereſſanten und belehrenden Stoffes zu den Aufgaben, verbunden mit dem Geſprächsſtyl, womit hauptſächlich Anfänger gleich beim Beginne ſich vertraut machen ſollten.

VIII.   Die Eintheilung in Kapitel mit am Anfange eines jeden angegebenem Inhaltsverzeichniß, und am Ende deſſelben aufgeſtellten Fragen, mit ſteter Hinweiſung auf die Paragraphen und Regeln, wo die Löſung derſelben zu finden iſt, wodurch der Lernende, nachdem er das Kapitel durchſtudirt hat, ſich Alles auf eine leichte Weiſe ein= prägen kann.

IX.   Die ſyſtematiſche Eintheilung im Allgemeinen und das alphabetiſche Inhaltsverzeichniß, wodurch man in Stand geſetzt iſt, Alles, was das Buch enthält, leicht aufzufinden.

Dieses sind die Punkte, die ich als Vorzüge vorliegender Grammatik betrachten zu dürfen glaube, und wenn ich durch Abfassung derselben den Söhnen und Töchtern einer Nation, die ich verehre, das Studium meiner Muttersprache leicht und folglich angenehm gemacht, meinen ehrenwerthen Collegen die Mühe des Unterrichts einigermaßen erleichtert habe, so werde ich mich belohnt, geehrt und glücklich fühlen, denn nützlich zu sein ist mein Streben.

München, im November 1844.

J. S. S. Rothwell.

Vorwort zur siebenten Auflage.

In vorliegender Auflage habe ich das Buch abermals einer gänzlichen und sorgfältigen Revision unterworfen, viele neue Erklärungen und Beispiele hinzugefügt, um den Lernenden auf fehlerhaftes Englisch aufmerksam zu machen. Eine weitere nicht unbedeutende Vermehrung ist hauptsächlich dem Adjectiv, Adverb und Gebrauch der Zeiten und des Zeitworts zu gut gekommen. Um den Gebrauch des Conjunctivs zu erleichtern, wurde die Conjugationsform desselben geändert. Ueberhaupt ist es mein Streben gewesen, das Werk in vollständigen Einklang mit den Ansichten der besten, jetzt lebenden englischen Grammatiker zu bringen und es zu einem der vollständigsten, besten, — zu gleicher Zeit aber auch — einen der leichtfaßlichsten und verständlichsten englischen Lehrbücher zu machen, in dem sich der Nichtengländer in zweifelhaften Fällen zuverläßigen Rath erholen kann.

Bei der englischen, wie bei jeder andern lebenden Sprache Europa's, darf man nicht 80 bis 150 Jahre zurückgehen, um Beispiele als Beleg für die Grammatik zu suchen. Die Werke der englischen Schriftsteller der damaligen Zeit, wie vorzüglich sie auch in anderer Hinsicht sind, wimmeln von Verstößen gegen den jetzigen Gebrauch und die Regeln der Grammatik. Damals studirte man die englische Grammatik nicht, sondern verließ sich auf die Lateinische. Daher rühren diese Fehler. Es hilft nichts zu behaupten, daß dieser oder jener Ausdruck von Steel, Swift, Pope, Addison, Johnson, Sterne, Fielding, Goldsmith, oder einem andern berühmten Schriftsteller gebraucht worden ist. Alle diese und unzählige andere haben Verstöße gegen die Grammatik begangen, und ihre Autorität gilt nur so weit, als sie im Einklang mit den Grundsätzen der Grammatik steht. Das bloße ipse dixit irgend eines Schriftstellers bei einer Frage dieser Art ist von keinem Werth. Die verschiedenen Redetheile, die Zeiten und Casus haben ihre Grundsätze, welche sich von keiner Autorität beugen lassen. Es ist hier nicht eine Frage über Genie oder Nützlichkeit, sondern einfach über Grammatik.

Und doch sind viele Beispiele in neueren deutsch-englischen Grammatiken aus solchen älteren Schriftstellern entlehnt, ohne zu untersuchen ob sie richtig sind oder nicht, und die Herausgeber meinen, daß

es ihnen nur zur Ehre gereichen könne, wenn sie in so guter Gesell=
schaft gegen die Principien der Grammatik sündigen. In einem ein=
zigen Lehrbuch, dessen Verfasser sich in der Vorrede beklagt, daß
andere Grammatikschreiber alle seine schönen Sachen stehlen, habe ich
nicht weniger als 154 Verstöße gegen die Grammatik gezählt!

Was muß man von den Kenntnissen eines Grammatikers denken,
der Ausdrücke und Sätze wie die folgenden als Beispiele für die eng=
lische Sprache aufführt: "*Have* you *been* at the theatre *yesterday?* —
What *have* you *done* yesterday? — When *has* Columbus *discovered*
America? — I shall have a new coat made for *me*. — He *is born*
at Leeds. — He *goes to me*. -- However terrible *an* object *this*
may be. — Pray, Sir, *be* this letter for you? — The *dog who*
aber the *dogs which*. — He *tapped his shoulder*, etc., etc.!"

Es ist nie meine Sache gewesen, die Arbeiten Anderer zu be=
kritteln, und wenn ich hier meine Meinung ausspreche, so geschieht es
nur im Interesse der Lernenden und zur Vertheidigung meiner Mutter=
sprache gegen Barbarismen. Jedermann ist wohl berechtigt, Gram=
matiken zu schreiben, das Publikum aber hat auch das Recht zu
verlangen, daß das, was man für Wissenschaft ausgibt, auch wissen=
schaftlich sei.

Zu gleicher Zeit mit vorliegender 7. Auflage der Grammatik er=
scheint ein neues Lehrbuch unter dem Titel: *Rothwell's* „Erstes Lehrbuch
der englischen Sprache für jüngere Personen," auf welches ich auf=
merksam zu machen mir erlaube.

Stuttgart, im März 1858.

J. S. S. Rothwell.

Vorrede zur neunten Auflage.

Nochmals habe ich vorliegendes Werk einer genauen Revision
unterworfen und vielfach verbessert.

Sehr gerne ergreife ich diese Gelegenheit, um allen Herren Lehrern,
welche bisher meiner Grammatik ihr Wohlwollen geschenkt haben,
meinen verbindlichsten Dank auszudrücken, ganz besonders aber dem
Herrn Rektor Wenderoth in Grabenstein bei Cassel, dessen geist=
reichen und vielfältigen Mittheilungen das Werk in der gegenwärtigen
Auflage so Vieles zu verdanken hat. — Möge es in dieser ver=
besserten Gestalt auch ferner freundliche Aufnahme finden.

Stuttgart, im October 1865.

J. S. S. Rothwell.

A. Inhaltsverzeichniß.

B. Alphabetisches Sach-Register.

(*) **NB.** Ausführliche Beiſpiele über „nach" findet man Dialogue XLV. S 202. Rothwell's engliſche und beutſche Geſpräche.

Stunden-Eintheilung und Lehrplan.

Weit entfernt, einen Lehrplan vorschreiben zu wollen — denn jeder Lehrer hat wohl seine eigene Methode, und richtet sich, mehr oder weniger, nach dem Alter oder Talent seiner Zöglinge; — gebe ich nur das Resultat meiner vieljährigen Erfahrung im Lehrfach hier an, in der Hoffnung, daß es Andern von Nutzen sein werde, und daß sie in jeder Hinsicht eines eben so glücklichen Erfolges sich erfreuen mögen, als er mir zu Theil geworden ist.

I. Stunde.

In der ersten Stunde werden

1. Die Regeln über die Artikel §. 3 Seite 75 der Etymologie erklärt. (Die Aufgabe darüber wird für die 2te Stunde schriftlich übersetzt.)

2. Die persönlichen Fürwörter §. 67 Seite 179 werden vorgesprochen und von dem Schüler nachgesprochen, damit er die reine, richtige Aussprache derselben aus dem Munde des Lehrers lernt.

3. Das Zeitwort *to have*, haben, §. 110 S. 222, wird auch vorgesprochen und von dem Schüler nachgesprochen.

4. Die Vokabeln über das Weltgebäude in der Wörtersammlung, Anhang I. Seite 565 werden auf gleiche Weise vor- und nachgesprochen.

5. Der erste Dialog Seite 571 wird auch vor- und nachgesprochen.

6. Werden ein Paar Stücke aus *"Rothwell's English-Reader"* [1] ebenfalls vom Lehrer vorgelesen und nachher vom Schüler gelesen und sobann mündlich ins Deutsche oder Französische übersetzt. So endet die erste Stunde.

NB. Es versteht sich, daß zur zweiten Stunde die unter 2, 3, 4 und 5 angegebenen Gegenstände auswendig gelernt werden müssen.

II. Stunde.

1. Wird die schriftliche Uebersetzung nachgesehen, und das, was darüber zu erklären ist, erklärt; und zugleich zur nächsten Stunde die Aufgaben I., II., III., IV. über die Bildung der Mehrzahl der Hauptwörter, Seite 97 der Etymologie, bezeichnet.

2. Werden die unter 2, 3, 4, 5 angegebenen Gegenstände verhört, und alsbann die zueignenden Fürwörter *my, thy, etc.*, §. 74, 75, 76 S. 185 — das Zeitwort *to be*, sein, und *to let*, lassen, §. 111 Seite 226, —

---

(1) *"Rothwell's English-Reader: A Key to the English Language and Literature,"* wovon so eben die 6te Auflage erschienen ist, dürfte Anfängern und allen denjenigen, welche das Englische auf leichte und angenehme Weise erlernen möchten, sehr zu empfehlen sein. Das Werk ist mit erklärenden Anmerkungen, wodurch — besonders am Anfang — das mühsame und zeitraubende Nachschlagen im Wörterbuche erspart wird, reichlich versehen; mit leichtfaßlichen Regeln über die Aussprache, mittelst welcher dieselbe außerordentlich erleichtert wird, begleitet, und wo sie ganz unregelmäßig ist, mit Buchstaben bezeichnet. Ueberdieß sind am Ende eines jeden Stückes Fragen im Englischen gestellt, wodurch man ersieht, erstens: ob der Lernende das, was er eben gelesen, richtig aufgefaßt habe, und zweitens, dienen sie als eine vorzügliche Anleitung zum Gespräch. In Fällen, wo die Construction oder das Jdiom schwierig oder unregelmäßig ist, wird der Lernende auf die Regeln der Grammatik hingewiesen, um sich dieselben dadurch ins Gedächtniß einzuprägen.

Das Werkchen ist auch deßwegen besonders zu empfehlen, weil es sehr leicht zu verstehen und zu übersetzen, und weil es nur unterhaltende, belehrende, frische und rein moralische Stücke enthält.

Die Erfahrung hat mich hinlänglich überzeugt, daß das *"Vicar of Wakefield,"* — wie vorzüglich er auch in anderer Hinsicht ist, und obgleich er von beinahe allen Lehrern als erstes Lesebuch empfohlen wird, — bei weitem zu schwer und zu lang ist, um Anfängern Interesse und Vergnügen zu gewähren.

Sehr unrecht thut man, dieses Buch Goldsmith's in die Hände von Unkundigen zu geben; denn wenn man Monate lang den *"Vicar of Wakefield"* durchgestolpert hat, so legt man ein Werkchen als langweilig bei Seite, welches demjenigen, der der Sprache mächtig ist, als Charaktergemälde immer großes Vergnügen gewährt.

die Vokabeln über die Elemente Seite 565 und der zweite Dialog, Seite 571, deutlich vorgesprochen, welche der Schüler immer nachsprechen muß.

Die übrige Zeit der Stunde wird immer zum Lesen und mündlichen Uebersetzen aus dem Englischen verwendet.

NB. Nachdem das Gespräch und die Vokabeln verhört sind, so spreche ich sie dem Lernenden immer deutlich vor, und er muß sie, ohne auf das Buch zu sehen, nachsprechen, damit er sein Gehör bald an die englische Aussprache gewöhne. Aus Erfahrung weiß ich, daß dieses das einzige Mittel ist, wodurch der Fremde es bald dahin bringen kann, die Engländer zu verstehen.

III. Stunde.

1. Wird das Schriftliche nachgesehen; und der Lernende, demnach er Zeit und Talent hat, setzt die Uebersetzungen, in der Reihenfolge wie sie in der Grammatik stehen, fort.

2. Wird das Auswendiggelernte verhört, und die zurückführenden und anzeigenden Fürwörter §. 83 u. 86 Seite 192—193, das Zeitwort *to do*, thun, Seite 230, die Vokabeln über die „Erde," S. 566, und der III. Dialog, Seite 572, wie immer, vorgesprochen.

IV. Stunde.

1. Dasselbe Verfahren wie bei der 3ten Stunde.

2. Werden die anzeigenden und beziehenden Fürwörter §. 86 und 87 Seite 195—197, das Zeitwort *can*, können, §. 123—124 Seite 241, die Grundzahlen *"one, two,"* etc., Seite 165, die Vokabeln über „das Wasser," Seite 566, und der IV. Dialog, Seite 572, wie gewöhnlich, vorgesprochen.

V. Stunde.

1. Dasselbe wie bei den andern Stunden.

2. Werden die bestimmenden Fürwörter §. 100 Seite 206, das Zeitwort *may*, dürfen, *to like*, mögen, §. 125—127 Seite 245—249, die Ordnungszahlen, *the first, the second, etc.*, Seite 169, die Vokabeln und Gespräche im Anhang vorgesprochen.

VI. Stunde.

1. Wie immer wird Alles verhört.

2. Werden die unbestimmten oder adjectivischen Fürwörter §. 103 Seite 210, — das Zeitwort *must*, müssen, §. 129—130, Seite 250, das Zeitwort *ought*, §. 131 Seite 252, — die übrigen Zahlwörter, als: *once, twice, etc.*. — Vokabeln und Gespräch, vorgesprochen.

NB. Sollten die adjectivischen Fürwörter mit den hinzugefügten kleinen Phrasen am Anfang zum Auswendiglernen zu schwer sein, so könnte man sie ohne dieselben lernen.

VII. Stunde.

Werden die Geschlechtswörter *Abbot*, Abt, *Abbess*, Aebtissin, bis zu dem Worte *fornicator*, Seite 115, — die Zeitwörter *will*, *to wish*, wollen, §. 133—135 Seite 253, — Vokabeln und Gespräche, vorgesprochen, um sie für die nächste Stunde wie immer auswendig zu lernen.

VIII. Stunde.

1. Die Uebersetzungen werden, wie sie in der Grammatik stehen, regelmäßig fortgesetzt.

2. Die Geschlechtswörter bis *tiger. tigress.* Seite 117, — die Zeitwörter *will, shall.* sollen, wollen, §. 142—144, Seite 258, — die Vokabeln und Gespräche vorgesprochen.

IX. Stunde.

Das Zeitwort *to love.* lieben, §. 156 Seite 272, nach welchem alle andern regelmäßigen Zeitwörter conjugirt werden, — die Geschlechtswörter Seite 117—119 bis *Wizard,* — die Vokabeln und Gespräche.

X. Stunde.

Das Zeitwort *to love* mit *to do* fragend und verneinend, Seite 275, die Länder= und Völkernamen bis *Finland* Seite 132, — die Adverbien der Zeit bis *continually.* Seite 346, — Vokabeln und Gespräche.

XI. Stunde.

Das leidende Zeitwort *to be loved.* geliebt werden, Seite 278, die Länder= und Völkernamen bis *Livonia* Seite 133, — Vokabeln und Gespräche.

XII. Stunde.

Die verneinende, bejahende und fragende Form des passiven Zeitworts *to be loved,* §. 159 Seite 281, — die Länder= und Völkernamen bis *Scandinavia* Seite 135, — Vokabeln, Gespräche u. f. w.

NB. Das Gesagte wird wohl hinlänglich sein, um einen Begriff meiner Lehrmethode zu geben.

Weitere Bemerkungen.

1. Nachher werden die neutralen Seite 283, die zurückführenden S. 286, die unpersönlichen Seite 289, und die unregelmäßigen Zeitwörter Seite 323 ꝛc. conjugirt und auswendig gelernt, wie sie in dieser Grammatik angegeben sind.
2. Ist man mit den Länder=, Völker= und Städtenamen S. 139 fertig, so werden die Adverbien S. 342, die Präpositionen S. 354 und die Conjunctionen S. 361 ebenfalls nach und nach auswendig gelernt, und, nachdem man Alles durchgemacht hat, so wäre es sehr gut, das Auswendiggelernte noch einmal zu wiederholen, damit die Hauptsachen fest ins Gedächtniß eingeprägt werden. Auf diese Weise erfordert es in der Regel, mit drei Stunden wöchentlich (was durchaus nothwendig ist, um schnelle Fortschritte zu machen), 5 bis 6 Monate, um die ganze Grammatik durchzumachen.
3. Das Auswendiglernen der Adverbien, Präpositionen und Conjunctionen, kann ich nicht genug empfehlen, denn davon hängt hauptsächlich das leichte Sprechen und Verstehen ab.
4. In jeder Stunde lasse ich meine Zöglinge die auswendig gelernten Vokabeln und Gespräche mir ohne Buch nachsprechen, und in jeder Stunde wird gelesen und das Gelesene mündlich übersetzt.

Vermittelst erwähnter Lehrmethode habe ich das Glück zu sehen, daß meine Zöglinge (mit etwas Fleiß und 3 Stunden wöchentlich), in 4 bis 6 Monaten, nicht allein sprechen, sondern auch, daß sie Engländer verstehen können.

5. Nach dem *"English-Reader"* laſſe ich das *"Glass of Water,"* *"Trade is Odious,* (²) *or the Woman who was ashamed of her Profession,"* *"The Vicar of Wakefield"* oder ſonſt ein geſprächreiches leichtes Stück leſen, und finde, daß in der Regel der Lernende alsdann *Bulwer, Walter Scott, Irving* oder irgend einen der neuern Proſaiſten, zu verſtehen im Stande iſt.

6. Nachdem man die Grammatik durchgemacht, d. h. alle die Aufgaben überſetzt hat, wäre es ſehr rathſam (um ſich die Eigenthümlichkeiten der Sprache anzueignen), *"Rothwell's* Ueberſetzungsbuch," welches neben Aufgaben nach den Regeln der Grammatik, auch Muſter=Briefe, kauf= männiſche Briefe, Erzählungen ꝛc. zum Ueberſetzen enthält, zu überſetzen. (³)

7. Nachdem man die wenigen Geſpräche und Vokabeln, die der Raum mir in vorliegender Grammatik anzuführen geſtattete, auswendig gelernt hat, ſollte man ein gutes Dialog=Buch gebrauchen (⁴), denn daraus kann man die Spracheigenthümlichkeiten am leichteſten und beſten erlernen.

8. Der Lernende hat auf den Unterſchied zwiſchen den Bedeutungen der Zeitwörter *to do,* thun, und *to make,* machen, wie ſie Seite 311 erklärt ſind, genau zu achten; ebenſo auch auf das Zeitwort *to get,* werden, bekommen ꝛc., §. 184 Seite 305.

9. Da die Engländer im Sprechen und auch im Schreiben, ſich ſehr oft verbaliſcher Abkürzungen bedienen, ſo wäre es ſehr gut, die mit *G* be= zeichneten verbaliſchen Abkürzungen, Seite 334 auswendig zu lernen; ſo wie auch die Zeitwörter, welche die Präpoſition *to* (zu) vor dem Infinitiv, den ſie regieren, nicht zulaſſen, Seite 336.

10. Hat man Zeit, ſo wäre es ſehr rathſam, die Zeitwörter und Adjective, welche verſchiedene Präpoſitionen (anders als im Deutſchen) regieren, Regel XXIII. S. 439, und Regel XXVIII. bis XXXI. S. 496—507 der Syntaxis, ebenfalls auswendig zu lernen. Eine Repetition der Beiſpiele und Regeln der ganzen Grammatik wäre auch ſehr rathſam.

11. Für diejenigen, welche ſechs bis zwölf Monate das Engliſche ſtudirt haben, und die Poeten Englands zu leſen wünſchen, (welches einiger= maßen ein beſonderes Studium erheiſcht) empfehle ich *"Rothwell's Collection of Select Modern Poems, with Notes, Critical and Explanatory,"* welches Werkchen als Schlüſſel zum Verſtehen der Gedichte be= trachtet werden dürfte.

12. Für Damen im Allgemeinen und für Mädchen=Lehranſtalten beſonders wären *"The Pearls of English Literature, selected by a female hand"* als herz= und geiſtbildend, zum Auswendiglernen ſehr zu empfehlen.

☞ Denjenigen, welche die engliſche Sprache ohne Lehrer ꝛc. ſtudiren wollen, wird „der Schlüſſel" zu den Aufgaben in vorliegender Grammatik, welcher in jeder Buchhandlung zu haben iſt, ſehr behilflich ſein.

---

(2) NB. Obiges Werkchen: ein Luſtſpiel in 5 Acten, welches ich aus dem Spaniſchen des Don Jose de Larra ins Engliſche überſetzt, und mit erklärenden Anmerkungen verſehen habe, dürfte als eines der beſſeren ſpaniſchen Luſtſpiele der neueren Zeit betrachtet werden. Es wurde in Madrid dreißig Mal ohne Unterbrechung gegeben.

(3) Für weiter Vorgerückte wäre das Schauſpiel=Stück *'L'Abbé de l'Epée,'* welches mit engliſchen An= merkungen verſehen iſt, zum Ueberſetzen aus dem Franzöſiſchen ins Engliſche ſehr zu empfehlen.

(4) NB. *Rothwell's "New English and German Dialogues,"* die ſich auf die Regel der Grammatik ſowohl, als auch auf alle Verhältniſſe des Lebens beziehen, dürften in jeder Hinſicht mit Zuverſicht empfohlen werden. Die beigefügte Ausſprache erleichtert das Studium beſonders im Auswendiglernen ſehr

I. Theil.

I. Kapitel.

Einleitung und Wegweiser

zum

schnellen und leichten Erlernen der Englischen Sprache,

mittelst vorliegender Grammatik.

Einleitung.

Wenn man ein fremdes Land zu bereisen gedenkt, so ist das Erste, was man thut, sich eine gute Karte, und einen zuverlässigen Wegweiser anzuschaffen, um zu sehen, was in jenem Lande Vorzügliches, Schönes und Interessantes zu finden ist; zugleich aber auch, um sich über die Schwierigkeiten und Gefahren der Reise zu belehren. Hiernach ergreift man seine Maßregeln, um sich des Schönen und Angenehmen gemächlich zu erfreuen; das Beschwerliche und Unangenehme aber, so viel wie möglich zu vermeiden oder demselben vorzubeugen. Beim Stubiren der Sprachen sollte man gleichfalls, bevor man anfängt, einen allgemeinen Ueberblick über dieselben zu erlangen suchen.

Erklärungen.

Folgender Ueberblick der englischen Sprache wird dem Lernenden von Nutzen sein. Im Englischen wie im Deutschen gibt es die nämliche Anzahl Buchstaben, Vokale und Consonanten; die nämlichen Redetheile *(Parts of speech)*, nämlich: Artikel, Hauptwörter, Eigenschaftswörter, Fürwörter, Zeitwörter, Adverbien, Präpositionen, Conjunctionen und Interjectionen. Den Gebrauch oben erwähnter Redetheile brauche ich hier nicht anzuführen, da ich voraussetze, daß man mit den grammatikalischen Ausdrücken im Allgemeinen bekannt ist.

Vom Artikel. (Article.)

1. **Frage.** Wie viele Artikel hat die englische Sprache?

Antwort. Sie hat wie die deutsche zwei Artikel, den bestimmenden und den nicht bestimmenden. Diese Artikel sind viel einfacher als in irgend einer anderen Sprache der Welt, weil sie sich nie weder der Zahl, noch des Geschlechtes wegen, ändern; z. B.:

Rothwell, große Grammatik.

Einheits-Artikel	Bestimmende Artikel.
A man (e mann), ein Mann.	The (dhe) man, der Mann.
A woman (e uum'n), eine Frau.	The woman, die Frau.
A child (e tscheild), ein Kind.	The child, das Kind.
A horse (e horrs), ein Pferd.	The horse, das Pferd.
	The horses (horrsis), die Pferde.

Aenderung des Artikels.

2. Frage. Aendert sich nicht aber der Einheitsartikel?

Antwort. Nur wenn er vor einem Vocale oder einem stummen *h* zu stehen kommt; z. B.:

An apple (en App'l), ein Apfel.
An heiress (en ehreß), eine Erbinn.

Weglassung des Artikels.

3. Frage. Gibt es nicht im Englischen manche Fälle, wo der bestimmende Artikel weggelassen wird?

Antwort. Vor Eigennamen und allgemeine Begriffs-Wörter setzen die Engländer keinen Artikel; z. B.:

Mr. Wilson is dead (mißt'r uills'n is' dedd).	Herr Wilson ist todt.
Death is dreadful (deth is' dreddfull).	Der Tod ist schrecklich.
Life is sweet (leif is' suiht).	Das Leben ist (süß) schön.
Love is a tender passion.	Die Liebe ist eine zarte Leidenschaft.

NB. In der Syntaris Reg. X., XI., XII. Seite 393 findet man die vollständige Erklärung hierüber.

Vom Hauptwort. (Noun substantive.)

Bildung des Casus.

1. Frage. Werden die Hauptwörter im Englischen wie im Deutschen und Lateinischen declinirt, oder werden ihre Casus wie im Französischen mittelst Präpositionen gebildet?

Antwort. Sie werden beinahe wie im Französischen, mittelst Präpositionen declinirt, nur mit dem Unterschiede, daß man, wie im Deutschen, zwei Genitive (1) hat; der Eine wird durch die Präposition of (von), der Andere durch das Anhängen eines *s* an den Nominativ, gebildet; z. B.:

Nom.	The man,	der Mann.
Gen.	Of the man ob. the man's,	des Mannes.
Dat.	To the man,	dem Manne.
Accus.	The man,	den Mann.
Ablat.	Of (oww), from ob. by (bei) the man,	von dem Manne.

Bildung der Mehrzahl.

Die Mehrzahl bildet man im Allgemeinen durch das Anhängen eines *s* an die Einzahl, als:

Singular.	*Plural.*
Book (buff), das Buch.	Books, die Bücher.
Boy (boai), der Knabe.	Boys, die Knaben.
Bird (börrd), der Vogel.	Birds, die Vögel.

NB. Von dieser Regel gibt es mehrere Ausnahmen, welche man in der Etymologie erklärt findet. Siehe Regel I.—XX. Seite 80—95.

---

(1) Im Deutschen braucht man wohl den sächsischen Genitiv selten, außer bei Eigennamen, als: Herr Palm's Hofbuchhandlung; Mr. Palm's Court Library. NB. Im Englischen sagt man besser: At Mr. Palm's, Bookseller to the Court.

Das Geschlecht. (Gender.)

2. Frage. Ist es im Englischen so schwer, wie im Deutschen, das Geschlecht der Hauptwörter zu erkennen?

Antwort. Es gibt nichts Leichteres als das Geschlecht im Englischen zu erkennen; denn darin ist nur dasjenige männlich, was die Natur männlich; weiblich, was die Natur weiblich geschaffen hat; alle leblosen Gegenstände werden sächlichen Geschlechts genannt, sind aber, so zu sagen, geschlechtslos, weil weder Artikel noch Adjective damit übereinzustimmen brauchen, wie es in der deutschen, französischen und andern Sprachen der Fall ist; z. B.:

A good (gudd) man,	ein guter Mann.	The good man,	der gute Mann.
A good woman,	eine gute Frau.	The good woman,	die gute Frau.
A good child,	ein gutes Kind.	The good child,	das gute Kind.
A good house,	ein gutes Haus.	The good house,	das gute Haus.
Good houses,	gute Häuser.	The good houses,	die guten Häuser.

Ein Mann ist natürlicherweise männlich, eine Frau weiblich, eine Kirche, eine Stube u. s. w., Alles, was leblos ist, sächlich.

Eigenschaftswort. (Adjective.)

1. Frage. Findet man im Englischen so viele Schwierigkeiten bei den Declinationen der Adjective, und deren Anwendung, wie im Deutschen?

Antwort. Im Englischen findet man hierin gar keine Schwierigkeiten, weil die Adjective wie die Artikel geschlechtslos sind, und weil sie wie die Artikel weder durch Geschlecht, Zahlform noch Beugfall des Hauptworts, zu welchem sie gehören, sich ändern, nicht einmal, wenn sie als Hauptwörter gebraucht werden. Z. B.:

Singular.

	Männlich.	Weiblich.	
N.	The good man, der gute Mann.	The good woman,	die gute Frau.
G.	Of the good man ob.	the good woman's,	} der guten Frau.
	the good man's, des guten Mannes.	of the good woman,	
D.	To the good man, dem guten Manne.	to the good woman,	der guten Frau.
Ac.	The good man, den guten Mann.	the good woman,	die gute Frau.
Abl.	Of, from ob. by (bei) the good man, von dem guten Manne.	Of, from ob. by the good woman, von der guten Frau.	

Plural.

	Männlich. Weiblich. Sächlich.	Männlich. Weiblich. Sächlich.
N.	The good men, women, houses.	Die guten Männer, die guten Frauen, die guten Häuser.
G.	Of the good men, women, houses.	Der guten Männer, der guten Frauen, der guten Häuser.
D.	To the good men, women, houses.	Den guten Männern, den guten Frauen, den guten Häusern.
Ac.	The good men, women, houses.	Die guten Männer, die guten Frauen, die guten Häuser.
Abl.	Of, from ob. by (bei) the good men, women, houses.	Von den guten Männern, von den guten Frauen, von den guten Häusern.

Adjectiv als Hauptwort:

The good are happy.	Die Guten sind glücklich.
The bad are miserable.	Die Bösen sind unglücklich (elend).

Man sieht deutlich aus dem Vorhergehenden, daß die Adjective sowohl wie die Artikel ganz unveränderlich sind; folglich ist ihre Anwendung außerordentlich leicht.

1*

Stellung des Adjectivs.

2. **Frage.** Weicht die Stellung des Adjectivs im Englischen von der deutschen sehr ab?

Antwort. Im Allgemeinen wird das Adjectiv, wie im Deutschen, vor das Hauptwort gesetzt, wie oben angeführt, als: *a good man. a good woman, etc.* Es gibt jedoch einige Ausnahmen von dieser Regel, die man Seite 373 Reg. IV.—VI. erklärt finden wird. Siehe auch Kapitel VII. Seite 150, und die Wortfolge §. 12, Seite 98.

Vom Zahlwort. (Number.)

Frage. Werden die Zahlwörter wie im Deutschen gebraucht?

Antwort. Im Allgemeinen ziemlich gleich; nur sagt man im Englischen gewöhnlich *twenty-one. twenty-two* u. s. w., zwanzig-eins, zwanzig-zwei u. s. w., statt ein und zwanzig, zwei und zwanzig.

Vom Fürwort. (Pronoun.)

Frage. Müssen die Fürwörter mit dem Geschlechte der Hauptwörter, die sie begleiten, immer übereinstimmen?

Antwort. Im Englischen haben nur drei persönliche und drei zueignende Fürwörter etwas mit dem Geschlechte zu thun, als: *he, she. it,* er, sie, es; *his, hers, its,* sein, seine, sein. Die drei zueignenden Fürwörter, wie es überhaupt bei allen zueignenden Fürwörtern der Fall ist, bleiben unverändert, was auch immer die Zahl oder das Geschlecht der Sache, die man besitzt, sein mag; z. B.:

His father (fahth'r), mother (mobth'r), child (tscheild), houses (hausis).	Sein Vater, seine Mutter, sein Kind, seine Häuser.
Her father, mother, child, houses.	Ihr Vater, ihre Mutter, ihr Kind, ihre Häuser.
Its mayor (mäh'r), its laws (loahs), government and inhabitants.	Ihr Bürgermeister, ihre Gesetze, Regierung und Einwohner (von einer Stadt gesagt).

Die übrigen Fürwörter sind auch sehr leicht. Siehe IX. Kapitel, S. 180.

Vom Zeitwort. (Verb.)

1. **Frage.** Gibt es im Englischen, wie im Französischen und vielen andern Sprachen, mehrere Conjugationen?

Antwort. Im Englischen gibt es nur eine einzige Conjugation, die mit der Deutschen viel Uebereinstimmendes hat. Vermittelst der Hülfszeitwörter *to have,* haben; *to be,* sein; *shall,* sollen; *will,* wollen, werden; *may,* mögen, dürfen; *can,* können; *ought,* sollen; *to do,* thun; und *let,* lassen, welches letztere man zur Bildung des Imperativs gebraucht, bildet man wie im Deutschen die zusammengesetzten Zeiten. — Es ist aber hier zu bemerken, daß man im Englischen wie im Französischen *to have,* haben, und nicht *to be,* sein, wie im Deutschen, als Hülfszeitwort braucht, z. B.:

I *have been* ill. He *has been* in P. J'*ai été* malade. Il *a été* à Paris.	Ich bin krank gewesen. Er ist in P. gewesen.

2. **Frage.** Weicht das Zeitwort in der Conjugation sehr von dem **Infinitiv** ab?

Antwort. Nur fünfmal; — die erste Person in der Einzahl und die drei Personen in der Mehrzahl, in der gegenwärtigen Zeit aller Zeitwörter, sowohl regelmäßigen als unregelmäßigen, sind dem Infinitiv immer gleich; die zweite Person (deren man sich nie bedient) nimmt *st*, die dritte *s* an. Im Imperfectum sind die erste und dritte im Singular und die drei Personen in der Mehrzahl immer gleich, und im Conjunctiv sind alle sechs Personen, der ersten Person der entsprechenden Zeit im Indicativ, immer ganz gleich, mit der einzigen Ausnahme von *to be*, sein. Siehe die Conjugation des Zeitworts *to be* (sein) Seite 228, und des regelmäßigen Zeitworts *to love* (lieben), Seite 274 der Etymologie.

Hülfszeitwörter.

3. Frage. Bieten die Hülfszeitwörter nicht bedeutende Schwierigkeiten für Nichtengländer dar?

Antwort. Wie dieselben in Grammatiken im Allgemeinen dargestellt sind, wohl; wie man sie aber in vorliegender erklärt und conjugirt findet, wird man nur wenig Schwierigkeiten dabei haben.

Adverbien, Präpositionen und Conjunctionen.

Frage. Ist der Gebrauch der Adverbien, Präpositionen und Conjunctionen im Englischen wie im Deutschen gleich?

Antwort. Ziemlich gleich. In dieser Grammatik findet man diese Wörter mit kurzen Phrasen verbunden, wodurch das Auswendiglernen derselben, und deren richtige Anwendung, einem jeden erleichtert ist.

Alle diese Redetheile findet man Kap. XIII. XIV. XV. der Etymologie und Kap. VIII. IX. der Syntaris ausführlich und deutlich erklärt.

Construction oder Wortfolge rc.

Frage. Ist die Construction oder Wortfolge im Englischen der deutschen Construction gleich?

Antwort 1. Wenn das Zeitwort in einer einfachen Zeit steht, so stimmt die Wortfolge im Englischen mit der im Deutschen ziemlich überein, d. h. zuerst kommt das Subject (Nominativ), dann das Prädikat (Zeitwort) und zuletzt das Object (Accusativ oder Dativ), z. B.:

I have money and you have wine.	Ich habe Geld und Sie haben Wein.
This house belongs *to the man* (*to me*).	Dieses Haus gehört dem Manne (mir).

2. In den zusammengesetzten Zeiten stimmt die Wortfolge mehr mit der Französischen als mit der Deutschen überein, indem man zuerst das Subject, dann das Hülfszeitwort, unmittelbar darauf das Particip der Vergangenheit und dann erst das Object (Accusativ oder Dativ) setzen muß, z. B.:

I *have been* in London. } *J'ai été* à Londres. }	Ich bin in London gewesen.
I *have given it to the* man.	Ich habe es dem Manne gegeben.
We *have* never *seen it* (him).	Wir haben es (ihn) nie gesehen.
He *will go* ([1]) to Paris next week.	Er wird die nächste Woche nach Paris gehen.

3. a) In Fragesätzen, in einer einfachen Zeit, stimmt die Wortfolge in beiden Sprachen wesentlich überein, z. B.:

Have you bread? Will she go?	Haben Sie Brod? Will sie gehen?

b) In den zusammengesetzten Zeiten aber, steht zuerst das Zeitwort, darauf folgt das Subject, dann das Particip und zuletzt das Object, z. B.:

Has he (your brother) *been* here?	Ist er (Ihr Bruder) hier gewesen?
Has she seen the queen?	Hat sie die Königin gesehen?

4. Das Adjectiv steht im Allgemeinen, wie im Deutschen vor dem Hauptworte, z. B.:

A *good king.* A *wise man.*	Ein guter König. Ein weiser Mann.

5. Die Adverbien der Zeit können am Anfange oder am Ende des Satzes stehen, z. B.:

I shall go to-morrow ob. *To-morrow* I shall go;	ich werde morgen gehen (¹).

NB. Das Ausführliche hierüber findet man Kap. I. S. 371.

II. Kapitel.
Von der Orthoepie oder Aussprache.

§. 1. Da die echt=englische Aussprache allein durch Uebung in Gegenwart des Lehrers richtig zu erlernen ist, so werde ich mich hier bloß auf die Hauptregeln und Hauptausnahmen beschränken. Denn die Erfahrung hat mich gelehrt, daß von tausend Personen, die das Eng= lische erlernen, sich kaum zehn die Mühe geben, die auf 123 Octav= Seiten sich ausdehnenden 586 Regeln nebst Ausnahmen, durchzustubiren. Und wenn sie auch Jahre lang alle diese Regeln ohne Lehrer tüchtig durchstubirten, so würden sie doch nicht im Stande sein, sich mit einem Engländer zu verständigen, während sie dieses mit Hülfe eines geschick= ten Lehrers in dem kurzen Zeitraum von sechs Monaten leicht erzielen können. (¹ᵇ)

Vom Alphabete.

§. 2. Das englische Alphabet hat folgende 26 Buchstaben, deren Namen so genau als möglich durch deutsche Buchstaben angegeben sind:

A.	a.	eh.	J.	j.	dscheh.	S.	s.	eß.
B.	b.	bih.	K.	k.	keh.	T.	t.	tih.
C.	c.	ßih.	L.	l.	ell.	U.	u.	juh.
D.	d.	dih.	M.	m.	emm.	V.	v.	wih.
E.	e.	ih.	N.	n.	enn.	W.	w.	(²) döbb'ljuh.
F.	f.	eff.	O.	o.	oh.	X.	x.	ex.
G.	g.	dschih.	P.	p.	pih.	Y.	y.	uci.
H.	h.	ehtsch.	Q.	q.	kjuh.	Z.	z.	sebb.
I.	i.	ei.	R.	r.	ar.			

(1) Im Deutschen setzt man häufig das Subject (Nominativ) dem Zeitworte vor, dieses darf man im Englischen aber nicht, z. B.:

Jetzt gehe ich. Morgen kommt er 2c.	Now *I shall go.* *He will* come to-morrow.
Zuerst kam er und dann kam sie.	First *he came,* and then *she came.*

(1b) Durch die Aussprache, welche in vorliegender Grammatik jedem Worte beigegeben ist, wird man diese Schwierigkeiten sehr erleichtert finden.

(2) Das *W* (döbb'ljuh) bietet dem Nichtengländer viele Schwierigkeiten dar, nicht weil es an und für sich schwierig ist, sondern weil man immer ein *W* oder ein Döbb'ljuh, wie es im Englischen heißt, barunter versteht. Das *W* aber lautet nie anders als ein schnell ausgesprochenes deutsches u, ein französisches ou, oder ein englisches oo, z. B.:

We (uih), wir. Will (uill), wollen. Wish (uisch), wünschen u. s. w. Hierüber siehe den Buchstaben *W*, Seite 18.

Die Vocale sind:

a, e, i, o, u, w.

Die Consonanten sind:

b, c, d, f, g, h, j, k, l, m, n, p, q, r, s, t, v, x, z.

y ist am Ende eines Wortes Vocal, aber am Anfang Consonant.

Die Diphthongen oder Doppellaute sind:

aa, ae, ai, au, aw, ay; — ea, ee, ei, eo, eu, ew, ey; — ia, ie, io; — oa, oe, oi, oo, ou, ow, oy; — ua, ue, ui, uo und *uy.*

Die Triphthongen oder Dreilaute sind:

eau, eou, ieu, iew und *iou.*

§. 3. Behielten diese Vocale immer dieselben Laute wie im Deut= schen, so wäre die Aussprache im Englischen sehr leicht, denn die Schwierigkeit liegt nicht in dem Aussprechen selbst, sondern in der chamäleonartigen Natur der genannten Vocale, welche so manche Farben annehmen.

§. 4. **Folgende tabellarische Uebersicht** wird das Studium der Aussprache erleichtern:

Englische Laute.	**Entsprechende deutsche Laute.**
A.	
1. *a,* das lange gedehnte *a,* wie in *hate* (hehl), *fate* (feht), *paper* (pehp'r), Papier,	Wie e in geht, steht, Feder, Weh.
2. *a,* das kurze italienische *a,* wie in *hat* (hatt), *fat* (fatt), *pap* (papp),	wie a in Gatte, Watte mit einem Anklang von ä.
3. *a,* das lange italienische *a,* wie in *far* (far), *father* (fahdth'r), *papa* (päpä),	wie a in habe, Gabe.
4. *a,* das breite österreichische *a,* wie in *fall* (foahl), *call* (koahl), *ball* (boahl), *water* (uoaht'r) (3).	Mittelton zwischen oh und ah = oah.
E.	
1. *e,* das lange *e,* wie in *me* (mih), *here* (hihr), *metre* (mih't'r), *medium* (mihdjemm),	Wie i oder ie in mir, Bier, sieh.
2. *e,* das kurze *e,* wie in *met* (mett), *hen* (henn), *let* (lett), *get* (gett),	wie e in Bette, Henne, Fett.
3. *e,* kurz; dunkler Mittelton zwischen e und i, be= sonders in Silben, in denen ein Zischlaut vor= kommt, wie *faces* (fehßis), *places* (plehßis).	ungefähr wie i in der letzten Silbe des Wortes kindisch.
I. Y.	
1. *i, y,* das lange *i* oder *y,* wie in *pine* (pein), *title* (teitl), *type* (teip),	Wie ei in bleib, mein, eitel.
2. *i, y,* kurz und geschlossen, wie in *pin* (pinn), *title* (titt'l), *typical* (tippik'l),	wie i in Kinn, Sinn, Mittel.
3. *i,* das lange *i* = ih, wie in *caprice* (käprihß), *machine* (meschihn), *police* (polihß),	wie ie in Gries, Fieber.
4. *i,* stets wie ein kurzes ö vor r, als *bird* (börb), *sir* (ßörr), *flirt* (flörrt).	ungefähr wie ö in hören, hörte, wörtlich.

(3) Nach einigen der berühmtesten Orthoepisten hat das A nicht weniger als neun verschiedene Laute, A acht, I sechs, O sechs, U fünf und Y fünf Laute. Ich werde sie hier nicht an= führen, weil ich aus Erfahrung weiß, daß bei Anfängern es mehr zur Verwirrung als zur Auf= klärung führen würde.

O.

1. o, das lange, offene o, wie in *no* (noh), *notice* (nohtiß), *bode* (bohd),	Genau wie oh in Kohl, wohl.
2. o, das kurze, breite o, wie in *not* (nott), *hot* (hott), *body* (bobbi), *got* (gott),	ungefähr wie o in Gott, mit einem schwachen Anklang von a.
3. o, das lange, breite o, besonders vor r, wie in *or* (orr), *for* (forr), *nor* (norr),	Mittellaut zwischen o in Nord und a in Haar.
4. o, das lange, geschlossene o, wie in *move* (muhw), *prove* (pruhw) (3b), *do* (duh),	wie uh oder u in Uhr, Kuh, Huf.

U.

1. u, das lange u, wie in *use* (juhß), *mute* (mjuht), *union* (juhnjen),	Wie ju in Jubel, Jude, Jugend.
2. u, das kurze u, wie in *us* (oß), *tub* (tobb), *sup* (sopp), *nut* (nött),	Mittellaut zwischen dem o in ob und ö in Köpfe.
3. u, das lange u, wie in *rude* (ruhd), roh; *true* (truh), wahr; *brutal* (bruht'l),	wie u ob. uh in Ruhm, Blume.
4. u, das kurze, dumpfe u, meistens vor *ll*, wie in *bull* (bull), *pull* (pull), *full* (full),	dem u ähnlich in Null, Busch, Bulle.

Diphthong oi, oy.

oi, oy, das lange, breite *o* und das kurze *i*, wie in *oil* (oail), *boy* (boai).	*oi* in *cycloïde*, *heroïque*.	Etwas wie oi in Hoi, nur daß es etwas von a hat.

ou, ow.

ou, ow, das lange, breite *o* und das kurze, dumpfe *u*, wie in *house* (haus), *cow* (tau).	*aou* in *Août*.	au in Haus, Mauer.

Von den Vocalen.

I. Allgemeine Regel.

Die Vocale sind immer lang vor einem einfachen Consonanten, worauf ein stummes e folgt, z. B.:

A (eh): *Hate* (hebt), Haß; *case* (kehß), Futteral; *made* (mehd), gemacht.
E (ih): *Scene* (ßihn), Auftritt; *these* (dthihß), diese; *here* (hihr), hier.
I (ei): *Fine* (fein), fein; *fire* (feir), Feuer; *rice* (reiß), Reis; *size* (ßeif), Größe.
O (oh): *Stone* (ßtohn), Stein; *smoke* (smohk), Rauch; *rode* (rohd), ritt.
U (ju): *Duke* (djuhk), Herzog; *dispute* (dißpjuht), Streit; *use* (juhß), Gebrauch.

II. Allgemeine Regel.

Die Vocale sind immer kurz, wenn die Silbe mit einem einfachen oder doppelten Consonanten schließt, z. B.:

A (a): *Hat* (hatt), Hut; *cat* (katt), Katze; *mad* (madd), toll.
E (e): *Men* (menn), Männer; *tell* (tell), sagen; *her* (herr), ihr; *let* (lett), lassen.
I (i): *Fin* (funn), Finne; *fit* (fitt), passend; *fiddle* (fidd'l), Geige.
O (o): *Hot* (hott), heiß; *got* (gott), bekommen; *robber* (robb'r), Räuber.
U (u): *Sun* (sonn), Sonne; *run* (ronn), laufen; *pullet* (pullet), Hühnchen.

(3b) NB. Dieser Laut von a kommt nur bei den Wörtern, welche von dem französischen "*mouvoir, prouver*" herstammen und bei denen unter §. 30 Seite 16 aufgeführten vor, als: *remove* (riemuhw), *improve* (improhw) etc. In allen andern Wörtern, die in *ove* enden, lautet das o ungefähr wie im Deutschen, z. B.: *grove* (grohw), *drove* (drohw), vergleiche §. 27, S. 15.

III. Allgemeine Regeln.

§. 5. Wenn ein Vocal eine Silbe schließt, und der Accent auf der Silbe ruht, dann ist der Vocal lang; wenn aber ein Consonant außer *r* die Silbe schließt, die Silbe mag betont sein oder nicht, dann ist der Vocal kurz.

§. 6. Wenn *a, e, i, o* und *y* in einer nicht accentuirten Endsilbe vor *r* stehen, dann lauten sie alle beinahe wie ein sehr kurzes ŏ, z. B.:

Liar (lei'r), Lügner; lier (lei'r), Liegender; elixir (elir'r), Elixir; mayor (mäh'r), Bürgermeister; martyr (mart'r), Märtyrer.

1. A. Lang.

§. 7. Á lautet wie ein deutsches e in steh', weh'.

1. Vor einem einfachen Consonanten, auf welchen ein stummes *e* folgt, z. B.:

Face (fehß) (³ᶜ), Gesicht.	Fate (feht), Schicksal.
Grace (grehß), Gnade, Anmuth.	Late (leht), spät. (⁴)

Ausnahmen sind:

Have (häww) (⁴ᵇ), habe, und *are* (arr), sind.

2. Wenn es eine accentuirte Silbe endigt, z. B.:

Favour (fehwr), Gunst; paper (pehpr); capable (kehpebl), fähig.

Ausnahmen sind:

Father (fahbth'r), Vater; master (mahß'r); water (uoat'r), Wasser.

2. A. Kurz.

§. 8. Á ist kurz und lautet ungefähr wie a in glatt mit einem leisen Anklang von ä, in einer Silbe, welche ein Consonant außer *r* (s. unten §. 9) schließt, z. B.:

Hat (hatt), Hut; *fat* (fatt), fett.	Sad (sadd), traurig; *am* (amm), bin.
Can (kann), Kanne; *cap* (kapp), Kappe.	Happy (happi), glücklich; *battle* (batt'l), Schlacht.

3. A. Das Italienische.

§. 9. Á lautet wie das lange italienische *a*, wie Habe, Gabe: Unmittelbar vor *lf* (wobei *l* stumm ist), *lve, lm* (wobei *l* stumm ist, wenn *m* mit zur nämlichen Silbe gehört), auch vor *r* u. *th*; z. B:

Calf (kahf), Kalb.	Palm (pahm), flache Hand.
Calm (kahm), ruhig.	Psalm (sahm), Psalm.
Calves (kahws), Kälber.	Father (fahbth'r), Vater.
Halve (hahw), theilen.	Rather (rahbth'r), lieber.

(3c) Die Wörter *Preface, surface* spricht man „preffeß" und „sorrfeß" aus.
(4) Die zusammengesetzten Wörter werden nach der Regel des Nennwortes ausgesprochen; z. B.: *Graceful* (grehfull), schön, reizend; *lately* (lehtli), neulich.
(4b) So oft "*have* und *shall*" allein stehen, als: "*I have, I shall*" etc., so müssen sie, wie oben bezeichnet, „häww und schäll" ausgesprochen werden, und nicht „häww und schall", wie man sie in einigen Grammatiken bezeichnet findet, welche nur die Aussprache der ungebildeten Engländer ist. Siehe Webster, Walker, Smart etc. — Wenn "*have* und *shall*" vor einem andern Zeitwort stehen, so lautet das "*a*" ungefähr wie das kurze Schluß-e (ă) in könnte, Rose, z. B.: *I have had* (ei hěww hädd); *I shall have* (ei schell häww); diese Aussprache muß man vom Lehrer selbst hören. Diese Zusammenziehungen sind leicht erklärlich, denn da die drei Wörter einsilbig sind, und das Fürwort stets betont wird, so muß natürlich die zweite Silbe (oder Wort) kurz sein. Siehe Note 17, S. 43.

4. A. lang und breit.

§. 10. 1. A ist lang und breit und hat einen Mittelton zwischen a in Zahl und o in hohl, oder wie das österreichische a in Halfter:

Vor ld, lk, (wobei l stumm ist), ll, ls, lt, besonders wenn der nachfolgende Consonant zur nämlichen Silbe gehört; z. B.:

Bald (boahlb), kahl.	False (foalß), falsch.
Talk (toahk), sprechen.	Salt (foalt), Salz.
Call (koahl), rufen, nennen.	Pall (poahl), Bahrtuch.

Ausnahmen:

1. Shall (schäll) (4b), soll, werden.	Mall (mall), Kolben.
Calx (kalks), Kalk.	Pall Mall (pell mell), Straße in London.

2. Wenn beide ll nicht zur Silbe gehören, so lautet a kurz wie à; z. B.:

Tallow (tallo), Talg.	Shallow (schallo), untief.

§. 11. 2. A ist lang und breit unmittelbar vor w (wobei das w stumm ist); z. B.:

Law (loah), Gesetz.	Saw (foah), sah.
Lawyer (loahjer), Gesetzkundiger.	Maw (moah), Magen (der Thiere).

3. A zwischen w und b, d, l, m, n, p, r, rm, rn, rp, rt, s, sh, sp, t und tch, wenn sie zur ersten Silbe gehören; z. B.:

Wabble (uoabbl). (5) Wackeln.	Wad (uoad), Bund Stroh.
Wallow (uoallo), wälzen.	Warn (uoarn), warnen.
Waltz (uoalts), Walz.	Warm (uoarm), warm.
Swarm (suoarm), Schwarm.	Wart (uoart), Warze.
Want (uoannt), Armuth.	Wash (uoasch), waschen.
Wapper (uoapp'r), eine Art Fisch.	Watch (uoatsch), eine Uhr ꝛc.
War (uoarr), Krieg.	What (huoatt), was.

Ausnahmen:

Die einzige Ausnahme von dieser Regel ist, wenn nach dem Consonanten ein stummes e folgt; z. B.:

Wade (uehb), waden.	Ware (uehr), Waare ꝛc.
Wane (uehn), abnehmen.	Waste (uehst), verschwenden.

Fernere Bemerkungen über A.

§. 12. 1. A wird ausgesprochen, wie ein kurzes e, in

Any (enni), irgend.	Thames (tems), die Themse.
Many (menni), viele.	Says (sef'), sagt; said (sebb), gesagt.

2. A wird ausgesprochen, wie ein kurzes i, in der Endung age, z. B.:

Village (willidsch), Dorf.	Heritage (heritidsch), Erbschaft.
Courage (korridsch), Muth. (5b)	Pupilage (pjupilidsch), Mündelstand.

---

(5) Um diese Wörter richtig auszusprechen zu können, muß man das oa zusammenschmelzen lassen; oder vielmehr muß man sie von dem Munde eines Sachkundigen hören.

(5b) 1. In allen drei- oder vierfilbigen Adjectiven oder Hauptwörtern lautet das "a", in den Endungen "ate, able, ace" wie ein ganz kurzes "e", z. B.:
   Delicate (dellikett), zart | Populace (pop-je-leß), Volk, volkreich.
   Respectable (reßpektsebl), achtbar. | Precipitately (preßipitettli), schleunig.
2. In der Endung "ade" aber ist das "a" lang (eh), z. B.:
   Renegade (renegehb), Renegat | Retrograde, rückgängig.
3. In den Zeitwörtern aber ist das "a" in den Endungen "ate" lang wie eh (die Endungen "able, ace" kommen bei den Zeitwörtern nicht vor); z. B.:
   To populate (popjuleht), bevölkern. | To reprobate (reprobeht), verwerfen, verdammen.
NB. Hierüber siehe die Paronymik IV. Kap. VII. § 88.

A. Stumm.

3. *A* ist stumm in den folgenden Wörtern:

Caviare (kawihr), Kaviar.
Cocoa (kokoh), Kakao.
Carriage (karridsch), Wagen.
Diamond (beih'mend), Diamant.
Damascene (bamsen), Pflaume.
Marriage (marridsch), Heirath.

Gunwale (gonnil), Kanonenlage.
Miniature (minitjer), Miniatur.
Parliament (parliment), Parlament.
Victuals (wittels), Lebensmittel.
Victualler (wittler), Victualienhändler.

1. E. Lang.

§. 13. *É* wird mit *i* ausgesprochen:

1. Wenn ein stummes *e* darauf folgt und so oft es am Ende eines Wortes ausgesprochen wird, z. B.:

Here (hihr), hier.
Sincere (finsihr), aufrichtig.
He (hih), er. — She (schih), sie.
Me (mih), mich. — Be (bih), sein. (6)

We (uih), wir.
Mere (mihr), blos.
Complete (kompliht), vollkommen.
Scene (sihn), Scene.

Ausnahmen:

Ere (ehr), eher.
Ne'er (nehr) (statt *never*), niemals.
E'er (ehr) (statt *ever*), immer.

There (btbehr), da.
Where (huehr), wo.
Were (uer), waren.

2. Wenn es eine betonte Silbe endigt, z. B.:

Legend (lihbsch'nb), Legende.
Meter (miht'r), der Messer.

Meteor (mihtjer), Meteor.
Hero (hihroh), Held.

2. E. Kurz.

§. 14. *É* ist kurz und lautet wie e in Bett:

1. In jeder Silbe, welche ein Consonant (außer *r*) schließt, sie mag den Ton haben oder nicht, z. B.:

Bed (bedd), Bett.
Reflect (riflett), überlegen.

Hen (henn), Henne.
Pen (penn), Schreibfeder.

2. Vor zwei Consonanten mit einem stummen *e*, z. B.:

Hence (henns), von hier.
Whence (huenns), woher.

Pledge (pledsch), Pfand.

3. Vor *r* lautet *e* etwas gedehnter, z. B.:

Prefer (pr'ferr), vorziehen.

Deter (b'terr), abschrecken.

NB. Wenn aber das *r* eine nicht accentuirte Silbe schließt, so verschmilzt sich das *e* mit *r* zusammen, z. B.

Baker (behk'r), Bäcker.

Quaker (quehk'r), Herrnhuter.

3. E. Kurzer Mittelton.

§. 15. *É* lautet fast wie ein kurzes *i* oder zwischen e und *i*:

1. In unaccentuirten Endsilben, unmittelbar vor einem einfachen Consonanten; z. B:

Faces (feh-sis), Gesichter.
Places (pleh-sis), Stellen.

Poets (poetts), Dichter.
Songster (sonngst'r), Sänger.

2. In den unaccentuirten Endsilben *cre, gre, tre, dred*, wo das *e* wie im Französischen vor dem *r* ausgesprochen wird; z. B.:

___

(6) Der Artikel "the" wird vor einem Consonanten wie ein ganz kurzes „e", vor einem Vokal wie „i" ausgesprochen, z. B.:
The man (dthe mann); the book (dthe buk); the African lady (dthi africn lehdi).

Lucre (ljuťr), Gewinn. | Theatre (thi-etr), Theater.
Maugre (moahgr), trotz. | Hundred (honnbreb), hundert.

E wird wie ein langes *a* ausgesprochen in den beiden Wörtern:
Clerk (klarť), Commis, Schreiber. | Sergeant (sahbjch'nt), Unteroffizier.

E. Stumm.

§. 16. *E* ist stumm am Ende rein englischer Wörter und macht dann immer den vorhergehenden Vocal lang, z. B.:

Bathe (behth), baden. | Care (kehr), Sorge.

selbst wenn sie grammatikalisch verändert sind, als:

Bathed (behth'b), gebadet. | Cares (kehrs), Sorgen.
Named (nehm'b), genannt. | Canes (kehns), Bambus.

es sei denn, daß das angehängte *s* etc. nicht ausgesprochen werden könnte, ohne das *e* hören zu lassen, als:

Changes (tschenbschis), Veränderungen. | Cases (6b) (kehsis), Fälle.

§. 17. 1. Ausnahmen,
wo der vorhergehende Vocal durch das *e* nicht verlängert wird.

Love (loww), Liebe, lieben. | Shove (schoww), schieben.
Dove (doww), Taube. | Live (liww), leben.
Glove (gloww), Handschuh. | Give (giww), geben.
Above (eboww), über, oben.

2. *E* wird im gewöhnlichen Leben in den Participien nicht gehört, z. B.:

Loved (lowwb), geliebt. | Amazed (emehsb), erstaunt.
Praised (prehsb), gelobt. | Gazed (7) (gehsb), angestaunt.

§. 18. 2. Ausnahmen.
Bei allen Zeitwörtern, welche in *t* oder *ate* enden, muß das *e* in den Participien der Vergangenheit ausgesprochen werden. Z. B.:

Infinitiv. | Particip.
To hate (heht), hassen. | Hated (hehteb), gehaßt.
To prate (preht), schwatzen. | Prated (prehteb), geschwätzt.
To heat (hiht), heizen. | Heated (hihteb), geheizt.

§. 19. 3. Ausnahmen.
In griechischen und lateinischen Wörtern muß das *e* ebenfalls ausgesprochen werden.

Ulysses (juljsses), Ulisses. | Epitome (epitom-e), Auszug.
Socrates (sokretes), Sokrates. | Simile (simil-e), Gleichniß.
Aborigines (aboribjchines), Ureinwohner. | Catastrophe (kätas=troff=e), Katastrophe.

1. I. Lang, ei.

§. 20. *I* wird wie *ei* ausgesprochen: 1. In allen einsilbigen Wörtern (8), wenn nach einem einfachen Consonanten ein stummes *e* folgt, z. B.:

Fine (fein), schön, fein. | Dine (dein), zu Mittag essen.
Price (preiß), Preis. | Thine (dthein), der Deinige (9).

(6b) Ueber die Wörter, bei welchen das *s* in der Mehrzahl ausgesprochen werden muß, siehe Regel I. Seite 80 der Etymologie.
(7) Hierüber siehe Buchstabe D, § 96, Seite 31.
(8) Bei den mehrsilbigen Wörtern gibt es so viele und so widersprechende Ausnahmen, daß es hier rein unmöglich wäre, bestimmte Regeln darüber zu geben, ohne einige tausend Wörter anzuführen. Diese Schwierigkeit aber läßt sich leicht durch ein gutes Wörterbuch und einen geschickten Lehrer beseitigen. *Practice* (praktiß). — *Nice* (neiß). — *Notice* (nohtiß), Notiz.
(9) Ausnahmen sind die Wörter:
To live (liww), leben; — Living | Lived (liww'b), gelebt.
(liwwing), — Livelong (liwwlong). | To give (giww), geben.
The livelong (langdauernd) day. | Der ganze liebe Tag.
NB. *Lives* (leiws), der Plural von *life* (das Leben) und *lived* (leiw'b), als Adjectiv, folgen der allgemeinen Regel. — *A long-lived* (leiw'b) family. — Siehe Anmerk. 10b, S. 13.

2. Wenn es eine accentuirte Silbe schließt, z. B.:

China (tscheina), China.
Pious (peiös), fromm.

Diet (beiet), Nahrung, Diät.
Quiet (kueiet), ruhig.

3. In den folgenden Wörtern:

Isle (eil), island (eilenb), Insel.
Islander (eilenb'r), Insulaner.

Viscount (wei-kaunt), Burggraf.
To climb (kleim), klettern.

Auch in *Christ* (kreist), Christus, nicht aber in seiner Ableitung *Christian* (kristjenn) 2c.

NB. Das "*i*" am Ende von lateinischen Wörtern ist immer lang, z. B.: *Radii* (rābi-ei), *genii* (bschini-ei).

4. In den Wörtern vor den Endungen *gh, ght, gn, ld* und *nd*; z. B.:

High (hei), hoch.
Night (neit) Nacht.
Sign (sein), Zeichen.
Child (tscheild), Kind.

Mind (meinb), Geist, Verstand.
Assign (ässein), bestimmen.
Mindful (meinbful), eingedenk.
·Childless (tscheildleß), kinderlos.

Ausnahmen sind:

§. 21. 1. Gild (gilld), vergolden.
Guild (gilld), Innung.
Build (billd), bauen.

Wind (uinnb), der Wind (10).
Rescind (rißinnb), abschaffen, und alle in *scind* endende Wörter.

2. In Wörtern aus dem Lateinischen, wo *g* und *n* zu verschiedenen Silben gehören, z. B.:

Sig-nal (ßignel), Signal.
Sig-nature (ßignätjer), Unterschrift.

Desig-nate (beßignehßt), bestimmen.
Desig-nation (beßignehschn), Bestim-mung.

3. Deßgleichen, wenn *l* und *n* von *d* getrennt oder zu verschiedenen Silben gehören, z. B.:

Child (tscheild), Kind.
Wild (ueild), Wild.
Kind (keind) Geschlecht, gütig. (10b).

Chil-dren (tschilbr'n), Kinder.
Wil-derness (uilderneß), Wüste.
Kin-dred (kinnbreb), Verwandtschaft.

4. Vor *nt* lautet *i* immer kurz wie i, z. B.:

Hint (hinnt), Wink; dint (binnt), Schlag. — Ausgenommen pint (peint), Pinte.

2. I. Kurz und geschlossen.

§. 22. 1. *I* wird wie ein kurzes *i* ausgesprochen in allen ein-silbigen Wörtern, die ein einfacher Consonant (außer *r*) schließt; z. B.:

Sit (ßitt), sitzen.
Pin (pinn), Stecknadel.

This (bthiß), dieser, diese 2c.
Lid (libb), Deckel.

2. Wenn es eine unbetonte Silbe schließt, was insgemein vor oder nach einer accentuirten der Fall ist, z. B.:

Divinity (biwiniti), Gottheit.
Civility (ßiwiliti), Höflichkeit.

Risibility (rißibiliti), Vermögen zu lachen.

3. Vor zwei Consonanten, mit oder ohne ein stummes *e*, z. B.:

Miss (miß), Fräulein, vermissen.
Inn (inn), Wirthshaus.

Prince (prinß), Prinz.
Singe (ßinbsch), sengen.

4. In folgenden, so wie auch in den mit der lateinischen Prä-position *ir* zusammengesetzten Wörtern, hat *i* den Laut des scharfen deutschen i, z. B.:

---

(10) To *wind*, aufwinden, wird stets (ueinb) ausgesprochen; wind, (der Wind), wird sowohl „ueinb" als uinnb", im gewöhnlichen Leben (uinnb), in feierlichen Reden oder Gedichten aber wird es öfters (ueinb) ausgesprochen. Die richtige Aussprache ist „uinnb".

(10b) NB. 1. Die Wörter "*Advertise, advertiser, advertising*" spricht man nach der allgemeinen Regel der Orthoepie „abwerteis, abwer-teiser, abwer-teising" aus, doch werden sie auch von vielen „abvertis, abvertiser, abvertising" ausgesprochen.

NB 2. Das Wort "*advertisement*" dagegen wird stets „abvertisment" ausgesprochen.

NB. 3. Die Wörter "*spite* (haß), *despite*" werden stets „speit, despeit", "*respite* (Auf-schub)" dagegen „respit" bisweilen aber auch nach der allgemeinen Regel „respeit" ausge-sprochen. Solche Verschiedenheiten aber lassen sich in einer Sprache erwarten, in der die Aus-sprache überhaupt so unregelmäßig ist.

Chiragra (kirragra), Handgicht.
Girandola (dschirandol), Armleuchter.
Irregular (irregel'r), unregelmäßig.
Irresolute (irresoljuht), unentschlossen.
Miraculous (mirakjeles), wundervoll.

5. Ju den folgenden Wörtern wie ein kurzes e oder ö, z. B.:

Birth (berrth), Geburt.
Circle (ßerrkl), Kreis.
Dirge (dörrdsch), Grablied.
Dirk (dörrk), Dolch.
Firkin (ferrk'n), Viertelfaß.
Firm (ferm), fest, die Firma.
Gird (gerrd), gürten.
Girth (gerrth), Gurt.
Irksome (örksemm), ärgerlich, läſtig.

Spirit (spirritt), Geiſt.
Virago (wirrago), Mannweib.
Virility (wirriliti), Männlichkeit.
Virile (wirril), männlich.

Kirk (körrk), Kirche.
Mirth (merrth), Heiterkeit.
Quirk (kuerrk), Stich.
Skirt (skerrt), Schooß, Rand.
Virgin (werrbschn), Jungfrau.
Virtue (wertjö), Tugend.
Virulence (werrjulennß), Bösartigkeit.
Virulent (werrjulennt), bösartig.
Whirl (huörl), Wirbel.

NB. *Girl,* Mädchen, wird (görrl) ausgeſprochen.

3. I. wie ie.

§. 23. *I* lautet wie ih oder ie in folgenden meiſtens aus dem Franzöſiſchen aufgenommenen Wörtern:

Ambergris (ambergries), der Ambra.
Antique (antihk). alterthümlich.
Bombasin (bommbäsihn), der Bombaſſin.
Brasil (bräsihl), Braſilien.
Capuchin (kapuſchihn), eine Kapuze.
Caprice (kepribß), Eigenſinn.
Chagrin (ſchägrihn), Aerger.
Chopin (ſchopin), der Schoppen.
Critique (kritihk), Kritik.
Fascine (faß-ßihn), Reißbund.
Financier (fin-an-ßihr), Finanzpächter.
Frieze) (fries), eine Art Tuch.
Frize) (in der Baukunſt), Fries.
Fatigue (fetihg), Ermüdung.
Intrigue (intrihg), Arglist, Liebeshandel.
Invalid (inwelihd), Invalide.

Machine (meſchihn), Maſchine.
Magazine (magä-ſihn). Magazin.
Marine (merihn), zur See gehörig.
Niece (nihß), Nichte.
Piece (pihß), Stück.
Pique (pihk), Groll.
Police (polihß), Polizei.
Profile (profihl), das Profil.
Quarantine (kuarrentihn), Reinigungsfriſt.
Routine (ruh-tihn), Uebung.
Shire (ſchihr), Grafſchaft.
Sordine (ßorrdihn), Dämpfer.
Suit (ſjuht), Gefolge.
Tamburine (tambuhrihn) Handtrommel.
Terrine (terrihn), eine Terrine.
Verdigris (werrdigrihs), Grünſpan.

4. I. Beinahe wie ein kurzes ö und j.

§. 24. *I.* Vor "r" in allen einſilbigen Wörtern außer den unter *I* §. 22. 4. angeführten Wörtern lautet das *I* ungefähr wie ö in „wört-lich", z. B.:

Sir (ſörr), Herr.
Bird (börrd), Vogel.
Third (thörrd), Dritte.

Dirt (dörrt), Schmutz.
Shirt (ſchörrt), Hemb.
Flirt (flörrt), coquettiren, Coquette.

§. 25. *I* wird oft wie ein engliſches *y* oder ein deutſches *j* aus-geſprochen, hauptſächlich vor den Endungen *al, an, ar, el, er, on, or, ium,* z. B.

(mihnjel), Knecht.
Spaniel (spanjel), Hühnerhund
Plebeian (plebijen), pöbelhaft.
Familiar (femiljer), vertraut.
Collier (kolljer), Kohlengräber.

Pinion (pinjen), Flügelspitze.
Junior (dſchuhnjer), jünger, Junior.
Various (wehrjes), verſchieden.
Premium (prihmjem), Preis.

NB. In ſolchen Fällen ſchmilzt das *i* mit dem folgenden Buchſtaben faſt zu einer unbetonten Silbe zuſammen.

I. Stumm.

§. 26. Das *i* iſt ſtumm in:

Business (biſ-nes), Geſchäft.

Friend (frennd), Freund.

In mehreren von Herrn Fahrenkrüger, Wahlert und andern angeführten Wörtern, z. B.:

Carriage (farribsch), Wagen.
Cousin (koss'n), Vetter, Cousine.
Basin (behß'n), Becken.

Venison (wenn'sn), Wildpret.
Raisin (rehsn), Rosine.
Ordinary (orrhinerri), *Table d'hôte*,

ist das *i* nicht stumm, wie sie es haben wollen, aber es ist ein äußerst schwacher Ton. In dem Worte *"ordinary"* wird das *i* jetzt in der feinern Umgangssprache beständig ausgesprochen. In *carriage, parliament* und ähnlichen Wörtern ist nicht das *i*, sondern das *a* stumm. Siehe (A. Stumm), Seite 10.

---

1. O (¹¹). Lang und offen.

§. 27. *O* wird ausgesprochen wie ein langes o:

1. Wenn nach einem einfachen Consonanten ein stummes *e* folgt (¹²), z. B.:

Robe (rohb), Kleid.
Alone (elohn), allein.

Note (noht) Note.
More (mohr), mehr.

2. Wenn es eine Silbe schließt, und diese den Accent hat, z. B.:

Local (lohkl), Lokal.
Harmonious (harmohnjes), harmonisch.
Open (ohpn), offen.

Potent (pohtnt), mächtig.
Omega (ohmegä), Omega.
Go (go), gehen.

3. In den Endungen *ld, lk, lt, ll, st* und *th* (¹³), z. B.:

Old (ohld), alt.
Gold (gohld), Gold.
Colt (kohlt), männliches Füllen.
Host (hohst), Wirth.

Folk (fohk), Volk, Leute.
Scroll (skrohl), Rolle (Papier).
Both (bohth), beide.
Clothes (flohs), Kleider.

NB. *Cloth*, Tuch, muß (kloath), *Doll*, Puppe (doall), und *loll*, sich nachlässig lehnen, (loall), ausgesprochen werden.

Vor den Endungen *cious, dious, neous, nial, nious, rean, rial, rian, rious, sion, tion* ist das *o* lang, z. B.:

Precocious (prikohsches), vorzeitig.
Odious (ohdjes), gehässig.
Erroneous (errohn-jes), irrig.
Ceremonial (seremohn-jel), Ceremoniel
Harmonious (harmohnjes), harmonisch.
Memorial (mem-ohr-jel), Andenken.

Pretorian (pritohr-jen), prätorisch.
Victorious (viktohr-jes), siegreich.
Explosion (eksplohsch'n), Explosion.
Commotion (kommohsch'n), Aufruhr.
Hyperborean (heiperboh-ri-en), hyperboreisch.

2. O. Das kurze breite.

§. 28. *O* wird wie ein kurzes o ausgesprochen:

1. Wenn ein harter Consonant wie: *m, n, p, b, t, x, s* oder *th* (wenn das *th* zur zweiten Silbe gehört) darauf folgt, z. B.:

From (fromm), von.
Con (konn) (¹³ᵇ), auswendig lernen.
Opportunity (oppr-tjuniti), Gelegenheit.

Pot (pott), Topf.
Bro-ther (brohthr), Bruder.
Cozen (kossn), betrügen.

---

(11) O ist einer der Buchstaben, die dem Ausländer am meisten Mühe machen, weil seine Abweichungen von den allgemeinen Regeln sehr zahlreich sind, und weil es verschiedene unregelmäßige Laute hat.

(12) Von dieser Regel gibt es sehr viele Ausnahmen; besonders zu merken sind die Wörter *gone* (gonn), *gegangen* und *done* (donn), gethan; sowie auch alle Wörter, die in *ove* enden, welche bisweilen wie ein kurzes o, bisweilen wie ein langes u ausgesprochen werden, als: *love* (loww), lieben, *move* (muhw), bewegen. Siehe Anmerk. 3b, S. 8.

(13) Von dieser Regel gibt es wieder sehr viele Ausnahmen. Ueberhaupt sind die unregelmäßigen Laute des "o" so zahlreich, daß es rein unmöglich ist, sie alle anzugeben oder zu erklären; mit Hülfe eines geschickten Lehrers und durch Uebung lassen sie sich jedoch sehr leicht erlernen.

(13b) In mehrsilbigen Wörtern, wo die Betonung auf die zweite Silbe fällt, wird das "o" wie ein kurzes "o" ausgesprochen, z. B.: *Content* (konntennt); *condemn* (konndemm).

3. O. Das lange breite.

§. 29. Ô ist lang und breit und hat den Mittellaut zwischen o in Nord und a in Haar:

1. Unmittelbar vor einem einfachen *r* in einsilbigen Wörtern, z. B.:

Or (oarr), oder.

·For (foarr), für.

Corn (foarn), Korn.

Lord (loarb), Lord.

Horse (hoarß), Pferd.

Remorse (rimoarß), Reue.

- Ausnahmen: *World* (uorrlb), Welt; *word* (uorrb), Wort.

2. Vor *r* in der betonten Silbe mehrsilbiger Wörter, z. B.:

Fortunate (foartjenet), glücklich.

Horrible (hoarribbl), schrecklich.

Fortify (foartifei), befestigen.

Horror (hoarrer), Schrecken.

4. O. Das lange geschlossene.

§. 30. Ô wird ausgesprochen wie ein langes *u* in den folgenden Wörtern:

Ado (ebuh), Thun, Mühe.

To do (t' buh), thun.

Gamboge (gam-buhbsch), Gummigutt.

To lose (t' luhs), verlieren.

To move (muhw), bewegen.

To prove (pruhw), beweisen.

Tomb (tuhm), Grabmal.

Two (tuh), zwei.

Who (huh), welcher.

Whom (huhm), welchen.

Whose (huhs), wessen, dessen.

Womb (uuhm), Mutterleib.

Nicht aber in *Goldsmith*, *Rome*, *Roman*, wie man es bei Wahlert und Andern findet; denn kein gebildeter Engländer spricht diese Wörter anders als (Goldsmith, rohm und rohm'n) aus.

Fernere Bemerkungen.

§. 31. O lautet wie ein kurzes *u* bloß in folgenden Wörtern:

Woman (uumm'n), Weib.

Wolsey (uulsi), ein Eigenname.

Worcester (uurst'r) ([14]).

2. O lautet wie *i* in dem einzigen Worte *Women* (uimmen) Frauen.

3. O lautet endlich wie *uö* in

One (uönn), eins.

Once (uönnß), einmal.

5. O. Stumm.

§. 32. Das *O* ist stumm in den folgenden unaccentuirten Endungen:

Con, z B.: Bacon (behkn), Speck.

don,

kon,

pon,

London (lonndn), London.

Beckon (beffn), zuwinken.

Capon (kehpn), Kapaun.

son, z. B.: Reason (rihsn), Vernunft.

ton,

zon,

Cotton (kottn), Baumwolle.

Blazon (blehsn), Heraldik.

---

1. U. Lang wie ju.

§. 33. Û wird wie juh ausgesprochen:

1. Vor einem einfachen Consonanten mit einem stummen e in einsilbigen Wörtern und betonten Silben ([14b]), z. B.:

Use (juhß), Gebrauch.

Abuse (ebjuhß), Mißbrauch.

Duke (bjuhk), Herzog.

Presume (prisjuhm), sich erkühnen.

Resume (risjuhm), wieder vornehmen.

---

(14) In mehreren Grammatiken findet man die Wörter *wolf* und *worsted* mit der Aussprache n u l f und n u ß t b, allein es werden dieselben von keinem gebildeten Engländer so ausgesprochen, sondern (u o l f ß) und (u o r ß t b).

(14b) Die Ausnahmen von dieser Regel findet man bei dem folgenden u. —

2. Wenn es eine Silbe schließt, welche den Accent hat, z. B.:

Union (jubnjenn), Verbindung.
Unity (juhniti), Einigkeit.
Fuel (fjuhel), Feuerung.

University (juniwerssti), Universität.
Duplicate (djuhpliket), verdoppeln.

3. Unmittelbar vor einem stummen *e* in einsilbigen Wörtern, z. B.:

Hue (hjuh), Farbe.

Due (djuh), schuldig.

4. In der betonten Silbe der Zeitwörter auf *ugn*, z. B.:

To impugn (tu impjuhn), angreifen.

Impugning (impjuhning), angreifend.

2. U. Kurz wie in "us (öss)".

§. 34. *Ŭ* wird wie ein ganz kurzes *o* oder beinahe wie *ŏ* vor *b, d, g, m, n, p, r, s* und *s*, ausgesprochen. Z. B.:

Tub (tobb), Zuber.
Ruddy (roddi), rötlich.
Luggage (löggedsch), Gepäck.
Rum (romm), Rum.
Nun (nonn), Nonne.

Sup (söpp), zu Abend essen.
Cup (köpp), Tasse.
Surly (sörrli), mürrisch.
Hussy (hössi), Dirne.
Muzzle (moss'l), Maulkorb, Rüssel.

3. U. Lang wie uh.

§. 35. *Ū* ist lang und lautet wie uh:

1. unmittelbar nach *r* in jeder betonten Silbe, z. B.:

Brute (bruht), Thier.
Cruel (kruhel), grausam.

Druid (druid), Druide.
Fruit (fruht), Frucht.

2. In folgenden Wörtern:

Truth (truhth), Wahrheit.

Pugh (puh), Pah, (Ausruf).

4. U. Kurz und dumpf wie u in Null.

§. 36. *Ŭ* wird wie ein kurzes dumpfes u ausgesprochen:

1. In den meisten Fällen vor *ll, sh* und in den folgenden Wörtern:

Bull, Stier.
Ballet, Kugel.
Bully (bulli), Lärmer, Schläger.
Bush (busch), Busch.
Bushel (busch'l), Scheffel.
Butcher (buttscher), Fleischer.
Cuckoo (kuk-kuh), Kuckuck.
Cushion (kösch'n), Kissen.
Full, voll.
Fuller, Walkmüller.

Hussar (hös-sar), Husar.
Hurra (hör-reh), juchhe! Hurrah!
Huzza (höf-seh), heisa!
Pudding, Pudding.
To pull, ziehen.
Pullet, junges Huhn.
Pulpit (pulpet), Kanzel.
To push (pusch), stoßen.
To put, setzen, stellen.
Sugar (schug'r), Zucker.

Fernere Bemerkungen.

§. 37. 1. In folgenden fünf Wörtern lautet *u* wie *i*, z. B.:

Busy (bissi), geschäftig.
Business (bissness), Geschäft.
Ferrule (ferril), Ring am Spazierstock.

Lettuce (lettis), Lattig, Salat.
Minute (minit), eine Minute; aber
Minute (minjuht), klein, genau.

2. *u* lautet wie *e* in den Wörtern:

Bury (berri), begraben.
Barier (berier), Todtengräber.

Burial (berjel), Begräbniß.
Canterbury (kanterberri) 2c.

3. Nach *g, q* und *s*, wenn ein Vocal darauf folgt, lautet *u* wie ein englisches *w* oder deutsches u, z. B.:

Languish (languisch), schmachten.
Equal (ikuel), gleich.

Persuade (perssuehd), überreden.

NB. *U* lautete früher wie jetzt wie „iu" in *Cucumber* (kju=komb'r), Gurke. (15)

(15) NB. Wer vor 25 Jahren "Cucumber" anders als „kukom'r" ausgesprochen hätte, wäre für einen Gelehrten gehalten worden, wer es jetzt so ausspräche aber für einen Ignoranten. Sic transit ....

Rothwell, große Grammatik. 2

U. Stumm.

§. 38. In den drei folgenden Fällen ist das *u* stumm, nämlich:
In den drei Endungen — *gue, que* und *guy*, z. B.:

Fatigue (fetihg). Pique (pihk). Plaguy (plehgi).

1. In den folgenden Wörtern:

Biscuit (bisket), Zwieback.	Guild (gild), Innung, Gilde.
To build (bild), bauen.	Guile (geil), Trug.
To buy (bei), kaufen.	Guilt (gillt), Schuld.
Circuit (serrket), Bezirk.	Guinea (gin=i), Goldstück (12 fl. 36 kr.)
Conduit (konbit), Wasserleitung.	Guise (geihs), Weise.
To conquer (kongk'r), siegen.	Guitar (gittar), Guitarre.
Conqueror (kongkerer), Sieger.	Guy (gei), Guido.
Coquet (koh=ket), Gefallsüchtige.	Harlequin (barlekin). Hanswurst.
Exchequer (eks=tschekr), Schatzkammer.	Lacquey, lackey (lak=ki), Bedienter.
Guard (gard), Wache.	Liquor (lik'r), starkes Getränk.
Guardian (garbjen), Vormund.	Masquerade (maske=rehd), Maskerade.
Guaranty (garrantih), Bürge.	Piquant (pikannt), scharf, reizend.
To guaranty (garranti), Bürge leisten.	Quadrille (köb=bril), Quadrille.
Guerdon (gerben), Lohn.	To victual (wittl), mit Lebensmittel versorgen.
To guess (geß), errathen.	
Guest (geßt), Gast.	Victuals (wittls), Lebensmittel.
Guide (geid), Führer.	Victualler (wittler), Speisehändler.

W.

§. 39. In dieser Grammatik figurirt das *W* zum ersten Mal
als bloßer Vocal. In allen andern Grammatiken ist es als Vocal und
Consonant zugleich angegeben. Es gibt aber in der ganzen Sprache
keinen Fall, wo es als Consonant gebraucht werden kann. Wären
Beweise nöthig, um diese Behauptung zu bestärken, so würde der Umstand,
daß seine Benennung *dobb'l* (doppel) *u* (ju) ist, und daß es
früher *uu* und nicht *w* geschrieben worden ist, hinreichend sein.

W. wie u.

§. 40. *W* lautet wie u:
1. Am Anfange einer Silbe vor einem Vocal, z. B.:

We were (uih uerr), wir waren.	Went (uennt), ging.
Weather (uebth'r), das Wetter.	Winter (uint'r), Winter.

2. Am Ende einer Silbe lautet es wie u oder steht blos als stummes
Zeichen, z. B.:

Bow (bau), Verneigung.	Cow (kau), Kuh.
Bow (boh), Bogen.	Snow (snoh), Schnee.

W. Stumm.

§. 41. *W* ist stumm:
1. Unmittelbar vor *r*, z. B.:

Write (reit), schreiben.	Wrong (rong), unrecht.

2. Vor *hol, ho, hoo*, als:

Whole (hohl), ganz	Whoop (buhp), Reif.
Wholly (hohl=li), gänzlich.	Nicht aber in Whirl (huörl).

3. In den folgenden Wörtern:

Answer (anß'r), Antwort.	Gunwale (gonn'l) (oft auch *gunnel* geschrieben), die Kanonenlage.
Boatswain (bohß'n), Hochbootsmann.	
Cockswain (koks'n), Führer eines Beischiffes.	Housewife (hoßsif), Nadelbuch, nicht aber in:
	Housewifery (hoßuifri). (s. Reg. IV. S. 80.)

Sewer (fiuhr), der Cloak, aber:
Sewer (foer), Näher, Näherin.
Sword (fohrd), Schwert.
Two (tuh), zwei.
Twopence (toppenß), Kupfermünze (6 kr. Werth.)

Tow (toh), das Werg, ziehen.
Towards (toh'rds), zuwärts.
Towage (to-idfch), bugsiren.
Tow-boat (to-boht), Bugsirboot.
Tow-line (to-lein), Bugsirtau.
Greenwich (grihnidfch), Eigenname.

Nicht aber in *tower* (tau'r), Thurm; *town* (taun), Stadt; *towel* (tauel), Hand-tuch 2c.

Wh.

Wh kehrt man im Englischen um und spricht es h u aus, z. B.:

Who (hu), welcher.
Whose (huhs), wessen.
Which (huitfch), welches.

When (huenn), wenn.
White (hueit), weiß.
What (huoatt), was.

Y. Lang ei.

§. 42. *Y* als Vocal wird wie ei ausgesprochen:

1. Vor einem einfachen Consonanten mit einem stummen e, z. B.:

Lyre (lei'r), Leier.

Type (teip), Vorbild, Schrift, Letter.

2. Wenn es eine accentuirte Silbe schließt, z. B.:

Cypress (feipreß), Cypresse.
July (bfchulei), Juli.

Comply (kommplei) willfahren.
Tyrant (teir'nt), Thrann.

3. In allen Zeitwörtern auf *fy*, z. B.:

Terrify (terrifei), schrecken.

Edify (edifei), erbauen.

4. Am Ende aller einfilbigen Wörter, z. B.:

My ([16]) (mei), mein.
Fly (flei), Fliege.

By (bei), von, neben.
Cry (krei), schreien.

Y. Kurz wie i.

§. 43. *Y* wird wie ein kurzes i ausgesprochen:

1. Wenn es eine unbetonte Silbe schließt, z. B.:

Pity (pitti), Barmherzigkeit.
City (fitti), Stadt.

Marry (marri), heirathen.
Study (stoddi), studiren.

2. Wenn ein Consonant außer *r* die Silbe schließt, sie mag betont sein oder nicht. Z. B.:

Hypocrite (hipokritt), Heuchler.
Hymn (him), Loblied.

Pyx (pifs), Monstranz.
Lynx (links), Luchs.

Y wie e vor r.

Nur unmittelbar vor *r* wird *y* wie e ausgesprochen, z. B.:

Myrrh (merr), Myrrhen.
Myrtle (merrtl), Myrthe.

Myrmidon (merrmid'n), Raufbold.
Martyr (mart'r), Märtyrer ([17]).

NB. Den Dichtern ist es erlaubt, des Reims wegen, das *y* entweder als *i*, *ü* oder *ei* am Ende eines Wortes zu schreiben.

---

[16] Wenn my ohne Nachdruck ausgesprochen wird, so lautet y wie i; liegt aber der Nachdruck darauf, so muß es stets wie ei ausgesprochen werden, z. B.:
Give me my (mi) hat.   Gib mir meinen Hut.
This is my (mei) hat, not thy (dthei) hat.   Dieses ist mein Hut und nicht der Deinige.
My lord (mi loard), my lady (mi lehdi), Herr Graf, Frau Gräfin 2c.; aber: My (mei) lord and master, mein Herr und Gebieter.

[17] Das Weitere über das y siehe bei *y* als Consonant.

III. Kapitel.

Aussprache der Diphthongen und Triphthongen.

Aa.

§. 44. 1. *Aa* wird wie ein sehr helles a ausgesprochen in

To baa, blöcken. | Saal, die Saale.
Aar, die Aar. | Baal, Baal.

2. Wie eh in hebräischen Namen.

Aaran (ehrrön). | Laadan (lehbön).

3. Wie ä in unbetonten Silben hebräischer Namen, z. B.:

Isaack (eisäd). | Canaan (känäen).

Ae.

§. 45. *Ae* wird ausgesprochen wie man e in den nämlichen Umständen aussprechen würde:

1. Lang wie ih in: *Caesar* (sihsr). *Aera* (ihrä), Aera.
2. Kurz wie in: *caesura* (sißjurä), Cäsur.
3. Wie e in: *Aetna* (etnä), *Michael* (meif'l), *phaenomenon* (fenomenonn) ꝛc. (¹)

Ai.

§. 46. 1. *Ai* wird fast immer ausgesprochen wie eh, als in

Pain (pehn), Schmerz. | Aid (ehd), Hülfe.
Fair (fehr), schön. | Maiden (mehd'n), Mädchen.

2. Wie ein kurzes ä in

Plaid (plädd), gestreifter schottischer | Raillery (rälleri), Spott.
Zeug. | Battaillous (battälljös), kriegerisch.

3. Wie e in

Again (egenn), wieder. | He says (hih ßeß), er sagt.
Against (egennst), gegen. | Said (²) (sedd), sagte.

4. Wie ei in *aisle* (eil), Chorgang.

5. Wie ein ganz kurzes e in unbetonten Endsilben, z. B.:

Britain (brit'n), Britannien. | Villain (will'n), Bösewicht.
Captain (kapt'n), Kapitän. |

NB. *Ai* in *raisin* (rehßn) wie ih auszusprechen, ist jetzt völlig verworfen.

Ao.

§. 47. *Ao* in *gaol* (bschehl) (welches auch *jail* geschrieben wird) lautet wie eh, ist aber sonst kein Diphthong.

Au.

§. 48. *Au* lautet:

1. Gewöhnlich zwischen o und a, als:

Pause (poahs), eine Pause. | Author (oahth'r), Autor, Verfasser.

2. Wie ein kurzes helles a unmittelbar vor n, auf welches noch ein Consonant folgt, z. B.:

Laundress (landreß), Wäscherin. | Haunt (hant), oft besuchen.
Aunt (annt), Tante. | Taunt (tant), Schmähung.

---

(1) Jetzt wird e häufig statt ae gesetzt. *Ae* ist nicht immer Diphthong, als in *Aërial*, wo a und e jedes für sich ausgesprochen wird.

(2) Wenn *said* als Adjectiv gebraucht wird, so lautet *ai* wie eh, z. B.:
The *said* (sehd) lady. | Die besagte Dame.

Ebenso in den Wörtern:

Laugh (laff), das Lachen. | Draught (draft), Wechsel, Zug ꝛc.

3. Wie ein kurzes o in

Cauliflower (kolliflauer), Blumenkohl. | Laurel (lorrl), Lorbeerbaum.
Laudanum (lodden'm), Opium.

4. Wie ein langes oh in

Hautboy (ho=boi), Hoboe. | Roquelaure (rokklohr), Reisemantel.

Aw.

§. 49. *Aw* lautet ohne Ausnahme wie oa, beim Aussprechen aber muß man das oa zusammenschmelzen lassen.

Law (loah), Gesetz. | Saw (soah), sah, Säge.
Paw (poah), Pfote. | Awe (oah), Schrecken.

Ay.

§. 50. *Ay* wie *ai* lautet in der Regel wie eh, z. B.:

May (meh), Mai. | Mayor (meh=er), Bürgermeister.
Pay (peh), bezahlen. | Rayless (rehleß), Strahllos.

Ausnahmen.

— 1. *Ay* lautet wie ih in *quay* (kih), Landungsdamm.
2. Wie e in *says* (seß), sagt.
3. Wie ä=i in *ay*, ja, jadoch, freilich.

Aye.

§. 51. *Ay* lautet wie eh in dem Worte *aye*, immer (veraltet).

Ea.

§. 52. *Ea*. Der regelmäßige Laut dieses Diphthongs ist ih, als:

Fear (fihr), Furcht. | Sea (sih), See, Meer.
Bean (bihn), Bohne. | Tea (tih), Thee.

§. 53. *Ea* lautet auch

wie eh, als in *bear* (behr); *swear* (suehr), schwören; *pear* (pehr), Birne ꝛc.;
wie a, als in *heart* (hart), Herz; *hark* (harrk), horchen ꝛc.; ([3])
wie ein kurzes e, als in *bread* (bredd), Brod; *head* (hedd), Kopf ꝛc.;
fast wie ein kurzes ö, als in *pearl* (pörl), Perle; *earl* (örl), Graf ꝛc.

Hierüber bestimmte Regeln zu geben, ist rein unmöglich. Die Erfahrung allein kann hier lehren.

NB. *Ea* ist nicht immer ein Diphthong. Dieß ist hauptsächlich der Fall in den Wörtern, welche mit *re* anfangen, z. B.:

Cre-a-tor (krih=ehtr), Schöpfer. | Be-at-ify (biatifei), seligmachen.
Re-al-i-ty (rih=aliti), Wirklichkeit. | De-ambulate (di=ambjulehbt), herum-
Pre-amble (prih=ambl), Vorspiel. | gehen ([4]).

Eau.

§. 54. *Eau* lautet wie oh, z. B.:

Beau (boh), Stutzer. | Beau-monde (bohmonb), die feine
Bureau (bjur=roh), Schreibtisch ꝛc. | Welt.

Ausgenommen:

in *beauty* und seinen Ableitungen, wo *eau* wie juh lautet, z. B.:

Beauty (bjuti), Schönheit. | Beauteous (bjutje=öß), schön.
Beautiful (bjutifull), schön. | Beautify (bjutifei), verschönern.

([3]) NB. *Ea* lautet wie a nur in 3 Wörtern: *heart*, *hearth*, *hark* und deren Abstammungen.
([4]) Durch Erfahrung allein und mittelst eines guten Wörterbuches kann man dieses lernen.

Ee.

§. 55. *Ee* wird immer wie ein langes *i* oder *ih* ausgesprochen, z. B.:

Green (grihn), grün.
Been (bihn), gewesen. (Anmk. 13b. S.226.)

Tree (trih), Baum.
Bee (bih), Biene.

Ausnahmen.

1. Wie *i* in

Coffee (koffi), Kaffee.
Threepenny (thrippeni), drei Penny=
werth.

Breeches (britsches), Hosen.
Threepence (thrippens), drei Penny=
Stück.

2. In Zusammenziehungen lautet *ee* wie *eh*, z. B.:

Ne'er (nehr), nimmer.

E'er (ehr), jemals.

Ausgenommen *e'en* (ihn), sogar.

3. In zusammengesetzten Wörtern wird *ee* meistens getrennt, z. B:

Pre-engage (pri=engehbtsch), zum voraus
verbinden.
Pre-elect (pri=elekt), vorher erwählen.

Re-examen (ri=cramen), wieder unter=
suchen.
Re-elect (ri=elect), wiedererwählen.

NB. In diesen Fällen werden die Silben gewöhnlich durch einen Binde=
strich - *(hyphen)* wie oben verbunden.

Ei.

§. 56. *Ei* lautet in der Regel wie *ih*, hauptsächlich unmittelbar
nach *c* oder *s*, z. B.:

Deceit (disiht), Betrug.
Either (ihdth'r), einer von beiden. (5)
Seize (sihs), ergreifen.

Seignior (sinjohr), Großherr.
Neither (5) (nihdth'r), keiner von beiden.

Die unregelmäßigen Töne sind:

1. Wie *eh*, als in *deign* (dehn), geruhen; *eight* (eht), acht.
2. Wie *äh*, als in *heir* (ähr), Erbe; *their* (dthähr), ihr; *neigh* (näh), wiehern.
3. Wie *ei*, als in *height* (heit), Höhe; *sleight* (sleit), Kunstgriff.
4. Wie ein kurzes *i*, als in *forfeit* (forrfitt), Pfand; *foreign* (forrinn), ausländisch.
5. Wie ein kurzes *e*, in *heifer* (heffr), eine junge Kuh, *nonpareil* (nonupärell), eine
Art Aepfel.

NB. *Ei* ist nicht immer Diphthong, als z. B: in fremden Wörtern:
De-ist (bi=ist), Deist.
und in englischen Zusammensetzungen:
Here-in (hier=in), hierin.

Athe-ist (ä=thi=ist), Atheist.

Be-ing (bih=ing), seiend.

Eo.

§. 57. 1. *Eo* kommt am häufigsten in der Endsilbe *eon* vor,
und wird dann wie ein kurzes *ö* ausgesprochen, z. B.:

Luncheon (lonnbschönn), zweites Früh=
stück.

Pigeon (pibschönn), Taube.
Widgeon (uibschönn), Speckente.

2. Wie *ih*, in *people* (pihpl), Volk.
3. Wie *e*, in *leopard* (lepprb), Leopard; *jeopardy* (bscheppr=bi), Gefahr.
4. Wie *oa*, in *George* (bschoarbsch), Georg.
5. Wie *oh*, in *yeoman* (johmänn), Freisasse.
6. Wie *juh*, in *feod* (sjuhb), Lehn, *feodal* (sjuhb'l), lehnbar.
7. Wie *uh*, in *galleon* (galluhn), Art spanischer Schiffe.

NB. *Eo* wird oft getrennt, z. B.: *Panthe-on*, Pantheon; *here-of* (hihr=oaw),
hiervon.

Eou.

§. 58. *Eou.* Bei ben Dichtern gilt *eou* immer für eine Silbe, sonst hört man das *e*, obgleich nur schwach, von dem *ou* unterschieden, ba benn biefes immer ungefähr wie ŏ ober o in *but* (bott) lautet; z. B.:

Miscellaneous (mis=hel=le=ni=ŏs), ver- | Cutaneous (kju=tähn=jŏs), zur Haut ge-
mifcht. | hörig.

NB. Nach einem *d*, *g* ober *t* fchmilzt *eou* mit biefen zu bem Laut bfch ober tfch zusammen, z. B.:

Outrageous (aut=reh=tfchŏs), gewaltfam. | Piteous (⁶) (pitjŏs), bebauerungswürbig.
Hideous (⁶) (hihbjŏs), fchrecflich, häßlich. |

Eu.

§. 59. *Eu* lautet immer wie juh, z. B.:

Europe (juhrop), Europa. | Neutral (njutr'l), neutral.

Ausnahme.

Grandeur (granbjer), Erhabenheit, Größe.

NB. *Eu* wird zuweilen getrennt, als in *re-union* (ri=juhnjen), Wiebervereinigung.

Ew.

§. 60. *Ew* wird ebenso wie *eu* ausgesprochen, z. B.:

Dew (bjuh), Thau. | New (njuh), neu.

Ausgenommen:

1. Wenn ein *r* vorhergeht, bann spricht man es wie u aus, z. B.:

Brew (bruh), brauen. | Crew (⁷) (fruh), Schiffsmannfchaft.

2. In folgenden Wörtern, wo *ew* wie oh ausgesprochen wird, z. B.:

To sew (foh), nähen. | To strew (ftroh ob. ftruh), ftreuen.
To shew (fchoh), zeigen. | Sewer (foh'r), Näher, Näherin.

NB. *Ew* wird bisweilen getrennt, als in

Re-ward (riuoarb), belohnen. | Be-ware (bi=uehr), gieb acht.

Ewe.

§. 61. *Ewe* lautet wie (ju) in ben Wörtern

Ewe (juh), Mutterfchaf. | Ewer (juhr), Krug.

Ey.

§. 62. 1. *Ey* lautet wie ein kurzes i in unbetonten Enbfilben, z. B.:

Barley (barli), Gerfte. | Journey (bfchorrni), Reife
Money (monni), Gelb. | Funny (fonn=i), fpaßhaft, komifch.

2. Wie eh in einfilbigen Wörtern unb betonten Enbfilben, z. B.:

Grey (greh), Grau. | Convey (fonnweh), hinbringen.
Prey (preh), Beute. | Obey (obeh), gehorchen.

3. Wie ih in ben zwei folgenden Wörtern:

Key (fih), Schlüffel. | Ley, beffer lea (lih), Felb.

NB. *Ey* wird getrennt in *be-yond* (bi=jonnb), jenfeits, über.

Eye.

§. 63. *Ey* lautet wie ei in bem einzigen Worte

Eye (ei), Auge.

(⁶) Es ist hier zu bemerken, baß nach ber heutigen Ausfprache ber fein gebilbeten Welt, *d* unb *t* nicht oft wie *deah* unb *teah* lauten. Siehe die Bemerkungen über *T* Seite 38.

(⁷) In einigen Grammatiken findet man biefe Wörter *slew*, *blew* als (flu, blu) bezeichnet, biefes ift aber entfchieben falfch, benn biefe Wörter müffen (fljuh unb bljuh) ausgefprochen werben. Nach *l* muß *ew* immer wie juh ausgefprochen werben, z. B.: *Flew* (fljuh), flog, geflogen.

Ia.

§. 64. *Ia* wird in ben Enbungen *ial, ian, iard* unb *iate* wie ein kurzes je ausgesprochen, z. B.:

Filial (fihl=jel), kindlich.

Physician (fi=zisch=jen), Arzt.

Billards (bill=jerbs), Billardspiel.

Immediate (immihbjet), unmittelbar.

In ben vier folgenben Wörtern wirb *ia* wie ein kurzes i ausgesprochen, z. B.:

Carriage (karribsch), Wagen.

Marriage (marribsch), Ehe, Hochzeit.

Parliament (parliment), Parlament.

Miniature (minitjerr), Miniatur.

NB. Unter bem Accent ober unmittelbar vor ber betonten Silbe werben beibe Vokale getrennt, z. B.:

Vial (wei=el), Fläschchen.

Diagonal (bei=agn'l), schräg.

Ie.

§. 65. *Ie* lautet in ber Regel wie ih, z. B.:

Field (fihlb), Felb.

Relieve (relihw), helfen.

Shield (schihlb), Schilb.

Grieve (grihw), sich grämen.

Ie wirb auch ausgesprochen wie ei,

1. in *lie* (lei), liegen; *die* (bei), sterben; *pie* (pei), Pastete; *vie* (wei), wetteifern; unb wenn es burch Beugung ber Substantive ober Zeitwörter, welche sich mit *y* enbigen, entsteht, so richtet man sich barnach, wie bas *y* in biesen Wörtern ausgesprochen wurbe, z. B.: von

Fly (flei), Fliege.

Flies (fleis), Fliegen.

Deny (binei), verläugnen.

Deniest (binei=est), bu verläugnest.

2. Wie ein kurzes i in

Mischief (miß=tschiff), Unheil.

Handkerchief (hanbker=tschiff), Schnupf=tuch.

Sieve (ßiww), Sieb.

Mischievous (miß=tschiwwes), muth=willig.

3. Wie e, in *friend* (frennb), Freunb (8).

4. Kommt *ie* in einer tonlosen Enbsilbe vor (hauptsächlich vor *r*), so spricht man es wie ein kurzes e aus, z. B.:

Glazier (gleh=scherr), Glaser.

Happier (happier), glücklicher.

Brazier (breh=scher), Spängler.

Happiest (happiest), am glücklichsten.

NB. Das *ie* wirb getrennt:

1. In ben Wörtern aus bem Griechischen, bie mit *hie* anfangen, als:

Hi-er-ar-chy (heierarki), Priesterherr=schaft.

Hi-er-o-glyphic (heieroglifik), Bilber=schrift.

2. Vor ber Enbung *ety*, als:

Vari-ety (warei=eti), Mannigfaltigkeit.

Sa-ti-ety (satei=eti), Sättigung.

3. In vielen einzelnen Wörtern, bie hier nicht alle wohl angegeben werben können, z. B.:

Qui-et (kuei=et), ruhig.

Di-et (beiet), Nahrung, Diät.

Cli-ent (klei=ent), Klient.

Twenti-eth (tuenti=eth), Zwanzigste.

Ieu.

§. 66. *Ieu* wirb wie juh ausgesprochen, als:

Adieu (äbjuh), Lebewohl.

Lieu (ljuh), anstatt.

Ausgenommen in

Lieutenant (livtenent), Lieutenant. (8b) | Lieutenancy (livtenenßi), Lieutenantstelle.

Iew.

§. 67. *Iew* lautet wie juh in *view* (wjuh), Aussicht.

---

(8) Daß *ie* in *fierce, pierce* unb *tierce* wie „e" ausgesprochen, hört man heut zu Tage nur unter ben Ungebilbeten. Diese Wörter müssen „führß, pihrß, tihrß" ausgesprochen werben.

(8b) Man spricht bas Wort "lieutenant" auch „levtenent" aus.

Io.

§. 68. 1. *Io* in den Endungen *ion* nach *s* oder *t* wird wie ein kurzes e ausgesprochen, z. B.:

Nation (⁶ᵉ) (nehsch'n), Nation. | Delusion (bilsusch'n), Täuschung.

2. **Nach jedem andern Consonanten außer *s* und *t* wird das i getrennt ausgesprochen, z. B.:**

Scullion (skolljenn), Scheuermagd. | Clarion (klarjenn), das Clarin.

NB. Obgleich die beiden Vokale *io* so in Eins schmelzen, werden sie doch nicht für einen Diphthong gehalten, und in der Abbrechung der Wörter werden sie getrennt, z. B.:

Nati-on, Clari-on, Sculli-on.

Liegt aber der Accent auf dem *i*, so werden die beiden Vocale ganz getrennt gehört, z. B.:

Vi-o-late (wei-o-leht), verletzen. | Inferi-or-ity (infiri-orr-iti), Untergebenheit.

Iou.

§. 69. 1. *Iou* lautet wie je, z. B.:

Billious (bil-jeß), gallicht. | Tedious (tihb-jeß), langweilig.

2. **Wie e nach c, s, t und v, wo es zu einer Silbe zusammenschmilzt, und lautet in Verbindung mit diesen Consonanten wie scheß, z. B.:**

Precious (presch-eß), kostbar. | Dissensious (bißenscheß), zänkisch.
Contentious (konntensch-eß), streitsüchtig. | Anxious (ank-scheß), ängstlich.

Oa.

§. 70. *Oa* lautet immer wie oh, z. B.:

Coat (koht), Rock. | Soap (sohp), Seife.
Road (rohd), Weg. | Toast (tohst), geröstetes Brod.

Ausnahmen.

1. In den folgenden Wörtern lautet *oa* zwischen *a* und *o*, z. B.:

Broad (broahd), breit. | Abroad (abroahd), auswärts.
Groat (groaht), ein Groot (12 kr.).

2. Wie oh in *cupboard* (kobb-örb), Schrank.

NB. *Oa* ist nicht immer ein Diphthong, z. B.:

Co-adjutor (koh-ab-bschutr), Mitgehülfe u. s. w. bei Wörtern aus den alten Sprachen.

Oe.

§. 71. 1. *Oe* am Anfange einer Silbe lautet, wie e an seiner Stelle lauten würde, z. B.: statt *oeconomy*, economy (ikonnemi), Wirthschaft.

2. In der Mitte von Wörtern, die aus dem Griechischen stammen, lautet *oe* wie ih, z. B.:

Antoeci (antihßi), entgegengesetzte Erdbewohner. | Phoenix (fihniks).

3. Wie oh am Ende von Wörtern sächsischer Abstammung, z. B.:

Doe (doh), Rehkuh. | Toe (toh), Zehe.
Woe (uoh), Weh, Kummer. | Foe (foh), Feind.

4. Wie uh in

Shoe (schuh), Schuh. | Canoe (kenuh), kleiner Kahn.

5. **Wie ö in *he does* (hi dös), er thut.**

NB. *Oo* ift nicht immer Diphthong, z. B.:

Po-et (po=et), Dichter.

Who-ever (huhewr), wer auch.

Po-etry (po=etri), Dichtkunft.

Co-er-cion (koh=er=fch'n), Zwang,

und in allen ähnlichen mehrfilbigen Wörtern, z. B.: *Co-e-val, etc.*

Oei.

§. 72. *Oei* ift nur in dem bei Shakfpeare allein befindlichen *oeilliads*, verliebte Blicke (fpr. i=iliads), zu finden.

Oeu.

§. 73. *Oeu* lautet wie uh, in dem franzöfifchen Worte Manoeuvre (me=nuhw'r), Manöver, Kunftgriff.

Oi und Oy.

§. 74. *Oi* ober *oy* lautet in der Regel wie o͡ai und nicht wie eu in Eule, wie Wahlert und andere es angeben, z. B.:

Voice (wo͡aiß), Stimme.

Boy (bo͡ai), Knabe.

Joy (bfch͡oai), Freude.

Oysters (o͡aiftr's), Auftern.

Ausnahmen:

1. Wie ei in *Choir* (kweir), Chor.
2. Wie ih in *Turquoise* (turkihß), Turkisftein.
3. Wie i in *tortoise* (tortis), Schildkröte; *chamois* ob. *shammy*, Gemfenleber.
4. Wie oh in *scrutoire* (fkrutohr), Schreibpult.

NB. *Oi* ift nicht immer Diphthong, z. B.:

Sto-ic (fto=if), Stoiker.

Co-in-ci-dent (koh=infident), zufammen= treffend 2c.

Oo.

§. 75. 1. *Oo* lautet der Regel nach wie uh, z. B.:

Soon (fuhn), bald.

Noon (nuhn), Mittag.

Fool (fuhl), Narr.

Boot (buht), Stiefel.

2. Wie ein kurzes u in den Wörtern

Wool (wull), Wolle.

Wood (uudd), Holz.

Good (gudd) gut.

Hood (hudd), Regenkappe.

Stood (ftudd), ftand.

Soot (futt), Ruß.

Foot (futt), Fuß.

Book (buff), Buch.

Look (luff), fiehe, fchau.

Shook (fchuff), erfchüttert.

3. Wie oh in

Door (dohr), Thüre.

Floor (flohr), Diele, Boden.

4. Wie ein kurzes o in

Blood (blobb), Blut.

Flood (flobb), Fluth.

NB. Nach *o* und *s* in zufammengefetzten Wörtern werden diefe Vocale ge= trennt, z. B.:

Co-ordinate (koh=orbineht), beigeordnet.

Zo-ology (fo=ol=obfchi), Zoologie.

Ou.

§. 76. *Ou* wird ausgefprochen:

1. Am häufigften wie au, z. B.:

House (haus), Haus.

Thou (bthau), bu.

Mouse (mauß), Maus.

Bound (baunb), gebunden.

2. Wie oh vor *r* ober *l* in Verbindung mit noch einem Confonan= ten, z. B.:

Mould (mohlb), Form.

Mourn (mohrn), trauern.

3. Wie uh in den aus dem Franzöfifchen kommenden Wörtern, z. B.:

Ragout (regub), ein Ragout.

Rouge (ruhfch), Schminke.

Ebenfalls in den Wörtern:

ugh (thruh), durch.	Wound (uuhnd), Wunde.
(juh), ihr.	To wound, verwunden.
k (juhth), Jugend.	

Wie ein kurzes u in

l (tubb), könnte.	Would (uubb), wollte.
ld (schubb), sollte.	

Ungefähr wie ŏ in unbetonten Endsilben, z. B.:

ur (onn'r), Ehre.	Favour (fehw'r), Gunst.
us (feh-mŏs), berühmt.	Pious (pei-ŏs), fromm.
outh (plim-ŏth).	Portsmouth (ports-mŏth).

Wie ein kurzes o in vielen Wörtern, z. B.:

in (kossn), Vetter, Base.	Country (konntri), Landschaft ꝛc., aber:
	County (kaunti), Grafschaft.

Zwischen a und o in

ht (bra͡ht), brought, sought, fought, nought, ought, thought, wrought (¹).

NB. *Ou* wird noch auf andere Art ausgesprochen. Bestimmte Regeln hierüber ben, ist nicht möglich.

Ow.

§. 77. *Ow* lautet wie **a u** in einsilbigen Wörtern und betonten en, z. B.:

(hau), wie.	Fowl (faul), Huhn.
(nau), jetzt.	Cowl (kaul), Mönchskappe.
(kau), Kuh.	Drown (braun), ertrinken.
er (flau'r), Blume.	Dower (baur), Aussteuer.

§. 78. Ausnahmen von der allgemeinen Regel sind folgende ter, in welchen *ow* wie **o h** ausgesprochen wird:

r (bi-loh), unter.	To mow (mroh), mähen.
estow (bi-stoh), verleihen.	Mower (moh-er), Mäher.
(bloh), Schlag.	Row (¹²) (roh), Reihe.
low, blasen.	To row (roh), rudern.
(³⁰) (boh), Bogen.	To show (schoh), zeigen.
bent, krumm.	Show, Schauspiel.
(bohl), Napf, Kugel.	Showy (schoh-i), auffallend.
owl, kegeln.	Slow (sloh), langsam.
ing-green (bohling-grihn), Kegel-	Snow (snoh), Schnee.
b.	To snow, schneien.
prit (bohspritt), Bugspriet.	To sow (soh), säen.
er (boh-jer), Bogenmacher.	Sown (sohn), gesäet.
(kroh), Krähe.	Sorrow (sorroh), Kummer.
row, krähen.	To stow (stoh), zurechtstellen.
(flohl, Fluth.	Stowage (stoh-edsch), Lagergeld.
ow, fließen.	Strow (stroh), streuen.
n (flohn), geflossen, gepflogen.	To throw (throh), werfen.
low (gloh), glühen.	Thrown (throhn), geworfen.
(groh), wachsen.	Toward (tobr'b), gegen, lenksam.
n (grohn), gewachsen.	To tow (toh), am Schlepptaue ziehen.
th (grohth), Wachsthum.	To trow (troh), sich einbilden.
now (noh), wissen.	Trow! he!
n (nohn), gewußt.	Widow (uibboh), Wittwe.
(loh), niedrig.	Widower (uibboh-er), Wittwer.
wer (¹¹) (loh-er), erniedrigen.	Window (uinboh), Fenster.

NB. *Bellows*, Blasebalg und *Gallows*, Galgen, werden „bellŏs“ und „gallŏs“ sprochen.

Diese Zeitwörter findet man unter den unregelmäßigen Zeitwörtern aufgeführt, Kapitel XII. der Etymologie. Seite 323.
In der Bedeutung verbeugen, muß das „bau“ ausgesprochen werden.
In der Bedeutung sauer sehen, grießgramen, muß *lower* „laur“ ausgesprochen werden.
In der Bedeutung Lärm, Spektakel, muß *row* „rauh“ ausgesprochen werden.

Ua.

§. 79. *Ua* nach *q* und *s* wird wie *ue* ausgesprochen, z. B.:

Quaker (tuehtr), Herrnhuter. | Persuade (perßuehd), überreden.

NB. In den Endungen *ual* und *uate* werden *u* und *a* getrennt, z. B.:

Gra-du-al (grah=ju=el), allmälig. | Actu-ate (at=tju=eht), treiben.

Ue.

§. 80. *Ue* nach *q* und *s* lautet wie das deutsche *ue* in dem Worte Quelle, z. B.:

Question (tuestjen), Frage. | Suet (ßju=et), Talg.

Ue. Stumm.

§. 81. *Ue* ist stumm in den Endungen *logue* und *gogue*, z. B.:

Catalogue (katelogg), Catalog. | Demagogue (demm=e=gong), Demagog.

Auch in vielen aus fremden Sprachen herstammenden Wörtern, z. B.:

Intrigue (intrihg), Arglist. | Antique (antihk), alt, altmodisch.

NB. Am Ende der Wörter ist das *e* in der Endung *ue* stumm, z. B.:

True (truh), wahr. | Sue (ßjuh), belangen.

NB. In vielen Wörtern wird *u* und *e* getrennt, z. B.:

Influ-ence (inßju=enß), Einfluß. | Flu-ent (ßlju=ent), flüssig.
Cru-el (tru=el), grausam. | Pu-erile (pju=er=il), kindisch.

Ui.

§. 82. 1. *Ui*. In diesem Diphthong wie in *ue* wird das *u* nach *q* wie *ui* ausgesprochen, z. B.:

Quit (tuitt), verlassen. ([13]) | Vanquish (wanktuisch), besiegen.

2. *Ui* lautet wie *i* in

Build (bild), bauen. | Guild (gild) ([14]), die Zunft.

3. *Ui* lautet wie *juh* ([15]) in

Nuisance (njuhßenß) ([16]), Beschwerde. | Puisne (pjuh=ni), klein, gering, (gewöhn-lich puny (pjuhni), geschrieben.

4. *Ui* lautet wie *uh* nach *r* und *j*, z. B.:

Bruise (bruhß), Stoß. | Juicy (dschuh=ßi), saftig.

NB. *U* und *i* werden in vielen Wörtern getrennt, hauptsächlich vor den Endungen *tion, tious* und *ty*, z. B.:

Tu-i-tion (tjuh=isch'n), Aufsicht. | Perspicu-ity (perspitjuh=i=ti), Deutlich-keit.
Gratu-i-tous (gra=tju=i=töß), freiwillig. |

Uoy.

§. 83. *Uoy*, welches man nur in *buoy* und dessen Ableitung findet, lautet wie *ucu*, z. B.:

Buoy (bueu) ([16b]), Tonnenboje. | Buoyance, die Eigenschaft nicht unter-
To buoy up, unterstützen. | zusinken.

---

(13) NB. Folgt aber nach dem Consonant ein stummes "e", so wird das "ui" wie „uei" ausgesprochen, z. B.:
    Quite (tueit), ganz. | Inquire (in=tueir), erkundigen.
(14) NB. 1. Folgt aber ein Consonant mit einem stummen "e" auf das "ui" nach "g", so spricht man es wie „ei" aus, z. B.:
    Guide (geid), Führer. — Guile (geil), Trug. — Guise (geiß), Art, Weise.
    NB. 2. Folgt aber kein stummes "e", so spricht man das "ui" wie „i" aus, z. B:
    Guilt (gillt), Schuld. — Guinea (ginni), Guinea. — Guitar (gittar), Guitarre.
    NB. In der Endung "uish" spricht man das "ui" wie oben bei "g" aus, z. B.:
    Anguish (anguisch), Qual. — Languish (languisch), schmachten.
(15) NB. 1. Nach "s" spricht man das "ui" und "ue" ebenfalls wie „juh" aus, z. B :
    Suit (ßjuht), passen, Bitte. — Pursuit (pörßjuht), Verfolgung. — Pursue (pörßjuh)
    NB. 2. Das "ui" wird wie „ui" in dem Worte: Suite, (suiht), Reihe, Seite, Gefolge, ausgesprochen.
(16) NB. Nach "c" lautet das "ui" wie „i" in: Circuit (ßirkit), Kreis; biscuit (bißtit). Wie „tui" in: cuirass, cuirassier, „tuiraß" und „tuiraßihr".
(16b) Auf den Schiffen spricht man "buoy" etc. wie „boai" aus.

Uy.

§. 84. 1. *Uy* lautet wie ei in: *buy* (bei), kaufen; *Guy* (gei), Veit.
2. Wie ui unmittelbar nach *q*, z. B.:

Obloquy (oblokui), üble Nachrede. | Soliloquy (solilo=kui), Selbstgespräch.

NB. In allen andern unbetonten Silben ist *u* stumm und *y* lautet wie *i*, z. B.:
Roguy (rohgi), spitzbübisch. | Plaguy (plehgi), lästig.

NB. Getrennt werden *u* und *y* ausgesprochen in: *gluy* (gluh=i), klebrig.

IV. Kapitel.

Aussprache der Consonanten.

B.

§. 85. *B* lautet wie das deutsche b, z. B.:

Black (black), schwarz. | Brood (bruhd), Brut.

B. Stumm.

§. 86. 1. Unmittelbar vor *t*, wenn das *t* zur nämlichen Silbe
gehört, z. B.:

D°btor (dett'r), Schuldner. | Doubt (daut), Zweifel; subtle (sott'l).

Ausgenommen in *subtile* (sobb=til), dünn, fein, und dessen Ableitungen. (¹)
2. Unmittelbar nach *m* in der nämlichen Silbe, z. B.:

Comb (kohm), Kamm. | Lamb (lamm), Lamm ꝛc.

Ausgenommen *accumb* (äkkommb), bei Tische liegen. *Succumb* (söck=omb), unter=
liegen. *Rhomb* (rommb), ein Rhombus.

C.

§. 87. 1. *C* lautet wie *k* vor *a*, *o* und *u*, z. B.:

Cat (katt), Katze. | Curious (kjuhriöß), neugierig.
Cobler (kobbl'r), Schuhflicker.

2. Vor jedem Consonanten, *h* ausgenommen, z. B.:

Cream (krihm), Rahm. | Cloud (klaud), Wolke.

3. Als Endbuchstabe einer Silbe, so wie auch die Wörter, wo man
ehemals mit *ck* schrieb, z. B.:

Alacrity (elakriti), Heiterkeit. | Music (mjuhsick), Musik ꝛc.

C lautet wie ein scharfes s oder ß.

§. 88. Vor *ae*, *e*, *i*, *y* lautet *c* wie ß, z. B.:

Caesar (ßihs'r), Cäsar. | Ceremony (seremoni), Ceremonie.
City (ßitti), Stadt. | Cypress (ßeipreß), Cypresse.

C lautet wie sch.

§. 89. 1. Wenn nach dem *c* die Vocale *ea*, *ia*, *ie*, *io*, *yo* fol=
gen, so wird es wie sch ausgesprochen, z. B.:

O°ean (ohsch'n), Ocean. | Precious (presches), kostbar.
Musician (mjuhsisch'n), Musikus. | Halcyon (halsch)en), ruhig, glücklich.
Ancient (ehnsch)ent), alt, antik.

(¹) NB. So oft die Wörter "*subtile, subtility, etc.*" in dem Sinne von "*subtle, subtlety* (schlau, listig)" gebraucht werden, müssen sie ebenfalls „sott'l, sott'lti" ausgesprochen werden.

§. 90. In den Wörtern aus dem Italienischen lautet *c* wie tſch.

Violoncello (weio=lentſchello), Violoncell. | Vermicelli (wermitſchelli), Fadennudeln.

C. Stumm.

§. 91. *C* iſt ſtumm in den folgenden Wörtern:

Czar (ſahr), Zaar.
Czarina (ſahrine), Zaarin.
Indict (indeit), ſchriftlich anklagen.
Indictment (indeitment), Anklage.
Muscle (moßl), Muskel.

Arbuscle (arboßl), kleine Staude.
Corpuscle (korkoßl), kleiner Körper.
Victuals (wittels), Lebensmittel.
Victualler (wittler), Proviantmei=
ſter ꝛc. (1b)

Ch wie k.

§. 92. 1. *Ch* lautet wie k in beinahe allen aus dem Griechiſchen und Lateiniſchen hergeleiteten Wörtern, z. B.:

Ache (ehk), Schmerz (αχος); davon:
Head-Ache (hedd=ehk), Kopfſchmerz.
Heart-Ache (harrt=ehk), Herzweh ꝛc.
Architect (arkitekt), Baumeiſter.

Catechism (katti=kism), Katechismus.
Stomach (ſtommek), (στομαχος), Magen.
Chaos (keos), (χαος), Chaos.
Chasm (kasm), (χασμα), Kluft.

Wie k lautet *ch* auch noch in:

Hatchel (hakkl), Hechel.
Loch (lok), See.
Chameleon (kamihlj'n), das Chamäleon.
Chimera (kimira), Hirngeſpinnſt.
Choler (koler), Zorn.
Chyle (keil), Magenſaft.

Distich (biſtik), Diſtichen.
Echo (ekkoh), Echo.
Epoch (ihpok), Zeitabſchnitt.
Monarch (monnrk), Monarch.
Orchestre (orkeſtr), das Orcheſter.
Arch-angel (ark=ehndſchel), Erzengel.

Ausnahmen ſind:

Arch (artſch), der Bogen, verſchmitzt.
Arched (artſch'd), gewölbt.
Arch-enemy (artſch=ennemih), Erzfeind.
Arch-bishop (artſch=biſchepp), Erzbiſchof.
Arch-duke (artſch=djuk), Erzherzog.

Arch-deacon (artſchbihkn) Archibiaconus.
Archer (artſch'r), Bogenſchütze.
Archery (artſcheri), das Bogenſchießen.
Archwise (artſchueis), bogenförmig.
Stomacher (ſtommedſcher), der Bruſtlatz.

Ch wie ſch.

§. 93. 2. *Ch* lautet wie ſch in vielen aus dem Franzöſiſchen genommenen Wörtern, z. B.:

Chaise (ſchehs), Kutſche.
Chamois (ſchä=moi), Gemſe.
Champagne (ſcham=pehn), Champagner=
wein.

Chevalier (ſchewwelihr), ein Kavalier.
Charlatan (ſcharlet'n), Marktſchreier.
Machinery (meſchineri), Maſchinerie.

Ch wie tſch.

§. 94. 3. *Ch* lautet wie tſch in allen Wörtern celtiſchen oder angelſächſiſchen Urſprungs, z. B.:

Chin (tſchinn), Kinn.
Child (tſcheild), Kind.
Bench (bentſch), Bank.
Church (tſchörtſch), Kirche.

Birch (börtſch), Buche.
Much (mottſch), (ſpaniſch) *mucho*, viel.
Such (ſottſch), ſolcher.

Auch in folgenden Wörtern aus dem Hebräiſchen, Lateiniſchen und Franzöſiſchen:

Chalice (tſchalis), (*calix*), Kelch.
Charity (tſchariti), Mildthätigkeit.
Charge (tſchahrbſch), Amt, Koſten.
Change (tſchehnbſch), Börſe, Verän=
derung.

Chance (tſchanß), Zufall.
Cherub (tſchereb), Cherub.
Cherubic (tſcherebik), himmliſch, cheru=
biniſch.

(1b) Das Weitere über c in Verbindung mit e, ſiehe ꝛc §. 128 Seite 37.

Ch. Stumm.

§. 95. *Ch* ist stumm in:

Drachm (bramm), die Drachme, (aber nicht in *drachma* (brafma).
Schism (fiism), Kirchenspaltung.

Schedule (sebbsch'l), Liste.
Yacht (jott), Jachtschiff.

NB. *Cho* lautet wie *ku* in dem einzigen Worte *choir* (kueir), Chor (²).

D.

§. 96. *D* lautet:

1. Wie ein sehr weiches deutsches b, besonders am Ende der Silben; der Ausländer muß sehr aufmerksam auf die Aussprache des gebildeten Engländers sein (³); z. B.:

Bed (bebb), Bett.
Head (hebb), Kopf.

Die (bei), sterben.
Dry (brei), trocken.

2. Wie ein weiches *t* im Imperfectum und Particip der Zeitwörter, die auf *c, ch, f, k, p, sh, ss* und *x* enden, weil der Engländer nicht gern das *e* in diesen Wörtern hören läßt; z. B.:

Dressed (breßt).
Kissed (kißt).

Mixed (mirt).
Wished (uischt) ꝛc.

Diese Imperfecta und Participien ohne *e* zu schreiben, wird von Walker und Webster mit Recht sehr getadelt.

Bei dem Vorlesen der Bibel, Gebete und Predigten wird die Silbe *ed* für sich ausgesprochen, als *pla-ced* (plehß:eb), *bless-ed* (bleß:eb), gesegnet.

In Gedichten macht das *ed* bisweilen eine Silbe, bisweilen aber nicht; im ersten Fall sollten die Participien und Imperfecta ganz geschrieben sein, im zweiten Fall aber das *e* ausgelassen, als *plac'd* (plehßt), *bless'd* (bleßt).

§. 97. D. ist stumm

in *Wednesday* (uens:beh), Mittwoch, und *ribband* (ribb'n), besser *ribbon*, Band.

F.

§. 98. *F* lautet ganz wie im Deutschen, als:

Fire (feir), Feuer.

Find (feinb), finden.

Ausgenommen in der Präposition *of* (oaww) (von), wo es wie w lautet, zum Unterschied von *off* (oaff), ab, von.

F. Stumm.

§. 99. *F* ist stumm nur in den beiden Wörtern:

Halfpenny (hehpni), eine englische Kupfer= münze, 1½ Kreuzer an Werth.

Halfpence (hehp'ns), die Mehrzahl von *halfpenny*.

G. Hart.

§. 100. *G* lautet:

Hart wie das deutsche g in Gott, Garten, vor *a, o, u, l, r* und am Ende eines Wortes, z. B.:

Gave (gehw), gab.
Gone (gonn), gegangen.
Gun (gönn), Flinte.

Glory (glori), Ruhm.
Grave (grehw), Grab.
Dog (bogg), Hund.

---

(2) Das Weitere über *ch*, siehe *soh*, Seite 38. (3) Hierüber siehe Anmerkung 8 Seite 38.

Ausgenommen:

Gaol (dschehl), Gefängniß. | Gaoler (dschehler), Kerkermeister.

Diese Wörter werden auch *jail* (dschehl) und *jailer* (dschehl'r), geschrieben.

G wie dsch.

§. 101. Wie dsch unmittelbar vor e, i, y, z. B.:

General (dschennrl), General. | Gymnastic (dschimnaftik), Turnen.
Giant (dscheient), Riese. | Revenge (riwendsch), Rache.

Ausnahmen.

1. In hebräischen Eigennamen, z. B.: *Gera* (gera).

2. In Wörtern aus dem Angelsächsischen hat *g* immer seinen harten Laut; die hauptsächlichsten sind folgende:

Anger (an=ger), Aerger. | To giggle (gigg'l), kichern.
To begin (bi=ginn), anfangen. | To gild, vergolden.
Eager (ihg'r), begierig. | Gills, Fischohren.
Finger (finn=g'r), Finger. | Gimlet, ein Bohrer.
To forget (f'rr=get), vergessen. | To gird (gördi), gürten.
To forgive (f'rr=giww), vergeben. | Girdle (gördl), Gürtel.
Geck, Geck. | Girl (gördl), Mädchen.
Geese (gieß), Gänse. | Girth (görth), Sattelgurt.
To geld, kaftriren. | To give (giww), geben.
To get (gett), bekommen. | Hunger (honn=g'r), Hunger.
To gibber (gibb'r), kauberwälsch sprechen. | To linger (linn=g'r), schmachten, zögern.
Gibbous (gibb'es), höckerig. | Meager (mihg'r), mager.
Giddy (giddi), schwindlich. | Monger (monn=g'r), Händler.
Gift, Geschenk, Gabe. | Target (tarrg't), Art Schild.
Gig, ein zweirädriger Wagen. | Tiger (teig'r), Tiger.

3. Vor *e*, *i* und *y* bleibt *g* hart (mit Ausnahme der aus dem Lateinischen herstammenden Wörter, wie *exaggerate* (eks=adschereht), übertreiben, *suggest* (sobbdschest) (3), eingeben zc.), wenn es in Wörtern aus dem Sächsischen verdoppelt steht, z. B.:

Dagger (dagg'r), Dolch. | Stagger (stagg'r), wanken.
Swagger (suagg'r), großthun. | Biggin (bigg'n), Kinderhaube.
Dogged (dogged), mürrisch. | Piggin (pigg'n), Eimer zc.

G. Stumm.

§. 102. 1. Am Ende eines Wortes vor *m*, z. B.:

Phlegm (flemm), Schleim. | Paradigm (parabim), Beispiel.

2. Am Anfange vor *n*, z. B.:

Gnat (natt), Mücke. | Gnaw (noab), nagen.
Gnome (nohm), der Erdgeist. | Gnomonics (nohmonniks), Gnomonik.

3. Am Ende vor *n*, z. B.:

Sign (sein), Zeichen. | Impregn (imprenn), schwängern.
Reign (rehn), Regierung. | Impugn (impjuhn), angreifen.

Auch in den abgeleiteten Wörtern, z. B.:

Signed (seind). | Reigned (rehn'b).
Sigsling (seining). | Reigning (rehning) zc.

---

(3) Wenn das zweite "*g*" wie oben weich ist, wird das erste "*g*", wie im Italienischen, wie "*z*" ausgesprochen.

Ausgenommen, wenn eine von den Ableitungssilben *al*, *ant*, *ance*, *ate*, *ation*, *ature* und *aty* auf das *n* folgt, z. B.:

Signal (sig=nel), Signal.	Assignation (aßig=neh=schn), Bestellung.
Malignant (melig=nent), boshaft.	Signature (sig=netjerr), Unterschrift.
Malignancy (melig=nenßi), Feindseligkeit.	Benignity (benig=nitl), Güte, Milde.
Designate (beßig=neht), bezeichnen.	

4. In den folgenden Wörtern ist das *g* auch stumm:

Bagnio (banjo), Badehaus.	Intaglio (intal=jo), geschnittener Stein.
Poignant (poinent), durchbringend.	Seraglio (seraljo), Serail.
Signior (sinjohr), Herr.	

Gh.

§. 103. *Gh* lautet:

1. Hart wie *g* in Gott, z. B.:

Ghost (gohst), Geist.	Ghastly (gastli), geisterhaft ꝛc.

Auch in *burg*, Burgflecken und dessen Ableitungen *burgher*, Bürger; *St. Petersburg* (sehntpitersborg).

2. Wie *f* in folgenden Wörtern und deren Ableitungen:

Chough (tschoaff), graue Dohle.	To laugh (laff), lachen.
Clough (kloaff), Thalschlucht.	Laughable (laffebl), lächerlich.
Cough (koaff), Husten.	Rough (roff), rauh.
Draugh (braff), Bierhefe.	Slough (sloaff), Schlangenbalg.
Draught (brafft), Tratte, Schluck.	Tough (toff), zähe.
Draughts (braffts), Brettspiel.	Trough (troaff), Trog.
Enough (enoff), genug.	Slough aber ist (slau), Morastloch.

3. Wie *k* in:

Hough (hokk), Kniekehle.	Shough (schokk), ein Pudel.
Lough (lokk), ein See.	

NB. In Irland spricht man diese Wörter hoach, loach und schoach aus.

☞ In allen übrigen Fällen ist das *gh* stumm, z. B.:

High (hei), hoch.	Though (dthoh), obgleich.
Sigh (sei), Seufzer.	Through (thruh), durch (³ᵇ).
Height (heit), Höhe.	

H.

§. 104. *H*, wenn es ausgesprochen wird, lautet wie im Deutschen, z. B.:

Hand (hannd), Hand.	Head (hedd), Kopf.

H ist stumm.

§. 105. 1. Unmittelbar nach *r* in der nämlichen Silbe, z. B.:

Rhetoric (retorik), Redekunst.	Rhine (rein), der Rhein.

2. Am Ende eines Wortes nach einem Vocal, z. B.:

Hallelujah (halle=lu=ja).	Messiah (meß=sei=äd) etc. Ah, ah.

3. In den folgenden Wörtern:

Heir (ehr), Erbe.	Honesty (onn=esti), Ehrlichkeit.
Heiress (ehr=eß), Erbin.	Honour (onn=er), Ehre.
Humble (ommb'l), demüthig.	Honourable (onn=erebl), ehrenvoll.
Herb (erb), Kraut.	Hospital (oß=pitl), Spital.
Honest (onn=est), ehrlich.	Hour (aur), Stunde.
Humoursome (juhm'rsemm), launig.	Humour (juhm'r), Laune.
Humourist (juhm'rist), Humorist, Grillenfänger, Launiger Mensch.	Shepherd (scheperd), Schäfer.
	Shepherdess (scheperdeß), Schäferin.

J.

§. 106. *J* lautet immer wie b f d, z. B.:

John (dschonn), Johann.	Joke (dschoï), Spaß.
Jasper (dschaspr), Jaspis.	Just (dschoßt), gerecht.

Ausnahme:

In *Hallelujah* lautet es wie das deutsche j.

K.

§. 107. *K* lautet völlig wie im Deutschen, z. B.:

Kitchen (kitsch'n), Küche.	Kind (keind), gütig.

§. 108. K ist immer stumm

vor *n*, als: *Knife* (neif), Messer. *Know* (noh), wissen. *Knee* (nih), Knie.

L.

§. 109. 1. *L* lautet wie im Deutschen, z. B.: *London, Liverpool,* lip, Lippe.

2. Wie *r* in *Colonel* (korn'l), Oberst.

3. In der Endung *le*, vor welcher noch ein Consonant steht, bildet *l* einen dunkeln Laut und das *e* bleibt stumm, z. B.:

Fable (fehb'l), Fabel.	Battle (batt'l), Schlacht.
Sable (sehb'l), Zobel, schwarz.	Cattle (katt'l), Rindvieh.

L ist stumm.

§. 110. 1. In den Endungen *alf, alk* und *alm*, z. B.:

Half (hahf), die Hälfte.	Walk (uoahf), gehen.
Calf (kahf), Kalb.	Talk (toahf), sprechen.
Psalm (sahm), Psalm.	Calm (kahm), Windstille.
Palmy (pahmi), palmenreich.	Qualm (kuahm), Uebelkeit.
Palm (pahm), Palmbaum.	

NB. *L* lautet jedoch, aber sehr weich, in den Ableitungen:

Palmiferous (pal-miferes), palmenreich.	Psalmody (salmedi), das Psalmensingen.
Psalmist (salmist), der Psalmist	Psalter (salt'r), das Psalmenbuch.

2. *L* ist stumm in den folgenden Wörtern:

Almond (amm'nd), die Mandel.	Malkin (moakin), der Ofenwisch.
Calve (kahw), kälbern.	Salmon (sammen), Lachs.
Chaldron (tschoabren), Kohlenmaß.	Solder (soabr), löthen.
Falcon (foakn), der Falke.	Yolk (johf), das Gelbe im Ei.
Folk (fohf), Leute.	Could (kubb), könnte.
Fusil (fiusih), Flinte.	Should (schubb), sollte.
Halser (hoasr), Ziehseil.	Would (uubb), wollte, würde.
Halve (hahw), halbiren.	

M.

§. 111. *M* lautet ganz wie im Deutschen. —

Die Wörter *compt, accompt* und *comptrol* werden *count* (kaunt), *account* (akkaunt) und *control* (kontrol), ausgesprochen und jetzt auch meistens so geschrieben.

§. 112. M ist stumm.

Am Anfange eines Wortes vor *n*, z. B.:

Mnemonics, Gedächtnißkunst.	Mnemonical, mnemonisch.

N.

§. 113. *N* lautet gerade wie im Deutſchen, z. B.:

nine (nein), neun. | Night (neit), Nacht.

NB. In der Endung *ing* hat es viel Aehnliches mit dem franzöſiſchen Naſeton der wie das deutſche n g in Geſang, z. B.:

Sing, ſingen. | Thing, Ding.

N iſt ſtumm.

§. 114. Als Endbuchſtabe eines Wortes nach *l* oder *m*, z. B.:

Kiln (kill), Brennofen. | To condemn (könn-demm), verdammen.
Hymn (himm), Lobgeſang. | Solemn (ſoll'm), feierlich.
Autumn (oaht'm), Herbſt. | To limn (limm), mit Waſſerfarben malen.

NB. 1. Wenn *n* aber mit *m* nicht zur nämlichen Silbe gehört, ſo wird es ausgeſprochen, z B.:

Autum-nal (oah-tommnell), herbſtlich. | Solem-nity (ßo-lem-ni-ti), Feierlichkeit.

NB. 2. *N* iſt jedoch ſtumm in den Participien ſolcher Zeitwörter, in deren Infinitiv es ſtumm iſt, z. B.:

Contemn (könntemm), contemning (könntemming), contemned (könntemd), verachtet.

P.

§. 115. *P* iſt hart wie ein deutſches *p*, z. B.:

pepper, Pfeffer. | Pen, Schreibfeder.

P iſt ſtumm.

§. 116. 1. Am Anfange eines Wortes vor *t* oder *s*, z. B.:

sane (tiſann), Gerſtenwaſſer. | Psalm (ßahm), der Pſalm.
tolomy (tollemi), Eigenname. | Pseudology (ſjudolobſchi), falſche Lehre
alism (tel-ellſm), Speichelfluß. | Psychology (ſikolobſchi), Pſychologie.

2. In den folgenden Wörtern:

ps (ſohr), Truppenkorps. | Receipt (reſiht), Quittung.
rberry (raſberri), Himbeere. | Sapphire (ßaffir), Art Edelſtein.

Ph.

§. 117. 1. *Ph* lautet in der Regel wie f, z. B.:

opher (filoßofer), Philoſoph. | Phenomenon (fenom-en'n), Phänomen.
Wie w in:
r (newje), Neffe. | Stephen (ſtihwn), Stephan.
Wie p in:
ng (dip-thonng). | Ophthalma (op-thalma), Augenentzün-
ong (thrip-thonng). | dung.
t (nap-tha), Steinöl. | Ophthalmoscopy (op-thalmoſkopi).

Ph iſt ſtumm in:

Apophthegm (apothem), Denk- | Phthisic (tiſik), Schwindſucht.
ſpruch. | Phthisical (tiſikl), ſchwindſüchtig.

Qu.

19. *Qu* (denn *q* iſt ſtets von *u* begleitet) lautet wie ku oder t deutſchen Worte Quelle, z. B.:

n), Königin. | Quarrel (kuoarl), Streit.
l, ganz. | Question (kueſtſn), Frage.

3

NB. In mehreren Wörtern, französischen Ursprungs, lautet *qu* wie *t*, z. B.:

Coquet (foket), eine Rokette.
Conquer (fonnk'r), siegen.
Conqueror (konnk'rer), Sieger, nicht aber in *conquest* (konnkueß), Sieg.

Mosque (moßf), Moschee.
Arabesque (arabeßf), Arabeske.
Piquant (pikannt), scharf, beißend.

R.

§. 120. *R* lautet wie *r* im Deutschen, aber viel weicher, z. B.:

Robber (robb'r), Räuber.
Pearl (pörl), Perle.

River (riww'r), Fluß.
Ring (rinng), Ring.

Wenn nach *r* harte Consonanten folgen, hört man es wohl, aber nie so hart oder so schnarrend, wie in andern Sprachen; z. B.:

Cart (karrt), Lastwagen.

Hart (harrt), Hirsch.

NB. In der unbetonten Endsilbe *re*, unmittelbar nach einem Consonanten, wird *r* immer nach *e* gesprochen, z. B.:

Centre (ßent'r), Mittelpunkt.
Theatre (thihit'r), Theater.

Sabre (ßehb'r), Säbel.
Fibre (feib'r), Faser, Fiber.

R ist stumm.

§. 121. In *Marlborough* (malbörro), *Mrs.* (mißis), Madame.

S.

§. 122. *S* hat vier verschiedene Laute, z. B.:

1. Hart wie das deutsche ß, als: *sing* (ßing), singen.
2. Weich wie s, als: *lives* (leiwf), Leben.
3. Weich wie sch, als: *sugar* (schugg'r), (⁴) Zucker.
4. Weich wie das französische *j*, als: *persuasion* (persuehsch'n), Ueberredung.

1. S. Hart.

§. 123. 1. Hart ist *s* immer im Anfange eines Wortes, als:

Save (ßehw), retten.
Sunday (ßonnbeh), Sonntag.

Send (ßenb), senden.
Superlative (ßiuperlatiww), höchst (⁴).

2. Hart ist *s* in den Endungen *as* (nicht *eas*), *is*, *ous*, *us*, z. B.:

Atlas (atleß), Atlas.
This (bthiß), dieser.
Pious (peieß), fromm.

Chorus (kohreß), Chor.
Us (oß), uns.

Ausgenommen in den folgenden Wörtern, in welchen *s* weich ist:

As (af), als.
Has (haf'), hat.
Is (if'), ist.

His (hif'), sein.
Was (uoaf'), war.

3. Hart ist *s* nach *f, k, p, t, c, ph, th*, z. B.:

Proofs (pruhfß), Beweise.
Books (butfß), Bücher.
Hoops (huhppß), Reife.
Boots (buhtß), Stiefel.

Caps (kappß), Hauben.
Cats (kattß), Katzen.
Paths (patthß), Fußwege.
Seraphs (ßerr=effß), Seraphs.

(⁴) Die einzigen Wörter in denen das *s* wie sch lautet, sind die folgenden und deren Ableitungen:
Sure (schuhr), gewiß.   Usual (jusschu=el), gewöhnlich.
Sugar (schuggr), Zucker.   Usurer (jufcherer), Wucherer.
NB. Das *s* vor einem langen *u* immer wie sch hören zu lassen, und mit Moriz, Hausner und Andern
Suit (ßuht), Folge, Anzug.   Supreme (ßuhprihm), höchst, oberst ꝛc.
schuht, schuprihm auszusprechen zu wollen, ist höchst barbarisch.

4. In der Mitte der Wörter vor und nach einem Consonanten, z. B.:

Promiscuous (promißkju=öß), vermischt. | Inspector (inßpektr), Besichtiger.
Discharge (diß=tschardsch), entlassen. | Disinherit (bißinherit), enterben.

2. S. Weich.

§. 124. S ist weich:

1. Nach einem Consonanten, selbst wenn ein stummes o dazwischen kommt, z. B.:

Lives (leiwß), Leben. | Seals (sihlß), Siegel.
Beds (bebbß), Betten. | Sums (sommß), Summen.
Robs (robbß), er raubt. | Duns (bonnß), die ungestümen Mahner.
Rags (raggß), Lumpen.

2. Zwischen zwei Vocalen, z. B.:

Reason (rihs'n), Vernunft. | Measure (mesch'r), Maß.
Leisure (lihs=jör), Muße. | Feasible (sihs=ibl), thunlich, möglich.

3. S wie das französische j.

§. 125. S lautet wie das französische j:

In den Endungen sion, wenn ein Vocal vorhergeht, z. B.:

Persuasion (persuehsch'n), Ueberredung. | Cohesion (kohihsch'n), Zusammenhang.

Auch vor dem langen u nach einer betonten Silbe, z. B.:

Pleasure (plesch'r), Vergnügen. | Treasure (tresch'r), Schatz.

4. S wie sch.

§. 126. S lautet wie sch.

Wenn vor der Endung sion ein Consonant vorhergeht, z. B.:

Passion (pasch'n), Leidenschaft. | Expulsion (expolsch'n), Vertreibung.
Censure (sensch'r), Tadel. | Persian (persch'n), Perser.

3. Stumm.

§. 127. S ist stumm in:

Aisle (eil), Chorgang. | Hostel (ho=tel), Gasthaus.
Isle (eil), Insel. | Lisle (leil), Lille (Stadt).
Island (eilenb), Insel. | Carlisle (karleil), (Stabt).
Islander (eilenb'r), Insulaner. | Pas (pa), Vortritt.
Corps (kohr), Truppencorps. | Puisne (pju=ni), schwächlich.
Demesne (bimihn), Erbgut. | Sous (su), Kreuzer (französisch).
Disme (dihm), Zehente. | Viscount (weikaunt), Burggraf.

Sc.

§. 128. Sc lautet

1. Wie sk vor a, o, u, l und r, z. B.:

Scandal (skanb'l), Skandal. | Scull (sköll), Hirnschädel.
Scorn (skoarn), Verachtung. | Sclerotic (sklerotik), härtende Arznei.
Score (skohr), zwanzig. | Scroll (skrohl), Rolle.

2. Wie ß vor e, i und y, z. B.:

Scent (sennt), Geruch. | Scythe (seibth), Sense.
Science (seiennß), Wissenschaft.

Ausgenommen in folgenden Wörtern, wo das sc wie k lautet:

Sceptic (skeptik), Zweifler (b). | Sceleton (skeleten), Skelet (besser Ske-
Scirrhus (skirreß), verhärtete Drüse. | leton geschrieben).

3. Sc lautet:

Wie sch vor i, wenn ein anderer Vocal auf dieselbe folgt, und die vorhergehende Silbe betont ist, z. B.:

Conscience (konschennß), Gewissen. | Conscionable (konsch'nebl), gewissenhaft.

Sch.

§. 129. *Sch* lautet immer wie ſk, z. B.:

School (ſkuhl), Schule. | Scheme (ſkihm), Plan.

Ausgenommen in

Schism (ſiſm), Spaltung. | Schedule (ßedſchl), Liſte (6).

NB. Getrennt wird s und ch in folgenden Wörtern, z. B.:
Es-chew (eß=ſchuh), meiden. | Es-cheat (eß=ſchiht), Heimfallen (7).

Sh.

§. 130. *Sh* iſt dem deutſchen ſch völlig gleich, z. B.:

Shakspeare (ſchehkſpihr). | Shepherd (ſcheperd), Schäfer.

NB. In zuſammengeſetzten Wörtern werden s und h getrennt ausgeſprochen, z. B.:
Mis-hap (miß=happ), Unglück. | Dis-hearten (diß=hartn), entmuthigen.

T.

§. 131. *T* lautet:

1. Wie das deutſche *t*, in Hut, z. B.:
Mat (matt), Matte. | Hat (hatt), Hut.

T wie ſch.

§. 132. 2. Wie ſch wird *T* ausgeſprochen vor *i*, worauf ein anderer Vocal folgt, wenn der Accent auf der vorhergehenden Silbe liegt, z. B.:
Nation (nehſch'u), Nation. | Motion (mohſch'n), Bewegung.
Patience (peh=ſchenß), Geduld. | Sententious (ßen=ten=ſches), ſpruchreich.

Ausnahme.

Das *T* behält ſeinen eigenthümlichen Laut in den abgeleiteten Wörtern, deren Wurzelwort in *ty* endet, z. B.:

City (ßitti), Stadt. | Mighty (meiti), mächtig.
Cities (ßit=tihs), Städte. | Might-i-er (meit=i=er).
Pity (pitti), bedauern. | Twenty (tuenti), zwanzig.
He pities (hih pit=tihs), er bedauert. | Twentieth (tuentieth).

T wie tj.

§. 133. *T* lautet wie tj:

1. Wenn es nach der unbetonten Silbe vor *u* oder *eous* ſteht, z. B.:
Nature (neht=j'r), die Natur. | Righteous (reit=je's), gerecht.

2. In den Endungen *tial, tian, tion* nach *s* und *x*, und in den Hauptwörtern auf *tier* und *tude*, z. B.:
Celestial (ßeleßt=jell), himmliſch. | Mixtion (mirt=jenn), Miſchung.
Christian (kriſt=jenn), ein Chriſt. | Courtier (kort=jerr), Höfling.
Combustion (kommboßt=jenn), Brand. | Fortitude (fortti=tjud), Muth (8).

---

(6) Und deren Ableitungen. (7) Und deren Ableitungen.
(8) In den hier angeführten Fällen wird von Vielen das t wie tſch ausgeſprochen und Profeſſor Wagner, Wahlert, Knorr und Andere bezeichnen es auch ſo; es wird aber das t in dieſen Fällen von den vorzüglichſten Rednern im Parlament und vor dem Gericht, wie auch auf der Bühne, ſeit mehreren Jahren nicht mehr ſo ausgeſprochen, ſondern wie ich es bezeichnet habe, wie tj. Dieſelbe Bemerkung gilt auch für d vor ia, ie, io, eous und u, wo es ſtets dj ſtatt dſch ausgeſprochen werden ſollte, z. B.:
Meridian (merihd=jen), soldier (ßohld=jerr), odious (ohhd=jes), hideous (hihhd=jes), medium (mihhd=jemm), arduous (arb=ju=es), educate (ed=ju=keht), verdure (werd=jerr) ꝛc.
NB. Der gelehrte Dr. Webster, der 40 Jahre lang ſeine Mutterſprache ſtudirte, und 30 Jahre an ſeinem vorzüglichen Wörterbuche der engliſchen Sprache arbeitete, behauptet, daß er über 12000 Wörter in Walker aufgezählt habe, deren Ausſprache, hauptſächlich hinſichtlich des d und t, falſch angegeben iſt.

T wie s.

§. 134. *T* lautet wie ß in den zwei folgenden Wörtern und nicht wie ſch, wie man es in allen Grammatiken findet:

Satiate (ßaßi=eht'), ſättigen. | Satiation (ßaßi=eſchn), Sättigung.

NB. Das Wort *satiety* (Sattigkeit), wird jetzt immer ßa=tei=eti ausgeſprochen.

T. Stumm.

§. 135. 1. *T* iſt ſtumm:

In den Endungen *ten* und *te* nach *s* oder *f*, z. B.:

Often (off'n), öfters. | Whistle (huiß'l), pfeifen.
Soften (ſoff'n), weich machen. | Thistle (tbiß'l), Diſtel.
Castle (kaß'l), Schloß. | Bristle (briß'l), ſich ſträuben.

2. Auch in dem Particip in *ing* der Zeitwörter, die in *stle* enden, z. B.:

Bristling (brißling), ſich ſträubend. | Rustling (roßling), rauſchend.

NB. In dieſen Fällen aber wird das *s* oder *f*, welches dem *t* vorangeht, viel ſtärker und hauptſächlich das *s* als doppelt gehört.

3. *T* iſt in folgenden Wörtern auch ſtumm:

Bankruptcy (bankropßi), der Bankerott. | Hautboy (hoh=boi), Hoboe.
Chestnut (tſcheßnött), Kaſtanie. | Hostler (oßl'r), Hausknecht.
Christmas (kriß=meß), Weihnachten. | Mistletoe (miß'ktoh), die Miſtel.
Currant (korr'n), Johannisbeere. | Mortgage (morr=gibſch), Hypothek.
Debut (debuh), Antrittsrolle. | Ragout (reguh), Ragout.
Eclat (ekla), Aufſehen. | Toupet (tuhpe), das Toupet.
Gout (guh), Geſchmack.

NB. *Pestle*, die Mörſerkeule, wird jedoch (peß'l) ausgeſprochen.

Tch wie tſch.

§. 136. *Tch* lautet immer wie tſch, z. B.:

Clutch (klottſch), Krallen. | Flitch (flittſch), Speckſeite.
Crutch (krottſch), Krücke. | Bitch (bittſch), Hündin.
Fetch (fettſch), holen. | Stitch (ſtittſch), der Stich, nähen.

Th.

§. 137. *Th* hat zwei Laute, einen harten und einen weichen, z. B.:

Hart wie in *thin* (thin), *think* (think), dünn, denken.

Weich wie in *this* (dthiß), dieſer; *bathe* (behbth), baden.

Dieſe Laute, die der engliſchen Sprache ganz eigenthümlich ſind, können nur durch langen Umgang mit Engländern oder durch viele Uebung erlernt werden. *Walker* beſtimmt als die beſte Methode, dieſe Laute auszuſprechen: Die Zunge zwiſchen die Vorderzähne vorzuſtoßen, an die obern Zähne anzudrücken, und dann zu gleicher Zeit zu ver=ſuchen, die Laute von *s* oder das engliſche *s* hören zu laſſen. Dadurch erhält man die zwei eigenthümlichen Arten von Lauten, welche dem *th* eigen ſind. Verſucht man nämlich den Laut von *s* hören zu laſſen, ſo hat man den harten Laut; und verſucht man den Laut von *s* hören zu laſſen, ſo hat man den weichen Laut. Ich bin aber der Meinung, daß ſtatt *s* und *s*, man *d* und *t* auf dieſelbe Weiſe auszuſprechen verſuchen ſollte, denn bei der Ausſprache von *th* darf man nie etwas von *s* oder *s* hören laſſen, wie man es leider bei Nichtengländern nur zu oft hört.

Th. Hart.

§. 138. 1. *Th*. Am Anfange eines Wortes wird *th* in der Regel hart oder ſcharf ausgeſprochen, z. B.:

Thunder (thonnb'r), Donner.

Thimble (thimb'l), Fingerhut.

Thatch (thatsch), Strohbach.

Theatre (thi-ihtr), Theater.

2. Am Ende der Wörter und Silben, wenn nur ein Vocal vorhergeht, hat *th* ebenfalls den scharfen Laut, z. B.:

Wealth (uelth), Reichthum.

Hearth (harrth), Heerd.

Width (uibth), Breite.

Mouth (mauth), Mund.

South (sauth), Süden.

Cloth (⁹) (kloath), Tuch.

Both (bohth), Beide.

Bath (bath), Bad.

Lath (lath), Latte.

Path (path), Fußweg.

Oath (ohth), Eid.

Loth (lohth), unwillig.

Rothwell (roath-uell), Stadt in England und Eigenname.

Ausnahmen.

§. 139. 1. Ausgenommen von dieser Regel sind folgende Wörter:

Thou (bthau), du.

That (bthatt), jene, daß.

The (bthi), (Anm. 6, S. 11), der, die, das.

Their (bthehr), ihre.

Them (bthemm), sie.

Then (bthenn), dann, damals.

Thence (bthennß), daher, von dannen.

There (bthehr), da.

These (bthihs), diese.

They (btheh), sie.

Thine (bthein), der deinige.

This (bthiß), dieser ꝛc.

Those (bthohs), jene.

Though (bthoh), obgleich.

Thus (bthoß), so, auf diese Weise.

Thy (bthei), dein.

Than (bthann), dann, als.

With (uith), mit.

Within (uith-inn), darin, zu Hause.

Without (uith-aut), draußen.

2. Als Anfangsbuchstabe einer andern Silbe in folgenden Wörtern sächsischer Abstammung ist *th* ebenfalls weich:

Brother (brobth'r), Bruder.

Either (ihbth'r), einer von beiden.

Father (fahbth'r), Vater.

Feather (febth'r), Feder.

To gather (gabth'r), einsammeln.

Heathen (hihbth'n), der Heide.

Hither (hibth'r), hieher.

Mother (mobth'r), Mutter.

Other (obth'r), andere.

To further (forrbth'r), befördern.

Northerly (norrbtherli), ⎰ nördlich.

Northern (norr-bthern), ⎱

Neither (nihbth'r), keiner von beiden.

Pother (pobth'r), Lärm.

Thither (thibth'r), hierher.

Together (togebth'r), zusammen.

Farthing (farbthing), Heller.

Farther (farbth'r), ⎰ weiter.

Further (forrbth'r), ⎱

Rather (rahbth'r), lieber, eher.

Southern (sobthern), ⎰ südlich.

Southerly (sobtherli), ⎱

Southernwood (sobthern = uub), Rabwurz.

Worthy (uorr-bthi), würdig.

Th: Weich.

§. 140. *Th* ist immer weich:

1. Wenn ein stummes e nachfolgt, z. B.:

To bathe (behbth), baden.

Bathing (behbthing), badend.

Lathe (lehbth), Drehbank.

Blithe (bleibth), fröhlich.

Scythe (seibth), Sense.

2. Wenn zwei Vocale vorhergehen und das *th* zur selben Silbe gehört, z. B.:

Booth (buhbth), Bude.

Beneath (binibbth), unter.

To teeth (¹⁰) (tihbth), zahnen.

Wreath (rihbth), Kranz.

___

(9) In *cloths*, die Mehrzahl von *cloth*, wird das *th* weich ausgesprochen (kloahbths).

(10) Als Hauptwort heißt es (tihth), als Zeitwort heißt es (tihbth). Hierüber siehe die Liste der Wörter, welche als Adjective oder Hauptwörter den Accent auf der ersten, als Zeitwörter auf der letzten Silbe haben, Kapitel VII., Theil IV., V. Seite 68.

Ausnahmen.

Tooth (tuth), Zahn.	Faith (fehth), Glaube, und dessen Ab-
Teeth ([20]) (tihth), Zähne.	leitungen.

Th wie t.

§. 141. Nur in folgenden Wörtern lautet *th* wie ein einfaches *t*:

Asthma (astma), Engbrüstigkeit.	Thyme (teim), Thymian.
Isthmus (istmus), Landzunge.	Anthony (antoni), Anton.
Phthisic (tisik), Schwindsucht.	Thomas (tommes), Thomas.
Thames (temms), die Themse.	Thompson (tommsen), Familien-Name.
Thil (till), Deichsel.	

Th. Stumm.

§. 142. *Th* ist stumm in dem Worte *clothes* (klohs), Kleider, und seinen Ableitungen.

Bemerkung über die Aussprache des *Th*.

§. 143. Um die Wichtigkeit des richtigen Aussprechens des *th* klar vor Augen zu stellen, gebe ich folgende Liste von Wörtern, deren Sinn ganz verändert wird, wenn das *th* fälschlich als *t*, *d* oder *s* ausgesprochen wird:

Mit Th.	Mit S.	Mit D.	Mit T.
To thank, danken.	Sank, sank.	. . . .	Tank, Teich.
That, jenes.	Sat, saß.	. . . .	. . . .
Thaw, thauen.	Saw, sah.	Daw, Dohle.	Taw, Schnellkugel.
Thee, dich.	See, sehen.	Dee, Fluß in Wales.	Tea, Thee.
Theme, Aufgabe.	To seem, scheinen.	To deem, denken.	To teem, voll sein.
These, diese.	To seize, ergreifen.	. . . .	To teaze, plagen.
Those, jene.	Sows, näht.	Does, Hirschkühe.	Toes, Zehen.
They, sie.	To say, sagen.	Day, Tag.	. . . .
Thick, dick.	Sick, krank.	Dick, *Richard*.	To tick, picken.
Thigh, Schenkel.	Sigh, Seufzer.	To die, sterben.	To tie, binden.
Thin, dünn.	Sin, Sünde.	Din, Lärm.	Tin, Zinn.
Thing, Ding.	To sing, singen.	To ding, poltern.	To ting, klingen.
To think, denken.	Sink, sinken.	. . . .	Tink, klingen.
Thirty, dreißig.	. . . .	Dirty, schmutzig.	. . . .
Thou, du.	Sow, Sau.	. . . .	. . . .
Thought, Gedanke.	Sought, gesucht.	. . . .	Taught, gelehrt.
Faith, Glaube.	Face, Gesicht.	Fade, verwelken.	Fate, Schicksal.
Forth, fort.	Force, Kraft.	Ford, Furte.	Fort, Festung.
Worth, Werth.	Worse, schlechter.	Word, Wort.	Wort, die Würze.
To writhe, krümmen.	To rise, aufstehen.	To ride, reiten.	To write, schreiben.

V.

§. 144. *V* lautet durchaus wie ein deutsches *w*, z. B.:

Vine (wein), Weinstock.	Vinegar (winnegr), Essig.

V ist stumm in *sevennight* (sen-neit) (besser *se'nnight*), acht Tage.

X. Hart wie ks.

§. 145. 1. X am Ende einer betonten Silbe lautet hart wie *ks*, z. B.:

Axe (aks), Axe.	Excel (eks-zell), übertreffen.
Expire (ekspeir), sterben.	Tax (taks), Steuer.

2. Wenn die folgende Silbe den Accent hat und mit einem Consonanten anfängt, z. B.:

Excuse (ekskjuß), Entschuldigung.	Exculpate (ekskolpeht), entschuldigen.

3. Vor einer unbetonten Silbe, die mit einem Vocal anfängt, z. B.:

Execute (eks-e-kjuht), ausführen.	Exigence (eks-i-bschenß), Nothwendigkeit.

X. Weich wie gs.

§. 146. *X* ift weich wie gs vor einer betonten Silbe, die mit einem Vocal anfängt, z. B.:

Exact (egsakt), genau. | Exist (egsißt), fein, dafein.
Exile (egseil), Verbannung. | Exert (egsert), anftrengen.

X. Wie ein weiches f.

§. 147. *X* als Anfangsbuchftabe lautet wie ein englifches *s* oder ein fehr weiches deutfches f, z. B.:

Xerxes (ferrfses). | Xenophon (fenophonn).

NB. Die Wörter: *Luxury*, Ueppigkeit; *anxious*, ängftlich. und ähnliche müffen (loffsjerri, anfs=jeß) und nicht (löf=fchöri und änkfchös) ausgefprochen werden, wie man fie in manchen Sprachlehren findet.

Y.

§. 148. *Y* als Anfangsbuchftabe ift immer Confonant und lautet in diefem Falle genau wie das deutfche j, z. B.:

Year (jihr), Jahr. | Young (jonng), jung.

Y. Als Vocal.

§. 149. *Y* als Vocal lautet immer wie i an feiner Stelle lauten würde, z. B.:

Dayly, Daily (dehli), täglich. | Dryly, Drily (dreili), trocken.

NB. Die richtige Orthographie diefer Wörter ift *"daily, drily"*.

Z.

§. 150. *Z* lautet: 1. Wie ein fehr fanftes f in Rofe, z. B.:

Zeal (fihl), Eifer. | Razor (rehfr), Rafirmeffer.
Lazy (leh=fih), faul. | Dizzy (dif=fih), fchwindlig.

2. Wie das französifche *j*, ein fehr weiches fch oder ff vor den Endungen *ier, ure*, z. B.:

Glazier (glehf=jerr), Glafer. | Azure (af=jör), himmelblau.

3. Wie ein hartes f in dem Worte *Fitz* (fitts), z. B.:

Fitzclarence (fittsklar'unß), Sohn des | Fitzyork (fittsjorf), Sohn des Dorf. [11]
Clarence.

Diefer Ueberblick der Ausfprache ift bedeutend länger geworden, als ich es zuerft beabfichtigte, aber da diefe Grammatik in jeder Hinficht zur Erleichterung des Studiums meiner Mutter=Sprache gefchrieben worden ift, fo habe ich es für rathfam gehalten, hier folche Regeln anzugeben, welche geeignet find, diefen einzig fchweren Theil der Sprache zu erleich= tern; und hauptfächlich habe ich mein Augenmerk auf diejenigen gerichtet, welche die Sprache ohne Lehrer ftudiren wollen.

Die Ausfprache jedoch allein zu ftudiren, ift nie rathfam, denn wie fchon gefagt, ift die reine richtige Ausfprache nur aus dem Munde eines guten Lehrers, oder durch einen längeren oder kürzeren Aufenthalt in England felbft, oder durch häufigen Umgang mit Engländern, zu erlernen. Ohne fich die richtige Ausfprache angeeignet zu haben, ift es unmöglich, die Engländer zu verftehen, oder von ihnen verftanden zu werden.

---

[11] Das Wort *Fitz* bedeutet Sohn, wird aber heutzutage nur gebraucht bei den Kindern der königl. Herzöge von England aus morganatifcher Ehe, z. B.: die Kinder des Herzogs von *Clarence* heißen alle *Fitz*-clarence u. f. w. Es ift das französifche *"fils."*

Mit Hülfe eines geschickten Lehrers, lernt man, hinsichtlich der Aus=
sprache, in sechs Monaten mehr, als ohne dieselbe in sechs Jahren.

Um einen Begriff der Schwierigkeiten zu geben, auf welche man ohne
Lehrer stoßen muß, führe ich hier die folgenden Zeilen an, wo *ough* auf
siebenerlei Art ausgesprochen wird:

"*Though¹ the tough² cough³ and hiccough⁴ plough⁵ me through⁶;*

dthoh bthe toff koaff anb hikkopp plau mi thruh

Obgleich der zähe Husten und Schlucker pflügen mich durch;

O'er life's dark lough⁷ my course I still pursue."

ohr leiß dark loff mei kohrß ei ßill porrsjuh.

Ueber des Lebens dunkeln See meinen Lauf ich noch setze fort.

§. 151. Ueber die Aussprache der Endungen der Wörter.

Cean, cian, sion (¹²), *tion* unb *tian* (¹³), lauten wie ein ganz kurz und scharf aus=
gesprochenes (schenn), z. B.: *Ocean* (o=sch'n); *politician* (politisch'n); *pension*
(pennsch'n); *nation* (¹⁴) (nehsch'n); *tertian* (terrsch'n).

Cial, tial (¹³) lauten wie ein kurz ausgesprochenes (schell), z. B.:
Official (offisch'l), offiziell; *martial* (marrsch'l), kriegerisch.

Cient, tient lauten wie ein ganz kurz ausgesprochenes (schennt), z. B.:
Ancient (ehnsch'nt), alt; *patient* (pehsch'nt), geduldig.

Cious, scious und *tious* lauten wie ein kurz ausgesprochenes (schöß), z. B.:
Delicious (belisch öß), köstlich; *conscious* (konnsch öß), bewußt; *fictitious* (fiktisch öß),
erdichtet.

Science (¹⁵), *tience* lauten wie ein kurz ausgesprochenes (schennß), z. B.:
Conscience (konnsch'nß), Gewissen; *patience* (pesch'nß), Geduld.

Ceous lautet wie (scheß); *geous* wie (bscheß); *geon* wie (bschenn); z. B.:
Testaceous (teßte=scheß); *courageous* (kore=bscheß); *pigeon* (pibsch'n).

Eous, ious lautet wie (jeß); *eon, ian, ion* wie (jenn) (¹⁶), z. B.:
Duteous (bjutjeß); *tedious* (tihbjeß); *plebeian* (plebejenn); *chameleon* (kamehljenn). (¹⁷)

---

(12) **NB.** Hierüber siehe auch Seite XII. Rothwell's "*English Reader.*"
(13) Kommt vor der Endung "*tion, tian, tial*" ein "*s*" ober ein "*x*" zustehen, so wird das "*tion,
tian, tial*" wie (jenn) und (jell) ausgesprochen, z. B.: *digestion* (bi=bschestt=jenn), siehe § 133. S. 38.
(14) In ben Wörtern *occasion, invasion, provision, decision, division, adhesion*, wird das "*sion*"
sehr weich, wie wenn das „*s*" in „*Rose*" mit dem „*jenn*" verbunden wäre.
(15) **NB.** Als selbständiges Wort muß man "*science*" (Wissenschaft) (sei=enß) aussprechen.
(16) Die Endungen "*ier* und *ior*" lauten wie ein ganz weiches „*scher*", z. B.:
Glazier (glesch'r); *hosier* (hohsch'r).
Die Endungen "*sious* und *sion*" lauten wie „*ksch* und *kschen*", z. B.:
Anxious (ankß=jeß); *affluxion* (afflöksch'n).
(17) **For** the use of the student, it may be necessary to state here, that in this grammar
the words are marked according to their separate pronunciation, — as is the case
in all pronouncing dictionaries — and consequently that all monosyllabic words are
given as having accented vowel sounds. But in actual use, a very great proportion
of these monosyllabic words are never accented when they enter into sentences, except when some oblique or referential meaning makes them emphatic. The indefinite
article which we name ā (e) is pronounced Ă (= like the final e in the German
word Rose, sollte) in actual use and combination — that which we pronounce mī̆ (mih)
as a single word is never so pronounced in sentences except emphatically, (i. e. refer-
ring to you, him, her, etc) but drops its long quantity so as more properly to be marked
mĭ: — in like manner, *your* becomes yur' (ı r); *am, was, have, had . shall, and,* become
ăm, wŏs (uoß), hăd, shăll, ănd; *for* often becomes fŭr (fı r); *of* becomes ŭv (ŏw), *from,*
frŏm (fr'm), and *my* generally becomes mĭ: — so likewise the definite article, *which,*
when it stands alone, we call thē̆ (thih), shortens and often changes its vowel sound in
connection with other words, (except when emphatic), being pronounced thĕ (thĭ) when
it comes before a vowel sound, and thă, when it stands before a consonant sound: so
again the pronoun *you* in the accusative case and not emphatic, changes the full sound
of its vowel into a sound near to Ĭ, as ye (jĬ), etc. — These difficulties in pronunciation can only be surmounted by the aid of a good teacher; and in practice they
are not so great as they appear, or as many learned doctors represent them. Those
who speak their native language correctly and elegantly will find but little difficulty.

V. Kapitel.
Orthographische Regeln.

I. Von der Rechtschreibung.
II. Von den großen Anfangsbuchstaben.

Um vorliegende Grammatik so gemeinnützlich als möglich zu machen, gebe ich hier die von *Walker* aufgestellten orthographischen Regeln.

I. Von der Rechtschreibung.

I. Einsilbige Wörter auf f, l und s.

§. 151b. Einsilbige Wörter, die sich auf *f, l* oder *s* nach einem einfachen Vocal endigen, verdoppeln den Consonanten am Ende, z. B.: *Shall,* soll; *muff,* Muff; *glass,* Glas.

Die einzigen Ausnahmen sind:

If, of, as, gas, his, is, has, was, yes, us, this und *thus.*

II. Einsilbige Wörter, die nicht auf f, l oder s enden.

§. 152. Die einzigen Wörter, in welchen andere Consonanten am Ende verdoppelt werden, sind:

Add, bunn, butt, buzz, burr, cann (Kanne), *ebb, egg, err, inn, odd, purr* und *serr* (aber nicht *to whir* und *to whur*).

III. Y nach Consonanten in i verwandelt.

§. 153. *Y* am Ende eines Wortes nach einem Consonanten wird vor jeder hinzukommenden Ableitungssilbe in *i* verwandelt, es sei nun, um 1. den Plural des Substantivs, 2. die Personen des Zeitworts, oder 3. die Vergleichungsstufe zu bilden, z. B:

1. *Fly, flies,* Fliegen.
2. *To carry,* tragen; *I carry, thou carriest, he carries; carried, carrier.*
3. *Happy,* glücklich; *happier,* glücklicher; *happiest, happily.*

Y nach dem Participium in ing beibehalten.

§. 154. Das gegenwärtige Particip in *ing* behält das *y,* um das *i* nicht zu verdoppeln, z. B.:

To carry, tragen; *carrying,* tragend; *to marry,* heirathen; *marrying, etc.*

NB. Die Zeitwörter: *To die,* sterben; *to lie, to lie,* nehmen das ursprüngliche *y* in den Participien wieder auf, z. B: *dying,* sterbend; *lying,* liegend; *tying,* bindend.

NB. In zusammengesetzten Wörtern behält man das *y* bei, z. B.: *Hobbyhorse,* Steckenpferd; *drynurse,* eine Amme, (eine Bonne). Ausgenommen bei *petty,* wo das *y* in *i* verwandelt wird, z. B.: *Petticoat,* Unterrock; *pettifogger,* Rabbulist 2c. und in *merrimake,* lustig sein. Wenn ein auf *ty* sich endigendes Wort die Ableitungssilbe *ous* annimmt, so wird *y* in *e* verwandelt, z. B: *Beauty, beauteous.*

Y nach Vocalen unverändert.

§. 155. Nach einem Vocale bleibt das *y* in jedem Falle unverändert, z. B.:

1. *Boy* (Knabe), *boys, boyish.*
2. *To destroy* (zerstören), *I destroy, thou destroyest, he destroys.*
3. *Buoyant,* leicht.

Ausnahmen.

Die folgenden vier Zeitwörter machen eine Ausnahme von dieser Regel:

To pay, lay, say, stay, welche in *I paid* (ich bezahlte), *laid, said, staid,* sich verwandeln; das letztere wird jedoch auch oft *stayed* geschrieben.

NB. *Gayly* (heiter) und *Gayety* werden auch *gaiety* und *gaily* geschrieben und *laily* nur auf diese Art.

IV. Der Consonant am Ende betonter Silben wird verdoppelt.

§. 156. Ein einfacher Consonant am Ende eines Wortes nach einem einfachen kurzen Vocal in einer betonten Silbe wird vor einer hinzukommenden Ableitungssilbe, die mit einem Vocal anfängt, verdoppelt, z. B.:

Wit (uitt), Witz; witty, witzig.	To forbid, verbieten; forbidder, Verbieter.
Begin, anfangen; beginner, Anfänger.	Fen, Morast; fenny, morastig (¹).

Der Consonant nach einem Diphthong wird nicht verdoppelt.

Geht ein Diphthong vorher, oder ist die letzte Silbe unbetont, so wird der Consonant nicht verdoppelt, z. B.:

Toil, Mühseligkeit; toiling.	To offer, anbieten; offering.
Maid, Mädchen; maiden.	To suffer, leiden; suffering.

V. Wörter auf ch, s, sh, x, z.

§. 157. Wörter, die auf *ch*, *s*, *sh*, *x*, *z* enden, bilden den Plural durch Zusetzung der Silbe *es*, und die Personen der Zeitwörter durch *st*, *es*, z. B.:

Church (tschortsch), Kirche; churches.	Fox, Fuchs; foxes.
Kiss, Kuß; kisses.	Wish, Wunsch, thou wishest, he wishes.
Fish, Fisch; fishes.	

Der Genitiv solcher Wörter wird durch ein '*s* bezeichnet, z. B.:
James's hat: Jakob's Hut (²).

VI. Wörter, welche mit einem stummen e enden, behalten dasselbe.

§. 158. Wörter, die mit einem stummen *e* nach einem Consonanten enden, behalten bei jeder grammatischen Veränderung das *e*, z. B.:
I hate, ich hasse; *thou hatest*; *he hates*; *hated*, gehaßt; *places*, Stellen.

Ausnahmen find:

1. Adjective auf *y* oder *ish*, die nach Wörtern, welche mit einem stummen e enden, gebildet sind, z. B.:

e, Weinstock; viny.	Pale, blaß; palish.
e, Seil; ropy, fiebrig.	Slave, Sklave; slavish.

2. Participien in *ing* verlieren das *e*, z. B.:

(liw), leben; living.	Dive (beiw), tauchen; diving.

NB. Nach einem weichen *g* bleibt zuweilen das *e*, um Zweideutigkeiten zu [meid]en, z. B.: man schreibt
[swin]geing (suindsching), peitschen, hauen. | Singeing (sindsching), sengen;
[di]e von *swinging* (suinging), *singing* (singing), die Participien von *swing*, [swi]n, schweben und *sing*, fingen, zu unterscheiden.

3. **Wörter auf ein stummes e vor ful, less, ly, ness, hood und ment behalten dasselbe.**

§. 159. Das stumme *e* wird vor den Ableitungssilben *ful*, *less*, [les]s, *hood* und *ment* beibehalten, z. B.:

[f]ul (pihßfull), friedvoll.	False-hood (foalshubb), Falschheit.
[les]s (tehrleß), sorglos.	Chastise-ment (tschaßtißment), Züchtigung.
(klohßli), eifrig, heimlich.	
s (pehlneß), Blässe.	

[hat] diese Verdoppelung des Consonanten auch auf solche Wörter ausgedehnt, die den Accent [auf] der letzten Silbe haben, z. B. man findet
[wor]shipping, anbetend und *bigotted*, blind ergeben, anstatt *worshiping*, *bigoted*. Besonders [wird] *l* sehr oft verdoppelt, und man schreibt fast durchgängig *counsellor*, *traveller*, *travelling*, [trave]ler, etc. mit doppeltem l, wogegen man da, wo die Sprache die Verdoppelung des l erfor[dert], wie in: *Appal*, *miscal*, *reinstal*, *downfal*, *withal*, das eine l wegwirft.
[Web]er hat beide Unregelmäßigkeiten verbannt, und schreibt *worshiping*, *bigoted*, *counselor*, [travel]er, *miscaler*, *appall*, *miscall*, *reinstall*, etc.
[Ueber den] Genitiv siehe Regel III. IV., Seite 111 der Etymologie.

Ausnahmen find:

1. *Abridgment*, Abkürzung; *acknowledgment*, Anerkennung, und *jugdment* oder *judgement*, Urtheil.
2. Wenn vor dem e ein Vocal steht, z. B.:
   Due, *duly* (djuli), pünktlich; *truly* (truli), aufrichtig; doch findet man *bluely*, *blueness*, Bläue; *trueness*, Treue; *rueful*, kläglich.

VIII. Bor ible und able fällt das stumme e weg.

§. 160. Wörter mit einem stummen *e*, welche durch die Ableitungs= silben *ible* und *able* verlängert werden, verlieren das *e*, z. B.:

Blame (blehm), Tadel; blamable. | Cure (tjur), Kur; curable.
Sense (sennß), Verstand; sensible. |

Ausnahmen find:

Wenn *c* oder ein weiches *g* vor dem *e* steht, so bleibt das *e*, z. B.:

Peace (pihß), Frieden; peace-able. | Change (tschehndsch), Veränderung, change-able.

NB. Alle Wörter, die von *move* oder *prove* gebildet werden, behielten sonst das *e* bei, jetzt aber schreibt man sie (nach *Webster* u. s. w.) ohne *e*, z. B.:

Move (muhw), bewegen; movable. | Prove (pruhw), beweisen; provable.

IX. Nach ful, less, ly und ness behält das Stammwort den doppelten Consonanten.

§. 161. Wörter, die mit einem doppelten Consonanten, *l* aus= genommen, enden, behalten denselben, wenn sie mit *ful*, *less*, *ly*, *ness*, verlängert werden, z. B.:

Bliss-ful, segenreich; *stiff-ness*, Steifheit; *odd-ly*, sonderbar; *success-less*, erfolglos.

Wenn ein doppel "*ll*" vor "*ful*, *less*, *ly* und *ness*" kommt, so wird das eine *l* weggelassen, z. B.:

Full, voll, *fully*, *fulness*; *skill*, Geschicklichkeit, *skilless*; *hill*, Hügel, *hilly*; *will*, Willen, *wilful*.

Ausnahmen nach Johnson und Webster, sind:

Illness, *fellness*, *shrillness*, *tallness*, *stillness*.

X. In Zusammensetzungen wird ein Consonant weggelassen.

§. 162. Von doppelten Consonanten, die sich in Stammwörtern befinden, wird in Zusammensetzungen der eine oft weggelassen, wenn es der Deutlichkeit unbeschadet geschehen kann, — z. B. von

all, call, fall, fill, full, mass — bildet man
always, recal, befal, fulfil, handful, Christmas.

NB. Diese Regel ist aber bei weitem nicht allgemein, indem man selbst bei *Johnson* eben so viele Fälle findet, wo die beiden Consonanten beibehalten sind, als wo der eine weggelassen ist.

XI. Wörter auf our.

§. 163. Die unbetonten Endungen der Wörter auf *our*, welche größtentheils vom Lateinischen auf *or* abgeleitet sind, hat man in neueren Zeiten angefangen *or* zu schreiben, z. B.:

Honor, superior, inferior, statt: honour, superiour, inferiour, letztere stets.

XII. Wörter auf ick.

§. 164. Die Endung *ick* in Wörtern von mehr als einer Silbe wird jetzt allgemein *ic* geschrieben. Solche Wörter sind größtentheils aus dem Französischen entlehnt, und folglich sehr leicht zu merken; denn alle Wörter, die im Französischen auf *que* ausgehen, enden im Englischen auf *ic*, z. B.:

Music, *musique*, Mufik. | Politic, *politique*, Politif.
Public, *publique*, Publifum. | Rustic, *rustique*, bäuerifch ꝛc.

Die einfilbigen Wörter aus bem Angelfächfifchen unb Celtifchen behalten bas *k*, z. B.:

Sick, franf. Thick, bid. | Stick, Stoď. Sock, bie Soďe.

XIII. Zeitwörter auf ize.

Die Zeitwörter in *ise* fängt man in neuerer Zeit an mit *ise* zu fchreiben, z. B.:

Surprise anftatt *surprize; apologise* anftatt *apologize.*

Obgleich *ise* ftatt *ize* zu fchreiben bei ben beften Schriftftellern gebräuchlich ift, fo ift es boch von *Webster* nicht gebilligt unb auch von *Perry* nicht aufgenommen.

II. Vom Gebrauch der großen Anfangsbuchftaben.

I.

§. 165. Mit einem großen Anfangsbuchftaben werben im Engs lifchen gefchrieben:

I. Das erfte Wort in jeber fchriftlichen Mittheilung, z. B.:

I have the honor to inform you, that, etc. | Ich habe bie Ehre Sie zu benachrichtigen, baß u. f. w.

II. Das erfte Wort einer jeben Zeile in Gebichten, z. B.:

"Absent or dead, still let a friend be dear,
A sigh the absent claims, the dead a tear."

Abwefenb ober tobt, laß immer einen Freunb noch theuer fein,
Ein Seufzer gebührt bem Abwefenben, bem Tobten eine Thräne.

III. Das erfte Wort nach einem Punkte ober nach einem Frages unb Ausrufungszeichen, wenn biefe zugleich an ber Stelle eines Punftes ftehen, z. B.:

God is great. Man is mortal. | Gott ift groß. Der Menfch ift fterblich.
Have you seen the King? Yes. | Haben Sie ben König gefehen? Ja.
Oh, how beautiful! How good! | Ach wie fchön! Wie gut!

IV. Alle Benennungen, bie fich auf bie Gottheit beziehen, z. B.:

The Almighty. The Maker of heaven and earth. | Der Allmächtige. Der Schöpfer bes Himmels unb ber Erbe.
The Supreme Being. The Holy Spirit. | Das höchfte Wefen. Der heilige Geift.
Father of Heaven to Thee I pray. | Vater bes Himmels, zu Dir bete ich.

V. Alle Eigennamen ber Perfonen, ber Länber, Oerter, Meere, Gebirge unb Flüffe, alle Benennung ber Schiffe, ber Monate, Tage unb Fefte, fo wie auch bie Titel unb Seften, z. B.:

John, England, London, the Mediterranean, Mittelmeer; *the Alps, the Thames; the Mary,* bie Maria (ein Schiff); *January, Sunday, Christmas,* Weihnachten; *Lord Byron, Colonel Fox, the Duke of Wellington; Catholics, Protestants, Jews, etc.*

VI. Das erfte Wort einer jeben birekten Anführung, felbft wenn biefe nach einem Komma ftehen follte, unb welches im Deutfchen ein Kolon forbert, z. B.:

Mr. Valcour turning round to the Colonel, said, "Pray, Sir, who are you?" | Herr Valcour wanbte fich zum Oberften um unb fagte: „Bitte, mein Herr, wer finb Sie?"

VII. Alle Abjective, welche von Eigennamen ber Oerter unb Läns ber gebilbet finb, z. B.:

English, French, German, Italian, London porter, Paris fashion. | Englifch, franzöfifch, beutfch, italienifch, lonboner Porterbier, parifer Mobe.

VIII. Alle Substantive und Adjective in den Titeln der Bücher, z. B.:

Webster's Dictionary of the English Language.
Rothwell's Collection of Select Modern Poems, with German Notes, etc.

IX. Das Fürwort *I* und die Interjection *O* werden immer, *Oh*, *Ah* bisweilen und *Sir* häufig groß geschrieben, z. B.:

It is I. You! O, you are welcome! | Ich bin es. Sie! ach, Sie sind willkommen!
Good! Ah, how good thou art! | Gut! Ach, wie gut bist Du!

II.

Da in allen übrigen Fällen nur ein kleiner Anfangsbuchstabe gebraucht werden darf, so sieht man, daß alle Hauptwörter, welche Gemeinnamen sind, im Englischen abweichend vom Deutschen mit einem kleinen Anfangsbuchstaben geschrieben werden müssen.

VI. Kapitel.

I. Ueber die Trennung der Wörter in Silben.
II. Ueber den Accent.
III. Ueber die Interpunktion.
IV. Von den Abkürzungen und vom Apostroph.

I. Ueber die Trennung der Wörter in Silben.

§. 166. I. Ein einzelner Consonant zwischen zwei Vocalen gehört immer zur letzten Silbe, ausgenommen *x* und *ck*, und wenn das Wort zusammengesetzt ist, z. B.:

Dai-ly, grea-si-ly, aber: *Ex-amine, stock-ing, un-even.*

II. Beugungs= und andere besondere Endungen werden rein — das heißt nach dem Stamm=Wort getrennt, und man zieht nie, wie dieß im Deutschen gewöhnlich der Fall ist, den vorhergehenden Consonanten zu ihnen, z. B.:

To learn, lernen; *learn-ing, learn-ed, learn-er.*
To die, sterben; *dy-ing, di-ed.*
Free-dom, false-hood, good-ness, work-er.

III. Steht jedoch ein weiches *c* oder *g* vor einer Beugungssilbe, so werden diese mit der Endung der Beugung verbunden, z. B.:

Man-ger (mehn=bscher), *dan-ger, pla-ced* (pleß=d), *tra-ced.*

IV. Zwei Consonanten, welche eine Silbe anfangen können, dürfen, wenn der vorangehende Vocal lang ist, nicht getrennt werden, und werden beide zur folgenden Silbe gerechnet, z. B.:

Ta-ble, Tisch; *tri-fle,* Kleinigkeit.

Wenn aber der vorangehende Vocal kurz ist, oder wenn sie nicht zusammen ein Wort anfangen können, und zwischen zwei Vocalen stehen, dann müssen sie getrennt werden, z. B.:

Cas-ket, bas-ket, in-sect, un-der.

Ebenso werden auch Doppelconsonante getrennt, z. B.:

Er-ror, cof-fin, sum-mer, cot-tage.

V. Wenn drei Consonanten, die ein Wort anfangen können, in der Mitte eines Wortes zusammen kommen, und der vorhergehende Vocal lang ist, so darf man sie nicht trennen, z. B.:

De-throne, de-stroy, be-stow, schenken.

Wenn aber der vorhergehende Vocal kurz ist, so wird der erste Consonant zu der vorhergehenden Silbe gezogen, z. B.:

Dis-prove, dis-train, dis-tract.

VI. Wenn drei oder vier Consonanten, welche zusammen keine Silbe anfangen können, zwischen zwei Vocalen stehen, so gehören diejenigen von ihnen, die keine Silbe anfangen können, zu der vorhergehenden, die übrigen aber zu der folgenden Silbe, z. B.:

Parch-ment, hand-some, ab-stain, com-plete, dap-ple.

VII. Wenn von den drei Consonanten die zwei ersten *ck*, oder *mp* oder *nc* sind, so werden die zwei ersteren zur vorangehenden Silbe gezogen, z. B.:

Duck-ling, redemp-tion, unc-tion.

VIII. Zwei Consonanten, die zusammen gehören und nur einen Laut ausmachen, werden als ein Buchstabe betrachtet und nie getrennt, z. B.:

Ra-ther, e-cho, bi-shop, mo-ther.

IX. Zwei Vocale, die keinen Diphthong bilden, müssen in verschiedene Silben getrennt werden, z. B.:

Du-el, cru-el, de-ni-al, so-ci-e-ty, sa-ti-e-ty.

X. Zusammengesetzte Wörter werden nach ihren Theilen oder Wurzeln getrennt, z. B.:

Ice-house, glow-worm, over-power, never-the-less.

XI. NB. Die Endungen *cial, tial, sian, cean, tion, etc.*, welche als eine Silbe ausgesprochen werden, dürfen nie getrennt werden, z. B.:

Commer-cial, par-tial, Per-sian, na-tion, etc.

II. Ueber den Accent.

Allgemeine Regel nach *Dr.* Johnson.

§. 167. I. Unter Accent versteht man bekanntlich den größern Nachdruck, den man auf eine Silbe in Vergleich zu den andern Silben eines Wortes legt.

Hauptregel. Zweisilbige Wörter.

II. Als Hauptregel dient: Der Hauptaccent ruht immer auf der Stammsilbe aller aus dem Angelsächsischen abstammenden Wörter; in den aus den alten Sprachen hergeleiteten Wörtern dagegen ruht der Accent auf der Silbe, welche in der Ursprache betont ist, z. B.:

Speaker (spihk'r), Sprecher; *mirth-ful*, heiter ꝛc.

Compéndium; continue, von *continuo; exténuate*, von *extenuo, etc.*

III. Wenn ein zweisilbiges Wort zugleich Hauptwort und Zeitwort ist, so hat es als Hauptwort den Accent auf der ersten, als Zeitwort aber auf der zweiten Silbe, z. B.:

An áccent, Betonung; *to accént*, betonen.

IV. Ueberhaupt ruht bei zweisilbigen Hauptwörtern der Accent lieber auf der ersten, und bei zweisilbigen Zeitwörtern auf der letzten Silbe, z. B.:

Sub'-ject, Unterthan, Gegenstand. | *Tor'-ment*, Plage.

To sub-ject', unterjochen. | *To tor-ment'*, plagen.

V. Alle zweisilbigen Wörter, die auf *y, our, ow, le, ish, ck, cer, ter, age, en, et* enden, haben den Accent auf der ersten Silbe, z. B.:

Silly, favour, willow (¹), *battle, banish, music, oddrock, cancer, to batter* (²), *courage, fasten, quiet.*

VI. Den Accent haben auf der letzten Silbe die Wörter, welche sich endigen auf *eal, eer, ier, ee,* und die aus dem Französischen stammenden *ine, ise, ade,* z. B.:

Reveal, muleteer, cashier, degrée, machine, comprise, brigáde.

VII. Die zusammengesetzten Wörter haben den Hauptton auf dem ersten oder Bestimmungswort, z. B.:

Town-hall, Rathhaus; *black-bird,* Amsel.

Dreisilbige Wörter.

VIII. Drei = und mehrsilbige Wörter, welche durch Beugungssilben oder andere Endungen aus zweisilbigen entsprungen sind, bewahren den Accent da, wo ihn das zweisilbige Wort hatte, z. B.:

Lóve-liness, contémner (fontemmer), *bespátter, activity, etc.*

IX. Die dreisilbigen Wörter auf *ous, al, ion, ce, ent, ant, ate,* haben den Accent auf der ersten Silbe, z. B.:

Grácious, cápital, méntion, cóntinence, ármament, élegant, própagate, etc. (²b).

X. Die dreisilbigen Wörter auf *y, re, le* oder *ude,* haben gewöhnlich den Accent auf der ersten Silbe, z. B.:

Liberty, théatre, légible, plénitude, etc.

XI. Die dreisilbigen Wörter auf *ator* haben den Accent auf *a,* z. B.:

Legislátor (lebschiß-lehtr). | Liberátor, (libbr=ehtr) 2c. (³)

XII. Zuweilen aber ruht noch auf einer andern Silbe eines Wortes, außer jener, welche den Hauptton hat, ein obgleich schwächerer Nachdruck, und unterscheidet diese Silbe dadurch von den ganz unbetonten. Einen solchen Accent oder Nachdruck nennt man den Nebenton. Dieser Nebenton muß immer wenigstens zwei Silben von dem Hauptton entfernt sein.

III. Ueber die Interpunktion.

§. 168. I. Im Englischen hat man die nämlichen Interpunktionszeichen wie im Deutschen, z. B.:

1. *The Comma* [,], das Komma oder der Strich.
2. „   *Semicolon* [;], das Semikolon oder der Strichpunkt.
3. „   *Colon* [:], das Kolon oder der Doppelpunkt.
4. „   *Period or full stop* [.], der Period = oder Schlußpunkt.
5. „   *Note of Interrogation* [?], das Fragezeichen.
6. „   *Note of Exclamation* [!], das Ausrufungszeichen.

§. 169. Außer den obigen Unterscheidungszeichen sind noch zu bemerken:

1. *The Dash* [—] (⁴), die Pause oder Gedankenstrich.

---

(1) Ausgenommen *to allów* (ellau), *to avow* (ewau), *to endow* (endau), begaben.
(2) Ausgenommen *to de-tér,* abschrecken.
(2b) Ausgenommen die dreisilbigen Wörter in *ce, ent* und *ate,* welche von den Wörtern, die den Ton auf der letzten Silbe haben, herstammen, oder diejenigen, welche in der Mittel=Silbe einen Vocal vor zwei Consonanten haben, z. B : *connivance, promulgate. etc. etc.*
(3) Ausgenommen: *orator* (orretir), *senator* (sennetir), *legator* (leggetir), *barrator,* welche den Accent auf der ersten Silbe haben.
(4) *The dash* — wird oft, wie im Deutschen, als Trennungszeichen gebraucht, um die Wiederholung des "*said he, replied he*" (sagte er, erwiederte er) zu vermeiden, z B.: What's that there, said the wolf to the dog. | Was ist das da, sagte der Wolf zum Hunde. — Nothing — What! nothing! — A trifling | Nichts. — Was! nichts! — Nichts von Bematter. — But yet! — The collar by which | deutung. — Aber doch! — Das Halsband, I am bound, is perhaps the cause of | womit ich angebunden werde, ist vielleicht die what you see. | Ursache von dem was du siehst.

2. *The Parenthesis* [()], die Parenthese.
3. „ *Crotchet* oder *Bracket* [ ], die Klammer.
4. „ *Caret* [∧], das Einschaltungszeichen, das deutsche //, z. B.:

        ever   je
If I should ∧ see him again. | Wenn ich ihn // wieder sehen sollte.

5. *The Hyphen* [-], das Bindezeichen, z. B.: *Tea-pot*, Theetopf; *lap-dog.*
6. „ *Diaeresis* [··], das Trennungszeichen, z. B.: *Creätor, coädjutor.* (⁵)
7. „ *Quotation* [" "] oder [' '], das Anführungszeichen.
8. „ *Ellipsis* [—], die Ellipse bei Auslassung von Buchstaben oder Wörtern, z. B.: *G—d (God), k—g (king);* oder auch (… oder ———).
9. „ *Section* [§], der Paragraph= oder Abschnittszeichen.
10. „ *Asterisk* [*], das Anmerkungszeichen (Sternchen).
11. „ *Obelisk* oder *dagger* [†], das Kreuz, Anmerkungszeichen.
12. „ *Apostrophe* ['], der Apostroph, als Zeichen eines oder mehrerer ausgelassenen Buchstaben, z. B.: *I'd,* statt *I had, etc.* (⁶)

§. 170. II. Im Gebrauch des Komma's ist man im Englischen etwas sparsamer als im Deutschen. Es wird nicht gesetzt:

1. Wenn die Conjunction *that* oder *when* ausgelassen ist, z. B.:
He confessed *(that)* he was the thief. | Er gestand, (daß) er der Dieb sei.
She was terribly frightened every time *(when)* the Doctor came.

2. Bei Auslassung der beziehenden Fürwörter *(Relativa)*, who, which, z. B.:

The woman *(whom)* I loved. | Die Frau, die ich liebte.
The book *(which)* she chose. | Das Buch, welches sie wählte.

3. Wenn nach einem Accusativ ein Infinitiv folgt, z. B.:

I have often heard *Lord Palmerston* speak. | Ich habe Lord Palmerston öfters sprechen hören.
I could only guess *him to be* the King. | Ich konnte nicht anders vermuthen, als daß er der König sei.

Das Komma wird gesetzt:

§. 171. 1. Wenn man seine eigenen oder die Worte eines Andern anführt, wo man im Deutschen lieber das Kolon setzt, z. B.:

I beg you will answer me the following question, "Who were the great German Authors in Shakspeare's time?" | Ich bitte Sie mir die folgende Frage zu beantworten: Wer waren die großen deutschen Schriftsteller zu Shakspeare's Zeiten?

2. Die Wörter und Ausdrücke:

Above all, vor allem.	Secondly, zweitens.	In the next place, nächstens.
Again, wieder.	Formerly, früher.	
Nay, noch mehr.	Now, jetzt.	In short, kurz (gesagt).
So, so.	Lastly, letztens.	Finally, endlich, schließlich.
Hence, daher.	Once more, noch einmal.	Besides, außerdem.
However, jedoch.	On the contrary, im Gegentheil.	Perhaps, vielleicht.
First, zuerst.		

und ähnliche, werden durch ein Komma von den übrigen Theilen des Satzes getrennt, z. B.:

(⁵) Dieses Zeichen wird nur selten gebraucht. In der Poesie trifft man es bisweilen.
Siehe das Verzeichniß der Abkürzungen auf der nächst folgenden Seite, §. 172. Siehe auch
(⁶) §. 213 Seite 334 der Etymologie.

4*

I shall do it, however, 'tis difficult.	Ich werde es thun, jedoch ist es schwer.
Above all, give me a glass of wine.	Vor allem gib mir ein Glas Wein.
He feared want, hence, he overvalued riches.	Er fürchtete den Mangel, daher überschätzte er den Reichthum.

3. In allen anderen Fällen ist der Gebrauch des Komma's sowohl, als auch der aller übrigen Interpunktionszeichen in beiden Sprachen ziemlich übereinstimmend. (7)

IV. Von den Abkürzungen und vom Apostroph.

§. 172. Vom Apostroph, welcher im Deutschen gewöhnlich die Auslassung des Vocals e andeutet, macht man im Englischen einen weit ausgedehnteren Gebrauch, indem man an dessen Stelle nicht nur einzelne Vocale und Consonanten, sondern oft selbst ganze Silben ergänzen muß. Der Apostroph im Englischen zeigt nicht nur Auslassungen am Anfang, in der Mitte und am Ende eines Wortes an, sondern oft auch die Zusammenziehung zweier Wörter in Eines.

Vollständiges Verzeichniß der gebräuchlichsten Abkürzungen mittelst des Apostrophs, sowie verschiedener Abbreviaturen.

A.	Afternoon, Answer, Active,	Nachmittag, Antwort, Activ.
A. B.	Actium Baccalaureus, Bachelor of arts.	Magister, Baccalaureus.
Ab.	about,	ungefähr, um.
Abp.	Archbishop,	Erzbischof.
A. C.	Ante Christum, Before Christ.	vor Christi Geburt.
Act. Acct.	Account,	Rechnung, Nachricht.
A. D.	Anno Domini, In the year of our Lord,	im Jahre Christi.
Adml.	Admiral,	Admiral.
Admrs.	Administrators,	Verwalter.
Agt.	against,	gegen, wider.
A. M.	Anno mundi, artium, Magister, ante meridiem,	im Jahre der Welt, Magister, Vormittag.
Amt. am.	amongst,	unter, zwischen.
A'most.	almost,	beinahe, fast.
Ana.	of each a like quantity,	von jedem gleiche Theile.
Anab.	Anabaptist,	Wiedertäufer.
Anon.	Anonymous,	Anonyme, Ungenannter.
Ap.	Apostle, April,	Apostel, April.
Ans.	Answer,	Antwort.
A. R.	Anno regni,	im Jahre der Regierung.
A. U. C.	anno urbis conditae, in the year of Rome,	im Jahre Roms.
B. A.	Bachelor of Arts,	Baccalaureus.
Bar. Bart.	Baronet,	Baronet, Baron.
B. C.	Before Christ,	vor Christi Geburt.
B. D.	Baccalaureus Divinitatis, Bachelor of Divinity,	Baccalaureus der Theologie.
B. L.	Baccalaureus Legum, Bachelor of Laws,	Baccalaureus der Rechte.
B. M.	Baccalaureus Medicinae, Bachelor of medicine,	Baccalaureus der Medicin.

(7) NB. Ausführliches über den Gebrauch des Komma, Semicolon ꝛc., findet man Seite 34 des „Schlüssels zu den Aufgaben in Rothwell's vollständiger Grammatik der englischen Sprache."

Bp.	Bishop,	Bischof.
Bucks.	Buckinghamshire,	Graffchaft in England.
Bus'ness(bißneß)	business,	das Geschäft.
B. V.	Blessed Virgin,	Jungfrau Maria.
C.	*Centum*, Charles, Chanter,	Hundert, Karl, Sänger.
C. C. C.	Corpus Christi College,	eine Stiftung, so genannt.
Cant.	Canticles, Canterbury,	das hohe Lied, Graffchaft Canterbury.
Cantab.	Of Cambridge,	von Cambridge Universität.
Capt.	Captain.	Capitain.
Cass.	Cassandra,	Caffandra.
Cat.	Catechism.	Catechismus.
Cent.	*Centum*, a hundred,	Hundert.
Ch.	Church, Chapter.	Kirche, Kapitel.
Cha.	Charles, Chancellor,	Karl, Canzler.
Chan. Chanor.	Chance, Chancellor,	Zufall, Canzler.
Chap.	Chapter,	Kapitel.
Chron.	Chronicles,	Chronik.
Cit.	City, Citizen, Citadel,	Stadt, Bürger, Citabelle.
Cl.	*Clericus*, Clergyman, Clement,	Clerifei, Prediger, Clement.
Co.	County, Country, Company,	Graffchaft, Land, Compagnie.
Col (forrnel).	Colonel, Colossians,	Oberst, Coloffer.
Com.	Commissioner,	Commiffionär.
Con.	Constance, Constantine,	Conftanz, Conftantine.
Cor.	*Corinthius*, Corollary,	Corinth, Corollarium, Zugabe.
Corn.	Cornelius,	Cornelius.
C. R.	*Carolus Rex*,	König Karl.
Crim. con.	Criminal conversation,	Ehebruch, (gerichtlicher Ausdruck).
C. S.	*Custos Sigilli*, Keeper of the seals.	Siegelbewahrer.
C. P. S.	*Custos privati sigilli*, Keeper of the privy seal,	der geheime Siegelbewahrer.
Cust. Rot.	*Custos Rotulorum*, Keeper of the Rolls.	Urkundenbewahrer.
Cur.	Curate, Curius,	Unterpfarrer, Curius.
Cwt.	hundred weight,	Centner.
D.	Deanery, Division, Doctor, Duke, Dukedom,	Dechantfchaft, Divifion, Doktor, Herzog, Herzogthum.
D.	*denarius*, penny,	Pfennig.
Dan.	Daniel,	Daniel.
D. C.	Deacon of Christ Church, London,	Dechant an der Chriftuskirche.
D. D.	Doctor of Divinity,	Doktor der Theologie.
D. G.	By the Grace of God,	von Gottes Gnaden.
Deac.	Deacon,	Dechant, Dekan.
Dec. 10ber.	December,	December.
Deut.	Deuteronomy,	das 5te Buch Mofis,
Dit.	Ditto,	deffelben.
Do.	Ditto,	ditto, eben fo, beßgleichen.
Dr.	Doctor, Debtor,	Doktor, Schuldner.
Dum.	Dukedom,	Herzogthum.
E.	Earl,	Graf.
Earld.	Earldom,	Graffchaft.
Edm.	Edmund.	Edmund.
Edw.	Edward,	Eduard.
E'en, ev'n,	even (ihwn),	gar, einmal, fogar.
E'er (ehr),	ever,	immer, je.
E. G.	*Exempli gratia*, for Example,	zum Beifpiel, z. B.
Eliz.	Elizabeth,	Elifabeth.
'em.	them,	fie, ihnen.
Emb.	Embassador,	Gefandter.

Eng.	English, England,	englisch, England.
En'my.	enemy,	Feind.
Ep.	Epistle,	Brief, Epistel.
Eph.	Ephesians,	Epheser.
Esa.	Esaias,	Jesaias.
Esq. Esqr.	Esquire,	Ritter (ein Titel).
Ex. Excy.	Excellency,	Excellenz.
Ex'lent.	excellent,	vortrefflich.
Exp.	Express, Exposition, Expla- nation,	Expresse, Auslegung, Erklärung.
Ev'ry.	every,	jeder, jede, jedes.
F. A. S.	*Fraternitatis Antiquariorum socius,* Fellow of the Antiquarian Society,	Mitglied der Gesellschaft der Alter= thumsforscher.
F. D.	Defender of the Faith,	Vertheidiger des Glaubens.
Feb.	February,	Februar.
F. L. S.	Fellow of the Linnean Society,	Mitglied b. linnäischen Gesellschaft.
'foregoing.	aforegoing,	vorhergehend.
Fortnight.	fourteen nights,	vierzehn Tage und Nächte.
Fr. Fra.	France, French, Francis,	Frankreich, Franzosen, Franz.
F. R. S. et A.	Fellow and Associate of the Royal Society,	Mitglied der Königlichen Gesell= schaft und Theilhaber.
F. S. A.	Fellow of the Society of Arts,	Mitglied der Gesellschaft der Wissen= schaften.
G.	God, George, Great, Gospel,	Gott, Georg, Groß, Evangelium.
'gainst.	against,	gegen, wider.
Gal.	Galatians,	Galater.
Gar.	garrison,	Garnison.
Gard'ner.	gardener,	Gärtner.
Geo.	George,	Georg.
Gen.	General, Genesis,	General; I. Buch Mosis.
Genmo.	Generalissimo,	Generalissimus, Oberbefehlshaber.
Gent.	Gentleman,	Herr.
Gosp.	Gospel,	Evangelium.
Gov.	Governor,	Statthalter.
G. R.	*Georgius Rex*, King George,	König Georg.
Greg.	Gregory,	Gregor.
Grs.	grains,	Grane.
Hble.	Honorable,	Geehrter, ehrenvoll, ehrenwerth.
Heav'n.	heaven,	Himmel.
Heb.	Hebrew,	hebräisch.
Hen.	Henry,	Heinrich.
Hd.	honoured,	geehrt.
Hier.	Hieronymus,	Hieronymus.
H. M. S.	His ob. Her Majesty's Ship ob. Service,	Seiner ob. Ihrer Majestät Schiff ob. Dienst.
H. B. M.	His ob. Her British Majesty,	Seine ob. Ihre britische Majestät.
Hhd.	Hogshead,	Oxhoft.
Howe'er.	however,	indessen, jedoch.
H. P.	Half pay,	halben Sold.
Hum.	Humphry,	Humphri, Humfried.
Hund. hundd.	hundred,	hundert.
I'.	in,	in
Ib. ibid.	*ibidem,*	eben da.
I'd (eib).	I had, I would,	ich hätte, ich würde.
Id.	*idem,*	eben da.
I. e.	*id est,*	das ist.
Illus.	Illustrious,	Erlaucht.
In.	Inches,	Zoll (Maaß).
Incog.	*Incognito,* unknown,	unerkannt, Incognito.

Ino.	Inigo, Indigo,	Inigo, Indigo.
Inst.	instant, instance,	laufend, dieses Monats.
Inst.	Institution, Instrument,	Institution, Instrument.
Ja.	James,	Jacob.
Jac.	Jacob,	Jacob.
Jan.	January,	Januar.
J. D.	*Juris Doctor*,	Doktor der Rechte.
Jer.	Jeremy, Jerom,	Jeremias.
Jest.	Jesuit,	Jesuit.
J. S. H.	*Jesus Salvator hominum*,	Jesus.
Joh. Jo. Jn.	John,	Johann.
Josh.	Joshua,	Josua.
J. R.	James *Rex*,	König Jakob.
Jud.	Judges,	Das Buch der Richter.
Jul.	July,	Juli.
Jun.	June,	Juni.
Just.	Justice,	Justiz, Richter.
K. Kg.	King,	König.
Km.	Kingdom,	Königreich.
Kt. Knt.	Knight (neit),	Ritter.
K. B.	Knight of St. Andrews (Russia),	Ritter des St. Andreas-Ordens.
K. A. N.	Knight of Alexander Newski,	Ritter des Alexander-Newski-Ordens.
K. B. (K. G.)	Knight of the Bath, (Knight of the Garter),	Ritter vom Bathorden, (Ritter vom Hosenbandorden).
K. B. E.	Knight of the Black Eagle (Prussia),	Ritter des schwarzen Adler-Ordens (Preußen).
K. C.	Knight, of the Crescent (Turkey),	Ritter des Halbmond-Ordens (Türkei).
K. C. B.	Knight Commander of the Bath,	Ritter und Commandeur des Bathordens.
K. G. C. B.	Knight Grand Cross of the Bath,	Ritter und Großkreuz des Bathordens.
K. G. F.	Knight of the Golden Fleece (Spain).	Ritter des golbenen Bließes (Spanien).
K. G. V.	Knight of Gustavus Vasa (Sweden),	Ritter des Gustav Wasa-Ordens (Schweden).
K. M.	Knight of Malta,	Malthefer-Ritter.
K. P.	— of St. Patrick (Ireland),	Ritter des St. Patrick-Ordens.
K. M. T.	Knight of Maria Theresa (Austria),	Ritter des Maria-Therefia-Ordens (Oesterreich).
K. N. S.	Knight of the Royal North Star (Sweden),	Ritter des königl. Nordsternordens (Schweden).
K. S.	Knight of the Sword (Sweden),	Ritter b. Schwertordens (Schweden).
K. R. E.	Knight of the Red Eagle (Prussia),	Ritter des rothen Adler-Ordens (Preußen).
K. S. A.	Knight of St. Anne (Russia),	Ritter des St. Anna-Ordens (Rußland).
K. S. E.	— of St. Esprit (France),	Ritter des heil. Geist-Ordens (Frankreich).
K. S. F.	— of Ferdinand of Sicily,	Ritter des Ferdinand von Sicilien.
K. S. G.	— of St. George (Russia),	Ritter des heil. Georg-Ordens.
K. S. L.	— of the Sun and Lion (Persia),	Ritter des Sonnen- und Löwen-Ordens (Persien).
K. S. P.	Knight of St. Stanislaus (Poland),	Ritter des Stanislaus-Ordens (Polen).
K. S. W.	Knight of St. Wladimer (Russia),	Ritter des St. Wladimir-Ordens.
K. T.	Knight of the Thistle (Scotland),	Ritter des Distel-Ordens.
K. T. S.	Knight of the Tower and Sword (Portugal).	Ritter des Thurms und Schwerts (Portugal).

K. W.	Knight of William (Netherlands)	Ritter des Wilhelm=Ordens.
L.	Lord,	Lord, Herr.
Ladp. Ldp.	Ladyship, Lordship,	Titel der Lords und Ladies.
£. l.	*liber, libra,* book, pound,	Buch, Pfund.
lb.	pound,	Pfund, Gewicht.
Lam.	lamentations,	Klagen.
Ld.	Lord,	Lord, Herr.
L. D.	Lady day,	Maria Verkündigung.
Lev.	Leviticus,	dritte Buch Mosis.
Lieu.	Lieutenant,	Lieutenant, Statthalter.
L. L. D.	*Legum* Doctor, Doctor of Laws,	Doktor der Rechte.
L. M.	last month,	vergangenen Monat.
Lond.	London,	London.
Lp.	Lordship,	Herrlichkeit, Titel des Lords.
Lr. Lt.	letter,	Brief, Buchstabe.
L. S.	locus sigilli,	Platz des Siegels.
Luk.	Luke,	Lukas.
M.	Majesty, Member, Marquis, Monday, Morning, Marcus.	Majestät, Mitglied, Markis, Montag, Morgen, Markus.
M.	*manipulus,*	handvoll, Bündel.
M. A.	Master of Arts,	Magister der freien Künste.
Ma. Mm.	Madam,	Madam.
Majy. Mty.	Majesty,	Majestät.
Mar.	March, Mark, Martyr,	März, Markus, Märtyr.
Mart.	Martin, Martyr,	Martin, Martyr.
Mat.	Matthew,	Matthäus.
Math.	Mathematics,	Mathematik.
Mayn't.	may not,	mag nicht, kann nicht.
M. B.	Bachelor of medicine,	Baccalaureus der Medicin.
M. B.	Bachelor of music,	Baccalaureus der Musik.
M. D.	*Medicinae Doctor,*	Doktor der Medicin.
Mem.	Memento, remember,	gedenke.
Mem. Messieurs	Messieurs,	meine Herren, die Herren.
Mich.	Michael, Michaelmass,	Michaelis.
Min.	Minister,	Prediger, Minister.
Mons.	Monsieur,	Herr.
M. P.	Member of Parliament,	Parlamentsmitglied.
Mr. (mißtr).	Master,	Herr.
Mrs. (mißis).	Mistress,	Frau.
Ms.	Miss,	Mademoiselle, Fräulein.
Ms. M. S.	manuscript,	Handschrift.
Mss. M. SS.	manuscripts,	Handschriften.
M. S.	*memorias sacrum,*	dem Andenken.
N.	Note,	Note.
Nat.	Nathaniel, nativity,	Nathanael, Geburt.
Nem. Con.	*nemine contradicente,* unanimously,	ohne Widerspruch.
N. B.	*Nota Bene,* Take notice,	bemerke.
N'er, ne'er.	never,	nie, niemals.
Nic.	Nicolas, Nicodemus,	Nicolas.
N. L.	*non liquet,*	erhellet nicht.
N. S.	New Style,	neuen Styls (Zeitrechnung).
N't.	not,	nicht.
No.	*numero,* number,	Numero, Zahl.
Nov.	November,	November.
Num.	number, numbers,	Zahl, Zählen, Gesänge.
O.	Oliver, old,	Olivier, alt.
O.	on,	auf.
O'.	of.	von, Zeichen des Genitivs ꝛc.
Ob.	objection,	Einwurf, Einwendung.

Obd. obt.	obedient,	gehorſam.
Obj.	objection,	Einwendung.
Oct.	October,	Oktober.
O'er (ohr).	over,	über, vorüber.
On't (onnt).	on it,	barauf, barüber.
O. S.	Old Style,	alten Style.
P. P.	President, *Publius*,	Präſibent, Publius.
P.	*per, pro*,	für.
Pd.	paid,	bezahlt.
P. C.	*per Centum*,	für Hunbert.
Pag.	*Pagina*, page,	Seite.
Par.	Parish,	Kirchſprengel.
Par. Parl.	Parliament,	Parlament.
Pat.	Patriarch, patriot, patience, Patrick,	Patriarch, Patriot, Gebulb, Patrik.
Pen.	Penelope,	Penelope.
Pent.	Pentecost,	Pfingſten.
Pet.	Peter, Petrarch,	Peter, Petrarca.
Phil.	Philip, Philippians,	Philipp, ber Brief an bie Philipper.
Philem.	Philemon,	Philemon.
P. M.	*post meridiem*, afternoon,	Nachmittag.
P. M. G.	Professor of Music at Gresham College,	Profeſſor ber Muſik zu Gresham.
P. portion.	Proportion,	Verhältniß.
'pothecary.	apothecary,	ein Apotheker.
Pow'r.	power,	bie Macht.
Pr.	priest, primitive,	Prieſter, Erſter.
Prce.	Prince,	Prinz, Fürſt.
Prof.	Professor,	Profeſſor.
Pr. Th. Gr.	Professor of Theology at Gresham College,	Profeſſor ber Theologie zu Gresham.
Prt. Pt.	Present,	gegenwärtig, bieſes.
P. S.	Postscript,	Nachſchrift.
Prox.	*Proximo*, next month,	nächſten Monats.
Psal. (ſahm)	Psalm, Psalmist,	Pſalm, Pſalmiſt.
Pug.	*pugill*, handful,	handvoll, ber kleine Griff.
Q.	Queen, Question,	Königin, Frage.
Q.	*quere, quasi, quadrans*,	Frage, gleichſam, Farthing.
Q. C.	Queen's College,	eine Stiftung.
Q. d.	*quasi dicas*,	als ſagte man.
Q. E. D.	● *quod erat demonstrandum*, which was to be demonstrated,	welches zu beweiſen war.
Q. l.	*quantum libet*,	ſo viel man will.
Q. P. L.	*quantum placet*, as much as you please,	ſo viel es Ihnen gefällt.
Qr.	quarter,	Viertheil.
Q. s.	*quantum* sufficit,	ſo viel als recht iſt.
R.	*Rex, Regina*,	König, Königin.
Recvd. (reßihwb)	Received,	empfangen, erhalten.
Reg.	*Regius*,	königlich.
Regst.(rebſchißtr)	Registrar,	Regiſtrator.
Regimt.	Regiment,	Regiment.
Regr.	Register,	Regiſter, (Regiſtrator).
Regt.	Regent,	Regent.
Reg. Prof.	*Regius Professor*,	königlicher Profeſſor.
Rel.	Religion, Relation,	Religion, Verwanbter.
Ret.	Return,	Rückkehr.
Rev.	Revelation,	Offenbarung.
Rd. revd.	Reverend,	ehrwürbig, hochwürbig.
Ri.	Richard,	Richard.

R. M.	Royal Marines,	königliche Seesoldaten.
R. N.	Royal Navy,	königliche Flotte.
Ro.	Robert, Roger,	Robert, Roger.
Rom.	Romans,	Römer.
R. P.	*respublica,*	Republik, Staat.
R. S. S.	*Regiae societatis socius,*	Mitglied der königl. Gesellschaft.
Rt.	right,	sehr, hoch, recht.
Rt. Wpful.	Right Worshipful,	hochehrwürdig.
Rt. Honble.	Right Honorable,	hochzuverehrend, recht ehrenwerth.
Rt. Revd.	Right Reverend,	hochwürdiger.
S.	Shilling, Saint,	Schilling, Heiliger.
S. A.	*Secundum Artem,*	der Kunst gemäß.
Salop.	Shropshire,	Grafschaft.
Sa. Sam.	Samuel,	Samuel.
S. C.	*Senatus Consultum,*	Rathschluß.
'scaped, scap'd.	escaped,	entwischt.
Scil.	*scilicet,*	nämlich.
Sd.	said,	gesagt.
S'ennight.	seven nights,	acht Tage.
Sep.	September,	September.
Serj. (sahrbschn't)	Sergeant,	Sergeant.
Servt.	servant,	Diener.
Sh.	Shire,	Grafschaft.
'size.	assize,	ein gesetzliches Maaß.
S. N.	*secundum naturam,*	der Natur gemäß.
Sol.	Solution,	Auflösung.
Sp.	Spain, Spanish,	Spanien, spanisch.
'specially.	especially,	besonders.
'spy.	espy,	spioniren.
'squire, Squire.	esquire,	Edelknappe.
S.	Sir,	Herr.
Ss.	*semissis,*	ein halbes Pfund.
S. S. T. P.	*sacrosanctae Theologiae professor,*	Professor der Theologie.
St.	Saint, Street,	heilig, Heiliger, Straße.
Ste. Steph.	Stephen,	Stephan.
'stead.	instead,	anstatt.
S. V. B. E. E. Q. V. 8)		
Swd.	Sword,	Schwert.
T.	Thomas,	Thomas.
T'.	to,	zu, Zeichen des Dativs.
Th'.	the,	der, die, das, die.
The.	Theophilus,	Theophil, Gottlieb.
Tho.	Thomas,	Thomas.
Tho'.	though,	obgleich.
Th'old.	the old,	der Alte, die Alten.
Thro'.	through,	durch.
'till.	until,	bis.
Tim'rous.	timorous,	furchtsam.
'tis.	it is,	es ist.
To. Tob.	Tobias,	Tobias.
T'obey.	to obey,	gehorchen.
'twixt.	betwixt,	zwischen.
U.	un,	un (in Zusammensetzungen).
U. J. D.	*utriusque juris doctor,*	Doktor beider Rechte.
Ult.	*ultimus, ultimo.*	des letzten Monats, zuletzt.

---

(8) *Si valeas bene est, ego quoque valeo.*
If thou art in health, it is well, I am also well.
Wenn du dich wohl befindest, ist es gut, ich bin auch wohl.

Upo.	upon,	auf.
U. S.	United States,	bie vereinigten Staaten.
V.	Virgin,	Jungfrau Maria.
V.	*verse, vide*,	Vers, fiehe.
Venble.	venerable,	verehrungswürbig.
Viz.	*videlicet*,	nämlich, bas heißt.
V. g.	*verbi gratia*,	zum Beifpiel.
V. P.	Vice President,	Vicepräfibent.
V. R.	*Victoria Regina*,	Königin Victoria.
Wc. wch.	which,	welcher, welche, welches.
Will. Wm.	William,	Wilhelm.
Wi'me. (uimmt)	with me,	mit mir.
Wn. wn.	when,	wann.
Wo. wo.	who,	wer. welcher.
Wp.	Worship,	Gestrengen.
Wpful.	Worshipful,	Gestrenger, Hochachtbar.
W. R.	William *Rex*,	König Wilhelm.
Wt.	what,	was, theils.
Wth.	with,	mit.
Xn.	Christian,	Christian.
Xpher.	Christopher,	Christoph.
Xt.	Christ,	Christus.
Xtmas.	Christmas,	Weihnacht.
Y'.	ye,	ihr.
Ye. (*)	the,	ber, bie, bas, ben.
Ym. ym.	them,	fie, ihnen.
Yn. yn.	then,	bann.
Yor	Your,	Euer, Ihre.
Ys. ys.	this,	biefer, biefe, biefes.
Yt. yt.	that,	baß.
Yu. yu.	thou, you,	bu, ihr.
1st. 2d. 3d. 4th.	first, second, third, fourth,	erfte, zweite, britte, vierte.
20th. 21st.	twentieth, twenty-first,	zwanzigfte, ein unb zwanzigfte.
22d.	twenty second,	zwei unb zwanzigfte.
&. et.	and,	unb.
&c.	{ *et caetera*, and so on, and such like, and the rest,	{ unb fo weiter, unb bergleichen, unb bie Uebrigen.
Vol.	Volume,	ber Banb.
Fol.	*Folio*,	Foliant.
4to.	*Quarto*,	Quart.
8vo.	*Octavo*,	Octav.
12mo.	*Duodecimo*, Twelves,	Tuobez.
18mo.	*Octodecimo*, eighteens,	Octobez.
24to.	*Vigesimo-quarto*, Twenty-fours,	Halbbuobez.
32to.	*Trentesimo-duo*, Thirty-twos.	Sebez.

NB. Ein Verzeichniß ber verbalifchen Abkürzungen finbet man am Enbe ber unregelmäßigen Zeitwörter, Kap. XII. §. 213 Seite 234 ber Etymologie.

(*) Diefe Abbreviatur kommt aus bem angelfächfifchen Alphabet, beffen th eine bem y ähnliche Form hat.

VII. Kapitel.

I. Von der Paronymik, — oder Wörter, deren Aussprache ganz gleich ist, deren Sinn und Orthographie aber verschieden sind.

§. 173. Außer der chinesischen, in welcher man 2000 Wörter mit dem Laute *i* findet (¹), gibt es vielleicht keine Sprache, in welcher so viele gleichlautende Wörter zu finden sind, als in der Englischen; deßwegen ist es nöthig, daß Ausländer sich einigermaßen mit dieser Klasse von Wörtern vertraut machen.

Die folgenden Verzeichnisse werden das Studium dieses Theiles der Sprache sehr erleichtern. (²)

I.

Wörter verschieden geschrieben, aber ganz gleich ausgesprochen.

Abel (ehbl), Abel,
Able — fähig.
Accessary (ak-heßeri), Mitschuldige.
Accessory — hinzugefügt.
Adze (abbs'), eine Are.
Adds — fügt hinzu.
Ail (ehl), Krankheit, kranken,
Ale — starkes Bier.
Air (ehr), die Luft, lüften.
Ayr — Stadt in Schottland.
E'er — vor, bevor.
Eyre — Gerichtshof d. reisenden Richter.
Eyre — ein Familien-Name.
Heir — Erbe.
"The tender *heir* of Baron *Eyre*, of *Ayr*, justice in *Eyre*, *ere* (if *e'er)* he sallies forth to take the *air*, follows Dr. Hunter's maxim, and *airs* his pocket-handkerchief."
Airy (ehri), luftig.
Eyry oder Aerie — Raubvogelnest.
Aloud (elaub), mit lauter Stimme.
Allowed — erlaubt.
Altar (oaltr), Altar.
Alter — ändern.
An (ann), ein, eine.
Ann, Anne — Anna.
Analyst (annellist), der Analysirende.
Annalist — Annalist.

Ant (annt), Ameise.
Aunt — Tante.
Ark (ark), Arche.
Arc — das Segment.
Ascent (aßent), das Hinaufsteigen.
Assent — beipflichten.
Aught (oaht), irgend etwas.
Ought — soll, sollte.
Awl (oahl), Pfriem.
All — alle.
Bacon (behk'n), Speck.
Baken — gebacken.
Bails (behls), Bürgschaften.
Bales — Ballen.
Bald (boalb), kahl.
Bawled — schrie.
Ball (boal), Ball, Kugel.
Bawl — schreien.
Bare (behr), nackt, bloß.
Bear — Bär.
Bear — ertragen.
Barren (barr'n), unfruchtbar.
Baron — Baron.
Base (behß), schlecht.
Bass — Baß.
Be (bih), sein.
Bee — Biene.
Beach (bihtsch), Ufer.

(¹) Im Chinesischen hat der Laut, welchem das englische *e* oder das deutsche *i* entspricht, wenigstens 3000 verschiedene Bedeutungen, so daß man im Chinesischen eine ganz verständliche Abhandlung schreiben könnte, in welcher nur der Laut *e* vorkommt.

(²) In vielen Grammatiken findet man Verzeichnisse solcher Wörter, in keiner aber habe ich ein zuverlässiges gefunden, vielmehr nur solche, welche eher geeignet sind, den Lernenden irre zu führen, als ihm behülflich zu sein. Auf die Correctheit und Genauigkeit der vorliegenden kann jeder sich

(bihtſch), Buche.
(bihn), Bohne.
— gewesen.
(boh), Stutzer.
— buh!
) — Bogen (zum Pfeilschießen).
bell), Glocke.
— Schöne.
(berri), Beere.
— begraben.
(berrth), Gemach im Schiffe.
— Geburt.
blju), blau.
— blies.
(bohrb), Brett.
— bohrte, geplagt.
(bohr), Eber.
— Plage, Loch, bohren.
(bohlb), kühn.
d — gekegelt.
(bohrn), getragen.
— Grenze.
bau), beugen.
ı — Aſt.
(brehk), Gebüſch.
— brechen.
(bredd), Brod.
— erzogen.
t (breßt), Bruſt.
— Breſt.
l (breibl), hochzeitlich.
ı — Zügel.
n (brittn), Britannien.
ı — Britte.
h (brohtſch), anſpießen, anzapfen.
h — eine Broche.
w (berro), Kaninchengehäge.
gh — Burgflecken.
ei), bei, durch, von.
— kaufen.
dar (kall'ndr), Kalender.
ıer — Tuchpreſſe.
koahl), rufen.
— Netz (für Perücken).
ır (kalibr), Durchmeſſer.
ıe — die Art, Schlag.
(kehn), Rohr.
— Kain.
n (kann'n), Kanone.
— Kirchengeſetz, Canonikus.
t (karret), Möhre, gelbe Rübe.
— Karat.
(kaßf), Faß.
e — Helm.
kaßt), werfen.
— die Kaſte.
g (hihling), Stubendecke.

Sealing (hihling), ſiegelnb.
Cell (hell), Zelle.
Sell — verkaufen.
Cellar (hell'r), Keller.
Seller — Verkäufer.
Censer (henſr), Rauchfaß.
Censor — Cenſor.
Cent (hennt), hundert.
Sent — geſchickt.
Scent — Geruch.
Cere (hihr), wichſen.
Sear — verſengen, trocknen.
Seer — Seher.
Cession (heſchn), Abtretung.
Session — Sitzung.
Chagrin (ſchagrihn), Aerger.
Shagreen — Schagrain (Fiſchhaut).
Chaste (tſchehſt), keuſch.
Chased — jagte.
Check (tſcheff), hindern.
Cheque — Anweiſung a. einen Banquier.
Chronical (kronnikl), chroniſch.
Chronicle — Chronik.
Cit (hitt), Bürger.
Sit — ſitzen.
Cite (heit), vorladen.
Site — Lage.
Sight — Geſicht.
Clause (kloahs), bie Sentenz.
Claws — Klauen.
Clark (klark), Familienname.
Clerk — Commis, Geiſtlicher.
Clime (kleim), Klima.
Climb — klettern.
Close (klohſ'), Schluß.
Clothes — Kleider.
Coarse (kohrß), grob.
Course — Lauf.
Coin (koain), Münze.
Quoin — Keil, Eckſtein.
Coigne — Eckſtein.
Coquet (kohkett), kokettiren.
Coquette — eine Kokette.
A gay girl, who, after having gained
the attention of one lover, *casts him
off flirtingly*, and throws herself assi-
duously in the way of another.
Cord (kohrd). Strick.
Chord — Saite.
Core (kohr), das Herz, Innere.
Corps — das Corps.
Cot (koatt), Hütte.
Cott — Hängewiege.
Counsel (kaunſ'l), Rath.
Council — Rathverſammlung.
Cowl (kaul), Mönchskappe.

Coul (faul), tiefes Schaff.
Cozen (foff'n), betrügen.
Cousin — Vetter, Base.
"Your *cousin* is a *cozen*, for he has *cozened* his *cousin*".
Creak (freifl), fnarren.
Creek — Wasserbucht.
Cruel (fruh'l), grausam.
Crewel — Knäuel, Garn.
Cue (fju), Winf, Fingerzeig.
Kew — Kew (Name eines Orts).
Queue — Zopf, Schwanz.
Curb (förrb), Kinnfette.
Kerb — der Rand.
"If he had pulled the *curb*, his horse would not have thrown him against the *kerb* stone"
Cymbal (fimbl), Cymbel.
Symbol — Zeichen.
Cypress (feipreß), Cypresse.
Cyprus — Flor, Cypern.
Dam (bamm), Damm.
Damn — verdammen.
Dear (dihr), theuer.
Deer — Rothwild.
Deem (dihm), denken.
Disme — zehnten.
Deign (dehn), geruhen.
Dane — Däne.
Demean (demihn), sich erniedrigen.
Demesne — Domäne.
Dew (dju), Thau.
Due — schuldig.
"Give to every man his *due*".
"Distilled like drops of morning *dew*."
Die (dei), der Stempel, der Würfel, sterben.
Dye — Farbe, färben.
„When the *die* was cast, his cheek assumed a deeper *dye*, for he knew he must *die*".
Dire (dei'r), schrecklich.
Dyer — Färber.
Doe (doh), Rehkuh.
Dough — Teig.
Dram (bramm), Schnaps.
Drachm — Achtel einer Unze.
Draft (brafft), Wechsel, Tratte.
Draught — das Ziehen, der Schluck.
Dun (bonn), Geldmahner.
Done — gethan.
Dust (boßt), Staub.
Dost — (du) thuest.
Earnest (errneft), ernst, eifrig.
Ernest — Ernst, Name.
Faint (fehnt), matt, schwach.
Feint — Trug.
Fane (fehn), ein Tempel, Dachfahne.
Fain — gern.
Feign — sich stellen.
Fare (fehr), Speise.

Fair (fehr), schön; ein Jahrmarkt.
"*Fair* lady brisk and gay,
How have you *fared* this many a day?"
"Content, and careless of to-morrow's *fare*".
Fawn (foahn), Hirschkalb, liebkosen.
Faun — Faun, (Waldgott).
Feat (fibt), That.
Feet — Füße.
Fellow (fello), Mitglied, Gesell, Kerl.
Felloe — Radfelge.
Ferrulo (ferrl), Zwinge.
Ferule — Ruthe.
Feud (fjud), Streit.
Feod — Lehen.
Few (fju), wenig.
Feu — Lehngut.
Find (feind), finden.
Fined — an Geld gestraft.
Fisher (fischer), Fischer.
Fissure — Spalte.
Flee (flih), fliehen.
Flea — Floh.
"Three things only are done in *haste*; *fleeing* from the plague, escaping quarrels, and catching *fleas*".
Flour (flaur, Mehl.
Flower — Blume.
Flue (flu), Flaum, Kaminröhre.
Flew — floh.
Fore (fohr), vorder.
Four — vier.
Fort (fort), Feste.
Forte — Stärfe.
Forth (fohrth), fort, hin.
Fourth — vierte.
Fowl (faul), Vogel.
Foul — faul.
Freeze (frihf'), frieren.
Frieze — Fries.
Fur (forr), Pelz.
Fir — Föhre, Fichte.
Furze (forrs), Genster.
Furs — Pelze.
Firs — Fichten.
Gage (gehbsch), Pfand.
Gauge — abmessen.
Galloon (gelluhn), Borde.
Galleon — spanisches Schiff.
Gate (geht), Pforte.
Gait — Gang.
Gild (gillb), vergolden.
Guild — Innung.
Gilt (gillt), vergoldet.
Guilt — Schuld.
Gloze (glohf'), schmeicheln.
Glows — glüht.
Gore (gohr), geronnenes Blut.
Goer — Einer der geht.

(greht), Roft.
— groß.
(greht'r), Reibeisen.
r — größer.
y (griff=li), grau.
— gespensterartig, schrecklich.
(grohn), stöhnen.
— gewachsen.
(geßt), Gast.
d — errieth.
hehl), gesund.
— Hagel; grüßen.
ary Jenkins and Thomas Parr
ere very *hale* old men; the for-
er lived to the age of 169, the
tter 152".
hehr), Haar.
— Hase.
hihr), hören.
— hier.
ne *here* and *hear* a tale of woe".
(harrt), Herz.
— Hirsch.
herrd), Heerde.
— hört.
hju), hauen.
— Farbe.
— Hugo.
heib), Haut, verbergen.
— hineilen.
hei), hoch.
— eilen.
hißt), stille!
— gezischt.
(hohrd), Schatz.
— Horde.
hohl), Loch.
— ganz.
huhp), Reif.
— Jagdgeschrei.
aur), Stunde.
— unser.
(himm), Hymne.
— ihn, ihm.
I), ich, Buchstabe i. (5)
- das Auge.
I), in.
- Gasthof.
eet (innbißkriht), unvorsichtig.
ete — nicht abgetheilt.
(innheit), aufsetzen, schreiben.
— schriftlich anklagen.
I), Insel.
- ich will.
- Kreuzgang.
airer *Isle* than Britain, sun
er saw".
schamm), Eingekochtes.
— Thür=Pfoste.
hett), Wasserstrahl, Fagat x.

Jette (bschett), Gerüste von Holz am Hafenbamm.
Jettee (bschetti), Hafenbamm.
Jetty — schwarz wie Fagat.
Jury (bschuri), Geschwornen=Gericht.
Jewry — Judea.
Key (kih), Schlüssel.
Quay — Schiffslände.
Kill (kill), tödten.
Kiln — Kalkofen.
Knap (napp), knacken.
Nap — Schläfchen.
Knave (nehw), Schuft.
Nave — Rabe.
Kneel (nihl), knieen.
Neal — glühen.
Knell (nell), Todtenglocke.
Nell — Leonore.
Knew (nju), wußte.
New — neu.
Gnu — eine Art Antilope.
Knight (neit), Ritter.
Night — Nacht.
Knit (nitt), stricken.
Nit — Niße.
Knot (nott), Knoten.
Not — nicht.
Know (noh), kennen.
No — nein.
"*No* man's defects sought they to *know*", — "*No*, my love, *no*".
Lade (lehd), laden.
Laid — gelegt.
Lanch (lansch), werfen.
Launch — vom Stappel lassen.
Lane (lehn), Gäßchen.
Lain — gelegen.
Leak (lihk), Leck.
Leek — Lauch.
Least (lihßt), kleinste.
Leased — verpachtet.
Led (ledd), geführt.
Lead — Blei.
Lee (lih), das Lee (unter dem Winde).
Lea — eingehegter Platz.
Lessen (leß'n), verringern.
Lesson — Lection.
Liar (leir), Lügner.
Lier — Lieger.
Lyre — Leier.
Limb (limm), Glied.
Limn — malen.
Liniment (linniment), Schmiermittel.
Lineament — der Zug.
Lion (leien), Löwe.
Lien — Contract.
Literal (litt'rl), buchstäblich.
Littoral — zum Ufer gehörend.
Loan (lohn), Darlehen.
Lone — allein.

Lock (lock), Schloß (Thür).
Loch, Lough — der See.
Low (loh), niedrig.
Lo! — sieh!
Lynx (links), Luchs.
Links — Kettenglieder.
Made (mehd), gemacht.
Maid — Mädchen.
Mail (mehr), Panzer, Briefpost.
Male — Männchen.
Mantle (mannt'l), Mantel.
Mantel — Kamingesimms.
Manage (mannidsch), verwalten.
Manege — Reitbahn.
Mane (mehn), Mähne.
Main — Ocean, hauptsächlich.
Mark (marrk), Zeichen, Mark.
Mark — Marcus.
Marque — Bewilligung zum Capern.
Marten (mart'n), Marder.
Martin — Martin.
Maze (mehs), Irrgang.
Maize — Mais
Mead (mihd), Meth.
Meed — Lohn.
Mede — Meder.
Medal (meddl), Medaille.
Meddle — sich einmischen.
Mean (mihn), gemein.
Mien — Mine.
"Not *mean*, though simple."
"The same sweet form, the same enchanting *mien*".
Medler (medl'r), Naseweiser.
Medlar — Mispel.
Meet (miht), passend.
Meat — Fleisch.
Mete — messen.
Meet — begegnen.
Metal (mett'l), Metal.
Mettle — Muth, Feuer, Eifer.
Mighty (meiti), mächtig.
Mity — milbig.
Miner (mein'r), Bergmann.
Minor — minderjährig.
Mist (mißt), Staub=Regen.
Missed — vermißt.
Mite (meit), Milbe, Made.
Might — Macht.
Moan (mohn), stöhnen.
Mown — gemäht.
Mood (muhd), Gemüthsstimmung.
Mode — der Modus.
Mote (moht), Stäubchen.
Moat — Graben.
Mule (mjuhl), Maulesel.
Mewl — quicken (wie kleine Kinder).
Muse (mjus'), Muse, denken.
Mews — Marstall.
Naval (nehw'l), zu Schiffen gehörig.

Navel (nehw'l), Nabel.
Need (nihd), Noth.
Knead — kneten.
Ne'er (nehr), niemals.
Knare — Knoten.
Nun (nonn), Nonne.
None — keins.
Nought (noaht), nichts, Null.
Naught — böse.
Oar (ohr), Ruder.
Ore — Roherz.
O'er — über.
Ode (ohd), Ode.
Owed — schuldete.
Oh! (oh), ah!
Owe — schulden.
O — (⁵), o Buchstabe.
Our (aur), unser.
Hour — Stunde.
Pain (pehn), Schmerz.
Pane — Fensterscheibe.
Pair (pehr), Paar.
Pear — Birne.
Pare — schälen,
"Young Caledon and his Amelia were a matchless *pair*".
"We *pare* apples, *pears*, and cucumbers, but peel oranges".
Palace (palles), Palast.
Pallas — Pallas, Minerva.
Pale (pehl), Pfahl, blaß.
Pail — Eimer.
Pause (poahs), Pause.
Paws — Pfoten.
Peace (pihß), Friede.
Piece — Stück.
Peak (pihk), Kuppe.
Pique — Aerger.
Peal (pihl), Geläute.
Peel — Schale.
Peer (pihr), Pair.
Pier — Hafendamm.
Pencil (pennßil), Bleistift.
Pensile — hängend.
Phrase (frehs'), Phrase.
Frays — Schlägereien.
Pilot (peilet), Lootse, Steuermann.
Pilate — Pilatus.
Place (plehß), Stelle, Stätte.
Plaice — Scholle.
Plane (plehn), Hobel.
Plain — Ebene, flach.
Plate (pleht), Silberzeug, Teller.
Plait — Falte.
Please (plihs'), gefallen, bitte.
Pleas — Entschuldigungen.
Plum (plomm), Pflaume.
Plumb — Bleiwage.
Populace (popplulleß), Pöbel, Menge.

us (poppiuleß), volkreich.
(prehß'), Lob.
  — bittet, betet.
  — Raub, raubt.
preiß), Preis.
  — spähet.
al (prinßip'l), Vorstand, vornehmst.
le   — Grundsatz.
(proff=et), Gewinn.
t   — Prophet.
(kueir), das Buch Papier.
  — Chor.
(rabb=et), Fuge.
  — Kaninchen.
rehn), Regen.
  — Regierung.
  — Zügel.
upp), klopfen.
  — wickeln.
rehß'), zerstören.
  — Strahlen.
  — heben.
ebb), roth.
  — gelesen.
rehns), Zügel.
  — regiert.
  — Regen, Pl., regnet.
eßt), Ruhe, ruhen.
  — renken.
re (rei), Roggen.
  — krumm.
reim), Reif.
  — Reim.
reit), Ritus, Gebrauch.
  — recht.
  — schreiben.
  — Wagner.
rohd), Landstraße.
  — ritt.
rohl), mechanisch wissen.
  — schrieb.
oh), Reihe.
  — Reh.
hl), Verkauf.
  — Segel.
(sehl'r), Matrose.
  — Segler.
(ßatihr), Satire.
  — Satyr.
r (ßehweri), schmackhaft.
  — Pfefferkraut.
hl), Siegel.
  — gypsen.
ihm), Naht.
  — scheinen.
hb), Saamen.
  — abtreten.
ihn), gesehen.
  — Scene.
  — Schlagnetz.

Sensual (senn=schuel), sinnlich.
Censual   — die Volkszählung betr.
Shear (schihr), scheren.
Sheer   — lauter, fein.
Signet (sigg=nit), Siegel.
Cygnet   — junger Schwan.
Sink (sink), sinken.
Cinque   — fünf.
Single (sing'l), einfach.
Cingle   — Gurt.
Slight (sleit), Vernachlässigung.
Sleight   — Kunstgriff.
Sloe (sloh), Schlehe.
Slow   — langsam.
Sole (sohl), Sohle, allein.
Soul   — Seele.
Soar (sohr), sich schwingen.
Sore   — wehe thun, Wunde.
Sew (soh), nähen.
Sow   — säen.
So   — so.
Soon (suhn), bald.
Swoon   — Ohnmacht.
Sorrel (sorrl), Sauerampfer.
Sorel   — röthlich.
Stake (stehk), Pfahl.
Steak   — Fleischschnitte.
Stationary (stehschenerri), stillstehend.
Stationery   — Schreibmaterialien.
Steal (stihl), stehlen.
Steel   — Stahl.
Step (stepp), Schritt.
Steppe   — Steppe.
Stile (steil), Stiege.
Style   — Styl.
Succour (sokk'r), Hülfe.
Sucker   — Zweig.
Sum (somm), Summe.
Some   — einige, etwas.
Sun (sonn), Sonne.
Son   — Sohn.
Subtle (sott'l), schlau, listig.
Suttle   — Nettogewicht.
Suite (suiht), Folge, Gefolge.
Sweet   — süß.
  "A charming *suite* of apartments."
  "In *sweet* disorder lost."
Soared (sohrd), schwang sich.
Sord   — Rasen.
Sword   — Schwert.
Tacked (takk'd), mit Stiften befestigt.
Tact   — Geschicklichkeit.
Tail (tehl), Schweif.
Tale   — Erzählung.
Tare (tehr), Tara, Kornraden.
Tear   — zerreißen.
Tax (takks), Steuer, Taxe.
Tacks   — Stiften.
Team (tihm), Gespann.
Teem   — voll sein, wimmeln.

Tear (tihr), Thräne.
Tier — Reihe.
Their (bthehr), ihr.
There — ba.
Throne (throhn), Thron.
Thrown — geworfen.
Tide (teib), Fluth.
Tied — gebunden.
Time (teim), Zeit.
Thyme — Thymian.
Tolled (tohlb), geläutet.
Told — erzählt, sagte.
"He went and *told* the Sexton;
And the Sexton *toll'd* the bell".
Ton (tonn), Tonne, 20 Centner.
Tun — Faß.
Tract (trakt), Flugschrift, Strecke.
Tracked — auf der Spur gefolgt.
Tray (treh), Präsentirteller.
Trey — drei im Kartenspiel
Trait — ober (treht), Zug.
Turn (törrn), brehen, brechseln ꝛc.
Tourn — Scheriffs-Gericht.
Two (tuh), zwei.
Too — auch.
Too much (tuh mottsch), zu viel.
To (tuh, auch t') (⁴), zu.
"*Two* cats and a mouse.
Two wives in one house,
Two dogs and one bone,
Never agree in one".
Zwei Katzen und eine Maus,
Zwei Frauen in einem Haus,
Zwei Hund' an einem Bein,
Kommen nie überein.
Vale (wehl), Thal.
Veil — Schleier.
Vail — Trinkgeld.
Vane (wehn), Fahne.
Vain — eitel.
Vein — Aber.

Verge (werbsch), Rand, Grenze.
Virge — Stab.
Vial (weiel), Fläschchen.
Viol — Bratsche.
Wail (uehl), Wehklagen.
Wale — Anschrote (am Tuche).
Waist (uehst), die Taille.
Waste — verwüsten.
Ware (uehr), Waare.
Wear — tragen.
Wave (uehw), Welle.
Waive — bei Seite setzen.
Way (ueh), Weg.
Wey — Maaß, Wispel.
We (uih), wir.
Wee — klein.
Week (uihk), Woche.
Weak — schwach.
Weakly (uihkli), schwächlich.
Weekly — wöchentlich.
"*Week* passed after week, till, by
weekly succession",
"His *weakly* condition was past all
expression".
Weather (uedth'r), Wetter.
Wether — Widder.
Whiskey (huißki), Kornbranntwein.
Whisky — einspänniger Wagen.
Wood (uubb), Wald, Holz.
Would — wollte.
Wresting (reßting), Gewaltthätigkeit.
Resting — ruhend.
Ye (ji), ihr.
Yea (je), ja.
Yew (juh), Eibenbaum.
U — (⁵), u. (Buchstabe).
You — ihr, Sie.
Ewe — Schafmutter.
Yoke (johk), Joch.
Yolk — Eidotter.

II.

Wörter, die ganz gleich geschrieben und ausgesprochen werden, deren Bedeutung aber ganz verschieden ist.

Arms (arms), Waffen aller Art.
Arms — Wappen.
Arms — die Arme.
Calf (kahf), Kalb.
Calf — Einfaltspinsel, Dummkopf.
Calf — Wabe.
"Harry, I cannot think", says Dick,

"What makes my ancles grow so
thick".
"You do not recollect", says Harry,
"How great a *calf* they have to carry".
Cause (koahs), Ursache.
Cause — Prozeß.

Challenge (tſchallendſch), verwerfen.
Challenge — zum Zweikampf forbern.
Crown (kraun), Krone.
Crown — Geldſtück (3 fl.)
Cry (krei), weinen.
Cry — ausrufen, verkünden.
"A judge did once his tipstaff(⁶) call,
And say, 'Sir, I desire
You go forthwith and search the hall
And send me in the *crier*'. (⁷)
'And search, my lord, in vain I may',
The tipstaff gravely said:
'The *crier* cannot *cry* to-day,
Because *his wife is dead*'".
Dry (brei), trocken.
Dry — ſtreng, einfach, hart.
Effects (effekts), Wirkungen.
Effects — Habſeligkeiten.
End (ennb), Zweck.
End — Beſchluß, Enbe.
"Tom praised his friend who'd
changed his state,
For binding fast himself and Kate
In union so divine.
'Wedlock's the *end* of life, he cried:
'Too true, alas!' said Jack and sigh'd,
'Twill be the *end* of mine!'"
Felt (felt), gefühlt.
Felt — Filz.
General (bſchenn'rl), allgemein.
General — General.
Grave (grehw), Grab.
Grave — ernſt.
Head (hebb), Haupt, Kopf.
Head — Hauptpunkt.
Keep (kihp), behalten.
Keep — hüten (Bett ꝛc.)
Left (lefft), link, links.
Left — hinterlaſſen.
Maggot (magget), Made.
Maggot — Grille.
Measure (meſch'r), Maß.

Measure (meſch'r), Maßregel.
Order (orrb'r), Regel, Methode.
Order — Befehl.
Order — Orden.
Organ (orrg'n), Orgel.
Organ — Organ.
Painter (pehnt'r), Maler.
Painter — Fangleine.
Paste (pehſt), Teig, Thon.
Paste — falſche Edelſteine.
Promising (prommiſing), viel verſprechend.
Promising — Verſprechungen machend.
Raise (rehs), erhöhen.
Raise — erhalten, ſchaffen.
Rouse (rauſ), aufwecken.
Rouse — Lärm, Spektakel.
Spirits (ſpirrits), geiſtige Getränke.
Spirits — gute Laune.
"'Is my wife out of *spirits?*' said
John with a sigh,
As her voice of a tempest gave
warning:
'Quite out, sir, indeed', said the
maid in reply;
'For she *finished the bottle* this
morning'".
Subject (ſobbbſchekkt), Gegenſtand.
Subject — Unterthan.
Take (tehk), empfangen.
Take — ertragen.
Take in — (in), gaſtfreundl. empfangen.
Take in — betrügen.
Transport (trannßport), verbannen.
Transport — entzücken.
Up (opp), in Aufruhr ſein.
Up — aufgeſtanden.
Watch (uoatſch), eine Uhr.
Watch — Wache.
"He who a *watch* would wear, two
things must do:
Pocket his *watch*, and *watch* his
pocket too".

III.

Wörter, die ganz gleich geſchrieben werden, deren Ausſprache und Bedeutung aber verſchieden ſind.

Au-gust (oageſt), Auguſt.
Au-gust (ö-goßt), erhaben.
Buf-fet (boff-et), Fauſtſchlag.
Buf-fet′ (böf-fett), Theeſchrank.
Com′-pact (komm-pakt), Vertrag.
Com-pact′ (kom-pakkt), bicht, compakt.
Com′-press (komm-preß), Bäuſchlein.
Com-press′ (kom-preß), zuſammendrücken.
Con′-sole (konn-ſol), Kragſtein.

Con-sóle (kon-ſohl), tröſten.
Com′-et (komm-et), Comet.
Co-mét (ko-met), Kartenſpiel.
Courtesy (korr-te-ſi), Höflichkeit.
Courtesy (korrt-ſi), Knix (⁸).
Des′-ert (deſſ'rt), Wüſte.
De-sert′ (de-ſerrt), verlaſſen.
En′-trance (enntrnß), Eingang.
En-tran′ce (enn-trannß), entzücken.

Gal'lant (gall'nt), tapfer, edel.
Gal-lant' (gall'nt), Buhler, Zierling.
In'-cense (inn=senß), Weihrauch.
In-cense' (in=sennß), erzürnen.
Live (liw), leben.
Live (leiw), lebendig.
Lease (lihß), verpachten.
Lease (liehß), nachlesen, lügen.
Min'-ute (minnet), Minute.
Mi-núte (minjuht), umständlich.
—Minutely (minnetli), minutenweise.
Minutely (minjuhtli), genau, pünktlich.
Nó-ta-ble (not=ebl), merkwürdig.
Not'-a-ble (nott=ebl), in der Haushaltung
  erfahren.
Ob'-ject (obb=bschekt), Gegenstand.
Ob-ject' (ob=bschekkt), einwenden.
Pendant (penndent), Ohrgehänge.
Pendant (pennent), der Wimpel.
Poesy (po=e=si), Dichtkunst.
Poesy (poh=si), Denkspruch.
Provost (prowwost), Vorsteher, Rector.
Provost (pro=wo), Profoß.

Rá-ri-ty (reh=riti), Seltenheit.
Rar'-i-ty (rer=iti), Dünnheit.
Rec'-reate (rikk=ri=ett), erholen.
Re-cre-áte (ri=kri=eht), vom Neuen er=
  schaffen.
Resound (ri=sauhnd), Wiederhall.
Resound (ri=saund), Nachhall.
Rev'-el (reww'l), schwelgen.
Ré-vel (ri=well), zurückziehen.
Sewer (soer), Näher.
Sewer (sjuhr), ob. Shore (schohr), Cloak.
Slough (slau), Morastloch.
Slough (sloff), Balg einer Schlange.
Sough (soff), unterirdischer Graben.
Sough (soff), pfeifen (vom Wind.)
Sú-pine (sjuh=pein), das Supinum.
Su-pine (sju=peihn), auf den Rücken legen.
  tarr=i), bleiben.

  , eine Fähre.
  , durchwerfen.
Un'-dress (onn=breß), Haus=Kleidung.
Un-dress' (on=breß), auskleiden.

IV.

Wörter, die gleich geschrieben werden, wo aber der Accent in den Hauptwörtern und Adjectiven auf der ersten, und in den Zeitwörtern auf der letzten Silbe liegt.

Ab'-sent (abbs'nt), abwesend.
Ab-sent' (äb=sennt), sich zurückziehen.
At'-tribúte (at=tribjuht), Attribut.
At-trib'-ute (ättribb=jet), beimessen.
Cem'-ent (simm=ent), Cement.
Ce-ment' (si=mennt), verkitten.
Col'-league (koll=ihg), Amtsgenoß.
Col-league (köl=lihg), vergesellschaften.
Col'-lect (koll=ekt), Collecte (Gebet).
Col-lect' (köll=lekkt), sammeln.
Com'-ment (komm'nt), Commentar.
Com-ment' (kömm=mennt), erklären.
Com'-merce (komm=erß), Handel.
Com'-mer'ce (kömm=merß), verkehren.
Com'-plot (komm=plott), Complott.
Com-plot' (kömm=plott), verschwören.
Con'-cert (konn=sert), Concert.
Con-cert' (könn=serrt), verabreden.
Con'-duct (konn=dokt), Geleit, Betragen.
Con-duct' (könn=dokkt), führen.
Con'-fine (konn=fein), Grenze.
Con-fine (könn=fein), beschränken.
Con'-flict (konn=flikt), Kampf.
Con-flict' (könn=flikkt), streiten.
Con'-test (konn=test), Streit.
Con-test' (könn=teßt), disputiren.
Con'-text (konn=tekst), Zusammenhang.
Con-text' (könn=tekkst), zusammenweben.
Con'-trast (konn=traßt), Gegensatz.

Con-trast' (könn=traßt), contrastiren.
Con'-verse (konn=wers), Unterredung.
Con-ver'se (könn=werrß), sich unterreden.
Con'-vert (konn=wert), Bekehrte.
Con-vert' (könn=werrt), bekehren.
Con'-vict (konn=wikt), Missethäter.
Con-vict' (könn=wikkt), überführen.
Coun'-termand (kaunter=mand), Gegen=
  befehl.
Coun-termand' (kaunt'r=mannd), absagen.
Coun'-terplot (kaunter=plott), Gegenlist.
Coun-terplot' (kaunt'r=plott), durch Ge=
  genlist vereiteln.
Des'-cant (biß=kannt), Abhandlung.
Des-cant' (bi=skannt), weitläufig reden.
Di'-gest (bei=bscheßt), Pandekten.
Di-gest' (di=bscheßt), ordnen, verdauen.
Es'-cort (eß=korrt), Schutzgeleit.
Es-cort' (e=skorrt), escortiren.
Es'-say (eß=se), Versuch.
Es-say' (eß=seh), probiren.
Ex'-ile (eks=eil), Verbannter.
Ex-ile' (ek=seihl), verbannen.
Ex'-tract (eks=trakt), Auszug.
Ex-tract' (ek=strakkt), ausziehen.
Fer'-ment (ferrm'=nt), Gährung.
Fer-ment' (fer=mennt), gähren.
Fré-quent (frißq'nt), häufig.
Fre-quent' (fri=quennt), frequentiren.

Im'-port (imm-port), Wichtigkeit.
Im-pórt (im-pohrt) einführen.
In'-crease (inn-krihß), Vermehrung.
In-créase (in-krihß), vermehren.
In'-sult (inn-ßollt), Beleidigung.
In=sult' (inn-ßollt), beschimpfen.
In'-ter-dict (inntr-dikt), Verbot.
In-ter-dict' (intr-dikt'), untersagen.
Mis-con'-duct (miß-konndokt), Mißver-halten.
Mis-con-duct' (miß-könndokt), schlecht führen.
Per'-fume (perrfjöm), Wohlgeruch.
Per-fúme (p'r-fjuhm), parfumiren.
Per'-mit (perr-mit), Freizettel.
Per-mit' (p'r-mitt), erlauben.
Pré-cedent (prih-ßed'nt), Beispiel.
Pre-cédent (pri-ßihdent), vorhergehend.
Pré-fix (prih-fiks), Vorsilbe.
Pre-fix' (pri-fikß), vorsetzen.
Prel'-ude (prell-jöd), Vorspiel.
Pre-lúde (pri-ljub), einleiten.
Pres'-ent (pres'nt), Geschenk.
Pre-sent' (pre-ßennt), beschenken.

Prod'-uce (probb-jeß), Erzeugniß.
Pro-duce (pro-bjuhß), hervorbringen.
Reb'-el (rebb'l), Aufrührer.
Re-bel' (ri-bell), sich empören.
Rec'-ord (reff-orrb), Urkunde.
Re-cord (ri-koarb), registriren.
Ref'-use (reff-jöß), Ausschuß, Pasel.
Re-fúse (ri-fjuhß), verweigern.
Sub'-ject (sobb-dscheft), Unterthan.
Sub-ject' (sob-dschefft), unterwerfen.
Sur'-vey (sorr-we), Vermessung ꝛc.
Sur-vey' (sör-web), übersehen.
Tor'-ment (torr-m'nt), Plage.
Tor-ment' (tör-mennt), plagen.
Trans'-fer (trannß-f'r), Uebertragung.
Trans-fer' (tranß-ferr), übertragen.
Trans'-port (trannß-port), Frachtschiff ꝛc.
Trans-port' (tränß-pohrt), verbannen ꝛc.
Trav'-erse (traww'rß), überzwerch.
Tra-ver'se (trä-werrß), durchkreuzen.
Un'-derrate (onnbr-ret), zu geringer Preis.
Un-derráte (önbr-reht), zu gering an-schlagen.

V.

Wörter, die den Accent auf derselben Silbe haben, aber deren Orthographie oder Aussprache oder beides, demnach es Haupt-, Zeit- oder Eigenschaftswort ist, geändert wird.

Abuse (ebjuß), Mißbrauch.
Abuse (ebjuhf), beschimpfen.
Advice (ebweiß), Rath.
Advise (ebweihß), rathen.
Bath (bath), Bad.
Bathe (behbth), baden.
Belief (bilihf), Glaube.
Believe (bilihw), glauben.
Breath (breth), Athem.
Breathe (brihbth), athmen.
Cicatrice (ßifetriß), Narbe.
Cicatrize (ßifatreihß), vernarben.
Close (floß), verschlossen.
Close (flohß), zuschließen.
Cloth (floath), Tuch.
Clothe (flohbth), kleiden.
Cowardice (kaur-beiß), Feigheit.
Cowardize (kaur-beihß), feig machen.
Diffuse (diff-fjuß), verbreitet.
Diffuse (diff-fjuhß), ausgießen ꝛc.
Disuse (biß-juß), außer Gebrauch.
Disuse (biß-juhß), nicht mehr brauchen.
Excuse (ekß-fjuß), Entschuldigung.
Excuse (ekß-fjuhß), entschuldigen.
Glass (glaß), Glas.
Glaze (glehß), mit Glas versehen.
Grass (graß), Gras.
Graze (grehß), grasen.
Grease (grihß), Fett.

Grease (grihß), schmieren.
House (hauß), Haus.
House (haubß), beherbergen.
Loose (luhß), locker, weit.
Lose (luhß), verlieren.
Louse (lauß), ein flügelloses Hausthierchen, besser bekannt als verehrt.
Louse (lauhß'), lausen.
Misuse (miß-juß), Mißbrauch.
Misuse (miß-juhß), mißbrauchen.
Mouse (mauß), Maus.
Mouse (maubß), mausen.
Mouth (mauth), Mund.
Mouth (maubth), laut sprechen.
Prophecy (proff-eßi), Prophezeihung.
Prophecy (proff-eßei), prophezeihen.
Reproof (reprnf), Vorwurf.
Reprove (repruhw), tadeln.
Sheath (schibth), Scheide.
Sheathe (schihbth), bedecken.
Thief (thihf), Dieb.
Thieve (thihw), stehlen.
Use (jußß), Gebrauch, Nutzen.
Use (jußf), gebrauchen.
Wife (ueif), Ehefrau.
Wive (ueiw), sich verheirathen.
Wreath (rihth), Kranz.
Wreathe (rihbth), flechten.

VI.

**Wörter, die verschieden geschrieben sind, deren Aussprache aber
beinahe gleich ist.**

Ability (e-billitih), Fähigkeit.
Hability (he-bilíti), Tüchtigkeit.
Accidence (akk-zibennß), Formenlehre.
Accidents (akk-zidents), Zufälle.
Acts (akts), Handlungen.
Axe (aks), Art, Beil.
Add (abb), hinzufügen.
Had (habb), hatte.
Adulteress (edolltreß), Ehebrecherin.
Adulterous (edolltröß), ehebrecherisch.
Airy (ehri), lüftig
Hairy (hehri), haarig.
Am (amm), bin.
Ham (hamm), Schinken.
And (annb), und.
Hand (hannb), Hand.
Ardour (arb'r), Eifer.
Harder (harb'r), härter.
Ark (arrk), Arche.
Hark! (harrk), höret!
Arm (arm), Arm.
Harm (harm), Schaden
Arras (arröß), Tapete.
Harras (harröß), ermüden.
Arrow (arro), Pfeil.
Harrow (harro), Egge.
Art (arrt), Kunst.
Hart (harrt), sechsjähriger Hirsch.
Heart — Herz.
As (aß), als.
Has (haß), hat.
Assistance (äß-ßist'nß), Hülfe.
Assistants (äß-ßistents), Gehülfen.
Attendance (attend'nß), Aufwartung.
Attendants (attendents), Aufwärter.
Ballad (balled), Ballade.
Ballet (bal-lett), Ballet.
Balot (ba-lett), ballotiren.
Bodice (bobbiß), Corset.
Bodies (bobbihß), Körper.
Boneless (bohnleß), knochenlos.
Bonlace (bohnlehß), geklöppelte Spitzen.
Boy (boai), Knabe.
Buoy (buoi), Boje.
Breadth (brebth), Breite.
Breath (breth), Athem.
Candid (kannb'b), aufrichtig.
Candied (kannbihb), überzuckert.
Cliff (kliff), Klippe.
Kleff (kleff), Schlüssel (Musik).
Coffin (koff'n), Sarg.
Cough'ing (koffing), hustend.
Collar (koall'r), Kragen.
Choler (koll'r), Zorn.

Colour (kol'r), Farbe.
Concert (konns'rt), Concert.
Consort (konnsört), Ehemann, Ehefrau.
Coóly (ku-li), Lastträger in Indien.
Coolly (kuhl-li), leidenschaftslos.
Cor'al (korrl), Koralle.
Chóral (korl), einem Chor gehörig.
Correspondence (korresponnbenß), Umgang.
Correspondents (korresponnbents), Correspondenten.
Corvetto (korrwett), kleines Kampfschiff.
Curvet (körwet), springen.
Coward (kaurb), Feigling.
Cowherd (kau-herb), Kuhhirt.
Current (korr'nt), laufender Strom.
Currant (korr'n), Johannisbeere.
Decertation (beßer-teschn), Streit.
Dissertation (bißer-tesch'n), Abhandlung.
Dependence (bipenbenß), Abhängigkeit.
Dependents (bipenbents), Abhänglinge.
Depravation (bepreweschn), Verderben.
Deprivation (bepriweschn), das Entblößen.
Descent (beßennt), Herabsteigen.
Dissent (bißent), die verschiedene Meinung.
Desert (beßert), Verdienst, das Verdiente.
Dessert (beßert, auch beßehr), Nachtisch.
Dirty (börrti), schmutzig.
Thirty (thörrti), dreißig.
Deviser (bemw-eißr), Planmacher.
Divisor (biwweißr), Theiler.
Deform (beff-orrm), häßlich.
Difform (biff-orrm), ungleich.
Disease (biß-ihß), Krankheit.
Disseize (biß-ßihß), aus dem Besitze setzen.
Divers (beiwrß), verschiedene.
Diverse (bi-werß), verschieden.
Doom (buhm), Bestimmung, Loos.
Dome (bohm), Dom.
Door (bohr), Thür.
Doer (buh'r), Thäter.
Duke (bjuhk), Herzog.
Duck (boff), Ente.
ihr), Ohr.
(bihr), hören.
Eat (iht), essen.
Heat (hiht), Hitze.
Eddy (ebbi), der Wirbel.
Heady (hebbi), rasch, heftig.
Edge (ebsch), Schneide.
Hedge (hebsch), Hecke.
Eel (ihl), Aal.
Heel (hihl), Ferse.
Ether (ehther), Aether.
Either (ihbth'r), der eine oder der andere.

Elegist (elledſchiſt), Elegiendichter.
Elogist (elobſchiſt), Lobredner.
Ell (ell), Elle.
Hell (hell), Hölle.
Elude (eljuhd), entſchlüpfen.
Illude (iljuhd), täuſchen.
Elusive (eljuſiw), ausweichend.
Illusive (iljuſiw), trüglich.
Emanent (emänent), ausgehend.
Eminent (eminent), erhaben.
Imminent (iminent), bevorſtehend.
Emerge (em=erdſch), auftauchen.
Immerge (immerdſch), eintauchen.
Endue (endju), begeben.
Indue (indju), ertheilen, bekleiden.
Err (err), irren.
Her (herr), ſie.
Errand (err'nd), Botſchaft.
Errant (err'nt), herumwandernd.
Eruption (eroppſch'nn), Ausbruch.
Irruption (irroppſch'nn), Eindrang.
Eve (ihw), Abend.
Heave (hihw), heben.
Ewer (jubr), Krug.
Hewer (hiuher), Hauer.
Expedience (ekſpidjennß), Schicklichkeit.
Expedients (ekſpidjennts), Auswege.
Foremast (fohrmaſt), Fockmaſt.
Foremost (fohrmeſt), vorderſte.
Fowl (faul), Capaun, Huhn.
Foal (fohl), Füllen.
Fool (fuhl), Narr.
Grease (grihſ'), ſchmieren.
Greece (grihß), Griechenland.
Gluttonous (glott=neß), gefräßig.
Glutinous (gljut'n=eß), leimig.
Gristle (grißl), Knorpel.
Grizzle (grißl), das Grau.
Hate (heht), Haß.
Ate (eht), aß.
Haven (hehwn), Hafen.
Heaven (hewwn), Himmel.
Heard (herrd), gehört.
Erred (errd), geirrt.
Heater (hihtr), Heizer.
Eater (ihtr), Eſſer.
Herring (herr=ing), Häring.
Erring (err=ing), irrend.
Hill (hill), Hügel.
Ill (ill), krank.
Hire (heihr), Lohn.
Higher (heiher), höher.
Ire (eir), Zorn.
Hit (hitt), treffen.
It (itt), es.
Hive (heiw), Bienenkorb.
I've (eiw), ich habe.
Hoax (hohks), ein Schwank.
Oaks (ohks); Eichen.
Honorary (onnerrerri), zur Ehre gereichend.

Onerary (onnr=erri), laſtbar.
Horsedealer (horrßdihl'r), Pferdehändler.
Horsestealer (horrßſtihl'r), Pferdedieb.
Hose (hohſ), Hoſe.
Owes (ohſ), ſchuldet.
Hosier (hohſjerr), Strumpfmacher.
Osier (ohſjerr), Bandwinde.
Howl (haul), heulen.
Owl (aul), Eule.
Humeral (juhmrl), der Schulter gehörig.
Humoral (juhmrl), aus den Säften des Körpers entſtehend.
Hyperbola (heiperbolä), die Hyperbel.
Hyperbole (heiperbol), Uebertreibung.
Ides (eids), die Jdus (15. des Monats).
Hides (heids), Häute.
Idle (eidl), faul.
Idol (eidell), Jdol.
"Idle men are dead all their life long."
"Before no idol bow thy knee".
Impassable (immpaßebl), nicht durchgänglich.
Impassible (immpaßibl), leidensunfähig.
Impostor (immpoßtr), Betrüger.
Imposture (immpoßtjerr), Betrügerei.
Innocence (innoßennß), Unſchuld.
Innocents (innoßennts), die von Herodes ermordeten Kinder.
Intendance (intenndenß), Oberaufſicht.
Intendants (intenndents), Jntendanten.
Irradiate (irrabijöt), beſtrahlen.
Eradiate (eradijöt), Strahlen werfen.
Island (eil'nd), Jnſel.
Highland (heil'nd), Hochland.
Itch (ittſch), Krätze.
Hitch (hittſch), Haken, Knoten.
Jester (dſcheßtr), Spaßmacher.
Gesture (dſcheßtjörr), Gebährde.
Jew (dſchuh), Jude.
Due (djuh), ſchuldig.
Jewel (dſchuel), Juwel.
Duel (djuel), Zweikampf.
Jointer (dſchointr), Glatthobel.
Jointure (dſchoint=jerr), Witthum.
Juggler (dſchogglr), Taſchenſpieler.
Jugular (dſchogglör), der Gurgel gehörig.
Juvenile (dſchuwenneil), jugendlich.
Juvenal (dſchuw'n'l), Juvenal.
Kernel (kerrnell), der Kern.
Colonel (korrnl'), Oberſt.
Lair (lehr), das Lager (von wilden Thieren).
Layer (leher), Schicht.
Legislator (ledſchißlehtr), Geſetzgeber.
Legislature (ledſchißlehtjerr), geſetzgebende Körper.
Letter (lettr), Brief.
Let her (lett=err), laß ſie.
Levy (lewwih), ausheben.

Levee (lewwih), das Pewer, Aufwartung.
Lien (lju), Ort, Raum, anstatt.
Loo (luh), Kartenspiel.
Loath (lohth), ungern.
Loathe (lohdth), eckeln.
Lose (luhs), verlieren.
Loose (luhs), in Freiheit.
Luce (ljuhß), der Hecht, Lilie.
Lore (lohr), Gelehrsamkeit.
Lower (loher), niedriger.
Lour (laur), trübe werde.
Low (loh), niedrig.
Low (luh), leuen, brüllen.
Manners (mann'rs), Sitten.
Manors (mäners), Gutsherrschaften.
Mare (mehr), Stute.
Mayor (mähr'), Bürgermeister.
Matin (matt'n), der Morgen.
Matting (matting), Mattenwerk.
Matrass (matt=raß), Brennkolben.
Mattress (mat=treß), Matraze.
Merlin (merlin), Lerchenfall.
Merlon (merlen), Schießschartenzeile.
Message (meßedsch), Botschaft.
Messuage (meßuedsch), Gütchen.
Mind (meind), Geist.
Mine (mein), Mine.
Missal (mißl), Meßbuch.
Missile (mißil), Wurfspieß, geschleubert.
Model (mobbl), Modell.
Module (mobbjöll), die Form.
Monitory (monnitörri), ermahnend.
Monetary (moneterri), Geld betreffend.
Moor (muhr), Torfmoor, Mohr.
More (mohr), mehr.
Murrain (morr'n), Hornviehseuche.
Myrrhine (mirrhin), myrrhinisch.
Nay (neh), nein, sogar.
Neigh (näh), wiehern.
Oar (ohr), Ruder.
Hoar (hohr), grau vor Alter, Reif.
Whore (hohr), Dirne.
Obit (ohbit), Seelenamt.
Hobit (hobit), Haubitze.
Odd (obb), ungerade.
Hod (hobb), Mörtelmulde.
Old (ohld), alt.
Hold (hohld), halten.
One (uonn), ein, eine, eins.
Won (uonn), gewonnen.
Wan (uoann), blaß.
Ooze (uhs), abfließen.
Whose (huhs), wessen.
Ope (ohp), öffnen.
Hope (hohp), hoffen.
Oracle (orrekl), Orakel.
Auricle (oarikl), das äußere Ohr.
Oral (ohrl), mündlich.
Horal (hohrl), die Stunden betreffend.

Aural (oarl), die Luft betreffend.
Orrery (orr=erri), das Planetarium.
Horary (hor=erri), Stunden betreffend.
Otter (ottr), Otter.
Hotter (hottr), heißer, wärmer.
Palate (pallet), Gaumen.
Palette (pal=lett), Farbenbrett.
Pastor (paßtr), Pfarrer, Pastor.
Pasture (paßtjörr), Weide.
Patience (pehsch'ns), Geduld.
Patients (pehschents), die Kranken.
Plaintiff (plenntiff), Kläger.
Plaintive (plenntiw), klagend.
Pole (pohl), Pfahl.
Poll (pol), Kopf.
Pore (pohr), Schweißloch.
Poor (puhr), arm.
Poplar (popplr), Pappel.
Popular (poppjölr), volksfreundlich.
Pour (pohr), ausgießen.
Power (pauer), Macht.
Precedent (preße=b'nt), Beispiel.
President (pre=sib'nt), Präsident.
Presence (pres'ns), Gegenwart.
Presents (pres'nts), Geschenke.
Projector (pro=bschekttr), Projectenmacher.
Projecture (probschekttjörr), der Vor=
   sprung.
Prunella (pru=nellä), Prunellensalz.
Prunello (pru=nellö), der Prünell (Zeug).
Puffin (poffin), Meerpfau.
Puffing (poffing), Marktschreierei.
Queen (kuihn), Königin.
Quean (kuehn), schlechte Dirne.
Raven (raww'n), mit Gierde verschlingen.
Ravin (räwin), Raubsucht.
Regimen (re=bschi=men), Diät.
Regiment (re=bschiment), Regiment.
Relic (rellik), Reliquie.
Relict (rellikt), Wittwe.
Scope (skohp), Spielraum.
Scoop (skuhp), aushöhlen.
Sentry (senntri), Schildwache.
Century (sent=jerri), Jahrhundert.
Serge (serdsch), Sarsche (Zeug).
Surge (sörrdsch), Brandung.
Sloop (sluhp), Schaluppe.
Slope (slohp), der Anhang.
Slough (slau), Morastloch.
Slow (sloh), langsam.
Soap (sohp), Seife.
Soup (suhp), Suppe.
Stoop (stuhp), sich beugen.
Stupe (stjuhp), bähen.
Stud (stobb), Stuterei.
Stood (stubb), stand.
Suitor (sjuhtr), Freier, Bewerber.
Suture (sjuhtjörr), die Naht.
Surplice (sorrpliß), Chorhemd.

Surplus (ßorrploß), Ueberschuß.
Tannin (tannen), Gerbestoff.
Tanning (tann-ing), das Gerben.
The (bthi). (bth'), der, die, das.
Thee (bthih), dich, dir.
Tomb (tuhm), Grabmal.
Tome (tohm), Band.
Tong (tonng), Schnallen-Zunge.
Tongue (tong), Zunge.
Track (traff), Spur.
Tract (tradt), Strich Land, Flugschrift.
Troop (truhp), Truppe.
Trope (trohp), die Trope.
Urn (orrn), Urne.
Earn (errn), verdienen.
Wale (uehl), Anschrote.
Whale (huehl), Wallfisch.
Weigh (ueh), wiegen.
Whey (hueh), Molken.
Wen (uenn), Schwiele, Kropf.
When (huenn), wann.
Wet (uett), naß.
Whet (huett), schärfen.
Weal (uehl), das Wohl.
Wheel (huihl), Rad.
Wheal (huihl), Finne.

What (huoatt), was.

Wot (uoatt), wissen.

Were (uerr), waren.
Where (huehr), wo.
Which (huitsch), welcher.
Witch (uitsch), Here.
While (hueihl), während.
Wile (hueil), List, Betrug.
Whin (huinn), Stechginster.
Win (uinn), gewinnen.
Whine (huein), wimmern.
Wine (uein), Wein.
Whist (huißt), Whistspiel.
Wist (uißt), wüßte.
Whit (huitt), der Punkt.
Wit (uitt), Witz.
White (hueit), weiß.
Wight (ueit), Wicht, Geschöpf.
Whither (huidthr), wohin.
Wither (uidthr), verwelken.
Wig (uigg), Perrücke.
Whig (huigg), Whig (Partei).
Worst (uorrst), der schlimmste.
Werst (uörrst), Werst (russisches Maaß 3500 Schuh).
Wort (uorrt), die Würze.
Wert (uörrt), wärest.
World (uorrlb), Welt.
Whirled (huörlb), schnell umgedreht (9).

NB. Es wird Jedem, der sich mit der richtigen Aussprache vertraut machen will, sehr rathsam sein, diese Wörtersammlungen mit Aufmerksamkeit öfters durchzulesen.

---

(9) Das letzte Verzeichniß führe ich hier hauptsächlich deswegen auf, um die Aufmerksamkeit des Lernenden hinsichtlich der Aussprache zu erwecken, und um zu zeigen, was für große Fehler man machen kann, wenn man das Wort falsch ausspricht. Hierzu siehe die Liste der Wörter, die mit s geschrieben sind, Seite 41. §. 143.

Erklärung der Abkürzungen und Zeichen.

I. Die Ziffern unter den deutschen und dicht nach den englischen Wörtern, — sowie auch die Ziffern nach den deutschen Wörtern im Terte, — in den Aufgaben, bezeichnen die Stellung, welche die Wörter im Englischen haben müssen. Die Ziffern in Klammern, als (⁶) x. beziehen sich auf die Anmerkungen.

II. Die 2 Parallelstriche (‖) bedeuten, daß die dazwischen stehenden Wörter den darüber stehenden deutschen Wörtern entsprechen.

III. Wörter, die im Terte in Klammern [ ] geschlossen sind, werden nicht übersetzt.

IV. Ein Sternchen (*) nach dem Zeitwort im Terte bezeichnet dasselbe als unregelmäßig, außerdem bezieht es sich auf die Anmerkungen.

V. Ein Strich (—) unter einem Worte bedeutet, daß das Wort im Englischen und Deutschen gleich geschrieben wird.

VI. Ein Strich (—) zwischen zwei englischen Wörtern bedeutet, daß noch ein Wort dazwischen gesetzt werden muß, z. B.:
Wenn heirathet sie?
Whom does — marry, hier muß man zwischen *does* und *marry* das fehlende sie (*she*) setzen = whom does *she* marry.

VII. Wörter, die im Terte in eine Parenthese ( ) geschlossen sind, müssen, obwohl sie zur Verständlichkeit im Deutschen nicht nöthig sind, im Englischen übersetzt werden.

VIII. *Pl.* bedeutet Plural; *Sin.* Singular; *Nom.* Nominativ; *Gen.* Genitiv; *Dat.* Dativ; *Acc.* Accusativ; *Abl.* Ablativ.

IX. S. bedeutet Seite; s. siehe.

X. *M.* bedeutet männlich; *f.* weiblich und *n.* sächlich.

II. Theil.
Etymologie.

I. Kapitel.
Von den Redetheilen.

§. 1. Ich setze voraus, daß der Studirende schon mit den gram=
matikalischen Ausdrücken im Allgemeinen bekannt ist, und werde ihn
deßwegen mit Definitionen solcher Ausdrücke, die in allen Sprachen
ziemlich gleich sind, nicht belästigen.

§. 2. Im Englischen wie im Deutschen gibt es neun, oder nach
einigen Grammatikern zehn Redetheile *(Parts of speech)*. Ihre aus
dem Lateinischen entlehnten, so wie auch ihre eigenen deutschen und
englischen Benennungen sind folgende:

I. Der Artikel oder das Geschlechtswort, *article.*
II. Substantive oder Hauptwörter, *nouns substantive.*
III. Adjective oder Eigenschaftswörter, *adjectives.*
IV. Numeralien oder Zahlwörter, *numbers.*
V. Pronomina oder Fürwörter, *pronouns.*
VI. Verben oder Zeitwörter, *verbs.*
VII. Adverbien oder Umstandswörter, *adverbs.*
VIII. Präpositionen oder Verhältnißwörter, *prepositions.*
IX. Conjunctionen oder Bindewörter, *conjunctions.*
X. Interjectionen oder Empfindungswörter, *interjections.*

Vom Artikel.

§. 3. Wie im Deutschen so hat man im Englischen zweierlei
Artikel, nämlich: den bestimmenden, *The* (der, die, das), und den nicht
bestimmenden, *A* (ein, eine, ein). Sie erleiden weder durch Geschlecht,
noch Zahl, noch Fall eine Veränderung und werden folgendermassen
declinirt:

Regel I. Der bestimmende Artikel.

	Einzahl. Männlich.	Weiblich.	Sächlich.	Mehrzahl.
Nominativ.	The (dthi), (Anm. 6, S. 11.) der,	die,	das,	die.
Genitiv.	Of the, des,	der,	des,	der.
Dativ.	To (¹) the, dem, (¹)	der, (¹)	dem	den.
Accusativ.	The, den,	die,	das,	die.
Ablativ.	Of, from od. by the, von dem(¹)	von der,	von dem,	von den.

NB. Dieser Artikel ändert sich nie.

---

(1) Mit dem (einem) Vater, *with the (a) father.* Zu der (einer) Mutter, *to the (a) mother.* Auf
dem Ball, *at the ball,* etc.

NB. Ueber *Of, from, by,* siehe Anmerkung 1, S. 108.

Regel II. Der nicht bestimmende Artikel.

Nominativ.	A (eh), (1b)	ein,	eine,	ein.
Genitiv.	Of a,	eines,	einer,	eines.
Dativ.	To a (1),	einem,	einer,	einem.
Accusativ.	A,	einen,	eine,	ein.
Ablativ.	Of, from ob. by a,	von einem,	von einer,	von einem (2).

§. 4. Der unbestimmte Artikel verwandelt sich in *"an"*, wenn er vor einem Vocal oder einem stummen *h* zu stehen kommt, z. B.:

An apple (en appl), ein Apfel.	An officer (en offiß'r), ein Officier.
An eagle (en ihg'l), ein Adler.	An hospital (en ospitl), Krankenhaus.
An uncle (en onkel), ein Onkel.	An honour (en onn'r), eine Ehre.

§. 5. NB. Vor *y*, *j*, oder einem langen *u*, auch vor *eu* oder *ew*, und wenn das *h* ausgesprochen wird, setzt man das einfache *a*; z. B.:

A year (e jihr), ein Jahr.	A European (e juroppihen), ein Europäer.
A Jew (e bschuh), ein Jude.	A ewer (juhr), eine Wasserkanne.
A union (e juhnjen), eine Verbindung.	A horse (e horrß), ein Pferd.

Folgende acht mit einem stummen *h* anfangende Wörter nebst ihren Ableitungen sind die einzigen, welche *"an"* vor sich haben, z. B.: (3)

Heir (ehr), Erbe (3b).	Honest (onneßt), ehrlich.
Herb (erb), Kraut.	Humble (ommbl), demüthig.
Honour (onner), Ehre.	Hostler (4) (osl'r), Stallknecht (nur im
Hospital (ospitl), Spital (3c).	Wirthshause) (5).
Hour (aur), Stunde.	

§. 6. NB. Die beiden Wörter *"one"* und *"once"* haben das einfache *"a"* vor sich, weil das *"o"* in diesen Wörtern ungefähr wie *"uo"* lautet, z. B.:

A once (e uonnß) beloved friend.	Ein einst (einmal) geliebter Freund.
My friend has *such a one* (sottsch e uonn).	Mein Freund hat ein solches (einen solchen).
Here comes *a one-eyed* (e uonn=eib) man.	Hier kommt ein Einäugiger.

§. 7. NB. Die folgenden 20 Wörter nebst ihren Ableitungen sind beinahe Alle, welche mit einem langen *u* anfangen, und die daher den Artikel *a* vor sich verlangen:

A uniform (e juniform), eine Uniform.	A use (juhß), ein Gebrauch.
A unit (e junit), eine Einheit.	A ukase (jukehß), eine Ukase.
A unitarian (junitärien), ein Unitarier.	Ubiquity (jubi=kuiti), Allgegenwart.
A union (junjen), eine Vereinigung.	Useful (juhßfull), nützlich.
United (juneiteb), einig, vereinigt.	Useless (juhßleß), unnütz, nutzlos.
Universal (juniwers'l), allgemein.	Usual (juschuel), gewöhnlich.
A university (juniwersiti), eine Universität.	A usurer (juhscherer), ein Wucherer.
A usage (jusebsch), eine Sitte.	A usurper (juhsorrpr), ein Usurpator.

(1b) NB. Der alleinstehende, oder betonte Artikel *a* wird wie *eh*, in allen andern Fällen wie das kurze Schluß *e* in den Wörtern: könnte, sollte ꝛc., ausgesprochen, z. B.:
     A (e) man, *u* (e) child, *a* (e) stick. | Ein Mann, ein Kind, ein Stock.

(2) Man sieht hieraus, wie äußerst einfach und leicht die Deklination der englischen Artikel ist; denn bei dem bestimmenden sowohl, als auch bei dem nicht bestimmenden, hat man sich nur die Präposition *of* beim Genitiv, *to* beim Dativ, und *from*, etc. beim Ablativ zu merken, wogegen im Deutschen ein Ausländer nicht weniger als vier und zwanzig Beugungsfälle beim bestimmten, und fünfzehn beim unbestimmten Artikel zu beobachten hat.

(3) Bei einigen Schriftstellern trifft man den Artikel *an* vor einem nicht stummen *h*, hauptsächlich dann, wenn das mit *h* anfangende Wort auf der ersten Silbe nicht accentuirt ist, als: *An historical work*, ein historisches Werk. Dieser Gebrauch von *an* ist aber nicht zu empfehlen.

(3b) Ausgenommen *"hereditary* (herebiterri), erblich"* und seine Ableitungen.

(3c) In den Ableitungen von *"hospital"* wie *hospitality*, etc. wird das *"h"* leise gehört, haben jedoch *"an"* vor sich.

(4) In den stammverwandten Wörtern *"host, hostel, hostage* (hohstebsch)"* wird das *"h"* ausgesprochen, und erfordern deshalb *"a"* vor sich.

Utility (juhtiliti), Nützlichkeit.
Utopian (jutopiän), idealisch.

Humorous (juhm'res), launig ([5]).
A humour (juhm'r), eine Laune ([5b]).

Aufgaben zum Uebersetzen über die Artikel I. II.

Beispiele.

A good man (e gubb mann), ein guter Mann.

The good man, der gute Mann.

A good woman (e gubb uum'n), eine gute Frau.

The good woman, die gute Frau.

A good child (e gubb tscheild), ein gutes Kind.

The good child, das gute Kind.

Regel I. Seite 75.

1. Die Engländer sind sehr reich, die Irländer sehr arm. — Der
English are very rich, Irish poor.
Vater und die Mutter dieses Kindes sind beide todt. — Der Onkel,
father and mother of this child both dead. — uncle
die Tante, die Nichte und der Neffe sind im Theater. — Die Alpen
aunt niece nephew in the Theatre. — Alps
und die Pyrenäen sind mit Schnee bedeckt. — Die Häuser in London
Pyrenees with[2] snow covered[1]. ([6]) houses
sind nicht sehr hoch, die Straßen sind alle mit Trottoirs gut versehen.
not very high streets all [3] foot-ways well[1] provided[2].
— Die Sonne, der Mond und die Sterne, wie schön sind sie!
sun moon stars how beautiful [2] they[1].

Regel II. Seite 76.

2. Ich sehe einen Mann, eine Frau und ein Kind im Garten. —
I see man woman and child in the garden.
Da ist ein Pferd, ein Esel und eine Kuh auf der Straße. — In
There is horse ass cow in street. — At
München ist eine Universität. — Es ist ein allgemeines Heilmittel.
Munich there is University. — It is §. 7. remedy.
— Er ist ein launiger Mensch. — Ich kenne einen Oesterreicher, der
He is S. 7. man. — I know Austrian who
eine Engländerin geheirathet hat. — Ein Europäer ist einem Asiaten
[3] Englishwoman married[2] has[1]. — European is an[3] Asiatic[4]
gar nicht ähnlich. — Eine einige Familie. — Eine Minute, eine
not at all[1] like[2]. — S. 7. family. — minute
Stunde, eine Woche, ein Jahr werde ich warten; aber nicht länger. —
hour, week year will I wait but not ob. no longer. —
Haben Sie je so ein Messer gesehen? O ja. Ich habe selbst ein solches.
Have you ever such[2] knife seen[1] O yes I myself[2] S. 6.[1]

([5]) In dem Wort "humour" und seine Ableitungen, (die einzigen dieser Art,) ist das "h" vor "u" stumm, aber in diesen Wörtern ist das u lang, folglich muß man a und nicht an gebrauchen, z. B.: A humorous man (e juhmres mann), ein Humorist (f. S. 104, Seite 33).

What a humour (huacit e juhmr), was für eine (Laune) Humor.

([5b]) Das Ausführliche über die Artikel findet man Kap. II. Seite 387 der Syntaxis.

([6]) Siehe die Erklärungen über die Abkürzungen ꝛc. Seite 74.

II. Kapitel.
Vom Hauptwort (Substantive).

A. Von der Pluralform der Hauptwörter.
B. Gedächtniß-Uebungen.
C. Von der Wortfolge.
D. Aufgaben über die Pluralform.

A. Von der Pluralform der Hauptwörter.

§. 8. Die Substantive oder Hauptwörter werden gewöhnlich in vier Klassen eingetheilt, als:

I. Gattungsnamen *(appellative nouns)*, als: *Man*, Mensch; *tree*, Baum; *animal*, Thier.

II. Sammelnamen *(collective nouns)*, als: *Wood*, Holz; *paper*, Papier; *gold*, Gold; *people*, Volk.

III. Begriffsnamen *(abstract nouns)*, als: *Virtue*, Tugend; *vice*, Laster; *life*, Leben; *death*, Tod.

IV. Eigennamen *(proper names)*, als: *John*, Johann; *George*, Georg; *London*, London; *Thames*, Themse.

§. 9. Bei den Hauptwörtern ist die Zahlform *(number)*, die Deklination *(declention)*, und das Geschlecht *(gender)* zu bemerken.

§. 10. Die Zahl ist zweifach: Die Einzahl oder *Singular* und die Mehrzahl oder *Plural*.

Regeln zur Bildung des Plurals.
I. Allgemeine Regel über die Bildung des Plurals.

Im Allgemeinen bildet man den *Plural* durch Anhängung eines *s* an den *Singular*, als:

Singular.	Plural.
A sofa (e sofä), ein Sopha.	Sofas (sofäs), [1] Sophas.
A dog (e bogg), ein Hund.	Dogs (boggs), Hunde.
A book (e buff), ein Buch.	Books (buffs), Bücher.
A table (e tehb'l), ein Tisch.	Tables (tehb'ls), Tische.
A rope* (e rohp), ein Seil.	Ropes* (rohps), Seile.
A cake* (e kehk), ein Kuchen.	Cakes* (kehks), Kuchen.

NB. In obigen * und ähnlichen Wörtern ist das Schluß e immer stumm; geht aber dem stummen e in der Einzahl ein Zischlaut, wie s, c, g, z vorher, so muß es in der Mehrzahl ausgesprochen werden, z. B.:

Cage (kehbsch), Käfig.	Cages (kehbsches), Käfige.
Face (fehß), Gesicht.	Faces (fehßes), Gesichter.
Rose (rohs), Rose.	Roses (rohses), Rosen.
Maze (mehs), Irrgang.	Mazes (mehses), Irrgänge.
Pledge (pledsch), Pfand.	Pledges (pledsches), Pfänder.
Horse (horrs), Pferd.	Horses (horrses), Pferde.

(1) NB. Da das hinzugefügte "*s*" das einzige Zeichen des Plurals im Englischen ist (denn der Artikel und die Adjective (Eigenschaftswörter) zeigen keinen *Plural* an), so muß es durchaus ausgesprochen werden.

II. Von den Endungen auf "ch, sh, s, ss, x und z."

Endigt sich der *Singular* auf *ch, sh, s, ss, x* oder *z*, so bildet an den *Plural* durch Hinzufügung von *es*, wodurch auch das Wort in eine Silbe verlängert wird, z. B.:

Singular.	Plural.
...urch** (tschorrtsch), Kirche.	Churches (tschorrtsches), Kirchen.
...rch (ahrtsch), Bogen (eines Gebäudes).	Arches (ahrtsches), Bögen.
...ish (uisch), Wunsch.	Wishes (uisches), Wünsche.
...orus (kohres), der Chor.	Choruses (kohreses), die Chöre.
...lass (glaß), Glas.	Glasses (glaßes), Gläser.
...x (fokß), Fuchs.	Foxes (fokßes), Füchse.
...x (fecks), das Geschlecht.	Sexes (feckses), die Geschlechter.
...paz (topäs), Topas.	Topazes (topeses), Topase.

NB. Das Wort *fish* gehört zu dieser Klasse Wörter, es wird aber selten in der Mehrzahl gebraucht. Siehe Regel IX. Seite 84.

**NB. Wenn *ch* wie *k* lautet, so nimmt das Wort nur *s* an, z. B.:

...onarch (1b) (monn'rk), Monarch.	Monarchs (monnerks), Monarchen.
...ierarch (heierark), Priester=Oberhaupt.	Hierarchs (heirarks), Hierarchen.
...triarch (petriark), Erzvater.	Patriarchs (petriarks), Patriarchen.
...ntastich (pentastik), Gedicht.	Pentastichs, Gedichte.

III. Von der Endung auf "o".

Nur die folgenden 10 Wörter auf *o*, welche ehemals auf *oe* endigten, nehmen gleichfalls *es* an, als:

...uffalo (boffeloh), Büffel.	Buffaloes (boffelohs), Büffel.
...argo (kargoh), Schiffsladung.	Cargoes (kargohs), Schiffsladungen.
...cho (ekkoh), Echo.	Echoes (ekkohs), die Echoe.
...rotto (grottoh), Grotte.	Grottoes (2) (grottohs), Grotten.
...ero (hihroh), Held.	Heroes (hihrohs), Helden.
...anifesto (mannifestoh), das Manifest.	Manifestoes (mannifestohs), Manifeste.
...egro (nihgroh), Neger.	Negroes (nihgrohs), Neger.
...otato(e) (potetoh), Kartoffel.	Potatoes (potetohs), Kartoffeln.
...olcano (wollkehnoh), Vulkan.	Volcanoes (2) (wollkehnohs), Vulkane.
...o(e) (uoh), das Weh (3).	Woes (uohs), die Wehen.

NB. Alle übrigen Wörter auf *o* oder *oo* folgen der allgemeinen Regel und nehmen nur *s* an, z. B.:

...omino (bomminoh), Domino.	Dominos (bomminohs), Dominos.
...yro (teiroh), Neuling.	Tyros (teirohs), Neulinge.
...olio (fohlioh), Folio, Foliant.	Folios (fohliohs), Folio, Folianten.
...eraglio (feraljio), Serail.	Seraglios (feraljiohs), Seraile.
...ctavo (okftehwo), Octav.	Octavos (okftehwos), Octavbände.
...rtico (portiko), Säulengang.	Porticos, Säulengänge.
...uckoo (kukkoh), der Kuckuk.	Cuckoos (kukkohs), Kuckucke.
...ockatoo (kokatu), der Kakabu.	Cockatoos, Kakabue.

(1b) In der ganzen Sprache gibt es nur sehr wenige solche Wörter, die alle leicht zu erkennen sind, da sie aus dem Griechischen herstammen.

(2) Diese zwei Wörter trifft man oft bei Buhoer und noch Anderen ohne *e* geschrieben, z. B.: Grottos, volcanos.

(3) NB. Im gewöhnlichen Leben bildet man die Pluralform der Buchstaben durch ein *s* mit vorgesetztem Apostroph, z. B.:

Dot your *i*'s, cross your *t*'s, aspirate your *h*'s (ehtsches), and mind your *p*'s, and *q*'s. | Machen Sie einen Punkt über Ihre i, einen Strich durch Ihre t, betonen Sie Ihre h, und geben Sie Acht auf Ihre p und q.

Man schreibt auch: the Ayes (a=is) von "ay," and Noes (nohs), die "Ja und Nein."

IV. Von der Endung auf "ff, f, und fe."

Nur die folgenden 15 Hauptwörter auf *ff*, *f* und *fe*, verwandeln das *ff*, *f* und *fe* in *ves*, als:

Singular.	Plural.
Beef (3b) (bihf), das Rind.	Beeves (bihws), die Rinder.
Calf (kahf), das Kalb.	Calves (kahws), die Kälber.
Elf (elff), die Fee.	Elves (ellws), die Feen.
Half (hahf), Hälfte.	Halves (hahws), die Hälften.
Knife (neif), Messer.	Knives (neiws), die Messer.
Leaf (lihf), das Blatt.	Leaves (lihws), die Blätter, das Laub.
Life (leif), das Leben.	Lives (leiws), Leben.
Loaf (lohff), der Laib (Brod).	Loaves (lohws), die Brod-Laibe.
Self (self), Selbst.	Selves (selws), Selbst.
Sheaf (schihf), die Garbe.	Sheaves (schihws), die Garben.
Shelf (schelf), der Bort.	Shelves (schelws), die Börter.
Staff (staff), (3c) der Stab, Stock, Strophe.	Staves (stehws), Stäbe, Stöcke, Strophen.
Thief (thihf), der Dieb.	Thieves (thihws), die Diebe.
Wife (ueif), (3d) die Ehefrau.	Wives (ueiws), die Ehefrauen.
Wolf (uollf), der Wolf.	Wolves (4) (uollws), die Wölfe. (5)

NB. Alle übrigen Wörter auf *ff*, *f* und *fe*, folgen der allgemeinen Regel und nehmen nur ein *s* im *Plural* an, z. B.:

Roof (ruhf), Dach.	Roofs (ruhfs), Dächer.
Ruff (roff), Halskrause.	Ruffs (roffs), die Halskrausen.
Chief (tschihf), der Häuptling.	Chiefs (tschihfs), die Häuptlinge.
Fife (feif), Querpfeife.	Fifes (feifs), die Querpfeifen.

V. Von der Endung auf "y".

Hauptwörter, welche in *y* nach einem Consonanten endigen, verwandeln das *y* in *ies*, als:

Lady (6) (lehdi), Dame.	Ladies (lehdihs), Damen.
Fly (flei), Fliege.	Flies (fleis), Fliegen.
City (sitti), Stadt.	Cities (sittihs), Städte.

NB. Nach einem Vokale bleibt das *y* unverändert und nimmt nur *s* an, als:

Boy (boai), Knabe. (3)	Boys (boais), Knaben.
Day (deh), Tag.	Days (dehs), Tage.
Eye (ei), Auge.	Eyes (eis), Augen.
Key (kih), Schlüssel.	Keys (kihs), Schlüssel.
Journey (dschorrnih), Reise.	Journeys (dschorrnihs), Reisen.
Attorney* (ettorrnih), Advokat.	Attorneys (ettornihs), Advokaten.

NB. Man hüte sich davor, Wörter wie: galley*s*, valley*s*, monkey*s*, volley*s*, etc. falsch: *gallies*, *vallies*, *monkies*, etc., wie einige deutsche Grammatiker es angeben, zu schreiben.

(3b) In der Bedeutung „Rindfleisch" hat *beef* keinen *Plural*; *beeves* bedeutet nur Rindvieh.
(3c) NB Nur in der Bedeutung „Stab, Stock, Strophe," bildet "*staff*" den Plural in "*staves*." In allen Zusammensetzungen, und in der Bedeutung „Generalstab x." ist es regelmäßig, z. B.: *Distaff*, distaffs; — *tipstaff*, tipstaffs; both *staffs*, beide Generalstäbe.
(3d) In der Bedeutung „Hausfrau" spricht man "*housewife*" (hoßß-uif), in der Bedeutung „Nadelbuch" (hoßßif) aus.
(4) Als Eigenname hat *Wolf* im Plural *Wolfs* und nicht *Wolves*, also ähnlich wie im Deutschen die Eigennamen Wolf, Fuchs x., welche im Plural Wolfs, Fuchs x., nicht Wölfe und Füchse x. lauten, z. B.: The two Mr. Wolfs, etc. Hierüber siehe Anmerk. 54, Seite 91.
(5) In einigen Grammatiken findet man Wharf, Löschplatz, wharves; turf, Torf, turves, statt wharfs und turfs im Plural; sie sind aber als unrichtig zu betrachten.
(6) Früher schrieb man solche Wörter ie statt y, als: ladie, flie, und bildeten daher ihren Plural nach der allgemeinen Regel mit s, als: ladies, flies.

VI. Von den ganz unregelmäßigen Endungen.

ie folgenden 15 Substantive sind in der Bildung des *Plurals*
keine Regel zu bringen, als:

Singular.	Plural.
alkali), Laugensalz.	Alkalies (alkalihß).
(brothr'r). Bruder.	Brothers, leibliche Brüder.
, Mitbruder, Mitmensch)	Brethren (⁷) (brethern), Mitbrüder.
scheilb), Kind.	Children (tschildren), Kinder.
u), Kuh.	Cows, kine (kauhß, kein), Kühe (⁷b).
), Münzstempel.	Dies (⁸) (deiß), Münzstempel.
), Würfel.	Dice (deiß), Würfel.
itt), Fuß.	Feet (fiht), Füße.
guhß), Gans	Geese (gihß), Gänse.
lauß), Laus.	Lice (leiß), Läuse.
ann), Mann.	Men (menn), Männer, Menschen.
[mauß), Maus.	Mice (meiß), Mäuse.
ßt'r). Herr.	Messieurs (messjirß), die Herren (⁹b).
lißiß), Madam, Madame.	Mesdames (mehdahm), meine Damen (⁹).
s), Ochs.	Oxen (okßen), Ochsen.
ß)). Erbse.	Peas, pease (⁹) (pihß), Erbsen.
penni) { Pfennigstück. / Pfennig.	Pennies (pennihß), Pf. als Münzstücke. / Pence (penß)(¹⁰), Pf. als Werthbezeichnung.
r), mein Herr (Anrede)	Gentlemen (dschentlmenn), meine Herren.
tuth), Zahn.	Teeth (tihth), Zähne.
(uimm'n), Frau, Weib.	Women (uimm'n), Frauen, Weiber.

VII. Von der Endung mit "man".

ie mit *man* zusammengesetzten Wörter bilden ihren *Plural* ba-
baß sie *man* in *men* wie oben verwandeln, z. B.:

man (inglischmann), e. Engländer.	Englishmen, die Engländer.
ian (ßkottschmann), e. Schottländer.	Scotchmen, die Schottländer.
nan (frentschmann), ein Franzose.	Frenchmen, die Franzosen.
an (döttschmann), ein Holländer.	Dutchmen, die Holländer.
nan (tschörrtschmann), Geistlicher.	Churchmen, die Geistlichen (¹¹).
an (ßtehtsmann), ein Staatsmann.	Statesmen, die Staatsmänner.
an (oaldrmann), ein Rathsherr.	Aldermen, Rathsherren.

. Von dieser Regel gibt es nur die 8 folgenden Ausnahmen, z. B.:

(kehmann), Cayman (ein Krokodil).	Caymans, die Caymanen.
(bscherrm'n), ein Deutscher.	Germans, die Deutschen.
nan (muß'lmann), der Muselmann.	Mussulmans (¹²), die Muselmänner
an, ein Turkomann.	Turkomans, die Turkomanen.
(norrm'n), ein Normann.	Normans, die Normänner.

---

bren ist nur in der Bibel und in der Bedeutung Mitbrüder, Mitmenschen gebräuchlich. *Au*
s brethren, alle Menschen sind Brüder

. *Kine* ist veraltet, und kommt nur in der Bibel vor.
. bezeichnet die Münzstempel zum Prägen; *dice* aber die Würfel zum Spielen.
s bezeichnet einzelne Erbsenkörner; *pease* hingegen die Erbsen als Collectivum oder Handelsartikel.
. *Mesdames* wird selten gebraucht, statt dessen in der Anrede, "Good morning, ladies;" in
ftlichen Adressen "to the Mrs. N." In Adressen *Messieurs*, in der Anrede *gentlemen*.
nies, sagt man, wenn von den Pfennigen als bloßen Münzstücken ohne Rücksicht auf ihren
ß, *pence* dagegen, wenn von ihrem Werthe die Rede ist, z. B.:

lve pence make a shilling	Zwölf Pence machen einen Schilling.
N. — has a fine collection of Eng-	Herr R. — hat eine schöne Sammlung von eng-
sh, French, and Roman pennies.	lischen, französischen und römischen Pfennigen.
penny ist 3 Kreuzer an Werth.	

Geistlichen als Collectivum (Geistlichkeit, Klerisei) werden im Englischen gewöhnlich the clergy
bschi), genannt; ist ein Geistlicher, *he is a clergyman*.
ulmann wird bisweilen auch Mussulmen geschrieben.

well, große Grammatik.

6

Singular.	Aussprache.	Bedeutung.	Plural.	
Seraph	(serr=ef),	Seraph.	Seraphim	(serr=efm). R.
Stimulus	(stimm=jölös),	Antrieb.	Stimuli	(stimm=ju=lei).
Stratum	(streht'm),	die Schicht.	Strata	(streta).
Thesis	(thehßis),	Behauptungssatz.	Theses	(thehßes).
Tumulus	(tju=mju=lös),	Grabhügel bei den Alten.	Tumuli	(tju=mju=lei).
Vertex	(werr=tels),	Scheitelpunkt.	Vertices	(werr=teißes). R.
Vortex	(worr=tels),	der Wirbel.	Vortices	(worr=teißes). R.
Virtuoso	(werr=tju=o=so),	Kunstliebhaber 2c.	Virtuosi	(werr=tju=o=si). R.

IX. Wörter, die im Singular und Plural gleich sind.

Wie im Deutschen die Wörter Thaler, Gulden 2c., im *Singular* und *Plural* gleiche Formen haben, so ist das auch bei folgenden Wörtern im Englischen der Fall:

Alms ([14]) (ahms), Almosen.
Apparatus (apparetes), Apparat, Apparate.
Census (sennseß), Volkszählung=, zählungen.
Chamois ([15]) (schamoä), Gemse, Gemsen.
Congeries (kondscheriß), das Gemengsel.
Corps (kohr), das Corps, Heerhaufen.
Deer (dihr), Reh, Hirsch, Rehe, Hirsche.
Fowl (faul), Geflügel, Kapaune.
Fruit ([15]) (fruht), Obst.
Gallows ([16]) (gallohs), der, die Galgen.
Hiatus (heieteß), Oeffnung, Oeffnungen.
Impetus (immpiteß), Antrieb, Antriebe.
Means ([17]) (mihns), Mittel.
Amends ([17]) (emends), Ersatz.
News ([18]) (njuhs), Nachricht, Neuigkeit.
Pains ([19]) (pehns). Mühe, Mühen.
People (pihpl), Volk, Leute ([20]).

Series (siriihß), Reihenfolge.
Sheep (schihp), Schaf, Schafe.
Species (spihschies), Art.
Swine (suein), Schwein, Schweine.
Fish (fisch), Fisch*, und alle Fischarten, die mit *fish* enden, als:
Codfish (kobbfisch), Kabeljau, Kabeljaue.
Haddock, der Schellfisch, die Schellfische.
Pike (peik), Hecht, Hechte.
Ray (reh), Roche, Rochen.
Salmon (samm'n), Lachs, Lachse.
Sole (sohl), die Meersohle=, len.
Sturgeon (storrbsch'n), Stör, Störe.
Trout (traut), Forelle, Forellen.
Mackerel (makk'rl), Makrele, Makrelen.
Turbot (torrb't), Steinbutte=, ten.

NB. *Fish* hat einen *Plural* auf es, namentlich wenn ein Zahlwort davor steht, weil es sich dann um die Bezeichnung von Einzelwesen handelt; ebenso in der Naturgeschichte, als:

(14) *Alms* wird jetzt nur im *Plural* gebraucht. "Give me *alms*, nicht: an *alms*."
(15) *Chamois* wird öfters falsch "*shamois*" geschrieben. — (15b) Man sagt aber: The *fruits* of the earth.
(16) "*Gallows*" ist beinahe immer Singular: The *gallows* is erected.
(17) NB. So oft "*means* und *amends*" sich auf eine einzelne Sache beziehen, muß das Zeitwort in der Einzahl, wenn aber auf mehrere Sachen, im Plural stehen, z. B.:
What *means* is to be employed? | Was für Mittel muß man anwenden?
By this *means* we shall become rich. | Durch dieses Mittel werden wir reich werden.
These are the *means* he employed. | Diese sind die Mittel, die er anwandte.
    NB. Das Wort "*a mean*" wird nur wie folgt gebraucht: This is a mean between two extremes.
(18) *News* wird jetzt fast allgemein im *Singular* gebraucht, doch trifft man es bisweilen auch im Plural an, letzteres ist besonders der Fall, wenn die Nachrichten widersprechend sind, z. B.:
What is the *news* of the day? | Was ist die Neuigkeit des Tages?
The *news* from England and France are contradictory. | Die Nachrichten von England und Frankreich widersprechen sich.
    NB. Der Ausdruck: "a piece of (good) *news*," gehört zur Volkssprache.
(19) 1. In der Bedeutung „Schmerz" braucht man "*pain*" im Singular, "*pains*" im Plural, z. B.:
I have a *pain* in my arm. | Ich habe Schmerzen im Arm.
He suffers with *pains* in his bones. | Er leidet an Schmerzen in den Knochen.
    2. In der Bedeutung „Mühe" ist "*pains*" immer als *Plural* zu betrachten, z. B.:
His *pains* have been rewarded. | Seine Mühe ist belohnt worden.
    NB. Man sagt: "*Much pains has been taken*," da aber *pains* die Mehrzahl ist, so müßte es "*Great pains have been taken*," heißen.
(20) In der Bedeutung von „Leute" ist das Wort *people* natürlich immer Plural, in der von „Volk" kommt es bisweilen im Singular vor; auch nimmt es den sächsischen Genitiv 's an, z. B.:
These poor *people* are unhappy. | Diese armen Leute sind unglücklich.
The *people's* rights. The *people* are. | Das Recht des Volkes. Das Volk ist.
This is a happy *people* (besser: nation). | Dies ist ein glückliches Volk.
    NB. Statt des Ausdrucks "the *peoples* of the earth" (die Völker der Welt), welcher hier und da vorkommt, sollte man "*the nations of the earth*," etc. gebrauchen.

'here is a lad here, who has five barley loaves, and *two small fishes*. (Bibel.)	Es ist ein Bursche hier, der fünf Gersten= Brode und zwei kleine Fische hat.

Als Sammelname aber erleidet es keine Veränderung, als:

Ve are to blame for eating these *fish*. (*Anacharsis.*)	Wir sind tadelnswerth, weil wir diese Fische essen.
Vhat fine *fish* one sees in London.	Was für schöne Fische man in London sieht.

X. Wörter, welche in gewissen Bedeutungen kein Zeichen des Plurals erhalten.

Folgende Wörter werden in gewissen Bedeutungen im *Plural* ebraucht, ohne das Zeichen des *Plurals* zu erhalten, als:

'ne cannon (kann'n), eine Kanone.	Ten cannon (²¹), zehn Kanonen.
land (²²), (Hand), für Macht.	Hand, die Macht.
'ne head, ein Stück, auf Vieh bezogen.	Ten head of cattle, zehn Stücke Vieh.
lead (²²) (hebb), Kopf, für Verstand.	Head, Verstand.
leart (hartt), Herz, für Muth.	Heart (²³), Muth.
lorse (horrß), Pferd, für Mann Kavallerie.	One hundred horse, 100 Mann Kavallerie.
'oot (futt), (²³b) Fuß, für Mann Infanterie.	Two hundred foot, 200 Mann Infanterie.
ound (pauud), Pfund (²⁴).	Ten pound note, Zehnpfund = Banknote.
'ne sail (sehl), ein Segel (auf Schiff bezogen), ein Schiff.	One hundred sail (²¹), ein hundert Schiffe.
'ne shot (uonn schott), ein Kugelschuß.	One hundred shot (²¹), 100 Kugelschüsse.
'ne stand (auf Waffen bezogen), ein Gewehrstand.	One hundred stand of arms, ein hundert Gewehrstände, d. h. vollständige Armatur.
'ne stone (stohn), 14 Pfund.	Ten stone (²⁵), 140 Pfund.
'ne dozen (doss'n), Dutzend; hundred, hundert.	Ten dozen, hundred, etc., zehn Dutzend, hundert.
'ne hundred *weight* (ueht), ein Centner.	Ten hundred *weight* (ueht), zehn Centner.
'ne thousand (thausn'd), one million (miljenn), ein Tausend, eine Million.	Ten *thousand*, ten *million*, zehn tausend, zehn Millionen. (Anm. 1b, S. 166.)

---

21) *Cannon*, die Kanone, *shot*, die Schießkugel, *sail*, das Segel (das Schiff), werden ohne Zeichen des *Plurals* gebraucht, wenn auch die Mehrheit vorhanden ist, z. B..

One hundred *cannon were* landed from the fleet.	Ein hundert Kanonen wurden von der Flotte an's Land gebracht.
The Spanish Armada consisted of 130 *sail*, of which 100 *sail were* destroyed.	Die spanische Armada bestand aus 130 Schiffen, wovon 100 (Schiffe) zerstört wurden.
More than one hundred *shot were* fired into the ship.	Mehr als hundert Schüsse hatten das Schiff durch= bohrt.

22) Many of the English kings have governed with *a mighty hand*.
Viele englische Könige haben mit mächtiger Hand regiert.

23) They are men of *head* and *heart*.
Sie sind Männer von Kopf und Herz.

1b) *One hundred horses* (ein hundert Pferde), One *hundred feet* (ein hundert Füße).

24) Dienen *pound*, Pfund, und *foot*, Fuß, *story*, Stockwert ꝛc. in Verbindung mit einem Zahlworte dazu, andere Substantive näher zu bestimmen, so können sie nur ohne Zeichen des *Plurals* ge= braucht werden, weil sie dann gleichsam attributive Eigenschaftswörter und als solche unveränder= lich sind, z. B.:

Ten *five pound notes.* *)	Zehn Fünfpfund=Banknoten.
A *thousand pound note.*	Eine Tausendpfund=Banknote.
A *two foot rule.*	Ein zwei Fuß langer Maßstab.
Three *two foot rules.*	Drei zwei Fuß lange Maßstäbe.
A *three story* house (a house of 3 *stories*).	Ein dreistöckiges Haus. Ein Haus von drei Stockwerk.

Wenn sie aber nicht so in Verbindung stehen, bilden sie ihren *Plural* nach den schon ange= gebenen Regeln, z B.:

He has received a hundred *pounds* from his father.	Er hat von seinem Vater ein hundert Pfund be= kommen.
This tower is three hundred *feet* high.	Dieser Thurm ist drei hundert Fuß hoch.

*) Bei solchen Zusammensetzungen bekommt immer das letzte Wort das Zeichen des *Plurals*. Vergleiche Reg. XVIII.—XX., S. 92.

25) In England rechnet man nach *ounce*, *pound*, *stone*, *hundred weight* (ueht) und *ton*. Acht *stone* machen einen Centner, folglich ist in England ein Centner 112 Pfund, und zwanzig Centner gehen auf eine (*Ton*) Tonne.

One brace (brehß), pair (pehr), couple (topp'l), Paar.	Ten brace (²⁶), pair (²⁷), couple (²⁸), zehn Paare.
One leash (lihfch), Koppel, für die Zahl 3 von Fasanen und Hunden gesagt.	Ten leash of pheasants, dreißig Fasanen.

XI. Wörter, die im Englischen nur im Singular, im Deutschen aber im Singular und Plural gebraucht werden.

Die folgenden Hauptwörter, welche im Deutschen einen Plural besitzen, sind im Englischen nur im Singular gebräuchlich und haben daher das Zeitwort in der Einzahl bei sich, z. B.:

Asparagus (esparagöß), der, die Spargel.	Property, Besitzthum, Besitzthümer.
Business (bisneß), Geschäft, Geschäfte.	Posterity (posterriti), Nachkommenschaft.
Hair (²⁹) (hehr), Haar, Haare.	Power (paur), Macht, Mächte, Kraft.
Income (inkomm), das Einkommen, die Einkünfte.	Small-pox (smoahlpocks), Blattern, Pocken.
Knowledge (nolledsch), Kenntniß, 2c.	Strength (strength), Kraft, Kräfte.
Lace (lehß), Spitzen.	Christmas (krißm'ß), Weihnachten.
Progress, Fortschritt, Fortschritte (²⁹b).	Easter (ihßtr), Ostern.
	Whitsuntide (huittf'nteib), Pfingsten.

XII. Wörter, die im Deutschen meistens nur im Singular, im Englischen aber im Singular und Plural gebraucht werden.

a) Folgende (meistens abstracte) Hauptwörter und Stoffnamen haben im Deutschen meistens nur die Einzahl, im Englischen aber eine Ein= und Mehrzahl:

---

(26) Das Wort *couple* (Paar) wird im Sinne von „zwei zusammengehörige Personen beiderlei Geschlechts" im Englischen stets in der Mehrzahl gebraucht, während es im Deutschen nur im *Singular* üblich ist, z. B

The happy *Couple* were in the heaven of *their* love.	Das glückliche Paar war im Himmel seiner Liebe.

(27) *Pairs* sagt man nur von zwei verbundenen Dingen einer Art, als:

His boots are not *pairs*.	Seine Stiefel passen nicht zusammen.

(28) Bei *brace, dozen, hundred, etc*, kommt zuweilen die Pluralform vor, wie:

He sold hares in *braces*, eggs in *dozens*, and apples in *hundreds*.	Er verkaufte Hasen in Paaren, Eier in Dutzenden und Aepfel in Hunderten.

NB. *Pair, brace. couple*, das Paar. Alle drei bezeichnen zwei Dinge einer Art; allein dem Gebrauch nach muß man sagen:

A pair of pigeons. coach-horses, gloves.	Ein Paar Tauben, Wagen=Pferde, Handschuhe.
A brace of woodcocks, partridges, greyhounds	Ein Paar Waldhühner, Feldhühner, eine Koppel Windspiele.
A couple of chickens, eggs, oranges.	Ein Paar Küchlein, Eier, Orangen.
A leash of greyhounds, pheasants, quails.	Eine Koppel, (drei) Windspiele, Fasanen, Wachteln.
Aber 2 dogs in a *leash*.	Aber 2 Hunde an einem Koppelriemen.

NB Zu dieser Classe gehören auch die Völkernamen, die auf *se* oder *ss* enden, z. B.: *A Maltese*, ein Malthefer 2c. Siehe hierüber Regel V. Seite 137.

(29) *Hair* (Haar) bildet den Plural "*hairs*," wenn einzelne oder eine gewisse Zahl Haare darunter verstanden werden, z. B.:

He has already some gray *hairs*	Er hat schon einige graue Haare.
Here are no less than ten white *hairs*.	Hier sind nicht weniger als zehn weiße Haare.
If I lose Benjamin, it will bring my gray *hairs* with sorrow to the grave.	Wenn ich Benjamin verliere, so wird es meine grauen Haare mit Kummer zu Grabe bringen. (Bibel.)

Wenn *hair* (Haar) in der Bedeutung von Kopfhaar im Allgemeinen gebraucht wird, so darf man es nicht in den *Plural* setzen, z. B.:

What beautiful *hair* that lady has.	Was für schöne Haare jene Dame hat.
His *hair* was raven black.	Sein Haar war rabenschwarz.

(29b) NB. 1. Im Deutschen steht — nach dem Ausdruck „eine Art, Gattung," das im Genitiv darauf folgende Hauptwort im *Plural*, im Englischen aber im *Singular*, z. B:

A *sort (kind, species)* of black *snake*.	Eine Art (Gattung) schwarzer Schlangen.

NB 2 Auch wenn man nur ein Stück, 2c, jeder Art bezeichnen will, muß das Hauptwort im *Singular* stehen, z. B.: An English a French *frigate* fought off Sicily. Two English and two French *frigates*. The English and French *language*. Both *languages*.

Apprehension (apprehensch'n), Verdacht, *apprehensions.*

Censure (sensch'r), Tadel, *censures.*

Cold (kohlb), die Kälte, *colds* ([30]).

Cry (krei), das Geschrei, *cries.*

Death (betth), der Tod, *deaths* ([31]).

Dew (bju), Thau, *dews* ([35]).

Echo (etfo), Wiederhall, *echoes.*

Expense (ekkspennß), der Aufwand, die Kosten, *expenses.*

Fear (sihr), die Furcht, *fears.*

Grace (grehß), Anmuth, Huld, *graces.*

Health (hellth), Gesundheit, *healths.*

Heat (hiht), die Hitze, *heats* ([30]).

Heaven (heww'n), der Himmel, *heavens* ([31]).

Imagination (imabschinesch'n), die Einbildung, *imaginations.*

Life (leif), das Leben, *lives.*

Man (mann), der Mann, *men.*

Misery, Elend, Unglück, *miseries.*

Profit, der Nutzen, Ertrag, *profits.*

Quarrel (kuorrl), Zank, *quarrels.*

Rain (rehn), der Regen, *rains.*

Slumber (slomb'r), Schlummer, *slumbers.*

Snow (snoh), der Schnee, *snows.*

Sand (sanb), der Sand, *sands* ([35]).

Suspicion, Argwohn, Verdacht, *suspicions.*

Taste (tehst), Geschmack, *tastes.*

Understanding (onnb'rstanbing), der Verstand, *understandings.*

Weed (uihd), das Unkraut, *weeds.*

b) Folgende Hauptwörter, welche eine Zahl=, Maß= oder Gewicht=bestimmung enthalten, stehen im Deutschen nach Zahlwörtern immer in der Einzahl (wenn sie gleich in anderer Bedeutung auch die Mehrzahl bilden), während sie im Englischen meistens ([31b]) in den Plural gesetzt werden, z. B.:

Cord, Klafter (Holz), *cords.*

Fathom, Klafter (Faden), *fathoms.*

Foot (futt), Fuß, Schuh, als Längenmaß, *feet* ([32]).

Glass, Glas (Wein), *glasses.*

Hogshead (hogshebb), Orhoft, *hogsheads.*

Inch (intsch), Zoll ([33]), *inches.*

Load (lohb), Last, *loads.*

Measure (mesch'r), Maß, *measures.*

Quart (tuohrt), Maß, *quarts.*

Ounce (auuß), Loth, Unze, *ounces.*

Piece (pihß), Stück, *pieces.*

Quire (tueir), Buch, *quires* ([34]).

Ream (rihm), Ries, *reams* ([35]).

NB. Alle diese Wörter können nur dann im *Singular* gebraucht werden, wenn die Gegenstände, auf welche sie sich beziehen, wirklich im *Singular* stehen, z. B.:

In the late storm, only *one man* lost *his life.*

In the late storm, a troop of *one hundred men* lost *their lives.*

I heard the *cry* of the child amid the *cries* of the multitude.

Im letzten Sturm verlor nur ein Mann das (sein) Leben.

Im letzten Sturm verlor eine Truppe von hundert Mann das (ob. ihr) Leben.

Ich hörte das Geschrei des Kindes unter (dem Geschrei) dem Lärmen der Menge.

XIII. Abstracte Hauptwörter und Stoffnamen.

Die meisten abstracten Hauptwörter (die Namen der Tugenden, Laster &c.), die Stoffnamen (Gold, Seide, Wein &c.), die also nur gewogen oder gemessen, nicht gezählt werden können, haben, wie im Deutschen, keine Mehrzahl, z. B.:

([30]) *Heat,* when great, and cold when severe, are both disagreeable.
The *heats* of summer, and the *colds* of winter, are injurious to the health.

Die Hitze, wenn sie groß und die Kälte, wenn sie strenge ist, sind beide unangenehm.
Die Hitze des Sommers und die Kälte des Winters sind der Gesundheit schädlich.

([31]) *Good heavens!* I would rather die a thousand *deaths!*

Guter Himmel! ich möchte lieber tausendmal sterben!

([31b]) Als Ausnahme von der Regel vergleiche Regel X. und Anmerk. 24. S. 85.

([32]) This pole is but one *foot* thick, but it is ten *feet* long.

Diese Stange ist nur einen Fuß dick, aber sie ist zehn Fuß lang.

([33]) This board is ten *inches* long and one *inch* thick.

Dieses Brett ist zehn Zoll lang und ein Zoll dick.

([34]) Zum Beispiel: Ten *cords* of wood (zehn Klafter Holz). — Five *quarts, glasses* of wine (fünf Maß, Glas Wein). — Six *reams, quires* of paper, (sechs Ries, Buch Papier). — Three *hogsheads* of sugar (drei Orhoft Zucker) &c.

([35]) Bei den abstracten Hauptwörtern wird hierbei die Eigenschaft, oder der Zustand verschiedener Gegenstände gedacht und somit als Vielheit aufgefaßt, z. B. *sands,* das sandige Meeresufer, gleichsam mehrere Sandplätze, *dews,* zu verschiedenen Zeiten gefallener Thau, &c.

Gold (gohld), Gold.	Treason (trihs'n), Hochverrath.
Silver (silw'r), Silber.	Bread (bredd), Brod.
Charity (tscharitt), Menschenliebe.	Cheese (tschihs), Käse.
Wine (uein), Wein.	Silk (sillk), Seide.
Meat (miht), Fleisch.	Cotton (kott'n), Kattun, Zitz, Pers.

NB. Manche Stoffnamen werden auch im Plural gebraucht, um verschiedene Arten des Stoffes, oder aus dem Stoffe verfertigte Gegenstände zu bezeichnen, z. B.:

Tea (tih), Thee. — *Teas,* Theesorten.	Silk, Seide. — *Silks,* Seidenzeuge.
Cotton, Baumwolle. — *Cottons,* Kattune.	Copper, Kupfer.— *Coppers,* Kupfergeschirr.
The French *wines,* the Chinese *teas,* and the English *cottons*, are the best in the world ([35b]).	Die französischen Weine, der chinesische Thee und die englischen Kattune sind die besten in der Welt.

XIV. Wörter im Plural, in Verbindung mit pair of.

Die folgenden 19 Substantive, die in Verbindung mit dem Worte *pair of* (Paar von), gebraucht werden, sind Namen von Dingen, die aus zwei gleichartigen Theilen bestehen, als:

A pair of bellows (e pehr ow bellohs), ein Blasebalg.	A pair of pincers(pinßers),eine Kneipzange.
— breeches (britsches) ([40]), eine Hose.	— scissors (sißers), eine Scheere.
— braces (brehßes), Tragbänder.	— shears (schihrs), eine Gartenscheere.
— colours (koll'rs), eine Fahne.	— small-clothes (smoahl klohs), Bein-kleider.
— compasses (kommpeßes), der Zirkel.	— snuffers (snoffrs), eine Lichtscheere.
— drawers (droahers), eine Unterhose.	— spectacles (spektekls), eine Brille.
— nippers, eine Drahtzange.	— stays (stehs), ein Corset.
— nutcrackers, ein Nußknacker.	— tongs (tonngs), eine Feuerzange.
— pantaloons (e pehr ow pantaluhns), lange Beinkleider.	— trowsers(trausers), lange Beinkleider.
	— tweezers (tuisers), eine Haarzange.

NB. 1. Die oben angeführten Substantive sind nur im *Plural* gebräuchlich, wenn sie aber in Verbindung mit den Wörtern, *a pair of,* gebraucht werden, so stimmt das Zeitwort mit dem *"pair of"* im Singular überein, z. B.:

This *pair of* bellows *is* too small.	Dieser Blasebalg ist zu klein.
This ([36]) *pair of* fine scissors *is* mine.	Diese schöne Scheere ist die meinige.

Wenn sie aber ohne die Wörter *pair of* gebraucht werden, oder wenn ein Zahl-wort dem *pair of* voransteht, so verlangen sie immer das Zeitwort in der Mehrzahl, z. B.:

These bellows *are* good for nothing.	Dieser Blasebalg ist nichts werth.
These scissors *are* very good.	Diese Scheere ist sehr gut.
His *two pair of compasses* are broken.	Seine beiden Zirkel sind gebrochen.

NB 2. Alle diese Wörter kann man auch mit dem bestimmten Artikel oder zueignenden Fürworte 2c. brauchen, wobei man das *"pair of"* weglassen darf oder nicht, wie man will, z. B.:

Fetch *the* snuffers ob. the *pair of* snuffers.	Hole die Lichtscheere.
Bring me my spectacles, etc.	Bringen Sie mir meine Brille.

XV. Wörter, die nur im Plural gebräuchlich sind.

Die folgenden 109 Substantive werden nur im *Plural* gebraucht ([36b]):

Acoustics (äkustiks), die Lehre vom Schall.	Antipodes (antipobis), Gegenfüßler.
Amends (emends), die Genugthuung. (s. Anmerk. 17, S. 84.)	Archives (arkeiws), das Archiv.
	Arms (ahrms), die Waffen, das Wappen.
Ancients (ehnschennts), die Alten.	Ashes (asches), die Asche.
Annals (annels), Jahrbücher (Annalen).	Assets (aßetts), der Nachlaß (Passiv).

([35b]) Wie man im Deutschen nicht leicht „die Faulheiten, die Unwissenheiten" schreiben würde, so darf man auch im Englischen nicht "the *idlenesses, ignorances, negligences*" sagen, sondern: *Acts of negligence, ignorance,* etc. Man sagt aber "The specific *gravities* of two different *bodies,*" weil man die Arten der Schwere (*gravities*) meint.

([36]) NB. Die Ausdrücke: a good *pair* of scissors, a new *pair* of gloves, an old *pair* of boots, etc., welche man häufig im gewöhnlichen Leben braucht, sind zwar logisch aber nicht grammatikalisch richtig, denn die Grammatik verlangt die Construction wie im Deutschen, z. B.:

"A *pair of* new gloves, a *pair of* old boots, a brace *of* good pistols."

([36b]) Siehe die Länder-Namen, die nur im *Plural* gebraucht werden. §. 42. Seite 139.

etters (bettrs), die Vorgesetzten.

illiards (billjerrds), das Billard.

oard wages (bohrd-uedsches), Kostgeld für Bediente.

owels (bauels), Eingeweide v. Menschen.

alends (kalends), die Kalender.

ards (kahrds), das Kartenspiel (37).

attle (kattl), das Vieh.

lothes (klohß), Kleidungsstücke.

ontents (konntents), der Inhalt.

ustoms (koßt'ms), der Zoll.

owns (bauns), die Dünen.

raughts (brafts), das Damenspiel.

regs (breggs), Hefen, Bodensatz (38).

umps (bommps), Unmuth.

ffects (effekts), Effecten, Güter, Waaren.

mbers (emb'rs), glühende Asche.

ntrails (entrehls), Eingeweide v. Thieren.

nvirons (enwir'ns), die Umgegend.

thics (ihtbiffs), die Ethik, Sittenlehre.

ilings (feilings), Feilspäne.

ives (feirs), das Ballspiel.

orces (fohrses), Truppen, Landmacht.

oods (39) (gudds), Waaren, Güter.

rains (grehns), Treber.

reens (grihns), der grüne Kohl.

atches (hatsches), die Schiffs-Luken.

ead-quarters (hedbknorters), das Hauptquartier.

ollands (hollends), holländische Leinwand.

ydraulics (40) (heidrolliks), die Hydraulik.

ydrostatics (heidroßtatiks), Hydrostatik.

ysterics (hifteriks), die Hysterie.

es (eids), die Iden, der 15te des Monats.

Inexpressibles (inekspreßebl's), die Unaussprechbaren (41).

Inferiors (inflhrjers), die Untergebenen.

Intestines (intestinns), die Eingeweide.

Italics (italiks), Cursiv-Schrift.

Leading-strings (lihding strings), das Gängelband.

Lees (lihs), der Bodensatz, die Hefe.

Letters (letters), Literatur (42).

Literati (literati), die Gelehrten.

Lodgings (lodschings), die Wohnung.

Lungs (42b) (lönngs), die Lungen.

Manes (mehns), die Manen.

Manners,, Manieren.

Mathematics (40), die Mathematik.

Matins (matt'ns), die Frühmesse.

Measles (mihßls), die Masern.

Mechanics (mekaniks), die Mechanik.

Metaphysics (metafisiks), die Metaphysik.

Mnemonics (nemonniks), die Gedächtnißkunst.

Moderns (mobb'rns), die Neueren.

Morals (morr'ls), die Sittenlehre.

Mulligrubs (mölligrobbs), das Kneipen in den Gedärmen.

Mumps (mommps), üble Laune, Kehlsucht.

Natals (nehtls), Zeit und Ort der Geburt.

Necessaries (neßeßerihs), Bedürfnisse (43).

Nomades (nomehbs), Nomaden.

Nuptials (nöptjels), die Hochzeitsfeier.

Oats (ohts), der Hafer.

Obsequies (obbsekuihs), die Leichenfeier.

Odds (obbs), die Ungleichheit; die ungleiche Wette; Uneinigkeit; Ueberlegenheit (44).

---

37) *A pack of cards,* ein Spiel Karten. *Give me a pack of cards,* gib mir ein Spiel Karten. *He plays cards* ober *at cards,* er spielt Karten. *He is a card player,* er ist ein Kartenspieler.

38) *The dregs of the people.* | Die Hefe des Volkes

39) *Goods* wird öfters in der Bedeutung **Möbeln, Geräth,** gebraucht, z. B.:
His goods have been seized to pay his debts. | Seine Möbeln sind in Beschlag genommen worden, um seine Schulden zu bezahlen.

40) „Der Analogie nach," sagen einige der besten englischen Grammatiker, „fordern die Wörter, die in "ics" wie "*politics, mathematics, optics,*" etc., das Zeitwort, 2c. im Plural, doch zieht man es in der neueren Zeit vor, das Zeitwort im *Singular* zu gebrauchen, z. B.:
"*Mathematics is his chief study. Politics is his element.*"
Dieses aber ist unrichtig, denn da die Mathematik eine Art Studium, das Studium aber nicht eine Art Mathematik ist, so ist die Mathematik Subject oder Nominativ, folglich muß es heißen:
Mathematics are his chief study. Politics are his element (pleasure), etc.
Auch ist kein Grund vorhanden, warum man die logische, grammatikalische Richtigkeit, der Bequemlichkeit oder Unwissenheit Anderer opfern sollte. Man kann aber sagen: The *science of mathematics, hydraulics, statistics,* etc, *is his chief pleasure.*

41) In guter Gesellschaft in England ist es nicht schicklich, *breeches* (Hosen), zu sagen, deßwegen sagt man *inexpressibles,* oder *small-clothes,* oder humoristisch: *Oh name-them-nots,* z. B.:
The gentleman wore a fine pair of oh-name-them-nots! (Humorous.) | Der Herr trug ein schönes Paar von: o nenne ihren Namen nicht! (Humoristisch.)

42) *George Buchanan was a man of letters; his Latin works are singularly beautiful.* | George Buchanan war ein Gelehrter; seine lateinischen Werke sind außerordentlich schön.

42b) Wissenschaftlich hat "*lungs*" einen Singular, z. B.: *The right lung, the left lung.* | Die rechte, linke Lunge.

43) *He is well supplied with all the necessaries of life.* | Er ist mit allen Bedürfnissen des Lebens gut versehen.

44) *The odds are not great.* You have the *odds* of me in this wager. Mr. *Malcontant and his wife are always at odds.* | Der Unterschied ist nicht groß. Sie sind mir bei dieser Wette überlegen. Herr *Malcontent* und seine Frau sind immer uneinig.

Optics (opptifs), die Optik.
Orgies (orrbschihs), Schwelgereien.
Particulars (pertikelrs), Einzelheiten.
People (pihpl), Volk, Völker, Leute (s. Anmerk. 20, S. 84).
Physics (45) (fisikks), die Naturlehre, *Natural-Philosophy*, Physik.
Pleiads (pli-jabs), die Plejaden (das Siebengestirn).
Pneumatics (njumatikks), die Luftlehre.
Pneumonics (njumonnikks), die Lungenheilmittel.
Politics (pollitikks), die Staatswissenschaft.
Prognostics (proggnoßtikks), Vorbedeutung.
Pyrotechnics (pirotekhnikks), die Feuerwerkkunst.
Quarterings (kuortrings), die Ahnen (46).
Quarters (kuortrs), Quartier.
Regimentals (rebschiment'ls), die Uniform.
Riches (rittsches), Reichthümer.
Rolls (rohls), die Urkunden.
Rudiments, die Anfangsgründe.
Ruins (ruins), die Trümmer (47).
Scoria (skorje), Schlacken.
Sessions (sesch'ns), das Quartalgericht.

Shackles (schakls), Fesseln.
Shambles (schammbl's), die Fleischbank.
Shavings (schehwings), Hobelspäne.
Soundings (saundings), Ankergrund.
Spirits (48) (spirits), geistige Getränke.
Sprouts (sprauts), Kohlsprossen.
Statistics (40) (statistikks), die Statistik.
Subsidies (sobbsidihs), Hülfsgelder.
Superiors (sjupihrjers), die Vorgesetzten.
Sweepings (suihpings), der Kehricht.
Tactics (taktikks), die Taktik.
Teens (tihns), die Zehner von (13—19) (49).
Thanks (thannks) (49b), der Dank.
Therapeutics (therapjutikks), Heilkunde.
Tidings (teibings), die Nachricht.
Trappings (trappings), Pferdeschmuck.
Vapours (wehp'rs) Blähungen, Dünste (53).
Vegetables (wedschetebls), Gemüse.
Vespers (wespr's), die Vesper.
Victuals (wittls), die Lebensmittel.
Vitals (weitels), die Lebenstheile.
Wages (uehbsches), der Dienstlohn.
Wares (uehrs), die Waare.
Waters (uoaters), der Gesundbrunnen (50).
Wells (uells), der Gesundbrunnen (51).

XVI. Wörter, die im Plural eine doppelte Bedeutung haben.

Die folgenden Wörter bekommen im *Plural* noch eine andere Bedeutung; einige davon nehmen einen ganz andern Sinn an, z. B.:

Singular.	Plural.
Ancient (ehnschent), Fähndrich, alt.	Ancients (ehnschents), Fähndriche, die Alten.
Arm (arm), Arm.	Arms (arms), Arme, Waffen, Wappen.
Ash (52) (asch), Esche.	Ashes (asches), Asche.
Breech (britsch), Schwanzschraube.	Breeches (britsches), Schwanzschrauben, Hose.
Cloth (kloath), Tuch.	Cloths (kloaths), Tücher. / Clothes (klohs), Kleidungsstücke.
Colour (koll'r), Farbe.	Colours (kol'rs), Farben, Fahne, Flagge.
Compass (kommpes), Umfang (Kreis).	Compasses (kommpeses), Zirkel.
Copper (kopp'r), Kupfer.	Coppers, Kupfergeschirr.

(45) *Physic*, die Arzneikunde, Arznei.
(46) *Sir Robert Peel is not a man of many quarterings.* | Sir Robert Peel ist kein Mann von vielen Ahnen.
(47) Ueberbleibsel, figürlich, Spuren von Schönheit, *The ruins of beauty*.
(48) *Spirit*, Geist; *spirits*, Geister; ardent spirits, starke geistige Getränke: He is in good *spirits (bad spirits)*. | Er ist sehr aufgeräumt (traurig).
(49) *Teens* nennt man die Jahre von thir-teen, drei-zehn bis nine-teen, neun-zehn, weil' jede Zahl mit teen (zehn) endet. Man braucht es, wenn man scherzweise von jungen Mädchen und auch von alten Jungfern spricht, z. B.:
 She is but a child, she is not yet in her *teens*. | Sie ist nur ein Kind, sie ist noch nicht in ihren Zehner, d. h. sie ist noch nicht dreizehn.
 She is still in her *teens*. | Sie ist noch immer in ihren Zehnern.
 She has been long *out* of her *teens*. | Sie ist schon längst aus ihren Zehnern (über 20 J.).
(49b) His *thanks are* not worth having. | Sein Dank ist nicht der Mühe (des Habens) werth.
(50) *Water*, Wasser. He is gone to drink the *waters* at Ems. | Er ist nach Ems gegangen, um den Gesundbrunnen zu gebrauchen.
(51) *Well*, Brunnen. She is gone to the *wells*. | Sie ist in's Bad gegangen.
(52) Die folgenden drei Baum-Namen werden gewöhnlich nur im *Singular* gebraucht, z. B.: He has a great many *ash*, *birch* and *beech* in his woods. | Er hat sehr viele Eschen, Birken und Buchen in seinen Wäldern.
(53) Ha! Mr. Mumps is in the *vapours* to-day again. | Ach! der Herr Mumps hat heute wieder seine Grillen.

Singular.	*Plural.*
Drawer (dreaber), Schublade (53b).	Drawers, Schubladen, Unterhosen.
Gig (gig), Kreisel, einspänniger zwei= räderiger Wagen.	Gigs (gigs), Kreisel, Maulgeschwulst der Pferde.
Iron (eir'n), Eisen.	Irons (eir'ns), Fesseln.
Light (leit), Licht.	Lights (leits), Lichter, Lungen der Thiere.
Matin (matt'n), Morgenzeit.	Matins (matt'ns), Frühmesse.
Moral (morrl), Sittenlehre, moralisch.	Morals (morrls), Sitten.
Organ (orrg'n), Organ, Orgel.	Organs (a pair of), Organe, die Orgeln.
Pain (pehn), Strafe, Schmerz.	Pains (pehns), Strafen, Mühe.
Physic (fisick), Arzneikunde, Arznei.	Physics, Naturlehre.
Quarter (kuortr), Viertel, Lebensschonung.	Quartres, Viertel, Quartiere.
Snuffer (snoffr), ein Tabacks-Schnupfer.	Snuffers, Lichtputze, Lichtscheere.
Study (stöddi), Studirzimmer.	Studies (stöddihs), Studium.
Tong (tonng), Dorn oder Zunge in einer Schnalle.	Tongs, Schnallenzungen, Feuerzange. Sugar-tongs, Zuckerzange u. s. w.
Vapour (wehpr), Dunst, Dampf.	Vapours (53), (wehprs), Blähungen.
Water (uoater), Wasser.	Waters, der Gesundbrunnen.
Well (uell), Brunnen.	Wells, der Gesundbrunnen.
Wit (uitt), Witz.	Wits, Verstand.

XVII. Plural bei Eigennamen, Titeln ꝛc.

1. Wenn man von mehreren Personen spricht, welche den näm= lichen Familiennamen führen, so bildet man den Plural, nach der allgemeinen Regel, durch Anhängen eines "*s*" oder falls das Wort mit einem Zischlaut endet "*es*", z. B.:

Venus, the Venus*es*; *Ajax*, the Ajax*es*; *Henry*, the Henry*s* ob. Henr*ies*.
The two Cato*s* (54). The Byron*s*.	Die beiden Catone. Die Byrons.
The Cicero*s* of our age.	Die Cicerone unserer Zeit.

2. Wenn dem Eigennamen ein Gattungsname vorausgeht, so erhält in der Regel, nicht wie im Deutschen der Gattungsname, son= dern der Eigenname das Zeichen des *Plurals*, z. B.:

The Miss *Smiths* (55).	Die Fräulein *Smith*.
The three Doctor *Johnsons*.	Die drei Doctoren *Johnson*.
The two Master (56) *Wilsons*.	Die zwei jungen Herren *Wilson*.

(53b) Man merke auch folgende Ausdrücke, wobei das angehängte "*s*" den Sinn ganz ändert:
The *fair* (fehr), die Schönen.	The *fairs* (fehrs), die Jahrmärkte.
The *good* (gudd), die Guten.	The *goods*, die Waaren, die Güter.
The *living*, die Lebenden.	The *livings*, die Pfarreien.

A living bedeutet eine Pfarrei, Lebensunterhalt.
(54) NB. 1. Die Eigennamen, "*Wolf*, *Child*, *Ox*, *Brother*" müssen im Plural "*Wolfs*, *Childs*, *Oxes*, *Brothers*" und nicht nach Regel V u. VII. *Wolves*, *Children*, *Oxen*, *Brethren*" geschrieben werden.
   NB. 2. Einige Grammatiker schreiben die Eigennamen auf o wie "*Cato*, *Cicero*," "*Catoes* *Ciceroes*, dieses ist jedoch als unrichtig zu betrachten, weil nur die 10 Seite 79, Reg. III. angeführten Wörter auf o im Plural es annehmen.
(55) Bei dem Gebrauche der Titel in Verbindung mit Eigennamen in Beziehung auf mehrere Personen ist folgende Regel zu beachten:
   1. Im Sprechen muß der Name im *Plural* stehen, z. B.: "The Miss *Howards*; the two Miss *Howards*; the Mr. *Howards*." The Sir John Sinclairs are not of every day's occurrence.
   2. In Adressen von Briefen steht der Titel im Plural, z. B.: (To) the *Misses* Howard; to the *Messrs.* Howard, etc.
   3. Bei verheiratheten Damen aber ist es besser in beiden Fällen den Namen in den Plural zu setzen, z. B.: The Mrs. (mißis) *Wilsons*; to the Mrs. *Wilsons*.
   4. Wenn Titel, wie "*Lord*, *Earl*, *bishop*, *captain*," etc , mehreren Personen gemeinschaftlich sind, so muß der Titel im Plural stehen, z. B.: "The *Earls* of Arundel and Surry;" "the *Lords* Russel and Palmerston;" "the Lords *Bishops of* Carlisle and Durham."
(56) *Master* (mahstr), sagt man von jungen Herren von 5 bis 18 Jahren, *Mr.* (miß'r), von Herren im Allgemeinen und *Mrs.* (mißis) von verheiratheten Damen, z. B.:
How do you do, *Master* John, James?	Wie befinden Sie sich, Herr Johann, Jakob?
How are you, *Mr.*, *Mrs.* King?	Wie befinden Sie sich, Herr, Madame King?
In der Mehrzahl:	
How do you do, *Gentlemen*, *ladies?*	Wie befinden Sie sich, meine Herren, Damen?

The three Mr. (miſt'r) *Rodwells* (56c). | Die drei Herren *Rodwell*.

3. Bei zuſammengeſetzten Subſtantiven, bei denen das erſte Wort als Titel gilt, bekommt ebenfalls das letzte Wort das Zeichen des *Plurals*, z. B.:

The two Queen-*consorts* (56b).	Die Gemahlinnen der 2 regierenden Könige.
The three Lord-*chancellors*.	Die drei Lord=Kanzler.
The two Lord-*lieutenants* (lordliftenent).	Die zwei Lord=Lieutenants (Vicekönig von Irland).

XVIII. Zuſammengeſetzte Wörter, welche das Zeichen des Plurals immer beim erſten Worte fordern.

Wörter, wie die folgenden, die aus einem Hauptwort und einem Adjectiv (Eigenſchaftswort), oder aus zwei Haupt= wörtern durch eine Präpoſition verbunden, beſtehen, for= bern das Zeichen des *Plurals* beim erſten Wort, z. B.:

Attorney-general*, der Kronanwalt. (57)	Attorneys-general, die Kron=Anwalte.
Solicitor-general, der Generalprocurator.	Solicitors-general, die Generalprocura= toren.
Knight-errant(neit=ernt), b. irrendeRitter.	Knights-errant, die irrenden Ritter.
Cousin-german, das Geſchwiſterkind.	Cousins-german, die Geſchwiſterkinder.
Court-martial*, das Kriegsgericht (57)	Courts-martial, die Kriegsgerichte.
Son-in-law (loah), der Schwiegerſohn.	Sons-in-law, die Schwiegerſöhne.
Power-of-Attorney, geſetzliche Vollmacht.	Powers-of-Attorney, die Vollmachten.
Chancellor of the Exchequer * (eks= tſchekkr), der Kanzler der Schatzkammer.	Chancellors of the Exchequer, die Kanzler der Schatzkammer u. ſ. w.

XIX. Zuſammengeſetzte Wörter, welche das Zeichen des Plurals immer am letzten Worte haben.

Bei zuſammengeſetzten Wörtern oder Sammelnamen, wo das erſte Wort als eigenſchaftsbeſchreibendes Wort betrachtet werden kann, und ebenſo bei den unzertrennlichen Sammelnamen bekommt, wie bei Regel XVII., immer das letzte Wort das Zeichen der Mehrzahl, z. B.:

A (57b) man-servant, ein Bedienter.	Two man-servants, zwei Bediente.
A maid-servant (58), eine Magd.	— maid-servants, zwei Mägde.
A wine-glass, ein Weinglas.	— wine-glasses, zwei Weingläſer.
A man-trap, eine Fußangel.	— man-traps, zwei Fußangeln.

(56b) *Queen-dowager* (Königinwittwe); *Queen-consort* (Gemahlin des regierenden Königs); *King-consort* (Königgemahl). The *queen-dowager* entered the saloon immediately after the *queen-consort*.

(56c) Die einzige Ausnahme von dieſer Regel findet in Adreſſen an eine Geſellſchaft von Kaufleuten, Banquiers, Agenten oder Advokaten ſtatt, in denen nicht der Familienname, ſondern wie im Deutſchen, der Titelname das Zeichen des *Plurals* erhält, z. B.:

The Messrs. (meſſjūrs) Cash, Brothers. · Die Herren Gebrüder *Cash* (kaſch).

The Messrs. Leared, Sparrow and Co. (company), Merchants, Bristol. | Die Herren *Leared, Sparrow* und Co., Kaufleute, *Bristol.*

Baensch, Brothers, Booksellers. | Gebrüder *Bänſch*, Buchhändler.

NB. Wenn der Gattungsname einen Verwandtſchaftsgrad und nicht eine Geſellſchaft oder Firma bezeichnen will, ſagt man ſtatt:

Baensch, Brothers, etc. — the *brothers* Baensch. The *sisters* Gordon. The *cousins* Peel.

(57) Beim ſächſiſchen Genitiv bekommt das letzte Wort das Zeichen des Genitivs ('s), z. B.: The Attorney-*general's* office. Court-*martial's*, aid-de-*camp's*, etc.

Im *Plural* muß man den Genitiv mit "of" gebrauchen, z. B.: The office *of the* attorneys-general, of the *Courts-martial,* etc.

(57b) Im Engliſchen braucht man den unbeſtimmten Artikel *a* ein, eine, ein, ſtatt des Zahlwortes *one*, ein, eine, ein, wenn man in allgemeinen Sinne ſpricht; wenn man aber etwas mit Be= ſtimmtheit bezeichnen will, ſo braucht man das Zahlwort *one*, z. B.:

He has a fine horse and six dogs. | Er hat ein ſchönes Pferd und ſechs Hunde.

He has but one horse, but he has six dogs. | Er hat nur ein Pferd, aber er hat ſechs Hunde.

(58) Man kann aber auch eben ſo gut ſagen:

A *servant-man*, a *servant-maid*. Two *servant-men*, two *servant-maids*.

A mouse-trap, eine Mausefalle.	Two mouse-traps, zwei Mäusefallen.
A cock-sparrow, ein männl. Sperling.	— cock-sparrows, 2 männl. Sperlinge.
A spoonful (59), ein Löffel voll.	— spoonfuls, zwei Löffel voll.
A mouthful, ein Mund voll.	— mouthfuls, zwei Mund voll.
A houseful, ein Haus voll	— housefuls, zwei Häuser voll.
A handful, eine Hand voll.	— handfuls, zwei Hände voll.
Ave-Maria, das Ave-Maria (60).	Ave-Marias, die Ave-Marias.
Camera-obscura, Kammera-Obskura.	Camera-obscuras, b. Kammera-Obskuras.

XX. Von den Verkleinerungswörtern.

Im Englischen hat man nur sehr wenige Verkleinerungswörter und bedient sich zur Bildung solcher Begriffe lieber der Eigenschaftswörter "*little* (60b) oder *small* (klein)," während man im Deutschen den Begriff fast jedes Wortes durch die Bildungssilben "chen oder lein" verkleinern kann. Sie werden gebildet mittelst der Silben "*el, kin, let, ling, en* und *ock*". Die folgenden Wörter sind die meisten, die in der Sprache gebräuchlich sind, und alle bilden ihren *Plural* nach der allgemeinen Regel in *s*, z. B.:

Stammwort.	Verkleinerungswort.	*Plural.*
Brook (bruck), Bach;	Brooklet, Bächchen;	Brooklets, die Bächchen.
Cat (katt), Katze;	Kitten, Kätzchen.	Kittens, Kätzchen.
Cock (kock), Hahn;	Cockerel, Hähnchen;	Cockerels, die Hähnchen.
Duck (böck), Ente;	Duckling, Entlein;	Ducklings, die Entchen.
Goose (guhß), Gans;	Gosling, Gänschen;	Goslings, die Gänschen.
Hill (hill), Hügel;	Hillock, Hügelchen;	Hillocks, die Hügelchen.
Hen (henn), Henne;	Chick, chicken, Hühnchen;	Chickens (tschikk'ns).
Isle (eil), Island (eilend), Insel;	Islet, Inselchen;	Islets (eiletts), die Inselchen.
Lake (lehk), See;	Lakelet, Seechen;	Lakelets, die Seechen.
Lamb (lamm), Lamm;	Lambkin, Lämmchen;	Lambkins, die Lämmchen.
Man (mann), Mann;	Manikin, Männchen;	Manikins, die Männchen.
River (riwwr), Fluß;	Rivulet, Flüßchen;	Rivulets, die Flüßchen.
Stream (strihm), Strom;	Streamlet, Strömchen;	Streamlets, die Strömchen.
	Suckling (söckling), Säugling;	Sucklings, die Säuglinge.

B. Gedächtniß-Uebungen.

§. 11. Sätze zur Gedächtnißübung über die Hauptwörter, welche ihre Mehrzahl auf eine unregelmäßige Weise bilden.

I. Von der Endung auf ch, sh, s, ss und x. Regel III. Seite 79.

St. Stephen's *church* is a fine building.	Die St. Stephanskirche ist ein schönes Gebäude.

---

(59) Die zusammengesetzten Wörter "*spoonful, handful*" und ähnliche sind nicht mit den getrennt geschriebenen "*spoon full, hand full*" etc. zu verwechseln, da der *Plural* derselben einen ganz verschiedenen Sinn hat, z. B.:
He has *ten spoonfuls* of wine:
Er hat 10 Löffel voll Wein, d. h. soviel Wein, daß er 10 Löffel füllen würde.
Dagegen: He has ten spoons full of wine.
Er hat 10 Löffel voll Wein, d. h. zehn Löffel, jeder mit Wein angefüllt.

(60) Es ist zu bemerken, daß man in der Poesie und häufig im rednerischen Styl den *Singular* statt des *Plurals* braucht, wodurch der Satz am Poetischen gewinnt, z. B:
Africa, land of the slave! Will you shed a *tear* upon my grave for me? He saw nothing but *ruin* and *devastation*!

(60b)
A *little* health, a *little* wealth,	Ein wenig gesund, ein wenig reich,
A *little* house and freedom,	Ein kleines Haus und Freiheit,
And in the end, a *little* friend,	Und endlich noch einen kleinen Freund,
And *little* cause to need him.	Und sein zu bedürfen wenig Anlaß.

There are more than six hundred *churches* in London.	Es sind mehr als sechshundert Kirchen in London.
The centre *arch* of London Bridge is 152 feet wide.	Der Mittelbogen der Londoner Brücke ist 152 Fuß breit.
London Bridge has five *arches*.	Die Londoner Brücke hat fünf Bögen.
I have an English *brush*.	— Ich habe eine englische Bürste.
You have two French *brushes*.	Sie haben zwei französische Bürsten.
What a fine *chorus!*	Was für ein schöner Chor!
I like *choruses* very much.	Ich habe die Chöre sehr gern.
The mother gave the child a *kiss*.	Die Mutter gab dem Kinde einen Kuß.
The child gave the mother many *kisses*.	Das Kind gab der Mutter viele Küsse.
Give me my snuff-*box*.	Gib mir meine Schnupftabacksdose.
Which of the two *boxes* do you wish?	Welche von den beiden Dosen wünschen Sie?

II.   Von der Einzahl in o, Mehrzahl in oes.   Regel III.   Seite 79.

Leonidas was a *hero*.	Leonidas war ein Held.
Greece was celebrated for *heroes*.	Griechenland war wegen seiner Helden berühmt.
That is a fine *potatoe*.	Das ist eine schöne Kartoffel.
Do you like *potatoes?*	Essen Sie gerne Kartoffeln?
One *cargo* of silk and two *cargoes* of cotton.	Eine Schiffsladung Seide und zwei Schiffsladungen Baumwolle.

III.   Von der Einzahl in f, Mehrzahl in ves.   Regel IV.   Seite 80.

A *he-wolf* and two *she-wolves* were killed.	Ein Wolf und zwei Wölfinnen wurden getödtet.
By keeping company with *thieves*, he has become a *thief*.	Durch seinen Umgang mit Dieben ist er ein Dieb geworden.
The *calf* is a stupid animal.	Das Kalb ist ein dummes Thier.
The flesh of *calves* is called veal in English.	Das Kalbfleisch wird im Englischen *veal* (wehl) genannt.
You have torn a *leaf* of my book.	Sie haben ein Blatt meines Buches zerrissen.
The *leaves* of the trees begin to fall.	Die Blätter der Bäume fangen an abzufallen.
The English have but one *wife*.	Die Engländer haben nur eine Frau.
The Turks have many *wives*.	Die Türken haben viele Frauen.
He lost his [61] *life* at Waterloo.	Er verlor bei Waterloo das Leben.
Have you read Johnson's "*Lives* of Poets?"	Haben Sie *Johnson's* Leben der Dichter gelesen?
Lend me your pen-*knife*.	Leihen Sie mir Ihr Federmesser.
My brother has two *knives*.	Mein Bruder hat zwei Messer.

IV.   Einzahl in y, Mehrzahl s und ies.   Regel V.   Seite 80.

I have caught [62] a *fly*.	Ich habe eine Fliege gefangen.
You must not kill the poor *flies*.	Sie müssen die armen Fliegen nicht tödten.
The English *army* fought bravely in India.	Die englische Armee focht tapfer in Indien.
The two *armies* met at day-break.	Die zwei Armeen trafen sich bei Tagesanbruch.

(61) Im Englischen, wenn man von den verschiedenen Theilen des Körpers, und von den geistigen Eigenschaften spricht, braucht man das zueignende Fürwort in allen den Fällen, wo man im Deutschen und Französischen statt des bestimmten Artikels, oder eines persönlichen Fürworts das zueignende Fürwort setzen könnte, z. B.:

He has lost *his* life.	Er hat (sein) das Leben verloren.
She has broken *her* arm.	Sie hat sich (ihren) den Arm gebrochen.
He has lost *his* memory.	Er hat (sein) das Gedächtniß verloren.

Das Weitere hierüber siehe §. 78. Seite 187. Zueignende Fürwörter.

(62) In der Orthoepie §. 103. S. 33 wurde schon bemerkt, daß *gh* vor *t* immer stumm ist, z. B.:

Caught (koaht), gefangen; *thought* (thoaht), gedacht; *fought* (foaht), gefochten 2c.

One big *boy* and two little *boys*.	Ein großer und zwei kleine Knaben.
In passing (*63*) through the *valley*, I saw a *monkey*.	Als ich durch das Thal ging, sah ich einen Affen.
In crossing the *valleys*, I saw several *monkeys*.	Als ich die Thäler durchkreuzte, sah ich mehrere Affen.
One can go from London to Dublin in a *day*, but from London to Berlin it takes nearly three *days*.	Man kann von London nach Dublin in einem Tag kommen, aber von London nach Berlin braucht man beinahe drei Tage.

V. Von den unregelmäßigen Endungen. Regel VI. Seite 81.

He is a very good *man*. They are good *men*.	Er ist ein sehr guter Mann. Sie sind gute Männer.
She is a lovely *woman*, but not so lovely as the French *women*.	Sie ist eine liebreiche Frau, aber nicht so liebreich als die französischen Frauen.
That *child* has the whooping-cough, you must not let it play with the other *children*.	Das Kind hat den Keuchhusten, Sie müssen es nicht mit den andern Kindern spielen lassen.
Yesterday I saw one black *mouse* and two white *mice*.	Gestern sah ich eine schwarze Maus und zwei weiße Mäuse.
Our cook has bought a fat *goose*.	Unsere Köchin hat eine fette Gans gekauft.
Are *geese* cheap in this town?	Sind die Gänse wohlfeil in dieser Stadt?
He fell and hurt his *foot*.	Er fiel und verletzte sich den Fuß.
I have corns on my *feet*.	Ich habe Hühneraugen an den Füßen.
She has a front-*tooth* and two back-*teeth*.	Sie hat einen Vorderzahn und zwei Backenzähne.
What is the value of an English *penny*?	Wie viel ist ein englischer Penny (werth)?
Twelve *pence* are worth thirty-six kreutzers.	Zwölf Pence sind sechs und dreißig Kreuzer (werth).
I have a collection of Roman *pennies*.	Ich habe eine Sammlung römischer Pfennige.

VI. Wörter, die im Englischen nur im Singular, im Deutschen im Singular und Plural gebräuchlich sind. Regel XI. Seite 86.

I have finished my *business* (*64*).	Ich habe mein Geschäft beendigt.
Much *business requires* much care.	Viele Geschäfte erfordern viele Sorgfalt.
That *is* good *news*.	Das ist eine gute Nachricht.
Your *hair* is too long.	Ihre Haare sind zu lang.
Do the Cadets make great *progress* in English?	Machen die Cadetten große Fortschritte im Englischen?
Their *progress is* not very great, because they have too few lessons.	Ihre Fortschritte sind nicht sehr groß, weil sie zu wenige Stunden haben.
Lord Brougham's (bruh'ms) *knowledge is* very extensive.	Lord Brougham's Kenntnisse sind sehr ausgedehnt.

VII. Wörter, die nur im Plural gebräuchlich sind. Regel XIV. Seite 88.

Your *pantaloons* (*65*) *are* too long.	Ihre Beinkleider sind zu lang.
Breeches are quite out of fashion.	Kurze Hosen sind ganz aus der Mode.
Where *are* the *snuffers*?	Wo ist die Lichtscheere?
Your *scissors are* very fine.	Ihre Scheere ist sehr schön.
Where *is your* pair of *compasses*?	Wo ist Ihr Zirkel?
My *stays are* not well made.	Mein Corset ist nicht gut gemacht.
Who made *them* for you?	Wer hat es Ihnen gemacht?

---

(63) Siehe die Erklärung über den Gebrauch des ersten Particips Anmerkung 14, Seite 226; auch Reg. LIV. 2c. Seite 515.

(64) Im allgemeinen Sinn könnte man das Wort *affair* (Geschäft) statt *business* brauchen, wenn man aber vom Handel spricht, so ist das Wort *business* vorzuziehen.
   NB. Das Wort *affair* kann man im *Singular* und *Plural* brauchen.

(65) *Pantaloons* auch *trowsers* genannt, sind lange Beinkleider.

VIII. Wörter, die im Singular und Plural gleich sind. Regel IX. Seite 84.

My brother has shot a *deer* (⁶⁶).	Mein Bruder hat einen Hirsch geschossen.
There are several *deer* in the park.	Es sind im Park mehrere Hirsche.
He has one young *swine* and ten old *swine*.	Er hat ein junges Schwein und zehn alte Schweine.
The wool of the Spanish *sheep* is *highly* esteemed.	Die Wolle der spanischen Schafe wird sehr geschätzt (ist sehr beliebt).
I have but *one sheep*, but my friend has *five sheep* (⁶⁷).	Ich habe nur ein Schaf, aber mein Freund hat fünf Schafe.
I must buy a *fish*.	Ich muß einen Fisch kaufen.
Here *are* some very fine *fish*.	Hier sind einige sehr schöne Fische.

C. Von der Wortfolge (Construction).

§. 12. Bei dem Uebersetzen aus dem Deutschen ins Englische bemerke der Studirende vorläufig Folgendes:

1. Die natürliche Wortfolge im Englischen stimmt mit der im Deutschen ziemlich überein, wenn das Zeitwort in einer einfachen Zeit steht, d. h. zuerst kommt das Subject (Nominativ), dann das Prädikat (Zeitwort) und zuletzt das Object (Accusativ oder Dativ), z. B.:

The robber killed *the man* (⁶⁷ᵇ).	Der Räuber tödtete den Mann.
This book belongs *to the man (to me)*.	Dieses Buch gehört dem Manne (mir).

2. Die Wortfolge ist verschieden, wenn das Zeitwort in einer zusammengesetzten Zeit, oder in Verbindung mit einem andern Hülfs= zeitworte oder einem Infinitiv steht. Im Englischen ist in diesem Falle die Wortfolge dieselbe wie beim einfachen Zeitworte, d. h. das Object darf nicht wie im Deutschen zwischen das Hülfszeitwort und das Particip oder zwischen Zeitwort und Infinitiv treten, sondern muß demselben nachfolgen, z. B.:

He can read *the book*, er kann lesen das Buch, statt: er kann das Buch lesen.

I have seen you and your brother, ich habe gesehen Sie und Ihren Bruder, statt: ich habe Sie und Ihren Bruder gesehen.

I shall be able to go to London, ich werde können gehen nach London, statt: ich werde nach London gehen können.

3. Hat das Zeitwort einen *Accusativ* und einen *Dativ* als Ob= ject bei sich, so steht, wie im Deutschen, der *Accusativ* dem *Dativ* zuweilen vor, zuweilen nach, je nachdem es der Nachdruck verlangt, z. B.:

He has given me *the money*.	Er hat mir das Geld gegeben.
He has given *the money* to me, and not *to you*.	Er hat das Geld mir gegeben und nicht Ihnen.

4. In Fragesätzen, in einer einfachen Zeit, stimmt die Wortfolge in beiden Sprachen wesentlich überein, z. B.:

Have you money? *Will he* come?	Haben Sie Geld? Will er kommen?

NB. In den zusammengesetzten Zeiten aber steht zuerst das Zeitwort, darauf folgt das Subject *(Nominativ)*, dann das Particip und zuletzt das Object *(Accu= sativ* oder *Dativ)*, und nicht wie im Deutschen, wo das Particip an's Ende gestellt wird, z. B.:

Have you seen the king?	Haben Sie den König gesehen?
No, *I have not seen* (him).	Nein, ich habe ihn nicht gesehen.
Has he written to the Doctor?	Hat er dem Doktor geschrieben?

---

(66) Das Wort *deer* ist der allgemeine oder generische Ausdruck = dem deutschen Worte: Rothwild; will man das Geschlecht genau bezeichnen, so sagt man: *buck*, Damhirsch; *doe*, Damhirschkuh; *stag*, Hirsch; *hind* Hindinn, Hirschkuh. Das Fleisch heißt *venison* (wennisn), Wildpret.

(67) Das Schaf= oder Hammelfleisch heißt im Englischen *mutton* (mott'n).

(67b) Es ist wohl zu merken, daß, im gewöhnlichen Leben, man im Deutschen das Zeitwort dem Subject häufig vorsetzt, im Englischen aber darf man dieses nicht, z. B.:
Jetzt gehe ich. Morgen kommt er ꝛc. | Now *I shall go*. To-morrow he *will come*. -

5. Das *Adjectiv* steht vor dem Hauptworte wie im Deutschen, z. B.:

The *good* man, woman, etc., whom I saw.	Der gute Mann, die gute Frau ꝛc., welche ich sah.

Ausgenommen sind die *Adjective*, welche auf Länge, Breite, Tiefe, Höhe und Alter Bezug haben. Diese müssen immer am Ende gesetzt werden, z. B.:

A room ten feet *long*, eight *high*, etc.	Ein Zimmer zehn Fuß lang, acht Fuß hoch ꝛc.
A man, forty years old. (besser: *of age*.) (S. Anmerk. 9, S. 372.)	Ein Mann vierzig Jahre alt (ein vierzig Jahre alter Mann).

6. Die *Adverbien* der Zeit, als: heute, morgen ꝛc., stehen am Anfang oder am Ende, z. B.:

To-morrow I shall see you, oder I shall see you *to-morrow*, morgen sehe ich Sie, oder ich werde Sie morgen sehen.

Die *Adverbien* auf *ly*, setzt man gewöhnlich nach dem *Nominativ*, wenn das Zeitwort in einer einfachen Zeit steht, z. B.:

I *really*, *positively*, etc. thought you were there.	Ich glaubte w i r k l i ch, daß Sie da waren (waren da).

In den zusammengesetzten Zeiten stehen diese *Adverbien* nach dem Hülfszeitwort und vor dem *Particip* oder *Infinitiv*, z. B.:

I have *really* seen him.	Ich habe ihn wirklich gesehen (65).

D. Aufgaben über die Pluralform der Hauptwörter.

Regel I. Seite 78.

3. Die Federn dieser Vögel sind sehr schön. — In den Gärten des
feather of these bird very fine. In garden
Königs gibt es schöne Blumen. — Ich muß zwei Bücher, drei
king there are flower. I must two² book three
|(69) Buch Papier, | sechs Schreibfedern und zwei | Stück Siegellack |
quire of paper six pen two piece of sealing-wax
kaufen. — Die Väter, die Mütter, die Neffen, die Nichten, die Tanten
buy¹ father mother nephew niece aunt
und die Onkel saßen alle auf Bänken und Stühlen im Garten. — Was
uncle sat all upon bank chair in the What
[für] schöne Rosen, Tulpen und Veilchen! — Diese Häuser sind
(70) beautiful rose tulip violet These house
sehr schön gelegen.
very beautifully situated.

Regel II. Seite 79.

4. In London gibt es mehr als sechs hundert Kirchen. — Jetzt
— — (71) there are more than (72) §. 52. Seite 165. church. Now
habe ich alle meine Wünsche erreicht. — Wie viele Bögen hat [die]
² ¹ all³ my wish attained³ How many arch

---

(65) Das Ausführliche über die Wortfolge findet man Kap. I. Seite 369 der Syntaxis.
(66) Die zwei | | bedeuten, daß die dazwischen stehenden Wörter den darüber stehenden deutschen Wörtern entsprechen. Siehe hierüber Erklärung Seite 74.
(70) Diejenigen Wörter, welche eingeklammert sind, werden im Englischen nicht übersetzt.
(71) Diejenigen Wörter, unter welchen ein — steht, sind in beiden Sprachen gleich.
(72) Über *all* nach einem *Comparativ*, etc., siehe Regel XIII. Seite 157.

Londoner Brücke? [Die) Londoner Brücke hat nur neun Bögen, [die]
London Bridge? *only nine*

Westminster Brücke aber hat fünfzehn. — *Shakspeare's* Hexen sind vortreffliche
Westminster Bridge[2] but[1] fifteen — *witch excellent*

Charaktere. — Es waren zwei Herzoginnen, drei Gräfinnen und
character There were duchess countess

zehn Baroninnen auf dem Ball. — Wie viele Monarchen, Hierarchen
baroness at Anm. 1. S. 75. — How many

und Patriarchen gibt es in der Welt? Wie viele weiß ich nicht; aber
are there world? know[3] I[1] do not[2] but

von großen Monarchen gibt es nur wenige.
of great there are (†) but few.

Regel III. Seite 79.

5. In den Vereinigten Staaten von Nordamerika sind die armen
— *United States of North America[4] [1] poor[2]*

Neger [immer] noch Sklaven. — Wie herrlich ist das Echo (Wieder=
[3] *still slave How splendid are* (im Engl. Plural)

hall) | am See von *Killarney!* — | Essen Sie gern Kartoffeln?
| *at the Lakes of* | — | *Do you like to eat*

Ja, sehr gern. — Die griechischen Helden waren | die berühmtesten. |
Yes, very much Greek were | the most celebrated |

— [Die] Gräfin Montague hat die Serails der Türken beschrieben. —
— *Lady* — (monntagju) [2] *Turk described[1]*

Seine Bibliothek enthält wenig Folianten, sie besteht hauptsächlich aus
His library contains few it consists chiefly of

Octavbänden.

Regel IV. Seite 80.

6. In England | findet man | die schönsten Kälber. — In der Schlacht
— *are | finest* — *In the battle*

bei Waterloo verloren fünfzehn tausend Engländer das Leben. — In
of — lost[4] 1 [2] Englishmen[3] their (Pl.)

Paris gibt es mehr als sechzig tausend Diebe. — [Die] Frauen sollten
— *more than should*

ihre Männer glücklich machen. — Norwegen wird noch von Wölfen
their[2] husband happy 1 Norway is still with[2]

heimgesucht. — Zwei Hälften machen ein Ganzes. — Müffe und
infested[1] make whole muff

Manschetten sind fast | aus | [der] Mode. — [Die] Zwerge sind gewöhnlich
ruff almost | out of | fashion dwarf generally

argwöhnisch. — Die Dächer sind alle voll Schnee.
suspicious roof all full of snow.

Regel V. Seite 80.

7. Die Französinnen sind ihrer Höflichkeit wegen berühmt. — [Die]
French lady their[3] politeness for[2] celebrated[1]

Fliegen sind sehr lästig. — London ist die größte | aller |
very troublesome — *largest | of all the |*

Städte | der Welt. | — Richard und Johann Lander haben manche
| *in the world* | — *John many[2]*

(†) *Are there* kann nur bei Fragen im Englischen gebraucht werden, *there are* bei Bejahungen.

Länder und Städte Africas | durchreist. | Sie kehrten von
country *of Africa* *travelled through*[1] *They returned from*[3]
ihren verschiedenen Reisen am (10ten) zehnten Juni achtzehnhundert
their *several* *on 10th (the tenth of*[73]*) June*
ein und dreißig nach *Portsmouth* [zurück]. — Die französischen und
and thirty-one to[1] —[2] *French* (74)
englischen Armeen haben oft und blutig gegen einander gekämpft. —
English *army* *often*[2] *bloodily against each other fought*[1]
Die Knaben haben die[2] Schlüssel verloren *(lost)*[1].

Regel VI. Seite 81.

8. Wie viele Pfennige gehen auf einen englischen Schilling? Zwölf
How many *go to* (74b) *English shilling?*
Pfennige machen *(make)* einen Schilling und ein Schilling ist *(is)* sechs[2] und
Pfennige make *Schilling and Schilling is* *six*
dreißig (75) Kreuzer | an Werth | — Sie | mochte nicht | in einem Zimmer
kreutzers *worth*[1] *She* *did not like* 2 *room —*
| allein sein, | wo so viele Mäuse waren. | — In meinem Leben
to be alone[1] *in which*[3] *so*[5] *many* *there were*[4] *my life*
habe ich nie so viele Gänse und Ochsen gesehen. — Alle Menschen sind
2 1 *never* 4 *seen*[3] *All men*
Brüder. — Männer, Frauen und Kinder waren alle versammelt, [um]
were all assembled
die Frohnleichnams = Prozession zu sehen. — Wir müssen unsere Zähne
3 *Corpus-Christi* (tristi) — e — to*[1]* *see*[2] *must our*[3]
untersuchen lassen. — Meine Füße | thun mir weh. | — Er hat mehr
examined get[1] *My* *pain me* *more*
als zwanzig verschiedene Sorten von Erbsen. — Sie hat Erbsen zu ver=
than *different* *sorts of* *She* Anm. 79b, S. 251.
kaufen *(to sell)*.

Regel VII. Seite 81.

9. Gestern traf ich einen Engländer, zwei Irländer und drei Fran=
Yesterday met[2] 1 *one* (Reg. II. S. 137)
zosen im Concert. — Er ist ein Landsmann von mir, und ich ziehe ihn
at the concert *countryman of mine* *prefer him*
allen meinen Landsleuten vor. — Das Reich der Ottomanen hat seinen
all[2] *my to*[1] *Empire of the* *its*[2]
höchsten Glanz verloren. — Alle guten Muselmänner müssen nach Mecca,
greatest splendour lost[1] *All good* *must to*[2]
zum Grabe des Propheten | pilgern. | — Die Holländer
to the tomb *prophet* *perform a pilgrimage*[1]
sind ein beharrliches, gelbliebendes Volk. — Die Römer haben vergebens
persevering *money-loving people* *in vain*[2]
versucht, die Deutschen zu unterjochen. — Diese Franzosen, wie die
tried[1] 4 *to subjugate*[3] *These* *like*
Franzosen im Allgemeinen, sind sehr höflich.
French (76) *in* *general* *very polite.*

---

(73) Hierüber siehe Regel II. Seite 170.
(74) Alle *Adjective*, die von Länder = oder Völkernamen gebildet sind, müssen im Englischen immer groß geschrieben werden. Siehe Regel VII. Seite 47 über die großen Anfangsbuchstaben.
(74b) Siehe Anmerkung 57b, Seite 92.
(75) Ueber die Stellung der Zahlwörter siehe Kap. VIII. §. 63, Seite 166.
(76) Das Genauere über den Gebrauch der Wörter *English, Englishman*, etc. findet man Regel L. II. (Länder = und Völkernamen) Seite 136.

7 *

Regel VIII. Seite 82.

10. Wie viele Secretäre hat [wohl] die Königin von England?
How many amanuensis (76b) queen of
Wahrscheinlich fünf oder sechs. — Die Anhänge dieser Grammatik wird
Probably or of this grammar will
man (77) sehr nützlich und interessant finden. — Es ist sehr oft
be very useful interesting found It very often
unmöglich, die Geheimnisse der Natur zu erklären. — Es sind dreißig
impossible arcanum of nature to explain There are
Druckfehler auf einer Seite. — Hat man je solche Stutzer gesehen? —
erratum on (57b) page Were there ever such beau seen?
Diese Themata sind für Knaben geeignet. — Lord Byron war eins der
These thesis boy proper Of the
größten Genies seiner Zeit. — Die Schutzgeister des Waldes beschützten
greatest of his time wood protected
ihn. — Seraphim und Cherubim stehen um den Thron Gottes. — Die
him stand round throne of God
italienischen Literaten und Virtuosen sind sehr berühmt. — | Was halten
Italian R. XVII. very celebrated | What do you
Sie | von den Hypothesen des Lord Brougham (bruh'm)? Ich halte
think | of think
sie [für] sehr sinnreich, auch sind seine Anmerkungen sehr interessant.
them very ingenious also his memorandum interesting.

Regel IX. Seite 84.

11. Nach der letzten Volkszählung (1861) gibt es in London nicht
According to the last there are — — not(*)
weniger als zwei Millionen neun hundert tausend und etliche Seelen. —
less than some soul
Die Rehe sind wild, die Schaafe sind zahm. — Schweine sind schmutzige
wild tame dirty
Thiere. — Haben Sie die gute Nachricht gehört? Nein, was ist es?
animals good heard No what is it?
Man sagt, daß der Kaiser von Rußland alle seine Leibeigenen befreit
The news is that emperor Russia his serf liberated
hat. — Auf dem Hungerford = Markt werden | zum | Bedarf von
In — market are for the supply of
Westminster ungeheure Quantitäten Fische verkauft, besonders Lachse,
immense quantity of fish sold particularly
Steinbutten, Makrelen, Forellen, Stockfische, Kabeljaue, Hummer, Austern
turbot mackerel lobster (Pl.) oyster (Pl.)
und andere Arten.
other sort.

Regel X. Seite 85.

12. Wenigstens tausend Mann Cavallerie wurden auf dem Schlachtfelde
At least a were on field (78)

(76b) Ein *Amanuensis* ist Einer, der schreibt, was ein Anderer dictirt. *Secretary* heißt Secretär.
(77) „Wird man finden" übersetzt man im Englischen mit: *will be found*, (werden gefunden sein). Das Ausführliche über „man sagt (one says)", findet man Regel XIV. S. 451, Regel XVII. S. 452 der Syntax.
(78) Gewöhnlich drückt man das Schlachtfeld mit *field* (Feld), aus, man könnte aber auch *field of battle* sagen.
(*) In Fällen wie der obige kann man "*no* oder *not*' brauchen. S. Anmerk. 30, S. 348.

aufgestellt. — In Afghanistan [haben] die Engländer beinahe drei tausend
drawn up[1] — — *English nearly*[2]
Mann Infanterie und mehrere Kanonen verloren. — Nelson's Flotte am
several lost[1] *fleet at the*
Nil bestand aus achtzehn Segeln; die französische war um sieben Segel
Nile consisted of French by[2]
stärker und hatte außerdem viel schwerere Kanonen. Im Jahr 1782
stronger[1] *besides much heavier In the year*
versuchten die vereinigten französischen und spanischen Flotten Gibraltar
attempted[2] [1] *combined French Spanish* — [4]
einzunehmen, wurden aber von Lord Heathfield | mittelst | unzähliger
to take[3] *were*[5] *but*[6] *by*[8] *by means of innumerable*
| Schüsse mit glühenden Kugeln | zurückgeschlagen. — Er hat ein Paar
red-hot shot repulsed[7] [2] (*Siehe*
Feldhühner, zwei Paar Waldhühner und drei Koppel Fasanen geschossen. —
shot[1]
Anmerkung 28, S. 86.
Die Wachteln und Rebhühner waren (in Paaren) paarweise zusammengebunden.
partridge [2] *tied together*[1].

Regel XI. Seite 86.

13. Was [für] ungeheuere Geschäfte werden zu Lloyd's [Caffeehaus]
What immense is at[2] —
in London abgemacht! — Die Einkünfte des Herzogs von Devonshire
— — *transacted*[1] *Duke of*
| belaufen sich | beinahe [auf] fünf Millionen Gulden jährlich. — Sir Robert
amounts to about of florins a year
Peel, ehemaliger erster Minister von England, hatte bedeutende Kenntnisse
former prime — *of possessed considerable*
und Besitzthümer. Er starb im Jahre 1850. — Ich kenne ein Paar junge
died year know couple of young
Leute, die ihre Haare so sehr lieben, daß sie im Englischen nur wenige
people who their[2] *so much love*[1] *that in*[7] *English but*[4] *little*[5]
Fortschritte machen. — Wie groß müssen die Kräfte des Hercules gewesen
[6] *make*[3] *How great must of have*
sein! — Es steht nicht in meinen Kräften, Ihnen zu helfen. — Die
been It is not — *my power* [2] *to*[1] *help*
Blattern sind in Europa nicht mehr heftig.
[4] *Europe no*[1] *longer*[2] *violent*[3].

Regel XII. Seite 86.

14. Durch Einwirkung | der | Kälte des Winters und der Hitze
By exposure to the (*Pl.*) *of winter* (*Pl.*)
des Sommers ist meine Gesundheit gänzlich ruinirt worden. — Der Gipfel
of summer has my[1] *health*[2] *quite*[5] *destroyed been*[4] *summit*
des Chimborasso ist mit ewigem Schnee bedeckt. — Der Garten war mit
of — *with*[2] *eternal* (*Pl.*) *covered*[1] *garden* [2]
Unkraut überwachsen. — Der periodische Regen in Indien dauert häufig
overrun[1] *periodical* (*Pl.*) — *India last*[2] *often*[1]
zwei Monate. Guter Himmel, was haben Sie gethan! Ach wir werden
month Good (*Pl.*) *done!*
das Leben verlieren. — | Hören Sie nicht | das Geschrei des Volkes?
our[2] *lose*[1] *Do you not hear* (*Pl.*) *people*
Ach, unser Tod ist gewiß!
Ah, our (*Pl.*) *are certain!*

Regel XIII. Seite 87.

15. Was [für] Weine | ziehen Sie vor? | Ich ziehe die spanischen
What   *do you prefer?*   *I prefer*   *Spanish*
und portugiesischen Weine den französischen und deutschen [vor]. — Gold
Portuguese (Pl.) to the French German   [2]
und Silber liebt er mehr als seinen Gott, und Bier und Branntwein
loves[2] [1] more than his god beer brandy
mehr als Frau (wife) und Kinder (child) ([79]).

Regel XIV. Seite 88.

16. Hier ist eine sehr schöne Scheere. — Er hat eine Jacke und ein
Here is very fine   [2] *jacket*
Paar Nanking=Hosen bekommen. — Sage dem Mädchen [sie solle] mir die
of nankeen- got[1] Tell the servant me[2]
Zuckerzange bringen. — Der Gärtner muß seine Scheere schleifen lassen. —
sugartongs to[1] bring gardener his[2] shears ground get[1]
Der Lehrer | gab ihm einen Verweis, | weil [er] seinen Zirkel verloren
His master reprimanded him for[1] his[4] lost[3]
hatte — Haben Sie eine gute Brille? | Ja wohl, mein Herr. |
having[2] good[2] pair of[1] Oh yes, Sir.

Regel XV. Seite 88.

17. Wie schön das Vieh da ist. — Der Inhalt des Briefes
What fine those[2] ([80]) [1] c — there are. c — letter
überraschte mich | sehr. | — Die Umgegend von London ist sehr
astonished me very much e — of are very
schön. — Tausend Dank, mein lieber Freund, für Ihr hübsches Weihnachts=
beautiful. A thousand t — dear friend your beautiful Christmas-
geschenk. — Wie kann ich | Genugthuung leisten | für das Unrecht, [welches]
box How make a — for injustice
ich Ihnen gethan habe? — Die Australier sind die Gegenfüßler der
you[3] done[2] have[1] Australians a —
Franzosen ꝛc.
French, etc.

Regel XV. Seite 88. (Fortsetzung).

18. Die Neuern verdanken den Alten viel. — Der Herzog
m — ([80]) owe to the[2] a — much[1] Duke
von Wellington hat sehr schöne Waffen. — Sein | Wappen | ist auf
of very beautiful fire-a — his coat of arms on[2]
seinen Wagen gemalt. — Wir sollten unsere Vorgesetzten achten und unseren
his coach painted[1] should our[2] s—[3] respect[1] [4] Acc. 6
Untergebenen helfen. — Was [für eine] herrliche Wohnung haben Sie (†)
i— help[5] What delightful l—
hier (here)! — Die Niederlage (defeat) des Grafen (Earl of) Chatham
in Island of Walcheren brought [4] no[1] disgrace[2] on[3] as
(in) 1809 auf der Insel Walcheren zog ihm keine Ungnade zu, da die

---

(79) Es ist wohl zu merken, daß nur der *Singular* überall angegeben und dem Lernenden die Bildung des *Plurals* überlassen ist.
(80) In der Folge führe ich nur den Anfangs=Buchstaben bei den Uebersetzungen an, das Wort selbst
wird man leicht in der alphabetischen Liste finden.
(†) Man erinnere sich, daß der *Nominativ* zuerst steht; siehe §. 12, Seite 96.

Ungleichheit so groß gegen ihn war. — Das Buch war aus | lauter Bruch=
o— so⁶ great against were⁵ book of² odds and ends
stücken | zusammengesetzt. — Der Gefangene wurde in dem letzten Quartal=
made up¹ prisoner was at³ last
gericht (vierteljährigen Gerichtssitzungen) verhört. — Newton machte große
quarter e— tried¹ made great
Entdeckungen in [der] Optik (Sehlehre). — Chalmers war als Professor
discoveries in o— as³
der Sittenlehre | in hohem Grade | geachtet. — [Die] Physik, [die]
of e— highly¹ esteemed² p—
Mathematik und sogar [die] Mechanik und Politik waren seine Haupt=
m— even m— p— principal
Vergnügungen. — Feuchte Luft ist für die Lungen nicht gut.
pleasure. moist air ³ l— not¹ good.²

Regel XVI. Seite 90.

19. Ich möchte gerne etwas Tuch kaufen. — Was für Tuche haben
should like some² e— to buy¹ What sort of cl—(Pl.)
Sie? Was | für welche | wollen Sie? Ich möchte gern etwas zu einem
sort do you wish? ² for a new
neuen Anzuge haben. — Daniel O'Connel war das Organ des
suit of clothes (Klotz) to have¹ o—
irländischen Volkes. — [Die] Orgeln wurden in [die] christlichen Kirchen
Irish people o— were into² Christian churches
ungefähr im neunten oder zehnten Jahrhundert eingeführt. — Wie schön
about the or century introduced¹ How beautiful
ist die grüne Farbe! — Die Franzosen waren genöthigt, die Flagge zu
⁴ ¹ green² c—³ French obliged their³ e— to¹
streichen — Für alle meine Mühe habe ich nur Schmerz erhalten. —
strike² all p—(Pl.) ² ¹ but⁴ p—⁵ got³
Durch | so langes Sitzen | im Dunst hat er Blähungen bekommen.
By sitting so long in v—. ³ ¹ the v—⁴ got.³

Regel XVII. Seite 91.

20. Gestern traf ich bei den Herren Wilkinson die drei Fräulein
Yesterday, met⁶ ⁵ at¹ ² Mr.³ —' (Pl.)⁴ three
Dolittle, die zwei Mrs. Loveman, die vier jungen Herren (Master)
Williamson und die zwei Doctoren Killemall. — Welchen (which) von den
(which)
zwei Lord=Kanzlern | halten Sie für | den gelehrteren; Lord Brougham
do you consider more learned;
oder Lord Lyndhurst? Lord Brougham ist vielleicht der gelehrteste aller
or perhaps most learned of all
Lord=Kanzler; Lord Lyndhurst aber ist ein größerer Jurist. — Welchen von
² but¹ greater lawyer Which of
den drei regierenden König=Gemahlen | ziehen Sie vor, | den Englischen,
do you prefer
den Portugiesischen oder den Spanischen? Was [für] eine Frage!
(Seite 137.) or What question.

Regel XVIII. Seite 92

21. Es waren nicht weniger als zwei Kronanwalte, zwei General=
There were not less than
Procuratoren, drei Kanzler der Schatzkammer und etliche (some) zwanzig
(some)

herumirrenbe Ritter bei bem Festmahle zugegen. — [Der] alte Thomas

at[2] banquet present[1] old

Parr, ber hunbert zwei unb fünfzig Jahre lebte, hatte acht Schwieger=

who a hundred[2] year lived[1]

söhne unb vier Schwiegertöchter *(daughter-in-law)*.

Regel XIX. Seite 92.

22. Wir haben brei Bebienten unb zwei Mägbe; wie viele haben Sie?

how many

Wir haben nur einen Bebienten unb brei Mägbe. — Bringen [Sie] mir

but one Bring me

zwei Weingläser unb brei Flaschen Wein. — Lassen [Sie] biese Arznei

bottle of wine Get this medicine

| bereiten | unb nehmen [Sie] alle brei Stunden zwei Löffel voll; aber

made up take every[3] hour 1 2 but

bevor Sie sie einnehmen, | schütteln Sie sie gut. — Unb Moses nahm|

before taken [81] to be well shaken took

Hänbe voll | Asche unb streute sie gen Himmel. — Cröfus, ber alte

hand-fuls of ashes scattered them towards heaven old

Geizhals *(miser)*, hatte Häuser voll *(Pl.)* Golb *(of gold)*.

Regel XX. Seite 93.

23. Ihre Hühnchen, Entchen unb Gänschen bilben ihr Haupt=

Her form principal

Vergnügen. — Die Männchen unb Lämmchen spielten frieblich mit einanber

pleasure. played peaceably with one another

| am Ufer eines | Bächleins, welches sich in ein Seechen leerte, in bessen

on the banks of a which itself[2] into a emptied[1] of which[2]

Mitte war ein Inselchen, gekrönt mit einem Hügelchen.

middle[1] crowned by ob. with

III. Kapitel.

A. Von der Declination der Hauptwörter.

B. Vom sächsischen Genitiv.

A. Von der Declination der Hauptwörter.

§. 13. Die englische Declination ist, wie bie französische, äußerst
einfach. Der *Nominativ* unb *Accusativ* sind stets gleich; ber *Genitiv*
wirb gebilbet burch Vorsetzung ber Präposition *of* (von), oder burch
Anhängung eines 's, wie bisweilen im Deutschen; ber *Dativ* burch
Vorsetzung ber Präposition *to* (zu), unb ber *Ablativ* burch *of*, *from*
ober *by* (von), je nachbem es ber Sinn erforbert. Die folgenbe ver=
gleichenbe Aufstellung berselben mit ber beutschen, wirb biese Regel
ganz beutlich machen.

---

(81) Die Apotheker in Englanb bebienen sich ber obigen Ausbrucksform, man kann es aber auch wie
im Deutschen geben, z. B. *"but before you take it, you must shake it well"*.

I. Mit dem bestimmenden Artikel.

Männlich.

Singular.	Plural.
Nom. The king (bthe kinng), der König.	The kings, die Könige.
Gen. The king's ob. of (¹) the king, des Königs.	The kings' ob. of the kings, der Könige.
Dat. To the king, dem Könige.	To the kings, den Königen.
Acc. The king, den König.	The kings, die Könige.
Abl. Of, from, ob. by (¹) the king, von dem Könige.	Of, from ob. by the kings, von den Königen.

Weiblich.

Singular.	Plural.
Nom. The queen (tuihn), die Königin.	The queens, (bthe tuihns), die Königinnen.
Gen. The queen's oder of the queen, der Königin.	The queens' oder of the queens, der Königinnen.
Dat. To the queen, der Königin.	To the queens, den Königinnen.
Acc. The queen, die Königin.	The queens, die Königinnen.
Abl. Of, from ob. by the queen, von der Königin.	Of, from ober by the queens, von den Königinnen.

Sächlich.

Singular.	Plural.
Nom. The house (haus), das Haus.	The houses (bthe hauses'), die Häuser.
Gen. Of the house (²), des Hauses.	Of the houses, der Häuser.

---

(1) Obgleich "*of, from* und *by*" im Deutschen mit „von" übersetzt werden, so haben sie doch im Englischen drei verschiedene Bedeutungen, welche sich der Lernende genau zu merken hat. Die folgenden Beispiele werden dieses klar machen.

Namentlich hat man auf den bedeutenden Unterschied des "*of*" im *Genitiv* und des "*of*" im *Ablativ* zu achten.

I. *Of* beim *Genitiv* bedeutet Besitz, als:

The brother *of the king*, oder the king's brother.	Der Bruder des Königs oder des Königs Bruder.
Of the twelve books I have but one.	Von den zwölf Büchern habe ich nur eins.

Of beim *Ablativ* bedeutet eine Aussage oder ein Betreffen. *Of* (von) steht hier im Sinne von „über", womit es sich auch meistens vertauschen läßt, z. B.:

It is said *of the king*, that he intends going to Greece.	Es wird von dem Könige gesagt, daß er nach Griechenland zu gehen beabsichtigt.
Of the king, queen, etc., I have heard nothing.	Von dem Könige, von der Königin u. s. w. habe ich nichts gehört.
He has spoken bad *of me*.	Er hat schlecht (übel) von mir gesprochen.

II. *From* bedeutet einen Uebergang oder Ausgang von einer Sache zur andern, oder eine sich entfernende Richtung, z. B.:

I come *from* London.	Ich komme von (aus) London.
It is far *from* Munich (mjunitt) to London.	Es ist weit von München nach London.
He took it *from* the king yesterday.	Er nahm es gestern von dem Könige weg.
He went *from* his father's to his uncle's. (S. Anmerk. 11, S. 111.)	Er ging von dem Hause seines Vaters zu dem seines Onkels.

NB. *Of* braucht man stets bei Daten von Briefen ꝛc., *from* bei Orten, z. B.:

Yours oder your letter *of* the 6th *from* London, I received yesterday.	Ihren Brief vom 6ten aus London habe ich gestern empfangen.

III. *By* bedeutet Ursache oder Veranlassung, so viel als mittelst oder durch, und so oft der Satz passiv ist, muß das „von" durch "*by*" gegeben werden, z. B.:

This palace has been built *by* the king	Dieser Palast ist von dem Könige gebaut worden.
Taken *by* the French.	Von den (durch die) Franzosen genommen.
This book has been written *by* Walter Scott.	Dieses Buch ist von *Walter Scott* geschrieben worden.
By whom was your watch made?	Von wem ist Ihre Uhr gemacht worden?
It was made *by* Mr. Timepiece.	Sie ist von dem Herrn T. gemacht worden.
She is loved (esteemed, hated, etc.) *by* him.	Sie wird von ihm geliebt (geachtet, gehaßt, ꝛc.).

(2) Bei unbelebten oder nicht handelnden Gegenständen braucht man den sächsischen *Genitiv* nur selten; denn man darf im Englischen eben so wenig wie im Deutschen, außer in der Poesie, sagen: The

	Singular.	*Plural.*
Dat.	To the house, bem Haufe.	To the houses, ben Häufern.
Acc.	The house, bas Haus.	The houses, bie Häufer.
Abl.	Of, from ob. by the house, von bem Haufe.	Of, from ober by the houses, von ben Häufern.

II. Mit dem nichtbestimmenden Artikel.

Singular.

Nom.	A father (e fahbthr), ein Vater.	A mother (e mobthr), eine Mutter.
Gen.	A father's ob. of a father, eines Vaters.	A mother's ober of a mother, einer Mutter.
Dat.	To a father, einem Vater.	To a mother, einer Mutter.
Acc.	A father, einen Vater.	A mother, eine Mutter.
Abl.	Of, from ober by a father, von einem Vater.	Of, from ober by a mother, von einer Mutter.

Vor einem Vokal.

Singular.

Nom.	An Angel (en ehnbfch'l) ein Engel.	An hour (en aur), eine Stunde.
Gen.	An angel's ob. of an angel, eines Engels.	An hour's (²) ober of an hour, einer Stunde.
Dat.	To an angel, einem Engel.	To an hour, einer Stunde.
Acc.	An angel, einen Engel.	An hour, eine Stunde.
Abl.	Of, from ober by an angel, von einem Engel.	Of, from ober by an hour, von einer Stunde.

III. Ohne Artikel.

Singular.

Nom.	Richard (ritfcherb), Richard.	Eliza (eleife), Elife, ober bie Elife.
Gen.	Richard's ober of Richard, Richards ober bes Richard.	Eliza's ober of Eliza, Elifens, ber Elife.
Dat.	To Richard, Richarben, ober bem Richard.	To Eliza, Elifen, ber Elife.
Acc.	Richard, Richarben, ober ben Richard.	Eliza, Elife, bie Elife.
Abl.	Of, from ober by Richard, von Richard, ob. von bem Richard.	Of, from ober by Eliza, von Elifen, von ber Elife.

	Singular.	*Plural.*
Nom.	Wine (uein), Wein.	Wines (ueins), Weine.
Gen.	Of wine (ow uein), Weines.	Of wines, Weine.
Dat.	To wine (tu ucin), Weine.	To wines, Weinen.
Acc.	Wine, Wein.	Wines, Weine.
Abl.	Of, from ob. by wine, von Wein.	Of, from ober by wines, von Weinen.

---

house's windows, bes Haufes Fenster, statt: *The windows of the house*, bie Fenster bes Haufes. Bei ben meisten Thieren ist es auch besser, ben *Genitiv* mit *of* zu gebrauchen, z. B.:
The saddle of the horse, und nicht: The horse's saddle,
Der Sattel bes Pferdes Des Pferdes Sattel.
The horse's foot is broken, ber Fuß bes Pferdes ist gebrochen, barf man sagen, aber nicht, *the table's foot*, sondern the foot of the table is broken, ber Fuß bes Tisches ist gebrochen.
Bei Personen dagegen ist es im Allgemeinen besser, ben sächsischen *Genitiv* zu brauchen, wenn nicht zu viele *Genitive* auf einander folgen, z. B.: *The son s wife's sister's husband*, bes Sohnes Frau Schwester Mann; besser: *The husband of the son's wife's sister*, ber Mann ber Schwester von ber Frau bes Sohnes. Siehe §. 21, S. 111.

IV. Städte- und Ländernamen.

Nom.	London (lonnb'n), London.	England (inn-glenb), England.
Gen.	Of London, London's.	of England, Englands.
Dat.	To London, nach London.	To England, nach England.
Acc.	London, London.	England, England.
Abl.	Of ober from London, von, aus London.	Of ober from England, von, aus England.

NB. Man sieht hieraus, daß es im Englischen eigentlich keine Declination gibt, und daß sie gänzlich aus den Grammatiken weggelassen werden könnte, wenn man nicht wegen der Vergleichung mit andern Sprachen, durch Aufführung einer gemodelten Declination, die Erlernung der Sprache erleichtern wollte.

Aufgaben über die Declination der Hauptwörter.

Regel I. Seite 105.

24. Der Liebling *(favourite)* der Königin Anna [3] von England war die Herzogin von Marlborough. — Der einzige *(only)* Sohn der Königin von Schottland war Jacob der Erste von England. — Die Vaterlandsliebe

Scots   James   first   patriotism

Peter's des Großen, Kaisers von Rußland, wurde durch viele Laster

of Peter the Great Emperor   Russia   was   by[2] many vices

befleckt. — Die Berühmtheit des Georg Gordon, Lord Byron, | grünbete sich|

stained[1]   celebrity   George Gordon   was founded

auf seine Talente, aber nicht auf seinen Charakter. — Doktor Johnson ist

on   his   talents   but not on   —   Dr.

Arzt der Armee. — Die Mutter des Mädchens gab das Geld dem

physician to the forces   girl   gave   money

Kaufmann, das | Butterbrod | bem Knaben und das Buch der Tante.

merchant   bread and butter   boy   book   aunt

— Er gab jedem der Arbeiter fünf Schillinge. — Wofür? — Weil sie

gave each   workman (Pl.) shilling   For what? Because they

ihn von den Räubern retteten. — Von wem haben Sie die Nachricht

[2] from   robber   saved[1]   whom   [2]   news

gehört? — Von Herrn Knowall. — Die Wärme der Sonne und das

heard[1]   Mr.   heat   sun

milde Silber-Licht des Mondes sind | bem Menschen | und | der ganzen

mild silvery light   moon   to   man[3]   the whole

Natur | sehr wohlthätig. — Die Geschichte von Spanien ist bisweilen

of nature very[1] benificial[2]   history   Spain   sometimes

sehr interessant. — Die Gipfel des Berges und die Tiefe des Thales sind

very interesting   top   mountain   bottom   valley

gleich angenehm. — Die Sonne ist den Augen unangenehm.

equally agreeable   sun   [2] eyes disagreeable[1]

Regel II. Seite 106.

25. Eine Dame | schenkte | einem Herrn | die Hälfte | eines Kistchens

lady | made a present | [5] gentleman[6] | of the half[1] | [2] chest[3]

Thee, und dieser gab einen Theil davon einem Freunde. — Haben Sie

of tea[4]   he gave   part   of it   friend   you

---

(3) Der Artikel fällt weg vor Titeln, wenn der Eigenname unmittelbar darauf folgt, z. B.: Of Queen Anne of England, und nicht "of the Queen Anne", etc. S. Anmert. (4c) S. 111.
NB. Der Artikel aber wird gebraucht:
1. Wenn of hinter dem Titel steht z. B.: The Duchess of Marlborough.
2. Wenn ein Objectiv vor dem Titel steht, z. B.: The good Queen Anne.

je bie Handschrift eines Chinesen gesehen? Ja wohl; in London habe ich
ever [2] *handwriting* *Chinese* *seen*[1] *Oh yes* — — [2] [1]
einen[4] Chinesen und auch (*also*) seine (*his*) Handschrift gesehen.[3] —
Lorenz Sterne, der eine empfindsame Reise durch Frankreich und Italien
Lawrence *who* [2] *sentimental journey through* *France* *Italy*
machte, war ein Sonderling. — Der Sohn eines Fürsten heirathete die
made[1] *humorist* *son* *prince* *married*
Tochter eines Barons und | mußte | deswegen | einem jüngern Bruder
daughter *Baron* | *was obliged* | *on that account* | [5] *younger*
ein großes Landgut abtreten. — Ich habe eine sehr schöne Uhr von
[2] *large*[3] *estate*[4] *to give up*[1] — [2] *very beautiful watch*
einem Juden gekauft. — Er sprach von einem Manne, der neun und
Jew *bought*[1] *spoke* *man* *who* [2]
zwanzig Kinder hatte. — Das Buch ist von einem gewissen Herrn
children *had*[1] *book* *has* [3] *certain* *Mr.*
Freiligrath geschrieben worden. — Er hat meinem Vater mein Feder=
written[2] *been*[1] (*Abl.*)[3] [2] *pen=*
messer weggenommen.
knife *taken away.*[1]

Regel III. IV. Seite 106.

26. Wie weit ist es von München nach Paris? Sechs hundert
How far *it* *Munich* *to* —
englische Meilen. — Haben Sie von meinem Freunde gesprochen? Nein. —
[2] *my* *friend* *spoken*[1]
Wem haben Sie geschrieben? Meinem Onkel. — Von wem ist dieses
To whom *written* *To my* *whom has* *this*
Bild gemalt worden? Von Herrn Kaulbach. — Ein Mann, [der] dem
picture painted[2] *been*[1] *man* |*to*[2]|
Vergnügen ergeben [ist,] war nie ein großer Mann. — Auf unserer Reise
pleasure *given*[1] *never* *great* *On* *our journey*
von London nach Paris, sprachen wir nur von [der] Schweiz. — Karl
to *spoke*[2] [1] *only* *Switzerland.* *Charles*
ist ein gutes Kind, denn er hat dem Lischen sein Bilderbuch | geschenkt. |
good child, *for* *to*[4] *Lizzy* *his*[2] *picture-book* |*made a present of*[1]|
— Woher kommen Sie? Ich komme aus [der] Schweiz.
Whence do you come?

———

B. Vom sächsischen Genitiv ([3b]) **(Saxon Genitive).**

§. 14. Wie man aus der vorhergehenden Declination, Seite 105,
gesehen hat, wird der *Genitiv* mittelst *of*, oder der sogenannte säch=
sische *Genitiv*, mittelst *'s*, gebildet.
Vom sächsischen *Genitiv* ist noch Folgendes zu bemerken:

Regel I. Der Genitiv wie im Deutschen beim Singular.

§. 15. Wenn man sich des sächsischen *Genitivs* bedient, so muß
man denselben stets vor das Substantiv setzen, von welchem er ab=

([3b]) Den Genitiv mit *'s* nennt man den sächsischen, weil er aus der angelsächsischen Genitivendung
"*es* oder *is*" durch Zusammenziehung entstanden ist, als: *Man's wisdom* = *Manes wisdom*, etc.,
den Genitiv mit "*of*" dagegen heißt der *Norman Genitive* (normanische Genitiv).

hängt, mit andern Worten, es muß der Besitzer immer der
Sache, die er besitzt, vorgesetzt werden, z. B.:

Palm's book-shop.	Palm's Buchladen.
The king's liberality.	Des Königs Freigebigkeit.
The queen's diamonds.	Der Königin Diamanten.
Mezzofanti's memory.	Das Gedächtniß Mezzofanti's (⁴).

Regel II. Das letzte Wort bekommt das ('s).

§. 16. Wenn mehrere im gleichen *Casus* stehende Substantive
einander nachfolgen und gemeinschaftlichen Besitz andeuten, so
bekommt nur das letzte Wort das Zeichen des *Genitivs*, z. B.:

The king and *queen's* carriage.	Des Königs und der Königin Wagen.
John, James, and *Peter's* books.	Johanns, Jakobs und Peters Bücher.

Ist der Besitz aber nicht gemeinschaftlich, oder erfordert der Gedanke einen
besonderen Nachdruck, so muß das 's jedem Hauptworte angehängt werden, z. B.:

My *father's*, my *grandfather's*, and even my *uncle's* property, was destroyed by the fire. (⁴ᵇ)	Das Eigenthum meines Vaters, meines Großvaters, und sogar das meines Onkels, ging durch das Feuer zu Grunde.

NB. Wenn Jemand mehrere Titel hat, so bekommt der letzte Titel das Zeichen
des *Genitivs*, z. B.:

Mehemid Ali, Pacha of *Egypt's* army. (S. Reg. XXVII. S. 418.)	Die Armee Mehemed Ali's, Pascha's von Aegypten.
The Right Honorable George Gordon, Lord *Byron's* poems.	Die Gedichte des hochgebornen *George Gordon, Lord Byron.*

Regel III. Nach einem Zischlaut bleibt das (s) weg.

§. 17. Bei Wörtern, die sich im *Singular* auf *s, ss, x, nce* oder
einen Zischlaut überhaupt enden, bleibt in der Regel hauptsächlich in
der Poesie, das *s* weg, man muß sich aber des Apostrophs bedienen, z. B.:

Marseilles' good bishop.	Marseilles guter Bischof.
For *goodness'* sake.	Des guten Willens halber.
For *conscience'* sake.	Gewissens halber.
Festus came into *Felix'* room.	Festus kam in Felix Zimmer.

NB. Im Allgemeinen bedient man sich lieber des *Genitivs* mit of (⁴ᶜ) oder
of the bei Wörtern, die mit einem Zischlaut enden, z. B.:

The wrath *of* Achilles.	Der Zorn des Achilles.
The wisdom *of* Socrates.	Die Weisheit des Sokrates.
The carriage *of* the Marchioness.	Der Wagen der Marquisin.
The children *of* the Duchess.	Die Kinder der Herzogin.

(⁴) Im Deutschen kann man sich beim *Genitiv* einer Person bekanntlich auf dreierlei Art ausdrücken, z. B.:
　　1. Das Vermögen des Rothschild.　　　　　The fortune of Rothschild.
　　2. Rothschild's Vermögen.
　　3. Das Vermögen Rothschild's.　　　　　　Rothschild's fortune.
　Im Englischen darf man sich niemals der dritten Ausdrucksweise bedienen, da nach §. 15.
der sächsische *Genitiv* vor dem regierenden Worte stehen muß.

(⁴ᵇ) Wenn die Genitive durch dazwischen gestellte Wörter von einander getrennt sind, so bekommt
jeder das Genitivzeichen 's, z. B.:
　　They are *William's* as well as *Thomas's* books.
　　Not a *day's* nor even an *hour's* unnecessary delay will take place.

(⁴ᶜ) Of ohne *the* wird gebraucht zur Bildung des *Genitivs* bei Eigennamen oder Begriffsnamen im
allgemeinen Sinne, weil man im Englischen nie den Artikel (siehe Reg. X. XL S. 392) bei
Familien-, Tauf- oder Begriffsnamen im allgemeinen Sinne braucht, z. B.: man darf im Englischen nicht sagen, wie im Deutschen, des Johann, *Of* the John; des Leibnitz, *Of* the Leibnitz;
sondern bloß: *Of* John, *of* Leibnitz; folglich darf man nicht "the wisdom *of the* Socrates",
sondern "the wisdom *of* Socrates", sagen; wohl aber muß man *of* the brauchen, wenn es ein
anderes Hauptwort im bestimmten Sinne ist: "the children *of the* duchess, *Of the* colonel
(Oberst), etc." des Obersten u. s. w.

Regel IV. Das ('s) bei Eigennamen ꝛc.

§. 18. In der Umgangssprache braucht man wohl das apo=
strophirte 's, bei Eigennamen, Titeln, auch bei lebenden Dingen, die
auf "s" oder auf einen Zischlaut überhaupt enden, spricht man dann
aber das 's wie es (is) aus, z. B.:

I saw the queen, at St. James's Palace (sehnt bschehmsis palles).	Ich sah die Königin im St. James=Palast.
Thomas's horse (tomesis horrs).	Des Thomas Pferd.
Lewis's hat (ljuisis hatt).	Ludwigs Hut.
The countess's carriage is at the door.	Der Wagen der Gräfin ist an der Thür.

Bei unbelebten Gegenständen (5) mit einigen wenigen Ausnahmen (6) braucht
man in der Prosa den sächsischen Genitiv nicht; die Dichter aber wenden ihn nach
Belieben bei unbelebten sowohl, als belebten Sachen an, meistens aber bedienen sie
sich des Apostrophs ohne s, z. B.:
St. James' Palace; Thomas' horse; Lewis' hat; the countess' carriage (*).

Regel V.   Der Genitiv beim Plural.

§. 19. Der Genitiv aller Wörter, die auf s oder x oder einen
Zischlaut überhaupt im *Plural* enden (7), wird entweder mit *of the*
oder einem einfachen Apostroph gebildet, z. B.:

The queens' (countesses') carriages, ob. The carriages of the queens, countesses.	Der Königinnen (Gräfinnen) Wagen, ob. Die Wagen der Königinnen, Gräfinnen.
The ladies' (8) pride, oder The pride of the ladies.	Der Damen Stolz, oder Der Stolz der Damen.

NB. Bei dem Gebrauch des Apostrophs im *Plural* muß man sich in Acht
nehmen, daß keine Zweideutigkeit entsteht, z. B.:

The queen's carriages.	Der Königin Wagen.
The queens' carriages.	Der Königinnen Wagen. (Pl.)
The lady's pride. The ladies' pride.	Der Dame Stolz. Der Damen Stolz.

Aus der Schreibart dieser Beispiele ist leicht zu ersehen, daß der erste *Genitiv*
im *Singular*, der zweite im *Plural* steht; im Sprechen kann man aber nicht unter=
scheiden, ob es im *Singular* oder *Plural* gemeint ist. Wo es also darauf ankommt,
ist es besser, der Deutlichkeit wegen, den *Genitiv* mit "of" zu wählen, z. B.:
The pride of the lady, | The pride of the ladies,
hiedurch kann keine Amphibologie oder Zweideutigkeit entstehen.

Regel VI.   Der Genitiv wo im Deutschen „bei, von" steht.

§. 20. Im Englischen braucht man sehr häufig den sächsischen
Genitiv, um das deutsche bei, von, zu, (das französische *chez*),

---

(6) Siehe die Anmerkung (2) Seite 105. (6) Siehe Regel VII. Seite 111.
(7) Wie man schon Kapitel II. Seite 80 ꝛc. gesehen haben wird, enden beinahe alle die acht eng=
lischen Hauptwörter auf s in der Mehrzahl, so daß die acht folgenden Wörter die einzigen in der
ganzen Sprache sind, die das apostrophirte 's in der Mehrzahl annehmen können, l. B.:

The brethren's love is his consolation.	Die Liebe der Amtsbrüder ist sein Trost.
The cherubim's office is to overshadow the mercy-seat.	Das Amt der Cherubim ist, den Gnadenstuhl zu überschatten.
The children's bread and butter.	Der Kinder Butterbrod.
The genii's (dschiniis) protection.	Der Schutzgeister Schutz.
The men's civility.	Der Männer Höflichkeit.
The oxen's fodder. — The people's rights.	Der Ochsen Futter — Das Recht des Volkes.
The seraphim's holy zeal.	Der Seraphim heiliger Eifer.
The women's bonnets and cloaks.	Der Frauen Hüte und Mäntel.

(8) In einigen Grammatiken findet man Phrasen wie die folgenden:

My sisters's husbands will visit us.	Die Männer meiner Schwestern werden uns be= suchen.

My cousins's father has died. | Der Vater meiner Vettern ist gestorben.
Es ist kaum nöthig hier zu bemerken, daß dieses falsch ist, und daß das zweite s weg sein
sollte, wie schon bemerkt (Regel V.). *My sisters' husbands, my cousins' father*, wäre richtig
englisch.

wenn sie sich auf Wohnung, Laden, Kirche, Kaffeehaus ꝛc. beziehen, auszubrücken. In solchen Fällen aber werden die Wörter Wohnung, Kirche ꝛc., weggelassen, z. B.:

I am going to (⁹) your *sister's* (house).	Ich gehe zu Ihrer Schwester.
I was at (¹⁰) your *brother's* (¹¹) yesterday.	Ich war gestern bei Ihrem Bruder.
I was *at your house* this morning (siehe Anmerk. 6, Seite 539).	Heute Morgen bin ich bei Ihnen gewesen.
I come from *Mr. Palm's* (the bookseller) (¹²).	Ich komme von Herrn Palm's Buchladen. (Ich komme von Palm's.)
Have you seen *St. Peter's* (at Rome)?	Haben Sie die St. Peters-Kirche zu Rom gesehen?

VII. Vom sächsischen Genitiv bei unbelebten Gegenständen.

§. 21. Es ist schon Seite 105 Anmerkung (2) gesagt worden, daß man im gewöhnlichen Styl den sächsischen *Genitiv* nur selten bei unbelebten Sachen brauchen darf; die folgenden Redensarten können als Ausnahmen von dieser Regel betrachtet werden; in der ganzen Sprache gibt es nur wenige, die man sich daher leicht merken kann:

Victory's crown.	Des Sieges Krone.
In a *month's time* I shall be in London.	In Zeit von einem Monat werde ich in London sein.

(9) *To* braucht man, um eine Richtung irgend wohin oder eine Bewegung anzubeuten, als:
I am going to the theatre (to London). | Ich gehe ins Theater (nach London).

(10) *At* braucht man um einen Zustand der Ruhe zu bezeichnen, z. B.
At home, zu Hause; *at church*, in der Kirche; *at the theatre*. Anmerk. 20. S. 396.

(11) Ist aber etwas Anderes als die Wohnung, der Laden, das Geschäftslokal einer Person gemeint, so muß das betreffende Wort dem Genitiv beigefügt werden, z. B.:
I am going to my brother's garden, stables, brew-house, etc. | Ich gehe in meines Bruders Garten, Ställe, Brauhaus u. s. w.
NB. Ist aber nur die Person selbst und nicht die Wohnung ꝛc. gemeint, so läßt man das apostrophirte *'s* weg und brückt sich wie im Deutschen aus, z. B.:
I shall go to my brother to-morrow. | Ich werde morgen zu meinem Bruder gehen.
He was at my house, but I was not at home. | Er war bei mir ich war aber nicht zu Hause.
He was with me yesterday | Er war gestern bei mir.
I shall come to you this evening. | Heute Abend komme ich zu Ihnen.
NB. Die Ausbrücke: He was at "ours, yours, theirs" statt: at "our, your, their house" (bei uns ꝛc.) gehört zur Volkssprache.

(12) NB. 1. Wenn dem Eigennamen ein Hauptwort zur näheren Erklärung als Apposition beigefügt wird, so bekommt der Name das Zeichen des *Genitivs*, wenn das den *Genitiv* regierende Hauptwort "house, shop (Laden), merchant, etc." ausgelassen ist, z. B.:
I come from Mr. Smith's, the druggist. | Er kommt von Herrn Smith, dem Droguisten.
He lodges at Wilson's, the draper. | Er logirt bei Wilson, dem Leinwandhändler.
This is Dr. Copleton's, the Bishop of Llandaff. | Dieses ist Dr. Copleton's, des Bischofs von Llandaff.
NB. 2. Wenn aber das Wort "house, shop, etc." hinzugefügt wird, so bekommt nicht der Eigenname, sondern das in Apposition stehende Wort des Genitivs das Zeichen "s" und "house, shop etc." tritt hinter den Genitiv, z. B.:
I come from Mr. Smith, the chemist and druggist's shop. | Ich komme aus dem Laden des Herrn Smith, des Chemikers und Droguisten.
This is Dr. Copleton, the Bishop of Llandaff's house. | Das ist das Haus des Dr. Copleton, Bischofs von Llandaff.
NB. Anstatt: This is Paul's advice, the Christian hero, and great apostle, sagt man besser: This is the advice of Paul, the Christian hero, and great apostle.
Ebenso statt: I called at Mr Smith, the chemist and druggist's shop, besser: I called at the shop of Mr. Smith, the chemist and druggist.
NB. 3. Wenn aber der erklärende Zusatz (die Apposition) aus mehreren Wörtern besteht, so muß das Zeichen des Genitivs dem Namen angehängt werden, z. B.:
The books are to be had at Mr. Palm's, Bookseller to the Court. | Die Bücher sind bei dem Herrn Palm, Hofbuchhändler, zu haben.
This psalm is David's, the king, priest, and prophet of his people. | Dieser Psalm ist von David, dem König, Priester und Propheten seines Volkes.
Whose glory did he emulate? — Caesar's, the greatest general of antiquity.

The *sun's distance* from the earth is greater than the *moon's*.

We saw a whale at about a *boat's length* from the ship.

It is not five *minutes' walk* from here.

It is not a *stone's throw* from this place.

You must keep him at *arm's length*.

It is not larger than a *pin's head*.

After two *years'* (^{13}) *traveling* we arrived at Bagdad.

Die Entfernung der Sonne von der Erde ist größer als die des Mondes.

Wir sahen einen Wallfisch ungefähr eine Bootslänge vom Schiffe.

Es ist keine fünf Minuten von hier.

Es ist nicht einen Steinwurf weit von diesem Orte.

Sie müssen sich ihn eine Armslänge vom Leibe abhalten.

Es ist nicht größer als ein Stecknadelknopf.

Nach einer Reise von zwei Jahren langten wir in Bagdad an.

NB. Das Weitere über den *Genitiv* findet man in der Syntaxis Seite 407.

Beispiele über den Gebrauch des sächsischen Genitivs.

Regel I., II., III., IV.

The *king's* carriage is not so fine as the *queen's* (^{14}).

That book is my *sister's* (^{15}).

That is my *sister's* book.

The *queen of England's* palace is in St. James's Park.

Capitain Ross's voyage to the Northpole was very dangerous.

Your *sister's* piano is not so good as your *brother's* (^{16}).

Im am going to the *tailor's* (^{17}).

Do you take your English lessons at your *master's?*

No, I take them at my *uncle's*.

I am going to a ball to-morrow at my *aunt's*.

One man's meat, is *another man's* poison.

Der Wagen des Königs ist nicht so schön als der der Königin.

Jenes Buch ist das meiner Schwester.

Jenes Buch gehört meiner Schwester.

Der Palast der Königin von England ist im St. James Park.

Die Reise des Kapitains Roß nach dem Nordpol war sehr gefährlich.

Das Klavier Ihrer Schwester ist nicht so gut als das Ihres Bruders.

Ich gehe zum Schneider.

Nehmen Sie Ihre englischen Stunden bei Ihrem Lehrer?

Nein, ich nehme sie bei meinem Onkel.

Ich gehe morgen auf einen Ball bei meiner Tante.

Was den einen curirt, tödtet einen andern. (Eines Mannes Nahrung ist eines andern Gift.

Aufgaben über den sächsischen Genitiv.

Siehe Regel I. — IV. Seite 108—110.

27. I. Schiller's Gedichte sind von Eduard Bulwer-Lytton | sehr schön|
    poems   have by^6 *beautifully*^{3}
ins Englische übersetzt worden. — Milton's verlornes Paradies ist ein sehr
    into^4 ^{5} *translated*^{3} *been*^{1} *Lost*^{2} *Paradise*^{1}
erhabenes Gedicht; Dante's Divina Comedia aber wird von vielen als noch
    sublime   poem   2   1   is   4   many^5 *as   still*
| schöner | betrachtet. — Helena's Schönheit veranlaßte die Zerstörung
|*more beautiful*| *considered*^{3} *beauty   caused   destruction*
Trojas im Jahr der Welt zwei tausend acht hundert siebenzig. — Eines
of Troy in the year   world
Menschen Fehler (*fault*) ist eines andern Belehrung (*instruction*). — II. [Die]

---

(13) Ausdrücke wie die obigen, werden häufig auf irrige Weise ohne Apostroph geschrieben.
(14) *Carriage*, verstanden. (15) *Book*, verstanden. (16) *Piano* oder *piano-forte*, verstanden.
(17) In dieser Art Phrasen versteht man immer *house, apartment, shop, etc.*, z. B.:
At my uncle's (*lodgings*). Bei meinem Oheim (in meines Oheims Logis).

Nacht der Königin von England, Böses zu thun, ist sehr beschränkt. — [Die]
über⁵ 1 2 3 4 bad⁶ to⁶ do⁷ very limited.
Hoffnung des Vaters und der Mutter war beim Tod ihres einzigen Sohnes
opes (Pl.)⁶ 1 2 3 4 5 7 on⁹ the death only
dahin (lost⁸). — Die Bücher (books⁴) des Johann¹, des Thomas² und des
Samuel sind sehr schön. — Das geschah unter [der] Regierung Wilhelms (¹⁸)
2 fine happened in reign³ 1
und Maria's. — [Die] Armee Oscar's des Ersten, Königs von Norwegen (¹⁹)
Oscar the First
und Schweden ist nicht sehr groß. — III. Gewissens⁵ halber will² ich¹ es⁴
thun (do³). — Ich sah (saw) das Buch (book) im Zimmer (room²) [des] Felix¹.
Im Wagen der Marquisin saßen (sat) drei Kinder der Herzogin. —
IV. Haben Sie Karls Uhr, [das] Pferd des Thomas, [den] Wagen der
2 watch horse⁴ 3
Gräfin gesehen? Ja, gestern [habe] ich sie alle im St. James Park
seen¹ yesterday⁶ them² all³ 4 5
gesehen. (saw¹).

Regel V., VI. Seite 110—111.

28. Die Kinder der Königinnen (²¹), Herzoginnen, Princessinnen, Mar=
quisinnen, Gräfinnen und Baronninnen sind alle sehr (very) hübsch (pretty)
und interessant (interesting). — [Der] Stolz (pride)² der Dame¹ war ihr
größtes (greatest) Unglück (misfortune). — [Der] Stolz³ der¹ Damen²
ward bestraft. — [Die] Ungezogenheit der Mädchen war die Schande der
punished bad³ behaviour 1 2 shame
Eltern. — [Die] Höflichkeit der Herren entzückte [die] Eitelkeit der Damen.
parents politeness³ 1 gentlemen² delighted vanity³ 1 2
— VI. Heute aß ich bei meinem Bruder [zu Mittag]. — Ich komme
to-day dined² 1 come
gerade (just) von meinem Freund. — Gestern (yesterday) besuchte (visited)²
ich¹ [die] St. Pauls Cathedrale und [die] St. Petris Kirche, und
morgen muß ich zu Herrn Cash gehen, [um] etwas Geld zu empfangen.
to-morrow 2 1 4 go³ some³ money to¹ receive.²

Regel VII. Seite 111.

29. In Zeit [von] zehn Jahren hoffe ich ein reicher Mann zu sein.
In time³ 1 2 hope⁵ 4 8 rich 6 7
— Nach einem vierjährigen Leiden war ich | endlich | von [der] Natur,
After suffering 2 1 at length⁴ by⁵ 6
welche die Mutter der Heilkunde ist, wieder hergestellt. — Britanniens
who¹ 9 of the healing-art 8 cured³ Britain's
Söhne (²²) gewannen [die] Siegeskrone auf dem Feld von Waterloo. —
won victory crown on the Field
Kaum waren wir einen Steinwurf vom Hause [weg], als ein schreckliches
scarcely³ 2 1 house when terrible
Gewitter über unsere Häupter losbrach.
thunder-storm over² head broke¹.

(18) Siehe das Verzeichniß der Taufnamen Kap. VI. §. 45. Seite 141.
(19) Siehe die Länder= und Völker=Namen Kap VI. §. 36. Seite 132.
(20) Ueber den Gebrauch des Perfectums und Imperfectums, siehe Anmerkung 6, Seite 303.
(21) Ein alphabetisches Verzeichniß dieser Wörter findet man §. 23, Seite 115.
(22) Das Verzeichniß dieser Klasse Wörter findet man §. 24, Seite 117.

IV. Kapitel.

A. Vom Geschlecht der Hauptwörter.
B. Die Prosopopöie oder das poetische Geschlecht.
C. Fragen über die Artikel und über das Hauptwort.

A. Vom Geschlecht der Hauptwörter.

§. 22. In keinem Punkte zeichnet sich die englische Sprache vor vielen andern so vortheilhaft aus, als durch die Treue, womit sie im Allgemeinen in der Bestimmung des Geschlechts der Natur folgt. Das englische Hauptwort hat kein anderes Geschlecht, als das, welches von der Natur jedem lebenden Wesen bestimmt ist. Das, was die Natur männlich geschaffen, ist männlich, was sie weiblich geschaffen hat, weiblich; alle unbelebte Gegenstände, alle Begriffsnamen, wie *life*, *death*, aber, sind geschlechtslos (¹) oder, in der Sprache der Grammatik, *neutra* (sächlichen Geschlechts), während im Deutschen und anderen Sprachen, jeder Gegenstand, sei er belebt oder nicht, öfters gegen alle Logik, entweder männlich, weiblich oder sächlich ist, z. B.:

A man — ein Mann, ist männlich.
A woman — eine Frau, ist weiblich.
A house, etc. — ein Haus, 2c. hat kein Geschlecht (²).

Regel I.

§. 23. Die regelmäßige Endung des weiblichen Geschlechts ist *ess*, welche dem Namen des männlichen angehängt wird, z. B.:

Peer, Pair, *Peeress*, Pairin. *Lion*, Löwe, *Lioness*, Löwin.

Regel II.

Endigt das männliche Wort auf *or*, so wird das Femininum dadurch gebildet, daß man *or* in *ress* verwandelt, z. B:

Protector, Beschützer, *Protectress*, Beschützerin.

Einige wenige Wörter bilden das Femininum auf *ix*, z. B.:

Mediator, Vermittler, *Mediatrix*, Vermittlerin,

und noch einige wenige sind regelmäßig. Die, welche eine weibliche Endung in *a*, *ess*, *x* oder *ine* haben, sind folgende:

---

(1) Die einzigen Ausnahmen von dieser Regel sind die verschiedenen Klassen von Schiffen, als: ship, boat, vessel, man-of-war, Kriegsschiff; die Natur, die Länder, als: England, France; Städte, als: London, Paris, etc. und der Mond, welche gewöhnlich als weiblich betrachtet werden, und die Sonne meistens männlich. Bei allen diesen Wörtern braucht man jedoch öfters das sächliche Fürwort *it* (es).

(2) NB. Außer den obigen drei Geschlechtern (männlich, weiblich, sächlich) hat man im Englischen ein viertes, nämlich ein "*sexus communis* (common gender, gemeinschaftliches Geschlecht)", welches besonders bei den adjectivischen Fürwörtern (Seite 210) "*each*, *every one*, *a person*, *somebody*, *nobody*, etc.", (wie auch bei denjenigen Hauptwörtern, an deren Endungen das Geschlecht nicht zu erkennen ist, wie "*friend*, etc." (S. Reg IV. V. S.119), seine Anwendung findet, z. B.:
I saw a person (*somebody*) yesterday, and *she* told me you were ill.
I saw a person (*somebody*) yesterday, and *he* told me you were ill.
My advice *to each* of you, is, that *she* (wenn eine Frau) should not go.
My advice *to each* of you, is that *he* (wenn ein Mann) should not go.
Should *any one* (ob *anybody*) come, tell *him* (wenn ein Mann) I am not at home.
Should *any one* (ob. *anybody*) come, tell *her* (wenn eine Frau) I am not at home.
NB. Bei den beiden letzten Sätzen kann man das Zeitwort "say', welches keinen Accusativ oder *Dativ* nach sich verlangt, brauchen, wodurch man der Anwendung des Geschlechtes ausweicht, z. B.:
Should *any one* (*anybody*) come, say that I am not at home.

Zum Auswendig lernen:

Männlich.	Weiblich.
) (abbott), Abt,	Abbess ([3]).
't'r), Schauspieler,	Actress.
rator (abminißtrehtr), Verwalter,	Administratix.
(ab=bschuhtr), Helfer,	Adjutrix.
r (edollterer), Ehebrecher,	Adultress.
dor (embaßedr), Gesandter,	Ambassadress.
(arbitr), Schiedsrichter,	Arbitress.
artscher), Bogenschütz,	Archeress.
(oabitr), Zuhörer,	Auditress.
oathr), Schriftsteller, Verfasser,	Authoress ([4]).
arr'n), Baron,	Baroness.
or (benefaktr), Wohlthäter,	Benefactress.
annen), Stiftsherr,	Canoness.
(keterer), Proviantmeister,	Cateress.
a (tschampjen), Kämpfer, Held,	* ([5]) Championess.
(tschant'r), Chorsänger,	Chantress.
fo=ehr), Miterbe,	Coheiress.
r (kommfort'r), Tröster,	Comfortress.
der, Befehlshaber,	* Commandress.
or (kompetit'r), Mitbewerber,	Competitress (trix).
r (konnbokttr), Führer,	Conductress.
r (konkerer), Eroberer.	* Conqueress.
r (korr=optr), Verderber,	* Corruptress.
aunt), Graf (s. Anmerk. 10. S. 117).	Countess.
r), Czar,	Czaress, Czarina.
(boaf'n), Dauphin,	Dauphiness.
dihkn), Dean (dihn). Dechant,	Deaconess, deaness.
r (bitraktr), Verläumder.	Detractress.
wwl), Teufel.	Deviless (Sterne).
(birektr), Direktor,	Directress.
(biweiur), Wahrsager,	Divineress (Dryden.)
bott'r), Doktor,	* Doctoress ob. Doctress.
uhl), Herzog,	Duchess (dottscheß).
ilektr), Kurfürst,	Electress.
dor (embaßedr), Gesandter,	Embassadress.
(emperer), Kaiser,	Empress.
r (emjulehtr), Nacheiferer,	Emulatress.
r (en=tschantr), Zauberer,	Enchantress.
(etse=kjut'r), Vollzieher, Scharfrichter,	Executress (eks=e=kjutreß).
(etseket'r), Testamentsvollstrecker,	Executress (trix).
) (soatr), Gönner,	Fautress.
r (forrnikehtr), Unzüchtiger,	Fornicatress.

Mehrzahl aller dieser Wörter bildet man nach der Seite 78 aufgestellten allgemeinen Regeln die Bildung des Plurals durch Anhängung von s oder es, als: Abbot, Abt abbots, Aebte; es, Aebtisin, Abbesses, Aebtisinnen 2c.

man bei den Wörtern "author, poet, doctor" nur den Beruf bezeichnen, so braucht man nämliche Form für beide Geschlechter, z. B.:
poets and authors of the age. | Die Dichter, Dichterinnen, Schriftsteller, Schriftstellerinnen des Zeitalters.

Hat man dagegen bloß das weibliche Geschlecht im Auge, so wendet man die weibliche an, z. B.:
is the best poetess, authoress in England. | Sie ist die beste Dichterin, Schriftstellerin Englands.

heißt, unter den Dichterinnen ist sie die beste Dichter und Dichterinnen ist sie die beste She is the best poet in England heißt:
mit einem * bezeichnet, sind entweder veraltet oder höchst ungewöhnlich.
r wird selten oder nie gebraucht; dafür braucht man Patron, Protector.

8*

Männlich.	Weiblich.
Founder (faunb'r), Stifter, Gießer,	Foundress.
Giant (bschейent), Riese,	Giantess.
God (gobb), Gott,	Goddess.
Governor (7) (gow'rner), Statthalter, Hofmeister,	Governess.
Harper (harp'r), Harfenist,	Harpress.
Heir (ehr), Erbe,	Heiress.
Hermit (herrmit), Einsiedler,	Hermitess.
Hero (hihro), Held,	Heroine (hiroin).
Host, Wirth,	Hostess.
Hunter (honnt'r), Jäger,	Huntress.
Infant (innfannt), Infant (spanischer Prinz),	Infanta (infantä).
Jew (dschu), Jude,	Jewess.
Inheritor (inherett), Erbe,	Inheritress (trix).
Instructor (instrokktr), Lehrer,	Instructress.
Interpreter (inter=pretr), Dollmetscher,	Interpretress.
Inventor (inwennt'r), Erfinder,	Inventress.
Landgrave (landgrehw), Landgraf,	Landgravine (landgrehwin
Launderer (launderer), Wäscher,	Laundress (landreß).
Legislator (lebschih=lehr'r), Gesetzgeber,	Legislatrix (tress).
Margrave (marrgrehw), Markgraf,	Margravine (margrewin).
Marquis (markuis), Marquis (Markis),	Marchioness (marsch'neß).
Master (8) (mast'r), Meister, Herr,	Mistress (mißtreß).
Mayor (meh=er), Bürgermeister,	Mayoress.
Mediator (mih=di=ehtr), Vermittler,	Mediatress (trix).
Monitor (monn=i=t'r), Ermahner, Warner,	Monitress.
Murderer (morrderer), Mörder,	Murderess.
Negro (nih=gro), Neger,	Negress (nih=greß).
Palsgrave (pallsgrehw), Pfalzgraf,	Palsgravine (pallsgrehwin
Patron (pehtr'n), Beschützer, Gönner,	Patroness.
Peer (pihr), Pair,	Peeress.
Poet (po=et), Dichter,	Poetess (4).
Porter (port'r), Portier, Lastträger,	Portress.
Preceptor (prihßeptr), Lehrer,	Preceptress.
Priest (prihst), Priester,	Priestess.
Prince (prinnß), Fürst, Prinz,	Princess.
Procurer (prokjurer), Vermittler,	Procuress.
Prophet (proffet), Prophet,	Prophetess.
Proprietor (pro=prei=etr), Eigenthümer,	Proprietress.
Protector (protekt'r), Beschützer,	Protectress.
* Semster, Näher,	Semstress.
Shepherd (schepp'rd), Schäfer,	Shepherdess.
Signor (finnjor), Herr, (italienischer Ehrentitel),	Signora (finnjorä).
Solicitor (folißeter), Sachwalter,	Solicitress.
Songster (6b), Sänger,	Songstress.
Sorcerer (forrßerer), Hexenmeister,	Sorceress.
Suitor (fjuht'r), Anfucher, Freier,	Suitress.
Sultan (follt'n), Sultan,	Sultaness, sultana (folltan?
Traitor (treht'r), Verräther,	Traitress.
Treasurer (trehscherer), Schatzmeister, Kassenführer,	Treasuress.
Tutor (tjut'r), Hofmeister,	Tutress, Tutoress.
Tyrant (teirent), Tyrann,	* Tyraness.
Victor (wikt'r), Sieger,	* Victress, Victoress.

(7) Außer bei Prinzen wird *Governor* beinahe nie in der Bedeutung von Hofmeister gebrau
sondern man bedient sich statt deffen *Tutor; Governess* aber wird immer in der Bedeut:
Gouvernante sowohl, als auch Statthalterin angewendet.

(8) Siehe die Anmerkungen 16, 17, 18, 19 über *master, miss, etc.* Seite 118.

(6b) NB. *Songster, songstress* fagt man von Vögeln, von Menschen dagegen "*singer*", z. B.:
He (she) is a good singer. ◁ Er (fie) ist ein guter Sänger (Sängerin).
Oder *Female singer. The male singers are good, but the female singers are not.*

Männlich.	Weiblich.
ant (weiskaunt), Vicomte, Graf.	Viscountess (weiskaunteß).
y (wot=eri), Anhänger, Verehrer,	Votaress, Anhängerin.

§. 23b. Hierzu kommen noch folgende Benennungen von Thieren:

a (griff'n), ein Greif,	Griffiness *(Bulwer)*.
rd (leppr'b), Leopard,	Leopardess.
(leien), Löwe,	Lioness.
er, Panther,	Pantheress.
(teig'r), Tiger,	Tigress (teigreß), Tigerin.
opard (kam=eloparb), Giraffe,	Camelopardess.

Regel III.

§. 24. In folgendem Verzeichnisse werden die Geschlechter durch lebene Namen unterschieden:

lor (batschelr), Junggeselle.	Maid (mehd), Maiden(13), Spinster(12), Jungfrau.
(boß), Stutzer.	Belle (bell), Schöne.
(bohr), Eber.	Sow (sau), Sau.
boai), Knabe.	Girl (görrl). Mädchen.
groom (9)(breidgruhm),Bräutigam.	Bride (breib), Braut.
er (brodthr), Bruder.	Sister (sißtr), Schwester.
(böff), Rehbock.	Doe (boh), Rehziege.
bull), Stier.	Cow (kau), Kuh.
k (bülloff), ein junger Ochse.	Heifer (heffr), eine junge Kuh.
hse), Ochse.	Cow (kau), Kuh.
(koff), Hahn.	Hen (henn), Henne.
kohlt), Hengstfüllen.	Filly (fillih), Stutenfüllen.
bogg), Hund.	Bitch (bittsch), Hündin.
(breß), Enterich.	Duck (döff), Ente.
(brohn), Hummel, Drohne.	Bee (bih), Biene.
(10) (errl), Graf (in England).	Countess (kaunteß), Gräfin.
r (fahbth'r), Vater.	Mother (moddthr), Mutter.
(freier), Bettelmönch.	Nun (nonn), Nonne.
er (gannb'r), Gänserich.	Goose (guhß), Gans.
eman (bschentlm'n), ein Herr.	Lady (lehdi), eine Dame.
lfather (grannbfahbthr),Großvater.	Grandmother, Großmutter.
sire (11) (grannbseir), Großvater.	Grandam (granbamm), Großmutter.
(harrt), Hirsch.	Roe (roh) Hirschkuh.
(horrß), Pferd.	
n (staljen), Hengst.	Mare (mehr), Stute.
nd (hoffb'nb), Ehemann.	Wife (13) (ueif), Ehefrau.
(king), König.	Queen (kuihn), Königin.
Bursche von 13 bis 16 Jahren.	Lass (14), Dirne von 13 bis 16 Jahren.
(15) (loarb), Lord, Graf.	Lady (lehbi), Gräfin, Lady.
ord, Gutsherr, Wirth.	Landlady, Gutsherrin, Wirthin.

Bridegroom ist man der englischen Sprache nach erst von dem Augenblicke an, in welchem man copulirt ist. Diese Benennung dauert gewöhnlich vier bis fünf Wochen.
Er ist Bräutigam. | He is betrothed.
Er ist versprochen mit Fräulein Liebmann. | He is promised to Miss Loveman.
NB. Spricht man von einem Grafen in England so sagt man "Earl", spricht man von einem Grafen auf dem Festlande, so sagt man "Count", z. B.:
The Earl of Derby; of Shrewsbury, etc. | Der Herr Graf Derby; Shrewsbury.
Count Montalembert, Pappenheim. | Der Herr Graf Montalembert, Pappenheim.
Nicht gebräuchlich, außer bei Pferden. (12) Spinster kommt nur bei Trauungen vor.
Wife darf nie in der allgemeinen Bedeutung von Frau gebraucht werden, weil es im Englischen lediglich Ehefrau bedeutet, z. B.: She is a good wife and mother, sie ist eine gute Frau und Mutter. — Sie ist eine gute Frau im allgemeinen Sinne, heißt: She is a good woman. Dasselbe gilt von husband.
Außer in den Provinzen wird "Lass" nur selten gebraucht; dafür girl.
Wenn man einen Baron, Count, Earl, Marquis oder Lord oder ihre Frauen anredet, so muß

Male (mehl), ein männliches Wesen.	Female (fihmehl), ein weibliches Wesen.
Man (mann), Mann.	Woman (uumm'n), Frau.
Master (mahst'r), Meister, Herr (16).	Mistress, Frau, Hausfrau.
Master, junger Herr (17).	Miss (18), Jungfer, Mamsell, Fräulein.
Mr. (mist'r), Herr (19).	Mrs. (20) (missis), Madam.
Schoolmaster (skuhlmast'r), Schullehrer.	Schoolmistress, Schullehrerin.
Monk (monnt), Mönch.	Nun (nonn), Nonne.
Milter (miltr), Milchner.	Spawner (spoahner), Rogner.
Nephew (neww-ju), Neffe.	Niece (nihß), Nichte.
Nobleman (nohbl'mnn), Edelmann.	Noblewoman (nohbl-uumen), Edeldame.
Ram (ramm), Schafbock, Widder.	Ewe (ju), Schafmutter.
Sir (19) (förr), mein Herr.	Madam (mad'm) ob. (mam), Madam.
Sire (seir), Majestät (21).	Madam, Majestät.
Sire (seir), Vater (11).	Dam, Mutter.
Sloven (slonw'n), schmutziger Mensch.	Slut (slott), schmutziges Frauenzimmer.
Son (sonn), Sohn.	Daughter (boahtr), Tochter.
Stag (stagg), Hirsch.	Hind (heind), Hindin.
Steer (stihr), (bullock), junger Ochs.	Heifer (heffr), junge Kuh.

---

man *My Lord* (mi loard), gnädiger Herr (Milord); *My Lady* (mi lehbi), gnädige Frau (Milady), oder *your Lordship.* Ew. Herrlichkeit, Ew. Gnaden; *your Ladyship* (lehbischip), Ew. Gnaden, sagen. Siehe *Dialogue* XII. S. 574.

NB. Christus wird mit "Lord" titulirt, z. B.:
In the year of *our Lord (Jesus Christ)* 1865. | Im Jahr unseres Herrn (Erlösers) 1865.

(16) *Master* und *Mistress,* wenn so geschrieben, bedeuten immer der Herr oder die Frau des Hauses, Meister, Gebieter, z. B.:
Is the *master* at home? | Ist der Herr des Hauses zu Hause?
Is the *mistress* at home? | Ist die Herrin des Hauses zu Hause? u. s. w.

(17) *Master* (mahst'r) sagt man von Knaben und jungen Leuten von 3 bis 17—18 Jahren, z. B.: *Master John (James,* etc.*) is a very good boy.* der junge Herr Johann (Jakob u. s. w.) ist ein sehr guter Knabe.

(18) Das Wort *"Miss",* welches man in "Mss." nicht abkürzen darf, muß immer entweder dem Tauf- oder Familien-Namen vorgesetzt, und niemals außer bei Kindern allein gebraucht werden, z. B.: *Yes, Miss Mary, Miss Jane.* Ja, Fräulein, nein Fräulein *No, Miss Wilson.* Nein, Fräulein Wilson ꝛc.

NB. Die älteste Tochter bekommt immer den Familien-Namen, z. B.: *Miss Peel,* die übrigen Töchter bekommen den Titel *Miss* mit dem Taufnamen, z B.: *Miss Mary, Jane, etc.,* wenn die älteste verheirathet wird, so bekommt die zweite den Titel *Miss* mit dem Familien-Namen u. s. w

NB. „Das Fräulein" heißt: *The young lady,* z. B.:
The young lady we met yesterday. | Das Fräulein, welches wir gestern trafen.

(19) Wenn man einen Herrn anredet, so heißt es *Mr.* (mist'r) mit dem Familien-Namen, oder *Sir* ohne denselben, als:
How do you do, *Mr.* Simpson? | Wie befinden Sie sich, Herr *Simpson?*
Well, thank you, *Mr.* Johnson. | Ich danke Ihnen, Herr *Johnson,* ganz wohl.
How are you this morning, *Sir?* | Wie befinden Sie sich diesen Morgen, mein Herr?
Very well, much obliged to you, *Sir.* | Sehr wohl, Ihnen sehr verbunden, mein Herr.

NB. Man darf nie *Mr.* und *Mrs.* im Englischen verschwenderisch wie Herr und Frau im Deutschen vor Titelnamen brauchen, z. B.:
Good morning, Doctor, Captain, Colonel (Kornel). | Guten Morgen Herr Doctor, Herr Hauptmann, Herr Oberst.
Is Doctor B., General S., Count N at home? | Ist Herr Doctor B., General S., Herr Graf N. zu Hause?
No, Sir, but Mrs. B, Mrs. S. — the Countess N. is. | Nein, aber die Frau Doctorin B., Generalin S., die Frau Gräfin N. ist zu Hause.

NB. *Mr.* ist die Abkürzung von *Mister* oder *Master,* und *Mrs.* die Abkürzung von *Mistress.* Als Titel werden sie nie anders als *Mr.* und *Mrs.* geschrieben, und als Titel nie anders als (mistr und missis) ausgesprochen.

(20) *Mrs.* (missis), sagt man zu allen verheiratheten Damen; der Familien-Name muß aber dabei stehen, als:
Good morning, Mrs. Simpson. | Guten Morgen, Madam *Simpson.*
Wenn kein Familien-Name dabei ist, so sagt man *Madam* oder *Ma'am* (mam).

NB. *Madam* darf man im Englischen bei allen Damen, sowohl unverheirathet als verheirathet, gebrauchen, jedoch ohne den Familien- oder Namen, z. B.:
How do you do, Madam ob. Ma'am? | Wie befinden Sie sich, mein Fräulein?
How do you do, Madam ob. Ma'am? | Wie befinden Sie sich, Madame?

(21) *"Sire"* braucht man ebenfalls als Anrede an den König. Yes, Sire. Ja, Ew. Majestät.

(onnℓℓ), Oheim.
r (uethr), Hammel.
rer (uibboh'r), Wittwer.
d (uiß'rd), Zauberer.

Aunt (ant), Tante,
Sheep (schihp), Schaf.
Widow (uibboh), Wittwe.
Witch (uitsch), Hexe.

IV. Wörter, an deren Endungen das Geschlecht nicht zu erkennen ist.

§. 25. Wie es im Deutschen einige Wörter, wie Waise, Pathe, [ling], Neuling, gibt, an deren Endungen das Geschlecht nicht ['ennen] ist, so hat man im Englischen mehrere. Hieher gehören [be] Wörter:

(22) (tscheild), Kind.
sin (koß'n), Vetter, Cousine.
ser (dannß'r), Tänzer, Tänzerin.
r, Mittänzer, Mittänzerin.
my (ennemi), Feind, Feindin.
ourite (sehwerit), Liebling.
(fuhl), Narr, Närrin.
rer, Schmeichler, Schmeichlerin.
nd (frennd), Freund, Freundin.
(geib), Führer, Führerin.

* Neighbour (nehb'r), Nachbar, Nachbarin.
* Novice (nowwiß), Neuling.
* Orphan (orrf'n), Waise.
* Painter (pehnt'r), Maler, Malerin.
Parent (pehr'nt), der Vater ob. die Mutter.
* Philosopher (filosof'r), Philosoph, Philosophin.
Servant (serw'nt), Diener, Dienerin.
* Sage (sehbsch), der Weise, Philosoph.
* Thief (thihf), Dieb, Diebin.

[Das] allerleichteste Verfahren bei den mit einem * bezeichneten Wörtern wäre, die oben erwähnten Wörter, Waise, Pathe, Neuling, Liebling, zu [neh]hen, z. B.:

eine Waise. Sie ist eine Waise.
eine Waise, (Kind gemeint).
mein Vetter aus Bremen.
meine Cousine aus Paris.

He is an orphan. She is an orphan.
It is an orphan; (child, Kind).
He is my cousin from Bremen.
She is my cousin from Paris.

[M]an sieht hieraus, daß diese Wendungen für den Deutschen sehr leicht sind. [Wi]ll man aber meine Cousine, mein Vetter, mein Feind, mein Freund, meine [...] sagen, so kann man es auf dreierlei Weise im Englischen geben, z. B.:
[...] Sie meine Cousine?

Do you know my *cousin* Miss N.?
A lady, *a cousin* of mine, oder
My *female* cousin, told me, oder
My cousin, Miss (Mrs.) N., told me.
A gentleman, a cousin of mine, oder
My male cousin told me, oder
My cousin, Mr. N., told me.

Cousine hat es mir gesagt. }

Vetter hat es mir gesagt. }

usin Eliza and my friend Mary
both ill.
usin John and my friend (22b)
r are as well as possible.
l *she* are my greatest enemies.
are many *male and female singers
...ters)* in Paris.

Meine Cousine Elise und meine Freundin
Maria sind beide krank.
Mein Vetter Johann und mein Freund
Peter sind so wohl als man sein kann.
Er und sie sind meine größten Feinde.
Es gibt viele Sänger und Sängerinnen,
Maler und Malerinnen in Paris.

Regel V.

§. 26. Geht das Geschlecht dieser und ähnlicher Wörter nicht [aus] em Zusammenhange hervor, und ist es aus irgend einem Grunde [nö]thig, dasselbe bestimmt anzugeben, so setzt man bei Menschen [Wö]rter *man, woman, maid;* bei vierfüßigen Thieren die zum

---

[Child], d. h. ein kleines Kind, ist im Allgemeinen sächlichen Geschlechts, sobald das natürliche [Ge]schlecht nicht bezeichnet werden soll. Wenn man aber einen Knaben damit meint, so ist es [män]nlich, wenn ein Mädchen, weiblich, was durch den zugefügten Taufnamen angedeutet [wi]rd, z. B.: Poor little child, *it is* sick. The little child *which* (ob. *that*) we saw. How [...] the little child? Which? — Peter, *who was ill? He is* well again. And little *Mary*? — [...]e is has broken *her* arm.
[Sa]gt man blos: *My friend, my enemy,* so versteht man immer das männliche Geschlecht.

Hunbegeschlecht gehören, *dog*, *bitch*; bei andern, namentlich solchen, die ein Gegenstand der Jagd sind, *buck*, *doe*; bei Vögeln *cock*, *hen*; und bei Menschen und Thieren zugleich *male*, *female*, männlich, weiblich, oder auch *he*, *she* ([23]), z. B.:

Menschen.

A man-servant ([23b]),	A maid-servant,	eine Dienerin, Magd.
A servant-man, } ein Bedienter.	A servant-maid,	
A male-servant,	A female-servant,	
A man-cook, ein Koch.	A woman-cook,	eine Köchin.
	A cook-maid,	
A male-child, ein Knabe (männl. Kind).	A female-child, ein Mädchen.	
Male-relations, Verwandte (männlich).	Female-relations, Verwandte (weiblich).	
A male-friend, ein Freund. (Reg. V.)	A female-friend ([23]), eine Freundin.	

Vierfüßige Thiere.

A male, a he-, a tom- ([25]) cat, ein Kater.	A she-cat ([24]), eine Katze.
A he-ass, a jack- ([26]) ass, ein Esel.	A she-ass, eine Eselin.
A dog-fox, ein Fuchs.	A bitch-fox, eine Füchsin.
A buck-rabbit, ein männl. Kaninchen.	A doe-rabbit, ein weibl. Kaninchen.
A buck-(jack-male-)hare, ein Rammler.	A doe-(female-)hare, eine Häsin.
A he-wolf, ein Wolf.	A she-wolf, eine Wölfin.
A male-elephant, ein Elephant.	A female-elephant, eine Elephantin.

Vögel.

A cock-sparrow, ein Sperlingsmännchen.	A hen-sparrow, ein Sperlingsweibchen.
A cock-pigeon, ein Tauber.	A hen-pigeon, eine Taube.
A pea-cock ([26b]), ein Pfauhahn.	A pea-hen, eine Pfauhenne.
A turkey-cock, ein Truthahn.	A turkey-hen, eine Truthenne.
A guinea-cock ([27]), ein Perlhahn.	A guinea-hen, eine Perlhenne.

Regel VI. Substantive weiblichen Geschlechts, die keine Masculina haben.

§. 27. Im Englischen gibt es einige Hauptwörter weiblichen Geschlechts, die keine entsprechende *Masculina* haben, z. B.:

Blondine (blondihn), Blondine.	Milliner ([29b]) (milliner), Putzmacherin.
Brunette (bruhnett), Brünette.	Sempstress, Näherin.
Dowager ([28]) (dauedsch'r), eine Wittwe,	Shrew (schruh), zänkisches Weib.
Mantuamaker(mantjumehk'r), } Damen=	Siren (seir'n), Sirene.
Dressmaker, } schneiderin.	Vixen (wiss'n), Füchsin, auch die Zänkerin.
Midwife ([29]) (mibbueif), Hebamme.	Virago, Mannweib. Amazon, Amazone.

---

(23) Man hüte sich statt "A *female-friend* (Freundin), a *female-servant*", "A *she-friend*, a *she-servant, etc.*" zu sagen, welches nur Volkssprache ist.

(23b) NB. Der allgemeine Ausdruck ist servant, Bedienter, Dienerin, z B:
How many *servants* have you? | Wie viele Dienstboten haben Sie?
Ueber das Geschlecht bei Länder= und Städte=Namen siehe Kap. VI. Reg III.—X. S. 137.

(24) Wenn man von Katzen spricht, so braucht man gewöhnlich das weibliche Fürwort *she*, sie.

(25) Abkürzung von *Thomas*; in Zusammensetzungen meistens in scherzhaftem oder verächtlichem Sinne, wie im Deutschen Hans gebraucht, z. B.:
Tom *Long*, Hans Langweilig. Tom *Thumb*, Zwerg Däumling u. s. w.

(26) Das Verkleinerungswort für *John*, Johann, Jan, Jahn, Hans, Hansel, wird in vielen Zusammensetzungen gebraucht, z B.: Jack-*tar*, Matrose; Jack-*boots*, Steifstiefel u. s. w.

(26b) Wenn man von "pea-*cocks* und guinea-*cocks*" im Allgemeinen spricht, sagt man auch "pea-*fowl*, guinea-*fowl*".

(27) Das Zeichen des *Plurals* (s) steht immer auf dem letzten Worte, siehe Regel XIX. Seite 92.

(28) Dowager sagt man nur von Personen sehr hohen Ranges, z. B...
The queen-*dowager*. Dowager-*queen* of. | Die Königin=Wittwe. Die Königin=Wittwe von.
The *dowager* Duchess of Derby | Die Herzogin=Wittwe von Derby.

(29) Der Ausdruck *man-midwife* (Geburtshelfer) ist gar nicht gebräuchlich, statt dessen sagt man "acc*oucheur*" oder bisweilen "lady's *doctor*" (Damen=Arzt).

(29b) Der Ausdruck *man-milliner*, der bisweilen vorkommt, bedeutet „Putzhändler", ein „Putzmacher".

Regel VII. Vom Geschlecht bei Thieren und Sachen.

§. 28. Bei· den wenigen Thieren, die für beide Geschlechter eigene Benennungen haben, wird gewöhnlich die männliche Form gebraucht, wenn man ohne Rücksicht auf ihr natürliches Geschlecht von ihnen sprechen will, z. B.:

Dog, horse, lion, tiger, leopard.

Bei einigen wendet man die weiblichen Namen, als:

Duck, goose, sheep, cow, cat,

Andere haben ein drittes Wort für das unbestimmte Geschlecht, als:

Für *buck* und *doe* (das Reh), deer; für *boar* und *sow* (Schwein), pig.

Im Ganzen stimmt dieses mit dem deutschen Gebrauch überein [29c].

NB. 1. Wenn man von den größern vierfüßigen Thieren spricht, so legt man ihnen häufig ein ihren besondern Eigenschaften passendes Geschlecht bei. Die starken und muthigen, wie: "*dog, horse, lion, elephant, etc.*" werden als männlich, die schwachen und furchtsamen, wie: "*cat, hare, etc.*" als weiblich betrachtet, und fordern alsdann die entsprechenden Fürwörter "*he, she, his, her,*" z. B.:

This is a fine *horse*, but *he* [30] is old.	Dies ist ein schönes Pferd, aber es ist alt.
The *lion* is dead; *he* died of grief.	Der Löwe ist todt; er starb aus Kummer.
Have you seen the *elephant?* Yes, I have seen *him*; *he* was walking about, with a monkey on *his* back.	Haben Sie den Elephanten gesehen? Ja, ich habe ihn gesehen; er ging herum mit einem Affen auf dem Rücken.
The *cat* crept into the hole, but *she* could not get out again.	Die Katze kroch in das Loch hinein, konnte aber nicht wieder herauskommen.
The *hare* hid *herself* [30] in a bush.	Der Hase verbarg sich in einem Busche.

NB. 2. Alle kleine vierfüßige Thiere, Insekten, Fische, Reptilien, leblose Gegenstände und Begriffsnamen (history) 2c. werden als sächlich betrachtet (s. §. 22, S. 114) und fordern das entsprechende Fürwort it, its, z. B.:

Look at this bird; *it* [30] is quite young.	Sehet diesen Vogel; er ist ganz jung.
There is a rat; *it* has lost *its* tail.	Da ist eine Ratte, sie hat den Schwanz verloren.
See this watch; *it* is very fine.	Sehen Sie diese Uhr, sie ist sehr schön.

NB. 3. Bei Personen aber darf man "*it*" nicht gebrauchen, wie man es im Deutschen thut, z. B.:

He is a very good man, *she* is a very beautiful woman. (S. §. 69, S. 181).	Es (er) ist ein sehr guter Mann, es (sie) ist eine sehr schöne Frau.

(29e) Im Deutschen sagt man auch, wenn man im Allgemeinen spricht, „Hunde, Pferde, Löwen, Enten, Gänse, Schafe, 2c.", und nicht „Hündinnen, Enteriche, Gänseriche 2c."

(30) NB. 1. Bei den obigen und bei Thieren überhaupt kann man ohne Verstoß gegen die Grammatik auch das Fürwort "*it*" anwenden, z. B.: This is a fine horse, but *it* is old. The hare hid *itself* in a bush.

NB. 2. Es ist wohl zu merken, daß, obwohl man das männliche und weibliche persönliche Fürwort "he, she" bei Thieren, wie oben, anwenden kann, so darf man doch nicht das beziehende Fürwort "*who*" — welches sich nur auf Personen oder persönlicirte Thiere oder Sachen bezieht, — in Bezug auf dieselben gebrauchen, sondern "*which* ob. *that*", z. B.: The horse *which* you have is very fine, | Das Pferd, welches Sie haben ist sehr schön, aber but *he* (ob. *it*) is old. (§. 90. S. 199). | es ist alt.

NB. 3. Wenn man aber Thiere oder Sachen als Redende oder Handelnde personificirt, oder sehr lebhaft schildert, redet man (he, she) "*who*" in Bezug auf dieselben an, z. B.: The wolf, who had a mind to quarrel with the lamb, demanded *him* what he meant by troubling the water. Time, *who* flies with rapid wing, destroys all; *he* conquers kings. The mocking-bird is a wonderful creature. He whistles for the dog — Cæsar starts up, wags *his* tail, and runs to meet *his* master, etc.

NB. Ueber das Geschlecht bei den Wörtern: The sun, the moon, nature, ships, cities, etc. siehe Anm. 32, Seite 123.

B. Ueber die Prosopopöie oder das poetische Geschlecht.

§. 29.   Die Eigenthümlichkeit der englischen Sprache, alle unbe=
lebten Gegenstände — der Natur getreu — als *Neutra etc.*, oder ge=
schlechtslos zu betrachten und das Geschlecht blos als eine Eigenschaft
der lebenden Wesen anzusehen, gibt dem Dichter und dem Redner einen
Vortheil, den keine andere Sprache ihnen gewähren kann.   Es steht
ihm frei, von dieser logischen Richtigkeit abzuweichen, und den für
geschlechtslos gehaltenen Gegenständen das männliche oder weibliche
Geschlecht beizulegen ([30b]).   Hierdurch verleihen die Dichter und Redner
der Poesie und dem rednerischen Styl einen Schwung, eine Kraft,
eine Grazie, eine Lebendigkeit, deren keine andere Sprache fähig ist.

Es ist nicht leicht möglich, bestimmte Regeln über diesen Punkt
zu geben, da viel dabei von der eigenen Ansicht des Dichters oder
Redners abhängt, welches Geschlecht er den betreffenden Gegenständen
beilegen will.   Die folgenden zwei Regeln werden diese Sache hin=
länglich erläutern.

Regel VIII. Männlichen Geschlechts.

§. 30.   Das männliche Geschlecht wird vorzugsweise denjenigen
Hauptwörtern gegeben, welche sich durch Eigenschaften der Thätigkeit,
des Erzeugens oder der Mittheilung auszeichnen, oder von Natur
thätig, stark und wirksam sind ([30c]), z. B.:

Anger (anng'r), der Zorn.	Terror (terrer), der Schrecken.
Danger (dehndschr), die Gefahr.	Thunder (thonnd'r), der Donner.
Death (betth), der Tod.	Time (teim), die Zeit.
Fear (fihr), die Furcht.	Tiranny (tireni), die Thyrannei.
Laughter (lafftr), das Gelächter.	War (uoar), der Krieg.
Love (lovw), die Liebe.	Winter (uinnt'r), der Winter.
The ocean (ohsch'n), der Ocean.	Unter den Thieren:
Sleep (slihp), der Schlaf.	*The elephant, horse, dog, lion, tiger,*
The sun ([31]) (sonn), die Sonne.	*leopard, panther.*

Die Namen der Bäume und Flüsse sind im Allgemeinen männlichen Geschlechts.

Regel IX. Weiblichen Geschlechts.

§. 31.   Das weibliche Geschlecht erhalten dagegen diejenigen
Hauptwörter, welche sich durch Eigenschaften des Aufnehmens, des
Erhaltens, des Gebärens, des Nachgebens, oder des Empfangens aus=
zeichnen, oder welche von Natur mehr leidend als thätig, oder vorzüg=
lich schön und liebenswürdig sind ([30c]), als:

(30b) NB. Die Dichter haben vollkommene Freiheit je nach der gewünschten Wirkung ihrer Dar=
stellungen bald das männliche, bald das weibliche, bald das sächliche Geschlecht zu wählen, z. B. =
I dreamt *an angel* came with soft and starry wing, —
Her breath was on my cheek, *her* whisper in mine ear, etc.
The *nightingale's* song was happy and gay, but alas! a change came over *his* lay.
The *angel* was astonished at what *he* saw.   The *nightingale* has lost *her* mate.
What cared *the bird* for the sullen blast.
Of *its* mate, *it* was bereft (ob. of *her* mate, *she* was bereft)
Man legt sogar in ein und demselben Gedichte je nach dem beabsichtigten Zwecke denselben
Wesen bald das eine, bald das andere Geschlecht bei.
(30c) NB.   Diese Regel gilt natürlich nur für die Poesie und die feierliche Rede, in der Prosa und
im gewöhnlichen Leben werden alle diese Wörter als sächlich betrachtet und das Fürwort *it*
dabei gebraucht.

⸱n (affekſch'n), die Zuneigung.	Law (loah), das Geſetz.
⸱n (ambiſch'n), der Ehrgeiz.	Liberty, die Freiheit.
⸱rt), die Kunſt.	Life (leif), das Leben.
⸱my (aſtronnemi), die Aſtronomie.	Melancholy (mell'nkolli), dieSchwermuth.
⸱ (awweriß), der Geiz.	Memory, das Gedächtniß.
⸱ (bjuti), die Schönheit.	Mind (meind), der Geiſt, Verſtand.
⸱lence (bennevolenß), Wohlwollen.	Misfortune (mißforrtjen), das Unglück.
⸱ (tſcharriti), die Mildthätigkeit.	The moon (31) (muhn), der Mond.
⸱y (tſcheſtiti), die Keuſchheit.	Morning (morr-uing), der Morgen.
⸱ (tſchorrtſch), die Kirche.	Muse (mjuhß), die Muſe, das Nachdenken.
⸱rce (komm'rß), der Handel.	Music (mjuſikk), die Muſik.
⸱ſion (kommpaſſch'n), Mitleiden.	Nature (nehtjerr), die Natur.
⸱nce (konnſch'nß), das Gewiſſen.	Necessity, die Nothwendigkeit.
⸱plation (kontemplehſch'n), die Be-	Night (neit), die Nacht
⸱ung.	Patience (pehſchenß), die Geduld.
⸱ss, die Dunkelheit.	Peace (pihß), der Friede, die Ruhe.
⸱n (biwohſch'n), die Andacht.	Pleasure (pleſch'r), das Vergnügen.
⸱l (bißkorrd), die Uneinigkeit.	Plenty (plennti), der Ueberfluß.
⸱errth), die Erde.	Poesy (poeßi), die Dichtkunſt.
⸱kko), der Wiederhall.	Pride (preid), der Stolz.
⸱ennwi), der Neid.	Prose (prohß), die Proſa.
⸱y (iterniti), die Ewigkeit.	Reason (rihſ'n), die Vernunft.
⸱ttnä), der Etna.	Religion (relidſch'n), die Religion.
⸱ence (ekſpihrjenß), die Erfahrung.	Republic (repobblik), Freiſtaat.
⸱fehth), der Glaube, die Treue.	Science (ſeiennß), die Wiſſenſchaft.
⸱fehm), der Ruhm.	Ship (ſchipp), das Schiff.
⸱(fannßi), die Einbildungskraft.	Silence (ſeilenß), das Stillſchweigen.
⸱eht), das Schickſal.	Soul (ſohl), die Seele.
⸱y, die Schmeichelei.	Spring, der Frühling.
⸱ſoll-i), die Thorheit.	Summer (ſomm'r), der Sommer.
⸱e (forrt-jen), das Glück, Schickſal.	Autumn (oat'm), der Herbſt.
⸱m (ſtihß'm), die Freiheit.	Tongue (tonng), die Zunge.
⸱habbet), die Gewohnheit.	Treason (trihſ'n), der Verrath.
⸱ess, das Glück.	Truth (truth), die Wahrheit.
⸱ (heww'n), der Himmel.	Vessel (weß'l), das Schiff.
⸱hohp), die Hoffnung.	Vice (weiß), das Laſter.
⸱aur), die Stunde.	Virtue (werrtjä), die Tugend.
⸱y (hjumiliti), die Demuth.	Vanity (waniti), die Eitelkeit.
⸱ (dſchoßtiß), die Gerechtigkeit.	Wisdom (uißd'm), die Weisheit (31).

⸱. Die Namen der Reiche, der Städte, der Schiffe. (Kriegſchiffe *(men of war)* ⸱genommen), ſowohl wie auch die Namen von einigen Thieren (ſ. Reg. VII. ⸱) ſind weiblich (32).

§. 32. Beiſpiele hierüber.

Männlich.

⸱haſte! *death* lies in wait, *he's* ⸱s door! ⸱he last trump sounds! then shall ⸱ther *ocean* deliver up *his* dead.	Eilet! eilet! der Tod liegt auf der Lauer; er iſt vor der Thüre! Wenn die letzte Trompete erſchallt, dann wird der alte Vater Ocean ſeine Todten hergeben.

⸱r diejenigen, welche mit der griechiſchen und lateiniſchen Sprache vertraut ſind, iſt die alte ⸱chiſche und römiſche Mythologie die beſte Leiterin zur Beſtimmung des Geſchlechtes bei der ⸱ſonification der Leidenſchaften oder moraliſchen Eigenſchaften.
NB. Das Weitere über die Hauptwörter findet man Kapitel III. S. 404.
⸱e Länder, wie: *England, France,* etc., die Natur, die Schiffe aller Art, der Mond und ⸱ die Städte verlangen das weibliche Fürwort "*she*", z. B: *France sends her soldiers, ⸱ her fleets. I like the moon, she shines bright. The sun* (die Sonne) iſt männlich: ⸱e *sun is up, his rays are warm;* doch kann man auch "*it*" in Bezug auf *sun, moon,* ⸱m. etc. brauchen. *Is the sun rising? Yes, it is rising.*

Love, the blind boy; never shall *he* enter the portals of this heart!	Cupido, der blinde Knabe; nie soll er die Pforten dieses Herzens überschreiten!
The sun, with *his* vivifying rays, gives new life to the whole of sleeping nature!	Die Sonne mit ihren belebenden Strahlen, gibt der ganzen schlafenden Natur neues Leben.
Time, with *his* balsam, heals all wounds.	Die Zeit mit ihrem Balsam heilt alle Wunden.
Stern *winter* comes tottering on, with *his* head covered with silvery snow.	Der strenge Winter kommt schwankend an, sein Haupt mit Silber-Schnee bedeckt.
War broke loose from *his* chains, chose Napoleon for *his* general, and set the whole of Europe in flames.	Der Krieg brach von seinen Ketten los, wählte Napoleon zu seinem Feldherrn und steckte ganz Europa in Flammen.

§. 33. Weiblich.

Art, like *music*, is very jealous of *her* votaries.	Die Kunst wie die Musik ist auf ihre Verehrer sehr eifersüchtig.
O! *mother earth!* when shall I again return to thy fond bosom?	O Mutter Erde! wann soll ich an deinen liebenden Busen wieder zurückkehren?
Experience is the *mother* of wisdom.	Die Erfahrung ist die Mutter der Weisheit.
Fame, with *her* hundred brazen tongues, delights in scandal.	Fama mit ihren hundert schamlosen Zungen freut sich über Skandal.
Folly, *twin sister to shame*, has many votaries in *her* train.	Die Thorheit, die Zwillingsschwester der Schande, hat viele Anbeter in ihrem Gefolge.
Fate has marked me for *her* own.	Das Schicksal hat mich als sein Eigenthum bezeichnet.
Dame Fortune often showers *her* favours where least deserved.	Frau Fortuna schüttet oft da ihren Segen aus, wo er am wenigsten verdient ist.
Justice, with *her* balance, presided.	Die Gerechtigkeit mit ihrer Wagschaale präsidirte (hatte den Vorsitz).
Dame memory, at all times treacherous, and very often deceitful, has entirely forsaken me.	Das Gedächtniß, zu jeder Zeit verrätherisch, und sehr oft betrügerisch, hat mich gänzlich verlassen.
How sweet, how delightful is *religion!* *she* always comforts those who seek *her* aid.	Wie süß, wie entzückend ist die Religion! stets tröstet sie diejenigen, welche ihre Hülfe suchen.
Necessity is the *mother* of invention.	Die Nothwendigkeit ist die Mutter der Erfindung.
Night hath spread *her* starry mantle o'er the earth!	Die Nacht hat ihren sternbesäeten Mantel über die Erde verbreitet!

Aufgaben über das Geschlecht der Hauptwörter.

Siehe Regel I.—II. §. 23b. Seite 114.

30. Der Prinz und die Prinzessin von Wales sind Erben der *(Dativ)* Krone *(crown)* von England. — Wie *(How)* viele *(many)* Götter und Göttinnen haben die Hindus *(Hindoos)*? Wohl *(Oh)* mehrere *(many)* Millionen, denn | einige | beten sogar Tiger und Tigerinnen, Löwen und Löfor | some of them | worship even winnen [an]. — Haben Sie die² rührende *(affecting)* Geschichte *(story)* des Abtes Abailard und der Aebtissin Heloise von (33) Pope gelesen *(read)*¹? Ja wohl *(Oh yes)*; sie ist sehr schön. — Der Graf und die Gräfin von

(33) Ueber *of, from, by* (von), siehe Anmerkung 1, Seite 105.

Shrewsbury, die wohl unter die | ältesten | Pairs und Pairinnen Englands
who well[2] amongst [5] *most ancient* *of —*
gezählt werden können, | sind sehr beliebt. — Der Kaiser und die Kaiserin
reckoned[4] may[1] ([34]) *be[3]* | *highly esteemed.*
von Rußland werden täglich in Berlin erwartet. — Haben Sie den
are daily[2] *expected[1] Did*
englischen Gesandten und die Gesandtin in München gekannt *(know)*[1]?
O ja wohl *(Oh yes)*; Sir John und Lady Milbank. Die [Frau] Gesandtin
war damals jung und sehr schön. — Ich habe in meinem Leben viele
at that time *beautiful* 9 *my life many[2]*
Neger und Negerinnen, Juden und Jüdinnen, Riesen und Riesinnen
3 4 5 6 7 8
sehen *(seen)*[1].

Regel III. Seite 117.

31. Mein Vater und meine Mutter, mein Onkel und meine Tante,
nebst *(together with)* meinen Brüdern und Schwestern, Neffen und Nichten,
gehen | auf fünf Wochen nach der Insel | Man | ins Seebad. —
are going | for weeks to Isle | of — | for sea-bathing
Er lebte als Junggeselle, bis er fünfzig Jahre alt war, und dann
lived as a till 2 *year of age* 1 *then*
verheirathete er [sich mit] einem Mädchen von siebenzehn [Jahren] ([35]). —
married[2] 1 *girl*
In Gretna=Green in Schottland habe ich einen Bräutigam von siebenzehn
— — — *Scotland* 2 1 4
und eine Braut von fünfzehn Jahren gesehen. An diesem Orte kann man
seen[3] In that place can[2] people[1]
[sich] ohne die Einwilligung des Vaters oder der Mutter für eine halbe
without[6] consent *or for[5] half a*
Krone | kopuliren lassen. | — Der Marquis von Westminster, der täglich
crown | get[3] married[4] | *who a day[5]*
nur ungefähr fünfzehn tausend Gulden hat, hat zwei schöne Pferde, einen
only[2] about[3] 4 ([36]) *florins* 1 2 *fine*
Hengst und eine Stute, für vier und zwanzig tausend Gulden verkauft *(sold)*[1].
— Es *(there)* waren Könige und Königinnen, Edelleute und Edelfrauen,
Mönche und Nonnen, Grafen und Gräfinnen bei *(at)* der Prozession. —
Mein Freund *(friend)* hat einen Stier und eine Kuh, einen Rehbock und
eine Rehziege, einen Hahn und eine Henne, einen Schafbock und ein Mutter=
schaf. — Ist *(are)* Herr und Madam Smith zu Hause *(at home)*? Nein,
[mein] ([37]) Herr, aber Fräulein [Smith] und der junge Herr Smith sind
[schon] zu Hause.

Regel IV. Seite 119.

32. | Kennen Sie | meine Cousine? Nein, aber ich möchte sie
Do you know *should* 3
gern kennen. — Herr Nimble amusirt sich mit seiner Tänzerin; sie ist
like to know[2] *amuses himself with*

([34]) Das Adverb well (wohl), muß man zwischen may und be setzen.
([35]) Über die Wörter, die nicht übersetzt werden, siehe Erklärung, Seite 74.
Siehe auch beim Zahlwort Regel V. Seite 167.
([36]) Siehe das Zahlwort Seite 165.
([37]) Bei dem Titel „Herr" braucht man niemals das zueignende Fürwort.

wirklich sehr hübsch. — Er ist mein größter Freund, aber sie ist meine größte
really *pretty* *greatest*
Feindin. — Ach *(Oh)*, er ist ein Narr. Ach nein, aber *(but)* sie ist eine
Närrin. — Wie viele Maler und Malerinnen | gibt es wohl | in Deutsch=
How many *may there be* *Germany*
land? O sehr viele. — Wer ist der Verfasser dieses Werkes? Fräulein
very *Who* *(Reg. II.) of this work*
Crowquill ist die Verfasserin. — Wie viele Verehrerinnen *(admirers)* und
Schmeichlerinnen sie hat!

Regel V., VI. Seite 120.

33. Wie viele Dienstboten haben Sie? Wir haben vier Bedienten
und drei Mägde, einen Koch und eine Köchin, und außerdem *(besides those)*
ein Stubenmädchen und ein Kindermädchen. — Der [Herr] Hauptmann hat
chamber-maid *children's-maid* [38] *captain*
| viele | männliche und weibliche Verwandte, aber weder männliche
| *a great many* | *but neither*
noch weibliche Kinder. — Ich habe einen Kater und eine Katze. —
Wie wenig Esel und Eselinnen sieht man in München. — Im Thiergarten
How few *sees² one¹* *Munich* *In the zoological garden*
im *(in)* Regent's Park, habe² ich¹ einen⁴ Fuchs und eine Füchsin, einen
Wolf und eine Wölfin, einen männlichen und einen weiblichen Elephant,
männliche und weibliche Kaninchen, einen Tauber und eine Taube, einen
Pfauhahn und eine Pfauhenne, einen Truthahn und eine Truthenne, und
[noch] viele andere merkwürdige Thiere und Vögel gesehen. — Die ältere
many other *curious* *animals* *birds* *seen³* *elder*
Schwester ist eine Blondine und die jüngere eine Brünette. — Die Stimme
younger *voice*
der Xantippe war sehr gellend, | sie glich mehr der | einer Zänkerin, als
very shrill | *it was more like that* | *shrew than*
der *(that)* einer Syrene *(siren)*.

Regel VII. Seite 121 u. §. 22, Seite 114..

34. Mein Papagei hat sich [am] Flügel verletzt. — Sehen [Sie]
parrot *its²* *wing hurt¹* *Look*
dieses Pferd [hier] an, es ist ein schönes Thier. — [Die] Regent=Straße
this² *at¹* *fine animal* *street*
in London ist eine der schönsten in Europa. | Das | ist sie [wohl], sie ist
finest | *Oh that* | *² ¹* *⁵ ⁶*
aber doch nicht so breit als [die] Ludwigsstraße in München. — Haben
but³ yet⁴ not broad as *Lewis*
Sie die Universität in London gesehen? Ja wohl, sie ist sehr schön. —
² University *seen¹* *Oh yes*
Die Themse ist ein schöner Fluß, sie ist aber nicht so groß als der Rhein. —
beautiful river *² ³ but¹* *large* *Rhine*
Haben Sie [den] Frühling gern? O ja! aber er macht mich traurig. —
Do you *spring² like¹* *makes* *melancholy*
Haben Sie den Prinzen Albert von England gekannt? Ich habe ihn
Did [39] *Prince²* *know¹* *²*
gesehen *(seen¹)*, er ist *(was)* ein hübscher *(handsome)* Mann [gewesen].

---

(38) Man sagt auch: *child's-maid, nursery-maid, nurse.*
(39) Ueber das Weglassen des Artikels, siehe Frage 3, Seite 3; auch Reg. X. Seite 392.

Regel VIII. Seite 122.

. O wie häßlich ist [der] Zorn! aus dem schönsten Kinde der
how ugly 2 1 of most beautiful child of

macht er eine Hecate. — Wenn die letzte Trompete schallt! dann
makes[2] 1 Hecate When last trump sounds then

er] alte Vater Ocean seine Todten ausliefern. — [Die] Zeit, die
old 2 dead deliver up[1]

te Monarchin der Erde, untergräbt Alles; nichts kann ihrer Macht
monarch earth destroys all nothing 2 power

hen! — Endlich ging die Sonne [auf]; sie erweckte und belebte
At last rose[3] 1 2 awoke vivified

ummernden Kinder der Natur. — Und Childe Harold's Herz war
mbering of heart

er den Tagus sah, [wie er] seine hohe Fluth dem Meere zuwälzte. —
2 saw[1] 2 majestic tide into the sea rolling[1]

rieg ließ seine Wuth gegen Europa (42) los, bis [der] Tod seine
let 2 fury[3] on[4] loose[1] till 3

bersättigt hatte.
versatiated[2] 1

Regel IX. Seite 122.

. Britannia sitzt auf ihrem unbesiegbaren Thron, [als] die anerkannte
sits on invincible throne acknowledged

des Oceans; sie verbreitet ihre feste aber milde Herrschaft über
ocean extends strong mild dominion over

nbert Millionen Menschen, sie vollbringt in Thaten Alles, was
of men achieves acts all that

hrgeiz je erdachte oder wünschte. — Frankreich (40) schickt seine
mbition ever imagined or desired sends

sigen Söhne, [um] gegen die Kinder der Wüste Afrikas (40) zu
ous against[3] deserts of to[1]

. — Wer sein Vaterland | nicht liebt, | kann nichts lieben.
He that 3 native country| does[1] not love[2]| can nothing[2] 1

e ihm also, denn es ist es, welches dich verstößt. — [Die]
her then for it she that 2 expels[1]

nst, [die] Malerei und [die] Musik sind Schwester = Künste. —
painting music arts

Name, sagte sie, ist Erfahrung; viele habe ich von dem Rande des
name said experience many from[2] brink of

ens gerettet; viele, die den Vorschriften meiner Schwester, [der]
saved[1] who 2 dictates

ft, | nicht gehorchen wollten, | sind zuletzt genöthigt worden, bei
would not obey[1] have at last obliged[2] been[1] from[4]

n die Schule zu gehen. | — Wenn der Mond (41) die Schlechtigkeiten
to learn[3] If moon 2 villainies

die sein (41) Licht beförderte, würde er sich nicht hinter eine Wolke
which light assisted would herself[3] 1 behind[4] cloud

en? — Der Tod seiner Frau und | dreier |Kinder in einer
The death wife three of his

Nacht, schleuderte [die] Vernunft von ihrem Thron und [so] wurde er
  night   *hurled*   *reason*   *left him*
[zu] einem beklagenswerthen Wahnsinnigen.
       deplorable   *maniac.*

C. Fragen,

die sich jeder Lernende zur Pflicht machen sollte, beantworten zu können.

I. Ueber die Artikel.

1. Wie viele Artikel gibt es? — Wie werden sie deklinirt (gebeugt)? §. 3. S. 75.
2. Erleiden sie keine Aenderungen? §. 4. Seite 76.
3. Wie viele Wörter fangen mit einem stummen *h* an? §. 5. Seite 76.
4. Wie viele Wörter fangen mit einem langen *u* (ju) an, und erfordern folglich den Artikel *a*? §. 7. Seite 75.

II. Ueber das Hauptwort.

1. Wie wird im Allgemeinen die Mehrzahl gebildet? §. 10. Kap. II. Reg. I. Seite 78.
2. Warum muß das *s* in der Mehrzahl ausgesprochen werden? Reg. I. S. 78.
3. Wann muß man die Mehrzahl auf *es* bilden? Reg. II. S. 79.
4. Wie bildet man die Mehrzahl wenn *ch* am Ende eines Wortes wie *k* lautet? Reg. II. S. 79.
5. Wie viele Wörter mit der Endung *o* nehmen *es* im *Plural* an? Reg. III. Seite 79.
6. Welche Wörter auf *f*, *ff*, *fe* verwandeln diesen Buchstaben in der Mehrzahl in *ves*? Reg. IV. S. 80.
7. Wie bildet man die Mehrzahl bei allen übrigen Wörtern auf *f*, *ff*, *fe*? Reg. IV. Seite 80.
8. Wie bildet man die Mehrzahl der Wörter, welche auf *y* ausgehen? Reg. V. Seite 80.
9. Welche Hauptwörter bilden im Englischen ihre Mehrzahl ganz unregelmäßig? Reg. VI. S. 81.
10. Wie wird die Mehrzahl der Wörter, die in *man* enden, gebildet? Reg. VI. Seite 81
11. Welche Wörter haben im *Singular* und *Plural* gleiche Formen? Reg. IX. S. 84.
12. Welche Wörter werden in besondern Bedeutungen im *Plural* gebraucht ohne das Pluralzeichen *s* anzunehmen? Reg. X. S. 85.
13. Welche Wörter werden im Englischen nur im *Singular*, im Deutschen aber im *Singular* und *Plural* gebraucht? Reg. XI. S. 86.
14. Welche Wörter haben im Englischen eine Einzahl und Mehrzahl, im Deutschen aber nur eine Einzahl? Reg. XII. S. 86.
15. Welches sind die Wörter, die im Englischen immer in der Mehrzahl, im Deutschen aber nur in der Einzahl gebraucht werden dürfen? Reg. XIII. S. 87.
16. Bei welchen Wörtern muß man meistens das Wort *pair* (Paar) anwenden? Reg. XIV. S. 88.
17. Wie bilden die zusammengesetzte Wörter ihren *Plural*? Reg. XIX. S. 92.
18. Wie bildet man im Englischen die Verkleinerungswörter? Reg. XX. S. 93.

Ueber die Wortfolge.

19. Wohin muß man im Englischen immer den *Nominativ* setzen? §. 12. S. 96.
20. Wohin den *Accusativ* und *Dativ*? §. 12. S. 96.
21. Wohin die *Adverbien* des Ortes und der Zeit? §. 12. S. 96.

- Wohin die *Adjective*, die Bezug auf Länge, Tiefe, Breite und Alter haben?
§. 12. S. 96.
- Wohin alle übrigen *Adjective*? §. 12. S. 96.

Declination oder Beugung des Hauptwortes.

- Wie wird das Hauptwort declinirt? §. 13. I. S. 104. u II. III. S. 106.
- Wie heißen die verschiedenen *Genitive*? §. 14. S. 108.
Wie bildet man den sächsischen *Genitiv*? §. 14. S. 108. — Muß der sächsische *Genitiv* immer dem Hauptworte vorgesetzt werden? §. 15. S. 108.
- Wie bildet man bei Wörtern, die auf *s*, *ss*, *x* oder *nce* enden, den *Genitiv*? §. 17. S. 109.
- Wie muß man den *Genitiv* im *Plural* brauchen, um Zweideutigkeiten zu vermeiden? §. 19. S. 110.
- Braucht man den sächsischen *Genitiv* bei unbelebten Gegenständen? §. 21. S. 111.

Vom Geschlecht des Hauptwortes.

- Wie unterscheidet sich das Geschlecht der Wörter im Englischen von denen im Deutschen? Kap. IV. §. 22. S. 114.
- Wie wird aus den männlichen Benennungen im Allgemeinen die weibliche gebildet? §. 23. S. 114.
- Welches sind die hauptsächlichsten Wörter, bei denen das männliche und weibliche Geschlecht durch zwei verschiedene Wörter ausgedrückt wird? §. 24. S. 117.
- Wie unterscheidet man das männliche vom weiblichen Geschlecht, wenn dasselbe weder durch die Endung *ess* noch durch ein besonderes Wort ausgedrückt werden kann? §. 25. S. 119.
- Was ist im höheren Styl und in der Poesie hinsichtlich des Geschlechtes unbelebter Gegenstände erlaubt? §§. 29, 30 u. 31. Seite 121 u. 122.

V. Kapitel.

- Von der Bedeutung der Endungen der Hauptwörter.
- Ursprung und Bedeutung der Namen vieler Städte in England.

A. Von der Bedeutung der Endungen der Hauptwörter.

§. 34. Wie im Deutschen, so werden auch im Englischen durch Ableitungssilben von Substantiven und andern Wörtern Hauptwörter gebildet, z. B.:

dom bedeutet Beurtheilungskraft, Decret, Urtheil; in Zusammensetzungen aber bedeutet es Macht, Herrschaft, Regierung, und entspricht dann dem deutschen **thum** und **reich**, z. B.:

Kingdom, Königreich.   Dukedom, Herzogthum.   Earldom, Grafschaft.

ick und **rick** (uill) werden auch in der Bedeutung von Herrschaft gebraucht, z. B.:

Bishop, Bischof.	Bailiff, Amtmann, Landvogt.
Bishopric (¹), Bisthum.	Bailiwick, Amtsbezirk.

(1) Ueber das Weglassen des h in der Endung ick, siehe Regel XII. §. 164, Seite 46 der Orthographie.

Hood oder } bedeuten Stand, Eigenschaft, Beruf, und entsprechen dem deutschen
Head } schaft und heit, z. B.:

Priest, Priester. | God, Gott.
Priesthood, Priesterschaft. | Godhead, Gottheit.
Knight, Ritter. | Child, Kind.
Knighthood, Ritterschaft. | Childhood, Kindheit.

Ship in Zusammensetzungen bedeutet Eigenschaft, Beruf, Stellung, Gerichtsbarkeit, entspricht meistens dem deutschen schaft, z. B.:

Friend, Freund. | Partner, Compagnon, Associé.
Friendship, Freundschaft. | Partnership, Compagnie.
Censor, Censor. | Lord, Lord, Graf.
Censorship, Censoramt. | Lordship, Herrschaft.

Er und } Die eine oder die andere dieser Endungen dem Zeitworte hinzugefügt, be-
Or oder } zeichnet die handelnde Person. Die Endung *er* stammt entweder von dem
ator. } angelsächsischen *wer* oder *war* (Mann), oder wahrscheinlich von dem lateinischen *vir* (Mann), her, z. B.:

Cant-wara-burg (Burg der Männer von *Kent*), Burg der *Kenter*, die alte Benennung der Stadt Cant*er*bury (Kanterbury).

Will man aus den Zeitwörtern Hauptwörter bilden, so hängt man die Silbe *er* an, welche dann dem deutschen *er* entspricht, z. B.:

To love, lieben. *To sing*, singen. *To speak*, sprechen.
Lover, Geliebter. *Singer*, Sänger. *Speaker*, Redner, Sprecher x.

Die Endung *or* stammt aus dem Lateinischen und hat in dieser Sprache die nämliche Bedeutung. In den Wörtern, die wir unmittelbar aus dem Lateinischen haben, bedient man sich gewöhnlich der Endung *or*, z. B.:
Censor, Censor; *Dictator*, Dictator; *Senator*, Senator.

Ness. Diese Endung bezeichnet den Besitz der Sache, die im ersten Theile des Wortes genannt ist und entspricht dem deutschen keit und heit, z. B.:

Watchful, wachsam. | Idle, faul.
Watchfulness, Wachsamkeit. | Idleness, Faulheit.

Den größten Theil unserer Adjective kann man durch das Anhängen von *ness* in Hauptwörter verwandeln; in der englischen Sprache gibt es mehr als ein tausend Wörter von dieser Art, z. B.:

Child (tscheild), Kind; *childish*, kindisch; *childishness*, kindisches Wesen.

Ment. Die Endung *ment* stammt von der lateinischen *mentum* und bezeichnet theils die Sache, welcher die Handlung des Zeitworts zukommt, theils das Mittel zur Erreichung dessen, was das Verbum besagt, z. B.:

Enjoy*ment*, Genuß. | Bombard*ment*, das Bombardiren.
Compli*ment*, Compliment. | Tor*ment*, Qual, Pein.

Einige Wörter dieser Klasse werden im leidenden Sinne gebraucht, z. B.:
Senti*ment*, Empfindung. | Liga*ment*, Band (zum Binden).
Depart*ment*, Bezirk. | Frag*ment*, Bruchstück.

B. **Ursprung und Bedeutung vieler englischer Städtenamen, welche eine gemeinschaftliche Endung haben.**

Städtenamen mit den Endungen mouth und ford.

1. In England gibt es viele Städte, deren Namen mit *mouth* enden, z. B.: Plymouth (plimmeth), Tynemouth (tein=meth), Yarmouth (jar=meth), x.
Die Endung *mouth* bedeutet Mund oder Mündung:
Plymouth liegt an der Mündung des *Plyms*; *Tynemouth* an der der *Tyne*, und *Yarmouth* an der der *Yare*, etc. etc.

2. Mehrere Städte enden sich auch auf *ford*. Dieses *ford* entspricht dem deutschen Furt, d. h. einer seichten Stelle eines Wassers, wo man durch dasselbe gehen, reiten oder fahren kann, z. B.:

Ilford, Oxford, Stratford, Romford, Frankford, etc.

Städtenamen in chester, caster, cester.

4. Viele Städtenamen enden in *chester, caster, cester*, z. B.:

Dorchester (dorttschester), Porchester, Lancaster, Doncaster, Gloucester, Worcester, Leicester [2].

Diese Endungen stammen von dem lateinischen Worte *castrum* her, welches Schloß, Burg, Citadelle bedeutet und noch heutzutage findet man in der Nähe solcher Städte die Ruinen von alten Schlössern.

Städtenamen in wich oder wick.

4. Die Endungen *wich* und *wick* haben drei verschiedene Bedeutungen:
1. Bedeuten sie eine kleine Bucht, gebildet durch das Schlängeln eines Flusses.
2. Werden sie bisweilen in der Bedeutung Dorf gebraucht.
3. Dienen sie zur Bezeichnung eines Schlosses, z. B.:

Greenwich (grihnitsch). | Harwich (harritsch) [3].
Woolwich (uullitsch). | Keswick (kessitt).

Die Endung shire (schihr).

5. Die Endung *shire* bedeutet Grafschaft, Kreis, Bezirk, z. B.:

Yorkshire, Cardiganshire, Gloucestershire, Devonshire, etc., Bezirk, welcher zur Stadt York, Gloucester, etc., gehört.

Die Endung sex.

6. Die Benennungen einiger Kreise oder Bezirke enden in *sex*, welches von dem angelsächsischen *seaxe* oder *saxe* herstammt und so viel wie *saxons* bedeutet, z. B.:

Essex, Middlesex, Sussex, d. h. Ost-Sachsen, Mittel-Sachsen und Süd-Sachsen.

Die Endungen borough, burg, bury.

7. Es gibt auch mehrere Städte mit den Endungen *borough, burg, bury*, die dem deutschen Burg entsprechen, z. B.:

Queenborough, Königinburg. | Peterborough, Petersburg.
Edinburgh, Burg oder Stadt auf | Sudbury, Südburg.
einem Berg.

Die Endungen ham, stead, ton.

8. Die Endung *ham, stead, ton*, die man öfters bei den Namen von Städten findet, bedeuten Aufenthalt, Wohnung, Dörfchen, und entspricht dem deutschen Heim, z. B.:

Oakham, Higham, Hampstead, Hampton, etc.

Die Endungen bourn, born or burn.

9. Die Endung *bourn, born* oder *burn* bedeutet Gränzströmchen oder Flüßchen, z. B.:

Holborn, Tyburn. Poetisch: Gränze: bourne.

Die Endung minster.

10. Die Endung *minster* bedeutet Kloster, z. B.:

Westminster, West-Kloster. Axminster oder Exminster, Kloster am Fluß Ex.

---

(1) Die Endung *caster* wird gewöhnlich (k'r) ausgesprochen, z. B.:
Glost'r, Worrst'r, Sch't'r, 2c.
(2) Die Endungen *wich* und *wick* werden gewöhnlich ihsch und ik ausgesprochen, z. B.:
Grinnhsch, Uullhsch, Rorrhsch, Harrhsch, Chiswick (tschiffit), 2c.

9*

§. 35. Die oben angeführten Endungen sind nur die, welche am häufigsten vorkommen; außerdem gibt es noch viele andere, die aus den gelehrten Sprachen herstammen, es würde aber dieses Werk zu sehr ausdehnen, wollte man sie alle hier angeben; sie lassen sich jedoch sehr leicht erlernen.

Durch das Angeführte hoffe ich die Neugierde des Lernenden zu erwecken und ihn anzuspornen, noch weitere und tiefere Forschungen zu machen; und bemerke nur hier noch, daß er es stets als Grundsatz annehmen muß:

1. Daß jedes Wurzelwort einsilbig ist, folglich die mehrsilbigen Wörter aus eben so vielen ursprünglichen Wörtern, als Silben im Worte sind, zusammengesetzt sein müssen, z. B.:

Hand-schuh, mast-los, un-freund-schaft-lich, x.

2. Daß es keine Vorder- oder Nachsilbe des Wurzelwortes gibt, welche nicht schon für sich getrennt existirt hat, bevor sie in Zusammensetzungen gebraucht worden ist.

3. Daß, um die Bedeutung der Wörter richtig zu verstehen, man die Bedeutung der verschiedenen Silben, aus denen sie zusammengesetzt sind, kennen muß.

Durch die Kenntniß der obigen Substantivendungen sowohl, als auch durch die Kap. VII. §. 50. 51. angeführten Adjectivendungen hat man den Schlüssel zu mehr als 7000 Wörtern. Zwar nur eine kleine Anzahl aus den 100,000 Wörtern, aus welchen die jetzige englische Sprache besteht.

VI. Kapitel.

A. Länder- und Völkernamen. **B.** Flußnamen.
C. Gebirgsnamen. **D.** Städtenamen. **E.** Taufnamen.
F. Abkürzungen bei Taufnamen. **G.** Fragen.

A. Länder- und Völkernamen.

§. 36. Alphabetisch englisch-deutsches Verzeichniß der hauptsächlichsten Länder- und Einwohnernamen mit ihren Adjectiven nebst Aussprache:

Länder.	Adjectiv.	Einwohner.
Africa (affrikä), Afrika.	African (¹), (affrik'n), afrikanisch.	An African (²), ein Afrikaner.
Algiers (aldschihrs), Stadt; *Algeria* (Gebiet), Algier.	Algerine (aldscherihn), algierisch.	An Algerine, ein Algierer.
America (amerikä), Amerika.	American (ameriken), amerikanisch.	An American, ein Amerikaner.
Arabia (arrehbjä), Arabien.	Arabian (arrehbjen), arabisch.	An Arabian (*), ein Araber.
Asia (eh-sche), Asien. Asia minor (eh-sche-mein'r), Klein-Asien.	Asiatic (eh-siatik), asiatisch.	An Asiatic, ein Asiate.

---

(1) Wie schon §. 165, Seite 47 bemerkt worden ist, müssen alle Adjective, welche von Völkernamen herstammen, mit großen Anfangsbuchstaben geschrieben werden.

(2) Die Mehrzahl von allen Völkernamen bildet man durch Anhängen eines s, z. B.:
The Africans, the Algerines, the Bavarians, etc. Siehe Regel IV. Seite 137.

(*) Statt 'Arabian" sagt man auch "An Arab; the Arabs".

Länder.	Adjektiv.	Einwohner.
(ath'ns), Athen.	Athenian (ethehujen), athenisch.	An Athenian, ein Athener.
lia (oßtrehlje) Au-en.	Australian (oßtrehljen), australisch.	An Australian, ein Australier.
k (oß-tri-e), Oester-	Austrian (oß-tri-en), österreichisch.	An Austrian, ein Oesterreicher.
y (2b) (barberi), arei.	Barbarian (bar-behr-jen), berberisch.	A Barbarian (2b), ein Berber.
a (bäwehrjä), rn.	Bavarian (bäwehrjen), baverisch.	A Bavarian, ein Bayer.
n(belbschemm),Bel-	Belgian (belbschenn), belgisch.	A Belgian, ein Belgier.
(benngoahl), Ben-	Bengal (benngoahl), bengalisch.	A Bengalee (benngalih), ein Bengale.
ia (bo-hihmjä), nen.	Bohemian (bo-hihm-jen), böhmisch.	A Bohemian, ein Böhme.
(brasil), *the Brasils* ihls), Brasilien.	Brasilian (bra-sihljen), brasilianisch.	A Brasilian, ein Brasilianer.
(britt'n), Bri-en. (greht) Britain, -Britannien.	British (britisch), brittisch.	A Briton (britt'n), ein Britte.
a(börrma) oder *Bur-* Birma.	Birmese (börrmihß), oder Birman, birmanisch.	(3) (*) A Birmese oder *Burmese*, ein Birmane.
k (kennäbä), (2c) ba.	Canadian (kennehbjen), canadisch.	A Canadian, ein Canabier.
ge (karthebsch), jago.	Carthagenian (kartha-bschihn-jen), carthagisch.	A Carthagenian, ein Carthager.
(sihlon), Ceylon.	Singalese (singalihß).	A Singalese.
aign (schampehn), tpagne.	Champaign, champanisch.	A Champaignian, ein Champagner.
(tscheinä), China.	Chinese (tscheinihß), chinesisch.	(3) A Chinese, ein Chinese.
iia (sirrkasche), rkessien.	Circassian (sirkasch'n), tscherkessisch.	A Circassian, ein Tscherkesse.
b(korrinth),Korinth.	Corinthian (korinthjen), korinthisch.	A Corinthian, ein Korinther.
nd (kurlänb), Kur-	Courlandish (kurländisch), kurländisch.	A Courlander, ein Kurländer.
(kriht), Kreta.	Cretan (kriht'n), kretisch.	A Cretan, ein Kreter.
(seipreß), Cypern.	Cyprian (siprijen), cyprisch.	A Cyprian, ein Cyprer.
rk, Dänemark.	Danish (dehnisch), dänisch.	A Dane (dehn), ein Däne.
(iß-bschipt), Aegyp-	Egyptian (iß-bschiptjen), ägyptisch.	An Egyptian, ein Aegyptier.
ud(ing-gland), Eng-	English (ing-glisch), englisch.	(1) An Englishman, (ing-glischmän), Engländer.
ia (ithi-ohpjä), opien.	Ethiopian (ithi-ohpjen), äthiopisch.	An Ethiopian, ein Aethioper.
(jurop), Europa.	European (juropih'n), europäisch.	An European, ein Europäer.
d, Finnland.	Finnish, finnisch.	A Finn, ein Finne.

NB. Im Englischen wäre es richtiger, obiges Wort: *Barbery* (Berberei) und *Berber* (Berber) zu schreiben, denn die Bewohner heißen nicht *Barbarians* (Barbaren), sondern *Berbers* oder *Cabyles*.

Das Wort *"Canada"* stammt aus dem spanischen *"Aca nada* (hier ist Nichts)" her.

Die Nummern 1, 2, 3 beziehen sich auf die Regeln I—V. Seite 186.

Länber.	Abjeftiv.	Einwohner.
Flanders, Flanbern.	Flemish (flemmiſch), flan= briſch, flämiſch.	A Flemming, ein Flan= berer, ein Flamlänber.
Florence (florr'nß), Flo= renz.	Florentine (florentein), florentiniſch.	A Florentine, ein Floren= ·tiner
France (frannß), Frant= reich.	French (frentſch), franzö= ſiſch.	(1) A Frenchman (frentſch= män), ein Franzoſe.
Gascony (gaskoni), Gas= cogne.	Gascon (gaſt'n), gasco= niſch	A Gascon, ein Gascogner.
Genoa (bſchenoä), Genua.	Genoese (bſchenoihß), ge= nueſiſch.	(3) A Genoese (bſchenoihß), ein Genueſe, Genueſer.
Germany (bſcherrm'ni), Deutſchlanb.	German (bſcherrm'n), beutſch.	(2) A German, ein Deut= ſcher.
Gothland, Gothlanb.	Gothic (gotthif), gothiſch.	A Goth (gotth), ein Gothe.
Greece (grihß), Griechen= lanb.	Grecian (grihſch'n) (2d), Greek, griechiſch.	A Greek (grihf), ein Grieche.
Greenland (grihnlänb), Grönlanb.	Greenland, grönländiſch.	A Greenlander (grihn= länber), Grönländer.
Hanover (hann=ewr), Han= nover.	Hanoverian (hann=e=wehr= jen), hannöveriſch.	A Hanoverian, ein Han= noverianer.
Hessia (heß=ſchä) ob. Hes= sen (heßen), Heſſen.	Hessian (heß=ſchen), heſ= ſiſch.	A Hessian, ein Heſſe.
Holland (holl'nb), Hollanb.	Dutch (bottſch), holländiſch.	(1) A Dutchman (bottſch= män), ein Holländer.
Hungary (honn=gerri), Ungarn.	Hungarian (honn=gehr= jenn), ungariſch.	A Hungarian, ein Unger.
Iceland (eißlänb), Jslanb.	Icelandic (eißländif), is= länbiſch.	An Icelander (eißländer), ein Jsländer.
Indies (inbjeß), Jnbien (³).	Indian (inbjen), inbiſch.	An Indian, ein Jnbier.
Ireland (eirlänb), Jrlanb.	Irish (ei=riſch), irländiſch.	(1) An Irishman (ei=riſch= män), ein Jrländer.
Italy (itelli), Jtalien.	Italian (ital=jen), italie= niſch.	An Italian, ein Jtaliener.
Japan (bſchepann), Japan.	Japanese (bſchäpänihß), japaniſch.	(3) A Japanese, ein Ja= paneſe.
Kamschatka (kamſ=katkä), Kamſchatka.	Kamschatkan (kams= katfen·), kamſchatkiſch.	A Kamschatkadale (kams= katkäbehl), Kamſchabale.
Lapland, Lapplanb.	Lapland, lappländiſch.	A Laplander, ein Lapp= länber. ober Lappe.
Livonia (liwohn=jä), Lief= lanb.	Livonian (liwohn=jenn), liefländiſch.	A Livonian, ein Liefländer.

(2d) Wenn von ber griechiſchen Kirche ober Sprache bie Rebe iſt, ſo wirb *Greek*, anſtatt *Grecian* als Abjectiv gebraucht, z. B.:

The Russians belong to the Greek Church.	Die Ruſſen gehören zur griechiſchen Kirche.
I have studied Buttman's Greek grammar.	Ich habe Buttmann's griechiſche Grammatik ſtubirt.

NB. Die Abjective "Greek unb Grecian" werben häufig mit einanber verwechſelt. *Greek* aber bezeichnet bas, was Griechenlanb gehört. Sprache, Kirche, Kunſt, ꝛc., z. B.:

A Greek poet, grammar, temple.	Ein griechiſcher Dichter, Grammatik, Tempel.
The Greek church, language	Die griechiſche Kirche, Sprache.

Grecian bagegen bezeichnet bas, was eine Nachahmung bes Griechiſchen iſt ober auf Griechenlanb Bezug hat, z. B.:

Grecian architecture, history.	Griechiſche Bauart, Geſchichte.

A Greek church is a church in Greece; a Grecian church is one built on the model of a Greek church. A Greek sword is one preserved as a curiosity, etc.; a Grecian sword is one made of the same shape.

(3) Im gewöhnlichen Leben ſagt man:

He is gone to the Indies (ober to India).	Er iſt nach Jnbien gegangen. (Hier iſt Oſt=Jnbien gemeint).
He is in the West-Indies.	Er iſt in Weſt=Jnbien
He comes from the East-Indies.	Er kommt von Oſt=Jnbien.

In ber Erbbeſchreibung wirb bas Lanb Jnbien im Allgemeinen *India* genannt.

NB. Unter bem Ausbruck "The Indies ober India" verſteht man Oſt=Jnbien.

über.	Adjectiv.	Einwohner.
rr=rehn), Loth=	Lorraine, lotbringifch.	A Lorrainian (lorr=rehn= jenn), ein Lothringer.
ä), Malta.	Maltese (maltibß), malte= fifch.	(3) A Maltese, ein Mal= thefer.
(mohritehnjä), en.	Mauritanian (mohritehn= jen), maurifch.	A Moor (muhr), ein Mohr, ein Maure.
=jä), Medien.	Medan (mihb'n), medifch.	A Mede (mihb), ein Meder.
i=to), Meriko.	Mexican (mets = i = fen), merifanifch.	A Mexican, ein Merifaner.
moll = behwjä),	Moldavian (moll = behw = jenn), molbauifch.	A Moldavian, ein Mol= bauer.
monngoljä), lei.	Mongolian (monngoljenn), mongolifch.	A Mongol (mongoll), ein Mongole.
torehw = jä),	Moravian (morehw=jenn), mährifch.	A Moravian, ein Mähre.
ärotto), Ma=	Morocco, marrocanifch.	A Moor (muhr), ein Mar= rocaner.
toß = fowwi),	Muscovy, mosfanifch, mos= fowitifch.	A Muscovite (moßfoweit), ein Moskauer.
[s), Neapel (⁴).	Neapolitan (niäpollit'n), neapolitanifch.	A Neapolitan, ein Nea= politaner.
, bie Nieder=	Dutch (bottfch), niederlän= bifch ober holländifch.	A Hollander, Netherlan= der, Dutchman, ein Nie= berländer ober Holländer.
torm'nbi), bie	Norman (norrm'n), nor= mänifch.	(2) A Norman, ein Nor= mann.
r=ueh), Nor=	Norwegian (norr=uihbfch= jen), norwegifch.	A Norwegian, ein Nor= weger.
allatinett), bie	Palatine (palatein), pfäl= zifch.	A Palatine, ein Pfälzer.
i=jä), Perfien.	Persian (perfchj'n), perfifch.	A Persian, ein Perfer.
), Peru.	Peruvian (peruhwj'n).	A Peruvian, Peruvianer.
fe = nihfchä),	Phoenician (fe = nihfch'n), phönizifch.	A Phoenician, ein Phö= nicier.
ihbmonnt),	Piedmontese (pihbmoun= tihß), piemontefifch	(3) A Piedmontese, ein Piemontefer.
f'nb), Polen.	Polish (polifch), polnifch.	A Pole (pohl), ein Pole
[pomm = e= mmern.	Pomeranian (pomm=e= rehn=jen), pommerifch.	A Pomeranian, ein Pom= mer.
rtegl), Portu=	Portuguese (portegiß), portugiefifch.	(3) A Portugese, ein Portugiefe.
ß(fchä), Preu=	Prussian (proßfch'n), preu= ßifch.	A Prussian, ein Preuße.
), Rom (⁴).	Roman (rohm'n), römifch.	(2) A Roman, ein Römer.
jä), Rußland.	Russian (roßfch'n), ruffifch.	A Russian, ein Ruffe.
bihnjä), Sar=	Sardiuian (farbihnjen), farbinifch.	A Sardinian, ein Sarbi= nier.
i), Savoyen.	Savoy, favohifch.	A Savoyard (hewoaierb), ein Savoyarde.
=i), Sachfen.	Saxon (far'n), fächfifch.	A Saxon, ein Sachfe.
(ffanbinehw= navien.	Scandinavian(ffanbinehw= jen), fcandinavifch.	A Scandinavian, ein Scan= binavier.

ten ber Städte kann man immer unverändert als Adjective brauchen, z. B.:
  Paris gloves; London porter; Munich beer, etc.;
r bas Land und die Stadt benselben Namen haben, wie: Rome, Naples, Venice, muß
adjectivifche Form brauchen, z. B.:
A Roman (nicht a Rome) lady; a Neapolitan, a Venetian gentleman.
t zwar bisweilen a Naples, a Venice lady, etc., nie aber a Rome lady, etc.

Länder.	Adjectiv.	Einwohner.
Scotland (ſkottländ), Schottland.	Scotch (ſkotſch), Scottish. ſchottiſch, ſchottländiſch.	(1) A Scot, a Scotchman, Schotte, Schottländer.
Siberia (ſeibihrjä), Sibirien.	Siberian (ſeibihrjen), ſibiriſch.	A Siberian, ein Sibirier.
Sicily (ſiß-ili), Sicilien.	Sicilian (ſiß-ihljen), ſicilianiſch oder ſiciliſch.	A Sicilian, ein Sicilianer, oder Sicilier.
Spain (ſpehn), Spanien.	Spanish (ſpanniſch), ſpaniſch	A Spaniard (ſpanjerb), ein Spanier.
Sparta (ſpartä), Sparta.	Spartan (ſpart'n), ſpartaniſch.	A Spartan, ein Spartaner.
Suabia (ſuehbjä), Schwaben.	Suabian (ſuehbjen), ſchwäbiſch.	A Suabian, ein Schwabe.
Sweden (ſuihb'n), Schweden.	Swedish (ſuihbiſch), ſchwediſch.	A Swede (ßuihb), ein Schwede.
Switzerland (ſuitz'rländ), die Schweiz.	Swiss (ſuiß), ſchweizeriſch.	(3) A Swiss, ein Schweizer.
Tartary (tarteri), die Tartarei.	Tartarian (tartehrjen), tartariſch.	A Tartar (tart'r), ein Tartar.
Thebes (thihbs), Theben.	Theban (thihb'n) thebaniſch.	A Theban, ein Thebaner.
Transylvania (thranſilwehnjä), Siebenbürgen.	Transylvanian (tranſilwehnjen), ſiebenbürgiſch.	A Transylvanian, ein Siebenbürger.
Turkey (torrki) (4b), die Türkei.	Turkish (torkiſch), türkiſch.	A Turk (torrk), ein Türke.
Tuscany(toßkeni),Toscana.	Tuscan (toßk'n), toscaniſch.	A Tuscan, ein Toscaner.
Tyrol (tirol) oder (teirol), Tyrol.	Tyrolese (tirolihß), oder (teirolihß), tyroliſch.	(3) A Tyrolese, ein Tyroler.
Venice (4) (wenn-eß), oder Venitia, Venedig.	Venetian (wenn-iſch'n), venetianiſch.	A Venetian, ein Venetianer.
Virginia (werbſchihn-jä), Virginien.	Virginian (werbſchihnjen), virginiſch.	A Virginian, ein Virginier.
Wales (uehlß), Wales oder Wallis.	Welch ob. Welsh (uelſch), walliſiſch.	(1) A Welchman, ein Walliſer.
Walachia (uallakih), Wallachei.	Wallachian (uallakjen), wallachiſch.	A Wallachian, ein Wallache.
Westphalia (ueßtfehljä), Westphalen.	Westphalian (ueßtfehljen), weſtphäliſch.	A Westphalian, ein Weſtphale.
Wirtemberg(uirrt'mberg), Württemberg.	Wirtembergian (uirrtemberdſchen), württembergiſch.	A Wirtembergian, ein Württemberger.

Regeln über die Länder- und Völkernamen.

Regel I. Wo das Wort man nicht gebraucht wird.

§. 37. Die im obigen Verzeichniß mit (1) bezeichneten Völkernamen, welche aus einem Adjective und der Silbe *man*, wie *English-man*, etc., zusammengesetzt sind, werden im allgemeinen Sinne ohne das Wort *man* gebraucht, wenn der Artikel *the* vorangeht, besonders wenn man die ganze Nation bezeichnen will, z. B.:

The *English*, *Scotch*, *Irish*, and *Welch* form one powerful nation (4c).

Die Engländer, Schottländer, Irländer, und Walliſer machen eine mächtige Nation aus.

The *French* are a brave people.

Die Franzoſen ſind ein tapferes Volk.

The *Dutch* are a money-loving nation.

Die Holländer ſind eine geldliebende Nation.

(4b) NB. Mit dem Artikel: *The Turkey* heißt es: der Truthahn.
(4c) Man ſagt auch: *The English* on the Continent, at Rome, etc.; *the French* in London, etc.

Regel II. Wo das Wort man gebraucht werden muß.

(1) Dienen sie aber zur Bezeichnung von Einzelwesen, was namentlich der Fall ist, wenn ein Zahlwort oder die Wörter:

Many, viele.	*Some*, einige.	*These*, diese hier.
Few, wenige.	*No*, keine.	*Those*, diese da, jene,

dem Völkernamen vorangehen, so darf die Silbe *man* nicht weglassen werden, z. B.:

There were three *Englishmen*, many *Irishmen*, few *Scotchmen*, some *Frenchmen*, no *Welchmen*, and only these *Dutchmen* here at the ambassador's ball.	Es waren drei Engländer, viele Irländer, wenige Schottländer, einige Franzosen, keine Walliser, und nur diese Holländer hier auf dem Balle des Gesandten.

Regel III. Das weibliche Geschlecht.

(1) Um das weibliche Geschlecht zu bezeichnen, muß man das Wort *woman*, *girl*, oder *lady* (lady aber nur bei Personen von Stand) dem Adjectiv hinzufügen, z. B.:

I met two *Englishladies* oder *Englishwomen* in the street yesterday.	Ich traf zwei Engländerinnen gestern auf der Straße.
There is a great difference between *Frenchwomen*, *Irishwomen*, and *Dutchwomen*.	Es ist ein großer Unterschied zwischen Französinnen, Irländerinnen und Holländerinnen.
Who is that lady? She's a *Scotchwoman* (oder *Scotch lady*).	Wer ist jene Dame? Sie ist eine Schottländerin.
A very pretty *English girl*.	Ein sehr hübsches englisches Mädchen.

Regel IV.

§. 38. Die mit (2) bezeichneten Völkernamen (vergl. Reg. VII. Seite 81), sowie alle andern in vorstehender Liste aufgeführten unbezeichneten Völkernamen bilden ihre Mehrzahl nach der allgemeinen Regel durch Anhängung eines *s*, z. B.:

A German, Germans (und nicht *Germen*); *A Roman, Romans*; *A Turk, Turks*; *Bavarian, Bavarians, etc.*

NB. Will man bei ihnen (2), sowie bei den Völkernamen überhaupt das männliche Geschlecht vom weiblichen unterscheiden, so muß man dem erstern "*man* oder *gentleman*", dem letztern "*woman, girl* oder *lady*" hinzufügen, weil man im Englischen keine besondere Endung zur Bezeichnung des Geschlechts hat, z. B.:

German *woman*, *lady*.	Eine deutsche Frau, Dame.
German *men*, German *women*.	Deutsche Männer, deutsche Frauen.
German *gentleman*, a German *lady*.	Ein deutscher Herr, eine deutsche Dame.
Spanish *gentleman* and *lady*.	Ein spanischer Herr und eine spanische Dame (Spanier und Spanierin).
A Spaniard is a proud man.	Ein Spanier ist ein stolzer Mann.
The Spanish *girls*, *women*, *ladies*, are lovely.	Die Spanierinnen (spanische Mädchen, Frauen, Damen) sind lieblich.

NB. Unter den Völkernamen, wie sie oben, §. 36, Seite 132—136, aufgeführt sind, versteht man das männliche Geschlecht, z. B.:

Portuguese is sly, a Turk is slier, but a Greek is the sliest.	Ein Portugiese ist schlau, ein Türke ist schlauer, aber ein Grieche ist der schlaueste.
Portuguese *woman*, a Turkish *girl*, a Greek (oder *Grecian*) *lady*.	Eine Portugiesin, Türkin, Griechin.

Regel V. Singular und Plural gleich.

§. 39. Die folgenden in der Liste mit (3) bezeichneten Völker=
namen, sowie die auf *"ese"* überhaupt, sind im Englischen im
Singular und *Plural* gleich:

A Burmese, ein Birmane.	Many Burmese, viele Birmanen.
A Chinese, ein Chinese.	— Chinese, viele Chinesen.
One Genoese, ein Genueser.	Twenty Genoese, zwanzig Genueser.
One Japanese, ein Japanese.	Ten Japanese, zehn Japanesen.
One Maltese, ein Maltheser.	Fifty Maltese, fünfzig Maltheser.
A Piedmontese, ein Piemonteser.	Many Piedmontese, viele Piemonteser.
A Portuguese, ein Portugiese.	— Portuguese, „ Portugiesen.
A Swiss, ein Schweizer.	— Swiss, „ Schweizer.
A Tyrolese, ein Tyroler.	— Tyrolese, „ Tyroler.

Regel VI. Allgemeine Regel bei den Ländernamen auf ia.

§ 40. Um von Ländernamen auf *ia* das Adjectiv und den
Einwohnernamen zu bilden, braucht man nur demselben ein *n* an=
zuhängen, z. B.:

India, Indien, Indian, indisch, an Indian, ein Indianer.
Persia, Persien, Persian, persisch, a Persian, ein Perser ꝛc.

B. Flußnamen. (Names (nehms) of Rivers.)

Regel VII.

§. 41. Folgende Namen der wichtigsten Flüsse werden im Eng=
lischen anders geschrieben oder ausgesprochen als im Deutschen:

The Amazon (ammes'n), auch ⎫ der Ama=	The Niger (neibsch'r), der Niger. —
The Maranon und ⎬ zonenstrom,	The Nile (neil), der Nil.
The Orellana genannt. ⎭ Maranon.	The Rhine (rein), der Rhein.
The Clyde (kleid), der Clyd.	The Rhone (rohn), die Rhone.
The Danube (danujeb), die Donau.	The Seine (sähn), die Seine.
The Dnieper (nihpr), der Dnieper.	The Shannon (schan'n), der Schannon.
The Dniester (nihßtr), der Dniester.	The Tagus (täges), *(Taio)*, der Tajo.
The Duoro (duhro), der Duero.	The Thames (temmß), die Themse.
The Elbe (elb), die Elbe.	The Tiber (teib'r), die Tiber.
The Euphrates (jufrehtes), der Euphrat.	The Tigris (teigriß), der Tigris.
The Ganges (gandsches'), der Ganges.	The Tweed (tuihb), der Tweed.
The Guadalquivir (gadalkuiw'r), der	The Vistula (wistjulä), die Weichsel.
Guadalquivir.	The Volga (woll=gä), die Wolga.
The Guadiana (gabianä), die Guadiana.	The Zaire (shehr), der Zaire.
The St. Lawrence (sent loar'ns), der	The Yellow River (jello=riwr), oder
St. Lorenz.	Hoan-ho, der gelbe Fluß, od. Hoang=ho.
The Main (mehn), der Main.	The Blue (bljuh) River, oder Yan-tse
The Missouri (mißuri), der Missouri.	Kiang, der blaue Fluß, od. Yan=tse=
The Murray (morr=i), der Murray.	Kiang.

NB. Die übrigen Flußnamen sind in beiden Sprachen ziemlich gleich.

§. 41ᵇ. NB. Ueber den Gebrauch des Artikels bei Fluß=, Ge=
birgs= und Ländernamen ist Folgendes zu merken:

Der bestimmende Artikel *"the"*, der, die, das, wird gesetzt: 1. vor die Namen der
Flüsse, 2. vor die Namen der Gebirge und Länder, welche nur im *Plural* gebräuch=
lich sind. Vor den übrigen Ländernamen aber bleibt der Artikel weg. Man sagt
also: *England, France, Switzerland, etc.*, nie *"the Switzerland, the Turkey"*, wie
im Deutschen „die Schweiz, die Türkei". Hierüber siehe Reg. X. S. 392.

C. Länder- und Gebirgsnamen im Plural ꝛc.

Regel VIII.

42. Die folgenden Gebirgsketten und Länder werden nur im gebraucht, und haben stets den bestimmenden Artikel vor sich:

ghanies (allegenis'), das Alleg-
ebirg.

s, die Alpen.

illes (antilles), die Antillen.

es (and-es), die Anden.

nines (appen-eins), die Apeninen.

res (asohrs), die Azoren.

mudas (bermjudas), die Ber-

pathians (karpehth-jenns), die
en.

dilleras, die Cordilleren.

lanelles (barde-nells), die Dar-
.

rides (hibrides), die Hebriden.

res (hi-ehrs), die Hieren.

The Himalayas (5) (himmel-e-jes), das Himalaya-Gebirge.	
The Indies (indjes), Indien, die beiden Indien.	
The East Indies (ihßt-indjes), Ostindien.	
The West Indies (ueßt-indjes), West-Indien (5b).	
The Low-Countries (loh-konntrihs), The Netherlands,	die Nieder-lande.
The Orkneys (orrknihs), die Orkneen.	
The Sierras, die Sierren (in Spanien).	
The Vosges (wohsch), die Bogesen.	
The United States (juneited stehts), die vereinigten Staaten.	

D. Städtenamen (Names of Towns).

Regel IX.

43. Folgendes sind die Namen einiger der vornehmsten Städte, m Englischen anders als im Deutschen geschrieben und aus-
n werden:

hapelle (ch-la-schap-pel), Aachen.

albschihrs), Algier.

(antuerp), Antwerpen.

chthns), Athen.

k (bronnsuit), Braunschweig.

(broßels), Brüssel.

ube), Ofen.

(tschat'm), Chatham.

(kolonn), Köln.

e (konnstanß), Constanz

e (lehk) of Constance (konn-
ber Boden-See.

nts (dupong), auch Zweibrucken,
chen.

(florr'ns), Florenz.

(floßsching), Bließingen.

t. ob. Frankfort, Frankfurt.

bscheniwe), Genf.

schenoa), Genua.

h (grinidsch), Greenwich).

ehg), Haag.

Hamburgh (hambrö), Hamburg.	
Leghorn (lighghorrn), Livorno.	
Leipsic (lihpßik), Leipzig.	
Liege (lihbsch), Lüttich.	
Lisbon (lisb'n), Lissabon.	
Lunenburg (ljunenburg), Lüneburg.	
Lyons (leiens), Lyon.	
Mayence (mehennß), (Mentz), Mainz.	
Milan (mil-lan ob. meilan), Mailand.	
Misnia (misni-ä), Meißen.	
Mittau (mittoh), Mietau.	
Moscow (mosko), Moskau.	
Munich (mjunik), München.	
Naples (nehpls), Neapel.	
Nice (neiß ob. nihß), Nizza.	
Plymouth (plimmüth), Plymouth.	
Portsmouth (portsmüth), Portsmouth.	
Prague (prehg), Prag.	
Ratisbon (ratisbonn), Regensburg.	
Rome (rohm), Rom.	
Soleure (soljur), Solothurn.	

---

i sagt auch "the Himalaya, the Himalaya Mountains". The highest measured summit is (mount) Everest, which is 29,002 feet English above the level of the sea, nanjinga is 28,156 ft., and Dhawalagiri 26,826 ft.
ißt man von Ostindien im Allgemeinen, so sagt man "India".

St. Ubes (sennt-juhbs); Setuval.	Vienna (wi-enne); Wien.
Tournay (torne), Doornif, Tournay.	Warsaw (uoarsoah), Warschau.
Treves (trihws), Trier.	Woolwich (uulibsch), Woolwich.
Venice (wennes), Venedig.	Worcester (uorst'r), Worcester.

Die meisten übrigen Städte=Namen sind im Deutschen und Englischen gleich.

Ueber die Benennung der Einwohner der Städte.

Regel X.

§. 44. Hinsichtlich der Benennung der Einwohner der Städte hat die deutsche Sprache einen großen Vorzug vor der englischen, indem sie bekanntlich durch Anhängung der Bildungssilbe „er" an die Städtenamen, den Namen der Einwohner bildet, als:

München, Münchener; London, Londoner; Paris, Pariser ꝛc.

Im Englischen aber gibt es im Ganzen nur wenige Fälle, in denen man dieses vermittelst er, ian oder ese thun kann, z. B.:

The Londoners, the Londonians (6).	Die Londoner.
The Parisians, the Hamburghers.	Die Pariser, die Hamburger.
The Dublinians, the Hannoverians.	Die Dubliner, die Hannoveraner.
The Viennese, the Genoese.	Die Wiener, die Genueser.

In den meisten Fällen muß man daher auf folgende Weise eine Umschreibung anwenden, z. B.:

1) Wenn von allen Einwohnern einer Stadt die Rede ist, so bedient man sich der Wörter: — inhabitant (7), Einwohner; native (8), Eingeborner, oder people, Leute, z. B.:

The inhabitants (people) of Liverpool, of Manchester, of Vienna (8b), etc.	Die Liverpooler, die Manchesterer, die Wiener u. s. w.
They are natives of London, but they live now in Paris.	Sie sind (geborne) Londoner, leben aber jetzt in Paris.

Personen von höheren Ständen.

2) Spricht man von einer oder mehreren Personen der höheren Stände, so braucht man das Wort gentleman für das männliche, lady für das weibliche Geschlecht, und das Wort person (Person) für alle beide Geschlechter; z. B.:

A London gentleman told me yesterday, that his cousin, a Bristol lady, was dead.	Ein Londoner erzählte mir gestern, daß seine Cousine, eine Bristolerin, todt sei.
Yesterday I saw a London, (a Paris, a Roman), gentleman and lady.	Gestern sah ich einen Londoner (Pariser, Römer) und eine Londonerin.

---

(6) In sehr vielen Fällen könnte man zwar im Englischen die Endung in ian, hauptsächlich bei Städtenamen auf c, k, ch, n oder g brauchen, z. B.:
  The Munichians, the Leipaicians, the Edinburgians, the Woolwichians, the Ratisbonians, etc., diese Ausdrucksweise ist jedoch nicht gebräuchlich.

(7) Das Wort inhabitant ist den zwei anderen vorzuziehen.

(8) Natives sagt man mehr, wenn man von den Eingebornen eines Reiches, insbesondere von denen fremder Länder spricht, z. B.:
  The natives of Madagascar, of Borneo, of Guinea, etc. | Die Eingebornen von Madagascar, Borneo, Guinea, ꝛc.
  Man kann aber auch "The inhabitants of Madagascar, etc." sagen.
  Man sagt: The New-Zealanders, Ionian-Islanders, Sandwich-Islanders, Otaheitians, Cubans (Kjub'ens), Chilians (tschilljenns).

(8b) NB. Statt: The inhabitants of Vienna, kann man auch: The Viennese sagen.
  In Sätzen wie: „Die Einwohner von Bremen, Lübeck, ꝛc. werden Bremer, Lübecker, genannt," aber nur in solchen, kann man auch im Englischen: The Bremers, Lubeckers, etc. sagen, z. B.:
  The inhabitants of Bremen etc. are called Bremers, Lubeckers, Frankforters, etc.

Two Vienna gentlemen and two *Munich ladies*, were at the concert, oder: *Two gentlemen of Vienna* and two *ladies of munich*, etc.	Zwei Wiener und zwei Münchnerinnen waren im Concert.
At the theatre last night, I met some very agreeable *persons* (9) (of) from Dresden.	Gestern Abend traf ich im Theater einige sehr angenehme Dresdener (10).

Personen von niederen Ständen.

3) Bei Personen aus den niederen Ständen bedient man sich der Wörter *one* (10b), einer, *man, men, people, inhabitant* oder *native*, z. B.:

Among the crowd yesterday, I saw a *man*, a *person*, some *men*, some *people*, some *persons from* York.	Gestern sah ich unter der Menge einen Yorker, einige Yorker, einige (Leute) von York.
The *inhabitants (natives)* of Dover.	Die Doverer (die Einwohner von Dover).

NB. Der Name der Stadt — stets unverändert — kann auch der Benennung der Einwohner vorgesetzt werden, z. B.:

A *Cheshire* (tscheschir) man, woman.	Ein Cheschirer, eine Cheschirerin.
A *Munster* man, woman, etc.	Ein Münsterer, eine Münsterin, zc.
A *Lubeck* boy, girl, etc.	Ein Lübecker Knabe, Mädchen, zc.
A *London* (10c) man, child, etc.	Ein Londoner, ein Londoner Kind.
I met a *Paris man* and *woman* in the street.	Ich traf einen Pariser und eine Pariserin auf der Straße.

E. Taufnamen (Baptismal names).

§. 45. Die folgenden Taufnamen werden im Englischen anders, als im Deutschen, geschrieben und ausgesprochen:

Adelaide (adelehd), Adelheid.	Christopher (kristoff'r), Christoph.
Adolphus (edolfuß), Adolph.	Dorothy (borrothi), Dorothea.
Alice (aliß), Alice, Else, Aleria.	Edward (eduerd), Eduard.
Ambrose (ambroß), Ambrosius.	Eleanor (elener), Eleonore.
Amelia (emihljä), Amalia.	Elijah (eleidscheh), Elias (eleieß), Elias.
Andrew (andruh), Andreas.	Eliza, Elisa (eleißä), Elisa.
Ann, Anne (ann), Anna.	Eugene (jubschihn), Eugen.
Anthony (antoni), Anton.	Eve (ihw), Eva.
Antonia (antohnjä), Antoinette.	Everard (ewrard), Eberhard.
Archibald (artschlboald), Archibald.	Felicia (felischä), Felicia.
Barbara (barberä), Barbara.	Frances (frantzis), Franziska.
Barnaby (barnebi), Barnabas.	Francis, Franz, Franciscus.
Bartholomew (barrthol=emju), Bartholo= mäus.	Frederic, Friederich.
Benjamin (bennbschemin), Benjamin.	Geffrey, Geoffery (bscheffri), Gottfried.
Blanch (blansch), Blanca.	George (dschordsch), Georg.
Bridget (bridschit), Brigitta.	Georgina (bschordschinä), Georgina.
Charles (tscharles), Karl.	Gerald (bscherld), Gerald.
Charlotte, Charlot (tscharlet), Charlotte.	Gerard (bscherrerd), Gerard.
Christian (kristjen), Christian.	Giles (bscheils), Julius.
	Guy (gei), Guido.

Helena (helinä), Helena.
Henry (hennri), Heinrich.
Homer (hohm'r), Homer,
Horatio (horeh-schä), Horatio.
Hugh (hjuh), Hugo.
Hubert (hjubert), Hubertus.
Jacob (dschekeb), Jakob (11)
James (dschehms), Jakob (11).
Jane (dschehn), Johanna, Hannchen.
Jasper (dschaspr), Caspar.
Jeremiah (dscheremeiä), Jeremias.
Jesus (dschises), Jesus.
John (dschonn), Johann.
Julius (dschul-jeß), Julius.
Julia (dschuliä), Julia.

Laura (loarä), Laura.

Lawrence, Laurence (loarennß), Lorenz.
Lewis, Louis (ljuis), Ludwig.
Lucian (ljuschn), Lucian.
Lucy (ljust), Lucie.
Luke (ljuhk), Lucas.
Margaret (marg'rett), Margaretha.
Maria (mereiä), Maria (12).
Mary (mehrt), Marie (12).
Mathew (mat-thju), Matthäus.
Maurice (morriß), Moritz.

Nicholas (nikolaß), Nikolaus.
Otho (oth-o), Otto.
Ovid (ow-widd), Ovid.

Paul (poal), Paulus.
Peter (pihtr), Peter.
Pius (pei-eß), Pius.
Pluto (pljuto), Pluto.
Pompey (pommpi), Pompejus.
Ralph (rehf ob. ralf), Rudolph.
Rachel (rehtschl), Rahel.
Reynold (rennelb), Reinhold.
Richard (ritscherb), Richard, Reinhard
Rupert (rupert), Ruprecht.
Sampson (sammßn), Simson.
Samuel (samm-ju-el), Samuel.
Sarah (sehrä), Sarah.
Solomon, Salomo.
Sophia (sopheiä), Sophie.
Stephen (stihwn), Stephan.
Theophilus (theoffiles), Gottlieb.
Valentine (walentein), Valentin.
Vincent (winnßnt), Vincenz.

Walter (uoalt'r), Walter.
William (uiljem), Wilhelm.
Winifred (uinnifred), Winfried.
Zachary (sakeri), Zacharias.

NB. Die übrigen Taufnamen sind im Englischen und Deutschen ziemlich gleich.

F. Von den Abkürzungen bei Taufnamen.

§. 45b. Im Englischen gebraucht man in den Familien und im vertraulichen Leben bei den Taufnamen sehr oft Abkürzungen, welche auch in Büchern häufig vorkommen. Ich führe deshalb hier ein Verzeichniß der gebräuchlichsten an:

Amby (ambi) statt Ambrose.
Andy (anbi) statt Andrew.
Assy (aßi) statt Alice.
Bab statt Barbara.
Bat statt Bartholomew.
Bec (beck) statt Rebecca.
Bell statt Arabella.
Ben (benn) statt Benjamin.
Bess, Bet, Betsey, Betty statt Elizabeth.
Biddy statt Bridget.
Bill, Billy statt William.
Bob (bobb) statt Robert.
Cass (kaß) statt Cassandra.
Chris (kriß) statt Christian.
Cis (ßiß) statt Cicely.
Clem (klemm) statt Clement.

Conny (konn-i) statt Constance.
Dan statt Daniel.
Davy (dehwi) statt David.
Deb, Debby statt Deborah.
Dick, Dicky statt Richard.
Doll, Dolly statt Dorothea, Dorothy.
Dy (bei) statt Diana.
Ed (ebb) statt Edward.
Ekiel statt Ezekiel.
Ellik statt Alexander.
Fanny statt Frances.
Frank statt Francis.
Gef (dscheff) statt Geffrey.
Gib (dschibb) statt Gilbert.
Grit statt Griffith.
Hab statt Herbert.

---

(11) *Jacob* ist der biblische, *James* der allgemeine Taufname, z. B.: James II. of England. | Jakob der Zweite von England.
(12) *Mary*, ist der allgemeine Name, *Mary Stuart*; Queen Mary, *the Virgin Mary*.

0), Harry ſtatt Henry.
(harjett) ſtatt Henrietta.
hobbſch) ſtatt Roger.
ſchaf) ſtatt John.
ſchehf) ſtatt Jacob.
ſtatt Isabel, Isabella.
rff) ſtatt Jeffrey.
hemm), Jemmy ſtatt James.
ſcherr-i), ſtatt Jeremy.
inn) ſtatt Joan.
ſchinni) ſtatt Jane.
h) ſtatt Joseph.
ofchonn-i) ſtatt John.
ohā) ſtatt Joshua (bſchoſchā).
jogg) ſtatt Joan.
ht) ſtatt Catherine.
  Christian, Christopher.
anß) ſtatt Lancelot.
n) ſtatt Leonard (lennerb).
t Lettice, Letitia.
) ſtatt Louisa.
mabſch) ſtatt Margery, Gretchen.
t Matthew.
  (moablin) ſtatt Magdalen.
noahb), ſtatt Matilda.
gg) ſtatt Margaret.
rr) ſtatt Margery (marbſcheri).
iff), Mike (meif) ſtatt Michael

: Mildred.
olly (moall-i) ſtatt Mary.
onn) ſtatt Edmund.
: Abigail.
ny, Nancy (nannßi) ſtatt Anne.
Edward.
  Eleanor ober Helena.
  Isabel.
hbs), ſtatt Obadiah.

Nol (noll) ſtatt Oliver.
Nump (nommp) ſtatt Humphrey.
Nykin (neif'n) ſtatt Isaac.
Page (pehbſch) ſtatt Margery.
Pall, Poll, Polly ſtatt Mary.
Patty ſtatt Martha.
Peg, Peggy (pegg-i) ſtatt Margaret.
Pel (pell) ſtatt Peregrine.
Pen (penn) ſtatt Penelope.
Phil (fill) ſtatt Philip.
Phil ſtatt Philis.
Pru (pruh) ſtatt Prudence.
Robin ſtatt Robert.
Sal (ſall), Sally ſtatt Sarah.
Sam (ſamm) ſtatt Samuel.
Sander, Scander ſtatt Alexander.
Senny ſtatt St. John.
Sib, Sibby ſtatt Sybil.
Sib ſtatt Sebastian.
Sil ſtatt Silvester.
Sim (ſimm) ſtatt Simon ob. Simeon.
Sis ſtatt Cicily.
Su, Suky ſtatt Susan.
Taff ſtatt Theophilus.
Teddy ſtatt Edmund.
Temp ſtatt Temperence.
Tid, Fit ſtatt Theodore.
Tilly ſtatt Matilda.
Tim ſtatt Timothy.
Tom, Tommy ſtatt Thomas.
Tony (tohni) ſtatt Antony.
Tracy (treh-ßi) ſtatt Theresa.
Val (wall) ſtatt Valentine.
Vin (winn) ſtatt Vincent.

Wat (uoatt) ſtatt Walter.
Will (uill) ſtatt William.
Win (uinn) ſtatt Winifred.
Zach (ſſaf) ſtatt Zachariah.

Lateiniſche Namen.

46. Die meiſten lateiniſchen Namen behalten die Endung in die griechiſchen die Endung in *es*, z. B.:

s (beioniſchös), Dionys.
is (herrobottes), Herobot.
s (ljufreſches) Lucrez.
is (properſches), Properz.
(taßitus) etc., Tacitus.

Achilles (afilles), Achill.
Archimedes (arfimebes), Archimedes.
Diogenes (bei-obſch-en-es), Diogenes.
Hippocrates (hippofretes), Hippofrates.
Socrates (ſoffrates) etc., Sofrates.

Ausnahmen ſind:

(ariſtotl), Ariſtoteles.
horreß), Horaz.
i-wi), Livius.
hnni), Plinius.

Terence (terrenß), Terenz.
Euclid (juhflibb), Eufflib.
Virgil (werrbſchell), Virgil.

Am Ende der Grammatik findet man ein Verzeichniß der hauptſächlichſten Familiennamen nebſt Ausſprache.

Aufgaben über die Länder- und Völkernamen.

§. 36. Seite 132.

37. Die Armee, mit welcher Napoleon | 1812 | [in] Rußland einfiel,
army   which   in-[3]   [2]   invaded[1]

bestand, außer französischen Truppen, aus Oesterreichern, Ungarn, Böhmen,
consisted[7] besides[4] [5]   troops[6] of[8]

Preußen, Polen, Westphalen, Hessen, Bayern, Schweizern, Piemontesern,
Italienern, Neapolitanern und einigen (some) Regimentern von Spaniern
und Portugiesen. — Es gibt kein Land, welches so viele Bücher besitzt,
§. 39, Seite 138. *There is no country which [2] [3]   [4] possesses*

als China, und kaum ein Volk, welches die Schulen so fleißig besucht,
scarcely people who [2]   [3]   [4] diligently[5] attend[1]

als die Chinesen, | denn selten findet man einen Chinesen, | der seine
for there is seldom a C. to be found   who

Mutter=Sprache nicht lesen und schreiben kann. — Der Spanier ist stolz
-tongue   not[2] read[4] write[5] can[1] (13)   proud

und träge; der Portugiese im Allgemeinen ist rachsüchtig, eitel, anmaßend,
lazy   in   general   vindictive vain presumptuous

eifersüchtig und unwissend. „Nimm einem Spanier alle seine Tugenden
jealous   ignorant strip   of all   virtue

und bann | hast du | einen Portugiesen,“ sagt das spanische Sprichwort.
then   you have   says   proverb

— Ein Engländer, ein Franzose oder (or) ein Deutscher ist (may)
überall | zu erkennen, | aber | irgend ein | magerer schwarzgelblicher
everywhere[2] be known[1] but   any   meagre swarthy

Mensch kann als Portugiese gelten.
may for[2] a   pass[1]

Fortsetzung von §. 36. Seite 132.

38. Die alten Parlamente von Schottland und Irland sind seit dem
Parliament   have since

1sten (14) Januar 1801 mit dem englischen vereinigt worden, und alle
[3] [4]   [5] united[2] been[1]

drei werden das vereinigte Reichs=Parlament von Großbritannien und
are [2]   Imperial-

Irland genannt. — Die Norweger und Schweden sind unter einer Krone
called[1]   under[2] one crown

vereinigt. — Polen wurde | 1793 | zwischen Rußland, Oesterreich und
was   in-[6] between[2] [4]

Preußen[5] getheilt (divided)[4]. — Die Russen bekennen sich (belong) zur
griechischen Kirche. — Belgien wurde von Holland im Jahr 1831 getrennt.
was [2]   separated[1]

— In der persischen Sprache gibt es ungefähr vier tausend germanische
language there are about   German

Wörter. — Bayern ward | 1805 | zum Range eines Königreichs erhoben.
in-[3] to the[2] rank Kingdom raised[1]

— Algier wurde | am | 5ten Juli 1830 von den Franzosen einge=
(die Stadt) was on the[5]   [2] [3]   [4]

nommen (taken[1]). — Von Deutschland wandern viele Leute nach Brasilien,
emigrate[3] many[1] people[2] to

Mexiko und den Vereinigten Staaten (§. 42, Seite 139) [aus].

---

(13) Cannot wird immer als ein Wort zusammengeschrieben.
(14) Hierüber siehe Regel II. Seite 170.

§. 37. Regel I., II., III. Seite 136 u. 137.

39. Die Engländer | zeichnen sich durch | ihren Fleiß, die Schott=
              distinguish themselves by | *industry*
länder durch ihre Beharrlichkeit *(perseverance)*, und die Irländer durch ihre
Unbesonnenheit [aus]. — Und wodurch | zeichnen sich die Franzosen und
inconsiderateness   *by what* | *do the — distinguish*
Holländer aus? | Die Franzosen lieben [den] Ruhm und die Holländer
themselves | *love*   *glory*
| zuallererst [das] Geld und dann Gott. — Gestern traf ich zwei Engländer
first of all   *money*   *then*   *met*[2] [1]
und vier Engländerinnen, drei Franzosen und fünf Französinnen, einige
Schottländer, Schottländerinnen, Irländer und Irländerinnen, und [noch]
mehrere andere liebenswürdige Herren und Damen beim Almack (14b). —
several *other*   *amiable*   *gentleman*[2]   1   *at*   (§. 20, S. 111.)
Wer ist die Frau da? Sie ist eine Engländerin. — Wer ist die Dame,
Who   *that*   *there*
mit der Du eben gesprochen hast? Sie ist eine junge Französin.
whom you just[2] *spoken*[3] 1

§. 38. Regel IV. Seite 137.

40. Bei der Versammlung der Naturforscher in London | waren
    At   *meeting*   *naturalists* | *there were*
außer *(besides*[1]) Engländern[2] und Franzosen[3], Deutsche, Römer, Normannen,
Bayern, Belgier, Preußen, Italiener und Leute *(persons)* anderer Nationen
zugegen *(present)*. — Haben Sie je *(ever)* eine[2] Portugiesin, eine Türkin,
eine Spanierin oder eine Griechin gesehen *(seen)*[1]? O ja, vorige *(last)*
Woche [habe] ich eine[2] Portugiesin und eine Türkin von sehr hohem *(high)*
Rang gesehen. — Ein deutscher Herr hat es mir erzählt.
rank *saw*[1]   *German gentleman* *it*[2] *me*[3] *told*[1]

§. 39. Regel V., VI. Seite 137 u. 138.

41. Unter der englischen Herrschaft auf der Insel Hong=kong
    Under[4]   *government in*   *Island of —*
| sind jetzt | viele Chinesen. — In den verschiedenen Niederlassungen
| *there are at present*[1] | *many*[2] 3 | *through*[5] *different* *settlements*
in Indien sind viele Japanesen zerstreut. — Zwei Schweizer, drei Por=
     1   2   3   *scattered*[4]
tugiesen, vier Malthefer und mehrere Genueser verloren bei dem *(in the*[3])
Schiffbruch *(ship-wreck)* das (ihr)[1] Leben[2]. — Eine Schweizerin, eine
Japanesin, eine Chinesin und eine Tyrolerin sind von | einander | sehr
                    from[3] | *each other*[4] | *very*[1]
verschieden *(different)*[2]. — Die Indier sind nicht schön *(handsome)*. —
Die Perser sind kriegerisch *(warlike)*.

§. 41, 42. Regel VII., VIII Seite 138—139.

42. | Nimmt man | den Lauf der Themse als eins [an], [so] ist der
    | *If we reckon* | *course*   *as*   3 1
Rhein[2] fünf und ein viertel (15), die Donau sieben, die Wolga neun und
ein halb, der Indus fünf und ein viertel, der Euphrat acht und ein halb,
der Nil zwölf und ein halb und der Amazonenfluß fünfzehn und drei

---

(14b) Wo trafen Sie den Herrn S.? | Where did you meet Mr. S.?
34 traf ihn beim Lloyd, beim Onkel. | I met him at Lloyd's, at my uncle's.
Rothwell, große Grammatik.   10

viertel. — Die Carpathen, eines der größten Gebirge *(mountains)* Europa's, trennen *(divide)* Ungarn und Siebenbürgen von Polen. — Die Alpen trennen Deutschland von Italien. — Die Anden oder Kordilleren, eine ungeheure | Gebirgskette | in Süd=Amerika, dehnen [sich] 4300 eng=
immense | *chain of mountains* | *extend*
lische Meilen längs der Küste des stillen Meeres [aus], von der Landenge
along *coast* *Pacific Ocean* *from* *Isthmus*
von Panama | bis zur | Magelhansstraße. — Wann | gehen Sie |
of *to the* *straits of Magellan.* *are you going* |
nach *(to)* Indien? [Die] nächste Woche gehe *(am going)* ich nach Ost=
indien, Westindien, nach den Azoren ꝛc. — Trotz *(in spite of)* der Türken
haben[8] die[1] Engländer[2] öfters[4] die[6] [Straße der] Dardanellen durchge=
segelt *(sailed through)*[5]. — Die Pyrenäen trennen Frankreich von Spanien.

§. 43. Regel IX. Seite 139.

43. Athen wurde im Jahre 1688 | den | Venetianern durch die
was *4* *from[3] the* *by[2]*
Türken entrissen, und 1829 | zur | Hauptstadt des jetzigen Griechen=
taken[1] *in —[7]* *to be[2] the* *capital[3]* *4* *present[5]*
lands[6] erhoben. Seine Bevölkerung beträgt ungefähr 35,000, und ist
raised[1] *Its ob. her population* *is* *about*
vielleicht | unter allen | Städten ihrer Größe die | bunteste | in der Welt.
perhaps | *of any[3]* | *town* *size* | *1 most heterogeneous[2]* |
Griechen in ihren wilden Costümen | tummeln sich mit | Engländern,
their *wild* *costume* | *jostle* |
(Reg. II. S. 137.), Franzosen, Italienern, Holländern, Spaniern, Bayern,
Russen, Dänen und Amerikanern auf den Straßen Athens [herum].
in *street* (siehe IV. S. 107.)
— Brüssel ist wegen seiner Spitzen berühmt. — Ofen ist mit Pesth durch
for[2] *lace celebrated[1]* *B—* *2* *by*
eine lange Brücke vereinigt. — Florenz wurde von (15 b) den französischen
bridge united[1] *was* *2*
Truppen im Jahr 1799 eingenommen. — Dampfboote fahren jede Woche
taken[1] *Steamboats go every*
von London nach Antwerpen und Vließingen. — Nizza ist wegen der
F— *for[2]*
Schönheit und Gesundheit seiner Lage berühmt. — Die Glyptothek und
beauty salubrity situation celebrated[1] *Glyptotheca*
Pinakothek in München enthalten eine der schönsten Sammlungen von
Pinacotheca contain most beautiful collection
Statuen und Gemälden in | ganz | Deutschland. — Nach Rom,
statue painting | *the whole of* | *After*
der frühern *(former)* Herrin *(mistress)* der Welt, sind[4] Mailand[1], Venedig[2],
und Neapel[3] die schönsten Städte Italiens. — Livorno führt *(carries on)*
einen bedeutenden Handel mit Strohhüten.
considerable trade straw-hats

§. 44. Regel X. Seite 140.

44. Die Madriter sind große Liebhaber der Stier=Gefechte. — Die
lovers bull-fight

---

(15) Siehe die Zahlwörter §. 61. NB. 2. Seite 173.
(15b) *Taken by the French* heißt: durch die Franzosen genommen. *Taken from the French* heißt:
von den Franzosen weggenommen; Jemand anderes hat es von den Franzosen genommen.

Liſſaboner ſind in | der Regel | abergläubiſch und unreinlich. — Die
general | *superstitious* *dirty*
Wiener ſind ein lebensluſtiges *(gay)* Volk *(people)*, aber die Pariſer ſind
| es noch mehr. | — Die Berliner ſind wegen ihrer berben Witze
still more so [2] *rude wit*
berühmt[1]. — Die Hamburger, Bremer, Amſterdamer und Londoner ſind
handeltreibende *(commercial)* Leute *(people)*.

Regel X. 2. Seite 140.

45. Mein Freund, Herr Lovelaby, hat eine ſehr ſchöne Römerin
My friend Mr. [16] [2] *very beautiful*
geheirathet. — Zwei Wiener, ſcheinbar von Stande, und drei Wienerinnen
married[1] *Vienna men apparently of rank* (ob. *gentlemen*) *Vienna ladies*
gingen geſtern nach Hampton Court, [um] Raphaels prächtige Cartons zu
went yesterday to — — [2] *beautiful cartoons to*[1]
ſehen und auch den Rieſenweinſtock, welcher vielleicht der größte auf der
see *also* *giant-vine* *which perhaps*[2] *greatest on*
Erbe iſt. — Ich reiſte von München nach Paris mit zwei ſehr ſchönen
earth is[1] *travelled*
Berlinerinnen, und im *(in the)* Wagen *(coach)* waren auch *(also)* ein
Petersburger, ein Bremer, ein Amſterdamer und zwei Lübeckerinnen.
| Unterwegs | ſprachen wir ſehr viel von den gebildeten Straßburgerinnen,
On the way *spoke*[2] [1] *very much* *accomplished*
Frankfurterinnen und Dublinerinnen.

Regel X. 3. Seite 141.

46. In London findet man viele Liverpooler, Mancheſterer, Dubliner,
you find many natives of
Edinburger und auch einige Münchener. — Geſtern traf ich im Regents-
also some [3] [5] [4] [1]
Park[2] einen Pariſer und eine Pariſerin, einen Berliner und eine Berlinerin,
einen Wiener und eine Wienerin, einen Römer und eine Römerin, einen
Neapolitaner und eine Neapolitanerin, einen Bauer *(countryman)* und
eine Bäuerin, denn in London | kann man | allerhand Leute | antreffen.
for *you may all*[2] *sorts of people meet with*[1]
— Die Londoner Kinder ſind ſehr hübſch *(pretty)*; die Pariſer Kinder
ſind auch hübſch und amüſiren ſich herrlich in dem Tuilerien-Garten
amuse themselves delightfully —y Pl.
mit ihren Ammen, die gewöhnlich Normaninnen ſind.
nurses *generally*[2] [1]

G. Fragen.

1. In welchen Fällen werden die ſechs mit (1) bezeichneten Völkernamen *English, etc.*,
ohne das Wort *man* gebraucht? Regel I. § 37. Seite 136.
2. Wann muß *man* dabei gebraucht werden? Reg. II. S. 137.
3. Wie bildet man das weibliche Geſchlecht? Reg. III. IV. §. 38. S. 137.
4. Welches ſind die Völkernamen, die im *Singular* und *Plural* gleich ſind? Reg. V.
§. 39. S. 137.
5. Wie leitet man im Allgemeinen das Adjectiv und den Einwohnernamen von
dem Ländernamen auf *is* ab? Reg. VI. §. 40. S. 138.

6. Welche Wörter gebraucht man, wenn von allen Einwohnern einer Stadt die Rede ist? Reg. X. 1. S. 140.
7. Wenn man Personen von höheren Ständen bezeichnen will, welcher Wörter bedient man sich? Reg. X. 2. S. 140.
8. Wie drückt man sich aus, wenn von niederen Ständen die Rede ist? Reg. X. 3. Seite 141.

VII. Kapitel.

Von den Adjectiven oder Eigenschaftswörtern.

A. Declination, Geschlecht und Zahl des Adjectivs.
B. Von der Steigerung des Adjectivs.
C. Verzeichniß der gebräuchlichsten Adjective.
D. Von der Endung der Adjective. **E.** Fragen.

A. Declination, Geschlecht und Zahl des Adjectivs.

§. 47. Der Gebrauch des Eigenschaftswortes ist im Englischen außerordentlich einfach und leicht; denn es bleibt stets unverändert, sogar, wenn es als Hauptwort gebraucht wird, während es im Deutschen mit dem dazu gehörenden Hauptworte im Geschlechte, in der Zahl und im Casus übereinstimmen muß, z. B.:

Singular.

Männlich.	Weiblich.
A good man, ein guter Mann.	A good woman, eine gute Frau.

Sächlich.

A good child, ein gutes Kind.	A good house, ein gutes Haus.

Plural.

Good men, women, children, houses. | Gute Männer, Frauen, Kinder, Häuser.

Als Hauptwort.

The *good* (1), the *bad*, the *blind*, the *lame*, the *sublime*, the *beautiful*, etc. | Die Guten, die Bösen, die Blinden, die Lahmen, das Erhabene, das Schöne x.

---

(1) NB. 1 Es ist wohl zu merken, daß im Englischen die Adjective nur im *Plural* als concrete Hauptwörter gebraucht werden können, z B.:

The *good are* happy, *the bad* unhappy. | Die Guten sind glücklich, die Bösen unglücklich.
Religion is the only consolation of *the poor* and *miserable.* | Die Religion ist der einzige Trost der Armen und Elenden.

NB. 2. Daher muß man in allen Fällen aber, in denen man im Deutschen ein Adjectiv als Hauptwort im *Singular* (in der Einzahl) braucht, im Englischen stets dem Adjectiv das betreffende Hauptwort hinzufügen, z B.:

The *bad man's* happiness is not great. | Das Glück des Bösen ist nicht groß.
I saw a *blind man,* a *lame* woman. | Ich sah einen Blinden, eine Lahme.
Oh the *poor man,* the *happy* woman! | O, der Arme! O, die Glückliche!
I have received it *from a poor* (*blind*) *man, woman, child.* | Ich habe es von einem armen Alten, von einer armen Alten, von einem armen Kinde erhalten.

NB Hierüber siehe Regel XVI. XIX. Seite 431, und Reg. XI. Seite 410.

Der größeren Deutlichkeit wegen führe ich die folgende Declination hier an:

I. Mit dem bestimmenden Artikel.

Männlich.

Singular.	Plural.
1. The good man, der gute Mann.	The good men, die guten Männer.
The good man's (2) ob. of the good man, des guten Mannes.	The good men's (2) ob. of the good men, der guten Männer.
To the good man, dem guten Manne.	To the good men, den guten Männern.
The good man, den guten Mann.	The good men, die guten Männer.
Of, from ob. by (3) the good man, von dem guten Manne.	Of, from ob. by the good men, von den guten Männern.

Weiblich.

Singular.	Plural.
1. The good woman, die gute Frau.	The good women, die guten Frauen.
The good woman's, oder of the good woman, der guten Frau.	The good women's ober of the good women, der guten Frauen.
To the good woman, der guten Frau.	To the good women, den guten Frauen.
The good woman, die gute Frau.	The good women, die guten Frauen.
Of, from ob. by the good woman, von der guten Frau.	Of, from ob. by the good women, von den guten Frauen.

Sächlich.

Singular.	Plural.
1. The good child (tscheild), das gute Kind.	The good children (tschildren), die guten Kinder.
The good child's ob. of the good child, des guten Kindes.	The good children's ob. of the good children, der guten Kinder.
To the good child, dem guten Kinde.	To the good children, den guten Kindern.
The good child, das gute Kind.	The good children, die guten Kinder.
Of, from ob. by the good child, von dem guten Kinde.	Of, from ob. by the good children, von den guten Kindern.

NB. Ebenso bei allen andern Gegenständen, belebten oder unbelebten.

II. Mit dem unbestimmten Artikel.

Männlich. Weiblich. Sächlich.

1. A good man, woman, child.	Ein guter Mann, eine gute Frau, ein gutes Kind.
Of a good man (2) ober a good man's, woman, child.	Eines guten Mannes, einer guten Frau, eines guten Kindes.
To a good man, woman, child.	Einem guten Manne, einer guten Frau, einem guten Kinde.
A good man, woman, child.	Einen guten Mann, eine gute Frau, ein gutes Kind.
Of, from, by (3) a good man, woman, child.	Von einem guten Manne, von einer guten Frau, von einem guten Kinde.

---

²) NB. Bei Adjectiven als Hauptwörtern ist nie der sächsische, sondern stets der Genitiv mit "of the" zu gebrauchen, z. B.:
The only consolation of the miserable is hope. (S. Regel XI. S. 410.)   Der Elenden einziger Trost (der einzige Trost der Elenden) ist die Hoffnung.

³) Heber of, from, by, siehe Anmerkung 1, Seite 105.

III. Ohne Artikel.

Nom.	Good men, women, children, houses.	Gute Männer, Frauen, Kinder, Häuser.
Gen.	Of good men, women, children, houses, ob. good men's, etc.	Guter Männer, Frauen, Kinder, Häuser.
Dat.	To good men, women, children, houses.	Guten Männern, Frauen, Kindern, Häusern.
Acc.	Good men, women, children, houses.	Gute Männer, Frauen, Kinder, Häuser.
Abl.	Of, from ober by good men, women, children, houses.	Von guten Männern, Frauen, Kindern, Häusern.

NB. Man sieht hieraus, daß im Englischen das Adjectiv ganz unveränderlich ist.

NB. Ueber die Stellung des Adjectivs ist Folgendes zu bemerken: das attributive Eigenschaftswort steht gewöhnlich, wie im Teutschen, unmittelbar *vor* seinem Hauptworte, z. B.:

A *fine* house, a *beautiful* garden.	Ein schönes Haus, ein schöner Garten.

ist es aber von einem erklärenden Zusatze begleitet, so steht es hinter demselben, z. B.:

A *house* five stories *high* and 90 feet *long* (4).	Ein fünf Stock hohes, 90 Schuh langes Haus.

Aufgabe über die Declination des Adjectivs.

47. Der eitle *(vain)* Jakob (5) der Erste von England (5) war der Sohn der schönen aber tadelnswerthen und unglücklichen Maria (5) Stuart.—
beautiful   censurable   unfortunate
Der · Enkel | des alten | Thomas Parr lebte hundert und zwanzig
grandson | of old | lived (siehe Regel II. S. 166.)
Jahre. — Der Großvater des *(of)* jungen Parr lebte *(lived)* hundert zwei und fünfzig (5b) Jahre *(years)* und neun Monate *(months)*, und starb *(died)* im Jahre sechzehn hundert fünf und dreißig. — Der unerschrockene *(intrepid)* Blücher unterstützte *(assisted)* den tapfern *(valorous)* Wellington bei *(at)* Waterloo. — Prinz Albert, der 1861[2] starb[1], war der ergebene *(devoted)* Gemahl *(consort)* der jungen und liebenswürdigen *(amiable)* Königin Victoria von England. — | Was für | schöne Kinder, Frauen und auch Männer man
| *What* | *also   one*
auf den Straßen von London sieht! — Nichts konnte des guten Mannes Kummer
in[2]   streets   sees[1] Nothing could [2]   grief
beschwichtigen. — Der unsterbliche und blinde Milton wurde von seiner
alleviate[1]   immortal   blind   1   by[4]   5
bösen Frau, die seine Xantippe war, sehr geplagt. — Auf der Welt
bad[6]   7   who   9   8   sadly[2] tormented[3]   in
| gibt es | viele gute aber auch böse Männer, Frauen und Kinder. —
| *there are* | *also*
Bulwer hat viel *(much[2])* über *(on)* die großen Männer und Helden
Griechenlands geschrieben. — Childe Harold's Pilgerfahrt ist von einem
written[1]   Pilgrimage has [2]
großen Geiste geschrieben worden, nämlich von Graf Byron. — Im Jahre
genius   [2]   been[1] namely Lord

(4) Siehe die Regel über die Wortfolge §. 12, Seite 96 der Etymologie und Regel IV. Seite 371. und Regel III — V. S. 424 der Syntaxis.

(5) Die Tauf- und Ländernamen findet man Seite 134, s. auch Anmerk. 11—12. Seite 142.

(5b) Siehe die Stellung der Zahlwörter §. 53 a.—c. Seite 166.

1813 erpreßte Davouſt von den fleißigen und ehrlichen Hamburgern
extorted[2]   1   from[5]   industrious   honest
breißig Millionen Gulden und dann vertrieb er das arme Volk aus der
3   4   5   then drove[2] 1   poor people out
Stadt, um vor Hunger und Kälte zu ſterben.
of[2]   cold   to die[1]

B. Von der Steigerung (comparison) des Adjectivs.

§. 48. Die Adjective werden im Engliſchen entweder wie im
Deutſchen durch Anhängung der Endungen "er" und "est", oder
wie im Franzöſiſchen durch Vorſetzung von "more" und "most" ge-
ſteigert.

Regel I. Einſilbige durch er und est.

Die einſilbigen Eigenſchaftswörter ſteigert man durch Hinzufügung von er im Comparativ und von est im Superlativ, oder
von r und st, wenn ſie ſich auf e endigen, z. B.:

Poſitiv.	Comparativ.	Superlativ.
Rich (rittſch), reich;	rich-er, reicher;	the rich-est ([6]), der, die, das reichſte.
Great (greht), groß;	great-er, größer;	the great-est, der, die, das größte.
Wise (ueis'), weiſe;	wise-r, weiſer;	the wise-st, der, die, das weiſeſte.
Free (frih), frei;	free-r, freier;	the free-st, der, die, das freieſte.

Regel II. Zweiſilbige auf y werden in ier und iest verwandelt.

Die ein- und zweiſilbigen Adjective, welche ſich auf y mit vorhergehendem Conſonanten endigen, ſteigert man durch Verwandlung
des y in i, und durch Hinzufügung von er und est ([6b]), z. B.:

Sly (ſlei), ſchlau;	slier, ſchlauer;	the sliest, der ſchlaueſte.
Fiery (feieri), feurig;	fierier, feuriger;	fieriest, der feurigſte ([7]).
Lovely (lowwli), lieblich;	lovelier, lieblicher;	the loveliest, der lieblichſte.
Happy (happi), glücklich;	happier, glücklicher;	the happiest, der glücklichſte.
Mighty (meiti), mächtig;	mightier, mächtiger;	the mightiest, der mächtigſte ([8]).

---

(6) Vor den Superlativ ſetzt man im Engliſchen immer den beſtimmenden Artikel, z. B.:
The richest of all is he who has but few | Am reichſten von Allen iſt der, welcher nur wenige
wants. | Bedürfniſſe hat.
I am rich, you are richer, but he is the | Ich bin reich, Sie ſind reicher, aber er iſt der
richest. | reichſte.

(6b) Wörter, die auf y mit vorhergehendem Vocal enden, bleiben unverändert und nehmen er im
Comparativ und est im Superlativ an, z. B.:
Gay, heiter, munter, gayer, the gayest; gray, grau, grayer, the grayest.

(7) NB. "Fiery" ſtammt vom Hauptwort "fire" her. Es iſt das einzige vom Hauptwort abgeleitete Adjectiv, wobei das Wurzelwort abgeändert wird.

(8) Die zweiſilbigen Adjective unter Regel II., III., IV. und alle ähnliche, kann man auch mit
"more und most" ſteigern, z. B.:
Lovely, lieblich; more lovely, lieblicher; the most lovely, der lieblichſte.
Sincere, aufrichtig; more sincere, aufrichtiger; the most sincere, der aufrichtigſte.
He was the most sincere, and most amiable | Er war der aufrichtigſte und liebenswürdigſte
of my friends. | meiner Freunde.

NB. Ueber die Fälle, wo es unrichtig wäre mit "er und est" die Adjective zu ſteigern,
ſiehe Anmerkung 15. Seite 427.

Regel III. Zweisilbige auf le und re durch r und st.

Die zweisilbigen Adjective, welche auf *le* oder *re* enden, werden, wie bei Regel I., durch Hinzufügung von *r* und *st* gesteigert, z. B.:

Able (ebbl),	fähig;	abl*er*,	fähiger;	the abl*est*,	der fähigste.
Polite (poleit),	höflich;	polit*er*,	höflicher;	the polit*est*,	der höflichste.
Noble (nohbl),	edel;	nobl*er*,	edler;	the nobl*est*,	der edelste.
Sincere (sinsihr),	aufrichtig;	sincer*er*,	aufrichtiger;	the sincer*est*,	der aufrichtigste.
Handsome (⁵ᵇ),	hübsch;	handsom*er*,	hübscher;	the handsom*est*,	der hübscheste.

Regel IV. Zweisilbige durch er und est.

Die Zweisilbigen, welche den Ton auf der letzten Silbe haben, können ebenfalls mit *er* und *est* gesteigert werden, z. B.:

Discreet (biskriht),	besonnen (klug);	discreet*er*, besonnener;	the discreet*est*, der, die, das besonnenste.	
Genteel (bschenn=tihl),	anständig;	genteel*er*, anständiger;	the genteel*est*, der, die, das anständigste.	
Robust (robost),	stark;	robust*er*, (⁹) stärker;	the robust*est*, der, die, das stärkste.	

Regel V. Zwei= und mehrsilbige durch more und most.

Alle übrigen zwei= und mehrsilbigen Adjective werden gesteigert, indem sie — wie im Französischen — im Comparativ *more* (mehr) und im Superlativ *most* (meist) vor den unveränderten Positiv setzen, z. B.:

Careful (kehrfull),	sorgsam;	more careful, sorgsamer;	the most careful, der, die, das sorgsamste.
Candid (kannbib),	aufrichtig;	more candid, aufrichtiger;	the most candid, der aufrichtigste.
Learned (lerrnb),	gelehrt;	more learned, gelehrter;	the most learned, der gelehrteste.
Careless (kehrleß),	sorglos;	more careless, sorgloser;	the most careless, der sorgloseste.
Charitable (tscharritebl),	mildthätig;	more charitable, mildthätiger;	the most charitable, der mildthätigste.

Regel VI. Von der Verdoppelung der Endconsonanten.

Endigt sich ein Wort mit einem Consonanten nach einem kurzen Vocal, so wird der Consonant verdoppelt, z. B.:

Big,	groß, dick;	bigg*er*,	größer;	the bigg*est*,	der, die größte.
Fat,	fett;	fatt*er*,	fetter;	the fatt*est*,	der fetteste.
Fit,	passend;	fitt*er*,	passender;	the fitt*est*,	der passendste.
Red,	roth;	redd*er*,	röther;	the redd*est*,	der rötheste.
Thin,	dünn;	thinn*er*,	dünner;	the thinn*est*,	der dünneste.
Wet (uett),	naß;	wett*er*,	nässer;	the wett*est*,	der nässeste.

(8b) Alle übrigen Wörter auf *some* werden mit *more* und *most* gesteigert. Reg. VII. S. 153.

NB. *Handsome* jedoch wird beinahe immer mit "*er* und *est*" gesteigert, z. B.: Miss N. is handsome, Miss S is handsom*er*, but Miss L. is the handsom*est*. | Fräulein N. ist hübsch (schön), Fräulein S. ist hübscher, Fräulein L. aber ist die hübscheste (am hübschesten).

(9) *Robust*, stark, und dergleichen Adjective werden, des Wohlklanges wegen, am besten nach Reg. V. mit *more* und *most* gesteigert; also *more robust*, stärker; *the most robust*, der, die, das stärkste.

Regel VII. Endungen, die nicht durch er und est gesteigert werden dürfen.

Nach *Dr. Samuel Johnson* sind die Adjective mit folgenden
ungen von der Steigerung mit er und est gänzlich auszu-
zen:

als certain (ßertn), gewiß.		id,	als candid (kannbibb), aufrichtig.
— mortal (morrtl), sterblich.		ing,	— trifling (treifling), geringfügig.
— distant (bißt'nt), fern.		ive,	— massive (maßiww), massiv.
— wretched (retscheb), elend.		less,	— careless (kehrleß), nachläßig.
— recent (rihß'nt), neu.		ous,	— porous (pohreß), löcherig.
— careful (kehrfull), sorgfältig.		some (ßb),	— fulsome (fullsomm), ekelhaft.

NB. Bei der Steigerung der Adjective hängt es häufig vom Wohlklange ab,
in dieselbe zweckmäßiger mit er und est, oder mit more und most bildet. Für
ger jedoch ist es das Zweckmäßigste, sich streng an die vorhergehenden Regeln
ten, wodurch sie sich nicht leicht irren werden.

Regel VIII. Vergleichung mittelst more und less (weniger).

So wie bei der Vergleichung *more* einen höheren Grad, und
den höchsten bezeichnet, so deutet *less* einen geringeren, und
den geringsten an, z. B.:

man is poor, this *less* poor, and	Dieser Mann ist arm, dieser weniger arm,
s the *least* poor.	und dieser hier am wenigsten arm.
woman is *beautiful*, this *more* beau-	Diese Frau ist schön, diese schöner, und
l, and this the *most beautiful*, ob.	diese am schönsten, oder weniger schön,
, the *least* beautiful.	am wenigsten schön.

NB. (1) Steht *most* vor einem Adjectiv nach dem nicht bestimmenden Artikel *a*,
spricht es dem deutschen sehr, äußerst, höchst, z. B.:

t *beautiful* day.	Ein sehr schöner Tag.
t *benignant* smile.	Ein äußerst gütiges Lächeln.

NB. (2) So wie im Deutschen der Superlativ zuweilen durch aller noch
gesteigert wird, so geschieht dieses auch im Englischen vermittelst des Wortes
(sehr), z. B.:

the *very best* (9b) wine I have	Es ist der allerbeste Wein, den ich je ge-
r drunk (10).	trunken habe. (Reg. VII S. 426.)

Es ist hier zu merken, daß man *very* als Verstärkung blos bei den unregelmäßigen Adjectiven
Reg. IX. S. 184 und bei solchen, die mit er und est gesteigert werden, anwenden darf, z. B.:

The *very kindest* (wisest) man.	Der allergütigste (weiseste) Mann.
The *very worst* (oldest) wine.	Der allerschlechteste (älteste) Wein.

Bei allen andern Adjectiven gibt man das „aller" mit dem Superlativ, z. B.:

She is the *most beautiful* woman I have	Sie ist die allerschönste Frau, die ich je ge-
ever seen.	sehen habe.

NB. 1. Das Deutsche „allzu, viel zu, zu," gibt man mit "much too, by far too", z. B.:

You are *much* (ob. *by far*) too good.	Sie sind allzu (bei weitem zu) gütig.

NB. 2. Das „immer schöner" (französisch: de plus en plus) gibt man durch Wiederholung
des Adjectivs, z. B.:

Better and *better*, *worse* and *worse*.	Immer besser, schlimmer.
He grows *richer* and *richer*.	Er wird immer reicher.

NB. 3. Das „so gut (es ging)" gibt man mit "as well as", z. B.:

He excused himself *as well as* he could.	Er entschuldigte sich so gut es ging (so gut er konnte).

NB. 4. Das „bestmöglichste" gibt man mit "possible", z. B.:

He is the *best* man *possible*.	Er ist der bestmöglichste Mann.
"The greatest *possible* injury (ob. the greatest injury *possible*) was inflicted".

NB. 5. Das Deutsche „ganz" vor dem Positiv gibt man mit "very oder quite", z. B.:

He is a *very* (*quite* an) excellent man.	Er ist ein ganz vorzüglicher Mann.

Regel IX. Unregelmäßige Adjective.

Die folgenden 9 Adjective werden unregelmäßig gesteigert:

Positiv.	Comparativ.	Superlativ.
Bad (babb), evil (ihwl), ill ([10b]), schlecht, schlimm;	worse (uorrß), schlechter, schlimmer;	the worst (uorrßt), der schlechteste.
Far (farr), weit, fern;	farther, further ([11]), weiter;	the farthest, the furthest, weiteste.
Good (gudd) ([12]), gut;	better, besser;	the best, beste.
Late (leht), spät;	latter, later ([13]) (lehtr), später;	the last, latest, späteste.
Little (littl), klein, wenig;	less ob. lesser ([14]), kleiner;	the least, kleinste.
Much ([15]) (mottsch), viel; many ([16]) (menni), viele;	more (mohr), mehr;	the most, meiste.
Near (nihr), nahe;	nearer (nihrer), näher;	the nearest, nächste. next ([16b]), zunächst, nächst.
Old (ohld), alt;	older ob. elder ([17]), älter;	the oldest ob. the eldest, älteste.

(10b) *Bad* ist das gebräuchlichste der obigen drei Wörter; *ill* ist meistens Adverb:
I am *ill* (ich bin unwohl); I am *bad*, (ich bin schlecht).
Ill-looking (schlecht aussehend). The man is *ill* (krank), aber: a *sick* man.
Evil-minded (schlecht gesinnt); an *evil (bad)* deed (eine schlechte That).

(11) Ueber den Unterschied zwischen *further* und *farther* siehe Anmerk. 7. S 342.

(12) Ueber den Gebrauch von *good, well, little, etc.*, siehe Regel XX. S. 434.

(13) *Later* und *latest*, später, am spätesten, beziehen sich auf die Zeit, *latter* und *last* hingegen auf Folge und Ordnung, z. B.:

He came much too *late*.	Er kam viel zu spät.
She was the *latter* of the two.	Sie war von Beiden die letzte.
He came the *latest* of all	Er kam von allen am spätesten.
She was the *last* of all	Sie war von allen die letzte.

NB. *Late* bedeutet auch „verstorben": The *late* king, der verstorbene König.

(14) *Lesser*, sagt Dr Johnson, ist eine Verstümmelung von *less*, die aus der Gewohnheit des gemeinen Mannes, den Comparativ auf er zu bilden, hervorgegangen ist. Man findet jedoch *lesser* bei den besten Schriftstellern, z. B.: *Addison, Ainsworth, etc.*

Attend to what a *lesser* muse indites.	Achte auf das, was eine geringere Muse schreibt.
He then went to the *lesser* plaguepit, and kneeling beside the grave of Amabel, bedewed it with his tears.	Er ging alsdann zur kleineren Pestgrube, kniete neben Amabel's Grabe nieder, und befeuchtete dasselbe mit seinen Thränen.
The inhabitants of the *Lesser* Asia.	Die Einwohner Kleinasiens
The *less* wine you drink the better	Je weniger Wein Sie trinken, desto besser.

NB 1. In der Poesie ist „*lesser*" statt „*less*" — wo der Rhythmus es verlangt — zulässig, in der Prosa aber ist es ein Fehler. Anstatt "the *lesser* number", sollte man sagen: "the *less* number oder the *smaller* number" (die geringere Zahl).

NB. 2. In der Bedeutung „weniger, wenigst" kann man stets die Comparativ "*less, the least*" vor einem Hauptworte brauchen, z. B.:

You have *little* money, I have *less* (money), but he has the *least* (money).

In der Bedeutung „kleiner" braucht man besser *smaller, smallest* vor einem Hauptwort, z. B.:

My *little* brother (house, etc.). my *smaller, smallest* brother (house).

Man sagt aber: My brother (house, etc) is *less* (kleiner) than yours.

(15) *Much* (viel) steht nur bei abstracten Hauptwörtern und Stoffnamen in der Einzahl, also bei solchen Sachen, die man nicht zählen kann, z. B.: *Much* time, viel Zeit; *much money*, viel Geld; denn man kann nicht ein, zwei Zeit, Geld, u s w, sagen.

Much braucht man auch bei Collectivnamen, so oft sie den Begriff der Einheit in sich schließen, z. B.:

Much corn, fruit, business; Much company (viel Gesellschaft); aber: *many people. Much too good* (viel zu gut). *Much too much* (viel zu viel); *much too many* (viel zu viele).

(16) *Many* (viele), braucht man bei Hauptwörtern in der Mehrzahl, oder bei Sachen, welche man zählen kann, z B.:

There are *many* people in the street.	Es sind viele Leute auf der Straße.
I have *many* books *Many* thanks.	Ich habe viele Bücher Viel (vielen) Dank.

(16b) NB. *Nearest* bezieht sich auf Entfernung überhaupt, "*next*" auf Reihenfolge, z. B.:

Which is the *nearest* way to N.?	Welches ist der nächste Weg nach N.?
Who is *next* after you? What *next*?	Wer ist der Nächste nach Ihnen? Was nun?

NB. *Next* ist der Superlativ von '*nigh* (nahe), *nigher*". *Next* week (die nächste Woche).

(17) *Elder* und *eldest* ist nur von Personen, welche denselben Namen führen, gebräuchlich, und auch nur dann, wenn man bloß bezeichnen will, daß der Eine älter (früher geboren) ist als der Andere, ohne zu sagen um wie viele Jahre; es stimmt mit dem französischen *ainé* überein, z. B.:

gel X. Adjective, die ihren Superlativ durch Anhängen von most bilden.

Im Deutschen gibt es mehrere von Adverbien abgeleitete Adjective, die keinen Positiv haben, wohl aber einen Superlativ, z. B.: nere, äußere, obere, untere, vordere, hintere u. s. w.

Ebenso leitet man im Englischen einige Adjective von Präpositionen und Adverbien ab, die nur scheinbar eine comparative Bedeutung, m Theil auch eine comparative Form haben, ihren Superlativ aber zen die Regel durch Anhängung und nicht durch Vorsetzung von *most*" bilden, z. B.:

re (fohr). vordere, erstere.	The foremost (fohrmest). der vorderste.
nd (heind). hinder (heindr), hintere.	The hindmost, der hinterste.
ther (hihth'r), näher hierher.	The hithermost, das nächste hierher.
...er (inn'r). innere.	The inmost, innermost, der innerste.
...ther (neth'r), niedrige, untere.	The nethermost, der niedrigste, unterste.
...ter (aut'r), äußere.	The outhermost ([17b]), outmost, äußerste.
...ter (otter), äußere.	Uttermost, utmost, das äußerste.
...der (önnb'r), untere.	The undermost, das unterste.
...per (öpp'r), obere ([17c]).	The uppermost (upmost), der oberste.
d, Middle (midl), die Mitte.	The midmost, middlemost, ganz in der Mitte befindlich, der mittelste.

Regel XI. Adjective von Substantiven abgeleitet.

Einige Adjective werden auch von Substantiven abgeleitet und rch *most* zu Superlativen gemacht, z. B.:

d (ennd), das Ende.	The endmost, ganz am Ende befindlich.
p (topp), der Gipfel, oberste Ende.	The topmost, der oberste Gipfel.
...th (sauth), Süden.	The southmost, der südlichste.

Regel XII. Adjective, die keiner Steigerung fähig sind.

So wie im Deutschen, gibt es auch im Englischen Adjective, die ner Steigerung fähig sind. Dahin gehören:

1) Diejenigen, welche durch die Zusammensetzung mit einem ...bstantiv hinsichtlich ihrer Bedeutung auf's Genaueste bestimmt ...b, z. B.:

...od-warm (blobbuoarm), blutwarm.	Pea-green (pihgrihn), erbsengrün.
...al-black (kohlblack), kohlschwarz.	Sky-blue (skeibljuh), himmelblau.
...lk-white (milkhueit), milchweiß.	Stone-dead (stohndedd), mausetobt.
...rty-spirit zeal, parteigeist Eifer.	Nut-brown ale, nußbraunes Bier.

My *elder* brother and my *eldest* sister are both gone to London	Mein ä l t e r e r Bruder und meine ä l t e ste Schwester sind beide nach London gegangen.
My *elder* brother and my *eldest* sister are both much older than I am.	Mein ä l t e r e r Bruder und meine ä l t e ste Schwester sind beide viel älter als ich.
Mon *frère aîné*, ma *sœur aînée*.	
You are *older* than I, but not so old as Mr. Longlife, the *oldest* man in the town.	Sie sind älter als ich, aber nicht so alt, als Herr *Longlife*, welcher der älteste Mann in der Stadt ist.

b) *Outermost* bezieht sich auf Raum, *uttermost*, *utmost* auf den Grad (moralisch), z. B.:

The *outermost* gate of the town.	Das äußerste Thor der Stadt.
They are driven to the *uttermost*.	Sie sind zum Aeußersten getrieben.

c) Die Adjective *far* und *lower* nehmen auch *most* an, z. B.:
Far (weit fern), the *farmost*, *furthermost*, der weiteste, fernste.
Lower (loher) niedriger, the *lowermost*, der niedrigste.

2) Die, welche vermittelst der Endsilbe *ish* von andern Adjectiven oder Substantiven gebildet werden, als:

Ape (ehp), Affe.	Ap*ish* (ehpisch), affenmäßig.
Black (black), schwarz.	Black*ish* (blackisch), schwärzlich.
White (hueit), weiß.	Whit*ish* (hueitisch), weißlich.
Fool (fuhl), Narr.	Fool*ish* (fuhlisch), thöricht, u. s. w.

3) Diejenigen, welche auf Stoff, Zeit, Ort oder Land, oder endlich auf Personen hindeuten, als:

Gold (gold), Gold; *golden* (18), golden.	Silk, Seide; *silken*, seiden (18).
Wood (unbb), Holz; *wooden*, hölzern.	Day (deh), Tag; *daily* (dehli), täglich.
British (britisch), britisch.	
French (19) (frentsch), französisch.	
Mosaic (moseik), mosaisch.	

4) Viele derjenigen, welche eine Gestalt ausdrücken, als:

Square (spuehr), viereckig.	Circular (serkjuler),	
Triangular (treiangiuler), dreieckig.	Round (raund), (20)	} runb.
Diagonal (deiagonel), Diagonal.	Perpendicular (perpendikjuler), senkrecht.	

Adjective, die nur im Superlativ gebraucht werden können.

5) Die englische Sprache hat, wie andere, auch Adjective, deren Begriff so bestimmt ist, daß er keiner Steigerung fähig ist, z. B.:

Boundless (baundleß), gränzenlos	Infinite (infinit), unendlich.
Chief (tschihf), das Höchste, Vorzüglichste.	Perfect (20) (perfekt), vollkommen.
Dead (dedd), todt.	Principal (principl), das Vornehmste.
Eternal (ihtern'l), ewig.	Right (reit), recht.
Extreme (ertrihm), das Aeußerste.	Supreme (suprihm), das Höchste.
Headless (heddleß), kopflos.	Universal (juniverf'l), allgemein (20b).
Immense (immennß), unermeßlich.	Wrong (rong), unrecht.

---

(18) *Gold* und *Silk* wird meistens ohne die Endung in *en* gebraucht. z. B.:
A *silk* gown, a *silk* handkerchief. | Ein seidenes Kleid, ein seidenes Taschentuch
A *gold* watch, a *gold*-headed cane. | Eine goldene Uhr, ein Stock mit goldenem Knopf
Man sagt aber in einigen Redensarten:
The *golden* age, the *silken* bonds of ma- | Das goldene Zeitalter, die seidenen Bänder der
trimony. | Ehe.
Man sagt immer "a *wooden* bowl (Bohle), *woolen* stockings", wollene Strümpfe.

(19) Im Englischen müssen alle Adjective, die sich auf Länder oder Völker beziehen, groß geschrieben werden, z. B.:
A *French* dog, ein französischer Hund. | An *English* horse, ein englisches Pferd.

(20) Obgleich es klar ist, daß nichts vollkommener als vollkommen; nichts allge-
meiner als allgemein; nichts voller als voll, sein kann, so trifft man doch solche
Redensarten in allen Sprachen; im Englischen trifft man sehr häufig *more perfect* (vollkommener);
rounder (runder) (letzteres ist allgemein gebräuchlich), und einige andere; allein man sollte solche
Redensarten vermeiden, wenn die Sprache andere darbietet, die gleich passend und logisch
richtiger sind.
Um diese Unrichtigkeiten zu vermeiden, sollte man ein sinnverwandtes Wort wählen, den
Phrasen eine verneinende Form geben, oder sich des Wortes *nearer*, bedienen, z. B.:
The language of the Greenlanders is *less* | Die Sprache der Grönländer ist weniger unvoll-
imperfect (statt *more perfect*) than that | kommen (statt vollkommener) als die der Es-
of the Esquimaux. | kimo's.
This pole is *nearer* (statt *more*) to per- | Diese Stange ist näher an das Senkrechte (statt
pendicular than that. | senkrechter), als jene.
NB. Statt zu sagen: *more, most perfect* könnte man sagen: *more, most excellent*, oder:
nearer, nearest to perfection Anstatt: "The glass *is as full as it can hold*", sagt man: "The
glass is full", oder: "*It can hold no more, etc.*"
In der Sprache der Leidenschaft indessen, würden diese verneinenden Redensarten ganz
unerträglich sein. Denn ein Liebhaber, der zu seiner Geliebten sagen würde, daß sie, *the least
imperfect of her sex* (die am wenigsten unvollkommene ihres Geschlechtes) sei, würde aller
Wahrscheinlichkeit nach sehr bald einen Korb bekommen
Ausdrücke wie "*so perfect, so extreme, so chief, so universal, etc.*", sind grammatikalisch
unrichtig, weil sie bedeuten, daß eine Sache weniger vollkommen, weniger allgemein u. s. w.
als eine andere sei, was logisch zu sprechen rein unmöglich ist.

(20b) NB. Das deutsche "allgemeiner" könnte man mit "*more general, more common, more
usual*", geben.

Regel XIII. Von der Conjunction als und wie bei Vergleichungen.

1) Nach einem Comparativ und nach *other* wird das deutsche *als* immer durch *than* übersetzt, z. B.:

...e is *younger* (older) *than* you.	Er ist jünger (älter) als (denn) Sie.
...m *richer* (poorer) *than* he.	Ich bin reicher (ärmer) als er.
...is is *rather better than* that.	Dieses ist etwas (eher) besser als jenes.
...was no *other than* you.	Es war Niemand anders als Sie.

2) In bestätigenden und fragenden Sätzen wird das deutsche *ebenso, als*, oder *so — als, so — wie* durch *as—as* ausgedrückt, z. B.:

...is *as* young (old) *as* you.	Er ist (eben) so jung (alt) wie Sie.
...m *as* rich (poor) *as* he.	Ich bin (eben) so reich (arm) wie er.
...he *as* rich *as* she? [21]	Ist er so reich wie (als) sie?

3) In verneinenden und fragend verneinenden Sätzen wird *so — als* [22] durch *so—as* ausgedrückt, z. B.:

...is *not so* young (old) *as* you [23].	Er ist nicht so jung (alt) als Sie.
...m *not so* rich (poor) *as* he.	Ich bin nicht so reich (arm) als er.
...ave *not so* much money *as* you [24].	Ich habe nicht so viel Geld als Sie.

4) Vergleicht man zwei Sachen mit *solcher (so) — als*, so muß man es mit *such—as* oder *such as* geben, z. B.:

...is *such a man as* his father.	Er ist ein solcher Mann als sein Vater.
...h *as* they are, you shall have them.	So wie (solche als) sie sind, sollen Sie sie haben [25].

---

1) Will man einen höheren Grad bezeichnen, so braucht man gewöhnlich "*so*" statt "*as*", z. B.:
Who is *so* learned *as* he? — Wer ist so gelehrt als er?
I helped him, *so* far as I was able. — Ich half ihm so sehr, (so weit) ich konnte.
So long as she should be near you. — So lange sie in Ihrer Nähe sein sollte.
  I think Hannibal was *as* great a general *as* Napoleon, but I don't think he was *so* clever a politician.

2) NB. 1. Das deutsche „*so — auch*" gibt man im Englischen mit "*as*", z. B.:
Rich as she is, I don't like her. — So reich sie auch ist, so mag ich sie doch nicht.
Giant as you are, I fear you not. — So ein Riese Sie auch sind, so fürchte ich Sie doch nicht.
  Absorbed as he was in business, yet, he never neglected literature.
  His talents, *superior and splendid as* they were, were of no use to him.
  NB. 2. Das „*um so—ta*" gibt man mit: "*the more—as*, ob. *so much the more—as*", z. B.:
Your visit is *the more* (*so much the more*) agreeable to me, *as* I did not expect it. — Ihr Besuch ist mir um so angenehmer, da ich ihn nicht erwartete.
  NB. 3. Das deutsche „*so — so*" statt: ebenso — als, gibt man mit "*just as — as*", z. B.:
But his head is (*just*) *as* void of all useful knowledge, *as* it is full of artifice (tricks). — Aber so leer sein Kopf an allen nützlichen Kenntnissen ist, so reich ist er an Kniffen.
  The circumstances under which Gustavus Adolphus undertook this war, were (*quite*) *as* favorable *as* the necessity and policy were just.

3) Wenn ein verneinentes Zeitwort wie "*refuse, doubt, etc.*", im Satze steht, und nur eine Gleichheit (ebenso — als) bezeichnet werden soll, so kann man '*not as*', brauchen, z. B.:
She *refused* to belive that she was *not as* handsome *as* ever — Sie weigerte sich zu glauben, daß sie nicht ebenso schön sei, als jemals.
I *doubt* not that he is *as* rich *as* Croesus. — Ich zweifle nicht daran, daß er ebenso reich ist als Krösus.

4) NB. Wenn zwei Gegenstände hinsichtlich ihrer Eigenschaften verglichen werden und die eine im Comparativ bejahend, die andere im Positiv verneinend steht, so hat der Lernende wohl darauf zu achten, daß man das nach dem verneinenden Positiv folgende als oder wie nicht durch "*than*" sondern durch "*as*" wiedergebe, z. B.:
My horse is much *finer than* yours, but *not so good* (*as* yours). — Mein Pferd ist viel schöner (als das Ihrige), aber nicht so gut als das Ihrige
Her house is *larger than* mine, but *not so large as* his. — Ihr Haus ist größer als das meinige, aber nicht so groß wie (als) das seinige.

5) Das Weitere hierüber findet man Regel VI. — X. Seite 436 der Syntaxis.

§. 49. C. Alphabetisches Verzeichniß der gebräuchlichsten Adjective (26).

Zum Auswendig lernen:

Gedachte und geistige Eigenschaften.

Agreeable (27) (ägrihebbl), angenehm.
Disagreeable, unangenehm.
Alert (älerrt), munter.
* (28) Bad (babb), schlecht.
Base (behß), gemein.
Beautiful (bjutifull), schön.
Bold (bold), dreist, kühn.
Brief (brihf), kurz.
Brisk (brißk), lebhaft.
Busy (bissi), geschäftig.
Compassionate (kompaschn'net), mitleidig.
Cruel (kruh'l), grausam.
Dear (dihr), theuer.
Difficult (diffikolt), schwer.
Diligent (dill-idsch'nt), fleißig.
Earnest (errn'st), ernst.
Evil (ihwl), übel, böse.
Fair (fehr), schön.
Faithful (fehthfull), treu.
False (foalß), falsch.
Feeble (fihbl), schwach.
Fiery (29) (feiri), feurig.
Fine (fein), schön, zart.
Fond (fonnd), gar zärtlich.
Fortunate (forrt-je-net), glücklich.
Frigid (fridschibb), frostig.
Gay (geh), lustig.
* Good (gudd), gut.

Grave (grehw), ernst.
Grim (grimm), grimmig.
Happy (häppi), glücklich.
Hardy (harbi), dreist.
Holy (holi), heilig.
Horrid (horred), schrecklich.
Idle (eidl), müßig, faul.
Ignorant (iggner'nt), unwissend.
* Ill (ill), krank, übel.
Impartial (imparschl), parteilos.
† (30) Immortal (immortl), unsterblich.
Impertinent, unverschämt.
Jealous (bschelles), eifersüchtig.
Just (dschoßt), recht, gerecht.
Kind (keind), gütig.
Lazy (lehsi), faul.
Learned (lerr'nd), gelehrt.
Like (leik) (31), ähnlich, gleich.
Mad (mabb), toll.
* Many (menni), viele.
Mean (mihn), gemein.
Meek (mihk), demüthig.
Merry (merri), lustig.
Mild (meild), mild.
† Mortal (morrtl), sterblich.
Naughty (noati), unartig.
Neat (niht), niedlich.
Negligent (negli-dsch'nt), nachlässig.
† Neuter (njutr), neutral.
Noble (nohbl), edel.

Obedient (obihb-jennt), gehorsam.
Odd, einzig, sonderbar.
† Own (ohn), eigen.
Plain (plehn), einfach, eben.
Poor (puhr), arm.
Prompt (prommpt), pünktlich.
Prone (prohn), geneigt.
Pretty (pretti), niedlich.
Puny (pjuni), schwächlich.
Quick (kuikk), lebhaft, schnell.
† Real (rihel), wirklich.
Rich (rittsch), reich.
† Right (reit), recht.
Ripe (reip), reif.
Rude (ruhd), grob.
Sad (sabb), traurig.
Safe (sehf), sicher.
Sage (sehbsch), klug.
Saucy (soaßi), frech, trotzig.
Scant (skannt), knapp, karg.
Scarce (skehrß), selten, rar.
Secret (si-krett), heimlich.
Secure (si-kjur), sicher.
Severe (si-wihr), streng.
Shy (schei), scheu.
Simple (simpl), einfach.
Sincere (sin-sihr), aufrichtig.
Single (sing'l), einzeln.
Slight (sleit), dünn, gering.
Sly (slei), schlau.
Smart (smarrt), schmerzhaft, schnell, flink.

---

(26) Ein Verzeichniß der Adjective, die in substantivischer Bedeutung in der Mehrzahl ein s annehmen, findet man Regel XVII. Seite 432. Das Weitere über die Adjective findet man Kap. IV. Seite 423 der Syntaxis.

(27) Ueber die Steigerung der Adjective siehe Regel 1. — VII. Seite 151—153.

(28) Die mit einem Sternchen (*) bezeichneten Adjective werden unregelmäßig gesteigert. Siehe Reg. IX. Seite 154.

(29) Fiery ist von "fire" (Feuer) abgeleitet. Comparativ: Fierier oder more fiery.

(30) Die mit einem † bezeichneten Adjective lassen keinen Steigerungsgrad zu. Siehe hierüber die vorhergehende Regel XII. 1., 2., 3., 4., 6. und Anmerkung 20 Seite 155.

(31) Das Adjectiv like regiert immer den Accusativ, z. B.: The child is like me, das Kind ist mir ähnlich. Siehe Reg. XV. Seite 412, auch Reg. XX. c. Seite 435.

NB. Like muß durch more und most gesteigert werden: more like (ähnlicher), most like (ähnlichst, am ähnlichsten). Statt like bedient man sich häufig des Zeitworts to resemble (gleichen, ähnlich sehen), oder des Hauptworts resemblance (Aehnlichkeit), z. B.:
Das Kind ist dem Vater ähnlicher als der Mutter.
The child resembles the father more than the mother, oder: is more like the father than the mother, oder:
The child has a greater resemblance to the father than to the mother.

(foþbr), mäßig,
ern.
(forr=i), traurig.
(foüm), feierlich.
id (fplenb'b), glän=
terrn), ftreng, ernft.
forrli), mürrifch.
a (ftrehnbfch), fremb.
(foü'n), verbrießlich.
chubr), ficher.
(fuiþt), lieb.
(tehm), zahm.
(tennb'r), zärtlich.
(truþ), wahr.
gali), häßlich
by (onn=
),
y (onn=   un=
               glück=
inate (on=   lich.
je=nett),
t (wehr'nt),
(wooaib),   } leer.
vehn), eitel.
nt (wi=hem'nt),

eiß, elend, fchlecht.
(uoant'n), lüftern,
villig.
uihf), fchwach.
(uihrt) müde.
reilb), wild.
ueif), weife.
uitti), wißig.
(uorrth), werth.

Ausdehnung.

(broab), breit.
latt), flach.
greht), groß.
ei), hoch.
(ahrbfch), groß (im
g).
(littl), klein.
onng), lang.
h), niedrig.
(narrö), eng.

fchorrt), kurz.
(moaü), klein.
ftreht), enge.

tung und Lage.

ieß), fchief.
ennt), gebogen.
Uoþß), eng, ver=
en.

Corpulent (korrpjulennt),
beleibt.
Crooked (krukeb), krumm.
† Left (left), link.
† Level (lewwl), eben,
gerade.
† Right (reit), recht.
† Straight (ftreht), gerade.

Der Körper an fich in verfchiedenen Beziehungen.

Bald (boalb), kahl
Bare (behr), entblößt.
Naked (nehkeb), nackt.
Big (bigg), groß, dick.
Bright (breit), glänzend.
Clean (klihn), rein.
Clear (klihr), klar.
† Dead (bebb), tobt.
Deep (bihp), tief.
Dense (bennß), dicht.
Dirty (börrti), fchmußig.
Empty (emp=ti), leer.
Even (ihwn), eben, gleich.
Fat (fatt), fett.
Firm (ferm), feft.
Fit (fitt), raffenb.
Foul (faul), verfault.
† Full (fuü), voll.
Fluid (fljuib), flüffig.
Fresh (frefch), frifch.
Heavy (hewwi), fchwer.
Hollow (boü=o), hohl.
Lame (lehm), lahm.
Lean (lihn), mager, hager.
Limpid (limpibb), hell, klar.
Loose (luhß), locker.
Mature (mett=juhr), reif.
Open (ohpn), offen.
† Round (raunb), rund.
Rude (ruhb), rauh, roh.
Sick (fikk), krank.
Slack (flakk), fchlaff.
Slender (flennbr), fchlank.
Solid (follibb), feft, folib.
Sound (faunb), gefund.
Stiff (ftiffl), fteif.
Steep (ftihp), fteil.
Squalid (ßkuoalibb), fchmu=
ßig.
Stout (ftaut), ftark, tapfer.
Strong (ftronng), ftark.
Tender (tennbr), zart.
Thick (thikk), dick.
Thin (thinn), dünn.
Tight (teit), feft, enge.
Tough (toff), zähe.

Turbid (torrb'b), trübe.
Weak (uihf), fchwach.
† Whole (hohl), ganz.

Der Verhältniffe von Zeit und Raum.

Early (errli), früh.
* Late (leht), fpät
* Far (farr), fern.
* Near (uihr), } nahe.
Nigh (nei), } nahe.
* Old (ohlb), alt.
Young (jonng), jung.
New (nju), neu.
East (ihßt), öftlich.
West (neßt), weftlich.
North (norrth), nörblich.
South (fauth), füblich;
auch eastern, western,
northern (norrbth'rn),
southern (foþth'rn).

Des Gefchmackes.

Acid (ä=ßibb), fäuerlich.
Acrid (ä=kribb), fcharf.
Bitter (bitt'r), bitter.
Musty (moßti), fchimmlig.
Smoky (fmoki), räucherig.
Sour (fauer), fauer.
Stale (ftehl), fchaal.
Sweet (fuiht), füß.

Des Tones.

Dulcet (boüß't), füß.
Grating (grehting), knar=
renb.
Harsh (harrfch), rauh.
Hoarse (hohrß), heifer.
Loud (laub), laut.
Low (loh), leife.
Soft (fofft), fanft.

Des Gefühles.

Acute (äfjuht), fpißig,
fcharf.
Blunt (blonnt), ftumpf.
Chill (tfchiü), } kalt.
Cold (fohlb), } kalt.
Coarse (kohrß), grob.
Crisp (krißp), fraus.
Dry (brei), trocken.
Hard (harb), hart.
Hot (hott), heiß.
Rough (roff), rauh.
Sharp, fcharf.
Smooth (fmuhth), a
Soft (fofft), fanft, w

Warm (uoarm), warm.
Wet (uett), naß.

Der Bewegung.

Calm (kahm), ruhig.
Fast (faßt), schnell.
Rash (raßch), schleunig.
Slow (sloh), langsam.
Swift (suifft), geschwind.
Tardy (tardi), zögernd, langsam.

Der Farbe.

Bay (beh), röthlich, braun (von Pferden).

Bright (breit), hell.
Black (blackk), schwarz.
Blue (blju), blau.
Sky-blue (skei-blju), himmelblau.
Brown (braun), braun.
Dark (darrk), dunkel.
Faded (fehbed), entfärbt.
Fallow (fallo), fahl.
Fawn-colour (foahnkollr), rehfarbig.
Flesh-colour (flesch-kollr), fleischfarbig
Gray (greh), grau.
Green (grihn), grün.

Indigo (inbigo), inblgo.
Orange (orr-enbsch), orangefarbig.
Olive (oll-iww), olivenfarbig.
Pale (pehl), blaß.
Pink, rosa.
Purple (porrpl), purpur.
Red (rebb), roth.
Russet (roßet), rothbraun
Sable (sehbl), schwarz.
Scarlet (skarrl't), scharlach.
Violet (wei-ö-let), violet.
White (huteit), weiß.
Yellow (jello), gelb.

Aufgaben über die Steigerung des Adjectivs.

§. 48. Regel I. Seite 151.

48. Heute ist schön, gestern war schöner, aber der Tag | vorher
      To-day   fine   yesterday   day | before yesterday
war der schönste. — [Die] Königin Victoria ist jung, Maria da Gloria
von Portugal ist noch (*still*) jünger, und Isabella II. von Spanien [32]
ist die jüngste. — Sir Robert Peel ist klug (*sage*), Lord John Ruffel
ist noch klüger, aber Lord Brougham ist der klügste. — Der Löwe
im [33] Thiergarten (*zoological-garden*) im Regents-Park schien (*seemed*)
wild, der Tiger noch wilder, aber die Hyäne (*hyena*) war die wildeste. —
Periander von Korinth war ein weiser (*wise*) Mann, Thales von Miletus noch weiser, aber Solon von Athen war der weiseste. — Der reichste
Mann war Croesus, der ärmste ist der Geizhals (*miser*).

Regel II., III., IV. Seite 151.

49. Der König ist glücklich, die Königin ist glücklicher, aber der Kronprinz (*crownprince*) ist der glücklichste. — Die Spanier sind sehr höflich,
die Deutschen sind höflicher, aber die Franzosen sind die höflichsten. — Die
Römerinnen sind hübsch (*pretty*), die Engländerinnen sind hübscher, aber die
Spanierinnen sind die hübschesten. — Die Ruffen sind mächtig (*mighty*), die
Franzosen mächtiger, aber die Engländer sind, hauptsächlich | auf dem Meere
                                              particularly | *at sea*
die mächtigsten. — Die Deutschen sind stark, die Tyroler noch stärker, aber
die Holländer sind die stärksten.

Siehe Regel V., VI. Seite 152.

50. Milton war ein gelehrter Mann, Roger Bacon war gelehrter,
aber Sir Isaak Newton war der gelehrteste. — Ich bin mitleidig (*compassionate*), Sie sind mitleidiger, aber Ihr Großvater ist der mitleidigste. —
Holland ist ein nasses Land, England noch nässer, aber Irland ist das

---

(32) Siehe die Länder- und Völkernamen Seite 132.
(33) In der Regel muß man „im" mit *in the* übersetzen.

nässeste. — In Deutschland gibt es *(there are)* große Leute, in den Nieder=
landen noch größere, aber von allen Menschen, [die] ich je gesehen habe,
of all the men ever² seen³ 1
war⁵ Daniel⁴ Lambert von Birmingham der größte; er wog *(weighed)*
fünfhundert acht und achtzig Pfund.

Regel VII. Seite 153.

51. Die Irländer sind elend, die Polen noch *(still)* elender, aber die
Sibirier sind die | aller | elendesten. — Ich bin sorgfältig, Sie sorg=
of all² | most wretched¹
fältiger, aber Ihre Mutter ist die sorgfältigste. — Ihr Bruder ist nach=
lässig, Ihre Schwester ist noch nachlässiger, aber Sie selbst *(yourself)* sind
am aller nachlässigsten.

Regel VIII. Seite 153.

52. Die Italiener sind arm, die Schweizer weniger arm, und die
Deutschen am wenigsten arm. — Das Kind ist gut, dieses weniger gut, und
jenes am wenigsten gut. — Es war eine höchst verdrießliche *(disagreeable)*,
langweilige *(tedious)* Sache *(affair)*. — Die allerschönsten Gemälde *(paintings)*,
[die] ich je² gesehen habe¹, sind die *(those)* von Raphael, Van Dyck und
Murillo.

Regel IX. Seite 154.

53. Meine Feder *(pen)* ist schlecht, [die] Ihrige ist schlechter, aber die
(that) meines Bruders ist die aller *(of all²)* schlechteste¹. — Von⁴ London
nach *(to)* Paris ist² es¹ weit³, von Paris nach Straßburg noch weiter, aber
von Straßburg nach Wien ist es am weitesten. — Ich war spät, er war
später, aber sie war die späteste. — Sie waren der letztere, und Herr
Ribbs der letzte. — Meine Wohnung *(lodgings Pl.)* ist klein, [die] Ihrige
ist kleiner, aber die *(those)* meines Freundes *(friend)* Wilson ist die kleinste.
— Sie haben wenig Geld, ich weniger, aber mein Bruder hat am
wenigsten. — Die Königin ist alt, der König ist älter, aber der erste
(prime) Minister ist der älteste. — Ich bin zwei Jahre älter als mein
jüngerer Bruder, aber zwei Jahre jünger als meine ältere Schwester.

Regel X., XI. Seite 155.

54. Bei den schwersten Unternehmungen war er immer der vorderste.
In difficult enterprise ² 1 always
— Sie drangen in den innersten Theil des Waldes. — Eine Drossel
penetrated into part forest thrush
saß auf dem obersten Zweig. — Im südlichsten Theil von Irland fällt nur
sat upon branch In the part falls⁴
(but²) selten *(seldom³)* Schnee *(snow¹)*.

Regel XII. 1., 2., 3., 4., 5. Seite 155.

55. Sie müssen die Wunde mit lauwarmem Wasser waschen. — Die
² *wound luke-warm wash¹*
Spanierinnen haben kohlschwarzes Haar und milchweiße Hände. — Der Soldat
ist mausetobt. — Er ist ein affenmäßiger, thörichter Mensch, mit einem
schwärzlichen Anzug *(dress)* und weißlichen Hut: er trug *(wore)* auch *(also)*

eine seidene Weste (*waistcoat*), eine goldene Uhr, französische Handschuhe (*gloves*), und um seine | schönen Sachen | noch mehr | zu heben, | hatte
    in order [2]   *finery*   *still more* | *to set off* [1]   [2]
er hölzerne Schuhe an und sein Geldbeutel war mit Kupfer=Geld gefüllt.
[1]   *shoes*   *on*   *purse*   [2]   *copper money filled*[1]
— Diese Kugel ist rund, die da ist runder ([34]) und jene ist die rundeste.
    This   *ball*   *that there*   *that*
— Die äußersten Grenzen des Königreiches sind sehr gebirgig. — Die
      boundaries   *kingdom*   *mountainous*
| Hauptursache | der Veränderung war die allgemeine Armuth der Ein=
  principal cause | *change*   *poverty*
wohner. — Nichts ist allgemeiner als thörichte (*foolish*) Menschen (*people*).
— Seine Großmuth (*generosity*) ist grenzenlos.

Regel XIII. 1., 2., 3. Seite 157.

56. Es ist ruhmvoller zu verzeihen als [sich] zu rächen. — Er liebt
    There is more glory in forgiving   *in revenging*
seinen ältesten Sohn mehr als seine andern Kinder. — Frankreich ist
jetzt viel mächtiger als Spanien. — | Ein feiner Geschmack | ist eine
now   *powerful*   *Delicacy of taste* | [2]
| eben so seltene | Gabe der Natur als [das] wirkliche Genie. — Er ist
  as rare[1] | *gift*   *true*   *genius*
eben so gut als er tapfer ist. — Sie ist nicht so bescheiden als schön. —
quite as   *courageous*[2] [1]   *modest*
Er hat nicht so viele Bücher als ich, er[2] hat aber[1] viel mehr Geld (*money*).
— So wie die Bücher sind, stehen (*are*[2]) sie[1] zu (*at*) Ihren Diensten (*service*).

D. Von den Endungen und der Etymologie der Adjective.

§. 50. Ein großer Theil der Adjective oder Eigenschaftswörter wird im Englischen wie im Deutschen von Hauptwörtern hergeleitet. Einige stammen aus dem Griechischen, Lateinischen oder Französischen her, und nur wenige werden von andern Adjectiven oder Zeitwörtern gebildet.

Von den Hauptwörtern werden die Adjective durch Anhängung verschiedener Ableitungssilben gebildet. Die hauptsächlichsten sind:

Ly, *y*, *less*, *ful*, *ed*, *en*, *some*, *ish*, *able*, *ible*, *ive*, *fold*, *ward*.

Die folgenden Erklärungen hierüber werden diesen Theil der Sprache leicht machen.

Endungen der Adjective.

Ly.

Bezeichnet Aehnlichkeit und Besitz der Eigenschaften des Stammworts.

I. Diese Endung stammt von *lio*, *liek* oder *leik*, Körper, Wesen, Art, Aehnlichkeit, her, und entspricht dem englischen *like* und dem deutschen lich und isch, z. B.:

Father, Vater; *fatherly*, väterlich, wie ein Vater.
Man, Mann; *manly*, männlich, wie ein Mann.
Love, Liebe; *lovely*, lieblich, liebreich (zum lieben).
Heaven, Himmel; *heavenly*, himmlisch zc. zc.

Mittelst dieser Endung bildet man im Englischen aus den Adjectiven die damit verwandten Adverbien, z. B.: *Bad*, schlecht, *badly*, auf eine schlechte Weise zc.

([34]) Obwohl diese Redensart logisch unrichtig ist, so ist sie doch in der Umgangssprache aller Völker gebräuchlich. S. Anm. 20. S. 156.

Y.

ezeichnet auch ben Befit
Figenschaften des Stamm=
tes.

Ed.

rbeutet ebenfalls ben Be=
der Eigenschaften des
nmwortes.

En.

beutet: gemacht von, zu=
rengesetzt von 2c.

Some.

beutet Aehnlichkeit, Gleich=
tnb kommt in allen nor=
n Sprachen und sogar in
m afiatischen vor.

Ful.

zeichnet Ueberfluß, Fülle,
keit, Neigung zum Er=
x, Fruchtbarkeit.

Less.

reutet Entbehrung, Ber=
Mangel 2c.

Ish.

e *y* und *ly* bezeichnet *ish*
chnlichkeit 2c. Es wird
ft gebraucht, um Ber=
ungen, hauptsächlich bei
t zu bezeichnen.

II. Die Endung *y*, welche man im Englischen
sehr vielen Hauptwörtern anhängt, um daraus Ad=
jective zu bilden, stammt von dem Wort *igel, ig, ie,
ähnlich,* her, und entspricht dem beutschen i g, z. B.:

Blood, Blut.   Dirt, Koth.
Bloody, blutig.   Dirty, kothig.   Hair, Haar.
Hairy, haarig.
Marsh, Sumpf.   Silk, Seibe.
Marshy, sumpfig.   Silky, seidenartig.

III. Die Endung *ed*, welche im Englischen sehr
häufig vorkommt, entspricht dem beutschen i g; sie hat
aber stets ein anderes Adjectiv vor sich, z. B.:

Heart, Herz.   Head, Kopf.
Hardhearted, hartherzig.   Thickheaded, bickköpfig.

IV. *En* stammt von *na, nada, en,* einem alten
Particip, welches verfertigt, gemacht, zusammen=
gesetzt 2c. bedeutet. Diese Endung wird jetzt gebraucht,
um aus Stoffnamen Adjective zu bilden, und ent=
spricht dem beutschen en, ern, z. B.:

Gold, Golb.   Wood, Holz.
Golden, golden.   Wooden, hölzern.
Lead, Blei.   Silk, Seibe.
Leaden, bleiern.   Silken, seiden.

NB. Einige Adjective biefer Art sind ben Haupt=
wörtern ganz gleichlautend, z. B.:

Salt (soalt). Salz und salzig.   Iron, Eisen und eifern.
Silver, Silber und filbern.   A silver watch, eine
filberne Uhr; a gold watch, eine goldene Uhr.

V. Diese Endung stammt von dem lateinischen
sum (griechisch σωμα) her; sie entspricht dem engli=
schen *some* und dem beutschen f a m, z. B.:

Trouble, Mühe.   Labour, Arbeit.
Troublesome, läftig.   Laboursome, arbeitsam.

VI. Die Ableitungssilbe *ful* stammt von *fulle*
her und entspricht dem englischen Adjectiv *full* (voll)
und dem beutschen v o l l, l i c h und i g, z. B.:

Care, Sorge.   Joy, Freube.
Careful, sorgfältig.   Joyful, freudig.
Use, Nutzen.   Beauty, Schönheit.
Useful, nützlich.   Beautiful, schön.

VII. *Less* stammt von *leas, less, lose,* welche
Berluft bebeuten. Das englische Zeitwort *to lose,*
kommt aus der nämlichen Quelle. Diese Endung
entspricht dem beutschen l o s oder u n, z. B.:

Hope, Hoffnung.   End, Ende.
Hopeless, hoffnungslos.   Endless, enblos, unenblich.

VIII. Diese Endung stammt auch von *ig, ie,
ise,* welche Besit oder Gleichheit mit der Sache oder
beren Eigenschaften bezeichnen, und entspricht dem
beutschen i s c h oder l i c h, z. B.:

Child (tscheilb), Kind.   White (hueit), weiß.
Childish, kinbisch.   Whitish, weißlich.
Fool (fuhl), Narr.   Red, roth.
Foolish, närrisch.   Reddish, röthlich.
Thief, Dieb.   English, englisch.
Thievish, biebisch.   Irish, irländisch 2c.

11*

Able, Ible.

Werden in drei verschiebenen Bedeutungen gebraucht, nämlich in der von
fähig sein,
geeignet sein und
voll von.

Ive.

Darf beinahe als der Gegensatz zu *able* betrachtet werden. Denn die Hauptwörter, welche *able* zur Bildung des Adjectivs zulassen, können als passiv, dagegen die, welche *ive* annehmen, als (activ) thätig, angesehen werden.

Fold.

Bedeutet etwas aus gleichartigen, aber doch unterschiedenen Dingen bestehendes, als *to fold*, falten.

Ward.

Als Endung bedeutet eine Richtung irgend wohin ic.

§. IX. Diese Endungen stammen größtentheils von *ba*, *la*, welche eine Empfänglichkeit für etwas bezeichnen (35). Sie finden sich in mehr als 600 Eigenschaftswörtern und entsprechen im Ganzen dem deutschen lich, ig und haft, z. B.:

Profit, Vortheil.	*Amiable*, liebenswürdig.
Profitable, vortheilhaft.	*Peaceable*, friedlich.
Legible, leserlich.	*Favorable*, günstig.

X. Diese Endung stammt von dem lateinischen *ivus*, und von dem griechischen ἱκανος, welche passend, fähig sein, bedeuten, und dem deutschen end, sowie dem französischen *if* entsprechen, z. B.:

Negative, verneinend.	*Indicative*, anzeigend.
Persuasive, überredend.	*Active*, thätig.

NB. Die englischen Adjective auf *ic* und *ick* stammen unmittelbar aus dem Griechischen und sind nicht erst durch das Lateinische vermittelt worden, z. B.:

Prophetic, prophetisch.	*Pathetic*, pathetisch.
Magnetic, magnetisch.	*Despotic*, despotisch.

XI. Stammt von *faldan*, *to fold*, falten, wieder falten. Diese Endung wird hauptsächlich bei den Zahlwörtern gebraucht und entspricht dem deutschen fach (fältig), z. B.:

Fivefold, fünffach.	*A hundred-fold*, hundertfach.
Tenfold, zehnfach.	*A thousand-fold*, tausendfach.

XII. Diese Endung stammt von dem angelsächsischen *weard*, *to weard*, englisch *toward*, gegen, her, und entspricht dem deutschen wärts, oder gegen, z. B.:

Homeward, heimwärts.	*Northward*, nordwärts.
Upward, aufwärts.	*Heavenward*, himmelwärts.

§. 51. Andere Adjective werden auf lateinische oder französische Art gebildet; hauptsächlich die, welche von diesen Sprachen herstammen. Die am häufigsten vorkommenden Endungen sind:

Ous, eous, ious, al und *eal*, z. B.:

Danger (dehnds'ch'r), *(danger)*, die Gefahr.	Malice (mall=iß), *(malice)*, die Bosheit.
Dangerous (dehndscherres), gefährlich.	Malicious (mall=ischeß), *(malicious)*,
Musical (miusikl), *(musical)*, musikalisch.	boshaft.

E. Fragen.

1. Aendern sich die Adjective nach Geschlecht, Casus oder Zahl? §. 47. Seite 148.
2. Hat das Adjectiv die nämliche Stellung im Englischen wie im Deutschen. NB. Seite 150.
3. Wie werden die einsilbigen Adjective gesteigert? §. 48. Regel I. S. 151.
4. Wie steigert man die Zweisilbigen, welche auf y enden? Regel II. S. 151.
5. Wie steigert man die Zweisilbigen, welche auf le enden? Regel III. S. 152.
6. Wie werden die Zwei- und Mehrsilbigen im Allgemeinen gesteigert? Reg. V. S. 152.
7. Bei welchen Adjectiven muß der Consonant verdoppelt werden? Reg. VI. S. 152.
8. Welche Adjective werden unregelmäßig gesteigert? Reg. IX. S. 154.

(35) Der berühmte Philolog *Horn Tooke* war einer der ersten, der diese Meinung äußerte.

9.   Wie bildet man den Superlativ der Adjective *fore*, *hind*, *etc.?* Reg. X. S. 155.
10. Welche Adjective sind im Allgemeinen keiner Steigerung fähig? Reg. XII. S. 155.
11. Mit welchem Worte muß man das deutsche a l s übersetzen, wenn es nach einem Adjectiv im Comparativ steht? Reg. XIII. 1. S. 157.
12. Wie übersetzt man die Vergleichungswörter so—als, so—wie bei einem Adjectiv im Positiv? Reg. XIII. 2. S. 157.
13. Wie drückt man so—als in verneinenden Sätzen aus? Reg. XIII. 3. S. 157.

VIII. Kapitel.
Vom Zahlwort.

A. Haupt- oder Grundzahlen.   **B.** Numerative.
C. Ordnungszahlen.   **D.** Anführungszahlen.
E. Wiederholungszahlen.   **F.** Vervielfältigungszahlen.
G. Gattungs- oder Artzahlen.   Einerlei, zweierlei ꝛc.
H. Sammelzahlwörter oder collective Substantive.
I. Bruchzahlen.   **K.** Zeit- oder Stundenangaben.
L. Fragen.

§. 52.   Die Zahlwörter sind unveränderlich.   Sie werden in zwei Hauptklassen getheilt: Grund- oder Hauptzahlen *(cardinal numbers)*, und Ordnungszahlen *(ordinal numbers)*.   Die ersten bezeichnen die Anzahl, die letztern die Reihenfolge der Gegenstände (1).

A. Haupt- oder Grundzahlen (Cardinal numbers).

0.	Zero (1b) (siro), Null.	XVIII.	Eighteen (ehttihn), achtzehn.
I.	One (uonn), eins, ein.	XIX.	Nineteen (neintihn), neunzehn.
II.	Two (1c) (tu), zwei.	XX.	Twenty (tuenti), zwanzig.
III.	Three (thrih), drei.	XXI.	Twenty-one (tuenti uonn), oder one-and-twenty (a), ein und zwanzig.
IV.	Four (fohr), vier.		
V.	Five (feiw), fünf.		
VI.	Six (sids), sechs.	XXII.	Twenty-two (tuenti tu), zwei und zwanzig.
VII.	Seven (seww'n), sieben.		
VIII.	Eight (eht), acht.	XXIII.	Twenty-three (tuenti thrih), drei und zwanzig.
IX.	Nine (nein), neun.		
X.	Ten (tenn), zehn.	XXIV.	Twenty-four (tuenti fohr), vier und zwanzig.
XI.	Eleven (ileww'n), elf.		
XII.	Twelve (tuelw), zwölf.	XXV.	Twenty-five, fünf und zwanzig.
XIII.	Thirteen (thörtihn), dreizehn.	XXVI.	Twenty-six, sechs und zwanzig.
XIV.	Fourteen (fohrtihn), vierzehn.	XXVII.	Twenty-seven, sieben und zwanzig.
XV.	Fifteen (fiftihn), fünfzehn.		
XVI.	Sixteen (sidstihn), sechzehn.	XXVIII.	Twenty-eight, acht und zwanzig.
XVII.	Seventeen(seww'ntihn),siebenzehn.	XXIX.	Twenty-nine, neun und zwanzig.

(1)   Die Zahlwörter werden von den meisten Grammatiken zu den Adjectiven gezählt.
(1b) Zero (0) heißt im Englischen nur der Gefrier- oder Nullpunkt in der Physik; das deutsche „Null (0)" beim Rechnen ꝛc. dagegen "cipher oder nought", z. B.: *He is a cipher* (self'r) (0).   Er ist eine Null (0). *Twice nought* (noaht) (0) is nothing.   Zweimal Null (0) ist Null (0).
(1c) Bei einigen der älteren Schriftsteller trifft man das Wort *twain* (zwei), daher *a twin* (ein Zwilling), *twins* (Zwillinge).   *A triplet* (ein Drilling).

XXX.	Thirty (thörrti), breißig.	CII.	A hundred and two, hundert und zwei.
XXXI.	Thirty-one (thörrti uonn) ober one - and - thirty, ein und breißig.	CIII.	A hundred and three, hundert und brei.
XL.	Forty (forrti), vierzig.	D.	Five hundred, fünf hundert.
XLI.	Forty-one (forrti uonn) ober one-and-forty, ein und vierzig.	M.	A thousand (thauf'nd),tausend.
L.	Fifty (fiffti), fünfzig.	MCI.	One thousand *(d)* one hundred and one, ein tausend ein hundert und ein.
LI.	Fifty-one, ein und fünfzig.		
LII.	Fifty-two, zwei und fünfzig.		
LIII.	Fifty-three, brei und fünfzig.	IIMCCIII.	Two thousand two hundred and three, zwei tausend zwei hundert und brei.
LX.	Sixty (sicksti), sechzig.		
LXI.	Sixty - one (sicksti uonn), ein und sechzig.	XCM.	A million (e miljenn), eine Million.
LXX.	Seventy (seww'nti), siebenzig.		
LXXI.	Seventy-one (seww'nti uonn), ein und siebenzig.	One million, one thousand, one hundred and one, eine Million, ein tausend, ein hundert und ein.	
LXXX.	Eighty (ehtti), achtzig.		
LXXXI.	Eighty-one (ehtti uonn), ein und achtzig.	Two million, two thousand, two hundred and two, zwei Millionen, zwei tausend, zwei hundert und zwei.	
XC.	Ninety (neinti), neunzig.		
XCI.	Ninety-one (neinti uonn), ein und neunzig.	Ten millions (²) of dollars, zehn Millionen Thaler.	
C.	A hundred *(b)* (e honnbreb), hundert.	Eighteen hundred *and* sixty - five, MDCCCLXV, 1865.	
CI.	A hundred and one *(c)*, hundert und ein.	Three hundred thousand, breimal hundert tausend.	

Regel I.

§. 53. *(a)* Von zwanzig bis fünfzig kann man auf französische ober beutsche Art zählen, z. B.:

Twenty-five ober *five-and-twenty; thirty-six* ober *six-and-thirty; forty-eight* ober *eight-and-forty.*

Bei Zahlen über fünfzig ist die beutsche Art zu zählen nicht mehr gebräuchlich; folglich barf man nicht *four-and-fifty, six-and-eighty* sagen, sondern *fifty-four, eighty-six* u. s. w.

NB. Auch bei den Zahlen unter 50 ist die französische Art zu zählen der beutschen immer vorzuziehen; ja man muß dieselbe wählen, wenn den Zehnern eine größere Zahl vorhergeht, z. B.: *Two hundred* and *twenty-five*, nicht: *two hundred and five and twenty.*

Regel II.

(b) Die Wörter *a hundred, a thousand,* werden öfters, *a million, a billion, etc.* beinahe immer als Hauptwörter angewendet. Sie können in der Einzahl nie ohne den unbestimmten Artikel oder ein Zahlwort gebraucht werden, z. B.: *a* ober *one hundred* men; *a* ober *one thousand* men; *a* ober *one million of* men, etc.

Regel III.

(c) Folgen auf die Hunderter oder Tausender noch Zehner oder Einer, so barf vor den letztern, wie im Deutschen, das 'and' nicht fehlen, z. B.:

(2) NB. So oft das Wort "million' vor einem Hauptworte oder allein steht, so nimmt es im Plural ein "s" an und wird mit dem barauf folgenden Substantivum durch die Präposition "of" verbunden, z. B.:

Five *millions* of souls. Five *millions* and a half	Fünf Millionen Seelen. Sechsthalb Millionen.
The population has increased by two *millions*	Die Bevölkerung hat sich um zwei Millionen vermehrt.

Bisweilen sagt man aber auch: Ten *million* dollars, two *million* pounds sterling, etc.
NB. Vor andern Zahlen aber nimmt *"million"* kein "s" im Plural an, z. B.:

Five *million two hundred thousand* souls.	Fünf Millionen zwei hundert tausend Seelen.

a hundred and twenty-one, oder one hundred and one, two, five, etc. | A thousand oder one thousand and one, two, twenty, ninety, etc. (2b)

NB. 1. Man braucht *one*, wenn von Datum, und *a* oder *one*, wenn von Quantitäten die Rede ist, z. B.:

In the year one thousand eight hundred and sixty-five, 1865, oder besser: In the year eighteen hundred and sixty-five, 1865. | Im Jahre (ein) (3) tausend acht hundert fünf und sechzig (achtzehnhundert fünf und sechzig).

Die letztere Form ist die gebräuchlichste. Man sagt auch *in* 1865.

Wie viel Geld? *A* hundred, *a* thousand, *a* hundred thousand pounds.
Wie viele Soldaten? *A* hundred, *a* thousand, *a* hundred and fifty thousand, etc.

NB. 2. Man darf aber auch *one hundred, etc.* bei Quantitäten sagen, man muß sogar *one* setzen, wenn noch andere Zahlen in demselben Satze vorkommen, z. B.:

The servant has bought *one* pound of coffee, and two pounds of tea, etc. | Der Bediente hat ein Pfund Kaffee und zwei Pfund Thee gekauft.

Regel IV.

(d) Wenn die Zahlwörter *hundred* und *thousand* als Haupt- oder Sammelwörter gebraucht werden, so nehmen sie ein *s* im *Plural* an und werden mit dem folgenden Substantive durch *of* verbunden, z. B.:

Many *hundreds* of men. | Viele Hunderte von Menschen.
Thousands of women. | Tausende von Frauen.

Regel V.

Das Hauptwort nach einem Zahlwort weggelassen.

(e) Im Englischen wird nach einem Zahlwort das zugehörige Hauptwort öfters ausgelassen, z. B.:

She is a girl of *eighteen* (years). (3b) | Es ist ein Mädchen von achtzehn Jahren.
He is a man of *six feet four* (inches). | Er ist ein Mann von sechs Fuß vier Zoll.
A woman of *three score* (4) *and ten.* | Eine Frau von siebenzig Jahren.
A chaise and *pair* (5) (of horses). | Ein zweispänniger Wagen, Zweispänner.
A coach and *six* (horses). | Eine Kutsche mit Sechsen (mit 6 Pferden).
He drives a coach and *eight.* | Er fährt achtspännig.
A room twelve *feet* by *eight* (feet). (6) | Ein Zimmer zwölf Schuh lang und acht Schuh breit.

Aufgaben über die Haupt- oder Grundzahlen.

§ 52. Regel I., II., III. a., b, c.

57. Ludwig der Erste, Er-König von Bayern, ward im² Jahre siebenzehn hundert sechs und achtzig geboren (*born*)¹. — Victoria, Königin von

---

(2b) Bei größeren Zahlen muß jedesmal zwischen hundert und die folgende Zahl 'and' gesetzt werten, z. B..
One hundred and twenty-five thousand, three hundred and forty-four 125,344.

(3) Im Deutschen kann man bei 100 und 1000 das Wort ein weglassen, im Englischen ist aber dieses nicht gestattet, z. B.·
I have a (one) hundred (one thousand) | Ich habe (ein) hundert (und) fünfzig Pfund.
and fifty pounds. | Ich habe (ein) tausend und fünfzig Pfund.

(3b) NB. Wenn dem Zahlworte ein Hauptwort nicht unmittelbar vorhergeht, so muß man, wie im Deutschen, das Wort 'years' hinzufügen, was wohl zu beachten ist, z. B..
The girl who has married yesterday is | Das Mädchen, welches gestern verheirathet wurde, eighteen years of age. | ist achtzehn Jahre alt.

(4) A score heißt eine Steige — zwanzig Stück. A man of three score (sixty); a woman of four score and ten (ninety). Unter sechzig aber sagt man lieber forty, fifty, forty-five, fifty-six, etc.

(5) Für Einspänner sagt man: A one-horse chaise, oder a single-horse chaise.

(6) NB. Man sagt aber: A room 12 feet long, 8 broad and 15 high, oder: 12 feet by 8, and 15 high.

England, beſtieg (*ascended*) ben engliſchen Thron am zwanzigſten Juni(*)
im Jahr achtzehnhundert ſieben und breißig; | damals | war ſie acht=
　　　　　　　　　　　　　　　　　　　　　　　at that time
zehn Jahre alt, jetzt iſt ſie ſechs und vierzig. — Im April achtzehn hundert
brei und vierzig wurde ein Ochſe | des | Herzogs von Wellington
　　　　　　　　　　　was[5] 1 *ox*[2] | *belonging to the*[3] | 4
für (*for*[7]) brei und ſiebenzig Pfund zehn Schilling und acht Pence
verkauft; er hatte das ungeheure Gewicht von zwei tauſend zwei hundert
sold[6]　　*weighed*　　*immense*　　*weight*
ſechszehn Pfund, alſo zwei und zwanzig Centner ſechszehn Pfund. —
　　　　　　　that is　　　　　　　　*Cwt. (hundred weight)*
Der ſämmtliche Bierverbrauch Londons | beträgt im Durchſchnitt | zwei
　　entire　　*beer-consumption of*　　| *amounts, on the average, to* |
hundert acht und achtzig Millionen Maaß bayeriſch jährlich. — Nach der
　　　　　　　　　　　quart[2]　1　　　　　*yearly*　　　*According to*
Volkszählung von 1864 beträgt die Einwohnerzahl Londons, die Vorſtädte
census　　　　　　5　1　*population*[2]　3　　4　*suburbs*
| mit gerechnet | brei Millionen breihundert und ſechszehn tauſend neun=
| *included* |
hundert und ſechzig Seelen. — London iſt [unter] ben großen Städten
　　　　souls　　　　　　　　　　　*of the*[4] *great*　*cities*
Europas eine der geſündeſten: in London ſtirbt jährlich | eine Perſon | von je|
of　　1　2　*healthiest*[3]　　　　*dies*[2] *yearly*[3] | *one person*[1] |*in every*|
fünf und vierzig, in Paris eine (*one*) von (*in*) zwei und vierzig, in Berlin
eine von neun und breißig, in München eine von ſechs und breißig, in Rom
eine von acht und zwanzig, in Neapel eine von vier und zwanzig, in Wien
eine von acht und zwanzig, und in Amſterdam eine von zwei und zwanzig
ber ganzen (*whole*) Einwohnerzahl (*population*). — Mein Bedienter hat
zwei Pfund Zucker, vier Pfund Thee und ein Pfund Kaffee gekauft. —
2　　*of sugar*　　　　　　　　　　　　　　　　　　　　　　*bought*[1]
Geſtern [habe] ich für hundert fünfzig Gulden Bücher, für hundert ein und
Yesterday　　　*for*[3]　4　　　5　　6　*books*[2]　8　　9
zwanzig Gulden Papier, und für einen Gulden Federn und Tinte gekauft (6b)
　paper[7]　10　14　　　　　*pens*[11]　12　*ink*[13] *bought*[1]

§. 53. Regel IV., V. d, e. Seite 167.

• 58. Tauſende von Menſchen wandern (*emigrate*) jährlich (*yearly*) von
England und Irland nach (*to*) Amerika, Auſtralien und andern (*other*)
Colonien [aus]. — Millionen Menſchen ſind für ihre Religion geſtorben. —
colonies　　　　　　　　　　　　*have for*[2] *their* — *died*[1]
Hunderte von Menſchen verlieren jährlich burch Schiffbruch an der irlän=
　　　　　　　　　　　　loss　　3　　　*by*　*shipwreck*　*on*
biſchen Küſte ihr Leben. — In der | ganzen | engliſchen Armee, die
　　coast　1　2　　　5　| *whole of the* |　　　　　　　　*which*
aus hundert ein und zwanzig tauſend, ein hundert ein und zwanzig Mann
of[7]　　　　　　　　　　　　　　　　　　　　(ſ. Reg. XIII. S. 38.)
beſteht, hatte vor ſechs Jahren der kleinſte Mann fünf Schuh acht [Zoll]
consists[6] *was* *ago*[3]　1　　2　　4　*small*　　　　*feet*

<hr>

(*) Siehe Regel II. Seite 170
(6b) Die Conſtruction obiger und ähnlicher Phraſen ſtimmt gänzlich mit der franzöſiſchen überein, z. B.:
„Geſtern habe ich." — Was habe ich geſtern gethan? „Ich habe gekauft." Was habe ich
gekauft? „Ich habe Bücher gekauft." Für wie viel? „Für hundert fünfzig Gulden" ꝛc. ꝛc.

englisches Maaß, welches ungefähr sechs Schuh bayerisch ist, jetzt aber ist
measure *which* *about* [2] 1 *now* [2] *but* [1] 5
das Militärmaaß fünf Schuh sechs Zoll. — Der unsterbliche Newton
[3] *standard* [4] *inch* *immortal*
(njut'n), der (*who*) im [2] Jahr siebenzehn hundert sieben und zwanzig starb
(*died*) [1], war ein Mann von fünf und achtzig Jahren. — Die Königin
von England fährt (*drives*) achtspännig, der Abel (*nobles*) vier= und sechs=
spännig. — Er hat einen einspännigen und einen zweispännigen Wagen.

B. §. 54. Numerationstabelle. (Numeration table.)

Units.	Einer.	1.	One.
Tens.	Zehner.	12.	Twelve.
Hundreds.	Hunderter.	122.	One hundred and twenty-two.
Thousands.	Tausender.	1,122.	One thousand one hundred and twenty two
Tens of thousands.	Zehntausender.	12,222.	Twelve thousand two hundred and twenty-two.
Hundreds of thousands.	Hunderttausender.	122,222.	One hundred and twenty two thousand two hundred and twenty-two.
Millions.	Millioner.	1,222,222.	One million two hundred and twenty two thousand two hundred and twenty-two.
Tens of millions.	Zehnmillioner.	12,222,222.	Twelve million two hundred and twenty two thousand two hundred and twenty two.
Hundreds of millions.	Hundertmillioner.	122,222,222.	One hundred and twenty two million two hundred and twenty two thousand two hundred and twenty two.
Thousands of millions.	Tausendmillioner.	1,222,222,222.	One thousand two hundred and twenty two million two hundred and twenty two thousand two hundred and twenty-two.

NB. Aus dem Obigen ersieht man, daß an siebenter Stelle *millions* stehen;
sechs Ziffern mehr würden *billions*, sechs mehr *trillions*, und so fort je sechs Ziffern
quadrillions, quintillions, sextillions, septillions, octillions, nontillions, decillions, etc.
ausmachen.

C. Ordnungszahlen. (Ordinal numbers.)

§. 55. Die Ordnungszahlen werden (mit Ausnahme der drei
ersten) von den Grundzahlen durch ein angefügtes *th* gebildet.

The first (*es*) (bthe förrst), der erste.
— second (seff'nb), der zweite.
— third (thörrb), der dritte.
— fourth (fohrth), der vierte.
— fifth (fiffth), der fünfte.
— sixth (sifffth), der sechste.
— seventh (seww'nth), der siebente.
— eighth (ehth), der achte.
— ninth (neinth), der neunte.
— tenth (tennth), der zehnte.
— eleventh (ileww'nth), der elfte.
— twelfth (tuelfth), der zwölfte.
— thirteenth (bthörrtihnth), der drei=
zehnte.
— fourteenth (fohrtihnth), der vier=
zehnte.

The fifteenth (fifftihnth), der fünfzehnte.
— sixteenth (sifs=tihnth), der sech=
zehnte.
— seventeenth (seww'ntihnth), der
siebenzehnte.
— eighteenth (ehtihnth), der achtzehnte.
— nineteenth (neintihnth), der neun=
zehnte.
— twentieth (tuenti=eth), der zwan=
zigste.
— twenty-first (tuenti=förrst), der ein=
und zwanzigste.
— twenty-second, der zwei und zwan=
zigste.
— twenty-third, der drei und zwan=
zigste 2c., auch:

The one-and-twentieth (⁷) (bthe uonn
ennb tuentieth).
— two-and-twentieth, etc.
— thirtieth (thörrti-eth), der breißigste.
— thirty-first (thörtti-förrst), der ein-
und dreißigste.
— thirty-third (thörrti-thörrb), der drei-
und dreißigste.
— fortieth (forrti-ehth), der vierzigste.
— forty-first, der ein und vierzigste.
— fiftieth (fifsti-eth, der fünfzigste.
— fifty-first, der ein und fünfzigste.
— sixtieth (sifs-ti-eth), der sechzigste.
— seventieth (sewwn-ti-eth), der sieben-
zigste
— eightieth (eh-ti-eth), der achtzigste.
— ninetieth (neinti-eth), der neunzigste.
— hundredth (hounbreth), der hundertste.

The hundred and first (honnbreb emb
förrst), der hundert und erste.
— hundred and twentieth, der hundert
und zwanzigste.
— two hundredth (tu honnbreth), der
zwei hundertste
— three hundredth, der drei hundertste.
— thousandth (thausennbth), der tau-
sendste.
— ten thousand and tenth, der zehn
tausend und zehnte.
— millionth (miljennth), der zehnmal-
hunderttausendste.
Eine Art Ordnungszahlen sind:
— last but one, der vorletzte.
— last, der letzte.
— former (⁸), der erstere.
— latter, der letztere.

Regel I.

(a) NB. Die Ordnungszahlen fordern immer den Artikel, z. B.:

Book *the first*, chapter *the second*, page
the third, act *the fourth*, etc., oder
The first book, second chapter, etc.

Erstes Buch, zweites Kapitel, dritte Seite,
vierter Act, u. s. w.

Regel II.

Zur Bezeichnung der Regenten gleichen Namens und bei Angabe des Monatsdatums braucht man, wie im Deutschen, stets die Ordnungszahlen, z. B.:

Victoria *the First* oder I.
Lewis *the Fourteenth* oder XIV.
Leo *the Tenth* oder X., etc.
The first of January.
He died *the second* oder on *the second*
of *May* oder May *the second*.
1st, 2nd, 3rd, 4th, 7th June.

Victoria die erste oder I.
Ludwig der vierzehnte oder XIV.
Leo der zehnte oder X.
Der erste Januar.
Er starb am zweiten Mai.

Am 1sten, 2ten, 3ten, 4ten, 7ten Juni.

NB. 1. Bei mit Ziffern geschriebenen Monatsdaten werden, besonders in
Briefen, *the* und *of* stets ausgelassen beim Lesen aber eingeschaltet, z. B.:
London, 12th. September, 1865; wird gelesen:
London, *the twelfth of* September, oder London, September *the twelfth*, 1865.
Louis XVI. ascended the throne *May* 10th *(the tenth)*, 1774, was driven
from the Tuilleries *August* 10th, 1792; and imprisoned on *the* 14th
(of) September following.
Steht vor der Jahreszahl kein Datum, so muß man "*in*" davor setzen, z. B.:
Wellington died *in* 1852 (oder *in the year* 1852), oder *in* September, 1852.

NB. 2. Die Ordnungszahlen nehmen auch das Zeichen des angelsächsischen
Genitivs an, z. B.:

In Charles *the Second's* reign, the plague
raged in London.

Unter der Regierung Karls des Zweiten
wüthete in London die Pest.

Regel III.
D. Anführungszahlen. (Quotation numbers.)

§. 56 Die Anführungszahlen bildet man von den Ordnungszahlen
durch Anhängung der Sylbe *ly*, die dem deutschen *ens* entspricht, z. B.:

---

(7) Diese Art ist nicht so gebräuchlich, und die Nicht-Engländer thäten besser, sich nur der vorhergehenden Art, *twenty-first*, etc, zu bedienen.
(8) Die Erklärung hierüber findet man Anmerkung 60, Seite 196.

rst (⁹) (förrst), erstens, erstlich.	Sixthly (fixthli), sechstens.
condly (sek'ndli), zweitens.	Seventhly (sevw'nthli), siebentens.
irdly (thörrdli), drittens.	Eighthly (ehthli), achtens.
urthly (fohrthli), viertens.	Ninthly (neinthli), neuntens.
fthly (fifthli), fünftens.	Tenthly (tennthli), zehntens.

Weiter als *tenthly* ist diese Form nicht gebräuchlich, sondern man bedient sich genber Ausdrucksweise:

the eleventh place (plehß), elftens.	In the twelfth place, zwölftens ꝛc.

NB. Man kann aber auch statt *first, secondly, etc.*, eben so gut

the first place, erstens.	In the second place, zweitens ꝛc., sagen.

Regel IV.

E. Die Wiederholungs= oder Multiplicationszahlen.
(Repetition numbers.)

§. 57. Die Wiederholungszahlen antworten auf die Frage:

e viel mal?	How many times?
a mal, fünfmal, zehnmal ꝛc.	Once, five times, ten times, etc.

Mit Ausnahme der drei ersten hat man im Englischen keine besondere Form ür, sondern bildet sie, indem man die Mehrzahl von *time* = Mal, den Grunds ien hinzufügt:

ce (uonnß), einmal	Forty times, vierzigmal.
rice (¹⁰) (tueiß), zweimal.	A hundred times, hundertmal.
irice (¹¹) (threiß), oder	A thousand times, tausendmal.
iree times (teims), dreimal.	A million times, millionmal.
ur times (fohr teims), viermal.	Millions of times, Millionen Male.
ve times, fünfmal.	Several times, verschiedene Male.
x times, sechsmal.	Many (menni) times, vielmals.
n times, zehnmal.	Some (somm) times, manchmal, bisweilen.

NB. Auch die Ordnungszahlen werden auf diese Art mit *time* zusammen- ickt, z. B.:

ie first, the second, the tenth time.	Das erste, zweite, zehnte Mal.
ie hundredth, the thousandth time.	Das hundertste, tausendste Mal.
isterday I saw the king for *the first*,	Gestern sah ich den König zum ersten und
and the queen for the *second time*.	die Königin zum zweiten Mal.

Regel V.

F. Die Vervielfältigungszahlen. (Multiplication numbers.)

§. 58. Die Vervielfältigungszahlen antworten auf die Frage:

Wie vielfach?	How many fold?

Die englische Sprache hat für die meisten doppelte Formen:

1) eine lateinische, die mit Ausnahme von *"single, double, treble"* selten außer der höheren Sprache gebraucht wird, z. B.:

igle (fing'l), einfach, einzeln.	Sextuple, sechsfach.
uble (bobbl), zweifach, doppelt.	Septuple, siebenfach.
eble (trebl), triple (tripl), dreifach.	Octuple, achtfach.
adruple (kuodbruhpl), vierfach.	Decuple (dehkuhpl), zehnfach.
intuple (kuintuhpl), fünffach.	Centuple (senntuhpl), hundertfach,

---

(⁹) Statt *first* findet man bisweilen, hauptsächlich bei *Goldsmith* '*firstly*'; in den englischen Wörterbüchern von *Johnson, Walker, Webster, etc.* ist es jedoch nicht zu finden.

10) *One time, two times* sagt man nur, wenn sie in Verbindung mit *three times* stehen, als: One, two, or three, times (ein= zwei= oder dreimal). Two or three times, aber once or twice. Man merke Folgendes:

Once one is one. Twice two is four. One and one make two	Einmal eins ist eins. Zweimal zwei ist vier. Eins und eins ist (macht) zwei.

11) Anstatt *thrice* sagt man besser: three times.

und 2) eine englische, die aus den Grundzahlen mit *"fold* (fach, fältig)" gebildet und meistens im gewöhnlichen Leben angewendet wird, z. B.:

Twofold (tuhfold), zweifach.	Eightfold (ehtfold), achtfach.
Threefold (thrihfold), dreifach.	Tenfold. zehnfach.
Fourfold (fohrfold), vierfach.	A hundredfold, hundertfach oder fältig.
Fivefold (feiwfold), fünffach.	A thousandfold, tausendfach.
Sixfold, sechsfach.	Manyfold, vielfach.

Regel VI.
G. Gattungs= oder Artzahlen. (Special numbers.)

§. 59. Die Wörter einerlei, zweierlei, dreierlei u. s. w. werden im Englischen durch das Hauptwort *sort* oder *kind*, Art oder Gattung und die Präposition *of* ausgedrückt, z. B.:

Er hat dreierlei Weine (Wein) im Keller.	He has *three sorts* of wine in his cellar.
Sie hat hunderterlei Sachen.	She has a hundred *different kinds* of things.
Er hat allerlei (vielerlei) Papier.	He has *all (many) sorts* of paper.
Es ist mir einerlei.	It is *all the same* to me, oder
Es ist mir eins.	It is *all one* to me.

Regel VII.
H. Sammelzahlwörter und Sammelnamen.

§. 60. Sammelzahlwörter ([12]) drücken eine bestimmte, die Sammelnamen im Allgemeinen eine unbestimmte Menge von unterschiedbaren Einheiten derselben Gattung als ein zusammengehöriges Ganzes aus, z. B.:

A pair (pehr) of ([12b]) boots (buhts), ein Paar Stiefeln.	A dozen (doss'n). ein Dutzend.
A brace (brehß) of pistols (pißtls), ein Paar Pistolen ([12c]).	A score (skohr), zwanzig, eine Steige *(une vingtaine).* ([12])
A covey (kowwi) of partridges, eine Kette Rebhühner.	A gross, zwölf Dutzend, ein Groß.
A bevy (bewwi) of quails (kuehls), ein Flug Wachteln.	A pack, der, das Pack, eine Rotte (Bösewichte), eine Koppel (Hunde).
A leash (lihsch) of pheasants (fess'nts), drei Fasanen.	A flock, ein Trupp, Heerde (Schafe), Zug (Vögel).
A couple (koppl) of fowl (faul), ein Paar Kapaunen.	A drove (drohw), ein Trieb, Heerde.
A brood (bruhd) of chickens (tschik'ns), eine Brut Hühner.	A herd (*of oxen, pigs*), eine Heerde (Ochsen, Schweine).
	A quire (kueir) *of paper*, ein Buch Papier.

NB. Die Ausdrücke „alle beide, alle vier, die zwei ersten," ꝛc., werden folgender Weise im Englischen gegeben, z. B.:

Both *(tous deux* ob. *tous les deux).*	Alle beide oder blos beide.
All three, all four, etc.	Alle drei, alle vier ꝛc.
Two by two ob. two and two.	Zwei und zwei *(deux à deux).*
The *first two* ([12d]); the *two first*.	Die ersten zwei, die zwei ersten.
Pair-wise.	Paarweise.

---

(12) Zu den Sammelzahlwörtern kann man auch die folgenden Ausdrücke für Zeiträume zählen: A *lustrum*, das Lustrum (5 Jahre). — A *decennium (decennary)*, ein Jahrzehent. A *century*, ein Jahrhundert. — A *millennium*, ein Jahrtausend. NB. Die Ausdrücke „ein Sechziger, Achtziger," gibt man mit *sexagenarian, octagenarian.*

(12b) NB. Es ist wohl zu beachten, daß man im Englischen abweichend vom Deutschen zwischen das Sammelzahlwort und das dazu gehörige Dingwort stets *of* (von) setzen muß. Siehe Reg. IV., V., Seite 407 der Syntaxis.

(12c) Ueber den Gebrauch von *pair, brace, couple, etc.* siehe Anmerkung 28, Seite 86.

(12d) NB. "*The first, two, three*", etc., bezieht sich auf eine Reihe von zweien, dreien, ꝛc., "*the two first*", dagegen bezeichnet die zwei ersten, nächsten, überhaupt, z. B.:

Beiſpiele.

I saw them *both* yesterday.	Geſtern ſah ich ſie alle beide.
All three are beautiful.	Alle drei ſind ſehr ſchön.
The ladies entered the saloon *two by two*.	Die Damen traten zwei und zwei in den Salon.

Regel VIII.

I. Von den Bruchzahlen. (Fractional numbers.)

§. 61. 1) Die Bruchzahlen werden im Engliſchen auf folgende Weiſe ausgedrückt:

The whole (hohl), das Ganze.	One (ob. *a*) dozen and a half of eggs, anderthalb Dutzend Eier.
The half (hahf), die Hälfte.	One and a half, anderthalb (13).
Two halves (tu hahws), zwei Halbe.	Two *pounds* and a half, dritthalb Pfund.
A quarter (kworrter), ein Viertel.	Four years (14) and a quarter, vier
A quarter *of a* pound, ein Viertelpfund.	und ein viertel Jahr.
Half a pound, ein halbes Pfund.	Six pounds and three quarters *of* tea,
Half a score, eine halbe Steige, zehn.	ſechs drei viertel Pfund Thee.
Half a dozen, ein halbes Dutzend.	

NB. Wenn man vom engliſchen Geld ſpricht, ſo darf man nicht *one and a half pound* oder *shilling*, *etc.*, anderthalb Pfund oder Schilling ꝛc. ſagen, ſondern wie folgt:

One pound ten (shillings).	Anderthalb Pfund Sterling.
One (shilling) and sixpence.	Anderthalb Schilling.
One pound, ten (shillings) and sixpence halfpenny (hehp=ni), £ 1. 10. 6½ *d.*	Ein Pfund, zehn Schillinge und ſechs und einen halben Pfennig.
One *(shilling)* and eight pence three farthings; 1 *s.* 8¾ *d.* (15).	Ein Schilling und 8¾ Pfennige.

Read the *two first* pages.	Leſen Sie die zwei erſten Seiten.
The *first two* in this row are my best pupils.	Die erſten zwei in dieſer Reihe ſind meine beſten Schüler.

Daſſelbe iſt der Fall bei: The *two others*; the *other two*, etc.

(13) Im Engliſchen ſagt man nicht anderthalb, dritthalb Monate, ꝛc., ſondern wie folgt:

A week ago, vor einer Woche.	Two months ago, vor zwei Monaten.
A fortnight ago, vor vierzehn Tagen.	Nine, eleven weeks ago, vor neun, eilf Wochen.
Three weeks ago, vor drei Wochen.	Ten weeks ago, vor dritthalb Monat (10 Wochen).
A month ago, vor einem Monate.	Three months ago, vor drei Monaten.
Six weeks ago, vor anderthalb Monat.	The child is *six weeks* old, das Kind iſt anderthalb Monat alt.

NB. Heute über acht Tage, über vierzehn Tage, über einen Monat, über's Jahr, drückt man wie folgt aus:

This day week, this day fortnight, this day month, this day year, etc.

(14) Es iſt wohl zu merken, daß man im Engliſchen wie im Franzöſiſchen wie eine Bruchzahl vor ein Hauptwort im *Plural* ſetzen darf, wie es im Deutſchen der Fall iſt. Man darf z. B. nicht ſagen: Two and a half hours, days, etc., zwei und eine halbe (dritthalb) Stunde, Tage ꝛc., ſondern Two hours and a half, two days and a half. *Deux heures et demie, deux jours et demi.* Eben ſo wenig darf man ſagen: One or two days, (einen oder zwei Tage); *one or two pounds* (ein oder zwei Pfund), ſondern *A* (oder one) day or two, einen Tag oder zwei; *a pound or two* (ein Pfund oder zwei). *A* (oder one) *day* or two, *un jour ou deux*, einen Tag oder zwei ꝛc.

(15) Die gangbaren engliſchen Münzen ſind:

	Gold.			Werth.		Gewicht.		
	£	*s.*	*d.*	*fl*	*xr*	*os.*	*dwt.*	*gr.*
5 Sovereign-Stück	5	—	—	60	—	1	5	16—370.
Double sovereign	2	—	—	24	—	10	6	548.
Sovereign (ſoww'rn)	1	—	—	12	—	5	3—274.	
Half sovereign	—	10	—	6	—	2	13—637.	
Guinea (ghinni) *	1	1	—	12	36	5	9—60.	
	Silver.							
Crown (kraun), Krone	—	5	—	3	—	18	4—36.	
Half Crown	—	2	6	1	30	9	2—18.	
Shilling	—	1	—	—	36	3	15—27.	
Sixpence (½ Shilling)	—	—	6	—	18	1	19—63.	

* Die *guinea* iſt eine alte Münze aus der Zeit Anna's, Georg's I. und II.

2) Die übrigen Bruchzahlen (mit Ausnahme von *half, one half)* drückt man durch die substantivisch gebrauchte Ordnungszahlen aus.   Sie können daher den Artikel oder ein sonstiges Bestimmungswort vor sich nehmen und bilden den *Plural* durch ein angehängtes *s*, z. B.:

Half, one half, halb, eine Hälfte.	A fifth, ein Fünftel.
Two halves, zwei Hälften, zwei Halbe.	Four fifths, vier Fünftel.
A *(the)* third, ein (das) Drittel.	An eighth, ein Achtel
Two thirds, zwei Drittel.	Seven eighths, sieben Achtel.
A fourth, ein Viertel.	A twentieth, ein Zwanzigstel.
Three fourths, drei Viertel.	Nineteen twentieths, 19 Zwanzigstel.

NB. 2. Statt *a fourth* (ein Viertel), sagt man *a quarter*, wenn nicht eine wirkliche Bruchzahl, sondern eine Maaßbestimmung angedeutet werden soll, z. B.:

A quarter of an hour, of a mile, of a year, etc.	Eine Viertelstunde, Meile, Jahr, ꝛc.
A quarter *(of a pound)*, of a hundred-weight (ueht) *of* coffee.	Ein Vierling, ein Viertelzentner Kaffee.

3) Mit dem bestimmenden Artikel und bei zusammengesetzten Bruchzahlen, vom Drittel an, bedient man sich im Englischen häufig, wie im Deutschen, des Wortes *part,* Theil, z. B.:

Will you take *the third part* of this money?	Wollen Sie den dritten Theil dieses Geldes nehmen?
No; but I'll take *the fourth part,* etc.	Nein; aber ich werde den vierten Theil nehmen.

4) „Noch einmal so viel, lang, weit, groß" ꝛc. gibt man im Englischen wie folgt:

Bring me *as much (bread) again.*	Bringe mir noch einmal so viel (Brod).
It must be *as long, broad, wide, large again,* oder	Es muß noch einmal so lang, breit, weit, groß sein.
It must be *twice as long, large, etc.*	Es muß zweimal so lang, groß sein, ꝛc.

5) Die Grundzahlen nehmen auch das Pluralzeichen an, z. B.:

The twos, the fives, the tens, etc.	Die Zweien, Fünfen, Zehnen ꝛc.

Regel IX.
K.   Zeit- oder Stundenangaben.

§. 62.   Um die Tageszeit nach der Uhr zu bestimmen, bedient man sich der betreffenden Zahlen und des Ausdrucks *"o'clock"*, einer Abkürzung von *"of the clock"* (nach der Uhr), die öfters ausgelassen wird, z. B.:

At what *o'clock?*   At two *o'clock?*   It is one *o'clock?* etc.

Ein Viertel und halb bezeichnet man durch *'after* oder *past'* (nach) nebst der vergangenen, drei Viertel aber durch *'before'* (vor) oder *to, it wants—to* (es fehlt an) und der gegenwärtigen Stunde, z. B.:

At what o'clock? At twelve o'clock.	Um wie viel Uhr? Um 12 Uhr.
A quarter past (od. *after)* 12 o'clock.	¼ auf ein Uhr oder ¼ nach Zwölf.
What o'clock is it?	Wie viel Uhr ist es?
Twenty minutes past 12 *(o'clock)*.	20 Minuten nach Zwölf.
Half past 12, 1, 2, 3 o'clock.	Halb Eins, zwei, drei, vier.
Twenty-five minutes to one.	Fünf und zwanzig Minuten vor Eins.

Copper.

	£	s.	d.	₰	℈	oz.	dwt.
Penny	—	—	1	—	3	1	— dr.
Halfpenny	—	—	½	—	1½	—	8
Farthing	—	—	¼	—	¼	—	4

Demnach machen 12 pence 1 *s.* und 20 *s.* 1 Pfund Sterling.
£ bedeutet *libra,* ein Pfund (in Geld), *s. solidus,* Schilling, *d. denarius, penny,* Pfennig.

A quarter before one oder a quarter to one.	¾ auf Eins ꝛc. ¼ vor Eins.
Within ten minutes of six.	(Binnen) 10 Minuten (vor) Sechs.

Nie aber: *Twelve and a quarter, twelve and a half, etc.*, wie im Französischen.

Aufgaben über die Ordnungszahlen.

§. 55. Regel I, II. Seite 170 (¹⁶).

59. Wer (*Who*) waren die sieben weisen Männer Griechenlands? Der erste war Bias von Priene; der zweite, Chilo von Lacedämon; der dritte, Clöbulus von Lindi; der vierte, Periander von Corinth; der fünfte, Pittacus von Mitylene; der sechste, Solon von Athen; und der siebente, Thales von Miletus. — Sokrates mußte (*was obliged*) im³ siebenzigsten Jahre seines Lebens Gift trinken. — Der berühmte Lord Byron starb
poison² to¹ drink   celebrated   died
am (*of a*) Fieber (*fever*) zu (*at*) Missolunghi am neunzehnten April achtzehn hundert vier und zwanzig, im sieben und dreißigsten (¹⁷) Jahr seines Lebens. — Im ersten Theil, ersten Kapitel, [auf der] ersten, zweiten und [den] folgenden Seiten | findet man | die Anweisung zum Gebrauche
following pages | are to be found | the directions for using
dieser Grammatik (*grammar*). — Georg der Dritte von England war [der] Vater Wilhelms des (¹⁸) Vierten und [der] Großvater Victorias der Ersten. — Leo der Zehnte war ein großmüthiger Beschützer der
munificent patron of
Wissenschaften und der Künste. — Paris, den 15ten December 1856. — München, den 1sten Januar 1865.

§. 56, 57. Regel III., IV. Seite 170.

60. Ich | glaube nicht, | daß England je China ganz erobern wird.
do not think | ever² 5 entirely³ conquer⁴ will¹
Warum nicht? Erstens wird England sehr wenig | dadurch | gewinnen;
Why has² 1 little by it⁴ to gain³
zweitens gibt es in China keine großen Landstraßen | zum Transport | von
there are no wide roads for the transport of
Kanonen, Mund- und Kriegsvorrath; drittens ist es keine Kleinigkeit,
provisions military stores 2 1 no trifle
Krieg gegen dreihundert drei und dreißig Millionen Menschen | zu führen |
war⁴ against of to carry on³
— Einmal, zweimal, dreimal, ja mehr (*more*) als hundertmal habe² ich¹ Ihnen⁴
gesagt, daß das Fürwort *I* (ich) | sowohl, als auch | alle Adjective, [welche]
told³ pronoun as well as
von Ländern und Völkern abgeleitet [sind], | wie | englisch, französisch ꝛc.,
² countries people derived¹ | such as
mit | großen Anfangsbuchstaben | geschrieben werden müssen. — Ich bin
with⁴ capital letters written³ be² must¹
verschiedene Male in Paris gewesen, und habe den berühmten Homöopathen
2 celebrated homœopath

---

(16) Siehe die Fragen am Ende des Kapitels Seite 177.
(17) Beim Uebersetzen ist wohl zu merken, daß man im Englischen nicht „sieben und dreißigsten," sondern „dreißig siebente" sagen muß.
(18) Ueber den Gebrauch des Artikels in diesen und ähnlichen Fällen siehe Regel XXVII., XXVIII., Seite 415 Syntaxis, Apposition.

Hahnemann vielmals | zu Rathe gezogen. | — | Wiſſen Sie, | daß ich
         consulted   *Do you know*
heute breißig Jahre alt bin? Warum ſollte ich es nicht wiſſen, denn es
to-day   *Why*   ³ ¹   ²   *for that*
iſt nicht das erſte Mal, ſondern das fünfzigſte Mal, daß Sie es mir ſeit
                                       but   *that⁴* ³ *them*
zehn Jahren erzählt (*told²*) haben¹.

§. 58, 59, 60. Regel V., VI., VII. Seite 171 u. 172.

61. An den Ufern des Shannon in Irland iſt der Boden ſo vortrefflich,
     On the bank   ³ ¹ *soil²*   *excellent*
daß er alles, | was geſäet wird, | zehn=, zwölf=, fünfzehn=, ja hundert=
   it   ²   *that is sown*   *nay*
fältig | wieder einbringt. | — In der königlichen Bibliothek zu Paris | ſind |
  yields¹   *royal*   *library*   *at*   *there are*
beinahe doppelt ſo viele Bücher und mehr als dreimal ſo viele Manuſkripte,
nearly double(¹⁹) *as*   (S. Anm. 24, S. 157)   *treble*   *manuscripts*
als in der (*that*) zu St. Petersburg. — Mein Freund Herr Wilkinſon hat
eine | einfache | und zwei | Doppelflinten. | — VI. Kaufen Sie mir
    single barrel   *double barrel guns*   *Buy* (Anm. 8
zwei Buch Papier, aber es muß einerlei Art ſein. — Es gibt vielerlei
S. 275.)   *sort*   *There are*
Leute in der Welt. — Ich habe ihn die Geſchichte auf | zehnerlei Weiſe |
                          ²   ⁴   *story*   *in*   *ten different ways*
erzählen hören. — VII. Der alte Geizhals hat nur ein Paar Stiefel, aber
tell³ *heard¹*   *miser*   *but*
er hat zwei Paar Piſtolen, [um] ſein² Geld zu bewahren (*to guard¹*). —
Geſtern ſah ich eine Kette Rebhühner, einen Flug Wachteln, drei Faſanen,
eine Koppel Hunde, eine Heerde Schafe, einen Zug Vögel und eine Heerde
Ochſen, Kühe, Schweine. — Sophokles und Euripides, zwei berühmte
tragiſche (*tragic*) Dichter (*poets*), waren alle beide Athener. — Hand=
ſchuhe und Stiefel werden nur | paarweiſe | verkauft.
                are only²   *in pairs*   *sold¹*

§. 61. 1., 2., 3., 4., 5. Regel VIII. Seite 173.

62. Eine deutſche Meile iſt ungefähr (*about*) vier und eine halbe eng=
liſche, eine ruſſiſche Werſt iſt drei Viertel einer engliſchen Meile, eine pol=
niſche Meile iſt drei und eine halbe engliſche. — Ich hoffe in⁴ einem oder
zwei Monaten nach London gehen | zu können | und ich werde vielleicht
(Anm. 14, S. 173) *to³*   *to go²*   *to¹ be able*   *shall perhaps*
anderthalb Monate dort bleiben. — Ich möchte gern ein Viertelpfund
(Anm. 13, S. 173)¹ *there² remain³*   *should like* ²
Thee (*tea*), zehn Orangen, britthalb Dutzend [Flaſchen] Xeres (*Sherry*),
vierthalb Pfund Hutzucker haben, und dann ſagen [Sie] mir, wie viel
        loaf-sugar ¹   *then tell*   *how much*
| Alles | koſtet? | Alles zuſammen | koſtet ein Pfund, achtzehn Schillinge
| *they all* | *cost* | *All together they* |
und zehn und einen halben Penny. Das kommt (*appears*) mir anderthalb
Schilling zu theuer [vor]. — Der Eingangszoll von London allein | beläuft ſich auf |
  too dear   *duty*   *alone*   *amounts to*

---

(19) Hier könnte man nicht *two-fold* und *three-fold* anwenden, da *two-fold*, etc., lediglich zweifach
oder zweifältig bedeutet; man könnte aber *twice* oder *thrice* oder *three times* ſagen.

onen vier hundert ein und dreißig tausend zwei hundert fünf und
Pfund Sterling, welches beinahe die Hälfte des Eingangszolles und
— *which nearly[2]*
stel der ganzen Einnahme des Staates ist. — 2. Zwei Drittel,
whole   income   state[1]
ei Viertel der National-Schuld von England gehört Personen der
— *debt   belongs to persons*
oder niedern Volksklasse. — Vier Fünftel der Londoner Häuser
or   lower   classes
n. — Ich möchte gern noch einmal so viel Wein und auch (*also*)
mal so viel Wasser haben. — Die Zweien und Dreien haben
(*lost*), die Sechsen und Zehnen haben gewonnen (*won*).

§. 62. Regel IX. Seite 174.

Wie viel Uhr ist es? Ein Viertel auf Eins. — Ist es
so spät? | Bitte um Verzeihung, | ich [habe mich] geirrt, es
late | *I beg your   pardon* | *mistake*
drei Viertel auf zwölf. — | Um wie viel | Uhr | stehen Sie
At what | | *do*
ich auf? | Gewöhnlich um halb sechs, bisweilen aber wird es zehn
get up | *sometimes[2]   1   is[4]   3*
vor sechs, bis ich [mich] angekleidet habe. — In einer Viertel-
before   dressed[2]   am[1]
muß ich im Theater sein, und jetzt (*now*) ist es fünf und zwanzig
nach sieben.

L. Fragen.

bildet man im Englischen die zusammengesetzten Zahlen von 20 bis 100?
3. *a.*, *e.* Seite 166.
ist bei Hundert, Tausend und Million zu bemerken, wenn sie in der Ein-
stehen? §. 53. *b.* S. 166.
nn nehmen die Zahlwörter Hundert und Tausend das Zeichen des *Plurals* (*s*)
§. 53. *d.* S. 167.
welchen Fällen darf man das Hauptwort nach den Zahlwörtern weglassen?
3. (*e*) S. 167.
muß man bei den Ordnungszahlen stets den Artikel brauchen? Reg. I. S. 170.
che Zahlen braucht man bei Bezeichnung der Regenten gleichen Namens
bei Angabe des Monatsdatums? Reg. II. S. 170.
bildet man die Anführungszahlen? §. 56. Reg. III. S. 170.
bildet man die Wiederholungszahlen? §. 57. Reg. IV. S. 171.
werden die Vervielfältigungszahlen gebildet? §. 58. Reg. V. S. 171.
bildet man die Gattungs- oder Artzahlen? Reg. VI. S. 172.
ist hinsichtlich der Sammelzahlwörter zu merken? Reg. VII. S. 172.
drückt man das deutsche anderthalb im Allgemeinen aus? §. 61. 1. S. 173.
bei Geldsummen? §. 61. 1. NB. S. 173. Welche Stellung hat ein
ugehöriges Hauptwort einzunehmen? S. 173 Anm. 15.
drückt man das anderthalb, dritthalb Monat aus? Anmerk. 13. S. 173.
muß man das deutsche einen oder zwei Tage, Stunden ꝛc. ausdrücken?
1. Anmerkung 14. S. 173.
drückt man die Zeit- oder Stunden-Bestimmung aus? § 62. Reg. IX. S. 174.

IX. Kapitel.
Von dem Pronomen oder Fürwort.

A. Von den Fürwörtern I. bis VIII.

B. Von den Ausdrücken: It is I, he, she, etc., ich bin es, er, sie ist es, 2c.

C. Von den Ausdrücken: For my sake, etc., meinetwegen, meinethalben, 2c.

D. Fälle, wo man im Deutschen den Artikel, im Englischen das Fürwort brauchen muß.

E. Wechselseitige oder reciproke Fürwörter.   F. Fragen.

A.   Von den Fürwörtern I. bis VIII.

§. 63.   Im Allgemeinen besteht die Funktion des Fürworts darin, die Stelle eines Hauptworts zu vertreten, woher es auch seinen Namen hat.

§. 64.   Die Fürwörter werden im Englischen gewöhnlich in acht Klassen getheilt, nämlich:

   I. in persönliche (*Personal pronouns*);
  II. in zueignende ob. besitzanzeigende (*Possessive pronouns*);
 III. in zurückführende (*Reciprocal or Reflective pronouns*);
 IV. in anzeigende ob. hinweisende (*Demonstrative pronouns*);
  V. in beziehende (*Relative pronouns*);
 VI. in fragende (*Interrogative pronouns*);
VII. in bestimmende (*Determinative pronouns*); und
VIII. in unbestimmte (*Adjective or Indefinitive pronouns*).

I. Von den persönlichen Fürwörtern.

§. 65.   Die persönlichen Fürwörter vertreten die Stelle der Person, oder eines andern, als Person gedachten, Gegenstandes.   Man unterscheidet sowohl im *Singular* als im *Plural* drei Personen:

Singular.	Plural.
1. Die, welche spricht: *I* (ei), ich.	We (uih), wir.
2. Die, zu welcher man spricht: *thou,* du.	You (ju) (ye), ihr.
3. Die, von welcher man spricht: *he* (hih),	They (btheh), sie.
she (schih), *it* (itt), er, sie, es.	

Declination der persönlichen Fürwörter.

§. 66.   Die persönlichen Fürwörter erleiden mit Ausnahme der unveränderlichen *it* und *you* nur eine einzige Veränderung; die verschiedenen Casus drückt man vermittelst Präpositionen aus:

I verwandelt sich in *me.*	*We* verwandelt sich in *us.*
Thou „ „ „ *thee.*	*They* „ „ „ *them.*
He „ „ „ *him.*	*You* und *it* bleiben unverändert.
She „ „ „ *her.*	

§. 67. Die folgende Declination wird dieses ganz klar machen:

Erste Person.

	Singular.	*Plural.*
Nom.	I (¹) (ei), ich.	We (³) (uih), wir.
Gen.	Of me (²) (mih), meiner.	Of us (oww oß), unser.
Dat.	To me (t' (²) mih), mir.	To us (tu (²) oß), uns.
Acc.	Me (mih), mich.	Us (oß), uns.
Abl.	Of, from (fromm) oder by (⁴) (bei) me, von mir.	Of, from (fromm), oder by (bei) us, von uns.

Zweite Person.

	Singular.	*Plural.*
Nom.	Thou (⁶) (dthau). du.	You (⁷), ye (⁸) (jih), ihr (Sie) (⁹).
Gen.	Of thee (oww dthith), deiner.	Of you (oww juh), euer (Ihrer).
Dat.	To thee, dir.	To you (t' juh), euch (Ihnen).
Acc.	Thee, dich.	You (juh), euch (Sie) (⁹).
Abl.	Of, from (fromm) oder by (bei) thee, von dir.	Of, from oder by you, von euch (von Ihnen).

---

(1) Das *I* (ich), wird im Englischen immer groß geschrieben, *you* (Sie), dagegen immer klein, z. B.:
If I should see him, I shall tell him. | Wenn ich ihn sehen sollte, so werde ich ihm
that you and your brother expect him. | sagen, daß Sie und Ihr Bruder ihn erwarten

(2) Der *Genitio* der persönlichen Fürwörter *of me*, *of us*, etc., kommt nur in folgenden und ähnlichen Fällen vor, z. B.:
Think *of me*, *of her*, *of him*. *of us*, *of them*. | Gedenke meiner, ihrer, seiner, unser, ihrer.
How shall I get shut (rid.) *of him*, | Wie soll ich seiner, ihrer, ꝛc., loswerden?
of her, *of them*, etc.? |
I am ashamed *of you*, *of him*, *of them*. | Ich schäme mich Ihrer, (seiner), ihrer.
The mind is a part *of me*. — Mens est pars mei. — Der Geist ist ein Theil von mir.
NB. Anfänger übersetzen öfters die zueignenden Fürwörter, meiner, e, es (= der, die, das meinige), unserer, e, es (= der, die, das unserige), Ihrer, e, es, (= der, die, das Ihrige) ꝛc. durch den Genitiv des persönlichen Fürworts. z. B.:
Wessen Buch ist das? Es ist meines, un- | Whose book is that? (It is *of me*, *of us*, *of*
seres, Ihres. | *you*) statt It is *mine*, *ours*, *yours*, etc.
Dieser Fehler läßt sich jedoch leicht vermeiden, wenn man die obige Formen mit den gleichbedeutenden Ausdrücken in den Klammern vertauscht.

(3) Vor einem Consonanten spricht man das "to" kurz wie t', vor einem Vocale lang wie (tu) aus.

(4) *Of* beim *Ablativ* bedeutet: in Ansehung, in Betreff, von im Sinne von über, als:
Er hat von mir gesprochen. | He has spoken *of me*. (S. Anm. 1, S 105).
From bedeutet eine Entfernung, Trennung von einem Gegenstande, oder einen Uebergang von einer Sache oder Person zu einer andern, z. B.:
He took it *away from me*, and then he | Er nahm es mir weg und dann ging er von
went *from* Munich to Paris. | München nach Paris.
By bedeutet vermittelst oder durch und bezeichnet meistens die wirkende Ursache und wird daher besonders bei der leidenden Form der Zeitwörter gebraucht, z. B.:
This book has been written *by* me. | Dieses Buch ist von mir geschrieben worden.
Built, made, done, *by* Mr. N. | Von Herrn N. gebaut, gemacht, gethan.

(5) NB. In öffentlichen Bekanntmachungen, Verordnungen ꝛc., pflegen die Regenten sich des Plurals "we, our, ourselves statt I, my, myself" zu bedienen, z. B.:
We, Victoria, Queen of Great Britain, etc., | Wir, Victoria, Königin von Groß-Britannien, ꝛc.,
command Our loving subjects; statt: | befehlen unsern getreuen Unterthanen.
I, Victoria, command my loving subjects. |
NB. Redacteure von Zeitungen und Schriftsteller bedienen sich auch häufig des Plurals:
We (editor) are not responsible for it. | Wir (Redakteur) sind nicht dafür verantwortlich
Hierüber siehe auch Anmerkung 41, Seite 192.

(6) *Thou* (du) braucht der Engländer im gewöhnlichen Leben nicht (s. unten Anm. 7). Nur unter den Quäkern (einer Secte in England), in der höhern Poesie, in der Anrede an Gott im Gebete und zuweilen in der Sprache der aufgeregten Leidenschaft ist es noch üblich.

(7) NB. Der Engländer bedient sich, wie gewöhnlich der Franzose, in allen Verhältnissen des Lebens, in der Liebe, im Zorn, im Kummer ꝛc., als Anrede der zweiten Person im Plural: you (Ihr, Sie), während der Deutsche je nach seinem Verhältniß zu dem Angeredeten bald die zweite Person im Singular: du, bald die dritte Person im Plural: Sie (sie) gebraucht. Du, Bruder, du Freund; (you, brother; you, friend). In der Poesie kann man ebensowohl you als thou brauchen.

(8) *Ye*, der vormalige, eigentliche *Nominativ* der zweiten Person *Plural* ist jetzt veraltet, und nur in der Bibel und in der Poesie anzutreffen, z. B.:
Ye muses, who love to sing battles. | Ihr Musen, die ihr liebt, Schlachten zu besingen.

(9) Siehe Anmerkung 19 Seite 182, auch Frage 8 am Ende des Kapitels, Seite 219.

Dritte Person.

Singular.

Masculine.	*Feminine.*	*Neuter.*
Nom. He (hih), er.	*Nom.* She (schih), sie (⁹).	*Nom.* It (¹⁰) (itt), es.
Gen. Of him (himm), seiner.	*Gen.* Of her (oww herr), ihrer.	*Gen.* Of it, seiner, dessen.
Dat. To him (tu himm), ihm.	*Dat.* To her (tu herr), ihr.	*Dat.* To it, ihm, dazu.
Acc. Him, ihn.	*Acc.* Her, sie (⁹).	*Acc.* It, es.
Abl. Of, from oder by (bei) him, von ihm.	*Abl.* Of, from oder by (bei) her, von ihr.	*Abl.* Of, from oder by (bei) it, von ihm, davon, dadurch, ꝛc. (¹¹).

Plural.

Für alle drei Geschlechter.

Nom. They (¹²) (btheh), sie (⁹).
Gen. Of them (bthemm), ihrer.
Dat. To them (t' bthemm), ihnen.
Acc. Them, sie (⁹).
Abl. Of, from oder by (bei) them, von ihnen (¹³).

Beispiele über den Gebrauch der persönlichen Fürwörter.

I hear *you* and *him*.	Ich höre Sie und ihn.
You hear *me* and *her*.	Sie hören mich und sie.
He, *she* knows *us* and *them*.	Er, sie kennt uns und sie *(Pl.)*
We and *they* love *him* and *her*.	Wir und sie lieben ihn und sie.
It (ein Thier ob. Kind) fears *him*.	Es fürchtet ihn.
He fears *it* (ein Thier).	Er fürchtet es.
I am sure *of it*.	Ich bin dessen gewiß.
I do not like (¹⁴) *you*, but I love her.	Ich habe Sie nicht gerne, aber ich liebe sie.
I gave money *to him* and *to her*.	Ich gab Geld ihm und ihr.
I gave *him* and *her* money (¹⁵).	Ich gab ihm und ihr Geld.

---

(10) Außer bei *sun* (Sonne), *horse* (Pferd), *dog* (Hund), *ass* (Esel), *monkey* (Affe), welche meistens männlich, und *moon* (Mond), *ship* (Schiff) und allen Arten von Schiffen, *nature* (Natur), *cat* (Katze), und der Länder- und Städtenamen, welche meistens weiblich betrachtet werden und *she* (sie) verlangen, wird *it* (es) bei allen nicht lebenden Gegenständen, bei Insekten, auch häufig bei den größeren Thieren, und sogar bei Kindern (wenn man ihr Geschlecht nicht ausdrücklich anführen will, oder wenn kein Taufname dabei steht), angewendet, z. B.: The *child* is ill, give *it* some medecine. — *John*, poor *child*, is ill, give *him* some medecine. — Poor *little Mary* is ill, give *her* some medecine. — Johann, das arme Kind ist krank, gib ihm etwas Arznei. Siehe §. 69. S. 181.
NB. Das Weitere über den Gebrauch von *it* (es), siehe Regel IV.—IX. Seite 445. Ueber das poetische Geschlecht siehe §. 29. Seite 121 und das Geschlecht überhaupt §. 22. Seite 114. NB. *It* kann nie im *Plural* gebraucht werden, dafür *they*. Siehe Anmerkung 12.

(11) Ueber den Gebrauch von "*of it, to it, by it, from it*", in der Bedeutung darauf, dazein, darin, darüber, darum, damit, daran, davon, davor, dafür, dagegen, deshalb, worein, worüber, worin, u. s. w., siehe Regel X. Seite 448.
NB. Das deutsche „man sagt", (franz. on dit), engl. *it is said, they say, etc.*, findet man ebenfalls Reg. XIV. — XVII. Seite 451 der Syntaris näher erklärt.

(12) They (sie), wird für alle drei Geschlechter im *Plural* gebraucht, z. B.:
They are good men, women, children, | Sie sind gute Männer, Frauen, Kinder, Pferde,
horses, dogs, houses, etc. | Hunde, Häuser u. s. w.

(13) NB. Aus diesem Schema ersieht man, wie äußerst einfach die persönlichen Fürwörter im Englischen sind. Man braucht bei von den meisten nur zwei Formen, den *Nominativ* und *Accusativ*, von *it* und *you* sogar nur diese einzige zu merken, um sie mit Leichtigkeit bedienen zu können; denn im *Genitiv* setzt man *of*, im *Dativ* "*to*" vor die Accusativform. Die einzige Schwierigkeit bei denselben ist nur der richtige Gebrauch des *Ablativs*, da *of, from* und *by* im Deutschen gewöhnlich durch von übersetzt werden. Diese Schwierigkeit ist jedoch S. 105, Anmerk 1 durch genaue Erklärungen beseitigt. Siehe auch S. 179, Anmerk 4.

(14) Ueber den Unterschied zwischen *love* und *like* siehe §. 128. Anmerkung 71, Seite 252.

(15) Man sieht hieraus, daß der Dativ mit *to* gebraucht werden muß, wenn der Accusativ vor den Dativ tritt, ohne *to* aber, wenn der Accusativ nachfolgt. (S. Reg. XVI. S. 413 Syntax).

He and she gave us and them (some) wine ([15]).

Er und sie gaben uns und ihnen (etwas) Wein.

He and she gave some wine to us and them ([15]).

Er und sie gaben Wein uns und ihnen.

§. 68. NB. 1. Denke an mich, an uns, 2c., wird im Englischen wie das gleichbedeutende deutsche: gedenke meiner (mein), unser, 2c. durch den Genitiv mit *of* wiedergegeben (während man im Französischen den *Dativ* setzt), z. B.:

Gedenke meiner, seiner, ihrer, unser, ihrer; denke an mich 2c. {

'Pensez à *moi*, à *lui*, à *elle*, à *nous*, etc. Think *of me*, *of him*, *of her*, *of us*, *of them* (ob. *remember me*, etc.).

NB. 2. Der, nur in der höhern Schreibart übliche, Ausdruck „man wartet meiner, seiner 2c. = man wartet auf mich, ihn 2c.," und auch der Ausdruck „man erwartet mich 2c.", wird im Englischen meistens durch das Passiv gegeben, z. B.:

Man wartet auf sie, ihn, mich (dichterisch: ihrer, seiner, meiner).
Warte auf mich (warte meiner) in London.
Man erwartet mich, ihn, sie, uns.

He (she) is, *I am waited* for, ober some one *is waiting* for her, him, me.
Wait for me in London.
I am, he (she) *is*, we *are expected*.

§. 69. Wichtige Bemerkungen über das persönliche Fürwort:

Die drei verschiedenen Geschlechter sind nur in der dritten Person des *Singulars* zu unterscheiden.

Von lebenden Wesen männlichen Geschlechtes sagt man: *He* } 3te Person
Von „ „ weiblichen „ „ *She* } des
Von Gegenständen . . . . „ „ *It* } *Singulars*.

Da in der deutschen Sprache sehr viele leblose Gegenstände sowohl männlich als weiblich sind, so macht der Anfänger häufig Fehler im Gebrauche des sächlichen Fürworts. Um diese zu vermeiden, sollte er es sich zur Regel machen, in der dritten Person das deutsche Geschlecht ganz unbeachtet zu lassen und jedem leblosen Gegenstand (mit Ausnahme der in Anmerkung 10 Seite 190 aufgeführten) das sächliche Geschlecht beizulegen, z. B.:

The *boy* is not only young, but *he* is healthy too.
The *girl* is pretty, but *she* is sickly.

This *table* is handsome, and *it* is also very strong.
That is good, but *it* is quite old.
The *woman* is indeed poor, but *she* is honest.
The *danger* is great, but *it* is not invincible.
The *watch* is beautiful, but *it* is dear.
The *coat* is well made, but *it* is too short.
The *house* is large, but *it* is incommodious.

Der Knabe ist nicht allein jung, sondern er ist auch gesund.
Das Mädchen ist hübsch, aber es ist kränklich.
Dieser Tisch ist schön, auch ist er sehr stark.
Das ist gut, aber es ist ganz alt.
Die Frau (das Weib) ist in der That arm, aber sie (es) ist ehrlich.
Die Gefahr ist groß, aber sie ist nicht unüberwindlich.
Die Uhr ist hübsch, aber sie ist theuer.
Der Rock ist gut gemacht, aber er ist zu kurz.
Das Haus ist groß, aber es ist unbequem.

NB. Es versteht sich von selbst, daß hier die Rede nur von einfacher Prosa ist. In der Poesie und im höhern Styl ist es erlaubt, nicht nur alle Leidenschaften, sondern auch die verschiedenen Tugenden und Laster zu personificiren, in welchem Falle sie meistens das Geschlecht der entsprechenden griechischen Wörter annehmen. Siehe hierüber §. 22. Regel I.—X. Seite 114—122 der Etymologie.

Aufgabe über die persönlichen Fürwörter.

I. §. 65—69. Seite 179.

64. Ich sah *(saw)* Sie ([16]) gestern auf *(in)* der Straße *(street)*, aber
Sie sahen mich nicht. — Ich werde Ihnen ([17]) das Buch geben, wenn
did[1] see[3] *not[2]* *will* *2* *give[1]* *if*
Sie es mir morgen | wieder zurück geben. | — Er hat mir und ihr Geld
2 *will return[1]*
gegeben. — Ich sah sie heute Morgen, und sie sagten mir, daß sie Ihnen
this morning *told (Acc.)* *3*
etwas zu sagen hätten. — Wir sind glücklich, daß wir Euch gesehen
something[2] *3* *say[4]* *1* *happy* *seen*
haben; wollt *(will)* Ihr mit uns kommen? Mit Vergnügen. — Ich habe
es von ihr, sie von ihm, und er von ihnen bekommen. — Wem gehört
2 *received[1]* *To whom does belong[2]*
dieses Kind? Es gehört mir, ihr, ihm, uns, ihnen, Ihnen. — Gedenke
this[1] *2* *belongs*
meiner, seiner, ihrer, unser, ihrer. — Unter *(Between)* uns [gesagt], ich
glaube *(think)*, daß Herr Goodfornothing nicht *(no)* besser ist, als ([18])
er sein sollte. — Ohne Sie, mich, sie, sie ([19]) wird er nichts thun können.
Without *will[2]* *1 nothing[5] to do[4] be able[3]*
— Sie hat[1] von[3] mir, ihr, ihm, uns, Ihnen, ihnen gesprochen *(spoken[2])*. —
Dieses Buch ist von mir, ihm, ihr, uns, Ihnen, ihnen geschrieben worden.
has 3 *written[2] been[1]*

§. 69. Es ist schönes Wetter heute, aber es ist etwas schwül. — Wo
to-day *a little sultry* *where*
ist meine Uhr? Haben Sie sie ([20]) gesehen? Ja, sie liegt *(is lying)* auf *(on)*
dem Tisch. — Da *(there)* ist die Bürste *(brush)*, bringen [Sie] ([21]) sie mir. —
Der Hut ist hübsch, aber er ist zu klein *(small)* — Sind Sie seiner[3]
also | endlich | los? — Wie soll ich ihrer, ihrer | los werden? |
then[1] *at last[4]* *rid[2]* *(3te Pers. Sing. Pl.)[3]* *get[1] rid[2] (shut)[3]*
Sie können ihrer[4] sehr *(very[1])* leicht *(easily[2])* | los werden[3]; | wenn Sie
[es] wollen.

***

(16) Da man im Englischen, wie schon Anmerk. 7, S. 181 bemerkt worden ist, sich fast wie bei
Fürwortes d u in der Umgangssprache bedient, so führe ich es nur selten in den Über-
setzungen vorliegender Grammatik an, weil es eher zu Irrthümern als zur Aufklärung führt.
Man vergleiche die folgende Anmerkung.
(17) Bei dem Uebersetzen aus dem Deutschen ins Englische, muß man sich wohl merken, daß der
Engländer immer you (franz vous), Ihr, als Anredewort braucht, wogegen man im Deutschen
gewöhnlich Sie, die dritte Person der Mehrzahl, anwendet, folglich muß Du, Ihr, Sie durch
"you"; Dir, Euch, Ihnen durch "to you oder you" übersetzt werden.
(18) NB. Ueber "als" siehe Reg. XIII. Seite 157.
(19) Man muß beim Uebersetzen wohl merken, daß das deutsche persönliche Fürwort „sie" (als Anredewort S i e geschrieben) viermal vorkommt und auf sechsfache Weise im Englischen wiederzugeben ist:
1stens als *Nominativ Singular* der 3ten Person weiblichen Geschlechts,
auf eine weibliche P e r s o n bezogen durch *she*,
auf eine weibliche S a c h e bezogen durch *it*.
2tens als *Accusativ* der 3ten Person weiblichen Geschlechts,
auf eine weibliche P e r s o n bezogen durch *her*,
auf eine weibliche S a c h e bezogen durch *it*.
3tens als *Nominativ Plural* der 3ten Person aller drei Geschlechter durch *they*, oder als
Anrede durch *you*.
4tens als *Accusativ Plural* der 3ten Person aller drei Geschlechter durch *them*, oder als
Anrede durch *you*.
NB. Ueber du, dir, Ihr, Euch vergleiche Anmerkung 17.
NB. Das persönliche Fürwort *ihnen*, (als Anrede Ihnen geschrieben) *Dativ* der
3ten Person Plural für alle drei Geschlechter ist mit *to them*, als Anrede mit *to you (you)*
zu übersetzen.
Achtet man wohl auf diese Regel, so erspart man sich sehr viele Mühe.
(20) Siehe oben Anmerkung 19, auch §. 69. S. 181.
(21) Ueber den *Imperativ* siehe Anmerkung 8, S. 275.

B. Von den persönlichen Fürwörtern mit to be, sein.

§. 70. Wenn man das Subject des Satzes mit besonderem Nach= uck hervorheben will, so bedient man sich im Englischen des persön= hen Fürworts '*it*' in Verbindung mit der 3ten Person *Singular* n *to be* (sein), verfährt also geradeso wie im Französischen, z. B.:

Singular.	*Plural.*
is I, ich bin es (wörtl. es ist ich).	It is (was) we, wir sind (waren) es.
is (was) he, er ist (war) es [²¹b]).	It is you, ihr seid, Sie sind es.
is (was) she, sie ist (war) es.	It is (was) they, sie sind (waren) es.

Frageweise.

Praesens.	*Imperfect.*
it I? bin ich es?	Was (was) it I (ei)? war ich es?
it he? ist er es?	Was it he? war er es?
it she? ist sie es?	Was it she? war sie es?
it we? sind wir es?	Was it we? waren wir es?
it you? seid ihr (sind Sie) es?	Was it you? waret ihr (waren Sie) es?
it they? sind sie es?	Was it they? waren sie es?
ill it be they, we, you, he, she, it?	Werden sie, wir, Sie (wird er, sie) es sein?
r ist (das) da? — Ich bin es.	Who is (that) there? *It is I.*
r war es, der es mir sagte.	*It was he,* who told it me.
nb Sie das? — Ja, ich bin es.	*Is that you?* — Yes, *it is I.* [²²]
sind (nicht) die Engländer, die das ethan haben.	*It is* (not) *the English* who have done that.

Während also im Englischen das unpersönliche Fürwort '*it* (es)' die Stelle des ibjectes einnimmt, steht es im Deutschen an der Stelle des **Prädikats**.

§. 71. NB. Wird aber das Subject des Satzes **nicht** mit Nach= uck hervorgehoben, sondern vertritt das deutsche unpersönliche Für= rt es die Stelle eines bestimmten vorher erwähnten Gegenstandes: muß es im Englischen mit diesem im Geschlecht und in der Zahl ereinstimmen [²¹b]), z. B.:

e you *the man, the woman* to whom I am to give the money?	Sind Sie der Mann, (die Frau), welchem (welcher) ich das Geld geben soll?
s, I am *he, she.* (Oui, je le suis).	Ja, ich bin es (wörtl. er, sie).
e you the bridegroom?	Sind Sie der Bräutigam?
I am not *he.* (Non, je ne le suis pas.)	Nein, ich bin es (wörtl. er) nicht.
e are *they* ob. we are *the persons,* to whom you owe the money [²²b]); ob. t *is to us* that you owe the money.	Wir sind es (wörtl. sie), welchen Sie das Geld schuldig sind.

I am *he,*	ich bin es;	wörtlich: ich bin er.
I am *she,*	ich bin es;	— ich bin sie.
We are *they,*	wir sind es;	— wir sind sie. [²²b]

---

b) Mit Ausnahme der 3ten Person Plural stimmt das Obige mit dem Französischen überein, z. B.:
  C'est moi, c'est toi, c'est lui (elle); c'est nous, c'est vous, *ce sont eux* (elles).
  Est-ce vous? — Oui, c'est moi. Etes-vous l'homme (la femme)? Oui, je le (la) suis.
  Is it you? — Yes, it is I. Are you *the man (the woman)*? Yes, I am *he (she)*.

2) NB. Man vermeide ja Ausdrücke wie die folgenden, welche man sogar von Engländern selbst bisweilen hört:
  Is it *me* you are looking for? — No, it is not you, it is *him*.
  I think it was *him, her, them,* whom I met in Paris, muß heißen:
  Is it *I whom* you are looking for? — oder Is it *for me* you are looking? — No, it is *he,* oder it is *for him*.
  I think it was *he, she, they,* whom I met in Paris. (Siehe Anmerk. 3, S. 446).
  Ich meine er, sie war es (sie waren es), welchen, welche ich in Paris traf.

b) Ausführliches hierüber findet man Anmerkung 10, Seite 33 des Uebersetzungsbuchs, welches den Lernenden nach dem Studium der Grammatik, nicht zu sehr empfohlen werden kann.

NB. Liegt also der Hauptton auf dem Fürworte, so verfährt man nach §. 70, ruht er aber auf dem Zeitworte, so wendet man §. 71 an, z. B.:

Sind Sie es? — Ja, ich bin es.	Is it *you?* — Yes, *it is I.* (22c)
Sind Sie der Mann? — Ja, ich bin es.	Are you the man? — Yes, *I am he.*

Von den persönlichen Fürwörtern mit den Zahlwörtern.

§. 72. Wenn die durch Fürwörter bezeichneten Subjecte gezählt werden, so kann das Fürwort ebensowohl im Nominativ wie im Genitiv stehen, z. B.:

There were only a few of *us.*	Es waren unser nur wenige.
There were ten of *them* ob. *they were* ten.	Es waren ihrer zehn. Sie waren zehn.
There are many of *us* ob. *we are* many.	Es sind unser viele. Wir sind viele.
Are there not twelve of *you?*	Sind (23) nicht euer zwölf?

Aufgaben über §. 70, 71, 72. Seite 188.

65. §. 70. Sind Sie es, den ich vor zwei Jahren in London traf?
whom *ago*[5] [3] *years*[4] —[2] — *met*[1]
Ja, ich bin es und ich | freue | [mich], Sie wieder zu sehen. — Er
am happy *again* [1] [2]
war es, der Ihnen sagte, ich hätte von Ihnen übel gesprochen. — Ist
(Acc.)[2] *told*[1] *that I had* [3] *bad*[2] *spoken*[1]
sie es, oder ihre Schwester? Sie ist es. — Sie waren es, der mit[3] mir
nach *(to)* Paris zu gehen wünschte. — Waren sie es, welche vorige Woche
[2] *wished*[1] *last*[3]
vermählt wurden? Ja, sie sind es. — Ist sie es oder ihr Bruder,
married[2] *were*[1]
welcher nach[2] Rom geht *(is going*[1])? Sie ist es nicht, es ist ihre Schwester,
welche | dahin geht. | — Wer ruft? Ich bin's. — §. 71. Sind Sie
who | *is going there.* | *calls*
der Vater des Kindes? Ja, ich bin es. — §. 72. Es waren unser vier
und zwanzig, welche im [Hotel] Clarendon | zu Mittag aßen, | wo das
who at[2] *the* | *dined*[1] |
Essen *(dinner)* uns[2] hundert und zwanzig Guineen kostete *(cost)*[1]! — Es
waren ihrer nur wenige gegenwärtig *(present)*. — Wie viele von euch
waren von der Gesellschaft? — O es waren unser | ziemlich viel.
(party) | *a tolerable number*

II. Zueignende Fürwörter. (Possessive Pronouns.)

§. 73. Die zueignenden Fürwörter *(Possessive Pronouns)* werden in zwei Classen eingetheilt:

1) in adjectivische oder verbundene zueignende Fürwörter *(Adjective Possessive Pronouns)*, welche stets ein Hauptwort nach sich verlangen, und

---

(22c) NB. Da das "*he is he, she is she, it is it* (er, sie, es ist es), *you are you, they are they* (Sie, sie sind es)", bei den übrigen Personen schlecht klingt, so läßt man meistens das dem deutschen „es" entsprechende Fürwort "*he, she, it, you, they*" weg, oder man fügt das betreffende Wort "*the man, the woman, the person, etc.*," hinzu, z. B.:

Is he *the man?* Yes, he is *(the man).*	Ist das der Mann? Ja, er ist es
Is she *the woman?* Yes, she is *(the woman).*	Ist das die Frau? Ja, sie ist es.
You are *the person* who told it me. Yes, you are *(the person ob. he, she).*	Sie sind die Person, die es mir sagte. Ja, Sie sind es.
Are those *the Germans?* Yes, they are.	Sind das die Deutschen? Ja, sie sind es.

(23) Ueber „es ist, es gibt" 2c., siehe Reg. VI, VII., VIII. Seite 446 der Syntaxis.

2) in **absolute** oder alleinstehende zueignende Fürwörter (*Absolute Possessive Pronouns*), welche nie mit einem Hauptworte gebraucht werden können.

§. 74. Die verbundenen zueignenden Fürwörter sind folgende:

Singular.	*Plural.*
My (mei ob. mih) (24), mein, meine.	Our (aur), unser, unsere.
Thy (thei), dein, deine.	Your (juhr), euer, euere.
His (hiss), sein, seine; männlich. ⎫	Their (dthehr) (27), ihr, ihre (27b).
Her (herr), ihr, ihre; weiblich. ⎬ (25)	
Its (itts), sein (26), seine; sächlich. ⎭	

Absolut oder alleinstehend.

§. 75. Die absoluten oder alleinstehenden zueignenden Fürwörter sind:

Singular.	*Plural.*
Mine (mein), der, die das meinige, oder meiner, meine, meines, oder der meine.	Ours (aurs), unserer, unsere, unseres, der, die, das unsrige, oder der unsere.
Thine (dthein), der, die, das deinige ꝛc.	Yours (juhrs), der, die, das eurige (Ihrige), *Pl.* die Ihrigen.
His (hiss), der, die, das seinige ꝛc.	
Hers (herrs), der, die, das ihrige ꝛc.	Theirs (dthers), der, die, das ihrige,
Its (itts), der, die, das seinige, dessen.	*Pl.* die ihrigen (27c).

(24) Dieses Fürwort wird sowohl „mih" als „mei" ausgesprochen: der erstern (mih) bedient man sich, wenn der Nachdruck auf dem Hauptworte, der letztern (mei), wenn er auf dem Fürworte liegt, (was namentlich bei einem Gegensaße der Fall ist) oder wenn das darauf folgende Wort mit einem Vocale anfängt, z. B.:

Have you seen my (mih) father?	Haben Sie meinen Vater gesehen?
That is my (mei) book, and not yours	Das ist mein Buch und nicht das Ihrige.
My (mei) inclination; my (mei) age	Meine Neigung; mein Alter.

(25) Die zueignenden Fürwörter "*his, her, its, etc.*", stimmen wie im Deutschen, stets mit dem Besitzer, aber nie mit dem besessenen Gegenstande überein, während sie sich im Französischen ohne Rücksicht auf den Besitzer nur nach dem besessenen Gegenstande richten, z. B.:

His, its (ein Kind) father, mother, sisters, brothers, horses	Sein Vater, seine Mutter, seine Schwestern, Brüder, Pferde.
Her father, mother, brothers, etc.	Ihr Vater, ihre Mutter, ihre Schwestern, ꝛc.
Son père, sa mère, ses sœurs, ses frères, ses chevaux.	

In dieser Redensart kann man im Französischen nicht unterscheiden, ob der Besitzer männlich oder weiblich ist.

(26) Wenn sich das deutsche Fürwort **sein** auf das Wort **man** (*one*) bezieht, so muß man es im Englischen mit *one's* geben, z. B.:

One should take care of *one's* health.	Man sollte für seine Gesundheit sorgen.
One should love *one's* friend.	Man sollte seinen Freund lieben.

NB. Diese Regel hat keinen Bezug auf "*every one*" (Jedermann), z. B

| *Every one* should have *his* or *her* own. | Jedermann sollte das Seinige haben. |

NB. Das Ausführliche über das unbestimmte Fürwort **man** sagt, (franz. on dit), *they say, etc.*, findet man Regel XIV. Seite 451. Siehe auch die unbestimmten Fürwörter VIII. Seite 210 und *one* statt eines Adjectivs Reg. XIV. Seite 429.

(27) *Their* braucht man, wenn von mehreren Besitzern die Rede ist, und zwar für alle drei Geschlechter, z. B.:

Their father, mother, house, horses.	Ihr Vater, ihre Mutter, ihr Haus, ihre Pferde.
Poor children! *their* mother is dead and *their* houses are burned.	Arme Kinder! ihre Mutter ist todt und ihre Häuser sind abgebrannt.

(27b) NB. Zu allen verbundenen zueignenden Fürwörtern wird öfter als im Deutschen, wenn man den Besitz nachdrücklicher hervorheben will, das Adjectiv *own* (eigen), hinzugesetzt, z. B.:

Don't take, take *your own.*	Nimm das meinige nicht, nimm das deinige.
I have lost *my own* (ob. mine).	Ich habe das meinige verloren.

Hierüber f. Anmerk. 96b, Seite 215, auch Anmerk. 20, Seite 37 des Uebersetzungsbuchs.

(27c) NB. 1. Im Deutschen braucht man die alleinstehenden zueignenden Fürwörter „die Seinigen, die Ihrigen" ꝛc., öfters im Sinne von „Familie, Angehörige, Volk" ꝛc.; im Englischen aber muß man sich der verbundenen zueignenden Fürwörter und der betreffenden Hauptwörter bedienen, z. B.:

Ich habe das Meinige gethan, thue das Deinige.	I have done *my duty*, do yours.
Ich liebe die Meinigen.	I love *my family.*
Gott wird die Seinigen nie verlassen.	God will never forsake *his* people.

NB. 2. So oft ein persönliches Fürwort dem alleinstehenden zueignenden Fürwort voransteht, macht man eine Ausnahme von der obigen Regel, z. B.:

| May God protect you and yours, *him* and *his, her* and *hers, them* and *theirs.* | Möge Gott Sie und die Ihrigen, ihn und die Seinigen, sie und die Ihrigen beschützen. |

NB. Hierüber siehe Anmerkung 21, Seite 37 des Uebersetzungsbuchs.

§. 76. Die zueignenden Fürwörter erleiden keine Veränderung; ich führe jedoch die Declination derselben hier an, um sie in beiden Sprachen mit einander vergleichen zu können:

1. Declination der verbundenen zueignenden Fürwörter.

Erste Person.

	Singular.	Plural.
Nom.	My (mei) (28), mein, meine.	Our (aur), unser, unsere.
Gen.	Of my (oww mei), meines, meiner.	Of our (oww aur), unseres, unserer.
Dat.	To my (t' mei), meinem, meiner, meinen.	To our (tu aur), unserm, unserer, unsern.
Acc.	My (mei), meinen, meine, mein.	Our (aur), unsern, unsere.
Abl.	Of, from oder by (bei) my (29), von meinem, von meiner; von meinen.	Of, from oder by (bei) our, von unserm, von unserer; von unsern.

Zweite Person.

	Singular.	Plural.
Nom.	Thy (dthei), dein, deine.	Your (juhr), euer, eure, (Ihr, Ihre).
Gen.	Of thy (oww dthei), deines, deiner.	Of your (oww juhr), eueres, eurer.
Dat.	To thy (t' dthei), deinem, deiner, deinen.	To your (t' juhr), eurem, eurer, euren, Ihrem, Ihrer, Ihren.
Acc.	Thy (dthei), deinen, deine, dein.	Your, eueren, euer, euer, euern.
Abl.	Of, from ob. by thy, von deinem, von deiner, von deinen.	Of, from oder by your, von eurem, von eurer, von euren, Ihrem.

Dritte Person.
Singular.

	Männlich.	Weiblich.
Nom.	His (hiss), sein, seine, dessen (29b).	Her (herr), ihr, ihre, deren (29b).
Gen.	Of his (oww hiss), seines, seiner.	Of her (oww herr), ihres, ihrer.
Dat.	To his, seinem, seiner, seinen.	To her (tu herr), ihrem, ihrer, ihren.
Acc.	His, seinen, seine, sein.	Her, ihren, ihre, ihr.
Abl.	Of, from oder by (bei) his, von seinem, von seiner, von seinen.	Of, from oder by (bei) her, von ihrem, von ihrer, von ihren.

Dritte Person.
Sächlich.

Nom.	Its (30) (itts), sein, seine, ihr, ihre, dessen.
Gen.	Of its, seines, seiner, ihres, ihrer.
Dat.	To its, seinem, seiner, seinen, ihrem, ihrer, ihren.
Acc.	Its, seinen, seine, sein, ihren, ihre, ihr.
Abl.	Of, from oder by its, von seinem, von seiner, von seinen, von ihrem, von ihrer, von ihren.

---

(28) Die zueignenden und die anzeigenden Fürwörter this, that, müssen den Wörtern all (alle, ganz), half (halb), both (beide), stets nachgesetzt werden, z. B.:

All my library. Half his time.	Meine ganze Bibliothek. Seine halbe Zeit.
Both her friends, oder her two friends.	Ihre beiden Freunde, ob. ihre zwei Freunde.
Both these houses.	Diese beiden Häuser.

Hierüber siehe Reg. IX. S. 376 und Reg. XXVI. S. 469.

(29) Ueber den Gebrauch von of, from, by, siehe Anmerkung 1, Seite 179 u. 1. S. 105.

(29b) The robber killed the man (woman) in his (her) own house. | Der Räuber tödtete den Mann (die Frau) in dessen (ihrem) eigenen Hause.

(30) Da Anfänger sehr geneigt sind, its in der Bedeutung Ihr, e; Pl. Ihre bei Hauptwörtern sächlichen Geschlechts im Plural anzuwenden; so bemerke ich hier, daß its nur vor einem Besitzer sächlichen Geschlechts, their (ihr, e) dagegen nur von mehreren Besitzern aller drei Geschlechter gebraucht werden darf, z B:

These men, women are very old, their children are still young | Diese Männer, Frauen sind sehr alt, ihre Kinder sind noch jung.

These trees are very high, their leaves are very green. | Diese Bäume sind sehr hoch, ihre Blätter sind sehr grün.

Dritte Person.
Plural.
Für die drei Geschlechter.

Nom. Their (btßehr), ißr, ißre, beren (290).
Gen. Of their (oww btßehr), ißres, ißrer.
Dat. To their (t' btßehr), ißrem, ißrer, ißren.
Acc. Their, ißren, ißre, ißr.
Abl. Of from ober by (bei) their, von ißrem, von ißrer, von ißren.

C. For my sake, etc., meinetwegen, halber, um meinetwillen.

§. 77. Die Ausbrücke, meinetwegen, feinetwegen, ꝛc., werden im Englischen burch bas zueignende Fürwort *my*, *thy*, *etc.*, bas Hauptwort *sake* (Willen), unb bie Präposition *for* (für) aus= gebrückt, z. B.:

For my sake, for his (her, our, your, their) *sake.*	Meinet=, feinet=, ißret=, unfert=, Euert=, Ißretwegen ober halber.
For God's sake. For heaven's sake.	Um Gottes willen. Um's Himmels willen.
For charity's sake.	Um bes Mitleibs willen.

Man kann aber auch bei ben zueignenben Fürwörtern fagen:

On my, his, account. On what account? nicht aber *on God's account.* (Siehe Anmerkung 18, S. 359.)	Meinet=, feinethalber, ꝛc. Weßhalb?

§. 77b. Das beutsche „meinerseits, feinerseits", in ber Bebeutung „was mich betrifft", gibt man im Englischen mit *"for (on) my part"*; in ber Bebeutung „als bie Reiße an mich kam", gibt man es mit *"in my turn, etc."*, z. B.:

I must likewise listen to those, who, *on their part*, are also my friends.	Ich muß gleichfalls benjenigen Gehör schenken, welche, ißrerfeits, auch meine Freunde finb.
I was his superior in the country, in Paris he triumphed *in (his) turn.*	Auf bem Lanbe war ich vornehmer als er, in Paris triumphirte er feiner= feits.

D. Fälle, in benen man im Deutschen ben Artikel, im Englischen aber bas zueignende Fürwort brauchen muß.

§. 78. NB. 1. Wenn von Dingen bie Rebe ist, welche zu ber ganzen Erscheinung einer Person gehören, z. B.: von Theilen bes Körpers (Hanb, Fuß, Auge), von Kleibungsstücken (Rock, Schuh), von Gegenständen, bie man bei sich trägt (Ußr, Stock, Degen), von Geistesfäßigkeiten (Verstanb, Gebächtniß) ꝛc. unb überhaupt wo man im Deutschen statt bes bestimmten Artikels ober eines persönlichen Fürworts ein zueignenbes setzen könnte (z. B. statt: er hat b a s Bein gebrochen — er hat f e i n Bein gebrochen): setzt man im Englischen nur bie zueignenben Fürwörter, z. B.:

Ich habe (mir) bas Bein gebrochen. Ich habe mein Bein gebrochen.	I have broken *my leg.*

Er hat den Verstand verloren.	He has lost *his wits* (reason) [31].
Er hat sich in den Finger geschnitten.	He has cut *his finger.*
Sie hat sich die Haare gekämmt.	She has combed *her* hair.
Es hat sich den Flügel verletzt.	It has hurt *its* wing (ein Vögelchen).
Der Kopf thut mir weh, ob.	*My* head aches (ehls), ob.
Ich habe Kopfweh.	I have head-ache (ehļ).
Mir thun die Augen weh.	*My eyes* pain me.
Wir steckten ihm die Briefe in die Tasche.	We put the letters into *his* pocket.

Ausnahmen.

NB. 2. Gehört aber der Körpertheil ꝛc. dem O b j e c t e an, so steht auch im Englischen in vielen Fällen der Artikel, z. B.:

He took *me* by *the* hand. * [32]	Er faßte mich bei der Hand.
She laid hold *of me* by *the coat.* *	Sie faßte mich bei dem Rocke.
He struck *him* in *the face* (eye).	Er schlug ihn ins Gesicht (Auge).
She gave *him* a box on *the ear.*	Sie gab ihm eine Ohrfeige.
I gave *her* a blow on *the head.*	Ich schlug sie auf den Kopf.
He seized *him* by *the* throat.	Er packte ihn bei der Kehle.
She *tapped* [32b] *me* on *the shoulder.*	Sie klopfte mich (mir) auf die Schulter.
They ran *him* through *the body.*	Sie stießen ihn durch den Leib.
Misery stared *us* in *the face.*	Das Elend starrte uns ins Gesicht.
He gave up *the* ghost.	Er hauchte den Geist aus.

NB. 3. Bei Verwandtschafts = Benennungen steht meistens der bestimmte Artikel im Deutschen, wo im Englischen das zueignende Fürwort angewendet werden muß. z. B.:

Ist die (Fräulein) Schwester zu Hause?	Is *your* sister at home?
Nein, aber der Vater und die Tante sind es.	No, but *my* father and aunt are.
Die Mutter ist gerade ausgegangen.	*My* mother is just gone out.

2. Declination der alleinstehenden Fürwörter.

§. 79. Die Declination der alleinstehenden zueignenden Für=
wörter ist im Englischen der der verbundenen gleich; im Deutschen
werden solche gewöhnlich mit dem bestimmenden Artikel declinirt, im
Englischen aber darf nie der Artikel vor einem zueignenden Fürwort
stehen. Folgendes Schema wird dieses hinlänglich erläutern:

Singular.

Nom. Mine [33] (mein), der, die, das meinige, *Pl.* die meinigen.
Gen. Of mine [34] (oww mein), des meinigen, der meinigen.

(31) Die richtige Anwendung dieser Regel ist keineswegs schwer, denn man hat nur zu überlegen, ob man im Deutschen (oder Französischen) den Artikel mit dem zueignenden Fürworte vertauschen könnte. Geht das an, so muß man im Englischen das zueignende Fürwort brauchen. z. B.:

Sie trug das Buch in der Hand.	She carried the book in *her* (nicht *the*) hand
Sie nahm das Buch in die Hand.	She took the book into *her* hand.
Er nahm den (seinen) Hut ab.	He took off *his* (nicht *the*) hat.
Sie hatten Flor auf den (ihren) Hüten.	They had crape on *their* (nicht *on the*) hats.
Die Damen hatten Rosen auf den Hüten.	The ladies had roses on *their* bonnets.
They cut off *his* head — On lui a coupé *la tête.* — Man hat ihm den Kopf abgeschnitten.

NB. Damenhüte heißt bonnet; Herrenhut, hat; Mütze, cap, und Haube auch cap.

(32*) Man kann aber auch sagen: He took *my* hand; she laid hold of *my* coat.

(32b) She *tapped a barrel* of beer.	Sie zapfte ein Faß Bier an.

(33) *Mine, thine,* etc., trifft man häufig im humoristischen Stil und in Gedichten; vor Haupt=
wörtern im gewöhnlichen Leben darf man dieses aber nicht brauchen, z. B.:

Mine host of the "Black Swan" was a curious fellow, (besser *my host*).	Mein Wirth des "Schwarzen Schwans" war ein sonderbarer Mensch.
I have seen it with *mine own eyes,* (besser *my own eyes*).	Ich habe es mit meinen eigenen Augen gesehen.

(34) NB. Im Deutschen muß allemal das persönliche Fürwort in solchen Sätzen, wie: „Er ist ein

Dat. To mine (t' mein), dem meinigen, der meinigen, den meinigen.

Acc. Mine, den meinigen, die meinige, das meinige, die meinigen.

Abl. Of, from, by mine, von dem meinigen, von der meinigen, von den meinigen.

Plural.

Nom. Ours (aurs), der, die, das unsrige; die unsrigen.

Gen. Of ours (oww aurs), des unsrigen; der unsrigen.

Dat. To ours (tu aurs), dem unsrigen, der unsrigen; den unsrigen.

Acc. Ours, den unsrigen, die unsrige, das unsrige; die unsrigen.

Abl. Of, from oder by (bei) ours ([35]), von dem unsrigen, von der unsrigen; von ben unsrigen.

Beispiele über den Gebrauch der verbundenen Fürwörter.

§. 80. Diese Fürwörter können nie allein stehen, sondern müssen stets einem Hauptworte vorgesetzt werden. Siehe §. 73. 1. S. 185. — Sie richten sich immer nach dem Besitzer und nicht nach der Sache, die man besitzt, z. B.:

My, *thy*, *his*, *her*, *our*, *your*, *their*, *its* book.	Mein, dein, sein, ihr, unser, Euer (Ihr), ihr, sein Buch.
The binding *of my*, *of her*, *of his*, *of our*, *of your*, *of their* books is torn.	Die Einbände meiner, ihrer, seiner, unserer, Euer (Ihrer), ihrer Bücher sind zerrissen.
I gave oats *to my*, *to his*, *to her*, *to our*, *to your*, *to their* horse.	Ich gab meinem, seinem, ihrem, unserm, Eurem (Ihrem), ihrem Pferde Hafer.
I saw him and *his mother*, her and *her brother*, you and *your father*, them and *their sister*.	Ich sah ihn und seine Mutter, sie und ihren Bruder, Euch (Sie) und Euern (Ihren) Vater, sie und ihre Schwester.
He spoke *of my brother*, *sisters* and *cousins*.	Er sprach von meinem Bruder, von meinen Schwestern und Cousinen.
This was written, painted, made, etc., *by my brother*, *sisters*, *cousins*.	Dieses wurde von meinem Bruder, von meinen Schwestern, von meinen Cousinen geschrieben, gemalt, gemacht, 2c.
He took the watch *from my friend*, and gave it to one of *my aunts*, etc	Er nahm die Uhr meinem Freunde weg, und gab sie einer meiner Tanten, 2c.
Put this in *its* place, and these in *their* places.	Thun Sie dieses an seine Stelle und diese an ihre Stellen.
Both her parents are dead ([35b]).	Ihre beiden Eltern sind todt.

Beispiele über den Gebrauch der alleinstehenden Fürwörter.

§. 81. Die alleinstehenden zueignenden Fürwörter nehmen kein Hauptwort nach sich, sondern stehen in Bezug auf ein vorangegange-

---

Freund von mir" u. s. w. stehen, im Englischen dagegen muß das alleinstehende Fürwort gesetzt werden, z. B.:

He is a friend, a brother, *of mine*, | Er ist ein Freund, ein Bruder von mir, von *of his, of hers, of yours, of theirs*, etc. | ihm, ihr, Ihnen, ihnen, 2c.

Man kann aber auch sagen wie im Deutschen, z. B.:

He is *my friend*, brother, cousin. | Er ist mein Freund, Bruder, Vetter u. s. w.

Hierüber siehe Regel XI. Seite 409; auch Regel XXI Seite 457 der Syntaxis

NB In Verbindung mit den alleinstehenden zueignenden Fürwörtern darf man im Englischen wie den Artikel brauchen, z B:

This book *is mine* (nicht *the mine*). | Dieß Buch ist das meinige.

Siehe Anmerk. 19, Regel XXI. Seite 457 der Syntaxis

(35) NB. Hieraus ersieht man, wie äußerst einfach die englischen zueignenden Fürwörter im Vergleich mit dem Deutschen sind; denn im Englischen bleiben sie durchaus unverändert, und nehmen weder das Geschlecht noch die Zahl des Hauptwortes, mit welchem sie verbunden werden, oder auf welche sie sich beziehen, an. Der Nominativ und Accusativ sind stets gleich, den Genitiv bildet man mit *of*, den *Dativ* mit *to*, und den *Ablativ* mit *of*, *from* oder *by*. Siehe darüber Anmerkung 4, Seite 179 und Anmerkung 1, Seite 105.

(35b) NB. Die zueignenden Fürwörter brauchen nicht vor jedem Hauptwort wiederholt zu werden, z. B.: My father, mother and sister are well. | Mein Vater, meine Mutter und Schwester sind wohl.

nes allein; auch leiden sie keinen Artikel vor sich. **Siehe §. 79.** Seite 188.

Wie die verbundenen richten sie sich nach dem **Besitzer und nicht** nach der Sache, die man besitzt, z. B.:

Whose book is this?	Wessen Buch ist dieses?
It is *mine, his, hers, ours, yours, theirs*.	Es ist das meinige, das seinige, ihrige, unsrige, Eurige (Ihrige), ihrige.
Whose books are these?	Wessen Bücher sind dies?
They are *mine, his, hers, ours, yours, theirs*.	Es sind die meinigen, seinigen, ihrigen, unsrigen, Eurigen, ihrigen.
Mine is here, take *yours*.	Das meinige ist hier, nehmen Sie das Ihrige.
Theirs have been lost, but *ours* and *hers* have been kept safe.	Die ihrigen sind verloren, die unsrigen und die ihrigen aber sind sicher aufbewahrt worden.
His pleases me, but not *hers*.	Das seinige gefällt mir, das ihrige aber nicht.
An uncle, and two aunts *of mine, his, hers, ours, yours, theirs*, are gone to London.	Ein Onkel und zwei Tanten von mir, ihm, ihr, uns, Euch, ihnen sind nach London gegangen.
He gave money to a brother, to a sister, of *mine, hers, his, ours*, etc.	Er gab einem Bruder, einer Schwester, von mir, ihr, ihm, uns, Geld.
He spoke bad of a friend of *mine*, of *his, hers*, etc.	Er sprach von einem Freunde, von mir, ihm, ihr, nachtheilig.
This watch was made by a cousin of *mine, ours, yours*, etc.	Diese Uhr ist von einem Vetter von mir, uns, Ihnen gemacht worden.
I took this book from a friend of *yours*, and gave it to a friend of *mine*, etc.	Ich nahm dies Buch einem Freund von Ihnen weg und gab es einem Freund von mir, ꝛc.

Beispiele über den Gebrauch der verbundenen und alleinstehenden Fürwörter in Verbindung.

§. 82. Wie man im Deutschen ein verbundenes und ein alleinstehendes zueignendes Fürwort in demselben Satze braucht, so kann dasselbe auch im Englischen geschehen, z. B.:

My brother and *yours*, *his* sister and *hers*, are now in Paris.	Mein Bruder und der Ihrige, seine Schwester und die ihrige sind jetzt in Paris.
Their houses and *ours* are very fine.	Ihre Häuser und die unsrigen sind sehr schön.
My hat is better than *his* (36).	Mein Hut ist besser als der seinige.
My brother says this book is *his*, *my* sister says it is *hers*, and I say it belongs to neither, for it is *mine*.	Mein Bruder sagt, dieses Buch sei das seinige, meine Schwester sagt es sei das ihrige, und ich sage, es gehört keinem von beiden, denn es ist das meinige.

Aufgaben über die verbundenen zueignenden Fürwörter.

I. §. 74 und 76. Seite 185 und Anmerkung 28.

66. Guten Morgen, mein Freund, wie befinden Sie sich und wie
| befindet sich | Ihr Herr (37) Bruder und seine liebenswürdige Gemahlin?
   is   *amiable*   *lady*
Ich danke Ihnen, sie befinden sich ganz wohl, aber ihre Kinder haben

---

(36) Wenn die Sache, die man besitzt, von verschiedener Zahl ist, so muß man natürlicherweise die verbundenen Fürwörter brauchen, und, wie im Deutschen, das Hauptwort wiederholen, z. B.:
| *My brother* and *your brothers*, *his sister* and *her sisters*, are now in London. | Mein Bruder und Ihre Brüder, seine Schwester und ihre Schwestern sind jetzt in London. |

(37) Ueber die Weglassung der Titel bei Verwandten siehe Anmerkung 3, Seite 669.

fern. — Denke [ja] nicht, meine Tochter, daß deine Aufrichtigkeit,
not   think   that   sincerity
ffenherzigkeit, dein | reiner feiner Geschmack, | sogar deine Anmuth
n-heartedness   pure and delicate taste   even   grace
 der Verläumbung der bösen Welt schützen können. — Meine Frau,
a   calumny   wicked   protect[2] can[1]
ruber, mein Kind und meine Freunde beabsichtigen *(intend)*
Sommer nach Bath zu gehen. — Vater unser, der [du] (38) bist
to[2]   to[1] go   to[1] 1 who
himmel. — Ist Euer Vater und Eure (39) Mutter zu Hause *(at home)*?
t *(Oh yes)*, mein Herr, (40) und meine Schwester auch *(also)*. —
huft, er hat mich meines Geldes beraubt. — Ich habe den Brief
lain   (Acc.)[2]   money   robbed[1]   2 letter
Bruder gegeben *(given[1])*. — Haben Sie meinen Onkel gesehen *(seen)*?
ber Ihre[4] Tante und unsern Freund habe[2] ich[1] gesehen[3]. — Der
raf | hat von meinem Freund gesprochen. — Meinem Freunde hat
e | 3   *spoken[1]   (Abl.)[4]*   2
uch weggenommen, welches von meiner Freundin geschrieben worden
8   taken away[3] which   4   written[3] been[2]
Ich habe mein ganzes Vermögen verloren.
3   3   *fortune[4]   lost[1]*

§. 77. Seite 187.

. Wenn Sie Ihr Leben | Ihrethalben | nicht schonen wollen,
If   4   for your own sake   2 spare[3] will[1]
n *(do)* [Sie] es [doch] meinethalber. — Um Gottes willen, mein
elfen [Sie] mir. — Nehmen [Sie] es und bewahren [Sie] es
help   (Acc.)   take   keep
ber. — Weßhalb hat er die Stadt verlassen? Weil es (für) ihm,
)   *why   2   town   left[1]   because   for[3]*
benhalber | zu heiß wurde.
nt of debt | too[2] hot was[1]

§. 78. Seite 187.

. Ich habe mir den Finger verletzt *(hurt)*. — Er hat sich die
r verrenkt *(dislocated)*. — Wir waschen *(are washing)* uns die
nd die Füße. — Sie hat mir das Buch weggenommen *(taken away)*.
die Mutter oder der Vater zu Hause? Nein, aber der Bruder
Schwester und auch die Vettern sind zu Hause. — (NB. 3.) Die
also   cousins
liche, junge Dame schlug ihn in's Gesicht, welche Höflichkeit er
le   lady gave — a slap   politeness
erwiederte, [daß er] ihr eine Ohrfeige gab. — Er fiel vom dritten
returned[1]   2   giving[1]   fell
story) [herunter] und hauchte den[2] Geist aus[1]. — Er nahm mich
Hand und führte *(led)* mich zu seiner Frau und seinen liebens=
n *(amiable)* Töchtern.

) dem *Nominativ* des relativen Fürworts der, die, wird im Englischen das persönliche
wort nicht wiederholt. Siehe beziehende Fürwörter Regel XXXIII. Seite 464.
r die Auslassung der zueignenden Fürwörter siehe Reg. I. Seite 444 und Reg. XX.
te 457 der Syntaris.
rüber siehe Anmerkung 19, Seite 118.

§. 79. Seite 188.

69. Der Fehler (*fault*) war nicht der meinige, sondern (*but*) der Ihrige oder der seinige. — Seine Geschichte (*story*) ist kurz (*short*) und unterhaltend, die meinige ist lang und langweilig. — Ist dies Buch das Ihrige? Ja, es ist das meinige. — Wessen (*whose*) Pferd (*horse*) ist dies? Es ist das seinige. Nein, es ist jetzt (*now*) das unsrige. — Dies Haus ist das seinige und dieser Garten der ihrige. (*Sing.*) — Sie haben einiges (*some*) der meinigen, der seinigen, der unsrigen, der ihrigen, (von) meinem Freunde weggenommen. — Legen (*put*) [Sie] das Buch zu den meinigen, seinigen, unsrigen, Eurigen, ihrigen [hin]. — Der Thee ist gut, aber sein Geschmack (*taste*) ist bitter.

§. 81. Anmerkung 34, Seite 188.

70. Ein Freund von mir möchte gern Ihre Bekanntschaft machen. — *would like acquaintance to make* Ein Verwandter von Ihnen hat eine Pension erhalten. — Zwei Bedienten *relation received servants* von ihm beraubten (*robbed*) ihn. — Herr Syntax, ein Schüler (*pupil*) von mir, hat | das Englische | in sechs Monaten ganz gut schreiben und sprechen *English quite well to write to speak* gelernt (*learned*).

III. Zurückführende oder reflexive Fürwörter.

§. 83. Mit Ausnahme von "*himself* und *themselves*" werden die zurückführenden Fürwörter aus den verbundenen zueignenden Fürwörtern und dem Hauptwort *self* (selbst) im *Singular* und *selves* im *Plural* zusammengesetzt, und werden gebraucht, um das Subject oder Gegenstand, wovon man spricht, hervorzuheben. Sie sind folgende:

Singular.	*Plural.*
I myself (ei miself), ich selbst, ich mich (selbst).	We ourselves (uih aurselws), wir selbst, wir uns (selbst).
Thou thyself (dthau dtheiself), du selbst, du dich (selbst).	You *yourselves* (ju juhrselws), an mehrere Personen gerichtet), ihr selbst, ihr euch (selbst), Sie selbst.
He (hih) himself, er selbst, er sich (selbst).	You *yourself* ([41]) (juh juhrself), (in der Anrede an eine Person) Ihr selbst, ihr
She herself (schih herrself), sie selbst, sie sich (selbst).	euch (selbst), Sie selbst, Sie sich.
It itself, es selbst, es sich (selbst).	

([41]) Wie schon Anmerkung 7, Seite 179 gesagt worden ist, braucht man im Englischen immer you, Ihr (Sie), in der Anrede, wenn sich aber das zurückführende Fürwort nur auf eine angeredete Person bezieht, so muß man yourself und nicht yourselves gebrauchen. Spricht aber Jemand von sich selbst in der Mehrzahl, wie z. B.: Der König oder Redacteur einer Zeitung 2c., so braucht man ourselves oder ourself, z. B.:

Gentlemen, my master begs you to come *yourselves*.	Meine Herren, mein Herr bittet, Sie selbst zu kommen.
Sir, my master begs you to come *yourself*.	Mein Herr, mein Herr bittet, Sie möchten selbst kommen.
We, Victoria, Queen of Great Britain, etc., are inexpressibly happy to see *ourselves* surrounded by such faithful subjects.	Wir, Victoria, Königin von Groß-Britanien 2c., sind unaussprechlich glücklich, Uns von solchen getreuen Unterthanen umringt zu sehen.

One one's self (41b) (uonns ſelf), man | They themselves (btheh bthemmſelws),
ſelbſt, man ſich (ſelbſt). | ſie ſelbſt, ſie ſich (ſelbſt) (41e).

Dieſe Fürwörter werden wie folgt beclinirt:

Erſte Perſon:

	Singular.		Plural.
Nom.	I myself, ich ſelbſt, ich mich (ſelbſt).	We ourselves, wir (uns) ſelbſt.
Gen.	Of myself, meiner ſelbſt, ob. meiner.	Of ourselves, unſerer ſelbſt ob. unſerer.
Dat.	To myself, mir ſelbſt, oder mir.	To ourselves, uns ſelbſt oder uns.
Acc.	Myself, mich ſelbſt, oder mich.	Ourselves, uns ſelbſt oder uns.
Abl.	Of, from ob. by (42) myself, von mir ſelbſt, oder von mir, von ſelbſt. (42b)	Of, from oder by ourselves, von uns ſelbſt, oder von uns, von ſelbſt (42c).

§. 84. Dieſe Fürwörter werden auch zuweilen durch das Adjectiv *own* (ohn), eigen, verſtärkt, z. B.:

I my own self (43), ich ſelbſt. | We our own (ohn) selves, wir ſelbſt.
Thou thy own (ohn) self, du ſelbſt | You *your own selves*, (*Pl.*), Ihr ſelbſt,
(wörtl: du dein eigenes ſelbſt). | (Sie ſelbſt, meine Herren).
He his own self, er ſelbſt. | You *your own self* (*Sing.*), Ihr ſelbſt,
She her own self, ſie ſelbſt. | (Sie ſelbſt, mein Herr).
It its own self (43b), es ſelbſt. | They their *own selves*, ſie ſelbſt.

E. Wechſelſeitige oder reciproke (reciprocal) Fürwörter.

§. 85. Wenn die zurückführenden Fürwörter uns, euch, ſich mit dem Worte einander verwechſelt werden können, ſo überſetzt man ſie durch die reciproken Fürwörter *each other* oder *one another*, und nicht durch die reflexiven *ourselves, yourselves, themselves*, welche letztere dem Satze eine ganz andere Bedeutung verleihen würden, z. B.:

We love and help *each other* ob. *one another*. They killed *each other*. | Wir lieben und helfen uns (= einander). Sie tödteten ſich (= einander).

We (Editor) *have* seen the transaction *ourselves*, and can vouch for the truth of this statement. | Wir (Redacteur) haben die Begebenheit ſelbſt geſehen und können für die Wahrheit dieſer Angabe bürgen.

(41b) Statt "one's ſelf" ſchreibt man öfters "*oneself*", obige Form iſt jedoch die gebräuchlichſte.
(41e) Es iſt hier zu bemerken, daß das Deutſche „ſich, ſich ſelbſt oder ſelbſt" ſtets mit "*himself, herself, itself, themselves*", etc., und nicht mit *self* allein überſetzt werden muß, z. B.:
Der König ſelbſt war da geſtern. | The king *himself* was there yesterday.
Da iſt die Dame ſelbſt. | There is the *lady herself*.
Man liebt ſich ſelbſt. | People love *themselves*, ob. one loves *one's ſelf*.
Selbſt gethan iſt bald gethan. Wenn man ſelbſt geht, betrügt einen der Bote nicht. | The *fox* never ſent a better messenger than *himself*.
(42) Das Wort *by* in Verbindung mit den zurückführenden Fürwörtern, bedeutet ſo viel als *alone*, allein, z. B.:
I was *by myself* when the robber broke into the house. | Ich war allein, als der Dieb in's Haus einbrach.
(42b) NB. Die zurückführenden Fürwörter "*myself, himself*", etc., werden häufig ohne die (vorhergehenden) perſönlichen Fürwörter (*I, he, she, we, you, they*) worauf ſie ſich beziehen, gebraucht, z. B.:
She had ten children, but they all died before *herself* (b. h. before *she died herself*).
They were happy to find some one happier than *themselves* (b. h. than *they were themselves*).
(42c) Das Weitere hierüber findet man Regel XXIV. Seite 459, und Regel XXXII. Seite 505. Siehe auch das zurückführende Zeitwort I dress myself, §. 164 Seite 286
(43) Die Verbindung des *self* mit den adjectiviſchen Formen und der Hinzufügung des Adjectivs *own* laſſen ſich daraus erklären, daß *self* eigentlich ein Hauptwort iſt und „das Selbſt" bedeutet.
(43b) Das Wort "*self*" entſpricht auch dem deutſchen „Ich", z. B.:
With him, the love of *self* is predominant. | Bei ihm iſt die Vorliebe für ſein Ich vorherrſchend.
He is my second *self*. | Er iſt mein zweites Ich.

Rothwell, große Grammatik. 13

You hate *one another* ob. *each other*.	Sie hassen sich (= einander). Ihr haßt euch (= einander.)
They fought a duel with *each other* (44).	Sie schlugen (duellirten) sich (wörtl.: sie fochten ein Duell mit einander.)

§. 85b. Beispiele über die zurückführenden Fürwörter.

I *myself* saw him *yesterday*, ob.	Ich selbst sah ihn gestern, oder
I saw him *myself* yesterday.	Ich sah ihn gestern selbst.
I can lift it *by myself*.	Ich kann es allein aufheben.
He always speaks of *himself*.	Er spricht immer von sich.
He himself took it *from me*.	Er selbst nahm es mir weg.
I saw *her by herself* (ob. alone). (45)	Ich sah sie allein.
She has made it *for herself*.	Sie hat es für sich (selbst) gemacht.
That dove will pine, if *it* be left by *itself*.	Diese Taube wird schmachten, wenn sie allein gelassen wird.
We have taken a box (46) to *ourselves*.	Wir haben eine Loge für uns genommen.
I assure you that *we our own selves* saw him.	Ich versichere Ihnen, daß wir selbst ihn gesehen haben.
You yourself told it me.	Sie selbst haben es mir gesagt.
They their *own selves* have done it, and no one else.	Sie selbst und niemand anders haben es gethan.
One loves *one's self*. My other *self*.	Man liebt sich selbst. Mein anderes Ich.
Mr. Wilson *himself* was here.	Herr Wilson selbst war da.
Mrs. Wilson *herself* told it me.	Madam Wilson selbst erzählte es mir.

Aufgabe über die zurückführenden Fürwörter.

III. §. 83. Seite 192.

71. Nun, was haben Sie für sich zu sagen? Ich habe genug für
   Well   3   4 to1 say2   enough
mich zu sagen. — Er selbst, sie selbst hat es mir gesagt. — Sie (47) selbst,
                                          2   told1
sie (47) selbst haben ihn unglücklich gemacht. — Wir lieben und loben
                   2   unhappy   made1   praise
uns selbst. — Man [thut] sich oft Unrecht. — Ich schrieb ihm selbst von
         We   3 often1 wrong2   wrote
London. — Wir haben die Sache von Ihnen selbst gehört. — Wer hat
                       2   matter   heard1
das (that)2 gethan (done)1? Wir haben es selbst gethan und niemand
anderes. — §. 84. (Seite 193.) Sie, Ihr eignes selbst, | lieber | Freund,
else   my dear

---

(44) Mit den zurückführenden Fürwörtern würden obige Sätze einen ganz andern Sinn geben, nämlich:

We love ourselves, würde heißen:	Wir lieben ein Jeder sich selbst, aber nicht der Eine den Andern.
You hate yourselves, würde heißen:	Ihr haßt ein Jeder sich selbst.
They fought a duel with themselves.	Sie fochten ein Jeder mit sich selbst.

Hieraus ersieht man, daß es beim Uebersetzen sehr nöthig ist, zu bedenken, ob uns, euch, sich mit dem Worte einander vertauscht werden dürfen; wenn es so ist, so muß man im Englischen immer *"each other oder one another"* brauchen. S. §. 165, S. 288.
Each other bezieht sich auf zwei, *"one another"* auf mehrere Personen. S. §. 165, S. 288.

(45) Das Wort alone, allein, muß unmittelbar nach dem persönlichen Fürwort, auf welches es sich bezieht, gesetzt werden, z. B.:

I saw her alone.	Ich sah sie allein (daß sie allein war).

Aber wenn man alone nach dem Fürworte I (ich), setzt, so bekommt der Satz eine ganz andere Bedeutung, z. B.:

I alone saw her.	Ich allein (Niemand außer mir) sah sie.

(46) Das Wort box bedeutet zugleich box on the ear, Ohrfeige, box, Kiste, eine Loge ec.

(47) Man wird hier wohl einsehen, daß das erste Sie in der Anrede, das zweite die dritte Person in der Mehrzahl ist.

.ben es mir gesagt. — §. 85. (Seite 193.) Wir sehen uns beinahe täglich. —
nearly every day
ie lieben (= einander) sich zärtlich (*tenderly*). — Sie schlugen sich gestern
orgen und haben sich schwer verwundet. — Mein Vater hat ein schönes
² *severely wounded*[1]   ² *beautiful*[3]
'erdchen von den Schetland=Inseln mit sich (^{47b}) gebracht. — Wenn meine
pony[4]   ⁷   *Shetland Islands*   ⁵   ⁶   *brought*[1] (Anm. 4c. S. 362.)
eunde von Paris zurückkommen, [so] werden sie meine Cousine mit (sich)
²   *return*[1]   *will*[4]   ³   ⁶
ch *(to)* Straßburg nehmen *(bring)*[5]. — Der Professor selbst hat es mir gesagt.

IV. Anzeigende Fürwörter. (Demonstrative Pronouns.)

§. 86. Die anzeigenden Fürwörter deuten auf einen Gegenstand
und bezeichnen zugleich die örtliche Stellung desselben. Sie können
e im Deutschen verbunden und alleinstehend gebraucht werden. Sie
b folgende:

Sing.   This, dieser, diese, dieses oder der, die, das.
Plur.   These, diese, die.
Sing.   That, jener, jene, jenes, der, die, das.
Plur.   Those, jene, die.

NB. Im Allgemeinen unterscheiden sich *this* und *that* so, daß *this* einen Gegen-
nb bezeichnet, welcher in Zeit oder Raum gegenwärtig oder nahe, *that* aber einen,
cher abwesend oder entfernt ist.

Diese Fürwörter erleiden in Beziehung auf das Geschlecht der Gegenstände, auf
che sie hinweisen, keine Veränderung. Sie werden wie folgt mittelst der Präpo-
onen *of, to, from, by* declinirt:

Auf nahe liegende Gegenstände ꝛc. bezogen.

Singular.	Plural.
n. This (⁴⁸) (dthiß), dieser, diese (⁴⁹), dieses, der, die, das.	*Nom.* These (dthihß), diese, die.
. Of this, dieses, dieser, dieses.	*Gen.* Of these, dieser, deren.
t. To this, diesem, dieser, diesem.	*Dat.* To these, diesen, denen.
. This, diesen, diese, dieses.	*Acc.* These, diese, die.
t. Of, from od. by this, von diesem, von dieser, von diesem.	*Abl.* Of, from od. by these, von diesen, von denen.

---

b) NB. Ueber „sich" (*him, her, them*), siehe Reg. XXIV. Seite 459.
8) *This* und *that* wendet man für alle drei Geschlechter an, auch können sie alleinstehend gebraucht
werden. (Vergleiche Regel XXVI. - XXXI. Seite 460 der Syntaris), z. B.:
This man, *that* woman, and *this* house. | Dieser Mann, jene Frau und dieses Haus.
I like *this* better than *that*. | Ich ziehe dieses jenem vor.
9) NB. 1. Im Deutschen braucht man dieser, e, es vor Substantiven, die einen Zeitraum
ausdrücken, sowohl von der letzten Vergangenheit = vorig, vergangen, als auch von der
nächsten Zukunft, z. B.:
Es hat diese (= vorige, vergangene, letzte) Nacht stark gefroren.
Im Englischen dagegen wird *this* in solchen Fällen nur von der nächsten Zukunft gebraucht,
und das deutsche dieser, e, es, auf eine Vergangenheit bezogen, muß durch *last* übersetzt
werden. Folglich muß obiger Satz heißen:
It froze hard *last* night. (It will rain *this* evening. Es wird diesen Abend regnen).
Ebenso muß man wohl beachten, ob das deutsche der, die, das, der Artikel, oder
das anzeigende Fürwort (= dieser, e, es) ist und es im letzteren Falle durch *this* wiedergeben, z. B.
Der (= dieser) Winter ist sehr kalt | This winter is very cold.
NB. 2. So oft man das deutsche „dieser da" in der Bedeutung „dieser hier"
braucht, so muß man es im Englischen stets mit "*this*" geben, und so oft man „dieser da"
in der Bedeutung „jener" braucht, muß man es mit "*that*" geben, z. B.:
This man has told it me. | Dieser Mann da (hier), hat es mir gesagt.
That man has told it me. | Dieser (jener) Mann da hat es mir gesagt.
NB. 3. Die Ausdrücke "*this here*, *that there*", welche sehr häufig gebraucht werden, sind
Pleonasmen, welche man vermeiden sollte; *this, that*, etc., drücken von selbst den Sinn deutlich aus.
NB. 4. Wenn man die Sache besonders hervorheben will, oder wenn das "*that there*",
this here" so viel als "*that man*, etc., *who is there*" bedeutet, so darf man "*that there*", etc., brauchen.

Auf entfernte Gegenstände bezogen.

	Singular.		*Plural.*
Nom.	That (bthatt), jener, jene, jenes, ber, bie, bas.	*Nom.*	Those (bthohß), jene, bie.
Gen.	Of that, jenes, jener, jenes 2c.	*Gen.*	Of those, jener, beren.
Dat.	To that, jenem, jener, jenem, bazu.	*Dat.*	To those, jenen, benen.
Acc.	That, jenen, jene, jenes.	*Acc.*	Those, jene, bie.
Abl.	Of, from ob. by that, von jenem, von jener, von jenem 2c.	*Abl.*	Of, from ob. by those, von jenen, von benen (⁵⁰).

NB. Zu den obigen kann man bie Wörter "*the former* (jener), *the latter* (biefer)" zählen.

S. 86ᵇ· Beispiele hierüber.

This is the newspaper (that) I read.	Dies ift bie Zeitung, welche ich las.
Will you have some of *this* pie?	Wollen Sie etwas von biefer Paftete?
What do you think of *this* book?	Was halten Sie von biefem Buche?
I prefer it *to that.*	Ich ziehe es jenem vor.
Look *at this,* and then *at that.*	Sehen Sie biefes und bann jenes an.
I do not like *these apples,* I prefer *those.*	Diefe Aepfel hier gefallen mir nicht, ich ziehe jene ba vor.
Give me some *of that,* and I'll give you some *of this.*	Geben Sie mir etwas von jenem und ich werde Ihnen etwas von biefem geben.
Which of *those* houses (yonder) do you like best?	Welche von biefen (jenen) Häufern bort gefallen Ihnen am beften?
I do not (ob. don't) like either of *those,* I prefer *these.*	Es gefällt mir keines von (jenen) biefen ba, ich ziehe biefe hier vor.
Shakspeare and Milton were both great poets, *the former* wrote dramatic pieces, *the latter* epic poems (⁵⁰).	Shakfpeare und Milton waren beibe große Dichter, jener fchrieb bramatifche Werke, biefer epifche Gebichte.
Both the ladies command our admiration, *the one* by her beauty, *the other* by her extreme modesty.	Beibe Damen erheifchen unfere Bewunberung, (jene) bie eine burch ihre Schönheit, (biefe) bie anbere burch ihre außerorbentliche Befcheibenheit.

Aufgabe über bie anzeigenben Fürwörter.
IV. S. 86. Seite 195.

72. In biefer Welt | ift wenig | wirkliches Glück. — Diefes
           | *there is but little* | *real   happiness*

Pferb trabt gut, jenes aber (⁵¹) noch beffer. — Diefe Knaben und biefe
 trots well   *still*

Mäbchen laufen fchneller   als   jene Frau. — Effen Sie jenen Apfel
  run   faster (f. R. XIII. S. 157.)   *Do—eat* (⁵¹b)

unb ich werbe biefen effen. — Jenes Haus gehört Herrn Martin, unb
  shall   **2**   **1**   *belongs to*

biefer Obft=Garten *(orchard)* feinem Bruber. — Diefe Birnen *(pears)* find
beffer als jene. — Von biefem Herrn (⁵²) habe² ich¹ Gelb⁴ unb von biefer Frau

---

(50) Wenn bas beutfche biefer, jener fich auf vorher erwähnte Perfonen beziehen unb mit „ber Erftern, ber Letztern" vertaufcht werben können, fo bebient man fich im Englifchen lieber ber Wörter *the former, the latter,* „ber erftere, ber letztere", ober *the one, the other,* „ber eine, ber anbere". Siehe bie Beifpiele oben, fiehe auch Regel XXIX. Seite 461.
    In Bezug auf Sachen kann man "*this, that,* ober *the former, the latter*", brauchen.
    NB. *The former, the latter,* nehmen *'s* im Genitiv an, ober werben wie *this* unb *that* beclinirt.

(51) *But* (aber) kann nicht wie im Deutfchen in ben Satz eingefchoben, fonbern nur zu Anfang beffelben gefetzt werben, z. B.: „aber jenes", 2c.

(51b) Gewöhnlich fieht im Englifchen ber *Imperativ* ohne Fürwörter. Werben aber wie oben bie Perfonen befonbers hervorgehoben unb in Gegenfatz zu einanber geftellt; fo braucht man im Englifchen wie im Franzöfifchen, bas perfönliche Fürwort, z B.:
    Mangez, *vous,* cette pêche-là, et moi, je | Do you *eat* that peach, and *I* shall eat *this.*
    mangerai celle-ci.

(52) Wenn man im Deutfchen biefer Herr hier, jener Herr ba, franzöfifch *ce Monsieur - ci, etc,*

freundlichen Rath bekommen. — Nun, was | halten Sie | von diesen
friendly   advice   received[3]   *Well*   *do you think*

Männern? sagte der Marquis. — Wollen Sie die Güte haben [und] mir etwas
said   *Will*   [2] *kindness* [1]   [2] *some*

von diesem Papier geben. Ja wohl, mit Vergnügen; | wünschten Sie auch |
to[1] *give* Oh yes   *pleasure*   *would   also like*

| von | diesen Federn und von dieser Tinte zu haben? — Was haben Sie
some[2] *of*   *pens*   *to have*[1]

diesem[2] Manne, dieser Frau, diesem Kinde gesagt *(said)*[1]? Nichts *(nothing)*.
[Die] Tugend und [das] Laster haben ganz verschiedene Wirkungen: dieses
       virtue   *vice*   *very   different   effects*
ist das Unglück der Menschen, jene macht sie glücklich. — Hier sind meine
      misfortune of mankind   *makes   happy*
Bücher! diese sind moralisch *(moral)*, jene[2] aber[1] politisch *(political)*.

V. Beziehende Fürwörter. (Relative Pronouns.)

§. 87. Im Englischen gibt es vier beziehende Fürwörter, nämlich:
Who, which, that und *what.*

Who, which und *that* entsprechen dem deutschen:
Welcher, welche, welches, oder: der, die, das; auch dem
veralteten Relativ: so[(53)], und
What entspricht dem deutschen: was, oder das was.

§ 88. *What* und *that* bleiben unverändert, *who* und *which*
werden wie folgt declinirt:

I. Who, welcher, der rc.; für Personen.

Nom.	Who (huh), welcher, welche, welches, oder: der, die, das. *Plur.*: welche ob. die.
Gen.	Whose [(54)] (huhs), dessen, deren. *Plur.*: deren.
Dat.	To whom (t' huhm), welchem, welcher, ob. dem, der. *Plur.*: welchen ob. denen.
Acc.	Whom (huhm), welchen, welche, welches, oder: den, die, das. *Plur.*: welche ober die.
Abl.	Of, from ob. by [(55)] whom (bei huhm), von welchem, von welcher, oder von dem, von der. *Plur.*: von welchen, ob. von denen.

sagt, so muß man es im Englischen mit *gentleman, (Plural) gentlemen, geben, dasselbe von
Frauen, d. h. wenn sie vom Stand sind, z. B.:
This gentleman, these gentlemen, told it me. | Dieser Herr, diese Herren haben es mir gesagt.
That lady is, those ladies are pretty. | Jene Frau (Dame), Frauen sind hübsch.
The gentleman (lady), whom we met. | Der Herr (die Dame), den (die) wir trafen.

(53) Bei Dichtern und in der Bibelsprache kommt im Deutschen auch das sonst veraltete Relativ
so° (= welcher, e, es) vor. Im Englischen muß man dasselbe mit *who, which oder that*
übersetzen, z. B.:
The saints who are on earth. | Die Heiligen, so auf Erden sind.
He wished us all the happiness which | Er wünschte uns alles Glück, so das Leben gewähren
this life can afford. | könne. (Dr. Grieb).

(54) In den meisten Grammatiken findet man "*of whom*" als zweiten *Genitiv* bei diesem Fürwort,
da aber die Erfahrung mich gelehrt hat, daß dieser *Genitiv* "*of whom*" zu manchen Schwierigkeiten, hauptsächlich für Anfänger, führt, so habe ich ihn weggelassen, und bemerke hier nur,
daß in allen Fällen, wo man im Deutschen dessen, deren in Bezug auf Personen braucht,
im Englischen "*whose*" und nicht *of whom* angewendet werden muß, außer in folgenden und
ähnlichen Fällen:
The man, woman of whom I am ashamed, oder } Der Mann, die Frau, dessen, deren
The man, woman whom I am ashamed of, oder } ich mich schäme.
The man, woman I am ashamed of. } (Siehe Anmerk. 56. Seite 198).
Of whom could you not get rid? — *Of* | Wessen könnten Sie sich nicht entledigen? —
him. | Seiner.
Hier darf man nicht *whose* gebrauchen, weil das beziehende Fürwort der objective *Genitiv*
ist. Siehe oben Ablativ.
Das Weitere siehe Reg. XXXII. — XXXIV. Seite 464 der Syntaxis.

(55) Ueber die verschiedenen Bedeutungen des *of, from* und *by*, siehe Anmerkung 4, Seite 179, auch
Anmerkung 1, Seite 105.

II. Which, welcher, der ꝛc.; für Sachen und Thiere.

Nom.   Which (huitſch), welcher, welche, welches, oder: der, die, das. *Plur.*: welche oder die.

Gen.   Whose oder ⎱ (huhs), ⎰ deſſen, deren, wovon. *Plur.*: deren.
Of which (56) ⎰ (oww huitſch), ⎱

Dat.   To which (t' huitſch), welchem, welcher, ob.: dem, der. *Plur.*: welchen ob. denen.

Acc.   Which, welchen, welche, welches, oder: den, die, das. *Plur.*: welche ob. die.

Abl.   Of, from ob. by which, von welchem, von welcher, oder: von dem, von der.
Plur.: von welchen oder von denen, wodurch.

III.   What, was, oder das was.

What wird wie die zueignenden Fürwörter mittelſt der Präpoſi=
tionen *of, from, to, by* declinirt und bedeutet im Deutſchen Folgendes:

Nom.   What (huoat), was, ob. das was.

Gen.   Of what (oww huoat), weſſen (56b), deſſen; beſſen, was; weß.

Dat.   To what (zu) dem was: wozu; zu welchem; auf das was.

Acc.   What, was, ob. das was.

Abl.   Of, from ob. by what, von was; ob. von dem was; ob. wovon, wodurch.

IV.   That, welcher, der ꝛc.; für Perſonen und Sachen.

§. 89.   Als beziehendes Fürwort kann *that* nie eine Präpoſition
vor ſich haben, man kann aber die Präpoſitionen *of, from, to, by*
auf folgende Weiſe nachſetzen:

Nom.	The man, the woman *that* called me.	Der Mann, die Frau, der, die mich rief.
Gen.	The man, the woman *that* I am ashamed *of*.	Der Mann, die Frau deſſen, deren ich mich ſchäme.

---

(56) *Whose* bei dieſen Fürwörtern drückt einen Beſitz aus   Es muß ſtets in Bezug auf Perſonen oder perſonificirte Weſen oder Sachen angewendet werden, z. B.:

The *man* (woman), *whose* son is dead.	Der Mann (die Frau), deſſen (deren) Sohn todt iſt.
The old *fox*, *whose* sins were many.	Der alte Fuchs, deſſen Sünden viele waren.
Philosophy, *whose* end is to instruct us in the knowledge of nature.	Die Philoſophie, deren Zweck es iſt uns in der Kenntniß der Natur zu unterrichten.

In Bezug auf Sachen und Thiere kann man "*whose* oder *of which*" brauchen. In der neuern Zeit wird "*whose*" häufiger als früher angewendet, z. B.:

The house, *whose* windows (oder *the windows of which*) are broken.	Das Haus, deſſen Fenſter gebrochen ſind.
The dog (horse) *whose* leg is broken.	Der Hund (das Pferd), deſſen Bein gebrochen iſt.

Auf Sachen bezogen jedoch iſt es beſſer zu ſagen: The *table* (chair), etc., *the leg of which is broken; the house, the windows of which* are broken, als: *whose* leg, *whose* windows, etc.
NB   Bisweilen ſteht *of which* the vor dem Hauptworte, was aber nicht ſo gebräuchlich iſt, z B:
The house *of which the* windows, the table *of which the* legs are broken.

(56b) Die folgenden Beiſpiele werden die Anwendung des „bezüglichen weſſen (weß); deſſen; beſſen, was" klar machen:

It is a book for all, *of what* rank, *of what* education soever each may be.	Es iſt ein Buch für Alle, weß Ranges und welcher Bildung Jeder auch ſein möge
Of what the heart is full, the tongue will speak.	Weß das Herz voll iſt, deß gebt der Mund über.
Let him be *of what* charge or calling soever.	Er mag weß Amtes oder Berufes immer ſein.
He gave me some *of what* he had.	Er gab mir etwas von dem, was er hatte.
I have only a part *of what* you want.	Ich habe nur einen Theil deſſen (oder von dem), was Sie bedürfen.

(57) Es iſt wohl zu merken, daß nach *all* (alles); *much* (viel); *any thing* (irgend etwas); *nothing* (nichts); *double* (das doppelte), man das „was" mit *that* (und nicht mit *what*) überſetzen muß, z. B.:

All that I can say, is this.	Alles, was ich ſagen kann, iſt dieſes.
Nothing that he had, was good.	Nichts, was er hatte, war gut.
Much that he said, was true.	Vieles, was er ſagte, war wahr.
Any thing that you have, will do.	Irgend etwas, was Sie nur haben, iſt gut.
Here I spend *double the* money *that* it would cost me in France.	Hier verbrauche ich das doppelte Geld, was es mir in Frankreich koſten würde.

ss. The man, woman, *that* I spoke *to*.	Der Mann, b. Frau, mit dem, ber ich sprach.
:e. The man, the house, etc., *that* I saw.	Der Mann, das Haus, ben, bas ich sah 2c.
The man *that* I spoke *of*.	Der Mann, von bem ich sprach.
ß. The man *that* I received it *from*.	Der Mann, von bem ich es empfing.
The man *that* it was made *by*.	Der Mann, von bem es gemacht wurde.
ber The man *of whom* I spoke.	Der Mann, von bem ich sprach.
iit The man *from whom* I got it.	Der Mann, von bem ich es empfing.
·ho The man *by whom* it was made.	Der Mann, von bem es gemacht wurde.

ich ohne Relativ. The man I spoke *of*. The man I received it *from*, etc.

er nie barf man sagen:

The man *of that* od. *to that* I spoke. The man *by that* it was made.

Regel I. Who ([56]), which und that.

§. 90. *Who* barf nur in Bezug auf Personen ober auf per=nificirte, als benkenb unb sprechenb bargestellte Wesen . 28. S. 121) angewenbet werben, z. B.:

e man *who;* Thomas *who* is ill.	Der Mann, welcher; Thomas, ber frank ist.
e old wolf, *who* ([58]) had heard what :he dog had told the sheep, said to himself, It is time for me to be off.	Der alte Wolf, welcher gehört, was ber Hunb bem Schafe mitgetheilt hatte, sagte zu sich, „es ist Zeit, baß ich mich aus bem Staube mache."

§. 90b. *Which* bezieht sich auf ganz kleine Kinber, unvernünftige **esen,** leblose Gegenstänbe, Sammelnamen unb auf ganze Sätze, nie **er** auf Personen, z. B.:

e infant *which* ([56b]), the *wolf (horse)*, *which* we saw yesterday.	Das Kinbchen, welches, der Wolf, welchen, bas Pferb, welches wir gestern sahen.
e house *(book, bird)*, *which* you **have.**	Das Haus, (Buch), welches, ber Vogel, welchen Sie haben.
ance *which* ([58c]) is powerful, the :avalry *which* is good.	Frankreich, welches mächtig, bie Kavalerie, welche gut ist.
re we drank tea, *which* now had **become** an occasional banquet.	Hier tranken wir Thee, welcher jetzt zum gelegentlichen Bankett geworben war.

NB. Nach Abjectiven, welche als Hauptwörter gebraucht werben, muß man bas beutsche **w** es ebenfalls mit *that* übersetzen, z. B.:
The *best that* I have, I'll give you. | Das Beste, was ich habe, gebe ich Dir.
Siehe Regel XXXVIII. Seite 467 ber Syntaris.

[56]) Ich mache ben Anfänger hier um so mehr aufmerksam, sich fest an bie obige Regel zu **halten,** weil ein gewisser Grammatiker, ber wenig von ber englischen Grammatik zu verstehen scheint, als Regel anführt: Für einen Hunb muß man "*which*" sagen, "*the dog who*", für **zwei** Hunbe aber muß man "*which*" sagen: "*the dogs which*". (Es ist kaum nöthig zu bemerken, baß ein englischer Schulknabe von 10 Jahren einen solchen groben Verstoß gegen bie Grammatik sowohl, wie gegen bie Grundgesetze ber Sprache nicht machen würde.

[b]) NB. 1. Wenn man ben Namen bes Kinbes nennt, muß man "*who*" brauchen, z. B.:
The *infant Jane, who* was ill, is dead. | Das kleine Hänschen, welches frank war, ist tobt.
NB. 2. Wenn ein Hunb ben Namen eines Menschen führt, unb wenn er einigermassen **personifizirt** ist, so kann man "*who* ober *which*" brauchen, z. B.:
Caesar, who (ob. *which*) lay in the corner, | Cäsar, ber in einer Ecke lag, sprang auf unb lief **sprang** up, and ran to meet *his* master. | seinem Herrn entgegen
Aber: The dog, *which* lay in the corner, sprang up, and ran to meet *his* master.

[c]) 1. Alle Begriffsnamen, wie *virtue*, etc., wenn sie nicht personificirt sinb, forbern "*which*", z. B.:
The *virtue which* she loves; the *vice* | Die Tugenb, welche sie liebt; bas Laster, welches *which* she despises; aber: *Virtue who* | sie verachtet. Aber: Die Tugenb, welche bie **is** the mother of peace. | Mutter bes Friebens ist.
NB. 2. So oft Sammelnamen wie *France, England, government*, etc., ben Begriff ber **Einheit** in sich schließen, forbern sie "*which*", z. B.:
Governments which curb not, evils cause, | Ein Regiment, bas nicht bestraft, nur Unheil bracht', And a rich knave's a libel on our laws. | Ein reicher Schelm ja ben Gesetzen Schanbe macht.
Glory is only due to *hearts which* can | Der Ruhm gebührt nur Herzen, welche ben Schmerz **endure** pain, and despise pleasure. | ertragen, unb bas Vergnügen verachten können.
Tritt aber ber Begriff ber persönlichen Mehrheit hervor, so muß man ' *who*' anwenben, z. B.:
The parliament (committee) *who* were | Das Parlament (ber Ausschuß), welches uneinig **divided in their** opinions. | war.

§. 90c. *That* bezieht sich auf Personen, Thiere und leblose Gegenstände zugleich, nie aber auf ganze Sätze, z. B.:

The man *that* (ob. *who*) moves.	Der Mann, der sich bewegt.
The thing *that* (ob. *which*) moves.	Die Sache, welche sich bewegt.
The *dog (horse) that* (ob. *which*) moves.	Der Hund, (das Pferd), welcher sich bewegt.
The *man (dog* or *thing) that* moves.	Der Mann, (Hund ob. die Sache), welcher sich bewegt.

Regel II. What, was, oder das was, welches.

§. 91. *What* ist dem deutschen was an die Seite zu setzen. Es bezieht sich stets nur auf einen allgemeinen, ganz unbestimmten Gegenstand oder Begriff und ist völlig gleichbedeutend mit *that which*, das, welches, oder *those which*, die, welche, z. B.:

I gave him *what* (that which) I had.	Ich gab ihm das, was ich hatte.
What (*those which*) you have given me, are very good.	Was Sie mir gegeben haben, ist sehr gut.
I speak *what* (that which) I think.	Ich spreche was ich denke.
This is just *what* (that which) I wanted.	Das ist gerade, was ich wollte.

What steht bisweilen sogar vor einem Hauptwort, z. B.:

I will give you *what* (ever) *books* you please.	Ich werde Ihnen geben, was Sie für Bücher wollen.
He gave me *what* (ever) *money* he had.	Er gab mir alles Geld, was er hatte.
One may guess *what* follows.	Man kann sich das Uebrige denken (59).

V. Whoever, whichever, whatever, whosoever, etc., wer auch immer x.

§. 92. *Who, which* und *what* werden oft mit den Worten *ever* und *soever* verbunden, wodurch ihre Beziehung so erweitert wird, daß man sie unter dieser Gestalt zu den unbestimmten Fürwörtern rechnen könnte. Sie entsprechen dem Deutschen:

Wer; wer — auch; wer auch immer.	Whoever, whosoever (huh-so-ewr).
Welches — auch; welches — auch nur.	Whichever, whichsoever.
Was — auch; was — auch immer; was — nur; Alles was nur.	Whatever, whatsoever, z. B.:
Whoever (*whosoever*) (60) says that, says an untruth	Wer auch (wer auch immer) das sagt, sagt eine Unwahrheit.
Whichever (*whichsoever*) you choose, you shall have.	Welches Sie auch (nur) wählen, Sie sollen es haben.
Whatever (*whatsoever*) you please, I will give you.	Was Sie auch (alles was Sie) nur wollen, werde ich Ihnen geben.
Who or *wherever* (60b) he may be, I must see him.	Wer oder wo er auch immer sein mag, ich muß ihn sehen.

§. 92b. *Whoever* bleibt für alle Casus unverändert (61), *whosoever* wird wie folgt declinirt:

---

(59) Das Weitere hierüber siehe Regel XXXVIII. — XL Seite 467

(60) *Whosoever, whichsoever* und *whatsoever* sind nicht so gebräuchlich als *whoever, whichever* und *whatever*. — *Whichsoever, whatsoever* und *howsoever* können getrennt werden. *which* man soever

To *whatever* (*whichever*) man (woman) you may apply, he (she) will tell you the same	An welchen Mann, (welche Frau) Sie sich auch immer wenden mögen, er, (sie) wird Ihnen dasselbe sagen.

(60b) *However, howsoever,* (wie auch immer), in welchem Grad auch immer, wie *wheresoever* (wo auch immer), in welchem Ort auch immer, sind auch Fürwörter. *However,* wie das französische "quelque — que' fordert beinahe immer den Conjunctiv nach sich, z B:

However good *the* lady *may* be, I do not 'like her. (f. Anm. 5, S. 371).	Wie gut auch immer die Dame sein mag, ich mag sie nicht leiten.

(61) z. B.: Nom. *Whoever;* Gen. *Of whoever;* Dat. *To whoever;* Acc. *Whoever;* Abl. *Of, from, by whoever.* NB. Die Formen: *whose-ever* und *whom-ever* sind veraltet.

Nom.	Whosoever (huhso-ewwr).	Wer auch immer.
Gen.	Whosesoever (huhs-so-ewwr) (⁶²).	Wessen auch immer.
Dat.	To whomsoever.	Wem auch immer.
Acc.	Whomsoever.	Wen auch immer.
Abl.	Of, from ob. by whomsoever (⁶²).	Von wem auch (immer).

Die übrigen werden durch *of, to, from, by, with, etc.* beclinirt.

§. 92ᵉ. Beispiele über **who, which, what, that, whoever,** etc.

The pupil *who* (ob. *that*) neglects his studies, is unjust to his master.	Der Schüler, der seine Studien vernachlässigt, ist gegen seinen Lehrer ungerecht.
The young lady *whom* (ob. *that*) you saw with me, is going to be married.	Die junge Dame, welche Sie mit mir sahen, wird sich verheirathen.
The man (woman) *of whom* I spoke, is dead.	Der Mann, (die Frau), von dem ich sprach, ist todt.
The girl *by whom* this letter was written, is young and beautiful.	Das Mädchen, von dem dieser Brief geschrieben worden ist, ist jung und schön.
The child *whose* parents are dead.	Das Kind, dessen Eltern todt sind.
Here is the horse *of which* I spoke.	Hier ist das Pferd, von dem ich sprach.
There is the gentleman (lady) *whose* son speaks English so well (⁶³).	Da ist der Herr, (die Dame), dessen Sohn so gut englisch spricht.
That is the gentleman *whose* piece was damned at Drury-Lane.	Das ist der Herr, dessen Stück in Drury Lane ausgepfiffen wurde.
The gentleman (lady) *of whom* I spoke, is an Irishman (an Irishwoman).	Der Herr, (die Dame), von dem ich sprach, ist ein Irländer (eine Irländerin).
The book *which* (ob. *that*) you lent me, is very instructive.	Das Buch, welches Sie mir geliehen haben, ist sehr belehrend.
I am angry *with whoever* (*whomsoever*) has done it (⁶³ᵇ).	Wer es auch immer gethan hat, ich bin auf ihn böse.
Whatever she says, I believe.	Was sie auch sagt, glaube ich.
Whatever you may do, yet you will not *succeed* (⁶⁴).	Was Sie auch thun mögen, es wird Ihnen doch nicht gelingen.
Whichever you wish, you shall have.	Welches Sie auch wünschen, Sie sollen es haben.
Whatever book you please.	Was für ein Buch Sie wollen.
This book, *by whomsoever* it may have been written, is an excellent *one*, ob.	Von wem auch immer dieses Buch geschrieben sein mag, es ist vorzüglich, ob.
This book, *whoever* may have written it, is an excellent *one* (⁶⁵).	Dieses Buch, wer es auch immer geschrieben hat, es ist vorzüglich.
Whomsoever (ob. *whoever*) (⁶³ᵇ) you may bring, shall be well received.	Wen Sie auch bringen mögen, er (sie) soll gut empfangen werden.

Aufgaben über who, which, what, etc.

§ 87. I Seite 197 und §. 90. Seite 199.

73. Der Herr, welcher gestern im Parlament die Rede hielt, ist

gentleman   5   *in*³   4   2 *speech held*¹

Herr R., der | berühmteste | Mann seiner Zeit. — Die Dame, welche

     most celebrated | *time*

(⁶²) Das „wessen auch immer" drückt man gewöhnlich durch den *Nominativ* aus, z. B.:

Wessen Haus auch immer dieses sein mag, es ist sehr schön.	This is a very fine house, *whoever* the owner, may be, ober: This house, *whoever* the owner may be, is a very fine one.

(⁶³) In einfachen Sätzen werden die Adverbien gewöhnlich nach dem Zeitworte gesetzt.

(⁶³ᵇ) **NB.** In den obigen Sätzen ist *whoever Nominativ,* nicht Nominativ. Siehe §. 92b, S. 200.

(⁶⁴) Hierüber siehe das Verzeichniß der Zeitwörter, die im Englischen persönlich, im Deutschen unpersönlich sind, §. 174 Seite 296.

(⁶⁵) Ueber den Gebrauch des *one* nach *Adjectiven,* siehe Reg. XIV. Seite 429 der Syntaxis.

uns auf der Straße grüßte, ist die Mutter der jungen Engländerin, mit

² in   street   saluted¹

der Sie | vor einigen Abenden | auf dem Balle tanzten, und Schwester

a⁵ few evenings ago | at³   ³   ⁴ danced¹

des Herrn Wilson, mit dem Sie von² Neapel nach Rom reisten *(travelled¹)*.
— Der König, dem ich diene, und dessen Sohn einst | zur Regierung kommen |

Acc. serve   once²   inherit the throne

wird, hat mich mit seinem Zutrauen beehrt. — Die Dame, deren Tochter

will¹ 1   3   4   5   confidence⁶ honored²

und Sohn nach [dem] schönen Italien gereist sind, ist eine Freundin,

to³   beautiful   gone²   1   §. 25 S. 119.

die ich ehre und schätze. — Der Mann, von welchem dieses Haus gebaut

honor   esteem   built³

worden ist, ist ein Cröfus. — Das Kind, von welchem Sie vorige Woche

been² has¹   last²

sprachen, ist leider todt. — Der junge Mann, von dem meine Uhr

spoke¹   unfortunately dead   watch

gemacht worden ist, ist nicht mehr hier. — [Die] Mode ist eine Tyrannin,

made been has   no longer   fashion   tyrant

deren Gesetzen *(laws)* und Launen *(caprices)* man *(we)* gehorchen *(obey)*² muß¹.

§. 87. II. Seite 198 und §. 90b. Seite 199.

74. Snowdon, dessen (⁶⁶) | Gipfel | fast immer mit Schnee bedeckt

²   the summit¹ almost⁴ always⁵ 7   8   covered⁸

ist, ist der höchste Berg in Wales. — Die Straßen, deren Häuser hoch

³   highest mountain   street   2 the houses¹ 4

sind, sind nicht sehr gesund. — Das Pferd, welches Sie sehen, gehört

³   very wholesome   see belongs

mir. — Der Themse=Tunnel, welcher am ersten Januar achtzehnhundert sechs

³   (Reg. II. S. 170.)

und zwanzig begonnen *(begun²)* und⁴ am⁷ fünf und zwanzigsten März 1843

| feierlich | eröffnet wurde, ist eines der großartigsten und kühnsten

with solemnity⁶ opened⁵ was¹   greatest   boldest

Denkmäler | der neuesten Zeit. | Er hat [eine] Länge [von] zwölf hundert

monuments | of modern times | is   long⁴ 1   2

Schuh. — Das Buch, welches ich | lese, | und (welches) ich Ihnen

feet³   am reading   3

empfehlen würde, nachher zu lesen, heißt „Napoleon in der andern Welt."

recommend² would¹ afterwards⁵ 4   is titled   other

— Die Schlüssel, welche Sie mir gaben, und mit welchen ich die Thüre

key   gave   2 door

öffnete, habe ich verloren. — Ich | weiß nicht, | welches | ich wählen soll. |

opened¹ 2 1   lost   do not know   to choose

— Die Geschichte habe ich von einer der Schwestern gehört, von welcher (⁶⁶ᵇ)

4   story   2 1   5   6   7   6   heard³ 10

aber | weiß ich nicht. | — Von welchem (⁶⁶ᵇ) Bruder das Buch geschrieben

9   I do not know

worden ist, kann² ich¹ nicht sagen *(tell)*.

---

(66) Oben kann man: *whose summit* oder *the summit of which*, oder *of which the summit, etc.*, sagen. Welche von diesen Wendungen in einem betreffenden Falle jedesmal zu wählen ist, hängt meistens vom Wohlklange ab. Siehe Anmerk. 56, Seite 198.

(66b) Das fragende Fürwort 'who' kann ebenso wenig wie das entsprechende deutsche „wer" vor einem Hauptworte stehen. Man muß also in allen Fällen, in denen das fragende „welcher" mit einem Hauptworte unmittelbar verbunden ist, wie in obigem Satze, oder sich auf ein solches bezieht, in Bezug auf Personen sowohl als Sachen durch 'which' wiedergeben, z. B.:

§. 87. III. Seite 198 und §. 91. Seite 200.

75. Wenn wir das, was wir wünschen, | nicht erhalten können, |
    When   2   3   *desire*⁴   *cannot*¹ *obtain* |
] sollten wir uns mit dem, was wir haben, begnügen. — Was
  *ought*⁶ ⁵ *ourselves*⁸   *to content*⁷
ihm² gab⁴ und was ich ihm³ schuldete *(owed⁴)*, ist Alles, was (Anm. 57,
198), er jetzt *(now)* hat. — Auf das, was Lord Brougham sagte *(said)*,
nte Sir Robert Peel | nichts erwiebern. | — Ich gab ihm einen Theil
ld² 1   *make no reply*   *gave*   *part*
ffen, was ich hatte. — Jetzt verstehen Sie, was ich meine *(mean)*. —
ß sie sagen, was sie wollen, sie wird thun, was ihr gefällt.
  say   *will*   *will*   *do*   *she pleases.*

§. 92. V. Seite 200.

76. Wer auch immer kommen möge, sage, ich sei nicht zu Hause.
           *come*² *may*¹ *say that*   *am*   *at home*
Der Verschwender *(spendthrift)* ist immer *(always)* arm, was für
ichthümer er auch besitzen mag. — Ich | weiß nicht, | ob er ein Christ,
 riches   *possess*² *may*¹   *don't know* | *whether* ² *Christian*
Jude, oder ein Mohamedaner ist; aber was er auch sein mag, [so]
 a Jew *or*   *Mahomedan*   1   *may be*
ße ich seine Ehrlichkeit. — Xantippe hatte einen so schlechten Charakter,
ue²   1   *probity* ·   *was of so a*² *bad*¹   *temper*
ß *(that)* sie [Jeden] haßte *(would hate)*, welchen *(whoever)*, Sokrates liebte
ved). — Welches von den beiden *(two)* Büchern Sie auch wünschen
ish), es soll *(shall)* [das] Ihrige² sein¹. — Von wem die Oper *(opera)*
ch componirt | sein mag, | es muß ein Meister sein. — Alles,
 *composed*² | *may have been*¹ | *he*   2   1
as Sie nur wollen *(demand)*, sollen² Sie⁴ haben, nur *(but)* schonen
pare) [Sie] mein Leben *(life)*.

VI. Fragende Fürwörter. (Interrogative Pronouns.)

§. 93. Als fragende Fürwörter werden die obenerwähnten be=
ehenden *who, which* und *what* gebraucht. Mit *Murray, Crombie,*
ooth und anderen Grammatikern dürfte man wohl mit Recht be=
aupten, daß sie selbst, als fragende gebraucht, ihren Charakter als
ziehende noch behalten. Sie werden wie die beziehenden declinirt:

Who, wer?

§. 94. *Who* entspricht dem deutschen „wer" und wird wie dieses
ur von Personen gebraucht und nie mit einem Hauptworte verbunden.
s fragt jedoch nur nach Personen im Allgemeinen, z. B.:

Nom. *Who* is there? *Who* are they?	Wer ist da? Wer sind sie?
Gen. *Whose* house is that?	Wessen Haus ist das?
Dat. *To whom* did you give the book?	Wem gaben Sie das Buch?
Acc. *Whom* do you seek?	Wen suchen Sie?
Abl. *Of whom* do you speak?	Von wem sprechen Sie?
— *From whom* did you get it?	Von wem haben Sie es bekommen?
— *By whom* has your watch been made?	Von wem ist Ihre Uhr gemacht worden?

I don't care *to which* man, *which* country you may go.	Mir ist es gleich zu welchem Manne, nach welchem Lande Sie gehen mögen.
I gave the money to one of the ladies, but I don't know *to which*.	Ich gab das Geld einer der Damen, welcher aber weiß ich nicht.

Which (⁶⁷), welcher, welche, welches?

§. 95. *Which* wird von Personen und Sachen gebraucht und entspricht ganz dem deutschen welcher, e, es. Es hebt ein oder mehrere Individuen aus einer Anzahl bestimmter Gegenstände hervor und hat entweder ein Hauptwort bei sich, oder fragt genauer nach einem schon vorher genannten Gegenstande, z. B.:

Nom. *Which* is better, this or that?	Welches ist besser, dieß oder jenes?
— *Which* sister is the prettiest?	Welche Schwester ist die schönste?
— *Which* is the lady (that) you spoke *of?* (⁶⁶)	Welches ist die Dame, von der Sie sprachen?
Gen. *Of which house* are the windows broken?	Von welchem Hause sind die Fenster gebrochen?
Dat. *To which* do you give the preference?	Welchem geben Sie den Vorzug?
Acc. *Which lady* did you see?	Welche Dame sahen Sie?
Abl. *Of which house* do you speak?	Von welchem Hause sprechen Sie?
— *From which child* did you take the book?	Welchem Kinde haben Sie das Buch weggenommen?
— *By which of the brothers* has this book been written?	Von welchem von den Brüdern ist dieses Buch geschrieben worden?
— I don't know *by which* (brother).	Ich weiß nicht von welchem (Bruder).
— *By which* coach did you come?	Mit welchem Eilwagen kamen Sie?
— *By* (ob. *in*) *which* steamboat do you intend to go to London?	Mit welchem Dampfschiff beabsichtigen Sie nach London zu reisen?

What, was? was für einer? 2c., was für? Plural: was für?

§. 96. *What*, wie „was" im Deutschen, fragt allgemeiner als *which* (welcher) und wird wie dieses von Personen sowohl, als von Thieren und unbelebten Sachen gebraucht, auch kann es mit oder ohne Hauptwort stehen, z. B.:

Nom. *What lady, what child* is that?	Was für eine Dame, ein Kind ist das?
— *What man, what book* is that?	Was für ein Mann, ein Buch ist das?
— *What* wood have you bought?	Was für Holz hast du gekauft? (⁶⁸ᵇ)
— *What day* of the month is it?	Den wievielten haben wir heute?
What men, what books are these?	Was für Männer, für Bücher sind dies?
Gen. *Of what* is this a part?	Wovon ist dieses ein Theil?
Dat. *To what* does this belong?	Wozu gehört dieses?
Acc. *What* do you want?	Was wollen (verlangen, befehlen) Sie?
— *What* are you looking at?	Was sehen Sie an?
Abl. *Of what* do you speak?	Wovon sprechen Sie?
— *Of what* did he die?	Woran starb er (ist er gestorben)?
— *From what motive* (ob. *why*) (huei) has the dog been shot?	Aus welchem Grunde (weshalb) ist der Hund erschossen worden?

---

(67) NB. In vielen Fällen entspricht *which* dem französischen *lequel* und *laquelle*, und *what* den *quel* und *quelle*, z. B.:

Laquelle de ces dames aimez-vous le mieux (plus)? *Quelle est la dame?*	*Which* of these *ladies* do you love (the) best (most)? *Which* is the lady?
Lequel de ces tableaux préférez-vous?	*Which* of these *paintings* do you prefer?
Quel homme peut se promettre un bonheur constant? *Quelle dame?*	*What man* can promise himself constant happiness? *What* lady?
Quelle grâce! quelle beauté! mais quelle modestie. (Reg. XLIV. 2c. S. 471).	*What grace! what beauty! but what modesty!*

(68) NB. Obige Form mit der Präposition am Ende des Satzes, ist in der Umgangssprache sehr gebräuchlich, im höhern Styl aber muß man: "Which is the lady *of whom* you spoke" sagen. Siehe Regel XXXII. Seite 464.

(68b) NB. Im Deutschen bildet man in der gewöhnlichen Umgangssprache bei fehlendem Endsubstantiv die Mehrzahl: was für welche? Der Anfänger lasse sich nicht verleiten dasselbe mit *what which* oder *what who* zu übersetzen, z. B.:
Ich habe mir drei Bücher gekauft. — Was für welche? Was für welche wünschen Sie? I have bought (myself) three books. — What *sort of books?* What sort do you wish?

Abl. From what man did you get the money?	Bon (was für einem) welchem Manne haben Sie das Geld bekommen?
— *By what means* has he become so rich?	Woburch (ob. durch welche Mittel) ist er so reich geworden? (⁶⁹)

§. 97. NB. Eine Frage mit *which* ist also weit bestimmter als eine mit *who* ober *what*. Auf eine Frage mit *who* braucht keine genügende Antwort zu erfolgen; um diese zu erhalten, ist vielmehr noch eine zweite Frage mit *which* nöthig. Ebenso verhält es sich mit *what* und *which*, wenn sie unmittelbar mit einem Hauptworte verbunden sind, z. B.:

Who told you that I was ill?	Wer hat Ihnen gesagt, baß ich krank sei?
One of your sisters.	Eine Ihrer Schwestern.

Will man nun von der Sache genauere Auskunft haben, so muß man eine zweite Frage stellen, als:

Which (of my sisters)?	Welche von meinen Schwestern?
The youngest. I don't know *which*.	Die jüngste. Ich weiß nicht welche.
What man (⁷⁰) (ob. *who*) can deny the existence of God?	Welcher Mensch (ob. wer) kann das Dasein Gottes leugnen?

Eine allgemeine Frage.

One of these men.	Einer von diesen Männern.

Keine genügende Antwort.

Which of them is it?	Welcher von ihnen ist es?

Hierauf erst bie genügende Antwort.

He with the white hat, etc.	Der mit dem weißen Hut ꝛc. (⁷¹)

Aufgaben über die fragenden Fürwörter.

III. §. 94., 95., 96. Seite 203—204.

77. Wer kommt ba (*there*)? Ich bin es, ber kommt. — Wer ist jener Herr? Er ist ein Freund von mir, mit welchem ich von² Konstantinopel nach Athen reiste. — Mit wem | gehen Sie | nach dem Festlande? *travelled*¹ *are you going* *to* *continent* Mit meinem Vater. — Wen heirathet sie? Den Marquis. — Wem haben *does—marry* Sie geschrieben? Meinem Freunde. — Wessen Palast ist das? Des Königs. — Von wem haben Sie bie Nachricht (*news*)? Vom Herrn Pulltuск, bem Zahnarzt (*dentist*). — §. 95. Welche von den zwei Damen | halten Sie für | bie schönste? Die jüngste. — Welcher von den Herren *do you consider* ist ba? Der älteste. — Welches von biesen beiben (*two*) Gemälben (*paintings*) ziehen Sie vor (*do you prefer*)? Den Murillo. — §. 96. Was haben (Anmerk. 52.)

(⁶⁹) Hierüber siehe Regel XLVII Seite 473.

(⁷⁰) NB. Wenn irgend ein erklärender Zusatz hinzugefügt wird, so kann man entweder *which* ober *what* brauchen, z. B.:
What (ober *which*) man among you would not have done the same under like circumstances? ober *which of you.*	Welcher (Mann) unter Euch würde nicht, unter ähnlichen Umständen, basselbe gethan haben?

(⁷¹) Das Wort "*whether* (welches von beiben)", welches man früher brauchte, ist ganz veraltet, statt bessen wendet man "*which* ober *which of the two*" an, z. B.:
Whether (*which of the two*) is preferable: death or dishonour?	Was ist vorzuziehen, der Tod ober bie Schanbe?
Siehe bie Conjunction *whether — or*, ob — ober, Seite 365.

wir hier? Nichts. — Woran starb er? Am Fieber. — Den wievielten
did he die *Of a fever* *What day*
haben wir heute? Den zwölften oder dreizehnten.

VII. Beſtimmende Fürwörter. (Definite Pronouns.)

§. 98. Dieſe Fürwörter bienen dazu, die Aufmerkſamkeit auf den
Gegenſtand hinzulenken, von welchem in einem nachfolgenden Relativ-
ſatze etwas geſagt werden ſoll.

Die engliſchen beſtimmenden Fürwörter und die entſprechenden
deutſchen ſind folgende:

He that (72), ob. he who.	Derjenige welcher, ob. der welcher, ob. wer.
She that, ob. she who.	Diejenige welche, ob. die welche.
They that, ob. they who ob.	Diejenigen welche, ob. die welche.
Those that, ob. those who ob. which	
That which, ob. the *one* which.	Dasjenige welches, das welches ob. was.
The same (ſehm).	Derſelbe, dieſelbe, dasſelbe; der, die, das
	nämliche; dieſelben; die nämlichen.
Such (ſottſch) as.	Diejenigen welche; wer.

§. 99. Dieſe Fürwörter werden im Engliſchen wie folgt declinirt:

I. He (she) that; those that, etc.

Singular.

Männlich.

Nom. He that (hih bthatt) ob. *he who* (73), derjenige, welcher; der, welcher ob. wer;
derjenige, der.

Gen. Of him that, ob. *of him who*; his that, ob. *his who* (73b), desjenigen, welcher;
des, welcher.

Dat. To him that, ob. *to him who;* demjenigen, welcher; dem welcher.

Acc. Him that, ob. *him who*, denjenigen, welcher; den, welcher.

Abl. Of, from ob by him that, ob. *of from* ob. *by him who*, von demjenigen,
welcher; von dem, welcher.

Singular.

Weiblich.

Nom. She that (ſchih bthatt) ob. *she who*, diejenige, welche; die, welche, ob. die.

Gen. Of her that, ob. *of her who*; hers that, ob. *hers who*, derjenigen, welcher;
der, welche.

Dat. To her that, ob. *to her who*, derjenigen, welche; der, welche.

Acc. Her that ob. *her who*, diejenige, welche; die, welche.

Abl. Of, from ob. by her that, ob. *of, from* ob. *by her who*, von derjenigen,
welche; von der, welche.

---

(72) Ueber *I who*, ich der ich; wir die wir, 2c., ſiehe Regel XXXIII. Seite 464 der Syntaxis.

(73) NB. 1. Im *Nominativ* und *Accusativ* iſt es ganz gleich, ob man *he that* oder *he who*; *she*
that oder *she who* braucht, z. B.:

He that (oder *he who*) gave you the money, is my friend.	Derjenige, welcher Ihnen das Geld gab, iſt mein Freund
She that (ob. *she who*) is crossing the street, is my cousin.	Diejenige, welche über die Straße geht, iſt meine Couſine.
He whom (ob. *he that*) we saw yesterday, is my friend.	Der, welchen wir geſtern ſahen, iſt mein Freund.

NB. 2. Im *Genitiv* muß man "*whose*" und im *Dativ* und *Ablativ* "*whom*" brauchen,
oder auch "*that*", wenn man bie Präpoſition, von der *that* regiert wird, ans Ende ſtellt, z. B.:

She whose husband is dead, is unhappy.	Die, deren Mann todt iſt, iſt unglücklich.
He to whom you sold your horse, is gone.	Derjenige, dem Sie Ihr Pferd verkauften, iſt fort.
He *that* you speak *of* (oder *he of whom* you speak).	Derjenige, wovon Sie ſprechen.

(73b) This house is *his*, *who* was here this morning, and that *his*, *whose* son died yesterday.

Dieſes Haus gehört demjenigen, der heute Morgen hier war, und jenes gehört des-
ſelben Sohn geſtern ſtarb.

Singular.

Nom. That which ([74]) (bthatt huitſch), dasjenige, welches; das, welches.
Gen. Of that which, desjenigen, welches; des, welches; deſſen, welches ob. was.
Dat. To that which, demjenigen, welches; dem, welches.
Acc. That which, dasjenige, welches; das, welches ob. was.
Abl. Of, from ob. by that which, von demjenigen, welches; von dem, welches.

Plural.

Für das männliche, weibliche und ſächliche Geſchlecht.

Nom. Those (bthohs) that ([75]), ob. *those who* oder *which;* they (btheh) that oder
    they who, biejenigen, welche; bie, welche; ſolche, bie.
Gen. Of those that, oder *of those who* ([76]); of them that, oder theirs that, oder
    of them who, ober theirs who, berjenigen, welche; berer, welche.
Dat. To those that, ober *to those who;* to them that, ob. *to them who,* benjenigen,
    welche; benen, welche.
Acc. Those that, ober *those who;* them that, ober *them who,* biejenigen, welche;
    bie, welche.
Abl. Of, from ob. by those that, ober of, from ob. by *those who;* of, from ob.
    by them that, ob. of from ob. by *them who,* von benjenigen, welche; von
    benen, welche.

§. 100. NB. „Diejenigen, welche und wer" wird oft durch
such as, ſolche, bie (w. als), überſetzt, hat aber das Zeitwort immer
in ber Mehrzahl bei ſich, z. B.:

Such (ſottſch) *as* were able, obtained employment.	Diejenigen, welche fähig waren, er- hielten Arbeit.
Such as loved the king, followed him.	Diejenigen, welche ben König liebten, folgten ihm.
Such as love gaming, are lost to the world.	Wer das Spiel liebt, iſt für bie Welt verloren.
Such as knew him, loved him.	Wer ihn kannte, liebte ihn.

NB. Statt *such as* könnte man *they who, they that, those who* ober *those
that* brauchen, z. B.:

Those who were able, obtained employment, etc.

([74]) NB. Statt *"that which"* braucht man bisweilen *"the one",* z. B.:

She sat down on a chair opposite (to) *the one (that which)* I occupied.	Sie ſetzte ſich auf einen Stuhl, bem gegenüber, auf welchem ich ſaß.
Show me your book. — Which? — *That which* (ob. *the one*) you received yesterday.	

([75]) NB 1. *"Those who, theirs who, they who, they that"* beziehen ſich nur auf Perſonen; —
'those that' auf Perſonen und Sachen; *those which* aber nur auf Sachen, z. B.:

They who (ob. *they that; those who* ob. *those that*) are rich, should help the poor.	Diejenigen, welche reich ſind, ſollten ben Armen helfen.
The (*those*) books which you have, are better than *those which* (ob. *those that*) I have.	Die Bücher, welche Sie haben, ſind beſſer als bie, welche ich habe.

NB. 2. *"They who (they that)"* braucht man in Bezug auf ein vorhergehendes Hauptwort,
"those who (those that)", wenn kein Hauptwort vorhergeht, ſonbern Eins verſtanden wird, z. B. :

What! *the Americans* have revolted against the English — *they who* have sprung from the English.	Was! bie Amerikaner haben ſich gegen bie Eng- länber empört — bie, welche von ben Eng- länbern entſproſſen ſind.
Those who (ob. *that*) sow in tears, will reap in joy (b. h. *those persons who* sow in tears, etc.)	Die, welche Thränen ſäen, werden Freude ernten (b. h. diejenigen Perſonen, welche ꝛc)

NB. 3. Ausbrücke wie *"There are they whom you love; those are they whose works
you admire",* obwohl von einigen ältern Schriftſtellern gebraucht, ſind Barbarismen; in allen
ſolchen Fällen muß man das betreffende Hauptwort und nicht das perſönliche Fürwort brauchen, z. B.:

These are the persons who love you.	Das ſind bie Perſonen, welche Sie lieben.
These are the men (persons) whose works you admire. — *These are the things which, etc.*	

([76]) I envy not the happiness of those whose lives are dedicated to idle pleasures. | Ich beneibe bas Glück berjenigen nicht, beren Leben eiteln Vergnügungen gewidmet iſt.

II. The same, ber⸗, bie⸗, baſſelbe, ber nämliche ꝛc.

Singular unb *Plural.*

Nom. The same (bthe ſehm), ber, bie, baſſelbe (⁷⁷), bieſelben, (ber nämliche ꝛc.)
Gen. Of the same, beſ⸗, ber⸗, beſſelben, berſelben.
Dat. To the same, bem⸗, ber⸗, bemſelben, benſelben.
Acc. The same, ben⸗, bie⸗, baſſelbe, bieſelben.
Abl. Of, from ob. by the same, von bem⸗, ber⸗, bemſelben, von benſelben.

§. 101.　NB. *The same* nimmt keine Bezeichnung bes Geſchlechts unb ber Zahl an, ſondern bleibt unverändert. Es brückt ben Begriff ber Einerleiheit aus, zu beſſen Verſtärkung häufig bas Abverb *very* bavor geſetzt wirb, wie bies im Deutſchen bei berſelbe burch bas Abverb eben geſchieht, z. B.:

You have given me the *same* book (the *same* books) again.	Sie haben mir baſſelbe Buch (bieſelben Bücher) wieber gegeben.
Oh no, it is not (they are not) the *same.*	O nein, es iſt (ſie ſinb) nicht baſſelbe.
I assure you, it is the *very same.*	Ich verſichere Ihnen, es iſt eben baſſelbe.
This is the *very same* man (the *very same* woman) that stole my watch (⁷⁷ᵇ).	Dieß iſt eben berſelbe Mann (bieſelbe Frau), welcher (welche) meine Uhr ſtahl

§. 102.　**Beiſpiele über bie beſtimmenben Fürwörter.**

He that fights and runs away, May live to fight another day; But *he that's* in the battle slain, Will never live to fight again. (*Hudibras.*)	Wer aus bem Staub im Kampf ſich macht, Erlebt wohl eine anbere Schlacht; Doch wer ber Schlachten Tob erlag, Erlebt nie mehr bes Kampfes Tag.
He who (ob. *he that*) spoke to me, is my friend.	Derjenige, welcher mit mir ſprach, iſt mein Freunb.
This house belongs *to him, who* was married yesterday.	Dieſes Haus gehört bemjenigen, ber geſtern verheiratbet wurbe.
She who is virtuous, is happy.	Diejenige, welche tugenbhaft iſt, iſt glücklich.
I sent *her, whom* (ob. *that*) you required.	Ich ſchickte biejenige, bie Sie verlangten.
I received this present from *her, whom* we met yesterday.	Dieſes Geſchenk habe ich von berjenigen bekommen, welche wir geſtern trafen.
They who in quarrels interpose, Must often wipe a bloody nose.	Wer ſich in Streitigkeiten miſcht, Oft eine blut'ge Naſ' erwiſcht.
Bring *that which* you think the best.	Bringe bas, welches bu für bas Beſte hältſt.
Those who love idleness, come to poverty.	Die, welche bie Faulheit lieben, gerathen in Armuth.
We must avoid *those who* honor not the gods.	Wir müſſen biejenigen vermeiben, welche bie Götter nicht ehren.
I speak only *of those who* are valiant.	Ich ſpreche nur von benjenigen, welche tapfer ſinb.
This mischief has been done *by those, for whom* the king has done so much.	Dieſes Unheil iſt von benjenigen verübt worben, für welche ber König ſo Viel gethan hat.

---

(77) Statt bes perſönlichen Fürworts braucht man im Deutſchen öfters, meiſtens bes Wohlklanges halber, bas Fürwort „ber = bie = baſſelbe"; im Engliſchen aber muß man ſich bes perſönlichen unb nicht bes Fürworts „the same" bebienen, z. B.:

I went yesterday to pay a visit to Mr. Black, but *he* was not at home.	Geſtern ging ich, um bem Herrn Black einen Beſuch zu machen, aber berſelbe (er) war nicht zu Hauſe.
He went to see his lover, and found *her* ill in bed. Hierüber ſiehe Regel XXX. Seite 461.	Er ging, um ſeine Geliebte zu beſuchen, unb fanb bieſelbe (ſie) krank im Bette.

(77b) NB. Um bie Einerleiheit bes Gegenſtanbes noch nachbrücklicher hervorzuheben, ſagt man zuweilen *self-same* unb ſogar *the very self-same* = bem beutſchen „ein unb berſelbe", z. B.:

This is the *self-same* old man again.	Dieß iſt eben berſelbe alte Mann wieber.
That happened on the *very self same* day.	Das geſchah an einem unb bemſelben Tag.

NB. Obige Ausbrucksweiſen ſinb nicht nachzuahmen, bie letztere Form beſonbers.

I. Aufgaben über die bestimmenden Fürwörter.

§. 98—99. Seite 206.

78. Derjenige, der sich (⁷⁸) von seinen Leidenschaften | beherrschen |
2   4   *passions*   *to be ruled*[3]
t, muß [dem] Glück entsagen. — Wer täglich drei Stunden [lang]
'rs[1]   *happiness*[2] *renounce*[1]   *a-day*[5]   3   *hours*[4]
rüstig | [vorwärts] schreitet, wird in sieben Jahren eine Wegstrecke
ith vigour[2] | *walks*[1] *will*   2   *space*[3]
rücklegen, [die an Länge] dem Umfange der Erdkugel gleichkommt. —
pass[1]   2 *circumference*   *globe*   *equal*[1]
ejenige, die zu viel verlangt, bekommt | in der Regel | nichts. — Der=
too[2] *much requires*[1] *receives*[4] | *in general*[3] | *nothing.*
ige, dem Sie Ihr Haus verkauften, ist ein Betrüger. — Derjenige, der
to whom   2   3   *sold*[1]   *cheat*
h] jetzt in Madrid aufhält, ist der Bruder desjenigen, den wir gestern
now[2]   *resides*[1]   5
end auf dem Balle trafen. — Geben [Sie] mir einen Theil dessen, was
at[2]   3   4   *met*[1]   *give*   *part*
e haben. — Dasjenige, welches ich habe, ist besser als (⁷⁹) das,
lches mein Bruder hat. — Diejenigen, welche reich sind, sollten *(should)*
Armen unterstützen. — Wie kann man Dankbarkeit von denen verlangen,
poor   *help*[1]   *how*   *we gratitude*[2]   *expect*[1]
che sie kaum | dem Namen nach | kennen. — Die Bildhauer unserer
it[3] *scarcely*[1] | *by*   *name* | *know*[2]   *statuary*
t sind nicht mit denen | zu vergleichen, | die in Athen blühten. —
is   2   3   *to be compared*[1] | 4   6   *flourished*[5]
e viele Thränen fließen aus den Augen derjenigen, deren Männer,
tears   *flow from*   Anmerk. 76, S. 207. *husband*
über und Söhne | auf dem Schlachtfeld | gefallen sind. — §. 100.
          on the field of battle[3] | 2   *have*[1]
ite 207. NB. Diejenigen, die geschickt waren, erhielten Arbeit. — Die=
              clever[2]   1   *employment*
gen, welche ihn liebten, folgten *(followed)* ihm.

II. §. 101. Seite 208.

79. Jener alte General ist derselbe, welcher voriges *(last*[2]*)* Jahr
en Oberbefehl führte. | — Derselbe Mann, der säet, erntet öfters
commanded[1]   *sow reaps*[2] *often*[1]
rts. — Es ist dieselbe Frau, dasselbe Kind, aber es sind nicht dieselben
dog   *they*
sonen, die wir gestern sahen. — Dieses Buch ist von demselben Verfasser
      yesterday[2] *saw*[1]   3   *author*
hrieben worden. Das ist kaum möglich. Ich versichere Ihnen, von
itten[2]   1   *scarcely possible*   *assure*
n demselben. — Ich habe es[2] von demselben Manne, von derselben
an gehört. — Ist dies dasselbe? Ja, es ist dasselbe. Es sind dieselben
heard[1]   *they are*
langweiligen *(tedious)* Menschen *(people)*, welche wir gestern[2] trafen *(met)*[1].

---

(78) Über das *sich*, *himself, herself*, etc., siehe Anmerk. 41c, Seite 193, u. §. 164, Seite 286.
(79) Über *als* (*than, as*), etc., siehe Regel XIII. Seite 157.
Rothwell, große Grammatik.   14

VIII. Adjectivische oder unbestimmte Fürwörter.
(Adjective or Indefinite Pronouns.)

§. 103. Diese Fürwörter, auch unter dem Namen allgemeine Zahlwörter oder Pronominal=Adjective bekannt, sind theils als Adjective, theils als Fürwörter zu betrachten, indem sie, einige wenige abgerechnet, sowohl zu einem Substantive gesetzt, als auch allein und in Beziehung auf ein vorhergehendes Hauptwort gebraucht werden können.

Sie unterscheiden sich von den gewöhnlichen Adjectiven dadurch, daß sie keine Eigenschaften ausdrücken und keine Grade der Vergleichung zulassen, einige auch dadurch, daß sie theils eine Pluralform, theils einen Genitiv annehmen. Es sind folgende:

All (⁸⁰) (oahl), alles, alle, ganz, all, sämmtlich.

All is in God, and God is in *all*.
Alles ist in Gott und Gott ist in Allem.

Another * (⁸¹) (ennohthr), ein anderer.

Give me *another* book, *another* watch.
Geben Sie mir ein anderes Buch, eine andere Uhr.

Any (⁸²) (enni), irgend ein, welcher, welche, welches, etwas, jeder, ꝛc.

Have you *any* news?
Wissen Sie (haben Sie) etwas Neues?

---

(80) *All* steht sowohl allein als in Verbindung mit einem Hauptworte und entspricht vor Pluralen dem deutschen „all", vor Singularen dem deutschen „ganz", z. B.:
All is well. *All* my life. Alles gut. Mein ganzes Leben.
We all know him. Wir Alle kennen ihn.
All nature, *all the* world Die ganze Natur, die ganze Welt.
All kann als die Mehrzahl von *every* betrachtet werden. *All* bezieht sich auf das Ganze zusammen genommen, wogegen *every* sich auf jedes Einzelne bezieht, z B.:
All men, all things; every man. every Alle Menschen, alle Dinge; jeder Mann, jedes thing. (S. Anmerk. 84b, S. 212). Ding.
NB. Anstatt *all the* in der Einzahl, kann man *the whole* sagen, z. B.:
All (the) day, oder *the whole* day. Den ganzen Tag.
The whole world, oder *all the* world. Die ganze Welt. (S. Anm. 96b, S. 215).
NB. Artikel und Fürwörter müssen zwischen *all* und sein Hauptwort gesetzt werden.
(S. Anm. 28, S. 186)
(81) Die mit einem * bezeichneten Wörter haben im *Genitiv* ein 's, z. B.:
What is *every one's* business is no *one's* business. Was Jedermann thun soll, thut Keiner.
They took one *another's* bread They died in *each other's* arms.
NB. Es ist hier ferner zu bemerken, daß "*another*" sich auf Einen einzelnen Gegenstand aus Vielen bezieht, "*the other*" dagegen auf einen aus zwei, z. B.:
These books do not please me, show Diese Bücher gefallen mir nicht, zeigen Sie mir me *another*. ein anderes.
Of these 6 books, take *this one* or an- Von diesen 6 Büchern nehmen Sie dieses, oder *other*, if you prefer it. ein anderes, wenn Sie es vorziehen.
Of these two books, take this one or Von diesen beiden Büchern nehmen Sie dieses *the other*. oder das andere.
They walked from one end of the town *to the other* (nicht *to another*). The house was full of people from one end *to the other* (nicht *to another*). They (*two persons*) love *each other*. The four children love *one another*. He didn't love her, he loved *each other*. He didn't love her, he loved *the other*
(82) NB. 1. Den Unterschied zwischen *any*, *any one*, *anybody*, und *some*, *some one*, *somebody*, und *no one*, *nobody*, hat man sehr zu beachten. Siehe gegenwärtiges Verzeichniß.
Any, irgend ein, etwas, irgend einige wird 1) in fragenden, 2) verneinenden, 3) bedingenden und in seinem allgemeinsten Sinne (irgend ein = jeder), auch 4) in Aussagesätzen, wie aber (außer im Sinne von — jedes beliebige) als Antwort auf eine direkte Frage, gebraucht.
Some, einiger, e, es, etwas, welcher, e, es wird vorzugsweise in bestätigenden, befehlenden oder Aussagesätzen angewendet, z. B.:
Have you any *wine*, money, pens, etc.? Haben Sie (etwas) Wein, Geld, Schreibfedern?
Yes, I have *some*. No, I have *not any*. Ja, ich habe etwas. Nein, ich habe keines.
If you have *any* money, will you give Falls Sie etwas Geld haben, wollen Sie mir etwas me *some*? geben?
Yes, I will give you *some* with pleasure. Ja, ich will mit Vergnügen Ihnen etwas geben.
No, I cannot give you *any*, because I have Nein, ich kann Ihnen keines geben, weil ich keines *not any* (oder *none*). habe.
Give me *some* wine, I have *not any* (oder Geben Sie mir (etwas) Wein, ich habe keinen *none*).
Can you read *any book*? Können Sie irgend ein Buch lesen?
Yes, I can read *any* book. Ja, ich kann jedes beliebige Buch lesen.

t any (nottenni), keins.

ybody * (enni bobbi), irgend jemand.

y one * (enni uonn), irgend einer; der.

ybody (one) else (ellß), irgend Jemand anders, sonst Jemand.

y other * (enni othbr), (irgend) ein underer.

ything, irgend etwas.

ght (oaht), etwas, (selten gebraucht).

th (**) (bobbth), beide, alle beide.

rtain (sert'n), ein gewisser.

rtain persons(persns),gewisse Personen.

No, I have *not any* (ob. *no*) news.
Nein, ich weiß nichts Neues.
(*Anybody* ob. *any one* can tell you.
Irgend jemand kann es Ihnen sagen.
Ist jemand da? Is *there anybody* there?
If *any one else* should come, say that I am ill.
Wenn jemand anders kommen sollte, sagen Sie, ich sei krank.
(*Any other* time (day) will do.
Irgend eine andere Zeit (ein anderer Tag) paßt.
For *aught* I know. — So viel ich weiß.
Both houses, *both* churches, are new.
Beide Häuser, beide Kirchen sind neu.
(*Certain persons* told it me.
Gewisse Personen sagten es mir.

NB 2 *Any* (franz. *quelconque*) ist halb negativ, *some* (franz. *quelque*) ist positiver, zwischen *any* und a mitten inne stehend *Any* wird daher zur Bildung der Frage und Verneinung, *some* hingegen vorzugsweise zur Bildung der Antwort gebraucht *Some* kann niemals verneinend, fragend aber nur dann gebraucht werden, wenn man die Bejahung der Frage gleichsam voraussetzt, oder als gewiß annimmt. Dies ist namentlich der Fall 1) in Fragen mit dem Frageton ohne die Fragestellung, z. B.:

Can you lend me *some* (*a little*) money? | Können Sie mir etwas Geld leihen?
You, *perhaps* can lend me *some* money? | Sie, vielleicht könnten mir etwas Geld leihen?
2) wenn man Jemand etwas anbietet, z. B.:
Will you take *some* wine? | Ist Ihnen (etwas) Wein gefällig?

NB. 3. Die für *some* und *any* aufgestellten Regeln, gelten auch bei *somebody*, *anybody*, *any one*, *nobody*, *something*, *anything*, *nothing*, etc., z. B.:
Has *any one* (oder *anybody*) been here? | Ist Jemand hier gewesen?
Yes, *some one* (*somebody*) has been here. | Ja, es ist Jemand hier gewesen.
No, *no one* (*nobody*) has been here | Nein, es ist Niemand hier gewesen.
If *any one* should come, say there is *nobody* at home. | Wenn Jemand kommen sollte, sagen Sie, es sei Niemand zu Hause.
If I should see *anybody* (oder *any one*), I shall say, there is *somebody* at home | Wenn ich Jemand sehen sollte, so werde ich sagen, daß Jemand zu Hause sei

Man merke folgende Beispiele:
I wish to speak with you about the affair *some time* (*some day*), when you are at leisure.
If Miss N., who is young and beautiful, had ten thousand pounds, *any man* would marry her.
As Miss N., who is young and beautiful, has ten thousand pounds, *some man* will soon marry her.

Man hüte sich vor Sätzen, wie sie ein gewisser Grammatiker einem fehlerhaften Satz von *Graham* nachgebildet hat:
I know *some gentleman* who is a great coward, statt. I know *a gentleman* (ob. *a certain gentleman*) who is a great coward. Man kann aber im *Plural* sagen: I know *some gentlemen* who are great cowards. "*Any houses* are more convenient than *this*", statt: "*Any house* is, more convenient than *this*", oder: "*Any houses are* more convenient than *these*".

NB. 4 *Some* und *any* zeigen bei Stoffnamen die unbestimmte Quantität an und entsprechen in diesen Sinne dem französischen Theilungsartikel und dem deutschen *etwas*, welches jedoch gewöhnlich ausgelassen wird. So sagt man z. B.: im Deutschen: Gib mir Wein, Bier, Geld ꝛc. Haben Sie Wein, Bier, Geld? Im Englischen dagegen:
Give me *some* wine, beer, money, etc. Have you *any* wine, beer, money?
Hier auch im Englischen wird in manchen Fällen *some* und *any* nicht gesetzt. Man merke sich daher folgende Regel: 1) Soll nur der Stoff genannt und nicht auf die Quantität Rücksicht genommen werden, so werden *some* und *any* weggelassen. — 2) Ist aber eine unbestimmte Quantität, ein gewisser Theil des Ganzen gemeint, so muß, wie oben bemerkt wurde, in bejahenden Sätzen "*some*", in verneinenden und fragenden Sätzen "*any*" gebraucht werden. Fragt mich z. B. ein Kellner bei Tische, was ich trinken will, so antworte ich gerade wie im Deutschen: *Wine* (Wein), *beer* (Bier), *water* (Wasser), weil ich hier bloß den Stoff benennen will. Verlange ich aber etwas zu trinken, so sage ich nicht wie im Deutschen: Gib mir Wein, Bier, Wasser; sondern: Give me *some* wine, beer, water.

I am thirsty; is there *any* water there? | Ich bin durstig; ist Wasser da?
Yes, sir, here is *some*. | Ja, mein Herr, es ist welches da.

(**) *Both*, beide, bezieht sich immer auf zwei Gegenstände zusammen genommen; sowie diese Gegenstände aber getrennt gedacht werden, muß man *two* anwenden. "Einer von beiden" kann also niemals übersetzt werden: "one *of both*", sondern "one *of the two*"; ebenso: "einer von beiden", niemals "*which of both*", sondern "*which of the two*"; ebenfalls: "keiner von beiden", niemals "*neither of both*, none *of both*", sondern "*neither of the two*", man kann aber sagen: I will have *none* (nicht) *of either the one or the other*". (Siehe Anmerk. 28, Seite 186).

14*

Each ([84]) (ihtſch), jeder, ein jeder.	*Each* of these houses has a fountain. Jedes von dieſen Häuſern hat eine Fontäne.
Each other ([85]), einander (ſich).	They love and esteem *each other* oder *one another.* Sie lieben und ſchätzen ſich ob. einander.
Either ([86]) (ihbih'r), einer von beiden, jeder von beiden.	You can land on *either* bank. Sie können auf dem einen oder dem andern Ufer landen.
Not—either, keiner von beiden. Neither ([E6]) (nihbih'r), keiner von beiden, weder der eine noch der andere.	*Neither is* happy in *his* choice. Keiner v. beid. iſt glücklich in ſeiner Wahl I have *not* seen *either.* Ich habe keinen von beiden geſehen ([84]).
Every ([84]) (eweri), jeder, jeglicher, auch: alle ([84b]).	*Every* day brought a new pleasure. Jeder Tag brachte ein neues Vergnügen.

(84) *Each* bedeutet öfters ein jedes von zwei Dingen, aber eben ſo oft jedes einzelne Weſen von einer beſchränkten Anzahl beſtimmter Perſonen oder Dinge, z. B.:

Each of my (two) brothers has a gold watch. — *Each house* has 5 rooms. There are seven poor men, give a penny to *each.*	Jeder von meinen (beiden) Brüdern hat eine goldene Uhr. — Jedes Haus hat 5 Zimmer. Da ſind ſieben arme Männer, gib jedem einen Groſchen (*penny*).

NB. 1. *Each* (ſiehe oben), kann mit oder ohne Hauptwort ſtehen. Man hüte ſich aber "*each one*", welches ein Pleonasmus wäre, zu ſagen. Man ſagt aber "*each of them, of these*", etc.

Every bezeichnet ebenſo wie *each* jedes einzelne Weſen, aber von einer unbeſtimmten größeren Anzahl, deutet auf die ganze Gattung, auf das Ganze in ſeinen Einzelheiten hin, z. B.:

Every Englishman is born free. *Every one* has *his* sorrows.	Jeder Engländer iſt frei geboren. Jeder Menſch hat ſeine Sorgen.

NB. 2. *Every* kann nie ohne Hauptwort ſtehen. Vergleiche Anmerk. 80.

NB. 3. "*Every*" wird bisweilen in Verbindung mit einem zueignenden Fürwort gebraucht, z. B.:

Her *every* look, her *every* emotion, *shows* that she loves.	Jeder Blick, jede Bewegung von ihr, zeigt, daß ſie liebt.

NB. 4. Ausdrücke mit "*every*" in Verbindung mit einem Adjectiv im Superlativ, wie die folgenden ſind als falſch zu betrachten:

Every the least thing diverts his attention, ſtatt: *every thing, even the least* od. *the least thing* diverts his attention.	Jede Sache, ſogar die geringſte, zerſtreut ihn

Every the minutest point, ſtatt: *every point, even the most minute.*

NB. 5. Man merke wohl, daß die Wörter: "*each, every, either, neither, everybody, everyone*", ſtets Einzahl ſind, und daher alle ſich darauf beziehenden Haupt-, Für- und Zeitwörter ebenfalls in der 3ten Perſon in der Einzahl ſtehen müſſen, z. B.:

Every tree, every leaf, every village, has been destroyed	Jeder Baum, jedes Blatt, jedes Dorf iſt zerſtört worden.

Let *each* of them be heard in *his* (ob. *her*) turn. — *Every man* (*woman*) *is accountable for himself* (*herself*).

Man hüte ſich alſo vor Sätzen wie den folgenden, welche ein Grammatiker aufſtellt, z. B.:

Everybody must know *their* own story, and if so, *they* can tell it;	ſtatt: *Everybody* must know *his* own story, and if so, *he* can tell it.
Almost *every* one has known, at least once in *their lives,* what it is to be happy;	ſtatt: Almost *every* one has known, at least once in his *life,* what it is to be happy.

(84b) "*Every*" entſpricht häufig dem deutſchen Plural „alle" wenn es in diſtributivem Sinne ſteht, und "*everything*" dem Neutrum Alles, wenn es ſo viel heißt als jedes einzelne Ding, während "*all*" die ganze Maſſe zuſammengenommen bezeichnet, z. B.:

Every two days, every ten steps, every day. Is *every-thing* to your taste? *All* is lost.	Alle zwei Tage, alle zehn Schritte, alle Tage. Iſt alles nach Ihrem Geſchmacke? Alles iſt verloren.

(85) *Each other* bezieht ſich nur auf zwei Perſonen oder Sachen, *one another* auf drei oder mehrere Perſonen, z. B.:

They love *each other* tenderly. The two houses are like *each other.* How these young women detest *one another.*	Sie lieben einander (ſich) zärtlich. Die beiden Häuſer ſind einander gleich. Wie dieſe jungen Frauenzimmer einander haſſen. (Siehe §. 85, S. 193, und §. 165, Seite 288)

(86) *Either* kann vermöge ſeiner obigen Bedeutung eigentlich nur in Bezug auf zwei Gegenſtände gebraucht werden; in der gewöhnlichen Umgangsſprache wendet man es jedoch auch auf mehr als zwei, aber beſtimmte Gegenſtände an, z. B.:

Either of the books *would* suit me. Which of the three houses do you like best? I confess, I don't like *either.*	Eines von beiden Büchern würde mir recht ſein. Welches von den drei Häuſern gefällt Ihnen am beſten? Ich muß geſtehen, es gefällt mir keines.

Neither bedeutet keiner von beiden, ausgedehnt, z. B.:

Of the two sisters, I like *neither.*	wird aber wie *either* auf eine beſtimmte Anzahl
Neither of these three books is the right one (ſ. NB. 5. Anmerk. 82).	Von den beiden Schweſtern gefällt mir keine. Keines von dieſen drei Büchern iſt das rechte.

rery one (⁸⁷) (ewwri uonn) (every-body), ein jeber, jebermann, alle.	Every one was happy. Ein jeber (Jebermann) war glücklich. I must die, as well as every one (everybody) else. Ich muß ebensowohl sterben wie jeber anbere.
rery one else, / rerybody else, } jeber anbere.	
rery thing, (⁸⁴b) alles, jebe Sache.	But few are really happy. Nur wenige sind wirklich glücklich.
w (⁸⁸) (fjuh), wenige.	I have a few beautiful paintings. Ich habe einige wenige schöne Gemälbe.
few, einige, wenige.	He has but little money. Er hat nur wenig Geld.
ttle (littl), wenig (⁸⁹).	Many people never think of God. Viele Leute benken nie an Gott.
any (⁹⁰) (menni), viele.	Many a day, many an hour. Manchen Tag, manche Stunbe.
any a (⁹¹), mancher.	
great many (⁹²), / good many, / ry many, } (e greht (menni), sehr viele, eine große Menge.	She has very many children. Sie hat sehr viele Kinber.
great deal (⁹²) (bihl), sehr viel, viele.	He has a great deal of fruit. Er hat sehr viel Obst (viele Früchte).
st, meist.	Most people think so.
ch (⁹³) (mottsch), viel.	You have much money. Sie haben viel Geld.

NB. *Each* bedeutet: beibe von ihnen, einzeln oder trennungsweise genommen; *either* ber eine oder ber anbere von ihnen einzeln genommen; *both:* ber Eine unb ber Anbere vereinigt.

87) *Everybody* bezieht sich nur auf Personen, *every one* aber auf Personen unb Sachen, z. B.:

Everybody (ob. *every one*) loves the queen.	Jebermann liebt bie Königin.
Every one (ob. *each*) of these books cost me a guinea.	Ein jebes bieser Bücher kostete mir eine Guinee.

88) *Few* unb *much* lassen einen Comparativ unb Superlativ zu: *Much, more, most; few, fewer, the fewest.*

NB. *Few* mit bem Artikel *a* hat eine positive Bedeutung, z. B.:

He has still *a few* friends.	Er hat immer noch einige wenige Freunbe.

Ohne ben Artikel *a* hat *few* eine negative Bedeutung, z. B.:

He has (but) *few* friends.	Er hat (nur) wenige Freunbe.

89) *Little*, wenig, ist eigentlich bie Einzahl von *few*, wenige. *Little* kann nur von Quantitäten ober Sachen, bie man nicht zählen kann, *few* bagegen nur von Sachen, bie man zählen kann, gebraucht werben, z. B.:

I have *a few* books, but very *little* wine.	Ich habe einige wenige Bücher, aber sehr wenig Wein.

90) *Many* ist ber Plural von *much*, unb kann nur bei Sachen, bie man zählen kann, gebraucht werben, *much* bagegen nur bei Sachen, bie man nicht zählen kann, z. B.:

He has *many horses* and houses, and also *much money*, wine, and beer.	Er hat viele Pferbe unb Häuser unb auch viel Geld, Wein unb Bier.

NB. 1. Das beutsche „viel" vor bem Comparativ „mehr" mit barauf folgenbem Hauptworte im Plural muß mit "many" gegeben werben, z. B.:

He has *many more* books, and also *much more money* than I.	Er hat viel mehr Bücher, unb auch viel mehr Geld als ich.

NB. 2. *Many* kann auch als Hauptwort im Plural gebraucht werben, z. B.:

The *many* are doomed to labour for the *few*.	Die Menge ist verurtheilt, für bie Wenigen zu arbeiten.

91) Ueber *many a*, mancher, manche, manches, siehe Regel II. Seite 388 ber Syntaris.

92) Statt *much* unb *many* bebient man sich im Englischen oft *a great deal* unb *a great many*, welches bem beutschen viel, sehr viel unb sehr viele entspricht, z. B.:

He has *a great deal* more money than good sense.	Er hat (sehr) viel mehr Geld als gesunben Verstanb.
She has *a great many* (very many) books.	Sie hat sehr viele Bücher.

NB. 1. Fragenb unb verneinenb braucht man *much* unb *many*; bestätigenb *a great deal*, ob. *very much*; *a great many*, ob. *very many*; z. B:

Were there *many* people at the theatre?	Waren viele Leute im Theater?
Yes, there were *a great* ob. *very many*.	Ja, es waren sehr viele ba.
He has *not much* money.	Er hat nicht viel Geld.
Oh yes, he has *a great deal* (*very much*).	O ja, er hat sehr viel.
I had *a great deal* (ob. *much*) to do.	Ich hatte viel zu thun.

NB. 2. *A great deal* wirb bem Hauptworte burch *of* verbunben: *A great deal of money.*

NB. 3. *A great deal* wirb selten in Bezug auf Personen gebraucht.

Very much (werri mottſch), ſehr viel.

{ They have *very much* wine.
{ Sie haben ſehr viel Wein.

No (93) (noh), kein.

{ She has *no* husband.
{ Sie hat keinen Mann.

Nobody * (82),
Not—anybody } keiner, niemand.

Nobody else (elß), Niemand anders.

{ *Nobody* could believe it.
{ Niemand konnte es glauben.

No one * (82),
Not — any one, } nicht einer, keiner.

No one else, Niemand, Niemand anders.

{ I see *no one* ob. I do *not* see *any one*.
{ Ich ſehe Keinen ob. Niemand.

None (93) } (nonn), keiner, keine, keines.
Not any, } — keiner, ꝛc., kins.

{ Yesterday I had money, to-day I have
{ *none*. *None are* happy.
{ Geſtern hatte ich Geld, heute habe ich
{ keins. Niemand iſt glücklich.

Nothing (notth-ing), } nichts.
Not — anything, }

{ I have done *nothing* ober I have not
{ done *anything*.
{ Ich habe nichts gethan.

Nothing at all (oahl), ganz und gar nichts.

{ He has *nothing at all*.
{ Er hat gar nichts.

Nought (noaht), nichts (ſelten gebraucht).
One * (94) (nonn), einer, man (95).
(Reg. XIV. S. 426.)

{ *One does* not know what to think.
{ Man weiß nicht, was man denken ſoll.

The one, (94b) * der, die, das Eine.

{ *The one* is good, *the other* (is) bad.
{ Das Eine iſt gut, das Andere iſt ſchlecht.

One another * (95), einander (ſich).

{ They love *one another*.
{ Sie lieben einander (ſich).

One and all, ſammt und ſonders.

{ They are bad *one and all*.
{ Sie ſind ſammt und ſonders ſchlecht.

Other * (94) (obth'r), ander, anderer.

{ Which *other* book do you wish?
{ Welches andere Buch wünſchen Sie?

The other, (61) * der andere (94b).

{ *The other* with the red cover.
{ Das andere mit dem rothen Einband.

Some — *(the)* others, die Einen, die Anderen.

{ Of these books, *some* are good, the
{ *others* bad.
{ Von dieſen Büchern ſind die einen
{ gut, die anderen ſchlecht.

One day or other, eines Tages.

{ You will repent it *one day or other*.
{ Eines Tages werden Sie es bereuen.

---

(93) *No* ſteht immer mit einem Hauptwort, *none* ohne ein Hauptwort, z. B.:
He has *no* money, consequently no | Er hat kein Geld, folglich keine Freunde.
friends.
Give me some wine; I have *none*. | Geben Sie mir Wein; ich habe keinen.
NB. *None* und *any*, ohne Hauptwort ſind meiſtens Plural.

(94) *One* und *other* ſind die einzigen dieſer Fürwörter, welche die Pluralform annehmen, als: *ones, others*. Siehe die Declination §. 104b Seite 216, auch Reg. XIV. S. 429.

(94b) Wenn man zwei Sachen von einander unterſcheiden will, ſo iſt "*the one, the other*", richtiger als "*each other* ober *one another*", z. B.:
The Rhine and Meuse intermingle so much before they reach their mouths, that they are scarcely to be distinguished *the one* from *the other*.
NB. Bei den Ausdrücken "*the one, the other*" wird das erſte *the* bisweilen ausgelaſſen, z. B. Of these two fowls, you must eat *one* (ſtatt *the one*) and carry away *the other*.

(94c) NB. Für die Mehrzahl „die einen, die anderen", franzöſiſch "*les uns, les autres*", ſpeziell "*los unos, los otros*", hat man im Engliſchen keinen entſprechenden Ausdruck, da man nicht "*the ones, the others*", ſagen kann. Man gibt es meiſtens wie oben mit "*some, others*", ober auch mit "*neither, none, all*", z. B.:
Do you know those gentlemen there, | Kennen Sie jene Herren da, oder dieſe hier?
or these here?
No, I know *neither* of them ob. I know | Nein, ich kenne weder die Einen noch die An-
none of them. | deren.
I have seen them *all*. | Ich habe die Einen und die Anderen geſehen.
Some are of one opinion, *others* (ober | Die Einen ſind dieſer, die Anderen jener
some) of another. | Meinung.

(95) NB. In der gewöhnlichen Umgangsſprache werden im Deutſchen die fehlenden Caſus von man,

Own (ohn), eigen (95b).

Let *every one* take his *own*.
Laß Jeden das Seine nehmen.

People * (pihpl), man (95).

People like to talk.
Man schwaßt gern.

Several (semw'rl), verschiedene, einige, mehrere.

Queen Victoria has *several* palaces.
Die Königin Victoria hat mehrere Paläste.

Some (82) (somm), einige, welcher, etwas, etliche, längere (95c).

Will you take *some* wine?
Wollen Sie etwas Wein (nehmen)?
No, thank you, I have *some*.
Nein, ich danke Ihnen, ich habe w e l ch e n.

Some one * (82), } irgend jemand.

Somebody * (82), } irgend jemand.

Some one has been inquiring for you.
Es hat Jemand nach Ihnen gefragt.
Somebody told me so yesterday.
Gestern hat es mir Jemand gesagt.

Somebody else (elß), jemand anders.

Some few (fjuh), einige wenige.

He has *some few* good books.
Er hat einige wenige gute Bücher.

Something (sommthing), irgend etwas. (§. 18, S. 584.)

Something must have happened her.
Es muß ihr etwas zugestoßen sein.

Such (96) (sottsch), solch, solcher, solche, solches, dermaßen, der Art, so groß.

Such (oder *so great*) was my joy, that I could scarcely speak.
So groß war meine Freude, daß ich kaum sprechen konnte.

Such as, solche, welche; diejenigen, welche, das, was.

Such as fear God, don't fear the devil.
Solche, die Gott fürchten, fürchten den Teufel nicht.

Such a (96), solch ein, ein solcher.

I have never seen *such a* man.
Solch einen Mann habe ich nie gesehen.

Such a one, ein solches.

What a fine knife! Have you *such a one*?
Was für ein schönes Messer! Haben Sie ein solches?

The whole (hohl) (96b), der ganze.

He does nothing *the whole* day.
Er thut nichts den ganzen Tag.

---

welches nur im Nominativ vorkommt, durch das unbestimmte Fürwort Einer ersetzt; dieses gibt man im Englischen durch one, z. B.:

Das muß Einen kränken. — Das bekommt Einem wohl. — Du läßt Einem keine Ruhe.
That hurts one's feelings. — That does one good. — You leave one no peace.

Du plagst Einen mit deinen Klagen.
You torment one with your complaints.

Ueber das Wort „man" siehe Regel XI. - XIX. Seite 449 der Syntaris.

(95b) He has a horse of *his own* (for himself). | Er hat ein eigenes Pferd (ein Pferd für sich).
(95c) He remained *some* time with me | Er blieb einige Zeit bei mir.
(96) *Such*, solcher, wird sowohl allein, als in Verbindung mit einem Hauptworte im *Singular* und im *Plural* gebraucht:

Such as you wish, you shall have. | Das, was Sie wünschen, sollen Sie haben.
Have you more of *such* pens? | Haben Sie mehr solcher Federn?
Such men! *Such* proofs! | Solche Männer! Solche Beweise!
Such was the difficulty. | So groß war die Schwierigkeit.
He is no *such* fool as you think. | Er ist kein solcher Narr, wie Sie glauben.
He is a man of respectability, and wished to be treated as *such*. | Er ist ein angesehener Mann und will als solcher behandelt sein.

Such a kann natürlich nur in der Einzahl gebraucht werden. Man beachte wohl, daß der unbestimmte Artikel (a) dem *such* immer nachfolgen muß, während er im Französischen nur vor, im Deutschen aber vor oder nach gesetzt werden kann, z. B.:

Such a man! *Such a* woman! | Solch ein Mann! Solch eine Frau!
On tel homme! une telle femme! | Ein solcher Mann! Eine solche Frau!

NB. Man merke wohl, daß "such a" nur bei Sachen, die man zählen kann, angewendet werden darf; bei Begriffsnamen wie *virtue, weather*, etc. kann man nur "such" brauchen, z. B.:

Such joy! *such* pleasure! *such* gold! | Eine solche Freude! ein solches Vergnügen! Gold!

Die Ausnahmen von dieser Regel: *such a rage*, etc., findet man Anmerk. 40. S. 472.

Man hätte sich daher vor Barbarismen, wie sie ein gewisser Grammatiker anführt: *Such a horrid weather*, statt: *such horrid weather* — Man kann aber sagen: *Such a horrid shower of rain*, weil man hier zählen kann.

NB. Das Weitere über *such* siehe §. 100 Seite 207, auch Regel XX. Seite 434.

(96b) *Whole* kann bei Sammelnamen im Plural angewendet werden, bei andern Hauptwörtern im Plural muß man "all" brauchen, z. B.:

§. 104. Zu den vorhergehenden kann man auch rechnen:

The former * (forrm'r) (⁹⁷), vorige, jener, e, es; der, die, das, erstere (von zweien).	Virtue and vice are opposite to each other; *the former* (ob. *that*) ennobles the mind, *the latter* (ob. *this*) debases it.
The latter * (latt'r) (⁹⁷), dieser, e, es; der, die, das letztere (von zweien).	Tugend und Laster sind einander entgegen, jene (die erstere) veredelt den Geist, dieses (das letztere) erniedrigt ihn.

NB. Diese Classe von Wörtern bezieht sich auf jedes Geschlecht und wird mit of und to gebeugt, z. B.:

Of *all the men*, *women*, *horses*, *houses*, etc., I have ever seen, that is the finest.	Von allen Männern, Frauen, Pferden, Häusern ꝛc., die ich je gesehen habe, der, die, das ist das schönste.

§. 105. Von diesen Fürwörtern nehmen bloß *one* und *other*, wenn sie substantivisch oder ohne Hauptwort stehen, gebraucht werden, die Pluralform an. Sie können mit oder ohne Artikel declinirt werden:

One, ones, einer, ꝛc.

Singular.	*Plural.*
Nom. A good *one* (uonn), ein guter, e, es.	The good *ones* (uonns), die guten (³⁸).
Gen. A good *one's* ob. of a good *one*, eines guten (von einem guten).	The good *ones'* ob. of the good *ones*, der guten (von den guten).
Dat. To a good *one*, einem guten.	To the good *ones*, den guten.
Acc. A good *one*, einen guten.	The good *ones*, die guten.
Abl. Of, from ob. by a good *one* (⁹⁷ᵇ), von einem guten.	Of, from ob. by the good *ones*, von den guten.

Other, anderer, e, es; others, andern.

Nom. The *other* (⁹⁹), der, die, das andere.	The *others* (⁹⁹), die anderen.
Gen. The *other's* ob. of the *other*, des anderen.	The *others'* ob. of the *others*, der anderen (von den anderen).

(97) *The former*, jener; *the latter*, dieser ꝛc., können als anzeigende Fürwörter betrachtet werden, und sind Anmerk. 50 Seite 196 näher erklärt worden; s. auch Anmerk 26 S. 461.

(97b) Oder ohne Artikel *Nom.* one, *Gen.* one's ob of one, *Dat.* to one, *Acc.* one, *Abl.* of, from ob. by one (von einem ꝛc.)

Whole nations have perished. Aber: *All the inhabitants* of the town (nicht the *whole* inhabitants.)	Ganze Nationen sind zu Grunde gegangen. Alle Einwohner der Stadt (siehe Anm. 80. S. 210).
If you have not a pen, I can give you one.	Wenn Sie keine Feder haben, so kann ich Ihnen eine geben.
Thank you, I have one, and a very good one too.	Ich danke Ihnen, ich habe schon eine und eine sehr gute auch.

(97c) *Another*, ein anderer, e, es, wird wie folgt declinirt *Nom.* another, *Gen.* another's ob of another, *Dat* to another, *Acc.* another, *Abl.* of, from ob. by another (von einem andern)

If this book doesn't please you, I can give you *another.*	Wenn dieses Buch Ihnen nicht gefällt, so kann ich Ihnen ein anderes geben.

(98) Ones wird immer von einem Adjectiv begleitet und als Stellvertreter eines vorausgegangenen oder der Vorstellung zu ergänzenden Hauptworts gebraucht, z. B.:

Here are the good (bad) ones	Hier sind die guten, die schlechten (Federn ꝛc.)
Give me more of the good ones	Geben Sie mir die guten (Aepfel ꝛc.)
If you wish for pens, I have some very good ones.	Wenn Sie Federn wünschen, so habe ich (einige) sehr gute.
I wished to have the good ones, and you have brought me the bad ones.	Ich wollte die guten haben und Sie haben mir die schlechten gebracht.
What do you say to the great ones of the earth?	Was sagen Sie zu den Großen der Erde = Was halten (denken) Sie von den Großen der Erde?

Hierüber siehe Reg. XIV. XV. Seite 429 der Syntax.

(99) NB. Wenn das Wort other vor einem Hauptworte steht, so ist es bloß als Adjectiv zu betrachten und darf folglich kein s im Plural annehmen, z. B.:

I demanded other books, but he said he had no others.	Ich verlangte andere Bücher, aber er sagte, er hätte keine andere.
Other times, other manners.	Andere Zeiten, andere Sitten.

NB. In dem einzigen Ausdrucke the other day = (franz. l'autre jour) heißt the other

t. To the *other*, dem anderen.	To the *others*, den anderen.
s. The other, den andern.	The others, die anderen.
t. Of, from ob. by the *other* (27c), von dem andern.	Of, from ob. by the *others*, von den anderen.

Aufgaben über die unbestimmten Fürwörter.

All. Both. Seite 210. Stellung der Wörter. Regel II. Seite 370.

80. Alle Menschen sind Brüder. (Anm. 7. S. 81.) — Die ganze
Welt ist eine Bühne, auf der Jedermann seine Rolle spielt. — Mein Freund,
stage where part plays
von allen | Kenntniß | hat, ist krank. — Ihr ganzes Leben ist der
of³ a knowledge³ 1 sick Sing. life to²
...gend geweiht. — Von allen meinen Bekannten | ist er mir der
virtue dedicated¹ acquaintances I like him the
...bste. | — Sie war ganz Liebe und er war ganz Gleichgültigkeit. —
ist indifference
Ende gut, | Alles gut. — Ich bin sehr unglücklich, meine beiden
that³ ends well 1 is well² unfortunate
...erbe sind lahm. — Die beiden Schwestern sind hübsch. — Ich habe
lame handsome
...be, die Königin Victoria und den Prinzen Albert gesehen. Von den
...ben war Prinz Albert der jüngere. — Er findet (finds) sich (himself)
beiden getäuscht. — Zu jeder Zeit bin ich zu Ihren Diensten.
deceived¹ At all times at service

y. Some. Any one. Anybody. Some one. Somebody. No one. Nothing.

81. Haben Sie mir | etwas | zu sagen? Nein, ich habe Ihnen
any thing to say
...chts zu sagen. — Ich war nichts (any) weniger (thing) als (but) glück-
...). — Sind Sie [deßhalb] | etwas besser | daran? — Haben Sie
any thing the better for it
...vas Geld bei (about) sich (you)? Ja, ich habe etwas. Nein, ich habe
...nes. — Wenn Sie etwas Geld haben, wollen Sie mir | gefälligst |
If will 8 have¹ the kindness
...vas leihen (to lend²). Wenn ich etwas hätte, [so] würde² ich¹ Ihnen⁴ mit⁶
...rgnügen etwas geben. — Sollte heute Jemand kommen, [so] sagen
pleasure 5 give³ Should to-day³ 1 call²
Sie,] ich sei nicht zu Hause. [Es] ist schon Jemand da gewesen. —
that I am at home 2 already⁵ 1 here⁴ 3
...st (Is there) Niemand zu Hause? Nein, [mein] Herr, es (there) ist
...iemand zu Hause; Alle sind in's (to the) Theater gegangen (gone).

...ch. Each other. One another. Every. Every one, etc. Either. Neither.

82. Gib diesen Knaben jedem ein Stück Zucker. — Jedes Haus hat
Give 4 1 lump² of sugar³
...nem Zimmer (room). — Herr Lay gab jedem der Mandarinen in Canton
...ine Bibel. — Die Königin Victoria und Prinz Albert liebten einander zärt-

---

vor einigen; in allen andern Fällen gibt man es wie oben mit „der, die, das andere
(andern)", z. B:
I saw the Prince of Wales the other day. } Vor einigen Tagen habe ich den Prinzen von
J'ai vu le Prince de Galles l'autre jour. } Wales gesehen.

lich. — Wir helfen einander. — Sie küßten sich. — Jedes Warum hat
     help   *kissed*   *wherefore*
sein Darum. — Jedermann in China muß lesen und schreiben lernen.
 therefore   *to read*[2] *write* *learn*[1]
— O das Grab! das Grab! — es begräbt jeden Irrthum — bedeckt
   grave   *buries* *error* *covers*
jeden Mangel — löscht jede Erbitterung [aus]. — Jedermann | mußte
 defect *extinguishes* *resentment* | *was obliged*
seine Meinung abgeben. — | Alles, was | Sie sagen, scheint wahr zu
 opinion *to give* | *Every thing* | *seems* *true*[2]
sein. — Sie (Anred.) werden Alles in Ordnung finden. — Er ist stärker
 [1]   *will* [2] *order*   [1]
als ein jeder von uns. — Beide Wege (jedes dieser Wege) werden (*will*)
Euch nach der Stadt bringen. — Ich | sprach mit | keinem [von
 [2] *to*   [1] | *did not speak to* |
beiden], seit ich Sie zuletzt sah. — Keiner von beiden soll kommen. —
   since [2] *last*[3] *saw*[1]
Keiner von uns ist dort gewesen. — | Gefällt Ihnen | keines von diesen
     there | *Do you like* |
beiden Büchern? Nein, weder das eine noch das andere gefällt (*pleases*) mir.

No. No one. Nobody. None. Not any. One. Other.

83. Haben Sie keinen Wein im (*in the*) Hause? Nein, ich habe
keinen. — Hat die Königin von Griechenland keine Kinder? Nein, sie
hat keine. — Niemand konnte glauben, daß es in China 333 Millionen
        believe *there* [4]
Menschen gibt. — Holen [Sie] mir (etwas) Brod. Es ist keines | zu haben. |
of men[3] *are*[1] *Fetch*   *there* | *to be had* |
— Wie (*As*) der Eine, so (ist) der Andere. — Der Eine kam, die Andern
blieben (*stayed*) weg (*away*). — Man kann nicht alle[2] Bücher lesen (*read*[1]).
— Wenn diese Rasirmesser (*razors*) Ihnen nicht (*do*) gefallen (*not please*),
[so] kann ich Ihnen andere zeigen. — Der Eine nahm des Andern Brod weg.
 [2] [1] [4]   [5] *show*[3]   *took* [2]   *away*[1]

Little. Few. A Few. Much. Many. Many a.

84. Ich habe nur (*but*) wenig Geld, aber viele Freunde, Sie aber
haben viel Geld und wenige Freunde. — Er hat viele Bekannte (*acquaintances*),
aber nur wenig wahre Freunde. — Ungeachtet seines Unglücks hat er
     true   *Notwithstanding* *misfortune*
| immer noch | einige wahre Freunde. — Ein wenig Gelehrsamkeit, „sagt
 still   *learning*
Pope," ist ein gefährliches Ding; aber | gar keine | ist | meiner Meinung nach |
   dangerous *thing* | *none at all* | | *in my opinion* |
viel gefährlicher. — Wie viele Jahre | leben Sie schon | in London?
      How | *have you been living* |
Sehr viele. — Wie viel beträgt die National=Schuld von England? Wohl
     does[1]—*amount to*[3] [2] *National-Debt*   *Oh to*
mehr als zweimal so viel als alle Münze auf der Erde (ohne China). —
     as   *coin* *on*   *without*
Mancher edle (*noble*) Pole ist verurtheilt (*doomed*), als (*as*[2]) (ein) Verbannter (*outcast*) und (ein) Wanderer zu leben (*to live*[1]).

The former. The Latter. Such. Certain.

85. Der Bruder und die Schwester sind beide liebenswürdig (*amiable*);
jener hat mehr Geist, diese mehr Witz; jener ist der Liebling der Mutter,
understanding *wit* *darling*
diese des Vaters. — St. Helena ist ein schreckliches Land | zum bereisen: |
shocking *place* *to travel in*
solche Wege, solche Hügel, solche Abgründe. — Eine solche That verdiente
road *hill* *precipice* *action deserved*
eine solche Belohnung. — Einen solchen Mann als Socrates | gibt es |
reward *there is*
auf der Erde nicht [mehr]: welche | Geisteskraft, | welche Entschlossenheit
on[2] [1] *what* *powers of mind* *resoluteness*
und welche Ruhe im Unglück. — Solche Männer, solche Frauen, und
calm under misfortune
solche Kinder | sieht man | nirgends als in Richmond-Gardens. — Haben
are to be seen *nowhere as*
Sie je (*ever*) ein solches Buch gesehen (*seen*)? O ja; ich habe selbst ein
solches — viele solche. — Ein gewisser Theolog (*theologian*), dessen Namen
ich | mich nicht mehr erinnere, | hat ernstlich behauptet, daß alle Thiere
no longer remember *seriously asserted* *animals*
und sogar (*even*) Insecten (*insects*) Seelen (*soul*) haben.

F. Fragen über das persönliche Fürwort. Seite 178.

1. Wie vielmal ändern die persönlichen Fürwörter ihre ursprüngliche Form? §. 66.
Seite 178.
2. Wie werden die verschiedenen Casus gebildet? §. 66. S. 178.
3. Wie muß man die Fürwörter „ich" und „Sie" stets schreiben? Anmerk. 1.
§. 67. S. 179.
4. In welchen Fällen kommt der Genitiv of me, etc., vor? Anmerk. 2. §. 67.
Seite 179.
5. Welches Fürwort braucht man im Englischen statt der deutschen Anredewörter
„Du" und „Sie"? Anmerk. 6. 7. §. 67. S. 179.
6. Bei welchen Gegenständen wendet man das Fürwort it (es) an? Anmerk. 10.
Seite 180.
7. Welches Fürwort braucht man im Plural für alle drei Geschlechter? Anm. 12.
Seite 180.
8. Welche Fürwörter im Englischen drücken die verschiedenen Bedeutungen des
deutschen „sie, Sie" aus, als: 1. den Nominativ Singular der 3ten Person
weiblich, 2. den Accusativ der 3ten Person weiblich, 3. als Nominativ Plural
der 3ten Person aller drei Geschlechter, 4. als Accusativ Plural der 3ten Person
aller drei Geschlechter und als Anredewort? §. 67. Declination S. 179, auch
Anmerk. 19. S. 182.
9. Wie drückt man das „erwarte mich, gedenke meiner" 2c. im Englischen
aus? §. 68. S. 181.
10. An welchen Fürwörtern ist das Geschlecht zu erkennen? §. 69. S. 181.
11. Wie drückt man das „ich bin es, es sind" 2c. aus? §. 70. 71. 72. S. 183.

Ueber das zueignende Fürwort. Seite 184.

12. In wie viele Classen wird dieses Fürwort eingetheilt? §. 73. S. 184.
13. Leiden diese Fürwörter eine Veränderung? §. 76. S. 186.
14. Müssen diese Fürwörter mit der Sache, die man besitzt, wie im Französischen,
mit dem Besitzer und mit der Sache, die man besitzt, wie im Deutschen, oder
nur mit dem Besitzer übereinstimmen? Anm. 25. §. 74. S. 185.

15. Welches sind die Fälle, wo man im Deutschen den Artikel anwendet, im Englischen aber das zueignende Fürwort brauchen muß? §. 78. S. 187.
16. In welchen Fällen muß man im Englischen das alleinstehende zueignende Fürwort brauchen, wo man im Deutschen das persönliche Fürwort anwendet? §. 79. Anm. 34. S. 188.

Ueber das zurückführende Fürwort. Seite 192.

17. Wie werden die zurückführenden Fürwörter „ich selbst" ꝛc. gebildet und declinirt? §. 83. S. 192
18. Wie gibt man das deutsche „sie lieben sich?" ꝛc. §. 85. S. 193.

Ueber die anzeigenden Fürwörter. Seite 195.

19. Wie viele anzeigende Fürwörter gibt es im Englischen? §. 86. S. 195.
20. Wie bildet man die Mehrzahl von *this* und *that*? §. 86. S. 195.
21. Wie unterscheidet sich *this* von *that*? §. 86. NB. S. 195.
22. Aendern sie sich hinsichtlich des Geschlechtes? §. 86. S. 195.
23. Wann braucht man *the former*, *the latter* statt *this* und *that*? Anmerk. 50. §. 86. S. 196.

Ueber die beziehenden Fürwörter. Seite 197.

24. Wie viele beziehende Fürwörter gibt es? §. 87. S. 197.
25. Wie werden *who* und *which* declinirt? §. 88. S. 197.
26. Wie wird *what* und *that* declinirt? § 88. 89. S. 197. 198.
27. Wann muß man *whose* und wann *of which* als Genitiv brauchen? Anm. 58. Seite 199.
28. Welcher Unterschied findet in der Anwendung dieser Fürwörter statt? §. 90. Seite 199.
29. Was bedeutet *what*? §. 91. S. 199. Darf man *what* nach *all* und *nothing* setzen? Anm. 57. S. 198.
30. Wie gibt man das deutsche wer — auch ꝛc. im Englischen? §. 92. S. 200.

Ueber die fragenden Fürwörter. Seite 203.

31. Wie viele fragende Fürwörter gibt es? §. 93. S. 203.
32. Wie unterscheiden sich *who*, *which* und *what* von einander? §. 94. 95. 96 S. 203. 204.
33. Wann muß man *who* brauchen und wann *which* oder *what*? §. 97. S. 205.

Ueber die bestimmenden Fürwörter. Seite 206.

34. Wie übersetzt man derjenige welcher, diejenige welche, diejenigen welche ꝛc., wenn sie sich auf Personen beziehen? §. 99. I. S. 206.
35. Wie gibt man dasjenige welches, diejenigen welche ꝛc., wenn sie sich auf Sachen beziehen? §. 99. Anm. 74. 75. S. 207.
36. Wie übersetzt man der=, die=, dasselbe? ꝛc. §. 100. II. S. 208.

Ueber die unbestimmten Fürwörter. Seite 210.

37. Wann muß man *any* brauchen und wann *some*? §. 103. Anm. 82. S. 210
38. Wie muß man „alle beide, einer von beiden" geben? Anm. 83. S. 211.
39. Wie muß man „einer, keiner von beiden" übersetzen? Anm. 86. S. 212.
40. Wann muß man *few* und wann *little* brauchen? §. 103. Anm. 89. S. 213.
41. Wann muß man *much* und wann *many* brauchen? §. 103. Anm. 92. S. 213.
42. Wie übersetzt man die Wörter „man, der eine, der andere?" Anm. 94. S. 214.
43. Wann darf das Wort *other* ein s annehmen und wann nicht? § 104b. Anm. 99. S. 216.

X. Kapitel.

- Vom Zeitwort im Allgemeinen.
- Von den Hülfszeitwörtern: to have, to be, to let, to do.
- Von den mangelhaften Hülfszeitwörtern can, may, etc. Conjugation des Zeitwortes to like, mögen 2c.
- Allgemeine Regel über shall und will.
- Gedächtniß=Uebungen über die Hülfszeitwörter. F. Fragen.

A. Vom Zeitwort im Allgemeinen.

§. 106. Im allgemeinsten Sinne werden die Zeitwörter für die Formenlehre in Hülfszeitwörter und in eigentliche oder selbstständige Zeitwörter eingetheilt: 1. Letztere zerfallen wieder nach ihrer Bedeutung in transitive oder zielende, in intransitive oder ziellose, und in reflexive oder rückwirkende, — 2. nach der Beschaffenheit ihres Subjektes in persönliche und unpersönliche und — 3. nach Art ihrer Biegung in schwache oder regelmäßige und in starke (¹) oder sogenannte regelmäßige, z. B.: (¹ᵇ)

persönlich:
Activ,	als:	I love (ei loww), ich liebe.
Passiv,	—	I am loved (ei ämm lowwd), ich werde geliebt.
Neutral,	—	I sleep (ei sließp), ich schlafe; unregelm.: I slept.
Reflectiv,	—	I dress myself (miself), ich kleide mich an.

persönlich: . . . . It rains (rehns), es regnet.

§. 107. Der Begriff des Zeitworts kann entweder als eine Thatsache, oder als eine Vorstellung, oder als eine Bedingung, oder als ein Befehl ausgedrückt werden. Man hat daher im Englischen 4 Modus, nämlich:

1. den *Indicativ*, z. B.: I love, ich liebe;
2. den *Conjunctiv*, z. B.: if I love, wenn ich liebe;
3. den *Conditional*, z. B.: I should (would) love, ich würde lieben;
4. den *Imperativ*, z. B.: love, liebe.

Außer diesem Modus hat das Zeitwort noch folgende Formen, welche man unter dem gemeinsamen Namen Participialien zusammenfaßt, weil sie einerseits an Natur des Verbs, andererseits an der Natur des Substantivs oder Adjectivs Theil haben:

5. den *Infinitiv*, z. B.: to love, lieben;
6. die *Participien*, z. B.: loving (liebend), loved, geliebt.

§. 108. Die Modus haben Zeiten, welche einfach und zusammengesetzt sind.

Einfach
Praesens:	I love (¹ᶜ), ich liebe.
Imperfect und zugleich *Particip:*	I loved (¹ᵉ), ich liebte, geliebt.
Perfect:	I have loved, ich habe geliebt.
Plusquamperfect:	I had loved, ich hatte geliebt.

zusammengesetzt
1stes *Futurum:*	I shall love, ich werde lieben.
2tes *Futurum:*	I shall have loved, ich werde geliebt haben.
1ster *Conditional:*	I should love, ich würde lieben.
2ter *Conditional:*	I should have loved, ich würde geliebt haben.

---

a) The terms *weak* (schwache), and *strong* (starke) conjugations are not at all usual in English grammar, nor has such an alteration from the received nomenclature any advantage to recommend its adoption.

b) Die Hülfszeitwörter werden von einigen Grammatikern als Zeichen, nicht als Zeitwörter betrachtet.

c) Das *Praesens* hat im Englischen drei Formen; die einfache, als: *I call* (ich rufe); die progressive, als: *I am calling* (ich rufe eben); und die emphatische, als: *I do call* (ich rufe ja).
Das *Imperfectum* hat ebenfalls drei Formen, z. B.:
I called, I was calling, I did call. (Hierüber siehe to be writing §. 191, Seite 316.)

§. 109. Die Zeitwörter der englischen Sprache haben in ihren Abwandlungen große Aehnlichkeit mit denen der deutschen Sprache und sind deßhalb für den Deutschen viel leichter zu erlernen, als für andere Völker. Die Abwandlung derselben ist sehr einfach, da wie im Deutschen außer dem Particip nur zwei Zeitformen: Präsens (*present tense*) und das Imperfectum (*imperfect tense*), durch bloße Abwandlung (vom Infinitiv) [2], alle andern Formen aber durch Zusammensetzung der Participien und des Infinitivs mit den entsprechenden Hülfszeitwörtern gebildet werden. Solcher Hülfszeitwörter gibt es im Englischen 10: *To have* [2], *to be, to let, to do, can, may, must, shall, will, ought*. Einige dieser Hülfszeitwörter wie *to have, to be, to do, to let* kommen auch als selbstständige Zeitwörter vor.

B.   Von den Hülfszeitwörtern.

§. 110. **I. Conjugation des Hülfs- und selbstständigen Zeitworts To have. — Haben [2b].**

Infinitiv der Gegenwart: To have (tu hämw), haben (zu haben).
— der Vergangenheit: To have had, gehabt haben (gehabt zu haben).

Participien.

Particip der Gegenwart: Having (hämwing), habend [2c].
— der Vergangenheit: Had, gehabt.
Zusammengesetztes *Particip*: Having had, gehabt habend.

Indicatif.	*Conjunctiv.*

Praesens.

Singular.

I have [3] (ei hämw), ich habe.	If (iff) I have, wenn ich habe.
Thou hast (dihau haßt), du hast.	If thou have, wenn du habest.
He, she, it, one [4] has ob. *hath* [5] (hih, schih, uonn, haf'), er, sie, es, man hat.	If he, she, it have, wenn er, sie, es habe.

---

(2) Hierüber siehe §. 148 S. 269 und §. 178 ꝛc. S. 301. Siehe auch Anmerk. 6, S. 273.
(2b) Ueber *to have* in der Bedeutung „werden, müssen, wünschen," ꝛc., siehe Reg. XLI. S. 511.
(2c) Das gegenwärtige *Particip* wird bei allen englischen Zeitwörtern durch Anhängung der Sylbe *ing* an den *Infinitiv* gebildet, wenn der *Infinitiv* sich auf e endet, so fällt dasselbe weg; z. B.: *To kill*, tödten, *killing*, tödtend; *to have*, haben, *having* habend.
Ueber den Gebrauch dieses *Particips* siehe §. 114, Anmerkung 28, Seite 233.
(3) In der fragenden Redeform setzt man, wie im Deutschen, das Zeitwort vor das Fürwort, z. B.
Have I, has he (she), you bread?   Habe ich, hat er (sie), haben wir, Sie Brot?
Have I, we, you, they had time?   Habe ich, haben wir, Sie (sie) Zeit gehabt?
Have you it? Have you not had it?   Haben Sie es? haben Sie es nicht gehabt?
Yes, I have it.   No, I have (it) not.   Ja, ich habe es.   Nein, ich habe es nicht.
Hierüber siehe §. 157 Seite 275 und §. 158, Seite 278.
(4) NB Das unbestimmte Fürwort *man* wird im Englischen selten durch *one*, sondern gewöhnlich durch das Passiv, oder durch *people* etc. ausgedrückt, z. B.:
I have been told.   It is said.   Man hat mir gesagt.   Man sagt.
People have (one has) not money always.   Man hat nicht immer Geld.
Hierüber siehe auch Regel XI. — XIX. Seite 449 der Syntaxis.
(5) In der Bibel, in alten Büchern und in der Poesie findet man die 3te Person Singular des Präsens *Indicativ* von *to have* und allen übrigen Zeitwörtern mit der Endung *eth* (th), z. B.:
God *ruleth*, and *preserveth* the world.   Gott regiert und erhält die Welt.
NB. Es ist hier wohl zu merken, daß dies *th* hart ausgesprochen werden muß (s. §. 133, S. 39) und mit Ausnahme von *hath* und *doth* das Zeitwort um eine Silbe verlängert, z. B.: *he loves* (hih lowws), he lov *eth* (hih loww=eth), er liebt", ꝛc.

Indicativ.   Conjunctiv.

Plural.

re (uih haww), wir haben.	If we have, wenn wir haben.
ve (juh haww), ihr habet.	If you have, wenn ihr habet.
ave (dtheh haww), sie haben.	If they have (⁶), wenn sie haben.

Imperfect.

Singular.

not) (ei habb), ich hatte nicht.	If I had *(money)*, wenn ich (Geld) hätte.
adst (dthau habbst), du hattest.	If thou hadst (⁶ᵇ), wenn du hättest.
(hih habb), er hatte.	If he, she, it had, wenn er, sie, es hätte.

Plural.

l (uih habb), wir hatten.	If we had, wenn wir hätten.
d (juh habb), ihr hattet.	If you had, wenn ihr hättet.
ad (dtheh habb), sie hatten.	If they had, wenn ſie hätten.

Perfect.

Singular.

aad *(no money)* (⁷), (ei haww) (⁸) no monni), ich habe (kein Geld)	If I have had *(money)*, wenn ich (Geld) gehabt habe.
ast had (⁸) (dthau häßt habb). st gehabt.	If thou hast (⁶ᶜ) had, wenn du gehabt habeſt.
e, it has had (hih, schih, itt, abb), er, sie, es hat gehabt.	If he has (⁶ᶜ) had, wenn er gehabt habe.

raus ersieht man, daß im Conjunctiv alle 6 Personen des *Praesens* der ersten gleich bleiben, so ferne es sich auf die Zukunft bezieht.

Das *Praesens* des Conjunctivs, im Englischen, bezieht sich immer auf die Zukunft und betet so viel als: *If I, thou, he, we, etc., shall* oder *should have*, z. B.:

he *have* time to-morrow, bedeutet: If e *shall* ob. *should* have time to-morrow, e will do it.	Wenn er morgen Zeit hat; wenn er morgen Zeit haben sollte, so wird er es thun.

Ist aber von der Gegenwart die Rede, so muß man die *Indicativ*-Form If I have, if thou t, if we, you, they *have*, brauchen, z. B.:

he *has* time now, why does he not o it?	Wenn er jetzt Zeit hat, warum thut er es nicht?

(S. Regel XXXIV. S. 507 der Syntaxis).

ch der Autorität der besten modernen Englischen Grammatiker ist das *Imperfectum* des Conctivs aller Zeitwörter dem des *Indicativs* ganz gleich. Die einzige Ausnahme hiervon ist to be n). §. 111. S. 226.

die *Conjunctiv*-Form des *Perfectums*: If thou *have* had, if he *have* had in der Wirklichkeit 2tes *Futurum* oder *Conditional* ist, und soviel als: If thou *shalt* od. *shouldst* have had; e *shall* ob. *should* have had bedeutet, so habe ich — im Einklang mit den besten lebenden ritätten Englands — mich veranlaßt gefühlt, die *Indicativ*-Form: If thou *hast* had, *hast* s, if he *has* had, he *has* loved, etc., welche der deutschen *Indicativ*- und *Conjunctiv*-Form zu cher Zeit entspricht, in der gegenwärtigen Auflage — verschieden von früheren Auflagen dieser ummatik — durchgehends anzuführen.

Dieses wird den Gebrauch des Conjunctivs im Englischen, der in vielen Punkten vom Deutschen schieden ist, den Lernenden sehr erleichtern.

NB. 1. Es ist der Satz nicht auf die Zukunft hindeutet, muß man, im Englischen, — gültig ob Conjunctiv oder Indicativ, — die obige Form brauchen, z. B.:

he *has* had it, I am satisfied.	Wenn er es gehabt hat, so bin ich zufrieden.
s *impossible* that he *has* had it.	Es ist unmöglich, daß er es gehabt habe.
ave heard that he *has* been advanced.	Ich habe gehört, daß er befördert sei.

NB. 2. Deutet der Satz aber auf die Zukunft, so muß man das 2te *Futurum* brauchen, z. B.: en I *(he) shall* have had it a year. | Wenn ich es ein Jahr gehabt habe (haben werde).

NB. 3. Man braucht im Englischen, wie im Deutschen, häufig das *Perfectum* des Conjunctstatt des 2ten *Futurums*, z. B.: When I, we, you, they *have* had, have been, etc.; dieses h ist nur bei der ersten Person des Singulars und den 3 Personen des Plurals zulässig, z. B.: en I, we, you, they *have* had (statt *shall* we had) it some time, we shall see. | Wenn ich (wir, Sie, sie) es einige Zeit gehabt habe (gehabt haben werde) werden wir sehen.

Bei der 2ten und 3ten Person *Singular* muß man nothwendig "shall, shalt" gebrauchen, weil das zugedachte "shall" vor das "hast, has" nicht setzen dürfte: When thou *shalt* (he *shall*) had it some time, etc.

NB. 4. Die erste Person *Singular* und die 3 Personen *Plural* sind im *Indicativ* und Contiv immer gleich; ausgenommen beim Zeitwort to be (sein), §. 111. S. 226.

Das Ausführliche über den *Conjunctiv* findet man Reg. XXXIV., etc. Seite 507.

Indicatif.   *Conjunctiv.*

Plural.

We have had *(money)* (uih häww habb), wir haben (Gelb) gehabt.	If we have had *(money)*, wenn wir (Gelb) gehabt haben.
You have had (juh häww habb), ihr habet gehabt.	If you have had, wenn ihr gehabt habet.
They have had (bıheh häww habb), sie haben gehabt.	If they have had, wenn sie gehabt haben.

Plusquamperfect.

Singular.

I had had *(money)* (ei häd habb), ich hatte (Gelb) gehabt.	If I had had *(money)*, wenn ich (Gelb) gehabt hätte.
Thou hadst had (bıhau häbbst habb), bu hatteft gehabt.	If thou hadst had, wenn bu gehabt hättest.
He, she, it had had (hih häd habb), er, sie, es hatte gehabt.	If he had had, wenn er gehabt hätte.

Plural.

We had had (uih häd habb), wir hatten gehabt.	If we had had *(money)*, wenn wir (Gelb) gehabt hätten.
You had (juh häd) had, ihr hattet gehabt.	If you had had, wenn ihr gehabt hättet.
They had had (bıheh), sie hatten gehabt.	If they had had, wenn sie gehabt hätten.

1stes *Futurum* (9).

Singular.

I shall have *(money)*, (9b) (ei schäll haww), ich werde (Gelb) haben.	If I shall have *(money)*, wenn ich (Gelb) haben werde.
Thou wilt have (bıhau uillt haww), bu wirft haben.	If thou shalt (9) have, wenn bu haben werdest.
He will have (hih uill haww), er wird haben.	If he shall have, wenn er haben werde.

Plural.

We shall have (10) (uih schäll haww), wir werden haben.	If we shall have *(money)*, wenn wir (Gelb) haben werden.

---

(7) Man hat wohl zu merken, daß im Englischen das Hülfszeitwort und das Particip zusammengestellt werden, wogegen im Deutschen das Object zwischen dieselben zu stehen kommt; der Nominatio steht immer vor dem Zeitwort; siehe die Wortfolge §. 12. Seite 96, auch Reg. IX. Seite 376.

(*) Obgleich have und had allein haww und habb lauten, so spricht man sie doch in Zusammensetzungen „häww und häbb" aus.

(8) Ueber den Gebrauch des *Perfectums* siehe Anmerkung 6, Seite 303.

(9) Ueber *shall, will, should, would*, siehe § 137 Seite 255 Siehe unten Anmerk. 10.

(9b) NB. 1. Die erste Person des *Singulars* und *Plurals* des *Futurums* des *Indicatios* hat "shall" I *shall*, we *shall*; die übrigen Personen haben "will, will": Thou *will*, he, you, they *will*. Im *Conditional* haben die ersten Personen "should": I *should*, we *should*; die übrigen Personen "would, wouldst": Thou *wouldst*, he, you, they *would*.

NB. 2. Im *Conjunctiv* des *Futurums* haben, mit Ausnahme der 2ten Person des *Singulars* welche "shalt" hat, alle antern Personen "shall", im *Conditional* "should" (Siehe oben.)

(10) 1) Im Deutschen hat das *Imperfectum* und *Plusquamperfectum* des *Conjunctivs* neben der gewöhnlichen noch eine mit dem Hülfezeitwort „werden" gebildete Form, die dem Englischen *Conditional* entspricht. Im Englischen darf man jedoch beide Formen nicht so wie häufig im Deutschen willkürlich gebrauchen, sondern man hat wohl zu beachten, daß man im Englischen nur den *Conditional* anzuwenden hat, wenn man im Deutschen ohne Verletzung des Sinnes beide Formen mit einander vertauschen kann, z. B.:

If the book had been mine, *I would* (ob. should) have lent it you. — If I had the book, I *would* lend (liehe ich) it you. *Would* you have courage to do so?	Wenn das Buch das meinige gewesen wäre, so hätte ich es Ihnen geliehen (so würde ich es Ihnen geliehen haben.) Hätten Sie Muth, dies zu thun (würden Sie Muth haben, so zu handeln)?
If you had not gambled, *you would have* plenty of money now.	Wenn Sie nicht gespielt hätten, so hätten Sie (würden Sie haben) jetzt Geld genug.

Indicativ.	*Conjunctiv.*

ill have (juh uiU haww), ihr
t haben. | If you shall have, wenn ihr haben
rill have (btheh uiU haww), fie | werbet.
n haben. | If they shall have, wenn fie haben
 | werben.

2tes *Futurum.*

Singular.

have had (*money*) (ei fchäU häww
l, ich werbe (Gelb) gehabt haben. | If I shall have had (*money*), wenn ich
rilt have had (bthau uiltt häww | (Gelb) gehabt haben werbe.
l, bu wirft gehabt haben. | If thou shalt have had, wenn bu ge=
l have had (hih uiU häww habb), | habt haben werbeft.
rb gehabt haben. | If he shall have had, wenn er gehabt
 | haben werbe.   •

Plural.

all have had (uih fchäU häww | If we shall have had, wenn wir gehabt
, wir werben gehabt haben. | haben werben.
ll have had (juh uiU häww habb), | If you shall have had, wenn ihr gehabt
)erbet gehabt haben. | haben werbet.
rill have had (btheh uiU häww | If they shall have had, wenn fie ge=
, fie werben gehabt haben. | habt haben werben.

Conditional ber Gegenwart.

Singular.

l have *(money)* (ei fchubb haww),
ürbe (Gelb) haben (10). | If I should have *(money)*, wenn ich
ouldst have (bthau uubbft haww), | (Gelb) hätte, ober haben würbe (10).
ürbeft haben. | If thou shouldst have, wenn bu hätteft
ald have (hih uubb haww) (11), | ob. haben würbeft.
lrbe haben. | If he should have, wenn er hätte ober
 | haben würbe.

Plural.

ould have (uih fchubb haww), | If we should have, wenn wir hätten ob.
oürben haben. | haben würben.
)uld have (juh uubb haww), ihr | If you should have, wenn ihr hättet
:t haben. | ob. haben würbet.
rould have (btheh uubb haww), | If they should have, wenn fie hätten
ürben haben. | ob. haben würben.

---

2) Jft bie Vertaufchung beiber Formen jeboch im Deutfchen nicht anwenbbar, fo muß
an im Englifchen ben *Conjunctiv* brauchen; z. B.:
' I had (had) it, you should have | Wenn ich es (gehabt) hätte, fo follten Sie es
(had) it. | haben (fo hätten Sie es haben follen).
' we had time, we would do it. | Wenn wir Zeit hätten, fo würben wir es thun.

3) Im Deutfchen braucht man häufig bas *Prasens* bes *Indicativs* ftatt bes *Futurums*.
n biefem Falle barf man im Englifchen nur bas *Futurum* anwenben, z. B.:
his evening we *shall* see the fire-work. | Heute Abenb fehen wir (wir werben fehen) bas
 | Feuerwerf.
shall go to England next year, ober | Nächftes Jahr gehe ich nach Englanb (werbe ich
am *going* to England next year. | nach Englanb gehen).
ll *will* be ready to-morrow. | Morgen wirb Alles fertig (fein).

Die einzige Ausnahme von biefer Regel machen bie Hülfszeitwörter: *can, may, must,
might, shall, will*, beren *Präfens* auch in ber Bebeutung bes *Futurums* gebraucht wirb, z. B.:
I *can, may, must, ought to, shall, will* go now (jetzt gehen).
I *can, may, must, ought to, shall, will* go to-morrow (morgen gehen).
Das Ausführlichere über ben Gebrauch unb bie Folge ber Zeiten finbet man Reg. LXVII. —
XXIII. Seite 629; fiehe auch *to be going to write* §. 191. Seite 316.
le richtige Ausfprache von *would* unb *wouldst* fann man mit Buchftaben nicht gut geben,
xx muß fie vom Munbe bes Lehrers hören.

Indicativ.   *Conjunctiv.*

Conditional der Vergangenheit.

Singular.

I should have had (ei schubb häww habb), ich würde gehabt haben.	If I should have had, wenn ich gehabt hätte ob. gehabt haben würde.
Thou wouldst have had (bthau uubbst bäww habb), du würdest gehabt haben.	If thou shouldst have had, wenn du gehabt hättest ob. gehabt haben würdest.
He would have had (hih uubb häww habb), er würde gehabt haben.	If he should have had, wenn er gehabt hätte ob. gehabt haben würde.

Plural.

We should have had (uih schubb häww habb), wir würden gehabt haben.	If we should have had, wenn wir gehabt hätten ob. gehabt haben würden.
You would have had (juh uubb häww habb), ihr würdet gehabt haben.	If you should have had, wenn ihr gehabt hättet ob. gehabt haben würdet.
They would have had (btheh uubb häww habb), sie würden gehabt haben.	If they should have had, wenn sie gehabt hätten ob. gehabt haben würden.

Imperativ.

Singular.

Let me have (lett mih häww), laß mich haben.
Have (12) (häww), habe oder habe du.
Let him (her, it) have (lett himm, herr, itt häww), laß, laßt ihn (sie, es) haben.

Plural.

Let us have (lett oß häww), laß ob. laßt uns haben.
Have (häww) habet ob. habet Ihr (haben Sie).
Let them have (lett bthemm häww), laß oder laßt sie haben (12b).

---

§. 111. II. Conjugation des Hülfs- und selbstständigen Zeitworts To be, sein, und (als Hülfszeitwort zur Bildung des Passivs) werden.

Infinitiv der Gegenwart: To be (t' bih) sein (zu sein), werden (13).
—   der Vergangenheit: To have been, gewesen sein, geworden sein.

Participien.

Particip der Gegenwart: Being (bihing), seiend, werdend.
—   der Vergangenheit: Been (bihn) (13b), gewesen, worden.
Zusammengesetztes *Particip*: Having been (14), (hawwing bihn), gewesen seiend.

Indicativ.   *Praesens.*   *Conjunctiv.*

Passiv. Singular.

I am (*not sick*, etc.) (15) (ei amm), ich bin (nicht krank), ich werde (13).	If I be (iff ei bih), wenn ich sei.

---

(12) Ueber den *Imperativ* siehe Anmerkung 8, Seite 274. Zeitwort *to love.*
(12b) Ueber *"to have"* in der Bedeutung von „müssen", siehe Anmerk. 79b, S. 251, — von „lassen", Reg. XIV. S. 482; — beim *Infinitiv* Reg. XL. XLI. Seite 513.
(13) Ueber *to be* als Hülfszeitwort beim Passiv siehe Seite 278, §. 158.
     Ich werde (wurde) geliebt.   I am loved I was loved.
(13b) NB. *Been,* als betonte Silbe, ist ganz gleichlautend mit bean (bihn), Bohne; als unbetonte Silbe lautet es etwas kürzer, ungefähr wie i, z B.:
     I have *been* (ei häw bihn). I have *been* (bin) thers (bthehr).
(14) Dieses Particip wird auf folgende Weise gebraucht, z. B.:
     Having been already a year in Paris,   Da ich schon ein Jahr in Paris gewesen war, so
     I thought *of going* into Germany.   dachte ich daran nach Deutschland zu gehen.
     Having been there, *he* (*she, we, you, they*)   Da er (sie, Sie) da gewesen ist (sind),
     can tell us all about it.   so kann er (sie, wir zc.) uns Alles darüber sagen.
(15) Fragend setzt man das Zeitwort dem Fürworte vor wie im Deutschen, z. B.:
     Am I? Am I not rich?   Bin ich? Bin ich nicht reich?
     Shall I not be rich?   Werde ich nicht reich sein?
     Siehe Anmerkung 3 Seite 222, auch Zeitwort *to love,* §. 157. Seite 275.

Indicativ.	*Conjunctiv.*
Thou art ([16]) (bthau arrt), bu bift, bu wirft.	If thou be ([17]) (iff bthau bih), wenn bu feieft.
He, she, it is (hih, schih, itt if), er, (fie, es) ift, er wirb.	If he be (iff hih bih), wenn er fei.

Plural.

We are (uih arr), wir find, wir werben.	If we be (iff uih bih), wenn wir feien.
You are (juh arr), ihr feib, ihr werbet.	If you be (iff juh bih), wenn ihr feib.
They are (btheh arr), fie find, fie werben.	If they be (iff btheh), wenn fie feien.

Imperfect.

Passiv. Singular.

I was (ei uoas), ich war, ich wurbe.	If I were (iff ei uer), wenn ich wäre.
Thou wast (bthau uoaßt) bu warft, bu wurbeft.	If thou wert ([17b]) (iff bthau uertt), wenn bu wäreft.
He was (hih uoas), er war, er wurbe.	If he were (iff hih uer), wenn er wäre.

Plural.

We were (uih uer,) wir waren, wir wurben.	If we were (iff uih uer), wenn wir wären.
You were (juh uer), ihr waret, ihr wurbet.	If you were (iff juh uer), wenn ihr wäret.
They were (btheh uer), fie waren, fie wurben.	If they were (iff btheh uer), wenn fie wären.

Perfect.

Singular.

I have (*not*) been (*in Paris*) ([18]) (ei häww bihn), ich bin (nicht in P.) ([19]) gewefen.	If I have been (*in Paris*), wenn ich (in Paris) gewefen fei.
Thou hast been (bthau häßt bihn), bu bift gewefen.	If thou hast been, wenn bu gewefen feift. (f. Anmerk. 6c Seite 228.)
He has been (hih häf' bihn), er ift gewefen.	If he has been, wenn er gewefen fei.

Plural.

We have been, wir find gewefen.	If we have been, wenn wir gewefen feien.
You have been, ihr feib gewefen.	If you have been, wenn ihr gewefen feib.
They have been, fie find gewefen.	If they have been, wenn fie gewefen feien.

Plusquamperfect.

Singular.

I had been (ei häbb bihn), ich war ge= wefen.	If I had been (*at home*), wenn ich (zu Haufe) gewefen wäre.
Thou hadst been, bu warft gewefen.	If thou hadst been, wenn bu gewef. wäreft.
He had been, er war gewefen.	If he had been, wenn er gewefen wäre.

Plural.

We had been, wir waren gewefen.	If we had been, wenn wir gewefen wären.
You had been, ihr waret gewefen.	If you had been, wenn ihr gewefen wäret.
They had been, fie waren gewefen.	If they had been, wenn fie gewefen wären.

---

(16) Wie fchon (Anmerk. 6, 7 Seite 179) bemerkt ift, buzen bie Engländer einanber nie, nicht einmal bie nächften Berwanbten, ober bie intimften Freunbe.

(17) Bei Shakspeare unb einigen anberen Schriftftellern finbet man: If thou beest.

(17b) NB. Das Zeitwort "to be" ift bas einzige in ber ganzen Sprache, welches im Imperfect bes Conjunctivs eine vom Indicativ verfchiebene Form hat. Alle anbern Zeitwörter find im Imperfectum, Perfectum unb Plusquamperfectum bem Indicativ vollkommen gleich.

(18) Die zufammengefetzten Zeiten werben wie im Franzöfifchen, nicht wie im Deutfchen, burch bas Verbum to have unb bas Particip been gebilbet. Die Participien wie bie Abjective find im Englifchen unveränberlich. Ueber ben Gebrauch bes Perfects fiehe Anm. 6, S. 303.

(19) Fragenb: Have I been in Paris? Bin ich in Paris gewefen?

Indicativ.　　　　　　　*Conjunctiv.*

1ſtes *Futurum.*

Singular.

I shall be (ei ſchäll biß), ich werde ſein.	If I shall be, wenn ich ſein werde.
Thou wilt be (bthau uillt biß), bu wirſt ſein.	If thou shalt be, wenn bu ſein werbeſt.
He will be (hiß uill), er wirb ſein (20).	If he shall be, wenn er ſein werbe.

Plural.

We shall be (uih ſchäll biß), wir werden ſein.	If we shall be, wenn wir ſein werben.
You will be (juh uill biß), ihr werbet ſein.	If you shall be, wenn ihr ſein werbet.
They will be (btheh uill biß), ſie werden ſein.	If they shall be, wenn ſie ſein werben.

2tes *Futurum.*

Singular.

I shall have been (ei ſchäll hämw bihn), ich werde geweſen ſein.	If I shall have been, wenn ich geweſen ſein werde.
Thou wilt have been (bthau uillt hämw bihn), bu wirſt geweſen ſein.	If thou shalt have been, wenn bu geweſen ſein werbeſt.
He will have been (hiß uill hämw bihn), er wirb geweſen ſein.	If he shall have been, wenn ſie geweſen ſein werbeh.

Plural.

We shall have been (uih ſchäll hämw bihn), wir werden geweſen ſein.	If we shall have been, wenn wir geweſen ſein werben.
You will have been (juh uill hämw bihn), ihr werbet geweſen ſein.	If you shall have been, wenn ihr geweſen ſein werbet.
They will have been (btheh uill hämw bihn), ſie werden geweſen ſein.	If they shall have been, wenn ſie geweſen ſein werben.

Conditional der Gegenwart.

Singular.

I should be (ei ſchubb biß), ich würde ſein.	If I should be, wenn ich wäre ob. ſein würde.
Thou wouldst be (bthau uubbſt biß), bu würdeſt ſein.	If thou shouldst be, wenn bu wäreſt ob. ſein würdeſt.
He would be (hiß uubb biß), er würde ſein	If he should be, wenn er wäre ob. ſein würde.

Plural.

We should be (uih ſchubb biß), wir würden ſein.	If we should be, wenn wir wären ob. ſein würben.
You would be (juh uubb biß), ihr würbet ſein.	If you should be, wenn ihr wäret ob. ſein würbet.
They would be (btheh uubb biß), ſie würben ſein.	If they should be, wenn ſie wären ob. ſein würben.

Conditional der Vergangenheit.

Singular.

I should have been (ei ſchubb hämw bihn), ich würde geweſen ſein.	If I should have been, wenn ich geweſen wäre ob. ſein würde.
Thou wouldst have been (bthau uubbſt hämw bihn), bu würdeſt geweſen ſein.	If thou shouldst have been, wenn bu geweſen wäreſt ob. ſein würdeſt.
He would have been (hiß uubb hämw bihn), er würde geweſen ſein.	If he should have been, wenn er geweſen wäre ob. ſein würde.

---

(20) Im Deutſchen braucht man häufig „ſein werden" ſtatt „ſein" allein; ſo oft man aber „ſein werden", ohne den Sinn zu ſtören, mit dem bloßen „ſein" vertauſchen kann, muß man es im Engliſchen mit "to be (ſein)" überſetzen, z. B:
Er wird ohne Zweifel krank ſein.
Ohne Zweifel iſt er krank.　　　　　No doubt he is ill.

Indicativ.	*Conjunctiv.*
	Plural.

We should have been (uih schubb hämw bihn), wir würden gewesen sein.

If we should have been, wenn wir gewesen wären ob. sein würden.

You would have been (juh uubb hämw bihn), ihr würdet gewesen sein.

If you should have been, wenn ihr gewesen wäret ob. sein würdet.

They would have been (thheh uubb hämw bihn), sie würden gewesen sein.

If they should have been, wenn sie gewesen wären ob. sein würden.

Imperativ.

Singular.

Let me be (lett mih bih), laß ober laßt mich sein.

Be (bih), sei.

Let him (her, it) be, laß ober laßt ihn (sie, es), sein; er, sie mag sein.

Plural.

Let us be (lett oß bih), laß ober laßt uns sein.

Be (bih), sei ober seid Ihr (seien Sie).

Let them be (lett thhemm bih), laß ober laßt sie sein (21).

§. 112. III. Conjugation des Hülfs- und selbstständigen Zeitworts To let, lassen (21b).

Infinitiv der Gegenwart: To let (t' lett), lassen (22).

— der Vergangenheit: To have let (23), gelassen haben.

Participien.

Particip der Gegenwart: Letting, lassend.

— der Vergangenheit: Let, gelassen.

Zusammengesetztes *Particip*: Having let (24), gelassen habend.

Praesens.

Singular.	*Plural.*
I let (lett), ich lasse.	We let (lett), wir lassen.
Thou lettest, du lässest.	You let, ihr lasset.
He lets *(letteth)*, er läßt.	They let, sie lassen.

Imperfect.

Singular.	*Plural.*
I let (lett), ich ließ.	We let (lett), wir ließen.
Thou lettest, du ließest.	You let, ihr ließet.
He let, er ließ.	They let, sie ließen.

NB. Im *Praesens* des Conjunctivs, welches sich stets auf die Zukunft bezieht (Anm. 6, S. 223), sind alle Personen einander gleich; das *Imperfectum* ist dem *Indicativ* gleich, z. B.:

If I *let*, thou *let*, we *let*, wenn ich lasse, zc. If he *let*, wenn er ließe.

---

(21) Das Weitere über *to be* siehe Regel I.—IV., Seite 475, auch Regel LXIII. Seite 525; siehe auch *"to be going to write"*, §. 191. Seite 316.

(21b) Das Ausführliche über das deutsche „lassen" mit allen seinen verschiedenen Bedeutungen findet man Reg. XIII.—XVII. Seite 481 der Syntaris. Siehe auch das zurückführende „es läßt sich, zc." §. 169. Seite 292; mit mögen gegeben Anm. 70. S. 512.

(22) To let (lassen), braucht man als Hülfszeitwort, um den *Imperativ* zu bilden, und in dieser Eigenschaft entspricht es gänzlich dem deutschen Zeitworte „lassen", als:

Let me, him, her (it) go. Let it be good. | Laß mich, ihn (sie, es) gehen. Daß es gut sei.

Let us go, let them go. (S. 210. S. 322). | Laß ob. laßt uns, laß ob. laßt sie gehen.

In jeder anderen Hinsicht ist *"to let"* ein selbstständiges Zeitwort, z. B.:

I *shall let* the *follow* go. | Ich werde den Kerl gehen lassen.

(23) To *have let* him go alone, would have been wrong. | Wenn man ihn allein gehen gelassen hätte, so wäre es unrecht gewesen.

(24) He was punished for *having let* the bird go. | Er wurde bestraft, weil er den Vogel wegfliegen ließ.

Die übrigen Zeiten werden mit sein und haben zusammen-gesetzt, z. B.:

I have let, thou hast let, he has let, we have let, you (they) have let.
I shall let, I shall have let, I should let, I should have let, etc. (²⁵).

§. 113. **IV. Conjugation des Hülfs- und selbstständigen Zeitworts To do, thun, machen.**

Infinitiv der Gegenwart: To do (t' bu), thun, zu thun.
— der Vergangenheit: To have done, gethan haben, gethan zu haben.

Participien.

Particip der Gegenwart: Doing (buing), thuend.
— der Vergangenheit: Done (bönn), gethan.
Zusammengesetztes *Particip*: Having done (²⁶) (hawwing bönn), gethan habend.

Indicativ.   Conjunctiv.

Praesens.

Singular.

I do (ei bu), ich thue (²⁵b).	If I do, wenn ich thue.
Thou dost (*doest*) (²⁵c) (bthau boßt, bueſt), bu thuſt.	If thou do, wenn bu thueſt.
He (she, it) does (hih, ſchih, itt boſſ), er (ſie, es) thut, *doth* (²⁵c).	If he do, wenn er thue.

Plural.

We do (uih bu), wir thun.	If we do, wenn wir thuen.
You do (juh bu), ihr thut.	If you do, wenn ihr thuet.
They do (btheh bu), ſie thun.	If they do, wenn ſie thuen.

Imperfect.

Singular.

I did it (ei bibb itt), ich that es.	If I did it, wenn ich es thäte.
Thou didst it (bthau bibbſt it), bu thateſt es.	If thou didst it, wenn bu es thäteſt
He did it (hih bibb itt), er that es.	If he did it, wenn er es thäte.

Plural.

We did it (uih bibb itt), wir thaten es.	If we did it, wenn wir es thäten.
You did it (juh bibb itt), ihr thatet es.	If you did it, wenn ihr es thätet.
They did it (btheh bibb itt), ſie thaten es.	If they did it, wenn ſie es thäten.

(25) NB. 1. *To let* braucht man auch in der Bedeutung vermiethen, verpachten, verleihen ꝛc., z. B.
Lodgings, horses *to let*. | Logis, Pferde zu vermiethen.
I have *let* my house. | Ich habe mein Haus vermiethet.
NB. 2. Mit *to let* verbindet man häufig das Zeitwort *to be*, z. B.:
To be let, a beautiful house and fine | Hier iſt ein ſchönes Haus und ein ſchöner Garten
garden. (§ 210, Seite 322). | zu vermiethen.
(26) *Having done* my work, I went to walk. | Da ich mit meiner Arbeit fertig war, ſo ging ich
| ſpazieren.
(26b) *Does* he *do* his duty? | Thut er ſeine Pflicht?
Did I, he, she *do* it? | That ich, er, ſie es?
Did we, you, they *do* it? | Thaten wir, Sie, ſie es?
(26c) NB. 1. In der Poeſie und in alten Büchern findet man in der 3ten Perſon Singular des Präſens "*doth* und *doeth* ſtatt *does*'.
(26c) NB. 2. In der 2ten Perſon des Singulars ſchreibt man *to do* als Hülfszeitwort *dost*, als ſelbſtſtändiges Zeitwort *doest*, in der 3ten Perſon nur *does*; in der Poeſie aber unterſcheidet man das Hülfszeitwort *doth* von dem ſelbſtſtändigen Zeitwort *does* und *doeth*, z. B.:
God sees whate'er thou *doest*, and hears what thou *dost* say.
God sees whate'er he *doeth* (ob. does), and hears what he *doth* (ob. does) say.

Indicativ.	*Conjunctiv.*

Perfect.

Singular.

I have done it (ei häww bönn itt), ich habe es gethan (26d).	If I have done it, wenn ich es gethan habe.
Thou hast done it (bthau häst bönn itt), bu haft es gethan.	If thou hast done it, wenn bu es gethan habest.
He has done it (hih häss bönn itt), er hat es gethan.	If he has done it, wenn er es gethan habe.

Plural.

We have done it (uih häww bönn itt), wir haben es gethan.	If we have done it, wenn wir es gethan haben.
You have done it (juh häww bönn itt), ihr habet es gethan.	If you have done it, wenn ihr es gethan habet.
They have done it (btheh häww bönn itt), sie haben es gethan.	If they have done it, wenn sie es gethan haben.

Plusquamperfect.

Singular.

I had done it (ei häbb bönn itt), ich hatte es gethan.	If I had done it, wenn ich es gethan hätte.
Thou hadst done it (bthau häbbst bönn itt), bu hattest es gethan.	If thou hadst done it, wenn bu es gethan hättest.
He had done it (hih häbb bönn itt). er hatte es gethan.	If he had done it, wenn er es gethan hätte.

Plural.

We had done it (uih häbb bönn itt), wir hatten es gethan.	If we had done it, wenn wir es gethan hätten.
You had done it (juh häbb bönn itt), ihr hattet es gethan.	If you had done it, wenn ihr es gethan hättet.
They had done it (btheh häbb bönn itt), sie hatten es gethan.	If they had done it, wenn sie es gethan hätten.

1stes Futurum.

Singular.

I shall do it *to-morrow* (t' morroh), ich werde es morgen (*) thun.	If I shall do it, wenn ich es thun soll ob. werde.
Thou wilt do it to-morrow, bu wirst es morgen thun.	If thou shalt do it, wenn bu es thun sollst ob. werbest.
He will do it to-morrow, er wird es morgen thun.	If he shall do it, wenn er es thun soll ob. werde.

Plural.

We shall do it to-morrow (t' morroh), wir werden es morgen thun.	If we shall do it, wenn wir es thun sollen ob. werden.
You will do it to-morrow, ihr werbet es morgen thun.	If you shall do it, wenn ihr es thun sollet oder werbet.
They will do it to-morrow, sie werden es morgen thun.	If they shall do it, wenn sie es thun sollen ob. werden.

(26d) Have I done it right?	Habe ich es recht gemacht?
Shall I do it to-morrow?	Soll ich es morgen thun?

NB. Durch "do" brückt man die Vollendung einer Handlung aus, z. B.:

Will they have done writing. when we return?	Werden sie mit dem Schreiben fertig sein, wenn wir zurückkommen?
Shall you have it done in time?	Werden Sie es zu rechter Zeit fertig haben?

Hierüber siehe Reg. VI. Seite 478 der Syntaxis.

(*) Siehe Anmerkung 10. 3. Seite 224.

Indicativ.   *Conjunctiv.*

2tes *Futurum.*

Singular.

I shall have done it (ei schäll häww bönn itt), ich werde es gethan haben.	If I shall have done it, wenn ich es gethan haben werde.
Thou wilt have done it (bthau willt häww bönn itt), du wirst es gethan haben.	If thou shalt have done it, wenn du es gethan haben werdest.
He will have done it (hih uill häww bönn itt), er wird es gethan haben.	If he shall have done it, wenn er es gethan haben werde.

Plural.

We shall have done it (uih schäll häww bönn itt), wir werden es gethan haben.	If we shall have done it, wenn wir es gethan haben werden.
You will have done it (juh uill häww bönn itt), ihr werdet es gethan haben.	If you shall have done it, wenn ihr es gethan haben werdet.
They will have done it (btheh uill häww bönn itt), sie werden es gethan haben.	If they shall have done it, wenn sie es gethan haben werden.

Conditional der Gegenwart.

Singular.

I should do it (ei schubb du itt), ich würde (sollte) es thun.	If I should do it, wenn ich es thäte ob. thun würde ob. sollte.
Thou wouldst do it (bthau uubbst du itt), du würdest es thun.	If thou shouldst do it, wenn du es thätest ob. thun würdest ob. solltest.
He would do it (hih uubb du itt), er würde es thun.	If he should do it, wenn er es thäte ob. thun würde ob. sollte.

Plural.

We should do it (uih schubb du itt), wir würden es thun.	If we should do it, wenn wir es thäten ob. thun würden ob. sollten.
You would do it (juh uubb du itt), ihr würdet es thun.	If you should do it, wenn ihr es thätet ob. thun würdet ob. solltet.
They would do it (btheh uubb du itt), sie würden es thun.	If they should do it, wenn sie es thäten ob. thun würden ob. sollten.

Conditional der Vergangenheit.

Singular.

I should have done it ([27]) (ei schubb häww bönn itt), ich würde (sollte) es gethan haben.	If I should have done it, wenn ich es gethan haben würde ob. sollte.
Thou wouldst have done it (bthau uubbst häww bönn itt), du würdest es gethan haben.	If thou shouldst have done it, wenn du es gethan haben würdest ob. solltest.
He would have done it (hih uubb häww bönn itt), er würde es gethan haben.	If he should have done it, wenn er es gethan haben würden ob. sollten.

Plural.

We should have done it (uih schubb häww bönn itt), wir würden es gethan haben.	If we should have done it, wenn wir es gethan haben würden ob. sollten.

---

(27) Die erste Person im *Singular* und *Plural* des *Conditional Indicativ*, drücken sowohl ein „Sollen (eine Pflicht)“ als ein „Werden“ aus, der Nachsatz aber zeigt deutlich an, in welchem Sinn es gemeint ist, z. B.:

I *should have done* it yesterday, but I had no time.　Ich hätte es gestern thun sollen, aber ich hatte keine Zeit (ich sollte es gestern gethan haben).

I *should (would) have done* it, had I known you wished it.　Ich würde es gethan haben, hätte ich gewußt, daß Sie es wünschten.

Indicativ.	*Conjunctiv.*
u would have done it (juh uubb hämm önn itt), ihr würdet es gethan haben.	If you should have done it, wenn ihr es gethan haben würdet ob. solltet.
ey would have done it (bönn itt), ie würden es gethan haben.	If they should have done it, wenn sie es gethan haben würden ob. sollten.

Imperativ.

Singular.

t me do (*it*) (lett mih bu), laß ob. laßt mich (es) thun.
 (bu), thue ob. thue bu.
: him (her, it) do (lett himm, herr, itt bu), laß ob. laßt ihn, (sie, es) thun.

Plural.

t us do (*it*) (lett os bu), laß ob. laßt uns (es) thun.
 (*it*) (bu), thut ob. thut ihr (thun Sie es).
: them do (lett othenim bu), laß ob. laßt sie thun.

§. 114. Der Ausdruck „was thun Sie", „was machen Sie" :b auf folgende Weise im Englischen mittelst *to be doing* (wörtl. zu t thuend) gegeben:

Fragend und Erwiedernd.

Praesens.

Singular.

at am I *doing*? (28) (huoatt ämm (*) i buing).	Was thue (mache) ich (29) (was bin ich thuend)?
u *doing* nothing (buing notthing) (29b).	Ich thue (mache) nichts.
at (huoat) is he (she) doing?	Was thut (macht) er (was ist er thuend)?
(she) is doing (buing) nothing.	Er thut (macht) nichts (er ist thuend nichts).

Plural.

hat are we doing?	Was thun (machen) wir?
e are reading (uih ärr rihbing).	Wir lesen (wir sind lesend).
at are you doing?	Was thut (macht) ihr (thun Sie)?
u *are writing* (juh ärr reiting).	Ihr schreibet (ihr seid schreibend).
at are they doing?	Was thun (machen) sie?
ey are reading (btheh ärr rihbing).	Sie lesen (sind lesend).

---

28) Die englische Sprache braucht diese Redeform:
 1) wenn sie eine dauernde Handlung oder einen dauernden Zustand bezeichnen will, als:

I *have been running* about all day, and am tired.	Ich bin den ganzen Tag herumgelaufen und bin müde.
She was *always telling* him, from morning till night, that he would die a beggar.	Sie sagte ihm beständig, vom Morgen bis zum Abend, daß er als Bettler sterben würde.

 2) wenn sie ein Begriffensein in einer Handlung oder in einem Zustand bezeichnen will, in welchem Falle man im Deutschen die Präposition an oder in mit dem substantivisch gebrauchten Infinitiv bisweilen anwenden könnte, z. B.:

She *is singing*.	Sie singt (sie ist im Singen begriffen).
He *is dying*.	Er stirbt (er liegt im Sterben).
He *is hunting*.	Er ist auf der Jagd (im Jagen begriffen).
My sister *is writing* a letter.	Meine Schwester schreibt einen Brief.

 Siehe Syntax der Participien. Regel LIV. – LXVI. Seite 520.

29) Es ist wohl zu merken, daß *to do* nie im Englischen in der Grundbedeutung von *to make*, machen, und umgekehrt, nie *to make* statt *to do* gebraucht werden darf; z. B.:

I *make* a watch, a hat, a coat.	Ich mache eine Uhr, einen Hut, einen Rock.
I do nothing the whole day.	Ich thue den ganzen Tag nichts.

 Siehe die vollständige Erklärung über den Gebrauch von thun, to do, und machen, to make §. 187. Seite 311.

b) Obgleich am allein amm lautet, so muß man es doch in Zusammensetzungen ämm aussprechen.

I do *nothing*, bedeutet:	Ich thue in der Regel nichts.
I am *doing nothing*, bedeutet:	Ich thue in dem Augenblick nichts.

Singular.

What was I doing yesterday? (jeßterrbä).	Was that ich gestern (was war ich thuend)?
I was reading (rißbing).	Ich las (ich war lesend)
What was he (she) doing yesterday?	Was that er (sie) gestern?
He (she) was reading.	Er (sie) las (war lesend).
What did I do yesterday?	Was habe ich gestern gethan?
I did nothing (ob. blos *nothing*).	Ich that nichts.

Plural.

What were we doing yesterday?	Was thaten wir gestern?
We were writing (reiting).	Wir schrieben (wir waren schreibend).
What were you doing yesterday?	Was (thaten Sie) thatet ihr gestern ec.?
You were writing.	(Sie schrieben) ihr schriebet ec.
What were they doing yesterday?	Was thaten sie gestern ec.?
They were writing.	Sie schrieben (waren schreibend).

Besondere Regeln über To do, thun.

§. 115. *To do* kommt als Hülfszeitwort im Englischen nur im *Praesens* und *Imperfectum* vor, und spielt als solches eine Haupt- rolle, denn man muß es bei a l l e n f r a g e n d e n und v e r n e i n e n den (30) Sätzen brauchen, doch nur wenn kein anderes Hülfswort, als: *"to have, to be, to let, shall, will, may, can, must, ought"* im Satze vorhanden ist (s. §. 116), z. B.:

Do you intend to sell your horse?	Beabsichtigen Sie Ihr Pferd zu verkaufen (thun Sie beabsichtigen zu verkaufen)?
No, I *do* not (ob. don't) (30b) (*intend to sell him*). (30c)	Nein, ich beabsichtige es nicht zu verkaufen (nein, ich thue nicht beabsichtigen, ec.)
Did you write to London yesterday?	Schrieben Sie gestern nach London (thaten Sie schreiben nach London gestern)?
No, I *did* not (*write*). (30e)	Nein, ich schrieb nicht (that nicht schreiben).
Do not (ob. don't) *do* that.	Thue das nicht (thue nicht thun das).
No, I will not (*do it*).	Nein, ich will (nicht thun es) es nicht thun.

(30) NB. Obiges ist stets die Regel bei dem Verneinungswort *"not (nicht)"*, bei den andern Verneinungswörtern aber wie *"never (nie, niemals), nothing (nichts)"*, nur in Fragesätzen, in Behauptungs- oder Bejahungssätzen dagegen fällt bei letzteren *to do* weg, z. B.:

Do you *never* go to the theatre?	Gehen Sie nie ins Theater?
No, I *never* go (to the theatre).	Nein, ich gehe nie ins Theater.
Did you *never* love? No, I *never* loved.	Liebten Sie nie? Nein, ich liebte niemals.
I *never* saw such a man.	Ich habe nie so einen Mann gesehen.
Do you know *nothing* of it?	Wissen Sie nichts davon?
No, I know *nothing* of it.	Nein, ich weiß nichts davon.
Nothing delights him more than music.	Nichts entzückt ihn mehr als die Musik.

(30b) *Do not* wird im vertrauten Stile und in der Umgangssprache *"don't"* geschrieben und „dohnt" ausgesprochen.

(30c) Wie man aus den vorhergehenden Redensarten sieht, vertritt do am Ende des Satzes oft die Stelle des Hauptverbums, und bisweilen sogar, mit Ausnahme des Subjects, den ganzen Satz, z. B.:

I take a bath every day.	Ich nehme jeden Tag ein Bad.
So do I, (take a bath every day aus- gelassen).	Ich auch (so thue ich nehmen ein Bad jeden Tag).
Do you love the ladies? Yes, I do.	Lieben Sie die Damen? Ja (ich thue).

NB. 1. *To do* darf nicht als Stellvertreter eines intransitiven (ziellosen), oder eines Zeit- worts im Passiv gebraucht werden, z. B.:

He does not *feel* so contented *as* he ought *to do*; muß heißen

He does not feel so contented as he ought (*to feel*).	Er fühlt sich nicht so zufrieden, wie er es sein sollte.
His disease *has been growing* worse for some time, and will continue *to do* so (muß heißen: will continue *to grow worse*).	Seine Krankheit hat sich seit einiger Zeit ver- schlimmert und wird sich noch ferner verschlimmern.

NB. 2. Der Gebrauch des *"to do"* als Stellvertreter eines neutralen Zeitworts ist aber so allgemein, so kurz und bequem, daß es schwer halten dürfte, mit der oben angegebenen Regel durchzubringen: — She does not *dance* as well as she used *to do* (*dance*). You have not *walked* as far as I have *done* (*walked*).

Fälle, wo do nicht gebraucht wird, nebst Ausnahmen.

. **Erstens:** Darf *"to do"* nicht gebraucht werden, wenn
nderes Hülfszeitwort im Satze vorhanden ist, z. B.:

:n the Pinacotheca?	Haben Sie die Pinakothek gesehen?
ou *have seen*, etc.)	
the ball last night?	Waren Sie auf dem Ball vorige Nacht?
7ou *be*, etc.)	
to-morrow?	Muß ich morgen schreiben? ꝛc.
:ay, *can*, *ought*) I go?	Soll (will, darf, kann, sollte) ich gehen?
u (*will*, *may*, *can*, *must*)	Nein, Sie sollen (wollen, dürfen, können, müssen) nicht gehen.

. **Zweitens:** Wird *"to do"* bei den fragenden Für-
im Nominativ und bei dem Genitiv *"whose"* mit nach=
Nominativ nicht gebraucht; in beiden Fällen jedoch nur,
Verneinung vorkommt, z. B.:

it? *I say* it.	Wer sagt das? Ich sage es.
ays that? This man.	Welcher Mann sagt das? Dieser Mann.
says that?	Welche Frau sagt das?
won the race?	Wessen Pferd gewann im Wettrennen?

Fälle, in denen to do gebraucht werden muß

. **Erstens:** Kommt jedoch bei den fragenden Fürwörtern
tiv und bei *whose* mit folgendem Nominativ eine Ver=
Satze vor, so muß man *to do* brauchen, z. B.:

say that?	Wer sagt das nicht?
it.	Ich sage es nicht.
oes not say that?	Welcher Mann sagt das nicht?
does not say that?	Welche Frau sagt das nicht?
did not win the race? —	Wessen Pferd gewann beim Wettrennen
did not win.	nicht? — Mein Pferd gewann nicht.

Accusativ ꝛc.

b. **Zweitens:** Wenn das fragende Fürwort nicht im Nomi=
ern im Accusativ oder mit einer Präposition steht, so muß
anwenden; ebenso bei *whose* mit nachfolgendem Accu-
:

you *say* that?	Wem sagten Sie das?
:id he *come?* With me.	Mit wem kam er? Mit mir.
n *do* you *speak?*	Von welchem Manne sprechen Sie?
:an *did* you *come?*	Mit welchem Manne kamen Sie?
a Frenchman.	Ich kam mit einem Franzosen.
'se do you *speak?*	Von wessen Pferd sprechen Sie?
y brother's horse.	Ich spreche von meines Bruders Pferd.
he *marry?* The Marquis.	Wen heirathet sie? Den Markis.
d he *kill?* Mine.	Wessen Hund tödtete er? Den meinigen.
want? Nothing (31).	Was wollen (möchten) Sie? Nichts.

3. Bei den thätigen Zeitwörtern aber kann man immer *"to do"* brauchen, z. B.:
:e much better now than you | Sie schreiben jetzt viel besser als Sie es zu thun
o do | pflegten.

:e fragenden Adverbien *how*, *where*, *whence*, etc., erfordern beinahe immer *to do*, z. B.:
:o you do? *Where* do you live? *Whence* do you come? *How many* men *did* you *see?*
:er auf *how many* ein Nominativ, so bleibt *to do* weg, z. B.:
:any *people* live in your house, etc.

Which do you *prefer?* This (here).	Welches ziehen Sie vor? Dieses hier.
In what does he *spend* his money?	Worin verthut er sein Geld?
He spends it in trifles (31b).	Er verthut es in Kleinigkeiten (31c).

Anglizismen und Gedächtniß-Uebungen.

§. 119. Anglizismen in der Anwendung von to do.

That will *do.*	Das ist genug; so ist's recht.
That will not (ob. won't) *do.*	Das geht nicht an; langt nicht zu; damit ist es nicht gethan.
That might *do.*	Das ginge an.
That will never *do.*	Das geht durchaus nicht.
A little will not *do* for him.	Wenig hilft ihm nicht.
Your letter will *do* much with him.	Ihr Brief wird viel bei ihm ausrichten.
She could *do* nothing with him.	Sie konnte bei ihm nichts ausrichten.
I have *done* with them.	Ich gebe sie auf, ich will nichts mehr mit ihnen zu schaffen haben.
Now, *I have done* with you for ever!	Jetzt ist es mit uns auf immer aus, ich will nichts mehr von Ihnen wissen.
You have *done* for him and for us now.	Jetzt habt Ihr ihn und uns geliefert.
Now I am (I'm) *done* for.	Jetzt ist es um mich geschehen.
He had his picture *done (painted)* before he went to India.	Er ließ sich malen, ehe er nach Indien ging.
Church is *done* (is over).	Die Kirche ist aus.
The meat is not *done* enough.	Das Fleisch ist nicht gar.
He is *well to do* in the world.	Es geht ihm gut. Er ist reich.
Is it *done?* Yes, just *done.*	Ist es fertig? Ja, gerade fertig.
Can you *do* that into English? (32)	Können Sie dies ins Englische übersetzen?
How *do* you *do?* (wie thun Sie thun?)	Wie befinden Sie sich?
Have *done!* Have *done!*	Sei ruhig! Laß nach!
Have *done!* Have *done!*	Machen Sie ein Ende!
Have *done,* I say!	Höre auf, sage ich!
Do you want any thing?	Brauchen (wollen) Sie etwas?
What *do* you want?	Was wollen (befehlen) Sie?
Do tell me, ah *do!* (33)	Sagen Sie es mir doch, ach thun Sie es!

§. 120. Gedächtniß-Uebungen über to have, to be, to let.

I *have to go* out. (Anglizism.)	Ich muß ausgehen (ich habe auszugehen).
Have you *any* wine? Yes, I have.	Haben Sie Wein? Ja (ich habe welchen).
I *have had* much pleasure in my life.	Ich habe viel Vergnügen im Leben gehabt.

(31b) NB. 1. So oft der *Imperativ* der Zeitwörter verneinend ist, muß man ebenfalls "to do' brauchen, z. B.:

Do not go. Do not write. Do not do it.	Gehen Sie nicht. Schreiben Sie nicht. Thun
Don't lose your money.	Sie es nicht. Verliere dein Geld nicht.
Do not let them come (go, do it).	Lassen Sie sie nicht kommen (gehen, es nicht thun).

NB. In der feierlichen Rede, in der Poesie und im Drama macht man hiervon die Ausnahme, z. B.:

Love not sloth, lest you come to poverty.	Liebet die Faulheit nicht damit Ihr nicht in Armuth gerathet.
Hereditary bondsmen, *know ye not,* he that will be free, himself must strike the blow.	Erbliche Sclaven, wißt Ihr nicht, daß der, welcher frei sein will, selbst den Schlag thun muß.

NB. 2. Auch wendet man *to do* an, wenn die natürliche Wortfolge unterbrochen wird und das Zeitwort vor seinem Subject oder Nominativ steht, z. B.:

So much *did* she love him.	So sehr liebte sie ihn.

How much better is it to be good than to be beautiful, and yet, how often *do* we find ladies, who would rather be admired for their beauty, than for their amiability.

(31c) Das Weitere siehe Regel V., VI. Seite 477. Ueber den gegenseitigen Gebrauch von *to do* (thun), und *to make* (machen), vergleiche §. 187. Seite 311.

(32) Dieser Ausdruck ist nicht sehr gebräuchlich; man sagt lieber: *can you translate that into English,* etc.

(33) Es ist hier zu bemerken, daß die obigen Ausdrücke alle gebräuchlich sind.

t come yesterday; I *had* no	Ich konnte gestern nicht kommen; ich hatte keine Zeit.
d time, I *would have written*.	Wenn ich Zeit gehabt hätte, so hätte ich geschrieben.
s *had* much money.	Er, sie hat viel Geld gehabt.
ave a fine day.	Wir werden einen schönen Tag haben.
have done it.	Sie hätten es thun sollen.
have money, but *could get* .	Sie wollten Geld haben, konnten aber keins bekommen ([34]).

To be.

I *am* in the right; you g. (Anglizism.)	Ich habe recht (ich bin im Recht), Sie haben Unrecht.
-day, but yesterday I *was*	Heute bin ich wohl, gestern aber war ich krank.
iow rich, but formerly *he,*)oor.	Er, sie ist jetzt reich, früher aber war er, sie arm.
ve been in London and Paris.	Wir (Sie) sind in London und Paris gewesen.
een writing a long time.	Sie haben sehr lange geschrieben (sie sind sehr lange beim Schreiben gewesen).
town to-morrow.	Morgen werde ich in der Stadt sein.
l be delighted to see you.	Er (sie) wird entzückt sein, Sie zu sehen.
e happy to see her.	Wir würden glücklich sein, sie zu sehen.
quiet.	Laß sie ruhig sein.

To let.

out every day.	Ich lasse ihn alle Tage ausgehen.
out yesterday.	Ich ließ ihn gestern ausgehen.
would *let* me alone.	Ich wünschte, daß Sie mich in Ruhe ließen.
t the bird out of the cage.	Sie haben den Vogel aus dem Käfig gehen lassen.
eft ([35]) the bird out of the	Sie haben den Vogel nicht wieder in den Käfig gethan.
our house, and you your Anm. 25, S. 230.)	Wir haben unser Haus und Sie Ihren Garten vermiethet ([36]).

Aufgaben über die vorhergehenden Zeitwörter.

110. Seite 222. **To have.** Siehe die Wortfolge Seite 96.

Ich habe viele Bücher gehabt, aber jetzt habe ich nur wenige 8, Seite 213). — Du, o Herr! hast mich vom Verderben) gerettet. — Er, sie hat eine sehr angenehme Reise nach Rom Wir, Sie ([37]), sie haben Wein und Wasser, aber kein Brod gehabt. — Wenn ich, er, sie gestern Zeit gehabt hätte, [so] nm. 10, S. 224) ich nach London geschrieben. — Wenn wir, gehabt hätten, so würden wir es Ihnen gegeben haben. — rde ich Geld haben, heute aber habe ich keins. — Er, sie wird Zeit haben. — Ich würde es gethan haben, hätte ich gewußt,

---

denn man im Deutschen „bekommen" in dem Sinne von „eintreffen, ereignen", zc., muß man es im Englischen mit "to have" geben, z. B.:
ill have rain, war, a thunder- | Wir bekommen Regen, Krieg, ein Gewitter, zc.
, etc. | (§ 185, S. 307).
r siehe Regel XVII. Seite 484 der Syntaxis.
-174, Seite 292 — 298 findet man viele Redensarten, welche zu wissen nöthig sind.
achte wohl, daß man das deutsche groß geschriebene „Sie" mit you übersetzen muß.

daß sie es wünschten. — Ihr würdet Euch (Du würdest Dich) ([38]) nicht ([39]) geschnitten haben, wenn Ihr (Du) nicht mit dem ([40]) Messer gespielt hätte (hättest) — (Anm. 3, S. 222). Haben Sie etwas Geld? Nein, ich habe diesen Augenblick keins. — Haben wir nicht Alles, was wir wollen? — Werden Sie nicht mit[2] mir ins Theater gehen?[1] Heute Abend kann ich nicht mit gehen, denn ich habe keine Zeit [dazu]. — Habt ihr mein Federmesser? Nein, wir haben es nicht.

aber jetzt, *but now.* nur, *but.*	gespielt, *been playing.* Messer, *knife.*
Herr, *Lord.* gerettet, *saved.*	diesen Augenblick, *at this moment.*
angenehm, *pleasant.* Reise, *journey.*	alles was, *every thing.* wollen, *want.*
nach, *to.* Fleisch, *meat.*	in's *to the.* gehen, *go.*
morgen, *to-morrow.* dazu. *for it.*	heute Abend, *this evening.*
gewußt, *known.* wünschten, *wished.*	mit gehen, *go with you.* denn, *for.*
geschnitten, *cut.* Euch, *yourself.*	Federmesser, *pen-knife.*

§. 111. Seite 226. To be, sein.

87. Ich bin, Du bist, er ist heute[3] nicht[1] wohl[2]; aber wir sind, Ihr seid (Sie sind), sie sind sehr wohl. — Gestern war ich in der Pinakothek, und morgen werde ich in der Glyptothek sein. — Das Menschen-Leben ist kurz, [die] Ewigkeit ist lang. — Waren Sie gestern[3] im[1] Concert[2], (sind Sie gestern im ([42]) Concert gewesen?) (s. Anm. 6, S. 303.) Nein, im Concert bin ich nicht gewesen, aber auf ([42]) dem Ball. — Sind Sie je in London gewesen? Ja wohl, manchmal. — Voriges Jahr bin ich in Paris gewesen, nächstes Jahr hoffe ich in Constantinopel zu sein. — Wenn sie zu Hause gewesen wären, [so] wären wir zum Thee geblieben. — Sie würde glücklicher gewesen sein, wenn ihr Geliebter da gewesen wäre. — Es würde besser gewesen sein, wenn O'Connel aus dem Gefängnisse frei gelassen wäre. — Laß ihn frei sein, ich schätze *(esteem)* seine Freundschaft *(friendship)*.

heute, *to-day.* wohl, *well.*	kurz, *short.* wären, *would have.*
das Menschen-Leben, *the life of man.*	geblieben, *stopped.* zum Thee, *to tea.*
Ewigkeit, *eternity.* auf, *at.*	Geliebter, *lover.* da, *there.*
ja wohl, *Oh yes.* je, *ever.*	wäre, *had been.* frei gelassen, *let free.*
manchmal, *many times.* voriges, *last.*	aus dem Gefängniß, *out of prison.*

§. 111. Seite 226. To be, werden (als Hülfszeitwort beim Passiv).

88. Die Guten werden geachtet, die Bösen aber verachtet. — Goethe wurde elf[2] Jahre vor Schiller geboren[1], und starb achtundzwanzig Jahre nach ihm. — Wann und wo ward der berühmte John Bull, der Componist des „Heil unserm König", geboren? ([40b]) Das Wann und Wo er

---

<small>(38) Ihr und Du müssen ebenfalls als Anrede mit you übersetzt werden; siehe Anm. 19, S. 182.</small>

<small>(39) Das nicht (*not*) steht im Englischen wie im Deutschen nach dem ersten Hülfszeitwort, z. B.: I have *not* had, I shall *not* have, etc., siehe auch Reg. XIX. Seite 379.</small>

<small>(40) Es ist hier zu bemerken, daß, obwohl „dem" vor einem Hauptwort mit „to the" übersetzt wird, so muß dies to wegfallen, wenn eine andere Präposition vor „dem" tritt, z. B.: Mit dem Manne. *From the man.* — Mit der Frau, zc. | *With the man. From the woman*, etc.</small>

<small>(40b) In diesen und allen ähnlichen fragenden Sätzen ist die Wortfolge im Englischen und Deutschen ganz gleich; ist ein Particip im Satze, so setzt man dasselbe an das Ende, z. B.:</small>

<small>When and where *was* Napoleon, the greatest warrior of his time, *taken* prisoner?</small>	<small>Wann und wo war Napoleon, der größte Krieger seiner Zeit, gefangen genommen?</small>
<small>When *did* Josephine, the Ex-empress of France, *die*? (S. Reg. XI. b. S. 375 der Syntaxis)</small>	<small>Wann ist Josephine, die Er-Kaiserin von Frankreich, gestorben? (Im Engl. wann *that* Josephine sterben?)</small>

ren wurde, ist ungewiß, er lebte aber im Jahre 1622 (⁴⁴). — [Die]
gin Victoria wird von ihrem Gemahl, [dem] Prinzen Albert, sehr
t. — Algier wurde von⁴ (Anm. 1, Seite 105) den Franzosen im
e 1830 mit² Sturm³ eingenommen¹. — Ich wurde, Du wurdest, er,
urde gestern⁶ von² dem³ Krieg⁴ in Marocco⁵ unterrichtet¹. — Wir,
ürden, Ihr würdet geliebt und geschätzt (werden), wenn wir, sie, Ihr
rdienten *(deserved).* — Sie werden krank *(ill)* werden, wenn Sie
ahe *(near)* am Feuer sitzen.

, *good* (Reg. XVI. Seite 428).	das „Heil unserm König", of "*God save*
et, *esteemed.* Bösen, *bad.*	*the king".* das, *the.*
tet, *despised.* geboren, *born.*	ungewiß, *uncertain.* lebte, *lived.*
before. starb, *died.* nach, *after.*	sehr geliebt, *tenderly loved.* von, *by.*
, *when.* wo, *where.*	Gemahl, *consort.* genommen, *taken.*
nte, *celebrated.*	mit Sturm, *by assault.*
ouist, *composer.* am, *the.*	unterrichtet, *informed.* Krieg, *war.*

§. 112. Seite 229. To let, lassen.

89. Ich lasse ihn jeden² Tag spazieren¹ gehen. — Er, sie ließ mich
Theater gehen. — Wir lassen sie *(Sing.)* jeden Morgen in die Kirche
. — Mein Vater ließ mich und meine Schwester tanzen. — Lassen
mich in Ruhe. — Ich werde den Menschen gehen lassen. — Wir
n (laßt uns) in (⁴²) den Garten gehen. — Ich mag (Anmerk. 66c.
47) sagen (laß mich sagen) was ich will, er gehorcht mir nicht. —
fie *(Pl.)* rufen.

ren gehen, *go to walk.*	sagen, *say.*
every. in die Kirche, *to church.*	gehorcht nicht, *does not obey.*
he, *alone.* Menschen, *fellow.*	rufen, *be called.*

§. 113. Seite 230. To do, thun.

90. Ich thue alles was ich kann. — Wir thaten es gestern. — Sie
n es² gewiß¹ für⁴ mich thun². Ohne Zweifel werde ich es für Sie
— Wenn ich das für Sie thue, werden Sie dieses für mich thun?
m [denn] nicht? Natürlich. — Was haben Sie da gethan? Ich
nichts gethan, als was ich gestern hätte thun sollen. — Er ver-
 (promised) mir³ es² zu¹ schicken, wenn er es⁶ zur³ rechten Zeit
 haben⁵ sollte⁴. — §. 115, 116. Seite 231. Was haben Sie im
e morgen zu thun? Ich weiß noch nicht was ich thun mag. —
en³ Sie¹ vielleicht² den Helden von Waterloo? Nein, ich kenne ihn
Meinen Sie den Herzog von Wellington? Ja, den meine ich.
arb im Jahre 1852. — Waren Sie gestern Abend im Concert?

Der Studirende sollte es sich zur Regel machen, alle Zahlen mit Buchstaben zu schreiben, um
sie sich dadurch besser ins Gedächtniß einzuprägen.
Das deutsche „in" übersetzt man im Englischen mit *into,* wenn von einer Bewegung von
Außen nach Innen ohne Rücksicht auf den Zweck des Aufenthalts die Rede ist, z. B.:
Er fiel in den Brunnen, ins Wasser. | He fell *into* the well. *into* the water.
Er ging ins Theater, in den Garten. | He went *into* the theatre, *into* the garden.
Ist aber nicht sowohl an den Aufenthalt an und für sich, sondern an den Zweck desselben
zu denken, so wird das deutsche „in" bei einem Zeitworte der Bewegung mit *to,* bei einem
der Ruhe mit *at* wiedergegeben, z B.:
He is gone *to* church *to* the theatre, *to* | Er ist in die Kirche, ins Theater, auf den Ball,
the ball, *to* the concert, etc. | ins Concert, 2c., gegangen.
He is *at* church, *at* the theatre, *at* the | Er ist in der Kirche, im Theater, auf dem Ball,
ball, *at* home, *at* the concert, etc. | zu Hause, im Concert, 2c.
Siehe Anmerkung 20, Seite 399 und Anmerk. 2, Seite 537 der Syntax.

Nein, ich war nicht da. — Sind Sie je in Paris gewesen? Ja, mein Herr, ich bin zweimal dort gewesen. — §. 117. Seite 235. Wer kommt da? Ich komme. — Welcher von Ihnen sagte (*said*), daß ich krank (*ill*) sei (*was*[1])? — Ich sagte es. — Wessen Kind starb (*died*) gestern? Meines Bruders. — §. 118. Seite 235. Wer kommt nicht? Ich komme nicht. — Wessen Kind starb nicht? Meines Bruders Kind starb nicht. — §. 118b. Seite 235. Mit wem kamen Sie von London? Mit einem Schott-länder, aber ich erinnere [mich] seines Namens nicht. — Woran ist Ihr Freund gestorben? Am gelben Fieber.

was, *that.* gewiß, *certainly.*	weiß noch nicht, *don't know yet.*
ohne Zweifel, *without doubt.*	kennen, *to know.* vielleicht, *happen.*
warum, *why.* natürlich, *to be sure.*	Held, *hero.* meinen, *mean.*
als was, *but what.* fertig, *done.*	den, *him.* erinnern, *remember.*
zur rechten Zeit, *in right time.*	woran ist, *of what did.* gestorben, *die.*
haben Sie im Sinne, *do you intend.*	am, *of the.* Fieber, *fever.*

§. 114. Anmerkung 28. 2. Seite 233. To be doing.

91. Was thun Sie da? Ich thue nichts. — Was thut Ihre Schwester? Sie schreibt einen Brief an ihre Tante in Berlin. — Was[2] werden wir | wohl | in der andern Welt | machen? | Das ist schwer
I wonder[1] | [4] | *next* | *be doing*[3] | zu sagen. — Was beabsichtigen Sie morgen zu thun? Morgen beabsich-tige[2] ich[1] Nichts[4] zu[3] thun. — Wie groß ist das Vergnügen, unsere Pflicht zu (*of*) thun! — § 119. Seite 236. Jetzt ist es um uns alle geschehen! — Guten Morgen, mein Herr, wie befinden Sie sich? [Ich] danke Ihnen, ganz wohl, und Sie, wie befinden Sie sich? Nicht sehr wohl, Ihnen sehr verbunden.

Brief an, *letter to.* zu sagen, *say.*	ganz wohl, *quite well.* Pflicht, *duty.*
beabsichtigen, *intend.* zu thun, *doing.*	sehr verbunden, *much obliged.*

C. Von den mangelhaften Hülfszeitwörtern.

§. 120b. Da die mangelhaften Zeitwörter den wichtigsten Theil der englischen Sprache ausmachen, und da im Allgemeinen für Nicht-Engländer ihre Anwendung ziemlich schwer ist, so gebe ich hier eine vollständige Conjugation derselben nebst Erklärungen, wodurch hoffent-lich die größten Schwierigkeiten gehoben werden sollen.

§. 121. In mancher Hinsicht stimmen die mangelhaften Zeit-wörter mit den entsprechenden deutschen Zeitwörtern überein, im Ganzen aber nicht: die Schwierigkeiten bestehen hauptsächlich in den verschiede-nen Nuancen und mannigfaltigen Nebenbedeutungen, nicht allein der englischen, sondern auch der deutschen Hülfszeitwörter "*can, may, must, ought, shall, will, do, let*", und darin, daß die meisten Gram-matiker es für unnöthig gehalten haben, diese Zeitwörter — welche von solcher großen Wichtigkeit sind — mittelst Conjugationen und Beispielen den Lernenden deutlich genug vor Augen zu stellen.

§. 121b. Die 6 mangelhaften Zeitwörter: can, may, *must*, ought, shall und *will* kommen nur im Präsens und Imperfectums des In-dicativs und Conjunctivs, und *must* bloß im Präsens vor, und kön-nen, weil ihnen der *Infinitiv* und das *Particip* fehlen, keine zusam-

ngeſetzten Zeiten bilden. Zur Ergänzung der fehlenden Zeitformen
dient ſich der Engländer daher anderer Zeitwörter (vergl. §. 123 bis
3) oder der Umſchreibung ([42b]).

§. 122. Verzeichniß der mangelhaften Zeitwörter nebſt Erklärung.

Praesens.	Imperfect.	
I. Can ([43]), können.	Could.	Wird beinahe wie im Deutſchen gebraucht, und bezeichnet eine körperliche und geiſtige Kraft oder Fähigkeit.
II. May ([43]), dürfen, mögen,	Might.	Erlaubniß und Wahrſcheinlichkeit, moraliſche Macht, Wunſch und Möglichkeit.
III. Must, müſſen.		Verbindlichkeit, Nothwendigkeit und Pflicht.
IV. Ought ([44]), ſollen.		Eine nachdrückliche Pflicht.
V. Will, wollen.	Would.	Wille.
VI. Shall, ſollen. Should ([44]).		Pflicht, Befehl. } Zeichen des *Conditionalis*.
(II.) Shall, werden. Should ([45]).		Ausſage.
Do,	Did. (*)	Wirkung, Nachdruck beim Fragen und Verneinen.
Let, laſſen.	Let. (*)	Gebieteriſch und bittend.

§. 123. I. Conjugation des mangelhaften Zeitworts Can, können.

Inﬁnitiv ([45b]), Particlpien und **Imperativ:** fehlen.

Indicativ ([46]).

Praesens.

Singular.	*Plural.*
an (*write*) (ei kann reit), ich kann ſchreiben), ich werde ſchreiben können.	We can (*write*) (uih kann reit), wir können (ſchreiben). Anm. 10. S. 225.)

b) **Ausdrücke z. B.:** wie „ich hätte können, wollen, müſſen, mögen, ſollen, dürfen" in Verbindung mit dem *Inﬁnitio* eines Zeitworts (z. B.: ich hätte ſchreiben können, ꝛc.) kann man im Engliſchen nicht wörtlich wieder geben, ſondern man bedient ſich dazu des *Imperfects* mit dem Präſens des *Inﬁnitios* des betreffenden Zeitworts. — I could have written, etc.

3) **NB. 1.** Mit "may" räumt man die Möglichkeit ein, mit "can" dagegen verneint man dieſelbe. z. B.:

It may be true. It cannot be true.	Es kann (mag) wahr ſein. Es kann nicht wahr ſein.
It might have been done.	Man hätte es thun können.
It could not have been done.	Man hätte es nicht thun können.

NB. 2. *Can* unterſcheidet ſich beſonders von *may*, wie *Power* (Macht) von *Permission* (Erlaubniß). Bei *can* iſt nur die Frage, ob ich will; bei *may*, ob die Umſtände es zulaſſen, oder ob ein Anderer es will, z. B.:

I can do it, heißt: es ſteht in meiner Gewalt es zu thun.
I may do it, — es ſteht mir frei es zu thun.

He can do what he pleases, it is in his power.	Er kann thun was er will, es ſteht in ſeiner Macht.
He may do what he will, he has my permission.	Er kann (darf) thun was er will, er hat meine Erlaubniß.
He could have killed me.	Er hätte mich tödten können, (es ſtand in ſeiner Macht).
He might have killed me.	Er hätte mich tödten können, (es war die Möglichkeit, nicht die Abſicht vorhanden).
Can you go out with me?	Können Sie mit mir ausgehen?
No, I cannot*, for I am ill, and my Doctor says I may (must) not go out.	Nein, ich kann es nicht, denn ich bin krank, und mein Arzt ſagt mir, ich dürfe nicht ausgehen.

NB. 3. *May* und *can* können beide mit dem leidenden Zeitworte gebraucht werden, z. B.:

It may or can be done.	Es mag oder kann gethan werden.

* Das cannot „kann nicht" wird als ein Wort geſchrieben. (S. § 146, S. 261.)

4) Den Unterſchied in der Bedeutung von *ought* und *should*, ſiehe Reg. IX. Seite 480.

5) **NB.** Im Engliſchen nennt man *Modus Potentialis* alle Zeiten der Zeitwörter, welche mittelſt "*can, may, would, should*" conjugirt werden, weil ſie die „Möglichkeit oder Freiheit, Macht, Neigung oder Pflicht etwas zu thun oder zu leiden" ausdrücken, als: *It may rain, etc.*

(*) To do und to let ſind nicht mangelhaft. Siehe die vorhergehende vollſtändige Conjugation von to do (thun) und to let. Seite 229.

45b) Früher wurden von *can, may, must* die gleichlautenden *Inﬁnitios* gebraucht. Ihre Anwendung iſt aber nicht mehr gebräuchlich, obwohl ſie immer noch in den Wörterbüchern zu ﬁnden ſind.

46) Der *Conjunctiv* iſt dem *Indicativ* gleich, z. B.: If I can, if thou canst, if he, we, you can.

Thou canst, bu kannſt.	You can, ihr könnt.
He (she, it) can, er (ſie, es) kann.	They can, ſie können.

Imperfect.

Singular.	*Plural.*
I could *(write)* (ei kubb), ich konnte (ſchreiben), (ich würbe ſchreiben können).	We could (uiß kubb), wir konnten, könnten. (Anm. 54, S. 243.)
Thou couldst (bthau kubbſt), bu konnteſt.	You could (juh), ihr konntet, könntet.
He could (hih kubb), er konnte, könnte.	They could (btheh), ſie konnten, könnten.

Zuſammengeſetzte Zeiten in Verbindung mit einem andern Zeitwort.

Perfect.

Singular.	*Plural.*
I can have written (ritt'n) *(J'ai pu écrire)*, ich habe ſchreiben können, (ich kann haben geſchrieben) (47).	We can have written, wir haben ſchreiben können (wir können geſchrieben haben).
Thou canst have written, bu haſt ſchreiben können.	You can have written, ihr habet ſchreiben können.
He can have written, er hat ſchreiben können.	They can have written, ſie haben ſchreiben können.

Plusquamperfect.

Singular.	*Plural.*
I could have written, ich hatte ſchreiben können (ich könnte haben geſchrieben).	We could have written, wir hatten ſchreiben können.
Thou couldst have written, bu hatteſt ſchreiben können.	You could have written, ihr hattet ſchreiben können.
He could have written, er hatte ſchreiben können.	They could have written, ſie hatten ſchreiben können.

Conditional unb Conjunctiv.

If I could have written.	Wenn ich hätte ſchreiben können.
If thou could*st* have written.	Wenn bu hätteſt ſchreiben können.
If he (she) could have written.	Wenn er (ſie) hätte ſchreiben können.
If we could have written.	Wenn wir hätten ſchreiben können.
If you could have written.	Wenn Ihr hättet ſchreiben können.
If they could have written.	Wenn ſie hätten ſchreiben können.

§. 124. NB. Da das Hülfszeitwort "*can* (können)" keinen Infinitiv unb keine Participien hat (vergl §. 121b), ſo muß man bie fehlenben Zeiten unb Formen deſſelben durch bas Zeitwort **To be able** (48) (im Stanbe ſein, können), bilben, z. B.:

---

(47) Ich bitte ben Lernenben ſehr auf dieſe Conſtruktion der Zeitwörter, hauptſächlich beim Ueberſetzen zu achten, weil ſie im Engliſchen vom Franzöſiſchen unb Deutſchen abweicht. Hier folgen einige Beiſpiele:

Er kann ben Brief früher als jetzt geſchrieben haben.	He can *have written* the letter before now.
Er hätte es früher als geſtern ſchreiben können.	He could *have written* it before yesterday.
Wenn ich ben Brief geſtern hätte ſchreiben können, ſo hätte ich es gethan.	If I could *have written* the letter yesterday, I would have done so.
Warum haben Sie nicht ſchreiben können?	Why could you not *write*? Siehe Anm. 52b
Weil ich es nicht gekonnt habe.	Because I couldn't.
Er muß es boch thun können.	Oh, he *must* be able to do it.

(48) *To be able* hat auch ein Präſens und Imperfectum, z. B.: *I am able*, ich bin im Stanbe; *I was able*, ich war im Stanbe; es iſt aber zu bemerken, daß in dieſen zwei Zeiten blos bei „im Stanbe ſein" unb nicht bas „können" ausgebrückt iſt.

Infinitiv.

Infinitiv der Gegenwart: To be able (⁴⁹) (t' biß ehbl), im Stande sein (können).
— der Vergangenheit: To have been able (⁵⁰), im Stande gewesen sein, gekonnt haben.

Participien.

Particip der Gegenwart: Being able (⁵¹) (bißing ehbl), im Stande seiend (könnend).
— der Vergangenheit: Been able (bißn ehbl), im Stande gewesen (gekonnt).
Negativ: Not being able (⁵²) (nott bißing ehbl), nicht (im Stande seiend), könnend.

Zusammengesetztes *Particip.*

Having been able (hawwing bißn ehbl), im Stande gewesen seiend, da ich 2c. im Stande war (gekonnt habend).

Perfect.

Singular.	*Plural.*
have been able (ei häww bißn ehbl), ob. *I could* (⁵²b), ob. *I was able*, ich habe gekonnt, ich bin im Stande gewesen.	We have been able *(to go)*, wir haben. (gehen) können (gekonnt).
thou hast been able, du hast gekonnt 2c.	You have been able, ihr habet gekonnt.
e has been able, er hatte gekonnt (⁵³).	They have been able, sie haben gekonnt.

Plusquamperfect.

Singular.	*Plural.*
had been able (⁵³b) (ei hädd bißn ehbl), ich hatte gekonnt.	We had been able, wir hatten gekonnt, (wir waren im Stande gewesen).
thou hadst been able, du hattest gekonnt.	You had been able, ihr hattet gekonnt.
e had been able, er hatte gekonnt.	They had been able, sie hatten gekonnt.

1stes *Futurum.*

Singular.	*Plural.*
shall be able to write *(to-morrow)* (⁵⁴) (ei schäll biß ehbl), ich werde (morgen) schreiben können (ich werde im Stande sein zu schreiben).	We shall be able to write (uiß schäll biß ehbl), wir werden schreiben können.

---

(49) Diese Zeit des Infinitivs wird gebraucht wie folgt:
To be able to travel, must be delightful. — Reisen zu können (im Stande sein zu reisen), muß sehr angenehm sein.
To be able to do that, requires strength. — Das thun zu können 2c., fordert Kraft.

(50) Diese Zeit wendet man folgendermaßen an:
To have been able to go to London, I must have been in Paris in June. — Um nach London gehen zu können, mußte ich in Juni in Paris gewesen sein.

(51) Das Particip der Gegenwart wird auf folgende Weise gebraucht:
Being able to assist him, I did it with pleasure. — Da ich (im Stande war) ihn unterstützen konnte, so that ich es mit Vergnügen.

(52) *Not being able to go out, I * read all day.* — Da ich nicht ausgehen konnte, so las ich den ganzen Tag.
* Wie schon bemerkt, darf man das gegenwärtige Particip bei allen Personen brauchen, z. B.:
Not being able to go out, I, he, she, we, you, they read all day. (Anmerk. 14, S. 226).

(52b) So oft eine völlig vergangene Zeit, (von der also nichts mehr übrig ist, wie gestern, vorgestern, voriges Jahr 2c.) gemeint ist, muß man das Imperfectum *could* und nicht das Perfectum *have been able* brauchen, z B.:
I have not been able to write to-day, but I could yesterday (Anmerk. 6, S. 303). — Heute habe ich nicht schreiben können, gestern aber (konnte ich) habe ich es gekonnt.

(53) NB. Die mangelhaften Zeitwörter werden im Englischen nicht als selbstständige Zeitwörter gebraucht und können daher kein Object bei sich haben So oft daher das deutsche Können ein Object regiert, so ist können im Sinne von wissen oder verstehen im Englischen durch *to know* (wissen, können) wiederzugeben, z. B.:
Yesterday I knew my lesson, but to day, I know it no longer. (S. Reg. IX. S. 443). — Gestern habe ich meine Lektion gekonnt (d. h. ich habe sie auswendig gewußt 2c.), heute aber kann ich sie nicht mehr.

(53b) *We had scarcely been able to reach the house, before the storm commenced.* — Wir waren kaum im Stande gewesen, das Haus zu erreichen, ehe der Sturm anfing.
If I had been able, I would have done it. — Wenn ich es gekonnt hätte, so hätte ich es gethan.

(54) Obgleich im Englischen im Allgemeinen nicht, wie häufig im Deutschen geschieht, das Prasens

Thou wilt be able to write (bthau uillt), bu wirst schreiben können.	You (juh) will be able to write, ihr werdet schreiben können.
He will be able to write (hih nill), er wird schreiben können.	They (bthey) will be able to write, sie werden schreiben können.

2tes *Futurum.*

Singular.	*Plural.*
I shall have been able to write (⁵⁵), ich werde haben schreiben können (ich werde im Stande gewesen sein zu schreiben).	We shall have been able to write, wir werden haben schreiben können (wir werden schreiben gekonnt haben).
Thou wilt have been able to write, bu wirst schreiben gekonnt haben.	You will have been able to write, ihr werdet haben schreiben können.
He will have been able to write, er wird haben schreiben können.	They will have been able to write, sie werden schreiben gekonnt haben.

Conditional der Gegenwart.

Singular.	*Plural.*
I should like (leif) (⁵⁶) to be able to write, ich möchte gern schreiben können (ich möchte gern im Stande sein zu schreiben (⁵⁶b).	We should like (leif) to be able to write, wir möchten gern schreiben können.
Thou wouldst like to be able to write, bu möchtest gern schreiben können.	You would like to be able to write, ihr möchtet gern schreiben können.
He would like to be able to write, er möchte gern schreiben können.	They would like to be able to write, sie möchten gern schreiben können.

Conditional der Vergangenheit.

Singular.	*Plural.*
I should like to have been able to write, ich möchte gern, daß ich hätte schreiben können (es wäre mir lieb gewesen, wenn ich hätte schreiben können).	We should like to have been able to write, wir möchten gern, daß wir hätten schreiben können (daß wir im Stande gewesen wären zu schreiben) (⁵⁷).
Thou wouldst like to have been able to write, bu möchtest gern, daß bu hättest schreiben können.	You would like to have been able to write, ihr möchtet gern, daß ihr hätte schreiben können.

---

statt des *Futurums* und das *Imperfectum* und *Plusquamperfectum* des *Conjunctivs* statt des *Conditionals* gebraucht wird, so kann man doch bei *can, may* und *must* das *Present* und bei *can* und *may* statt des fehlenden *Conditionals* das *Imperfectum* brauchen, z. B.:

I can (may, must) write to-morrow.	Ich werde morgen schreiben können, dürfen, müssen. (ich kann morgen schreiben).
I could write, if I had a pen.	Ich würde schreiben können, wenn ich eine Feder hätte.

(55) Sollten die zusammengesetzten Zeiten dem Anfänger zum Auswendiglernen zu schwer sein, so kann er sie übergehen und später nachholen

(56) Das Zeitwort *to like* findet im Englischen vielfache Anwendung und entspricht dem deutschen „lieben, gern haben; mögen, können"; und dem Adverb „gern", (siehe to like §. 27, Seite 246), z. B.:

Do you like apples? No, I don't like them.	Essen Sie gern Aepfel? Nein, ich mag sie nicht.
I like to drink wine. I like wine.	Ich trinke gern Wein. Ich mag (den) Wein.
I do not like the fellow.	Ich kann den Menschen nicht leiden.
I should like to go to London.	Ich möchte gern nach London gehen.

    NB. Mit dem Zeitwort *to like* ist das Adjectiv *like* (gleich, ähnlich) und das Adverb *like* oder *likely* (wahrscheinlich) nicht zu verwechseln, z. B.:

She is like her mother.	Sie ist ihrer Mutter ähnlich.
We are like ob. likely to have war.	Wir werden wahrscheinlich Krieg bekommen.

(56b) Ohne das Wort "*like*" conjugirt man das Zeitwort wie folgt:

I should (thou wouldst) be able to write, to go, to come, etc.	Ich würde (du würdest) schreiben (gehen, kommen) können.
He would be able to write.	Er würde schreiben können.
We should (you, they would) be able to write, etc.	Wir würden (Ihr würdet, sie würden) schreiben können.

(57) I should (thou wouldst, he would) have been able to write.   Ich würde (du würdest, er würde) haben schreiben können.

We should (you, they would) have been able to write.   Wir würden (Ihr würdet, sie würden) haben schreiben können.

ld like to have been able to er möchte gern, daß er hätte n können.	They would like to have been able to write, es wäre ihnen lieb gewesen, wenn sie hätten schreiben können.

**II. Conjugation des mangelhaften Zeitwortes May (meh) (57b),
dürfen, können, (mögen) (58).**

Infinitiv und Participien: fehlen.

125b. Die zusammengesetzten Zeiten werden mit *to be allowed,
permitted* (erlauben) oder mit Umschreibung gebildet (58b).

Praesens.

Singular.

o (ei meh goh), ich darf gehen.

yst go (bthau mehst goh), du
gehen.

go (hih meh goh), er darf

Plural.

We may go (uih meh goh), wir dürfen
gehen.

You may go (juh meh goh), ihr dürfet
gehen.

They may go (btheh meh goh), sie dürfen
gehen.

Imperfect.

Singular.

go (58c) (if I would) (ei meit
iff ei uudd), ich könnte (dürfte)
(wenn ich es wollte).

ightst go (bthau meitst goh),
ntest (dürftest) gehen.

t go (hih meit goh), er könnte
) gehen.

Plural.

We might go (uih meit goh), wir könn-
ten (dürften) gehen.

You might go (juh meit goh), ihr könn-
tet (dürftet) gehen.

They might go (btheh meit goh), sie
könnten (dürften) (58d) gehen.

---

ehe Anmerkung 43, Seite 241 über may und can.

den meisten Grammatiken findet man das Verbum **may** mit **mögen** conjugirt, was zu
thümern in der Anwendung desselben führt, da es selten in dieser Bedeutung gebraucht
d, wie aus Obigem und Folgendem zu ersehen ist, (vergl. Anm. 43, S. 241):

y I go out? No, you may not.	Darf ich ausgehen? Nein, Sie dürfen nicht.
he remain there? Yes, he may.	Darf er da bleiben? Ja, er darf es.
t may be. It may be so.	Wenn es sein kann. Es kann (mag) sein.
en may I visit you?	Wann darf ich Sie besuchen?

. Die folgenden Beispiele werden als Erläuterung hierzu dienen:

habe nicht dürfen (gedurft).	I was not allowed.
haben Sie nicht thun dürfen?	What were you not allowed to do?
habe gestern nicht gehen dürfen	I was not permitted (allowed) to go yesterday.
hat es seiner Gesundheit wegen nicht durft (es wurde ihm nicht erlaubt).	He was afraid (not allowed) to do it, on ac- count of his health.
ern habe ich gehen dürfen, heute der darf ich es nicht.	I might have gone yesterday, but to-day I may not.
m ich hätte schreiben dürfen, so ürde ich es gethan haben.	If I had been allowed to write, I would have done so.
weiß, ich werde (nicht) gehen dürfen.	I know, I shall (not) be allowed to go.

Imperfectum wird may meistens mit „können" gegeben, z. B.:

might be happy, if he would.	Er könnte glücklich sein, wenn er es wollte.
ght go, if I wished.	Ich dürfte (könnte) gehen, wenn ich es möchte.

NB. Alle Anfänger sollten es sich zur Regel machen, may im Indicativ Präsens, *I may,* etc.
„dürfen", und im Imperfect *I might,* etc., mit „können" oder „dürfen" zu übersetzen,
igstens bis sie in den verschiedenen Nuancen dieser Wörter tiefer eingeweiht sind. Das
ere hierüber siehe S. 147b, Seite 262, und Reg. VII. Seite 479. Siehe auch die Con-
tion des Zeitworts *to abide* §. 183, Seite 302

rfen" wird auch hauptsächlich in verneinenden Sätzen mit *to dare,* sich getrauen; *to allow,*
iben; *to permit.* erlauben; *can,* können, übersetzt; *dare* ist aber ein viel stärkerer Ausdruck
may, z. B.:

re not do it.	Ich wage es nicht zu thun.
was not allowed to say a word.	Er durfte kein Wort sprechen.
not allowed to do it. } not permitted to do it. }	Ich darf es nicht thun (es ist mir nicht erlaubt es zu thun).
not do it. I may not do it.	Ich kann (ich darf) es nicht thun.
are not allowed to write on holidays.	An Feiertagen dürfen wir nicht schreiben.

Zusammengesetzte Zeiten in Verbindung mit einem andern Zeitwort.

Praesens und *Perfect.*

I may have gone, ich habe gehen können (dürfen).
(Thou mayst have gone), du haft gehen können.
He may have gone (⁶¹), er hat gehen können (es ist möglich, daß er gegangen sei).

Plusquamperfect.

I might have gone to London last week (nicht) (⁵⁹), ich hätte vorige Woche nach
  London gehen können (dürfen).
(Thou mightst have gone to London last week), du hätteft vorige Woche nach
  London gehen können.
He might have gone to London last week, *(if he had wished)*, er hätte vorige
  Woche nach London gehen können (wenn er es gewünscht hätte).

NB. Auf die Bildung dieser zusammengesetzten Zeiten hat man sehr zu achten;
denn hierin besteht die Hauptschwierigkeit im Gebrauch der mangelhaften Hülfszeitwörter.

§. 126. Wenn "may" einen Wunsch ausdrückt, so wird es mit
„mögen" gegeben, hauptsächlich aber nur im Imperativ und Potentialis, z. B.:

Singular.	*Plural.*
(Mayst thou) may you be happy! mögeft du glücklich fein.	May we but find a shelter! mögen wir nur Schutz finden!
May he only delight in virtue! möge er nur an der Tugend Vergnügen finden!	May you never know care! möget ihr (mögen Sie) nie Sorgen kennen!
May our king live long! möge unfer König lange leben!	May they live long, and die happy! mögen fie lange leben u. glücklich fterben!

Potentialis (Möglichkeits = Modus.)

I wish he *may* (⁵⁹ᵇ) *have* arrived before the storm. I hope he is arrived, etc.
  Ich wünsche, daß er vor dem Sturm angekommen sein möge.

Vom Zeitwort To like, mögen (⁶⁰), gern haben, lieben, gern lesen x.

§. 127. Das Zeitwort *"to like"* findet im Englischen vielfache
Anwendung und entspricht dem deutschen „gern haben (⁶¹), leiden
mögen oder können, gefallen, lieben, Freund von etwas fein, mögen,
gern trinken, gern essen, lesen x." Es gibt im Englischen nur wenige
Wörter, deren Anwendung im Deutschen schwerer ist, als die von
to like. Ich stelle daher, hauptsächlich weil im Allgemeinen die Grammatiker keine genügende Auskunft über dieses Zeitwort geben, hier
die Conjugation desselben auf, damit man seine richtige Anwendung
deutlich vor Augen hat:

(59) NB. Die obige Form mit "may have" gibt man im Deutschen am beften mit „es ift
      möglich, daß x", bisweilen auch mit „können, mögen", z B.:

I may have done it.	Es ift möglich, daß ich es gethan habe.
He *may have gone* away before we arrive.	Er kann schon fortgegangen sein (es ift möglich, daß er schon fortgegangen sei), ehe wir ankommen.

I thought I *might* as well *have* the plea-
  sure of paying the money myself.
	Ich dachte, ich könnte eben so gut selbft das Ver-
	  gnügen haben das Geld zu zahlen.

I (he) *may have* mistaken.	Ich kann (er kann fich) geirrt haben.

(59b) Im Conjunctiv oder *Potentialis* braucht man „may" ebenfalls in den Fällen, wo die Conjunction
      daß fo viel heißt, als: „zu dem Ende daß", (Reg. VII. S. 479), z. B.:
      Speak louder, that I may *hear* you.   Sprechen Sie lauter, damit ich Sie höre.
(60) NB. Das deutsche „mögen", welches zuweilen „gern haben, lieben, leiden mögen, gut
      leiden können, gefallen, gern essen, gern trinken, „Freund von etwas fein" bedeutet, wird

Infinitiv der Gegenwart: To like (⁶¹) (t' leik), mögen = gern (lesen) ꝛc.
— der Vergangenheit: To have liked (⁶²), gemocht haben, gern (gelesen haben) ꝛc.

Participien.

Particip der Gegenwart: Liking (⁶³) (leiking), mögend, gern (lesend) ꝛc.
— der Vergangenheit: Liked (⁶⁴) (leik'd) gemocht, gern (gelesen) ꝛc.
Zusammengesetztes *Particip*: Having liked (⁶⁵), gemocht habend (gern gelesen habend).

Indicativ.	*Conjunctiv.*

Praesens.

Singular.

I like to read (ei leik t' rihd), ich lese gern (⁶⁶).	If I like to read (rihd), wenn ich gern lese.
Thou likest (leikest) to read, du liesest gern.	If thou like to read, wenn du gern lesest.
He likes (leiks) to read, er liest gern.	If he like to read, wenn er gern lese.

Plural.

We like (leik) to read, wir lesen gern.	If we like to read, wenn wir gern lesen.
You like to read, ihr leset gern.	If you like to read, wenn ihr gern leset.
They like to read, sie lesen gern.	If they like to read, wenn sie gern lesen.

---

im Englischen in allen diesen Bedeutungen meistens mit "to like", bisweilen auch mit "to be fond of" übersetzt. Die folgenden Beispiele werden dieses klar machen:

1. Etwas gern haben:

I like music, I liked music.	Ich habe, ich hatte die Musik gern.
I have liked books and music.	Ich habe Bücher und Musik gern gehabt.
I shall like books and music.	Ich werde Bücher und Musik gern haben.

NB. So oft man lieben in dem Sinne von „gern haben" braucht, gibt man es ebenfalls mit to like, z. B.:

He has always liked poetry.	Er hat immer die Poesie geliebt.

2. Leiden mögen:

I like that very much.	Das mag ich wohl leiden.

NB. Das „nicht leiden, nicht ausstehen können" gibt man am besten mit mit to bear, to support, z. B.:

I cannot bear (support) the fellow.	Ich kann den Kerl (Menschen) nicht leiden.

3. Gefallen kann man mit to like oder to please geben, z. B.:

The affair doesn't please me.	Die Sache gefällt mir nicht.
How do you like our house?	Wie gefällt Ihnen unser Haus?

4. Das „Freund von etwas sein" drückt man am besten durch to be fond of aus, z. B:

He is very fond of hunting.	Er ist ein großer Freund von der Jagd.

5. „Mögen", welches häufig in der gewöhnlichen Umgangssprache vorkommt, übersetzt man gleichfalls mit to like:

I do not like to go to the theatre.	Ich mag nicht ins Theater gehen.
I did not like to be near him.	Ich mochte nicht in seiner Nähe sein.
I would not like to be in his place.	Ich möchte nicht an seiner Stelle sein

6. In manchen Fällen wird „mögen" nicht übersetzt, z. B.:

Tell him to come to me.	Sage ihm, er möge zu mir kommen.
I doubt it very much.	Ich möchte es sehr bezweifeln.

Vergleiche §. 126 Seite 246, auch Anmerk. 66, Seite 247.

(61) To like him, one must first know him.	Um ihn gern zu haben, muß man ihn zuerst kennen.
(62) To have liked play, would have been my ruin.	Wenn ich das Spiel geliebt hätte, so wäre es mein Verderben gewesen.
(63) Liking the watch, I bought it.	Da mir die Uhr gefiel, so kaufte ich sie.
Not liking the watch, I did not buy it.	Da mir die Uhr nicht gefiel, so kaufte ich sie nicht
(64) He is liked by all who know him	Er ist von Allen, die ihn kennen, geliebt (alle, die ihn kennen, haben ihn gern).
(65) My having liked him, was the reason I gave him my daughter.	Weil ich ihn gerne hatte, so war dies die Ursache, daß ich ihm meine Tochter gab.
(66) Durch „mögen" drückt man im Deutschen häufig eine Gleichgültigkeit, einen Befehl, einen Imperativ aus; dieses gibt man im Englischen gewöhnlich mit let, z. B:	
Let me do what I will, 'tis all the same	Ich mag thun was ich will, es ist Alles gleich.
Let him laugh or cry, what do I care.	Er mag lachen oder weinen, was kümmert es mich.

NB. Wenn „mögen" sich auf eine angeredete Person bezieht gibt man es mit "whether", z. B:

Whether rich or poor, you shall be welcome to me.	Sie mögen reich oder arm sein, Sie sollen mir willkommen sein.

Indicativ.   *Conjunctiv.*

Imperfect.

Singular.

I liked (leik'b) to read, ich las gern.	If I liked to read, wenn ich gern läse (87).
Thou likedst to read, bu lafeft gern.	If thou likedst to read, w. bu gern läfeft.
He liked (leik'b) to read, er las gern.	If he liked to read, wenn er gern läfe.

Plural.

We liked to read, wir lafen gern.	If we liked to read, wenn wir gern läfen.
You liked to read, ihr lafet gern.	If you liked to read, wenn ihr gern läfet.
They liked to read, fie lafen gern.	If they liked to read, wenn fie gern läfen.

Perfect.

I have liked to read (leik'b t' rihb), ich habe gern gelefen.	If I have liked to read, wenn ich gern gelefen habe 2c.
We have liked to read, wir haben gern gelefen 2c. (67)	If we have liked to read, wenn wir gern gelefen haben 2c.

Plusquamperfect.

I had liked *to write* (reit), ich hatte gern gefchrieben 2c.	If I had liked *to write*, wenn ich gern gefchrieben hätte 2c.
We had liked *to write* (reit), wir hatten gern gefchrieben 2c.	If we had liked *to write*, wenn wir gern gefchrieben hätten 2c.

1ftes *Futurum*.

I shall like *to write* (leik t' reit), ich werbe gern fchreiben 2c.	If I shall like *to write*, wenn ich gern fchreiben werbe.
We shall like *to write*, wir werben gern fchreiben 2c.	If we shall like *to write*, wenn wir gern fchreiben werben 2c.

2tes *Futurum*.

I shall have liked (leik'b) *to write*, ich werbe gern gefchrieben haben.	If I shall have liked *to write*, wenn ich gern gefchrieben haben werbe.
We shall have liked *to write*, wir werben gern gefchrieben haben 2c.	If we shall have liked *to write*, wenn wir werben gern gefchrieben haben.

Conditional der Gegenwart.

I should like *to go*, ich würbe gern gehen (ob. ich möchte (68) gern gehen).	If I should like *to go*, wenn ich gern gehen würbe (wenn ich gern gehen möchte).
We should like *to go*, wir würben ob. wir möchten (68b) gern gehen.	If we should like *to go*, wenn wir gern gehen würben 2c.

---

(67) Obgleich ich nur die erfte Perfon im Singular und Plural hier anführe, fo ift es bod für rathfam, daß der Lernende diefe Zeitwörter durch alle Perfonen conjugire, denn zur Ausbildung der Sprachorgane ift im Anfange nichts beffer, als fehr viel zu conjugiren.

(68) NB. 1. So oft man im Deutfchen das Imperfectum des Conjunctivs „ich möchte, wir möchten, 2c., ftatt des Conditionals braucht, muß man es im Englifchen mit dem Conditional. „I should like, etc", geben, z B:

Wir möchten gern morgen gehen, (würden gehen mögen).	We should like to go to-morrow.
Ich möchte London gern fehen.	I should like ober would like to see London.
Wir möchten London gern gefehen haben.	We should like to have seen London.
Wir hätten London gern fehen mögen.	We should have liked to have seen London.

NB. 2. Bisweilen muß man „möchte" mit „to wish, to desire" geben, z. B.:

Ein Herr möchte Sie fprechen.	A gentleman wishes (desires) to speak to you.
Laßt uns in Ruhe, wir möchten fchlafen.	Let us alone, we wish to sleep.

Siehe das Zeitwort to abide, bleiben; §. 182, 183. Seite 302.

(68b) NB. Ich möchte lieber gehen als bleiben. | I would rather go than stay.

Indicativ.   *Conjunctiv.*

Conditional der Vergangenheit.

like to have *gone yesterday*, e geſtern gern gegangen ſein, wäre geſtern gern gegangen). d like (68c) to have *gone* ', wir würden gern gegangen wir wären gern gegangen.	If I should like to have *gone yesterday*, wenn ich geſtern gern gegangen wäre ob. ſein würde (69). If we should like to have *gone yester-day*, wenn wir geſtern gern gegangen wären ob. ſein würden.

§. 127b. **Fragende, bejahende und verneinende Redeform.**

Praesens.

Singular.

Fragend.	Bejahend, verneinend.
to read? leſe ich gern?	Yes, I *do* (70) like to read, ja, ich leſe gern.
e to read? leſe ich nicht gern?	No, I *do not* like to read, nein, ich leſe nicht gern.
ike to read? lieſt er gern?	Yes, he *does* like to read, ja, er lieſt gern.
not like to read? lieſt er n?	No, he *does not* like to read, nein, er lieſt nicht gern.

Plural.

e to read? leſen wir gern?	Yes, we *do* like to read, ja, wir leſen gern.
ot like to read? leſen wir n?	No, we *do not* like to read, nein, wir leſen nicht gern.
ke to read? leſen Sie gern?	Yes, you *do* like to read, ja, ihr leſet gern.
ot like to read? leſet Ihr ie) nicht gern?	No, you *do not* like to read, nein, ihr leſet (Sie leſen) nicht gern.
ike to read? leſen ſie gern?	Yes, they *do* like to read, ja, ſie leſen gern.
ot like to read? leſen ſie n?	No, they *do not* like to read, nein, ſie leſen nicht gern.

Imperfect.

) to read? las ich gern?	Yes, I *did* like to read, ja, ich las gern.
like to read? las ich nicht	No, I *did not* like to read, nein, ich las nicht gern.
ke to read? laſen wir gern?	Yes, we *did* like to read, ja, wir laſen gern.
ot like to read? laſen wir n?	No, we *did not* like to read, nein, wir laſen nicht gern.
jemals gern geleſen?	Have you ever *liked* to read?
abe immer gern geleſen.	Oh yes, I have always *liked* to read.
e jemals gern leſen?	*Shall* you ever *like to read?*
werde gewiß gern leſen.	Oh, yes, I *shall* certainly *like to read.*
ie gern leſen?	Would you *like* to read?
ie wohl mitgehen?	Would you *like* to go with me?

Man könnte aber auch ſagen:
uld *have liked to have gone.*   Es wäre mir lieb geweſen, wenn ich gegangen wäre.
wäre gern gekommen, wenn ich Zeit   I should like to have come, if I had had time.
abt hätte.
ätte Jenny Lind gern ſingen hören   I should like to have heard Jenny Lind sing.
en.
ſen und ähnlichen Fällen, könnte man wie im Deutſchen, mit ja, *yes*, oder mit "*yes*,
antworten; die obige Art der Bejahung aber iſt nachdrücklicher. Bei Verneinungen muß
ſtets *to do* gebrauchen.

Ueber „lieben" in der Bedeutung von „mögen" u. f. w.

§. 128. Oft bedient man sich im Deutschen des Zeitworts lieben (to love) in der Bedeutung mögen, gern haben, leiden mögen, u. s. w., im Englischen aber darf dies nicht geschehen, weil to love (lieben) nur bei Gegenständen gebraucht wird, die uns eine wirkliche Herzensneigung einflößen (⁷¹ᵇ). Sätze, wie die folgenden, in denen man im Deutschen so gern das Zeitwort lieben anwendet, werden im Englischen entweder mit to like (mögen), oder to be fond of (⁷²) (gern haben, leiden mögen, lieben), gegeben.

Singular.	*Plural.*
Ich liebe das Lesen vor Allem, I *like* reading above all things.	Wir lieben das Spazierenfahren sehr, we are very *fond of* driving out (⁷¹).
Er liebt den Wein, he *is fond of* wine.	Ihr liebet den Thee, you *are fond* of tea
Sie liebt nichts als Putz, she *likes* nothing but dress.	Sie lieben nichts als Schlafen, they *like* nothing but sleeping.

III. Must, müssen, (dürfen) (⁷³).

Infinitiv und Participien: fehlen.

§. 129. *Must* ist in allen Personen unveränderlich; es bezeichnet Verbindlichkeit und Nothwendigkeit, ist gewöhnlich nur im Präsens gebräuchlich und entspricht dem deutschen müssen = nothwendig sein.

Praesens (⁵⁴) und *Imperfectum* (⁷⁴).

Singular.	*Plural.*
I must (*go*) (ei moßt goh), ich muß (gehen).	We must (*go*) (uih moßt goh), wir müssen (gehen).
Thou (bthau) must go, du mußt gehen.	You (juh) must go, ihr müßt gehen
He, she must go (hih, schih moßt goh), er, sie muß gehen (⁷⁴).	They must go (btheh moßt goh), sie müssen gehen.

Zusammengesetzte Zeiten.

Perfect und *Plusquamperfect.*

Singular.	*Singular.*
I must have seen him *(yesterday)*, ich muß, müßte ihn gestern gesehen haben.	We must have seen him, wir müssen (müßten) ihn gesehen haben.

---

(71) Möchten Sie gern London sehen?
O ja, ich möchte es sehr gern sehen.
Möchten Sie wohl die Güte haben, mir etwas Wein zu geben?
Gefällt Ihnen das Buch? Ja, es gefällt mir
Würde Ihnen das Buch gefallen? O ja.
Ich mag es Ihnen gar nicht sagen, denn ich befürchte, Sie werden mir böse sein.

Would you like to see London?
O yes, I should like very much to see it.
Will you have the kindness to give me a little wine?
Do you like that book? Yes, I like it.
Would you like that book. Oh yes.
I *don't like* (*at all*) to tell it you, for I fear you should be angry with me.

(71b) An Englishman *loves* his God, his country, his *parents*, his *wife*, etc., but he *likes* his dogs and horses.

Ein Engländer liebt seinen Gott, sein Vaterland, seine Eltern, seine Frau, ac., aber er hat seine Hunde und Pferde gern.

(72) Das Wort *fond* ist Adjectiv und bedeutet in Verbindung mit *to be* und der Präposition *of* so viel als: für etwas eingenommen sein, einer Sache sehr zugethan sein, z. B.:

I am, thou art, he, she is } *very fond*
We are, you are, they are } *of* money.

Ich liebe, du liebst, er, sie, es liebt } das Geld
Wir lieben, ihr liebet, sie lieben } gar sehr.

Als attributives Adjectiv braucht man es auf folgende Weise:
A *fond* father, a *fond* mother.

Ein zärtlicher Vater, eine zärtliche oder liebende Mutter.

(73) Wie man im Deutschen öfters statt müssen die Ausdrücke gezwungen-, genöthigtsein braucht, so bedient man sich auch ähnlicher Ausdrücke im Englischen, z. B.:
I was *forced, constrained, compelled* to go. Ich war gezwungen, genöthigt zu gehen, ac.

(74) NB. 1. *Must* braucht man im Imperfectum nur in Verbindung mit dem Perfectum des Infinitivs (s. oben zusammengesetzte Zeiten), oder wenn es von einem Zeitwort in der

Thou must have seen him, bu mußt ihn geſehen haben.	You must have seen him, ihr müßt ihn geſehen haben.
He must have seen him, er muß ihn geſehen haben (74b).	They must have seen him, ſie müſſen ihn geſehen haben (74b).

§. 130. NB. Da das Zeitwort *"must (muß)"* keinen Infinitiv und keine Participien hat, ſo muß man die fehlenden Zeiten deſſelben im Engliſchen durch To be obliged (73), „genöthigt ſein", aus= drücken, z. B.:

Infinitiv der Gegenwart: To be obliged (73) (t' biß obleibſch'd), müſſen, genöthigt ſein.
— der Vergangenheit: To have been obliged (76), gemußt haben, genöthigt worden ſein.

Participien.

Particip der Gegenwart: Being obliged (77), müſſend, ſeiend genöthigt.
— der Vergangenheit: Been obliged, gemußt, genöthigt worden.
Zuſammengeſetztes *Particip*: Having been obliged (78), gemußt habend, genöthigt worden ſeiend.

Imperfect (79). Auch ſtatt des deutſchen *Perfectums* gebraucht.

Singular.	*Plural.*
I was obliged (obleibſch'd) (*to go yester-day*), ich mußte (geſtern gehen) (ich habe geſtern gehen müſſen).	We were obliged to go (*yesterday*), wir mußten (geſtern) gehen.
Thou wast obliged to go, bu mußteſt gehen. (79b)	You were obliged to go, ihr mußtet gehen. (79c)
He was obliged to go, er mußte gehen.	They were obliged to go, ſie mußten gehen.

Vergangenheit im Hauptſatze unmittelbar abhängt, in welchem Falle es dem deutſchen „müßte (müſſe)" entſpricht, z. B.:

He was told he must go.	Man ſagte ihm, er müßte gehen.
She said she must see him or die.	Sie ſagte, ſie müßte (müſſe) ihn ſehen oder ſterben.

NB. 2. Iſt müſſen aber von keinem Zeitwort in der Vergangenheit abhängig, ſo muß man ſich zur Bildung des Imperfects to be obliged, forced etc. bedienen, z. B.:

He was obliged (forced) to go himself.	Er mußte (war genöthigt) ſelbſt (zu) gehen.

NB. 3. In Verbindung mit *not* hat muß häufig den Sinn von „dürfen," z. B.:

You must not be bold (naughty).	Du darfſt nicht unartig ſein.

(74b) NB. 3. To be obliged wird auch häufig mit der Paſſiv= Form gebraucht, wo man im Deutſchen den Satz mit „man" anfangen muß, z. B.:

He should have been obliged to go.	Man hätte ihn zwingen ſollen zu gehen.
They should have been obliged.	Man hätte ſie zwingen ſollen.

(75) *To be obliged to go, is very disagreeable.* — Gehen zu müſſen iſt ſehr unangenehm.

(76) *To have been obliged to stay at home, was very hard* — Zu Hauſe bleiben zu müſſen, war ſehr hart (ge- nöthigt worden ſein zu Hauſe zu bleiben).

(77) *Being obliged to leave town to-morrow, I shall not be able to see you.* — Da ich morgen die Stadt verlaſſen muß, ſo werde ich Sie nicht mehr ſehen können.

(78) *Having been obliged to write all day yester-day, I could not go out.* — Da ich geſtern den ganzen Tag ſchreiben mußte, ſo konnte ich nicht ausgehen.

(79) Das Präſens von to be obliged bedeutet genöthigt, gezwungen ſein, z. B.:

I would not go out, but I am obliged.	Ich würde nicht ausgehen, aber ich bin genöthigt.

(79b) NB. Im Engliſchen drückt man das deutſche „müſſen" häufig mit "to have" aus, z. B.:

I have to go (ob. I must go) to town.	Ich muß nach der Stadt gehen.
I had to go (ob. I was obliged to go).	Ich mußte gehen.
We often had to sit up all night ob. we were often obliged to sit up, etc.	Wir mußten öfters die ganze Nacht aufbleiben
I could not write, for I had to help my aunt. — I had to go out.	Ich konnte nicht ſchreiben, weil ich meiner Tante helfen mußte. — Ich mußte ausgehen.
She has to sell pease.	Sie muß Erbſen verkaufen.
She has pease to sell.	Sie hat Erbſen zu verkaufen.

(79c) Man merke folgende Beiſpiele über „mußte, müßte":

Er mußte der Vorderſte ſein, und er war es auch, denn er war der Leichenwagen= Kutſcher.	He was necessarily the foremost, and he was so, for he was the coachman who drove the hearse.
Er mußte der Erſte ſein (es war nöthig, daß er der Erſte war.)	He was obliged (it was necessary for him) to be the first.
Es müßte herrlich darin ſein, dachte er.	It must be delightful there, thought he.

Perfect.

Singular.	*Plural.*
I have been obliged (obleibf{ch}'b) to go, ich habe gehen müſſen (79d).	We have been obliged to go, wir haben gehen müſſen.
Thou hast been obliged to go.	You have been obliged to go.
He has been obliged to go.	They have been obliged to go.

Plusquamperfect.

I had been obliged (80) (obleiſch'b) to go, (81) ich hatte gehen müſſen.	We had been obliged to go, wir hatten gehen müſſen.

1ſtes *Futurum.*

I shall be obliged *to write* (82), ich werde ſchreiben müſſen.	We shall be obliged *to write*, wir werben ſchreiben müſſen.

2tes *Futurum.*

I shall have been obliged *to write*, ich werde haben ſchreiben müſſen.	We shall have been obliged *to write*, wir werben haben ſchreiben müſſen.

Conditional ber Gegenwart.

I should be obliged *to dance* (t' banntß), ich würde tanzen müſſen.	We should be obliged *to dance*, wir würben tanzen müſſen.

Conditional ber Vergangenheit.

I should have been obliged *to dance*, ich würbe haben tanzen müſſen.	We should have been obliged *to dance*, wir würden haben tanzen müſſen.

§. 131. **IV. Ought, ſollen, (bisweilen müſſen)** (52b).

Infinitiv unb Particiiplen: fehlen.

Praesens unb *Imperfectum* (54).

Singular.	*Plural.*
I ought (63) *(to go)* (ei oaht t' goh), ich ſollte (54) gehen.	We ought *(to go)*, wir ſollten gehen.

Er muß te ſich bamit begnügen.	He *was obliged (had to)* to be contented with it.
Er muß te fort, er fühlte ſich veranlaßt, fortzugehen, er konnte nicht länger bleiben.	He *was obliged* (he *felt himself impelled*) to go away, he could not remain any longer.
Es ſollte (müßte) ſo ſein.	It *was destined* to be so. It *was to be so.*
Es müßte für Sie traurig geweſen ſein.	It *must have been* melancholy for you.
Warum muß te ich ſo unglücklich ſein?	Why *should I* be ſo unhappy?
Warum müß te ich ſo viel verlieren?	Why *should I* be (have been) *condemned (destined)* to lose ſo much?
Ich müßte mich ja beſchäftigen.	I couldn't be without occupation.
Sie hätten nothwendig wiſſen müſſen.	You could not but have known.
Er müß te mehr Zeit gehabt haben als ich.	He *must have had* more time than I.
Sie erklärte, baß ein ſolches Benehmen ſie auf immer vertreiben müßte.	She declared that such conduct *must drive* her away for ever.
(79d) NB. Obige Zeit kann nur gebraucht werden, wenn keine völlig abgeſchloſſene Zeit, wie „geſtern" ꝛc, erwähnt wird, z. B.:	
Ich habe öfters hingehen müſſen.	I *have been often* obliged to go there.
Warum haben Sie bas gethan?	Why *have you done (did you do)* that?
Weil ich es gemußt habe.	Because I *have been (was) obliged.*
Iſt bie vergangene Zeit aber völlig abgeſchloſſen, ſo muß man bas *Imperfect* brauchen, z. B.:	
Ich habe geſtern (vorige Woche) gehen müſſen.	I *was obliged* to go *yesterday (last week).*
(80) If I *had been obliged* to go, it would have been very disagreeable to me.	Wenn ich hätte gehen müſſen, ſo wäre es mir ſehr unangenehm geweſen.
(81) Siehe Anmerkung 67, Seite 248.	
(82) Man merke, baß bie 2te und 3te Perſon mit *will* und *will* ſtatt *shall* und *shall* gegeben wird	
(82b) He *ought to have done it*, but he has not done it.	Er hätte es thun müſſen (ſollen), aber er hat es nicht gethan.

Thou oughtest *(to go)* (bthau oahteßt), bu follteft gehen.	You ought *(to go)*, ihr folltet gehen.
He, she, ought *(to go)*, er, fie follte gehen.	They ought *(to go)*, fie follten gehen.

Zusammengesetzte Zeit.

Perfect unb *Plusquamperfect.*

Singular.	*Plural.*
I ought to have gone (gonn) *(yester-day)*, ich hätte (geftern) gehen follen, ich follte (geftern) gegangen fein.	We *ought* to have gone *(yesterday)*, wir hätten (geftern) gehen follen, wir follten (geftern) gegangen fein.
Thou oughtest to have gone, bu hätteft (geftern) gehen follen.	You *ought* to have gone, ihr hättet (geftern) gehen follen.
He ought to have gone, er hätte (geftern) gehen follen ([84]).	They *ought* to have gone, fie hätten (geftern) gehen follen.

§. 132. Das Zeitwort *ought*, auf welches ftets der Infinitiv mit der Präpofition *to* (zu) folgen muß, brückt, wie *should*, das Imperfectum von *shall* (follen), eine durch Pflicht oder Schicklichkeit gebotene Nothwendigkeit aus, z. B.:

I *ought* to have written to L. yesterday.	Ich hätte geftern nach L. fchreiben follen.
He *ought* to learn English.	Er follte englifch lernen.
She *ought* to be sent to school (ftuhl).	Sie follte in die Schule gefchickt werden.
Ought I to fight him?	Sollte ich mich mit ihm fchlagen?
Ought we not (to) visit Mr. T.?	Sollten wir ben Herrn T. nicht befuchen?
You *ought* to study more.	Sie follten mehr ftubiren.
You *ought* to have done it this morning.	Sie hätten es heute Morgen thun follen.
Writing is an art which every one *ought* to know.	Das Schreiben ift eine Kunft, welche Jedermann wiffen follte.

NB. *Ought* brückt bie Pflicht, Schicklichkeit unb Verbindlichkeit nachbrücklicher aus als *should*. Siehe Regel IX. S. 480 ber Syntaxis.

§. 133. V. Will, wollen, (Willens fein).

Infinitiv unb Participien: fehlen ([85]).

Praesens.

Singular.	*Plural.*
I **will** *come* (ei uill komm), ich will kom-men.	We will *come* (uih uill komm), wir wollen kommen.
Thou wilt come (bthau uillt komm) bu willft ob. wirft kommen.	You will come (juh uill komm), ihr wollt ob. werbet kommen.
He will come (hih uill komm), er will ob. wird kommen.	They will come (btheh uill komm), fie wollen ob. werden kommen.

Imperfect.

Singular.	*Plural.*
I would *go* (ei uubb goh), ich wollte, möchte gehen.	We would *go* (uih uubb goh), wir woll-ten, möchten gehen.

---

(83) Das Zeitwort "ought" ift bas einzige Hülfszeitwort, welches vor bem folgenben Infinitiv bie Präpofition "to" erforbert. Siehe §. 214. Seite 336.

(84) Im Deutfchen hat man kein Zeitwort, um ought im Präfens genau wieder zu geben; man kann es nur mit bem Imperfectum follte ausbrücken — "Ought to go" brückt bie gegen-wärtige, "ought to have gone" bie vergangene Pflicht aus

(85) Das obige "will" ift nur Hülfszeitwort, es gibt aber auch im Englifchen ein felbftftänbiges Zeitwort "to will" (wollen, befehlen, burch ein Teftament vermachen), welches regelmäßig ift, z. B.: Praes. I *will*, thou *willest*, he *wills*; we *will*, you *will*, they *will*. Imp. I *willed*, thou *willedst*, he *willed*; we, you, they *willed*.

Außer im Particip unb im Sinne von „vermachen" wirb to will felten gebraucht, z. B.:
He has *willed* him £ 100. | Er hat ihm 100 Pfund vermacht.

Thou wouldst go (bthau uubbſt goh), bu wollteſt, möchteſt gehen.	You would go (juh uubb goh), ihr wolltet, möchtet, würbet gehen.
He (she) would go (hih, ſchih, uubb goh), er, (ſie) wollte ([65]) gehen.	They would go (bthey uubb goh), ſie wollten, möchten, würden gehen.

§. 134. Da *"will (wollen)"* keinen Infinitiv und keine Particiпien hat, ſo werden die übrigen Modus und Zeiten von **wollen** in der Bedeutung einwilligen, öfters durch *to be willing* ([85b]), Willens ſein ([85c]), oder durch *to wish (to desire, to want, to mean)* gebildet.

§. 135. **Vom Zeitwort To wish, wünſchen, wollen.**

§. 135b. Für den Anfänger iſt es ſehr rathſam, wenigſtens bis er in der Sprache etwas bewandert iſt, die zuſammengeſetzten Zeiten von „wollen", mittels des Zeitwortes *to wish* (wünſchen), zu überſetzen. Hier folgt deſſen Conjugation und Anwendung:

Infinitiv der Gegenwart: To wish (t' uiſch) ([56]), wünſchen, wollen.
— der Vergangenheit: To have wished ([57]) (uiſch'b), gewünſcht haben.

Participien.

Particip der Gegenwart: Wishing ([58]), wünſchend, wollend.
— der Vergangenheit: Wished (uiſch'b), gewünſcht, gewollt.
Zuſammengeſetztes *Particip*: Having wished ([58]), gewünſcht, gewollt habend ([89]).

Perfect.

Singular.	*Plural.*
I have long wished (uiſch'b) *it*, ich habe es lange gewollt.	We have long wished *it*, wir haben es lange gewollt.
Thou hast long wished it, bu haſt es lange gewollt.	You have long wished it, ihr habt es lange gewollt.
He (she, it) has long wished it, er (ſie, es) hat es lange gewollt.	They have long wished it, ſie haben es lange gewollt.

§. 136. NB. Wenn eine völlig abgeſchloſſene vergangene Zeit angegeben iſt, ſo wird „ich habe gewollt" ꝛc. mit dem Imperfectum von *to wish*, wünſchen, wollen, gegeben (ſ. Anm. 6, S. 303.), z. B.:

([85b]) Ueber „wollen = beabſichtigen, im Begriff ſein, gern wollen", ꝛc., ſiehe Reg. X. XI. S. 460.
([85c]) I have been willing", ich bin Willens geweſen, ich habe gewollt, ꝛc.
    I had been willing", ich war Willens geweſen, ich hatte gewollt, ꝛc.
    I shall be willing", ich werde Willens ſein, ich werde wollen, ꝛc.
    I should be willing", ich würde Willens ſein, ich würde wollen, ꝛc. .
    * Dieſe Zeitformen werden ſelten gebraucht, außer wie folgt:

Iſt er Willens es zu thun?	Is he *willing* to do it?
Wird er es gern thun?	Will he do it willingly?
O ja, ſehr gern. Nein, nicht gern.	Oh yes, very willingly. Not, not willingly.

([86]) NB. So oft das deutſche „wollen" in der Bedeutung „gefallen", gebraucht wird, giebt man es im Engliſchen mit *to please*, z. B.:

You may (can) do what you please.	Sie können thun was Sie wollen
He shall go wherever I please.	Er ſoll gehen, wohin ich will (wohin es mir gefällt)
Let them do whatever they please.	Laß ſie thun, was ſie wollen.

([87]) *To have wished* such a thing, was impertinent
     Es etwas gewünſcht (gewollt) zu haben, war unverſchämt.
([88]) Das gegenwärtige und zuſammengeſetzte Particip wird im Engliſchen ſehr häufig gebraucht, im Deutſchen aber meiſtens durch einen Nebenſatz mit den Bindewörtern „da, indem, während, als, nachdem ꝛc." wiedergegeben, z. B.:

Wishing to see you (him, her, etc.), I came to town.	Da ich Sie, (ihn, ſie, ꝛc.) zu ſehen wünſchte (ſehen wollte), ſo kam ich nach der Stadt.
Having long wished to see London, I went there last summer.	Da ich lange gewünſcht (gewollt) hatte, London zu ſehen, ſo ging ich vorigen Sommer dahin.

([89]) In der Bedeutung wünſchen kann man *to wish* auch im Präſens und Imperfectum brauchen.
Präs. I wish, thou wishest, he wishes (uiſches), we, you, they wish, ich wünſche, ꝛc.
Imp. I wished, thou wishedst, he, we, you, they wished (uiſch'b), ich wünſchte, ꝛc.

l it yesterday (ei uisch'b itt l, gestern habe ich es gewollt.	We wished it yesterday, gestern haben wir es gewollt ([69b]).

Plusquamperfect.

ished it, ich hatte es gewollt.	We had wished it, wir hatten es gewollt.

1stes *Futurum.*

rish it, ich werde es wollen.	We shall wish it, wir werden es wollen.
lt wish it, bu wirst es wollen.	You will wish it, ihr werdet es wollen.
wish it, er wird es wollen.	They will wish it, sie werden es wollen.

2tes *Futurum.*

ave wished it, ich werde es haben.	We shall have wished it, wir werden es gewollt haben.

Conditional der Gegenwart.

wish it, ich würde es wollen.	We should wish it, wir würden es wollen.
ouldst wish it, bu würdest es 2c.	You would wish it, ihr würdet es wollen.
d wish it, er würde es wollen.	They would wish it, sie würden es wollen.

Conditional der Vergangenheit.

have wished it, ich würde es haben.	We should have wished it, wir würden es gewollt haben ([69c]).

D. Allgemeine Regel über shall und will.

137. Anfänger im Allgemeinen finden den Gebrauch der itwörter *shall* und *will*, *should* und *would* etwas schwer, wenn aber die folgenden Regeln gut merken, so werden sie in der ung dieser Wörter nur wenige Schwierigkeiten finden ([90]).

Shall und will mit „werden" übersetzt.

Shall bezeichnet bloß in der ersten Person des Singulars und die Zukunft und muß im Deutschen mit „werden" übersetzt z. B.:

o it to-morrow.	Ich werde es morgen thun.
l write this afternoon.	Wir werden heute Nachmittag schreiben.

Will brückt nur in der zweiten und dritten Person des Sin= und Plurals, wie *shall* in der ersten, die Zukunft aus, und lglich auch mit „werden" übersetzt werden, z. B.:

do it to-morrow.	Er wird es morgen thun.
receive a letter soon.	Ihr werdet bald einen Brief empfangen.
ll arrive on Sunday.	Sie werden am Sonntag ankommen.

obigen Beispielen sieht man, daß kein Befehl, kein Entschluß darin liegt, nur eine einfache Voraussetzung von etwas, welches geschehen wird.

---

r wollte es haben?	Who *wished* to have it?
wollte es gestern haben.	I *wished* to have it yesterday.
rum? Weil ich es haben wollte.	Why? Because I *wished* to have it.

Präsens des Conjunctivs bleiben alle Personen des Zeitworts im *Singular* und *Plural* der en Person des Indicativs gleich. Ueber die anderen Zeiten s. Anmerk. 6—9, Seite 223.
. Folgendes Schema wird dieses erleichtern:
einfache Zukunft: 1. I *shall*, 2. thou *wilt*, 3. he *will*. We *shall*, you *will*, they *will*.
hluß, Befehl: 1. I *will*, 2. thou *shalt*, 3. he *shall*. We *will*, you *shall*, they *shall*.

Von should und would, werden.

§. 137ᵇ. 1) Mit *should* und *would* verhält es sich ganz ähnlich wie mit *shall* und *will*. *Should* dient in der ersten Person des Singulars und Plurals zur Bildung des Conditionals und wird mit „würden" übersetzt, z. B.:

I *should* have gone, but it rained.	Ich würde gegangen sein, aber es regnete.
We *should* go, but we have no time.	Wir würden gehen, haben aber keine Zeit.
I *should* have died, if no one had been there.	Ich würde gestorben sein, wenn Niemand dort gewesen wäre.

2) Die übrigen Personen werden mit *would* gebildet, welches, wie *will* in der zweiten und dritten Person des Singulars und Plurals des Präsens, nur voraussagt, z. B.:

He (she) *would* go to-morrow, if you would go with him.	Er (sie) würde morgen gehen, wenn Sie mit ihm gehen würden.
She *would* have died, if no one had been there.	Sie würde gestorben sein, wenn Niemand dort gewesen wäre.
You *would* be pleased at it.	Sie würden darüber vergnügt sein.
They *would* be happy in their own country. — That *would* be a pity.	Sie würden in ihrem eigenen Lande glücklich sein. — Das würde schade sein.

Das bestimmte Sollen, shall.

§. 138. 1) In der ersten Person des Singulars und Plurals wird das bestimmte „Sollen" zur Vermeidung von Zweideutigkeiten häufig mit *must (to be ordered, desired, etc.)*, statt mit *shall* ausgedrückt, z. B.:

I *must* go to London.	Ich muß (soll) (⁹¹) nach London gehen.
We *must* stay at home.	Wir müssen (sollen) zu Hause bleiben.
He says that I *shall (must)* do it (⁹⁰ᵇ).	Er sagt, daß ich es thun soll.
I am *desired* to inform you of it.	Ich soll Ihnen davon benachrichtigen.

2) In den zwei letzten Personen des Singulars und Plurals zeigt *shall* ein Versprechen, Befehlen und Drohen an, und muß in der Regel mit „sollen" übersetzt werden, z. B.:

He (she) *shall* do it for you.	Er (sie) soll (⁹¹) es für Sie thun.
You *shall* go wherever I please.	Ihr sollt hingehen, wohin ich will.
They *shall* be punished. He *shall* die.	Sie sollen bestraft werden. Er soll sterben.

Should, sollen.

§. 139. *Should* drückt wie das deutsche „sollte" eine Pflicht, eine Voraussetzung, eine Zufälligkeit und Nothwendigkeit aus, z. B.:

I *should* study more, but I am too idle.	Ich sollte mehr studiren, bin aber zu faul.
If he *should* go to the country.	Wenn er auf's Land gehen sollte.
We *should* visit our friend	Wir sollten unsern Freund besuchen.
You *should* learn the verbs by heart.	Sie sollten die Verben auswendig lernen.
They *should* not go out in the rain.	Sie sollten in dem Regen nicht ausgehen.
It *should* be much larger.	Es sollte viel größer sein.
He *should* have come yesterday.	Er hätte gestern kommen sollen.
He promised that she *should* visit us.	Er versprach, daß sie uns besuchen sollte.

(⁹⁰ᵇ) NB. In Fragesätzen stimmt *shall* mit „sollen" ganz überein, z. B.:
Shall I (shall we) write to-morrow. | Soll ich (sollen wir) morgen schreiben?
(⁹¹) Ueber das deutsche Sollen in Sätzen wie „er soll reich sein" (he is said to be rich), wir sollen gehen (we are to go), etc., siehe Regel II. Seite 486 der Syntaxis.

Wollen, will.

§. 140. 1) In der ersten Person des Singulars und Plurals wird das deutsche „Wollen" durch *will* ausgedrückt, z. B.:

I *will* give you a guinea (ghinnih), when you have done it.	Ich will Ihnen eine Guinee geben, wenn Sie es gethan haben.
We *will* punish you, if you do not mend. I *will* have justice.	Wir wollen Sie bestrafen, wenn Sie sich nicht bessern. Ich will Gerechtigkeit.

2) Die übrigen zwei Personen des Singulars und Plurals werden gewöhnlich auch mit *will* ausgedrückt, obgleich es in diesen beiden Personen auch dem „Werden" entspricht; man erkennt aber die Bedeutung des Wollens leicht an der Betonung, oder aus dem Zusammenhange, z. B.:

They *will* come; yes, they *will!* ([91b])	Sie wollen kommen; ja, sie wollen!
You *will* be still my friend, I know you *will*, though others forsake me.	Sie wollen immer noch mein Freund sein, ich weiß, Sie wollen es, obgleich andere mich verlassen.
He *will* do what he pleases, there is no use in talking to him.	Er will thun, was ihm gefällt, es ist nutzlos, mit ihm zu sprechen.

Would, wollen.

§. 140b. 1) Gerade wie *will* drückt *would*, wie oben erklärt, in der ersten Person des Singulars und Plurals das deutsche Wollen, aber viel unbestimmter, aus, z. B.:

I *would* not do it for the world.	Ich wollte es nicht um die Welt thun.
We were invited to go, but we *would* not go.	Wir wurden eingeladen hinzugehen, aber wir wollten nicht gehen.

2) Bei den übrigen Personen erkennt man leicht den Sinn an der Betonung des Sprechenden, oder aus dem Zusammenhange des Satzes, z. B.:

He declared that he *would* not take it ([91c]).	Er erklärte, daß er es nicht nehmen wollte.
What *would* you have me do?	Was wollten Sie, daß ich thun sollte?
They were told to do it, but they *would* not (do it) ([91d]).	Man sagte ihnen, daß sie es thun sollten, sie wollten es aber nicht.

[91b] Wenn das deutsche „wollen" etwas von dem Begriff „des Wünschens" in sich schließt, so gibt man es mit "to wish", z. B.:

I have long *wished* to see London.	Ich habe lange London sehen wollen.

NB. Das bestimmte deutsche „er will" gibt man mit "to insist", z. B.:

He *insists* on going to Paris.	Er will durchaus nach Paris gehen.

[91c] NB. 1. Da "would" im Englischen viel unbestimmter als das deutsche „wollten" ist, so ist es besser letzteres mit "to wish, oder to want" zu geben, z. B.:

Wollten Sie, daß ich unglücklich sei?	Would *you wish* me to be unhappy?
Er wollte mich und dann sich selbst tödten.	He *wished (wanted)* to kill me, and then himself.
Sie wollten es thun, ich aber wollte es nicht.	You *wished (wanted, desired)* to do it, but I did not wish it.
Sie wollten weglaufen, wurden aber durch die Polizei verhindert.	They *wished (tried, attempted, endeavoured)* to run away, but they were prevented by the police.
Sie würden weglaufen, wenn sie es könnten.	They *would* run away, if they could.

NB. 2. Häufig muß man "I would, we would" mit „würden" geben, z. B.:

I *would* go, if I could.	Ich würde gehen, wenn ich es könnte.

[91d] Folgender Satz wird das Obige erläutern: Ein grönländischer Liebhaber, im Begriff auf die Sommerfischerei abzusegeln, nimmt von seiner Geliebten mit folgenden Worten Abschied:

I *will* chase the deer, I *will* subdue the whale, resistless as the frost of darkness, and unwearied as the summer sun. In a few weeks I *shall* return, prosperous and wealthy, then *shall* the roe-fish and the porpoise feast thy kindred, the fox and the hare *shall* cover thy couch, the tough hide of the seal *shall* shelter thee from cold, and the fat of the whale *shall* illuminate thy dwelling. *Dr. Johnson's Rambler.*

§. 141. Alle Regeln über diese Wörter sind unglücklicherweise mehreren Ausnahmen unterworfen, doch wenn man sich jedoch fest an die folgenden Conjugationen von wollen, sollen und werden hält, so kann man sich nicht sehr irren.

§. 142. Will, bestimmtes „Wollen".

Praesens.

Singular.	Plural.
I will go (ei uill goh), ich will gehen.	We will go (uih uill), wir wollen gehen.
Thou wilt go (bthau uillt goh), du willst gehen.	You will go (juh uill goh), ihr wollt gehen.
He (she) will go (hih, schih uill goh), er (sie) will gehen.	They will go (btheh uill goh), sie wollen gehen.

Imperfect.

Singular.	Plural.
I would (uubb) go, ich wollte gehen.	We would go, wir wollten gehen.
Thou wouldst go, du wolltest gehen.	You would go, ihr wolltet gehen.
He (she) would go, er wollte gehen.	They would go, sie wollten gehen.

Fragende Redeform.

Praesens.

Singular.	Plural.
Will I go (91e)? will ich gehen?	Will we go? wollen wir gehen?
Wilt thou go (92) (uillt bthau goh)? willst du gehen?	Will you go (uill juh goh)? wollt ihr gehen?
Will he (she) go (uill hih (schih) goh)? will er (sie) gehen?	Will they go (uill btheh goh)? wollen sie gehen?

Imperfect.

Singular.	Plural.
Would I go? wollte ich gehen?	Would we go? wollten wir gehen?
Wouldst thou go (uubbst bthau goh)? wolltest du gehen?	Would you go (uubb juh goh)? wolltet Ihr (wollten Sie) gehen? (93).
Would he (she) go (uubb hih (schih) goh)? wollte er (sie) gehen?	Would they go (uubb btheh goh)? wollten sie gehen? (s. §. 135. S. 254).

(91e) In der ersten Person des *Singulars* und *Plurals* darf man im Englischen "*will*" als Fragewort, bloß wie folgt gebrauchen:
  You ask, *Will I (we)* go to the concert? | Sie fragen, ob ich (wir) in das Concert gehen will (wollen)?
  Yes, I (we) will. | Ja, ich will (wir wollen).

(92) Wenn man im Deutschen mit wollen fragt, so darf man in der Regel auch im Englischen *will* gebrauchen, z. B.:
  Will you go to the play with me? | Wollen Sie mit mir ins Schauspiel gehen?
  You say, he *shall* do it, but *will* he? | Sie sagen, er soll es thun, will er es aber?
  NB. Eine Ausnahme von dieser Regel macht die erste Person im *Plural.* Stellt man im Deutschen eine directe Frage mit „wollen", so muß man es im Englischen mit "*shall*" geben, z. B.:
  Wollen wir jetzt gehen, oder wollen wir es bis morgen lassen? | *Shall we* go now, or *shall we* leave it till to-morrow?
  Siehe Anmerk 95b, Seite 260.

(93) Wie schon bei den Fürwörtern bemerkt ist, braucht man im Englischen wie im Französischen in allen Verhältnissen des Lebens (außer im Gebet oder in der Poesie) immer die zweite Person in der Mehrzahl you (ihr), als Anredeperson, z. B.:
  How do *you* do? | Wie befinden Sie sich? (Wie geht's dir?)
  You are welcome. | Sie sind willkommen. (Du bist willkommen.)

§. 143. VI. Shall, bestimmtes „Sollen" (93b).

Praesens.

Singular.	Plural.
shall (schall) go, ich soll gehen.	We shall go, wir sollen gehen.
thou shalt go, du sollst gehen.	You shall go, ihr sollet gehen.
(she) shall go, er soll gehen.	They shall go, sie sollen gehen.

Imperfect.

Singular.	Plural.
should (schudd) go, ich sollte gehen.	We should go, wir sollten gehen.
ou shouldst go, du solltest gehen.	You should go, ihr solltet gehen.
(she) should go, er sollte gehen.	They should go, sie sollten gehen.

Past Perfect.

should have gone (gonn), ich hätte gehen sollen.	We should have gone, wir hätten gehen sollen.
ou shouldst have gone, du hättest gehen sollen.	You should have gone, ihr hättet gehen sollen.
should have gone (93c), er hätte gehen sollen.	They should have gone, sie hätten gehen sollen.

Fragende Redeform.

Praesens.

Singular.	Plural.
...ll I go? (94) soll ich gehen?	Shall we go? sollen wir gehen?
...lt thou go? sollst du gehen?	Shall you go? sollet ihr gehen?
...ll he (she) go? soll er gehen?	Shall they go? sollen sie gehen?

b) Es ist wohl zu merken, daß man im Deutschen mittelst „sollen" eine „Pflicht", zugleich aber auch ein „Müssen" ausdrückt; die erstere dieser Bedeutungen des deutschen „sollen" gibt man im Englischen mit "should oder ought", die letztere mit "to be obliged", bisweilen auch mit "shall", z. B.:

Pflicht.

Ich habe das Geld nicht bezahlt, obwohl ich es hätte thun sollen.	I have not paid the money, although I should (ought to) have done* so.
Wir haben es wohl sollen, wir haben es aber doch nicht gethan.	We ought to (should) have done* it, indeed, but yet, we have not done it.
Er hat es nicht geschrieben, wie er es hätte sollen.	He has not written it, as he should have done*.
Sie hätten aber (sehen) sollen.	But you ought to have (gone).
Was haben (hätten) Sie (gesollt) sollen?	What should you have done?* What ought you to have done?*

Müssen.

Ich habe es nicht thun wollen, aber ich habe sollen (müssen).	I did not wish to do it, but I have been (ob. was) obliged.
Er wollte nicht Soldat sein, aber er sollte (mußte).	He did not not like to be a soldier, but he was obliged.
Was haben Sie sollen (müssen)?	What have you been obliged to do?
Alle Menschen wissen, daß sie sterben (sollen) müssen.	All men know that they shall (must) die.

* NB. Im Gebrauch des „sollen und wollen", bedient man sich im Deutschen sehr häufig der Ellipse, im Englischen aber muß das ausgelassene Wort ergänzt werden, z. B.:

Er wollte es nicht (thun), ich zwang ihn aber (es zu thun) dazu.	He refused (did not wish) to do it, but I forced him (to do it).

c) Die fragende Redeform:

Should I (shouldst thou) have gone?	Hätte ich (hättest du) gehen sollen?
Should he (she) have done it?	Hätte er (sie) es thun sollen?
Should we (they) have written?	Hätten wir (sie) schreiben sollen?
Should you have come yesterday?	Hätten Sie gestern kommen sollen?

d) Wie man im Deutschen sollen fragend braucht, so wendet man auch im Englischen shall an, z. B.:

Shall I write to London to-day?	Soll ich heute nach London schreiben?
Shall he bring your horse?	Soll er Ihr Pferd bringen? 2c. 2c.
Should they do it, or should they not?	Sollten sie es thun, oder sollten sie es nicht thun?
Should they have come yesterday?	Hätten sie gestern kommen sollen?

Imperfect.

Singular.	Plural.
Should I go? follte ich gehen?	Should we go? follten wir gehen?
Shouldst thou go? follteft bu gehen?	Should you go? folltet ihr gehen?
Should he (she) go? follte er gehen?	Should they go? follten fie gehen?

§. 144. VII. Shall und will, „Werden" (Hülfszeitwort) (95).

(Zur Bildung des Futurums und Conditionals.)

Praesens.

Singular.	Plural.
I shall go, ich werde gehen.	We shall go, wir werden gehen.
Thou wilt go, bu wirst gehen.	You will go, ihr werdet gehen.
He (she) will go, er wird gehen.	They will go, fie werden gehen.

Imperfect.

Singular.	Plural.
I should go, ich würde gehen.	We should go, wir würden gehen.
Thou wouldst go, bu würdest gehen.	You would go, ihr würdet gehen.
He (she) would go, er würde gehen.	They would go, fie würden gehen.

Fragende Redeform.

Praesens.

Singular.	Plural.
Shall I go? werde ich gehen?	Shall we go? werden wir gehen?
Shalt thou go? wirst bu gehen?	Shall you go? werdet ihr gehen? (95b).
Will he (she) go? wird er gehen?	Will they go? werden fie gehen?

Imperfect.

Singular.	Plural.
Should I go? würde ich gehen?	Should we go? würden wir gehen?
Shouldst thou go? würdest bu gehen?	Would you go? würdet ihr gehen?
Would he (she) go? würde er gehen?	Would they go? würden fie gehen?

§. 145. NB. Ich hoffe durch die vorhergehenden Regeln und Erklärungen einen Theil meiner Muttersprache, woran Tausende scheitern, deutlich und für Jeden verständlich gemacht zu haben. Um aber diesen schweren Theil der Sprache dem Gedächtniß des Lernenden noch tiefer einzuprägen, führe ich die folgende Sammlung von Redensarten hier an, welche ich zu fleißigem Studium empfehle.

☞ NB. In dem Uebersetzungsbuch, welches, nebst Aufgaben über alle Theile der Grammatik, auch Briefe 2c. 2c. enthält, und sowohl Lehrern als Lernenden nicht genug anempfohlen werden kann, findet man manche Regel und Aufklärung hierüber, die man des Raumes wegen hier nicht gut geben konnte.

---

(95) „Werden" wird im Deutschen entweder als Hülfs- oder als selbstständiges Zeitwort gebraucht. Siehe §. 190, Seite 314.
   NB. Ausführliches hierüber findet man Anmerk. 20, Seite 56 des Uebersetzungsbuchs.
(95b) NB. 1. Fragt man nach dem reinen Willen des Befragten, so braucht man "will", ist aber eine Nothwendigkeit, Verbindlichkeit oder ein Gezwungensein angedeutet, so muß man "shall should" in der zweiten Person anwenden, z. B.:

But *will* you do it?	Wollen (werden) Sie es aber auch thun?
Yes, I *will*, to be sure.	Natürlich will (werde) ich es thun.
Shall you be obliged to go?	Werden Sie gehen müssen?
Shall you know it to-morrow?	Werden Sie es morgen wissen?
Yes, I *shall*. No, I *shall* not.	Ja. Nein.

2. Gedächtniß=Uebungen über die mangelhaften Hülfszeitwörter.

§. 146. I. Can, kann, §. 123. Seite 241.

(96) you *speak* English?	Können Sie Englisch sprechen?
but I *can* read and write it.	Nein, aber ich k a n n es lesen und schreiben.
can do what we please, but you *cannot*.	Wir können thun was wir wollen, Sie k ö n n e n es aber nicht.
you accompany me to the theatre?	Können Sie mich in's Theater begleiten?
I, I *can*. No, I *cannot*.	Ja, ich k a n n. Nein, ich k a n n es nicht.
it *cannot* be true.	Das k a n n nicht wahr sein.
can easily believe it.	Ich k a n n es leicht glauben.
ak louder, I *cannot* understand you.	Sprechen Sie lauter, ich k a n n Sie nicht verstehen.
w *can* you say such a thing?	Wie können Sie so etwas sagen?
w! *can* you say such a thing?	Wie! können Sie so etwas sagen?
you *teach* me English?	Können Sie mich das Englische lehren?
I, if you *can* *learn* (it).	Ja, wenn Sie es lernen können.
gold be melted? Yes, certainly.	Kann man Gold schmelzen? Ja, gewiß.

Could, konnte, könnte.

at *could* I (*could* you) do?	Was k o n n t e ich (was k ö n n t e n Sie) thun?
we) *could* do nothing.	Ich k o n n t e (wir k o n n t e n) nichts thun.
told me she *could* not do it.	Sie sagte mir, sie k ö n n t e es nicht thun.
y *could* you not come sooner?	Warum k o n n t e n Sie nicht eher kommen? (Haben Sie nicht eher kommen können?)
ause I *could'nt* (97) (could not).	Weil ich es nicht k o n n t e. (Weil ich es nicht gekonnt habe).
uld not *do* (ob. write) my translation.	Ich k o n n t e meine Uebersetzung nicht machen.
ould give you the money, if I *could*.	Ich würde Ihnen das Geld geben, wenn ich es k ö n n t e.
y *could* have done it, if they *would*.	Sie hätten es thun k ö n n e n, wenn sie es gewollt hätten.

To be able, können.

you think *he has been able* to kill he lion?	Glauben Sie, daß er den Löwen hat tödten k ö n n e n?
doubt, *he has been able*.	Ohne Zweifel, er hat es gekonnt.
I *had been able* to come, I would ave come.	Wenn ich hätte kommen k ö n n e n, so hätte ich es gethan.
morrow I hope *to be able* to write.	Morgen hoffe ich schreiben zu k ö n n e n.
all *be able* to go out to-day.	Heute werde ich ausgehen k ö n n e n.
you be able to go to Paris this inter?	Werden Sie diesen Winter nach Paris gehen k ö n n e n?
but *I should like to be able* to go.	Nein, aber ich möchte gern hingehen k ö n n e n.

NB. 2. Ebenso muß man shall, should brauchen, wenn die Handlung von dem W i l l e n
oder der Macht der Person ganz unabhängig, oder wenn die Aussage prophetisch ist, z. B.:
If he were to die, *should* you feel sorry?	Wenn er sterben sollte, würde es Ihnen leid thun?
Yes, I *should* feel very sorry.	Ja, es würde mir sehr leid thun.
He thinks he *should* feel sorry, if that event were to happen.	Er glaubt er würde ihm leid thun, wenn diese Begebenheit sich ereignen sollte.
There *shall they* pause, to count the millions that have bled.	Da werden sie anhalten, um die Millionen zu zählen, die ihr Blut vergossen haben.
He says he *will* come.	Er sagt, er werde (wolle) kommen.
He hopes he *shall* be able to come.	Er hofft, er werde kommen können.
He *fears* he *shall* not be able to come.	Er befürchtet, er werde nicht kommen können.

b) NB. Folgt auf können = wissen, verstehen ein *Infinitiv*, so braucht man can, nicht to know.
(Siehe Anmerkung 53, Seite 243).
    Im Conjunctiv braucht man in abhängigen Fragesätzen bei allen Personen shall und should.

c) Siehe die verbale Abkürzungen §. 213, Seite 334.

They *would like* to have been able to come yesterday. | Es wäre ihnen lieb gewesen, wenn sie gestern hätten kommen können.
Before you return from India, *I shall have been able* to rebuild my house. | Ehe Sie von Indien zurückkehren, werde ich mein Haus wieder aufgebaut haben können.

§. 147. II. May, dürfen, können, mögen. §. 125. S. 245.

May I go to the country to-morrow? | Darf (kann) ich morgen auf's Land gehen?
No, you *may not (cannot)* ([97b]) go to-morrow, but you *may* the day after to-morrow. | Nein, morgen dürfen (können) Sie nicht hingehen, übermorgen aber dürfen Sie es.
May I read this book? Yes, you *may.* | Darf ich dieses Buch lesen? Ja, sie dürfen es.
It *may* be true, or it *may* not, but I *can* hardly believe it. | Es mag (kann) wahr oder nicht wahr sein, ich kann es aber kaum glauben.
May not a man be rich and good too? | Kann ein Mensch nicht reich und gut zugleich sein?
In the London Docks *you may* see ships of all nations. | In den Londoner Docks kann man Schiffe von allen Nationen sehen.
I *may* perhaps go this afternoon. | Ich gehe vielleicht heute Nachmittag.
You *may* all do what you please. | Sie können alle thun was sie nur wollen.
May you live a thousand years. | Mögen Sie tausend Jahre leben!

Might, dürfte, könnte, möchte.

He *might* have come, if he had wished. | Er hätte kommen können, wenn er es gewollt hätte.
I *wish* he *may* succeed. | Ich wünsche, es möge ihm gelingen.
I wished he *might* have succeeded. | Ich wünschte, daß es ihm gelungen wäre.
You *might* help me, if you would. | Sie könnten (dürften) mir helfen, wenn Sie es wollten.
Six months in Italy *might* restore his health. | Sechs Monate in Italien könnten seine Gesundheit herstellen.
Six months in Italy *might have restored* his health. | Sechs Monate in Italien hätten seine Gesundheit herstellen können.
The same thing *might* happen to you. | Dasselbe könnte Ihnen auch zustoßen.
They *might* have let the poor bird alone *(go, fly away)*. | Sie hätten den armen Vogel gehen (los, wegfliegen) lassen können.
What *might* he not do with such a fortune? | Was könnte er nicht thun mit einem solchen Vermögen?
We feared it *might* rain. | Wir befürchteten, es möchte (könnte) regnen.

b) To like, lieben, gern haben, mögen. §. 127, 128. S. 246.

I *like* every thing that's good, but I *love* the ladies. | Ich habe alles was gut ist gern, aber ich liebe die Damen.
Some years ago *(I was very fond of reading)* I *liked* reading very much. | Vor einigen Jahren las ich sehr gern.
You ask me, *whether I like* Germany? Oh, yes. | Sie fragen mich, ob mir Deutschland gefällt? O ja.

([97b]) NB. 1. Bei Verneinung einer Möglichkeit, sei es eine physische, moralische oder logische, wird können oder dürfen beinahe immer mit can übersetzt, z. B:
I *cannot* tell you what it is, because I have promised secrecy. | Ich kann (darf) Ihnen nicht sagen, was es ist, weil ich Stillschweigen versprochen habe.
Can (may) you *not* write a book? | Können (dürfen) Sie nicht ein Buch schreiben?

NB. 2. Fragt man aber blos nach der Ansicht oder Meinung des Befragten, und ist die Frage verneinend, so gibt man das „können" mit "may", z. B.:
May not a book be instructive and amusing at the same time? | Kann ein Buch nicht belehrend und unterhaltend zugleich sein?
Aber: *Can* you *not* come to-morrow? | Können Sie Morgen nicht kommen?
Siehe Reg. VII., VIII. Seite 479 der Syntax.

Henry VII. never *liked* Anne of Cleves.	Heinrich VIII. mochte (konnte) Anna von Cleve nie leiden.
Would you *like* to learn English?	Möchten Sie wohl (gern) Englisch lernen?
Oh yes, I *should* (ob. *would*) like it very much.	O ja, ich möchte es sehr gern (ich würde es gern lernen).
A lady *wishes* to speak with you.	Eine Dame möchte Sie sprechen.
Are you fond of dogs and horses?	Mögen Sie Hunde und Pferde?
Do you like dogs and horses?	Haben Sie Hunde und Pferde gern?
Oh yes, I *like* all quadrupeds.	O ja, ich habe alle vierfüßigen Thiere gern.

§. 147b. III. Must, müssen. §. 129. S. 250.

My brother *must* be sick, otherwise he would write.	Mein Bruder muß krank sein, sonst würde er schreiben.
What *must* I do now?	Was muß (soll) ich jetzt thun?
You *must* take more care.	Sie müssen sich mehr in Acht nehmen.
I *must* be at the Cadetten-Corps at 6 o'clock.	Ich muß um 6 Uhr bei dem Cadetten-Corps sein.
If you wish to learn, you *must* study more.	Wenn Sie etwas lernen wollen, so müssen Sie mehr studiren.
The Doctor told me what *I must* (*should, ought to*) do, to recover.	Der Arzt sagte mir, was ich thun müsse (sollte), um wieder wohl zu werden.

To be obliged, genöthigt sein, müssen. §. 130. S. 251.

I *was obliged* to go to town yesterday.	Ich mußte gestern nach der Stadt gehen.
We *were obliged* to remain at home.	Wir mußten zu Hause bleiben.
Were you *obliged* to go?	Mußten Sie gehen?
No, I was not *obliged* to go, but yet I went.	Nein, ich mußte nicht gehen, aber ich ging dennoch.
Shall you *be obliged* to leave town?	Werden Sie die Stadt verlassen müssen?
Yes, *I shall be obliged to leave* (ob. I *must* leave) town for a few days.	Ja, ich muß die Stadt auf einige Tage verlassen.
If we went to the ball, we *should be obliged* to dance.	Wenn wir auf den Ball gingen, so würden wir tanzen müssen.
If I had been at the ball, I *should have been obliged* to dance.	Wenn ich auf dem Ball gewesen wäre, so würde ich haben tanzen müssen.

IV. Ought, sollen. (Siehe §. 131. Seite 252.)

§. 147c. V. Will, wollen, §. 133, den Willen haben. S. 253.

I *will* do it for you with pleasure.	Ich will es für Sie mit Vergnügen thun.
He *will* write, I know he *will*.	Er will schreiben, ich weiß, er will es.
We *will* wait till you come, whenever it may be.	Wir wollen warten bis Sie kommen, wann es auch sein mag.
I *would* give you the money, if I could, but unfortunately, I cannot.	Ich würde Ihnen das Geld geben, wenn ich es könnte, aber unglücklicherweise kann ich es nicht.
Would to God my sister *were* here!	Wollte Gott, meine Schwester wäre hier.

To wish, wollen, wünschen. §. 134. S. 254.

What have you *long wished* for?	Was haben Sie lange gewollt?
I have *long wished* for these lodgings.	Ich habe schon lange dieses Logis gewollt.
If I *had wished* it, I *might* (could) have had it.	Wenn ich es gewollt hätte, so hätte ich es haben können.
I shall never *wish* for others' happiness.	Nie werde ich das (nach dem) Glück Anderer begehren (trachten).
Had they wished for the books, they should (*might*) have had ([96]) them.	Hätten sie die Bücher gewollt, so hätten sie sie haben sollen (können).

I have long *wished* (98) *to go* to London.	Schon lange habe ich nach London gehen wollen (98)
If you *wish* to come with me, you must be here at 9 o'clock.	Wenn Sie mit mir g e h e n w o l l e n, so müssen Sie um 9 Uhr hier sein.
Yesterday he *wished* to go to the country, but to-day he *wishes* it no longer.	Gestern hat er auf's Land g e h e n w o l-l e n, aber heute w i l l er es nicht mehr.
I once *wished* to be a king.	Einst wollte ich König sein.
Should you *wish* it afterwards, you shall have it.	Sollten Sie es nachher w o l l e n, so sollen Sie es haben.
If they *had wished* it, they *might (could)* have had it.	Hätten sie es g e w o l l t, so hätten sie es haben können.
You will once *wish* your youth back again.	Sie werden sich bereinst Ihre Jugend zurück wünschen.
What do you *want?* (98 b)	Was wollen (wünschen) Sie?
I *want* nothing at all.	Ich will (wünsche) gar nichts.

§ 147ᵈ. VI. Shall, bestimmtes sollen. §. 145. S. 259.

You say, I *shall go!* Well, if I *shall go*, I *will go*.	Sie sagen, ich s o l l gehen! Gut, wenn ich gehen s o l l, so w i l l ich es auch.
He, she *shall* do it for you.	Er, sie s o l l es für Sie thun.
We *shall not* go out? Why not?	Wir sollen nicht ausgehen? Warum nicht?
You and they *shall do* what I please.	Sie und sie s o l l e n t h u n, was ich will.
Shall I have it, or *shall* I not?	Soll ich es haben, oder (soll ich es) nicht?
You *shall have* it, but they *shall not* (have it).	Sie sollen es haben, aber sie sollen es nicht haben.
They who devise mischief *shall fall* into their own device.	Sie, welche Unheil stiften, werden (sollen) in ihre eigene Schlinge gerathen.

Should, sollte.

He said I *should* stay at home.	Er sagte, ich sollte zu Hause bleiben.
He, she *should* learn more.	Er, sie sollte mehr lernen.
We *should* honour the gods.	Wir sollten die Götter ehren.
You and they *should* do your duty.	Sie und sie sollten Ihre Pflicht thun.
The man *should* have come yesterday, it is too late now.	Der Mann hätte gestern kommen sollen, es ist jetzt zu spät.
You (they) *should have been* rewarded.	Man hätte Sie (sie) belohnen sollen.

VII. Shall, will, etc., werden. §. 146 ꝛc. S. 260.

I *shall* expect you to-morrow.	Ich werde Sie morgen erwarten.
You *will* soon be tired.	Sie werden bald müde sein.
He *will* be here in a moment.	Er wird in einem Augenblick hier sein.
I think it *will* rain to-morrow.	Ich glaube es wird morgen regnen.
We *shall* go to Berlin to-day.	Heute werden wir nach Berlin gehen.
I believe they *will* come this afternoon.	Ich glaube sie w e r d e n diesen Nachmittag kommen.
Should I find you at home, if I came?	W ü r d e ich Sie zu Hause finden, falls ich käme?
Oh yes, you *would*, certainly.	O ja, Sie würden es gewiß.
We *should have* visited him, but we had no time.	Wir w ü r d e n ihn besucht haben, aber wir hatten keine Zeit.
I have no doubt they *would* do it for you.	Ich zweifle gar nicht, daß sie es für Sie thun w ü r d e n.
They *would* do it, if they could.	Sie würden es thun, wenn sie es könnten.
If he *should* come to-morrow, I *will (would)* speak with him.	Wenn er morgen käme (kommen sollte), so will (würde) ich mit ihm sprechen.

---

(98) Ueber die Fälle, wo man im Deutschen zwei Infinitive nach einander setzt, im Englischen aber den Infinitiv und das Particip anwenden muß, siehe Reg. XLVII. Seite 516.

(98b) In der Bedeutung „bedürfen, brauchen", drückt man das deutsche „w o l l e n mit "to want" aus. *I want* (uoannt), *thou wantest, he wants, we want*, etc.

Aufgaben über die mangelhaften Zeitwörter.

I. Can, können, §. 123, Seite 241.

92. Bitte, mein (*) Herr, können Sie mir sagen, welches der² Weg nach *St. James's Park* ist¹? Ich kann² [es] Ihnen⁵ wirklich¹ nicht³ sagen⁴, aber irgend einer von diesen Leuten wird [es] Ihnen sagen können. — Was kann ich für Sie thun? Sie können vieles für mich thun, wenn Sie [es] wollen. — Kann man Diamanten schmelzen? (§. 146, S. 261.) Nein, der Kaiser Franz I. [hat] mit³ einem Brennspiegel einen² Versuch gemacht¹, Diamanten⁵ zu⁴ schmelzen, konnte⁷ es⁹ aber⁶ nicht⁸. — Wo konnten Ihre Freunde so lange gewesen sein? Das kann ich Ihnen nicht sagen. — Wenn ich gestern hätte schreiben können, [so] könnte ich jetzt mit Ihnen ausgehen. — Warum hat er nicht kommen können? Weil er seinen Vater nicht verlassen (*leave*) konnte. (Anmerkung 53, Seite 243.) — Gestern habe ich es gekonnt, heute aber werde ich es nicht mehr können (wissen). — Ich hoffe, ich werde morgen nach Paris gehen können. — Wir möchten gerne nach London gehen können, [um] den Themse=Tunnel zu sehen. — Er möchte gern so⁴ gut wie Sie Englisch³ sprechen² können¹. — Es wäre ihnen lieb gewesen, wenn sie gestern hätten kommen können.

bitte, *pray.* sagen, *tell.* Weg, *way.*	Brennspiegel, *burning-glass.*
nach, *to.* wirklich, *really.*	es, *do it.* ausgehen, *go out.*
irgend ein, *some one.* Leute, *people.*	jetzt, *now.* weil, *because.* zu sehen, *to see.*
vieles, *much.* gemacht, *made.*	sprechen, *to speak.* lieb, *agreable.*
Versuch, *trial.* warum, *why.*	so gut wie, *as well as.*

II. May, dürfen, können, §. 125, 126. S. 245—246, siehe auch §. 147. S. 262.

93. Darf ich heute Abend ins Theater gehen? Ja, Sie dürfen es. Nein, Sie dürfen es heute Abend nicht. — Man kann Menschen (*men*) tödten, aber man kann Dinge (*things*) nicht tödten. — Ich dürfte Gibbon's „Abnahme und den Verfall des römischen Reichs" lesen, wenn ich es wollte. ·· Das (*that⁵*) darf² ich¹ nicht³ thun⁴, denn (*for*) mein Vater (*father*) sagt, daß es Vieles gegen [die] Religion enthält. — Das mag sein, allein es ist wunderschön geschrieben. — Wir dürften wohl zufrieden sein, wenn wir so² einen Freund hätten¹. — Sie könnten eben so gut zu Hause bleiben, als jetzt [erst] gehen, denn es ist zu spät. — Mögen Sie [nur] stets (*ever*) glücklich sein! — Der Teufel hole den Kerl, er hätte mir den Hals brechen können. (Anmerk. 43, S. 241.)

man, *you.* tödten, *kill.*	geschrieben, *written.* wohl, *well.*
Abnahme, *Decline.* Verfall, *Fall.*	zufrieden, *satisfied.* so, *such.*
Reich, *Empire.* wollte, *wished.*	eben so gut, *as well.* denn, *for.*
darf ich nicht, *I am not allowed to*	zu Hause bleiben, *stay at home.*
sagt, *says.* enthält, *contains.*	der Teufel hole, *may the devil take.*
gegen, *against.* allein, *however.*	Kerl, *fellow.* brechen, *broken.*
wunderschön, *beautifully.*	mir, *my* (f. §. 78. S. 187). Hals, *neck.*

To like, lieben, gern haben, mögen, 2c. §. 127. S. 246, auch S. 262.

94. Ich liebe (mag), du liebst (magst), er liebt (mag) Wein und Punsch. — Wir haben, Ihr habet, sie haben [die] Bücher, Zeitungen und Zeitschriften gern. — Früher las und schrieb ich sehr gern, jetzt aber bin ich kein Freund mehr davon. — Mögen Sie die Franzosen [leiden]?

O ja, ich mag. sie wohl [leiden]. Nein, ich mag sie nicht leiden. — Wenn ich die Musik geliebt hätte, so wäre (*) ich gestern Abend ins (**) Concert gegangen. — Möchten Sie gerne nach Italien gehen? O ja, ich möchte sehr gern nach Rom gehen. — Trinken Sie gern Wein? O ja; ich mag [den] Wein. O nein; ich mag [den] Wein nicht.

Punsch, *punch.* Zeitung, *newspaper.*	jetzt aber, *but now.*
Zeitschriften, *periodicals.*	bin ich kein Freund mehr davon, *I like*
früher, *formerly.* sehr, *very much.*	*it no longer.* wohl, *well enough.*

III. **Must**, müssen. §. 129. S. 252, auch S. 263.

95. Die Türken müssen ein sehr phlegmatisches Volk *(people)* sein. Das müssen sie [wohl]. — Napoleon muß ein großer Mann gewesen sein. Das muß er wohl (gewesen sein). — Wie viele Jahre müssen die englischen Soldaten *(soldier)* dienen? Sie müssen ein und zwanzig Jahre dienen, dann aber (***) bekommen sie eine Pension von zwei und vierzig Kreuzern täglich. — Sie müssen viele Länder gesehen haben? Das habe ich [wohl]. — Es müßte für Sie sehr unangenehm gewesen sein. Das war es [auch]. — §. 130. Seite 251. Gestern habe ich im Regen nach der Stadt gehen und zwei³ Stunden⁵ lang⁴ dort² warten¹ müssen. — Der „sehr hohe und sehr mächtige Kaiser von Marocco, der Liebling *(Favorite)* Gottes, der Unbesiegbare *(Invincible)*, der Schatz der Weisheit" wird [sich] wahrscheinlich den Franzosen unterwerfen müssen. — Was wird er thun müssen? Er wird sich unterwerfen müssen. — Wenn ich nach Calcutta hätte gehen müssen, [so] hätte es mir in aller Wahrscheinlichkeit das (⁹⁹) Leben gekostet.

phlegmatisch, *phlegmatic.*	nach der Stadt, *to town.* dort, *there.*
das müssen sie, *that they must (be).*	warten, *to wait.* lang, *full.*
großer, *great.* wie, *how.*	sehr hohe, *High.* sehr mächtig, *Mighty.*
dienen, *serve in the army.*	Schatz der Weisheit, *Treasure of Wis-*
dienen, *serve.* dann, *then.*	*dom.* wahrscheinlich, *very probably.*
bekommen. *receive.* täglich, *a-day.*	unterwerfen, *to submit.* gekostet, *cost.*
Land, *country.*	in aller Wahrscheinlichkeit, *in all proba-*
unangenehm, *disagreeable.*	*bility.*

IV. **Ought**, sollen, müssen. §. 131. S. 252.

96. Musik ist eine Kunst, welche Jedermann lernen sollte. — Meinen Sie, daß ich es thun sollte? Auf jeden Fall sollten Sie es thun. — Jener Winkel unter der Mauer müßte eine Reihe Bänke haben. — Man sollte sich in Acht nehmen. — Wir hätten zu Hause bleiben sollen. — Sie hätten klüger sein sollen, aber [die] Klugheit kommt oft zu spät. — Was, sagen Sie, daß ich hätte thun sollen? Sie hätten Hume's Geschichte von England und Milton's verlornes Paradies lesen sollen.

Kunst, *art.* meinen sie, *do you think.*	klug, *prudent.* man, *people.*
auf jeden Fall, *by all means.*	Klugheit, *prudence.* oft, *often.*
Winkel, *corner.* Mauer, *wall.*	zu spät, *too late.*
Reihe Bänke, *row of benches.*	sagen Sie, *do you say.*
sich in Acht nehmen, *take care of them-*	Geschichte, *history.*
selves (s. §. 164. Seite 286)	verlornes Paradies, *Paradise Lost.*

(*) Siehe Anmerk. 10, Seite 224. (**) Siehe Anmerk. 20. Reg. XVII Seite 400.
(***) Wie schon Anm 51, S. 196 bemerkt, steht but „aber" immer am Anfang des Gegensatzes.
(99) Siehe §. 78. Anmerkung 31, Seite 187.

V. Will, wollen. §. 133. S. 253, auch §. 147c. S. 263.

7. Möchten (100) Sie wohl die Güte (kindness) haben mir zu
wo (where) die königliche Bibliothek ist? Mit vielem Vergnügen
-e); ich will Sie dahin begleiten. — Geschehe was da wolle, wir
Ihnen beistehen. — Wollten (Anmerk. 91c, S. 257.) Sie, daß
unglücklich sei? Nein, das wollte ich nicht, ich wollte nur Ihr
— Wollte Gott, mein Bruder wäre hier! — Wollten (would)
einen Mann ganz zu Grunde richten, der schon unglücklich genug
ja, das wollten sie.

e Bibliothek, royal library.	Glück, happiness.
, accompany. dahin, there.	wäre, were. ganz, totally.
was da wolle, happen what may.	zu Grunde richten, to ruin. schon, already.
, assist.	unglücklich, unfortunate.
r ever. nur, only.	genug, enough.

To wish, wünschen, wollen. §. 135. S. 254, auch S. 263.

3. Warum (why) haben Sie mein² Buch weggenommen¹? Weil
e) ich es wollte¹ haben². — Wer wollte es (haben)? Meine
wollte es (haben), deswegen habe ich es gethan. — Hätte ich
's Werke gewollt, [so] hätte ich sie bekommen können. — Sollten
nach⁴ Sydney zu³ mir kommen² wollen¹, [so] haben Sie [es] mir
ssen zu lassen. Sie können sich darauf verlassen, daß wir [es]
schreiben werden, wenn wir jemals Lust dazu (it) haben sollten. —
³ werden² sie¹ sich⁵ in⁷ ihre Heimath (native country) zurück⁶
:n⁴.

mmen, taken away.	jemals, ever. nur, only. Lust haben, wish.
, and that's the reason.	mich wissen zu lassen, to let me know.
es gethan, I did it.	können sich darauf verlassen, may depend
wished for. bekommen, had.	upon it. zurück, back.

VI Shall, sollen. §. 143. S. 259, auch §. 147d. S. 264.

9. Sie sollen in Herrn Palm's Buchladen gehen, und mir (me)
s „Liebe der Engel" kaufen (buy); und er, sie, soll in die Schule
— Ich soll das thun? Ja, Sie sollen es. Nie! — Sie (Pl.)
es thun sollen. — Was hätten sie (thun) sollen? Sie hätten ihre
thun sollen. — Was soll ich dem Herrn Pry sagen, falls er fragen
Sie sollten ihm gar nichts sagen. — Sollte Herr Lackash mir
old (money) verweigern (refuse), was soll ich dann thun? Sie
ihn² beim Gericht verklagen (summon)¹. Das werde ich auch thun.

r Engel, "Loves of the Angels."	dem, to. sagen, say. (*) falls, in case.
Schule, to school (s. Anm. 20.	fragen, ask. gar nichts, nothing at all.
399).	beim Gericht, before the court of justice.
-r. Pflicht, duty.	auch thun, do too.

VII. Shall, will, werden. §. 144. S. 260, auch 264.

00. Heute Abend werde ich ins Theater gehen, [um] des unsterb=
Mozart Don Juan (bschuen) zu hören; werden³ Sie² vielleicht¹ auch⁵
:n⁴? Nein, ich danke (101), ich werde einige Briefe nach Hamburg
n müssen. — Wann werden wir England wieder sehen? Wir

werben es hoffentlich bald wieder sehen. — Soll ich jetzt (*know*[2]) den[3] Arzt holen (*fetch*)[1]? Nein, Sie sollen ihn gar nicht holen, [sondern] Sie sollen thun, was ich Ihnen befohlen [habe]. — Wollen Sie so gut sein, und mir etwas Butterbrob geben? — Möchten Sie [wohl] ein Glas Wein? [Ich] banke ([101]), [wenn Sie es erlauben], werde[2] ich[1] ein[4] Glas Portwein nehmen[3]. — Würden Ihre Freunde kommen, wenn wir sie einlüden? O, ich glaube wohl, sie würden kommen. — Würden Sie dasselbe in meinem Falle thun? Unbebingt, ich würde es thun.

zu hören, *to hear.*
unsterbliche, *immortal.*
wieder, *again.* hoffentlich, *I hope.*
ihn gar nicht holen, *not fetch him at all.* befohlen, *ordered.*
so gut sein, *have the kindness.*
und geben, *to give.* etwas, *some.*

Butterbrob, *bread and butter.*
Wein, *of wine* (f. Reg. **IV.** S. 406 bei Syntaxis). banke, *thank.*
nehmen, *take.* einlüben, *invited.*
O, ich glaube wohl, *O yes, I'm sure.*
dasselbe, *the same.* Fall, *case.*
unbebingt, *without doubt* ob. *certainly.*

F. Fragen über die Hülfszeitwörter.

1. Gibt es im Englischen die nämlichen Arten von Zeitwörtern wie im Deutschen? §. 106. Seite 221.
2. Wie viele Conjugationen und wie viele Hülfszeitwörter gibt es? §. 109. S. 221.
3. Wie viele einfache Zeiten hat das Zeitwort im Englischen? §. 108. 109. S. 221.
4. Wie werden die zusammengesetzten Zeiten ausgedrückt? §. 109. S. 221.
5. Wie heißen die Hülfszeitwörter? §. 109. S. 221.
6. Aendert sich das Zeitwort im Conjunctiv nach der Person oder bleibt es stets gleich? Anmerk. 6. S. 223.
7. Wie bildet man das gegenwärtige Particip bei allen Zeitwörtern? Anm. 2. S. 222.
8. Darf man das gegenwärtige Particip bei allen Personen anwenden? Anm. 14. Seite 226.
9. Wo muß bei Fragen das Zeitwort stehen? Wo das Verneinungswort *not* (nicht)? Anmerk. 3. S. 222.
10. Wenn man im Deutschen das Imperfectum des Conjunctivs statt des 2ten Conditionals braucht, welche Zeit des Zeitworts muß man da im Englischen brauchen? Anmerk. 10. S. 224.
11. Welches Zeitwort braucht man im Englischen als Hülfszeitwort, um *to be*, „sein", (und alle thätigen Zeitwörter überhaupt) zu conjugiren? Anm. 18. S. 227.
12. In welchen Fällen braucht man das Particip der Gegenwart? Anm. 28. 1. 2. S. 233.
13. Wann muß man das Hülfszeitwort *to do* brauchen? §. 115—118b. S. 234.
14. Wann darf man *to do* nicht brauchen? §. 116. S. 235.
15. Wie viele mangelhafte Zeitwörter gibt es und wie heißen sie? §. 122. S. 241.
16. Wie unterscheidet sich *can* von *may*? Anmerk. 43. S. 241.
17. Wie brückt man „ich habe gekonnt", „ich werde können", im Englischen aus? §. 124. S. 242.
18. Wie brückt man das „ich barf" §. 125., „mögen Sie!" §. 128. aus? Seite 245.
19. Wie brückt man das „ich mag, ich möchte" aus? §. 127. S. 246.
20. Wie brückt man das deutsche „ich liebe das Lesen" 2c. aus? §. 128. S. 250.
21. Wie brückt man das „ich mußte, ich habe gemußt, ich werde müssen" aus? §. 130. S. 251.
22. Wie brückt man das „ich habe gewollt" aus? §. 135. S. 254.
23. Ueber *shall* und *will* siehe Frage und Antwort. §. 137—147. S. 255.

---

(101) Das kurze deutsche „banke, ich banke" gibt man im Englischen mit *„thank you* ob. *I thank you"*, oder höflicher *„thank you, sir, (madam)"*, banke Ihnen, mein Herr (Madam).

XI. Kapitel.

Vom regelmäßigen und unperfönlichen Zeitwort.

- Regeln über die regelmäßigen und anderen Zeitwörter.
- Conjugation des tranfitiven Zeitwortes to love, lieben.
- Conjugation des Zeitworts to love, fragend, verneinend, 2c.
- Conjugation eines leidenden Zeitworts. Fragend, 2c.
- Conjugation des intranfitiven Zeitworts to walk, gehen.
- Conjugation eines zurückführenden Zeitwortes, 2c.
- Conjugation der unperfönlichen Zeitwörter. M. Fragen.

A. Regeln über die regelmäßigen und anderen Zeitwörter.

§. 148. Ein Zeitwort heißt regelmäßig, wenn es sein Imper=
:tum und Particip der Vergangenheit *(Participium Perfectum)*
ırch die Anhängung von *ed*, oder, falls das Zeitwort sich auf *e*
digt, bloß von *d* an den Infinitiv bildet, als: to love (lieben),
loved (ich liebte), *loved* (geliebt) (*).

§. 148. *a)* Die erfte Perfon in der Einzahl, fo wie die drei
erfonen in der Mehrzahl aller Zeitwörter [fowohl regelmäßig als
ıregelmäßig (¹)], des *Praesens Indicativ* find immer dem *Infinitiv*
eich, z. B.:

Infinitiv: to love, lieben.

love, we love, you love, they love, ich liebe, wir lieben, ihr liebet, fie lieben.

In der zweiten Perfon der Einzahl hängt man *est*, oder bei Zeitwörtern auf *e*
oß *st*, in der 3ten Perfon ein *s* an (vergleiche §. 149 S. 270), z. B.:

ıou lov*est*, du liebft.	Thou hammer*est*, du hammerft.
² (she, it) love*s*, er (fie, es) liebt.	He hammer*s*, er hammert.

Imperfectum und Particip der Vergangenheit.

§. 148. *b)* Das Imperfect und Particip der Vergangenheit
ırben dadurch gebildet, daß man dem Infinitiv *ed*, oder, falls er fich
ıf *e* endigt, bloß *d* anhängt. Im Imperfect ftimmen die erfte und
itte Perfon der Einzahl und die drei Perfonen der Mehrzahl immer
erein, z. B.:

I, he (she) it, } lov*ed*, ich, er (fie, es) liebte, rief.
we, you, they } call*ed*, wir liebten, ihr liebtet, fie liebten, riefen.

Die zweite Perfon in der Einzahl wird durch Hinzufügung eines *st* an das
nperfectum, als: thou loved*st*, du liebteft, gebildet.

Participium.

§. 148. *c)* Das Particip der Gegenwart wird vom Infinitiv
bildet, indem man die Silbe *ing* anhängt, als:

To *say*, fagen, *saying*, fagend; *to pay*, zahlen, *paying*.

(*) Daß es im Englifchen nur eine einzige Conjugation gibt, ift fchon §. 110, S. 222 gefagt worden.

Wenn aber der Infinitiv auf ein stummes *e* endigt, so fällt dieser Vokal bei Anhängung von *ing* weg, z. B.:

> To love, lieben, *loving*, liebend; *to come*, kommen, *coming* (¹).

Zeitwörter, die auf *ie* endigen, verändern *ie* in *y*, z. B.:

> To lie, liegen, *lying*, liegend; *to tie*, zubinden, *tying*, zubindend; *to die*, sterben, dying, sterbend (¹c).

§. 148. *d)* Das Particip der Vergangenheit der Verben, die mit *ie*, wie oben, endigen, wird durch das Anhängen eines einfachen *d* gebildet, als:

> To lie, liegen, *lied*, gelegen; *to tie*, binden, *tied*, (¹b) gebunden, u. s. w.

Ausnahmen. Beschränkt regelmäßige Zeitwörter (¹d).

Zeitwörter auf ch, sh, ss, x, z, o und a.

§. 149. Zeitwörter, welche auf einen Zischlaut, als: *sh, ch, ss, x, z*, oder auf *o* und *a* im Infinitiv endigen, bilden die zweite Person des Singulars im Präsens Indicativ durch Anhängung von *est*, und die dritte Person durch *es* (¹e), z. B.:

To crush (t' kroßch), zermalmen.	Thou crush*est*, du zermalmst.
	He crush*es*, er zermalmt. *We, you*, **they crush**.
To stretch (t' stretsch) ausstrecken.	Thou stretch*est*, du streckst dich aus.
	He stretch*es*, er streckt sich. *We, you*, **they stretch**.
To kiss, küssen.	Thou kiss*est*, du küssest.
	He kiss*es*, er küßt. *We, you*, **they kiss**.
To vex, plagen, ärgern.	Thou vex*est*, du ärgerst, plagst.
	He vex*es*, er ärgert. *We, you*, **they vex**.
To go, gehen.	Thou go*est*, du gehest. (Anm. 26c, S. 230)
	He go*es*, er geht. *We, you*, **they go**,
To buzz, summen.	Thou buzz*est*, du summst.
	He buzz*es*, er summt. *We, you*, **they buzz**.
To huzza, hurrahen.	Thou huzza*est*, du hurrahest.
	He huzza*es*, er hurraht. *We, you*, **they huzza**.

Verben auf y mit vorhergehendem Consonant.

§. 150. Zeitwörter, die sich auf *y* mit einem vorhergehenden Consonanten endigen, verwandeln in der zweiten und dritten Person des *Singulars* im Präsens des Indicativs und in allen Personen des Imperfectums und im Particip der Vergangenheit das *y* in *ie*, z. B.:

(1) Das Zeitwort *to be*, dessen Präsens *I am*, *thou art*, *he is*, *we (you, they) are* heißt, ist die einzige Ausnahme von dieser Regel.

(1b) Als Ausnahme von der Regel schreibt man "*singeing*, *swingeing*, von *to singe*, *to swinge*, um sie von "*singing*, *swinging*" zu unterscheiden.

(1c) NB. Die zwei einzigen Zeitwörter mit der Endung "*ye*" "*to dye*" (färben) und "*to eye*" (betrachten), behalten das "*ye*" in allen Personen und Zeiten bei, z. B.:
I dye, thou dyest, he dyes, we, you, they dye. — I eye, (et) thou eyest, he eyes, we, you, they eye. — I dyed, thou dyedst, he dyed, we, you, they dyed. — Particip. dyeing, eyeing, dyed, eyed. I have dyed, eyed.
Beispiel über "*dying* (sterbend)", und "*dyeing* (färbend)":
Do you tell me with such thoughtless apathy that he is *dying* (daß er stirbt)? — I do: for he is not *dying* (stirbt nicht) by breathing his last; he is only *dyeing* cloth (er färbt Tuch).

(1d) Beschränkt unregelmäßige nennt man diejenigen Zeitwörter, deren Formen von der regelmäßigen Abwandlung nur in soweit abweichen, als das durch gewisse Regeln und Lautgesetze der englischen Wortbildung bedingt ist.

(1e) Obige Regel stimmt mit der, welche über die Bildung des Plurals der Hauptwörter, welche auf *ch, sh*, etc. endigen, überein. Vergleiche Reg. II. Seite 79.

cry (t' frei). ſchreien. { I cry, thou cri*est*, he cri*es*, we cry, you cry they cry.
{ *Imper.* I cried, thou cri*iedst*, he, we, you, they *cried*([2]).

Zeitwörter anf y mit vorhergehendem Vokale.

§. 151. NB. Verben, welche ſich auf *y* mit vorhergehendem
Vokale endigen, werden regelmäßig gebildet, als:

decoy, locken, I decoy, thou deco*yest*, he decoys, we, you, they *decoy*.
erfect: I decoyed, thou deco*yedst*, he decoyed, we, you, they *decoyed*.

NB. Von dieſer Regel ſind nur vier([2b]) Verben (*to lay*, legen;
pay, bezahlen; *to say*, ſagen; *to stay*, bleiben) nebſt ihren Ab=
ungen ausgenommen; jedoch erſtreckt ſich die Unregelmäßigkeit nur
das Imperfect und Particip der Vergangenheit, z. B.:

Imperfect und Particip.

…id, ich ſagte; — *said*, geſagt. | I paid, ich bezahlte; — *paid*, bezahlt.
…id, ([1d]) ich legte; — *laid*, gelegt. | I staid, ([2c]) ich blieb; — *staid*, geblieben.

Verdoppelung der Endconſonanten bei einſilbigen Zeitwörtern.

§. 152. Zeitwörter, die ſich auf ein en Conſonanten endigen,
…t nur ein Vokal vorhergeht, verdoppeln den Conſonanten in der
…iten Perſon des Singulars im Präſens und Imperfectum und in
…en Participien; die übrigen Perſonen bleiben regelmäßig, z. B.:

Infinitiv: To rob, rauben.
…ſens: I rob, thou rob*best*, he robs, we *rob*, ich raube u. ſ. w.
…erfect: I rob*bed*, thou rob*bedst*, he (*we*) rob*bed*, ich raubte u. ſ. w.
…ticipien: Rob*bing*, raubend. Rob*bed*, geraubt.

Verdoppelung der Endconſonanten bei mehrſilbigen Zeitwörtern.

§. 153. Bei Zeitwörtern von mehr als einer Silbe wird der
…ſonant nur dann verdoppelt, wenn der Ton auf der letzten Silbe
…t, z. B.:

To disinter, ausgraben (vom Grabe).
…ſens: I disinter, thou disinter*rest*, he disinters, ich grabe aus u. ſ. w.
…erfect: I disinter*red*, thou disinter*redst*, ich grub aus u. ſ. w.
…ticipien: Disinter*ring*, ausgrabend. Disinter*red*, ([2d]) ausgegraben.

Verben auf l.

§. 154. Zeitwörter aber, die auf *l* endigen, verdoppeln das *l*,
…b der Ton auf der letzten Silbe liegen oder nicht([2e]), z. B.:
dispel, vertreiben; — dispel*ling*, vertreibend; I dispel*led*, thou dispel*ledst*, etc.
travel, reiſen; — travel*ling*, reiſend; I travel*led*, thou travel*ledst*, etc.

) Des Versmaßes wegen, ſchreiben die Dichter ſolche Wörter öfters mit einem apoſtrophirten
"*y'd*", z. B.: He died untry'd (ſtatt: *untried*) — Unrully'd (ſtatt: *unrullied*) with a tear.
) NB. 1. Die Ableitungen, welche wie "*to lay*" conjugirt werden, ſind folgende fünf: *to belay*,
inlay, *mislay*, *relay*, *waylay*, z. B.: I mislaid, inlaid, relaid; I have mislaid, inlaid, waylaid.
NB. Die Zeitwörter "*to play*", delay (aufhalten)", dagegen ſind regelmäßig: I played,
I have played. I delayed, I have delayed.
NB. 2. Die Ableitung von "*to pay, to say*" ſind: To repay, to resay. — I repaid, resaid;
I have repaid, resaid.
) NB. To stay wird jetzt gewöhnlich regelmäßig abgewandelt (Imp.: I stayed; Particip: stayed)
und die Form staid nur als Adjectiv in der Bedeutung "geſetzt" gebraucht, z. B.: A staid young
man, ein geſetzter junger Mann.
) Ueber die Verdoppelung der Conſonanten ſiehe §. 156, Seite 44.
) Außer demjenigen was ich Seite 44, Anmerk. 1 über die Nichtverdoppelung des *l* geſagt habe,
muß ich hier noch bemerken, daß es ſchwer halten möchte, nach dem Vorgange Webſter's obige
Regel nur auf die Wörter mit betonter Endſilbe zu beſchränken, da die Schreibart mit ver=
doppeltem *l* wenigſtens in England noch allgemein gebräuchlich iſt.

Vom Conjunctiv (Subjunctive).

§. 155. Das Präsens des Conjunctivs ist durch alle Personen dem Infinitiv gleich, als:

If I, thou, he, we, you, they love, (³) wenn ich liebe u. s. w.

Das Imperfectum, Perfectum und Plusquamperfectum des Conjunctivs ist durch alle Personen dem Imperfectum, Perfectum und Plusquamperfectum des Indicativs ganz gleich, z. B.:

Indicativ und *Conjunctiv*: If I loved, if thou lovedst, if he, we, you they loved.
Perfectum: If I have loved, if thou hast, if he has, if we, you, they have loved.
Plusquamperfect: If I had, if thou hadst, if he, we, you, they had loved.

Im Futurum und Conditional sind, mit Ausnahme der 2ten Person des Singulars, welche *shalt* und *shouldst* haben, alle andern Personen der 1sten Person gleich:
Futur.: If I shall, if thou shalt, if he, we, you, they shall have.
Condit.: If I should, if thou shouldst, if he, we, you, they should have.

NB. Im Imperativ sind alle Personen dem Infinitiv gleich, z. B.:
Infinitiv: To love, let me love, love; let him love; let us love; love; let them love.

§. 156. B. Conjugation eines regelmäßigen transitiven Zeitworts.

To love, lieben. (Activum, active voice.)

Infinitiv der Gegenwart: To love (t' loww), lieben.
— der Vergangenheit: To have loved (tu haww lowwb), geliebt haben.

Participien.

Particip der Gegenwart: Loving (³b) (lowwing), liebend.
— der Vergangenheit: Loved (lowwb). geliebt.
Zusammengesetztes *Particip*: Having loved (⁴) (hawwing lowwb), geliebt habend.

Indicativ.	*Conjunctiv.*

Praesens.

Singular.

I love (ei loww), ich liebe.	If I love, wenn ich liebe.
Thou lovest, (bthau lowweßt), bu liebst.	If thou love, wenn bu liebest.
He (she, it, one) loves ob. loveth (⁴b)	If he (hih) love, wenn er liebe.
(uonn lowws), er (sie, es, man) liebt.	If she (schih) love, wenn sie liebe.

Plural.

We love (uih loww), wir lieben.	If we love, wenn wir lieben.
You love (juh loww), ihr liebet.	If you love, wenn ihr liebet.
They love (bthêh loww), sie lieben.	If they love, wenn sie lieben.

Imperfect.

Singular.

I loved (ei lowwb), ich liebte.	If I loved, wenn ich liebte.
Thou lovedst (loww'bst), bu liebtest.	If thou lovedst (⁵), wenn bu liebtest.
He loved (lowwb), er liebte.	If he loved, wenn er liebte.

---

(3) NB. Eine Ausnahme von der Regel machen die mangelhaften Hülfszeitwörter "can, may, ought", welche "st" und "shall und will", welche "t" in der zweiten Person das *Singular* annehmen, z. B.: If thou canst, mayst, oughtest, shalt, will have, etc.

(3b) *Loving* my country, I soon returned to it again. | Da ich mein Vaterland liebte, so kehrte ich bald zu demselben zurück.

(4) God *having* loved the world, gave his only son, etc. | Da Gott die Welt geliebt hatte, so gab er seinen einzigen Sohn, 2c.

(4b) Die Endung *eth* ober, falls der Infinitiv auf *s* ausgeht, *th* findet man in der britten Person des Singulars nur in der Bibel, in alten Büchern und in der Poesie; z. B.: he receiveth er empfängt (von *to receive*); he saveth, er rettet (von *to save*); he calleth, er ruft (von *to call*); he cutteth (von *to cut*), etc. Siehe Anmerk. 5, Seite 222.

(5) Ueber die Indicativs=Form beim *Conjunctiv* der obigen Zeiten, siehe Anm. 6—6a, Seite 223.

Plural.

ir liebten.	If we loved, wenn wir liebten.
hr liebtet.	If you loved, wenn ihr liebtet.
°), fie liebten.	If they loved, wenn fie liebten.

Perfect.

Singular.

(⁸b), ich habe geliebt.	If I have loved, wenn ich geliebt habe.
wed, bu haft geliebt.	If thou *hast* loved, wenn bu geliebt habeft.
l, er hat geliebt.	If he *has* (⁹) loved, wenn er geliebt habe.

Plural.

ed, wir haben geliebt.	If we have loved, wenn wir geliebt haben.
ved, ihr habet geliebt.	If you have loved, wenn ihr geliebt habet.
oved, fie haben geliebt.	If they have loved, wenn fie geliebt haben.

Plusquamperfect.

Singular.

(lowwb), ich hatte geliebt.	If I had loved, wenn ich geliebt hätte.
loved (bthau habbft lowwb),	If thou had*st* (⁹) loved, wenn bu ge=
geliebt.	liebt hätteft.
d, er hatte geliebt.	If he had loved, wenn er geliebt hätte.

Plural.

ed, wir hatten geliebt.	If we had loved, wenn wir geliebt hätten.
ed, ihr hattet geliebt.	If you had loved, wenn ihr geliebt hättet.
ved, fie hatten geliebt.	If they had loved, wenn fie geliebt hätten.

1ftes *Futurum.*

Singular.

ich werde lieben.	If I shall love, wenn ich lieben werde.
we, bu wirft lieben.	If thou shal*t* love, wenn bu lieben werdeft.
:, er wird lieben.	If he shall love, wenn er lieben werde.

erfieht man, wie außerordentlich einfach die Conjugation der englischen Zeitwörter m 1ftens im Präfens Indicativo die erfte Perfon des *Singulars* und die drei Perfonen ule immer dem Infinitiv gleich find, die zweite Perfon *st* (*est*) und die britte *s* an= m Conjunctiv fogar alle Perfonen wie der *Infinitiv* lauten; 2tens im Imperfectum und britte Perfon im *Singular* und die brei Perfonen im *Plural* bem Particip ber nheit, welches durch Hinzufügung eines "d" an ben *Infinitiv* gebildet wird, überein= und die zweite Perfon des *Singulars* st annimmt. Vergleiche §. 149, Seite 270.

1. Die unregelmäßigen Zeitwörter machen nur in fofern eine Ausnahme, als häufig erfect und Particip ber Vergangenheit verschieden lauten, und nehmen "s ober es" in n Perfon *Singular Praesens* und "*st* ober *est*" in der zweiten Perfon *Singular Praesens wfectum* an, z. B.:

t (ich breche), thou break*est*, he break*s*, I broke (ich brach), thou brok*est*, he broke. (ich schneibe), thou cutt*est* (§. 152), he cut*s*. I cut (ich schnitt), thou cutt*est*, he cut.

2. Unter den unregelmäßigen Zeitwörtern nehmen nur die folgenden 5 in ber 3ten *ingular* es an: To beseech, erfuchen; to catch, fangen; to do thun; to go, gehen; lehren; z. B.:

To beseech*es* (er erfieht), he catch*es*, he do*es*, he go*es*, he teach*es*.

3. Die einzigen Ausnahmen bei ber britten Perfon *Singular* find: He can, he may he ought, he shall, he will (§ 122, Seite 241), bei ber zweiten Perfon find: Thou u shall, thou will

bas Particip der Gegenwart zu bilben, hängt man *ing* an ben *Infinitiv*, wobei man rfelbe auf *e* enbigt, biefes *e* wegläßt und im Particip ber Vergangenheit *ed*, ober : Infinitiv auf *e* enbigt, bloß d hinzufügt. — Das Verbum erleibet alfo in feiner ing (außer ben zufammengefetzten Zeiten) nur 5 Veränderungen; z. B.:

. . . .	to love, lieben.	to call, rufen.
: Zweite Perfon	love-*st*, liebft.	call*est*, bu rufft.
Dritte	love-*s*, liebt.	call*s*, er ruft.
Perfon, *Singular* bes *Imperfects*	love-*d*, liebteft.	call*edst*, bu riefeft.
rriges *Particip*	lov-*ing*, liebend.	calling, rufend.
aes *Particip* und *Imperfect* . .	love-*d*, liebte, geliebt.	called, rief, gerufen.

a Gebrauch bes Imperfectums und Perfectums fiehe Anmerkung 6, Seite 304.
große Grammatik. 18

Plural.

We shall love, wir werben lieben.	If we shall love, wenn wir lieben werben.
You will love, ihr werbet lieben.	If you shall love, wenn ihr lieben werbt.
They will love, fie werben lieben.	If they shall love, wenn fie lieben werbet.

2tes *Futurum.*

Singular.

I shall have loved, ich werbe geliebt haben.	If I shall have loved, wenn ich geliebt haben werbe.
Thou wilt have loved, bu wirft geliebt haben.	If thou shalt (⁵) have loved, wenn bu geliebt haben werbeft.
He will have loved, er wirb geliebt haben.	If he shall have loved, wenn er geliebt haben werbe.

Plural.

We shall have loved, wir werben ge= liebt haben.	If we shall have loved, wenn wir ge= liebt haben werben.
You will have loved, ihr werbet geliebt haben.	If you shall have loved, wenn ihr ge= liebt haben werbet.
They will have loved, fie werben ge= liebt haben.	If they shall have loved, wenn fie ge= liebt haben werben.

Conditional ber Gegenwart.

Singular.

I should love, ich würbe lieben.	If I should love, wenn ich liebte ober lieben würbe. (⁷)
Thou wouldst love, bu würbeft lieben.	If thou shouldst love, wenn bu lieben würbeft.
He would love, er würbe lieben.	If he should love, wenn er lieben würbe.

Plural.

We should love, wir würben lieben.	If we should love, wenn wir lieben würben.
You would love, ihr würbet lieben.	If you should love, wenn ihr lieben würbet.
They would love, fie würben lieben.	If they should love, wenn fie lieben würben.

Conditional ber Vergangenheit.

Singular.

I should have loved, ich würbe geliebt haben.	If I should have loved, wenn ich ge= liebt hätte ober haben würbe.
Thou wouldst have loved, bu würbeft geliebt haben.	If thou shouldst have loved, wenn bu geliebt haben würbeft.
He would have loved, er würbe geliebt haben.	If he should have loved, wenn er ge= liebt haben würbe.

Plural.

We should have loved, wir würben geliebt haben.	If we should have loved, wenn wir geliebt haben würben.
You would have loved, ihr würbet ge= liebt haben.	If you should have loved, wenn ihr geliebt haben würbet.
They would have loved, fie würben geliebt haben.	If they should have loved, wenn fie geliebt haben würben.

---

(7) Hierüber f. Anmerk. 11, Seite ... auch Syntaxis Reg. LXX. Seite 681.

Imperativ.

Singular.

t me love, laß ober laßt mich lieben.
ve ober *love thou*, (^{8}) liebe ober liebe bu.
t him (her, it) love, laß ober laßt ihn (fie, es) lieben.

Plural.

t us love, laß ober laßt uns lieben.
ve ober *love you* ober *do you love*, (^{8}) liebet, ober liebet ihr (lieben Sie).
t them love, laß ober laßt fie lieben. (^{9})

---

157. C. Conjugation von To love, lieben, in fragender, verneinender und bejahender Redeform.

Berneinender Infinitiv.

Infinitiv ber Gegenwart: Not to love, nicht lieben ober zu lieben.
— ber Vergangenheit: Not to have loved, nicht geliebt haben ober zu haben.
Particip ber Gegenwart: Not loving, nicht liebenb.
— ber Vergangenheit: Not loved, nicht geliebt.
Zusammengesetztes Particip: Not having loved, nicht geliebt habenb.

Fragenb: Positiv und Negativ. **Bejahenb. Verneinenb.**

Praesens.

Singular.

Do (bu) I love *her*? liebe ich fie?	Yes, I do (^{10}b) love *her*, ja, ich liebe fie.
Do I not love *her*? liebe ich fie nicht?	No, I do not love *her*, nein, ich liebe fie nicht.
Dost thou love *her*? liebst bu fie?	Yes, thou dost love *her*, ja, bu liebst fie.
Dost thou not love *her*? liebst bu fie nicht?	No, thou dost not love *her*, nein, bu liebst fie nicht.
Does he (^{10}) love *her*? liebt er fie?	Yes, he does love *her*, ja, er liebt fie.
Does he not love *her*? liebt fie nicht?	No, he does not love *her*, nein, er liebt fie nicht.

Plural.

Do we love *her*? lieben wir fie?	Yes, we do love *her*, ja, wir lieben fie.
Do we not love *her*? lieben wir fie nicht?	No, we do not love *her*, nein, wir lieben fie nicht.
Do you love *her*? liebet ihr fie?	Yes, you do love *her*, ja, ihr liebet fie.

---

(8) Die Fürwörter *thou* und *you* werden, wie im Französischen, nur bann beim Imperativ angewandt, wenn bie Rebe an zwei Personen gerichtet ist und beibe unterschieben werden sollen, als: Go thou, Lovel, with all speed to Doctor Shaw, — go thou, Catesby, to friar Penker: — bid them meet me, within this hour, at Baynard's castle. Mary, go you to the Doctor, and Jane, go you and bring me a glass of wine. — Gehe bu Lovel, in möglichster Eile zum Doctor Shaw, gehe bu Catesby, zum Mönch Penker: — saget ihnen, baß fie mich binnen einer Stunbe zu Baynard's Schloß treffen sollen. Marie, gehen Sie zum Doctor, und bu Johanna gebe und bringe mir ein Glas Wein. NB. In allen übrigen Fällen bleibt im Englischen beim Imperativ das Fürwort weg, während man es im Deutschen bei ber Anrebe mit Sie stets brauchen muß, z. B.: Haben Sie die Güte. Have the kindness (ayez la bonté). Seien Sie so gut und gehen Sie ic. Be so good as to go, etc. Gehen Sie! — Gehen Sie weg! Geh weg! Go! — Go away. Be gone! Stubiren Sie fleißig. Verschonen Sie mich. Study diligently. Spare me.
(9) Ueber ben Unterschieb von *to love* und *to like* siehe Anmerkung 71b, Seite 250.
(10) Does Mr. N. love his country? Yes, he does. | Liebt Herr N. sein Vaterland? Ja, er liebt es.
(10b) NB. Bei Bejahungen, nicht aber bei Fragen und Verneinungen kann man "to do" weglassen, z. B.: Yes, I love her. Vergleiche §. 193, Seite 317.

18*

Do you not love *her?* liebet ihr fie nicht?	No, you do not love *her*, nein, ihr liebet fie nicht.
Do they love *her?* lieben fie fie?	Yes, they do love *her*, ja, fie lieben fie.
Do they not love *her?* lieben fie fie nicht?	No, they do not love *her*, nein, fie lieben fie nicht.

Imperfect.
Singular.

Did I love *her?* liebte ich fie?	Yes, I did love *her*, ja, ich liebte fie.
Did I not love *her?* liebte ich fie nicht?	No, I did not love *her*, nein, ich liebte fie nicht.
Didst thou love *her?* liebteft bu fie?	Yes, thou didst love *her*, ja, bu liebteft fie.
Didst thou not love *her?* liebteft bu fie nicht?	No, thou didst not love *her*, nein, bu liebteft fie nicht.
Did he love *her?* liebte er fie?	Yes, he did love *her*, ja, er liebte fie.
Did he not love *her?* liebte er fie nicht?	No, he did not love *her*, nein, er liebte fie nicht.

Plural.

Did we (*not*) love *her?* liebten wir fie?	We did (*not*) love *her*, wir liebten fie (nicht).
Did you (*not*) love *her?* liebtet ihr fie?	You did (*not*) love *her*, ihr liebet fie (nicht).
Did they (*not*) love *her?* liebten fie fie?	They did (*not*) love *her*, fie liebten fie (nicht).

Perfect.

Have I (*not*) loved *her?* habe ich fie (nicht) geliebt?	Yes, I have (*no*, I have *not*) loved *her*, etc., ja, ich habe fie, nein, ich habe fie (nicht) geliebt.

Plusquamperfect.

Had I (*not*) loved *her?* hatte ich fie (nicht) geliebt?	Yes, I had (*no*, I had *not*) loved *her*, etc., ja, ich hatte fie, nein, ich hatte fie (nicht) geliebt.

1ftes *Futurum.*
Singular.

Shall I (*not*) (11) love *her?* werbe ich fie (nicht) lieben?	Yes, I shall (*no*, I shall *not*) love *her*, ja, ich werbe, nein, ich werbe fie (nicht) lieben.
Shalt thou (*not*) love *her?* wirft bu fie (nicht) lieben? (Anm. 95b. S. 260.)	Thou wilt (*not*) love *her*, bu wirft fie (nicht) lieben. (Anm. 95b. S. 260.)
Will he (*not*) love *her?* wirb er fie (nicht) lieben?	He will (*not*) love *her*, er wirb fie (nicht) lieben.

Plural.

Shall we (*not*) love *her?* werben wir fie (nicht) lieben?	We shall (*not*) love *her*, wir werben fie (nicht) lieben.
Shall you (*not*) love *her?* werbet ihr fie (nicht) lieben?	You will (*not*) love *her*, ihr werbet fie (nicht) lieben.
Will they (*not*) love *her?* werben fie fie (nicht) lieben?	They will (*not*) love *her*, fie werben fie (nicht) lieben.

2tes *Futurum.*

Shall I (*not*) have loved? werbe ich (nicht) geliebt haben?	I shall (*not*) have loved, etc., ich werbe (nicht) geliebt haben.

---

(11) Mehrere Schriftfteller fetzen bas verneinenbe *not* (nicht), vor bas Fürwort· Shall *not* I love? ꝛc. Diefes ift jebod nur bann richtig, wenn man einen Gegenfatz bezeichnen will, j. B.: Ought *he not* to have done it? Hätte er es nicht thun follen? Ought *not he*, rather than she have done it? Hätte er es nicht eher als fie thun follen?

Conditional der Gegenwart.

Singular.

ould I (*not*) love? würde ich (nicht) lieben?	I should (*not*) love, ich würde (nicht) lieben.
ouldst thou (*not*) love? würdest du [nicht] lieben?	Thou wouldst (*not*) love, bu würdest (nicht) lieben.
ould he (*not*) love? würde er (nicht) lieben?	He would (*not*) love, er würde (nicht) lieben.

Plural.

ould we (*not*) love? würden wir [nicht] lieben?	We should (*not*) love, wir würden (nicht) lieben.
ould you (*not*) love? würdet ihr [nicht] lieben?	You would (*not*) love, ihr würdet (nicht) lieben.
ould they (*not*) love? würden sie [nicht] lieben?	They would (*not*) love, sie würden (nicht) lieben.

Conditional der Vergangenheit.

ould I (*not*) have loved, etc.? würde ich (nicht) geliebt haben?	I should (*not*) have loved, etc., ich würde (nicht) geliebt haben.

Imperativ.

Singular.

t me not love, laß oder laßt mich nicht lieben.
) not love (*love not*), liebe nicht.
t him (her, it) not love, laß oder laßt ihn (sie, es) nicht lieben.

Plural.

t us not love, laß oder laßt uns nicht lieben.
) not love (*love not*), (Anm. 31, S. 235.) liebet nicht.
t them not love, laß oder laßt sie nicht lieben.

Aufgaben über die regelmäßigen transitiven (thätigen) Zeitwörter.
§. 156, 157. Seite 272—275.

101. Jede Mutter liebt ihre eigenen Kinder mehr, als die Kinder nderer. — Liebt Madame Goodchild ihren Mann und [ihre] Kinder? hne Zweifel. — Sie dankte ihm, forschte nach (*into*) der Ursache (*cause*) ines Entschlusses (*resolution*) und klagte über ihr hartes Schicksal. — ines Tages hoffe ich nach meiner geliebten (*dear*) Nebel-Insel (*Foggyland*) — Insel der Schönheit — wieder zurückzukehren (*to return*). — ie Franzosen hoffen über den Kaiser von Marocco den Sieg zu erlangen. — Haben Sie Maunder's allgemeine Geschichte und meinen Brief von London halten? Den Brief habe ich bekommen, die Geschichte aber ist noch nicht rausgegeben. — Ich hatte nur wenig Hoffnung, den Kranken zu retten.

ine Zweifel, *without doubt.*	über, *over.* erhalten, *to receive.*
nken, *to thank.* forschen, *to inquire.*	allgemeine Geschichte, *Universal History.*
agen über, *to complain of.*	bekommen, *to receive.*
chicksal, *fate,* eines Tages, *one day.*	noch nicht, *not yet.*
sel der Schönheit, *Isle of Beauty.*	herausgeben, *to publish.*
u erlangen, *to obtain.* Sieg, *victory.*	zu retten, *to save.* Kranken, *patient.*

102. §. 156, 157. Lieben Sie das schöne Geschlecht noch immer? a wohl (*certainly*), ich liebe alle Schönheiten der Natur. — Was! ugnen Sie, was ich Ihnen sage? Nein, ich leugne es nicht, ich sage

nur, daß wenn ein Engel *(angel)* vom Himmel *(heaven)* käme und zu mir erzählte, ich sehr befürchte, er dürfte *(should)* nie wieder in den Himmel zurückkehren. — Das Vermögen des Rothschild (Anm. 4. S. 109), welches schon unermeßlich ist, nimmt alle Tage [noch] zu. — Wissen Sie, wie viele Millionen er besitzt? Nein, ich weiß [es] nicht. — Kennen *(to know* *) Sie Herrn Telluson? Nein, ich kenne ihn nicht persönlich, aber ich habe gehört, daß er dieses Jahr *(year)* in den Besitz eines der größten Vermögen *(fortune)* Europa's, das heißt in baarem Gelde, kommen wird: eines *(a)* Vermögens von nicht weniger *(less)* als 144 Millionen Gulden.

schöne Geschlecht, *fair sex.*	wieder, *again.* (*) in den, *to.*
noch immer, *still.*	unermeßlich, *immense.* schon, *already.*
alle Schönheiten, *all the beauties.*	zunehmen, *to increase.* alle, *every.*
leugnen, *to deny.* sage, *tell.*	wissen, *to know* (*) besitzen, *to possess.*
sage nur, *only say.* wenn, *that if.*	persönlich, *personally.* hören, *to hear.*
erzählte es mir, *told it me.*	kommen wird, *is to come.* in, *into.*
sehr befürchte, *am much afraid.*	Besitz, *possession.* eines, *of one.*
nie, *never.* zurückkehren, *to return.*	das heißt, *that is,* baar, *ready.*

---

§. 158. D. Conjugation des passiven oder leidenden Zeitworts, To be loved, geliebt werden.

Infinitiv der Gegenwart: To be loved, geliebt werden.
— der Vergangenheit: To have been loved, geliebt worden sein.

Participien.

Particip der Gegenwart: Being loved ([12]), geliebt werdend.
— der Vergangenheit: Been loved ([13b]), geliebt worden.
Zusammengesetztes *Particip*: Having been loved ([13]), geliebt worden seiend.

Indicativ.   Praesens.   Conjunctiv.

Singular.

Indicativ	Conjunctiv
I am loved (ei ämm lowwd), ich (bin) werde geliebt (man liebt mich).	If I be loved ([13b]), wenn ich geliebt werde.
Thou art loved (thau ärrt lowwd), du wirst geliebt.	If thou be loved, wenn du geliebt werdest.
He is loved, er wird geliebt.	If he be loved, wenn er geliebt werde.

Plural.

We are loved (uih ärr lowwd), wir (sind) werden geliebt.	If we be loved, wenn wir geliebt werden.
You are loved, ihr werdet geliebt.	If you be loved, wenn ihr geliebt werdet.
They are loved, sie werden geliebt.	If they be loved, wenn sie geliebt werden.

Imperfect.

Singular.

I was loved, (ei uoas lowwd), ich wurde geliebt (man liebte mich).	If I were ([14]) loved, wenn ich geliebt würde.

(*) Man wird sich wohl erinnern, daß, wie schon bemerkt, die Wörter unter den Stücken in der Ordnung angegeben sind, in welcher sie in der Phrase gesetzt werden müssen.
(12) *Being loved by him, he gave her a fortune.* — Da sie von ihm geliebt wurde, so gab er ihr eine Mitgift.
(12b) *She has long been loved by him.* — Sie ist lange von ihm geliebt worden.
(13) *Having been loved by us all, we deplored his sudden death.* — Da er von uns Allen geliebt worden war, so beklagten wir seinen plötzlichen Tod.
(13b) Es ist hier zu bemerken, daß man nie *"I be loved"*, wie man es in vielen Grammatiken findet, ohne irgend eine Conjunction als: *if,* wenn; *though,* obgleich 2c. oder *should,* falls u. s. w. brauchen darf.

Thou wast loved, bu wurdeſt geliebt.	If thou wert (14) loved, wenn bu geliebt wūrdeſt.
He was loved, er wurde geliebt.	If he were loved, wenn er geliebt wūrbe.

Plural.

We were loved (uih uerr lowmb), wir wurden geliebt.	If we were loved, wenn wir geliebt wūrben.
You were loved, ihr wurbet geliebt.	If you were loved, wenn ihr geliebt wūrbet.
They were loved, ſie wurben geliebt.	If they were loved, wenn ſie geliebt wūrben.

Perfect.

Singular.

I have been loved (ei hāww bihn lowmb), ich bin geliebt worden.	If I have (15) been loved, wenn ich geliebt worben ſei. (Anm. 6, S. 223.)

Plural.

We have been loved, wir ſinb geliebt worben.	If we have been loved, wenn wir geliebt worben ſeien.

Plusquamperfect.

Singular.

I had been loved, ich war geliebt worben.	If I had (15) been loved, wenn ich geliebt worben wāre.

Plural.

We had been loved, wir waren geliebt worben.	If we had been loved, wenn wir geliebt worben wāren.

1ſtes *Futurum.*

Singular.

I shall be loved, ich werbe geliebt werben (14b) (ſein).	If I shall be loved, wenn ich werbe geliebt werben.
Thou wilt be loved, bu wirſt geliebt werben.	If thou shalt be loved, wenn bu werbeſt geliebt werben.
He will be loved, er wirb geliebt werben.	If he shall be loved, wenn er werbe geliebt werben.

Plural.

We shall be loved, wir werben geliebt werben (ſein).	If we shall be loved, wenn wir werben geliebt werben.
You will be loved, ihr werbet geliebt werben.	If you shall be loved, wenn ihr werbet geliebt werben.
They will be loved, ſie werben geliebt werben.	If they shall be loved, wenn ſie werben geliebt werben.

2tes *Futurum.*

Singular.

I shall have been loved, ich werbe geliebt worben ſein.	If I shall have been loved, wenn ich geliebt worben ſein werbe.

---

(14) NB. Das Zeitwort "*to be*" iſt bas einzige, beſſen *Imperfect* im *Conjunctiv* eine anbere Form alſ im *Indicativ* hat. Siehe Anmerk. 17b, Seite 227.

  NB. Das *Imperfect* von "*to be*" nennt man bie *suppositional tense* (vorausgeſehte Zeit).

(14b) NB. Es iſt wohl zu merken, baß man im Deutſchen häufig bas Präſens von „werben" ſtatt bes Futurums unb bas Imperfect ſtatt bes zweiten Conbitionels, mit Weglaſſung bes Infinitivs von „ſein unb werben", braucht. Im Engliſchen aber iſt bieſ nicht geſtattet, ſonbern ber fehlenbe Infinitiv iſt ſtets hinzuzufügen, z. B.:

Es wirb zu ſpāt (ſein).	It will be too late.
Es wārbe zu ſpāt (werben).	It would be too late.
Er wirb gewiß geliebt (werben).	He will certainly be loved.

(15) Im *Perfectum* unb *Plusquamperfectum* iſt ber *Conjunctiv* bem *Indicativ* gleich, z. B.:

  I have, thou hast, he has been loved. *If I have, if thou hast, if he has been loved, etc.*

Thou wilt have been loved, bu wirſt geliebt worden ſein.	If thou shalt have been loved, wen bu geliebt worden ſein werbeſt.
He will have been loved, er wird geliebt worden ſein.	If he shall have been loved, wenn a geliebt worden ſein werbe.

Plural.

We shall have been loved, wir wer= ben geliebt worden ſein.	If we shall have been loved, wenn wir geliebt worden ſein werben.
You will have been loved, ihr werbet geliebt worden ſein.	If you shall have been loved, wen ihr geliebt worden ſein werbet.
They will have been loved, ſie wer= ben geliebt worden ſein.	If they shall have been loved, wenn ſie geliebt worden ſein werben.

Conditional der Gegenwart.

Singular.

I should be loved, ich würde geliebt werben (ſein).	If I should be loved, wenn ich geliebt ſein würde (werben würde).
Thou wouldst be loved, bu würdeſt geliebt werben.	If thou shouldst be loved, wenn bu geliebt ſein würdeſt.
He would be loved, er würde geliebt werben.	If he should be loved, wenn er geliebt ſein würde.

Plural.

We should be loved, wir würden ge= liebt werben (ſein).	If we should be loved, wenn wir ge= liebt ſein würden.
You would be loved, ihr würbet geliebt werben.	If you should be loved, wenn ihr ge= liebt ſein würbet.
They would be loved, ſie würben ge= liebt werben.	If they should be loved, wenn ſie ge= liebt ſein würden.

Conditional der Vergangenheit.

Singular.

I should have been loved, ich würde geliebt worden ſein.	If I should have been loved, wenn ich geliebt worden ſein würde.
Thou wouldst have been loved, bu würdeſt geliebt worden ſein.	If thou shouldst have been loved, wenn bu geliebt worden ſein würdeſt.
He would have been loved, er würde geliebt worden ſein.	If he should have been loved, wenn er geliebt worden ſein würde.

Plural.

We should have been loved, wir wür= ben geliebt worden ſein.	If we should have been loved, wenn wir geliebt worden ſein würden.
You would have been loved, ihr wür= bet geliebt worden ſein.	If you should have been loved, wenn ihr geliebt worden ſein würbet.
They would have been loved, ſie wür= ben geliebt worden ſein.	If they should have been loved, wenn ſie geliebt worden ſein würden.

Imperativ.

Singular.

Let me be loved, laß ober laßt mich geliebt werben.
Be loved ober be thou (Anm. 8, S. 275) loved, werbe ober ſei geliebt.
Let him (her) be loved, laß ober laßt ihn (ſie) geliebt werben.

Plural.

Let us be loved, laß ober laßt uns geliebt werben.
Be loved ober be you (Anm. 8, S. 275) loved, werbet ober ſeib geliebt.
Let them be loved, laß ober laßt ſie geliebt werben.

59. Die verneinende, bejahende und fragende Form des Passivs wird wie folgt gebildet.

Fragend.	*Praesens.*	Bejahend. Verneinend.

Singular.

I loved? ([16]) werde (bin) ich geliebt?		Yes, I am loved, ja, ich werde (bin) geliebt.
I not loved? werde ich nicht geliebt?		No, I am not loved, nein, ich werde nicht geliebt.
ıe (she) loved? wird er (sie) geliebt?		Yes, he (she) is loved, ja, er (sie) wird geliebt.
e (she) not loved? wird er (sie) nicht tliebt?		No, he (she) is not loved, nein, er (sie) wird nicht geliebt.

Plural.

) we loved? werden wir geliebt?		Yes, we are loved, ja, wir werden geliebt.
ı we not loved, werden wir nicht eliebt?		No, we are not loved, nein, wir werden nicht geliebt.
) you loved? werdet ihr geliebt?		Yes, you are loved, ja, ihr werdet geliebt.
) you not loved? werdet ihr nicht eliebt?		No, you are not loved, nein, ihr werdet nicht geliebt.
ı they loved? werden sie geliebt?		Yes, they are loved, ja, sie werden geliebt.
ı they not loved? werden sie nicht eliebt?		No, they are not loved, nein, sie werden nicht geliebt.

Imperfect.

s I loved? wurde ich geliebt?		Yes, I was loved, ja, ich wurde geliebt.
s I not loved? wurde ich nicht geebt?		No, I was not loved, nein, ich wurde nicht geliebt.
re we loved? wurden wir geliebt?		Yes, we were loved, ja, wir wurden geliebt.
re we not loved? wurden wir nicht eliebt?		No, we were not loved, nein, wir wurden nicht geliebt.

Perfect.

re I been loved? ([17]) bin ich geliebt ıorben?		Yes, I have been loved, ja, ich bin geliebt worden.
re I not been loved, etc.? bin ich iicht geliebt worden?		No, I have not been loved, nein, ich bin nicht geliebt worden.

Plusquamperfect.

ı I been loved? war ich geliebt ıorben?		Yes, I had been loved, ja, ich war geliebt worden.
ı I not been loved, etc.? war ich iicht geliebt worden?		No, I had been loved, nein, ich war nicht geliebt worden.

1stes *Futurum.*

ıll I be loved? ([18]) werde ich geliebt ıerben?		Yes, I shall be loved, ja, ich werde geliebt werden.
ıll I not be loved, etc.? werde ich iicht geliebt werden?		No, I shall not be loved, nein, ich werde nicht geliebt werden.

6) Wie bereits Seite 235 §. 116 bemerkt ist, darf man *to do* nicht brauchen, wenn schon ein anderes Hülfszeitwort, als: *have, be, may, can, shall, will, must, ought,* schon da ist, z. B.: *Have* you dined? | Haben Sie zu Mittag gegessen? *Are* you ready? — *May* he come? | Sind Sie fertig? — Darf er kommen? *Can* she write? | Kann sie schreiben?
NB. Bei der passiven Form der Zeitwörter ist also *to do* niemals anzuwenden, weil zur Bildung desselben stets das Zeitwort *to be* erforderlich ist.
7) Die übrigen Personen wird man leicht selbst bilden können.
8) Bei der fragenden Form ist zu merken, daß man in den zwei ersten Personen des Singulars und Plurals in der Regel *shall*, in der dritten aber *will* braucht. Siehe Anmerk. 8b, S. 260.

2tes *Futurum.*

Shall I have been loved? werbe ich geliebt worden sein?	Yes, I shall have been loved, ja, ich werbe geliebt worden sein.
Shall I not have been loved, etc.? werbe ich nicht geliebt worden sein?	No, I shall not have been loved, nein, ich werbe nicht geliebt worden sein

Conditional der Gegenwart.

Should I be loved? würbe ich geliebt werden?	Yes, I should be loved, ja, ich würbe geliebt werden.
Should I not be loved, etc.? würbe ich nicht geliebt werden?	No, I should not be loved, nein, ich würbe nicht geliebt werden.

Conditional der Vergangenheit.

Should I have been loved? würbe ich geliebt worden sein?	Yes, I should have been loved, ja, ich würbe geliebt worden sein.
Should I not have been loved, etc.? würbe ich nicht geliebt worden sein?	No, I should not have been loved, nein, ich würbe nicht geliebt worden sein.

Aufgaben über die paffive Form oder leidende Form der Zeitwörter.

§. 158, 159. Seite 278—281.

103. Die Weifen werben immer gefchätzt und geehrt, die Unwiffen= ben ([19]) aber ([20]) werben gewöhnlich verachtet. — Die Pflanzer (*planter*) in Weft=Indien wurden im Jahre 1830 von der englifchen Regierung mit zwanzig Millionen Pfund Sterling für den Verluft ihrer Sklaven entfchäbigt ([21]). — Daniel O'Connel wurde von den Irländern beinahe vergöttert, aber Gott weiß (*knows*) mit welchem Recht. — Louis Napoleon wurde ([22]) 1852 [zum] Kaifer erwählt. — Geftehen Sie nur; wurde Ihnen die Gefchichte erzählt? Ja wohl; mir⁶ wurde⁴ bie¹ ganze² Sache³ von⁷ Herrn Prh mitgetheilt⁵. — Wann wird biefe Grammatik (*grammar*) gebrudt werden? Im September, hoffe ich, wird fie fertig (*completed*) fein.

Weifen, *wise.* fchätzen, *to esteem.*	erwählen, *to elect.* Kaifer, *emperor.*
ehren, *to honor.* Unwiffenben, *ignorant.*	geftehen Sie nur, *do but confess.*
verachten, *to despise.*	Gefchichte, *story.* erzählen, *to relate.*
entfchäbigen, *to indemnify.* ([23])	ja wobl, *certainly.*
Verluft, *loss.* Sklaven, *slaves.*	ganze Sache, *whole affair.*
beinahe, *almost.* vergöttern, *to deify.*	mittheilen, *to communicate.*
welchem, *what.* Recht, *justice* ob. *right.*	bruden, *to print.* fie, *it.*

104. §. 159. Wurden Thomas Moore und Wordsworth, gekrönter Dichter von England, von ihren Zeitgenoffen (*contemporaries*) fehr verehrt? Ja, gewiß. — Die Gefchenke, [welche] ([23b]) von dem Kaifer von Ruß= land während feines Aufenthaltes in London vertheilt [worden find], waren [wohl] von großem Werthe, nicht wahr? Ja, gewiß. — Sie würden nicht von ihr getröftet worden fein, wenn Sie nicht von ihr geliebt worden

---

(19) Siehe Regel XVI. — XIX. Seite 431, auch Regel X. Seite 410 der Syntaris
(20) Siehe Anmerkung 51, Seite 196
(21) Man wird fich erinnern, daß im Englifchen das Particip unmittelbar nach dem Hülfszeitwort gefetzt werden muß
(22) Im Englifchen muß man immer die Präpofition in vor die Jahreszahl fetzen, z. B.: in (oder in the year) 1852.
(23) Ueber die Bildung der (verfchiebenen) Perfonen bei Zeitwörtern, welche fich auf y enbigen, fiehe §. 150, Seite 270.
(23b) Im Englifchen könnte man auch „die Gefchenke, welche gemacht wurden (the presents which were made)" fagen; nicht aber „die Gefchenke, welche gemacht worden find (which have been made)", weil der Kaifer tobt ift und folglich der Vergangenheit angehört. Siehe Regel LXIII Seite 530.

wären. — Warum wurde O'Connel im Richmond=Gefängniß eingesperrt? Weil er von der Regierung als Aufrührer betrachtet wurde. — Werden sie nicht von Jedermann geliebt und gelobt? Natürlich, und sie verdienen es auch. — Schillers sämmtliche (*complete*) Werke sind von E. L. Bulwer in's Englische übersetzt (*to translate*) worden.

gekrönter Dichter, *Poet Laureate.*	warum, *why.* einsperren, *to confine.*
sehr verehrt, *highly honored.*	Gefängniß, *prison.* weil, *because.*
Geschenk, *present.* vertheilt, *made.*	betrachten, *to consider.*
während, *during.* Aufenthalt, *sojourn.*	als Aufrührer, *a disturber of the peace.*
von großem Werthe, *of great value.*	loben, *to praise.*
nicht wahr? *were they not?*	natürlich, *to be sure.*
trösten, *to comfort.* von, Anm. 1, S. 105.	verdienen, *deserve.* auch, *too.*

E. Conjugation eines intransitiven (ziellosen) Zeitworts.

§. 160. Die intransitiven Zeitwörter bilden wie im Deutschen ihre zusammengesetzten Zeiten zum Theil mit *to be* (sein), zum Theil mit *to have* (haben) und zum Theil mit *to be*(24) und *to have* zugleich, werden aber übrigens wie die transitiven Verben conjugirt.

Infinitiv der Gegenwart: To walk, (24b) spazieren gehen, zu Fuße gehen.
— der Vergangenheit: To have walked, (25) spazieren gegangen sein.

Participien.

Particip der Gegenwart: Walking, (26) spazieren gehend, zu Fuße gehen.
— der Vergangenheit: Walked, spazieren gegangen, zu Fuße gegangen.
Zusammengesetztes *Particip*: Having walked, (27) seiend spazieren gegangen, ꝛc.

Indicativ.

Praesens.

Singular.	Plural.
I walk (ei uoahk), ich gehe (spazieren).	We walk (uih uoahk), wir gehen.
Thou walkest (uoahkest), du gehest.	You walk (juh uoahk), ihr gehet.
He walks (hih uoahks), er geht. (27b).	They walk (bhteh uoahk), sie gehen.

---

(24) Außer in Verbindung mit einem Particip der Gegenwart kommt *to be*, im Futurum oder Conditional, als Hülfszeitwort höchst selten vor, z B.:
    I shall then be living in London. I shall then have been living ten years in London, aber:
    I shall have come. I should have gone etc.

(24b) To walk bedeutet „zu Fuße gehen", im Gegensatz zu „to ride (zu Pferde gehen)"; „to go (gehen)", dagegen bezeichnet „das Gehen überhaupt", als:

I walk much every day.	Ich gehe viel jeden Tag.
I go to London every year.	Ich gehe jedes Jahr nach London.
I walked very far yesterday.	Gestern bin ich sehr weit gegangen.
I have walked the whole way from N	Ich habe den ganzen Weg von N. zu Fuß gemacht.

    NB. Spazieren gehen wird im Englischen mit "to go to walk oder to take a walk" gegeben, z. B.:

I go to walk every morning.	Ich gehe jeden Morgen spazieren.
I went to walk yesterday.	Gestern ging ich spazieren.
I shall go to walk to-morrow.	Morgen werde ich spazieren gehen.
I am just going to take a walk.	Ich gehe gerade spazieren.
Walk in! Come in!	Herein! Herein! Spazieren Sie herein!

(25) To have walked so far, must have tired you.   So weit zu Fuße gegangen zu sein, muß Sie ermüdet haben.

(26) Walking is my greatest pleasure.   Das Spazierengehen ist mein größtes Vergnügen.
He is a walking gentleman.   Er ist ein Pflastertreter.

(27) Having walked about the town, we returned to our hotel.   Nachdem wir in der Stadt herum gegangen waren, kehrten wir nach unserm Hotel zurück.

(27b) Where are you going?   Wo gehen Sie hin?
I am going to (take a) walk.   Ich will spazieren gehen.

Imperfect.

I walked (ei uoaßb) ich ging (fpazieren).	We walked, wir gingen (fpazieren).
Thou walkedst, bu gingft (fpazieren).	You walked, ihr ginget (fpazieren).
He walked, er ging (fpazieren).	They walked, fie gingen (fpazieren).

Perfect.

I have walked, etc., ich bin gegangen. | We have walked, etc., wir finb gegangen.

Plusquamperfect.

I had walked, etc., ich war gegangen. | We had walked, etc., wir waren gegangen.

1ſtes *Futurum.*

I shall walk, etc., ich werbe gehen. | We shall walk, etc., wir werben gehen.

2tes *Futurum.*

I shall have walked, etc., ich werbe gegangen fein. | We shall have walked, etc., wir werben gegangen fein.

Conditional ber Gegenwart.

I should walk, etc., ich würbe gehen. | We should walk, etc., wir würben gehen.

Conditional ber Vergangenheit.

I should have walked, etc., ich würbe gegangen fein. | We should have walked, etc., wir würben gegangen fein.

Imperativ.

Singular.	*Plural.*
Let me walk, laß mich gehen.	Let us walk, laßt uns gehen.
Walk (walk thou), gehe (gehe bu).	Walk (walk you), gehet (gehen Sie).
Let him walk, laß ihn gehen.	Let them walk, laßt fie gehen.

Vom Gebrauch der intranſitiven ober ziellofen Zeitwörter.

§. 161. Die intranſitiven ober ziellofen Zeitwörter (beren es ungefähr 900 gibt) bilden beinahe alle ihre zuſammengeſetzten Zeiten mit *to have*, einige bavon aber auch mit *to be* unb noch anbere mit *to have* unb *to be* zugleich, wie §. 160 bemerkt worben ift. — Die folgenben Regeln hierüber werben die Anwenbung biefer Zeitwörter klar machen.

§. 162. a) Alle biejenigen intranſitiven Zeitwörter, welche eine vergangene Handlung, eine Bewegung ober Zeitbauer ausbrücken, werben, wie im Franzöſiſchen, mit *to have* conjugirt (27c), z. B.:

He *has travelled* much (27d).	Er hat viel gereift.
The Queen *has come* from Windsor in an hour and a half.	Die Königin ift in anberthalb Stunben von Winbfor gekommen.

(27c) NB. 1. Einige intranſitive Zeitwörter haben auch zugleich tranſitive Bedeutung, wie

Intranſitiv.	Tranſitiv.
To return, zurückkehren	zurückſchicken.
To pass, vorbeigehen	überſchicken, übertreffen.
To sink, finken	fenken.
To stagger, wanken, taumeln	wanken (bebenklich) machen 2c.

NB. 2. Ihnen ſchließen ſich in einigen Rebensarten auch "*to walk, to grow, to trot, to gallop*," an, z. B.:

He *walks his horse.* He *grows* flowers.	Er führt fein Pferb. Er zieht Blumen.
He *trotted (galloped) his horse* up the hill (Siehe Anmerk. 46 — 48, Seite 499)	Er trabte (gallopirte) mit feinem Pferb ben Hügel hinauf.

(27d) Aber: He *has been travelling* many years. | Er ift feit vielen Jahren auf Reifen.

We *have walked* the whole way from Regent's-Park.	Wir find den ganzen Weg von Regents-Park her gegangen.
My daughters *have gone* to school for three years.	Meine Töchter find drei Jahre lang in die Schule gegangen.

§. 162. *b*) Mit *to be* werden (wie im Französischen) häufig diejenigen Zeitwörter conjugirt, welche eine **gegenwärtige Hand-ung** oder einen **Zustand des Seins** bezeichnen, z. B.:

The king is (od. *has*) just now *gone*.	Der König ist so eben gegangen.
I am *arrived*. I am *come*. (28)	Ich bin angekommen. Ich bin gekommen.
Tell your mamma, the Doctor *is* (28b) *come*.	Sage Deiner Mutter, daß der Doctor gekommen sei.

§. 163. Folgende intransitive Zeitwörter werden im Englischen nur mit *to have* conjugirt, während man sie im Deutschen bald nur mit fein, bald mit haben und fein anwendet. Die mit * bezeich-neten kommen auch mit *to be* vor, wenn es nach obiger Regel §. 162b) der Sinn erfordert.

To agree (tu egrih), übereinkommen.	To intend (inntennd), gesonnen fein.
- appear (eppihr), erscheinen.	- land * (laand), landen.
- arrive * (erreiw), ankommen.	- leap (lihp), springen.
- ascend (essend), hinaufgehen.	- meet (miht), begegnen.
- become * (bikomm), werden.	- pass (paß), vorübergehen.
- befall (bifoahl), begegnen, zustoßen.	- penetrate (penetreht), einbringen.
- blush (bloßch), erröthen.	- pursue (pörrfjuh), nachjagen.
- burst (börrst), bersten.	- redden (redd'n), roth werden.
- come * (komm), kommen.	- remain (rimehn), bleiben.
- decay * (dikeh), abzehren, abkommen.	- return * (ritorrn), zurückkehren.
- degenerate * (didschennereht), aus-arten.	- ride (reid), reiten.
	- rise * (reif'), aufstehen, aufgehen.
- depart * (dipahrt), abreisen.	- run (ronn), laufen.
- descend (dissennd), hinuntergehen.	- set *, untergehen.
- deviate (biwi-eht), abweichen.	- set-out * (sett=aut), abreisen.
- die (dei), sterben.	- set-sail (sett=sehl), absegeln.
- disappear (dißeppihr), verschwinden.	- sink (sink), finken.
- enter (enntr), eintreten.	- spring (spring), springen.
- escape (eßkehp), entkommen.	- stand (stannd), stehen.
- expire (expeir), sterben, ablaufen.	- stay (steh), bleiben.
- fall * (foahl) (28b), fallen.	- stumble (stommb'l), stolpern.
- flee (flih), fliehen.	- succeed (sokfiihd), gelingen.
- fly (flei), fliegen.	- subside (sobbseid), fallen, vermindern.
- go * (go), gehen.	- travel (trawwl), reisen.
- grow (groh), wachsen.	- walk (uoahl), zu Fuße gehen.
- happen (tu happ'n), geschehen.	

(28) NB. 1. Die intransitiven Zeitwörter, welche mit *to have* und *to be* conjugirt werden, braucht man im Allgemeinen mit *to be*, so oft sie absolut, d. h. ohne Beziehung auf einen Gegenstand, und mit *to have*, wenn sie relativ, d. h. in Beziehung auf einen Gegenstand (Object) stehen. Vergleiche Anmerk. 28b, unten.

NB. 2. Wenn man übrigens bei der Conjugation dieser Zeitwörter über die Anwendung von "*to have*, oder *to be*" im Zweifel ist, so sollte man immer "*to have*" gebrauchen, weil man sich selten in dem richtigen Gebrauch von *to have*, wohl aber in dem von *to be* irrt.

(28b) Obwohl die obige Formen "*is come*", etc., von den besten Schriftstellern häufig gebraucht werden, so nimmt man doch in der neuern Zeit die Formen "*has come*", etc., vor:
I *have come*. The king *has just gone*. The doctor *has come*, etc.
Die folgenden Beispiele werden dieses, dem Sprachgebrauch nach, erläutern:

He *is fallen!* He *is fallen!*	Er ist gefallen, d. h. Er ist ein Gefallener!
He *has fallen* twenty times.	Er ist zwanzig Mal gefallen.
She *is much grown*.	Sie ist sehr gewachsen.
She *has grown* much the last year.	Sie ist das letzte Jahr sehr gewachsen?
The troops *are landed*.	Die Truppen sind gelandet.
The troops *have landed* during the storm.	Die Truppen sind während des Sturmes gelandet.

Aufgaben über die intransitiven Zeitwörter.

105. §. 160—162. Herr und Madam N. haben viel gereist und viele Länder und Völker gesehen. — Ist die Post (*mail*) von London angekommen? Nein, noch nicht, aber die pariser Post ist so eben angekommen. — Der Mond ist so eben aufgegangen und die Sonne ist untergegangen. Haben Sie kürzlich (*lately*) viel geritten? Ja, ich habe mit meiner Schwester jeden Morgen eine Stunde geritten. Er ist nach (*to*) Ulm geritten. — Er war dreimal untergegangen (*sunk*), ehe er gerettet (*saved*) wurde. — Der Missionär Wolf ist nach Bokhara gereist, [um sich] nach (*after*) dem Schicksal der Obersten Stoddard und Conolly zu erkundigen. Einige Leute (*people*) sagen, daß sie ermordet (worden sind), Andere, daß sie Mohamedaner geworden sind. — Was bedeutet das Wort Bokhara? Bokhara bedeutet (*means*) „Schatzkammer (*treasury*) der Wissenschaft" (*sciences*).

Volk, *nation*. Länder, *country*.	erkundigen, *to inquire*. Schicksal, *fate*.
ankommen, *to arrive*. so eben, *just*.	ermorden, *to murder*. werden, *to turn*.
reiten, *to ride** (28c) on horseback.	Mahomedaner, *Mahometan*. ehe, *before*.
Missionär, *missionary*. reisen, *to go**.	was bedeutet, *what is the meaning of*.

106. §. 163. Seite 287. Die Tauben sind in sieben Stunden von Antwerpen nach Paris geflogen. — Der Graf, der die Kirche von unserer Frau von Loretto beraubt hat, ist aus Furcht vor dem Arrest entflohen. — Geh in's Nebenzimmer und siehe ob das Kind wacht (*is awake*). Ich bin eben (*just*) da² gewesen¹, es schlief fest. Wie sonderbar! Es hat nun drei Stunden geschlafen. Wie schön ist dieses Rosenbeet (*bed of roses*)! Die Knospen sind alle völlig (*full*) aufgeblüht.

Taube, *pigeon*. fliegen, *fly**.	Nebenzimmer, *next room*. ob, *whether*.
Graf, *Count*. rauben, *to rob*.	schlief fest, *was fast asleep*.
Frau, *Lady*. entfliehen, *flee**.	wie sonderbar, *how strange!*
dem Arrest, *being arrested*.	schlafen, *to sleep**.
aus Furcht vor, *from fear of*.	Knospe, *bud*. aufblühen, *to blow**.

F. Conjugation der rückwirkenden Zeitwörter.

§. 164. Die Conjugation der rückwirkenden Zeitwörter geschieht auf folgende, von der gewöhnlichen Conjugation nur insofern abweichende Weise, daß man noch die rückwirkenden Fürwörter hinter das Zeitwort setzt, z. B.:

Infinitiv der Gegenwart: To dress one's self, (29b) sich ankleiden.
— der Vergangenheit: To have dressed one's self, (30) sich angekleidet haben.

Participien.

Particip der Gegenwart: Dressing one's self, sich (30) ankleibend.
— der Vergangenheit: Dressed one's self, sich angekleidet.
Zusammengesetztes *Particip*: Having dressed one's self, (31) sich angekleidet habend.

(28c) Die mit einem * bezeichneten Zeitwörter sind unregelmäßig. Siehe das Verzeichniß Seite 323.

(29) *To dress one's self* in a cold room, in cold weather, is very unpleasant.	Sich in einem kalten Zimmer, bei kaltem Wetter anzukleiden, ist unangenehm.
(29b) *To have dressed one's self* so quickly, is delightful.	Sich so schnell angekleidet zu haben, ist sehr angenehm.
(30) *Dressing one's self* by candle light, is disagreeable.	Sich bei Licht anzukleiden, ist unangenehm.
(31) *Having dressed himself*, he went to walk.	Nachdem er sich angekleidet hatte, ging er spazieren.

Indicativ.

Praesens.

Singular.	*Plural.*
lress myself (³²) (ei breß mihself) (³³), ich kleide mich an.	We dress ourselves (uih breß aurselws), wir kleiden uns an.
ou dressest thyself (bthau breßeßt thseself), bu kleibest bich an.	You dress yourselves (juhrselws), ihr kleibet euch (Sie kleiden sich) an.
dresses himself, er kleidet sich an.	You dress yourself (juhrself), Sie kleiben sich an (in b. Anrede an 1 Person).
e dresses herself, sie kleidet sich an. e dresses one's self, man kleidet sich an.	They dress themselves, sie kleiden sich an.

Imperfect.

Singular.	*Plural.*
ressed myself (ei breß'b mihself), ich kleidete mich an ꝛc.	We dressed ourselves, wir kleibeten uns an ꝛc.

Perfect.

Singular.	*Plural.*
ave dressed myself, ich habe mich angekleidet, ꝛc.	We have dressed ourselves, wir haben uns angekleidet ꝛc.

Plusquamperfect.

Singular.	*Plural.*
ad dressed myself, ich hatte mich ngekleidet, ꝛc.	We had dressed ourselves, wir hatten uns angekleidet, ꝛc.

1stes *Futurum.*

Singular.	*Plural.*
hall dress myself, ich werbe mich nkleiden. ou wilt dress thyself, bu wirst bich nkleiden, ꝛc.	We shall dress ourselves, wir werden uns ankleiden. You will dress yourselves (*yourself*), ihr werbet euch (Sie werden sich) ankleiben.

2tes *Futurum.*

Singular.	*Plural.*
hall have dressed myself, ich werbe mich angekleidet haben. ou wilt have dressed thyself, bu wirst bich angekleidet haben, ꝛc.	We shall have dressed ourselves, wir werben uns angekleidet haben. You will have dressed yourselves, ihr werbet euch angekleidet haben, ꝛc.

Conditional der Gegenwart.

Singular.	*Plural.*
ould dress myself, ich würbe (sollte) tich ankleiben. ou wouldst dress thyself, bu würbest ich ankleiben, ꝛc.	We should dress ourselves, wir würsben uns ankleiben. You would dress yourselves, ihr würbet euch ankleiben, ꝛc.

Conditional der Vergangenheit.

Singular.	*Plural.*
ould have dressed myself, ich würbe tich angekleidet haben. ou wouldst have dressed thyself, u würbest bich angekleidet haben, ꝛc.	We should have dressed ourselves, wir würben (sollten) uns angekleidet haben. You would have dressed yourselves, ihr würbet euch angekleidet haben.

---

¹) Die rückwirkenden Zeitwörter haben dieselbe Person zum Subject und Object. Das Object wird burch das reflexive Fürwort *myself* etc. ausgebrückt und hat als solches seine Stellung hinter dem Verbum. — Die reflexiven Pronomen bienen außerbem noch wie das deutsche selbst bazu, die Person mit stärkerem Nachbruck hervorzuheben, in welchem Falle sie ihren Platz entweder unmittelbar nach ber Person oder am Ende des Satzes erhalten. Siehe §. 806, S 194.

²) NB. Das Fürwort *myself* spricht man immer mihself nicht meiself aus.

Imperativ.

Singular.	*Plural.*
Let me dress myself, laß mich mich selbst ankleiden.	Let us dress ourselves, laß ob. laß uns uns ankleiden.
Dress thyself, kleide dich an.	Dress yourself, kleiden Sie sich (in der Anrede an eine Person) an.
Let him dress himself, laß ihn sich selbst ankleiden (daß er sich ankleide).	Dress yourselves, kleidet euch an.
Let her dress herself, laß sie sich ankleiden.	Let them dress themselves, laß sie laßt sie sich (selbst)˙ ankleiden. (³³ᵇ)
Let one dress one's self, laß man sich selbst ankleiden.	

§. 165. **Conjugation eines wechselseitigen Zeitworts.**

Infinitiv der Gegenwart: To love one another ob. each other, (³⁴) einander lieben (einer den andern lieben). sich lieben.
— der Vergangenheit: To have loved one another, einander geliebt haben.

Participien.

Particip der Gegenwart: Loving one another ob. each other, einander liebend.
— der Vergangenheit: Loved one another ob. each other, einander geliebt.
Zusammengesetztes *Particip*: Having loved one another ob. each other, einander (sich) geliebt habend.

Indicativ Praesens.

We love each other (uih loww ihtsch othr),	wir lieben uns, ob.
We love one another (uih loww uonn enobth'r),	wir lieben einander.
You love each other ob. You love one another,	ihr liebet euch ob. einander.
They love each other, (³⁴)	sie lieben sich, ob.
They love one another (bhheh loww uonn enobth'r),	sie lieben einander u. s. w.

§. 166. NB. Bei allen Zeitwörtern, bei welchen man im Deutschen die Wörter uns, euch, sich, mit dem Worte einander vertauschen kann, wird Uns, Euch, Sich durch *one another*, oder *each other*, und nicht durch *themselves*, *ourselves*, *yourselves* u. s. w. über: setzt (³²ᵇ), z. B.:

The *two* boys beat *each other.*	Die beiden Knaben schlugen einander.
The *three* boys beat *one another.*	Die drei Knaben schlugen sich.
The *two* children love *each other.*	Die beiden Kinder lieben sich, ob. einander.
All the children love *one another.*	All die Kinder lieben sich, ob. einander.
The good (³⁴) esteem *one another.*	Die Guten schätzen sich, ob. einander.
The bad despise *one another.*	Die Bösen verachten sich, ob. einander.

Aufgaben über die rückwirkenden Zeitwörter ꝛc.

107. §. 164. Seite 286. Ich werde mich freuen, wenn ich auf's Land ziehe. — Ich liebe mich! sagen Sie; nun, das gebe ich gerne zu, aber ich muß bemerken (*to remark*), daß der, der sich selbst nicht liebt (§. 157. S. 275). Niemand lieben kann. — Er opferte (*to sacrifice*) sich für sein

---

(33b) Das Neutre hierüber und auch über das deutsche , 'i☆ siehe Reg. XXIII. XXIV. Seite 489 und Reg. XXXI Seite 303 der Syntaxis. Siehe auch Anmerk. (41c) Seite 193.

(34) Genau genommen deucht sich "each other" nur auf zwei Personen oder Sachen, "one another" auf mehr als zwei. Wenn aber "each other" (sich) zweimal in demselben Satze vorkommt, so wechseln mehrere Schriftsteller des Schlusses wegen. Häufig mit beiden Ausdrücken unter einander ab. z. B.
The two men hated each other and | Die beiden Römer haßten sich, und richteten sie
ruined one another. | zu Grunde.
Vigoreux: Nine ei "The two men hated each other and ruined each other", hätte wären, weil nur zwei Personen erzählt sind. Er mehr als zwei Personen, ꝛc. sagt man "one another".

mb (*country*) auf. — Sie schmückt sich jeden Tag mit Geschmeibe
ts). — Er täuschte (*to deceive*) sich und tödtete sich aus (*out of*)
ß. — Wir dürfen uns[3] mit[4] der[5] Hoffnung[6] nicht[1] schmeicheln[2],
lb nach[8] England[9] zu[7] gehen. — Wie befinden Sie sich heute? Ich
Ihnen, ich befinde (34b) mich etwas (*a little*) besser. — Ihr werdet
rrch das Spiel zu Grunde richten. — Mensch! lerne dich selbst
(*to know*)! — Die Donau ergießt (*to empty*) sich in das schwarze
— Die Chinesen betrachten sich [als] die klügsten aller Völker auf
) Erden (*earth*).

to enjoy. ziehen. *remove.*	zu gehen, *of going.*
and, *to the country.*	so bald, *so soon.* befinden, *find.*
Sie, *do you say.* nun, *well.*	zu Grunde richten, *to ruin.*
e ich gerne zu, *that I grant.*	durch, *by.* Spiel, *gaming.*
n, *to* adorn. tödten, *to kill.*	in das schwarze Meer, *into the Black*
l, *vexation.* dürfen, *must.*	*Sea.* betrachten, *to consider.*
eln, *to flatter.*	klug, *wise.* aller, *of all the.*

08. §. 165. Seite 288. Die beiden Brüder sollten sich beistehen,
ch schaden sie einander. — Lieben wir uns nicht zärtlich (*tenderly*)?
s thun wir; und wir werden einander stets (*always*) achten und
. — Sie verdanken einander Alles. — Sie forderten sich [heraus]
bteten sich beim ersten Schuß (*shot*).

, *to assist.* schaden, *to injure.*	verdanken, *to owe.* doch, *yet.*
value. schätzen, *esteem.*	fordern, *to challenge.* beim, *at the.*

I. Ein= (35) oder sogenannte unpersönliche Zeitwörter.

167. Die unpersönlichen (*impersonal*) oder richtiger einper=
n Zeitwörter (*unipersonal* oder *monopersonal verbs*) sind
welche nur die dritte Person im Singular zulassen und mit
chlichen Fürwort *it* conjugirt werden, z. B.:

v der Gegenwart: To rain (t' rehn), regnen.
der Vergangenheit: To have rained (36) (tu hamw rehn'd), geregnet haben.

Participien.

der Gegenwart: Raining (37) (rehning), regnend.
der Vergangenheit: Rained (rehnd). geregnet.
ngesetztes *Particip:* Having rained (38), geregnet haben.

Indicativ.

. It rains (itt rehns), es regnet.
t. It rained (itt rehn'd), es regnete.
It has rained (itt haß' rehnd), es hat geregnet.

) find one's-self (sich befinden), entspricht dem französischen: "*Se trouver*", und wird nur
braucht, wenn man sich nach dem Befinden Jemandes erkundigt, der krank gewesen ist. Sonst
gt man: "*How do you do? ob. how are you?*"
r Ausdruck „unpersönlich", welche die gänzliche Abwesenheit einer Person bezeichnet ist bei
ehr Klasse von Zeitwörtern eigentlich unpassend gewählt, da sie, wie oben bemerkt wurde,
s mit der 3ten Person Einzahl sächlichen Geschlecht *it* (*es*) vorkommen, z. B.:

rains, it hails, it snows. etc.	Es regnet, es hagelt, es schneit ꝛc.
ought to have ruined this morning,	Es hätte heute Morgen regnen sollen, um für
to lay the dust for us.	uns den Staub niederzuschlagen.
ining! raining! always raining!	Regen! Regen! Immer Regen!
ving rained all night, the streets	Da es die ganze Nacht geregnet hatte, so waren
were abominably dirty.	die Straßen abscheulich schmutzig.

well, große Grammatik.

Plusquamperfect. It had rained, es hatte geregnet.
1tes *Futurum.* It will rain (itt uill rehn), es wird regnen.
2tes *Futurum.* It will have rained, es wird geregnet haben.
Conditional der Gegenwart. It would rain, es würde regnen.
Conditional der Vergangenheit. It would have rained, es würde geregnet haben.
It must have rained, es muß geregnet haben.
Conjunctiv. If it (should) rain, wenn (falls) es regnet ob. regnen sollte.

Progressivform mit dem gegenwärtigen *Particip.*

Praesens. It is *going* to rain, es wird gleich regnen. It is raining (itt if rehning) es regnet eben (in dem Augenblicke während man spricht).
Imperfect. It was raining an hour ago, es regnete vor einer Stunde.
Perfect. It has been raining a long time, es hat schon eine lange Zeit geregnet.
Futurum. It will continue raining all day, es wird den ganzen Tag fortregnen.
Fragen d. Does it rain? — No, it does not rain. Yes, it is raining. Regnet es? Nein, es regnet nicht. Ja, es regnet.
Imperativ. Let it rain, what do I care! laß es regnen, was kümmert's mich!

Verzeichniß der Ein= oder unpersönlichen Zeitwörter.

§. 168. Die folgenden unpersönlichen Zeitwörter können nach obigem Muster oder *Paradigma* conjugirt werden.

It rains (itt rehns), es regnet.
It hails (itt hehl's), es hagelt.
It snows† (·) (itt snoh's), es schneit.
It drizzles (itt driffls), es rieselt, nässelt.
It freezes† (itt frief's), es friert.
It thaws (itt thoahs), es thaut.
It dawns (itt boahns), es tagt.
It thunders (itt thonndrs), es donnert.
It lightens (itt leit'ns), es blitzt.
It happens* (39) (happ'ns), es trifft sich.
It chances* (40) (tschahnßes), es ereignet sich, es geschieht.
It befalls† (bisoahls), es befällt (39b).
It betides† (biteids), es stößt zu (39b).
It becomes† (itt bihkomms), es geziemt.
It is becoming (itt if' bihkomming), es ist passend, geziemend.
It is unbecoming (itt if' onnbihkom= ming), es ist unpassend, ungeziemend.
It matters *(not)*, es thut (nichts).
It's *(that's)* no matter, es (das) thut nichts.

What matter (if he did say so)? Was macht es, (wenn er es auch sagte)?
No matter, thut nichts (zur Sache).
It's (that's) *nothing* to you, es geht Sie nichts an.
It seems* (sihms) *to me*, es scheint mir.
It appears* (äppihrs), es scheint.
It suffices (itt soffeises), es genügt.
It follows (folloh s) *that*, es folgt daß.
It is important, es liegt daran.
It is of consequence, es ist wichtig.
It is proper (itt if' propp'r), es ist ge= eignet, passend.
It is necessary (neßeßerrih), es ist nöthig.
There (bthehr) can be, es kann sein ob. geben.
There may be, es (kann) mag sein ob. geben.
There must be, es muß sein od. geben.
There must have been, es muß gegeben haben, oder es muß gewesen sein.
There is, there are (bthehr if', bthehr arr), es ist, es gibt u. s. w.

§. 169. **There (to) be** (⁴⁰ᵇ), **es sein, es geben,** (fr.: **y avoir**).

Ich habe öfters bemerkt, daß Nicht=Engländer es häufig sehr schwierig finden, die vielfach gebrauchten unpersönlichen Ausdrücke *"there is, there are"* richtig anzuwenden. Der Grund liegt haupt=sächlich darin, daß man *there to be* in den Grammatiken nur mangel=haft erklärt findet. Ich gebe daher hier die Conjugation desselben und hoffe dadurch diese Schwierigkeit beseitigt zu haben.

Infinitiv der Gegenwart: There (to) be, (⁴¹) es sein, es geben, (fr.: *y avoir*).
— ˙ der Vergangenheit: There to have been, (⁴²) es gewesen sein, es gegeben haben.

Participien.

Particip der Gegenwart: There being, (⁴³) es seiend, es gebend.
— der Vergangenheit: There been, es gewesen, es gegeben.
Zusammengesetztes *Particip*: There having been, (⁴⁴) es gewesen seiend, es gegeben habend.

Indicativ.

There is (a man in London 120 years old ob. *of age*). S. Anm. 9, S. 372.	Es ist (es gibt) (in London ein Mann, der 120 Jahre alt ist).
There are (many people in London).	Es sind (es gibt) in London viele Leute.
There was (a time, when I could do it).	Es war (es gab) (eine Zeit, wo ich es thun konnte).
There were (few men like him).	Es waren (gab) (wenige Männer wie er).
There has been (a great fire at Hamburgh).	Es ist (es hat) in Hamburg ein großes Feuer gewesen (gegeben).
There have been (years of famine).	Es sind Jahre der Hungersnoth gewesen. Es hat Jahre der Hungersnoth gegeben.
There had been (but one person present, and he had gone away).	Es war nur eine Person gegenwärtig ge=wesen und die war weggegangen.
There had been (many persons there).	Es waren viele Personen da gewesen.
There will be (many persons there).	Es werden viele Personen da sein.
There will be (no one there).	Es wird niemand da sein.
There will have been (no one there).	Es wird niemand da gewesen sein.
There will have been (many people there).	Es werden viele Leute da gewesen sein.
There should be (a fire in our room).	Es sollte in unserm Zimmer Feuer sein.
There should be (more chairs here).	Es sollten mehr Stühle hier sein.
There should have been (a fire-work).	Es sollte ein Feuerwerk gewesen sein.
There would have been (fire-works).	Es würde Feuerwerke gegeben haben.

(⁴⁰ᵇ) Das englische *there is* (es ist, es gibt) bezieht sich nur auf eine Einzahl; *there are* (es sind, es gibt) bloß auf eine Mehrzahl; das französische *"il y a"* dagegen auf Einzahl und Mehrzahl, z. B.:
Il y a un homme là, etc. *There is a man there, etc.*
Il y a des hommes là, etc. *There are men there, etc.*
   NB. 1. Hat aber *"il y a"* das deutsche *es ist, es gibt, es sind"* Bezug auf Zeitbestimmungen, Geld oder Entfernung, so muß man es mit *it is* und nicht mit *"there is"* geben, z. B.:
Il y a deux jours, six semaines, etc. *It is two days, six weeks.*
Je vous dois dix francs: les voilà. *I owe you ten francs: there it is.*
Es sind zehn Stunden von hier nach Berlin. *It is ten miles from here to Berlin.*
   NB. 2. Zahlt man aber mit denselben Geldstücken, welche man geborgt hat, zurück, so braucht man *they are* statt *it is.* (Vergleiche Reg. VI. — VIII. Seite 446), z. B.:
You lent me 10 francs yesterday; here they are again. Gestern liehen Sie mir 10 Francs, da sind sie (da haben Sie sie) wieder.
(⁴¹) *There may be people who think so.* Es kann Leute geben, die so denken.
(⁴²) *There ought to have been more wine and less water.* Es hätte mehr Wein und weniger Wasser sein sollen.
— (⁴³) *There being no other means left, I was obliged to consent* Da es kein anderes Mittel gab, so mußte ich einwilligen.
(⁴⁴) *There having been no one to help me, I was obliged to leave the wounded man behind me.* Da es Niemand gab, mir zu helfen, so mußte ich den Verwundeten zurücklassen.

19*

Conjunctiv.

If there be (time, I shall go to the concert).	Wenn Zeit ist (gibt), so werde ich in's Concert gehen.
If there be many people there, I shall not remain, etc.	Wenn viele Leute da sein sollten, so werde ich nicht bleiben.
If there were grapes and pears.	Wenn es Trauben und Birnen gäbe.
If there (should) be a play to-morrow, I shall go to it, etc.	Wenn morgen ein Schauspiel gegeben wird (werden sollte), so werde ich hingehn.

Fragend.

Is there much money in England?	Gibt es in England viel Geld?
Yes, there is very much.	Ja, es gibt sehr viel da.
Are there any wolves in England?	Gibt es Wölfe in England?
No, but *there are* foxes.	Nein, aber es gibt Füchse da.
Was there any one here during my absence?	Ist Jemand während meiner Abwesenheit hier gewesen?
Yes, *there was* a man here.	Ja, es ist ein Mann da gewesen.
Were there any plums in the market?	Gab es Pflaumen auf dem Markte?
No, but *there were* grapes.	Nein, aber es gab Trauben.
Were there ever such fools?	Hat es je solche Narren gegeben?

Imperativ.

Let there be a fire in my room.	Laßt in meinem Zimmer Feuer anmachen.

§. 170. Das deutsche unpersönliche „es läßt sich, es ließ sich ꝛc." (45)

Das deutsche unpersönliche es läßt sich, es ließ sich, drückt man im Englischen in der Regel ebenfalls mit *there is, there was* aus, worauf der Infinitiv des Zeitworts *to be* (sein) folgt, z. B.:

There is, there was nobody *to be* seen.	Es läßt, es ließ sich Keiner sehen.
There is nothing *to be* said against it.	Es läßt sich Nichts dagegen einwenden.
Was there nothing *to be* done for him?	Ließ sich nichts für ihn thun?
There was nothing *to be* done for him?	Es ließ sich Nichts für ihn thun.

NB. Die Ausdrücke „es läßt sich machen, ändern, thun, ꝛc." gibt man durch *that is, how is, may* und *can*, worauf auch der Infinitiv des Zeitworts *to be* folgt, aus, z. B.:

Is that to be altered?	Läßt sich dieß ändern?
How is this *to be* made?	Wie läßt sich dieses machen?
That is easily *to be* made.	Es läßt sich leicht machen.
That may be easily explained. (45b)	Das läßt sich leicht erklären.
It *cannot* be distinguished.	Es läßt sich nicht unterscheiden.

§. 171. Das deutsche unpersönliche „es wird gespielt, es geht sich, es sitzt sich" ꝛc. häufig durch das Particip Präsens gegeben.

Das unpersönliche Passivum, welches im Deutschen so häufig vorkommt, sowie die unpersönlich gebrauchten Zeitwörter mit Reflexivform, fehlen in der englischen Sprache beinahe gänzlich. Man muß daher solchen Ausdrücken im Englischen eine andere Wendung geben, nur braucht man dazu am häufigsten das Particip der Gegenwart namentlich mit *there is, there are,* z. B.:

Wann wird hier gespeist, getanzt?	*What is* the dinner hour here? *When does* the dancing *begin?*

---

(45) Siehe auch lassen Regel XVIII. — XVII. Seite 482 der Syntaxis.
(45b) Siehe Reg. III. Seite 476.

irb um fünf Uhr gespeist, um neun inzt.	The dinner hour is 5 o'clock, the dancing *begins* at nine.
wird gelesen und geschrieben.	Now we shall read and write.
irb gesungen, gespielt, getrunken.	They sing, play, drink, etc.
irb in Paris ein Palast gebaut.	They *are building* a palace in Paris.
en wird alles eingepackt.	To-morrow all *will be* packed up.
irb in Deutschland viel geraucht.	They are fond *of smoking* in Germany.
irb sich eine Gelegenheit finden.	An opportunity *will be found*, (*we shall find* an opportunity).
bt (lebte) sich in Frankreich gut.	It is *(was) agreeable* to live in France.
ht sich schlecht hier.	It *is unpleasant* to walk here. (*45c*)
ist sich sehr angenehm.	*Travelling* is very pleasant.
zt sich schlecht in der Kutsche.	*There is no sitting* in this coach.
richt sich schlecht mit solchen Leuten.	*There is no speaking* with such people.
bläft sich schlecht auf einem Sopha.	*There is no sleeping* on a sofa od. sleeping on a sofa is unpleasant.

2. Das deutsche „was gibts? was ist? was fehlt?" (46) durch what is the matter? what ails? ausgedrückt.

Das deutsche „was gibts? was ist's?" wird im Englischen durch *is the matter* (w. was ist die Sache) und „was fehlt?" durch ganz synonymen Ausdrücke *what is the matter* oder *what ails* etzt Bei ersterem muß die Person stets mit der Präposition *with*, etzterem ohne Präposition stehen, z. B.:

is (ob. *what's*) *the matter* (there)?	Was gibt's (da)?
is nothing *the matter*.	Nichts (es gibt nichts).
is the matter with you, him, her, m?* *What ails you there?*	Was fehlt Ihnen (Dir), ihm, ihr, ihnen?
ails you, him*, *the child?*	Was haben (46b) Sie denn da?
is nothing *the matter* with me.	Was fehlt Ihnen, ihm, dem Kinde?
ng *at all ails* me.	Es fehlt mir nichts.
ailed your father?	Es fehlt mir gar nichts.
was the matter with your father?|	Was fehlte Ihrem Herrn Vater?
d head-ache. *Nothing ailed* him.	Er hatte Kopfweh. Es fehlte ihm nichts.
must be something the matter with , for he looks very pale.	Es muß ihm etwas fehlen, denn er sieht sehr bleich aus.
ked me what *ailed me*.	Er fragte mich, was mir fehle (fehlte).

3. Das deutsche „nicht wahr" (Volkssprache: gelt) (französisch: n'est-ce pas) durch die Hülfszeitwörter ausgedrückt.

Der deutsche elliptische Ausdruck „nicht wahr?" (= ist es nicht ?) wird gebraucht, um die Zustimmung des Angeredeten zu einer sprochenen Behauptung zu erlangen. Er bezieht sich immer auf vorhergehendes Zeitwort und wird im Englischen durch Wieder= g des im ersten Theil des Satzes vorkommenden Hülfszeitworts, in Ermangelung desselben durch *to do* mit, oder ohne die Ver= ngspartikel *not* ausgedrückt.

st der erste Satztheil verneinend, so wird im zweiten not ausgelassen, z. B.:

ook *was not* amusing, *was it?*	Das Buch war nicht unterhaltend, nicht wahr?

Oder: *There is no walking here.* — (45) Siehe Anmerkung 55, Seite 297.
To have darf im Englischen nie in dem Sinne „von Fehlen" gebraucht werden.

You *will* have *no* objection, *will you?*	Sie werden nichts dagegen haben, nicht wahr (gelt)?
I *have* done *nothing* wrong, *have I?*	Ich habe nichts Unrechtes gethan, nicht wahr (gelt)?
They *would not* deceive us, *would they?*	Sie würden uns nicht betrügen, nicht wahr?
You *cannot* go, *can* you? (47)	Sie können nicht gehen, nicht wahr?

II. Ist der erste Satztheil dagegen bejahend, so muß im zweiten **not** stehen, z. B.:

You *will* be of the party, *will you not?*	Sie werden von der Partie sein, nicht wahr?
He (she) *will* come, *will he (she) not?*	Er (sie) wird kommen, nicht wahr?
He's to come, *is he not?* (47)	Er soll kommen, nicht wahr?
I *should* be his friend, *should I not?*	Ich sollte sein Freund sein, nicht wahr?
The bird *has* flown away, *has it not?*	Der Vogel ist weggeflogen, nicht wahr?
There *is* a theatre here, *is there not?*	Es ist hier ein Theater, nicht wahr?

III. Nach einem Satze, welcher kein Hülfszeitwort enthält:

NB. Ebenso steht auch *to do* als Stellvertreter des im ersten Satztheil fehlenden Hülfszeitwortes ohne, oder mit *not*, je nachdem der erste Satztheil verneinend oder bejahend ist, z. B.:

You *asked* for wine, *did you not?* (47)	Sie verlangten Wein, nicht wahr?
They *admire* the beauties of nature, *do they not?*	Sie bewundern die Schönheiten der Natur, nicht wahr?
The emperor *died* yesterday, *did he not?*	Der Kaiser starb gestern, nicht wahr?
The emperor *died* yesterday, *did he?*	Der Kaiser starb gestern, ja?
The dog *loves* his master, *does he not?*	Der Hund liebt seinen Herrn, nicht wahr?
He *loves* his children, *does he not?*	Er liebt seine Kinder, nicht wahr?

§. 174. Das deutsche „ich auch, du auch, ꝛc." durch also, too oder durch Wiederholung der Hülfszeitwörter gegeben.

Das deutsche „ich auch, du auch" ꝛc. gibt man im Englischen entweder durch "*also, too*" oder durch Wiederholung des vorhergehenden Hülfszeitworts und Hinzufügen der Conjunction "*so*", z. B.:

He *is* rich and *so am I.* (47b)	Er ist reich und ich auch.
She is poor, and he *also (too).*	Sie ist arm und er auch.
You *have* money, and *so have* we.	Sie haben Geld und wir auch.
They *can* write, and *so can I.* (47b).	Sie können schreiben und ich auch.
Italy *is* beautiful, but *so is* Spain.	Italien ist schön, Spanien aber auch.

(47) NB Erwartet man jedoch aus irgend einem Grunde eine verneinende Antwort, obwohl man eine bejahende wünscht, so gebraucht man im Deutschen bei einem verneinenden Satze das fragende Nein! bei einem bejahenden dagegen das fragende Ja? Im Englischen bedient man sich in diesem Falle ebenfalls der Wiederholung des Hülfszeitworts und zwar mit der Verneinungspartikel not bei verneinendem und ohne dasselbe bei bejahendem ersten Satzgliede, hält sich also gerade umgekehrt wie oben I. II. aus, z. B.:

You *will not* (od. won't) go, *won't you?*	Sie wollen nicht gehen, nein? Ich sage, Sie (sollen) müssen gehen.
I say you *shall* go.	
He *can't* eat black bread, *can't he?*	Er will kein Schwarzbrod essen, nein?
You'll (you will) be of the party, *will you?*	Sie werden von der Partie sein, ja?
He's to come, *is he?* Yes, he's to come.	Er soll kommen, ja? Ja, er wird kommen.
You *asked* for wine, *did you?*	Sie verlangten Wein, ja?

(47b) Man merke folgende Form, wodurch das „schon Gesagte oder Behauptete" bekräftigt wird:

| You say *he is* rich, and so he *is.* | Sie sagen er ist reich, das ist er auch. |
| He thinks *I can write,* and so I *can.* | Er meint ich kann schreiben, das kann ich auch. |

Bisweilen setzt man das "so" an's Ende des Satzes, z. B.:
He was told to go away. He *did so.*
She said he was drunk, and he *was so.*

NB. Ist aber kein Hülfszeitwort im Satze, so muß man sich des Zeitworts *to* bedienen, z. B.:

writes much, and *so do I.*	Er schreibt viel und ich auch.
went away, and *so did he.*	Ich ging weg und er auch.

NB. Hierüber siehe Reg. VI. Seite 70 des Uebersetzungsbuches.

175. Das deutsche „auch nicht" durch nor—either, not—either, oder no more do I, 2c. ausgedrückt.

Beim Uebersetzen aus dem Deutschen in's Englische muß man sehr in Acht nehmen, daß man das deutsche „auch nicht" nie als mit dem ganz unenglischen "*also not*", wie es nur zu oft geschieht, sondern mit den oben angegebenen Wörtern wieder gibt, z. B.:

you have *not* seen the king, *nor I either.*	Sie haben den König nicht gesehen, ich auch nicht.
I suppose you will *not* go to France *either.*	Sie werden vermuthlich auch nicht nach Frankreich gehen.
I see you *don't* like wine, *no more do I (nor do I (like it) either).*	Ich sehe, daß Sie den Wein nicht lieben, ich auch nicht.
do you not like tea *either*?	Mögen Sie den Thee auch nicht?
No, I *don't* like tea *either.*	Auch nicht. Nein, auch den nicht.
not to-day, *nor* to-morrow *either.*	Heute nicht, morgen auch nicht.
I can speak English, but you *cannot;* before I went to England, *I could not speak it either.*	Ich kann Englisch sprechen, Sie können es aber nicht; ehe ich nach England ging, konnte ich es auch nicht.

NB. Ausführliches hierüber findet man Reg. IV. S. 69 des Uebersetzungsbuches.

176. Das deutsche Ja, oder Nein, durch yes, no, mit Hinzufügung von Sir, Madam, oder mit Wiederholung der Hülfszeitwörter gegeben.

Ja, nein, wird im Deutschen als Antwort meistens ohne weitern Zusatz gebraucht. Ein ähnlicher Gebrauch von *yes — no* wäre aber im Englischen häufig unhöflich. Man bedient sich daher entweder des Zusatzes *Sir, Madam,* oder der Wiederholung des vorhergehenden Hülfszeitworts, z. B.:

have you been in London? *Yes, I have.* No, I have not.	Sind Sie in London gewesen? Ja. Nein.
Will your brother come to-day? *Yes, he will. No, he will not.*	Wird Ihr Bruder heute kommen? Ja. Nein.
Did you not live (reside) at Paris some years ago? *Yes, I did. No, I didn't.*	Wohnten Sie nicht vor einigen Jahren in Paris? Ja. Nein.
Waiter! a bottle of wine. *Yes, Sir.*	Kellner! eine Flasche Wein. Ja.
do you know that lady? *No, Sir.*	Kennen Sie die Dame dort? Nein.
What do you say? *Nothing, Madam.*	Was sagen Sie? Nichts.
Are there many Booksellers in this town?	Gibt es viele Buchhändler in dieser Stadt?
yes, Sir, many. Oh no, Sir, not many.	O ja, viele. O nein, nicht viele.

176b. Das deutsche „Wie meinen Sie? Wie beliebt?" durch Sir, Madam, 2c. gegeben.

Das deutsche „Wie meinen Sie? Wie beliebt?" (fr.: *plait-il*) wird im Englischen bloß mit *Sir, Madam, Ma'am* oder *I beg your pardon* wiedergegeben, z. B.:

wollen Sie heute ausgehen?	Will you go out to-day?
Wie beliebt, (wie meinen Sie)?	*Sir, Ma'am, Madam?* I beg your pardon?
ich fragte, ob Sie heute ausgehen wollten.	I asked whether you would go out to-day.

II. Einpersönliche oder sogenannte unpersönliche Zeitwörter.

§. 177. Verzeichniß einiger Zeitwörter, die im Deutschen meistens persönlich und unpersönlich, im Englischen dagegen nur persönlich gebraucht werden:

I am afraid, I fear (ei ämm efrehb, ei fihr), es ist mir bange, ich fürchte.

I am disgusted (bißgoßteb), *at* a thing, es ekelt mir vor etwas.

I am disgusted *with* a thing, es widersteht mir, es verdrießt mich etwas.

I am glad ([48]) (glabb), es ist mir lieb.

I am happy ([49]) (happi), es freut mich.

I am hungry (hönngri), es hungert mich.

I am thirsty (thörrsti), es dürstet mich.

I am sleepy (slihpi), es schläfert mich.

I am cold, es friert mich.

I am warm, es ist mir warm (heiß).

I am sorry (sorri) *for it*, es thut mir leid (barum). — *J'en suis fâché.*

I am surprised (förrpreis'b), es befremdet mich, es wundert mich.

I am told, es ist mir gesagt, man sagt mir.

I have been told ([50]), es ist mir gesagt worden (ich habe es mir erzählen lassen).

I am welcome (uellfomm) to it, es ist für mich gern geschehen, gethan ([51]).

I am forbidden, es ist mir untersagt.

I am (not) permitted, es ist mir (nicht) erlaubt.

I am (not) suffered (soffr'b), es ist mir (nicht) gestattet.

I am very ill (*well*), es geht mir sehr schlecht (gut).

I don't care (kehr), es kümmert mich nicht; ich kümmere mich nicht barum.

What do I (wc) care (kehr)? Was kümmert's mich (uns)?

I dream (brihm), es träumt mir.

I feel (fihl) for his misfortune, etc., sein Unglück geht mir nahe.

I pity (pitti) him, er bauert mich.

I have met with one, es ist mir Jemand begegnet.

I like (leif) ([52]), ich mag, ich habe gern. es behagt, gefällt mir etwas.

([48]) I am very well. — I am glad of it.
Ich bin sehr wohl. — Das freut mich.
He is very ill. — I am very sorry for it.
Er ist sehr unwohl. — Das thut mir sehr leid.
I am glad (*happy*) to hear it.
Es freut mich das zu vernehmen.
I shall be glad (*happy*) to see you.
Es wird mich freuen, Sie zu sehen.
I am glad you did it.
Es ist mir lieb, daß Sie es gethan haben.
NB. Das *at it, of it, for it* nach den Wörtern "*happy, glad, sorry*" entspricht dem Französischen "*en*", dem Deutschen „darüber, darum".

([49]) I am *happy* to be able to inform you, that your son has been advanced to the rank of Captain.
Es freut mich Sie benachrichtigen zu können, daß Ihr Sohn zum Range eines Hauptmannes befördert worden ist.

([50]) Hierüber siehe Regel XXIX Seite 495 der Syntaxis.

([51]) *Welcome, willkommen*, braucht man im Englischen 1stens, wie im Deutschen, z. B.:
You are always *welcome* to me.
Sie sind mir stets willkommen.
Mr. F. made us heartily *welcome*.
Herr Friendly, hieß uns herzlich willkommen.
He shall be certain of a kind *welcome*
Er soll eines gütigen Willkommens sicher sein.
2tens, abweichend vom Deutschen, um auszudrücken, daß etwas gern geschehen ist oder gern geschieht, daß man Jemanden etwas gibt, daß etwas Jemanden zu Diensten steht. In diesem Falle aber bezieht es sich auf eine, der englischen Sprache eigenthümliche Art, auf die Person, welcher die Gefälligkeit u. s. w. erwiesen ist, z. B.:
I am much obliged to you for the books you sent me yesterday.
Ich bin Ihnen für die Bücher, die Sie mir gestern schickten, sehr verbunden.
Oh, *you are very welcome*.
O, das ist recht gern geschehen! O, sie stehen Ihnen recht gern zu Diensten. (wö.: Sie sind willkommen)
I thank you for your kindness.
Ich danke Ihnen für Ihre Güte.
You are *always welcome* to any thing I can do for you.
Alles, was ich für Sie thun kann, thue ich gern, (wörtl.: Sie sind stets willkommen zu irgend etwas, was ich für Sie thun kann.)
You are *heartily welcome* to it.
Es ist herzlich gern geschehen (wörtl.: Sie sind dazu herzlich willkommen).
NB. Eine ähnliche Ausdrucksweise kommt bisweilen im Französischen vor, z. B.:
Si vous voulez attendre le retour de M. N., *vous êtes le bienvenu à le faire.*

([52]) Bei der Anwendung von *to like* und *to please* in der Bedeutung von „gefallen" hat man wohl zu beachten
1stens, daß *to like* nie anders als persönlich im Sinne von gern haben, lieben, leiden mögen gebraucht werden darf und nur das Gefühl für eine Person, oder Sache bezeichnet, das Subject (der Nominativ) daher ein fühlendes Wesen sein muß, z. B.:
This man (lady) *likes* me; I *like* this man, lady, etc.
Dieser Mann (diese Dame) hat mich gern; ich habe diesen Mann (diese Dame) gern.
The dog does *not like* music.
Der Hund liebt die Musik nicht. Die M. gefällt ꝛc.
Man darf also den Satz: dieses Gemälde, Haus, Garten ꝛc gefällt mir niemals sagen:
This *picture, house, garden*, etc. *likes* me.
sondern: I *like this picture, house*, etc., oder: this picture, house, etc. *pleases* me.

...ike, es ist mir lieb (52b).
...on't like it, es schmeckt mir nicht.
...lease, ich gefalle, es gefällt mir (52a).
...pleases me, es gefällt mir.
...epent (of) (53), es reuet mich.
...resemble, ich habe Aehnlichkeit (ich
bin ihm ähnlich) (54).

I succeed (soksihd), es gelingt mir.
I think, es däucht mir; ich glaube.
I want time (55) (uoannt teim), etc., es
fehlt (gebricht) mir an Zeit, 2c.
I wonder (56) (ei uonndr), es wundert
mich.

§. 178. Anglicismen.

...am very early (errli), ich komme
sehr früh.
...im very late (leht), ich komme sehr
spät.
...im right (reit), ich habe recht.
...im wrong (ronng), ich habe unrecht.
... in earnest, es ist mein Ernst.
... only joking, ich spaße nur.
... only a joke (dschohk), es ist nur Spaß.
...u must be mistaken, Sie irren sich.
...hink (57) you are mistaken, ich glaube,
Sie irren sich.
...can get no taste on any thing,
nichts schmeckt ihm.
...thing is good enough for his palate,
nichts schmeckt ihm gut genug.
...nticipate much pleasure from the ball
from our journey to France, etc.), ich
freue mich im Voraus auf den Ball
auf unsere Reise nach Frankreich.)
...m quite impatient for Christmas, ich
kann Weihnachten kaum erwarten.

His affairs are in a bad state (he is
badly off), es steht schlecht bei ihm.
Things look bad there, da sieht's bös'
(schlecht) aus.
The state of affairs in N. is very
perilous, in N. sieht's gefährlich aus.
I can't but admire your application,
ich bewundere Sie wirklich.
His diligence is astonishing, sein Fleiß
ist zu bewundern.
Take care of yourself in Paris, nehmen
Sie sich in Paris in Acht.
Pardon me, (Sir, Madam), entschuldigen
Sie (mein Herr, Madam).
I am likely to lose (luhs), ich werde
wohl verlieren.
He is likely to come, er wird wohl kommen.
I am done for, es ist um mich geschehen.
It serves him right, es ist ihm recht
geschehen.
May I beg to inquire? darf ich so frei
sein, mich zu erkundigen?

Zeigt, daß to please in der Bedeutung von „gefallen" nur persönlich angewendet werden
darf und das bei Andern erregte Wohlgefallen ausdrückt, das Object (oder Accusativ) daher
ein fühlendes Wesen sein muß, z. B.:

| This house, etc. pleases me oder: I like this house. | Dieses Haus, 2c gefällt mir. |
| I please this man and he likes me. | Ich gefalle diesem Manne und er hat mich gern. |

Man merke sich folgende Ausdrücke:

Wie gefällt (es) Ihnen (in) London?	How do you like London?
	Wie gefällt Ihnen die Musik?	How do you like the music?
Es (sie) gefällt mir sehr gut.	I like it very much.
Wie hat es Ihnen im Concert gefallen?	How were you pleased at the concert?
Es hat mir sehr gut gefallen.	I was very much pleased, oder It pleased me very much.

NB. In der Bedeutung „belieben" steht to please ohne Object und kommt besonders in
folgenden Ausdrucksarten vor: As you please; if you please, as he pleases. Please to walk in
treten Sie gefälligst ein.

b) Of the three books, I like this the best. | Von den drei Büchern ist mir dieses am liebsten.
g) I might go, (I I pleased (liked, wished). | Ich dürfte gehen, wenn es mir gefiele.
3) I repent of having done it. | Es reuet mich, das gethan zu haben.
4) I resemble my father, but my sister resembles my mother. | Ich bin meinem Vater ähnlich, aber meine Schwester ist meiner Mutter ähnlich.
5) I want the means, not the inclination, to serve you. | Es fehlt (es gebricht) mir an Mitteln, nicht an der Bereitwilligkeit, Ihnen zu dienen.
-- I don't want to be ill, to be unhappy. | Ich will nicht krank, unglücklich werden

NB. Fehlen, in dem Sinne von „abgehen", wird durch to be wanting, (fehlend sein) übersetzt:

- There is a leaf wanting in this book. | Es fehlt ein Blatt in diesem Buche.
There is still one wanting. | Es fehlt immer noch eins.
—He wants for nothing (S. Reg. X. S. 480). | Es geht ihm nichts ab. Es fehlt ihm an nichts
6) I wonder he has not come. | Es wundert mich, daß er nicht gekommen ist.

NB. To wonder wird öfters im Sinne von „ich möchte gerne wissen" gebraucht, z. B.:

- I wonder (ob. I should like to know) whether he will come. | Ich möchte gerne wissen, ob er kommen wird.

7) NB. Die obigen Ausdrucksweisen sind höflicher als:
You mistake, you are mistaken, Sie irren sich.

Aufgaben über die ein- oder unpersönlichen Zeitwörter.

§. 167. 168. Seite 289.

109. Es gibt wenige Länder, wo es so viel regnet, als in Irland; in Irland aber schneit es sehr selten, und wenn es dort friert, ist es so unbedeutend *(slight)*, daß es eine Stunde nach Sonnenaufgang *(sunrise)* gewöhnlich thaut. — Hat es diese (Anmerk. 49. Seite 195) Nacht geregnet, oder glauben Sie, daß es heute regnen wird? Diese Nacht hat es nicht geregnet, auch glaube ich nicht, daß es eine *(for some)* Zeit [lang] regnen wird. — Hören Sie nur, wie es donnert und wie es blitzt! — Es geziemt sich nicht, über solche Sachen zu sprechen. — Es scheint mir nicht passend *(improper)* zu sein, die Frau (Anmerk. 19. S. 118) Baronin so früh *(early)* zu besuchen.

gewöhnlich, *generally.* nach, *after.*	hören Sie nur, *do but hear.*
glauben, *do you think.*	zu sprechen, *to speak.* über, *about.*
auch glaube ich nicht, *nor do I think.*	Sachen, *things.* zu besuchen, *to visit.*

§. 169. Seite 291.

110. Es gibt Leute in der Welt, die keinen Gott und keinen Teufel fürchten *(to fear)*. — In Irland gibt es viele Arme, aber in England sind sehr viele Reiche (Regel XVI. Seite 431). — Hat es je solche Stutzer *(beau)* gegeben? — Nie *(never)* gab es in einem Juli so viel Regen, als [in] diesem Jahre. — Gibt es nicht einen schönen Thiergarten im Regents-Park? Ja. Ich möchte es gerne sehen. Es würde kaum Zeit dazu sein. — Es sollte ein Feuer in unserm Zimmer *(room)* gewesen sein. — Wenn es Trauben und Birnen gibt, werde ich einige kaufen. — Wenn es keine Processe gäbe, so gäbe es (würde geben) keine Advokaten.

keinen, *neither* — und keinen, *nor the.*	kaum, *scarcely.* dazu, *for it.*
an einem, *in.* schönen, *fine.*	kaufen, *buy.* Proceß, *law-suit.*
Thiergarten, *zoological-garden.*	Advokat, *attorney.*

§. 170, 171, 172. Seite 292—293.

111. [Auf] dem ganzen Wege von Kabul nach Kandahar ließ sich Keiner sehen. — Die Irländer sind sehr arm, aber es läßt sich nichts für sie thun. — Wann wird hier gespeist? Es wird hier fortwährend gespeist; es wird um vier Uhr gespeist. — Es schläft sich in einem Dunenbette schlecht. — In England wird viel Thee getrunken. — Es lebt sich in Italien gut. — Was fehlt Ihrer Schwester? Es fehlt ihr, glaube ich, gar nichts. — Was gibt es da? Nichts. — Was haben Sie denn da? Es fehlt uns nichts.

ganzen Weg, *whole way.*	Dunenbett, *bed of down.*
es wird hier fortwährend gespeist, *you can dine at any hour you please.*	glaube, *believe.* gar nichts, *nothing at all.*

§. 173. Seite 294.

112. Sie haben Bulwer's Zanoni gelesen, nicht wahr? O ja, ich habe es gelesen und finde es ein bischen zu romantisch, Sie auch, nicht wahr? — Das ist der Herr (Anmerkung 52, S. 196), den wir in Bath trafen, (gelt) nicht wahr? — Sie und Ihre Fräulein Schwester werden von unserer morgenden Partie sein, nicht wahr? Gewiß. — Er

lebte vor einigen Jahren in London, nicht wahr? — Sie werden morgen mit Ihnen kommen, nicht wahr? — Sie liebt ihre Kinder, nicht wahr? — Sie liebt ihre Kinder nicht, nicht wahr?

ein bischen, *a little.*	trafen, *met.* morgenben, *to-morrow's.*
romantisch, *romantic.* auch, *too.*	Partie, *party.*

§. 174, 175, 176. Seite 294.

113. England ist ein reiches Land, Frankreich ist es aber auch. — Alte Leute müssen sterben, junge Leute müssen es aber auch. — Der Eremit *(Hermit)* von Gauting reiste sehr viel herum, der Prinz Pückler-Muskau aber auch. — Sie lesen sehr viel und ich auch. — Sind Sie je in Rom gewesen? Nein. — Was! in Florenz auch nicht? Auch nicht. — Wann gehen Sie nach London? Diesen Sommer nicht, nächsten Winter auch nicht. — Ich sehe, daß Sie den Thee nicht lieben; mögen Sie den Kaffee auch nicht? Kaffee mag ich auch nicht. — — §. 176. Sind Sie je in Paris gewesen? Ja; nein. — Waren Sie nicht vor einigen Jahren in Egypten? Ja; nein. — Kellner! kann ich eine Flasche Champagner bekommen? Ja, nein, wir haben keinen außer *(but)* Eßlinger.

Land, *country.* Leute, *people.*	vor einigen Jahren, *some years ago.*
reisen, *to travel.* herum, *about.*	bekommen, *have.* Eßlinger, *Esling.*

§. 177. Seite 296—304.

114. Es hungert mich sehr, ich muß etwas zu essen haben. — Ich würde gern⁸ mit² Ihnen³ nach⁴ [dem] Drury⁵ Lane⁶ Theater⁷ gehen¹, wenn es mir nicht an Zeit fehlte. — Es schläfert mich, ich muß zu Bette gehen. — Walker's Werk über die Frauen gefällt mir sehr. Haben Sie es gelesen? Nein, ich bin kein Freund von solcher *(such)* Lektüre *(reading)*; solche philosophische Werke *(works)* gefallen mir nicht. — Jene junge Dame da gefällt mir, jenes Haus aber *(habe ich nicht gern)* gefällt mir nicht. — Es freut mich herzlich *(heartily)*, Sie wieder gesund und munter zu sehen. Sie sind sehr gütig.

zu essen, *to eat.* gehen, *to go.*	ich bin kein Freund, *I do not like.*
gern, *with pleasure.* nicht an, *did not.*	philosophische, *philosophical.*
Walker's Werk über die Frauen, *"Walker on Woman".*	gefallen — nicht, *do not please.*
gefällt, *pleases.* sehr, *very much.*	gesund und munter, *in good health and spirits.* gütig, *kind.*

II. Fragen über die regelmäßigen Zeitwörter.

1. Wie bilden alle regelmäßigen Zeitwörter im Englischen ihr Imperfectum und Particip der Vergangenheit? §. 148. Seite 269.
2. Welche Personen des regelmäßigen Zeitworts im Präsens Indicativ sind dem Infinitiv gleich, und wie bildet man die zweite und dritte Person? §. 148 a) Seite 269.
3. Wie bildet man die 2te und 3te Person Singular im Präsens und die zweite im Imperfectum? §. 148. a) und §. 148b. S. 269.
4. Wie bildet man das Particip der Gegenwart, wenn das Zeitwort auf e endet? und wie, wenn das Zeitwort auf ie endet? §. 148. c) S. 269.
5. Wenn das Zeitwort auf ie endet, wie bildet man das zweite Particip? §. 148. d) Seite 270.

6. Wenn die Zeitwörter mit einem Zischlaut wie *to kiss*, *to crush*, *etc.*, enden, wie bildet man die zweite und dritte Person der Einzahl des Präsens? §. 149. Seite 270.

7. Wie bildet man die verschiedenen Personen im Präsens und Imperfectum solcher Zeitwörter, die auf *y* mit vorhergehendem Consonanten, als *cry*, *etc.*, enden? §. 150. S. 270.

8. Wie bildet man die verschiedenen Personen der Zeitwörter auf *y* mit vorhergebendem Vokale, als *decoy*, *etc.*? §. 151. S. 271.

9. Welche Zeitwörter machen eine Ausnahme von dieser Regel? §. 151. S. 271.

10. Wie bildet man die 2te Person Sing. des Präsens, alle Personen im Imperfectum und die 2 Participien solcher Zeitwörter, die sich auf einen Consonanten mit vorhergehendem einfachen Vokal enden? §. 152. S. 271.

11. Wie werden die verschiedenen Zeiten der auf *l* sich endigenden Zeitwörter gebildet? §. 154 und wie der Conjunctiv? §. 155. S. 271.

12. Wie viel mal ändert das regelmäßige Zeitwort seine ursprüngliche Form? z. B. *to love*? Anmerk. 6. S. 273.

13. Wie drückt man das „ich liebe nicht" ꝛc. im Englischen aus? §. 157. S. 271.

14. Vermittelst welches Hülfszeitworts bildet man das Passiv im Englischen? §. 158. S. 278.

15. Mit welchem Hülfszeitwort conjugirt man im Englischen die intransitiven oder ziellosen Zeitwörter, als *I walk*, *etc.*, ich gehe, ꝛc.? §. 160. S. 283.

16. Wann muß man *to have* als Hülfszeitwort brauchen? §. 162. a) S. 284 und wann *to be*? §. 162. b) S. 285.

17. Welche allgemeine Regel sollte man dabei befolgen? Anm. 28. S. 285.

18. Wie drückt man das „ich kleide mich an" im Englischen aus? §. 164. S. 286.

19. Wie drückt man das „wir lieben uns" aus? §. 165. S. 288.

20. Was sind unpersönliche Zeitwörter und wie werden sie conjugirt? §. 167. S. 288.

21. Wie gibt man das deutsche „es ist, es sind, es gibt" ꝛc. im Englischen? §. 169. S. 291.

22. Wie drückt man das deutsche „es läßt sich" §. 170. und das unpersönliche Passiv im Englischen aus? §. 171. S. 292.

23. Wie drückt man das deutsche „was fehlt?" „was gibt's?" aus? §. 172. S. 293.

24. Wie gibt man das deutsche „nicht wahr?" „gelt?" §. 173. S. 293.

25. Wie drückt man das deutsche „ich auch", „ich auch nicht" aus? §. 174. 175. S. 294.

26. Wie drückt man das „wie beliebt?" „wie meinen Sie?" im Englischen aus? §. 176. NB. 2. S. 295.

27. Welches sind die Zeitwörter, die im Deutschen meistens persönlich und unpersönlich, im Englischen aber persönlich gebraucht werden? §. 177. S. 296.

XII. Kapitel.

Von den unregelmäßigen Zeitwörtern.

A. Von den unregelmäßigen Zeitwörtern überhaupt.

B. Conjugation des Zeitworts to abide, bleiben.

D. Conjugation des Zeitworts to get, erlangen, ꝛc.

P. Besondere Bemerkungen über den Gebrauch von to do, thun, und to make, machen. Conjugation des letzteren.

E. To become, werden.

F. Conjugation des Zeitworts to be going to write.

J. Verzeichniß der unregelmäßigen Zeitwörter.

I. Verbale Abkürzungen und Zusammenziehungen.

I. Verzeichniß der Zeitwörter, welche die Präposition to (zu) vor dem Infinitiv nicht zulassen. K. Fragen.

A. Von den unregelmäßigen Zeitwörtern überhaupt.

§. 179. Unregelmäßige Zeitwörter sind solche, welche ihr Imperfectum und Particip der Vergangenheit nicht durch *ed (d)* wie die regelmäßigen, sondern auf andere Weise, namentlich durch **Umlautung** des Stammvokals bilden.

§. 180. Ist das Imperfectum und Particip der Vergangenheit eines unregelmäßigen Zeitworts bekannt, so unterliegt die Conjugation desselben durchaus keinen Schwierigkeiten, da die Bildung der entsprechenden Personen und übrigen Formen sich genau an die Conjugation der regelmäßigen Zeitwörter (vergl. §. 148—155, S. 269 und Anm. 6, S. 273) anschließt.

§. 181. Die folgenden Regeln werden dieses klar machen.

1. Bei den unregelmäßigen Zeitwörtern auf *eed* fällt im Imperfect und Particip das eine *e* weg, z. B.: *to bleed*, bluten; *I bled*, ich blutete; *thou bleddest*, du blutetest; *he bled*, er blutete, geblutet.

2. Die auf *eep* verwandeln solches in *ept*, als: *to creep*, kriechen; *I crept*, ich kroch; *thou creptest*, du krochest; *he*, (we, etc.) *crept; crept*, gekrochen.

3. Die auf *end* verändern das *d* in *t*, z. B.: *to send*, senden; *I sent*, ich sandte; *thou sendest*, du sandtest; *he (we, etc.) sent; sent*, gesandt.

4. Jene auf *ing* und *ink* verwandeln solches in *ung* und *unk*, als: *to sting*, stechen; *I stung*, ich stach; *stung*, gestochen; *to sink*, sinken; *I sunk*, ich sank; *sunk*, sunken. Ausnahmen machen: *to bring*, bringen; *I brought*, ich brachte; *brought*, gebracht; *to think*, denken; *I thought*, ich dachte; *thou thoughtest*, du dachtest; *he we*, etc.) *thought; thought*, gedacht.

5. Jene auf *ind* verwandeln dasselbe in *ound*, z. B.: *to find*, finden; *I found*, ich fand; *thou foundest*, du fandest; *he found*, er fand; *found*, gefunden.

6. Die auf *ear* nehmen, wenn *ea* wie *äh* lautet, im Imperfect *ore*, und im Particip *orn* dafür an. als: *to wear*, tragen; *I wore*, ich trug; *thou worest*, du trugest; *he wore*, er trug; *worn*, getragen.

7. Die auf *ow* haben, wenn dasselbe wie *oh* lautet, im Imperfect *ew*, und im Particip *own*, z. B.: *to crow*, krähen; *I crew*, ich krähete; *crown*, gekräht.

8. Einige haben im Infinitiv, Imperfect und Particip gleiche Formen, als: to cut, schneiden; I cut, ich schnitt; cut, geschnitten (1).

B. Conjugation des unregelmäßigen Zeitworts To abide.

§. 182. Aus mehrjähriger Erfahrung weiß ich, daß es unmöglich ist, alle diese Zeitwörter im Kopfe zu behalten, wenn man bei der Conjugation derselben nicht durch einen passenden Zusatz von einem oder mehreren Wörtern einen vollständigen Satz bildet. Zur Erleichterung dieses Verfahrens daher gebe ich hier ein Muster an und empfehle dem Anfänger, die übrigen Zeitwörter, in so weit der Sinn derselben es zuläßt, nach demselben zu conjugiren.

§. 183. To abide (ebeid), bleiben.

Infinitiv der Gegenwart: To abide (ebeid), bleiben, verweilen. wohnen. (2)
— der Vergangenheit: To have abode, geblieben sein. (3)

Participien.

Particip der Gegenwart: Abiding (ebeiding), bleibend. (4).
— der Vergangenheit: Abode (ebohd), geblieben.
Zusammengesetztes *Particip*: Having abode, seiend geblieben.

Indicativ.

Praesens. (Indicative Mood.).

Singular.

I abide (live) *(in Munich)* (ei ebeid in mjunikk), ich verweile (lebe) in München.
Thou abidest *(in Munich)* (dthau ebeideſt) du verweilst in München.
He (she) abides (abideth) (5) *(in Munich)*, (hih ebeids), er (sie) verweilt c.

---

1) NB. In diese Klasse gehört auch to read (lesen), wird aber im Imperfectum und Particip der Vergangenheit anders ausgesprochen. Siehe das Verzeichniß der unregelmäßigen Zeitwörter. S. 329

(2) Dieses Zeitwort hat auch noch andere Bedeutungen, z B.:

He abides in sin.	Er steckt tief in der Sünde.
She abides in Vienna.	Sie wohnt in Wien.
I abide by what I say.	Ich bleibe bei dem was ich sage.

NB. 1. Die Zeitwörter **wohnen, logiren, sich aufhalten, bleiben** übersetzt man im Allgemeinen durch to dwell, (wohnen), to live, (leben, wohnen), to lodge, (logiren), to reside, (wohnen), to remain, (bleiben), und to stay (verweilen). z. B.:

In which house do you dwell (live°)?	In welchem Haus wohnen Sie?
I dwell (live) in that green house, there.	Ich wohne in dem grünen Hause dort.
Where are you lodging°? At the Hotel.	Wo logiren Sie? Im Gaſthof.
Where does Mr. Smith reside° now?	Wo hält sich Herr Smith jetzt auf?
He is now living (residing) in London.	Jetzt lebt er (hält er sich auf) in London.
Mr. Pook remained (stayed) a few days with me.	Herr Pook blieb (verweilte) einige Tage bei mir.
Where do you live?	Wo leben Sie? od. Wo wohnen Sie?
I live no place, I starve yonder.	Ich lebe nirgends, ich verhungere dort.

*NB. 2. To dwell und to lodge beziehen sich immer auf das Haus, worin man wohnt oder logirt, to live auf irgend eine Stadt, oder ein Land. To live kann man stets statt to dwell oder to reside setzen, allein nicht umgekehrt.

Die Ausdrücke absteigen, einkehren gibt man im Englischen mit to put up at, to stop at, z. B.:

Where do you put up (stop)?	Wo steigen Sie ab? Wo kehren Sie ein?
I put up at (stop at) the Blue Boar.	Ich steige ab, (ich kehre ein) in den blauen Eber.

(3) Die Engländer wie die Franzosen brauchen bei den intransitiven und mit Ausnahme einiger Fälle auch bei den transitiven Zeitwörtern haben und nicht sein als Hülfszeitwort. Siehe §. 163, Seite 285.

(4) Abiding by what you told me, I lost my money. | Da ich mich auf das verließ, was Sie mir sagten, so verlor ich mein Geld.

Hierüber siehe Anmerkung 14, Seite 226; auch to be writing, §. 191, Seite 316.

(5) Diese Endung wird in der Poesie und im Gebet gebraucht; siehe Anmerkung 5, Seite 222.

Plural.

e abide (live) *(in Munich)* (mjunifî), wir verweilen (leben) in München.
ou abide *(in Munich)*, ihr verweilt in München.
hey abide *(in Munich)*, ſie verweilen in München.

Imperfect.

Singular.

abode (ebohb) (6) (lived) *(a year in Paris)* (pahres), ich verweilte (lebte) ein
   Jahr in Paris.
hou abodest (ebohbeſt) *(a year in Paris)*, du verweilteſt ein Jahr in Paris.
 (she) abode (ebohb) *(a year in Paris)*, er (ſie) verweilte ein Jahr in Paris.

Plural.

e abode (lived) *(a year in Paris)*, wir verweilten (lebten) ein Jahr in Paris.
ou abode *(a year in Paris)*, ihr verweiltet ein Jahr in Paris.
hey abode *(a year in Paris)*, ſie verweilten ein Jahr in Paris.

Perfect.

have abode oder stayed (ſtehb) (6) *(a month in Vienna)*, etc., (7) ich bin in
   Wien einen Monat geblieben.

Plusquamperfect.

had abode *(too long already)*, ich war ſchon zu lange geblieben.

1tes Futurum.

shall abide (ob. remain) (remehn) *(six months here)*, etc., (8) ich werde ſechs
   Monate hier bleiben.

2tes Futurum.

shall (thou *will*) have abode here*, ich werde (du wirſt) hier geblieben ſein.

Futurum.

(Eine Rothwendigkeit ausdrückend).

shall be obliged (9) *to abide here**, ich werde hier bleiben müſſen.

---

(6) NB. 1. Ueber den Gebrauch des Perfectums und Imperfectums iſt folgendes beſonders zu
bemerken: Das *Perfectum* wird im Engliſchen angewendet, wenn man eine vergangene
Handlung bezeichnen will, die entweder in einer unbeſtimmten, oder in einer noch nicht völlig
verfloſſenen, ſondern die Gegenwart noch berührenden Zeit geſchehen iſt, z. B.:

God *has* created the world.	Gott hat die Welt erſchaffen.
I *have lived* a year in this town.	Ich habe ein Jahr in dieſer Stadt gewohnt.
I *have seen* the king.	Ich habe den König geſehen.
Have you *seen* my sister?	Haben Sie meine Schweſter geſehen?
I *have not seen* my friend *this week,* this *year.*	Ich habe ſeit einer Woche, einem Jahre meinen Freund nicht geſehen.

 NB. 2. Wenn man aber eine vergangene Handlung bezeichnen will, die in einer völlig
verfloſſenen Zeit geſchehen iſt, ſo muß man das *Imperfect* brauchen, obgleich man im Deutſchen
und Franzöſiſchen ſtatt deſſelben häufig das Perfect anwendet, z. B.:

I *arrived* at *six* o'clock this morning.	Ich bin heute Morgen 6 Uhr angekommen.
Were you at the concert *yesterday?*	Sind Sie geſtern im Concert geweſen?
Yes, I was there.	Ja, ich bin da geweſen.
The king *died last night.*	Der König iſt vorige Nacht geſtorben.

 NB. *Six o'clock this morning, yesterday* und *last night* (in den obigen Sätzen) ſind
völlig verfloſſene Zeiten, von denen in der Gegenwart nichts mehr übrig iſt, daher muß das
Imperfect und nicht das *Perfect* ſtehen. — Vergleiche § 196, Seite 318 und Regel
LXVII.— LXXI Seite 529.

7) Obgleich ich nur die erſte Perſon im *Singular* hier anführe, ſo iſt es doch für den Lernenden
beſſer, alle unregelmäßigen Zeitwörter durch ſämmtliche 6 Perſonen zu conjugiren.

8) Man wird ſich wohl erinnern, daß die 2te und 3te Perſon im Indicativ immer mit *will*
und *will* gebildet werden, und daß im *Praeſens* Conjunctiv alle 6 Perſonen der erſten Perſon
des *Praeſens* des Indicativs gleich ſind. Siehe Anmerkung 6c, Seite 223.

9) Siehe die vollſtändige Conjugation des Hülfszeitworts must (müſſen), § 129, Seite 230.

Futurum.

(Eine Unmöglichkeit ausdrückend).

I shall not be able (¹⁰) *to abide here**, ich werde nicht hier bleiben können (ich werde nicht im Stande sein hier zu bleiben).

Conditional.

(Einen Wunsch ausdrückend)

I should (not) like *to abide here**, etc., ich möchte (nicht) gern hier bleiben.
I should like *to have abode**, ich hätte gern bleiben mögen; ich wäre gern geblieben.
I should like *to be able to abide here**, etc., ich möchte gern hier bleiben können.
I should not like *to be obliged to abide here*, ich möchte nicht gern hier bleiben müssen; ich möchte nicht gern genöthigt sein, hier zu bleiben.
I should not like *to have been obliged to abide here*, etc., ich möchte nicht gern, daß ich hätte hier bleiben müssen.
I should like *to be allowed to abide here*, ich möchte gern hier bleiben dürfen.
I should like *to have been allowed* (ob. *permitted*) *to abide here*, ich möchte gern, daß ich hätte hier bleiben dürfen (daß es mir erlaubt gewesen wäre hier zu bleiben).

Conditional.

(Eine Pflicht oder Verbindlichkeit ausdrückend).

I should (thou shouldst) have abode*, ob. ⎱
I ought to have abode*, ⎰ Ich hätte bleiben sollen.
I was obliged to abide*, ich war genöthigt zu bleiben, ich mußte bleiben.

Conditional.

(Eine Absicht anzeigend).

I should (he would) have abode*, ich wäre geblieben (ich würde geblieben sein).

Möglichkeits-Modus. (Potential Mood.)

Praesens.

May I abide* (ob. stay) here? darf ich hier bleiben?
I may or can (¹¹) abide ob. stay (steh), ich darf oder kann bleiben, verweilen.

Imperfect.

I might (meit), ob. could abide, ich dürfte oder könnte bleiben. (¹¹b)

Plusquamperfect.

I might (could) have abode*. (¹²).	Ich hätte bleiben dürfen (können).
I might not (could not) have abode.	Ich hätte nicht bleiben dürfen (können).

---

(10) Siehe die Conjugation von can, *to be able* (können, im Stande sein), Seite 241.
(11) *May* bezeichnet Erlaubniß, zufällige Möglichkeit; can, innere Möglichkeit d. h. die Kraft oder Fähigkeit etwas zu thun. (Siehe Anmerkung 43, Seite 241).
(11b) Das *Perfectum* dieses Modus braucht man wie folgt:

I may have remained (abode) too long here.	Ich kann zu lange hier geblieben sein (es ist möglich, daß ich hier zu lange geblieben bin).
I may have said so, but if I did, I remember it no longer.	Ich kann es gesagt haben, falls ich es aber sagte, so erinnere ich mich dessen nicht mehr.
He may have left the town before we arrive.	Er kann die Stadt verlassen haben, ehe wir ankommen.
She may have done it.	Sie mag (kann) es gethan haben.
She cannot have done it.	Sie kann es nicht gethan haben.
(12) He might have done it, if he had wished.	Er hätte es thun dürfen, wenn er es gewollt hätte.
He could have done it, if he had wished.	Er hätte es thun können, wenn er es gewollt hätte.

Praesens, Perfect und Imperfect.

was not allowed (erlaub) (ob. *permitted*) to abide.	Ich habe nicht bleiben dürfen (es war mir nicht erlaubt zu bleiben).
am obliged to abide.	Ich bin genöthigt zu bleiben.
have been obliged to abide.	Ich habe bleiben müssen.

Imperativ.

t me abide, laß mich bleiben.	Let us abide, laßt uns bleiben.
ide, bleibe.	Abide, bleibet (bleiben Sie).
t him (her) abide, laßt ihn (sie) bleiben.	Let them abide, laß sie bleiben.

C. Ueber To get, erlangen, bekommen, erhalten u. s. w.

§. 184. *To get* wird besonders im gewöhnlichen Leben in so vielen verschiedenen Bedeutungen gebraucht ([13]), daß es in der ganzen englischen Sprache kaum ein anderes Wort gibt, dessen richtige Anwendung für Nicht-Engländer schwieriger wäre. Auch hat sich bis jetzt kein Grammatiker die Mühe gegeben, es auf eine leichtfaßliche Weise darzustellen und dadurch diese Schwierigkeiten zu erleichtern. — Die folgende Conjugation, sowie die folgenden Beispiele werden die Anwendung dieses Zeitworts einem Jeden leicht machen.

Conjugation des Zeitworts To get, erlangen, bekommen u. s. w.

Infinitiv der Gegenwart: To get (t' gett), erlangen, bekommen u. s. w.
— der Vergangenheit: To have got, ([14]) erlangt haben.

---

13) Als Beleg führe ich den folgenden Brief, worin kein anderes Zeitwort als *to get*, vorkommt, an. Zum leichtern Verständniß für Anfänger, stelle ich denselben in die 2. Colonne, nebst den — dem *to get* — entsprechenden Zeitwörtern auf:

I *got* on horseback within ten minutes after I *got* your letter. When I *got* to Canterbury, I *got* a chaise for town; but I *got* wet through before I *got* to Canterbury; and I have *got* such a cold as I shall not be able *to get* rid of in a hurry. I *got* to the treasury about noon; but first of all I *got* shaved and dressed. I soon *got* into the secret of *getting* a memorial from the Board, but I could not *get* an answer then; however, I *got* intelligence from the messenger that I should most likely *get* one the next morning. As soon as I *got* back to my inn, I *got* my supper and *got* to bed. It was not long before I *got* to sleep. When I *got* up in the morning, I *got* my breakfast, and then *got* myself dressed, that I might *get* out in time to *get* an answer to my memorial. As soon as I *got* it, I *got* into the chaise and *got* to Canterbury by three, and about tea-time I *got* home. I *have got* nothing for you, and so adieu.	I *mounted* on horseback within ten minutes after I *received* your letter. When I *reached* Canterbury, I *took* a chaise for town; but I *was* wet through before I *arrived* at Canterbury; and I have *caught* such a cold as I shall not be able to *cure myself of* (to get rid of) in a hurry. I *reached* the treasury about noon; but first of all I *shaved* and *dressed* myself. I soon *found out* the secret of *obtaining* a memorial from the Board, but I could not *have* an answer then; however, I *received* intelligence from the messenger that I should most likely *have* one the next morning. As soon as I *returned* to my inn, I *eat* my supper and *went* to bed. It was not long before I *fell* asleep. When I *arose* in the morning, I *took* my breakfast, and then *dressed* myself, that I might *go out* in time *to receive* an answer to my memorial. As soon as I *had* it, I *entered* (got into) the chaise and *arrived* at Canterbury by three, and about tea-time I *reached* home. I *have* nothing for you, and so adieu.

Es ist kaum nöthig zu bemerken, daß, obwohl obiger Brief ganz klar und verständlich ist, so ist doch dem zu häufigen Gebrauch des *to get* nicht nachzuahmen.

14) To *have got* it, I should have gone yesterday. | Um es zu erhalten, hätte ich gestern darnach gehen müssen.

Participien.

Particip der Gegenwart: Getting (15), erlangend u. f. w.
— der Vergangenheit: Got (gott), erlangt.
Zusammengesetztes *Particip*: Having got, (16) erlangt habend u. f. w.

Indicativ.
Praesens.

Singular.	*Plural.*
I get money, ich bekomme Geld.	We get money, wir bekommen Geld.
Thou gettest money, du bekommst Geld.	You get money, ihr bekommt Geld.
He gets money, (17) er bekommt Geld.	They get money, fie bekommen Geld.

Imperfect.

I got *(took)* cold *(yesterday)*, ich er= kältete mich gestern. (18)	We got cold, wir erkälteten uns.
Thou gottest cold, du erkältetest dich.	You got cold, ihr erkältetet euch.
He got cold, er erkältete sich.	They got cold, fie erkälteten fich.

Perfect.

I have got (ob. *received*) *my money,* ich habe mein Geld bekommen.	*We* have got *our money,* wir haben unser Geld bekommen.
Thou hast got *thy money,* du hast bein Geld bekommen.	*You* have got *your money,* ihr habt ihr (Sie haben Ihr) Geld bekommen.
He has got *his,* (*she* has got *her*) *money,* er hat fein, fie hat ihr Geld bekommen.	*They* have got *their money,* fie haben ihr Geld bekommen.

Plusquamperfect.

I had got my money, ich hatte mein Geld bekommen ꝛc.	We had got our money, wir hatten unfer Geld bekommen ꝛc.

1ftes und 2tes *Futurum.*

I shall *get my money,* ich werde mein Geld bekommen.	We shall *get our money,* wir werden unser Geld bekommen.
I shall have *got my money,* ich werde mein Geld bekommen haben.	We shall have *got our money,* wir wer= ben unfer Geld bekommen haben. (19)

1fter und 2ter *Conditional.*

I should get my money, ich würde mein Geld bekommen ꝛc.	We should get our money, wir wür= ben unfer Geld bekommen.
I should have got my money, ich würde mein Geld bekommen haben.	We should have got our money, wir würden unfer Geld bekommen haben.

Imperativ.

Let me get, laß mich bekommen.	Let us get, laßt uns bekommen.
Get, bekomme.	*Get,* bekommet (bekommen Sie).
Let him get, laß ihn bekommen.	Let them get, laß fie bekommen.

---

(15) Mr. (mißtr) Cash *is getting* rich. | Herr *Cash* wird reich.
(16) *Having got* what he wanted, he went away. | Da er bekommen hatte, was ihm fehlte (was er wollte), fo ging er weg.
(17) Paternal Advice of a miser. | Väterlicher Rath eines Geizhalfes.
  Get money, my son, *get* money; | Mach Geld, mein Sohn, mach Geld;
  Get it honestly if you can, | Mach's ehrlich, wenn du es kannst;
  If not — *get* money — | Wenn nicht — mach Geld —
  Get money, my son, *get* money! | Mach Geld, mein Sohn, mach Geld!
(18) NB. Statt *to get cold* fagt man gewöhnlich *to take cold* oder *to catch cold.*
(19) Der Conjunctiv wird nach der allgemeinen Regel gebildet; fiehe §. 155, Seite 211.

NB. Die angegebenen Bedeutungen werden außer durch *to get* auch noch durch andere Zeitwörter ausgedrückt. Letztere sind der leichteren Uebersicht wegen mit aufgeführt:

Verschiedene Bedeutungen von *to get*	Entsprechende andere englische Zeitwörter		Englische Erläuterungssätze	Deutsche Uebersetzung derselben.
Abgewinnen,	*to gain,*	to get.	We *get* the wind of the vessel.	Wir haben dem Schiffe den Wind abgewonnen.
Ankommen, anlangen,	*to arrive, to reach,*	to get.	As soon as I *got* into Holland.	Sobald ich in Holland angelangt war.
Innehmen,	*to contract,*	to get.	You have *got* a bad habit (20).	Du hast eine böse Gewohnheit angenommen.
Anschaffen,	*to buy,*	to get.	He has *got* a new hat.	Er hat sich einen neuen Hut angeschafft.
Bekommen,	*to receive,*	to get.	She has *got* her things.	Sie hat ihre Sachen bekommen.
Besitzen,	*to possess,*	to get.	He has *got* a large fortune.	Er besitzt ein großes Vermögen.
Bewegen,	*to induce,*	to get.	They will *get* him to go, to do it.	Sie werden ihn bewegen es zu thun.
Bringen (zu),	*to bring,*	to get.	I can't *get* him to go, etc.	Ich kann ihn nicht dazu bringen zu gehen.
Einschmeicheln (sich),	*to insinuate,*	to get.	He has *got* into favour.	Er hat sich eingeschmeichelt.
Empfangen,	*to receive,*	to get.	She has *got* her money.	Sie hat ihr Geld empfangen.
Erholen (sich),	*to recover, to get well,*	to get.	She will soon *get* this letter.	Sie wird diesen Brief bald erhalten.
Erlangen,	*to obtain,*	to get.	She has *got* quite well.	Sie hat sich ganz erholt.
Erreichen,	*to attain,*	to get.	We shall *get* the reward.	Wir werden die Belohnung erlangen.
Erwerben,	*to earn,*	to get.	At last you have *got* it.	Endlich habt ihr es erreicht.
Finden,	*to find,*	to get.	How shall I *get* my bread?	Wie soll ich mein Brod erwerben?
Gehen,	*to go,*	to get.	He cannot *get* his book.	Er kann sein Buch nicht finden.
Gelingen,	*to succeed,*	to get.	We *get* to bed immediately.	Wir gingen sogleich zu Bette.
Gewinnen,	*to gain,*	to get.	I cannot *get* every thing.	Es gelingt mir nicht Alles.
Haben (20),	*to have,*	to get.	They will *get* much by that.	Sie werden viel dadurch gewinnen.
		to get.	I had *got* (20) no money about me.	Ich hatte kein Geld bei mir.

(20) In Verbindung mit *to have* kommt *get* jetzt oft in der gewöhnlichen Umgangssprache als Pleonasmus vor. Dieser Gebrauch ist jedoch nicht zu empfehlen und dem Anfänger zu vermeiden; denn "I had no money about me" drückt z. B. ganz dasselbe wie "I had got no money about me" aus, nämlich: ich hatte kein Geld bei mir. Folglich ist in solchen und ähnlichen Sätzen *get* überflüssig. Was anders ist es in Sätzen wie "I had not got (received) my money," ich hatte mein Geld nicht bekommen, weil hier *to get* die Bedeutung von *to receive* hat.

20*

Verschiedene Bedeutungen von to get.	Entsprechende andere englische Zeitwörter.		Englische Erläuterungssätze.	Deutsche Uebersetzung derselben.
Holen,	*to fetch,*	to get.	Go and *get* some bread.	Gehe und hole etwas Brod.
Kaufen,	*to purchase, to buy,*	to get.	I must *get (buy)* a lamp.	Ich muß eine Lampe kaufen.
(Kriegen), erreichen,	*to obtain,*	to get.	You could not *get* it.	Ihr konntet es nicht erreichen.
Lassen (20b),	*to let, to cause,*	to get.	They *got* the trees cut down.	Sie ließen die Bäume abhauen.
Lassen,	*to have, to cause,*	to get.	He *got* the news spread abroad.	Er ließ die Nachricht ausstreuen.
Lassen (machen).	*to have made,*	to get.	We are *getting* clothes made.	Wir lassen uns Kleider machen.
Lassen (malen), {	*to have painted,* }	to get.	We *got* our portraits painted.	Wir ließen uns malen (21).
	to have drawn,	to get.	I *got* my wife's picture drawn.	Ich ließ meine Frau malen.
Machen (frei),	*to liberate,*	to get.	At last we have *got* free.	Endlich sind wir frei gemacht.
Machen (fertig),	*to make (ready),*	to get.	*Get ready* by three o'clock.	Mach' dich bis drei Uhr fertig.
Nehmen,	*to take.*	to get.	We *got* our wine from France.	Wir nehmen unsern Wein aus Frankreich.
Sammeln, machen,	*to collect, to make,*	to get.	You have *got* much money.	Ihr habt viel Geld gesammelt.
Ueberreden,	*to prevail upon,*	to get.	They *got* him to go.	Sie überredeten ihn zu gehen.
Verdienen,	*to gain,*	to get.	I *get* nothing by it.	Ich verdiene nichts dabei.
Vermögen können,	*to prevail upon,*	to get.	She could not *get* him to go, etc.	Sie hat ihn nicht vermögen können, zu gehen.
Verschaffen (sich),	*to procure,*	to get.	We *got* bread and wine.	Wir verschafften uns Brod und Wein.
Werden (21b), {	*to become,*	to get.	It begins *to get* dark, light, etc.	Es fängt an finster, licht zc. zu werden.
	to be,	to get.	I *got robbed* every day.	Ich werde jeden Tag beraubt.
Werden (frei),	*to be (free),*	to get.	You will *get free* to-morrow.	Morgen werdet Ihr frei werden.
Beschaffen,	*to remove,*	to get.	They *got* him away immediately.	Sie schafften ihn sogleich weg.
Zuvorkommen (22),	*to anticipate,*	to get.	He has *got* (2b) before me.	Er ist mir zuvor gekommen.

(20b) Etche lassen, to let, etc. Regel XIII.—XVII. Seite 477 der Syntaris.

(21) Im Englischen darf man nicht sagen: *I got myself painted*, sondern *I got my portrait (likeness) painted (taken)*, ich lasse mein Bildniß malen, weil ersteres „ich lasse mich anstreichen" bedeuten würde. Wohl aber sagt man „*I got my house painted*", ich lasse mein Haus anstreichen.

(21b) In Verbindung mit einem Adjectiv nimmt *get* sehr oft den Sinn von „werden" an, s. oben.

(22) Als Trost für den Germanen ist hier zu bemerken, daß man bis to get entsprechenden und hiermit angeführten englischen Zeitwörter überall eben so schlechte anwenden kann, als to get. Im höheren Stil, in Geschäftsbriefen zc. ist es stets besser, diese und nicht to get zu gebrauchen.

(22b) He has got the start of me (er hat mir den Vorsprung abgenommen). — He has got the start of me (er hat den Vorsprung vor mir erlangt) —

To get above,	übertreffen.	He has got *above* me.	Er hat mich übertroffen.
To get abroad,	bekannt werden.	The news has got *abroad*.	Die Nachricht ist ruchbar geworden.
To get across,	kommen, gehen, über.	How shall I get *across* the river.	Wie soll ich über den Fluß kommen.
To get away,	sich packen.	*Get away* with you!	Packt euch fort!
To get among,	gerathen.	He got *among* thieves.	Er gerieth unter Diebe.
To get into,	gerathen.	He gets into a passion every day.	Jeden Tag geräth er in Wuth.
To get asleep,	einschlafen.	I cannot get *asleep* (to sleep).	Ich kann nicht einschlafen.
To get by,	vorbei kommen.	We cannot get *by*.	Wir können nicht vorbei kommen.
To get by heart,	auswendig lernen.	You must get that *by heart*.	Sie müssen das auswendig lernen.
To get down,	hinunter gehen.	*Get down!*	Geh hinunter! Steigen Sie ab!
To get home,	nach Hause kommen.	He will get *home* by 4 o'clock.	Er wird bis 4 Uhr nach Hause kommen.
To get off,	davon kommen.	He has got *off* well.	Er ist gut davon gekommen.
To get on,	anziehen, 2c.	I cannot get *on* my coat.	Ich kann meinen Rock nicht anziehen.
To get on,	gut (schlecht) gehen.	How is he *getting on?*	Wie geht es ihm?
To get ready,	sich fertig machen.	Go and *get ready.*	Gehen Sie und machen Sie sich fertig.
To get rid of,	los werden.	I cannot *get rid of* him.	Ich kann ihn nicht los werden.
To get through,	durchkommen.	I cannot *get through* the door.	Ich kann nicht durch die Thür kommen.
To get through,	durchbringen.	He has *got through* his money.	Er hat sein Geld durchgebracht.
To get together (*to collect*),	zusammenraffen.	He *got together* all he could	Er raffte was er konnte zusammen.
To get drunk,	sich betrinken.	He gets *drunk* every day.	Er betrinkt sich jeden Tag.
To get a fall,	fallen, einen Fall thun.	He has got a *fall* (*has fallen*).	Er ist gefallen.
To get up,	aufstehen, 2c.	I must *get up* at six to-morrow.	Ich muß morgen um 6 Uhr aufstehen.
To get up,	ausstatten.	The books are well *got up.*	Die Bücher sind schön ausgestattet.
To get up,	waschen.	The clothes are well *got up.*	Die Sachen sind gut gewaschen.

NB. Aus der hervorgehenden Conjugation und Liste ersieht man, daß der Grundbegriff von *get* immer der des Gelingens, des Erreichens seines Zweckes u. s. w. ist. (S. Anmerk. 13, S. 305.)

Aufgaben über To get, Seite 305—308.

115. Sobald ich in London anlange, werde ich Ihnen schreiben; bis dahin Lebewohl. — Wo kann man guten Wein bekommen? O, überall kann man ihn bekommen; wollen Sie sich [vielleicht] betrinken (S. 186)? — Haben Sie Ihre Bücher von London erhalten? Noch nicht; morgen aber hoffe ich sie zu bekommen. — Die Freunde O'Connel's haben vieles gethan, [um] ihm [die] Freiheit zu verschaffen. — Gehen Sie und machen [Sie sich] fertig, sonst kommen wir in Drury Lane zu spät an. — Jetzt habe ich erreicht, was ich wollte. — (Get. Anmerk. 20). Von welchen Wilden (savages) wird gesagt, daß sie keine Bärte haben? Das weiß ich nicht. — Haben Sie Siegellack und ein Petschaft? Nein, aber ich habe Oblaten. — Was ich für ein schreckliches Kopfweh habe! — Was haben Sie in Ihrer Hand? Nur ein Buch, welches ich von meiner Freundin bekommen habe.

bis dahin, *till then.*	kommen an, *we shall get.*
Lebe wohl, *good bye.*	zu spät, *too late.* jetzt, *now.*
wo kann man, *where can I.*	wollte, *desired.* von welchen, *of what.*
überall, *every-where.*	wird gesagt, *is it said.* weiß, *know.*
kann man, *you can.*	Bart, *beard.* Siegellack, *sealing-wax.*
Wollen Sie sich, *do you wish.*	(Anm. 82, S. 215)
noch nicht, *not yet.* vieles, *much.*	Petschaft, *seal.* Oblate, *wafer.*
Freiheit zu verschaffen, *to get—free.*	was für ein, *what a.*
gehen Sie, *go.* sonst, *otherwise.*	Kopfweh, *head-ache.* nur, *only.*

Fortsetzung.

116. Ich muß mich malen lassen, zuerst aber muß ich mich rasiren und frisiren (lassen), und dann [mir] einen neuen Rock machen lassen, damit ich in meinem Portrait allerliebst ausfehe. — Wo nehmen Sie Ihren Wein [her]? Ich nehme ihn aus Spanien. — Wie soll ich nun mein Brod verdienen, da mein Vater todt ist? — /Get als „werden"). Es fängt an finster, licht, kalt, warm, schön, schlecht ꝛc. zu werden. — Wie groß Ihre Tochter wird!* — Bald wurde er in Indien reich. — Jetzt werden Sie es bekommen. — §. 186. Seite 309. Wie können wir über den Fluß [weiter] kommen? O wir können leicht hinüber kommen. — Wie schnell wir auf der Eisenbahn weiter kommen. — Wo fanden Sie dieses kleine Kupfer? Ich fand es zwischen den Blättern des Buches. — Haben Sie „Herrsche Britannia" auswendig gelernt? Wenn nicht, so stehen Sie auf und lernen Sie es jetzt. — Hauptmann Warren hofft von[3] der englischen Regierung 200,000[2] Pfund Sterling, also 2,400,000 Gulden für[4] sein Zerstörungs-Geheimniß zu[1] bekommen! Er wird jedoch nichts dafür bekommen, weil es England und der Welt nichts nützt. — Packt euch! Schert euch fort!

zuerst, *first.* rasiren, *to shave.*	weiter kommen, *get-along.* auf, *on the.*
frisiren lassen, *get my hair dressed.*	Eisenbahn, *rail-way.* Kupfer, *print.*
Rock, *coat* (s. Reg. XIV. b. S. 482).	zwischen, *between.* Blatt, *leaf.*
damit, *in order that.*	nicht nicht, *if not.* Herrsche, *Rule.*
ausfehen, *look* (s. Reg. VII. NB. 2,	also, *a sum equal to.*
S. 479). allerliebst, *lovely.*	Regierung, *government.*
nun, *now.* da, *that.* groß, *tall.*	Zerstörungs-Geheimniß, *annihilating*
* wird, *is getting.*	*Secret.* jedoch, *however.*
bald, *soon.* jetzt, *now.*	nichts nützt, *is of no use to.*
leicht, *easily.* hinüber, *across it.*	

D. Vom Zeitwort To make (machen).

§. 187. Wie schon bei dem Zeitwort *to do*, thun, bemerkt worden ist, braucht man im Deutschen im gewöhnlichen Leben häufig das Zeitwort machen in der Bedeutung von „thun, sich befinden, treiben", z. B.:

1. Was machen Sie da? d. h. Was thun Sie da?
2. Was macht er? d. h. Wie geht es ihm? (in seinen Geschäften u. s. w.)
3. Was macht sie? Ist sie wohl? Wie befindet sie sich? u. s. w.
4. Was macht er? d. h. Wie bringt er seine Zeit zu? u. s. w.

Im Englischen aber darf man *to make* in diesen Bedeutungen niemals anwenden, und obige Sätze sind daher zu übersetzen:

1. What are you *doing* there?	3. How *does* she *do*? Is she *well*?
2. How *is he getting* on?	4. How *does* he *spend* his time? (23).

§. 187. a) *To do*, thun, machen, bezeichnet einfach die Handlung, wodurch wir etwas erreichen wollen, häufig in ganz unbestimmtem Sinne, die Thätigkeit an sich, ohne daß die Vorstellung von der Mitwirkung der Hände damit verbunden ist, z. B.:

do my duty; *do* yours.	Ich thue meine Pflicht; thue die Deinige.
Who has *done* it? I have *done* it.	Wer hat es gethan? Ich habe es gethan.
Do me the favor to write.	Thue mir den Gefallen zu schreiben.

b) *To make*, machen, dagegen drückt im Allgemeinen eine physische Handlung aus, insbesondere eine solche, welche die Mitwirkung der Hände bedarf, z. B.:

Who *made* your watch? He *made* it.	Wer machte Ihre Uhr? Er machte sie.
He has *made* a hat, a box.	Er hat einen Hut, eine Büchse gemacht.

Conjugation des unregelmäßigen Zeitworts To make, machen.

Infinitiv der Gegenwart: To make (mehk), (24) machen.
— der Vergangenheit: To have made (mehb), gemacht haben.

Participien.

Particip der Gegenwart: Making (mehking). (25) machend.
— der Vergangenheit: Made (mehb), gemacht.
Zusammengesetztes *Particip*: Having made, (26) gemacht habend.

Praesens.

Singular.	Plural.
make (mehk) a clock, ich mache eine Uhr.	We make a clock (†), wir machen ꝛc.
thou makest (mehkest), du machst.	You make, ihr machet.
he makes (mehks), er macht.	They make, sie machen.

(23) What is your brother *doing* in London?	Was macht (treibt) Ihr Herr Bruder in London?
He is gone there to see the city.	Er ist dort um die Stadt zu besehen
How *does* your brother *spend his time* in London?	Was macht Ihr Bruder in London? (d. h. wie bringt er seine Zeit dort zu?)
He reads, writes, studies the language.	Er liest, schreibt, studirt die Sprache.
(24) To *make* a watch requires skill.	Eine Uhr zu machen fordert Geschicklichkeit.
NB. Ueber die passive Redeweise, wie im folgenden Beispiel, siehe Reg. III. S. 476 der Syntax:	
How is this to be done, made, written etc.	Wie ist dieses zu thun, machen, schreiben ꝛc.
(25) What *is he making*? He *is making* a watch.	Was macht er? Er macht eine Uhr.
What *is he doing*? He *is doing* nothing.	Was thut er? Er thut nichts.
(26) *Having made* one watch, he began to make another.	Nachdem er eine Uhr gemacht hatte, so fing er eine andere an.

(†) Clock ist eine Wanduhr; *watch* (woatsch) eine Taschenuhr; watch heißt auch „Wache", „wachen".

Imperfect.

I made (mehb) a clock, ich machte eine Uhr.	We made (mehb), wir machten.
Thou madest (mehbeßt), bu machteft.	You made (mehb), ihr machtet.
He made (mehb), er machte.	They made (mehb), fie machten.

Perfect.

I have made a watch (†), ich habe eine Uhr gemacht.	We have made a watch, wir haben eine Uhr gemacht.

1ſtes *Futurum.*
(Welches bloß eine zukünftige Handlung anzeigt).

I *shall* make a watch, ich werde eine Uhr machen.
Thou *wilt* make a watch, bu wirft eine Uhr machen.
He *will* make a watch, er wird eine Uhr machen.

1ſtes *Futurum.*
(Die Abſicht bes Rebenden anzeigenb).

I *will* make a watch, ich will eine Uhr machen.
Thou *shalt* make a watch, bu ſollſt eine Uhr machen.
He *shall* make a watch, er ſoll eine Uhr machen.

Conditional ber Gegenwart.
(Eine bebingte Abſicht bezeichnenb).

I *would* make a watch, ich wollte eine Uhr machen.
Thou *wouldst* make a watch, bu wollteſt eine Uhr machen.
He *would* make a watch, er wollte eine Uhr machen.

Conditional ber Gegenwart.
(Ein Recht ober eine Pflicht ausbrückenb).

I *should* make a watch, ich ſollte eine Uhr machen.
Thou *shouldst* make a watch, bu ſollteſt eine Uhr machen.
He *should* make a watch, er ſollte eine Uhr machen.

Beiſpiele über ben Gebrauch von To make, machen, unb To do, thun.

§. 188. Allgemeine Regel. *To make,* machen, gebraucht man bei Handlungen, welche etwas in's Daſein bringen unb gewöhnlich ber Mitwirkung ber Hände bebürfen. — Als Ausnahme von ber Regel muß man es bei ben folgenben Wörtern, wo es mit bem beutſchen Machen übereinſtimmt, brauchen:

To make *an acquaintance,* eine Bekanntſchaft machen.	To make *an effort,* einen Verſuch machen.
To make *a blunder,* Schnitzer machen.	To make *an essay,* eine Probe machen.
To make *a calculation,* eine Berechnung machen.	To make *a fortune,* ein Vermögen machen.
To make *a concession,* eine Conceſſion machen, zugeſtehen.	To make *a friend,* zum Freunde machen.
To make *a confession,* ein Geſtändniß machen.	To make *a person happy,* Jemand glücklich machen.
To make *a declaration,* eine Erklärung machen.	To make *a journey,* eine Reiſe machen.
To make *a difference,* einen Unterſchied machen.	To make *a law,* ein Geſetz machen.
To make *difficulties,* Schwierigkeiten machen.	To make *a mystery,* Geheimniß machen.
To make *an excursion,* einen Ausflug machen.	To make *a noise,* Lärm machen.
	To make *an observation,* eine Bemerkung machen.
	To make *an offer,* ein Anerbieten machen.
	To make *a party,* eine Partie machen.
	To make *a present,* ein Geſchenk machen.
	To make *progress,* einen Vorſchlag machen.
	To make *a proposal,* einen Vorſchlag machen.

'o make *a speculation*, eine Spekulation machen.

'o make *a trial*, einen Versuch machen.

'o make *a voyage*, eine Seereise machen.

To make *a will*, ein Testament machen.

To make *use of*, Gebrauch machen ([27]).

To make *tea, coffee*, Thee, Kaffee machen. — —

Beispiele über den Gebrauch von To do (thun).

§. 189. Der Gebrauch von *to do*, stimmt in den meisten Fällen im Englischen und Deutschen überein, z. B.:

'o do damage, Schaden thun.

'o do duty, Pflicht thun ([28]).

'o do well, gut thun, machen, wohl thun.

'o do bad (badly), übel thun, schlecht machen.

'o do right (reit), recht thun.

'o do wrong (rong), unrecht thun.

o do something, etwas thun.

To do nothing, nichts thun.

To do as you please, nach Belieben thun.

To do one's best, ([27b]) sein Möglichstes thun.

To do a task, eine auferlegte Arbeit verrichten, thun.

To do work (uork), ([28]) Arbeit thun.

To do good, ill ([28b]), Gutes, Böses thun.

---

(27) NB. 1 a) In vielen Fällen wird *to make* durch andere Zeitwörter im Deutschen übersetzt, z. B.:

To make *an agreement*, eine Uebereinkunft **treffen**

To make *an alliance* ein Bündniß schließen.

To make *amends*, ersetzen, vergüten.

To make *an apology, an excuse*, sich entschuldigen.

To make *a bargain*, einen Handel abschließen.

To make *a choice*, eine Wahl treffen.

To make *faces*, Gesichter schneiden.

To make *haste*, eilen, sich beeilen.

To make *inquiry*, sich erkundigen.

He *made for* the house as quick as possible.

To make *a request*, eine Bitte stellen.

To make *a sign*, ein Zeichen geben.

To make *peace*, Frieden schließen oder machen.

To make *a mistake*, sich irren, einen Irrthum begehen.

To make *a speech*, eine Rede halten.

To make *a treaty*, einen Vertrag schließen.

To make *a promise*, ein Versprechen geben.

To make *war*, Krieg führen.

To make *wait* (b. *to keep waiting*), warten lassen.

To make *for*, zu erreichen suchen.

Er suchte so schnell als möglich das Haus zu erreichen.

NB. 2 b) Umgekehrt muß das deutsche "machen, thun" im Englischen mit andern Zeitwörtern ausgedrückt werden, z. B.:

Bescheid thun (im Trinken), *to pledge one.*

Einen Blick thun, *to cast* oder *give a glance* ob *look.*

Einen Eid (Schwur) thun, *to take an oath.*

Einen Sprung thun, *to take a leap.*

Einen Trunk, Schluck, Zug thun, *to take a draught* (draft).

Einen Schuß thun, *to fire a shot.*

Einen Schlag thun, *to strike a blow.*

Wirkung thun, *to produce* oder *take effect.*

Noth thun, *to be necessary* oder *urgent.*

Einen Besuch machen, *to pay a visit.*

Seine Aufwartung machen, *to pay one's compliments (respects), to visit*

Feuer machen, *to light a fire.*

Ein Gedicht machen, *to compose (write) a poem.*

Ein Geschrei machen, *to raise a cry.*

Licht machen, *to light a candle, to strike a light.*

Ein Spaziergang machen, *to take a walk.*

Einem Mühe machen, *to put one to trouble* oder *to give one trouble.*

Den Narren machen, *to play the fool.*

Sich auf den Weg, auf die Reise machen, *to set out* oder *off, to depart.*

Sich eine Ehre aus etwas machen, *to be proud of,* gibt man im Englischen mit *to present one's*

NB. 3. Das deutsche "sich empfehlen" compliments etc. wie folgt:

Mein Bruder empfiehlt sich (Ihnen).

Ich empfehle mich (bestens).

Wir empfehlen uns Ihrem ferneren Wohlwollen.

Ich empfehle Ihnen meinen Freund Hrn. N.

My brother *presents (you) his (kind) compliments.*

Good bye (good morning, evening); farewell. Sir.

We *beg (solicit)* a continuance of your friendship, (favour).

I *recommend* my friend Mr. N. to your kind attention.

[27b] I shall (will) *do my best.* Ich werde (will) mein Möglichstes thun.

[28] NB Wenn man von Geistesproducten spricht, bedient man sich statt *to make* des Wortes, welches die Handlung selbst am besten bezeichnet, z. B.:

To write a book, a comedy.

To paint a picture. — To compose an opera.

Ein Buch, eine Comödie schreiben.

Ein Gemälde malen. — Eine Oper componiren

[28] NB. 1. In mehreren Fällen jedoch braucht man im Englischen *to do*, thun, im Deutschen dagegen "machen", z. B.:

To do business, Geschäfte machen.

To do an exercise, eine Aufgabe machen.

To do honor, Ehre machen.

To do credit, Ehre machen.

To do one's hair, sich das Haar (zurecht) machen.

To do a room, ein Zimmer zurecht machen.

To do 10 miles an hour, in einer Stunde 10 Meilen machen.

Hierzu kommen viele Redensarten (s. §. 187, Seite 311), bei denen im Englischen *to do*, im Deutschen "machen" gebraucht wird, z. B.:

What is he doing? Do as I do.

He has done it well. Let me do it.

Das macht er? Mach's wie ich.

Er hat es gut gemacht. Laß mich es machen.

Aufgaben über To make (machen), To do (thun).

117. §. 188, 189. Seite 313. Könnten Sie wohl diese Woche[20] einen Rock *(coat)* für mich machen? Ja, [mein] Herr. Wie möchten Sie ihn (§. 69, Seite 181) gemacht haben? Ich möchte ihn gern nach *(in)* der heutigen Mode gemacht haben, aber lassen Sie mich nicht zu lange darauf warten. — Jetzt komme ich, Ihnen einen Vorschlag zu machen. Und der ist? Mit mir nach dem Continente zu gehen. — (§. 189.) Und was sollen wir dort machen? Uns sehr gut amusiren und belehren, und machen was wir wollen. — Was haben Sie heute gemacht (gethan)? Ich habe bloß den ersten Band von Eugen Sue's „Ewigen *(Wandering)* Juden" gelesen; sonst *(and—else[5])* habe[2] ich[1] nichts[4] gethan[3]. Das heißt wohl nicht viel machen (Particip). — Was macht man *(you)* da im Zimmer *(room)?* Nichts. — Was macht Ihr [Herr] Bruder? Danke Ihnen, er ist ganz wohl. — Es ist heiß, warm, kalt heute.

könnten Sie wohl, *pray, can you.*	dort, *there.* sehr gut, *very well.*
wie möchten Sie, *how would you like.*	belehren, *to improve our minds.*
heutigen Mode, *present fashion.*	wollen. *please.* bloß, *only.*
darauf, *for it.*	das heißt wohl, *that is indeed.*
der ist, *that is.* nach dem, *to the.*	lesen, *to read[6].*

E. Vom Zeitwort To become, werden.

§. 190. Das Zeitwort „werden" ist im Deutschen entweder ein selbstständiges, oder ein Hülfszeitwort. 1) Als selbstständiges Zeitwort wird es, insofern es den Begriff eines allmäligen Zunehmens enthält, durch *to become* [30], *to grow* (wachsen), oder bisweilen durch *to get;* insofern es eine plötzliche Veränderung andeutet, durch *to turn* [31] ausgedrückt. 2) Als Hülfszeitwort dient es theils zur Bildung der passiven Form der Zeitwörter und wird dann durch *to be,* theils zur Bildung der zukünftigen Zeit und wird dann durch *shall* und *will* übersetzt. Als Hülfszeitwort ist werden bei der Darstellung der Conjugationen schon erläutert worden; und um es in der ersteren Bedeutung dem Lernenden noch deutlicher zu machen, führe ich die Conjugation dieses so oft gebrauchten Zeitworts hier an [31].

NB. 2 b) Umgekehrt, im Deutschen braucht man „thun", im Englischen *to make*, z. B.:

To make *mention,* Erwähnung thun	To make *a vow,* ein Gelübde thun.
To make *a request,* eine Bitte thun oder stellen.	To make *a match,* eine Heirath thun.
	To make *resistance.* Widerstand thun oder leisten.

NB. 3 c) To do wird außerdem mit anderen Zeitwörtern im Deutschen ausgedrückt, z. B.

To do *a favour,* eine Gunst erzeigen.	To do *a foolish thing,* eine Thorheit begehen.
To do *a service,* einen Dienst leisten.	To do *a good action.* eine gute Handlung verrichten.
To do *mischief,* Unheil stiften.	To do *justice,* Gerechtigkeit widerfahren lassen.
To do *a kindness,* eine Gefälligkeit erweisen	To do, sich befinden.
	How do you do? Wie befinden Sie sich?

(28b) NB. So oft sich das „gut, wohl, schlecht" auf ein Für- oder Hauptwort im Dativ bezieht, muß man *good, bad,* in allen andern Fällen *well, badly* gebraucht, z. B.:

The heat has done me good (bad).	Die Wärme hat mir wohl (nicht gut) gethan.
He did well to go out. He did it well.	Er that wohl daran auszugehen.
He has done his work well, badly	Er hat seine Arbeit gut, schlecht gemacht.

(29) Man wird sich wohl erinnern, daß die Adverbien der Zeit stets an das Ende des Satzes gesetzt werden. Siehe §. 12, Seite 96; siehe auch Reg. XVI. Seite 375.

(30) *To become* entspricht im Ganzen dem französischen *devenir;* „*To become of*" dem deutschen „werden - aus, dem franz *devenir,* z. B.:

Que deviendrai-je? — What shall become of me? — Was soll aus mir werden?

(31) Das Zeitwort *to turn,* welches sehr viele Bedeutungen hat, wird nur selten, außer in folgenden und ähnlichen Fällen, in der Bedeutung „werden" gebraucht, z. B.:

Conjugation von To become, werden.

Infinitiv der Gegenwart: To become ([32]) (t' bikomm), werden.
— der Vergangenheit: To have become, ([33]) geworden sein.

Participien.

Particip der Gegenwart: Becoming ([34]) (bikomming) werdend.
— der Vergangenheit: Become, geworden.
Zusammengesetztes *Particip*: Having become, ([35]) geworden seiend

Indicativ.

Praesens.

Singular.	*Plural.*
I become (ob. *grow*) old, ([36]) ich werbe alt.	We become (ob. *grow*) old, wir werden alt.
Thou becomest *old*, bu wirst alt.	You become *old*, ihr werdet alt.
He becomes (bikomms) *old*, er wird alt.	They become *old*, sie werden alt.

Imperfect.

I became (bikehm) *old*, ich wurde alt.	We became (grew) *old*, wir wurden alt.
Thou becamest *old*, bu wurbest alt.	You became *old*, ihr wurdet alt.
He became (tikehm), *old*, er wurde alt.	They became *old*, sie wurden alt.

Perfect und *Plusquamperfect.*

I have ([37]) (am) become *rich* (ritsch), ich bin reich geworden.	We have (are) become *rich*, wir sind reich geworden.
I had become *rich*, ich war reich geworden.	We had become *rich*, wir waren reich geworden.

1stes und 2tes *Futurum*; 1ster und 2ter *Conditional.*

I shall ([38]) become rich, ich werde reich werden x.	I shall have become poor (puhr), ich werde arm geworden sein x.
I should become rich, ich würde reich werden x. ([37b]).	I should have become rich, ich würde reich geworden sein x.

His *hair* has *turned gray.*	Seine Haare sind grau geworden.
He *has turned Turk*, etc.	Er ist Türke geworden
Siehe Regel I. Seite 475 der Syntaxis,	siehe auch Anmerk. 38, Seite 315.

([32]) In order *to become* rich, you must be industrious. — Um reich zu werden, müssen Sie fleißig sein.

([33]) *To have become* so poor, he must have been extravagant. — Um so arm geworden zu sein, muß er verschwenderisch gewesen sein.

([34]) The affair *is becoming* (ob. getting) dangerous (ob. *begins to be* dangerous). — Die Sache fängt an gefährlich zu werden.

NB. *Becoming* wird im Englischen sehr oft als Adjectiv (Eigenschaftswort) gebraucht, und bedeutet als solches „anständig, schicklich, passend, geziemend", z. B.:
You have a very *becoming* dress. — Sie haben da einen Anzug, der Ihnen sehr gut steht.
It is not *becoming* to speak so loud. — Geziemend ist es nicht, so laut zu sprechen.
He is a very *becoming* young man. — Er ist ein sehr anständiger junger Mann.

([35]) *Having become* rich, he thought of returning home to his own country. — Da er reich geworden war, dachte er daran in sein Vaterland heimzukehren.

([36]) Statt *to become* könnte man hier so wie auch bei den andern Zeiten *to grow* brauchen. *To grow* heißt aber auch wachsen: the grass grows, das Gras wächst.

([37]) *To become* wird meistens mit *to have* (haben), statt *to be* (sein), conjugirt.

([37b]) Imperativ: *Let me become*, laß mich werden; *Become*, werde; *Let him become*, laß ihn werden; *Let us become*, laßt uns werden; *Become*, werdet (werden Sie); *Let them become*, laßt sie werden.

([38]) Um das Hülfszeitwort werden jederzeit richtig zu übersetzen, hat der Anfänger wohl zu untersuchen, ob das Subject die in dem Zeitwort liegende Handlung selbst thut, oder nur

F. Conjugation des Zeitworts To write, To be writing. schreiben, im Schreiben begriffen sein.

Infinitiv. 1ste Form.

§. 191. To be writing (w.: zu sein schreibend), im Schreiben begriffen sein.
To be going (39) to write, im Begriff sein zu schreiben (so eben schreiben wollen).

Infinitiv. 2te Form.

Infinitiv der Gegenwart: To write (reit) (40), schreiben.
— der Vergangenheit: To have written (ritt'n) (41), geschrieben haben.

Participien.

Particip der Gegenwart: Writing (reiting) (42), schreibend.
Particip der Vergangenheit: Written (ritt'n), geschrieben.
Zusammengesetztes *Particip*: Having written (43), geschrieben habend.

Praesens.	*Bemerkungen.*
Singular.	§. 192. Diese Form des Zeitworts (vorzugsweise Präsens genannt), bezeichnet im Englischen 1) eine gegenwärtige Handlung, und zwar a) insofern sie in dem Augenblick geschieht, in welchem man spricht, also ohne Rücksicht auf ihre Dauer, z. B.:
I write (ei reit), ich schreibe.	
Thou writest (bthau reitest), du schreibst.	
He writes (hih reits), er schreibt.	
She writes (schih reits), sie schreibt.	
Plural.	I write, I live, I think. | Ich schreibe, lebe, denk.
We write (uih reit), wir schreiben.	
You write (juh reit), ihr schreibet.	
They write (bheh reit), sie schreiben.	

erleidet. Im ersteren Falle ist es das Futurum im Activum und „werden" durch *shall* und *will*, im zweiten Falle das Präsens im Passivum und „werden" durch "to be" zu übersetzen, z. B.:

The streets are *swept* twice a-day. — Die Straßen werden zweimal täglich gekehrt
The streets will be (oder are to be) *swept* to-morrow. — Die Straßen werden morgen gekehrt (werden).
The child is *washed* every day. — Das Kind wird alle Tage gewaschen.
The lawn is *mown* twice a week. — Der Rasen wird zweimal wöchentlich gemäht.
Beer and wine are much drunk in Germany. — In Deutschland wird Bier und Wein viel getrunken.
The Rail-way is now much *used*. — Die Eisenbahn wird jetzt sehr benützt.
Is the theatre much *frequented*? — Wird das Theater sehr besucht?

(39) Das Particip der Gegenwart von to go (gehen), wird in Verbindung mit to be vor einem Infinitiv im Englischen häufig gebraucht, um das deutsche „Ich bin im Begriff, Ich stehe auf dem Punkte", oder eine zukünftige Absicht auszudrücken, in welchem Falle man im Deutschen die Adverbien „gleich, sogleich, soeben, gerade" anwendet. Dieser Gebrauch entspricht also dem französischen "aller" vor einem Infinitiv (aller écrire, etc), z. B.:

Qu'allez-vous faire? Je vais écrire. — Was wollen Sie thun? Ich will gerade schreiben.
What are you *going* to do? I am *going* to write.
What can he be *going* to write? — Was kann er jetzt schreiben wollen?
He is *just going* to write a satire on short petticoats. — Er ist gerade im Begriff eine Satire über kurze Damen-Röcke zu schreiben.

NB. Man merke sich folgende Ausdrucksweise mittelst des Particips der Gegenwart:

Where are you *going* (to)? — Wo gehen Sie hin (wo sind Sie hingehend)?
I am *going* to the play. — Ich gehe ins Schauspiel (ich bin gehend).
When are you *going* to London? — Wann gehen Sie nach London?
When do you intend *going* to London? — Wann beabsichtigen Sie nach London zu gehen?
I am *going* (to London) next week. — Ich gehe (nach London) die nächste Woche.
I intend to go (ob *going*) next week. — Ich beabsichtige nächste Woche zu gehen.
My brother is *coming* home next week. — Mein Bruder kommt nächste Woche nach Hause.

(40) I have to *write* a letter to London. — Ich habe einen Brief nach London zu schreiben.
(41) He ought to have *written* yesterday. — Er hätte gestern schreiben sollen.
(42) *Writing* in such a hurry this morning, I forgot to mention your coming. — Da ich heute Morgen in solcher Eile schrieb, so vergaß ich zu erwähnen, daß Sie kämen.
I saw the Queen *writing* yesterday. — Gestern sah ich die Königin schreiben.
(43) *Having written* my letter, I went to walk. — Da ich meinen Brief geschrieben hatte, so ging ich spazieren.

b) insofern sie wiederholt geschieht, z. B.:

I read (write) much.	Ich lese (schreibe) viel.
He comes to me every day. — He goes to L. every year.	Er kommt zu mir jeden Tag. — Er geht nach L. jedes Jahr.

2) eine vergangene Handlung, um der Darstellung mehr Lebendigkeit zu geben (*Praes. histor.*), z. B.:

He enters the town, he fights and conquers.	Er bringt in die Stadt ein, er kämpft u. siegt.

3) eine zukünftige Handlung. Dieß ist aber nur in Nebensätzen mit den Conjunctionen *when, till, before, as soon as, after*, der Fall, wenn im Hauptsatze ein Futurum steht ([44]), z. B.:

When he comes ([44]) *he will be welcome.*	Wenn er kommt, wird er willkommen sein.

(Mit Nachdruck.)

Singular.

I do write (ei du reit), ich schreibe (wirklich), ich schreibe ja.
Thou dost write (dthau döst reit), du schreibst (wirklich).
He does write (hih döß reit), er schreibt ja.
She does write (döß reit), sie schreibt ja.

Plural.

We do write, wir schreiben (wirklich).
You do write, ihr schreibet (wirklich).
They do write, sie schreiben (wirklich).

(Im Schreiben begriffen sein.)

Progressive Form. ([44b])

Singular.

I am writing ([44a]) (reiting), ich schreibe eben (ich bin im Schreiben begriffen).
Thou art writing, du schreibst ꝛc.
He is writing, er schreibt (gerade).

§. 193. Diese Form mit *to do* wird gebraucht, um dem Behaupteten noch mehr Nachdruck zu geben, in welchem Falle man im Deutschen wirklich oder ja hinzufügt, z. B.:

I write, I love.	Ich schreibe, ich liebe.
I do write, I do love.	Ich schreibe, liebe ja.

NB. Das bei fragenden und verneinenden Sätzen angewendete Hülfszeitwort *to do* verleiht keinen Nachdruck, was als Ausnahme von der Regel zu betrachten ist. z. B.:

Does he love?	Liebt er? (§. 115, S. 234.)
No, he does not love.	Nein, er liebt nicht.

§. 194. Diese umschreibende Form des Zeitworts wird gebraucht, 1) um eine gegenwärtige Handlung in ihrer Dauer zu bezeichnen, d. h. um Zustände und Handlungen auszudrücken, welche angefangen und in dem Augenblicke, in dem man spricht, noch nicht vollendet sind. z. B.:

He is (always) singing.	Er singt (fortwährend).
She is (continually) crying. ([44c])	Sie weint (immerwährend).
I am writing a letter.	Ich schreibe einen Brief.

([44]) NB. 1. Ist dies nicht der Fall, so muß nach dieser Conjugation das Futurum folgen, z. B.:
When will he come? Wann kommt er? Er kommt (er wird kommen) heute.
NB. 2. Ebenso ist in allen übrigen Fällen das deutsche Präsens, sobald man es mit dem Futurum vertauschen könnte, im Englischen durch das Futurum zu geben, z. B.:
To-morrow I shall come to you. Morgen komme ich (werde ich kommen) zu Ihnen.
Now I shall go (return) home. Jetzt gehe ich (werde ich gehen) nach Hause.
NB. 3. Nur das Präsens "ich gehe, ich komme" macht hiervon eine Ausnahme, indem man es im Sinne des Futurums, namentlich so oft man das Gehen, Kommen als eine ausgemachte Sache betrachten kann, häufig nicht durch das Futurum *I shall go (come)* etc., sondern durch *I am going (coming)* wiedergibt, z. B.:
He is going to London next week. Nächste Woche geht er nach London.
I am coming to you to-morrow. Morgen komme ich zu Ihnen (es ist ausgemacht).

([44b]) NB. Alle Formen und Zeiten, die mittels des Zeitworts *"to be* (sein)" und des Particips der Gegenwart, als: *"going, writing, etc."* gebildet sind, nennt man im Englischen die *"Progressive Form* (die fortschreitende Form)", weil sie eine im Fortschreiten begriffene Handlung bezeichnen.

([44c]) NB. 1. Spricht man von Sachen, bei denen kein Fortschreiten, keine Aenderung der Lage stattfinden kann, so darf man die progressive Form nicht brauchen, z. B.:
There is a man lying in the street. Es liegt ein Mann auf der Straße (er liegt nicht immer da).
London lies (nicht *is lying*) *on the Thames.* London liegt an der Themse (es liegt immer da).
Aber: *London is growing larger.* London wird größer (ist im Größerwerden begriffen).

Plural.

We are writing (reiting), wir schreiben (gerade, sind im Schreiben begriffen.)
You are writing, ihr schreibet ꝛc.
They are writing, sie schreiben.

(Im Begriff sein zu schreiben).

Progressive Form.

Singular.

I am going to write, (ei ämm going t' reit), ich bin im Begriff zu schreiben (ich schreibe sogleich).
Thou art going to write, bu schreibst.
He is going to write, er will schreiben.

Plural.

We are going to write, wir schreiben, ꝛc.
You are going to write, ihr schreibet, ꝛc.
They are going to write, sie schreiben, ꝛc.

Imperfect.

Singular.

I wrote yesterday (ei roht jesterbeh), ich schrieb gestern.
Thou wrotest, bu schriebest.
He wrote, er schrieb.

Plural.

We wrote yesterday, wir schrieben gestern.
You wrote, ihr schriebet.
They wrote, sie schrieben.

(Mit Nachdruck.)

Singular.

I did write (ei bibb reit), ich schrieb wirklich, ich schrieb ja.
Thou didst write, bu schriebst.
He did write, er schrieb.

Plural.

We did write, (45) wir schrieben wirklich, wir schrieben ja.
You did write, ihr schriebet.
They did write, sie schrieben.

2) Um das Begriffensein in einem gegenwärtigen Zustande des Leidens auszudrücken, jedoch nur dann, wenn keine Zweideutigkeit dadurch entstehen kann, z. B.:

A house *is building.*	Ein Haus wird gebaut.
A man *is hanging* on a tree.	Ein Mann hängt an einem Baum.

§. 195. Wie schon Anm. 39 bemerkt wurde, wird diese Form gebraucht, wenn man ein „im Begriffe sein", auf dem Punkt stehen. etwas zu thun", eine bald zu geschehende Handlung, eine Absicht überhaupt ausdrücken will, z. B.:

I am just going to write to Paris.	Ich bin gerade im Begriff, nach Paris zu schreiben.
I am going to build a house next year.	Ich beabsichtige nächstes Jahr ein Haus zu bauen. Anmerk 39, Seite 316
He is going to sing.	Er wird gleich singen.

§. 196. Bei dieser Zeit des Verbums muß im Englischen immer eine bestimmte und zwar völlig verflossene Zeit angegeben sein, oder hinzugedacht werden, als:

I saw the king yesterday.	Gestern (sah ich) hab ich den König gesehen.
Nero was emperor of Rome.	Nero (war) ist Kaiser von Rom gewesen.

NB. Obgleich man in diesem Falle im Deutschen und Französischen sehr oft das Perfectum statt des Imperfectums braucht, so darf dies doch im Englischen nicht geschehen, z. B.:
J'ai vu le roi hier. Ich habe gestern den König gesehen, muß im Englischen nicht: "I have seen the king yesterday", sondern: I saw the king yesterday heißen, weil gestern eine völlig verflossene Zeit ist. (Anmerk. 6, S. 303 u. Kap. LXIX. S. 530.)

§. 197. Diese Form mit did drückt ebenso wie do (§. 193) die Handlung mit mehr Kraft aus, z. B.:

Did you love her?	Liebten Sie sie?
Yes, I did love her.	Ja, ich liebte sie; d. h. ich liebte sie wirklich.

NB. Aus Anml. 30c S. 234 wird man sich erinnern, daß to do auch die Stelle eines transitiven Zeitworts vertritt, z. B.:

He *hated* her more than I did.	Er haßte sie mehr als ich sie haßte.
You do not love her as I do.	Sie lieben sie nicht, wie ich sie liebe.

NB 2. Ebensowenig darf man sich bei vielen Zeitwörtern, welche lediglich eine Thätigkeit der Sinne, z. B.: Liebe, Haß, ꝛc. bezeichnen, der progressiven Formen bedienen. Man kann also nicht sagen:
I am (I was) loving, I am respecting, disliking, hating, fearing, knowing them; sondern: I love, respect, fear, dislike, hate, know them. — Aber: I am calling, telling, persuading him. He is coming with me to London. She is singing me a song.

(Im Schreiben begriffen sein ꝛc.)

Progressive Form.

Singular.

I was writing (44c) (ei uсаѕ reiting),
ich schrieb eben (ich war beim Schreiben).
Thou wast writing, bu schriebst ꝛc.
He was writing, er schrieb ꝛc.

Plural.

We were writing, wir schrieben eben
(waren im Schreiben begriffen).
You were writing, ihr schriebet ꝛc.
They were writing, sie schrieben ꝛc.

(Im Begriff sein zu schreiben ꝛc.) (44c).

Progressive Form. (44c)

Singular.

I was going to write, (46) ich war im
Begriff zu (wollte) schreiben.
Thou wast going to write, bu wolltest
schreiben.
He was going to write, er wollte schrei-
ben ꝛc.

Plural.

We were going to write, wir waren
im Begriff zu (wollten) schreiben.
You were going to write, ihr wolltet ꝛc.

● *Perfect.* (γη 3.6)

Singular.

I have written (ei hämm ritt'n), ich habe
geschrieben.
Thou hast written, bu hast geschrieben.
He has written, er hat geschrieben.

Plural.

We have written, wir haben geschrieben.
You have written, ihr habet geschrieben.
They have written, sie haben geschrieben.

§ 198. Diese Form und Zeit zeigt
1) eine vergangene Handlung in ihrer
Dauer an, oder 2) baß man in irgend
einer Handlung begriffen war, als eine
andere Handlung statt fand, z. B.:

I was writing a book at that time.	Ich schrieb eben bamals ein Buch.
I was writing yesterday, a week ago, etc., when a troublesome visitor entered my room and interrupted me.	Ich schrieb gerade (war beim Schreiben) gestern vor einer Woche, als ein lästiger Besucher in mein Zimmer trat und mich störte.

§. 199. Diese Form und Zeit beutet
an, baß man im Begriff war, etwas
zu thun, gerade als etwas Anderes vor-
fiel, z. B.:

I was just going to write, read, etc., when you came in.	Ich war gerade im Begriff zu schreiben, lesen, als Sie eintraten.
He *was just going to* tell us the story, when he was called away.	Er wollte uns gerade die Geschichte erzählen, als er weggerufen wurde.

§. 200. Diese Zeit brückt im Englischen eine Handlung aus, welche 1) in
einer nicht näher bestimmten Zeit voll-
zogen ist, z. B.:

I have written many letters.	Ich habe viele Briefe geschrieben.
I have lived many years.	Ich habe viele Jahre gelebt.

2) in einem näher bestimmten, aber
noch nicht abgelaufenen Zeitraum geschehen ist, z. B.:

I have written many letters to-day, *this week, year, century.* (Siehe Reg. LXVIII. S. 530.)	Ich habe heute, diese Woche, dieses Jahr, Jahrhundert viele Briefe geschrieben.

3) in ber Vergangenheit beginnt und
in ber Gegenwart fortbauert, in welchem
Falle sich bie beutsche Sprache gewöhnlich bes Präsens bedient, z. B.:

How long *have* you *lived* here?	Wie lange leben Sie hier?
I have known him 5 years	Ich kenne ihn seit fünf Jahren.

---

(45) Als Kraft-Ausbruck kann *to do* nur im Präsens und Imperfectum gebraucht werden; in ber
Bedeutung „fertig sein", kann *to do* in allen übrigen Zeiten gebraucht werden, z. B.:
Perfect. *I have just done writing.* — Ich bin gerade mit bem Schreiben fertig.
Plusquamp. *I had just done writing, when* — Ich war gerade mit bem Schreiben fertig, als Sie
you came in. — herein kamen.
Futurum. *I shall have done writing* be- — Ich werbe mit bem Schreiben vor 9 Uhr fertig
fore 9 o'clock. — sein.

(46) Bei ben übrigen Zeiten braucht man bie Form mit "going" vor bem Infinitiv nur selten, z. B.:
I shall be going to bathe before you — Ich werbe auf bem Wege zum Baben sein, ehe
are out of your bed. — Sie aus bem Bette sind.

(Beim Schreiben geweſen ſein.)

Singular.

I have been writing, ich habe eben ge=
ſchrieben (bin beim Schreiben geweſen).
Thou hast been writing, bu haſt ꝛc.
He has been writing, er hat geſchrieben.

Plural.

We have been writing, wir haben eben
geſchrieben.
You have been writing, ihr habet ꝛc.
They have been writing, ſie haben ꝛc.

Plusquamperfect.

Singular.

I had written, ich hatte geſchrieben ꝛc.

Plural.

We had written, wir hatten geſchrieben.

1ſtes *Futurum.*

Singular.

I shall write (to-morrow), ich werde
(morgen) ſchreiben.
Thou wilt write, bu wirſt ſchreiben.
He will write, er wird ſchreiben.

Plural.

We shall write, wir werden ſchreiben.
You will write, ihr werdet ſchreiben
They will write, ſie werden ſchreiben.

(Im Schreiben ꝛc. begriffen ſein.)

Progressive Form.

Singular.

I shall be writing (at 9 o'clock to-
morrow), ich werde morgen um 9 Uhr
ſchreiben oder im Schreiben begriffen ſein.

§. 201. Dieſe Form braucht man,
um eine Handlung in der noch fortlaufen=
den Zeit, 1) in ihrer Dauer, oder 2) als
noch nicht vollendet zu bezeichnen, z. B.:

I have been writing all day.	Ich habe den ganzen Tag geſchrieben.
He has been writing these three hours, (and has not yet finished.)	Er hat brei Stunden hindurch geſchrieben. (und iſt noch nicht fertig.)

§. 202. Dieſe Zeit brückt, wie im
Deutſchen, eine Handlung aus, welche
ſchon zu der Zeit geſchehen war, als eine
andere Handlung ſtatt fand ([47]), z. B:

I had written my let-ter, before the king passed ([48]).	Ich hatte meinen Brief geſchrieben, bevor der König vorbei ging.

§. 203. Wie im Deutſchen brückt dieſe
Zeit nur eine zukünftige Handlung, ein
Verſprechen, einen Befehl aus, z. B.:

I shall write to London to-morrow.	Ich werde morgen nach London ſchreiben.
I will write it to-morrow.	Ich will es morgen ſchreiben.
He will write more.	Er wird mehr ſchreiben.
He shall write more.	Er ſoll mehr ſchreiben.
We shall go to-day.	Wir werden heute gehen
We will go to-day. ([48b])	Wir wollen heute gehen
You shall read more.	Sie ſollen mehr leſen.
You will read more.	Sie werden mehr leſen

§. 204. Dieſe Form bezeichnet die
Dauer einer zukünftigen Handlung, ober
bas Begriffenſein in derſelben, wenn eine
andere geſchieht, z. B.:

I shall be writing all day to-morrow.	Ich werde morgen den ganzen Tag ſchreiben (im Schreiben be= griffen ſein).

---

(47) NB. Im Deutſchen braucht man bisweilen bas *Imperfectum* ſtatt bes *Plusquamperfectums*, im
Engliſchen aber bei einer Priorität der Handlung barf man dieſes nicht, z. B:
I had scarcely been a month in L., when | Ich war kaum einen Monat in L. (geweſen), als
   that happened. | das geſchah.
Die Gleichzeitigkeit der vergangenen Handlung brückt man mit dem *Imperfectum* aus, z. B.
I was in L., when that happened. | Ich war in L., als das geſchah.
(48) Die progreſſive Form bes *Plusquamperfects had been writing* (beim Schreiben geweſen ſein).
brückt aus, baß eine Handlung der Vergangenheit in ihrer Dauer im Fortſchreiten war, als
eine andere Handlung eintrat, z. B.:
I had been writing more than an hour, | Ich hatte mehr als eine Stunde lang geſchrieben,
   when the fire broke out | als das Feuer ausbrach.
(48b) Wie ſchon bei *shall* unb *will* bemerkt, brückt *shall* in der erſten Perſon des Singulars unb
Plurals, wie werden im Deutſchen, nur eine einfache Handlung aus, wogegen *will* in den erſten
unb *shall* in den zwei letzten Perſonen des Singulars unb Plurals, wie ſollen unb wollen
im Deutſchen, Drohung, Befehl oder Verbot ausbrücken (§. 144—146, S. 260).
NB Um bas Geſagte noch leichter zu merken, bat man ſich nur immer zu erinnern, baß will in der
erſten Perſon des *Singulars* unb *Plurals* ein beſtimmtes Wollen oder eine Handlung, welche von
bem Willen abhängt, andeutet, unb baß *shall* in ben zwei letzten Perſonen bes *Singulars* unb
Plurals eine Handlung bezeichnet, auf welche ber Wille bes Subjects keinen Einfluß hat. Sieh
eben I shall go, I will go, etc.

rilt be writing, bu wirst beim
iben sein.

l be writing, er wird beim
iben sein.

Plural.

ll be writing, wir werden beim
iben sein.

ll be writing, ihr werdet 2c.
rill be writing, sie werden 2c.

2tes *Futurum.*

Singular.

have written, ich werde geschrie=
aben.

Plural.

all have written, wir werden
ieben haben 2c. (⁴⁹)

nditional der Gegenwart.

Singular.

ld write, ich würde schreiben.
ouldst write, bu würdest schreiben.
ald write, er würde schreiben.

Plural.

ould write, wir würden schreiben.
ould write, ihr würdet schreiben.
rould write, sie würden schreiben.

Im Schreiben 2c. begriffen.)

Progressive Form.

Singular.

d be writing, ich sollte (würde)
Schreiben sein.

uld (should) be writing, er
: (sollte) beim Schreiben sein.

Plural.

ould be writing, wir sollten
den) beim Schreiben sein 2c.

itional der Vergangenheit.

Singular.

ld have written, ich würde ge=
en haben (ich hätte geschrieben).
uld have written, er würde 2c.

Plural.

uld have written, wir sollten
en) geschrieben haben 2c.

I shall be travelling in France, before you return from Egypt.	Ich werde auf der Reise durch Frankreich be= griffen sein, ehe Sie von Egypten zurück= kehren.

§. 205. Die Zeitform brückt ganz wie im Deutschen aus, daß eine Hand= lung in der Zukunft vollendet sein wird, ehe eine andere zukünftige Handlung eintritt, z. B.:

I shall have written to-morrow, before you come.	Ich werde morgen ge= schrieben haben, ehe Sie kommen.

§. 206. Der Conditional wird ge= braucht, wenn eine Handlung als be= bingt burch eine andere, oder als beren Folge bargestellt werden soll, jedoch nur in sofern, als bie zu Grunde liegende Bedingung bloß als möglich, nicht als wirklich gedacht ist. Er bezieht sich auf eine gegenwärtige und zukünftige Zeit, z. B.:

I should, he would write if I, he had time.	Ich, er, würbe schreiben, wenn ich, er, Zeit hätte.
Without hope, we should die of despair.	Ohne die Hoffnung wür= ben wir vor Ver= zweiflung sterben.

§. 207. Diese Form des Conditionals brückt die Handlung in ihrer Dauer oder ein Begriffensein in dieser Handlung aus und fordert gewöhnlich eine Verneinung, als „nicht," „wenn nicht," in dem Nach= saß, z. B.:

I should be writing now, not playing.	Jetzt sollte ich beim Schreiben sein, und nicht beim Spielen.
He would be writing now, but for you. (Reg. VI S. 558.)	Er würbe jetzt beim Schreiben sein, wenn Sie ihn nicht verhin= bert hätten.

§. 208. Der Conditional der Ver= gangenheit brückt, wie im Deutschen, einen möglichen Fall, eine Neigung oder Pflicht aus, welche vergangen ist, z. B.:

I should have written to London yester- day, but I was pre- vented.	Gestern hätte ich nach London schreiben sol= len, aber ich war verhindert.
I should have done it, but I could not.	Ich hätte es thun sollen, konnte es aber nicht.

---

ie progressive Form des 2ten Futurums brückt aus, daß eine Handlung in der Zukunft in rer Dauer im Fortschreiten sein wird, wenn eine Andere eintritt, z. B.:

shall have been writing an hour, be- fore he come.	Ich werde schon eine Stunde lang geschrieben haben, ehe er kommt.

(Im Schreiben ꝛc. begriffen ausdrückend.)

Singular.

I should have been writing, ich hätte beim Schreiben sein sollen ꝛc.
He would have been writing, er würde beim Schreiben gewesen sein.

Plural.

We should have been writing, wir sollten beim Schreiben gewesen sein.

Imperativ.

Singular.

Let me write, laß ob. laßt mich schreiben.
Write (oder write thou) (Anmerkung 8, S. 275), schreibe oder schreibe du.
Let him (her) write, laß oder laßt ihn (sie) schreiben.

Plural.

Let us write, laßt uns schreiben.
Write (oder write you), schreibet oder schreibet ihr (schreiben Sie).
Let them write, laß ob. laßt sie schreiben.

§. 209. Diese Zeitform deutet an, daß man zu irgend einer vergangenen Zeit in Etwas begriffen sein sollte, als eine andere Begebenheit stattfand, als:

I should have been writing yesterday, when my master came.	Ich hätte gestern beim Schreiben sein k..., als mein Lehrer kam.
I should have been learning my verbs this morning, instead of playing.	Ich sollte heute Morgen meine Verben gelernt haben, statt zu spielen.

§. 210. Vermittelst *let* und vermittelst des Imperativs überhaupt kann man ein Bitten, Erlauben, Ermahnen, Wünschen, Verwünschen und Befehlen ausdrücken, z. B.:

Ah, *let* me go, for God's sake!	Ach, um Gottes willen, laß mich gehen!
Let him do so, if he like.	Laß es ihn thun, wenn er Lust dazu hat.
Let religion and virtue be your daily care.	Lassen Sie die Religion und Tugend Ihre tägliche Sorge sein.
I wish you would *let* me alone.	Ich wünsche, daß Sie mich in Ruhe ließen.
Let the devil take him, for what I care.	Mag ihn der Teufel holen, was kümmert's mich.
Let my orders be obeyed immediately.	Laß meine Befehle unverzüglich vollzogen werden.
Give us this day our daily bread.	Gib uns heute unser tägliches Brod.
Begone (allez-vous-en)!	Packt Euch! packt Dich!

Aufgabe über To write, to be writing, to be going to write. S. 316.

118. Um Gottes willen, lassen Sie mich in Ruhe, ich schreibe gerade. Schreiben Sie wirklich? Sie sehen [ja], daß ich schreibe und doch stören Sie mich. Warum schreiben Sie nicht? Ich schreibe ja. — Ich bin so eben im Begriff (*je vais écrire*), nach London zu schreiben, wenn ich aber mit dem Schreiben fertig bin, [so] gehen wir spazieren. — Ich war gerade im Begriff, an Sie zu schreiben, [Herr] Doctor, als ich von Ihrem [Herrn] Schwager hörte, daß Sie und die ganze kaiserliche Leuchtenbergische Familie den Winter in München zuzubringen (*to spend*) beabsichtigten. — Warum schrieben Sie nicht? Ich schrieb ja, aber Sie haben es nicht gesehen. — Viele komische Sachen habe ich im Leben geschrieben, in Zukunft aber schreibe ich (werde ich schreiben) nur sehr ernsthafte [und] für die Jugend belehrende Abhandlungen (*dissertations*). — Schrieben Sie gestern wirklich an den Ex-Lordstatthalter von Indien, Lord Ellenborough? Ja, ich versichere (*assure*) Ihnen, ich schrieb wirklich. — Heute sollte ich nach Bombay schreiben. Das hätten Sie schon vor einer Woche thun sollen. Ich dachte (*thought*) Ihre Schwester würde singen? Sie sang ja, aber Sie haben sie[3] nicht[1] gehört (*heard*)[2].

schreiben Sie wirklich, *are you really writing.* doch, *yet.*
stören, *to interrupt.* wenn, *when.*
ich mit dem Schreiben fertig, *I am* (ob. *have*) *done writing.*

gehen wir spazieren, *we shall go and take a walk.* hörte, *heard.*
kaiserlich, *imperial.*
Leuchtenbergische, *Leuchtenberg.*
beabsichtigen, *to intend.*

e komische Sachen, *many comical things.* (in meinem).	für die Jugend belehrende, *for the edification of youth.*
'unst, *future.*	Er = Lordstatthalter, *Ex-Governor-General*
, *nly.* ernsthafte, *serious.*	of India.

---

211. G. Alphabetisches Verzeichniß der unregelmäßigen Zeitwörter nebst Aussprache ([50]).

Infinitiv.	Imperfect.	Particip.
abide ([51]) (ebeib), bleiben,	abode (ebohb),	abode.
arise (ereis), aufstehen, ([52])	arose (erohs'),	arisen (erriff'n). *S. H.* ([53])
awake (e=uehk), aufwachen,	awoke* ([54]) (euohk),	awaked (e=uehkb). *& H.*
be (bih), sein,	was ([55]) (uoas),	been (bihn).
bear ([57]) (behr), tragen,	bore, *bare* (bohr, behr),	borne (bohrn).
bear (behr), gebären, ([56])	*bare,* ([56]) bore (bohr),	born (boarn). *S.*
beat (biht), schlagen,	beat (biht ob. bett), ([56b])	beaten (biht'n), *beat.*
become([57])(bikomm),werden,	became (bikehm),	become (bikomm). *S. H.*
befall ([60])(bifoahl), begegnen,	befell (bifell),	befallen (bifoahl'n).
beget (bigett), ([61]) zeugen,	begot (bigott), *begat,*	begotten (bigott'n).
begin (biginn), anfangen,	began (bigann),	begun (bigönn).
begird (bigerrd), umgürten,	begirt* (bigerrt),	begirt. *
behold([62])(bihohld),erblicken,	beheld (bihelb),	beheld.

---

50) Siehe §. 181 Seite 302, auch Anmerkung 12, S. 305.

51) Dieses Zeitwort fordert die Präposition *at* oder *in* vor dem Namen des Ortes. Siehe die vorhergehende Conjugation dieses Zeitworts Seite 305.

52) Statt "*arise*" braucht man im gewöhnlichen Leben meistens "*to get up*", aufstehen, z. B.: *Get up! get up!* it is 9 o'clock. Stehen Sie auf! (stehe auf, es ist schon 9 Uhr.) *Is your father up? Yes, he is up.* Ist Ihr Herr Vater auf? Ja, er ist schon auf.

53) Die mit einem *S.* bezeichneten Wörter werden mit "sein", die mit *S. H.* mit "sein" und "haben", alle übrigen nur mit "haben" conjugirt.

54) Die, welche mit einem * bezeichnet sind, werden auch regelmäßig gebraucht.

55) Siehe die Conjugation Seite 226.

56) Die mit Cursivschrift gedruckten Zeitwörter werden seltener gebraucht.

57) *To bear* wird auch in der Bedeutung ertragen, leiden, Groll ꝛc. hegen gebraucht, z. B.: I cannot *bear* him. I *bear* him no malice. Ich kann ihn nicht leiden. Ich hege gegen ihn keinen Groll. He could not *bear* the pain of amputation. I have borne it. Er konnte die Schmerzen der Amputation nicht ertragen. Ich habe es ertragen (ob. getragen). NB. In der Hand, auf der Schulter ꝛc. tragen, drückt man durch "*to carry*"; Kleider ꝛc. tragen, durch "*to wear*" aus, z. B.: He carried a bundle in his hand, and he wore a cap upon his head Er trug ein Bündel in der Hand und eine Mütze auf dem Kopfe.

58) NB. Das deutsche Perfectum in "Wo sind Sie, er, ꝛc. geboren?" muß man im Englischen mit dem *Imperfectum* wiedergeben, z. B.: Where *were* you (*was* he) born? Wo sind Sie (ist er) geboren? Aber: Man *is* born for labour. Der Mensch ist zum Arbeiten geboren.

59) NB. Ueber *to beat* und *to strike* siehe §. 1, S. 582.

60) *To become* wird auch in der Bedeutung geziemen, anstehen, und stehen, kleiden", gebraucht, z. B.: Your silk gown *becomes* you very well. Ihr seidenes Kleid steht Ihnen (kleidet Sie) sehr gut. (S. Anmerk. 34, S. 315.)

60) NB. *To befall,* befallen, begegnen, zustoßen, wird nur in der 3ten Person Sing. gebraucht, z. B.: A misfortune *befell* me. Ein Unglück stieß mir zu. Gewöhnlich wird statt seiner "*to happen*", angewendet (Siehe Anmerk. 39b, S. 290.) NB. Jemand "begegnen" heißt "to meet". (Siehe Anmerk. 78c, S. 327.)

61) *Beget* wird nur in der Bedeutung "erzeugen" gebraucht, z. B.: Jesus Christ, the only *begotten* son of God. Jesus Christus, der eingeborne (einzige erzeugte) Sohn Gottes.

62) *Behold* wird gewöhnlich nur emphatisch gebraucht, z. B.: Behold! behold! Siehe! siehe! The scene was terrible *to behold!* Die Scene war schrecklich anzusehen. NB. Gewöhnlich braucht man "*see, see!*" oder "*look, look!*"

21*

Infinitiv.	*Imperativ.*	*Particip.*
To bend (bennd), beugen, biegen,	bent* (bennt),	bent*.
- bereave (birihw), berauben,	bereft* (bireft) (^{62}b),	bereft, bereaved.
- beseech (bifihtfch), erfuchen,	besought (bisoaht),	besought. (^{62}c).
- bestride (biftreid), beschreiten,	bestrid (biftribb),	bestridden.
- betake (bitehf), Zufluchts- nehmen,	betook (biiuff), (^{62}d)	betaken (bitehf'n).
- betide (^{63}) (biteib), geschehen,	betid (bitibb),	betid.
- bid (^{64}) (bibb), beißen,	bid, *bade* (bibb, bäb),	bid, *bidden* (bibb'n).
- bind (beinb), binden,	bound (baunb),	bound. (^{65})
- bite (beit), beißen,	bit (bitt),	bit, bitten (bitt'n).
- bleed (blihb), bluten, (^{65}b)	bled (blebb),	bled.
- blend, vermengen,	blent*,	blent*.
- blow (bloh), blasen, wehen, blühen,	blew (bluh),	blown (blohn).
- break (brehf), brechen,	broke (brohf),	broken (brohf'n) broke.
- breed (brihb), brüten,	bred (brebb),	bred.

(62b) *To bereave* braucht man selten und blos im figürlichen Sinn, z. B.:

He is bereft of all comfort.	Er ist alles Trostes beraubt.

Statt dessen wendet man ' *to rob*'', rauben, berauben, an, z. B.:

He has robbed me of my money and my peace of mind.	Er hat mich meines Geldes und meiner Ruh beraubt.

(62c) *To beseech*, wird blos im Sinne des Flehens, Anflehens, gebraucht, z. B.:

Hear us, we beseech Thee, O Lord!	Erhöre uns, wir flehen Dich darum an, o Herr!

Statt dessen wendet man "to beg", bisweilen "to pray", bitten, an, z. B.:

He begged me to do it for him.	Er bat mich es für ihn zu thun.
Pray, what can I do for you?	Bitte, was kann ich für Sie thun?

(62d) *To betake* wird selten gebraucht, statt dessen wendet man "to take, to seek, to turn to" an, z. B.:

He took (betook himself) to his heels.	Er ergriff das Hasenpanier. Er gab Fersengeld.
He sought refuge in England (he betook himself to E. for refuge).	Er wandte sich um Schutz an England (er nahm seine Zuflucht zu England).
He turned to (he betook himself to) his old trade again.	Er ergriff sein altes Handwerk wieder.

(63) *Betide*, v. a. begegnen, zustoßen; v. n. sich ereignen, geschehen, wird nur in der 3ten Person Sing. gebraucht, z B.:

It betides, it betid, it has betid.	Es geschieht, es geschah, es ist geschehen.
Ill betide the school, where I have learn- ed to de	Der Teufel hole die Schule, wo ich das Renn lernte.

Betide kommt selten vor, statt dessen wendet man "to happen", to meet with an, z. B.:

He has met with a great misfortune.	Ihm ist ein großes Unglück zugestoßen.

(Siehe Anmerkung 39b, Seite 290.)

(64) *Bid* heißt gewöhnlich „(kommen) heißen", bisweilen aber auch „einladen", z. B.:

I bid him go away. (Reg. XLVII. S. 516.)	Ich hieß ihn weggehen, befahl ihm wegzugehen.
He was bid (invited) to supper.	Er wurde zum Abendessen eingeladen.

Im Deutschen braucht man sehr häufig das Zeitwort „heißen" in der Bedeutung nennen (to call), sein (to be), z. B.:

Wie heißt (nennen Sie) diese Blume?	What do you call this flower?
Sie heißt eine Nil-Lilie.	It is called the lily of the Nile.
Morgen gehe ich aufs Land das heißt, wenn das Wetter schön ist.	I shall go to the country to morrow, that is, if the weather should be fine.
Das heißt weder reich noch arm, sondern wohlhabend.	That is to say, neither rich, nor poor, but (he is) well off.
Entschuldigen Sie gütigst, so heißt er nicht, er heißt Green.	Pardon me, that's not his name; he is called (ob. his name is) Green.
Bitte, wie heißen Sie?	Pray. what's your name?
Ich heiße Wilson.	My name is Wilson.
Nich! so heißt es, sondern so	It is not so, but so (Anm. 121. S. 335.)

(65) *My book is bound*, mein Buch ist eingebunden Das Passiv *to be bound* mit to oder for wird auch, wenn man von Schiffen spricht, in der Bedeutung „wohin bestimmt sein, nach ... ge- frachtet haben", z. B.:

Antony has a ship bound for Tripolis, and another to the Indies	Antonius hat ein Schiff nach Tripolis, ein anderes nach Indien bestimmt.
The steam-boat is bound for London.	Das Dampfboot ist nach London bestimmt.
What port are you bound for?	Wohin haben Sie gefrachtet?

(65b) *To bleed* braucht man in der Bedeutung „zur Ader lassen", z. B.:

You must bleed the patient.	Sie müssen dem Kranken zur Ader lassen.
I must get myself bled.	Ich muß mir zur Ader lassen.
She got herself bled yesterday.	Gestern hat sie sich zur Ader gelassen.

Infinitiv.	*Imperfect.*	*Particip.*
To bring (brinng), bringen,	brought (broaht), (66)	brought.
- build (bilb), bauen,	built* (biltt),	built*.
- burn (borrn), brennen,	burnt* (borrnt),	burnt, burned.
- burst (borrst), bersten,	burst (borrst),	burst.
- buy (bei), kaufen,	bought (boaht),	bought.
can (kann), (67) können,	could (kubb),	fehlt. (67)
- cast (kast), werfen, (67b)	cast (kast),	cast.
- catch (kattsch), fangen,	caught* (koaht),	caught*.
- chide (tscheib), schelten,	chid (tschibb),	chid, chidden.
- choose ⎫		chosen (tschoſ'n).
- chuse ⎭ (tschuhſ), wählen,	chose (tschohſ),	*chose.*
- cleave (klihw), spalten,	clove (klohw), cleft,*	*cloven* (klohw'n), cleft.
- cleave (klihw), sich anhängen,	cleaved, *clave,**	cleaved (klihw'b).
- climb (kleim), klettern,	climbed, *clomb**,	climbed (kleimb).
- cling (kling), anklammern,	clung (klonng),	clung.
- clothe (klohbth), kleiden,	clothed (klohbth'b) *clad,*	clad, clothed.
- come (komm), kommen (67c)	came (kehm),	come *S. H.*
- cost (kost), kosten, (67d)	cost (kost),	cost.
- creep (kripp), kriechen,	crept (kreppt),	crept.
- crow (kroh), krähen,	crew (kru),*	crowed, crown (krohn).
- cut (kott), schneiden,	cut (kott),	cut.
- dare (68) (behr), dürfen,	durst (borrst),	dared (behrb).
- dare (69) (behr), trotzen,	dared (behrb),	dared.
- deal (bihl), handeln, (69b)	dealt* (beltt),	dealt*.
- dig (bigg), graben,	dug* (bögg),	dug*.
- distract (70), verwirren,	distraught* (biſtroaht),	distraught*.

(66) Die richtige Aussprache dieser und ähnlicher Wörter ist nur durch das Gehör zu erlernen.

(67) Siehe die vollständige Conjugation von can Seite 241.

Ich habe gekonnt Ich habe gehen können.   I have been able. I have been able to go.
Ich werde (gehen) können.   I shall be able (to go).

(67b) To cast und to throw (f. to throw S. 333) sind beinahe gleichbedeutend; nur wird "to throw" viel häufiger gebraucht, z. B.:

He threw (cast) a stone at me.   Er warf einen Stein nach mir.
He threw (cast) him headlong down the precipice.   Er stürzte ihn der Länge nach (kopfüber) den Abgrund hinunter.

NB. Man merke die folgenden Ausdrücke, bei denen man "to throw" nicht brauchen darf:

To cast up an account.   Eine Rechnung zusammen addiren.
To cast teeth. To cast anchor.   Die Zähne wechseln. Den Anker fallen lassen.
We have cast our all upon the die, if we lose, we are ruined.   Wir haben unser ganzes Glück auf das Spiel gesetzt, verlieren wir, so sind wir ruinirt.

(67c) To welcome (bewillkommen) ist regelmäßig. I welcomed him Ich bewillkommte ihn.

(67d) To cost wird bloß in der Bedeutung „Geld, Zeit ꝛc. kosten" gebraucht; „Wein, Käse ꝛc. mit dem Gaumen kosten", wird mit "to taste" gegeben.

(68) Die zusammengesetzten Zeiten von dem deutschen „dürfen", als: ich habe gedurft, oder in Verbindung mit dem Infinitiv, ich habe dürfen ꝛc., werden häufig durch to be allowed (erlaubt sein), gegeben, z. B.:

I was not allowed to go (come), etc.   Ich habe nicht gehen (kommen) dürfen, ꝛc.

oder man drückt sie durch das Imperfectum aus, als: I durst not go, etc. Die erste Form ist die gebräuchlichste. S. Anmerk 58. S. 248.

NB. Man merke folgende Ausdrücke mittelst "to dare":

I dare say he is at home now.   Ich glaube wohl, daß er jetzt zu Hause ist.
He is a very rich man. Oh yes, I dare say he is.   Er ist ein sehr reicher Mann. O ja, ich glaube wohl.
I dare say it must be very cold in Russia.   Ich glaube es muß in Rußland sehr kalt sein.

(69) To dare in der Bedeutung „trotzen, herausfordern", ist immer regelmäßig.

(69b) To deal heißt auch die „Karten geben". Who deals? — Wer gibt?

(70) To distract wird meistens nur in der Bedeutung „verwirren, von Sinnen bringen, verrückt machen", aber niemals in der Bedeutung (sich) zerstreuen gebraucht. Sehr oft hört man von Nicht-Engländern wie:

I must go out to distract myself.   Wörtl.: Ich muß ausgehen, um mich zu verwirren
I did it only to distract myself.   Ich that es nur, um mich verrückt zu machen.
She did it to have a little distraction.   Sie that es, um ein wenig Verrücktheit zu haben.

— In den zwei ersten angeführten Sätzen soll es to divert, zerstreuen, belustigen, to amuse, unterhalten, die Zeit vertreiben, oder to recreate, erfrischen, erheitern, stärken, in dem letztern

Infinitiv.	Imperfect.	Particip.
To do (71) (buh), thun,	did (bibb),	done (bonn).
- draw (broah), ziehen, zeichnen,	drew (bruh), (112)	drawn (broahn).
- dream (brihm), träumen,	dreamt* (bremmt),	dreamt*.
- drink (brinnk), trinken,	drank, drunk (bronnk),	drunk, drunk.
- drive (72) (dreiw), treiben,	drove (brohw),	driven (briww'n).
- dwell (buell) wohnen, (72b)	dwelt* (buellt),	dwelt*.
- eat (iht), essen,	eat (ett), ate (ät),	eat, eaten (iht'n).
- engrave (engrehw), graviren,	engraved (enngrehw'b),	engraved, engraven.
- fall (72c) (foahl), fallen,	fell (fell),	fallen (foahl'n). & H.
- feed (fihb), weiden, füttern,	fed (febb),	fed.
- feel (fihl), fühlen,	felt (fellt),	felt.
- fight (feit), fechten, sich schlagen,	fought (foaht),	fought. (72d)
- find (feind), finden,	found (faunb),	found.
- flee (flih), fliehen, (73)	fled (flebb),	fled.
- fling (flinng), werfen,	flung (flonng),	flung.
- fly (flei), fliegen, (73)	flew (fljuh),	flown (flohn).
- forbear (f'rbehr), unterlassen,	forbore (f'rbohr),	forborne (f'rbohrn).
- forbid (f'rbibb), verbieten,	forbid, forbade (f'rbeb),	forbid, forbidden.
- forget (f'rgett), vergessen,	forgot (f'rgott),	forgotten, forgot.
- forgive (f'rgiww), vergeben,	forgave (f'rgehw),	forgiven (f'rgiww'n).
- forsake (f'rsehk), verlassen,	forsook (f'rsukk), (73b)	forsaken (f'rsehk'n).
- freeze (frihs'h) frieren (S.290)	froze (frohs'),	frozen (frohs'n), from.
- freight (freht), befrachten,	fraught* (74), (froaht),	fraught*.
- geld (geld), verschneiden.	gelt* (gellt),	gelt.

amusement, Unterhaltung, Zeitvertreib, oder recreation, Erquickung, Stärkung, Erholung heißen, z. B.:

| He went out to amuse (divert) himself. | Er ging aus, um sich zu zerstreuen. |
| The least thing diverts his attention | Die geringste Sache zerstreut ihn. |

To be distracted entspricht dem deutschen „außer sich sein": He is quite distracted, er ist ganz außer sich.

NB. Außer in der Poesie wird es nie unregelmäßig gebraucht, z. B.:

| She is almost distracted with pain. | Sie ist beinahe von Sinnen vor Schmerz. |

(71) Siehe S. 230 die Conjugation, und 311 die Erklärung von to do (thun) und to make (machen).

(72) To drive bedeutet auch „fahren"; to drive out, ausfahren (s. Anmerk. 88, S. 329).

(72b) Ueber dwell siehe Anmerk. 2, S. 302.

(72c) Im Englischen braucht man to fall 1) häufig in der Bedeutung des französischen tomber, des deutschen „werden", z. B.:

| He fell ill yesterday (Il tomba malade). | Gestern wurde er krank. |

2) in der Bedeutung "to begin" (commencer), anfangen (unternehmen), z. B.:

| Fall to! Fall to! (commencez!) | Fange an! Fange an! |

3) in der Bedeutung von "to meet" (rencontrer), treffen, z. B.:

| The English fleet fell in with the French, etc | Die englische Flotte traf mit der französischen zusammen, ꝛc |

(72d) Das deutsche „fechten" auf dem Fechtboden, muß man im Englischen mit "to fence", geben, z. B.:

| He fences well. He is a good fencer. | Er ficht gut. Er ist ein guter Fechter (Schläger). |

(73) Der Infinitiv und Imperativ von to fly (fliegen) wird sehr häufig statt to flee (fliehen), ja sogar von den vorzüglichsten Schriftstellern gebraucht, z. B.:

| Espartero was obliged to fly out of Spain. | Espartero mußte aus Spanien fliehen (fliegen). |
| She flew out of the room. Fly! fly! | Sie flog stürzte aus dem Zimmer. Flieh! flieh! |

(73b) To forsake (verlassen) setzt immer einen freien Willen voraus, und bedeutet so viel als „im Stich lassen"; to leave heißt ver-, zurück-, hinterlassen, und to quit bedeutet „ein plötzliches Verlassen", z. B:

| He forsook his unhappy family; he left all his friends behind, and quit England for ever. | Er verließ seine unglückliche Familie; er ließ alle seine Freunde zurück und verließ England auf immer. |
| You terrible man! You, who have forsaken your family; quit my house immediately, and leave me in peace. | Sie schrecklicher Mann! Sie, der Sie Ihre Familie verlassen haben, verlassen Sie mein Haus sogleich, und lassen Sie mich in Frieden |

(74) Als unregelmäßiges Zeitwort wird to freight selten, außer in der Poesie, gebraucht:

| The vessel was freighted with silk goods — A cargo. | Das Schiff ward mit seidenen Waaren befrachtet, beladen. — Eine Schiffsladung |
| My whole life has been fraught with danger. | Mein ganzes Leben war von Gefahren umlagert |

Infinitiv.	Imperfect.	Particip.
To get ([75]) (gett), erlangen ꝛc.	got, *gat* (gott, gatt),	got, *gotten* (gott'n).
- gild (gilb), vergolden,	gilt (giltt),	gilt*.
- gird (gerrd), gürten,	girt* (gerrt),	girt*.
- give (giww), geben,	gave (gehw),	given (giww'n).
- go ([75b]) (goh), gehen,	went (ꝛc) (uentt),	gone (gonn). S. H.
- grave (grehw), graviren,	graved (grehw'd),	graven (grehw'n)*.
- grind (greind), mahlen. schleifen,	ground (graund),	ground*.
- grow (groh), wachsen, werden,	grew (gruh),	grown (grohn). S. H.
- hang, hängen, hangen, henken,	hung* ([76]) (honng),	hung, hanged ([76])
- have (haww), haben, ([76b])	had (habb),	had.
- behave (bihehw), sich benehmen,	behaved (bihehw'd),	behaved. ([77])
- hear (hihr), hören,	heard (herrd),	heard.
- heave ([78]) (hihw), heben,	hove* (hohw),	*hove, hoven* (hohw'n)*.
- help ([78b]) (hellp), helfen,	helped (helpt), *holp*,	helped, *holpen, holp*.
- hew (hjuh), hauen,	hewed (hjuh'd),	hewn (hjuh'n)*.
- hide (heid), verbergen,	hid (hibb),	hid, hidden (hibb'n).
- hit (hitt), treffen, schlagen ([78c])	hit (hitt),	hit.
- hold (hohld), halten,	held (hellbb),	held, *holden* (hohlb'n).
- hurt (hörrt), verletzen,	hurt (hörrt),	hurt.
- keep (kihp), behalten, ([78d])	kept (keppt),	kept.

(75) Siehe die vollständige Conjugation des Zeitworts "to get" Seite 305.
(75b) Das Zeitwort "to go (gehen)", welches man unter 10 verschiedener Bedeutung im Deutschen braucht, wird selten im Englischen anders als in der Bedeutung des wirklichen „Gehens" angewendet. Ausdrücke wie „es geht schon, es geht an ꝛc." müßten im Englischen auf andere Weise wiedergegeben werden, z. B.:

Geht es mit der Feder? O ja, es geht schon.	Will that pen do? Oh yes, 'twill do.
Es geht ein sehr heftiger Wind	It is very windy (ober *there is* a great wind).
Geht es, wenn ich morgen früh komme?	Will it do, if I come to-morrow morning?
Nein, das geht nicht. So wird es gehen.	No, *that will* not do. So 'twill do.
Es geht auf 10 Uhr. Wie wird es mir gehen?	It is *near* 10 o'clock. What shall *become* of me?

In der gewöhnlichen Umgangssprache sagt man zwar bisweilen:

Wie geht's dir? — Wie geht's dem Herrn N.	How *goes* it? — How is Mr. N. *going* on?

NB. To go wird auch für den deutschen Ausdruck „kommen" gebraucht, z. B.:

That will soon *go* out of fashion	Das wird bald aus der Mode kommen.
We must not let the matter *go* so far.	Wir müssen die Sache nicht so weit kommen lassen.

(75c) *Went* ist das *Imperfect* des wenig gebrauchten Zeitworts *to wend* (wenden, gehen).
(76) *Hanged* sagt man nur von Personen, *hung* dagegen nur von Sachen, z. B:

Where have you *hung* my hat?	Wo haben Sie meinen Hut hingehängt?
Tschech deserves to be *hanged*.	Tschech verdient gehängt zu werden
The murderer was *hanged*; they *hanged* him; the room was *hung* with tapestry; I *hung*, I have *hung* my hat on the nail.	

(76b) "To have" entspricht auch dem deutschen „bekommen" in Bezug auf das Wetter, Krieg, ꝛc. z. B.:

We shall have a storm, war, fine weather.	Wir bekommen ein Gewitter, Krieg, ꝛc

(77) To behave ist immer regelmäßig, obgleich es wie to have, haben, endet.
(78) To heave besonders in der Schiffersprache gebraucht. Sonst gibt man das deutsche „heben, aufheben" mit "to take up": Take up your glove. — Heben Sie Ihren Handschuh auf.
(78b) Das Zeitwort to help wird sehr häufig bei Mahlzeiten in der Bedeutung von reichen, bedienen, aufwarten, vorlegen gebraucht, z. B.:

Mr. Salmon, may I trouble you to *help* me to a little fish? *Help* yourself.	Herr Salmon, darf ich Sie bitten, mir etwas Fisch zu reichen? Bedienen Sie sich selbst.
Shall I have the pleasure of *helping* you to soup?	Kann ich das Vergnügen haben, Ihnen mit Suppe aufzuwarten?
Thank you, I am very well helped.	Danke, ich bin schon mit Allem versehen.

Auch braucht man to help häufig in der Bedeutung „umhin, dafür", z. B.:

I could not *help* going.	Ich konnte nicht umhin, zu gehen
What can I *help* it? I cannot *help* it.	Was kann ich dafür? Ich kann nichts dafür.

(78c) To hit heißt bloß „einen Nagel, ꝛc. treffen, auch figürlich = errathen", "to meet" dagegen heißt: „antreffen, begegnen", z. B:

Now you have hit it	Jetzt haben Sie es getroffen (errathen).
Where can I meet you to-morrow?	Wo kann ich Sie morgen treffen?
I met him in the street yesterday.	Gestern traf ich ihn auf der Straße

(78d) To keep braucht man auch in der Bedeutung „das Bett, Zimmer, ꝛc. Krankheit halber hüten", in "to keep *waiting*" drückt es das deutsche „lassen" aus, z. B.:

He has kept his bed this week.	Er hat das Bett seit acht Tagen gehütet.
Pray, don't *keep* me *waiting* too long.	Bitte, lassen Sie mich nicht zu lange warten.
Who *keeps* house?	Wer führt das Hauswesen?

Infinitiv.	Imperfect.	Particip.
To kneel (nihl), knieen,	knelt* (nellt),	knelt*.
- knit (nitt), stricken,	knit * (nitt),	knit *.
- know (79) (noh), kennen, wissen,	knew (njuh),	known (nohn).
- lade (80) (lehd), beladen,	laded (lehded),	laden (lehb'n)*.
- lay (80b) (leh), legen.	laid (lehd),	laid.
- lead (lihd), leiten, führen,	led (ledd),	led.
- lean (lihn), anlehnen,	leant * (lennt),	leant, leaned (lihn'd).
- leap (lihp), springen,	leapt, lept* (leppt),	leapt, leaped (leppt).
- learn (lerrn), lernen, (104)	learnt * (lerrntt),	learnt, learned.
- leave (81) (lihw), verlassen,	left (lefft),	left.
- lend (81b) (lennd), leihen,	lent (lennt),	lent.
- let (82) (lett), lassen,	let (lett),	let.
- lie (lei), liegen.	lay (leh),	lain (lehn).
- lie (83) (lei), lügen,	lied (lei'd),	lied.
- lift (lifft), heben,	lifted, lift * (lifft),	lift, lifted (liffted).
- light (leit), leuchten, anzünden,	lighted, lit (leited),	lit, lighted.
- load (80) (lohd), beladen,	loaded (lohded),	laden, (80) loaden.*
- lose (80c) (luhs), verlieren,	lost (lost),	lost.
- make (84) (mehk), machen,	made (mehd),	made.
- may (85) (meh), dürfen,	might (meit),	fehlt. (85)
- mean (mih'n), meinen, (85b)	meant (mennt),	meant.
- meet (miht), begegnen, (78c)	met (mett),	met.

(79) Die Zeitwörter to know (wissen) und to understand (verstehen), fordern immer das Adverb how (wie) nach sich, wenn es sich um ein Wissen, oder Können handelt und ein Infinitiv folgt, als: Wissen Sie wie man dieses macht? | Do you know (understand) how to do this? Können Sie englisch schreiben? | Do you know how to write English?
Siehe Anmerk. 26, Seite 346. Siehe auch Regel LI. Seite 517 der Syntaris.
    NB. To know entspricht dem deutschen „wissen, kennen", dem französ. "savoir, connaître"
(80) Ein Schiff beladen heißt to lade und to load (besser to freight), vom Wagen beladen nur to load. Im letzteren Sinne ist das regelmäßige Particip loaded gebräuchlicher als laden.
(80b) NB. Man findet das transitive to lay (legen) häufig falsch statt des intransitiven to lie (liegen), gebraucht, z. B.:
He (she, it) lays on the ground statt He (she, it) lies on the ground.
Er (sie, es) legt auf den Boden statt Er (sie, es) liegt auf dem Boden.
Ueber "lay, say", etc., s. Anmerkung 271. Ueber pay, siehe Seite 501.
(80c) To loose (luhs), losmachen, ist regelmäßig: I loosed, I have loosed.
(81) To leave bedeutet auch lassen, überlassen, z. B.:
Leave me those you do not want. | Laß (überlaß) mir diese, die Du nicht brauchst.
Hierüber s. Reg. XVII. Seite 484 der Syntaris. Siehe auch Anm. (73b) Seite 528.
(81b) Das deutsche „borgen" hat die Bedeutung von entlehnen und von leihen = verleihen; im Englischen dagegen heißt to borrow nur borgen = entlehnen und die zweite Bedeutung leihen = verleihen muß durch to lend wiedergegeben werden. Bei der Uebersetzung aus dem Deutschen hat der Schüler daher wohl zu überlegen, in welchem Sinne das zweideutige deutsche „borgen" zu nehmen ist, z. B.:
Mr. Spendthrift wanted to borrow money from me, but it is a maxim with me, never to lend money. | Der Herr Spendthrift wollte Geld von mir borgen, aber es ist Grundsatz bei mir, nie Geld zu leihen.
I should have lent it him. | Ich hätte es ihm leihen sollen.
I would have lent it him. | Ich würde es ihm geliehen haben.
(82) Ueber den vielfachen Gebrauch des deutschen Zeitworts „lassen" siehe Reg. XIII. — XVII S. 482.
(83) In der Bedeutung von „lügen" ist to lie immer regelmäßig, z. B.:
He lied like a rascal. | Er log wie ein Schuft.
(84) Ueber den richtigen Gebrauch des to make und to do siehe die Conjugation Seite 311.
    NB. Man sagt to make tea, coffee, etc. Thee, Kaffee ꝛc. machen wie im Deutschen, dagegen heißt to make a good breakfast, dinner, supper, gut frühstücken, gut zu Mittag, zu Abend essen, und das deutsche „das Frühstück zurecht machen, das Mittags-, Abendessen machen" muß man durch to prepare (zubereiten) breakfast, dinner, supper wiedergeben.
(85) Siehe die vollständige Conjugation von may, §. 125, Seite 245, Anmerk. 58.
I might have written yesterday | Gestern hätte ich schreiben dürfen.
    NB. 1. Bei Verneinungen braucht man lieber "to allow oder to permit" als "may", z. B.:
I was not allowed to write yesterday. | Gestern dürfte ich nicht schreiben.
I am not allowed to go. | Ich darf nicht gehen.
    NB. 2. Das Futurum drückt man meistens mit dem Präsens aus, z. B.:
I may go to-morrow ob. | Ich werde morgen gehen dürfen.
I shall be allowed to go. | Ich werde gehen dürfen.
I shall not be allowed to go. | Ich werde nicht gehen dürfen.

Infinitiv.	*Imperfect.*	*Particip.*
melt (melt), ſchmelzen,	melted (melteb),	molten (molt'n)*. (85c)
mistake (mißtehl'), ſich irren,	mistook (mißtull'),	mistaken S. H.
mow (moh), mähen,	mowed (moh'b),	mown (mohn).
must (85) (moßt), müſſen,	fehlt,	fehlt.
ought (oaht), ſollen,	ought (oaht),	fehlt. (85)
owe (oh), ſchuldig ſein, (85b)	owed (ohb),	owed, owen (ohen).
partake (p'rrtehl'), Theil nehmen,	partook (p'rrtull'),	partaken (p'rrtehl'n).
pass (paß), vorbeigehen ꝛc.,	past* (paß't), (85c)	past, passed (paß't).
pay (peh), bezahlen, (87)	paid (pehb),	paid.
pen (penn), einpferchen,	pent (pennt), (85d)	pent.
put (putt), ſetzen, hinthun,	put (putt), (85e)	put.
quit (fuitt), verlaſſen, (73b)	quit* (fuitt),	quit, quitted.
fehlt,	quoth (foth), ſagte, (87b)	fehlt.
read (rihb), leſen,	read (rebb),	read (rebb).
rend (rennb), zerreißen, (85f)	rent (rennt),	rent.
rid (ribb), befreien,	rid (ribb),	rid.
ride (88) (reib), reiten,	rode (rohb), rid,	ridden (ribb'n), rid.
ring (rinng), läuten,	rung (rong), rang,	rung.
rise (reiſ'), aufſtehen,	rose (rohſ'),*	risen (riſſ'n).
rive (reiw), aufſpalten,	rove (rohw),*	riven (riww'n).
rot (rott), verfaulen,	rotted (rotteb),	rotten (rott'n)*.
run (ronn), laufen,	ran, run (ronn),	run. H.

b) Im Deutſchen braucht man häufig „meinen" in der Bedeutung von „denken, ſagen, glauben". So oft dieſes der Fall iſt, muß man es im Engliſchen mit „to think, to say" und nicht mit „to mean" = geſinnt ſein, beabſichtigen, bedeuten, überſetzen, z. B.:

What do you *think* of it?	Was meinen Sie dazu, was halten Sie davon?
I *think* it (is) very dear.	Ich meine, daß es ſehr theuer iſt.
What do you *say*?	Wie meinen (was ſagen) Sie?
I should *think* so. In my opinion.	Ich ſollte es meinen. Nach meiner Meinung.
That I *well believe.*	Das wollte ich meinen.
Every one had to give his *opinion.*	Jedermann mußte ſeine Meinung abgeben (ſagen).
What do you *mean (to say)?*	Was meinen Sie (wollten Sie ſagen)?

c) *Molten, potten* und *stricken* werden blos als Adjective gebraucht.

5) Siehe die Conjugation von *must* und *ought* Seite 260.

| I *ought to have* (gone) | Ich habe, hätte (gehen) ſollen. |

85b) To *owe* wird häufig in der Bedeutung von „verdanken" und *to be owing to* in der von „herrühren von, wegen", gebraucht; (das Particip „*owen*" iſt veraltet) z. B.:

I *owe* you my life.	Ich verdanke Ihnen das Leben.
His poverty *was owing* to his idleness.	Seine Armuth verdankte er ſeiner Faulheit.
Owing to his age, he could not go.	Wegen ſeines Alters konnte er nicht gehen.
Eines Vergehens, Verbrechens ſchuldig ſein, gibt man mit *guilty*, z. B.:
He *is guilty*, she is *innocent.*	Er iſt ſchuldig, ſie iſt unſchuldig.

85c) Als Adjectiv, Präpoſition und Hauptwort ſchreibt man ſtets und auch als Imperfectum und Particip häufig *past*, obwohl es in ſeiner Eigenſchaft als Verbum *passed* (ſpr. *past*) geſchrieben werden ſollte, z. B.:

| In times *past.* He ran *past* me. | In früheren Zeiten. Er lief an mir vorbei. |
| Think of *the past.* He *passed,* has *passed.* | Denke an die Vergangenheit. Er ging vorbei. |

85d) In der Bedeutung „ſchreiben" iſt „*pen*" regelmäßig: I *penned,* I have *penned.*

85e) To *put* bedeutet meiſtens „hinſtellen, hinthun, aufſetzen", „*to set*", „ſetzen, ſtellen, pflanzen", z. B.:

Where shall I *put* these books?	Wo ſoll ich dieſe Bücher hinthun?
Where shall I *put* this goblet?	Wo ſoll ich dieſen Becher hinſtellen?
Put on your hat.	Setzen Sie den Hut auf.
Where shall I *set* these flowers?	Wo ſoll ich dieſe Blumen hinpflanzen?
I must *set* my watch.	Ich muß meine Uhr ſtellen.
I *set* no value on a *set* arm.	Ich lege keinen Werth auf einen eingerenkten Arm.

85f) To *rend* braucht man ſelten im gewöhnlichen Leben, ſtatt deſſen wendet man „to *tear*" an.

87) To pay *for*, etwas bezahlen. — To pay *attention to*, Achtung geben auf, Aufmerkſamkeit ſchenken.

87b) *Quoth* wird blos im Imperfectum gebraucht, und wird ſtets dem Nominativ vorgeſetzt werden muß, z. B.:

| I know not, *quoth* I, (he she, we you, they) | Ich weiß nicht, ſagte ich, (er, ſie, wir, Ihr, ſie) |
| *Quoth* wird ſelten gebraucht, ſtatt deſſen wendet man „to *say*" an. S. Anm. 115, S. 334. |

88) To *ride* heißt auch „fahren". Will man daher das deutſche „reiten" genau bezeichnen, ſo ſagt man *to ride on horseback.* In der Bedeutung „fahren" iſt jedoch „to *drive*" vorzuziehen, z. B.:

| I *drive* out every day. | Ich fahre jeden Tag ſpazieren. |
| I *ride on horseback* every morning. | Ich reite jeden Morgen. |

Infinitiv.	Imperfect.	Particip.
To saw (ſoah), ſägen,	sawed (ſoahd),	sawn (ſoahn).
- say ([89]) (ſeh), ſagen,	said (ſedd),	said.
- see (ſih), ſehen,	saw (ſoah),	seen (ſihn).
- seek (ſihk), ſuchen,	sought (ſoaht),	sought.
- seeth (ſihbth), ſieben, ([89b])	sod * (ſobb),	sodden (ſobb'n) *.
- sell (ſell), verkaufen,	sold (ſohld),	sold.
- send (ſennd), ſenden,	sent (ſennt),	sent.
- set (ſett), ſetzen, ([86c])	set (ſett),	set.
- shake (ſchehk), ſchütteln,	shook (ſchuck),	shaken (ſchehk'n), *shook*.
shall ([90]) (ſchall), ſollen,	should (ſchudd),	fehlt.
- shape (ſchehp), geſtalten,	shaped (ſchehp'd),	shapen (ſchehp'n) *.
- shave (ſchehw), raſiren,	shaved (ſchehw'd),	shaven (ſchehw'n) *.
- shear (ſchihr), ſcheeren,	sheared, *shore* (ſchohr),	shorn (ſchohrn) *.
- shed ([91]) (ſchedd), vergießen,	shed (ſchedd),	shed.
- *shend* (ſchennd), beſchimpfen,	*shent* (ſchennt), ([91b])	*shent* (veraltet).
- shew, show ([92]) (ſchoh), zeigen	shewed, showed (ſchoh'd),	shewn, shown (ſchohn)
- shine ([93]) (ſchein), ſcheinen,	shone * (ſchonn),	shone *.
- shoe (ſchuh) beſchlagen,	shod (ſchobb),	shod.
- shoot (ſchuht), ſchießen,	shot (ſchott),	shot.
- shred (ſchredd), zerſchneiden,	shred (ſchredd),	shred.
- shrink (ſchrink), zurückbeben, einſchrumpfen,	shrunk (ſchronnk), shrank	shrunk, *shrank*.
- shrive ([94]) (ſchreiw), beichten,	shrove * (ſchrohw),	shriven, shrift *.
- shut (ſchött), zumachen,	shut (ſchött),	shut.
- sing (ſinng), ſingen,	sung (ſonng), sang,	sung.
- sink (ſinnk), ſinken,	sunk (ſonnk), sank,	sunk, *sunken*.
- sit ([95]) (ſitt), ſitzen,	sat (ſatt), *sate*,	sat, *sitten* (ſitt'n).
- slay (ſleh), erſchlagen,	slew (ſljuh),	slain (ſlehn).

(89) Nach *to say* ſteht immer der Dativ mit *to* (ſelbſt dann) wenn ein Accuſativ nachfolgt, z. B. What did he *say to you* (*to the man*)? Was hat er (zu) Ihnen (dem Manne) geſagt? Ueber den Unterſchied von *to say* und *to tell* ſiehe Anmerk. 106, Seite 332.

(89b) Statt "*to seeth*" braucht man im gewöhnlichen Leben "*to boil*" (boail).

(90) Die zuſammengeſetzten Zeiten von *shall* muß man wegen des fehlenden Particips durch *to be obliged* ausdrücken, z. B.:

Ich habe gehen ſollen (müſſen).	I have been obliged to go.
Ich werde gehen ſollen.	I shall be obliged to go.
Geſtern habe ich gehen ſollen (müſſen).	I was obliged to go yesterday.

Das deutſche „ich hätte ſollen" in Verbindung mit einem Infinitiv drückt man im Engliſchen durch eine andere Wendung aus, z. B.:

Ich hätte gehen (ſchreiben) ſollen.	I should have (od. *ought to have*) gone to have (written).

Ueber *shall*, ſollen, werden, ſiehe §. 145, 146 und Anmerk. 93b, Seite 259.

(91) *To shed tears.* Thränen vergießen.
The trees are shedding their leaves. Die Bäume verlieren ihr Laub.

(91b) *To shend* iſt veraltet, ſtatt deſſen braucht man "*to abuse*", z. B.: *He abused me terribly.* Er beſchimpfte mich ſchrecklich.

(92) Dieſe zwei Wörter haben dieſelbe Bedeutung, und werden ganz gleich ausgeſprochen.

(93) *To shine*, ſcheinen = leuchten, glänzen (z. B.: The *sun* and *moon shine* (ſcheinen), wird un- perſönlich im Sinne von „es ſcheint mir", = *it seems to me, it appears to me* gebraucht.

(94) *To shrive* iſt veraltet; ſtatt deſſen braucht man *to confess*, und zur Beichte gehen heißt: *to go to confession.*

(95) *To sit* bedeutet eigentlich nur „ſitzen", wird aber mit *down* in der Regel für das deutſche „ſich ſetzen" *to seat one's self* gebraucht, z. B.:

He *sat down* beside me.	Er ſetzte ſich zu mir (hin).
She *seated herself* beside me.	Sie ſetzte ſich zu mir (hin).
Pray, *sit down*. Thank you.	Bitte, ſetzen Sie ſich. Danke.
Will you *sit* by me?	Wollen Sie ſich zu mir ſetzen?
I have been *sitting* the whole day	Ich habe den ganzen Tag geſeſſen.

NB. Man muß ſich in Acht nehmen *to sit* nicht als zurückführendes Zeitwort zu gebrauchen

Infinitiv.	Imperfect.	Particip.
To sleep (ſlihp), ſchlafen, (95b)	slept (ſleppt),	slept.
- slide (ſleid), glitſchen,	slid (ſlibb),	slid, *slidden.*
- sling (ſlinng), ſchleudern,	slung (ſlonng), *slang,*	slung.
- slink (96), wegſchleichen,	slunk (ſlonnk), *slank,*	slunk.
- slit (97) (ſlitt) ſchlitzen,	slit (ſlitt)*,	slit*.
- smell (ſmell), riechen,	smelt* (ſmelt),	smelt*.
- smite (98) (ſmeit), ſchlagen,	smote (ſmoht), *smit,*	smitten, *smit.*
- snow (ſnoh), ſchneien,	snew* (ſniuh),	snown* (ſnohn).
- sow (99) (ſoh), ſäen,	sowed (ſoh'b),	sown (ſohn).
- sew (99) (ſoh), nähen,	sewed (ſoh'b),	sewed (ſoh'b),
- speak (100) (ſpihk), ſprechen,	spoke (ſpohk), *spake,*	spoken, *spoke.*
- speed (ſpihb), eilen,	sped (ſpebb),	sped.
- spell (ſpell), buchſtabiren,	*spelt*,*	*spelt*.*
- spend, ausgeben, zubringen,	spent (ſpennt),	spent.
- spill (ſpill), verſchütten,	spilt* (ſpilt),	spilt*. (100b)
- spin (ſpinn), ſpinnen,	spun (ſponn), *span,*	spun.
- spit (ſpitt), ſpeien, (100c)	spit, *spat* (ſpitt, ſpatt),	spitten, spit.
- split (100d) (ſplitt), ſpalten,	split (ſplitt),	split.
- spread (ſprebb), ausbreiten,	spread (ſprebb),	spread.
- spring (ſpriung), ſpringen,	sprung, sprang,	sprung (ſpronng).
- stand (ſtannb), ſtehen,	stood (ſtubb),	stood.
- stave (ſtehw), einſtoßen (100e),	stove* (ſtohw),	stove*.
- stay (ſteh), bleiben,	staid* (ſtehb), (101)	staid*.
- steal (ſtihl), ſtehlen,	stole (ſtohl),	stolen (ſtohl'n).
- stick (101b) (ſtikk), ſtecken,	stuck (ſtokk),	stuck.
- sting (101c) (ſtinng) ſtechen,	stung (ſtonng), *stang,*	stung. (101b)
- stride (ſtreib), ſchreiten,	strode (ſtrohb), strid,	stridden, strid.
- strike (ſtreik), ſchlagen, (58b)	struck (ſtrokk),	struck, *stricken.* (88c).
- string (ſtrinng), aufreihen,	strung (ſtronng),	strung.
- strive (ſtreiw), ſtreben,	strove (ſtroh'w),	striven (ſtriww'n).
- strow (ſtroh), ſtreuen,	strowed (ſtroh'b),	strown (ſtrohn)*.
- strew (ſtruh), ſtreuen,	strewed (ſtruh'b),	strewed, *strown.* (102)

(95b) The child *fell fast (tranquilly)* asleep.   Das Kind ſchlief feſt (ruhig) ein.
   I *slept* well last n'ght   Dieſe Nacht habe ich gut geſchlafen.

(96) *To slink* braucht man das Adverbium *away, weg; back, zurück; aside, bei Seite, 2c.*

(97) *To slit* ſagt man nur von Sachen, die leicht zu zerreißen ſind, als: Tuch, Seide, eine Schreibfeder, 2c. Siehe Anmerk 100d.

(98) *To smite* wird im gewöhnlichen Leben ſelten gebraucht; ſtatt beſſen wendet man *to strike* an.

(99) *To sow,* ſäen, und *to sew,* nähen, werden ganz gleich ausgeſprochen; letzteres iſt regelmäßig.

(100) Im Deutſchen braucht man oft das Zeitwort „ſprechen" in der Bedeutung von „ſagen", im Engliſchen aber darf man dieſes nicht, denn *to speak* iſt lediglich (hörbar) Sprechen, z. B.:
   The judge *spoke* and said.   Der Richter ſprach und ſagte.
   Here's my money, but spare my life,   Hier iſt mein Geld, aber verſchone mein Leben,
     said he. He cannot *speak* audibly.   ſprach (ſagte) er. Er kann nicht hörbar ſprechen.

(100b) Don't *spill* your tea.   Verſchütte deinen Thee nicht.
   You have *spilled* the milk on me.   Sie haben auf mich die Milch gegoſſen (geſchüttet).
   I must *water* the flowers.   Ich muß die Blumen begießen.

(100c) *To spit* (an den Bratſpieß ſtecken, anſpießen) iſt regelmäßig. I *spitted,* I have *spitted.*

(100d) *To split* bedeutet etwas Hartes ſpalten, wie Holz, Stein, 2c.

(100e) *To stave* bedeutet ein Faß, ein Schiff, 2c., welches aus Dauben oder Stäben beſteht, einſtoßen; „Thür, Fenſter", 2c., einſtoßen heißt, "to break open the door, to break the window.".

—(101) NB. Die obige Form "staid" wird jetzt nur als Adjectiv „geſetzt" gebraucht, als Zeitwort muß man die regelmäßige Form "stayed" brauchen, z. B.: I *stayed,* I have *stayed.*

(101b) *To stick,* ſtecken, hier einſtoßen, ſtecken, wird auf folgende Weiſe gebraucht, z. B.:
   He *stuck* the dagger into his breast.   Er ſtieß ihm den Dolch in die Bruſt.
   Stick the pins into the pin-cushion.   Stecke die Nadeln auf das Nadelkiſſen.
   I have *stuck* a needle into my finger.   Ich habe mich mit einer Nadel in den Finger geſtochen.

(101c) *To sting* wird in folgender Weiſe gebraucht, z. B.:
   The wasps *stung* him.   Die Weſpen ſtachen ihn.
   That *stung* me to the heart.   Dies ging mir durch das Herz

(101d) NB. Das unregelmäßige Zeitwort "To stink (ſtinken) stunk, stunk" wird in guter Geſellſchaft nicht gebraucht, ſtatt beſſen ſagt man: it *smells* bad (es riecht ſchlecht 2c.)

(102) *Strewn* (ſtruhn). *To strow* und *to strew* ſind gleicher Bedeutung. Letzteres iſt jedoch gebräuchl.

Infinitiv.	*Imperfect.*	*Particip.*
To swear (ſuehr), ſchwören,	swore (ſuohr), *swore,*	sworn (ſuohrn).
- sweat (¹⁰³) (ſuett), ſchwitzen,	sweat * (ſuett),	sweat *.
- sweep (ſuihp), fegen, kehren,	swept* (ſueppt),	swept *.
- swell (ſuell), ſchwellen,	swelled * (ſuell'b),	swollen, swoln *.
- swim (ſuimm), ſchwimmen,	*swum* (ſuomm), swam,	swum.
- swing (ſuing), ſchwingen,	swung, *swang,*	swung (ſuonng).
- take (tehk), nehmen,	took (tuff),	taken (tehk'n).
- teach (¹⁰⁴) (tihtſch), lehren,	taught (toaht),	taught.
- tear (¹⁰⁴) (tehr), zerreißen,	tore, *tare* (tohr, tehr),	torn (tohrn).
- tell (¹⁰⁶) ſagen, erzählen,	told (tohld),	told.
- think (thinf), denken, (¹⁰⁶b)	thought (thoaht),	thought.
- thrive (threiw), gedeihen,	throve * (throhw),	thriven (thriww'n)*.

---

(103) To *sweat* braucht man nicht mehr in guter Geſellſchaft, ſtatt beſſen wendet man das regelmäßige Zeitwort to *perspire*, (transpiriren) an.

(104) Man hüte ſich to *teach*, lehren, mit to *learn*, lernen, zu verwechſeln: Der Lehrer *teaches* (lehrt); der Schüler *learns* (lernt)

    NB. Nach to *teach* ſteht abweichend vom Deutſchen vor dem folgenden *Infinitiv* to (zu), z. B.: Teach me *to read*, to *sing*, to *be good.* | Lehre (lehren Sie, lehrt) mich leſen, ſingen, gut ſein.

(105) Das Zeitwort to *tear* (zerreißen) wird t e h r, das Hauptwort t e a r, Thräne, t i h r ausgeſprochen

(106) NB. 1. To *tell*, ſagen, erzählen, einen Andern mit etwas bekannt machen; to *say*, ſagen, ſeinen Gedanken Worte geben To *tell* iſt alſo objectiv, to *say* ſubjectiv. Bei to *say* handelt es ſich hauptſächlich um den Sprechenden, bei to *tell* auch um den Angeredeten, z. B.:

He told me his adventures.	Er erzählte mir ſeine Abenteuer.
He told me he was going to London.	Er ſagte mir (theilte mir mit), daß er nach London gehe
He said (that) he was going to London.	Er ſagte (überhaupt), daß er nach London gehe.
Tell him to come.	Sage ihm (daß er kommen möchte), er ſolle kommen.
Pray tell us. Ah do!	Bitte, ſagen Sie es uns. Ach, thun Sie es doch!
Pray, don't say that.	Bitte, ſagen Sie das nicht.
He always says the same thing.	Er ſagt immer daſſelbe.
He always tells the same story.	Er erzählt immer dieſelbe Geſchichte.
The priest, who saw what the woman did, said to her: What are you doing?	Der Prieſter, welcher ſah, was die Frau that, ſagte zu ihr: Was thun Sie? (Was machen Sie da?)
The priest, who saw what the woman did, told her that she was doing wrong.	Der Prieſter, der ſah was die Frau that, ſagte ihr, daß ſie unrecht thäte.

    NB. 2 Wo der Begriff des „Erzählens Mittheilens" nur ſchwach hervortritt, und der des „Sagens" etwas von dem Begriff des „Mittheilens" in ſich hat, kann man "to say und to tell" gleichgiltig brauchen, wobei aber "to tell" den Accuſativ, "to say" den Dativ mit to nach ſich verlangt, z. B..

What did he tell you?	Was ſagte er Ihnen?
What did he say to you?	Was ſagte er zu Ihnen?
He told me nothing.	Er ſagte mir nichts.
He said nothing to me.	Er ſagte mir nichts. (Er ſagte nichts zu mir).

    NB. 3. Wie man aus dem Vorhergehenden ſieht, folgt auf to *tell* ſtets ein Für- oder Hauptwort im Accuſativ, to *say* dagegen hat eine ausgedrückte oder hinzugedachte Conjunction, einen Dativ mit to nach ſich, oder ſteht allein, z. B.:

He told my brother he would come.	Er ſagte meinem Bruder, er würde kommen.
He said (that) he would come	Er ſagte, daß er käme (kommen würde).
She told the story to the queen.	Sie erzählte die Geſchichte der Königin.
I don't know what to say (or you).	Ich weiß nicht, was ich (Ihnen) ſagen ſoll.

    NB. 4. Wenn to *tell* einen Befehl in ſich ſchließt, ſo muß im Engliſchen ſtets der Infinitiv folgen, während man im Deutſchen „daß" mit dem Conjunctiv, oder gewöhnlicher ſollen ohne daß ſetzt, z. B:

Tell him to go away, to come to-morrow.	Sagen Sie ihm, er ſolle weggehen, morgen kommen
Tell the cook to have the dinner ready at 3 o'clock.	Sage der Köchin, ſie ſolle das Mittageſſen um 3 Uhr fertig haben.
Tell my servant to bring me my boots.	Sagen Sie meinem Diener, er ſolle mir meine Stiefeln bringen, (daß er mir meine Stiefeln bringen ſolle)

(106b) Ueber den Gebrauch des "to think", anſtatt des deutſchen „meinen" ſiehe Anmerk. 86, Seite 329 Man merke auch folgende Ausdrücke

I should think, however, that it could not be so difficult.	Ich ſollte jedoch denken (meinen), daß es nicht ſo ſchwer ſein könnte.
I cannot imagine it.	Ich kann es mir nicht denken.
What do you think of Miss N.?	Was halten (denken) Sie von Fräulein N.?

Infinitiv.	*Imperfect.*	*Particip.*
To throw (throh), werfen,	threw (thruh),	thrown (throhn).
- thrust (throßt), ftoßen,	thrust (throßt),	thrust.
- tread (107) (trebb), treten,	trod (trobb).	trodden, trod.
- understand (onb'rftanb), verstehen.	understood (onb'rftubb),	understood.
- wax (108) (uax), wachsen, wichsen,	waxed (uax'b),	waxen (uax'n)*.
- wear (109) (uehr), tragen,	wore (uohr), *ware,*	worn (uohrn).
- weave (uihw), weben,	wove (uohw)	woven (uohw'n).
- weep (uihp), weinen,	wept (ueppt),	wept.
- wet (uett), naß machen,	wet* (uett),	wet *.
{ - *weet, wot* } (uißt, uott), { - *wis, wit* (110) } wiſſen,	*wot* (uott), *wote* (uohti), *wist* (uißt),	*wist.*
- will (uill), wollen,	would (uubb),	fehlt (111).
- win (uinn), gewinnen,	won (uonn),	won. (S. 25, S. 586.)
- wind (112) (ueinb), winden,	wound* (uaunb) (113),	wound.
- withdraw (uith-broah) (113b), fich zurückziehen,	withdrew (uithbruh),	withdrawn (broahn).
- withhold, vorenthalten,	withheld,	withheld
- wont (uonnt), gewöhnt ſein,	wont (114),	wont (uonnt)*.

(107) NB. 1. Das deutſche „eintreten, treten in … (hineingehen) gibt man durch *to enter* mit nachfolgendem Accuſativ oder (in manchen Fällen) der Präpoſition *into*, z. B.:
He entered the room soon after me.	Er trat bald nach mir in das Zimmer.
He entered the service of the king.	Er trat in den Dienſt des Königs.
He wished to enter into connexion with me.	Er wünſchte mit mir in Verbindung zu treten.

NB. 2. *To tread* wird ſelten anders als in der Bedeutung mit den Füßen treten, wieder-treten, betreten, zertreten gebraucht und hat alſo nicht mannigfaltige Bedeutungen wie das deutſche Zeitwort treten, z. B.:
| You tread (trod) upon my foot. | Sie traten (treten) mir (mich) auf den Fuß. |

(108) In der Bedeutung „wichſen" iſt *to wax* ein regelmäßiges Zeitwort, z. B.:
| I wax, I waxed, I have waxed the thread. | Ich wichſe, ich wichſte, ich habe den Zwirn gewichſt. |
| The shoemaker waxed his end | Der Schuhmacher pichte ſeinen Draht. |

Stiefelwichſe heißt *blacking.* Meine Stiefel ſind nicht gewichſt, My boots are not polished.

NB In der Bedeutung „wachſen, werden" kommt *to wax* nur in dem veralteten Ausdruck:
| - He waxed wroth = he became angry (er wurde zornig) vor, ſtatt deſſen braucht man *to grow*, z. B.: |
| The trees and flowers grow | Die Bäume und Blumen wachſen. |

(109) *To wear* bedeutet nur Hut, Kleider, ꝛc., tragen, nie aber, „etwas auf den Schultern, in der Hand, ꝛc.", tragen, z. B.:
| My brother wears a sword. | Mein Bruder trägt ein Schwert. |
| Your friend wears white gloves, a black hat, and a blue coat. | Ihr Freund trägt weiße Handſchuhe, einen ſchwarzen Hut und einen blauen Rock. |

In der Hand, ꝛc., tragen, wird mit *to carry* ausgedrückt, als:
| He carried a sack upon his shoulder. | Er trug einen Sack auf der Schulter. |
| Will you carry this for me? | Wollen Sie dieſes für mich tragen? |

(110) *To wit* iſt jetzt nur im Infinitiv in der Bedeutung als, nämlich, das heißt und am Anfange öffentlicher, obrigkeitlicher Bekanntmachung im Sinne von „kund und zu wiſſen" gebräuchlich; ſtatt deſſen wendet man *to know* an, z. B.:
| The county of Kent to wit, that, etc. | Der Grafſchaft Kent ſei hiemit kund und zu wiſſen, daß ꝛc. |

NB. Die Form *to wis* wird bisweilen von den Dichtern angewendet, z. B:
| I was scarce conscious what I wist | Ich war mich meiner kaum bewußt. |

(111) Siehe die Conjugation Seite 253.
| Ich habe gewollt. Ich habe gehen wollen. | I have wished. I have wished to go. |
| Ich werde (gehen) wollen. | I shall wish (to go). |

(112) In der Bedeutung Wind wird *wind* uinb ausgeſprochen. To wind up (aufwinden) braucht man auch in der Bedeutung von „aufziehen", hauptſächlich bei Uhren, z. B.:
| We draw up a weight; we wind up a watch. | Man zieht ein Gewicht herauf; man zieht eine Uhr auf. |

(113) In der Bedeutung Wunde ſpricht man wound (uuhnb) aus.
(113b) *With* im obigen Wort iſt das angelſächſiſche 'wither (gegen, wider)".
(114) Dieſes Zeitwort wird ſelten anders als in Verbindung mit *to be* (ſein), wie im Deutſchen gebraucht, z. B.:
| He was wont to say; beſſer he used (he was accustomed) to say; er pflegte zu ſagen. |

To work (uorrk), arbeiten,	*wrought* (roaht),	*wrought*.
- wreath (rihb'th), flechten,	wreathed (rihbth'b),	*wreathen* (rihbth'n)*.
- wring (ring), brehen, ꝛc.,	wrung* (ronng),	**wrung**.
- write (reit), schreiben,	wrote (roht),	**written** (ritt'n), *writ*,
- writhe (reibth), verzerren,	writhed (reibth'b),	*writhen* (rith'n)*.

§. 212. Unregelmäßig und mangelhaft zugleich sind folgende Zeitwörter. Siehe vollständige Conjugation, Kap. X. Seite 241—261.

Praesens.	*Imperfect.*	*Particip.*
I can (ei kann), ich kann.	I could (ei kubb).	—
I might (ei meh), ich darf,	I might (ei meit).	—
I must (moßt), ich muß,	—	—
I ought (oaht), ich soll,	I ought.	-
I shall (schall), ich soll, werde,	I should (schubb).	—
I will (uill), ich will,	I would (uubb).	—
—	I hight (114b) (heit),	hight, genannt, geheißen.
—	quoth I (115) (koth), sagte.	—
—	—	ycleped, yclept (116) (ikleppt), genannt.

H. Verbale Abkürzungen und Zusammenziehungen (117).

§. 213. In beinahe allen englischen Schriften kommen sehr häufig verbale Abkürzungen und Zusammenziehungen vor, deren Verständniß für Anfänger oft schwierig ist. Ich führe deßhalb hier eine alphabetische Liste der gebräuchlichsten an:

Abkürzung.		Bedeutung.
I an't, ain't (ähnt),	statt I am not,	ich bin nicht.
an't, arn't (arnnt),	- art not, are not, is not; and it,	bist nicht, find nicht, ist nicht; und es.
ben't (bihnt),	- be not,	sei nicht.
I can't* (118) G. (119),	- I cannot,	ich kann nicht.
I cou'd * G. (ei kubb).	- I could,	ich konnte.
I cou'dn't * G. (ei kubb'nt),	- I could not,	ich konnte nicht.
didn't G. (bibn't),	- did not,	that, thaten nicht.
I dout* G. (ei boht),	- I do not,	ich thue nicht.
he doesn't G. (hih boß'nt),	- he does not,	er thut nicht.
do't * (buht),	- do it,	thue es.
d'ye G. (bije).	- do you,	thut ihr, thun Sie, ja.

(114b) *Hight* (vom angelsächsischen Zeitwort *hatan*) ist eigentlich Particip = *called*, geheißen, benannt, und wird als solches bisweilen auch mit *to be* verbunden, z. B.: Childe Harold *was he hight*, Childe Harold ward er geheißen. Man gebraucht es aber auch als Präsens und Imperfectum = *I am called, I was called*, ich heiße, ich hieß. Es ist jedoch nur noch in burlesken Darstellungen und landschaftlich für *called, promised* gebräuchlich. Bei Spenser († 1599) kommt es statt *granted, mentioned, commanded, given* vor.

(115) *Quoth* wird nur im Imperfectum gebraucht, als:

Yes, *quoth* I, not well knowing what I ought to say.	Ja, erwiederte ich, indem ich nicht wohl wußte, was ich sagen sollte.
Thanks, gentle citizens and friends, *quoth* I;	Dank, meine lieben Bürger und Freunde, sagte ich;
This general applause, and cheerful shout, Argues your wisdom, and your love to Richard *(Shakspeare).*	Dieser allgemeine Beifall und Jubelgeschrei, Zeigt Eure Weisheit und Eure Liebe zum Richard.

Im gewöhnlichen Leben wird *quoth* nur selten angewendet. Siehe Anmerk. 87, S. 329.

(116) *Yclept* (genannt), vom alten to *clepe* (nennen), ist veraltet: A certain man *yclept* (*called*) Solomon. | Ein gewisser Mann, Salomon genannt.

(117) Ein vollständiges Verzeichniß der gebräuchlichen Abbreviaturen findet man Kap. VI. Seite 12.

(118) Die mit einem * bezeichneten Wörter können auch mit Fürwörtern in der Mehrzahl gebraucht werden, als: *I can't* (kahnt); *he, she, it can't*; *we, you, they can't*, etc.

(119) Die mit einem *G* bezeichneten, sind sehr gebräuchlich.

),	ftatt	them,	fie.
ımi),	-	give me,	gib mir.
7. (ei habb'nt),	-	I had not,	ich hatte nicht.
hnt),	-	have not,	habe nicht.
9. (häw'nt),	-	have not,	habe nicht.
rk'e, harki),	-	hark ye, (you),	höret ihr.
(hibb),	-	he had, he would,	er hatte, er würde.
(hibl),	-	he will, he shall,	er wird, er foll.
ihe),	-	he is,	er ift.
(bihrs),	-	here is,	hier ift.
.b),	-	I had, 1 would,	ich hatte, ich würde.
, ib),	-	id est, it is, that is,	das heißt.
il),	-	I will, I shall,	ich will, ich werde.
:im),	-	I am,	ich bin.
	-	in it,	darin.
ıt) (fchott. ain't),	-	is not,	ift nicht.
	-	in the (book), etc.	in dem (Buch u. f. w.)
s),	-	it is,	es ift.
w),	-	I have,	ich habe.
'm),	-	let them,	laß fie, Plural.
),	-	let us,	laßt uns.
(mehks'm),	-	makes them,	macht fie.
nehnt),	-	may not,	darf nicht.
(meitennt),	-	might not,	könnte nicht.
7. (nihb'nt),	-	need not,	braucht nicht.
ibthi),	-	I pray thee,	ich bitte dich.
.(fchehut),	-	shall not,	foll nicht, wird nicht.
(fhihb),	-	she had (would),	fie hatte, fie würde.
fchihl),	-	she will, shall,	fie wird, foll.
chihe),	-	she is,	fie ift.
G. (fchubb'nt),	-	should not,	follte nicht.
ırrt), thour't,	-	thou art,	du bift.
(bhatt'l),	-	that will,	daß wird.
(bthatts),	-	that is,	das ift.
'. (bthehrs),	..	there is,	da ift.
(bthehb),	-	they had (would),	fie hatten, fie würden.
. (bthehl),	-	they shall (will),	fie follen, fie werden.
(bthehr),	-	they are,	fie find.
(bthehw),	-	they have,	fie haben.
ıthaubst),	-	thou hadst (wouldst),	du hatteft, du würdeft.
jault),	-	thou wilt (shalt),	du willft, du follft.
haurt),	-	thou art,	du bift.
hauft),	-	thou hast,	du haft.
),	-	taken,	genommen.
uoas),	-	it was,	es war.
(tuoafn't),	-	it was not,	es war nicht.
iuehr),	-	it were,	es wäre.
uill),	-	it will,	es wird (will).
tiß'nt),	-	it is not,	es ift nicht.
),	-	it is,	es ift.
ua'fnt),	-	was not,	war nicht.
ihb),	-	we had, we would,	wir hatten, wollten, würden.
ihl),	-	we shall (will),	wir werden (wollen).
iihr),	-	we are,	wir find.
hrnt),	-	we are not,	wir find nicht.
(uerntje),	-	were you not,	waren Sie nicht.

we've *G.* (uihw),	ftatt	we have,		wir haben.
what's *G.* (huoatts),	-	what is,		was ift.
where's *G.* (huehrs),	-	where is,		wo ift.
who's *G.* (huhs),	-	who is,		wer ift.
won't *G.* (uohnt),	-	will not,		will nicht.
wou'dn't *G.* (uubb'nt),	-	would not,		wollte nicht, würde nicht.
you'd *G.* (juhd),	-	you had, you would,		ihr hattet, ihr würdet x.
you'll *G.* (juhl),	-	you shall, you will.		Sie follen, werden.
you're *G.* (juhr),	-	you are,		ihr feid. Sie find.
you've *G.* (juhw).	-	you have.		ihr habet. Sie haben. (120)

I. Von der Präposition to (zu), vor dem Infinitiv.

§. 214. Im Allgemeinen wird im Englischen die Präposition *to*, zu, vor dem Infinitiv weit seltener ausgelassen, als dies im Deutschen geschieht. Die folgenden unten angegebenen 24 find die einzigen, nach denen der Infinitiv ohne *to* stehen darf: 1stens nach den Hülfszeitwörtern (119b), 2tens nach den Zeitwörtern, die ein sinnliches Wahrnehmen bezeichnen, wie *to see*, etc., 3tens nach folgenden Zeitwörtern: *to bid, to dare, to help, to make, to need*, 4tens nach *to have*, wenn es so viel bedeutet als „wünschen, verlangen, erfahren, erleben".

Verzeichniß der Zeitwörter, welche die Präposition to (zu) vor dem Infinitiv, den sie regieren, nicht fordern.

Zeitwörter.	Beispiele.	Bedeutung.
To bid * (121).	*I* bid (122) *you* go *there*,	ich heiße Sie dort hingehen.
To behold * (†).	*I* behold *him* fall,	ich sehe ihn fallen.
Can.	*I* can write,	ich kann schreiben.

(119b) Das Hülfszeitwort *I ought* ausgenommen, welches stets den Infinitiv mit *to* nach sich hat, z. B.: I ought to go, to come etc. Siehe §. 131, Seite 252.

(120) NB. 1. In der Sprache des Volkes findet man noch eine Menge Abkürzungen und Zusammenziehungen, welche im Druck aber nur da gebraucht werden können, wo die Sprache des gemeinen Lebens ausgedrückt werden soll, wie in Lustspielen und dergleichen. In der Umgangssprache ist es gut, die oben aufgeführten Abkürzungen und Zusammenziehungen so viel als möglich zu vermeiden. Zwar glauben Ausländer, (die in der englischen Sprache nicht ganz genug find), beinahe immer nur solche Abkürzungen bei den Engländern zu hören; doch ist dies nur scheinbar, und rührt lediglich von dem Ineinanderlaufen der Wörter beim Sprechen her.
NB. 2 In früheren Zeiten z. B.: unter der Königin Elisabeth, 2c., brauchte man die obigen Abkürzungen sehr häufig in Briefen, jetzt aber würde dies als eine Eigenheit der Unhöflichkeit betrachtet werden.

(121) NB. 1 Die mit einem * bezeichneten Zeitwörter haben dagegen im Passiv immer den Infinitiv mit *to* nach sich, z. B.:

He *was* bid *to* go.	Man hieß ihn gehen (w. er wurde geheißen zu gehn)
She *was* heard *to* say.	Man hörte sie sagen.
They *were* made *to* run.	Man ließ sie laufen (w. man machte sie laufen).

NB 2 Selbst im Activ kommt nach diesem und andern der Infinitiv mit *to* vor, namentlich nach *to bid* und *to help*, insbesondere mit verneintem Infinitiv; nach *to dare* in der Bedeutung „wagen, sich erkühnen" wenn der Nachdruck darauf liegt, z. B.:

He bid me *not to* go out	Er befahl mir, nicht auszugehen.
Did he *not help* you *to* write it?	Half er Ihnen nicht es zu schreiben?
He dared *to* insult me.	Er erkühnte sich mich zu beleidigen.
He did *not* dare *to* come to me.	Er wagte nicht zu mir zu kommen.
We did not dare *to* laugh at an old man	Wir wagten nicht über einen alten Mann zu lachen

NB. 3. Bei *to dare* in der Bedeutung „dürfen" steht der Infinitiv stets ohne *to*, z. B.:

We dare (durst) not *offend* him	Wir dürfen ihn nicht beleidigen.

NB 4. Nach verneintem *to bid* steht der Infinitiv meistens ohne *to*, z. B.:

Did he *not* bid you go, come?	Befahl er Ihnen nicht zu gehen, zu kommen?

NB. 5. Wenn *to dare* herausfordern, trotzen, heißt, so verlangt es den Infinitiv mit *to* nach sich, z. B.:
I dare you *to* do it. He dares him *to* blow upon the leaf.
NB Ueber he dare, dares, need. weds, s. Anm. 6, NB. 3, S. 477; auch Anm. 69, S. 25

annot.	*I* cannot read,	ich kann nicht lesen.
ould.	*We* could write,	wir könnten schreiben.
o dare * ([122])	*You* dare go there,	Sie dürfen dort hingehen.
o.	*You* do draw,	Sie (thun) zeichnen, ziehen.
id.	*You* did come,	Sie (thaten kommen) kamen.
o feel (fühlen).	*I* feel it touch,	ich merke, daß es anrührt.
o have. ([123])	*I will* have *him* go,	ich will, daß er gehe.
o hear*.	*We* hear *them* talk,	wir hören sie sprechen.
o help.	*I* helped *him* (to) write,	ich half ihm schreiben.
o know. ([124])	*I* have *known* these trees *blossom* in April,	ich habe es erlebt, daß diese Bäume im April schon blüheten.
o let.	*We* let *him* go,	wir ließen ihn gehen.
o make*.	*We* make *you* go,	wir machen, daß Sie gehen.
ay.	*We* may come,	wir dürfen kommen.
ight.	*She* might not talk,	sie dürfte nicht sprechen.
ust.	*He* must work,	er muß arbeiten.
o need.	*He* need ([122]) *not* speak,	er braucht nicht zu sprechen.
o observe*.	*I* observed him run,	ich sah (bemerkte) ihn laufen.
o perceive*.	He *perceived* it *move*,	Er merkte, daß es sich bewege.
o see.*.	*I* see *you* play,	ich sehe Sie spielen.
all.	*I* shall see,	ich werde sehen.
ould. ([125])	*I* should study,	ich sollte studiren.
o smell*.	*I* smell *it* burn,	ich rieche, daß es brennt.
ill.	*I* will see,	ich will sehen.
ould. ([125]).	*I* would go,	ich wollte gehen.

Aufgaben über die unregelmäßigen Zeitwörter. S. 323—338.

119. Ich habe seine Unverschämtheit (*insolence*) zu lange ertragen (*bear*), aber ich will sie nicht länger ertragen. — Mancher Mensch ist besser genährt als erzogen. — Mein Bruder hat eine schwarze Stute gekauft, und ich habe mein braunes (*bay*) Pferd verkauft (*to sell*). — Heute Morgen wachte ich um sechs Uhr auf. — Wann wachen Sie gewöhnlich auf? Selten eher als um neun Uhr. — Warum haben Sie den Hund geschlagen? Ich habe ihn nicht geschlagen. — Jetzt sind es 3 Monate, seitdem ich das Englische angefangen (*to begin*) habe. — Haben Sie den Bedienten kommen heißen? Ja, ich sagte (*to tell*) ihm, er solle kommen. — Sie haben mir meine Stiefel nicht gebracht? Entschuldigen Sie, mein Herr, ich habe sie schon vor einer halben (Reg. II. S. 370) Stunde gebracht. — Der Hund wird Sie nicht beißen. Vielleicht nicht wieder, aber er hat mich schon gebissen.

nicht länger, *not — any longer.*	nähren, *to feed.* erziehen, *to teach.*
mancher Mensch, *many a man.*	kaufen, *to buy.* Stute, *mare.*

---

2) Das Zeitwort to bid in obigem Sinn wird im vertraulichen Stil gebraucht; to order, welches immer die Präposition to verlangt, braucht man im befehlenden und to command im gebieterischen Sinne. Daher sagt man:

| He commanded his men to retire; I ordered them to prepare for our departure; and bade them not to forget my favourite dog. | Er befahl seiner Mannschaft sich zurückzuziehen; ich hieß sie für unsere Abreise sich vorzubereiten; und sagte ihnen, meinen Lieblingshund nicht zu vergessen. |

3) So oft to have so viel als „müssen, brauchen, können" heißt, so muß der folgende Infinitiv to vor sich haben, z. B.:

| I have to write a letter. What has he to do? He has to learn. | Ich muß einen Brief schreiben. Was hat er zu thun? Er hat zu lernen. |

4) Nur in der Bedeutung von „sehen, bemerken", (erfahren, erleben) hat to know den folgenden Infinitiv ohne to, in der Bedeutung von „wissen, kennen" aber stets to nach sich, z. B.:

| I know him to be a man of honour, etc. | Ich kenne ihn als Ehrenmann. |

5) Wenn nach should, would, might, etc., das Zeitwort to like (gern mögen), to wish (wünschen), folgt, so muß man stets die Präposition to vor das nachfolgende Infinitiv setzen. z. B.:

| I should, would like to see the play. | Ich möchte gern das Schauspiel sehen, x. |

heute morgen, *this morning.*
aufwachen, *to awake.* um, *at.*
wachen Sie gewöhnlich auf, *do you generally awake.*
selten eher, *seldom sooner.*
schlagen, *to beat.* seitdem, *since.*

das Englische zu lernen, *to learn English.* heißen, *to bid.*
Entschuldigen Sie, *pardon me.*
vor, *ago* (s. R. XIX. Seite 379).
vielleicht nicht wieder, *perhaps not again.*
schon, *already.* beißen, *to bite.*

120. Wie viel wird das neue Parlaments=Haus in London wohl kosten? Es hat schon viel Geld gekostet und wird, wenn fertig, wahrscheinlich *(probably)* drei Millionen Pfund Sterling kosten. — Ich habe mich in den Finger geschnitten. — Fliehen [Sie]! fliehen [Sie]! sonst sind Sie verloren. — Komm, thue das für mich! und ich werde für dich ein anderes Mal eben so viel thun. — Diese Nacht (Anm. 49, S. 195) träumte ich einen schrecklichen Traum. — Gestern fühlte ich, [daß] die Luft sehr rauh und kalt [war], dieß ist aber¹ häufig in München der Fall. — Sagen (Anm. 106, S. 332) Sie mir: was hat der Herr Professor Ihnen gesagt? Er sagte bloß *(only)*, daß er morgen nicht kommen könnte. — Und was haben Sie ihm gesagt? Ich sagte ihm, daß er die Gefälligkeit haben möchte, übermorgen zu Ihnen zu kommen. — Sagen Sie der Köchin, daß sie das Mittagessen um 4 Uhr fertig *(ready)* habe. — Wann schreiben Sie wieder *(again)* nach Paris? Ich habe schon gestern geschrieben. — Können Sie mir etwas *(some)* Geld leihen? Nein, denn *(for)* das letzte Geld, [welches] ich Ihnen geliehen habe, haben Sie mir noch nicht zurückbezahlt (¹²⁶).

wie viel, *how much.* wohl, *be likely.*
kosten, *to cost.* S. Anm. ⁴⁰b) S. 238.
wenn fertig, *when finished.*
schneiden, *to cut.* (s. § 78. S. 187).
sonst, *if not.* eben so viel, *as much.*
ein anderes Mal, *another time.*
träumen, *to dream.* Traum, *dream.*
fühlen, *to feel.* rauh, *raw.*
dieß, *that.* häufig der Fall, *often the case.*

daß er die Gefälligkeit haben möchte, *to have the kindness.*
Uebermorgen, *the day after to-morrow.*
Köchin, *cook.*
schreiben, *to write* (mit *to do*).
habe schon geschrieben, *wrote.*
gestern, *yesterday.* leihen, *to lend.*
noch nicht, *not yet.*
zurückzahlen, *to pay.*

K. Fragen über die unregelmäßigen Zeitwörter.

1. In welchen Zeiten weichen die unregelmäßigen Zeitwörter von den regelmäßigen ab? §. 179. Seite 301.
2. Warum macht die Conjugation der sogenannten unregelmäßigen Zeitwörter keine Schwierigkeiten. § 180. S. 302.
3. Wie kann man die unregelmäßigen Zeitwörter am besten dem Gedächtniß einprägen? §. 182. S. 302.
4. Wann braucht man im Englischen das Imperfectum, während man im Deutschen und Französischen das Perfectum braucht? Anm. 6. S. 303 und §. 196. S. 331.
5. Warum ist der Gebrauch des Zeitworts *to get* so schwierig? Anmerk. 1. §. 184. S. 305.
6. Wie drückt man das deutsche „es wird dunkel, hell zc." aus? Anmerk. 2. S. 308.
7. Welche Grundbedeutung hat *to do?* §. 187. a, und machen, *to make?* §. 187. b S. 311.
8. Wie drückt man das deutsche „wie ist das zu machen zc." aus? Anmerk. 2. S. 311.

---

(126) In dem Uebersetzungsbuch, welches zu dieser Grammatik eigens geschrieben und bei demselben Verleger zu haben ist, findet man ausführliche Aufgaben über alle Theile der Sprache.

XIII. Kapitel.

- **Vom Adverb im Allgemeinen (¹).**
- **Von der Bildung des Adverbs.**
- **Von der Steigerung des Adverbs.**
- **Von verschiedenen Arten der Adverbien.**
- **Von den Adjectiven, welche unverändert als Adverbien gebraucht werden (²). F. Fragen.**

A. Vom Adverb im Allgemeinen.

§. 215. Die Adverbien (Umstandswörter) dienen dazu, Zeit-, genschafts- und andere Umstandswörter in ihrer Bedeutung zu ver-rten, zu verringern, zu begrenzen, überhaupt näher zu bestim-n (³), z. B.:

sings *beautifully*.	Sie singt schön.
watch *is curiously* made.	Die Uhr ist künstlich gemacht.
is is a *very useful* grammar.	Diese ist eine sehr nützliche Grammatik.
house is *very beautifully* situated.	Dieses Haus liegt sehr schön.

1) Die Regeln über die Stellung der Adverbien findet man Regel XV. Seite 377 der Syntaxis.

2) Die Regel, wann man im Englischen ein Adjectiv und wann man ein Adverb brauchen muß, findet man § 226b, Seite 350 und Regel XX. c Seite 435

NB. Diese Regel verdient um so größere Beachtung, weil man im Deutschen meistens dasselbe Wort als Adjectiv und Adverb braucht, und der Anfänger daher sehr geneigt ist, Adjective statt Adverbien anzuwenden, z. B.:

Dieses Buch ist gut.	This book is good.
Dieses Buch ist gut geschrieben.	This book is well written.

3) NB. Nur ausnahmsweise tritt das Umstandswort bisweilen als nähere Bedingung un-mittelbar zum Substantiv; z. B.: „der Mann da, das Haus hier, der Himmel dort oben" ꝛc. Diese und ähnliche Ausdrücke sind als elliptisch = der Mann, welcher da steht, ꝛc. zu erklären.

§. 216. Von der Bildung der Adverbien ꝛc.

Ihrer Bildung nach sind die Adverbien 1. ursprüngliche, d. h. solche, die nicht von andern Redetheilen abgeleitet sind, z. B.:

When, wann; *then*, dann; *where*, wo; *there*, da; *now*, jetzt ꝛc.

2. abgeleitete, d. h. solche, die von Adjectiven, Participien und Hauptwörtern durch Anhängung der Silbe *ly* abgeleitet sind, z. B.:

Just, gerecht, *justly*, gerecht (auf eine gerechte Art).
Surprising, überraschend, *surprisingly*; year, Jahr, *yearly*, jährlich ꝛc.

3. zusammengesetzte, d. h. solche, die aus mehreren Wörtern bestehen, z. B.:

Some-times, bisweilen; *no-where*, nirgends; *to-morrow*, morgen; *another time*, ein anbersmal; *in the mean time*, mittlerweile ꝛc.

B. Allgemeine Regel zur Bildung der abgeleiteten Adverbien.

§. 217. Im Allgemeinen bildet man die abgeleiteten Adverbien durch Anhängung der Silbe *ly*, namentlich an Adjective und Participien, z. B:

Wise, weise, *wise-ly*, weise (auf eine kluge, weise Art).
Kind, gütig, *kind-ly*, gütig (auf eine gütige, artige Weise).
Genteel, anständig, *genteelly* ([4b]), auf eine anständige, feine Art.

NB. Diese Regel ist jedoch folgenden Beschränkungen unterworfen.

§. 218. I. Adjective auf le verwandeln dasselbe in ly.

Endigt sich das Adjectiv auf *le*, so wird das *le* in *ly* verwandelt, z. B.:

Nob*le*, edel, nob*ly*, edel (auf eine edle Art).
Id*le*, müßig, id*ly*, auf eine müßige Art.

NB. *Whole*, ganz, macht "*wholly*" gänzlich.

§. 219. II. Zweisilbige Adjective auf y verwandeln dasselbe in i.

Endigt sich ein mehrsilbiges Adjectiv auf *y*, so wird dieses vor der Ableitungssilbe *ly* in *i* verwandelt, z. B.:

Eas*y*, leicht, eas*ily*, leicht (auf leichte Weise).
Angr*y*, ärgerlich, angr*ily*, auf ärgerliche Weise.
Bloody, blutig, blood*ily*, auf blutgierige Weise.
Heart*y*, herzlich, heart*ily*, auf herzliche Weise.

§. 220. III. Bei einsilbigen Wörtern auf y darf man dasselbe beibehalten oder in i verwandeln.

Bei einsilbigen Wörtern, die auf *y* enden, verwandeln einige der ersten Lexicographen dasselbe in *i*, andere dagegen behalten dasselbe bei, z. B.:

Dry, trocken, dry*ly*, ob. dr*ily*, trocken.
Shy, schüchtern, shy*ly*, ob. sh*ily*, schüchtern.
Day, Tag, day*ly* ([4c]) ob. da*ily*, täglich.

---

(4) Die Participien und Hauptwörter bleiben bei Anhängung der Adverbialsilbe *ly* unverändert: *Man*, manly, Mann, männlich. *Loving*, lovingly, liebend, auf eine liebevolle Weise, ꝛc.
(4b) NB. Wenn das "l" am Ende des Adjectivs betont ist, so muß dasselbe im Adverb verdoppelt werden, z. B.: *Fanatical*, fanatically.
(4c) *Dayly* und *dryly* werden beinahe immer *daily* und *drily* geschrieben.

§. 221. IV. **Adjective, die auf ll enden, nehmen bloß y an.**

Diejenigen Adjective, welche auf *ll* endigen, hängen zur Bildung
~~vo~~n Adverbien bloß *y* an, z. B.:

Full, voll, full*y*, völlig.   Dull, langweilig, dull*y*, auf langweilige Art.

§. 222. V. **Adjective, die auf ly enden, nehmen kein zweites ly an.**

Solche Adjective, die durch Anhängung der Silbe *ly* an ein
~~H~~auptwort gebildet sind, können ohne Verletzung des Wohlklanges
~~ni~~cht durch Hinzufügung von *ly* in Adverbien verwandelt werden, wie
~~j~~edes Ohr aus Folgendem leicht finden wird, z. B.:

Adjectiv.	*Adverb.*	*Adjectiv.*	*Adverb.*
~~Go~~d-*ly*, göttlich,	god*lily*.	Sister-*ly*, schwesterlich,	sister*lily*.
~~He~~aven-*ly*, himmlisch,	heaven*lily*.	Brother-*ly*, brüderlich,	brother*lily*.
~~Fr~~iend-*ly*, freundlich,	friend*lily*.	Father-*ly*, väterlich,	father*lily*.

NB. Anstatt obiger Adverbien muß man daher entweder ein anderes sinn-
~~ve~~rwandtes Wort wählen, oder, wenn kein solches vorhanden ist, sich der Umschrei-
~~bu~~ng des Adverbs bedienen, z. B.:

~~Sh~~e is *celestially* beautiful statt: She is *heavenlily* beautiful,		sie ist himmlisch schön.
~~H~~e was *amicably* received oder	statt: He was *friendlily* received,	er
~~H~~e was received *in a friendly* manner		wurde freundlich empfangen.
~~H~~e acts paternally oder		
~~H~~e acts like a father oder	statt: He acts *fatherlily*,	er handelt väterlich.
~~H~~e acts in a fatherly (⁵) manner,		

C. Von der Steigerung des Adverbs.

§. 223. Die Adverbien können im Englischen ebenso wie im
~~D~~eutschen gesteigert werden; es müßte denn ihr Begriff ein so be-
~~st~~immter sein, daß sich kein größerer oder geringerer Grad desselben
~~de~~nken ließe, z. B.:

~~mo~~*rtally, eternally, impossibly, etc.* | Unsterblich, ewig, unmöglich, 2c.

Mit Ausnahme der 1. unten angegebenen, welche *er* und *est*
~~an~~nehmen, geschieht der Vergleichungsgrad (Steigerung) der Adverbien
~~du~~rch *more*, mehr, *most*, meist, und *less*, weniger, *least*, wenigst, z. B.:

~~Ju~~*stly*, gerecht, *more* justly, gerechter, *the most* justly, am gerechtesten.
~~Ac~~*tively*, thätig, *less* actively, weniger thätig, *the least* actively, am wenigst thätig.

1. Nur folgende Adverbien werden durch *er* und *est* gesteigert:

~~La~~te (spät), spät, later, the lat*est*.	Often, oft (⁶), oftener, the oftsn*est*.
~~Ne~~ar (nahr), nahe, nearer, the near*est*.	Soon (suhn), bald, sooner, soon*est*.|
~~Se~~ldom (seld'm), selten, seldom*er*, the	Early (errli), früh, earlier, earli*est*.
~~se~~ldom*est* (⁵ᵇ).	

---

2) Einige wenige Abverbien werden unregelmäßig gesteigert, wie:

Ill, badly, übel, schlecht, *worse, worst.*	Much (mottsch) (6b), viel, *more,* mod, *mostly.*
Well (uell), gut, wohl, *better, best.*	Far, weit, entfernt, *farther, farthest.*
Little (litt'l), wenig, *less, least.*	Forth, ferner, heraus, *further*(7), *furthest*
Lately, neulich, *latterly, lastly.*	

D. Von den verschiedenen Arten der Abverbien.

§. 224. Die Abverbien werden nach ihrem Inhalt, d. h. nach den verschiedenartigen Bestimmungsbegriffen, welche sie ausdrücken, in mehrere Klassen eingetheilt. Wegen der großen Wichtigkeit, welche die Wörterklasse für das genauere Verständniß der Sprache hat, gebe ich hier ein Verzeichniß der nothwendigsten Abverbien und rathe jedem Anfänger, dieselben so bald wie möglich auswendig zu lernen (8).

I. Abverbien des Ortes (of Place) (pleßt).

Where (huehr) is he? wo ist er? (9)	It is *not far,* es ist nicht weit od. fern.
Here (hihr) he is, hier ist er.	It is *far off,* es ist weit weg.
There (btehr) he is, da, dort ist er.	It is *near* (nihr), es ist nahe.
Whither (huith'r), *which way* (ueh)? wohin? (10)	*Hard by, close by,* hart an, dicht bei.
	Aloof (eluhf) (11b), in der Ferne.
Hither (hidthr), *this way,* hierher.	*Round about* (raund ebaut), ringsum.
Thither (thidthr), *that way,* dorthin (9).	*Aside* (eseid), seitwärts, bei Seite.
Yonder he is, da, dort ist er (10b).	He is *above* (eboww), er ist oben.
Go to the right (reit), gehe rechts.	*Below* (biloh), *beneath* (binihbth), unten.
Go to the left, gehe links, zur Linken.	*Before* and *behind,* vorn und hinten.
	Underneath (onnd'ruihbth), unten.
He is *abroad* (ebroab), er ist draußen.	*From above,* von oben.
He is *within,* er ist drinnen.	*From below,* von unten.
He is *at home* (11) (hohm), er ist zu Hause.	*From before* (bifohr), von vorn.
	From behind (bibeind), von hinten.

(6b) Ueber much und many siehe Anmerk. 15, 16. S. 154 und Anmerk. 94, S. 213.

(7) NB. 1. *Further* bedeutet „weiter", in Bezug auf Raum, Zeit, Fortschritt, zc., z. B.:

It is *farther* from Berlin to Paris than from London to Paris	Es ist weiter von Berlin nach Paris als von London nach Paris.
You must go *farther* back in history.	Sie müssen in der Geschichte weiter zurückgehen.
He is *farther* advanced than I.	Er ist weiter vorgeschritten als ich.

NB 2. *Further* bedeutet „mehr, überdieß, außerdem", auch „weiter, ferner", wenn die Letzteren sich nicht auf Raum (Entfernung) beziehen, z B.:

I have nothing *further* to say.	Ich habe nichts mehr weiter, (Weiteres) zu sagen.
It is *further* remarkable that he did not lose his life.	Es ist überdieß (ferner) merkwürdig, daß er das Leben nicht verlor.
Your *further* orders shall be attended to.	Ihre weitern Befehle sollen beachtet werden.

Es ist hier zu bemerken, daß die meisten Schriftsteller Englands "farther und further" ohne Unterschied brauchen.

(8) Um das Auswendiglernen dieser Wörter zu erleichtern und zugleich ihre richtige Anwendung zu zeigen, habe ich denselben kleine Zusätze beigefügt.

(9) Statt *whither, hither, thither* braucht man im gewöhnlichen Leben jetzt allgemein *where, here, there,* welche früher bloß Ruhe andeuteten, z B.: — He came here, he rode there yesterday, etc.

(10) Wohin? — Wohin gehen Sie? | *Where now?* — *Where are you going* (to)? Wo ist es ungefähr? | *Whereabouts* is it?

(10b) "Yonder" sagt man nur von Personen oder Sachen, welche man sehen kann: That man *yonder.* | Dieser Mann da.

(11) Die deutschen abverbialen Ausdrücke „von Hause, zu Hause, nach Hause", für welche beide letzteren man in der Bedeutung des Wohnorts, des Vaterlands, besonders in der höhern Schreibart, auch heim, daheim, gebraucht, dürfen im Englischen niemals mit house, sondern mit home wiedergegeben werden, z. B:

He is *at home.*	Er ist zu Hause (daheim).
He comes *from home.*	Er kommt von Hause.
I must *go home.*	Ich muß (heim) nach Hause gehen, zc.

(11b) He stood *aloof.* I saw him *far off.* | Er hielt sich fern. Ich sah ihn in der Ferne.

ards (oppuerbß), aufwärts.

onwards (baunuerrbß), niederwärts.

wards (forruerrbß), vorwärts.

k (11c) (he went *back*), er ging zurück.

kwards (baffuerrbß), rückwärts.

tward (ißtuerrb), oftwärts.

stward (ueßtuerrb), weftwärts.

rthward (norrthuerrb), norbwärts.

thward (fauthuerrb), fübwärts.

ard (inuerrb), einwärts.

ward (autuerrb), auswärts.

Whence (huennß), *from whence*, woher.	
Hence (hennß), *from hence*, v. hinnen, (weg).	
Thence, from thence, (11d) von bort, baher.	
Homeward (hohmuerrb), heimwärts.	
Home (11), heim, nach Hause.	
Somewhere (12) (sommhuehr), irgendwo.	
Anywhere (12) (ennihuehr), irgendwo.	
Nowhere, nirgenbs (nirgendwo).	
Everywhere (ewwerrihuehr), allenthalben.	
Wherever (wheresoever), wo auch (immer).	
To and fro, hin und her.	
Up and down, auf und ab.	
Here and there, hier und ba.	

II. Der Zeit (of Time) (oäw teim).

en (13) (huenn) is it? wann ift es?

d then, (13) he went, und bann ging er.

ore (bifohr) *you*, eher als Sie. (13b)

w (nau) *and then*, bann und wann.

enever, wann auch, so oft.

day (t' beß), heute.

night (t' neit), heute Nacht.

morrow (t' morro), morgen.

day after to-morrow, übermorgen.

morrow morning, morgen früh.

morrow evening, morgen Abend.

terday (jeßterrbä), geftern.

day before yesterday, vorgeftern.

terday evening, geftern Abend.

t night (neit), biese (vorige) Nacht.

is morning, heute Morgen.

is evening, heute Abend.

the morning, (bes) Morgens.

the evening, (bes) Abends.

the afternoon (nuhn), Nachmittags.

At noon, at night, Mittags, Nachts.	
At midnight, um Mitternacht.	
One day (uonn beß), eines Tages.	
Now-a-days, heut zu Tage.	
To this day, bis auf heute.	
The other day, vor einigen Tagen, kürzlich.	
Every other day, jeden anbern Tag.	
Last week (uihß), vorige Woche.	
A week ago (14) (uihß ego), vor 8 Tagen.	
A week since, (14) vor acht Tagen.	
A week hence, (15) in (nach) acht Tagen.	
A fortnight (fortneit) *ago*, vor 14 Tagen.	
A short time ago, vor kurzer Zeit, leßthin.	
Long ago, (15) vor längerer Zeit.	
This day week, heute über acht Tage, heute vor 8 Tagen, in 8 Tagen.	
This day se'nnight (15b) (ßenneit), heute vor 8 Tagen, und heute über 8 Tage.	
By day, in the day time, bei Tage.	
By night, in the night time, bei Nacht.	

1c) *Back* bebeutet auch „Rücken", z. B: He turned his *back* on me. | Er kehrte mir ben Rücken zu.

d) NB. Die Formen *from whence, hence, thence*, sind Barbarismen, die jedoch durch den Sprachgebrauch gerechtfertigt sind. Die Form „*whence, hence, thence*", ist aber stets vorzuziehen.

12) *Somewhere* und *anywhere* sind in ihrer Anwendung berselben Regel unterworfen, wie *somebody, anybody, some, any*. *Somewhere* ist bestimmt und wird in bestätigenden Säßen gebraucht; *anywhere*, bagegen ist unbestimmt und in fragenden, verneinenden und conjunctiven Säßen angewendet (Siehe Anmerk. 82, Seite 210).

NB. Die Ausbrücke "a little while, worth while, somehow, anyhow, anywhere, nowhere", gehören nur zur Umgangssprache. In bem höhern Styl braucht man: "a short time, worth the trouble (ber Mühe werth), one way or other, any place, some place".

3) NB. Die Ausbrücke: *Since when* (feit wann)? — *Since then* (feit bamals). — The *then* Duke (ber bamalige Herzog) müssen *since what time*? - *Since that time*. — The Duke of *that* period heißen.

Ueber ben Gebrauch ber Wörter "*as, when* (if), *while, since*", siehe Regel I. — V. S. 556.

b) Ueber "*before*" als Abverb und Präposition, siehe Anmerk. 9, Seite 356.

4) Das Abverb *since* unterscheidet sich von *ago* baburch, baß *since* die Zeit bis zur Gegenwart, *ago* bagegen bie Zeit von ber Gegenwart an rückwärts gerechnet bezeichnet, z. B.: It is a month *since* it happened. | Es ist ein Monat, seitbem es geschah. It happened a month *ago*. | Vor einem Monat geschah es.

5) *Ago* entspricht bem beutschen „vor" ober „her", und *hence* bem beutschen „nach" ober „über" eigentlich „von hier an", gerechnet, z. B.: A week *ago*. A week *hence*. | Vor acht Tagen. Nach ob. über acht Tage.

NB. Das Abverb vor ist mit der Präposition vor nicht zu verwechseln. (Anm. 9. S. 354.)

NB. Ueber die Stellung bes *ago, enough, hence, not, etc.*, siehe Reg. XIX. S. 379.

b) *Se'nnight* kann nie anbers als in Beziehung auf irgend ein anberes Abverbium ber Zeit gebraucht werben, z. B.:

Now (nau) he is here, jetzt ist er hier.
At present, gegenwärtig.
Just now (dschoßt nau), eben jetzt.
Immediately (immihbjettli), *presently, directly, this moment,* gleich, sofort.
Soon (suhn), *by-and-by,* bald. (15c)
How (hau) *soon,* wie bald.
As (13) *soon as* I can, sobald ich kann.
It is early (errli), es ist früh.
It is late (leht), es ist spät.
Too soon, too late, zu früh, zu spät.
Soon after, bald hernach.
Run speedily (spihdili), lauf eilig.
Run quickly (kwiffli), lauf geschwind.
Come betimes, komme bei Zeiten.
Of late, lately, newly (njuli), neulich.
For some time, lately, seit kurzem.
Formerly (forrmerli), vormals.
Infinitely (innfinittli), unendlich.
Eternally (iterrnelli), ewig.
Anciently (ehnschenntli), vor Alters.
Of old, vormals, weiland.

Hereafter (hihrafft'r), künftighin.
Afterwards (afft'ruerrds), nachher.
Hitherto, bisher.
Henceforth, henceforward, von nun an
In future, for the future, künftig.
Already (ollrebbi), schon, bereits.
Not yet well, noch nicht wohl.
Alternately (allternettli), wechselweise.
He is never well, er ist nie wohl.
Ever, always (oaluehs), (16) immer, stets.
For ever, auf immer.
While (13) (hueil), so lang als.
Seldom (ßeld'm), (16b) selten.
He goes (oft), *often,* er geht oft. (16c)
Sometimes, zuweilen, manchmal.
Since (13) (ßinnß) *yesterday,* seit gestern.
Not till, erst. (16d)
Another time, ein andermal.
He is still here, er ist (immer) noch hier.
Continually, immerfort.
In the mean (mihn) *time,* mittlerweile.

III. Der Zahl und Ordnung (of Number and Order).

First (först), *at first,* zuerst. (31).
First of all, zu allererst.
Firstly, in the first place, erstlich.
Secondly, in the second place, zweitens.
Thirdly, fourthly, drittens, viertens.
At last he came, zuletzt, endlich kam er.
At most five, höchstens fünf.
At least (lihst) ten, wenigstens zehn.

Once, one time, einmal, einst.
At once (uonnß), auf einmal.
Twice (tueiß), zweimal.
Thrice (threiß), *three times,* dreimal.
Fourtimes, viermal.
Several (sewvrl) *times,* mehrmals.
Many (menni) *times,* vielmals.

Yesterday se'nnight.
To-morrow se'nnight.
| Gestern vor acht Tagen.
| Morgen über acht Tage.
Niemals aber darf man sagen, *a se'nnight ago,* vor acht Tagen, acht Tage her, obgleich *a week ago, a fortnight ago,* etc, ganz richtig ist.

(15c) Das deutsche „bald — bald" gibt man im Englischen wie folgt:
Bald schön, bald schlecht. | *One moment fine, another bad.*
Bald dieses, bald jenes. | *Then (now) this, then (now) that.*
Bald so, bald so. | *Sometimes so, sometimes otherwise.*

(16) *Always* wird viel häufiger als *ever,* und zwar besonders in verneinenden Sätzen gebraucht, z. B.
He is *always (ever)* ill, well, etc. | Er ist immer krank, wohl, 2c.
It is not *always* good to speak too free. | Es ist nicht immer gut zu frei zu sprechen.
NB Am Schlusse der Briefe wird "ever" stets angewendet, z. B.:
Ever yours, etc. | Immer (stets) der Ihrige, 2c.

(16b) *Seldom or never,* richtiger: *seldom if ever* | Selten oder nie (ob. selten wenn je).
(Seldom or ever ist falsch).

(16c) NB. Es ist wohl zu merken, daß „oft und öfters" mit "often", der Comparativ „öfter" dagegen mit "oftener" übersetzt werden müssen, z. B:
He comes *often* to us. He comes *oftener* | Er kommt öfters zu uns. Er kommt öfter zu uns als zu Ihnen.
to us than to you.

(16d) NB. 1. So oft das deutsche „erst" in der Bedeutung „so eben, gerade, nur", gebraucht wird, muß man dasselbe im Englischen mit *but* oder *only* übersetzen, z. B.:
I am *but (only)* just come. | Ich bin erst (so) eben gekommen.
It is certainly late. — Oh no, it is *but* | Es ist gewiß spät. — O nein, es ist erst (nur) 8 Uhr.
(ob. *only*) 8 o'clock.
NB. 2. In der Bedeutung „nicht eher, als" muß man das „erst" mit "before und not — till" geben, z B:
I cannot go *before* to-morrow. | Ich kann erst (nicht eher als) morgen gehen.
The affair was *not* discovered *till* after | Erst (nicht eher als) nach seinem Tode wurde die his death. | Sache entdeckt.
The queen *did not* die *till* ten years | Die Königin starb erst zehn Jahre nach dem after the king. | König.

o (hau) *many times?* wie vielmal?
many times, so vielmal.
e *more*, nochmals, abermals.
random (rannb'm), auf Gerathewohl.
ore (bifohr), zuvor.
ore all, wine, zu allererst, Wein.
sat *next* me, er saß mir zunächst.

terwards (aft'r=uerbs), hernach.
eafter (hihraft'r), nachher.
turns (bei torrns), nach der Reihe.
after another, Eins nach dem Andern.
by one, einzeln. ([17])
fusedly (könnfjusebli), durch einander.
ry other (ob. *second*) *day* (beh), jeden
weiten Tag, (alle ander Tag).

Distinctly (bißtinktli), unterschieblich.
Separately (sepp'retli), einzeln. ([18])
Collectively, zusammen, insgesammt. ([18])
Orderly (orrb'rli), ordentlich.
Of all kinds (keinds), allerlei.
Asunder (aßonnb'r), aus einander, be=
sonders.
Apart, beiseits, besonders.
Together (tägebth'r), alle zusammen.
Thereupon (dhehröpponn), barauf.

Whereupon (huehröpponn), worauf.
And so on, ob. *sto.* und so weiter.
And so forth, und so fort, weiter.

IV. Der Menge und des Umfangs (of Quantity and Extension).

ch (mottsch), *more, most*, viel, mehr 2c.
much as, (eben) so viel als (wie).
much money, zu viel Gelb 2c.
y (werri), sehr. ([19])
y much money, sehr viel Gelb.
ch too much, viel zu viel.
r so much, noch so viel.
r so little, noch so wenig.
le, less, least, wenig, weniger 2c.
little money, zu wenig Gelb.
re (mohr) money, mehr Gelb.
little money, nur wenig Gelb. ([20])
more (mohr), mehr nicht.
any more, nicht ob. nichts mehr.
y (ohnli) *one*, nur ein.
only, er allein. ([20])
te (kueit) cold, ganz kalt.
ost cold, fast, beinahe kalt.

Not at all good, gar nicht gut.
Good *enough* (enoff), ([21]) gut genug.
Scarcely (skehrßli) *any* (enni) *thing*, ([21]b)
kaum etwas.
Abundantly (ebonb'ntli), reichlich, völlig.
Plentifully, reichlich, in Menge.
Superfluously (sjup'rfljuesli), überflüssig.
Greatly to blame, sehr zu tadeln.
Sufficiently (sofffisch'ntli), hinlänglich,
zur Genüge.
Wholly (hol=li), gänzlich.
Entirely (enntkirli), ganz, burchaus.
Extremely (ekstrihmli), äußerst.
Extraordinarily, außerordentlich, ungemein.
Exceedingly (eks=sihbingli), übermäßig,
ausnehmend.
Exorbitantly (eksorr=bit'ntli) dear, über=
mäßig, übertrieben theuer.

---

7) You must examine the books *one by one.* | Sie müssen die Bücher einzeln untersuchen.
8) *Separately* the numbers of the Penny- | Einzeln sind die Exemplare des Pfennig=Magazins
Magazine are not very interesting, | nicht sehr interessant, zusammmen sehr.
collective very.

9) NB. 1. Das Adverb *very* kann nie wie das deutsche „sehr" allein, sondern immer nur vor
einem Adjectiv oder einem andern Adverb stehen; z. B.:
He loves his children *very much.* | Er liebt seine Kinder sehr.
His children are *very* good. | Seine Kinder sind sehr gut.
NB. 2. So oft „sehr" sich auf ein im vorhergehenden Satze befindliches Adjectiv oder
Adverb bezieht, kann man das "very" allein am Ende der Phrase brauchen, z. B.:
It is *very* cold. Oh yes, *very* (cold). | Es ist sehr kalt. O ja, sehr (kalt).
Is the king *very* ill? Yes, *very* (ill). | Ist der König sehr krank? Ja, sehr.
NB. 3. Obgleich die obigen Regeln über die Anwendung von *very* leicht zu merken sind,
so hat man doch wohl zu beachten, daß das deutsche sehr vor Participien der Vergangenheit,
wenn sie eine Gemüthsbewegung bezeichnen, als: gerührt, geschätzt, verbunden, 2c., nicht mit
very, sondern mit *much, quite, highly* zu übersetzen ist, z. B.:
I am *much* obliged to you. | Ich bin Ihnen sehr verbunden.
Sir Robert Peel was *highly* esteemed. | Sir Robert Peel wurde sehr geschätzt.
He was *quite* affected at the scene. | Er wurde sehr gerührt über die Scene.
NB. 4. Vor Participien der Gegenwart aber darf man das *very* setzen, z. B.:
It is a *very* amusing (charming) scene. | Es ist eine sehr unterhaltende, entzückende Scene.
A *very* loving mother. *Very* inviting | Eine sehr liebende Mutter. Sehr einla=
weather. | bendes Wetter.
NB. Ein Verzeichniß der Participien, vor welchen stets das deutsche „sehr" mit *much,
quite* oder *highly* übersetzt werden muß, findet man Reg. XXIII. Seite 440.
([17]) Ueber *but* und *only* siehe Regel XIX. — XXI. Seite 380 und Regel VI. Seite 558.
([21]) Ueber *enough* siehe Regel XIX. Seite 380 der Syntaxis.
([21]b) NB. *Scarcely any thing* ist dem Ausdruck "almost nothing (beinahe nichts)" vorzuziehen.

V. Der Beschaffenheit und Weise (of Quality and Manner).

Well (uell), gut, wohl.
Well done, gut gemacht.
I am *very well*, ich bin sehr wohl.
Ill, bad, badly, schlecht, unwohl.
Ill (badly) done, schlecht gemacht.
He is *very ill (bad)*, er ist sehr unwohl.
Ever so well, noch so gut.
Otherwise (obth'rueis), anders, sonst.
Somehow, auf irgend eine Art.
Earnestly (errnestli), in earnest, ernstlich.
Jestingly, in jest (bschest), scherzweise.
Suddenly, on a sudden, plötzlich.
At random (rand'm), auf Gerathewohl.
Indifferently, mittelmäßig.
Fluently (fluentli), ([21c]) fließend.
Correctly, richtig.
Willingly he went, gern ging er.
With much pleasure, sehr gern.
On purpose (porrpeß), mit Fleiß, absichtlich.
To no purpose, in vain, vergeblich.
Accidentally (akßidentelli), zufällig.
By chance (bei tschannß), zufälligerweise.
Rather, vielmehr, lieber, eher.
Hardly possible, schwerlich möglich.
Scarce (ßkehrß), *scarcely*, kaum.
Chiefly (tschihfli), hauptsächlich.
Especially (eßpeschl-li), besonders.
How old he is, etc., wie alt er ist, 2c.
By land, he went, er reiste zu Lande.
By water, I came, zu Wasser kam ich.
By coach (kohtsch), zu Wagen.

By (the) railway (rehl = ueh), mit der Eisenbahn.
By (the) steamboat (ßtihm=boht), mit dem Dampfschiff.
By waggon (uagg'n), mit dem Lastwagen.
By post, mit der Post.
By turns (torrnß), wechselweise.
By degrees (b'=gribß), allmählig.
By little and little, nach und nach.
Gradually (grabjuelli), allmählig.
By the way ([22]) (ueh), beiläufig.
By the bye ([22]) (bei), beiläufig (gesagt).
By the way side, neben dem Wege.
On foot (onn futt), zu Fuß.
On horseback, zu Pferd.
In haste ([23]) (hehst). in Eile.
In a hurry (horri), in Eile.
Under (onnb'r) *hand*, heimlich.
Under the rose, heimlich.
By stealth, verstohlenerweise.
At unawares (onneuehrß), unversehens.
As, wie, als; *as if*, als ob (wenn). ([24])
As it were, gleichsam, so zu sagen.
So, so; *just* (bschoß't) *so*, eben so.
Gently (bschenntli), *softly*, sachte.
By force (fohrß), mit Gewalt.
At ease (ihß), gemächlich.
So far, to here, } so weit, bis hieher.
To this, to that, } s. Anm. 14, S. 357.

VI. Vergleichende Adverbien (Adverbs of Comparison).

Like (leik), *alike*, gleich.
Likewise, gleicher Weise, eben so.
In this manner, auf diese Art.
Thus it happened, so geschah es.
Equally (ih=kuelli) good, gleich, eben so gut.

Probably not, vermuthlich nicht.
Perhaps not, vielleicht nicht.
As well as, etc., so gut (wohl) als.
As it were, gleichsam, so zu sagen.
In a manner good, gewissermaßen gut.

VII. Anzeigende Adverbien (Adverbs of Indication).

Behold, schau, betrachte.
Namely (nehmli), namentlich.
Look ([25]) (luck) *lo!* siehe, siehe da!
How ([26]) beautiful (hau bjutifull), wie schön.

See! See! schau! schau! siehe da!
To wit (ungefr.), nämlich.(Anf.110 S.333.)
Viz. ([27]) (wibellifet), nämlich, d. h.
For instance (luft'nß), zum Beispiel.
For example, zum Beispiel.

(21c) He is *truly* excellent scholar, and he speaks and writes *fluently* and *correctly.*
(22) *By the way (by the bye)*, I must tell you, that I cannot come to-morrow.
(23) Don't detain me, I'm *in haste.*
(24) *As you please.*
It looks, *as if* it would rain.
(25) Do but *look* at this picture! *behold* the beauty of the features, and *see* how well 'tis placed.
(26) *How* wird vorzugsweise bei Ausrufungen und Fragen, niemals aber bei Vergleichungen gebraucht, z. B.:

Er ist ein wahrhaft ausgezeichneter Gelehrter, und spricht und schreibt fließend und richtig.
Ich muß Ihnen beiläufig sagen, daß ich morgen nicht kommen kann.
Halte mich nicht auf, ich habe Eile.
Wie Sie wollen.
Es sieht aus, als ob es regnen wollte.
Blicken Sie nur dieses Bild (Gemälde) an; betrachten Sie die Schönheit der Züge, und sehen Sie, wie schön es gestellt ist.

VIII. Des Wunsches (of Desire).

uld to God, wollte Gott.	*Oh that* he were here, o b a ß er hier wäre.
i grant it, Gott gebe es.	*I wish* to *heaven* (hew'n)! wollte es der
i forbid, Gott behüte.	Himmel!

IX. Des Zweifels und der Wahl (of Doubt and Choice).

I knew (nju), wenn ich wüßte.	*Rather* would I die, lieber, eher möchte
·haps, (28) *may be*, vielleicht.	ich sterben.
·bably so, vermuthlich so.	*Sooner* (suhn'r), eher.
·chance, *accidentally* I saw him,	*Above* (äboww) *all*, vor Allem.
·urch Zufall, von ungefähr sah	*Chiefly, principally*, vornehmlich.
·ch ihn.	*Supposed* we went, gesetzt wir gingen.

X. Fragende Adverbien (Adverbs of Interrogation).

·o (26) much is the price? wie viel	*Where (whither)* are you going? wo=
ostet es?	hin gehen Sie?
·o *often?* wie oft?	*Why* (huei) so sad? warum so traurig?
·o *beautiful* (bjutifull), wie schön.	*Why so?* (29) warum das?
·en *(at what time)* will you come?	*Wherefore* (huerfor)? weswegen?
·ann kommen Sie?	*Whence* comes it? woher kommt es?
·enever you please, wann Sie wollen.	*From whence?* von wannen? woher?
·ere (huehr) is it? wo ist es?	*For what* is it good? wofür ist es gut?
·e it is, hier ist es.	It's good for *nothing*, es taugt zu nichts.

. Bejahende und verneinende Adverbien (Adverbs of Affirmation and Negation).

, *yea* (29b) (jeh), *ay* (29b) (ai), ja.	*In fact* (innfakkt), in der That, freilich.
·eed (innbihh), in der That, freilich.	*(Verily), truly, in truth*, wahrlich.

How delightful! How horrible!	Wie entzückend! Wie schrecklich!
How do you do? etc.	Wie befinden Sie sich? 2c.
As Shakspeare says. (Anm. 3, S. 362).	Wie Shakspeare sagt, 2c.

Auch entspricht *how* dem deutschen „wie" = auf welche Weise, z. B.:

How has this been made?	Wie (auf welche Weise) ist dieses gemacht worden?
How do you think it should have been	Wie meinen Sie, daß man hätte es machen sollen?
made?	

NB. 1. Das deutsche vergleichende „wie", welches als Partikel der Aehnlichkeit zur Vergleichung zweier Begriffe nach ihrer Beschaffenheit dient, muß im Englischen durch *as* ob. *like* übersetzt werden, (s. Reg XIII. Seite 157), z. B.:

This book is not so good as it should be.	Dieses Buch ist nicht so gut, wie es sein sollte.
He is not as he should be.	Er ist nicht wie er sein sollte.

Mit *like* ist es zu übersetzen, wenn man es mit gleich vertauschen kann, z. B.:

This looks more like brass than gold.	Dies sieht mehr wie Messing als Gold aus.
He roared like a lion (as a lion roars).	Er brüllte wie ein Löwe

NB 2 Das deutsche „Wie meinen Sie"? in der Bedeutung von: Was wollten Sie sagen? Wie beliebt? gibt man mit "*Sir, Ma'am, Pardon me (Sir Ma'am)*", z. B.:

Is it cold to-day? Sir, Ma'am.	Ist es kalt heute? Wie meinen Sie? Wie beliebt?
I asked whether it is cold to-day.	Ich fragte ob es heute kalt ist.

NB. 3. Der Gebrauch von *how* nach *to know* und *to understand* ist schon Seite 328, Anmerk 79 erklärt worden. Derselbe Gebrauch von *how* tritt auch nach *to be at a loss* (in Verlegenheit, in Ungewißheit, nicht wissen) mit nachfolgendem Infinitiv ein, z. B.:

He is at a loss how to make it.	Er weiß nicht wie er es anfangen soll.

7) Beim Schreiben braucht man "*vis.*", die Abkürzung des Lateinischen *videlicet*, beim Sprechen aber *namely* oder noch gebräuchlicher "*for instance* (zum Beispiel)"; z. B.

We were seven persons on board, vis :	Wir waren sieben Personen am Bord, nämlich:
(ob. *namely*), two Germans, two French-	zwei Deutsche, zwei Franzosen und drei Eng-
men, and three Englishmen.	länder.

8) Ueber "*perhaps*" bei Fragen, siehe Anmerk. 21, Seite 380.

9) *Why* (warum, weßhalb) dient auch wie *well, now*, etc., zur Einleitung der Rede und entspricht dann dem deutschen „nun, ei, ih, was"; z. B.:

Why, I can tell you, it is not true.	Nun, ich kann Ihnen sagen, daß es nicht wahr ist.
Why to be sure. Why, Doctor!	Ei freilich, ih gewiß. Was, Doctor!

Infallibly (infallibli), unfehlbar.
Undoubtedly (onnbautebli),) ohne
Without doubt (baut), } Zweifel.
Certainly true, gewiß wahr.
By all means, allerdings, durchaus.
By no means (mihns), auf keinen Fall.
Forsooth (frrsuhdth), fürwahr.
Surely (schuhrli), *to be sure* (schuhr),
assuredly, sicherlich, gewiß.

Faith, in faith, traun, meiner Treu.
No (30), I will not, nein, ich will nicht.
Nay (29b), I cannot, nein, ich kann nicht.
Not (30) good, nicht gut.
Not at all bad, keineswegs schlecht.
In no way, no wise, durchaus nicht.
Nor (norr) can you, noch können Sie.
Nor am I to blame, ich bin auch nicht
zu tadeln.

XII. Der Verbindung und Trennung (of Conjunction and Disjunction).

Altogether, together, alles zusammen.
Jointly (dschointli), vereinigt.
In confusion (konnfjusch'n), verwirrt.
Among one another, untereinander.

Asunder (aßonnb'r), *apart,* getrennt.
Separately (sepperetli), auseinander.
Aside (aßeid), bei Seite.
Distinctly, deutlich.

XIII. Des Schlusses (of Conclusion).

In fine (fein), *finally,* endlich, schließlich.
At last, (31)) (zuletzt). endlich.
At length, (31) }

Lastly, letztens.
In short, kurzum, kurz.
In a word, mit einem Wort.

(29b) "Yea, ay und nay" werden selten, außer in einigen Provinzen gebraucht. Statt ay, welches ja bedeutet und wie ai lautet, findet man in Grammatiken häufig fälschlich aye, das immer heißt und eh ausgesprochen wird.

(30) NB. 1 No, not als Fürwort und Adverb sind sehr verschieden. a) "No" entspricht dem deutschen „kein, keine", so oft das „kein" mit „nicht" unvertauschbar ist, z. B.:

I have no money about me.	Ich habe kein Geld bei mir.
He has no time to write.	Er hat keine Zeit zum Schreiben.
Have you no wine?	Haben Sie keinen Wein?

b) Ist aber kein im Deutschen mit nicht vertauschbar, so wird es aa) durch not a, not one übersetzt, wenn es vor einem Eigenschaftswort mit einem Gattungsnamen oder vor ein Gattungsnamen allein steht, z B.:

That is not a fine house.	Das ist kein (nicht ein) schönes Haus.
There is not a soul to be seen.	Es ist keine (nicht eine) Seele zu sehen.
She has not one friend.	Sie hat keinen einzigen Freund
No, not a single one.	Nein, keinen, (nicht einen) einzigen.

bb) Durch not allein ausgedrückt, wenn es vor einem Stoffnamen, oder einer unbestimmten Mehrzahl steht, z. B.:

This is not beer, but wine.	Das ist kein (nicht) Bier, sondern Wein.
Those are not French gloves.	Das sind keine (nicht) französischen Handschuhe.

c) Vor Adjectiven im Comparativ kann man no (not a, not any) oder not gebrauchen, z. B:

There is no (not a) better man in the world.	Es gibt keinen besseren Menschen in der Welt.
I can not go any farther, oder I can go no farther.	Ich kann nicht weiter gehen.
This is no (ob not) shorter, longer, etc.	Dies ist nicht kürzer, länger, 2c.

NB 2 Das deutsche keiner, e, es wird im Englischen in Beziehung auf ein vorhergehendes Hauptwort durch none oder not any, als selbstständiges Hauptwort durch no one, no body wiedergegeben, z. B.:

Has he no bread? No, he has none (not any).	Haben Sie kein Brot? Nein, ich habe keines.
Is there no one there? I see nobody.	Ist Keiner da? Ich sehe Keinen.

NB. 3. Das deutsche nicht mehr gibt man durch no oder not (any) more, wenn es sich auf eine Menge, durch no oder not (any) longer, wenn es sich auf die Dauer einer Handlung bezieht, z. B.·

I have no more than four books.	Ich habe nicht mehr als vier Bücher.
No more (not any more), thank you.	Nichts mehr, danke Ihnen.
She is no longer a child	Sie ist kein Kind mehr.

NB. Man vermeide den Fehler, welchen man öfters in englischen Büchern findet, no statt not zu gebrauchen, z. B.:
I don't know whether he is ill or no statt not. — Whether or no statt not, die might ever see him again.

(31) Im Deutschen braucht man häufig „zuerst und zuletzt" in der Bedeutung „der erste, der letzte", in diesem Fall muß man es mit „first" und „last", und nicht mit at first, at last, welche Anfangs und endlich bedeuten, übersetzen, z. B..

The son came first, and the father last.	Der Sohn kam zuerst und der Vater zuletzt.
At first I knew nobody, but at last I knew everybody.	Zuerst (im Anfang) kannte ich Niemand, zuletzt (endlich) aber kannte ich Jedermann.

NB. At length bezeichnet eine längere Dauer der Zeit als "at last". In der Regel aber werden sie ohne Unterschied gebraucht.

den Abjectiven, welche unverändert als Adverbien gebraucht werden.

§. Außer den oben angeführten Adverbien gibt es mehrere welche unverändert als Adverbien gebraucht werden, z. B.:

...sit, ein früher Besuch.	He came *early*, er kam früh,
...ad, er spricht schlecht ·von	He *speaks badly*, er drückt sich schlecht aus;

...nen in ihrer Adjectiv= und in ihrer Adverbialform auf *ly* ...ien angewendet werden, z. B. *fair* und *fairly*, 2c. Noch ...en als Adverb eine etwas verschiedene Bedeutung. So be= ...§. *little* als Adjectiv klein, als Adverb wenig; *toward* als ...elehrig, als Adverb nahen, und in seiner Adverbialform willig 2c.

...ndes Verzeichniß enthält die gebräuchlichsten derselben:

...ectiv.	**Adverb.**	**Adverb auf ly.**
zurück, spät,	backward (s), rückwärts,	backwardly, unwillig.
...,	bad, schlecht,	badly, schlimm, übel.
...l), rein,	clean, gänzlich, völlig,	cleanly, reinlich.
...), klar, hell,	clear, gänzlich, hell,	clearly, reinlich.
verschlossen,	close, heimlich, dicht,	closely, genau, dicht.
...emein,	common, gemeiniglich,	commonly, gewöhnlich.
	dead, überaus, sehr,	deadly, tödtlich.
zweifellos,	doubtless, sicherlich,	doubtlessly, unzweifelhaft.
...g, gebührend,	due, genau, gebührend,	duly, gebührend.
...übermäßig,	exceeding, äußerst,	exceedingly, in h. Grade.
...schön,	fair, artig, höflich, redlich,	fairly, völlig, aufrichtig.
...order, keck,	forward, vorwärts,	forwardly, frech, voreilig.
...h, kühl,	fresh, frisch, neulich,	freshly, vor Kurzem.
	full, völlig, ganz,	fully, gänzlich.
...schwer,	hard, ernstlich, beschwerlich,	hardly, kaum, mit Mühe.
	high, heftig, laut,	highly, höchlich.
...terlich,	inward, einwärts,	inwardly, innerlich.
...t), gerecht,	just, genau, eben,	justly, mit Recht.
	last, neulich, zuletzt,	lastly, endlich, zuletzt.
...letzt,	late, neulich, kürzlich,	lately, vor Kurzem.
..., leicht,	light, leicht, gering,	lightly, auf leichte Art.
...gleich,	like, gleich, wie,	likely, wahrscheinlich.
niedrig,	low, leise,	*lowly*, demüthig.
...), laut,	loud, laut,	loudly, laut, ungestüm.
	most, im höchsten Grad,	mostly, meistens.
	near, beinahe, fast,	nearly, beinahe.
...einfach,	plain, deutlich, schlicht,	plainly, deutlich.
...sch, niedlich,	pretty, ziemlich,	prettily, schön, hübsch.
...ll, hurtig,	quick, geschwind,	quickly, schnell.
	rare, selten, sehr,	rarely, selten.
...g, bereit,	ready, breit, fertig,	readily, leicht.
..., gerade,	right, richtig,	rightly, rechtlich, recht.
...), rauh,	rough, rauh,	roughly, grob.
...rß), selten,	scarce, kaum,	scarcely, schwerlich.
...rt), kurz,	short, kurz,	shortly, bald, in Kurzem.
...langsam, träge,	slow, langsam,	slowly, auf träge Art.
...weich,	soft, sanft, weich,	softly, sachte, leise.
..., schmerzhaft,	sore, hart, schwer,	sorely, schmerzlich.
...b), fest, gesund,	sound, fest,	soundly, tüchtig, sehr.
...blich,	sudden, plötzlich,	suddenly, plötzlich.

Sure (ſchuhr), gewiß,	sure, gewiß,	surely, ſicherlich.
Sweet (ſuiht), ſüß,	sweet, ſanft, gut,	sweetly, lieblich.
Swift (ſuift), geſchwind,	swift, ſchnell,	swiftly, ſchnell.
Thick, bick, bicht,	thick, bicht, bick,	thickly, bicht, enge.
Thin, bünn,	thin, bünn,	thinly, bünn.
Wide, weit, breit,	wide, entfernt,	widely, gänzlich.
Wonderful,wundervoll,(32)	wonderful, wundervoll,	wonderfully, auf wunder- volle Art.

§. 226. Obige Liſte habe ich zur Bequemlichkeit des Lernenden bedeutend ausgedehnt, muß aber hierbei bemerken, daß nur von den deutſchen Grammatikern die Wörter in der mittlern Columne als Adverbien betrachtet werden; der engliſche Grammatiker dagegen hält ſie nur für Adjective, was ſie auch in der Wirklichkeit ſind.

Die richtige Wahl der Adjectiv= oder der Adverbialform iſt be= ſonders nach intranſitiven Zeitwörtern für den Anfänger mit einigen Schwierigkeiten verbunden, wenn beide Formen nicht verſchieden, ſon= dern gleiche Bedeutung haben. Ich führe deßhalb folgende Regeln und Beiſpiele an, wodurch dieſe Schwierigkeiten hoffentlich beſeitigt ſein werden (33).

§. 226b. Das Adjectiv bezieht ſich auf das Subject und legt demſelben eine Eigenſchaft bei, während das Adverb nur zur näheren Beſtimmung des Prädikats dient, alſo nicht eine Eigenſchaft des Sub= jects ſelbſt, ſondern nur eine Art und Weiſe ſeines Thuns ausdrückt.

1. Will man daher mehr eine Eigenſchaft des Subjectes (näm= lich eine ihm von Natur inwohnende), als die Art und Weiſe ſeines Thuns bezeichnen, ſo muß man die Adjectivform brauchen, z. B.:

The rose *smells sweet, (is sweet).*	Die Roſe riecht angenehm.
The plums *taste sour, (have a sour taste).*	Die Pflaumen ſchmecken ſauer.
How *black* the clouds *looked (were).*	Wie ſchwarz die Wolken ausſahen!
He *sat quiet.* (34) He *looked angry.*	Er ſaß ruhig. Er ſah erzürnt aus.

(32) NB Viele Wörter, welche *Knorr* und Andere in ihren Grammatiken als Adjective und Adverbien aufführen, können in dem ihnen beigelegten Sinn im Engliſchen nie gebraucht werden.
(33) Für Diejenigen, welche mit der franzöſiſchen Sprache vertraut ſind, bietet dieſes wenig Schwierigkeiten, z. B.:
  Elle *chante* faux — Elle a été *faussement* accusée.
  She *sings* false — She has been *falsely* accused.
  NB. Ein Kritiker meint, daß dieſes nicht ſtichhaltig iſt, „da", wie er ſagt, „im Fran= zöſiſchen dieſer Sprachgebrauch n u r in ganz beſtimmten einzelnen Redensarten vorkommt". Die franzöſiſche *Academie* iſt aber anderer Meinung, denn in ihrer Grammatik ſteht: *Un très-grand nombre* d'adjectifs s employent *accidentellement* pour modifier un verbe, alors ils sont *adverbes,* et comme tels invariables:
  Il faut accoutumer les hommes à *raisonner* juste. — Ce marchand *vend* cher. — Il a payé *bien* cher son honneur, *vendu* bien cher sa vie; etc., *allons* gai; venez *vite,* etc. Im Dictionär der Academie findet man Hunderte von ähnlichen Beiſpielen.
(34) NB. 1. So oft das Zeitwort „*to be*" irgend hinzugedacht werden kann, muß man das Adject= (die Adjectivform) brauchen, z B.:
  He *sat quiet* (he *was quiet*). He looked angry (as if he *were angry.*)
  She feels *warm* (as if ſhe *were warm*). The lamp *burns* dim and *faint* (is dim and faint).
  Pray, come as early as *possible* (as it is *possible* for you)
  The moon shines *bright* (is bright). The sun burns *hot* (is hot).
  NB. 2 Man wird die richtige Wahl zwiſchen der Adjectiv= und Adverbialform ſelten verfehlen, wenn man ſich die Frage: Wer oder was iſt oder war? vorlegt und das Adjectiv ſetzt, wenn man mit dem Subjecte, das Adverb, wenn man mit dem Prädikate ant= worten muß, z. B.:
  He sat *quiet,* er ſaß ruhig. (Was war ruhig? Nicht das Sitzen ſondern er.)
  He looked *angry,* er ſah entzürnt aus (Was war entzürnt? Nicht das Blicken, ſondern er).
  Dagegen: He looked *angrily,* ſein Blick war zornig.
  NB. 3. So oft dieſe Wörter v o r einem Zeitwort, einem weitern Zuſatze, oder einem Adjectiv (Particip) ſtehen, hat man immer die Adverbialform zu wählen, z. B.:
  Pray come as early as you *possibly* can. He is *possibly* dead.
  The moon *shone* brightly down (the sun *burnt* hotly down) upon us.
  The chamber was *dimly* and *faintly* lighted by a *dimly* and *faintly* burning lamp.

...e *feels warm*. She *lives free* from care.	Es ist ihr warm. Sie lebt frei von Sorgen.
...e *speaks low*, sings *loud*, grows *quick*.	Er spricht leise, singt laut, wächst schnell.
...s has *arrived safe* and *sound*.	Er ist gesund und sicher angelangt.
...at *sounds strange* to my ear.	Dieß klingt mir fremd (sonderbar).

2. Will man dagegen weniger eine Eigenschaft des Subjectes, als vielmehr die Art und Weise seines Thuns ausdrücken, so muß man die Adverbialform anwenden, z. B.:

...he song was *sweetly sung* (35).	Das Lied war schön gesungen.
...e *looked sourly* and *angrily* at the poor man.	Er blickte den armen Mann mürrisch und zornig an.
...e *sat quietly* on his chair.	Er saß ruhig auf seinem Stuhl.
...e *feels warmly* the insult offered to her.	Sie empfindet lebhaft die ihr angethane Beleidigung.
...e *lives freely* at another's expense.	Sie lebt frei auf Anderer Kosten.
...e was *loudly applauded* (36).	Er wurde laut (lebhaft) beklatscht.

---

35) NB 1. Im Allgemeinen entsteht kein Widersinn (wenn auch ein grammatikalischer Fehler), ob man das Adjectiv oder die Adverbialform anwendet. Wenn aber die Wörter in ihren verschiedenen Formen verschiedene Bedeutungen haben, so hat der Anfänger wohl darauf zu achten, z. B.:

Hard — *hardly*; Bad — *badly*; Low — *lowly*; Short — *shortly*;
Just — *justly*; Clean — *cleanly*; Dead — *deadly*; High — *highly*.

He labours *hard* (er arbeitet fleißig). He labours *hardly* (er arbeitet kaum).
He speaks *bad*, er spricht schlecht (von Jemanden). He speaks *badly* (er drückt sich schlecht aus).
She sings *low* (sie singt leise). She sings *lowly* (sie singt auf eine demüthige Weise).

NB. 2. Die übrigen dieser Wörter findet man in der Liste, Seite 349. — Man merke auch folgende Ausdrücke:

He *buys cheap* and *sells dear*. The wind *blows cold* and *hard*, aber:
He has *bought his honor cheaply*. He has *sold his life dearly*.
The wind had *hardly blown* an hour, etc.

Die Adjectivform bezeichnet die Gegenstände des Ein- und Verkaufs als billig, theuer, die Adverbialform aber die Art und Weise, wie er seine Ehre erkaufte, sein Leben verkaufte.

NB. 3 Folgende Adverbien werden sehr oft mit einander verwechselt:

Quick — quickly; *slow — slowly*; *soft — softly*; *sound — soundly*; *near — nearly*, *scarce — scarcely*:
Come here *quick* (be *quick*). He walks *slow*. She speaks *soft*. I slept *sound*, aber:
It was *quickly* done. He *walked on slowly*. She *entered softly*. He was *soundly beaten*.
I was *near* at the time. It is *nearly* time to go. I slept *soundly* the whole night.
It is *scarce* (kaum) besser: *scarcely* ten o'clock. It is *scarcely* (schwerlich) possible. There is *scarcely* any one who does not know it.

NB. 4. Obwohl die Adjectivform *scarce* sehr häufig von Schriftstellern als Adverb gebraucht wird, so ist doch die Adverbialform *scarcely* stets vorzuziehen, z. B.:

I had *scarce* (muß heißen *scarcely*) taken orders a year, when I began to think seriously of matrimony. (Goldsmith).

36) NB. 1. Die transitiven oder thätigen Zeitwörter erfordern immer das Adverb auf "ly", z. B.:

He left the house *quietly* and *silently*. She defended him *warmly* and *heroically*.
She conducted me to the place *softly* (*immediately*), sighed *deeply*, and looking *sadly* into the water, told me, *weeping bitterly*, that in that lake, she had lost him she loved *so dearly*.

NB. 2. Man kann es als allgemeine Regel annehmen, daß man nach einem Particip der Gegenwart das Adverb auf "ly" gebrauchen muß, z. B.:

She said, *smiling sweetly*, *laughing loudly*, (besser: with a *sweet smile*, a *loud laugh*) that she did not know me.
Guiding my feet *carefully*, and *watching cautiously*, I reached the place.

NB. 3. Alle andern Adjective, welche nicht in der Liste (Seite 349) stehen, kann man als Adverbien nur mit der Endung *ly* gebrauchen, z. B.:

He spoke *immediately*; she sings *beautifully*; they have acted *wisely*, etc.

NB. 4. Die Dichter jedoch achten nicht immer auf die Regel, z. B.:

Drink deep (deeply) or taste not the Pierian spring.
Soft (softly) sighed the lute. The bell *rings cheerful* (cheerfully) far and wide.

Allein wenn auch der Gebrauch des Adjectivs als Adverb in der Poesie zulässig ist, so ist es nicht in der Prosa der Fall, obwohl man auch darin manchen Verstoß findet.

NB. 5. Die Participien der Gegenwart nehmen als Adverbien nach der Regel *ly* an, z. B.:

The tree *swept* its branches *lovingly* over my face.
He whispered *soothingly* and *consolingly* in my ear.

Einige neuern Schriftsteller gebrauchen zwar sehr oft Participialsätze wie *smiling sweetly*, *laughing loudly* (NB. 2) und Participialadverbien wie *lovingly*, *soothingly* etc. (NB 5), allein dieser Gebrauch ist, wenn auch nicht grammatikalisch falsch, so doch in den meisten Fällen nicht zu empfehlen. Ueberhaupt ist die Häufung von Adverbialsätzen und Adverbien schleppend und übellautend, z. B.:

He did not hold the flowers *carelessly* and *indifferently*, as gentlemen *generally* do, but *carefully*, and *tenderly*, and *half-proudly*, and *lovingly*. —

§. 226ᶜ· Folgende Adjective *"exceeding, excellent, excessive, indifferent, agreeable, suitable, previous, conformable, extreme"* etc. [³⁷] dürfen in dieser Form nie als Adverbien gebraucht werden, wenn man sie auch bei älteren Schriftstellern findet. Ausdrücke also wie

Indifferent honest; *exceeding* well; *extreme* good; etc., müssen:
Indifferently honest; *exceedingly* well; *extremely* good, etc. heißen.

§. 226ᵈ· Zwei Adverbien auf *"ly"* dürfen nicht zusammengestellt werden, wenn der Wohlklang dabei leidet. Anstatt

He spoke *extremely improperly*, müßte daher besser heißen:
He spoke *very improperly*, oder: he spoke with *the greatest impropriety*.

Never, much; Adverb als Hauptwort.

§. 227. *Never so* darf nie statt *ever so* gebraucht werden, z. B.:

He is never punished, let his crime be *ever* (nicht *never*) so great.	Er wird nie bestraft, wenn sein Vergehen noch so groß ist.

Ebensowenig darf man *much* statt *nearly* in der Bedeutung beinahe, so ziemlich anwenden, z. B.:

A gulf and a bay are *nearly* (nicht *much*) *the same* thing.	Ein Golf und eine Bucht sind ungefähr dasselbe (dieselbe Sache).
The case is *nearly* (nicht *much*) *as the* reader has left it. [³⁸]	Die Sache ist ungefähr so wie der Leser sie gelassen hat.

§. 227ᵇ. Die Adverbien *"when, where, whereabouts, etc."* darf man nicht als Hauptwörter anwenden, z. B.:

Let me know *the when* and where (muß heißen: *the time and place*). [³⁹]	Lassen Sie mich das Wann und Wo (Zeit und Ort) wissen.
Can you tell me any thing about *his whereabouts* (statt *where he is*?)	Können Sie mir sagen, wo er (ungefähr) ist?

§. 227ᶜ. Ebenso darf *when* nicht statt *what time* oder *in which* und *then* nicht statt *at that time* gebraucht werden. Es muß also z. B. heißen:

Richtiger und besser: He did not hold the flowers in a *careless and indifferent manner*, as gentlemen *in general* (*generally*) do, but with *care* and *tenderness*, as if half-proud and fond of them.

NB Ausdrücke wie: She looked at me *wonderingly, mockingly*. She entered the room *weepingly, laughingly*, etc., sind alle falsch.

Es muß heißen: She looked at me *with astonishment*, with *a mocking mien* (air). She entered the room *weeping, laughing* (lachend).

Vor einem Adjectiv aber ist der Gebrauch dieser Participialadverbien gestattet, z. B.:
She is *charmingly* beautiful; *enticingly* sweet, etc.

(37) NB. 1 Man merke folgende Sätze:
They acted *conformably* (nicht *conformable*) to their instructions.
Previously to his going to England, he studied French.
He lives *suitably* to his rank, and *independently of* his father.
Aber: Their manner of living *was conformable (agreeable)* to their rank.
The *study* of Syntax should be *previous* to that of Punctuation.
They *were found*, wandering in a forest, *solitary* (nicht *solitarily*) and forsaken.

NB 2. Obwohl im Allgemeinen die Adverbien nicht als Adjective gebraucht werden können und der Satz: It was a very *brilliantly-sunny* day: richtig It was a *very brilliant, sunny* day heißen muß, so kommen doch *above, only, very*, welche als Adverbien über, nur so sehr heißen, auch als wirkliche Eigenschaftswörter häufig vor, z. B.:
This is an exception to the *above* rule (der obigen Regel). — I am an *only* child (einziges Kind). — At that *very* hour (in der nämlichen Stunde). — The *very* devil (der leibhafte Teufel).

(38) Im gewöhnlichen Leben sagt man wohl:
I am *much* as usual besser aber: I am *nearly* as usual.
Farewell till *then* besser: till *that time*. — If you can come, say *when* besser: at *what* time, *what* hour?

(39) Die Dichter weichen von dieser Regel ab, z. B.:
Who can doubt that there is a *hereafter* (a *future world*, U. s. w.).

nce *what time* ober *how long* (nicht since *when*) have you been here?	Seit wann (wie lange) sind Sie hier?
have not seen him since *that* time (nicht since *then*) (41).	Seit damals habe ich ihn nicht (mehr) gesehen.
ie state of England *at that* time (nicht the *then* state of England).	Der damalige Zustand Englands (der Zustand Englands zu jener Zeit).

☞ NB. Ueber die Stellung der Adverbien, siehe Regel XIV. — XIX. eite 377; über die richtige Anwendung derselben, siehe Regel XX. Seite 434. ufgaben hierüber findet man Kap. I. der Syntaxis und in dem Uebersetzungsbuch, elches auch bei demselben Verleger zu haben ist.

F. Fragen.

. Welches ist die allgemeine Regel, nach welcher man die abgeleiteten Adverbien bildet? §. 217, S. 340.

?. Wie leitet man von den Adjectiven, welche auf *le* endigen, die Adverbien ab? §. 216. S. 340.

). Wie werden die mehrsilbigen Adjective auf *y* in Adverbien verwandelt? §. 217. S. 340.

l. Auf welche Weise bildet man die Adverbien von den einsilbigen Adjectiven auf *y*? §. 220. S. 340.

). Wie werden die Adverbien von den Adjectiven auf *ll* abgeleitet? §. 221. S. 341.

). Welche Adjective können nicht durch Anhängen der Silbe *ly* zu Adverbien verwandelt werden? §. 222. S. 341. Wie muß man daher bei diesen Adjectiven (z. B.: *fatherly, heavenly, etc.*) verfahren, wenn man dieselben als Adverbien brauchen will? §. 223. S. 341.

l. Wie leitet man die Adverbien von Hauptwörtern und Participien ab? Anm. 3. S. 340.

l. Was hat man beim Uebersetzen aus dem Deutschen ins Englische zu beobachten? Anm. 2. S. 339.

9. Wie werden die Adverbien gesteigert? §. 224. S. 341.

0. In wie viele Klassen kann man die Adverbien eintheilen? §. 225. S. 342.

l. Wie unterscheiden sich *since* und *ago*? Anmerk. 14. S. 343.

2. Wie muß man das deutsche „er ist zu Hause, er geht nach Hause, ich komme von Hause" im Englischen geben? Anmerk. 11. S. 342.

l. Wie drückt man das deutsche „vor einer Woche ꝛc." im Englischen aus? Anmerk. 14. 15. 16. S. 343 und 344.

l. In welchen Fällen ist der Gebrauch des englischen Adverb *very* von dem des Adverb sehr verschieden? Anm. 19. S. 345.

5. Wann wird *how* (wie) im Allgemeinen gebraucht? Anm. 26. S. 346.

6. In welchen Fällen darf das deutsche w i e nicht durch *how* wiedergegeben werden? Anmerk. 26. NB. 1. S. 346.

7. Wann hat man nach *to know, to understand, to be at a loss*, das Adverb *how* zu setzen? Anmerk. 26. NB. 3. S. 347.

l. Wann muß man *why* mit „warum" und wann mit „nun, ei", übersetzen? Anm. 28. S. 347.

). Vor welchen Wörtern steht *no* statt *not* im Englischen? Anmerk. 30. S. 348.

). Wann werden Adjective als Adverbien gebraucht? §. 226. S. 349.

(41) Im gewöhnlichen Leben wird obige Regel oft vernachlässigt und sogar Schriftsteller machen viele Verstöße dagegen. So muß es z B. statt The *time when* I was in P. heißen: The time *in which* I was in P. oder the time I was in P. oder einfach *when* I was in P. Zur Zeit w o (als) ich in Paris war. Richtig dagegen ist: Once, *when* I was in Paris, einst als ich in Paris war.

XIV. Kapitel.

A. Von den Präpositionen im Allgemeinen. (*)
B. Alphabetisches Verzeichniß der Präpositionen.
C. Von der Zusammensetzung der Präpositionen mit Zeitwörtern.
D. Fragen.

A. Von den Präpositionen und deren Rection (Regierung).

§. 228. Eine Präposition oder Vorwort ist ein Wort, welches vor Haupt- und Fürwörter gesetzt wird, um das Verhältniß derselben zu einem andern Worte auszudrücken, z. B.:

I arrived *from* London yesterday.	Ich kam gestern v o n London hier an.
Lord Byron died *in* Greece.	*Lord Byron* starb in Griechenland.
Will you come *with* me?	Wollen Sie m i t mir kommen?

§. 228b. NB. Im Englischen regieren alle echten Präpositionen den Accusativ der Haupt- und Fürwörter und das erste Particip der Zeitwörter (1), z. B.:

The book is *on* the *table.*	Das Buch liegt a u f d e m Tische.
Put the book *on* the *table.*	Legen Sie das Buch a u f d e n Tisch.
It depends entirely *on you.*	Es hängt ganz v o n I h n e n ab.
He ran *to me.*	Er lief a u f m i ch zu. (2)
By running about he got (ob. *took*) cold.	Er hat sich durch das Herumlaufen erkält.

§. 229. **B. Alphabetisches Verzeichniß der gebräuchlichsten Präpositionen.**

About (äbaut), um, herum, gegen, an, in Betreff.	*About* noon. *About* the town. *About* five pounds. Um Mittag. Um die Stadt h e r u m. An 5 Pfund.
Above (äbovw), über.	(He is *above* me. She is *above stairs.* Er steht über mir. Sie ist o b e n. (Adverb).
Across (äkroß), quer über, quer ob. mitten durch (2b)	(I came *across* the field. Ich kam quer über ob. durch das Feld.
After (afft'r), nach (3), hinter.	*After* all. *After* me. *After* noon. Nach allem. Nach mir. Nach Mittag.

(*) Was man in diesem Kapitel nicht erklärt findet, siehe Kap. VIII. Seite 535.

(1) Von der oben angeführten Regel gibt es nur die folgenden und ein paar ähnlicher Ausnahmen.
 1) *Instead* (anstatt) regiert den Genitiv, z. B.:
Instead of the father, came the son	Anstatt des Vaters kam der Sohn.
 2) *According* oder *agreeable*, (gemäß nach, laut, zufolge), *contrary to*, wider, entgegen regieren den Dativ, z. B.:
According to the last news, the king is in Rome.	Laut (nach) den letzten Nachrichten, ist der König in Rom.
Contrary to my wishes, he went to India.	Wider meinen Wunsch ging er nach Indien.

(2) Hieraus ersieht man, wie leicht im Englischen der Gebrauch der Präpositionen im Verhältniß zum Deutschen ist, wo die Präpositionen verschiedene Casus, ja ein- und dieselbe Präposition oft zwei Casus regieren.

(2b)
No matter what I do, that fellow comes *across* me	Ich mag thun was ich will, der Kerl kommt mir in die Quer.

(3)
They entered one *after* another.	Sie traten einer nach dem Andern ein.
 NB. So oft man die Präposition „nach" mit „laut oder gemäß" vertauschen kann, muß man es im Englischen mit *according to* oder *agreeably* übersetzen, z. B.:
According to the last news, the French have entered Morocco.	Nach (laut) den letzten Nachrichten, sind die Franzosen in Marocco eingedrungen.

Against (ăgennßt), gegen, wiber, (bis) *(contre)*. (⁴)	He is *against* me. *Against* to-morrow. Er iſt gegen mich. Bis morgen.
Along (ălonng), entlang, längs.	We walked *along* the banks of the river. Wir gingen den Ufern des Fluſſes entlang.
(Along) with, (⁴b) mit, ſammt.	The ship *along with* her crew was lost. Das Schiff ſammt der Mannſchaft ging zu Grunde.
Amid, amidst, mitten in, (⁵) unter, in der Mitte zwiſchen *(au milieu de —)*.	He sat *amidst* his family. Er ſaß unter ſeiner Familie.
Among (ămonng), (⁶) amongst, (gemengt) unter.	*Among* your books are two of mine. Unter Ihren Büchern ſind zwei von mir.
At, (⁷) an, zu, bei, in, auf. (¹²b)	Is your father *at* home? Iſt Ihr Herr Vater zu Hauſe?
Athwart (⁸) (athuoart), quer durch, zuwider in der Quer.	That fellow always comes *athwart* me. Der Kerl kommt mir immer in die Quer.

---

(4) Im richtigen Gebrauch von "*against* und *towards*", da man beide im Deutſchen in der Regel mit „gegen" überſetzt, werden von Nichtengländern ſehr häufig Fehler gemacht. Darum beachte man Folgendes wohl:

1. *Against* bezeichnet a) eine feindliche Richtung, ein Widerſtreben und entſpricht alſo dem deutſchen „gegen" im Sinne von „wider" und dem franzöſiſchen *contre*, z. B.:

All the world is *against* me.	Die ganze Welt iſt gegen (*contre*) mich.
The French have marched *against* the Moors.	Die Franzoſen ſind gegen (*contre*) die Mauren marſchirt.

b) einen Stützpunkt, ein Gegenlehnen = gegen, an, z. B.:

She leant *against* the wall.	Sie lehnte ſich gegen die Wand.
The picture leant *against* the wall.	Das Gemälde lehnte an der Wand.

c) Auf die Zeit übertragen iſt es = dem deutſchen gegen und dem franzöſiſchen *sur* und bezeichnet dann ziemlich das Ende des angegebenen Zeitraums, während durch "*towards*" ein unbeſtimmterer Zeitendpunkt angegeben wird, z. B.:

Against the end of winter.	*Sur* la fin de l'hiver. Gegen das Ende des Winters.
Against the end of the week, bedeutet: — Den letzten Tag der Woche.
Against the end of the year, bedeutet: — Die letzte Woche des Jahres.
Towards the end of the week, bedeutet: — Die zwei oder drei letzten Tage der Woche.
Towards the end of the year, bedeutet: — Die zwei ob. drei letzten Monate des Jahres.
Against to-morrow it shall be ready. — Bis morgen ſoll es fertig ſein.
Towards morning I awoke. — Gegen Morgen erwachte ich.

2. *Towards* (toward) bezeichnet a) Annäherung, Richtung, = gegen, nach, zu, franzöſiſch *vers*, z. B.:

Towards the Rhine the country is beautiful.	*Vers* le Rhin, le pays est beau. Nach dem Rhein zu iſt das Land ſchön.
He ran *towards* me. — Er lief auf mich zu (in meiner Richtung).
He ran *against* me — Er lief gegen mich (ſtieß mich an).

b) Auf die Zeit übertragen = gegen ſiehe oben *against*. — c) moraliſche Beziehungen. In dieſen Falle wird es im feindlichen und freundlichen, meiſtens jedoch in letzterem Sinne gebraucht, z. B.:

He has acted like a father *towards* me.	Er hat wie ein Vater gegen mich gehandelt.
He has acted like a rascal *towards* me.	Er hat wie ein Schuft gegen mich gehandelt.

(4b) In *along with* ſteht *along* pleonaſtiſch, denn "*come with me*" drückt daſſelbe aus "*come along with me*" aus.

(5) NB. Wenn „mitten in" ſich auf eine Einzahl bezieht, ſo iſt es nicht mit *amidst*, ſondern mit „*in the middle* oder *center* (in der Mitte)' zu überſetzen, weil *amidst* in dieſer Bedeutung nur bei Hauptwörtern oder Sammelnamen in der Mehrzahl angewendet werden darf. z. B.:

Ich ſah ihn mitten in der Kirche.	I saw him *in the middle* of the church.
Ich ſah ihn mitten in (oder unter) der Volksmenge.	I saw him *amidst* the crowd.

NB. So oft man „mitten in" „mitten unter" mit „unter" vertauſchen kann, darf man *amidst*, wenn nicht, nur *in the middle of* oder *in the center of* gebrauchen, z. B.:

Unter dem Toſen des Sturmes.	*Amidst* the roar of the tempest.

(6) *Under*, *among*, *between* = unter unterſcheiden ſich ſo, daß *under* (franz. *sous*, *dessous*) ſtets unterhalb eines Gegenſtandes, *among*, unter d. h. zwiſchen mehreren Dingen (franz. *parmi*), *between* (franz. *entre*), unter, d h. zwiſchen zwei Dingen bedeutet. Kommt bei *among* die Vorſtellung des Mittelpunkts in Betracht, ſo tritt *amidst*, beſſer *in the middle of*, an ſeine Stelle (ſ. Anmerk. 5), z. B.:

Divide the money *among* you.	Theilet das Geld unter Euch.
Amongst your books there is one of mine.	Unter Ihren Büchern iſt eins von mir.
The books are *under* the table.	Die Bücher ſind unter dem Tiſche (*dessous la table*).
Divide the money *between* the two men.	Theilen Sie das Geld unter den beiden Männern.

(7) Ueber *at*, *below*, *beneath* ſiehe Reg. III.—IV. Seite 536 der Syntaxis.
(8) Statt *athwart*, welches nur ſelten gebraucht wird, wendet man *across* an.

23*

Before (bifohr), vor, eher als (⁹), zuvor. (⁹b)	*Before* Christmas, the war, the King. Vor Weihnacht, vor dem Kriege, dem König.
Behind (biheind), hinter. (⁹)	*Behind* the house, the officers, the king. Hinter dem Hause, den Offizieren, dem König.
Below (biloh), unter, hinunter, unterhalb. (⁷)	*Below* the palace of the King. Unterhalb dem Palaste des Königs.
Beneath (binihbth), unter. (⁷)	*Beneath* the King's palace is a cellar. Unter dem Palaste des Königs ist ein Keller.
Beside (biseid), neben, baneben.	I sat *beside* my friend *at* dinner. Ich saß neben meinem Freund bei Tische.
Besides (biseids), außer, außerdem.	She is rich and beautiful *besides*. Sie ist reich und außerdem sehr schön.
Between (bituihn), betwixt (bitürt), (⁹c) zwischen, unter, (2 Person. od. Dinge).	They divided the money *between* (⁶) them. Sie theilten das Geld unter sich.
Beyond (bijonnd), (⁹d) über, hinaus, jenseit.	*Beyond* the grave, how good! Jenseit des Grabes, wie gut!
By (¹⁰) (bei), von, durch, bei, neben, um.	By *day*. He sat *by* me. Bei Tage. Er saß neben mir.
Concerning (konnßerning), betreffend, über, wegen.	*Concerning* your son, I have nothing to say. Ihren Sohn betreffend habe ich nichts zu sagen.
Down (daun), hinunter, herab, hinab.	Come *down*. Run *down* the hill. Komm herab. Laufe den Hügel hinunter.
During (djuhring), während.	*During* my stay in Paris. Während meines Aufenthalts in Paris.
Except (ekßept), (¹⁰b) excepting, außer, ausgenommen.	*Except* you and her, I know no one. Außer Ihnen und ihr kenne ich Niemand.

---

(9) 1. *Before* und *behind* stimmen in örtlicher und räumlicher Bedeutung im Allgemeinen mit dem deutschen vor und hinter überein, z. B.:
Before the walls of the town. *Behind* me | Vor den Mauern der Stadt. Hinter mir.

2. In Beziehung auf die Zeit unterscheidet sich *before* von *ago* dadurch, daß *ago* einen vergangenen Zeitpunkt überhaupt bezeichnet, während durch *before* (vorher) angegeben wird, daß ein Gegenstand der Zeit nach eher da ist, als ein anderer. Ersteres entspricht dem deutschen vor, letzteres dem Deutschen vorher, z. B.:
I saw him in London a year *ago*; I had | Ich sah ihn vor einem Jahre in London; ich hatte
seen him in Paris a year *before*. | ihn schon ein Jahr vorher in Paris gesehen.

3) In folgenden und ähnlichen Fällen wird *before* durch als und bis übersetzt, z. B.:
The soldier had not long entered the | Der Soldat war nicht lange ins Haus eingetreten,
house, *before* he was discovered. | als er entdeckt wurde.
It will be long *before* he overtakes me. | Es wird lange dauern bis er mich einholt.

NB. 1. So oft die deutsche Präposition vor mit eher als vertauscht werden kann, ist sie zwar ebenfalls mit "*before*" zu übersetzen, *before* ist aber im Englischen in diesen Fällen nicht als Präposition, sondern als Adverb zu betrachten und kann als solches nicht den Accusativ, sondern nur den Nominativ nach sich haben, z. B.:

Er war vor mir (eher als ich) angekommen. | He had arrived *before* I arrived.
(Nicht: He had arrived *before* me).
Sie gingen vor uns (eher als wir) weg. | They went *before* we went.
(Nicht: They went *before* us).
Sollten Sie ihn vor mir (eher als ich) | Should you see him *before* I do (oder besser
sehen, so sagen Sie ihm, daß ich ihn | I see him (nicht: should you see him *before*
erwarte. | me), tell him that I expect him.

NB. 2. They went *before* us würde: Sie gingen vor uns her; should you see him *before* me, würde: Sollten Sie ihn eher als mich sehen, heißen, 2c. Man achtet aber nicht immer auf diese Regel.

(9b) He has got *before* me. | Er ist mir zuvorgekommen.

(9c) *Betwixt* ist veraltet. Von *between* unterscheidet es sich so, daß *betwixt* zwischen zwei entfernt, *between* zwischen zwei nahe zusammenliegenden Dingen bedeutet, z. B.:
The number nine is *between* eight and ten; the number *three is betwixt* one and *five*. (s. Reg. 6.

(9d) She loves him *beyond* measure. | Sie liebt ihn über die Maßen.
He is lost *beyond* recovery. | Er ist ohne Rettung verloren.

(10) Ueber *of, from,* by siehe Anmerk. 1, Seite 105, auch Reg. VII., X., XIII. Seite 639—641.

(10b) Die Präposition "*except* (außer)" steht vor einem Hauptwort; die Conjunction "*unless* (wenn nicht)" fordert immer ein Zeitwort nach sich, z. B.:

For (11) (forr), für, wegen, zu (franz. *pour*).	Will you go *to* London *for* me? Wollen Sie für mich nach London gehen?
From (10) (fromm), von, von — an, aus, ꝛc.	*From* London. *From* what you say. Von London. Aus dem, was Sie sagen.
In, (12b) in (wo)? an, auf ꝛc.	*In* the town, the garden, in the country. In der Stadt, im Garten, auf dem Lande.
Into, (20) in, (hinein) (wohin)?	He went *into* the garden. Er ging in den Garten (hinein).
Near (nihr), neben, nahe bei. **Nigh** (nei), unweit. (12)	*Near (nigh)* the town. *Near* me. Nahe bei der Stadt. Nahe bei mir.
Of (10) (oaww), von, aus.	*Of* all my friends, the best! Von allen meinen Freunden der Beste!
Off (oaff), ab, weg von, entfernt von.	I live two miles *off*. Ich wohne zwei Meilen von hier.
On (onn), (12b) upon (20) an, auf, über ꝛc.	The book lies *on (upon)* the table. Das Buch liegt auf dem Tische.
Out of (aut eww), aus, außer, außerhalb.	He did it *out of* love. Er that es aus Liebe.
Over (ohw'r), über.	The dog leaped *over* the ditch. Der Hund sprang über den Graben.
Over against, **Over the way** (ueh), **Opposite** (oppoßet), } gegenüber.	I live *opposite (over against)* the palace. Wir wohnen ganz gegenüber.
Right over (reit ohw'r) gerade über.	We live *right over the way*. Wir wohnen ganz gegenüber.
Regarding, betreffend, (f. *concerning*). **Respecting,** in Ansehung, hinsichtlich. }	*Regarding (respecting)* the money, I am sorry I cannot give it you. Hinsichtlich des Geldes thut es mir leid, daß ich es Ihnen nicht geben kann.
Round (raund), around, round about (äbaut) rings, rings umher, rund um.	We walked *round* the town. Wir gingen um die Stadt herum.
Save (sehw), (10b) ausgenommen, außer.	I have no friend *save* you and *him* alone. Ich habe keinen Freund außer Ihnen und ihm allein.
Since (ßinnß), seit, von — an, daß nicht. (13)	*Since* that time, he has been ill. Seit (von) dieser Zeit (an) ist er krank.
Through (thro') (thruh), durch, vermittelst.	We passed *through* the town. Wir gingen durch die Stadt.
Throughout, durch und durch, hindurch.	The book is bad *throughout*. Das Buch ist durch und durch schlecht.
Till, until, (14) bis, bis zu.	*Till* now. *Till* this day. Bis jetzt. Bis zu diesem Tag.

All were present *except* Thomas. *Unless* you can come at nine, it will be too late.	Alle außer Thomas waren zugegen. Wenn Sie nicht um neun Uhr kommen können, wird es zu spät sein.

NB. "*Save* und *except*" sind synonym; ersteres ist weniger gebräuchlich.
I have no friend *except (save)* you. Außer Sie habe ich keinen Freund.

(11) Mit der Präposition *for* ist die Conjunction *for* (denn) nicht zu verwechseln. Siehe die Conjunctionen Seite 362.

(12) Statt *nigh* darf man stets *near* gebrauchen, nicht aber umgekehrt, deßhalb sollte der Anfänger zur Vermeidung von Fehlern es sich zur Regel machen stets "*near*" anzuwenden.

(12b) NB. Bei Zeitangaben braucht man *in* bei ausgedehnteren Zeiträumen, *at* bei einem engbegränzten Zeitpunkte, *on* bei den Tagen, z. B.:
On Monday, in May. in 1858, *at* six o'clock in the evening, *at* noon, *at* midnight, *at* night.

(13) *Since* ist auch Conjunction = seitdem, da, weil, daß nicht. Siehe Seite 363
It is now long *since* I saw you. | Es ist jetzt lange her, daß ich Sie nicht gesehen habe.
Ueber *since* und *ago* siehe Anmerk. 14, 15, Seite 343.

(14) NB. Im Deutschen und Französischen drücken *bis*, *jusqu'à* das zeitliche und räumliche Verhältniß zugleich aus; im Englischen dagegen werden beide Verhältnisse durch verschiedene

To (tu), (unto), (15) zu, auf, gegen, nach, in.	Mr. Sand is very kind *to (towards)* me. Der Herr Sand ist sehr gütig gegen mich.
Touching (tottsching), in Betracht, (s. *concerning*).	*Touching* (15b) this man's daughter. In Betracht dieses Mannes Tochter.
Towards (15c) (toherds), gegen. (Anmerk. 4, S. 353.)	*Towards* midnight. Gegen Mitternacht.
Under (onnb'r), unter. Underneath (onnb'rnihbth), unter.	The book has fallen *under* the table. Das Buch ist unter den Tisch gefallen.
Up (opp), auf, hinauf, aufwärts.	He walked *up* the hill. Er ging den Hügel hinauf.
With (16), (uith), mit, durch, auf.	Will you come *with* me. Wollen Sie mit mir kommen.
Within, innerhalb, binnen, in.	*Within* the house. *Within* 3 weeks. In dem Hause. Binnen 3 Wochen.
Without (uithaut), ohne, außerhalb.	*Without* money. *Without* the walls. Ohne Geld. Außerhalb der Mauern.

§. 230. Zu den Präpositionen kann man auch noch die folgenden Wörter und Wörterverbindungen rechnen, die entweder *of* oder *to* nach sich haben:

According to, gemäß, nach, laut, zufolge.	*According to* what you say, it must be true. Gemäß dem was Sie sagen, muß es wahr sein.
Contrary (kontrerri) to, gegen, wider.	*Contrary to* my wish, he went to Rome. Wider meinen Wunsch ging er nach Rom.
In opposition (opposischn) to, entgegen, zuwider. Opposite to, gegenüber.	*In opposition to* my will, he went to India. Meinem Willen entgegen ging er nach Indien.
With (in) respect to, bezüglich, hinsichtlich, mit Rücksicht auf, was betrifft.	*With respect to* my journey, it has not been very fortunate. Hinsichtlich (bezüglich) meiner Reise, sie ist nicht sehr glücklich gewesen.
With (in) regard to, bezüglich.	*With regard to* your proposal, I cannot accept it. Bezüglich Ihres Vorschlags, ich kann ihn nicht annehmen.
With a view (wju) to, in Absicht auf.	*With a view to* study Sanscrit, he went to India. Mit der Absicht Sanskrit zu studiren, ging er nach Indien.

Präpositionen dargestellt und zwar die Zeitbestimmungen nur durch *till*, die Raumbestimmungen durch *to* oder *as far as*. Der Anfänger hat dies wohl zu beachten, z. B.:

Till to-morrow. *Till* my return	Bis (jusqu'à) morgen. Bis meiner Zurückkunft
My friend accompanied me *as far as* Paris; to Paris.	Mein Freund begleitete mich bis nach Paris; nach Paris.
I have read *to here, to this, to that.*	Ich habe bis hieher, bis dahin, so weit gelesen.
I went with him *as far as* Rome.	Ich ging mit ihm bis nach (so weit als) Rom.

NB. *Not till* wird im Deutschen mit erst, oder nicht eher als, bis wieder gegeben, z. B.:

He did *not* write *till* two days later.	Er schrieb erst zwei Tage später.

(15) In Beziehung auf Personen wird statt *towards* häufig *to* angewendet, z. B.: The queen is kind *to (towards)* every one. | Die Königin ist sehr gütig gegen Jedermann. NB. *Unto*, zu bis, bis zu ist veraltet und findet sich in der Bibel und in der Poesie, z. B. And he called the land of Cabul *unto* (bis) this day. — And the whole earth would henceforth be a wider prison *unto* me.

(15b) *Touching* ist nicht sehr gebräuchlich, besser: "*concerning, respecting*".

(15c) *Toward,* welches man als Präposition aufgeführt findet, wird meistens nur als Adjectiv, im Sinne von „willfährig, bereit etwas zu thun oder zu lernen" gebraucht. Es ist das Gegentheil von *froward,* widerspänstig, eigensinnig. Siehe Anmerk. 4, Seite 355.

(16) Die trennbaren Partikel „mit" in zusammengesetzten Zeitwörtern wie mitgehen, mitkommen, mitreisen, 2c., muß im Englischen mit der Präposition *with* und dem entsprechenden Zeitwort übersetzt werden, z. B.:

In behalf (bi=haßf) of, zu Gunsten, um — willen.	*He did it in behalf of* his friend. Zu Gunsten seines Freundes that er es.
In regard of, in Betreff, in Beziehung auf.	*In regard of* your son, I have nothing to say. In Betreff Ihres Sohnes habe ich nichts zu sagen.
In (by) virtue (werrtjö) of, Kraft, (¹⁹) vermöge.	*By (in) virtue of* the queen's prerogative, the parliament was dissolved. Kraft des Prärogativs der Königin, ward das Parlament aufgelöst.
Instead (instebb) of, anstatt.	*Instead of* coming, he wrote. Anstatt zu kommen, schrieb er.
In spite (speit) (despite) of, troß.	*In spite of* all I could say, he did it. Troß allem, was ich sagen konnte, that er es.
By the side (seib) of, neben.	*By the side of* the Sultan stood the Vizier. Neben dem Sultan stand der Vezier.
Close to, nahe, dicht bei, an.	Close *to* (ob. *by*) the house. — Dicht am Hause.
In order to *(pour)*, um. (¹⁷)	
Because (bi=koahß) of, On account (ekkaunt) of, (¹⁸)	wegen, halber. *Because of* her youth, she was pitied. Man bemitleidete sie wegen ihrer Jugend.
Owing to, wegen, herrührend, von, (¹⁸).	*Owing to* his extravagance, he is poor. Wegen seiner Verschwendung ist er arm.
In consequence (konnse= kuennß) of, wegen, in Folge.	*In consequence of* the cold, we were all sick. Wegen (in Folge) der Kälte, waren wir alle krank.
For the sake (sehk) of, wegen, um — willen. (¹⁸)	

C. Zusammensetzung der Präpositionen mit Zeitwörtern 2c.

§. 231. NB. Die englischen Präpositionen sind meistens Ad=verbien zugleich (¹⁹ᵇ). In dieser Bedeutung werden sie, wie auch im Deutschen der Fall ist, sehr häufig mit Zeitwörtern zusammengesetzt und zwar auf eine doppelte Weise:

1) Fließen sie entweder mit dem Zeitworte ganz zusammen, in welchem Falle sie vor demselben stehen, z. B.:

To *over*come, überwältigen.	To *over*look, übersehen.
To *over*do, übertreiben.	To *with*draw, sich zurückziehen.
To *out*do, übertreffen.	To *with*stand, widerstehen, 2c.

We are going out, will you come *with* us? | Wir gehen aus, kommen Sie mit (uns)?
I (he, she) went away and took the child *with* me (*him, her*). | Ich, (er, sie) ging weg und nahm das Kind mit (mir, sich).

(17) Das Wort order heißt 1) Befehl, steht aber in diesem Sinne meistens im Plural, z. B.:
He gave *orders* that all should be got ready. | Er gab Befehl, daß Alles vorbereitet sein sollte.
2. Ordnung, z. B.: He found every thing *in order*. Er fand Alles in Ordnung.
3. Absicht, Zweck, daher *in order to*, um . . zu, z. B.:
In order to please you, I did it. | Um Ihnen zu gefallen, that ich es.

(18) NB. "*Because of* und *on account of*", wegen, bezeichnen eine Ursache; "*owing to*" heißt eigentlich "herrührend von"; "*in consequence of*", "in Folge". — "*For the sake of*" dagegen bedeutet: "zu Gunsten; aus Liebe, Freundschaft zu; Jemanden zu Lieb", 2c., und darf nur in diesem Sinn gebraucht werden, z. B.:
On account of the cold, I could not go out. | Wegen der Kälte konnte ich nicht ausgehen.
He paid the money for *the sake* of his brother ob. for his *brother's sake*. | Er bezahlte das Geld wegen ob. zu Gunsten seines Bruders. S. § 77, S. 187.

(19) NB. Die früher gebrauchte Präposition "*by dint of* (durch, vermöge)" gehört jetzt zur Volkssprache. Man ersetzt sie durch "*with* oder *by means of* (mittels)".

(19b) Wenn die Präpositionen keine Für= oder Hauptwörter regieren, mit Zeitwörtern nicht wesentlich angehören, so sind sie je nach dem Sinne als Adverbien oder Conjunctionen zu betrachten, z. B.:
He rides *about*. He dwells *above*. | Er reitet herum. Er wohnt oben.

2) Oder sie sind von demselben getrennt, wo sie als abgesondertes Adverb hinter das Zeitwort treten, z. B. :

To amount *to*, betragen.	To go *before*, voran gehen.
To be *at*, beschäftigt sein mit.	To interfere *with*, sich einmischen.
To call *up*, aufrufen.	To impose *upon*, (🖙) betrügen.
To cry *out*, ausschreien.	To look *to*, aufpassen.
To clap *to*, zuklappen.	To play *with*, mitspielen.
To do *for*, verderben, zu Grunde richten.	To put *to*, anspannen.
To hurry *on*, vorwärts eilen.	To run *over*, überfahren, ꝛc., z. B. :
How much does it *amount to?* To 20 pounds. — I am *done for.*	Wie viel beträgt es? Es beträgt 20 Pfund. — Es ist um mich geschehen.
What *are* you *at?* I am *at* nothing.	Was machen Sie? Ich mache nichts.
A passer-*by*. — A looker-*on*.	Ein Vorübergeher. Ein Zuschauer.

NB. Diese letzte Art entspricht derjenigen im Deutschen, wo die Präposition vom Zeitwort trennbar ist, im Englischen aber ist sie weit ausgedehnter, und verdient besondere Aufmerksamkeit, (²¹) z. B. :

Ausgehen, ich gehe aus; zuschlagen, ich schlage zu; abtrennen, ich trenne ab ꝛc.

D. Fragen.

1. Welchen Casus regieren die echten Propositionen im Englischen? §. 228. S. 354.
2. Wann muß man *against* (gegen), und wann *towards* (gegen) gebrauchen? Anmerk. 4. *a. b.* S. 355.
3. Welcher Unterschied ist zwischen "*against* the end of the week", und "*towards* the end of the week". 4. *o.* S. 355.
4. Wann muß man das deutsche nach mit "*after*" und zwann mit "*according to*" übersetzen? Anmerk. 3. NB. S. 354.
5. Welcher Unterschied ist zwischen *of*, *from* und *by* (von)? Anm. 10. S. 356.
6. Wann muß man das deutsche „bis" mit *till* und wann mit *as far as* oder *to* übersetzen? Anmerk. 14. S. 357.
7. Wann muß man das deutsche „mitten in, mitten unter" mit "*amidst*" und wann mit "*in the middle of*" übersetzen? Anmerk. 5. S. 355.
8. Wie muß man die trennbare Präposition „mit" bei zusammengesetzten deutschen Zeitwörtern als: mitkommen, mitgehen, ꝛc. übersetzen? Anm. 18. S. 358.
9. Welche drei verschiedenen Bedeutungen hat das Hauptwort *order* im Englischen und wie muß man *in order to* übersetzen? Anmerk. 17. S. 359.
10. Wie übersetzt man das englische "*on account of*"? Anmerk. 18. S. 359.
11. Wie werden die Verben, welche den deutschen mit Präpositionen zusammengesetzten Zeitwörtern entsprechen, im Englischen gebildet? §. 231 und NB. 2 Seite 359.

---

(20) NB. Die zusammengesetzten Präpositionen "*into, upon*" müssen getrennt werden, so oft die Erste derselben dem Zeitwort angehört, z. B.:

He fell *into* the well. Aber: He went *in* to his father	Er fiel in den Brunnen. Er ging zum Vater hinein.
It lay *upon* the table. Aber: The dog jumped *up* on the table.	Es lag auf dem Tisch. Aber: Der Hund sprang auf den Tisch.

(21) Hierüber s. Reg XXXII. Seite 464 und Reg. XXIX. Seite 495. Das Weitere über die Präpositionen s. Kap. VIII. Seite 535; siehe auch das Verzeichniß der Adjective, welche zu verschiedenen Präpositionen regieren, Reg. XXII. Seite 437 und die Zeitwörter Reg XXXI Seite 496. — Die Aufgaben über die Präposition findet man Kap. VIII. Seite 535 und in "Rothwell's Uebersetzungsbuch".

XV. Kapitel.

A. Von den Conjunctionen. (¹)
B. Verzeichniß der Conjunctionen. **C.** Fragen.

A. Von den Conjunctionen.

§. 232. Unter Conjunctionen oder Bindewörtern versteht man diejenigen Partikeln, durch welche mehrere Wörter als gleiche Satzglieder, oder mehrere Sätze mit einander verbunden werden, z. B.:

Queen Victoria *and* Prince Albert were both young *and* much beloved by their subjects.	Die Königin Victoria und Prinz Albert waren beide jung und wurden von ihren Unterthanen sehr geliebt.

§. 233. Es gibt zwei Arten von Conjunctionen, nämlich: vereinigende *(copulative)*, und trennende *(disjunctive)* (²), z. B.:

You *and* I *are* happy.	Sie und ich sind glücklich.
You *or* I *am* (²b) to blame.	Sie oder ich bin zu tadeln.
Neither he *nor* she has done it.	Weder er, noch sie hat es gethan.

B. Verzeichniß der Conjunctionen.

§. 234. Folgendes Verzeichniß enthält die wichtigsten Conjunctionen, welche unabhängig von andern Conjunctionen gebraucht werden:

Also (oalso), auch.	You are sick, and I *also* (ob. I am so too.) Sie sind krank und ich auch (ob. ich bin es auch).
And (ännd), und.	A horse, an ass, *and* a monkey. Ein Pferd, ein Esel und ein Affe.
Although, altho' (oaldtho), Albeit (oalbi=it) (ungebräuchlich), obgleich, obschon.	*Although* he is rich, he is not proud. Obgleich er reich ist, ist er nicht stolz.
As (³) (weiches s), da, als, wie.	I saw him, *as* I passed by. Ich sah ihn, als ich vorbei ging.
Because (bikoahs), weil.	*Because* I am ill, I cannot go. Weil ich krank bin, kann ich nicht gehen.

---

(1) Was man in diesem Kapitel über die Conjunctionen nicht findet, siehe Kap. IX. S. 556.
(2) NB. Die Conjunctionen haben keinen Einfluß auf den Casus des Haupt= oder Fürworts, z. B.:
I saw *him* and *her*. I saw him but not *her*. | Ich sah ihn und sie. Ich sah ihn aber nicht sie.
He and *she* are happy, but neither you | Er und sie sind glücklich, aber weder Sie noch sie
nor *they* are happy. | sind glücklich.
Es gibt aber verschiedene Klassen derselben, z. B.:
1. *Addition* is denoted by: *And, both, also.* | 3. *Cause* is denoted by — *Because, for, since.*
2. *Opposion, diversity, separation, negation,* | 4. *Purpose* is denoted by — *In order that.*
   doubt and *condition* are expressed by. | 5. *Comparison* is expressed by — *Than.*
   — *Either, or; neither, nor; whether, or,* | 6. *Condition* by — *Except, if, unless, provided.*
   but; although, though, yet, nevertheless, | 7. *Inference* by — *Then, therefore, wherefore.*
   notwithstanding; lest. | 8. *Equality* by — *as, as well as, so.*
   NB. Siehe die Beispiele hierüber oben §. 234 — 235.
(2b) Ueber die Uebereinstimmung der Zeitwörter mit dem Subject s. Reg. XVIII. — XXV. S. 487.
(3) Beim Uebersetzen und Sprechen muß man sich in Acht nehmen, "*as*" in der Bedeutung „wie"
   nicht mit dem Adverb "*how* wie" zu verwechseln. *As*, wie, wird bei Vergleichungen, *how*,
   wie, nur bei Fragen und Ausrufungen gebraucht, z. B.:
   How much is the price of this? Wie viel kostet dieses? (Siehe Anm. 26, S. 347).
   How good! how beautiful! Wie gut! wie schön!

Besides (bifeibs), überbieß, ohnehin, abgesehen.	*Besides* you know, the English are powerful. Ueberbieß wiſſen Sie, ſind die Engländer mächtig.
But (bott), aber, als, nur, ſondern, ꝛc. ([3b])	You are learned, *but* I am not. Sie ſind gelehrt, ich aber nicht.
Consequently (konſe-kuentli), folglich, beßhalb.	*Consequently* you are wrong. Folglich haben Sie unrecht.
Else (ellß), ſonſt, ([4]) oder, Or else, oder ſonſt.	Be quiet, *(or) else (otherwise)* I'll call. Sei ruhig, ſonſt rufe ich.
Except (ekßept), ausgenommen, wenn nicht.	*Except* (ob. unless) you return soon, all will be lost. Wenn Sie nicht bald zurückkehren, wird alles verloren ſein.
Finally (feinelli), ſchließlich.	*Finally*, I must say, that I will not do it. Schließlich muß ich ſagen, daß ich es nicht thun will.
For (forr), denn, daß. ([4c])	*For* you must know he is poor. Denn Sie müſſen wiſſen, daß er arm iſt.
For all that, bei alle dem, ungeachtet deſſen.	He is poor, and *for all that*, he is prodigal. Er iſt arm und ungeachtet deſſen iſt er verſchwenderiſch.
Furthermore, weiter, ferner, (nicht gebr.)	He is rich, and *furthermore*, he is happy. Er iſt reich und noch mehr, er iſt glücklich.
Hence (hennß), demnach, mithin.	*Hence*, it appears that you are right. Demnach ſcheint es, daß Sie recht haben.
However (haueww'r), jedoch, indeſſen, wie es auch ſein mag. (Anm. 5, S. 371).	You think him learned, *however*, he is not so. Sie halten ihn für gelehrt, er iſt es jedoch nicht.
If (iff), wenn, im Falle, falls, (Bedingung); ob. ([4c])	*If* I can do it, I will. Wenn ich es thun kann, ſo will ich es.
Lest ([5]) (leßt), damit nicht, daß nicht, daß.	Speak low, *lest she* (should) hear us. Sprich leiſe, damit ſie uns nicht hört.

([3b]) *But* hat im Engliſchen vielerlei Bedeutung. Man ſiehe darüber Reg VI. S. 558 der Syntax.

([4]) NB Sonſt im Sinne von „im andern Falle" (häufig eine Drohung einſchließend) wird dart *else, or (else)* oder *otherwise*; ſpecieller in der Bedeutung „ehemals, früher" durch *formerly*, in der Bedeutung „außerdem, im Uebrigen" durch *other respects, any thing else, moreover* überſetzt, z. B.:

Be diligent, *otherwise* I'll punish you.	Sei fleißig, ſonſt (wo nicht) ſtrafe ich dich.
Go away or sit down quietly.	Gehe weg, ſonſt ſetze dich ruhig hin.
Formerly men were more superstitious.	Sonſt (ehemals) waren die Menſchen abergläubiſcher.
On Sundays he drinks wine, *otherwise* only water	Des Sonntags trinkt er Wein, ſonſt nur Waſſer.
Have you *any thing else* to say?	Haben Sie ſonſt etwas zu ſagen?

([4b]) NB. Adverbialſätze, welche im Deutſchen durch „dadurch daß, dafür daß, damit daß, deßhalb daß, ꝛc.", eingeleitet ſind, drückt die engliſche Sprache häufig durch das Particip der Gegenwart mit einer entſprechenden Präpoſition aus, z. B.:

I must beg your pardon *for coming* so late (for not coming sooner)	Ich muß um Entſchuldigung bitten, daß ich ſo ſpät komme (daß ich nicht eher gekommen bin).

([4c]) *If* entſpricht dem franzöſiſchen „*si*", wenn (bedingend), im Fall, wofern, dem franzöſiſchen „*quand*", *lorsque*", damals als, zu der Zeit wo, wann, als, z. B.:

S'il était ici, il le ferait.

If he were here, he would do it. Wenn er hier wäre, ſo thäte er es.

Quand il (lorsqu'il) était ici, il le fit.

When he was here, he did it. Als er hier war, that er es.

NB. *If* (wenn) wird häufig ſogar von guten Schriftſtellern fälſchlich ſtatt *whether* im Sinne vom deutſchen „ob" gebraucht, z. B.:

Go and see *if* it rains (or not) ſtatt: Go and see *whether* it rains (or not).) Gehen Sie und ſehen Sie zu ob es regnet.

NB *As if* dagegen heißt „als ob, als wenn". Siehe §. 235, Seite 364.

([5]) *Lest* bedeutet *that not; for fear that*; man hüte ſich daher vor dem Fehler, das deutſche „daß nicht, damit nicht" durch *lest not* zu überſetzen, da *lest* allein ſchon „daß nicht, damit nicht" heißt.

NB Nach den Ausdrücken der Furcht, Beſorgniß und Verneinung, wie *to fear, to be anxious*. beſorgt ſein, ꝛc., iſt die Conjunction „*that* (daß)" dem „*lest*" meiſtens vorzuziehen, z. B.:

They feared *that (lest)* she would die.	Sie befürchteten, daß ſie ſterben würden.
She feared *that (lest)* he would *not* return.	Sie befürchtete, daß er nicht zurückkehren würde.

She disdained asking the favor *lest* (aus Furcht daß) it should be refused, and feared *lest (that)* it should be granted.

Likewise (leik=weis), gleich=falls.
He is to blame, (Anm. 3, S. 476) and you *likewise*
Er ist zu tabeln und Sie gleichfalls.

Moreover (mohrohw'r), über=dieß, obenbrein.
He is ignorant, *moreover* (besides), he is proud.
Er ist unwissend und stolz obenbrein.

Nevertheless, nichts besto=weniger, bessen ungeachtet.
He is rich, and *nevertheless*, he is avaricious.
Er ist reich, und bessenungeachtet ist er geizig.

Nor (norr), noch, auch nicht.
He will not do it, *nor* will I.
Er will es nicht thun, ich auch nicht.

Nothwithstanding, bennoch, (bessen) ungeachtet.
He is *nothwithstanding* a very honorable man.
Er ist bennoch ein sehr ehrenwerther Mann.

Or (orr), ober.
He put it into a bag *or* a box.
Er that es in einen Sack oder in eine Büchse.

Or else (ellß), ober sonst, ober aber.
Come quickly, *or else* I'll leave you behind.
Komm schnell, ober ich lasse dich sonst zurück.

Provided (proweideb), wenn=nur, wofern.
Provided he gets his money, etc.
Wenn er nur sein Geld bekommt, rc.

Since (sinnß), ba, weil, seit=bem. (§. 21. S. 585).
Since it is so, I cannot help it.
Da es so steht, so kann ich es nicht hindern.

So, so, also, mithin
I will not do it, *so you may go.*
Ich will es nicht thun, also mögen Sie gehen.

Than, als.
This is greater *than* that.
Dieses ist größer als jenes.

That, baß, bamit, (zwar, Anm. 23b, S. 460.)
He is so blind, *that* he can see nothing.
Er ist so blind, baß er nichts sehen kann.

Then, also, benn, baher.
Then it must be true. So! *then* you are wrong.
Dann muß es wahr sein. So! bann haben Sie Unrecht.

Therefore (bthehrfohr), ba=her, folglich.
He blushes, *therefore*, he is guilty.
Er erröthet, folglich ist er schuldig.

Though (bthoh), tho', ob=gleich, obschon (s. *although*).
Though cold to-day, 'tis pleasant.
Obgleich es heute falt ist, so ist es boch angenehm.

Too (tuh), auch. (5b)
You are poor, and I *too (also)* ob. (So am I).
Sie sind arm und ich auch.

Unless, wenn — nicht, es sei benn. (A. 10b. S. 356.)
I cannot go, *unless* you'll go with me.
Ich kann nicht gehen, wenn Sie nicht mit gehen.

When (huenn), ba, ba boch, als, wann, wenn (4c), wo, (von ber Zeit). (6)
That happened *when* I was in London.
Dieß geschah, als ich in London war.

Whereas (huehraß), wo (hin)=gegen, bahingegen.
You are rich, *whereas*, I am poor.
Sie sind reich, ich hingegen bin arm.

Wherefore (huerfohr), wes=halb (selten gebr.)
Wherefore (besser: *why*) he did it, I know not.
Weßhalb er es that, weiß ich nicht.

Whereupon (huehreponn), worauf.
Whereupon he replied, that it was so.
Worauf er erwiederte, baß es so sei.

Whether (hueth'r), ob.
Whether good or bad, I must have it.
Ob gut oder schlecht, ich muß es haben.

Yet, boch, bennoch, jeboch.
He is industrious, and *yet* he is poor.
Er ist fleißig und boch ist er arm.

(5b) *Also, too* = auch, obwohl im Allgemeinen als gleichbebeutend gebraucht, unterscheiben sich boch, so baß *also* bezeichnet, baß Eines ebensowohl ist, oder geschieht, wie ein Anderes, *too* bagegen, baß zu bem Einen noch ein Anderes hinzukommt, z. B.:
He is gone, and I will go *also*. — Not only her mother, her father *too*, is dead.

(6) Ueber ben Gebrauch von *as-as*, *so-as*, *not so-as* siehe Reg. XIII. Seite 157; s. auch Reg. XX. Seite 181. Ueber ben Unterschieb zwischen *as, when* und *while*, s. Reg. L. Seite 506.

§. 235.   Die folgenden Conjunctionen werden gemeiniglich in Verbindung gebraucht:

Although — yet, wiewohl — doch, obgleich — doch.	*Although* it is cold, *yet* it is pleasant. Obgleich es kalt ist, ist es d o ch angenehm.
As — as, (⁶) so, ebenso — als, so — so (Anm. 22, S. 157.)	This book is *as* large *as* that. Dieses Buch ist eben so groß als jenes.
As if, als ob (wenn).	He speaks *as if* he were drunk. Er spricht als wenn er betrunken wäre.
As far as, so weit (als).	I'll help you *as far as* I can. Ich werde Ihnen helfen so w e i t ich kann.
As well as, sowohl — als auch. (⁷)	The king, *as well as* the queen, is ill. S o w o h l der König a l s a u ch die Königin ist krank
Both — and, (beides — und) sowohl — als auch. (⁷)	*Both* the one *and* the other are good. S o w o h l das Eine u n d das Andere i s t gut.
But for, ohne. (S. Reg. VI. S. 558 der Syntaris).	*But for* you, I should have been killed. O h n e Sie würde ich getödtet worden sein.
But that, wenn — nicht.	I would do it, *but that* I'm afraid, etc. Ich würde es thun, w e n n ich nicht fürchtete.
Either — or (ihbth'r = orr), entweder — oder.	You may take *either* the one *or* the other. Sie können entweder das eine o d e r das andere nehmen.
However (hauewer) — yet, wie auch immer — doch.	*However* (⁸) poor he may be, *yet* he is happy. Wie arm er a u ch sein mag, so ist er doch glücklich
If — then (⁸), wenn — dann. Insomuch that, dergestalt daß.	
Inasmuch *as*, in so weit als.	He is the best *inasmuch as* he is learned. Er ist der beste, in so fern er gelehrt ist.
In order that, damit, zu dem Ende, daß.	I'll put it here, *in order that* he may see it. Ich werde es hinstellen, damit er es sehe.
Much (mottsch) *as*, so wie — auch, so sehr — auch.	*Much as* he loves money, he loves liberty still more. So sehr er a u ch das Geld liebt , so liebt er die Freiheit noch mehr.
Neither — nor, (⁹) (nihth'r — norr), weder — noch.	You must take *neither* the one *nor* the other. Sie müssen weder das Eine noch das Andere nehmen.
Nor — either, (⁹) auch — nicht.	I am not rich, *nor (are)* you *either*. Ich bin nicht reich, Sie a u ch nicht.
Not — or (¹⁰) (nor) weder noch.	It is *not* cold to-day, *nor* is it warm. Es ist heute nicht kalt, auch ist es nicht warm

---

(7) *As well as* und *both-and* drücken dasselbe aus, z. B.:
The rich *as well as* the poor must die. — You must go *as well as* I. *Both* the rich *and* the poor must die.	Die Reichen sowohl als auch die Armen müssen sterben. Sie müssen gehen sowohl als ich. Beide, Reiche und Arme, müssen sterben.

(8) NB. "*However-yet* (wie auch immer — doch)" wird meistens von den Grammatikern als Conjunction aufgestellt; "*however-yet*" ist jedoch nie Conjunction, sondern Fürwort und bedeutet: *in what degree soever*, französisch: *quelque — que*; siehe Anmerk. 60b, Seite 202. *However* allein ist sowohl Adverb als Conjunction.

(8b) NB Bei einer Schlußfolgerung hat "*if*" das Wort "*then*" nach sich, z. B.:
If this point is etablished, *then* it naturally follows, that the government has acted badly

(9) Man hüte sich "*neither*" statt "*either*" nach "*nor*" zu setzen, obgleich man es von Engländern selbst bisweilen hört, z. B.:
Nor I (he) we, you *either*, nicht: *Nor* I (he, we, you) *neither*, etc.	Ich (er) wir, Sie auch nicht. (S. Reg XXII Seite 382; f. auch §. 172c. S. 295.)

(10) Does he *not* speak English *or* French?
No, he does *not* speak *either*. She has *no* money, *nor* has she friends.	"Spricht er weder Englisch noch Französisch"? Nein, er spricht keines von beiden. Sie hat kein Geld; auch hat sie keine Freunde.

Siehe Anmerk. 4, S. 554; auch Anmerk. 7, S. 81, des Schlüssels zu dieser Grammatik

Not — but, nicht — sondern, nicht — aber ꝛc.	*Not* this book, *but* that. Nicht dieses Buch, sondern jenes.
Not but that, nicht als ob — nicht.	*Not but that* I think him an honest man. Nicht als ob ich ihn nicht für einen ehrlichen Mann hielte.
Not only-but, nicht nur — sondern auch.	She is *not only* handsome, *but* good also. Sie ist nicht nur schön, sondern auch gut.
Not only not — but not, nicht nur nicht — sondern nicht.	They looked *not only not* like officers, *but not* even like soldiers. Sie sahen nicht nur nicht wie Officiere, sondern nicht einmal wie Soldaten aus.
Nothing — but, nichts — als.	He has *nothing* in the house *but* bread. Er hat nichts im Hause als Brob.
No one — but, niemand — als, (außer) der nicht.	I found *no one* at home *but* your sister. Ich fand Niemand zu Hause als Ihre Schwester.
Not so — as, (⁶) nicht so — wie, als.	The climate is *not so* good *as* you think. Das Klima ist nicht so gut (wie) als Sie denken.
No sooner — than, (¹¹) nicht sobald — als, sobald — als, — nicht eher — als.	*No sooner* did she see him *than* she ran to him. Sobald (als) sie ihn sah, lief sie auf ihn zu. (¹¹ᵇ) *No sooner* said *than* done, gesagt, gethan.
So — as, (⁶) so — wie (als).	Who is *so* learned *as* you? Wer ist so gelehrt als Sie?
So — that, wenn nur, wofern.	*So that* it be strong and good. Wenn (wofern) es nur stark und gut ist.
So much the more, um so mehr.	He is very old, and is therefore *so much the more* to be pitied. Er ist sehr alt und ist deshalb um so mehr zu bemitleiden.
The more so, as, um so mehr, da.	I'm sure he will come to-day, *the more so, as* he must depart to-morrow. Ich weiß gewiß, daß er heute kommen wird, um so mehr, da er morgen abreisen muß.
'Tis true (*to be sure*; *indeed*), zwar, allerdings.	*To be sure* (*'tis true*), he should go. Allerdings (zwar), er sollte gehen (s. A. 23b, S. 460).
So much the better (worse), um so besser (schlimmer).	If he is innocent, *so much the better* for him. Wenn er unschuldig ist, um so (desto) besser für ihn.
Whether — or, ob — ob. ob — oder.	*Whether* he will come *or* not, I know not. Ob er kommen wird oder nicht, weiß ich nicht.

C. Fragen.

1. Wie viele Arten von Conjunctionen gibt es? §. 233. S. 361.
2. Wie muß man die deutsche Conjunction „wie" übersetzen, und wovor hat man sich in Acht zu nehmen? Anmerk. 3. S. 361.
3. Wie muß man das deutsche „damit nicht", „daß nicht" übersetzen? Anm. 5. S. 362.
4. Wie muß man das deutsche „ich auch nicht" geben und wovor hat man sich in Acht zu nehmen? Anmerk. 9. S. 364.
5. Wie muß man das englische *no sooner than* übersetzen? Anmerk. 8. S. 364.

---

(11) Diese verneinende Art des Ausdruckes *no sooner-than* (nicht eher — als) ist im Englischen sehr gebräuchlich, im Deutschen aber bedient man sich lieber des positiven Ausdrucks, „so bald als", welcher auch logisch richtiger ist, z. B.:

No sooner had I left the room, *than* they all began to laugh.	Sobald ich das Zimmer verlassen hatte, fingen sie Alle an zu lachen, oder: Ich hatte das Zimmer nicht sobald verlassen, als sie Alle zu lachen anfingen.

XVI. Kapitel.

A. Von den Interjectionen (Empfindungswörtern).
B. Von der Regierung der Interjectionen.

A. Von den Interjectionen (Empfindungswörtern).

§. 236. Die Interjectionen sind Aeußerungen augenblicklicher Empfindungen, welche entweder aus einzelnen Tönen bestehen, oder aus andern Redetheilen angehörenden Ausdrücken.

Das folgende Verzeichniß enthält die gebräuchlichsten:

I. Des Kummers.

Ah (a)! ach! Oh! O! o, oh!
Alas (eloß)! alack (eloff)! leider!
Ah me! wehe mir! ich Unglücklicher!
Oh sad day (beh)! ach trauriger Tag!
Woe (uoh) is me! ob. *to me!* wehe mir!
Mercy on me! barmherziger Himmel!

II. Der Freude.

Ah! ach!
O joy (bschoi)! o Freude! wie glücklich!
Hurra (hörrä)! huzza (hössä)! hurrah!
Hip, hip, hurra! hoch, hurrah!
Ha, ha! he, he! ha ha! hih hih!

III. Des Beifalls u. d. Aufmunterung.

Bravo (brehwo)! bravo!
Cheer up (tschihr upp)! munter! frisch!
Courage (korrehbsch)! frisch auf!
Well done! schön! recht so!

IV. Der Verwunderung.

Aha (a=ha)! aha! *Eh!* ei!
Egad (egabb)! wahrhaftig!
Good lack! good now! der Tausend!
    nur zu!
What! wie! *Indeed!* wirklich!
Amazing (emehßing)! erstaunlich!
Strange (strehndsch)! sonderbar!
Impossible (impoßebl)! unmöglich!
Well! to be sure! Nun! wahrhaftig!
To be sure (schuhr)! natürlich! wahr-
    haftig!
Gracious (grehschceß) *me!* mein Gott!
My God! (¹) mein Gott!
Oh dear (dihr)! o Himmel! was höre ich!(¹)

O Lud! O Gemmini! ach Herr Je!
Heavens! (heww'ns)! o Himmel!
Pooh! Poo! (puh)! hoho!
'Sdeath! Tob und Teufel!
Zounds (saunds)! der Daus! der Geia!
Zooks (suhks)! *zookers!* Sapperment!

V. Des An- und Zurufens.

Behold! lo! see! sieh'! schau!
Holla! holla, he, heda!
Help! Hülfe! *hey* (he)! he!
Hark! horch! *hark ye!* hört!
Hold! halt! *Attention!* Aufgemerkt!
I say (seh)! hört! *soho!* holla!
Hear! hear! (hihr), hört! (im Parlament)
Wait (ueht)! wart! *stop!* halt!
Come on! heran! nur zu!
What's the matter? was ist's? was gibt's?

VI. Der Drohung und Warnung.

Avaunt (e=woant)! aroynt! weg! marsch!
Go away (e=ueh)! geh weg! geh fort!
Go along! geh weiter!
Begone! get you gone! packt Euch!
Have a care! ware (uehr)! Achtung!
Off! off! fort! fort!
Take care! vorgesehen!
Hats off! Hüte herunter! Hüte ab!
Down with the umbrellas! Regen-
    schirme herunter!

VII. Der Verachtung, des Mißfallens.

Fie (fei)! O fie! Foh! Fugh! (fu)! pfui!
For shame (schehm)! O Schande!
Pshaw (schoah)! fudge (föbsch)! peh!

(1) Im Allgemeinen bedienen sich die Engländer viel seltener der Interjection, als die meisten andern Nationen Europas. Namentlich werden die in Deutschland und Frankreich so oft gebrauchten Ausdrücke „Herr Je! Herr Jemine! Mein Gott!" und dergleichen, in denen Benennung der Gottheit vorkommt, in den feinern Gesellschaften Englands als anstößig betrachtet. Dagegen hört man bei jeder Gelegenheit, sowohl von Herren als Damen den Ausdruck "Oh dear! dear me!" z. B.
Oh dear! dear! what shall become of me! | Ach Gott! Gott! was soll aus mir werden!
The queen, is a very good woman? | Die Königin ist eine sehr gute Frau?
Oh dear yes. Oh dear no. Oh dear me! | O ja wohl. O nein. O Himmel!

Pogh (po)! pugh (puh)! pah!
Tush (toffch)! pish! pfui!
Stuff (ftoff)! dummes Zeug!
Nonsense! (²) Unfinn! warum nicht gar!

VIII. Der Beschwichtigung.

Hush (hoffch)! schweig!
Hist! mum! 'ft, ftill!
Peace (pihß)! silence (feil'nß)! Ruhe!
No matter! *Never mind!* thut nichts!

IX. Der Ueberlegung.

Hem (hemm)! hm, hm!
Hum (homm)! humph (hommf)! ach!

X Des Begrüßens.

Welcome (uell'm)! willkommen!
Hail (hehl)! all hail! Heil!

XI. Des Abschieds.

Adieu (edjuh)! lebe wohl! Gott befohlen!
Farewell (fehruell)! lebe wohl!
Good bye (bei)! lebe wohl! Adieu!

XII. Der Erschöpfung.

Heigh-ho (hei=ho)! uf, hu!

XIII. Verwünschung, Schrecken.

Plague (plehg) upon it! die Pest hole es!
Curse upon it! verflucht sei es!
The devil take it! der Teufel hole es!
Shocking! horrible! schrecklich! schauber-
haft!

XIV. Der Nachahmung.

Bounce (baunß)! bauz!
Crack (fraff)! krach!
Slap (flapp)! klapps! *Snap* (fnapp)! ritsch!

B. Von der Rection (Regierung) der Interjectionen.

§. 237. 1. Ausrufungen der Verwunderung, des Schmerzes c. stehen sowohl nach den Interjectionen "O(³), oh, Ah, lo", als ohne Interjection im Accusativ und zwar in letzterem Falle gewöhnlich ohne Artikel. Der Accusativ ist hier als unmittelbares Object des Affectes aufzufassen und das attributive Adjectiv dabei stets vor den Accusativ zu stellen, z. B.:

Ah me! Oh him!
Oh us! Oh them!

Oh happy me! Oh happy him!
Oh happy us! Oh happy them!
Unhappy me! Unhappy her!
O the traitor!(⁵) to deceive me thus!
Poor children! Poor creatures!

Wehe mir! Wehe ihm! O, der Unglückliche!
Wehe uns! Wehe ihnen! O, die Un=
glücklichen.
O, ich Glückliche! O, der(⁴) Glückliche!
O, wir Glücklichen! O, die Glücklichen!
Ich Unglücklicher! O, die Glückliche!
O des Verräthers! mich so zu täuschen!
Die armen Kinder! die armen Geschöpfe!

2. Ist der Ausruf aber ein Anruf, so muß derselbe, sei es mit obigen Interjectionen, oder ohne Interjection, im Nominativ stehen. Dies ist natürlich jedesmal bei einem persönlichen Fürwort der 2ten Person der Fall. Das attributive Eigenschaftswort kann dabei vor,

---

(2) Die Ausrufung "nonsense!" ist im Englischen bei weitem nicht so stark oder so beleidigend, als „Unsinn!" im Deutschen und entspricht daher mehr dem deutschen: „Es ist nicht möglich, warum nicht gar!"

(3) Im Allgemeinen ist die Schreibweise O oder oh (Oh) gleichgültig. Jedoch braucht man O (nicht oh) in der directen Anrede, z. B.: "O thou! whom I love!" und unmittelbar vor einem Hauptworte, wenn man Schmerz, Kummer, oder Erstaunen ausdrücken will, z. B.: O virtue! O modesty! In allen andern Fällen steht oh oder Oh, als: Oh my brother', my friend! Oh my country! Oh liberty! Oh yes! etc.
  * NB. Die Interjection wird nicht wiederholt, wenn das Hauptwort auf dieselbe Person oder Sache wie oben sich bezieht.

(4) Man merke, daß in Fällen wie obigen im Englischen immer das Fürwort, im Deutschen dagegen der Artikel angewendet wird

(5) Hauptwörter nach einer Interjection in der dritten Person wurden ursprünglich von irgend einer Präposition, wie "for, to, on, upon, etc." begleitet.

ober in Verbindung mit einem Substantive nach dem Fürwort stehen, z. B.:

O thou fool! *O you* happy men!	O du Narr! O ihr glücklichen Männer!
Happy *you!* *You* poor child!	Du Glücklicher! Du armes Kind!
Oh we fools! O *we* happy men!	O wir Thoren! O wir Glücklichen!
O traitor! thus to ruin me!	O Verräther! mich so zu ruiniren!

NB. Aber auch in solchen Fällen, in denen der Ausruf nicht als Nara aufgefaßt werden kann, findet man gegen die Regel selbst bei den besten Schriftstellern den Nominativ der Fürwörter, sobald nämlich ein Adjectiv denselben zur steht, z. B.:

O happy I, he, we, they!	O ich, (er, wir, sie) Glücklicher!
Ah *poor she!* ruined for ever!	Ach sie Unglückliche, auf immer ruin=

3. NB. Werden aus andern Redetheilen Wörter als Interjectionen gebraucht, so haben sie denselben Casus bei sich, welchen das dabei zu ergänzende Zeitwort regiert; beim Dativ wird jedoch die Präposition "to" meistens ausgelassen, z. B.:

Hail (to) Macbeth! — Lo him!	Heil (dir) Macbeth! — Schau ihn!
Woe *to me!* *(woe is me)* what have I done!	Wehe mir! was habe ich gethan!
Fie for shame! Beshrew your eyes!	Pfui der Schande! O der Augen!

NB. Man merke folgende Ausdrücke, die mehr mit dem Französischen als mit dem Deutschen übereinstimmen:

Slave that I am! I born to other fortunes!	Ich Sklave! Ich, der ich zu anderm
(Esclave que je suis!)	Glück geboren ward!
Fool that you are! why did you do that?	Du Narr! warum hast du das gethan!

III. Theil.
Syntax oder Satzlehre.

I. Kapitel.
Von der Wortfolge oder Construction.

---

der Stellung des Artikels.
der Stellung des Adjectivs oder Eigenschaftsworts.
der Stellung des Haupt= und Fürworts.
der Stellung des Zeitworts.
der Stellung des Adverbs.
der Stellung der Conjunctionen.
der Construction (Wortfolge) im Allgemeinen.

[...]hl über die Stellung aller Redetheile der englischen Sprache [...] einzelnen Classe in dem zweiten Theile schon das Nöthige [...] ist: so wird es doch zweckmäßig sein, dieselbe oder die so= [...] Wortfolge oder Construction hier im Zusammenhange auf= [...] um dem Anfänger die Auffindung der betreffenden Regeln [...]ern, besonders aber ihm den Unterschied zwischen der eng= [...] deutschen Construction klar vor Augen zu stellen (¹).

§. 1. Die Ordnung, in welcher die Wörter in der Regel auf [...]nander folgen, ist im Englischen und Deutschen in manchen Punkten [...]hr verschieden. Ueber diese Ordnung ist Folgendes zu bemerken.

A. Von der Stellung des Artikels.

I. Stellung der Artikel wie im Deutschen.

Im Englischen wie im Deutschen stehen die Artikel gewöhnlich [...]r dem Hauptwort, Adjectiv oder Adverb, z. B.:

(the) woman. A (the) good woman.	Eine (die) Frau. Eine (die) gute Frau.
(the) very good woman.	Eine (die) sehr gute Frau.

---

(1) Die Erfahrung hat mich gelehrt, daß Nichtengländer im Allgemeinen sich schwer an die englische Construction gewöhnen, nicht weil sie wirklich schwer ist, sondern weil die Lernenden die verschiedenen Regeln hierüber, welche in der ganzen Grammatik herumgestreut sind, wenn sie darüber Belehrung haben wollen, nicht finden können.

ober in Verbindung mit einem Substantive nach dem Fürwort
stehen, z. B.:

O thou fool! O you happy men!	O du Narr! O ihr glücklichen Männer!
Happy *you! You* poor child!	Du Glücklicher! Du armes Kind!
Oh we fools! O *we* happy men!	O wir Thoren! O wir Glücklichen!
O traitor! thus to ruin me!	O Verräther! mich so zu ruiniren!

NB. Aber auch in solchen Fällen, in denen der Ausruf nicht als Anruf
aufgefaßt werden kann, findet man gegen die Regel selbst bei den besten Schriftstellern den Nominativ der Fürwörter, sobald nämlich ein Adjectiv denselben vorsteht, z. B.:

O happy I, he, we, they!	O ich, (er, wir, sie) Glücklicher!
Ah *poor she!* ruined for ever!	Ach sie Unglückliche, auf immer ruinirt!

3. NB. Werden aus andern Redetheilen Wörter als Interjectionen gebraucht, so haben sie denselben Casus bei sich, welchen das
dabei zu ergänzende Zeitwort regiert; beim Dativ wird jedoch die
Präposition "*to*" meistens ausgelassen, z. B.:

Hail (to) Macbeth! — Lo him!	Heil (dir) Macbeth! — Schau ihn!
Woe *to me! (woe is me)* what have I done!	Wehe mir! was habe ich gethan!
Fie for shame! Beshrew your eyes!	Pfui der Schande! O der Augen!

NB. Man merke folgende Ausdrücke, die mehr mit dem Französischen als mit
dem Deutschen übereinstimmen:

Slave that I am! I born to other fortunes! *(Esclave que je suis!)*	Ich Sklave! Ich, der ich zu anderm Glück geboren ward!
Fool that you are! why did you do that?	Du Narr! warum hast du das gethan!

III. Theil.

Syntax oder Satzlehre.

———

I. Kapitel.

Von der Wortfolge oder Construction.

———

———

Obwohl über die Stellung aller Redetheile der englischen Sprache bei jeder einzelnen Classe in dem zweiten Theile schon das Nöthige mitgetheilt ist: so wird es doch zweckmäßig sein, dieselbe oder die sogenannte Wortfolge oder Construction hier im Zusammenhange aufzuführen, um dem Anfänger die Auffindung der betreffenden Regeln zu erleichtern, besonders aber ihm den Unterschied zwischen der englischen und deutschen Construction klar vor Augen zu stellen (1).

§. 1. Die Ordnung, in welcher die Wörter in der Regel auf einander folgen, ist im Englischen und Deutschen in manchen Punkten sehr verschieden. Ueber diese Ordnung ist Folgendes zu bemerken.

A. Von der Stellung des Artikels.

I. Stellung der Artikel wie im Deutschen.

Im Englischen wie im Deutschen stehen die Artikel gewöhnlich vor dem Hauptwort, Adjectiv oder Adverb, z. B.:

(the) woman. A (the) good woman.	Eine (die) Frau. Eine (die) gute Frau.
(the) very good woman.	Eine (die) sehr gute Frau.

———

(1) Die Erfahrung hat mich gelehrt, daß Nichtengländer im Allgemeinen sich schwer an die englische Construction gewöhnen, nicht weil sie wirklich schwer ist, sondern weil die Lernenden die verschiedenen Regeln hierüber, welche in der ganzen Grammatik herumgestreut sind, wenn sie darüber Belehrung haben wollen, nicht finden können.

V. Das Adjectiv abweichend vom Deutschen nach dem Hauptworte.

In folgenden Fällen werden die attributiven Adjective ihrem Hauptworte nachgestellt, während sie im Deutschen gewöhnlich verstehen: 1. wenn sie von einem erklärenden Zusatze (Complement) begleitet sind (7), z. B.:

A poet, *admired* by all nations. (7b)	Ein von allen Nationen bewunderter Dichter.
A man, *deaf to the voice* of humanity, *incapable* of friendship. (8)	Ein gegen die Stimme der Natur tauber, der Freundschaft unfähiger Mann.
A room twenty feet *long,* fifteen *broad* and twelve *high.* (6b)	Ein 20 Fuß l a n g e s, 15 Fuß breites und 12 Fuß h o h e s Zimmer.
Yesterday I saw a man of one hundred years *old* (besser: of age). (9)	Gestern sah ich einen hundert Jahr alten Mann.

NB. Alle Adjective, welche sich auf L ä n g e, T i e f e, B r e i t e, H ö h e und A l t e r beziehen, werden ihrem Hauptworte nachgestellt. (9).

2. Wenn sie durch *both ... and,* sowohl ... als auch, oder durch *as ... as,* ebenso ... als verbunden sind, z. B.:

A story, *both* false *and malicious.*	Eine sowohl falsche als boshafte Geschichte.
A story, *as* false *as* it is *malicious.*	Eine ebenso falsche als boshafte Geschichte.

3. Wenn sie nachdrücklich hervorgehoben werden sollen, namentlich bei *every thing* und wenn *so* davorsteht, z. B.:

God *Almighty!* Goodness *infinite!*	Allmächtiger Gott! Unendliche Güte!
You may expect *every thing bad* (9b) of him.	Du kannst alles Schlechte von ihm erwarten.
An event *so terrible* as this, never happened before.	Eine so schreckliche Begebenheit wie diese hat sich nie zuvor ereignet.

---

(7) Siehe Regel II. — V. Seite 423.

(7b) NB. Die Reihenfolge in der Stellung mehrerer Eigenschaftswörter vor ihrem Hauptworte ist nicht gleichgiltig; diejenigen, welche die Haupteigenschaften bezeichnen müssen immer zunächst vor ihren Substantiven stehen, z. B.:

A poor, lame, blind, sickly, *old* man.	Ein armer, lahmer, blinder, kränklicher, alter Mann.
A beautiful, sweet-tempered *young* girl.	Ein schönes, sanftmüthiges, junges Mädchen.

The *rich, learned virtuous* uncle of my friend is dead; nicht: The *learned, virtuous rich* uncle of my friend, etc. — Good, *old* paintings, nicht: *old, good* paintings. — Red French wine, nicht: French red wine, etc.

(8) Auf diese Construction hat man sehr zu achten. Sie ist aber keineswegs schwer, am wenigsten für diejenigen, welche mit der französischen Construction bekannt sind, da sie mit dieser ganz übereinstimmt. — Auch im Deutschen ist zuweilen dieselbe Stellung des Eigenschaftswortes erlaubt wie im Englischen, z. B.:

„Ein Mann, taub gegen die Stimme der Natur".	A man, *deaf to the voice* of nature.

NB. So oft man in der Redensart dem Eigenschaftswort diese Stellung geben kann, muß sie im Englischen stets eintreten.

(8b) NB. 1. In besonderen Redensarten und in der Poesie setzt man häufig das eine Eigenschaftswort vor das andere hinter das Hauptwort, z. B.:

I heard loud cries, more than *human.*	Ich hörte ein lautes, mehr als menschliches Geschrei.
A *young* man *idle* is an *old* man *needy.*	Ein fauler junger Mann ist ein armer alter Mann.
She answered with *tremulous* voice and low.	Sie antwortete mit leiser zitternder Stimme.

NB. 2. Wenn mehrere Adjective zu einem Hauptwort gehören, so kann man diese meistens vor oder nach setzen, jedoch gehört die letztere Stellung derselben mehr dem feineren oder rednerischen Stil an, z. B.:

So *noble and generous* a man, oder: A man *so noble and generous* is seldom found.
Something *than life still dearer* (poetisch); Something *dearer still than life.*
Tasso's writing is bold, correctly *formed,* and very *fine* (ob. *beautiful).*

(9) NB. Anstatt der Adjective *"long, broad, deep, wide, heavy, high, old"* braucht man wie im Französischen richtiger die entsprechenden Hauptwörter *"in length, breadth, depth, width, weight, height, of age",* z. B.:

A room twenty feet *in length,* fifteen *in breadth,* and twelve *in height.* A man 70 years *of age,* etc — Deo dhunga (Holy Hill) or mount Everest, in the Himalayas, the highest mountain in the world, is 29,002 feet *high* (oder *in height*) (heißt).

Die obige Ausdrucksweise mit dem Adjectiv *long, old,* etc., ist jedoch wegen seiner Kürze so allgemein, daß es schwer sein dürfte, sie, wenigstens in der Umgangssprache, abzuändern.

(9b) *Every bad thing* hieße: Jede schlechte Sache.

A child, *so* (⁹c) *admirably educated*, is seldom to be found.	Ein so bewunderungswürdig erzogenes Kind ist selten zu finden.

VI. Adjective, welche bald nach, bald vor dem Hauptworte stehen.

Die Adjective: *regent, general, colonel, major, minor, extra-ordinary* und *(patent)* werden ihrem Hauptworte nachgesetzt, wenn sie sich auf das Amt und nicht auf die Person beziehen (⁹d). Hierher gehören auch die Beinamen der Fürsten und die Ordnungszahlen, welche zur Bezeichnung von Personen gebraucht werden, z. B.:

George IV., *Prince Regent* of England.(⁹e)	Georg IV., Prinz Regent von England.
Sir Walter Raleigh obtained *letters patent* (⁹f) from Elizabeth, to make a settlement in Guiana, in 1617.	Sir Walther Raleigh erhielt von Elisabeth Patent=Briefe, um im Jahre 1617 eine Niederlassung in Guiana zu gründen.
Ursa *major*. Asia *Minor*.	Der große Bär. Klein=Asien.
The *States General* of Holland.	Die Generalstaaten von Holland.
Lieutenant-*general*. Major-*general*. (¹⁰)	Generallieutenant. Generalmajor.
The Duke of Devonshire was *Ambassador Extraordinary* (¹¹) at the court of *Petersburg.* — Lieutenant-*Colonel*.	Der Herzog von D. war außerordentlicher Gesandter am Hofe von St. Peters= burg. (¹²) — Oberstlieutenant.
Frederic *the Great*. Charles *XII*.	Friedrich der Große. Karl XII.
Chapter the first ob. *The first chapter* (⁹d).	Das erste Kapitel.

Auch: Inspector-*general*, paymaster-*general*, commander-in-*chief*, the body-*politic*, Paradise *Lost*, Jerusalem *Delivered*.

C. Von der Stellung des Subjects (Nominativs) und Objects (Accusativs). Hauptwort und Fürwort.

VII. Das Subject (Nominativ) steht vor dem Zeitwort rc.

1. In der natürlichen Wortfolge des Hauptsatzes geht das Sub= ject voraus; ihm folgt unmittelbar die Copula (Hülfszeitwort) und das Prädicat tritt ans Ende, wie im Deutschen, z. B.:

(⁹c) Läßt man in solchen Sätzen *so* weg, so kann man das Adjectiv dem Hauptwort vorstellen: An *admirably educated* child — An exceedingly *studious* boy, etc.; auch kann man Almighty God, *infinite goodness*, a *terrible* event sagen.
NB. Vergleiche hierüber Reg. II. — V. Seite 423.
(⁹d) **NB. 1.** Wenn (mit Ausnahme des Worts *regent*, welches stets nachsteht) die obigen Adjective sich auf die Person beziehen, so werden sie ihrem Hauptworte vorgesetzt, z. B.:
A *general* rule. Colonel Wilson. *Major Boyd*. | Eine allgemeine Regel. Oberst Wilson. Major Boyd.
An *extraordinary* man. A *minor* fault. A *patent* machine. He sells only *patent* articles. | Ein außerordentlicher Mann. Ein geringer Fehler. Eine patente Maschine. Er verkauft nur patentirte Artikel.
NB. 2. Die Adjective: *dowager, adjacent, possible, imaginable, preceding*, so auch die grammatischen Benennungen, *active, passive*, etc., können dem Hauptworte vor oder nachstehen, z. B.: The *queen dowager* ob. the *dowager queen* (die Königin=Wittwe). The country *adjacent*, ob. the *adjacent* country (die umliegende Gegend). All means *possible, imaginable* ob. all *possible, imaginable means* were employed (alle mögliche Mittel wurden angewendet). A verb *active* ob. an *active* verb, etc.
NB. 3. Bei Citationen und Ueberschriften können die Ordnungszahlen vor, oder nachstehen, z. B.: Book the *second*, scence the *third* ob. the *second book, third* scence, etc., January the *tenth*, May the *twelfth* ob. The *tenth* of January the *twelfth* of May 1865, etc.
(⁹e) **NB.** Man sagt: Queen Victoria, aber Victoria, queen *of* England, etc.
(⁹f) *Letters patent* sind offene, mit dem großen Siegel von England versehene Briefe, welche solche obrig= keitliche Befehle enthalten, die Jedermann angehen und deshalb öffentlich bekannt gemacht werden.
(¹⁰) Hierüber siehe Regel XVIII. Seite 92.
(¹¹) Wenn man das Adjectiv *extraordinary* dem Hauptwort vorsetzt, so bezieht es sich auf den Gesandten selbst, und nicht auf sein Amt und bezeichnet ihn in seiner Eigenschaft als Gesandter als einen außerordentlichen, d. h. merkwürdigen Menschen.
(¹²) Das Weitere über die Adjective siehe Kap. IV. Seite 423.

Man *is mortal*. We *are well*.	Der Mensch ist sterblich. Wir sind wohl.
The child *has slept*. It *is ill*.	Das Kind hat geschlafen. Es ist todt.
Your brother *has worked*, but you *have played*.	Ihr Bruder hat gearbeitet, Sie aber haben gespielt.
You and *he* and *I* were present. (12b)	Sie und er und ich waren zugegen.
The lady, whom we saw yesterday, is dead.	Die Dame, welche wir gestern sahen, ist todt.

NB. Obiges ist im Englischen auch die Wortfolge in den Nebensätzen, im Deutschen dagegen folgt dem Subjecte das Prädicat und unmittelbar nach demselben, am Ende des Satzes, die Copula, z. B.:

Because *man is* mortal, he must die.	Weil der Mensch sterblich ist, so muß er sterben.
As soon as the child *has slept*.	Sobald das Kind geschlafen hat.
Although your brother *has worked*.	Obgleich Ihr Bruder gearbeitet hat.

2. Im Deutschen tritt das Object (Accusativ) vor das Prädicat, welches den Satz schließt, im Englischen dagegen muß das Object immer am Ende stehen, z. B.:

I have written *a long letter*.	Ich habe einen langen Brief geschrieben.
We have often spoken *with him*.	Wir haben oft mit ihm gesprochen.

3. Im Deutschen geht das Zweckwort (Dativ) dem Objecte in der Regel voran, im Englischen kann dasselbe vor oder nach gestellt werden, am besten aber steht es nach dem Objecte (12c), z. B.:

I have written a letter *to my uncle* (ob. I have written *my uncle* a letter (12d).	Ich habe meinem Oheim einen Brief geschrieben.
He is writing a letter *to his friend*.	Er schreibt seinem Freunde einen Brief.

VIII. Fälle, in denen das Subject nach dem Zeitwort steht.

Es gibt mehrere Fälle, in denen das Subject seine Stelle vor dem Zeitwort verliert; 1. bei der Frage, z. B.:

Is man mortal? *Are* we well?	Ist der Mensch sterblich? Sind wir wohl?
Has the child slept? *Will* he come?	Hat das Kind geschlafen? Wird er kommen?
Do (13) you speak English? *Can* he write?	Sprechen Sie Englisch? Kann er schreiben?
Have you seen the man and woman?	Haben Sie den Mann und die Frau gesehen?

(12b) NB. Im Englischen, wie in den meisten anderen gebildeten Sprachen, steht zuerst der angesprochene, dann die besprochene und zuletzt die sprechende Person, z. B.:
You, your brother, and I, shall go to the country to-morrow. | Sie, Ihr Bruder und ich werden morgen aufs Land gehen.
He wishes to speak *to you, them*, and me. | Er will mit Ihnen, ihnen und mir sprechen.
We shall speak this evening, *you, they*, and I. | Wir kommen heute Abend, Sie, sie und ich.

NB. 2. Aehnlich wie im Deutschen, setzt man bisweilen im Englischen, hier aber nicht richtig, den Dativ eines Fürworts als Parenthese zwischen den Artikel und das Objectiv, z. B.:
She felt herself uneasy in *this (the)*, to her, new and disagreeable position, statt:
She felt herself uneasy in her new and disagreeable position.

(12c) NB. Der Dativ muß jedoch immer vorangehen, wenn der Accusativ noch einen ihn näher bestimmenden Zusatz bei sich hat, z. B.:
He sent *me* the letter *which he had received* from his uncle.

(12d) NB. Im Deutschen bekommen die Fürwörter, ihrer schwachen Betonung wegen, fast nie die Stelle, welche das Substantiv einnehmen würde, sondern treten vor die übrigen Bestimmungen, im Englischen dagegen nehmen sie die Stelle des Hauptworts ein, z. B.:
He painted *it* for his friend. | Er malte es (das Bild) seinem Freunde.
He painted *the picture* for his friend. | Er malte seinem Freunde das Bild.

(13) NB. 1. Bei fragenden und verneinenden Sätzen mit dem Hülfszeitwort to do ist die Versetzung des Fürworts durch den Gebrauch dieses Hülfszeitworts bedingt und eigentlich nur eine scheinbare; eine wörtliche Uebersetzung derselben wird auch hier die Uebereinstimmung in der Stellung der Wörter zeigen, z. B.:
Do you like to eat and sleep? | Essen Sie, schlafen Sie gern? (m. thun Sie gern?)

2. Bei ben hinweisenden Fürwörtern und Pronominaladverbien vergl. Reg. II. Seite 404, z. B.:

These are my reasons, now I should like to hear yours.	Diese sind meine Gründe, jetzt möchte ich die Ihrigen hören.
There is the letter I have received from my friend.	Da ist der Brief, welchen ich von meinem Freunde erhalten habe.
Then came the question, what was to be done for him?	Dann kam die Frage, was für ihn zu thun sei?

3. Beim Imperativ und im Falle, wo ein intransitives Zeitwort unpersönlich gebraucht wird, z. B.:

Long live the king. *Be thou* good.	Es lebe der König. Sei (du) gut.
May you never know sorrow.	Mögen Sie nie Kummer kennen.
In London *there lived a* man who never drank wine.	In London lebte ein Mann, welcher nie Wein trank.

4. Bei eingeschobenen Sätzen, welche dazu dienen, die angeführten Worte einer Person dieser zuzuschreiben, z. B.:

Why, *returned Moses*, I think I can grant that.	Nun, erwiederte Moses, ich denke ich kann dieses zugeben.
Well, *replied she*, that is quite true.	Nun, erwiederte sie, dies ist ganz wahr.
How! woman, *cried I to her*, is it thus we treat strangers? (13b)	Was! Frau, rief ich aus, behandelt man so die Fremden?

NB. Von dieser Regel weicht man im Englischen ab, so oft das Zeitwort des eingeschobenen Satzes in einer zusammengesetzten Zeit steht, z. B.:

Ay, neighbour, *she would answer, etc.*	Ja, Nachbar, pflegte sie zu antworten 2c.
Yes, my friend, *he used to say, etc.*	Ja, mein Freund, pflegte er zu sagen.

IX. Die Stellung der besitzanzeigenden und hinweisenden Fürwörter nach all, both, 2c. und der Genitiv of which, of whom abweichend vom Deutschen.

1. Die besitzanzeigenden und hinweisenden Fürwörter haben dieselbe Stellung, wie der Artikel, stehen also abweichend vom Deutschen unmittelbar nach den Wörtern all, both, 2c. (vgl. Reg. II. S. 370), z. B.:

All his money, all his fortune is lost.	Sein ganzes Geld, Vermögen, ist verloren.
Both her brothers ob. *her two* brothers.	Ihre beiden Brüder.
Double their riches is not sufficient.	Ihr doppelter Reichthum ist nicht genug.
Both these houses belong to me. (14)	Diese beiden Häuser gehören mir.

NB. 2. In Sätzen wie „Es ist mir sehr angenehm 2c." muß im Englischen das Fürwort ans Ende gestellt werden, da im Allgemeinen das regierende Wort dem regierten vorausgeht, z. B.: Es ist ihm, ihr, uns sehr unangenehm. It is very disagreeable *to him, her, us.* Es thut mir, ihm, ihr 2c. leid, dieses zu hören. I am, *(he, she is)* very sorry *to hear it.* (Vergl. hierüber §. 174 Seite 296.)

NB. 3. Wenn das unpersönliche Fürwort *it* an die Stelle des Subjects tritt, so ist die Stellung umgekehrt wie im Deutschen; *It is I,* (ich bin es), *it is we* (wir sind es) 2c. (Vergl. § 70, S. 183).

NB. 4. Die Stellung des Fürwortes *self,* selbst, ist in der Regel wie im Deutschen, d. h. entweder vor dem Zeitworte oder ganz am Ende des Satzes; das erstere ist nachdrücklicher, das letztere ist gebräuchlicher, z. B: I *myself* saw him, ob I saw him *myself.* | Ich selbst sah ihn, ob. ich sah ihn (mich) selbst. S. §. 83—85, Seite 192; aber das deutsche „sich" s. Reg. XXIII. Seite 459.

(13b) NB. Ist das Zeitwort mit einem Adverb zu einem einzigen Begriff verschmolzen, und tritt das Adverb an den Anfang des Satzes, so wendet man gleichfalls jene Umstellung an, z. B.: Down came *the* lady dressed in white. | Herunter kam die in Weiß gekleidete Dame. The sun set and up rose the moon. | Die Sonne ging unter und auf ging der Mond. Before the house stood three tall trees. | Vor dem Hause standen drei hohe Bäume.

(14) Das Adjectiv whole, ganz, muß natürlich auch in diesem Falle unmittelbar vor seinem Substantiv stehen, z. B.: My *whole* family (ob. the *whole of* my family). | Meine ganze Familie.

2. Die Genitive *of which* und *of whom*, dessen, deren, stehen abweichend vom Deutschen stets nach dem sie regierenden Dingworte, z. B.:

The house upon *the lease of which* he lived, is burned down.	Das Haus, von dessen Miethzins er lebte, ist abgebrannt.
The ship *the captain of which* is dead, is to be sold.	Das Schiff, dessen Kapitän gestorben ist, ist zu verkaufen.
The man by *the help of whom* (besser: *by whose help*) he was saved.	Der Mann, durch dessen Hülfe er gerettet wurde.

X. Die Stellung der beziehenden und fragenden Fürwörter wie im Deutschen.

Die beziehenden und fragenden Fürwörter haben im Allgemeinen dieselbe Stellung im Englischen wie im Deutschen, z. B.:

This is the man, *whom* I saw yesterday.	Dieß ist der Mann, welchen ich gestern sah.
This is the lady *to whom* I gave the money. (15)	Dieß ist die Dame, der ich das Geld gab.
Who knows my brother? *Who* calls me?	Wer kennt meinen Bruder? Wer ruft mich?
Whom are you looking for? My brother.	Wen suchen Sie? Meinen Bruder.
Which man says it? This man.	Welcher Mann sagt es? Dieser Mann!
What do you think of it? Nothing.	Was halten Sie davon? Nichts.

D. Von der Stellung (Place) des Zeitworts.

XI. Das Prädikat (Zeitwort) steht in der einfachen Zeit gewöhnlich vor oder nach dem Subjecte, im Englischen wie im Deutschen.

a) Bei einer Bejahung nach dem Subjecte (Nominativ), z. B.:

I read and write. *I come* or go.	Ich lese und schreibe. Ich komme oder gehe.
If I read and write. *The child is* dead.	Wenn ich lese und schreibe. Das Kind ist todt.
If I come or go, eat or drink.	Wenn ich komme oder gehe, esse oder trinke.

b) Bei einer Frage vor dem Subjecte (Nominativ), z. B.:

Will you come with me, if I go?	Wollen Sie mit kommen, wenn ich gehe?
Will your brother go to London? (16)	Will Ihr Bruder nach London gehen?

NB. 1. In fragenden (nicht aber in bejahenden) passiven Sätzen, setzt man im Englischen, wie im Deutschen, das Particip ans Ende, z. B.:

By whom *has* your house *been built?*	Von wem ist Ihr Haus gebaut worden?
Where *was* Wellington, the hero of Waterloo, *born?* (17)	Wo ist Wellington, der Held von Waterloo, geboren?

15) NB. Um Zweideutigkeiten zu vermeiden, müssen die beziehenden Fürwörter "who, which" wie im Deutschen stets so nahe als möglich bei demjenigen Hauptworte stehen, worauf sie sich beziehen, z. B.: *The master* punished the boy for idleness, *who* never chastises without a reason, muß heißen: *The master, who never chastises without a reason, punished the boy for idleness.*

(16) Es ist wohl zu merken, daß man nie im Englischen wie im Französischen in einem Fragesatze zwei Nominative vor dasselbe Zeitwort setzen darf, z. B.: *Votre frère, ira-t-il à Londres?* | Ihr Bruder, will er nach London gehen?
NB. Im rednerischen Styl weicht man bisweilen von der allgemeinen Regel ab, z. B.: *"The guardian of my youth, and the friend of my maturer years; my physician in sickness, my prudent adviser in health; he surely will not be long absent from me in this emergency". — "If thou art he; he, but oh! how fallen"*. Das erste he nennt man ein *Analepsis*, das zweite ein *Anacoluthon*.

(17) NB. Ist der Satz aber bejahend, so steht das Particip unmittelbar nach dem Hülfszeitwort, z. B.: *My house has been built* by Mr. N. — Wellington, the hero of Waterloo, *was born* in Ireland.

NB. 2. Bei dem Conjunctiv, wenn man die Conjunction *if* (wenn) wegläßt, so steht das Zeitwort ebenfalls vor dem Subjecte, z. B.:

Were I in your place, I would go.	Wäre ich an Ihrer Stelle so ginge ich.
Had he his will, he would come. (18)	Hätte er seinen Willen, so käme er.

XII. Die Stellung des Zeitworts verschieden vom Deutschen.

Im erzählenden Styl ꝛc. setzt man im Deutschen das Zeitwort dem Subject (den Nominativ) vor, im Englischen aber darf man dieses nicht, z. B.:

Now I will tell you the story.	Jetzt will ich Dir die Geschichte erzählen.
On the same day, she came to me.	An demselben Tage kam sie zu mir.
Perhaps you have my book.	Vielleicht haben Sie mein Buch.
Thence it comes. Therefore *I cannot.*	Daher kommt es. Daher kann ich nicht.
Here she is. There *it is.* (18b)	Hier ist sie. Da ist es.

XIII. Das Zeitwort nie am Ende eines Satzes wie im Deutschen.

Das einfache Zeitwort steht nie am Ende des Satzes wie im Deutschen; dies ist hauptsächlich der Fall, wenn eine Conjunction sich in der Phrase befindet, z. B.:

Although I *have* little money.	Ob ich gleich wenig Geld habe.
If you *are* my friend, prove it.	Wenn Du mein Freund bist, beweise es.
When I *was* last in London.	Als ich zuletzt in London war.
Because he *is* a good man.	Weil er ein guter Mann ist.

XIV. Die Stellung der Zeitwörter in den zusammengesetzten Zeiten ganz verschieden vom Deutschen.

Im Deutschen setzt man das Object mit seinem ganzen Anhange zwischen das Hülfszeitwort und das Particip, im Englischen setzt man dagegen Alles, was von dem Zeitworte abhängt oder regiert wird, hinter dasselbe, auch wenn es in einer zusammengesetzten Zeit oder mit einem Hülfszeitworte gebraucht wird, z. B.:

I *have had* the money. (18c)	Ich habe das Geld gehabt.
I *shall give* the money.	Ich werde das Geld geben.
I *should have given* the money. (19).	Ich würde das Geld gegeben haben.
When I *shall have given* the money. (20)	Wenn ich das Geld gegeben haben werde.

---

(18) Wenn das Zeitwort in dem Bedingungssatze kein Hülfszeitwort bei sich hat, sondern in einer einfachen Zeit gebraucht wird, so darf die Conjunction *if* nicht ausgelassen werden, was wohl zu beachten ist, z. B.:

Liebte er mich, so thäte er es.	*If he loved me*, he would do it.

(18b) NB. Die Fälle, wo man den Nominativ dem Zeitwort nachsetzen darf, finden sich Reg. II. S. 405.

(18c) NB. 1. Das Object kann nur dann vor das Particip treten, wenn *to have* nicht Hülfs- sondern selbstständiges Zeitwort ist, z. B.:

He has *her painted* He has *painted her.*	Er besitzt sie gemalt Er hat sie gemalt.
When will you have *it done?* To-morrow.	Wann werden Sie es fertig haben? Morgen.
I have *nothing written, done.* Aber:	Ich habe nichts Geschriebenes, Gemachtes.
I have *done, written, learned* nothing.	Ich habe nichts gethan, geschrieben, gelernt.

NB. 2. Dieselbe Stellung hat das Object bei *to have* und *to get* in der Bedeutung von lassen, z. B.:

I must *get a coat made.*	Ich muß mir einen Rock machen lassen.
He has *had his books bound.*	Er hat seine Bücher binden lassen.

(19) NB. In der Poesie und in der feierlichen Rede setzt man häufig den Accusativ und Nominativ ꝛc. vor das Zeitwort, z. B.:

Thee haughty tyrants ne'er shall tame.	Dich sollen hochmüthige Tyrannen nie unterjochen.
Her who is disobedient punish.	Sie, welche ungehorsam ist, strafe.

The season of her maidenhood was past,
And at *the altar she* had knelt — a bride ..
Dear to me *is* my daughter, but dearer still *my faith.*

(20) Ueber die Stellung der Zeitwörter in den zusammengesetzten Zeiten, f. S. 191, ꝛc., S. 316—322.
NB. Kommen in einem Satze mehrere zusammengesetzte Zeiten vor, so darf ein gleich- aber nicht ein verschieden lautender Theil des Hülfszeitworts ausgelassen werden, z. B.:

I *can read* it. I *can do* it.	Ich kann es lesen. Ich kann es thun.
I *shall tell* (it) him.	Ich werde es ihm sagen.
You *will come* to me. (²¹)	Sie werden zu mir kommen.
Who *has built* your house?	Wer hat Ihr Haus gebaut?
The Revolution *has placed* Mr. Thomson in a very disagreeable position.	Die Revolution hat Herrn Thomson in eine sehr unangenehme Lage versetzt.

E. Von der Stellung (Place) des Adverbs.

XV. Das Adverb wie im Deutschen

Wenn ein Zeitwort oder Adjectiv oder auch ein Adverb seiner Beschaffenheit nach näher bestimmt werden soll, so geschieht dies durch ein hinzugefügtes Adverb mit der Endung *ly*, welches nach dem Zeitwort und vor dem Adjectiv stehen muß, z. B.:

He writes *beautifully* (nicht beautiful.)	Er schreibt schön.
This house is *extremely large*.	Dieses Haus ist sehr groß.
He speaks English *very correctly*.	Er spricht das Englisch sehr fehlerfrei.

NB. Man kann aber sagen: *he writes (speaks) quick* oder *slow*.

XVI. Die Adverbien anders als im Deutschen.

1. Zwischen dem Nominativ und dem Zeitwort stehen gewöhnlich die Adverbien der Zeit (wenn sie nämlich eine unbestimmte Zeit ausdrücken), als:

Never, * (²²) nie.	Then*, dann.	Mostly*, meistens.
Often*, oft.	Soon*, bald.	Frequently*, häufig.
Now*, nun.	Seldom*, selten.	Suddenly*, plötzlich.
Always*, stets.	Rarely*, selten.	

2. Auch stehen einige andere Adverbien auf *ly* zwischen dem Nominativ und dem Zeitwort, z. B.:

Actually*, wirklich.	Probably, wahrscheinlich.	Unfortunately, leider, un-
Really, wirklich.	Scarcely, kaum.	glücklicherweise x., z. B.:

I *never* drink wine or beer.	Ich trinke nie Wein oder Bier.
We *always* speak English.	Wir sprechen immer englisch.
You *probably* mean this book.	Wahrscheinlich meinen Sie dieses Buch.
The robber *actually* killed the man.	Der Räuber tödtete den Mann wirklich.

3. In der zusammengesetzten Zeit stehen die übrigen Adverbien in der Regel zwischen dem Hülfszeitwort und dem Particip oder dem mit dem Hülfszeitworte verbundenen Infinitiv, z. B.:

This may serve for any book that *has*, or *had been published*; aber nicht: This may serve for any book, that *has* or *shall be published*; statt: This may serve for any book, that *has been* or *shall be published*.

(21) NB. 1. Wenn die Zeitwörter bid, command, *desire, hear, let, order, see* oder *wish* einen Infinitiv bei sich haben, so wird das von dem letzteren abhängige Object nicht nach, sondern vor den Infinitiv gesetzt. Im Deutschen kann man sich in einigen Fällen ebenso ausdrücken, in den meisten aber muß man die Umschreibung mit *daß* wählen, z. B.:

I *wished* him *to come* to me.	Ich wünschte, daß er zu mir komme.
She *let* the child *fall*.	Sie ließ das Kind fallen.
I *saw* the servant *do* it.	Ich sah, daß der Bediente es that.
You *should make* him *go*.	Sie sollten ihn gehen lassen.

NB. Das Weitere hierüber findet man Reg. XLIV, Seite 514.

(22) Die mit * bezeichneten Adverbien erleiden eine Versetzung, z. B.:

I *now* see it, oder I see it *now*, ob. now I see it. *Never*, said he.	Ich sehe es jetzt, oder jetzt sehe ich es, x. Er sagte es. (S. Reg. II. S. 405).
He goes to London very *often*.	Er geht sehr oft nach London.

It was *very cleverly* made. (²³)	Es war sehr geschickt gemacht.
This will be *perfectly* understood.	Dies wird völlig verstanden werden.
He will *probably* go to-day.	Er wird wahrscheinlich heute gehen.

4. Ist das Zeitwort ein thätiges, so darf nie das Adverb zwischen dem Zeitwort und dem Objecte, wie bisweilen im Deutschen, stehen, wenn letzteres im Accusativ ist; in diesem Fall muß das Adverb gleich **n a ch** dem Nominativ und **v o r** dem Zeitworte stehen, z. B.:

This *greatly* alarmed *the King*.	Dieses beunruhigte den König s e h r.
His manners *much* displeased *me*.	Seine Manieren mißfielen mir s e h r.
This *naturally* produced *a quarrel*.	Dieses rief n a t ü r l i c h e r w e i s e einen Streit hervor.
I was writing a letter *at that time*.	Ich schrieb d a m a l s einen Brief.

Auch kann man oft das Adverb nach dem Objecte setzen, z. B.:

The King rewarded his ministers *very liberally*.	Der König belohnte seine Minister s e h r f r e i g e b i g.
His manners displeased me *much*. (²³b)	Seine Manieren mißfielen mir s e h r.

5. Verlangt das Zeitwort eine Präposition nach sich, so kann das Adverb nach dem Zeitworte und vor der Präposition stehen, z. B.:

He bowed *respectfully* to the whole company. (²⁴)	Er verbeugte sich e h r e r b i e t i g vor der ganzen Gesellschaft.

XVII. Die Adverbien der Zeit anders als im Deutschen.

Die Adverbien der Zeit, die eine bestimmte Zeit (wodurch man eine Gewohnheit zu bezeichnen pflegt) ausdrücken, stehen immer nach dem Zeitworte, als: *daily, weekly, monthly, yearly, quarterly, etc.*, z. B.:

She writes *daily, weekly*; pays *monthly, quarterly, yearly, etc.*	Sie schreibt täglich, wöchentlich; bezahlt monatlich, vierteljährlich, jährlich.

Auch diejenigen, welche Eigenschaften und Gewohnheiten ausdrücken, stehen nach dem Zeitworte, als: *correctly, uprightly, considerately, deliberately, etc.*, z. B.:

He writes *correctly*, acts *uprightly*, does every thing *considerately*, and walks *deliberately*.	Er schreibt fehlerfrei, handelt aufrichtig, thut Alles mit Ueberlegung und geht bedachtsam.

XVIII. Die Adverbien der Zeit anders als im Deutschen.

Alle Adverbien der Zeit (außer denen in Regel XVI. XVII. auf=geführten), als: *to-day*, heute; *to-morrow*, morgen, 2c., und alle Adverbial=Phrasen, die auf Zeit Bezug haben, müssen entweder am Anfang oder am Ende des Satzes stehen, z. B.:

To-morrow I shall come, oder I shall come *to-morrow*.	Morgen komme ich (werde ich kommen). Ich komme (werde) morgen kommen.

---

(23) NB. Obwohl es immer besser ist, obige Adverbien nach dem ersten Hülfszeitwort zu stellen, so können sie doch auch häufig nach dem Particip oder Infinitiv stehen, z. B.:
It was made very cleverly. — Es war sehr geschickt gemacht.
I shall soon have done writing, ob. — Ich werde bald mit dem Schreiben fertig sein.
I shall have done writing soon. — Ich werde mit dem Schreiben bald fertig.
I have not seen it yet, ob. I have not yet seen it. — Ich habe es noch nicht gesehen.
(23b) I like wine much. I like much wine. — Ich liebe den Wein sehr. Ich liebe viel Wein.
(24) NB. 1. In Sätzen wo mehrere Adverbien und mehrere Hülfszeitwörter vorkommen, steht das eine Adverb nach dem ersten, das andere nach dem zweiten Hülfszeitwort, z. B.:
I have always been extremely happy to hear from you.
NB. 2. Im rednerischen Styl fängt der Satz häufig mit dem Adverb an, z. B.:
How completely this amiable man has succeeded in promoting virtue.

Four years ago I was in London, ob. I was in London *four years ago*. (25)	Vor vier Jahren war ich in London. Ich war vor vier Jahren in London.
Nie aber wie im Deutschen: I have *four years ago* in London been.	

NB. Dieser Regel gehören auch die Wörter *still, by degrees, now and then, &c.,* an, z. B.:

I think *so still*; I *still* think *so*; *still* I think *so*.	So denke ich immer noch.
By degrees I learned the language, ob. I learned the language *by degrees*.	Nach und nach lernte ich die Sprache &c. Ich lernte die Sprache nach und nach.
Now and then I drink wine, ob. I drink wine *now and then*.	Dann und wann trinke ich Wein, ober: Ich trinke dann und wann Wein.

XIX. Die Adverbien only, yet, not, ago, hence, enough, perhaps (26) anders als im Deutschen.

1. *Yet,* noch, sogar, steht in Verbindung mit *not* zum Ausdruck des deutschen **noch nicht** immer nach der Verneinung und zwar entweder unmittelbar, also *not yet,* oder hinter dem Zeitworte, z. B.:

He is *not yet* come ob. he is *not* come *yet*.	Er ist noch nicht gekommen.
Have you written your letter? *Not yet*.	Haben Sie Ihren Brief geschrieben? Noch nicht.

2. Steht **not** (mit oder ohne Zeitwort) in Verbindung mit einem Haupt= oder Fürwort oder Adverb, so wird *not* gewöhnlich vorgesetzt, obgleich man es im Deutschen nachsetzt, z. B.:

Will Mr. Debt pay the money?	Wird Herr Debt das Geld bezahlen?
Not he! he'll never pay it.	Nein, er wird es nie bezahlen.
Who broke the looking-glass?	Wer hat den Spiegel zerbrochen?
Not I, I assure you.	Ich nicht, ich versichere Sie (Ihnen).
It was *not he, she, we, you*.	Er, sie, war (wir, Sie waren) es nicht.
Will you go out? *Not to-day; nor to-morrow either*. (27)	Wollen Sie ausgehen? Heute nicht; morgen auch nicht.

---

(25) NB. In Satzgefügen setzt man die adverbialen Ausdrücke am besten zwischen das Hülfswort und das Zeitwort in das zweite Glied des Satzes, z. B.:

He who studies well, can, *in one year*, make great progress in English.	Derjenige, welcher gut studirt, kann in einem Jahr große Fortschritte im Englischen machen.
I have *now*, and have (a) *long (time)* had, leisure for contemplation.	Ich habe jetzt und habe schon lange Ruhe zu Betrachtungen gehabt.

(26) NB. Das deutsche vielleicht wird in Fragesätzen mit fragender Vorstellung durch to happen, in Fragesätzen aber mit bejahender Vorstellung bloß durch die fragende Betonung ausgedrückt durch *perhaps* wiedergegeben, z. B.:

Do you *happen* to know where Mr. N. lives?	Wissen Sie vielleicht wo Herr N. wohnt?
Perhaps you know where Mr. N. lives?	Sie wissen vielleicht wo Herr N. wohnt?
Perhaps you will come?	Kommen Sie vielleicht?

(27) NB. 1. Die Verneinungspartikel not steht a) in verneinenden Sätzen bei einfachen Zeitformen unmittelbar nach dem Zeitwort, bei zusammengesetzten Zeiten aber nach dem Hülfszeitwort, z. B.:

I am *not* happy. I know *not*.	Ich bin nicht glücklich. Ich weiß nicht.
We have *not* seen the house.	Wir haben das Haus nicht gesehen.
He does *not* believe it. She does *not* love.	Er glaubt es nicht. Sie liebt nicht.

b) In fragenden Sätzen nach dem Subjecte (Für= oder Hauptwort), z. B.:

Is he *not* happy? Can you *not*?	Ist er nicht glücklich? Können Sie nicht?
Has your *friend not* been in Paris?	Ist Ihr Freund nicht in Paris gewesen?
Does he *not* study diligently?	Studirt er nicht fleißig?

NB. Man kann die Verneinungspartikel not auch vor das Subject setzen, jedoch mit etwas modificirtem Sinne, z. B.:

Ought *I not* to pay him? — No, you ought *not* to pay him. — Ought *not I* (to) pay him? — No, you ought *not*, but he ought to pay him. — Could a man *not* do that? — Could *not* a man do that better than a woman?

c) Vor dem Infinitiv und vor dem Particip der Gegenwart, z. B.:

He begged me *not* to come, to go.	Er bat, nicht zu kommen, gehen.
Not having time to go myself, I sent.	Da ich selbst keine Zeit hatte, zu gehen, so schickt ich hin.

NB. Die Präposition to darf nie durch ein anderes Wort vom Infinitiv getrennt werden.

3. Das Adverb **ago** (vor) und **hence** (über, in, künftig) muß
an stets hinter das zeitbestimmende Hauptwort setzen, obgleich die
entsprechenden Wörter im Deutschen meistens vor demselben stehen, z. B.:

was in London *seven years ago*, ob.	Ich war vor 7 Jahren in London, ob.
ven years ago, I was in London.	Vor sieben Jahren war ich in London.
is now *a long time ago* ob. *since.*	Es ist jetzt eine lange Zeit her.
saw the King *a long time ago.*	Vor langer Zeit sah ich den König.
week *hence* (ob. *in a week*), I shall be in Paris.	Künftige Woche (in acht Tagen), werde ich in Paris sein.

4. Das Adverb und Adjectiv **enough** (genug), muß nach dem
Zeitworte, Adjectiv und Adverb, kann aber entweder vor oder nach
dem Hauptworte, stehen, z. B.:

I had money *enough*, I would help the poor, ob. if I had *enough* money.	Wenn ich Geld g e n u g hätte, so würde ich den Armen helfen.
you have *said, done*, etc., *enough*.	Sie haben genug g e s a g t, gethan, 2c.
he is *happy (well, good) enough*. (²⁸)	Er ist glücklich (wohl, gut), g e n u g.

5. Was die Stellung des **only** (nur, bloß) betrifft, so hat man
wohl zu beachten, welches Wort durch dasselbe beschränkt werden soll,
da es stets vor dieses treten muß. Folgende Beispiele werden die
richtige Stellung dieses Wortes vollkommen veranschaulichen, z. B.:

only saw the King, but did not speak to him.	Ich s a h den König b l o ß, sprach ihn aber nicht.
saw *only the King*, but *not* the Queen.	Ich s a h b l o ß den König, aber nicht die Königin.

In dem ersten Satze wird das Zeitwort *saw*, im zweiten das Object *the king*
beschränkt, folglich muß *only* vor denselben stehen.

not *only* saw the King, but *spoke* to him.	Ich sah den König nicht nur, son= dern sprach auch mit ihm.
saw not *only the King*, but the *Queen.*	Ich sah nicht nur den König, son= dern auch die Königin.
ly *I saw* the King.	Nur ich (d. h. kein Anderer) s a h den König.

NB. Beschränkt *only* ein Object, so kann man es auch nach demselben setzen. z. B.:

will buy the black horse *only*.	Ich will b l o ß das schwarze Pferd kaufen.

XX. Stellung mehrerer zu einem Satze gehöriger Adverbien.

Wenn sich in einem Satze mehrere Adverbien befinden, so ist
er die Reihenfolge ihrer Stellung Folgendes zu bemerken: 1) kom=

Ausnahmen von der obigen Regel.

NB. 2. Sind die persönlichen Fürwörter directe Objecte, so schließen sie sich ihrer Kürze wegen unmittelbar dem Zeitworte an und so tritt in diesem Falle bei einfachen Zeitformen hinter das Subject, behält aber bei zusammengesetzten Zeiten seine Stellung nach dem Hülfs= zeitwort, z. B.:

I have *it* not. I had *them* not.	Ich habe es nicht. Ich hatte sie nicht.
We saw *him* not*. We heard *her* not.	Wir sahen ihn nicht. Wir hörten sie nicht.
I have *not* had it. She will *not* do it.	Ich habe es nicht gehabt. Sie will es nicht thun.

* In Fällen wie die obigen, läßt der Engländer häufig das Fürwort weg, z. B.:

Have you my knife? No, I *have* not.	Haben Sie mein Messer? Nein, ich habe es nicht.

NB. ** Außer bei dem Zeitworte *to have* findet diese Construction nur selten statt, weil man bei den andern Zeitwörtern sich gewöhnlich des Zeitworts *to do* bedient, z. B.:

I *did* not see him. We *did* not hear her.	Ich sah ihn nicht. Wir hörten sie nicht.
I *did* not take it. She does *not* like it.	Ich nahm es nicht. Es gefällt ihr nicht.

NB. 3. In folgenden und ähnlichen Fällen herrscht im Englischen und Deutschen ein ver= schiedener Sprachgebrauch, indem der Deutsche den Gedanken negativ, der Engländer positiv, also *„daß nicht*, seitdem nicht" bloß durch *since* ausdrückt, z. B.:

It is a year *since* I saw him. — Es ist ein Jahr, seitdem ich ihn nicht gesehen habe, oder: Es ist ein Jahr, daß ich ihn nicht mehr gesehen habe.

(²⁸) **NB.** *Enough* steht zwischen dem Hülfszeitwort und dem nachfolgenden Infinitiv, z. B.: I had *enough* to do. We are all ready enough to ask advice, but seldom inclined to take it.

men die Adverbien, welche Eigenschaften rc. ausdrücken, 2) folgen die Adverbien des Ortes und diesen endlich 3) die Adverbien und adverbialen Redensarten der Zeit und zwar bei Angabe der Tages= und Stundenzeit erst die letzteren, z. B.:

I saw him there at 6 *o'clock* this *morning.*	Ich sah ihn dort heute Morgen um 6 Uhr.
He *positively* arrived *here yesterday.*	Er ist wirklich gestern hier angekommen.
She must *certainly* have been *in London last year.*	Sie muß gewiß voriges Jahr in London gewesen sein.

NB. 1. Ist der Satz ziemlich lang, so sind die Zeitadverbien am zweckmäßigsten zu Anfang desselben zu setzen, z. B.:

Next year I intend to go to Paris, *thence* to London, and from London I shall proceed to America.	Nächstes Jahr beabsichtige ich nach Paris, von da nach London zu gehen, und von London werde ich meine Reise nach Amerika fortsetzen.

NB. 2. Außer den Adverbien, von welchen im Vorhergehenden die Rede war, gibt es noch viele davon, deren zweckmäßige Stellung in keine bestimmten Regeln zu bringen und daher lediglich dem Ohr und Gefühl überlassen ist.

F. Von der Stellung (Place) der Conjunctionen rc.

XXI. Die Conjunctionen haben im Ganzen dieselbe Stellung im Englischen wie im Deutschen (man vergl. Kap. XV. Seite 363). Insbesondere stehen die einsilbigen Conjunctionen (mit Ausnahme von *then*) immer an der Spitze des Satzes, welchen sie mit einem andern verbinden, z. B.:

If you cannot do it, he *or* she will certainly do it.	Wenn Sie es nicht thun können, er oder sie wird es gewiß thun.
He *and* she are virtuous, *thence* they are happy.	Er und sie sind tugendhaft, folglich sind sie glücklich.

NB. Die meisten mehrsilbigen Conjunctionen dagegen können (mit Ausnahme) von *whereas*) dahin gestellt werden, wo sie dem Ohre am angenehmsten klingen, am besten aber an die Spitze des Satzes, z. B.:

He is rich, *however* he is not happy, oder: He is rich, he is, *however*, not happy. — You are poor, *therefore* you are much to be pitied, oder: you are *therefore* much to be pitied, etc.

(28b) NB. 1. Zuweilen trifft man *but* statt *that* gebraucht; dies ist aber falsch, denn nach allen Zeitwörtern, welche „Zweifel, Furcht, Verläugnung" bezeichnen, muß man, wie es Deutschen, *that* (daß) und nicht *but* brauchen, z. B.:

I doubt not *that* I shall be able to do it (nicht: I doubt not *but*, etc.	Ich zweifle nicht, daß ich es werde thun können.
I do not *fear that* he will come.	Ich fürchte nicht, daß er kommen wird.
I don't in the least (od. *I don't at all*) doubt *that* it is true.	Ich zweifle zwar nicht (nicht im geringsten), daß es wahr ist.

NB. Nach *not so* kann man *but that* anwenden, z. B.:
The house was *not so* completely destroyed *but that* he could discover *some* traces of his former home.

NB. 2. Nach den Wörtern *nothing* (nichts), *nobody, no one* (niemand), rc., muß das deutsche „als, außer" mit *but* übersetzt werden, z. B.:

I have *nothing but* sorrow.	Ich habe Nichts als Kummer.
I saw *nobody (no one) but* your brother.	Ich sah Niemanden als Ihren Bruder.

Wenn aber das Wort *else* (anders, sonst), *no other* (kein anderer) darauf folgt, so muß „als, außer" mit *than* gegeben werden, z. B.:

He is nothing *else than* a bad character.	Er ist Nichts anderes als ein schlechter Charakter.
It was *no other than* the king.	Es war kein Anderer als der König.

XXII. Die Conjunctionen *but*, aber, und *yet*, doch, welche im Deutschen häufig in den Satz eingeschoben werden, stehen im Englischen immer an der Spitze derselben, z. B.:

This is good, *but* not that.	Dies ist gut, das aber nicht.
He wishes it, *but* I do not wish it.	Er wünscht es, ich wünsche es aber nicht.
Though he is old, *yet* he is as ignorant as my coachman. (29)	Obgleich er alt ist, so ist er doch ebenso unwissend als mein Kutscher.

XXIII. Either, Whether or not, ob oder nicht.

Das pleonastisch gebrauchte *either* steht zu Ende des Satzes, z. B.:

She would not go to the ball, *nor I either*.	Sie würde nicht auf den Ball gehen, ich auch nicht.
To be sure not; *nor you either*. (30).	Nein, freilich, und Sie auch nicht. (31)

Whether — *or not* muß in der Regel getrennt werden, z. B.:

I could not feel *whether* the pulse beat *or not*.	Ich konnte nicht fühlen ob der Puls schlug, oder nicht,

und nicht I could not feel *whether or not* the pulse beat.

G. Von der Construction (Wortfolge) im Allgemeinen.

XXIV. *a)* 1. Steht der Artikel, 2. der Nominativ oder Subject, 3. das Zeitwort in den einfachen oder zusammengesetzten Zeiten, 4. das Adjectiv, 5. das Object, 6. die Adverbien der Eigenschaften, 7. die des Ortes und 8. die der Zeit, z. B.:

The watch-maker has made a beautiful watch *very cleverly here to-day*.	Der Uhrmacher hat heute hier eine sehr schöne Uhr sehr geschickt gemacht.

b) Auf das Zeitwort folgt 1. der Accusativ, 2. der Genitiv oder Dativ, z. B.:

He possesses *the virtues* of Socrates.	Er besitzt die Tugenden des Sokrates.
I shall send *the book* to* my brother.	Ich werde meinem Bruder das Buch schicken.

* NB. Wenn *to* wegbleibt (32), so steht der Dativ wie im Deutschen dem Accusativ vor, z. B.:

Give *me* the book. (33)	Geben Sie mir das Buch.

---

(29) NB. Nach *though*, *although* wird *yet* bisweilen ausgelassen, z. B.:
Though she has been often in London (yet) she has not seen the Queen. — Obwohl sie öfters in London gewesen ist, so hat sie doch die Königin nicht gesehen.

(30) NB. 1. Das *either-or* hat ungefähr dieselbe Stellung wie im Deutschen, z. B:
Either (neither) you or (nor) I must go. — Entweder (weder) Sie oder (noch) ich muß gehen.
He will *either* do it badly, or not do it at all. — Er wird es entweder schlecht, oder es gar nicht thun.
NB. 2. Das *either-or* und *neither-nor* müssen unmittelbar vor den Wörtern stehen, auf welche sie sich beziehen, z. B.:
His conduct was better calculated to dazzle than *either* to promote their happiness or his own, muß heißen: than to promote *either* their happiness or his own.
It *neither* improves the understanding, nor *delights* the imagination.

(31) Das Weitere über die Conjunctionen siehe Kap. IX. Seite 556. Ueber *neither-nor* siehe Anm. 9. Seite 364. Ueber „Auch nicht" s. §. 172c, Seite 294.

(32) NB. Wenn der Accusativ lang und der Dativ kurz ist, so steht der Dativ Wohllautshalber voran und umgekehrt, (s. Reg. XVI. S. 413), z. B.:
He brought *me* ten books, and *twenty newspapers*.
Aber: He brought ten books and twenty newspapers *to me*, but not *to you*.

(33) NB. Dies ist die Constructionsordnung für die einfache Prosa und zwar in bejahenden Sätzen; in der Poesie dagegen, im rednerischen und im erzählenden Styl, so wie in Fragesätzen macht man einen weit ausgedehnteren Gebrauch der Inversion, z. B.:

XXV. Nachtrag. Von der Stellung der Präpositionen.

Im Allgemeinen stehen die Präpositionen v o r den Wörtern welche von ihnen regiert werden, z. B.:

He went *to* London *with* his friend. | Er ging nach L. mit seinem Freunde.

Ausnahmen: 1. Die Präpositionen treten an das Ende des Satzes *a)* so bald in einem Relativsatze das von ihnen regierte bezügliche Fürwort ausgelassen ist (vergl. Reg. XLII. S. 468), z. B.:

The man I *was* walking *with*; the woman I received it *from*. | Der Mann, mit welchem ich spazieren ging; die Frau, von der ich es empfangen habe.

b) Wenn das von ihnen abhängige bezügliche Fürwort durch *that* ausgedrückt wird, z. B.:

The horse *that* I spoke to you *of* is dead. | Das Pferd, von dem ich mit Ihnen sprach ist todt.

c) Häufig in der vertraulichen Umgangssprache, z. B.:

What do you want it *for? Whom* did you come with? You are the man *whom* I wished to speak *to*. | Wozu brauchen Sie es? Mit wem sind Sie gekommen? Sie sind der Mann, mit welchem ich zu sprechen wünschte.

Aufgaben über die Wortfolge.

Artikel. Regel I., II. Seite 369.

1. Das ganze *(whole)* Haus war sehr schön eingerichtet. — All' die Bücher sind schön. — Die beiden Kinder sind kränklich. — Ich möchte *(would)* mein Pferd für das doppelte Geld nicht verkaufen. — Meinerseits würde ich es für die dreifache Ehre nicht gethan haben. — In einer halben Stunde komme ich wieder. — Den halben Tag thut er Nichts als rauchen *(to smoke)*. — Ich würde es in der vierfachen Zeit nicht thun können. — Manche Frau, mancher Mann und manches Mädchen ist aus Gram gestorben. — Kein Mensch in der Welt, außer Ihnen, würde so Vieles für mich gethan haben. — Eine solche Tochter findet man selten. — Was für ein schönes *(fine)* Haus und herrlicher Garten! — Es ist eine völlige Ehre.

schön eingerichtet, *beautifully arranged.* | nicht können, *not be able.*
kränklich, *sickly.* | ist gestorben, *has died.*
verkaufen, *to sell* * (34). | aus Gram, *of grief.*
meinerseits, *for my part.* | außer Ihnen, *except yourself.*
komme, *will come.* wieder, *again.* | findet man selten, *is seldom to be found*
Nicht als, *nothing but.* | völlig, *quite.* herrlich, *beautiful.*

How poor are they who have no patience! Ah, how poor!
Pleasure he professed to pursue, but he *gained sorrow.* — How precious is liberty!
Yet their general's love, they all obeyed, statt: *they all obeyed their general's voice.*
Has your brother arrived? Whom did he see in London? What do you require?
Had I but seen him! Were he but here. May heaven preserve us!
What a piece of work *is* man! how noble in reason! how infinite in faculties! in form
and movement, how express and admirable! — (Shakspeare).
"There shall he love, when genial morn appears,
Like pensive Beauty smiling in her tears". — (Campbell).
My Absalom! the voice of Nature cried! | Mein Absalom! rief die Stimme der Natur!
Oh! that for thee thy father could have | O! daß statt deiner dein Vater wäre todt!
died! | Denn blutig war die That, und schnell gethan,
For bloody *was the deed,* and rashly done, | Der meinen Absalom erschlug! — meinen Sohn!
That slew my Absalom! — my son! — | meinen Sohn!
my son! *(Campbell).*
"Man, said he, is born to trouble; a truth often expressed, because often experienced".
And was the ransom paid? It *was;* and paid (what can exalt the bounty more)? for the

(34) Das Sternchen (*) bedeutet, daß das Zeitwort unregelmäßig ist.

Regel III. Seite 370.

2. Ein so guter Knabe, ein so gutes Mädchen, verdient wohl ein so schönes Buch und solche schöne Bilder. — England ist eine eben so mächtige Nation als Frankreich. — Was für ein glücklicher Tag! wie schön! wie entzückend! — Die Frau hat eine zu lange Nase für einen so kleinen Mund. — Die beiden Mädchen haben ein zu kleines Zimmer. — Sie haben mir[2] eine zu schlechte Feder *(pen)* gegeben[1]. — So einen guten König hat man selten. — Wo sind Sie die ganze Zeit gewesen? Ich bin in keiner geringern *(less)* Stadt als London gewesen.

verdient wohl, *well deserves.*	glücklich, *happy.* entzückend, *delightful.*
schönes, *fine.* schöne, *beautiful.*	Nase, *nose.* kleinen, *little.*
Bild, *picture.* mächtig, *powerful.*	hat man selten, *is seldom to be had.*

Adjectiv. Regel IV., V. Seite 371.

3. Ein biederer *(honest)* Mann ist das edelste *(noble)* Werk Gottes. — England ist ein reicher und blühender Staat. — Die Holländer sind im Allgemeinen ein fleißiges, geduldiges, arbeitsames, reinliches, nüchternes und sparsames Volk. — Er hat mir[2] eine[3] ebenso *(as)*[5] falsche als boshafte Geschichte[4] erzählt.[1] — Er ist ein gegen alle Menschen gefälliger *(obliging)* Mann. — Die 88 Fuß 6 Zoll hohe und unten 8 Fuß 4 Zoll dicke Pompejussäule, liegt eine halbe Stunde von Alexandrien entfernt.

blühend, *flourishing.* Staat, *state.*	gegen alle Menschen, *to every one.*
fleißig, *industrious.* geduldig, *patient.*	die Pompejussäule, *Pompey's Pillar which*
arbeitsam, *laborious.* reinlich, *cleanly.*	*is* (88 Fuß ꝛc.) Zoll, *inch.*
nüchtern, *sober.* sparsam, *frugal.*	unten, *at the base.* liegen, *to lie.**
erzählen, *to tell.** als, *as it is.*	Stunde, *mile.* entfernt, *distant.*

Adjectiv. Regel VI. Seite 373.

4. Alexander der Große und Karl der Zwölfte von Schweden waren, sagt Byron, beide Tollhäusler *(madmen)*. — Lese das erste Buch, das dritte Kapitel und die zehnte Seite *(page)* und Du wirst dort die Stelle *(passage)* finden. — Der Generallieutenant und der Generalmajor kommen morgen mit dem Prinzregenten. — Der Fürst von Oettingen-Wallerstein ist früher *(formerly)* außerordentlicher Gesandter in London gewesen. (Anm. 6. S. 303.)

Hauptwort ꝛc. Regel VII.—X. Seite 373.

5. Gott ist allmächtig *(omnipotent)*. Weil Gott allmächtig ist, so kann er Alles thun. — Was haben Sie gethan? Ich habe geschrieben. Was haben Sie geschrieben? Ich habe meinem Freunde einen langen Brief geschrieben. VIII. Haben Sie mein Buch? Nein, ich habe es nicht. — Hat Ihr Bruder den König gesehen? Ja, er hat ihn im Park gesehen. — Sind Sie gern in London? O ja, ich bin sehr gern hier. — Da ist das Geld, welches ich von Paris bekommen *(received)* habe. — Es lebe die Königin und ihre ganze Familie. — Was! rief er aus, das kann nicht wahr sein. — IX. Seine doppelte Thätigkeit wäre nicht hinreichend, [um] ihn aus seiner Verlegenheit zu ziehen. — Meine beiden Brüder sind in Indien und meine ganze Familie ist krank. — Was suchen Sie? Ich suche mein Buch.

sind Sie gern in, *do you like to be.*	hinreichend, *sufficient.*
bin sehr gern, *I like to be.*	ziehen, to extricate. aus, *from.*

| Thätigkeit, *activity.* | Verlegenheit, *difficulties.* |
| wäre nicht, *would not be.* | |

Regel XI.—XIV. Seite 376.

6. Ich studire (*study*) viel, und wäre ich an (*in*) Ihrer Stelle, ich würde noch mehr studiren. — Wenn (Anmerk. 4c S. 362.) ich des Abends lese, so thun mir· die (§. 78. S. 187.) Augen weh. — Wollen Sie mich begleiten (*accompany*), wenn ich morgen nach London gehe? Wenn ich Zeit hätte, [so] möchte ich gern mitgehen. — Wann wurde Kameameha, der König der Sandwich=Inseln, geboren? Er wurde im Jahre 1812 geboren. Sein Minister, oder vielleicht richtiger (*more correctly*), seine Ministerin Kekahuahua, denn sonderbarer Weise ist 'es eine Frau, in (*in the*) deren³ Familie dieses Amt in weiblicher¹ Linie² erblich (*hereditary*) ist, wurde 1797 geboren. — XII. Jetzt muß ich Ihnen meine Abenteuer (*adventure*) in Paris erzählen (*tell*). — Ich bin heute unwohl, deßhalb (*therefore*) kann ich nicht ausgehen. — XIII. Obgleich ich nicht reich bin, so bin ich doch glücklich. — XIV. In meinem Leben habe ich viel Geld gehabt, aber ich weiß nicht wie (*how*) es ist, es macht sich immer Flügel (*wing*) und fliegt davon. — Können Sie das lesen? Nein, aber ich kann es buchstabiren (*spell*).

Stelle, *place.* noch, *still.* nach, *to.*	deren, *of whose.* Amt, *charge.*
Ministerin, *female minister.*	obgleich, *although.* doch, *yet.*
denn sonderbarer Weise, *for extraordinary*	sich, *itself.* immer, *always.*
enough. Linie, *line.*	fliegt, *fly.** davon, *away.*

Regel XV.—XVIII. Seite 378.

7. Lord Brougham spricht sehr schön. — Wir sind außerordentlich lustig (*gay*) gewesen. — Das Windsor=Schloß ist außerordentlich groß (*large*). — XVI. Ich lese beinahe immer Spanisch, selten oder nie Französisch. — Jetzt sehe ich, wie er es gemacht hat. — Sie meinen vielleicht den Herrn Tibs? O ja, er hat seine Frau wirklich geschlagen. — Er verbeugte sich vor mir sehr höflich und ging weiter. — Die Uhr ist wirklich sehr geschickt (*cleverly*) gemacht. — Der Tod der Großfürstin Alexandra von Rußland, Prinzessin von Hessen, betrübte den Kaiser sehr. — Nie werde ich [mit] dieser Arbeit fertig sein. — XVII. Ich bezahle meinen Hauszins halbjährlich und Sie monatlich. — Ein ehrlicher Mann denkt edel, handelt aufrichtig und liebt seinen Freund herzlich. — Herr L ist völlig ruinirt (*ruined*). — XVIII. Morgen werde ich in Paris (sein) und nächsten Winter werde ich in London sein. — Nach und nach werden Sie es einsehen (*perceive*). — Er hat es vollkommen gut geschrieben.

beinahe immer, *almost always.*	betrübte, *afflicted.* sehr, *very much.*
schlagen, *to beat.* Schloß, *castle.*	fertig sein, *have finished.*
sich verbeugen, *to bow.* vor mir, *to me.*	Hauszins, *rent.* edel, *nobly.*
ging weiter, *went along.*	handeln, *to act.* herzlich, *cordially.*
Großfürstin, *Grand-Princess.*	völlig, *totally.* schreiben, *to write.**

Regel XIX., XX. Seite 380.

8. Ist Herr Tarby noch nicht da (*here*)? Nein, mein Herr, er ist noch nicht gekommen. — Haben Sie die Pinakothek gesehen? Noch nicht. — Wer hat mein Buch weggenommen? Ich (er, sie, wir) nicht, ich versichere Sie. — Wollen Sie ins Theater gehen? Heute nicht, morgen

ich nicht. — Vor sechs Wochen war ich in Hamburg. — Sind Sie je
Italien gewesen? Ja wohl, aber es ist [schon] sehr lange her. — In
ht Tagen werde ich in London sein. — Einige (some) Leute glauben
hink), daß, wenn sie nur Geld genug hätten, sie glücklich genug sein
ürden; sie täuschen sich aber sehr. — Ich sah sie bloß, sprach aber
cht mit ihr. — Ich sah bloß sie, aber nicht ihren Mann. — Ich sah
: nicht bloß, sondern sprach auch mit ihr. — Bloß ich sah sie (und kein
nderer.) — (Anmerk. 27 S. 380). Ich befahl (to order) dem Schneider
d dem Schuhmacher heute zu kommen, aber ich sehe, daß sie nicht ge-
mmen sind. — (Anmerk. 21 S. 378.) Gib acht (take care), daß du
s Kind nicht fallen läßest. — Ich sah den König, als er schrieb. —
ir sind nicht glücklich, oder sind wir [es]? Nein; wir sind in der
hat nicht glücklich. — Da ich keine Zeit hatte, zu ihm zu gehen, [so]
rieb ich ihm. — Haben Sie mein Federmesser (pen-knife)? Nein, ich
be es nicht, ich hatte es nicht. — XX. Ich werde Sie wahrscheinlich
chsten Sommer in London treffen. — In ein oder zwei Jahren (Anm. 14
. 173) beabsichtige ich nach Egypten, von dort nach Indien und von
: nach China zu gehen.

schen sich, *deceive themselves.*	in der That, *indeed.*
ß du nicht, *and don't.*	da ich nicht hatte, *not having.*
s er schrieb, *writing.*	sehr, *very much.* treffen, *to meet.*

Regel XXI. — XXIV. Seite 382.

9. Ich werde kommen, wenn ich kann, und er oder sie wird mit
ir kommen. — Möchten Sie mit mir nach Windsor gehen? Ich würde
rn mit Ihnen gehen, ich habe aber keine (not) Zeit. — Es (there)
Keiner, der es nicht weiß. — Ich sah Niemand außer ihm. — Alle,
ßer Einem kamen. — Ich zweifle gar nicht, daß er kommen wird. —
: ist nichts anderes, als ein Trunkenbold (drunkard). — Obwohl ich
ng bin, so habe ich doch viel von der Welt gesehen. — Obwohl er
stern hier war, [so] sah ich ihn doch nicht. — XXIII. Ich bin in der
hat (really) nicht reich, Sie auch nicht. — Sie würden das gewiß
ht gethan haben? Natürlich nicht, mein Bruder auch nicht. — Ich
iß nicht, ob sie kommen wird, oder nicht. — XXIV. Der Schauspieler
t seine Rolle auf der Bühne heute (this) Abend sehr gut gespielt. —
besitzt die Kraft eines Herkules. — Geben Sie mir das Buch!

hauspieler, *play-actor.*	besitzt, *possesses.* Kraft, *strength.*
len, *to play.* Rolle, *part.*	Keiner, *no one.* der nicht, *but.*
der Bühne, *on the stage.*	natürlich nicht, *to be sure not.*

II. Kapitel.

Syntax. Von dem Gebrauche der Artikel.

A. Von dem nichtbestimmenden Artikel *a.*
B. Von der Nichtwiederholung des Artikels.
C. Von dem bestimmenden Artikel *the.*

A. Von dem nichtbestimmenden Artikel *a.*

§. 3. Ueber die Verwandlung des Artikels *a* in *an* vor einem Vocal oder stummen *h*, ist schon Seite 76, und über die Stellung der beiden Artikel in Verbindung mit den Wörtern *all, both, double, etc.* Reg. II. Seite 370 das Nöthige gesagt worden. Hier ist nur noch Folgendes zu bemerken.

I. Fälle, in denen man im Englischen den nichtbestimmenden Artikel, im Deutschen aber den bestimmenden Artikel braucht.

Werden Wörter, welche ein Gewicht, eine Zahl, ein Maß oder eine Zeit bezeichnen, in distributivem Sinne gebraucht, so steht im Englischen der nichtbestimmende Artikel, während man im Deutschen und Französischen den bestimmenden anwendet, z. B.:

This tea costs three florins *a*-pound.	Der Thee (1) kostet 3 Gulden **das Pfund**.
That silk costs *a* (od. *one*) dollar *a*-yard.	Diese Seide kostet einen Thaler **die Elle**.
Ten shillings *a*-piece. (1b).	Zehn Schillinge **das Stück**.
Twice *a*-week. *A* thousand *a*-year.	Zwei Mal **die Woche.** Ein tausend **Pfund des Jahres.**

II. Der nichtbestimmende Artikel in Verbindung mit few und many bei Hauptwörtern in der Mehrzahl.

1. Der unbestimmte Artikel *a* ist gebräuchlich vor Hauptwörtern im Plural, wenn die Wörter *few* oder *many* (2) vorausgehen, z. B.:

---

(1) NB. 1. Stoffnamen wie Holz, Papier, Gold, Tuch, 2c., sowie überhaupt Gegenstände, welche man nicht zählen kann, wie Vieh, Gesinde, Ungeziefer, 2c., haben im Englischen niemals den unbestimmten Artikel vor sich, während man ihn im Deutschen gebraucht, wenn die Gesammtheit des Stoffes als Individuum und gleichsam ein Gegensatz zu andern Stoffen gedacht wird, z. B.:

This is bad *cloth*, good *wood*.	Dies ist ein schlechtes Tuch, ein gutes Holz.
This is *fine paper*, beautiful *gold*.	Das ist ein schönes Papier, ein schönes Gold.

Oben könnte man nicht ein, zwei, drei Tuch, Holz, Papier, Gold, 2c., sagen.

NB. 2 Setzt man aber das Wort *piece* (Stück), 2c., vor den Stoffnamen, so muß man natürlich den Artikel gebrauchen, z. B.:

This is a *fine piece* of cloth.	Dies ist ein schönes Stück Tuch.
A good *piece* of wood, gold, etc.	Ein schönes Stück Holz, Gold, 2c.
A *quire* of paper. A *glass* of wine.	Ein Buch Papier. Ein Glas Wein.

(1b) NB. Das Wort "*a-piece*" wird bisweilen in der gewöhnlichen Umgangssprache statt "each (jeder)" gebraucht, z. B.:

If you'll do it, I'll give you a shilling *a-piece.*	Wenn Sie es thun wollen, so gebe ich jedem von Ihnen einen Schilling.
He gave us an apple *a-piece.*	Er gab jedem von uns einen Apfel.

Besser: I'll give *each* of you a shilling. He gave *each* of us an apple oder an apple each.

NB. 2. Das "*a*" wird öfters durch den Bindestrich mit dem Hauptwort verbunden, oder ohne denselben gebraucht, z. B.: "A guinea a week, a piece, etc."

In *a few* days. *A few* men, etc.	In einigen Tagen. Einige Männer 2c.
A great many (²) persons think so.	Sehr viele Leute glauben es.

2. Als Adjectiv im Singular nimmt *many* den nichtbestimmenden Artikel unmittelbar nach sich, z. B.:

Many a man has died of grief.	Mancher Mensch ist aus Gram gestorben.
"Full *many a* gem of purest ray serene,	Des Meeres fadenloser Boden hält
The dark unfathom'd caves of ocean bear:	So manche Perle, deren Farbe glüht.
Full *many a* flow'r is born to blush unseen,	Und manches Lenzes schönste Blume fällt,
And waste its sweetness on the desert air." *(Gray)*.	Die ungenossen in der Wildniß blüht.

In obigen Zeilen beziehen sich die Phrasen *many a gem* und *many a flow'r* auf *many gems* und *many flowers*, einzeln, nicht zusammen genommen.

III. Unterschied zwischen dem Artikel a und dem Zahlwort one.

Da im Deutschen, Französischen 2c. der unbestimmte Artikel „ein, eine, ein" (*un*, *une*) und das Zahlwort „ein, eine, ein", gleich sind, so verwechselt der Lernende häufig das Zahlwort *one* mit dem Artikel *a*. Um dieses zu vermeiden, hat man sich nur zu besinnen, ob man ein einziges Stück einer Gattung bezeichnen will; ist dieß der Fall, so muß man das Zahlwort *one* und nicht den Artikel *a* gebrauchen, z. B.:

Eins seiner Kinder ist todt.	One (nicht *a*) of his children is dead.

Hier will man ein Einziges aus einer gewissen Anzahl und nicht Eins im Allgemeinen bezeichnen, folglich muß es Zahlwort sein, aber:

Er ist ein guter Mann (ein gutes Pferd).	He is *a* good man (it is *a* good horse).

Hier will man nur im Allgemeinen sagen ein Mann, ein Pferd 2c. ist gut. (³)

IV. Der Artikel bei Bruchzahlen im Englischen, im Deutschen nicht.

Nach den Bruchzahlen setzt man im Englischen den Artikel *a* oder *an*, vor welchem die Präposition *of* steht, in Fällen, wo man im Deutschen keinen Artikel braucht, z. B.:

The clock strikes every quarter *of an* hour.	Die Uhr schlägt alle Viertel-Stunden.
He has not the eighth *of an* ounce of wit.	Er besitzt keine Achtel-Unze Verstand.

NB. Die Bruchzahl *half* macht hier eine Ausnahme, denn man sagt: *every half hour*, a good *half pound*, etc. Wenn aber das Adjectiv weg bleibt, so muß man den Artikel nachsetzen, z. B.: *half an hour, half a pound*.

NB. 3. In der kaufmännischen Welt braucht man gewöhnlich *per*, ⁂ (pro), z. B.:

One hundred pieces of cloth at £ 10 (per) ⁂ piece.	100 Stück Tuch à 10 Pfund das Stück.
I receive for my money 4 ⁂ cent.	Ich bekomme für mein Geld 4 Procent.

(2) NB. 1. *Many* kommt auch als Hauptwort = Menge, aber nur in Verbindung mit dem Eigenschaftswort *great* oder *good* und unmittelbar mit dem folgenden Hauptworte vor, z. B.:

A great many people believe it.	Eine große Menge (sehr viele) Leute glauben es.
He has a good *many* Spanish books.	Er hat ziemlich viel spanische Bücher.

NB. 2. *A many* ohne *great* oder *good* kommt nur in der niedern Volkssprache vor, z. B.: I saw *a many* people statt: I saw *a great many* or a great number of people, etc.

(3) NB. Folgende Beispiele werden dieses noch klarer machen:
"One" ist der Gegensatz von "two, three", etc.: Can one man carry this weight? No; but two can. — Aber: Can *a* man carry this weight? No; but a horse or an ox can.

V. Der Artikel bei Redensarten im Englischen, im Deutschen nicht.

In vielen Redensarten steht im Englischen ebenfalls der unbestimmende Artikel, wo er im Deutschen nicht steht, z. B.:

In *a* hurry. I am in *a* hurry.	In (großer) Eile. Ich habe Eile.
To have *a* mind. In *a* good humour.	Lust haben. In (bei) guter Laune.
For *a* pattern (sample). (⁴)	Als Muster, zur Probe.
As *a* reward. As *a* proof (⁵)	Als (zur) Belohnung. Als Beweis.
He is in *a* good (bad) humour,	Er ist bei guter (übler) Laune.
She fell (ob. *got*) into *a* passion.	Sie gerieth in Zorn (Leidenschaft).

VI. Der nichtbestimmende Artikel vor Secten-Namen, Titeln ꝛc., wo man im Deutschen gewöhnlich keinen Artikel setzt.

1. Vor den Namen der Bewohner der verschiedenen Länder, Professionen, Secten, Titeln und andern Eigenschaften ꝛc., setzt man im Englischen stets den Artikel, z. B.:

He is *an* Englishman and his wife *a* Frenchwoman.	Er ist ein Engländer und seine Frau eine Französin.
When I was *a* boy, I was very happy. } *As a* boy, I was very happy. }	Als Knabe war ich sehr glücklich.
He is excellent as *a* comedian.	Als Comödiant ist er vortrefflich.
His father is *a* bookseller, *a* speaker.	Sein Vater ist Buchhändler, Redner.
He is *a* Catholic and his wife *a* Protestant.	Er ist Katholik und seine Frau ist Protestantin.
He is *a* Lord, *a* (⁶) captain, etc.	Er ist Graf, Hauptmann ꝛc.

2. Auch wenn Glieder einer Familie bezeichnet werden, z. B.:

I at once perceived him to be *a* Munroe or *a* Campbell.	Ich erkannte sogleich in ihm einen *Munroe* oder einen *Campbell* (d. h. einen aus dieser Familie).

---

(4) *Pattern* sagt man von Zeug, Gattun, ꝛc., *sample* von allem, was eß = oder trinkbar ist.

(5) Bisweilen trifft man das *a* vor dem Particip der Gegenwart, z. B.:

He is gone *a-shooting, a-hunting.*	Er ist auf die Jagd gegangen.
I am going *a-fishing.*	Ich gehe zum Fischen.

Diese Redensarten sind jedoch nicht nachzuahmen, richtiger und besser sagt man:

He is gone *to shoot, to fish.* oder	He is gone on *a shooting, a fishing* excursion.

(6) NB. 1. Wie oben gesagt, haben die Gattungsnamen als Prädikat im Englischen den unbestimmten Artikel, im Deutschen dagegen keinen unbestimmten, bald gar keinen Artikel bei sich, wenn sie ein solches Merkmal bezeichnen, welches einem Einzelwesen nicht allein, sondern einer Gesammtheit von Personen zukommt, z. B.:

He was made *an* Earl. Er wurde zum Grafen gemacht (es gibt mehrere Personen, welche den Grafentitel führen).

Aber: He was made Earl *of* Jersey (von Jersey). Es gibt jedesmal nur eine Person, welche diese Titel führt.

NB. 2. Drückt dagegen der Gattungsname in diesem Falle ein solches Merkmal aus, welches nur einem Einzelwesen allein zukommt, so bleibt im Englischen wie im Deutschen der unbestimmte Artikel weg, z. B.:

Pius IX. is Pope. Pius IX. ist Papst, (es gibt jedesmal nur einen Papst).

Cromwell was Protector of England. (es gab nur einen Protector von England).

NB. 3. Bei den Zeitwörtern erwählen, ernennen, ausrufen, krönen, hat das als Ergänzung dienende Substantiv keinen Artikel vor sich, während man im Deutschen das aus ꝛc. Präposition zu und dem bestimmten Artikel zusammengezogenen zum, zur, oder als einen Artikel davorsetzt, z. B.:

Napoleon was *elected* Emperor (zum Kaiser). Lord Palmerston was *chosen* member of Parliament.

Lady Jane Grey was *proclaimed* queen, Johanna Grey wurde zur Königin ausgerufen.

He is *physician to the* Queen. Secretary *to the* Minister. Speaker *to the* House of Commons.

NB. *A secretary to* Lord Palmerston, etc., wie man es in einigen Grammatiken findet, ist falsch, denn will man andeuten, daß Lord P. etc. mehr als einen Secretär hat, so muß man sagen: A secretary *of* Lord Palmerston's; a physician *of* the Queen's, etc".

4. Vor part *of*, ein Theil von, als quantitatives Fürwort fällt der Artikel häufig weg, z. B.: He has lost part *of* his property; aber: *a great part*. Alsace is *a part* of France.

5. Vor Gattungsnamen nach *never* und nach *ever* in Fragen fällt der Artikel weg, z. B.: Was *ever* man so miserable as I? Never was woman so foolish.

---

3. Wenn man den Namen eines Menschen wegen seiner Eigenschaften auf ähnliche Personen überträgt, z. B.:

He is *a* Catiline, b. h. ein Verschwörer. — *A* Caesar, b h. ein großer Feldherr.	
He has the eloquence of *a* Burke, *a* Canning, or *a* Brougham. (⁶b)	Er besitzt die Beredsamkeit eines *Burke,* eines *Canning* oder eines *Brougham.*

VII. Fälle, wo das deutsche ein, eine mit some, any gegeben wird.

Bisweilen bedient man sich im Deutschen des Artikels ein, eine, in der Bedeutung von irgend ein, eine; etwa ein, eine; was auch immer. In solchen Fällen kann man auch im Englischen den unbestimmten Artikel anwenden; gewöhnlich aber braucht man lieber *some,* wenn die Sache bestimmt, *any* dagegen, wenn die Sache unbestimmt, oder der Satz fragend oder verneinend ist, z. B.:

I should like to have *some* (a) good book.	Ich möchte gern ein gutes Buch haben.
Give me *some* proof of it.	Geben Sie mir einen Beweis davon.
If you had *any* proof to give, why did you not give it?	Wenn Sie einen (irgend einen) Beweis geben könnten, warum gaben Sie ihn nicht?
Have you *(any)* children?	Haben Sie Kinder? (⁷)

VIII. Das deutsche ein, eine mit the same gegeben.

Wenn man im Deutschen ein, eine, in der Bedeutung von der=, die=, dasselbe, oder der, die, das nämliche braucht, so gibt man es im Englischen mit *the same,* z. B.:

They both died the *same* day, and were buried *the same hour.*	Die Beiden starben an einem Tag und wurden in einer Stunde begraben.
Both O'Connel and Steele had *the same* (⁷) intention.	Sowohl O'Connel als Steele, hatten eine Absicht.

B. Wiederholung und Nichtwiederholung der Artikel.

§. 4. IX. Da die Artikel im Englischen des Geschlechts und der Zahl wegen keiner Veränderung unterworfen sind, so ist es nicht nöthig, dieselben bei mehreren auf einander folgenden Hauptwörtern vor jedem Hauptworte zu wiederholen, während das im Deutschen geschehen muß, wenn die Hauptwörter nicht von gleichem Geschlecht und gleicher Zahl sind, z. B.:

1. I saw *a* man and woman.	Ich sah einen Mann, und eine Frau.
A blind boy and girl. (⁸)	Ein blinder Knabe u. ein blindes Mädchen.

(⁶b) NB. Der Artikel a und das Zahlwort "one" werden zuweilen in der Bedeutung von „ein Gewisser" gebraucht, z. B.: I know a (eine gewisse) Mrs. *Wilson* in L who has 20 children. *One* Thomas Smith, a butcher, killed him. — Der Gebrauch des *one* in dieser Bedeutung gehört jedoch nur der Volkssprache an, und obiger Satz muß *A certain* Thomas Smith, etc., oder besser: a man *of the name of* T. Smith heißen.

(⁷) Wenn man von Eigenschaften, Größe oder Alter Jemandes spricht, so wird auch im Englischen in solchen Fällen öfters der Artikel a oder das Zahlwort one, jedoch nur in der Volkssprache gebraucht, z. B.: They are both of *a* size, of *one* age, of *a* goodness. Sie sind beide von einer Größe, von einem Alter, von einer Güte.
NB. 1. In der Sprache der Gebildeten muß man "the same" anwenden, z. B.: They are both of *the same* size, *the same* age, *the same* quality.
NB. 2. Früher brauchte man "one and the same", jetzt gehört es zur Volkssprache.

(⁸) NB. 1. Der Artikel wird stets wiederholt, wenn zwei, oder mehrere Personen oder Gegenstände mit einander verglichen, oder einander entgegengestellt werden sollen, z. B.: The man is better

A horse, dog, and cat.	Ein Pferd, ein Hund und eine Katze.
The house, garden, horses, and carriage, are to be sold.	Das Haus, der Garten, die Pferde und der Wagen sind zu verkaufen.

2. Sollte aber ein Wort mit einem Vocal, ein anderes mit einem Consonanten anfangen, so muß man den Unbestimmten wiederholen, weil er in diesem Falle bald *a*, bald *an* lautet, z. B.:

A dog, *a* cat, *an* owl, and *a* sparrow.	Ein Hund, eine Katze, eine Eule und ein Sperling.

3. Wenn das eine Hauptwort ein Mensch, das andere ein Thier oder Gegenstand ist, oder sind die Menschen verschiedener Raçen, so muß der Artikel ebenfalls wiederholt werden, z. B.:

I saw *a* man and *a* mouse.	Ich sah einen Mann und eine Maus.
He saw *the* church and *the* people.	Er sah die Kirche und die Leute.
We saw *a Negro*, *a Malay*, and *a Turk* (⁸)	Wir sahen einen Neger, einen Malaien, ꝛc.

4. Der Artikel wird stets wiederholt, wenn man mit Nachdruck spricht, oder die mit einander verbundenen Hauptwörter besonders hervorheben will, z. B.:

Not only *the* vessel, but *the* cargo, *the* passengers, and even *the* crew, were lost.	Nicht allein das Schiff, sondern auch die Ladung, die Passagiere und sogar die Mannschaft gingen zu Grunde.
Lady Jane Grey — *the* young, *the* beautiful, and *the* good (lady)!	Die Gräfin Johanna Grey — die junge, die schöne und die gute Dame!

5. Wenn man anstatt des Namens der Person blos den Titel nennt, so ist es der Deutlichkeit wegen nothwendig, den Artikel zu wiederholen, weil dieselbe Person mehrere Titel haben kann, z. B.:

The Queen sent for *the* Doctor and *the* Dentist. (⁹)	Die Königin schickte nach dem Arzte und dem Zahnarzte.

C. Vom bestimmten (definite) Artikel the (¹⁰).

X. Allgemeine Regel über den Nichtgebrauch des Artikels.

☞ Die Fälle, in denen man den Artikel stets brauchen muß, findet man Regel XI. *a* ꝛc. Seite 395.

NB. Dem Lernenden wird ein häufiges Vergleichen dieser beiden Regeln, als das einzige Mittel, wodurch man sich dieselben gut einprägen kann, sehr empfohlen.

---

than *the* woman. — *The* scorn of some, *the* pity of others. — He is *a* better soldier than *a* scholar. Er ist ein besserer Soldat, als ein Gelehrter, d. h. ein Gelehrter würde ein weniger guter Soldat sein, als er.

NB Als Ausnahme sagt man: "*The* joys and sorrows (*the* sweets and bitters) of life".

NB. 2. Wenn dagegen die verglichenen Wörter sich nur eine Person beziehen, so darf der Artikel nicht wiederholt werden, z. B.: He is *a* better soldier than scholar. Er ist ein besserer Soldat als Gelehrter, d. h. er versteht mehr vom Kriegswesen als von der Gelehrsamkeit

NB. 3. Wenn zwei oder mehrere als Hauptwörter gebrauchte Adjective zwei entgegengesetzte Klassen von Personen bezeichnen sollen, so muß der Artikel wiederholt werden, z. B.:
The good and *the* bad. *The* rich and *the* poor. *The* living and *the* dead.
The old, *the* blind, and *the* lame. *The* happy, and *the* unhappy, etc.

NB. 4. Soll dagegen nur ein und dieselbe Klasse von Personen bezeichnet werden, welche verschiedene Eigenschaften zukommen, so darf der Artikel nicht wiederholt werden, z. B.:
The blind and lame. *The* good and pious. *The* old and infirm.

NB. 5. Beim Herzählen kann man den Artikel ganz weglassen.
Rich and poor, old and young, good and bad, are equal in the grave.

NB. 6. Sätze wie: *a* more virtuous and *a* wiser monarch müssen heißen: *a* wiser and more virtuous monarch, etc.

(9) NB. 1. Würde der Artikel hier nicht wiederholt, so würde es lauten, als wäre der Arzt und Zahnarzt ein und dieselbe Person. (NB. 2. S. 393).

§. 5. Alle Hauptwörter, welche im allgemeinen Sinne gebraucht werden, nehmen keinen bestimmenden Artikel vor sich. Folglich wird der bestimmende Artikel nicht gebraucht:

a. Vor Hauptwörtern im allgemeinen Sinne, vor allen abstrakten Hauptwörtern, also vor den Namen der verschiedenen Zustände, Handlungen, Tugenden, Laster, Leidenschaften, Eigenschaften, Wissenschaften, Künste, bei welchen im Deutschen meistens der Artikel steht, z. B.:

Man is mortal.	Der Mensch ist sterblich.
Virtue is lovely!	Die Tugend ist schön!
Love and *ambition* have been the ruin of many men.	Die Liebe und der Ehrgeiz sind das Verderben vieler Menschen gewesen.
History has proved Charles XII. to be a madman.	Die Geschichte hat bewiesen, daß Karl XII. ein Tollkopf war.
Music, painting, and *poetry,* are sister arts.	Die Musik, die Malerei und die Dichtkunst sind Schwesterkünste.

NB. Siehe Regel XI. *a.* Seite 395.

b. 1. Vor Eigennamen der Personen, z. B.:

Nero was a tyrant.	Nero war ein Thrann.
Cicero was a celebrated orator.	Cicero war ein berühmter Redner.

2. Vor Eigennamen, wenn sie ein Adjectiv vor sich haben. Wenn das Adjectiv eine Eigenschaft ausdrückt, die man sich mit dem Eigennamen so verbunden denkt, daß sie fast in einen Begriff zusammenschmelzen, oder wenn man einer Sache oder Person eine Eigenschaft beilegt, nicht in der Absicht, dieselbe von andern zu unterscheiden, in welchem Falle im Deutschen der Artikel stehen muß, z. B.:

Little Jack. Blind Mary.	Der kleine Hans. Die blinde Marie.
Poor Peter is very sick.	Der arme Peter ist sehr krank.

3. Auch vor Titeln, wenn der Eigenname unmittelbar darauf folgt; vor den Namen der Straßen und in Büchertiteln, z. B.:

King Louis. *Queen* Victoria.	Der König Ludwig. Die Königin *Victoria.*
Prince Albert. *Lord* John Russel.	Der Prinz Albert. Der Graf *John Russel.*
General Johnson. *Admiral* Nelson.	General Johnson. Admiral *Nelson.*
Mr. Wilson is now here.	Herr Wilson ist jetzt hier.
Fate of Louis XVI. and Family. (¹¹)	Schicksal Ludwigs XVI. und seiner Familie.
He lives, 24, *King-street.*	Er wohnt in der Königstraße Nr. 24.

NB. Siehe Regel XI. *b.* Seite 395.

NB. 2. Was den bestimmten Artikel betrifft, so hängt die Wiederholung, oder Weglassung desselben außer von obigen Regeln im Allgemeinen vom Wohlklange ab, z. B.:
The king, queen. and eldest princess ob. The king, *the* queen, and *the* eldest princess are ill.
Der unbestimmte Artikel aber muß in der Regel wiederholt werden, wenn mehr als zwei Hauptwörter auf einander folgen, z. B.:
"*A* king and queen". Aber: "*A* king, a queen, and a princess".

(10) Es gibt keinen Punkt, worin sich die englische Sprache sich vor anderen Sprachen so auszeichnet, als im logischen Gebrauche des bestimmten Artikels, welche Behauptung ich auch schon in dem von mir herausgegebenen Buche: „Beweise der Einfachheit der englischen Sprache", durch folgende Stelle gerechtfertigt habe:
„Der Gebrauch des Artikels bei den Griechen ist sehr einfach: sie haben nur einen, nämlich: ὁ, ἡ, τὸ, welcher dem bestimmten Artikel *the* entspricht. Wenn sie sagen wollten: „der Mann fiel", so brauchten sie den Artikel ὁ; wenn sie sagen wollten: „ein Mann fiel", so ließen sie den Artikel weg. Unterdessen konnten sie vermittelst ihres Artikels nicht sagen, daß der Mensch als Gattung oder Geschlecht gefallen sei, während das Weglassen des bestimmten Artikels im Englischen diese Idee mit einer unstreitbaren Genauigkeit angibt".

(11) NB. Bei Büchertiteln gibt es viele Ausnahmen von der obigen Regel.

c. Vor ben Namen ber Farben, ber Metalle, Kräuter unb Sammelnamen, wenn fie im unbefchränkten Sinne gebraucht finb, z. B.:

Gold is precious.	Das Gold ift koftbar.
Iron is useful.	Das Eifen ift nützlich.
Wine is exhilirating.	Der Wein heitert auf.
Spinage is wholesome.	Der Spinat ift gefunb.

NB. Siehe Regel XI. *c.* Seite 396.

d. Vor ben Gattungsnamen, wenn fie in ber Mehrzahl ftehen, z. B.:

Elephants are sagacious.	Die Elephanten finb fcharffinnig.
Diamonds are precious stones.	Die Diamanten finb Ebelfteine.
Bees and *ants* are industrious.	Die Bienen unb Ameifen finb arbeitfam.
Apples are wholesome fruit.	Die Aepfel finb ein gefunbes Obft.

NB. Siehe Regel XI. *d.* Seite 396.

e. Vor ben Namen ber Jahreszeiten, Monate, Tage unb ber Mahlzeiten, z. B.:

Spring and *Autumn* are the finest seasons.	Der Frühling unb ber Herbft finb bie fchönften Jahreszeiten.
May is a finer month than *April*.	Der Mai ift ein fchönerer Monat als ber April.
Monday morning I arrived in London.	Am Montag morgen langte ich in L. an.
I saw the King *at dinner, supper*, etc.	Ich fah ben König b ei m Mittags-, beim Abenbeffen.

NB. Siehe Regel XI. *e.* Seite 396.

f. Vor ben Namen von Länbern unb Stäbten in ber Einzahl, mit Ausnahme berjenigen, welche unter Reg. XI. *f.* 1. Seite 397 bemerkt finb, z. B.:

(Merry) England for ever!	Es lebe (bas luftige) Englanb!
Switzerland is less than *Turkey* (11b)	Die Schweiz ift kleiner als bie Türkei.
London is a beautiful city.	Lonbon ift eine fchöne Stabt.

NB. Siehe Regel XI. *f.* Seite 396.

g. Vor ben Namen von Bergen im Singular unb wenn bas Wort *mount* (Berg) ober *cape* (Vorgebirge) bavorfteht ober zugebacht wirb, z. B.:

Olympus, etc. Vesuvius.	Der Olymp &c. Der Befuv.
Mount Aetna. *Mount* Hecla.	Der Berg Aetna. Der Berg Hekla.
Cape Farewell. *Cape* Clear.	Das Vorgebirge Farewell, Clear.

NB. Die einzige Ausnahme von biefer Regel ift *"the Cape of Good Hope,"* bas Kap ber guten Hoffnung.

NB. Siehe Regel XI. *g.* Seite 397.

h. Vor ben folgenben Wörtern fowohl, als auch vor ben Namen ber heibnifchen Götter fteht ebenfalls kein Artikel, z. B.:

1. Elysium, bas Elyfium.	Paradise, bas Parabies.	Tartarus, ber Tartarus.
God, Gott.	Providence, bie Vorfehung.	Venus (vehnes), Benus.
Heaven, ber Himmel.	Purgatory, bas Fegfeuer.	Jupiter, Jupiter, &c.
Hell, bie Hölle.	Satan (feht'n), ber Satan.	

2. Vor ben Namen ber Planeten, mit Ausnahme ber Erbe unb bes Monbes, z. B.:

(11b) *"The turkey"* mit bem Artikel bebeutet „ber Truthahn".

Mars, ber Mars.	Juno (bschuno), bie Juno.	Vesta, bie Vesta.
Herschel (12), ber Uranus.	Jupiter, ber Jupiter.	Venus, bie Venus.
Mercury, ber Mercur.	Pallas, bie Pallas.	Saturn, ber Saturn.

3. Vor ben Namen ber Elemente, wenn fie nur als Elemente betrachtet find, z. B.:

Fire, water, earth, and air, are the four elements.	Das Feuer, bas Waffer, bie Erbe unb bie Luft find bie vier Elemente.

4. Vor bem Worte *most* fetzt man keinen Artikel, währenb er im Deutfchen ftehen muß (13), z. B.:

Most people believe it.	Die meiften Leute glauben es.
It was in *most* of the newspapers.	Es ftanb in ben meiften Zeitungen.

5. Vor bem Worte *town* (Stabt), im Gegenfatz zu *country* (Laub), fteht kein Artikel, z. B.:

In winter I live in *town*, in summer in *the country*.	Im Winter wohne ich in ber Stabt, im Sommer auf bem Lanbe.
He is gone *to town*. He has come *from town*.	Er ift nach ber Stabt gegangen. Er ift aus ber Stabt gekommen (13b).

NB. Siehe Regel XI. h. Seite 397.

XI. Allgemeine Regel. Die Fälle, in benen ber Artikel gebraucht wirb.

Alle Hauptwörter, welche in einem befchränkten Sinne gebraucht werben, verlangen ben beftimmenben Artikel. Der beftimmenbe Artikel wirb alfo gebraucht:

a. Wenn alle bie unter *a* Regel X. Seite 392 angeführten Hauptwörter 2c. im befchränkten Sinne baftehen, z. B.:

The man who died this morning, was very old.	Der Mann, ber heute Morgen ftarb, war fehr alt.
The virtue of the ancients.	Die Tugend ber Alten.
The love of God.	Die Liebe zu Gott.
The history of England is very interesting.	Die Gefchichte von Englanb ift fehr intereffant.
The German music is better than *the French*.	Die beutfche Mufik ift beffer als bie franzöfifche.

b. 1. Vor Eigennamen ber Perfonen, b. h wenn Jemanb mit irgenb einer berühmten Perfon aus ber alten ober jetzigen Zeit verglichen wirb, z. B.:

The family of *the* Stuarts.	Die Familie ber Stuarte.
Henry VIII. was *the Nero* of England.	Heinrich VIII. war ber Nero von Englanb.
Napoleon was *the Hannibal* of modern times.	Napoleon war ber Hannibal ber neueren Zeit.

2. Auch wenn fie ein Abjectiv vor fich haben, unb wenn man bie Perfonen befonbers hervorheben will, z. B.:

The divine Plato. *The great* Newton.	Der göttliche Plato. Der große Newton.

---

(12) Diefer Planet wirb auch *the Georgium Sidus* genannt.
(13) NB. Wenn bas Wort *most* als Hauptwort gebraucht wirb, fo fetzt man ben Artikel, z. B.: *The most of my time is spent in reading.* | D. größte Theil meiner Zeit wirb mit Lefen zugebracht.
(13b) Es ift fchon §. 78, S. 187 ber Etym. erklärt worben, baß man im Deutfchen unb Franzöfifchen häufig ben Artikel ftatt bes zueignenben Fürworts braucht, weil fich ber Befitz von felbft verfteht, biefer Gebrauch ift jeboch im Englifchen nicht geftattet. z. B.: He carried the book in *his* hand. | Er trug bas Buch in ber (feiner) Hanb. Das Ausführlichere hierüber fiehe §. 78, Seite 187.

3. Vor den folgenden Titeln steht immer der Artikel, z. B.:

The Czar Peter. *The Empress* Theresa.	Der Czar Peter. Die Kaiserin Theres.
The Emperor Alexander.	Der Kaiser Alexander.

a) Vor allen Titeln, wenn "*of*" hinter denselben steht, z. B.:

The Prince of Wales (13c).	Der Prinz von Wales.
The Duke of Wellington.	Der Herzog von *Wellington*.
The Archduke of Austria.	Der Erzherzog von Oesterreich.
The Marquis of Ely (14).	Der Marquis von *Ely*.

b) Auch so oft ein *Adjectiv* vor dem Titel steht, z. B.:

The *good Queen* Victoria.	Die gütige Königin Victoria.

Auch wenn die Namen der Personen in der Mehrzahl, oder wenn mehrere Namen unter einem Amts= oder Rangstitel vereinigt sind, z. B.:

The two Mr. (Miss) Wilsons are here.	Die 2 Herren (Fräulein) W. — sind hier.
(The) Messrs. Stone, Martin and Stone.	Die Herren Stone, M a r t i n und Stone.
The Lords Brougham and Lyndhurst.	*The Captains* Gordon and Napier.

NB. Es ist jetzt sehr gebräuchlich geworden, den Artikel *the* vor die weiblichen Titel zu setzen, z. B.:

The Empress Catharine, *the Grand-Duchess* Amelia (immer), *the Princess* Mary, *the Lady* Jane (häufig), nicht aber *the Queen* Victoria, etc.

NB. Siehe Regel X. *b.* Seite 393.

c. Vor den Sammelnamen, z. B. den Metallen, Kräutern (Gemüsearten), wenn sie im beschränkten Sinne gebraucht werden, z. B.:

The wine you sent me, is good.	Der Wein, den Sie mir schickten, ist gut.
The gold of which my watch is made, came from Australia	Das Gold, aus welchem meine Uhr gemacht ist, kam aus Australien.
The spinage in your garden is very fine.	Der Spinat in Ihrem Garten ist sehr schön.

NB. Siehe Regel X. *c.* Seite 393.

d. Vor Gattungsnamen im Singular, wenn sie als Stellvertreter der ganzen Gattung gebraucht werden, z. B.:

The elephant is the most sagacious of all animals.	Der Elephant ist das scharfsinnigste aller Thiere.
The diamond is the most beautiful gem.	Der Diamant ist der schönste Edelstein.

NB. Die Wörter *man* und *woman* bilden eine Ausnahme von dieser Regel, z. B.:

Man is endowed with wisdom.	Der Mensch ist mit Weisheit begabt.
Woman is the masterpiece of nature.	Das Weib ist das Meisterstück der Natur.

NB. Siehe Regel X. *d.* Seite 394.

e. Vor den Namen der Jahreszeiten, Monate, Tage und Mahlzeiten, wenn sie im beschränkten Sinn gebraucht werden, z. B.:

(13c) NB. Es ist hier zu bemerken, daß, so oft ein Namen, oder ein anderer Titel dem jeden Titel vorhergeht, so bleibt der Artikel (*the*) weg, z. B.
Albert Edward, Prince of Wales Duke (prince) John of Austria.
Yesterday I saw *General Wellesley, Duke of Wellington,* etc.

(14) Man kann es als allgemeine Regel annehmen, daß, wenn die Präposition *of* dem Hauptwort folgt, der Artikel gebraucht werden muß Die einzigen Ausnahmen von dieser Regel sind, wenn das Wort, nach welchem die Präposition *of* steht, als Adjectiv betrachtet werden kann, oder wo es mit dem darauffolgenden Hauptwort in einen Begriff zusammenschmilzt, z. B.:

It is not *symmetry of limb*, nor *beauty of form*, which ennobles a man	Es ist nicht Symmetrie der Glieder, noch Schönheit der Gestalt, welche den Menschen veredelt.
All classes *of society* desire it.	Alle Klassen der Gesellschaft wünschen es.

NB. Bei den Titeln Captain, Colonel, etc. kann man den Artikel brauchen, darf aber kein Familienname dabei stehen, z. B. | Haben Sie den (Herrn) Hauptmann, den (Herrn) Oberften geschen ic. ?
Have you seen *the Captain, the Colonel*, etc. ?

The last Winter that I was in London.	Der letzte Winter, den ich in London war.
The first May I spent in France, was very beautiful.	Der erste Mai, den ich in Frankreich zu= brachte, war sehr schön.
The first Sunday after my arrival.	Der erste Sonntag nach meiner Ankunft.
The dinner was excellent.	Das Essen war vorzüglich.
NB. Siehe Regel X. *e.* Seite 394.	

f. 1. Vor einigen geographischen Benennungen, Ländern und Städten meistens in der Mehrzahl, z. B.:

The Archipelago, der Archipelagus.	*The* Hellespout, der Hellespont.
The Belt, der Belt.	*The* Levant, die Levante.
The Brasils, Brasilien.	*The* Moluccas, die Molukken.
The Crimea (kreimi=e), die Krimm.	*The* Morea, die Morea.
The Downs, die Dünen.	*The* Palatinate, die Pfalz.
The Hague (hehg), der Haag.	*The* Philippines, die Philippinen.
The Havannahs, die Havannah.	*The* Ukraine, die Ukraine.

Eben sowohl verlangen auch alle die unter Regel VIII. §. 42, Seite 139 der Etymologie aufgeführten Wörter den Artikel.

2. NB. Die meisten geographischen Benennungen, als Kaiser= thum, Königreich, Provinz, Grafschaft, Insel, Stadt, 2c. 2c., welche im Deutschen den Nominativ nach sich haben, verlangen im Englischen die Präposition *of* vor dem Hauptwort, und haben vor sich den be= stimmenden Artikel, z. B.:

The Empire *of* China.	Das Kaiserthum China.
The City *of* London. (Reg. V. S. 408)	Die Stadt London.
The Kingdom *of* France.	Das Königreich Frankreich.
The Island *of* Sardinia.	Die Insel Sardinien.
The Province *of* Munster in Ireland.	Die Provinz Munster in Irland.
NB. Siehe Regel X. *f.* Seite 394.	

g. 1. Vor allen Gebirgsnamen im Plural, z. B.:

The Alps, die Alpen, *The Appenines*, etc. Siehe das Verzeichniß, Regel VIII. Seite 139.

2. Vor allen Flußnamen, z. B.:

The Rhine, der Rhein, *The Ganges*, etc. Siehe das Verzeichniß, Reg. VII. S. 138.

3. Vor den Namen aller Seen, Meere und Oceane, z. B.:

The Lakes of Como, der Como=See.	*The Black* Sea, das schwarze Meer.
The Baltic, das baltische Meer.	*The* Atlantic, der atlantische Ocean.
The Mediterranean, das mittelländische Meer.	*The* Indian Ocean, der indische Ocean.
NB. Siehe Regel X. *g.* Seite 394.	

h. Vor den unter *h* 1. Reg. X. S. 394 aufgeführten Wörtern, wenn sie im beschränkten Sinn gebraucht werden, steht der Artikel:

1. 2. May *the good God* of heaven pro- tect you. — *The Venus* de Medicis.	Möge der gute Gott des Himmels Sie beschützen. — Die Venus be Medicis.
The Paradise of the Mohammedans.	Das Paradies der Mohamedaner.
The Hell of the damned, etc.	Die Hölle der Verdammten, 2c.

NB. *The devil*, der Teufel, hat stets den Artikel vor sich.

3. Vor den Namen der folgenden Planeten, 2c., steht der Ar= tikel, z. B.:

The earth, die Erde.	*The* moon, der Mond.	*The* planets, die Planeten.
The sun, die Sonne.	*The* stars, die Sterne.	*The* sky, der Luftraum.

4. Vor den Elementen im beschränkten Sinn, z. B.:

The air is pure and agreeable.	Die Luft ist rein und angenehm.

5. Vor dem Worte *town* in beschränktem Sinne, z. B.:

He is the best man in *the town*.	Er ist der beste Mann in der Stadt.

XII. Noch weiter wird der bestimmte Artikel stets gebraucht:

i. Vor den Namen der Nationen im Plural, z. B.:

The French, *the* Spaniards, etc.	Die Franzosen, die Spanier, ꝛc.

k. Vor den Namen der Sekten, z. B.:

The Protestants, *the* Catholics, etc. (15)	Die Protestanten, die Katholiken, ꝛc.

l. Vor den Adjectiven im Plural und im Comparativ und auch vor Adverbien, welche als Hauptwörter gebraucht werden ꝛc., z. B.:

The good, *the* bad, *the* beautiful.	Die Guten, die Bösen, die Schönen.
The *greater* of the two.	Das Größere der Beiden.
The *when* and *where*.	Das Wann und Wo.
The former, *the* latter.	Ersterer, Letzterer, der erstere, der letzte.
The *one* is good *the other* bad (14b).	Das Eine ist gut, das Andere schlecht.

m. Vor der Benennung der Himmelsgegenden ꝛc., z. B.:

The East, *the* West, *the* North, *the* South.	Der Osten, der Westen, der Norden, der Süden.
The Equator, *the* Pole, *the* Northpole.	Der Aequator, der Pol, der Nordpol.
The Ecliptic, *the* Torrid-zone, etc.	Die Ekliptik, die heiße Zone, ꝛc.

(Auch wenn eine Präposition vorsteht, *towards the North etc.*, gen Norden.)

n. Vor Namen, die sich auf eine berühmte Epoche in der Geschichte beziehen, z. B.:

The Revolution. *The* Commonwealth.	Die Revolution. Die Republik.

o. Vor den Namen der Schiffe und Wirthshäuser, z. B.:

I made the voyage (16) *by* (ob. *in*) *the* Mary, *with* (17) my friend.	Ich machte die Reise mit der Marie, mit meinem Freunde.
He went on board (18) *the Thunderer*.	Er ging an Bord des Donnerers.
I lodge *at the Eagle*.	Ich logire im Adler.

p. Vor „Kirche", wenn die Religion darunter verstanden wird, z. B.:

The Church is in danger. *The* Church of Rome. *The* Anglican Church.	Die Kirche ist in Gefahr. Die römische Kirche. Die anglikanische Kirche.

q. Vor dem Worte „Theater, Bühne", wenn das Spielen darunter verstanden wird, z. B.:

(14b) Bei *the one the other* läßt man zuweilen das erste *the* weg, z. B.:
I have received two letters, one (statt *the* | Ich habe zwei Briefe erhalten, den einen von
one) from London *the* other from Paris. | London, den andern von Paris.
(15) Bisweilen trifft man diese zwei Wörter ohne den Artikel, hauptsächlich nach *all*, z. B.:
All Protestants deny the Pope.
(16) Eine Reise auf dem Meer heißt a *voyage* (woisebsch); auf dem Lande, a *journey* (dschörni);
das Reisen selbst heißt *travelling*, z. B.:
He has made a *voyage* to America, he has taken (made) a *long journey* on the Continent
and he has been a long time *travelling*.
(17) NB. Man darf nie sagen: I came *with the rail way*, etc. (ich kam mit der Eisenbahn),
sondern: "*by the railway*", by coach, in ob. by a vessel, etc.
(18) Nach dem Worte „an Bord" bleibt die Präposition *of* weg, man sagt nie *on board of the*
Mary, etc., sondern: *on board the Mary*. Siehe Reg. VI. Seite 450.

Will you go to *the theatre* this evening?	Gehen Sie heute Abend in's Theater?
How long has Mr. Kean been on *the stage?*	Wie lang ist der Herr Kean auf der Bühne?

r. Vor "*House*" (Haus), wenn darunter das Parlament verstanden wird, z. B.:

I must go to *the House* to-day.	Ich muß heute in's Parlament gehen.

s. Vor den Wörtern Kunst und Wissenschaft im Plural, z. B.:

The king of Bavaria is an encourager of *the Arts* and (*the*) Sciences.	Der König von Bayern ist ein Beförderer der Künste und Wissenschaften.
I prefer *the Sciences* to *the Fine Arts*.	Ich ziehe die Wissenschaften den schönen Künsten vor.

t. Vor den Wörtern: Musen, Grazien und Göttin, z. B.:

The muses are nine, *the* graces three.	Der Musen sind neun, der Grazien drei.
The goddess *Juno was the* wife of Jupiter.	Die Göttin Juno war die Gemahlin des Jupiter.

u. Vor den Ordnungszahlen, auch wenn sie den Namen der Fürsten ꝛc. nachgesetzt werden ([18b]), s. Reg. I. II. S. 170, z. B.:

The first, *the* second of May.	Der erste, zweite Mai.
The third book, *the* fourth chapter.	Drittes Buch, viertes Kapitel.
Henry *the* Seventy-second (LXXII.)	Heinrich der Zweiundsiebenzigste.

XIII. Allgemeine Regel über die Anwendung oder Nichtanwendung des Artikels.

§. 6. Aus den vorhergehenden Regeln wird der Anfänger im Allgemeinen leicht erkennen, wo er den Artikel anzuwenden hat, oder nicht; es gibt aber Fälle, in denen dies nicht so leicht ist. Ist man aber hierüber ungewiß, so hat man nur zu fragen:

„Welcher, welche, welches", oder „was für ein" ꝛc.

Findet sich die Antwort: „Im Allgemeinen, im weitesten Sinne des Wortes", so ist der Begriff unbegrenzt und der Artikel wegzulassen; — wenn nicht, so ist der Begriff begrenzt, auf eine Besonderheit eingeschränkt und folglich der Artikel zu setzen, z. B.:

The corn (in general) is very fine this year.	Das Korn steht dieses Jahr (im Allgemeinen) sehr schön.

Hier wird mancher Nichtengländer aller Wahrscheinlichkeit nach sagen, es sollte kein Artikel stehen, weil seiner Meinung nach das Korn im Allgemeinen verstanden ist. Fragt man sich aber: „Welches Korn? Was für Korn?" so ist die richtige Antwort: „Nicht das Korn im Allgemeinen, im weitesten Sinne des Wortes," sondern das Korn in dieser Gegend, in Deutschland, in England, in Europa". Folglich ist es kein allgemeiner, sondern ein eingeschränkter Begriff und deßhalb der Artikel zu gebrauchen. Sage ich aber:

(18b) Ueberhaupt haben alle Gegenstände, welche einzig in ihrer Art sind, sowie alles, was man sich als ein individuelles Wesen vorstellt, auch die Seelenkräfte als derartige Theile der des menschlichen Wesens in der Regel den Artikel vor sich; z B.: The universe, *the* atmosphere, *the* zodiac, *the* sky, *the* world, *the* equator, *the* pole, *the* ecliptic, *the* heavens = the sky, *the* torrid-zone, etc., *the* heart, *the* soul, *the* mind, *the* will, *the* imagination, *the* understanding, etc.

NB. Ohne Artikel jedoch werden gebraucht: God, man, woman, nature, conscience, fancy, christianity, parliament, etc., d. h. wenn diese Wörter im allgemeinen Sinne angewendet werden.

Corn grows in almost every country in the world,	Das Korn wächst beinahe in allen Ländern der Welt,

so kann die Antwort auf die Frage „Was für oder welches Korn?" keine andere sein als „das Korn im weitesten Sinne des Wortes." Folglich ist es ein allgemeiner Begriff und der Artikel wegzulassen.

XIV. Das deutsche je—je, oder je—desto mit the—the gegeben.

Das deutsche „je—je, je—desto, je—um so" vor Adjectiven und Adverbien im Comparativ, wird im Englischen mit *the—the* gegeben. Auch dient der bestimmte Artikel zur Bildung des Superlativs der Adverbien und entspricht in sofern dem deutschen „am", z. B.:

The longer *the* better.	Je länger, je lieber.
The longer you remain, *the more* agreeable it is to me.	Je länger Sie bleiben, besto angenehmer ist es mir.
The more he has, *the more* he will have.	Je mehr er hat, desto mehr will er haben.
This book pleases me *the least.*	Dieses Buch gefällt mir am wenigsten.
She loves you *the most.* (18c)	Sie liebt Sie am meisten.

XV. Das deutsche „der und der" ꝛc. durch such etc. gegeben.

Das deutsche der und der; die und die; das und das; der, die, das = so oder solch einer übersetzt man 1) adjectivisch (also mit einem Hauptwort) durch *such* oder *such and such* vor einer Mehrzahl, durch *such a* vor einer Einzahl, z. B.:

He told me he would come at *such and such* a time.	Er sagte mir, daß er zu der und der Zeit kommen würde.
I never speak of *such* people.	Ich spreche nie von den und den Leuten.
I would like to have *such a* watch as that we saw yesterday.	Ich möchte gern die und die Uhr haben, die wir gestern sahen.
I am not *such a* fool as you take me for ob. not *the* fool you take me *to be.*	Ich bin der Narr nicht, wofür Sie mich halten.

2) Substantivisch (also ohne nachfolgendes Hauptwort) durch *such a one* aber nur bei einer Einzahl, z. B.:

Mr. *such a one* told it me.	Ein gewisser Herr sagte es mir.
If she is *such a one* (a person, a lady) as she's described, she must be lovely.	Wenn sie die ist, wie man sie schildert, so muß sie schön (lieblich) sein.

XVI. Die Ausdrücke at church, in der Kirche, at table etc.

Im Englischen gibt es einige Hauptwörter, deren Bedeutung durch das Brauchen oder Nichtbrauchen des Artikels wesentlich geändert wird; diese sind:

The table — der Tisch.	At table, bei, zu Tische, d. h. beim Essen.
	At church, in der Kirche (Gottesdienst).
The church — die Kirche.	*To* church, in die Kirche, zur Kirche d. h. zum Gottesdienste.
The exchange — die Börse, (das Gebäude).	At the (19) exchange — in der Börse (im Gebäude).
The change — die Börse.	At (on) change, Zeit auf der Börse, d. h. zur Börsenzeit.

(18c) **NB.** *"The more"* vor einem Zeitwort bedeutet "by so much the more" (um so viel mehr), z. B.: *The more* (by so much the more) you study, *the more* (by so so much the more) you will learn.
(19) Das Wort exchange kann nie ohne Artikel gebraucht werden.

The school — die Schule.	At school ([20]), in der Schule, d. h. während des Unterrichts.
I live near *the school.*	Ich wohne in der Nähe der Schule.
We viewed *the church.*	Wir besahen die Kirche.

NB. Ueber den Gebrauch des zueignenden Fürworts im Englischen, statt des bestimmten Artikels im Deutschen, siehe §. 78. Seite 187, z. B.:

Is *my* father at home (within)?	Ist der Vater zu Hause (im Hause)?
I have broken *my* arm ([21]).	Ich habe (mir) den Arm gebrochen.

Aufgaben über den Einheitsartikel.

Regel I. II. 1. 2. Seite 388 und Anmerkung 1, 2, 3.

10. Der Lord = Lieutenant (Vice = König) von Irland hat 360,000 Gulden des Jahres. — In England gibt es Tuch, welches sechs und dreißig Gulden die Elle kostet. — Wie viel kostet das Pfund Thee in München? Beim Sabbadini bekommt man sehr guten, das Pfund zu drei Gulden. — In einigen Tagen hoffe ich sehr viele Bücher von meinem Freunde Bänsch in Magdeburg zu bekommen. — Mancher Kranz war um sein Grab gehängt. — Sie vergoß manche Thräne über das Unglück ihres Sohnes. — Manches Herz ist durch die Verwüstungen (*ravage*) des Kriegs gebrochen.

Vicekönig, *Vice-Roy* ob. *Lord-Lieutenant.*	sehr viele, *a great many.*
kosten, *to cost.*	Kranz, *garland.* hängen, *to hang.**
wie viel kostet das Pfund, *how much a pound is.* Beim, §. 20. S. 111.	um, *upon.* Grab, *tomb.*
	vergießen, *to shed.** über, *over.*
bekommt man, *you can get.*	Unglück, *misfortune.*
bekommen, *to receive.*	brechen, *to break.**

Regel III. IV. V. Seite 389 und Anmerkung 4, 5.

11. Ich habe ein schönes Buch. Ich habe eins meiner Bücher verloren (*to lose**). — Ein Mann könnte so etwas (*such a thing*) thun, eine³ Frau aber¹ nicht². — Ein talentvoller (*talented*) Mann könnte es thun, aber zehn Dummköpfe (*blockheads*) könnten [es] nicht. — IV. Die Thurmuhr (*clock*) an (*of*) der St. Paul's=[Kirche] in London schlägt alle Viertelstunden. — Jetzt ist es drei viertel Jahr, seitdem ich in Paris war. — V. Entschuldigen Sie gütigst, ich muß jetzt gehen, ich habe Eile,

(20) Ueber die obigen und ähnlichen Ausdrücke hat der Lernende Folgendes besonders zu merken, z. B.: "*I am going to church, to the theatre, to the concert, to the ball*", bedeutet, daß ich in die Kirche, ins Theater, 2c., gehe, um dem Gottesdienst, 2c., beizuwohnen; sage ich "*He is at church, at the theatre, at the ball, etc*", so bedeutet es, daß er da ist, um dem Gottesdienst beizuwohnen; sage ich aber: "*I shall go into the church, into the theatre, into the school, etc.*", so bedeutet es, daß ich bloß in das Gebäude hineingehen will, um allenfalls dasselbe zu besehen, und sage ich: "*He is in the church, in the theatre, in the school, etc.*", so bedeutet es nichts mehr, als daß "er in dem Gebäude, in dem Hause ist", ohne Hindeutung auf das, was er da thut.

   1. NB. "*Into the concert, into the ball*", wie man es in einigen Grammatiken findet, darf man gar nicht sagen, denn ein Concert ist blos Musik und ein Ball ist blos Tanzen, und wesentlich in das Eine oder das Andere kann man nicht hinein gehen.

   2. NB. Es ist hier auch zu bemerken, daß mit dem Zeitworte go (gehen), man stets die Präposition to brauchen muß, z. B.:

I am going to the ball, to the theatre, to the concert, to church, to school, etc.	Ich gehe auf den Ball, ins Theater, ins Concert, in die Kirche, in die Schule. 2c.
I come from the ball, the theatre, from church, from school, etc.	Ich komme von dem Balle, vom Theater, aus der Kirche, und der Schule, 2c

(21) NB. Soll bei Sammel= und Stoffnamen angedeutet werden, daß man nicht die ganze Masse, den gesammten Stoff, sondern nur einen unbestimmten Theil derselben meine, so bezeichnet man dies im Englischen durch die unbestimmten Zahlwörter some und any, welche also gewissermaßen dem *article partitif* (Theilungsartikel) der Franzosen entsprechen, im Deutschen aber bald durch etwas ob. einiges, bald gar nicht ausgedrückt wird. Vgl. darüber S. 210, Anm. 2, NB. 4.

denn wenn ich zu spät nach Hause komme (*return*), [so] wird der Vater böse (*angry*) sein. — Er hat Lust, englische Stunden (*lesson*) zu nehmen. — Der General Wellesley ist zum Herzog von Wellington erhoben worden, als Belohnung für seine Dienste im französischen Kriege.

schlagen. *to strike.** seitdem, *since.*	ist erhoben worden, *was created.*
entschuldigen Sie gütigst, *pray, excuse me.*	Dienste, *services.* Krieg. *war.*

Regel VI. 1. 2. 3. Seite 390.

12. Was für ein (²²) Landsmann sind Sie? Ich bin ein Franzose und Kaufmann, und mein Vater ist Goldschmidt und Bankier zugleich. — Als Knabe war Nelson unerschrocken, als Mann war er es noch mehr. — Als Tragiker (*tragedian*) ist Kean ausgezeichnet (*excellent*). — Es ist nicht nöthig, ein Herenmeister zu sein, [um] seine Beweggründe (*motive*) zu errathen (*to divine*). — Was ist Herr Palm? Er ist ein Ehrenmann und Buchhändler, sein Vater war auch Buchhändler. — Beim ersten Blick erkannte ich ihn als einen Talbot. — Seine Reden zeigen das Feuer eines Burke, mit dem beißenden Witz eines Brougham.

Landsmann, *countryman.*	Ehrenmann, *a man of honor.*
zugleich, *at the same time.*	beim ersten Blick, *at the first sight.*
unerschrocken, *undaunted.*	erkennen, *to know.** als, *to be.*
es noch mehr, *still more so.*	Rede, *speech.* zeigen, *to show.*
Herenmeister, *sorcerer.*	beißend, *biting.* Witz, *sarcasm.*

Regel VII. VIII. Seite 391.

13. Er muß in London einen guten Freund haben, der ihm Geld gibt, sonst könnte er nicht leben, wie er es thut. — Ohne Zweifel hat er einen guten Freund, der ihm beistehen wird. — Haben Sie eine Idee (*idea*), wie dieses zu machen ist? Nicht die geringste. — Können Sie mir einen Beweis davon (Reg. X. Seite 450) geben? O ja! viele. — Die siamesischen (*Siamese*) Zwillinge starben an einem Tage, zu derselben Stunde, und wurden³ natürlicher¹ Weise² in einem Grabe begraben. — Sie sind beide stets einer Meinung (*opinion*) gewesen.

sonst, *otherwise.*	geringste, *least.* Beweis, *proof.*
Zweifel, *doubt.* beistehen, *assist.*	natürlicher Weise. *naturally, they.*
zu machen ist, *is to be done.*	begraben, *to bury.* stets, *always.*

Regel IX. 1. 2. 3. 4. §. 4. Seite 392.

14. Gestern sah ich einen blinden Mann, und eine blinde Frau. — Sie hatten einen Hund und eine Katze. — Der Graf hat einen Neger, einen Affen (*ape*) und ein Pferd aber keine Frau. (Anm. 13. S. 117.) — Der Schneider und der Schuster, (²³) der Bäcker, der Fleischer und der Arzt fordern (*demand*) ihre Bezahlung. — Nicht allein (S. 365) die Engländer, sondern auch die Irländer und Schottländer lieben ihre Freiheit (*liberty*). — Der Kaiser schickte nach dem Kanzler und dem Schatzmeister.

Schuster, *shoe-maker.*	schicken, *to send.** nach, *for.*
Fleischer, *butcher.* Arzt, *Doctor.*	Kanzler, *chancellor.*
Bezahlung, *payment.*	Schatzmeister. *treasurer.*

(22) Siehe Regel XLVI. Seite 472 der Syntaxis.
(23) In Sätzen, in denen mehrere Hauptwörter auf einander folgen, wird zuweilen der Artikel, obgleich nicht vor jedem Hauptwort, doch mehr als einmal gebraucht; hier muß der Wohlklang entscheiden. Sind die Hauptwörter paarweise zusammengestellt, so wiederholt man den Artikel vor jedem Paar; man kann aber auch wie im Deutschen den Artikel weglassen, z. B.: (The) camp and city, (the) Greeks and Turks were involved in a cloud of smoke. (Das) Lager und (die) Stadt, (die) Griechen und (die) Türken waren in eine Rauchwolke eingehüllt.

Regel X. a. Seite 393 und Regel XI. a. Seite 395.

15. Der Mensch braucht nur wenig hienieden, [und] auch das Wenige
cht lange. — Von allen Menschen, die ich je[2] gesehen[3] habe[1], war[5] der (he)[1],
lchen[2] ich[3] gestern[5] sah[4], der elendeste. — Stolz und Armuth sind schlecht
paart (paired). — Der Stolz und die Armuth der Irländer sind beide
hohem Grade. — Die Würgscene fing jetzt an, für welche die Ge=
ichte keine Sprache und die Dichtkunst keinen Pinsel hat. Weder
Seite 364) die unschuldige (innocent) Kindheit noch das hülflose Alter
ge), weder Geschlecht (sex), noch Rang (rank), noch Schönheit konnte
: Wuth des Siegers entwaffnen.

ucht, wants. wenig, little.	fing jetzt an, now began.
nieben, here below.	Sprache, language. Dichtkunst, poetry.
b auch nicht, nor yet. das, that.	Pinsel (Farben), colours.
, whom. elend, miserable.	Kindheit, childhood. hülflose, helpless.
olz, pride. Armuth, poverty.	entwaffnen, disarm. Wuth, rage.
hohen Grade, in a high degree.	Sieger, victor oder conqueror.
rgscene, massacre.	

Regel X. b. 1. 2. 3. Seite 393 und XI. b. 1. 2. 3. Seite 395.

16 Alexander besiegte Persien. — Karl der Zwölfte war der Alexan=
: des Nordens. — Haben Sie den göttlichen Plato gelesen? Nein, aber
habe den unsterblichen Milton und den unvergleichlichen Shakespeare
esen. — Haben Sie den blinden Hans gesehen? Nein, aber den lahmen
ter habe ich gesehen. — Der General Wellesley, der verstorbene (late)
rzog von Wellington, commandirte in Indien. — König Alfred der
roße vertrieb die Dänen aus England. — Der Kaiser Nikolaus von
ußland, der Marquis von Clanricarde, der Graf von Ripon und die
inzessin Marie wurden der Königin Victoria vorgestellt.

iegen, to conquer. Nordens, North.	unvergleichliche, incomparable.
tliche, divine.	Hans, Jack. vertreiben, to drive.*
sterbliche, immortal.	aus, out of. vorstellen, to present.

Regel X. c. d. Seite 394 und XI. c. d. Seite 396.

17. Mit Ausnahme der Platina ist das Gold das schwerste aller
etalle. — Das Gold, aus welchem die Krone der Königin von England
macht ist, ist viel werth. — Der Geist der Menschen ohne Erziehung
wie ein unpolirter Diamant. — Die Diamanten sind die kostbarsten
er Edelsteine (gems). — Schwarz und Grün sind im Allgemeinen mehr
schätzt, als Gelb und Roth. — Die Ameise ist das Sinnbild des Fleißes;
s Lamm und die Taube das der Sanftmuth und Demuth (humility).

snahme der, the exception of.	unpolirt, in the rough ob. unpolished.
ver, heavy. aus (of).	Ameise, ant. Sinnbild, emblem.
ist, made. Krone, crown.	Fleiß, industry. Taube, dove.
iehung, education.	Sanftmuth, meekness.

Regel X. e. f. g. Seite 394 und XI. e. f. g. 1. 2. 3. Seite 396.

18. Der Frost des Winters und die Hitze (heat) des Sommers
sen nicht gut zusammen: junge Damen (lady) nehmen [Sie] ein Exempel
ran]. — Der Winter dieses Jahres ist sehr kalt gewesen. — Es
ren unser sechs beim Mittagsessen und das Essen war vortrefflich. —
: Verhältniß zum Flächenraum ist England zweimal so bevölkert als

26*

Bayern. — Die Anden und die Corbilleren in der neuen Welt sind höher als die Pyrenäen, die Alpen 2c. in der alten Welt. — Der Aetna, der Vesuv und der Hekla sind feuerspeiende Berge. — Ich habe einen Bruder auf (at) (siehe Anmerk. 2. S. 539) dem Cap der guten Hoffnung, und einen andern Bruder auf Cap Horn. — Der Rhein, die Donau und die Elbe sind drei große Flüsse in Deutschland. — Das mittelländische Meer ist größer als das baltische. — Die schöne Stadt London. — Mein Onkel ist in Brasilien, meine Tante ist im (at the) Haag.

passen nicht gut, *do not agree well.*	Verhältniß, *proportion.*
nehmen Sie ein Exempel daran, *take*	Flächenraum, *area* (eh=ria).
warning. zum, *at.* Essen, *dinner.*	so, *as.* bevölkert, *populous.*
vortrefflich, *excellent.*	Feuerspeiende Berge, *volcanos.*

Regel X. h. 1—5. Seite 394 und XI. h. 1—5. Seite 397.

19.   Der Gott des Krieges beschützte ihn. — Der Teufel schläft nie, denn in der Hölle gibt es keine Ruhe (repose). — Die Erde, der Mond, die Sonne, die Sterne, die Planeten, die Juno, die Pallas 2c. sind von Gott erschaffen worden. — Wo ist Herr Wilson? Er ist heute nicht in der Stadt, er ist auf's Land gegangen. Wenn (Anmerk. 4. c. S. 362) er wieder in die Stadt zurückkommt, bitte (pray), lassen [Sie es] mich wissen, denn ich habe etwas (something)[4] Wichtiges mit[2] ihm[3] zu sprechen.

beschützen, *to protect.* denn, *for.*	Wichtiges, *of importance.*
erschaffen, *created.*	mit ihm zu sprechen, *to speak with him*
wieder zurückkommen, *to return.*	*about.*

Regel XII. i. k. l. m. n. o. Seite 398.

20.   Man sagt, daß die Schottländer sich immer besinnen, bevor sie sich schlagen, daß die Irländer sich schlagen, bevor sie sich besinnen, und daß die Engländer entweder das Eine oder das Andere thun, je nachdem es die Umstände erheischen. — Die Katholiken glauben an das Fegfeuer, die Protestanten aber nicht. — In der künftigen Welt werden die Guten belohnt, die Bösen bestraft werden. — Im Osten geht die Sonne auf, im Westen geht sie unter. — Am (Anmerk. 2. S. 539) Südpol ist es kälter als am Nordpol. — Die große Revolution, welche Karl dem ersten das Haupt kostete, und die Republik (Protectorat) unter Cromwell, sind wichtige Punkte in der Geschichte Englands. — Mit welchem Dampfschiff (steam-boat) kamen Sie, und wo logiren Sie? Ich machte die Reise (voyage) mit dem John Bull und logire im König von England. — Bonaparte schiffte sich im Jahre 1815 auf dem Bellerophon ein, segelte aber an Bord des Northumberland nach St. Helena.

man sagt, (s. Reg. XIV. Seite 453).	belohnen, *to reward.*
immer, *always.* besinnen sich, *reflect.*	bestrafen, *to punish.*
sich schlagen, *fight.* *	aufgehen, *to rise.* untergehen, *to set.*
entweder oder, (s. Conjunct. S. 364).	kosten, *to cost.* das Haupt, *his head.*
je demnach es die Umstände erheischen,	wichtige Punkte, *important points.*
according to circumstances.	schiffte sich auf — ein, *went on board.*
Fegfeuer, *purgatory.* werden, *will be.*	segeln, *to sail.*

Regel XII. p. q. r. s. t. u. Seite 398.

21.   Die Königin Victoria ist das Haupt der anglikanischen Kirche. — Sind Sie gestern Abend im Theater gewesen? Ja, mein Herr, und ich bin mit der Londoner Bühne sehr zufrieden. — Morgen muß ich in

irlament gehen, [um] über das Korngesetz zu reden. — Die Künste
b Wissenschaften werden (*are*) von dem König von Bayern sehr be=
nstigt (*to favor*). — Die neun Musen sind Töchter des Jupiter und
: Göttin Mnemosyne; die drei Grazien sind Töchter des Jupiter und
: Eurynome.

upt, *head.* anglikanisch. *Anglican.*	reden, *to speak.* über, *on.*
r zufrieden, *quite pleased.*	Korngesetz, *Corn-laws.* sehr, *greatly.*

Regel XIII.—XVI. Seite 399—401.

22. Was für einen zeitigen Frühling wir haben! Die Bäume sind
on in der Blüthe und das Gras ist herrlich grün. — XIV. Je mehr,
to heiterer, je weniger, desto besser die Bewirthung. — Je mehr man
t, desto mehr wünscht man. — Dieses Haus gefällt mir am wenigsten
n allen. — XV. Der Arzt sagte mir, daß er zu der und der Zeit
nmen würde. — Wenn er so ist, wie man ihn schildert, [so] will ich
hts mit ihm zu thun haben. — Ich bin keineswegs der reiche Mann,
r den Sie mich halten. — XVI. Wie können Sie so lange bei Tische
en? — Der Tisch, an dem wir saßen, war sehr schön. — Wann
en Ihre Kinder in die Schule, in die Kirche 2c.? Sie sind schon in
· Schule, in der Kirche. — Lassen Sie uns in die Kirche, in die Schule,
s Theater gehen. Jetzt (*now*)² nicht¹; ich komme so eben (*just*) aus
: Kirche, aus der Schule, aus dem Theater. — Lassen Sie uns in die
rche, in das Theater hineingehen, ich möchte sie gerne besehen (*see*).

tigen, *early.* schon, *already.*	man ihn schildert, *as he is described.*
üthe, *bloom.* herrlich, *beautifully.*	nichts, *nothing.*
ter, *merry.* wenig. *few.*	keineswegs, *by no means.*
wirthung, *cheer.* man, *one.*	für den Sie mich halten, *you take me*
allen, (s. Anmerk. 52, S. 296).	*to be.*

III. Kapitel.
Syntax. Vom Hauptworte.

. Ueber die Stellung des Nominativs. (S. Reg. IX. S. 376.)
. Vom Genitiv. — C. Vom Dativ. — D. Vom Accusativ.
. Vom Ablativ. — F. Sammelnamen.
. Benennung der Würden. — H. Apposition 2c.

A. Ueber die Stellung des Nominativs (¹).
I. Regel. Der Nominativ vor dem Zeitworte 2c.

Der Nominativ ist der Casus des Subjects und steht im Engli=
en wie im Deutschen auf die Frage wer? oder was? — Im
lgemeinen steht, in bejahenden Sätzen, das Subject (Nominativ)
r dem Hauptwort, in fragenden hinter demselben, z. B.:

(1) NB. Dasjenige Haupt= oder Fürwort, welches unmittelbar einem Particip vorhergeht, heißt in
der englischen Grammatik Casus Absolutus (*Case absolute*) und steht immer im Nominativ, z. B.:
He destroyed, all this will follow, nicht: *him destroyed*, all this will follow
The king, *hearing* the noise, (*he*) ran to the window.

Necessity is the mother of invention.	Die Nothwendigkeit ift bie Mutter der Erfindung. (1b)
The *man is* dead. *Is* the man dead? (1c)	Der Mann ift tobt. Ift der Mann tobt?

II. Fälle, in denen das Subject (Nom.) dem Zeitworte nachstehen darf.

Die Fälle, in welchen im Englischen das Subject (der Nominativ) nach dem Zeitworte stehen darf oder muß, sind folgende:

1. Im erzählenden Styl darf man bisweilen ben Nominativ oder das Subject nach dem Zeitwort stellen; hauptsächlich wenn es in der Mitte einer Phrase, etwa wie eine Parenthese, oder als erklärender Satz und in Verbindung mit einem der folgenden Zeitwörter zu stehen kommt:

To add, hinzufügen.	To cry (out), ausrufen.	To say, fagen.
- answer, antworten.	- exclaim, ausrufen.	- speak, fprechen.
- arrive, ankommen.	- ejaculate, ausrufen.	- think, benfen. 3. L.:
- appear, erscheinen.	- pursue, fortfetzen.	
- continue, fortfahren.	- reply, erwiedern.	

No, *added he,* I will never do it.	Nein, fügte er hinzu, ich will es nie thun.
No! *exclaimed the King,* no vengeance, but justice.	Nein, rief der König aus, feine Rache, nur Gerechtigkeit.
I have been, *said John,* at your country house.	Ich bin in Ihrem Landhause gewefen, fagte Johann.
Sir, *answered he,* I am convinced of it. (2)	Mein Herr, antwortete er, ich bin davon überzeugt.

NB. In der Poefie findet man öfters Verfetzungen des Subjects; der Tert aber gibt ben Sinn an, und verhindert jede Zweibeutigkeit (f. Anm. 26, S. 384)

2. Nach den Pronominaladverbien:

Here, hier.	Thus, fo. Never, nie.	Such, folcher.
There, bort, es.	Yet, boch.	The same, berfelbe.
Hence, von hinnen, hieraus.	So, fo *Scarcely,* faum.	Herein, hierin.
Thence, v. bannen, baraus.	Nor, noch, auch nicht.	Wherein, worin.
Many, mancher, viele.	Neither, weber, noch, auch	Therein, barin.
Then, bann.	nicht.	Thither, borthin.

und noch einigen anbern, steht, wie im Deutschen, ber Nominativ nach bem Verbum, z. B.:

Here is *the book. There* is a *knife.*	Hier ift das Buch. Da ift ein Meffer.
Never was man so ill. (2b)	Nie war ein Menfch fo frant.
Many *have I* saved from ruin.	Viele habe ich vom Verberben gerettet.
Herein consists *the beauty* of the poem.	Hierin besteht die Schönheit des Gedichts.
Thus spoke *the Monarch.*	So fprach ber Monarch.
I have not done it, *nor do I* intend to do it.	Ich habe es nicht gethan, noch beabfichtige ich es zu thun.

3. Wenn ein mit Nachbruck ausgefprochenes Abjectiv ober Abver-

---

(1b) Anfänger follten fich meiftens nach ber allgemeinen Regel richten, b. h. ben Nominativ, außer bei Fragen, bem Verbum vorfetzen. Siehe Regel XI. — XII. D. Seite 376.

(1c) NB. Das Für- oder Hauptwort, womit man auf eine Frage antwortet, muß mit bem Fragewort in bemfelben Cafus ftehen, z. B.:

Who speaks? I; b. h. I speak. Whose books are these? John's; b. h. They are John's books.

(2) NB. Ift bie Ankündigung ber Rebe in biefelbe eingefchoben, fo fetzen viele ber neueren Schriftfteller bas Subject vor bas Zeitwort, z. B.: Sir, *answered I,* am I convinced of it; bie Stellung bes Subjects ift jeboch weber fo richtig, noch fo nachbrucfvoll als die obige.

(2b) Ift jeboch bas Subject ein perfönliches Fürwort, fo fteht es in biefem Falle ftets vor bem Zeitwort, z. B.: "*Here it is,* here I am; here he is, etc. There he (it) is; there they are, etc.; nie aber: Never man, etc., was so ill, etc.; man fann aber fagen: There never was a man so ill, etc.

dem den Satz anfängt, so kann der Nominativ, wie im Deutschen, unter dem Zeitwort stehen, z. B.:

~~dear was~~ his life, but dearer still his fame.	Theuer war ihm sein Leben, aber theurer noch sein Ruf.

4. Im Conjunctiv, wenn die Conjunction ausgelassen ist, und s Conditional, steht der Nominativ, wie im Deutschen, nach dem Zeitwort, z. B.:

were I to do that, I must be a fool.	Thäte ich das, so wäre ich ein Narr.
had he taken my advice, he would be a happy man now.	Hätte er meinen Rath befolgt, so wäre er jetzt ein glücklicher Mann.
should Mr. Swift not come, send me word immediately.	Sollte Herr Swift nicht kommen, so laß es mir sogleich wissen.

Bei fragenden und wunschausdrückenden Wörtern.

5. In Sätzen, die eine Frage, einen Befehl oder einen Wunsch ausdrücken, steht der Nominativ, wie im Deutschen, dem Zeit- worte nach, z. B.:

has he seen his mother?	Hat er seine Mutter gesehen?
do you know Doctor Johnson?	Kennen Sie Doctor Johnson?
why don't you write to me?	Warum schreiben Sie mir nicht?
may queen Victoria live long!	Möge die Königin Victoria lange leben!
out of my sight! — Get you gone!	Gehe mir aus den Augen! Packe Dich.
above it stood the seraphim.	Darüber standen die Seraphim.

B. Vom Genitiv (Genetive case).

§. 6. Der Genitiv steht im Englischen wie im Deutschen auf die Frage wessen? Außer dem, was in der Etymologie Kap. III. S. 104 ꝛc. hierüber gesagt worden ist, ist noch Folgendes zu bemerken.

III. Genitiv mit of bei unbelebten Gegenständen ꝛc. (³)

1. Wie schon Regel VII. S. 111 bemerkt wurde, muß der Genitiv mit of (⁴) bei allen unbelebten Gegenständen, bei allen als Haupt- wörter gebrauchten Adjectiven und meistens auch in der Poesie ge- braucht werden, z. B.:

the education of children.	Die Erziehung der Kinder.
the joys and sorrows of life. (⁵)	Die Freuden und Leiden des Lebens.
the girl of my love.	Das Mädchen meiner Liebe.
the privations of the blind.	Die Entbehrungen der Blinden.
the pleasure of doing good.	Das Vergnügen Gutes zu thun.
the days of grief are o'er.	Die Tage des Kummers sind vorbei.

(³) Siehe Anmerkung 4, Seite 109.
(⁴) Siehe Ausnahmen Regel VII. Seite 111.
(⁵) Wie beim bestimmenden Artikel Regel X. a. Seite 394 gesagt worden ist, braucht man vor Begriffsnamen in allgemeiner Bedeutung nie den Artikel. The fear of the death; the love of the life, etc., wäre also unrichtig, weil hier nur der Tod, das Leben nur im Allgemeinen, nicht eine besondere Art des Todes, des Lebens gemeint ist.

2. Der Genitiv mit of, wo sich der Deutsche oft einer Präposition bedient.

Der objective Genitiv wird stets durch die Präposition of gebildet und ist im Englischen viel häufiger, als im Deutschen angewendet, wo man ihn gewöhnlich durch Präpositionen ausdrückt, z. B.:

The fear *of* death (⁵).	Die Furcht v o r dem Tobe.
The love *of* life.	Die Liebe z u m Leben.
The love *of* God (⁵b), *of* heaven.	Die Liebe zu Gott, z u m Himmel (⁴).

3. Zusammengesetzte deutsche Hauptwörter im Englischen häufig mit of verbunden.

Ueberhaupt werden viele Hauptwörter, welche im Deutschen zusammengesetzt sind, im Englischen häufig durch of verbunden, z. B.:

Herzensgüte. Geistesgegenwart.	Goodness *of* heart. Presence *of* mind
Staatsgefangener. Todtengespräche.	Prisoner *of* state. *Dialogues of the* dead.
Seelenruhe. Todesstrafe.	Peace *of* mind. Pain *of* death.
Ein Zugvogel. Ein Raubthier.	A bird *of* passage. A beast *of* prey.
Eine Viertelstunde (Jahr, Pfund :c.)	A quarter *of an* hour (year, pound etc.)
Redetheile. Das Schlachtfeld.	Parts *of* speech. The field *of* battle.
Staatsminister. Sonnenfinsterniß.	Minister *of* state. Eclipse *of the* m.

**IV. Genitiv mit of nach Hauptwörtern, welche eine Quantität, ein Maß :c.
ausdrücken.**

Nach den Hauptwörtern, welche ein Gewicht, ein Maß, einen
Theil von Etwas, das Gefäß (wenn es mit Etwas angefüllt ist),
ausdrücken, so wie nach den Sammelzahlen, wo im Deutschen gewöhnlich derselbe Casus, wie der Name des Maßes u. s. w., steht,
braucht man im Englischen den Genitiv mit of, z. B.:

A glass *of* wine, (⁶) ein Glas Wein.	A dozen (⁷) *of* eggs, ein Dutzend Eier.
A piece *of* bread, ein Stück Brod.	A purse *of* gold, ein Beutel voll Gold.

(⁵b) NB. *The love of God* wird im Englischen im subjectiven sowohl, als im objectiven Sinne
gebraucht und bedeutet: die Liebe Gottes = die Liebe zu Gott, aber auch die Liebe Gottes
zu den Menschen, z. B.:

The *love of* God be with you.	Die Liebe Gottes sei mit Ihnen.
The *love of* God to man was, etc.	Die Liebe Gottes zu den Menschen war :c.
Do it for *the love of* God.	Thue es deiner Liebe zu Gott wegen.

Ebenso verhält es sich mit *love of Christ*, heaven, *parents* und andern Personen. Mit dem
sächsischen Genitiv oder einem zueignenden Fürwort kann kein Mißverständniß entstehen, z. B.:
God's love of man. of the world, etc. *Man's love of God, his love of Christ,* etc.
  NB. *Love* to God, wie man es in einigen Grammatiken findet, ist nicht Englisch.

(⁵c) NB 1. Außer bei den Verbalsubstantiven auf *ung* ist der objectiv Genitiv im Deutschen nur
selten anzuwenden, man müßte denn durch Voranstellung des objectiven Genitivs ein zusammengesetztes Hauptwort bilden können, z. B:

Ruhmsucht (= Sucht nach Ruhm).	Thirst *of* glory.
Gottesfurcht (= Furcht v o r Gott).	The fear *of* God.
Todesfurcht (= Furcht vor dem Tode).	The fear *of* death.

  NB. 2. Aber auch im Englischen bedient man sich häufig verschiedener Präpositionen, z. B.

A dealer *in* corn, tea, *clothes.*	Ein Korn=, Thee=, Kleiderhändler.
The thirst *after* (ob. *of*) conquest, gold	Die Eroberungssucht, das Gelüste nach Gold.

(⁶) Ist der Gegenstand durch irgend einen Zusatz, z. B. ein Adjectiv, einen partiven Genitiv,
einen Relativsatz näher bestimmt, so muß man stets den bestimmten Artikel anwenden, als:

Give me a glass *of the wine* you bought yesterday	Geben Sie mir ein Glas von dem Weine, den Sie gestern gekauft haben.

(⁷) *Dozen, score, hundred, thousand* werden bisweilen auch ohne *of* gebraucht, z. B.:

A dozen *buttons*, a score *apples*, a hundred *oysters.*	Ein Dutzend Knöpfe, zwanzig (eine Steige) Aepfel, ein hundert Austern.

  In der Kaufmannssprache wird nach Maaßen und Gewichten *of* häufig weggelassen, z. B.:

Zwei hundert Pfund Kaffee.	Two hundred pounds coffee (statt *of* coffee).

A band *of* robbers, eine Räuberbande. | A chain *of* ([7b]) mountains, eine Ge-
A lump *of* sugar, ein Stück Zucker. | birgskette.

V. Eigennamen, welche einen Gattungsnamen näher bestimmen, werden durch *of* mit demselben verbunden.

Wird einer der Gattungsnamen, wie Reich, Land, Provinz, Stadt, Monat, Name, Beiname, oder der Titel eines Landes, als: Königreich, Herzogthum 2c. durch einen Eigennamen näher bestimmt, so muß der letztere im Genitiv mit *of* stehen, z. B.:

The United Kingdom *of* Great-Britain and Ireland. ([8]) | Das vereinigte Reich Großbritannien und Irland.
The month *of* May. The city *of* London. | Der Monat Mai. Die Stadt London.
He went by the name *of* Charles. ([7b]) | Er hatte den Namen Karl. ([9])

NB. 1. Wird ein Gattungsname, welcher den Titel, den Rang oder die Würde einer Person ausdrückt, durch einen Eigennamen näher bestimmt, der von einem Lande, einer Stadt, einer Gegend 2c. hergenommen ist, so verfährt die englische Sprache wie die deutsche, indem sie dem Eigennamen die Präposition *of* (von) vorsetzt, z. B.:

The Prince *of Wales*. The Earl *of Derby*. | Der Prinz von Wales. Der Graf v. Derby.
The King *of England*. The Duke *of Kent*. | Der König v. England. Der Herzog v. Kent.

NB. 2. Während die Ordnungszahlen in der Regel wie Adjective mit dem folgenden Hauptworte unmittelbar verbunden werden, so haben sie doch bei Angabe des Monatstages den Namen des Monats im Genitiv mit *of* bei sich, wenn der Monatsname ihnen nachfolgt, z. B.:

The eighth *of* June. ([10]) | Den achten Juni. (Reg. II. S. 170.)
The twenty-second *of* December. ([11]) | Den zwei und zwanzigsten December.

VI. Das nach der Regel erforderliche *of* wird nach *worthy*, würdig, *unworthy*, unwürdig, *on-side*, an, auf der Seite, *in despite* oder *despite*, trotz, häufig und nach *worth*, werth, *on board*, an, am Bord immer weggelassen, z. B.:

She is *worthy (of) a better fate*. | Sie ist eines bessern Schicksals würdig.
Bonaparte went *on board the Bellerophon*. | Bonaparte ging an Bord des Bellerophon.
On this *side (of) the trees*, the grave. | Auf dieser Seite der Bäume, des Grabes.
Despite all my endeavours. | Trotz aller meiner Bemühungen.
It is not *worth* the trouble. | Es ist nicht der Mühe werth.

(7b) NB. Der Gebrauch des Genitivs in obigen Fällen stimmt ganz mit der französ. Sprache überein: Un verre de vin. Une chaîne de montagnes. La ville de Londres. Deßhalb nennt man diesen Genitiv auch den normanischen (französischen).

(8) Wenn mehrere beigeordnete Hauptwörter im Genitiv auf einander folgen, so wird gewöhnlich nur vor das erste die Präposition *of* gesetzt, z. B.:
Such proofs *of* disinterestedness, sincerity, and love, deserved a better reward. | Solche Beweise von Uneigennützigkeit, Aufrichtigkeit und Liebe verdienten eine bessere Belohnung.
The queen soon felt the bad effects *of* envy, hatred, and jealousy. | Die Königin fühlte bald die schlimmen Folgen des Neides, des Hasses und der Eifersucht.

(9) NB. Bei den Gattungsnamen, *river*, Fluß; *stream*, Strom, wenn sie in Verbindung mit dem Namen des Flusses stehen, braucht man *of* nicht, z. B.:
The river *Thames*, oder the *Thames*. | Der Themsefluß, oder die Themse.

(10) In Briefen schreibt man: *June 8th*, 1865, oder *8th June*, 1865, nie *the 8th of June*, z. B.: Paris, *10th May*, 1865, oder Paris, *May 10th*, 1865. (Siehe Regel II. Seite 170.)

(11) Auch a *million* hat *of* nach sich, z. B.
A million *of* men and women. | Eine Million Männer und Frauen.
Nach a *hundred* und a *thousand* wird es meistens weggelassen. Dagegen sagt man im Plural *some hundreds of* und *some thousands of* sowohl, als *some millions of men*.

Vom sächsischen Genitiv (Saxon Genetive).

§. 7. Außer dem, was §. 14—21, S. 108—111 über den sächsischen Genitiv gesagt worden ist, bemerke ich hier noch Folgendes.

VII. Wenn mehrere von einander abhängige Genitive auf einander folgen, so wechselt man gern des Wohllauts halber mit beiden Formen des Genitivs ab, z. B.:

My *brother's wife's* sister.	Die Schwester der Frau meines Bruder.
The sister *of the wife* of my brother.	Die Schwester von meines Bruders Frau.
The sister *of my brother's* wife.	

Es ist leicht einzusehen, daß die letzte Form die beste ist, denn in der ersten ist die Wiederholung des *'s*, in der zweiten die des *of* unangenehm und in dem ersten Ausdruck ist noch dazu die Hauptperson, von der die Rede ist, ans Ende gesetzt.

Aehnlich verhält es sich mit folgenden Ausdrücken:

The husband *of the sister of the wife of the King,*	Der Gemahl von der Königin
The *King's wife's sister's* husband,	Schwester, oder besser: der
The husband *of the King's wife's sister,*	Gemahl von der Schwester
The husband *of the sister of the King's wife,*	der Königin,
The husband *of the Queen's sister,*	

worin die beiden ersten Wendungen, obgleich grammatikalisch richtig, doch für das Ohr unerträglich, die andern zwar zulässig, die letztere aber am wohllautendsten ist (*).

VIII. Sehr oft gebraucht man im Englischen den sächsischen Genitiv als abhängigen Casus des Particips der Gegenwart, z. B.:

Much will now depend on your *master's drinking a sufficient quantity* of hot water, replied Dr. Sangrado.	Viel wird jetzt davon abhängen, daß Ihr Herr eine gehörige Quantität heißes Wasser trinkt, erwiederte *Dr. Sangrado.*
He feared the *officer's drawing* his sword.	Er befürchtete, daß der Officier den Schwert ziehen könnte.
His coming was the cause of my *brother's not going.* (13)	Daß er kam (sein Kommen) war die Ursache, warum mein Bruder nicht ging.

IX. Werden leblose Gegenstände, besonders abstracte, als Hauptwörter personifizirt, so darf der sächsische Genitiv bei ihnen gebraucht werden, z. B.

Oh! What is *Beauty's power?*	Ach! was ist der Schönheit Macht?
It flourishes and dies!	Sie blühet und verwelkt!
Death! thou of all *earth's kings* art king.	Tod! du bist aller Erden-Könige König.
Freedom's sons fought bravely on the plain of Waterloo.	Der Freiheit Söhne fochten tapfer auf der Ebene von Waterloo.

Fälle, in denen der sächsische Genitiv nicht angewendet werden darf (14).

X. In folgenden Fällen ist der Genitiv stets mit *of* und nie durch das apostrophirte *'s* zu bilden:

---

(12) NB. Ueber den sächsischen **Genitiv** in der Bedeutung des deutschen bei, von, zu, (bei französischen *chez*) und bei Eigennamen siehe Regel VI. Seite 111.

(13) Das Weitere hierüber siehe Regel LIV. — LXIV. Seite 522 Particip in "ing".

1. Bei den im Plural substantivisch gebrauchten Adjectiven als **blind, lame** etc., z. B.:

the afflictions *of the blind.* (15)	Das Unglück der Blinden.
the sleep *of the dead,* etc.	Der Schlaf der Todten 2c.

(nicht: the *blind's* afflictions; *the dead's* sleep etc.)

2. Bei den Völkernamen im Plural, z. B.:

the honesty *of the Germans.* (16)	Die Biederkeit der Deutschen.
the politeness *of the French.* (16b)	Die Höflichkeit der Franzosen.

(nicht: The *German's* honesty; *the French's* politeness etc.)

3. Bei den Sammelnamen (d. h. Hauptwörtern, welche eine unbestimmte Zahl unterschiebbarer Einzelwesen als ein Ganzes zusammenfassen); jedoch findet man den sächsischen Genitiv bisweilen bei einzelnen derselben wie bei

Nation, family, people, law, government, etc.

Henry the Fourth was *the nation's idol.*	Heinrich IV. war der Abgott des Volkes.
The *people's* (Anmerk. 20. S. 84.) complaints are often unreasonable.	Die Klagen des Volkes sind sehr oft unvernünftig.
The *family's* influence is very great.	Der Einfluß der Familie ist sehr groß.
The *law's delay* is very disagreeable.	Der Aufschub des Gesetzes ist sehr unangenehm.
The *government's measures* are very severe. (16c)	Die Maßregeln der Regierung sind sehr strenge. (17)

---

14) Das apostrophirte *'s* stammt aus der angelsächsischen Sprache, und wurde früher bisweilen durch *es*, bisweilen durch *is*, *ys* und bisweilen bloß durch *s* ohne Apostroph vertreten, z. B.: Godes oder Godis, Godys glory, jetzt God's glory (der Ruhm Gottes).

15) Die substantivisch gebrauchten Adjective kommen als Bezeichnung von Personen nur im Plural vor, ohne jedoch das Pluralzeichen (*s*) anzunehmen, also "*the blind, the wicked, the good*", die Blinden, die Gottlosen, die Guten; nicht: der Blinde, der Gottlose, der Gute. — Will man im Englischen der Blinde, die Gottlose, ein Armer, 2c. ausdrücken, so muß man zu dem Adjectiv noch '**man, woman**' hinzufügen, also: The blind man, the wicked woman, a poor man, 2c. Gen.: the blind man's, 2c. (Reg. VII S. 111).

16) NB. 1. Wenn Adjective als Beinamen großer Männer gebraucht werden, so nehmen sie auch kein ('s) an, z. B.: darf man nicht sagen: Frederic the Great's feet, sondern: The feet of Frederic the Great.

NB. 2. Wenn ein beziehendes Fürwort im Satze ist, darf man den sächsischen Genitiv nur dann gebrauchen, wenn das Hauptwort, auf welches das Fürwort Bezug hat, zunächst vor demselben steht, z. B..

This is the Captain's son, who saved me. This is the son of the Captain, who saved me.
He fell at the prince's feet, who, etc., nicht: at the prince's feet, who.
She grieves for the loss of her daughter, who, nicht: her daughter's loss, who, etc.

NB. 3. Der sächsische Genitiv darf nie von dem ihn regierenden Hauptworte durch dazwischen tretende Sätze getrennt werden. Man darf also z. B. nicht: They blamed the captain's, as they called him, bad conduct, sondern nur "They blamed the conduct of the captain, as they called him", sagen.

b) Obwohl der sächsische Genitiv bei Völkernamen in der Einzahl zulässig ist, so ist doch der Genitiv mit *of* immer vorzuziehen, z. B.: An Italian's, a Spaniard's word; besser: The word of an Italian, etc.

c) NB. Bei Zeitbestimmungen braucht man meistens den sächsischen Genitiv, z. B.:

A day's journey from London.	Eine Tagereise von London entfernt.
An hour's (two hours') delay.	Ein Aufschub von einer Stunde, (von zwei Stunden).

17) Wenn man beim Sprechen oder Schreiben in Ungewißheit ist, ob man den sächsischen Genitiv ('s) anwenden darf, so gebrauche man immer den Genitiv mit *of*, weil man sich dadurch nur selten oder nie irren kann, z. B.:

The distance of the moon is great, etc. | Die Entfernung des Mondes ist groß, u. s. w.
Ueber den Genitiv im Englischen, den Dativ im Deutschen, siehe Regel XIV. Seite 412.
NB Der sächsische Genitiv wird viel weniger im hohen als im vertraulichen Styl gebraucht.

Vom doppelten Genitiv.

XI. Oefters trifft man im Englischen einen doppelten Genitiv; es sind deren zwei Arten; die erste wird durch die Präposition *of* und ein zueignendes Fürwort gebildet, z. B.:

You are a favourite *of hers.* (18)	Sie sind einer ihrer Lieblinge.
She is a pupil *of yours.* (19)	Sie ist eine Ihrer Schülerinnen.
He is an acquaintance *of mine* and *of my sister's.*	Er ist ein Bekannter von mir und von meiner Schwester.

Die andere Art, den doppelten Genitiv zu bilden, ist, wenn man die Präposition *of* vor und das *'s* nach setzt, z. B.:

That is a friend *of the queen's.* (20)	Das ist ein Freund der Königin.
A soldier *of the king's.* (21)	Ein Soldat des Königs.

Hier kann man auch sagen:

That is *one of the queen's* friends.	One of the king's soldiers.

C. Vom Dativ (Dative case).

XII. Der Dativ steht im Englischen, in der Regel, wie im Deutschen, auf die Frage wem? z. B.:

To whom did you give the money?	Wem gaben Sie das Geld?
I gave it *to the poor man.*	Ich gab es dem armen Manne.

---

(18) Man kann sich jedoch in beiden Fällen auch ebenso wie im Deutschen ausdrücken, z. B.:
You are one *of* her favourites. She is one *of* your pupils. (S. Anm. 34, Seite 18?).
  NB Man muß aber sagen:
  This house is like my father's, od. like *that of my father,* und nicht "*That of my father*".

(19) Obgleich im Allgemeinen von den Grammatikern angegeben wird, daß das bei dem doppelten Genitiv aus der Vorstellung zu ergänzende Hauptwort als im Plural stehend zu betrachten sei, so bedient man sich jedoch in der Umgangssprache des doppelten Genitivs auch in folgenden und ähnlichen Sätzen:
  That tongue *of* yours will bring you into | Diese Zunge von Ihnen wird Sie eines Tages in
    trouble one day | Verlegenheit bringen.
  That husband *of* yours is a curious man. | Dieser Gemahl von Ihnen ist ein sonderbarer Mann,
in denen das zu ergänzende Hauptwort als Singular anzusehen ist; denn da der ganzen Welt hat selbst eine Xantippe nur eine Zunge und (wenigstens bei den gebildeten Völkern) die Frau nur einen Mann, so ist doch diese Form im Englischen gebräuchlich.
  Im Englischen darf nie (außer in der Poesie) wie im Deutschen ein hinweisendes und ein besitzanzeigendes Fürwort mit einander verbunden werden. Sätze also wie folgende:
  This house *of* yours pleases me. | Dieses Ihr Haus, gefällt mir.
  That cousin *of* his is a blockhead. | Jener sein Vetter, ist ein Holzkopf —
können weder This your house, that his cousin, etc., wie im Deutschen, nach *this house of your, that cousin of his,* wie der Herr Gantter es angibt, sondern wie oben ausgedrückt werden.
  NB. 1 Uebrigens gehören Ausdrücke wie "That tongue *of* yours; that husband *of* your, that head *of* his, etc., in denen das zu ergänzende Hauptwort als im Singular stehend zu betrachten ist, nur der Umgangssprache an und sind in der höheren Schreibart mit *your tongue, your husband, his head,* etc., wiederzugeben; und selbst in den andern Fällen ist *your house, his cousin,* etc, der obigen Ausdrucksweise vorzuziehen.
  NB. 2. Man merke folgende Ausdrucksweise:
  He has a house *of* his own | Er besitzt ein eigenes Haus.

(20) Die Ausdrucksweise mit doppeltem Genitiv ist zuweilen geeignet, Zweideutigkeiten zu beseitigen. Sage ich im Deutschen „dieses Gemälde meines Freundes" so ist der Sinn zweifelhaft, da es „die Abbildung seiner Person" und „ein ihm gehöriges Gemälde" sein kann, während im Englischen "This picture *of* my friend" nur das Erstere, *this picture of my friend's* das Letztere ausdrückt und also gleichbedeutend ist mit *this picture belonging to my friend.* Aehnlich verhält es sich mit:
  This opinion *of* my brother's. | Diese meines Bruders Meinung.
  This opinion *of* my brother. | Diese Meinung über meinen Bruder.

(21) Bei dieser Ausdrucksweise ist der hervorgehobene Gegenstand hinter dem sächsischen Genitiv im Plural zu ergänzen. Obiger Satz heißt also so viel als:
  A soldier of the King's soldiers oder | Ein Soldat von (wörtl.) des Königs Soldaten, als
  A soldier of the soldiers of the King. | Ein Soldat von den Soldaten des Königs.

Außerdem steht der Dativ: — Auf die Frage wohin? an wen? nach? wenn von der Bewegung nach einem Orte, oder von der ͦchtung nach einem Ziele die Rede ist, z. B.:

̍ere are you going *(to)*?	Wo gehen Sie hin?
̍m going *to London.*	Ich gehe nach London.
whom are you writing?	An wen schreiben Sie?
̍m writing *to my brother.*	Ich schreibe an meinen Bruder.
̍at does he *aspire to*?	Wonach trachtet er?
̍ *aspires to the hand* of the General's	Er trachtet nach der Hand der Tochter
̍aughter.	des Generals.

NB. Nach den Zeitwörtern *to depart, to set out,* abreisen, *to embark,* sich ein= ̍ffen, *to set sail,* absegeln, steht statt *to* die Präposition *for,* z. B.:

̍ has *departed, set sail* for India.	Er ist nach Indien abgereist, abgesegelt.

XIII. Dativ im Englischen — Genitiv im Deutschen.

Nach denjenigen Substantiven, die eine Freundschaft, Feindschaft, ̍rwandtschaft, Gemüthsneigung, ein Verhältniß oder Amt ausdrücken, ̍nn man im Englischen das von ihnen abhängige Hauptwort im ̍tiv setzen (wenn diese nicht den bestimmenden Artikel haben), ob= ̍hl es im Deutschen nur im Genitiv stehen kann, z. B.:

̍ friend *to* virtue.	Ein Freund der Tugend.
̍ter *to* ([22]) *the king.*	Schwester des Königs.
̍cretary (physician) *to the queen.*	Secretär (Arzt) der (ob. bei der) Königin.
̍. Hook is a father *to the poor.* ([23])	Herr Hook ist ein Vater der Armen.
̍. Hook is the father *of the poor.* ([23])	Herr Hook ist der Vater der Armen.
̍e King of Hannover is heir *to the*	Der König von Hannover ist Erbe der
̍rown of England.	Krone von England.

NB. Hat das regierende Wort aber den bestimmenden Artikel *the* vor sich, so ̍ß man stets den Genitiv gebrauchen, z. B.: *the friend of the king,* ob. *the king's* ̍nd, es drückt aber dann ein anderes Verhältniß aus ([24]).

---

[22]) NB. 1 Jedoch trifft man in obigen Fällen statt des Dativs häufig auch den Genitiv, und bei ̍ Verwandtschaftsverhältnissen ist es in der Regel besser den Genitiv zu gebrauchen, z. B.: ̍ Sister *of the king,* cousin *of the queen,* oder a sister *of the king's,* oder the *king's* sister.

NB. 2. Spricht man jedoch mit Nachdruck, oder im uneigentlichen Sinn, so gebraucht man den Dativ, z. B.:

She is *to me,* at the same time, a sister, mother, friend.	Sie ist gegen mich zugleich eine Schwester, Mutter, Freundin.

[23]) Der erste von obigen beiden Sätzen drückt aus, daß Herr Hook wie ein Vater gegen die Armen handelt; der zweite Satz dagegen gibt zu erkennen, daß nicht bloß gegen die Armen wie ein Vater handelt, sondern auch, daß diese ihn als ihren Vater oder natürlichen Freund betrachten.

[24]) NB. 1 Man drückt aber in diesem Falle ein anderes Verhältniß aus, als mit dem Dativ. Man vergleiche deßhalb folgende Sätze:

1. Frederick was a friend *to* Voltaire.	Friedrich war ein Freund Voltaire's
2. Frederick was a friend *of* Voltaire's.	Friedrich einer von Voltaire's Freunden.
3. Frederick was *the* friend *of* Voltaire.	Friedrich war der Freund Voltaire's.

Dieser erste Satz sagt, daß Friedrich gegen Voltaire sich als Freund zeigte, die zweite, daß Friedrich einer der Freunde Voltaire's war, und die dritte nennt Friedrich schlechtweg den Freund Voltaire's, ohne damit zu leugnen, daß Voltaire noch andere Freunde außer Friedrich hatte.

Aehnlich verhält es sich mit folgenden Sätzen:

1 He is a good friend *to my brother*.	
2. He is a good friend *of my brother*.	Er ist ein guter Freund meines Bruders.
3. He is a good friend *of my brother's*	
4. He is *the* good friend *of my brother.*	Er ist der gute Freund meines Bruders.

NB. 2. Der 1ste Satz sagt blos, daß das Subject (er) sich als guter Freund gegen meinen Bruder gezeigt hat, ohne jedoch meinen Bruder als seinen wirklichen Freund zu bezeichnen. Ein reicher Mann z. B. kann sich recht wohl gegen einen Armen als guten Freund beweisen, ohne daß eine gegenseitige Freundschaft zwischen ihnen besteht.

Der 2te Satz drückt aus, daß er und mein Bruder gegenseitige Freunde sind. Der 3te deutet an, daß mein Bruder mehrere Freunde hat, und bezeichnet ihn als einen derselben; und endlich der 4te gibt an, daß er vornehmlich der Freund meines Bruders ist. Durch die Anwendung des Genitivs mit *of* werden also beide Theile als bereits verbunden, als in einem wechselseitigen Verhältniß stehend betrachtet; während man durch den Gebrauch des Dativs mit *to* bloß die Neigung des einen Theils zum andern, also ein einseitiges Verhältniß ausdrückt.

XIV. Im Englischen der Genitiv — im Deutschen der Dativ.

Im Deutschen bedient man sich oft des Dativs, um eine Beziehung auf einen Gegenstand auszudrücken, wo man im Englischen den Genitiv, oder, wenn es ein persönliches Fürwort ist, das zueignende Fürwort gebrauchen muß, z. B.:

He hurt *his brother's* foot.	Er verletzte dem Bruder den Fuß.
His *master's head* aches (ehks).	Seinem Lehrer thut der Kopf weh.
They bound *the thief's* hands.	Sie banden dem Diebe die Hände.
It fell into *my eye*, and hurt me.	Es fiel mir in's Auge und that mir weh.
He tore it from *my hand*. (24b)	Er riß es mir aus der Hand.
It has cost him *his* life.	Es hat ihm das Leben gekostet.
My friend put the money into *my* (*brother's*) *pocket*. (25)	Mein Freund steckte mir (meinem Bruder) das Geld in die Tasche. (25).

Fälle, wo man "to" beim Dativ wegläßt.

§. 8. NB. Im Englischen gibt es gewisse Fälle, wo man das Zeichen des Dativs (die Präposition *to*) wegläßt, andere aber, wo es nicht weggelassen werden darf, z. B.:

He gave *me* the book.	Er gab mir das Buch.
He came *to me* and told *me*, etc.	Er kam zu mir und erzählte mir, x.

NB. Wenn zwei Dative und ein Accusativ im Satze sich befinden, so muß in der Regel der Accusativ voran stehen, und folglich darf die Präposition "to" nicht weggelassen werden, z. B.:

You gave the money *to* my brother, and not *to* me.	Sie gaben das Geld meinem Bruder und nicht mir.
She must first take the book *to* her uncle's, and afterwards *to* Mr. Cox's.	Sie muß zuerst das Buch ihrem Onkel und nachher dem Herrn Cox bringen.

Die folgenden Regeln und Beispiele werden dieses klar machen.

XV. To bei Adjectiven.

To, das Zeichen des Dativs, braucht man nach den meisten (einer Erklärung bedürftigen) Eigenschaftswörtern, z. B.:

It is *agreeable (important) to me*.	Es ist mir angenehm (wichtig).
That is *useful (valuable) to you*.	Das ist Ihnen nützlich (werthvoll).
O'Connel is not *dangerous to the State* (25b)	O'Connel ist dem Staate nicht gefährlich.

NB. Ausgenommen hiervon sind folgende Adjective:

Like, gleich; *unlike*, ungleich; *near*, nahe; *next*, zunächst; *opposite*, gegenüber; *resemble*, ähnlich, nach welchen *to* fast immer weggelassen wird, z. B.:

She is *like (unlike)* her mother.	Sie ist ihrer Mutter ähnlich (unähnlich).
Mr. Goodchild lives *near* the town.	Herr G. wohnt nahe bei der Stadt.
A woman *near* sixty.	Eine Frau nahe an sechzig.
Mrs. French lives *next* door.	Madam French wohnt im Neben-Hause.
He lodges just *opposite* me.	Er wohnt mir gerade gegenüber.

XVI. To bei Zeitwörtern, welche zwei Casus regieren.

To wird weggelassen, wenn der Dativ dem Accusativ vorsteht, nach den Zeitwörtern:

To bring, bringen; *to give*, geben; *to lend*, leihen; *to leave*, lassen; *to present*, anbieten, verehren; *to pay*, bezahlen, abstatten.

(24b) NB. Es oft man in solchen und ähnlichen Sätzen den Dativ mit dem Genitiv verlassen, oder ein besitzanzeigendes Fürwort anwenden könnte, muß man im Englischen den Genitiv oder ein besitzanzeigendes Fürwort gebrauchen.

(25) Hierüber siehe §. 78, Seite 187. — (25b) Hierüber siehe Reg. XXII. B. Seite 440.

Auch nach einigen andern ähnlicher Bedeutung, die man in folgendem Verzeichniß **NB.** 2. findet, welche Substantive regieren, eins im Dativ und eins im Accusativ, **wo** zuweilen das eine, und zuweilen das andere zuerst gesetzt wird. Wenn der Dativ **zuerst** steht, so wird *to* weggelassen, aber wenn es nach dem Accusativ gesetzt wird, **so** muß man *to* brauchen, z. B.:

Bring the man the money, oder	Bringe dem Manne das Geld.
Bring the money *to the man*.	Bring das Geld dem Manne.
Give your sister this book.	
Give this book *to your sister*.	Geben Sie dieses Buch Ihrer Schwester.

NB. 1. Wenn das Fürwort *"it"* Accusativ, vor einem persönlichen Fürwort im Dativ steht, wird die Präposition *"to"* häufig weggelassen, z. B.:

Bring it me, ob. bring it to (26) me.	Bringen Sie es mir (mir es).
My servant told it (26b) her ob. to her.	Mein Bedienter sagte es ihr.

NB. 2. Folgendes Verzeichniß enthält die meisten Zeitwörter dieser Klasse, welche einen Dativ und einen Accusativ regieren:

To afford, gewähren.	To give, geben.	To reach, hinreichen.
- allot, zutheilen.	- grant, zugestehen.	- repeat, wiederholen.
- allow, erlauben.	- intend, beabsichtigen.	- refuse, abschlagen.
- answer, entsprechen.	- leave, hinterlassen.	- render, leisten.
- approach, sich nähern.	- lend, leihen.	- restore, erstatten.
- ask, fragen.	- offer, darbieten.	- return, zurückgeben.
- assist, helfen.	- owe, schuldig sein.	- send, schicken.
- bear, begen — gegen.	- pardon, verzeihen.	- show, zeigen.
- bid, heißen, befehlen.	- pay, bezahlen, abstatten.	- teach, lehren
- bring, bringen.	- permit, erlauben.	- tell, sagen.
- carry, tragen.	- play, spielen.	- throw, werfen.
- do, thun.	- present, anbieten.	- whisper, zuflüstern.
- express, ausdrücken.	- promise, versprechen.	- write, schreiben.

XVII. Zeitwörter, bei denen immer to gebraucht werden muß.

Bei den folgenden Zeitwörtern, die auch im Deutschen mit Ausnahme des Zeitworts *to speak* (sprechen, reden), immer den Dativ regieren, muß man immer *to* gebrauchen:

To announce, anzeigen.	To communicate, mittheilen.	To explain, erklären.
- appear, scheinen.		- impute, zuschreiben.
- ascribe, zuschreiben.	- consign, übergeben.	- leave, überlassen.
- attribute, zuschreiben.	- deliver, abliefern.	- mention, erwähnen.
- belong, gehören.	- describe, beschreiben.	- observe, (27) bemerken.

---

(26) *To* verleiht Nachdruck, z. B.: *Bring it to me and to no one else*, bringe es mir und Niemanden anders. *I gave it to you yourself*, ich gab es Ihnen selbst, rc.

NB 1 Ist der Dativ ein Hauptwort, oder sind zwei Fürwörter im Dativ, so muß man *"to"* brauchen, z. B.:

Give it to your brother.	Geben Sie es Ihrem Bruder.
Give it to me, and not to him.	Geben Sie es mir und nicht ihm.

NB. 2. Bei allen andern Fürwörtern außer *"it"* muß man stets *"to"* brauchen, z. B.:

Show her, him, to me, us, them	Zeige ihr, ihm, mir, uns, ihnen.
Bring them, her, him to your uncle.	Bringe sie, sie, ihn, deinem Onkel.

NB. 3. Der Dativ muß jederzeit vorangehen, wenn der Accusativ noch einen ihn näher bestimmenden Zusatz bei sich hat, (oder ein verkürzter, oder unverkürzter Substantivsatz) ist, z. B.: He sent my sister the books which he had bought for her in London.

NB. 4. Der vorangestellte Dativ erhält natürlich die Präposition *to*, so oft es die Deutlichkeit erfordert, z. B.: He shows to his inferiors as much respect as to his superiors.

(26b) NB. Das Fürwort *"it"* wird häufig vor dem unbezeichneten Dativ weggelassen, z. B.:

Who told her (you)?	Wer hat es ihr (Ihnen) gesagt?
My servant told her (me).	Mein Bedienter hat es ihr (mir) gesagt.

NB. Vor dem Dativ mit *to* aber ist die Auslassung des *it* nicht gestattet, z. B.: Who told it to her, etc. My servant told it to her.

(27) *Observe, prove* und mehrere andere dieser Zeitwörter haben ohne Anwendung von *to* eine ganz andere Bedeutung, z. B.:

I observed him; I observed to him.	Ich bemerkte ihn; ich bemerkte ihm.
I'll prove you; I'll prove to you.	Ich werde Sie prüfen; ich werde Ihnen beweisen.

To picture, vorstellen. (28) | To resign, abtreten. | To speak, (27b) sprechen.
- relate, berichten, erzählen. | - reveal, offenbaren. | - yield, nachgeben, z. B.:
- reply, antworten. | - say, sagen. |
- represent, vorstellen. | - seem, scheinen. |

It *appears to me* that it will rain. | Es scheint mir, daß es regnen wird.
It *seemed to him* to be impossible. | Es schien ihm unmöglich zu sein.
I *attribute it to* Mr. S—. | Ich schreibe es dem Herrn S—. zu.
She *delivered the letter to me.* | Sie übergab mir den Brief.
He *observed or mentioned it to me.* | Er meldete oder bemerkte es mir.
She *said to him* (besser: *she told him*), that she loved him not. | Sie sagte ihm, daß sie ihn nicht liebe.
He has *expressed to me* his wish to go to France. | Er hat mir seinen Wunsch ausgedrückt, nach Frankreich zu gehen.
I have often *pictured to myself*, how great your pleasure must have been. | Ich habe mir oft vorgemalt, wie groß Ihr Vergnügen gewesen sein muß.

D. Vom Accusativ (Accusative case).

XVIII. Der Accusativ steht im Englischen wie im Deutschen bei transitiven oder zielenden Zeitwörtern auf die Frage wen? oder was? (*whom?* oder *what?*), z. B.:

I love *God;* I honour *the King.* | Ich liebe Gott, ich ehre den König.
Whom do I love and honour? *God*, etc. | Wen liebe und ehre ich? Gott, x.
I am reading *a good book.* | Ich lese ein gutes Buch. (was lese ich?) (*)

XIX. Im Englischen den Accusativ, im Deutschen den Genitiv.

Im Englischen braucht man den Accusativ bei der Zeitbestimmung in Fällen, in denen man im Deutschen sich häufig des Genitivs bedient; dies geschieht hauptsächlich da, wo man im Deutschen auf die Frage wann? eine Gewohnheit ausdrücken will, z. B.:

Wann kommt Ihr englischer Lehrer? | When does your English master come?
Er kommt um 6 Uhr Abends. | He comes at 6 o'clock in the *evening.*
Wann gehen Sie gewöhnlich spazieren? | When do you generally go to walk?
Ich gehe gewöhnlich des Morgens. | I generally go in the *morning.* (29)
Des Morgens trinke ich Kaffee, x. (30) | In the *morning* I drink coffee.

XX. Vom doppelten Accusativ.

Einige Zeitwörter regieren im Englischen einen doppelten Accusativ; hauptsächlich die, welche in der Bedeutung nennen, ernennen, erwählen, bestimmen, erklären, zu Etwas machen, für Etwas halten, für Etwas ansehen, sich zeigen u. dgl. gebraucht werden, wo im Deutschen statt des zweiten Accusativs gewöhn-

---

(27b) Es ist hier wohl zu merken, daß während man im Deutschen das Zeitwort „sprechen" in Accusativ ohne, oder im Dativ mit der Präposition „zu oder mit" gebraucht, so darf man im Englischen to speak doch nur mit der Präposition to oder *with* antworten, z. B.:
I spoke to him yesterday. | Ich sprach ihn (zu ihm) gestern, oder
I spoke *with* him yesterday. | Ich sprach ihn gestern, gestern mit ihm.
(28) Siehe das Verzeichniß der Zeitwörter, welche verschiedene Casus regieren. Seite 496.
(29) Will man ausdrücken, daß etwas zu der angegebenen Zeit, gewöhnlich oder immer geschieht, so setzt man das Substantiv in die Mehrzahl, z. B.:
   The steam-boat sails on Mondays and Wednesdays (das Dampfboot geht jeden Montag und Mittwoch). — *We go to church on Sundays* (Sonntags gehen wir in die Kirche). — Statt 'in the mornings, evenings', sagt man besser "*every morning, evening*'.
   NB. Bei night und noon (Nacht und Mittag), sagt man *at night, at noon,* z. B..
   At night he drinks, at noon he dines. Des Nachts trinkt er, des Mittags ißt er.
(30) In den übrigen Fällen stimmen die Zeitbestimmungen mit dem Deutschen überein, z. B.:
We remained some months in London. | Wir blieben einige Monate in London.

lich die Präpositionen für und zu mit ihrem Casus, oder der Par=
tikel als, oder auch die Conjunction daß gesetzt werden, z. B.:

I think *Sir Robert Peel* a talented *man.*	Ich halte den Sir Robert *Peel* für einen talentvollen Mann.
The king declared *himself her protector.*	Der König erklärte sich zu ihrem Beschützer.
They had not, like *me,* made *the English language* their study.	Sie hatten sich nicht, gleich mir, die englische Sprache zum Studium gemacht.

XXI. Accusativ bei Interjectionen.

Die Interjectionen *O, Oh* und *Ah* haben bei der ersten Person den Accusativ nach sich, als:

Ah me! how unhappy I am! (30b)	Wehe mir, wie unglücklich bin ich!
Oh the tyrant! may he be hanged!	Ach des Tyrannen! möge er gehängt werden!

In der zweiten Person aber erfordern sie den Nominativ, z. B.:

Oh *thou* fool! not to value thy happiness! O *ye* Gods! (30c)	O du Narr, der du dein eignes Glück nicht schätzest! O ihr Götter! (30d)

E. Vom Ablativ (Ablative case).

XXII. Im Englischen wie im Deutschen steht der Ablativ auf die Frage wovon? von wem? woher? woraus? woburch? Das Verhältniß des Ablativs wird hauptsächlich durch die drei Prä= positionen *of, from* und *by*, welche im Deutschen mit von, in einigen Fällen auch mit über übersetzt werden, ausgedrückt. Das Nöthige hierüber findet man Anmerk. 1, S. 105 der Etymologie. Siehe auch die Präpositionen *of, from, by*, Reg. VII., X., XIII., S. 541.

F. Von den Sammelnamen und Substantiven im Plural.

XXIII. Nach Hauptwörtern in der Mehrzahl müssen auch alle diejenigen Substantive und Fürwörter, welche sich auf dieselben be= ziehen, im Englischen in die Mehrzahl gesetzt werden, während sie im Deutschen öfters in der Einzahl stehen, z. B.:

Many people lost *their* lives. (31) (Jeder einzelne hatte ein Leben zu verlieren.)	Viele Leute verloren (ihr) das Leben.
They threw them in *their faces.*	Sie warfen sie ihnen in's Gesicht.

(30b) NB. Wenn ein Hauptwort der 3ten Person auf die Interjection folgt, so kann man dasselbe als Nominativ oder Accusativ betrachten, z. B:
"*Alas!* the day! *Oh!* the changes of fortune"! heißt so viel als:
"*Alas! for the day! Oh! for the changes of fortune*", oder
Alas! how lamentable is the day! Oh! how wonderful are the changes of fortune!

(30c) NB. Ausführliches über die Interjectionen findet man § 236, Seite 366.

(30d) Ueber die Stellung des Dativs und Accusativs f. Reg. XXIII. Seite 381.

(31) Wenn das Hauptwort sich auf etwas gemeinschaftliches bezieht, so darf man natürlicher Weise das Hauptwort nicht in der Mehrzahl brauchen, z. B.:

These poor *children* have lost their mother.	Diese armen Kinder haben ihre Mutter verloren, (d h ihre gemeinschaftliche Mutter).
The *Irish* have their *religion* from the Romans.	Die Irländer haben ihre Religion von den Rö= mern, (die Irländer im Allgemeinen haben nur eine Religion, die der Römer)
The people demand that you shall be sacrificed to their fury.	Das Volk verlangt, daß Sie seiner Wuth geopfert werden sollen.

NB. Die Wörter, welche im Englischen in der ein= und mehrfachen Zahl, im Deutschen aber nur in der Einzahl gebraucht werden, findet man Regel XIII. Seite 86.

All persons are doomed to be in love once in *their lives.*	Alle Menſchen ſind dazu verurtheilt, Einmal in ihrem Leben verliebt zu ſein.
The Ionian and Aegean *seas.*	Das joniſche und ägeiſche Meer.
Gentlemen, your good *healths.*	Meine Herren, ich trinke auf Ihre Geſundheit.

Gentlemen, etc., ſteht hier in der Mehrzahl, beßwegen muß *health*, welches ſich auf dieſe bezieht, auch in der Mehrzahl ſtehen. [32]

XXIV. Collective Hauptwörter (Sammelwörter).

Die Sammelwörter im Engliſchen werden bisweilen als Singular, bisweilen als Plural, demnach es der Sinn verlangt, betrachtet. Wenn das Wort den Begriff der Einheit hat, ſo muß das Zeitwort oder Fürwort im Singular, wenn es aber den Begriff der Mehrheit hat, ſo muß Zeitwort und Fürwort im Plural ſtehen, z. B.:

The Parliament *was* dissolved.	Das Parlament ward aufgelöſt.
The Parliament *were* divided in opinion.	Das Parlament war in ſeiner Meinung uneinig.
The congregation *was* unusually large and respectable.	Die Gemeinde war ungewöhnlich zahlreich und angeſehen.
The congregation *were* divided by schism (ſism).	Die Gemeinde war durch das Schiſma getheilt.
The crowd yesterday *was* immense.	Der Volkshaufen geſtern war ungeheuer.
The crowd, some one way, some another, *were* dispersed by the police. [33]	Der Volkshaufen ward von der Polizei zerſtreut, [34] einige dahin, einige dorthin.

G. Benennung der Würden u. ſ. w.

XXV. Amtsnamen und Titel werden im Engliſchen nur den Männern, niemals aber, wie meiſtens im Deutſchen, auch ihren Frauen beigelegt. Man ſagt weder wenn man mit Frauen ſpricht: Frau Räthin! Frau Doctorin! ꝛc., noch wenn man von ihnen ſpricht: die Frau Oberſtin! die Frau Amtmännin! ꝛc., ſondern verfährt wie folgt: Spricht man von verheiratheten Frauen, ſo ſagt man die Frau des Doctors, die Frau des Raths ꝛc. und drückt das Wort Frau bei

---

(32) NB. Wenn ſich in einem zuſammengezogenen Satze zwei Hauptwörter im Singular als Subjeet (Nominativ) befinden und von den Wörtern *each, every,* jeder, *either,* entweder der eine, oder der andere, *neither,* weder der eine, noch der andere begleitet ſind, ſo muß man im Engliſchen das Zeitwort in dem Singular und zwei verſchiedene zueignende Fürwörter je nach dem Geſchlecht der Hauptwörter ſetzen, weil ſich im Engliſchen daſſelbe ſtets auf den Beſitzer bezieht und nicht auf die Sache, welche man beſitzt, wie im Franzöſiſchen, z. B.:

Every man, every woman, was esteemed according to his or her character.	Jeder Mann und jede Frau waren nach ihrem Charakter geſchätzt.

Neither man nor woman was recompensed according to *his* or *her* merit.
Chaque homme et chaque femme *était* respecté selon *sa* conduite. S. Anm 25, S. 15.

In der Mehrzahl braucht man blos *their* (ihre), weil es ſich auf alle Geſchlechter bezieht.

All men, all women, were esteemed according to their characters.	Alle Männer und alle Frauen waren nach ihrem Charakter geſchätzt.

(33) In der Regel iſt es vielleicht (im Sprechen) beſſer, bei dem größten Theil der Collectivnamen das Zeitwort im Plural zu gebrauchen, weil man nach vorausgegangenem Singular häufig aus Unachtſamkeit doch das Fürwort in den Plural ſetzt, z. B.:

The whole nation declares against his conduct, and they will oppose him with all their force.	Die ganze Nation erklärt ſich gegen ſein Benehmen und (ſie werden) ſie wird ihm mit ihrer ganzen Gewalt opponiren.

NB. Die Grammatik verlangt, daß alle Für- und Zeitwörter mit dem Subjeet übereinſtimmen. Folglich muß es heißen:
"*The whole nation declares* against him, and *it will oppose* him with all *its* force."

(34) Das Weitere über die Einſtimmung des Zeitworts mit dem Nominativ, wenn er aus einer oder mehreren Perſonen beſteht, findet man Regel XVIII—XXV. Seite 407.

Frauen aus den gebildeten Ständen durch *lady* (aber ohne Familien=
namen), bei Frauen aus den niedern Ständen durch *wife* aus, z. B.:

The Doctor's lady ([35]) ob. *the lady of the Doctor* was at the ball.	Die Frau Doctorin (ob. die Frau Doctor) war auf dem Ball.
The Colonel's lady, ob. *the lady of the Colonel* is ill.	Die Frau Oberstin (ob. die Frau Oberst) ist krank.
The shoemaker's wife ob. *the wife of the shoemaker* is dead.	Die Frau des Schuhmachers ist todt.

NB. 1. Gibt es mehrere Familien desselben Namens in einem Orte, oder er=
fordert es die Deutlichkeit, so muß man den Familiennamen wie folgt hinzufügen:

Mrs. Dr. Cooper and *Mrs. Colonel Napier* were at the ball ob. *Dr. Cooper's* and *Colonel Napier's lady*, etc.	Frau Doctorin *Cooper* und Frau Oberstin *Napier* waren auf dem Ball.
Cook the shoemaker's wife is dead.	Die Frau des Schuhmachers Koch ist todt.

NB. 2. Spricht man von Mann und Frau zusammen, so drückt man sich
folgendermaßen aus und beachte wohl, daß man im Englischen das Wort "Herr
(Mr.)" nie vor einen andern Titel wie "Doctor, Oberst ꝛc." setzt. ([35b]) z. B.:

Dr. ([35c]) *and Mrs. Cooper* were here this morning.	Herr und Frau Doctor Cooper waren heute Morgen hier.
Colonel (Captain) and Mrs. Napier are gone to France.	Herr und Frau Oberst (Hauptmann) Na= pier sind nach Frankreich gereist.
Crispin the shoemaker and his wife are both ill.	Der Schuster Crispin und seine Frau sind beide krank.

NB. 3. Bei Frauen von Adel sagt man ähnlich wie im Deutschen, *Lady,
Countess, Marchioness, etc.*, mit dem Familien= oder Titelnamen, als:

The *Duke and Duchess of Kent*, the *Marquis and Marchioness of Ely*, the *Earl and Countess of* Essex, are now here.	Der Herzog und die Herzogin von K e n t, der Marquis und die Marquisin von E l y, der Graf und die Gräfin von E s s e r sind jetzt hier.
Lord and *lady* Erskine were at the ball. ([35b])	Der Graf und die Gräfin Erskine waren auf dem Balle.
Sir ([36]) *John* and *lady Malcolm* visited us yesterday.	Sir John Malcolm und Frau Gemahlin besuchten uns gestern.

NB. 4. Spricht man mit verheiratheten Frauen, so gebraucht man als Anrede
(mit Auslassung des Titels ihres Mannes) *Mrs.* mit dem Familiennamen, oder
Madam, Ma'am ohne denselben, bei Frauen von Adel aber *lady* mit dem Familien=
namen, oder *my lady, your ladyship* ohne denselben, z. B.:

Good morning, *Mrs. (Dr.) Cooper, Mrs. (Colonel) Napier*, etc. ob.	Guten Morgen, Frau Doctorin, Frau Oberstin.
Good morning, *Madam* ob. *Ma'am.*	
(Good morning, *Miss Ross* ob. *Ma'am.*)	(Guten Morgen, mein Fräulein.)
Good morning, *Lady Douglass*, oder	Guten Morgen, Frau Baronin.
Good morning, *my Lady* oder *your Ladyship.*	Guten Morgen, gnädige Frau, (Frau Gräfin ꝛc.)

([35]) Diese Form mit dem sächsischen Genitiv ist die gebräuchlichste.

([35b]) Als Ausnahme von der obigen Regel sagt man meistens:
  Mr. Secretary, Mr. Chairman, Mr. President, Mr. Speaker, Mr. Interpreter, Mr. Serjeant.

([35c]) Hierüber siehe das XII. Gespräch Seite 576; auch Anmerkung 19, Seite 118.

([36]) *Sir* mit dem Taufnamen ist im Englischen der Titel der Ritter, als: *Sir Walter Scott, Sir
  Edward Lytton Bulwer*; ihre Frauen werden *My Lady* angeredet.
  Im Englischen darf man nie "*Sir*" vor einem Familiennamen setzen, wie man es so häufig
  in deutschen Büchern und besonders in Zeitungen findet. *Sir Peel, Sir Seymour*, etc., ist
  Unsinn, da "*Sir*" als Titel der Ritter, wie oben gesagt, stets vor dem Taufnamen stehen muß,
  also *Sir Robert Peel, Sir Hamilton Seymour*, etc. Kennt man den Taufnamen nicht, so setzt
  man statt desselben einen Strich, z. B.: *Sir — Peel*, etc.

XXVI. Vom Substantiv in adjectivischer Bedeutung.

Hauptwörter werden im Englischen häufig unverändert als Adjective gebraucht, und treten dann, wie diese, unmittelbar vor ein anderes Substantiv. Besonders ist dies der Fall bei den Namen der Städte (36b), Oerter und Stoffe, z. B.:

Have you read the *London gazette!*	Haben Sie die Londoner Zeitung gelesen!
A *Newfoundland* dog.	Ein neufundländischer Hund.
A *silk* pockethandkerchief.	Ein seidenes Taschentuch.
An *iron* house, a *silver* watch.	Ein eisernes Haus, eine silberne Uhr.
A *Frankfort* banker. (36c)	Ein Frankfurter Banquier.
A *sea-girt* isle. An *island* home.	Eine vom Meer umschlungene Insel x.
A *steam-engine* of *twenty-horse* power.	Eine Dampfmaschine von 20 Pferdekraft.

H. Von der Apposition (Zusatz).

XXVII. Im Deutschen steht die Apposition (Bei=Zusatz oder erklärender Zusatz) in demselben Casus, in welchem das durch dieselbe näher bestimmte Substantiv steht; im Englischen aber erhält die Apposition mit Ausnahme des apostrophirten *'s* (37) niemals ein Casuszeichen, z. B.:

He wrote to my uncle, *the* Professor, nicht: *to the* Professor.	Er schrieb an meinen Onkel, den Professor.
It belongs to William, *my best, my* only friend, und nicht: *to* my best, *to* my only friend.	Es gehört Wilhelm, meinem besten, meinem einzigen Freunde.
To hear the fate of this man, *the* greatest rascal of his time, would be very instructive. (37)	Das Schicksal dieses Menschen, des größten Schuftes seiner Zeit, zu hören, würde sehr belehrend sein. (38)

XXVIII. Apposition bei den Namen der Fürsten x.

Die Eigenschafts= und Zahlwörter wie *the Great, the Bold, the Fifth*, etc., welche ausgezeichneten Männern, oder Frauen, sowie Fürsten zur Unterscheidung beigefügt werden, sind als in Apposition stehende substantivisch gebrauchte Wörter anzusehen und ganz nach obiger Regel XXVII. zu behandeln, z. B.:

Leicester was the favourite of Elizabeth, *Queen of England.*	Leicester war der Günstling der Königin Elisabeth von England.

(36b) Ausgenommen "*Rome*", welches nie als Adjectiv gebraucht werden darf. (S. Anm. 4, S. 19.)
(36c) NH. Es werden viele andere Adjective aus Hauptwörtern gebildet, dadurch, daß man denselben den Partikel "ed", welcher dem deutschen „iger, ige, iges" entspricht, hinzufügt, z. B.:
A kind-hearted man — Ein gutherziger Mann.
A stiff-necked old woman — Ein halsstarriges altes Weib, (s. §. 50, S. 182.
(37) Während sonst nur das erklärte Substantiv in dem ihm zukommenden Casus tritt und die Apposition kein Casuszeichen erhält, so ist es doch bei Anwendung des sächsischen Genitivs umgekehrt nicht das erklärte, sondern das in Apposition stehende Hauptwort bekommt das apostrophirte *'s*, z. B.:
My friend Potter the *Captain's* son is dead. — Der Sohn meines Freundes Potter, des Kapitäns ist todt.
This is not my brother *John's* but my sister *Mary's* book — Dieß ist nicht das Buch meines Bruders John, sondern meiner Schwester Marie.
That is not Macaulay *the historian's* but Moore the *Poet's* house. — Dieß ist nicht das Haus des Geschichtschreibers Macaulay, sondern Moore's, des Dichters.
(38) Bisweilen wird ein Hauptwort als Apposition einem ganzen Satze beigefügt, z. B.:
You *write very carelessly*, *a habit* which you must correct.
Brutus, he that repelled Tarquin, not he that joined with others to assassinate Caesar, was a patriot that used legitimate means to rescue his country from tyranny.

Parmenio was the friend of Alexander *the* Great. *(King.)*	Parmenio war der Freund Alexanders des Großen.
He confessed his crime to Charles *the* Fifth (nicht: *to* the Fifth).	Er bekannte Karl dem Fünften sein Verbrechen.

Aufgaben über die vorhergehenden Regeln. S. 405.

Regel I., II. Seite 405—406.

23. Die Musen waren die Göttinnen der Künste und Wissenschaften. — Eine reiche und schöne *(beautiful)* Frau ist nicht immer hinreichend, einen Mann glücklich *(happy)* zu machen; wenn² sie³ aber¹ nicht⁵ sowohl⁷ gut⁶, als⁸ schön⁹ ist⁴, [so] kann² sie¹ ihn⁴ sehr unglücklich machen³. — Wir sind gekommen, sagte der Hauptmann Hay, [um] zwischen Ihrer kaiserlichen Majestät und den Franzosen [den] Frieden zu vermitteln. Nein! nein! rief der Kaiser von Marokko aus, keinen Frieden mit den Franzosen, sondern Krieg! Krieg! — Hier sind die Bücher, welche Sie so lange suchten, und da ist Ihr Wörterbuch. — Glücklich ist der Mensch, welcher nach dem Himmel trachtet. — Wärest Du (Anmerk. 7, S. 179) nur so gut, wie Du schön bist, [so] würdest Du von Jedermann geliebt werden. — Sollten Sie nicht zu mir kommen können, so werde ich zu Ihnen kommen. — Haben Sie heute den Doctor Hygeist gesehen, oder wissen Sie vielleicht wo er wohnt? Nein, ich kenne ihn nicht, auch weiß ich nicht, wo er wohnt. — Möge der Gott der Christen Sie beschützen und mögen Sie nie wissen, was es heißt, einen Freund zu bedürfen *(to want)*. — Adieu den³ Bestrebungen meiner Jugend! sagte¹ er².

Muse, *Muse.* Kunst, *Art.*	ber nach dem Himmel trachtet, *who makes heaven his care.*
Wissenschaft, *Science.*	
sowohl als, *as well as.*	nur, *but.* wie, *as.*
hinreichend, *sufficient.*	nicht können, *not be able.*
vermitteln, *to mediate.* Friede, *peace.*	auch weiß ich nicht, *nor do I know.*
kaiserlichen, *Imperial.* sondern, *on the contrary.* suchen, *to seek.* *	beschützen, *to protect.* heißt, *is.*
	Bestrebungen, *pursuits.* Jugend, *youth.*

Regel III.—VI. Genitiv mit of. S. 407—409.

24. Das Licht ist ein Ausfluß der Sonnenstrahlen. — Die Liebe zum Leben ist dem Menschen natürlich. — Die Weisheit des Sokrates, die List des Ulysses und die Tapferkeit *(courage)* des Achilles werden *(are)* gefeiert in den Werken der Dichter und in den Schriften *(writing)* der Historiker. — Das Glück *(happiness)* der Bösen ist nur vorübergehend *(transitory)*, aber die innere Ruhe der Guten ist dauerhaft *(lasting)*. — Die Tugend ist das größte Vergnügen der Weisen. — Die Entbehrungen der Blinden und Taubstummen sind vielleicht nicht so groß, als man denkt; weil *(for)* wir den Verlust von dem nicht fühlen, was wir niemals hatten, niemals kannten. — IV. Geben Sie mir ein Stück Brod und ein Glas Wein, und da haben Sie einen Beutel mit Geld, womit Sie sich bezahlt machen können. — V. Im Monate August vorigen Jahres trafen wir im Königreich Böhmen eine Räuber= und eine Zigeuner= *(gipsy)* bande, der Anführer *(leader)* der ersteren hatte den Namen Sparenoboby, der der letzteren war Lightfinger. — Nirgends | findet man *(do we find)* | so viele Schiffe beisammen, als auf der Themse. — In der Armee des Xerres, mit welcher er im Jahre 480 vor Christus den

Einfall in Griechenland machte, waren einige Millionen Männer, Frauen und Kinder. — VI. Buonaparte ging an Bord des Bellerophon, segelt aber an Bord des Northumberland nach St. Helena. Er war vielleicht eines bessern Schickfals würdig.

Ausfluß, *emanation.*	Strahl, *ray.*	kennen, *to know.*	wovon, *with which.*
zum, *of.*	List, *cunning.*	sich bezahlt machen, *pay yourself.*	
gefeiert, *celebrated.*	Dichter, *poet.*	der ersteren, *of the former.*	
Historiker, *historian.*	Glück, *happiness.*	der der letzteren, *that of the latter.*	
innere, *internal.*	Ruhe, *peace.*	Einfall machen in, *to invade.*	
Entbehrung, *privation.*		vor Christus, *before Christ.*	
man, *people.*	Verlust, *loss.*	waren, *there were.*	Schickfal, *fate.*

Regel VII.—IX. Seite 410.

25. Die Tapferkeit der Offiziere der Armee[3] der Königin[1] der britischen Inseln[2] ist [sehr] berühmt. — Die Verwandten der Frau von meines Hofmeisters Bruder leben in London. — (Anmerk. 12.) Wo gehen Sie jetzt hin? Ich gehe (bin gehend) gerade *(just)* zu meinem Freunde, [dem] Grafen Collingwood und von dort gehe ich (werde ich gehen) nach Lloyd's Caffeehaus. — Wir wurden zum Nachbar Flamborough zum *(to)*[2] Nüssebrennen eingeladen[1]. — VIII. Die ganze Gesellschaft *(society)* freute sich, (über *(at)* des Mannes Nichtkommen) daß der Mensch nicht kam. — Da Ihr Bruder so unerwartet *(unexpectedly)* kam, [so] konnten wir nicht ausgehen. — IX. O was ist des Sieges Krone? Kann sie *(it)* die Pein eines gequälten Geistes stillen, oder kann sie die hinsinkende Macht der Jugend wieder beleben?

Hofmeister, *tutor.*	eingeladen, *invited.*	gequält, *afflicted.*	Geist, *spirit.*
brennen, *burn.*		wiederbeleben, *renovate.*	
freute sich, *rejoiced.*		hinsinkende, *expiring.*	Macht, *power.*
stillen, *appease.*	Pein, *torture.*	der Jugend, *of youth.*	

Regel X.—XI. Seite 410—412.

26. Die Anmaßung *(arrogance)* der Unwissenden ist öfters unerträglich *(insupportable)*. — Es ist die Pflicht der Reichen, die Dürftigkeit der Armen zu milbern. — Gib dem Armen etwas von dem Golde des Reichen. — Die List der Griechen und die Betrügereien *(fraud)* der Chinesen sind beide verächtlich. — Das innerliche geistige Gesicht des Blinden ist vielleicht öfters dem äußerlichen *(external)* Gesicht des (Sehenden) vorzuziehen *(preferable)*. — Ibrahim Pascha war nur vier Tagereisen (Anmerk. 16c) von Konstantinopel. — Die Klagen *(complaints)* des irischen Volks nehmen gar kein Ende, und die strengen Maßregeln der Regierung helfen nichts, um diese Klagen zu stillen *(in silencing)*. — Die Entfernung der Sonne von der Erde ist viel größer, als die des Mondes. — XI. Wer ist der Herr (Anmerk. 52, S. 196), dem wir begegnet sind? Er ist ein Freund von mir und von meinem Vater. — Ich bin kein Liebling des Königs, ich bin aber einer seiner treuesten Unterthanen. — (Anmerk. 19.) Sie können sich darauf verlassen, daß Ihre Zunge Sie eines Tages in Verlegenheit bringen wird. — Was für ein sonderbarer Mensch Ihr Bruder ist (jener Bruder von Ihnen).

Pflicht, *duty.*	erleichtern, *to relieve.*	verächtlich, *contemptible.*
Dürftigkeit, *indigence.*	List, *cunning.*	geistige Gesicht, *mental vision.*

Sehenden, *those who can see.*
nehmen gar kein Ende, *never cease.*
helfen nichts, *are of no avail.*
um diese Klagen, *them.*
begegnen, *meet.*

treu, *faithful.* Unterthan, *subject.*
Sie können sich darauf verlassen, *you may depend upon it.*
in Verlegenheit, *into trouble.*

Regel XII., XIII. Dativ. Seite 412.

27. Wem verdankt Sir Robert Peel alle seine Reichthümer? Dem Fleiße und der Sparsamkeit (*economy*) seines Vaters und Großvaters. — Karl der Zwölfte von Schweden war ein großer Feind des Czar Peter von Rußland. — Wonach trachtete O'Connel? Er trachtete [danach], der erste Mann seines Jahrhunderts zu werden. — XIII. Dr. Praetorius war früher (*formerly*) Bibliothekar (*librarian*) des Prinzen Albert von England. — Dr. Praetorius war der einzige Bibliothekar des Prinzen Albert. — Wo gehen Sie jetzt hin? Ich gehe in die Kirche. Morgen gehen wir in's Theater. — Thomas Payne war ein Feind der Religion.

verdankt, *is — indebted for.*
Reichthum, *riches.* Fleiß, *industry.*
zu werden, *to become.*
Jahrhunderts, *century.*

Regel XIV., XV. Seite 414.

28. Meine Schwester ist krank, deßwegen kann ich heute nicht ausgehen. — Haben Sie sich die Hände und das Gesicht gewaschen? Ach, ich kann es nicht (*thun*), denn (*for*) der Kopf thut mir zu weh. — Bitte, setzen Sie den Hut auf. — Dieses Unglück wird mir [wohl] das Herz brechen; und dann Lebewohl (*farewell*) dieser (*to this*) langweiligen (*weary*) Welt. — XV. Wenn es Ihnen angenehm ist, so werde ich Sie morgen besuchen. Mir ist es stets angenehm, einen alten Freund zu sehen, dessen Unterhaltung für mich so belehrend ist. — Die Königin von England, eine Frau nahe an acht und vierzig Jahre, ist ihrer Mutter gar nicht ähnlich. — Dem Regent's-Park gegenüber steht (*stands*) das Colosseum.

deßwegen, *therefore.* aufsetzen, *put on.*
recht, *much.* Unglück, *misfortune.*
dessen Unterhaltung, *whose conversation.*
belehrend, *instructive.*

Regel XVI., XVII. Seite 414.

29. Bringen Sie mir das Buch „drei Jahre in Ispahan", es liegt auf dem Tische. Hier ist es, soll ich es Ihnen, oder soll ich es Ihrer Schwester geben? Nein, Sie sollen es meiner Schwester nicht geben, geben Sie es mir her. — Wem haben Sie das Geld und den Brief gegeben? Das Geld gab ich dem Herrn Lackmoney und den Brief habe ich auf der Post abgegeben. — XVII. Die Antwort der Tochter schien dem guten Herrn sehr (*very much*) zu gefallen. — „Junius Briefe" werden dem Sir Philipp Frances zugeschrieben (*ascribed*), ob mit Recht oder nicht, ist schwer zu sagen. — Der alte Schah selbst beschrieb mir seinen Palast und fragte mich, ob man in England etwas Aehnliches habe?

liegt, *is lying.*
auf der Post abgeben, *took to the post.*
Antwort, *answer.* Herrn, *gentleman.*
ob, *whether.* mit Recht, *rightly.*
schwer, *hard.* beschreiben, *described.*
ob man etwas Aehnliches habe, *whether there was any thing like it.*

Regel XVIII.—XXI. Accusativ. Seite 416—417.

30. Peter der Große führte in Rußland die Künste und Wissenschaften ein. — Jetzt lese ich Fowler's „drei Jahre in Perſien", ein ſehr intereſſantes Werk. — XIX. Wann baden Sie gewöhnlich? Ich bade gewöhnlich des Morgens. Und ich des Abends. — Wann kommt das Londoner Dampfſchiff gewöhnlich an? Das Londoner Dampfboot (*steamboat*) kommt des Montags und Freitags und das Hamburger des Dienstags und Samstags an. — XX. Wofür halten Sie Lord Brougham? Ich halte ihn für einen der gelehrteſten Männer ſeiner Zeit, und er iſt auch von den Kritikern als ſolcher erklärt worden. — XXI. O unglücklicher Zufall! Verderben meines Lebens! — O Leidenſchaft, früher ſo ſüß, ſo entzückend! jetzt (*now*) bloß (*but*) das Skelett (*skeleton*) von dem, was (*of what*) du wareſt. — Wehe mir! wie unglücklich bin ich! — Ach ich Glücklicher! und ach Du Unglücklicher! wie hat[3] uns[7] [der] Himmel[5] ſeine[5] Gaben[6] verſchieden (*different*)[1] zugetheilt[4].

einführen, *to introduce.*	Kritiker, *critic.* baden, *to bathe.*
jetzt leſe ich, *I am now reading.*	ankommen, *arrive.* Zufall, *accident.*
wofür halten Sie, *what do you think of.*	verderben, *ruin.* Leidenſchaft, *passion.*
iſt als ſolcher erklärt worden, *has been*	früher, *formerly.* entzückend, *delightful.*
declared as such.	zutheilen, *to distribute.* Gaben, *gifts.*

Regel XXIII., XXIV. Von den Sammelnamen. Seite 417.

31. Wie viel mehr Menſchen verlieren das L e b e n durch zu viel Eſſen, als durch Hungersnoth (*famine*)! — Das Herz meines Vaters und meines Onkels jammerte vor Mitleiden (*compassion*) mit (*for*) der Noth des armen Mannes. — Die armen Dichter ſteckten (*put*) die Hand in ihre Taſche (*pocket*), fanden aber, wie (*as*) [es] gewöhnlich bei (*with*) dieſen Herren (*gentlemen*) der Fall iſt, Nichts darin. — XXIV. Das Parlament war in ſeinen Meinungen ſo verſchieden, daß es von der Königin aufgelöſt wurde. — Die Oſtindiſche Geſellſchaft beſaß früher in Indien große Macht. — Die Oſtindiſche Geſellſchaft war wegen der Meuterei in Bengalen ſehr beſorgt.

durch, *by.* zu viel Eſſen, *eating too much.*	auflöſen, *to dissolve.*
jammern vor, *to yearn with.*	Oſtindiſche Geſellſchaft, *East India Com-*
Noth, *distress.* Dichter, *poet.*	*pany.* beſitzen, *to possess.*
gewöhnlich, *generally.* Fall, *case.*	ſehr beſorgt wegen, *much concerned about.*
darin, *in them.* verſchieden, *divided.*	Meuterei, *mutiny.*

Regel XXV., XXVI. Seite 418—420.

32. Herr Doctor und Frau Doctor Anderſon beſuchten uns geſtern, und morgen erwarten wir den Herrn Grafen und die Frau Gräfin von Shrewsbury. — Sir Edward Lytton Bulwer und ſeine Frau Gemahlin leben nicht mehr (*no longer*) zuſammen (*together*). — Guten Morgen, Frau Doctorin (*Johnson*). — Wie befinden Sie ſich, Frau Hauptmännin (*Gore*)? — Haben Sie die Frau Doctorin Wilſon, oder die Frau Oberſtin Conolly heute geſehen? Nein, aber ich habe die Frau Baronin Sibthorp und die Frau Gräfin Bleſſington geſehen. — Die Frau unſeres Schuhmachers hat ihr Kind verloren, und die Frau unſeres Schneiders iſt ſehr krank. — Die Frau Lieutenantin iſt eine ſehr liebe Frau und die Frau Generalin iſt ſehr geiſtreich (*talented*). — XXVI. Es werden jetzt viele

erne Häuser in England gebaut. — Die Londoner Banquiers sind sehr
ich, die Frankfurter Juden sind aber auch sehr reich.

uchen, *to visit.* erwarten, *to expect.*	sehr lieb, *very amiable.*
jammen, *together.*	es werden jetzt gebaut, *are now building.*

Regel XXVII., XXVIII. Apposition. Seite 420.

33. Der Zustand (*condition*) des Herrn Dunlap (Anm. 37, S. 420),
s englischen Offiziers, ist sehr schmerzhaft. — Alle Kinder standen um
s Bett des Herrn Simpsons, ihres Vaters. — Das Haus des Herrn
impsons, meines alten Freundes, ist zu verkaufen. — Von Suvarow,
m russischen General, sind die Franzosen aus Italien vertrieben worden.
- Buonaparte, der erste Consul, wurde vom Papste Pius VII., dem lie=
nswürdigsten der Päpste, [zum] Kaiser der Franzosen gekrönt. — Von
em ist Ihr Haus gebaut worden? Von einem Herrn Barry, einem
usgezeichneten Architekten.

merzhaft, *painful.* stehen, *to stand.*	gekrönt, *crowned.* Kaiser, *Emperor.*
n, *around.* zu verkaufen, *to be sold.*	Papst, *Pope.* liebenswürdig, *amiable.*
nd vertrieben worden aus, *were driven*	bauen, *to build.*
out of. Von S—., *by S—.*	ausgezeichnet, *excellent.*

IV. Kapitel.

Syntax. Vom Adjectiv.

1. Regeln über die Stellung des Adjectivs.
2. Gebrauch des Adjectivs bei Vergleichungen.
3. Gebrauch des "one" als Stellvertreter eines Hauptwortes.
4. Gebrauch des Adjectivs als Hauptwort.
5. Besondere Bemerkungen über die Adjective und Adverbien.
6. Von der Regierung der Adjective. Verzeichniß derselben.
7. Participien, vor welche man "very" nicht setzen darf.

A. Regeln über die Stellung des Adjectivs.

§. 9. Nebst dem, was in der Etymologie Kap. VI. und in der
Fortfolge Kap. I. der Syntaris über das Adjectiv gesagt wurde, ist
er noch Folgendes zu bemerken.

Das Adjectiv steht wie im Deutschen gewöhnlich vor dem Hauptwort, z. B.:

r. N. is an *excellent* man.	Herr N. ist ein vorzüglicher Mann.
rs. S. is a *most beautiful* woman. (¹)	Mad. S. ist eine höchst schöne Frau.

Das Nöthige hierüber siehe Regel IV. Seite 371.

---

(1) Wenn „Adverbien der Zeit" als Adjective gebraucht werden, stehen sie vor dem Hauptworte.
Dieselbe Stellung haben die adjectivischen Zahlwörter, z. B.:
A *daily, bi-weekly, tri-weekly, weekly* newspaper.
Louis Napoléon is a *second* Cromwell, his uncle was a *second* Alexander.

II. Fälle, in denen das Adjectiv dem Hauptwort entweder vor- oder nach-gesetzt wird.

1. Wenn mehrere beigeordnete attributive Adjective zu einem Sub-stantiv gehören, so können dieselben entweder vor, oder nachgestellt werden, je nachdem man mehr oder weniger Nachdruck darauf legen will, z. B.:

A *modest, sensible, and virtuous* woman oder: A woman, *modest, sensible,* and *virtuous,* is a real treasure. (1b)	Eine bescheidene, verständige und tugend-hafte Frau, ist ein wahrer Schatz.
A *narrow, dark, dirty street,* (1b) ob.	Eine enge, dunkele, schmutzige Straße.
A street, *narrow, dark* and (2) *dirty.*	Eine Straße, eng, dunkel und schmutzig. ()

2. Das prädikative Eigenschaftswort kann vor oder nach der Kopula s e i n stehen, je nachdem der Nachdruck darauf liegt oder nicht, wie im Deutschen, z. B.:

The *man is happy* who serves God, oder: *Happy is the man* who serves God.	Der Mensch ist glücklich, der Gott dient, oder: Glücklich ist der Mensch, der Gott dienet.
The weather *is very fine* (3) ob.: It *is very fine* weather.	Das Wetter ist sehr schön, oder: es ist sehr schönes Wetter.
The *gods* of the heathens *are blind* oder: *Blind are the gods* of the heathens (3b).	Die Götter der Heiden sind blind, oder: blind sind die Götter der Heiden.

III. Fälle, in denen das Adjectiv stets nachsteht.

Wenn ein attributives Eigenschaftswort mit einem erklärenden Zusatz (von mehreren Wörtern) begleitet ist, so muß es jederzeit hinter das Hauptwort gestellt werden, z. B.:

Mrs. N. is a woman, *in every respect, worthy of praise.*	Madame N. ist eine in jeder Hinsicht lobenswerthe Frau.
This vessel has a steam-engine of 250 *horse-power.*	Dieses Schiff hat eine Dampfmaschine von 250 Pferde-Kraft.
A people *inclined to war.*	Ein zum Kriege geneigtes Volk.
Cervantes is a writer *admired by all nations.*	Cervantes ist ein von allen Nationen bewunderter Schriftsteller.
He possesses all the patience *neces-sary for a schoolmaster.* (5)	Er besitzt alle einem Schulmeister nöthige Gedulb. (6)

(1b) Wenn das Adjectiv nachgesetzt wird, so ruht der Nachdruck auf demselben. Für Anfänger ist es jedoch immer besser, in allen oben erwähnten Fällen, das Adjectiv vorzusetzen.

(2) Wenn mehrere beigeordnete Adjective vor ihr Hauptwort treten, so brauchen die beiden letzten nicht durch and (und) verbunden zu werden, wohl aber muß das geschehen, wenn sie hinter ihrem Hauptworte stehen. Siehe das obige Beispiel.

(3) NB 1. Das Adjectiv *fine* kann in der Bedeutung *hübsch* bei lebenden Wesen nur als attributives Eigenschaftswort gebraucht werden und steht vor seinem Hauptworte, z. B.:

That is a *fine girl, lady, horse,* etc., nicht (that *girl is fine,* etc)	Das ist ein hübsches Mädchen, eine schöne Dame, ein schönes Pferd, zc.

NB Als prädikatives Adjectiv heißt *fine* in Bezug auf Personen a u f g e p u t z t, auf-fallend gekleidet, geputzt, z. B.:

The lady was very *fine*	Die Dame war sehr aufgeputzt.

NB 2 So oft sich daher schön, hübsch als prädikatives Adjectiv auf Personen bezieht, so muß man es durch *beautiful, pretty* oder *handsome* wieder geben, z. B.:

This *lady is very beautiful, pretty.*	Diese Dame ist sehr schön, hübsch.

NB. 3. Bei unbelebten Gegenständen kann *fine* in der Bedeutung f e i n, schön, hübsch sowohl attributiv, als prädikativ gebraucht werden, z. B.:

This *linen is very fine,* oder this is very *fine linen.*	Diese Leinwand ist sehr schön (fein), oder: Dies ist sehr schöne Leinwand.

(3b) Letztere und ähnliche Constructionen kommen meistens in der Poesie und im rednerischen Styl zc.

(4) NB. Ueber die Adjective, welche auf Länge, Breite, Tiefe, Maß, Umfang oder Alter Bezug haben, z. B.: A man 50 years old (ein 50 Jahre alter Mann), s. Anm. 9, Seite 372.

(5) Ueber die Adjective *imaginable, possible,* etc., siehe Anmerk. 9d, Seite 373:

All means *imaginable* were tried, but fruitless.	Alle möglichen Mittel wurden versucht, aber vergebens (ohne Erfolg).

V. Gewiſſe Adjective, welche immer dem Subſtantiv nachgeſetzt werden müſſen.

Folgende Wörter können niemals als attributive, ſondern nur als prädikative Adjective gebraucht werden. Sie müſſen ſtets hinter dem Hauptworte ſtehen, z. B.:

...eard, (⁷) bange, beſorgt.	Alike, gleich.	Asleep,* ſchlafend, im Schlafe.
...raid, bange, beſorgt, erſchrocken.	Alive,* (⁷ᵇ) lebend, am Leben.	Awake,* wachend, wach.
...hast, beſtürzt, leichen=blaß (vor Schreck).	Aloft, oben.	Aware, gewahr.
...round, auf den Grund (vom Schiff).	Alone, allein, einſam. (⁸)	Immemorial, unbenklich.
...in, (⁷) verwandt.	Amiss, übel, unrecht.	Pursuant, gemäß.
	Ashamed, beſchämt.	Worth, (⁹) werth, z. B.:
	Ashore, am Ufer.	

The man is *ashamed*, *afraid*, *alive*, *asleep*, etc. — Er iſt ein beſchämter, fürchtender, leben=der, ſchlafender Mann, u. ſ. w.

...pe is the dream of a man *awake* (beſſer: of a *waking man*). — Die Hoffnung iſt der Traum eines ſchla=fenden Menſchen.

Man kann nicht im Engliſchen wie im Deutſchen ſagen:

...*ashamed man*, an *alive child*, etc. ...dern: The *man is ashamed*, the child *is alive*. The ship is *aground*. — Ein beſchämter Mann, ein lebendes Kind. Der Mann iſt beſchämt, das Kind iſt am Leben. Das Schiff liegt auf dem Grund.

He is a man of *worth* (⁹) (nicht a *worth* man). — Er iſt ein würdiger Mann (ein Mann von Werth).

Worth (werth) folgt nicht nur ſeinem Hauptworte, ſondern wird von einem Hauptwort, welches Preis oder Werth bedeutet, gefolgt, z. B.:

A book *worth* a guinea — *worth* the money — *worth* reading. (¹⁰) — Ein Buch eine Guinee werth — des Leſens werth.

V. Das Adjectiv, des Wohllauts halber, hinter dem Hauptworte.

Häufig wird das Adjectiv auch des Wohllauts wegen hinter ſein Subſtantiv geſetzt, was namentlich von Seite der Dichter geſchieht. Da ſich jedoch hierüber keine beſtimmten Regeln aufſtellen laſſen, ſo bleibt dem Anfänger nichts Anderes übrig, als ſich durch aufmerk=ſames Leſen guter engliſcher Bücher mit dieſem Punkte vertraut zu machen. Folgende Beiſpiele mögen als Erläuterung dienen:

...e *following* Sunday, ob. the Sunday *following*. — Der folgende Sonntag. Der Sonntag darauf.

NB. Das Adjectiv "enough" kann vor oder nach dem Subſtantiv ſtehen, z B.:
He has *enough* time ob. he has time *enough*. | Er hat Zeit genug oder er hat genug Zeit.

(6) Adjective, ſo wie auch die Ordnungszahlen, welche als Beinamen der Fürſten dienen, werden nachgeſetzt (vergl. Reg. VI. S. 373), z. B.:
Frederic the *Great*, Charles the *Fifth*. | Friedrich der Große, Carl der Fünfte.
Wenn zwei oder mehrere Adjective mit dem Adverbium so (ſo) verbunden ſind und nach=drücklich hervorgehoben werden ſollen, ſo ſetzt man ſie ebenfalls hinter ihr Hauptwort, z B.:
A man *so kind and generous* is seldom to be met with. | Einen ſo gütigen, großmüthigen Mann trifft man ſelten.

(7) *Afeard* und *akin* ſind veraltet, man braucht jetzt ſtatt derſelben *afraid*, *related*.
(7b) Statt der obigen mit einem * bezeichneten Wörter braucht man häufig das Particip der Gegen=wart von den entſprechenden Zeitwörtern, z. B.:
A *living*, *sleeping*, *waking* child. | Ein lebendes, ſchlafendes, wachendes Kind.
(8) Ein einſamer Mann, der Mann iſt allein. | A *solitary* (ob. *lone*) man. The man is *alone*.
(9) Das abgeleitete *worthy* richtet ſich in ſeiner Stellung nach der allgemeinen Regel, z. B.:
He is a *worthy man* oder poetiſch "a *worthy man is he*". | Er iſt ein würdiger Mann, oder ein würdiger Mann iſt er.
(10) NB. Zuſammengeſetzte Adjective ſtehen immer vor dem Hauptwort, z. B.:
A *handsome-looking* young man. | Ein ſchöner (ſchön ausſehender) junger Mann.
A *rosy-cheeked*, *sweet-tempered* girl. | Ein roſenwangiges, ſanftmüthiges Mädchen.
A *terrible*, *never-to-be-forgotten* event. | Eine ſchreckliche, unvergeßliche Begebenheit.
Humoriſtiſch: A *beer-drinking*, *card-playing*, *up-all-night-looking* vagabond;
ſtatt: A vagabond, who looked as if he had been up all night drinking beer, etc.

Next Sunday ob. Sunday *next.*	Nächſten Sonntag.
The *tributary provinces,* ob. the pro-	Die tributzahlenden Provinzen.
vinces *tributary.* (10b)	

B. Vom Gebrauch des Adjectivs bei Vergleichungen.

VI. So—daß durch so—as ausgedrückt (11).

Wenn im Hauptſatze ein Eigenſchaftswort oder Particip mit der Partikel *so* verbunden als Prädikat ſteht, ſo wird der davon abhängig folgende Nebenſatz, falls Haupt= und Nebenſatz daſſelbe Subject haben, im Engliſchen in den Infinitiv verkürzt und durch *as* mit dem Hauptſatze verknüpft, z. B.:

He is *so* stupid *as to believe* it.	Er iſt ſo dumm, daß er es glaubt.
He was *so* moved *as to give* her all	Er war ſo gerührt, daß er ihr all' ſein
his money.	Geld gab.
She was *so* good *as to write* to me.	Sie war ſo gütig, mir zu ſchreiben.
She was *not so* good *as to write* to me.	Sie war nicht ſo gütig, mir zu ſchrei=
	ben. (11b)
Will you be *so* good *as to write* to me?	Wollen Sie ſo gut ſein und mir ſchreiben?

NB. Haben aber Haupt= und Nebenſätze v e r ſ c h i e d e n e Subjekte, oder verwandelt man die active Conſtruction des Nebenſatzes in die p a ſ ſ i v e, ſo wird der Nebenſatz durch die Conjunction *that* (daß) mit dem Hauptſatze verknüpft, wie im Deutſchen: z B.:

He was *so* stupid, *that* every one laugh-	Er war ſo dumm, daß Jedermann über
ed at him, ob. He was *so* stupid, *that*	ihn lachte, ob. Er war ſo dumm, daß
he *was laughed at* by every one. (11c)	er von jedermann ausgelacht wurde.

VII. Höchſt durch most, äußerſt durch extremely überſetzt.

Die deutſchen Adverbien höchſt und äußerſt, welche zur Verſtärkung eines Adjectivs im Poſitiv dienen, werden im Engliſchen durch *most* und *extremely* wiedergegeben, z. B.:

Ein höchſt unangenehmer Mann.	*A most* disagreeable man.
Eine äußerſt verdrießliche Sache.	*A most* disagreeable thing (affair).
Eine höchſt liebenswürdige Frau.	*A most* amiable woman.

VIII. Das deutſche „um" bei Vergleichung durch by ausgedrückt.

Bei einer Vergleichung im Comparativ ſetzt man vor den Ausdruck des Maßes, um wieviel ein Gegenſtand den andern übertrifft, oder von ihm übertroffen wird, die Präpoſition *by* (um), wenn das Maß hinter dem Comparativ ſteht, läßt aber die Präpoſition *by* weg, wenn daſſelbe vor den Comparativ tritt, z. B.:

Miss Smith is *prettier by much (by*	Fräulein Smith iſt u m vieles (bei wei=
far) than her sister.	tem) ſchöner, als ihre Schweſter.

(10b) Her *hand* was so thin and transparent of hue, you might have seen the moon shine through, oder:
    So *thin* was her hand, so *transparent* its hue, you might have seen the moon shine through.
  (11) Daß „als" nach einem Comparativ und nach *other* durch *than* zu überſetzen iſt, wurde S. 15, Reg. XIII bemerkt, z. B.:
    You are *richer than* I; *older* than he. | Sie ſind reicher al s ich; älter al s er.
(11b) Ueber ſo — daß, u. ſ. w., vergleiche auch Regel XLIV. Seite 616.
(11c) NB. Dieſelbe Regel gilt für "such — as" (ſolcher, oder der Art — daß)", z. B.:
    His conduct was *such as to produce laughter.*
    His conduct was *such, that* every one laughed at him.

iss Smith is *much prettier* than her sister.	Fräulein Smith ist viel schöner als ihre Schwester.
r. Green is *older by ten* years *(by far)* than I.	Herr Green ist um zehn Jahre (bei weitem) älter, als ich.
r. Green is *ten years older* than I.	Herr G. ist zehn Jahre älter als ich.

NB. Man kann das Maaß des Unterschieds mit der Präposition *by* auch an s Ende des Satzes stellen, z. B.:

Miss Smith is prettier than her sister *by much (by far)*.
Mr. Green is older than I *by ten years (by far)*. ([12])

IX. Um so mehr, so much the more, um so besser, rc.

Das deutsche um so oder besto, welches keinem vorausgegangen: m je entspricht, wird durch *so much the* ausgedrückt, z. B.:

) much the *more (fr.: d'autant plus)*.	Um so (desto) mehr.
) much the *less (d'autant moins)*.	Um so (desto) weniger.
) much the *better (tant mieux)*.	Um so (desto) besser.
) much the *worse (tant pis)*. ([13])	Um so (desto) schlimmer, z. B.:
rich, *so much the better* for him.	Wenn er reich ist, um so besser für ihn.
she is unhappy, *so much the worse* for her. (S. Reg. XIV. S. 400.)	Wenn sie unglücklich ist, um so (desto) schlimmer für sie. ([13b])

X. Bei Vergleichung zweier Gegenstände steht der Comparativ.

Wenn nur zwei Gegenstände verglichen werden, so muß immer t Englischen der Comparativ und nicht der Superlativ gebraucht rden; werden aber drei oder mehrere Gegenstände verglichen, so wird r Superlativ angewendet, z. B.:

e *prettier* of the two daughters.	Die hübschere der zwei Töchter.
e *better* of the two books.	Das bessere der zwei Bücher.
e *prettiest* of the three daughters.	Die hübscheste der drei Töchter.
.is is the *best* of all the books you .ave.	Dieses ist das beste unter allen Ihren Büchern. ([14])

---

2) Man merke folgende Ausdrücke: Much, *(far , by far, incomparably, still) greater* (viel, weit, bei weitem, ungleich noch größer). — A *little* larger, a *little* smaller (etwas größer, ein wenig kleiner). — The *greatest of all* (der allergrößte). — The *very best* (der allerbeste).

3) Bei *to like* kann man sagen:
I *like* this *much*, I like this *more*, but I like this *the most*, oder:
I *like* this *well*, I like this *better*, but I like this *the best*.
Beide Formen werden ohne Unterschied gebraucht, die erste Form jedoch stimmt mit dem französischen "*aimer plus*, die letztern mit dem *mieux aimer*" überein.

!b) NB. 1. Das deutsche „ebenso sehr um — als" gibt man mit "*as much as*", z. B.:
They ran to arms, *as much* to avenge their private injuries *as* to enforce the Pope's encroachments (Uebergriffe).
NB. 2. Das deutsche „mehr als" vor einem Adjectiv, übersetzt man mit "*more than*", z. B.:
The *more than melancholy* life, which I have hitherto led, makes me look upon death as a friend

4) NB. 1. Im Deutschen hört man häufig unrichtig „meine älteste, meine jüngste Tochter rc.", wenn der Sprechende nur zwei Töchter rc hat. Auch im Englischen trifft man zuweilen bei Goldsmith und einigen andern Schriftstellern Verletzungen dieser Regel, die aber zu keiner Nachahmung berechtigen, z. B.:

I perceived my *youngest* daughter in the midst of a rapid stream.	Ich sah meine jüngste Tochter in der Mitte eines reißenden Stroms. *Vicar of Wakefield*.

Der Vicar (Landprediger), von dem die Rede ist, hatte bekanntlich nur zwei Töchter, deswegen sollte es *my younger daughter*, meine jüngere Tochter, heißen.
NB. 2 "*Elder*" braucht man auch zuweilen statt *older* in Bezug auf Personen, die nicht denselben Namen führen, z. B.: "The *elder* of the two gentlemen. The *elder* lady."
NB. 3. Man hüte sich aber vor dem Barbarismus, ein = und denselben Comparativ, oder Superlativ auf doppelte Weise auszudrücken, obwohl ein gewisser Grammatiker solche Ausdrücke als Beispiele anführt, z. B.:
That on the sea's *extremest* (statt: *extreme*) border stood. (*Addison*).
A *more truer* (statt: a *truer*) title. The *most unkindest* (statt: *the unkindest*) demeanor, etc.

XI. Stellung mehrerer beigeordneter Comparative und Superlative.

Kommen zwei oder mehrere auf verschiedene Weise gebildete Comparative, oder Superlative neben einander zu stehen, so muß man erst die mit *er* und *est* und dann die mit *more* und *most* gesteigerten Adjective setzen, z. B.:

You cannot find *a better* and *more* (15) *amiable* woman.	Sie können keine bessere und liebenswürdigere Frau finden.
Miss Flirt is the *prettiest, gayest,* but the *most* (15 b) *trifling* of her sex.	Fräulein Flirt ist die schönste, heiterste, aber die kleinlichste ihres Geschlechts.
Better, cheaper, and *less injurious wine,* you cannot find.	Besseren, wohlfeileren und unschädlichern Wein können Sie nicht finden.

XII. Von der Nichtwiederholung des Adjectivs.

Wenn mehrere auf einander folgende Hauptwörter dasselbe Adjectiv vor sich verlangen, so setzt man das Adjectiv nur vor das erste Hauptwort, z. B.:

My good *mother, brother,* and *sisters* are (ob. *have*) arrived.	Meine gute Mutter, mein guter Bruder und meine guten Schwestern sind angekommen.
A *blind man* and *woman.*	Ein blinder Mann und eine blinde Frau.
A *sick horse, cow,* and *sheep.* (16)	Ein krankes Pferd, eine kranke Kuh und ein krankes Schaf.

XIII. Gebrauch des Superlativs verschieden von dem Deutschen.

Im Deutschen pflegt man das zu einem Adjectiv im Superlativ gehöriges Hauptwort unmittelbar mit demselben zu verbinden; im Englischen dagegen setzt man es, wenn keine nähere Bestimmung darauf folgt, gewöhnlich in den Genitiv des Plurals (17), was im Deutschen nur in der höhern Schreibart geschieht, z. B.:

---

(15) NB. 1 Wenn man eine Vergleichung zwischen zwei Eigenschaftsbegriffen an einem und demselben Subject machen will, so muß wie im Deutschen stets der mit *more* unschrichen Comparativ und nicht der mit *er* gewählt werden, z. B.:
Sie ist mehr gut als schön. | She is *more good* (nicht *better*) than beautiful.
Er war mehr glücklich als unglücklich. | He was *more happy* (nicht *happier*) than unhappy.
Sie war mehr lustig als traurig. | She was *more merry* (nicht *merrier*) than sad.
Im Lateinischen setzt man in solchen Fällen beide Adjective in den Comparativ, *hilarior et quam tristior,* wörtlich: sie war eine lustigere als eine traurigere Person.
NB. 2. Man vermeide den Gebrauch von Ausdrücken, welche einen Widerspruch in sich enthalten; z. B. hätte es statt "Eve (die Mutter Eva) was the *handsomest of all her daughters*" heißen müssen:
"Eve was handsomer than any of her daughters".
Statt: "There were four ladies in the company, *each prettier than the other*", richtiger: "There were four ladies in the company, and *all were very pretty* ob.: and 'twas hard to say which was the prettiest".

(15b) Bei Adjectiven, die mit *more* und *most* gesteigert werden, ist es in der Regel nicht nöthig, diese Steigerungspartikeln vor jedem derselben zu wiederholen, z. B.:
A more beautiful, interesting, and delightful place is nowhere to be found. | Ein schönerer, interessanterer und entzückenderer Ort ist nirgends zu finden.

(16) NB. 1. Ist aber der Numerus der Hauptwörter verschieden und das erste mit dem unbestimmten Artikel versehen, so ist die Auslassung des Eigenschaftswortes nicht gestattet. In diesem Falle setzt man, anstatt dasselbe Eigenschaftswort zu wiederholen, wo möglich ein anderes verwandtes an seine Stelle, z. B.:
A beautiful field and fine trees. | Ein schönes Feld und schöne Bäume.
Und nicht a beautiful field and trees, oder a beautiful field and beautiful trees.
A magnificent house and fine gardens. | Ein herrliches Haus und herrliche Gärten.
NB. 2. Ebenso muß das Eigenschaftswort (ähnlich wie der Artikel S. 391, Reg. IX. 3) wiederholt werden, wenn das eine Hauptwort ein Mensch und das andere ein Thier, oder ein lebloser Gegenstand ist, z. B.:
A lame man and a lame horse. A blind woman and a blind dog.

(17) Natürlich nur dann, wann das betreffende Hauptwort im Plural gebräuchlich ist.

Bonaparte was the *most ambitious of men.* ([17b])	Buonaparte war der ehrgeizigste Mann. (Wörtl.: der ehrgeizigste der Männer.)
Croesus was the *richest of Kings.*	Krösus war der reichste König (der Könige).
My *dearest,* my *fondest of husbands.*	Mein theuerster, mein liebster Gatte.

NB. Folgt aber auf das Hauptwort noch eine nähere Bestimmung, so verbindet man auch im Englischen Superlativ und Hauptwort mit einander, z. B.:

Bonaparte was the *most ambitious man* of our age.	Buonaparte war der ehrgeizigste Mann unserer Zeit.
Croesus was the *richest King in the world.*	Krösus war der reichste König von der Welt.
My husband is *the dearest, the fondest husband on earth.*	Mein Gatte ist der theuerste, der liebste Gatte auf Erden.

C. Von dem Gebrauche des one und ones, als Stellvertreter eines ausgelassenen Hauptwortes.

§. 10. Da der Gebrauch des *one, ones* als Stellvertreter eines Hauptwortes nach Adjectiven im Englischen große Schwierigkeiten für den Nichtengländer darbietet und in den meisten Grammatiken in der Regel entweder sehr oberflächlich oder sehr schlecht erklärt ist: so werde ich hier einige allgemeine Regeln aufstellen, welche die richtige Anwendung dieses Wortes Jedem klar machen werden.

XIV. Im Deutschen werden oft zwei oder mehrere Adjective mit einem Hauptworte verbunden, welches nach jedem Adjective besonders gedacht werden muß, z. B.:

Ich habe ein weißes und ein schwarzes Pferd,

statt: Ich habe ein weißes Pferd und ein schwarzes Pferd.

Ich habe zwei seidene Kleider und zwei cattunene,

statt: Ich habe zwei seidene Kleider und zwei cattunene Kleider.

Weil aber im Englischen diese Beziehung durch die Endung des Adjectivs nicht ausgedrückt werden kann, und es schleppend wäre, das Hauptwort zu wiederholen, so setzt man im Englischen das Hauptwort unmittelbar nach dem ersten Adjective und nach jedem ([18]) der folgenden im Singular *one* (ein), im Plural *ones*, z. B.:

I have a white *horse,* and a black *one.*

I have two silk *dresses,* and two cotton *ones.*

These are the English *books,* where are the French *ones?*	Dieß sind die englischen Bücher, wo sind die französischen?
Now you have brought the right *ones.*	Jetzt haben Sie die rechten gebracht.
Just look at this *one,* it is very fine.	Siehe nur dieses an, es ist sehr schön.

NB. 1. Man braucht dieses *one* auch im Genitiv als Stellvertreter eines vorausgegangenen, ebenfalls im Genitiv stehenden Hauptworts, z. B.:

The English *dog's* voice is louder than the French *one's.* ([16b])	Die Stimme des englischen Hundes ist lauter als die des französischen.

([17b]) Das deutsche „aller" vor dem Superlativ gibt man im Englischen durch "very", z. B.:
The Duke of L. has some of the *very finest and best paintings.* (Reg. VIII. S. 153).
NB. Ueber den Gebrauch von *to do* bei Vergleichung, siehe Anmerk. 6, NB. 8, Seite 480.

([18]) Wenn man nicht auf jedes Eigenschaftswort einen besondern Nachdruck legen will, so braucht man *one* nicht nach jedem, sondern nach dem Letzten zu setzen, z. B.:
I have black gloves, but my sister has white, green, blue, and yellow *ones.*
My brother wears a white hat, but I wear a black, and sometimes a gray one.
Ich habe schwarze Handschuhe, aber meine Schwester hat weiße, grüne, blaue und gelbe.
Mein Bruder trägt einen weißen Hut, aber ich trage einen schwarzen und bisweilen einen grauen.

([16b]) Oder im Genitiv mit *of:* The voice *of the English* dog is louder than that *of the French one.*

NB. 2. Zuweilen wird *one* einem Adjectiv hinzugefügt, ohne daß ein Substantiv vorhergeht, worauf es sich bezieht. Dies ist aber nur der Fall, wenn das fehlende Substantiv aus der Vorstellung leicht zu ergänzen ist, z. B.:

My sweet *one*, my lovely *one*, a fair *one*, statt:	Meine Holde, meine Liebenswürdige, die Schöne, statt:
My sweet *girl*, my *lovely girl*, etc.	Mein süßes, mein liebreiches Mädchen, x
My little *ones* (statt: my little children).	Meine Kleinen.
The great *ones* (statt: the great people) of the world.	Die Großen der Welt.
Come here *little one*.	Komm her Kleiner, Kleine.

XV. Fälle, in denen one nicht gebraucht werden darf.

1. One und ones können aber nach Adjectiven als Stellvertreter von vorausgegangenen Hauptwörtern nur dann gebraucht werden, wenn die zu ergänzenden Hauptwörter Gegenstände bezeichnen, welche man zählen kann, z. B.:

I want a *hat (a book)*, but it must be a good *one*.	Ich brauche einen Hut (ein Buch), es muß aber ein guter (gutes) sein.
Show me some *cigars*, but they must be good *ones*.	Zeigen Sie mir Cigarren, es müssen aber gute sein.
I like a *full glass* better than an empty *one*.	Mir ist ein volles Glas lieber als ein leeres.

NB. Man kann hier ein, zwei, drei 2c. Hüte, Bücher, Cigarren sagen.

2. Beziehen sich dagegen die Adjective auf solche Gegenstände, welche man nicht zählen kann, so können *one* und *ones* als Stellvertreter des letzteren nicht gebraucht werden. Dies ist namentlich der Fall a) bei allen Dingen, welche eine Quantität bezeichnen, z. B.:

I want some *cloth, tea, wine, silk*, but it must be *good*.	Ich brauche etwas Tuch, Thee, Wein, Seide, es muß aber gut sein.

NB. Man kann hier nicht ein, zwei, drei 2c. Tuch, Thee, Wein, Seide sagen.

b) bei allen abstracten Hauptwörtern ([18c]), z. B.:

The rich, *the poor*, *the good*, *the bad*, as well as the *prodigal* ([19]), all must die ([20]).	Die Reichen, die Armen, die Guten, die Bösen sowohl, als die Verschwenderischen, müssen alle sterben.

(18c) Bekanntlich können im Englischen die Adjective nur im Plural und mit dem bestimmten Artikel the als Hauptwörter gebraucht werden, z. B.: *The blind, the lame*, etc., die Blinken, die Lahmen

(19) Hieher gehört auch eine kleine Anzahl Adjective (Reg. XVII. Seite 434), die, wenn sie als Hauptwörter gebraucht werden, im Englischen ein *s* in der Mehrzahl annehmen, z. B.:

The *ancients* were in many respects superior to the *moderns*	Die Alten waren in vieler Hinsicht den Neuern überlegen.
I respect my *superiors* and also my *inferiors*.	Ich achte meine Vorgesetzten und auch meine Untergebenen.
Yesterday I saw many *wise men* and also many *lunatics*.	Gestern sah ich viele weise Männer und auch viele Wahnsinnige.

NB. Hier zeigt ein gewisser Grammatiker, wie wenig er von der englischen Grammatik und dem Sprachgebrauch versteht, indem er sagt, daß „das Weglassen des "ones" in Fällen wie die obigen nicht nachzuahmen ist", z. B.:

Here, my *dears*, is something that you will be glad to see. (*Miss Edgeworth*).
The daisies were pressed by the dance of the dear *innocents*. (*Mackenzie*).

Oben zeigen *Miss Edgeworth* und *Mackenzie*, daß sie ihre Sprache verstehen, denn hätten sie "ones" nach "dears und innocents" gesetzt, hätten sie Barbarismen begangen.

Man kann wohl my dear one, dear ones, innocent ones, etc. sagen, nicht aber one, ones nach Adjective als Hauptwörter gebraucht, sehen.

(20) Als Ausnahmen von dieser Regel, sagt man bisweilen "the great ones, the proud ones of the earth".

One nicht gebraucht nach Adjectiven im Comparativ ꝛc.

3. Ferner wird *one* und *ones* nicht angewendet nach Adjectiven im Comparativ und Superlativ, wenn das dabei zu ergänzende Hauptwort ebenfalls ein Adjectiv im Comparativ oder Superlativ als Attribut bei sich hat, z. B.:

The *younger* sister is prettier than the *older*. [21]	Die jüngere Schwester ist hübscher als die ältere.
The *richest* man must die as well as the *poorest*.	Der reichste Mann muß ebenso gut sterben als der ärmste.

NB. Wenn aber in solchen Fällen das eine Adjectiv im Positiv, das andere im Comparativ oder Superlativ steht, so wird *one* und *ones* gebraucht, z. B.:

Lord Mahon has written *an interesting* history of England, but Macaulay has written *a much more interesting one*. [22]	Lord Mahon hat eine interessante Geschichte von England geschrieben, Macaulay aber eine noch viel interessantere.
You have a *beautiful* book, but your brother has *a more beautiful one*, and my sister has *a still more beautiful one than* either yours or his.	Sie haben ein schönes Buch, Ihr Bruder aber ein schöneres, und meine Schwester hat ein noch schöneres als das Ihrige oder das seinige.
A *simple, natural* poem pleases me more than the *most refined and polished one*.	Ein einfaches, natürliches Gedicht gefällt mir mehr als das gekünstelte oder ausgefeilteste.

One nicht gebraucht nach den Zahlwörtern.

4. Endlich fällt *one* und *ones* auch nach Zahlwörtern aus, wenn sich letztere auf ein vorhergehendes Hauptwort beziehen, z. B.:

Count *Spendthrift* has *forty horses*, and I have but *ten*. [23]	Graf Spendthrift hat vierzig Pferde und ich nur zehn.

---

[21] Im Englischen gibt es viele Fälle, in denen man one nach dem zweiten Comparativ brauchen darf, keinen Fall aber, wo man es nicht gut weglassen könnte, z. B.:
He should have bought a *larger horse* rather than a *smaller* (one). | Er hätte eher ein größeres als ein kleineres Pferd kaufen sollen.
In diesem Satz könnte man das one weglassen, ohne den Sinn im geringsten zu stören.

[22] In längern Sätzen ist es in der Regel besser, one vor das Adjectiv zu stellen, z. B.:
Lord Mahon has written *an interesting* history of England, but Macauly has written *one still much more interesting*.
NB. 1. Man hüte sich vor Comparativen wie die folgenden:
I have written you a *very melancholy letter*, but I hope soon to write you a *more cheerful one*. — More cheerful kann nicht der Comparativ von melancholy sein, es muß heißen: "a cheerful one" oder "a less melancholy one".
Ausdrücke wie "this book is too dear, show me a cheaper one", dieses Buch ist zu theuer, zeigen Sie mir ein billigeres, sind übrigens in den meisten Sprachen gebräuchlich.
NB Hier gibt uns ein gewisser Grammatiker wieder ein Stück seiner Kenntniß, indem er sagt, daß ein Comparativ ohne vorausgegangenen Positiv nur dann zulässig ist, wenn der Comparativ mit keinem "than" verbunden ist. Weiß denn Herr Gantier nicht, daß im Englischen kein Comparativ stehen kann, ohne ein ausgedrücktes oder zugedachtes "than"?
This work has been stolen from a *more important one* (than *this is*) of Mr Ferry, etc.
NB. 2. Bisweilen setzt man des Nachdrucks halber statt des Artikels "a" das Zahlwort one vor das Adjectiv und läßt dann das stellvertretende one nach demselben weg, z. B.:
There is more happiness to be found in a modest sphere than in *one brilliant, but dangerous* (statt: than in a brilliant but dangerous one).
NB. 3. Wenn sich zwei Adjective auf dasselbe Hauptwort beziehen und von einander getrennt sind, so setzt man das Hauptwort zuweilen zu dem zweiten Adjectiv anstatt es zu dem ersten zu stellen, und bei dem zweiten durch one zu ergänzen, eine Ausdrucksweise, die übrigens nicht nachzuahmen ist, z. B.:
Many people imagine that a *great* must likewise be a *good man* (besser: that a *great man* must likewise be a *good one*).
NB. 4. In Ausdrücken wie: „die schönste der Schönen", ꝛc., darf man das "one" nicht brauchen, z. B.:
He is the *gayest of the gay*, the *blindest of the blind*. | Er ist der lustigste der Lustigen, der blindeste der Blinden.
[23] Siehe Regel X. Seite 410 der Syntaxis.

Rothwell, große Grammatik.

28

NB. Ist aber mit dem Zahlwort ein Eigenschaftswort verbunden, so muß nach demselben *one* gebraucht werden, z. B.:

You have *ten good horses*, but I have only *one* bad *one*.	Sie haben zehn schöne Pferde, ich aber habe nur ein schlechtes.

D. Gebrauch des Adjectivs als Hauptwort.

XVI. Das Adjectiv als Hauptwort nur im Plural.

Im Deutschen können bekanntlich viele Adjective in jedem Geschlechte und in jeder Zahl theils mit, theils ohne die Artikel als abstracte und concrete Hauptwörter und zwar zur Benennung von Einzelwesen und zur Bezeichnung der Gesammtheit gebraucht werden. Dies ist jedoch im Englischen in dieser Ausdehnung nicht der Fall, indem sie nur durch Vorsetzung des bestimmten Artikels als abstracte und concrete Hauptwörter zur Bezeichnung der Gesammtheit des durch dieselben Genannten angewendet werden können (23), z. B.:

The *sceptered King*, the *burdened slave*,	Der König mit dem Scepter, der Sclav unter seiner Last;
The humble and *the haughty* die; *The rich, the poor, the base, the brave* (24)	Demüthige und Hochmüthige sterben; Die Reichen, die Armen, die Niedrigen, die Tapfern
In dust without distinction lie. She is the fairest *of the fair*.	Liegen ohne Unterschied im Staube. Sie ist die schönste der Schönen.

Ausnahmen von der Regel.

XVII. Adjective, welche s als Zeichen des Plurals annehmen.

Obwohl, wie oben bemerkt, die Adjective im Englischen in der Regel kein s in der Mehrzahl annehmen, so gibt es doch eine kleine Anzahl, welche das s im Plural zulassen. Diese sind dann als abstracte Hauptwörter zu betrachten und können nur in der Mehrzahl gebraucht werden. Sie entsprechen den *Pluralibus neutris* im Griechischen und Lateinischen.

1) Die folgenden sind die hauptsächlichsten, die so gebraucht werden können:

The ancients, die Alten.	My dears, meine Theueren.
Antics, (24b) alte Kunstwerke, die Possen.	Disagreeables, Unannehmlichkeiten.
My betters, die vornehmer sind als ich.	Drinkables, Getränke (trinkbare Dinge)
The commons, (24c) die Gemeinen.	Eatables, Eßwaaren (eßbare Dinge).

(24) NB. 1. Läßt man aber in Sätzen wie die obigen den bestimmten Artikel *the* weg, oder ist man eines der hinweisenden Fürwörter *these, those*, oder der Wörter *some*, *several, few, many, all* das Adjectiv vor, so darf das hinzugedachte Substantiv nicht weggelassen werden, wie wohl zu merken ist, z. B.:

    Humble men are rare. Many poor men (oder *many of the poor*) *die of misery. But good people are happy.*

    NB 2 Gleich den Adjectiven können viele Participien als Hauptwörter gebraucht werden:

The *oppressed*, the *murdered*, etc.	Die Unterdrückte, die Ermordeten.

(24b) In der Bedeutung von Alterthümern (*antiqua*) braucht man *antiquities*, z. B.:

He has a collection of *antiquities*.	Er hat eine Sammlung von Antiquitäten.

    In der Bedeutung von Fratzen, Possen, ꝛc., wendet man *antics* an, z. B.:

That man is *playing his antics*.	Jener Mensch treibt seine Possen.
For indeed three such *antics* do not amount to a man.	Denn wahrhaftig drei solche Fratzenmann nicht zusammen keinen Mann aus.

(24c) The House of Lords and Commons. | Das Haus der Lords und der Gemeinen.

Externals, äußerliche Dinge (*externa*).	**Particulars**, besondere Umstände (*particularia*).
Generals, Gegenstände im Allgemeinen (*generalia*).	
Greens, grüner Kohl (Grünes).	**Pecuniars**, Gelbumstände.
He is in *the heroics*, er ist schwärmerisch.	**The penitentials**, die Büßenden.
The innocents, die Unschuldigen.	**The regulars**, die regulären Truppen.
The incurables, die Unheilbaren.	**The solids**, die festen Körper.
The inexpressibles, b. Unaussprechbaren.	**The fluids**, die flüssigen Körper.
The infernals, Höllengeister.	**Two thirds**, zwei Drittel.
Initials, Anfangsbuchstaben (*initiales*).	**Three fourths**, drei Viertel u. f. w.
The moderns, die Neuern.	**The ones**, die Einen.
News, Neuigkeiten (*nova*).	**The twos**, die Zweien, u. f. w.
Officials, öffentliche Berichte.	**The valuables**, Kostbarkeiten.
	The volubles, die Redseligen.

NB. Diese Adjective sind in dieser Form völlig zu Hauptwörtern (Pluralien) zgeworden, und werden als solche in den Wörterbüchern aufgeführt.

Adjective, als Substantive in der Einzahl und Mehrzahl.

2. Die folgenden 9 Adjective, die *s* in der Mehrzahl annehmen, können auch in der Einzahl gebraucht werden, z. B.:

Singular.	*Plural.*
My equal (ihtuel), meines Gleichen.	**My** equals, meines Gleichen.
My superior, (25)(supihrjer), mein Oberer.	**My** superiors, meine Oberen.
My inferior(26) (infihrjer), m. Untergebener.	**My** inferiors, meine Untergebenen.
A native, (27) (nehtiv), ein Eingeborner.	**The** natives, die Eingebornen.
A noble, (28) (nohbl), ein Adeliger.	**The** nobles, die Edelleute.
A black, (29) ein Schwarzer (ein Neger).	**The** blacks, die Schwarzen (die Neger).
A white (hueit), ein weißer Mensch.	**The** whites, die weißen Menschen.
A lunatic (ljunatik), ein Wahnsinniger.	**The** lunatics, die Wahnsinnigen.
A mortal, ein Sterblicher.	**The** mortals, die Sterblichen.

3. Hieher gehören auch die Völker= und Sectennamen, die sich nicht auf "ch oder sh" endigen, z. B.:

An Italian, ein Italiener.	**The** Italians, die Italiener.
A German, ein Deutscher.	**The** Germans, die Deutschen.
A Roman, ein Römer.	**The** Romans, die Römer.
A Swiss, ein Schweizer.	**The** Swiss, die Schweizer.
A Greek, ein Grieche.	**The** Greeks, die Griechen.
A Lutheran, ein Lutheraner.	**The** Lutherans, die Lutheraner.
A Protestant, ein Protestant.	**The** Protestants, die Protestanten. (31)

---

(25) *Superior* heißt als Hauptwort ein mir Vorgesetzter, Ueberlegener, Vornehmer, z. B.:
He is my *superior in knowledge*, rank, and riches, but not in virtue. — Er ist mir an Kenntnissen, Rang und Reichthum, aber nicht an Tugenden überlegen.
Als Adjectiv heißt *superior*, vorzüglicher, weit besser, z. B.:
This cloth is *far superior* to that. — Dieses Tuch ist weit besser als jenes.
NB. In der Mehrzahl bedeutet *superiors* aber lediglich meine Obern oder Ueberlegenen, z. B.: They are my *superiors* in rank and riches, etc.

(26) *Inferior* bedeutet gerade das Entgegengesetzte von *superior*, z. B.:
He is my *inferior in knowledge, rank*, and riches, but not in virtue. — Er steht mir an Kenntnissen, Rang und Reichthum, aber nicht in Tugend nach.
They are my *inferiors* in every respect. — Sie stehen mir in jeder Hinsicht nach.
I honor my *superiors*, and respect my *inferiors*. — Ich ehre meine Vorgesetzten, und achte meine Untergebenen.

(27) He is a *native*, they are *natives* of England. — Er ist ein geborener, sie sind geborene Engländer.
Adjectiv: *Native* place. *Native* talent. — Geburtsort. Angebornes Talent.

(28) He is a *noble* by birth The English *nobles*. — Er ist ein Adliger von Geburt Die englischen Edelleute.

(29) I met a *black* (man) in the street. — Auf der Straße traf ich einen Schwarzen.

(30) Diejenigen, welche auf "ch und sh" endigen, sind: The *English, Irish, Welsh, Scotch, French, Dutch*; Einzahl: An *Englishman*, a *Frenchman*, etc., siehe Regel I. Seite 136.
NB. Man hat sich aber bei den Völkernamen, welche für Eigenschafts= und Hauptwörter besondere Formen haben, das Adjectivum substantivisch zu gebrauchen.
Folgender Satz eines gewissen Grammatikers:
The *French* were beaten by the *English* and *Spanish*, (statt: *Spaniards*) ist also falsch.

(31) Das Nähere hierüber siehe Regel LVI. Seite 136 der Etymologie.

28*

XVIII. Das Adjectiv als Hauptwort im Singular.

Diejenigen Adjective, die im Deutschen, um einen abstrakten Eigenschaftsbegriff zu bezeichnen, als Hauptwörter sächlichen Geschlechts gebraucht werden, können auch im Englischen mit dem bestimmten Artikel im Singular gebraucht werden, z. B.: das Schöne, das Erhabene, das Gute, das Grün (die grüne Farbe), das Grüne (die grüne Flur), das Spanische, das Englische u. s. w.

The *sublime*, the *beautiful*, the *good*, the *bad*, the *serious*, the *gay*, the *rough* (roff), the *smooth*, the *red*, the *blue* (³²), etc.	Das Erhabene, das Schöne, das Gute, das Böse, das Ernsthafte, das Heitere, das Rauhe, das Sanfte, das Rothe, das Blaue ꝛc., z. B.:
Have you read Burke's treatise on *the sublime* and *beautiful?*	Haben Sie *Burke's* Abhandlung über das Erhabene und Schöne gelesen?
Health is the *chief good.*	Die Gesundheit ist das höchste Gut.
I prefer dark *green* to dark *blue.*	Ich ziehe das dunkele Grün dem dunkeln Blau vor.
There are trees in his garden of fifty different *greens.*	In seinem Garten sind Bäume von fünfzig verschiedenen Arten Grün.

XIX. Fälle, in denen man im Deutschen das Adjectiv als Hauptwort im Singular braucht, im Englischen aber das betreffende Substantiv dem Adjectiv nachsetzen muß.

Im Deutschen kann man bekanntlich die Participien und Adjective: „überrascht, erschrocken, geschmeichelt, glücklich, unglücklich, schelmisch, schön, häßlich, abscheulich, gut, böse" und noch einige andere, als Hauptwörter in Bezug auf Personen im Singular brauchen, im Englischen aber muß man immer das betreffende Substantiv ergänzen, d. h. es dem Adjectiv unmittelbar nachsetzen, z. B.:

Die Alte, die Häßliche, die Unglückliche, ist sehr zu bedauern.	The *old*, (³³) the *ugly*, the *unhappy woman*, is much to be pitied.
Der Ueberraschte, der Erschrockene, starrte mich an.	The *astonished*, the *frightened man*, stared at me.
Die Schöne, die Gute, manche Wohlthat hat sie mir erwiesen.	The *beautiful*, the *good lady*, many an act of kindness has she shown me.
Wie geht es mit der Alten, mit dem Alten?	How is the *old woman*, the *old man!*
Die Schelmische lachte mir ins Gesicht, (d. h. das schelmische Mädchen.)	The *roguish* (ob. *arch*) *girl* laughed in my face.

E. Besondere Regel über die Adjective und Adverbien.

XX. Rather (³⁴) (eher, lieber), etwas; such, solcher; so, so.

a. *Rather* braucht man wie das deutsche etwas, ziemlich beim Positiv und Comparativ, um einen kleinen Grad mehr oder weniger auszudrücken, z. B.:

---

(32) Solche Adjective als Hauptwörter gebraucht, lassen das apostrophirte 's im Genitiv nicht zu; siehe Regel X. Seite 410.

(33) Regel XII. Seite 430 ist bemerkt worden, daß man ein zu mehreren Hauptwörtern gehörig attributives Eigenschaftswort nur vor das erste Hauptwort zu setzen braucht. Ebenso kann man auch ein zu mehreren Eigenschaftswörtern gehöriges Hauptwort bloß hinter das letzte Eigenschaftswort wie oben stellen.

(34) *Rather* wird sehr häufig in der Bedeutung eher, lieber gebraucht, z. B.:
I would *rather* live in Paris than (in) | Ich möchte lieber in Paris als (in) Berlin leben.
Berlin. — I would *rather* die. | Eher möchte ich sterben.

is *rather* hot, cold, dear, etc.	Es ist etwas (ziemlich) heiß, kalt, theuer.
a and sugar are *rather* dearer, ;heaper, better, etc. than formerly.	Thee und Zucker sind etwas theurer, wohlfeiler, besser ꝛc. als früher.

Such ([24]b), so, solcher, so.

b. *Such* und *so* unterscheiden sich in ihrem Gebrauche so, daß ın ersteres *(such)* in Bezug auf die Art, Gattung, oder Eigenschaft ıer Sache, letztere *(so)* aber vor Adjectiven und Adverbien anwendet, t einen hohen Grad der Stärke oder Wirkung auszudrücken, z. B.:

ı a man. *Such* a scholar.	Ein solcher Mann. Ein solcher Gelehrter.
ı *horses, such* a temper.	Solche Pferde, ein solches Gemüth.
s have *such trees, such flowers*.	Wir haben solche Bäume, solche Blumen.

In diesen Sätzen ist nur die Art und Gattung bezeichnet; will ın aber den Grad bezeichnen, so muß man *so* brauchen, z. B.:

good a man. *So great* a scholar.	Ein so guter Mann. Ein so großer Gelehrter.
bad a horse, *so bad* a temper, *so ınost* a smile.	Ein so schlechtes Pferd, ein so schlichtes Gemüth, ein so süßes Lächeln.
ees *so large*, and flowers *so beautiful*, ıre seldom seen. ([24]c)	Bäume so groß und Blumen so schön, sind selten zu sehen.

XXI. Unterschied einiger Adjectiven in ihrer Bedeutung.

Einige Adjective werden von Anfängern in ihrer Anwendung t einander verwechselt. Hierher gehören besonders:

ıß, great, tall, large.	Schwer, heavy, difficult, hard.
rt, hard, severe, inclement.	Streng, severe, hard, strict.
tn, little, small (petty). ([24]d)	Viel, much. Viele, many.
ht. light, easy, (slight).	Wenig, little. Wenige, few.

§. 11. *Heavy* (fr. *lourd*), schwer, bezieht sich auf das Gewicht und wird nament= von Gegenständen gebraucht, die ein bedeutendes Gewicht haben. — *Difficult*) *hard* (fr. *difficile*) heißen schwer in uneigentlichem Sinne = schwierig und ben auf die Dinge angewendet, die nur mit Mühe und Anstrengung zu erlangen). *Difficult* ist der gewöhnlichere Ausdruck dafür, z. B.:

is box of gold is very *heavy*. ([25])	Dieses Kistchen mit Gold ist sehr schwer.
ə Greek language is very *difficult*.	Die griechische Sprache ist sehr schwer.
our days it is very *hard* to be= :ome rich and happy.	Es ist in unsern Tagen sehr schwer reich und glücklich zu werden.
ə *heavy* hand of fate lies on him ınd his family.	Die schwere Hand des Schicksals liegt auf ihm und seiner Familie.

§. 12. *Light* (fr. *léger*), leicht, ist der Gegensatz von *heavy* (schwer), und wird Bezug auf Sachen angewendet, die nur einen geringen Grad von Schwere haben. *Easy* (fr. *facile*), leicht, ist dann *difficult*, schwer = schwierig, entgegengesetzt und

---

b) NB. Ueber "*such a*" in Bezug auf Sachen, die man nicht zählen kann, siehe Anmerk. 40, S. 474.
ıe) NB. 1. Wenn Hauptwörter mit einem Adjectiv verbunden sind, so gebraucht man im *Plural* (und im gewöhnlichen Styl häufig auch im *Singular*) *such* statt *so*, z B.:
Such a brave man. *Such* a kind lady. | So ein tapferer Mann. So eine gute Dame.
Such brave men. *Such generous* actions. | Solche tapfere Männer. Solche großmüthige Thaten.
Im hohen oder erhabenen Styl darf man in diesem Falle nur "so" anwenden, z. B.:
Men *so brave*. Actions *so generous* are seldom found.
NB. 2. "Such" bedeutet öfters "so groß, der Art"; auch steht es bisweilen Nachdrucks= halber hinter seinem Hauptwort, z. B.:
Such (so groß) was the danger. The *temptation* was *such* (der Art) as I tell you.
During my whole life I have suffered *pain*, *such* as few men have suffered.
ıd) NB. A *little* oder a *small* man, house, aber a *little* (nicht a *small*) mind (Geist).
ı5) In Bezug auf das Wetter und ähnliche Dinge heißt *heavy*, *hard*, stark = heftig, z. B.:
We had *heavy* rain, snow, a hard frost. | Wir hatten starken Regen, Schnee, starken Frost.
NB. Als Adjectiv heißt "stark" "*strong*", als Adverb *fast*, z. B.:
A *strong* man. I have run *fast*. | Ein starker Mann. Ich bin hart gelaufen.

bezieht sich auf Gegenstände, zu deren Erlangung wenig Mühe und Anstrengung erforderlich ist, z. B.:

This hat is very *light*.	Dieser Hut ist sehr leicht.
The English language is very *easy*.	Die englische Sprache ist sehr leicht.
A *heavy* purse makes a *light* heart.	Ein schwerer Beutel macht ein leichtes Herz.

— §. 13. *Severe*, *hard*, streng, hart, werden in Bezug auf Personen, auf das Schicksal und auf das Wetter; *strict*, genau, streng, nur in Bezug auf Personen angewendet, z. B.:

It is a *hard* (a *severe*) winter.	Es ist ein strenger (harter) Winter.
He is a *severe* (*hard*, *strict*) master.	Er ist ein strenger (harter) genauer Herr.
Hard is the fate of the poor!	Hart ist das Schicksal der Armen.

§. 14. *Tall*, groß, hoch, *great*, *large*, groß. Mit *great* bezeichnet man Alles, was durch Maß, Ausdehnung, Eigenschaft, Zahl ꝛc. ausgezeichnet, mit *tall* dagegen was im wirklichen Sinne hoch ist, und *large* bezieht sich auf die Größe der Ausdehnung, z. B.:

A *tall* man may be very stupid.	Ein großer Mann kann sehr dumm sein.
Near the *great* house stood three *tall* trees.	Nahe am großen Hause standen drei große (hohe) Bäume.
Moses was a *great* and a good man.	Moses war ein großer und guter Mann.
My hat is too *large*. A *large* room.	Mein Hut ist zu groß. Ein großes Zimmer.

XXII. Ueber den Unterschied zwischen Adjectiv und Adverb.

Ein Hauptwort kann nur durch ein Adjectiv, aber nicht durch ein Adverb, ein Zeitwort und ein Adjectiv nur durch ein Adverb, aber nicht durch ein Adjectiv näher bestimmt werden. Der Anfänger hat hierauf im Englischen um so mehr zu achten, da im Deutschen die Adverbien der Art und Weise mit den Adjectiven gleiche Formen haben und daher nur der Zusammenhang entscheiden kann, in welcher Bedeutung sie im Satze vorkommen. Sage ich z. B.:

Das Buch ist gut (schön). Das Buch ist gut (schön) geschrieben,
Ein gut (schön) geschriebenes Buch, gewährt viel Vergnügen,

so ist gut (schön) im ersten Satze offenbar Eigenschaftswort, da es eine Eigenschaft des Buches ausdrückt, im zweiten und dritten Satze aber Adverb, weil es im zweiten nur die Art und Weise des Thuns (des Zeitworts schreiben) und im dritten die nähere Bestimmung des Eigenschaftsworts bezeichnet. Im Englischen aber sind die Adjective und Adverbien durch die Form verschieden und obige Sätze daher zu übersetzen:

The book is *good (beautiful)*. The book is *well (beautifully)* *written*.
A *well (beautifully)* *written* book, affords much pleasure.

NB. Der Anfänger merke also, daß er 1) die Form des Eigenschaftsworts zu wählen hat, wenn einem Gegenstand eine Eigenschaft beigelegt werden soll, sei es unmittelbar (attributives Eigenschaftswort), oder mittelbar durch das Satzband (copula) sein (prädikatives Eigenschaftswort), z. B.:

He *speaks* and writes *good English*.	Er spricht und schreibt gut Englisch.
He has built a *beautiful* house.	Er hat ein schönes Haus gebaut.
The punishment *was* far too *severe*. (36)	Die Strafe war bei weitem zu streng.

---

(36) NB. Außer nach sein steht das prädikative Eigenschaftswort und nicht das Adverb 1) in den Fällen, in denen man *to be* hinzudenken kann; 2) nach den Zeitwörtern des Werdens und nach bleiben; 3) nach zielenden (transitiven) Zeitwörtern, welche die Versetzung eines Gegenstandes in einen Zustand, oder die Belegung desselben mit einem Eigenschaftsbegriff ausdrücken, wo sich das Adjectiv nicht auf die Art und Weise der Thätigkeit, sondern auf das ausgedrückte oder im Verbum inbegriffene Object bezieht, z. B.:

He speaks loud, writes *close*. | Er spricht laut, schreibt dicht.
She dyed her dress *black*. | Sie färbte ihr Kleid schwarz.
He that read *loudest*, *distinctest*, and *best*, was to have a halfpenny.
*NB. Der Sinn in dem Satze „Sie färbte ihr Kleid schwarz", ist nicht: Sie färbte ihr Kleid auf eine schwarze Art, sondern: sie färbte es in ein schwarzes um, zu einem schwarzen oder: so daß es ein schwarzes wurde, ꝛc.

2) Die Form des Adverbs dagegen, wenn die Art und Weise einer Thätigkeit
:r eines Zustandes (des Zeitworts), auf die Frage wie? oder eine nähere Bestim=
ung einer Eigenschaft ausgedrückt werden soll, z. B.:

:: speaks and writes *English well.*	Er spricht und schreibt Englisch gut.
:e house is *beautifully built.*	Das Haus ist schön gebaut.
:r. N. was a *tolerably good* man. (³⁶b)	Herr N. war ein ziemlich guter Mann.
:: was too *severely* punished. (³⁷)	Er war zu hart (streng) bestraft.

F. Von der Regierung (Rection) der Adjective.

XXIII. Die meisten englischen Adjective regieren denselben Casus
:e im Deutschen, z. B.:

:: is worthy *of* the crown.	Er ist der Krone würdig.
:s indifferent *to* me.	Es ist mir gleichgültig.
:e lived remote *from* the town.	Wir wohnten entfernt von der Stadt. (³⁵)

Da aber dieses nicht durchgehends der Fall ist, so führe ich ein
phabetisches Verzeichniß der Adjective, die die verschiedenen Casus
: Englischen regieren, hier an.

A. Die folgenden Adjective regieren den Genitiv mit *of*, während sie
: Deutschen meistens mit verschiedenen Präpositionen verbunden werden:

:raid *of*, bange vor.	Conscious *of*, (sich) bewußt.
:nbitious *of*, ehrgeizig nach.	Covetous *of*, geizig nach.
:norous *of*, verliebt in.	Curious *of*, wißbegierig nach.
:pprehensive *of*, besorgt um, wegen.	Dead *of*, todt vor.
:hamed *of*, beschämt über.	Deaf *of* (one ear), taub auf (einem Ohr).
:aricious *of*, geizig nach.	Decisive *of*, entscheidend über.
:rare *of*, gewahr, unterrichtet von.	Descriptive *of*, eine Beschreibung ent=
:re *of*, entblößt von. leer an.	haltend von.
:nd *of* (one eye), blind auf (einem Auge).	Desirous *of*, begierig nach, auf.
:untiful *of*, freigebig mit.	Destitute *of*, entblößt von.
:pable *of*, fähig zu.	Destructive *of*, zerstörend.
:reful *of*, sorgfältig in, sorgsam auf.	Devoid *of*, leer an.
:reless *of*, unachtsam, nachlässig in.	Diffident *of*, mißtrauisch auf.
:utious *of*, vorsichtig in.	Dubious, doubtful *of*, zweifelhaft über.
:rtain *of*, gewiß, sicher.	Emulous *of*, wetteifernd in.
:oice *of*, karg, sparsam mit.	Enamoured *of*, verliebt in.
:ar *of (from)*, rein, frei von.	Envious *of*, neidisch wegen, auf.
:nfident *of*, überzeugt von.	Exclusive *of*, ausschließlich.

---

⁴) Nach ziellosen (intransitiven) Zeitwörtern, welche das Gerathen in einen Zustand, oder das
Befinden darin bezeichnen, wenn man nicht sowohl die Art und Weise des Verbalbegriffs, als viel=
mehr eine Eigenschaft des Subjects (besonders eine ihm von Natur inwohnende) ausdrücken will, z. B.:
You look *sad* and *pale* to-day. (Vergl. Anmerk. 34—37, Seite 350.)

³⁶) NB. Man hüte sich davor, Adjective als Adverbien zu gebrauchen, z. B.:
"With a *tolerable* good memory" (Santier's Gram.) statt: with a *tolerably* good memory".
"*Indifferent* honest; *excellent* well; *exceeding* beautiful, statt: *Indifferently* honest; *excel-
lently* well; *exceedingly* beautiful", etc.

³⁷) Folgende vergleichende Beispiele werden dem Lernenden als Leitfaden zum Unterscheiden zwischen
Adjectiven und Adverbien dienen können:

Adjectiv.	Adverb.
His happiness is *perfect.*	His happiness is *perfectly* confirmed.
Sein Glück ist vollkommen.	Sein Glück ist vollkommen bestätigt.
The book seems to be bad	The book seems to be *badly* written.
Das Buch scheint schlecht zu sein.	Das Buch scheint schlecht geschrieben zu sein.
His speech was very *serious.*	He spoke very *seriously.*
Seine Rede war sehr ernsthaft.	Er redete sehr ernsthaft.
The king is very *generous.*	The king was very *generously* inclined.
Der König ist sehr großmüthig.	Der König war sehr großmüthig gesinnt.
Hier kann man *was* fragen	Hier kann man mit *wie* fragen.

³⁸) Die deutsche Präposition "gegen", wird im Englischen nach Adjectiven beinahe immer mit dem
Dativ gegeben, z. B.: der Graf war sehr gütig gegen mich, the Count was very kind to me.

Expressive *of*, ausbrückend.
Fearful *of*, in Furcht vor.
Fearless *of*, ohne Furcht vor.
Fond *of*, vernarrt in, ein Freund von.
Forgetful *of*, vergeßlich in.
Full *of*, voll von.
Glad *of*, froh über.
Greedy *of*, gierig nach, auf.
Guilty *of*, (schuldig (einer Sache).
Heedful *of*, achtsam, aufmerksam auf.
Heedless *of*, unbekümmert um.
Ignorant *of*, unbekannt mit, unwiss. in.
Ill *of*, krank an.
Impatient *of*, (³⁹) ungeduldig über.
Improvident *of*, unvorsichtig in.
Incapable *of*, unfähig zu.
Inclusive *of*, einschließlich.
Independent *of*, unabhängig von.
Indicative *of*, anzeigend.
Innocent *of*, unschuldig an.
Insensible *of*, unempfindlich gegen, für.
Jealous *of*, eifersüchtig auf.
Lavish *of*, verschwenderisch mit, in.
Liberal *of*, freigebig mit.
Light *of* (love) unstät in (der Liebe 2c.).
Listless *of*, sorglos um.
Mindful *of*, achtsam auf, eingedenk.
Neglectful *of*, vernachlässigend.
Negligent *of*, *in*, nachlässig mit, in.
Observant *of*, achtsam auf.
Ominous *of*, vorherbedeutend.
Patient *of*, geduldig.

Possessed *of*, besitzend.
Prodigal *of*, verschwenderisch mit.
Productive *of*, fruchtbar an.
Prophetic *of*, vorausverkündigend.
Proud *of*, stolz auf.
Regardful *of*, berücksichtigend.
Regardless *of*, (⁴⁰) nicht berücksichtigend.
Rid *of*, befreit, los von.
Saving *of*, sparsam mit.
Sensible *of*, (⁴¹) dankbar für, beachtend.
Short *of*, kurz von, bedürfend.
Shy *of*, scheu, schüchtern vor.
Sick *of*, krank an, überdrüssig.
Significant *of*, bezeichnend.
Slow *of* (tongue), *in*, langsam in (mit)
Sparing *of*, sparsam mit.
Studious *of*, eifrig in, beflissen.
Sure *of*, sicher.
Susceptible *of*, empfänglich für.
Suspicious *of*, verdächtig wegen.
Tenacious *of*, hartnäckig in, beharrlich
Tender *of*, (⁴²) zärtlich, bedacht.
Thoughtless *of*, nicht benkend an.
Tired *of*, müde, überdrüssig.
Unmindful *of*, uneingedenk.
Unworthy *of*, unwürdig.
Vain *of*, eitel auf.
Void *of*, leer an.
Watchful *of*, achtend auf.
Wasteful *of*, verschwenderisch mit.
Weary *of*, ermüdet von, überdrüssig.
Worthy *of*, (⁴³) würdig.

B. Den Dativ regieren diejenigen Adjective, welche einen Vorzug, Vortheil, Nutzen, eine Gleichheit, Unterwürfigkeit, Zuneigung, oder bie entgegengesetzten Begriffe ausbrücken, z. B.:

Abhorrent *to*, zuwider.
Acceptable *to*, annehmbar für.
According *to*, gemäß.
Accustomed *to*, gewöhnt an.
Addicted *to*, ergeben.
Adequate *to*, hinreichend.
Adjacent *to*, grenzend an.
Advantageous *to*, vortheilhaft für.
Affable *to*, freundlich, leutselig gegen.
Affectionate *to*, zärtlich gegen.
Agreeable *to*, angenehm (für).
Analogous *to*, ähnlich, analogisch.
Answerable *to* (*for*), verantwortlich (für).
Applicable *to*, anwendbar auf.
Appropriate *to*, geeignet zu, angemessen.
Apt *to*, geneigt zu, fähig, (geschickt) zu.

Attentive *to*, aufmerksam auf.
Averse *to*, abgeneigt (einer Sache).
Beneficial *to*, wohlthuend, wohlthätig.
Blind *to*, blind gegen.
Bound *from*, bestimmt nach. (⁴³ᵇ)
Burthensome *to*, lästig.
Callous *to*, unempfindlich für, gegen.
Civil *to*, artig gegen.
Close *to*, dicht an, nahe bei.
Common *to*, gemein, gewöhnlich.
Conducive *to*, führend zu, zuträglich.
Conformable *to*, angemessen, gemäß.
Congenial *to*, gleichartig mit.
Consonant *to* (*with*), übereinstimmend.
Contiguous *to*, angrenzend an.
Contrary *to*, entgegengesetzt, zuwider.

---

(39) He is *impatient* of restraint.   Er duldet keinen Zwang.
(40) *Regardless* of the danger, he went on.   Die Gefahr nicht berücksichtigend, ging er fort.
(41) I am very *sensible* of the danger.   Ich bin mir der Gefahr wohl bewußt.
    I am *sensible* of your great kindness.   Ich bin von Ihrer großen Güte gerührt.
(42) He is very *tender* of his *reputation*.   Er ist auf seinen Ruf sehr bedacht.
(43) Ueber *worthy* siehe Regel VI. Seite 408.
(43b) The *ship* is *bound from* Bremen *to* London.   Das Schiff ist von Bremen nach London bestimmt.

nient *for, to,* bequem für, zu.
teous *to,* gefällig, höflich gegen.
l *to,* grausam gegen.
erous *to,* gefährlich.
to, todt, stumpf für.
to, taub gegen.
to, theuer, werth.
gatory *to,* schmälernd, verkleinernd.
mental *to,* nachtheilig, schädlich.
ult *to,* schwer.
greeable *to,* unangenehm.
aceful *to,* entehrend, schimpflich für.
yal *to,* ungetreu.
bedient *to,* ungehorsam gegen.
to, gebührend, schuldig.
ble *to,* wählbar zu.
l *to,* gleich.
valent *to,* gleichwerthig mit.
ful *to,* getreulich, treu.
to, untreu, falsch gegen.
liar *to, with,* vertraut mit.
to, verhängnißvoll, verderblich für.
urable *to,* günstig, gewogen.
ign *to, from,* (44) fremd.
rous *to,* großmüthig, freigebig gegen.
ious *to,* gnädig gegen.
to, schwer, hart gegen.
itable *to,* gastfreundlich gegen.
ful *to,* schädlich.
rceptible *to,* nicht wahrnehmbar.
rtant *to, for,* wichtig.
quate *to,* unangemessen.
ent *to,* eigen, zugehörend.
ned *to,* geneigt zu.
bted *to, for,* schuldig.
ferent *to,* gleichgültig gegen.
lgent *to,* nachsichtig gegen.
ior *to,* geringer als, untergeordnet.
ious *to,* nachtheilig für.
sible *to,* gefühllos für, gegen.
pportable *to,* unerträglich.
esting *to,* anziehend, wichtig für.
erable *to,* unerträglich.
ible *to,* unsichtbar.
to, gerecht gegen.
to, gütig gegen.
le *to,* ausgesetzt.

Liberal *to,* freigebig gegen.
Loyal *to,* treu gegen.
Material *to,* wesentlich, wichtig für.
Merciful *to,* mitleidig gegen.
Natural *to,* natürlich, eigenthümlich.
Near *to,* nahe, (s. C. u. Reg. XV. S. 413.)
Necessary *to,* nothwendig zu.
New *to (me),* (mir) neu.
Obedient *to,* gehorsam.
Obnoxious *to,* ausgesetzt, tadelhaft.
Obvious *to (me),* (mir) einleuchtend.
Odious *to (me),* (mir) verhaßt.
Opposite *to,* gegenüber (s. C. unten.)
Owing *to,* (45) herrührend von, verdankend.
Parallel *to,* gleichlaufend mit.
Partial *to,* parteiisch gegen, geneigt.
Peculiar *to,* eigenthümlich.
Perfidious *to,* verrätherisch gegen.
Pernicious *to,* verderblich für.
Perpendicular *to,* senkrecht auf.
Pleasant *to, for,* angenehm.
Polite *to,* artig, höflich gegen.
Preferable *to,* vorzuziehen.
Prejudicial *to,* nachtheilig.
Previous *to,* vorhergehend vor.
Prone *to,* geneigt zu.
Proportionable *to,* im Verhältniß zu.
Proud *to (me),* stolz gegen mich.
Pursuant *to,* zufolge, gemäß.
Related *to,* verwandt mit.
Refractory *to,* widerspenstig.
Repugnant *to (me),* (mir) zuwider.
Requisite *to,* nöthig zu.
Serviceable *to,* nützlich zu, dienlich.
Severe *to,* streng gegen.
Similar *to,* ähnlich (einer Sache).
Strange *to,* fremd, neu, sonderbar.
Subject *to (me),* (mir) unterworfen.
Subsequent *to,* folgend auf, nach.
Suitable *to,* angemessen.
Superior *to,* erhaben über, überlegen
True *to,* treu, aufrichtig gegen.
Unequal *to,* ungleich, nicht gewachsen.
Used *to,* gewöhnt an.
Useful *to,* nützlich für, zu.
Useless *to,* nutzlos für.
Welcome *to (me),* (mir) willkommen.

C. Die folgenden Adjective regieren gewöhnlich den Accusativ:

me, mir gleich, ähnlich.
me, mir ungleich, unähnlich.
him, ihm nahe. (45 b)

Next him, ihm zunächst.
Opposite me, mir gegenüber.
Resemble him, ihm ähnlich.

It is foreign to my intention. | Es liegt nicht in meiner Absicht.
NB. "*Different to*", welches man bisweilen in Büchern findet, und in der Umgangssprache hört, ist eben so unrichtig, als wenn man im Deutschen „verschieden zu" sagen würde.
Owing to drunkenness, he has become poor. | Seine Armuth rührt von seiner Trunkenheit her.
Owing to your kindness, I am happy. | Ihrer Güte verdanke ich mein Glück.
Den Accusativ fordern auch diejenigen Adjective, welche sich auf Alter, Länge, 2c. beziehen. Siehe Reg. V. Seite 372.

D. Den Ablativ mit *from* regieren diejenigen Adjective, welche eine Entfernung, Trennung, Verschiedenheit 2c. ausdrücken, z. B.:

Absent from home, abwesend v. Hause.	*Exempt from* duty, frei vom Dienst.
Different from, (44b) verschieden von.	*Free from* taxes, frei von Abgaben.
Distant from Paris, entfernt v. Paris.	*Remote from* me, weit von mir.
Evident from, offenbar aus.	*Secure from,* sicher vor.

E. Einige Adjective regieren die Präposition *"for"*, z. B.:

Bad *for,* schlecht für.	Proper *for,* geeignet für.
Eminent *for,* ausgezeichnet durch.	Ready *for* (to), bereit zu.
Famous *for,* berühmt wegen.	Remarkable *for,* berühmt wegen.
Good *for* the gout, gut gegen die Gicht.	Ripe *for,* reif zu.
Good *for,* gut zu, für, gegen.	Solicitous *for,* besorgt um.
Greedy *for,* gierig nach.	Sorry *for,* betrübt wegen.
Hungry *for,* hungrig nach.	I am sorry *for* it, es thut mir leid.

F. Die folgenden Adjective regieren die Präposition *"with"*, z. B.:

Alive *with,* belebt von.	Furious *with,* wüthend vor. (46c)
Angry *with,* böse auf.	Gray *with,* grau vor.
Big *with,* voll von.	Mad *with,* toll vor.
Blind *with,* blind von.	Red *with* (shame), roth vor Scham.
Conversant *with,* bewandert in.	Stiff *with,* steif vor.
Deaf *with,* taub von.	Surrounded *by, with,* umgeben von.
Fraught *with,* voll von.	Taken *with,* vernarrt in.

XXIV. 6. Verzeichniß der gebräuchlichsten Participien der Vergangenheit, vor welche zur Verstärkung niemals very gesetzt werden darf.

Sollen Participien der Vergangenheit, welche eine Gemüths-bewegung oder einen ähnlichen Begriff ausdrücken durch ein Adverb verstärkt werden, so darf dies niemals durch *very,* sehr, sondern durch *much,* sehr, *very much,* (gar) sehr, *quite,* ganz, völlig, *highly,* hoch, höchst, stark, sehr, *greatly,* stark, sehr, *severely,* ernstlich 2c. geschehen, z. B.:

Quite affected *at, with,* ganz gerührt über.	Q. concerned *at,* s. beunruhigt über.
Severely afflicted *with* (at), ernstlich betrübt über.	Q. dazzled *at, with,* g. geblendet von.
	Q. H. delighted *at, with,* s. entzückt über.
Q. (46) affrighted *at, with,* ganz erschrocken über.	Q. disgusted *at, with,* ganz degoutirt.
	H. displeased *at, with,* höchst unzufrieden.
Highly (*greatly*) affronted *at, with,* (47) stark beleidigt über.	Q. distracted *at, with,* s. gequält, außer sich sein vor (Aerger, Kummer).
Q. alarmed *at, with,* g. beunruhigt über.	Q. elated *with, at,* g. entzückt, trunken vor.
Q. amazed *at,* ganz erstaunt über.	Q. enraged *at, with,* s aufgebracht über.
Q. H. amused *at, with,* s. amüsirt über.	H. esteemed, hoch, s. geschätzt, geehrt.
Much obliged, sehr verbunden.	Q. H. exasperated *at, with,* sehr aufgebracht über.
Q. astonished *at,* ganz erstaunt über.	
Much loved, beloved, sehr geliebt.	Q. M. flushed *with,* ganz roth vor.
Q. charmed *at, with,* g. entzückt über.	H. M. honored, hoch, sehr geehrt.

(45c) NB. Einige Adjective werden mit den Präpositionen *at, in, on* verbunden, z. B.: Angry *at,* böse auf; abundant *in,* reich an; concerned *in,* betheiligt bei, dann m entschlossen zu 2c.

(46) Das Q bedeutet (*quite*) „ganz oder sehr", H (*highly*), „höchst oder sehr" und M (*much*) „sehr"

(47) NB. Die Adjective sowohl, als auch die Participien, welche eine Gemüthsbewegung ausdrücken, regieren die Präposition *"at oder with"; at* in Bezug auf eine Sache oder Handlung, *with* in Bezug auf eine Person, z. B.:

He was highly *affronted at* what I said.	Er war durch das, was ich sagte, sehr beleidigt.
He was highly *affronted with* me.	Er war auf mich ganz (sehr) aufgebracht.
I was quite *charmed at* the scene.	Ich war über die Scene ganz entzückt.
I was quite (*much*) charmed *with* Miss L.	Ich war von Fräulein Lovemann ganz entzückt.

Q. inflamed *with*, *at*, g. entflammt von. | Q. shocked *at*, *with*, ganz erschrocken.
Q. intoxicated *with*, g. betrunken von. | Q. struck *with*, g. ergriffen, hingerissen.
Q. H. irritated *at*, *with*, f. aufgebracht über. | Q. stupified *at*, *with*, ganz betäubt.
Q. moved *at*, *with*, ganz bewegt von. | Q. suffocated *with*, ganz erstickt von.
Q. offended *at*, *with*, sehr beleidigt. | Q. M. (⁴ᵇ) surprised *at*, f überrascht von.
Q. penetrated *with*, g durchdrungen von. | Q. touched *at*, *with*, g. gerührt über, von.
Q. H. M. pleased *at*, *with*, f. vergnügt. | Q. transported *at*, *with*, ganz entzückt
Q. H. provoked *at*, *with*, f. erzürnt über. | über, von. (⁴⁸ᵇ)

NB. Vor allen Participien der Vergangenheit, welche keine Gemüthsbewegung ausdrücken, kann man das "*very*" brauchen, z. B.:

It is a *very* (⁴ᵇ) *complicated* affair. | Es ist eine sehr verwickelte Sache.

Aufgaben über die Adjective.

Regel I., II. Seite 425—426.

34. Georg der Dritte von England war ein großmüthiger und gütiger Freund, und ein Beförderer von gelehrten *(learned)* und wissenschaftlichen *(scientific)* Männern. — Katharina von Arragon, Schwägerin und Frau Heinrichs des Achten von England, war eine sehr schöne, liebenswürdige *(amiable)* Frau, aber zugleich eine unglückliche Königin. — Heute ist das Wetter sehr schön, morgen aber kann *(may)* es vielleicht sehr schlecht sein. — In London wie in Paris gibt es enge, dunkle, schmutzige Straßen. — Glücklich ist der Mensch, der nichts Böses kennt. — Da ist ein schönes Mädchen. — Hier ist schöne Leinwand. — Diese Aepfel sind sehr schön. — Diese Dame ist sehr schön, nicht wahr? (§. 173, S. 293) Ja, sehr schön!

Großmüthig, *generous.* gütig. *kind.* | zugleich, *at the same time.*
Beförderer, *encourager.* | unglücklich, *unhappy.* wie, *as.*
Schwägerin, *sister-in-law.* | nichts Böses kennt, *knows no evil.*

Regel III., IV., V. Seite 426—427.

35. Die Engländer sind ein dem Handel *(commerce)* aber auch den Wissenschaften sehr ergebenes Volk *(people)*. — Schiller ist ein von allen Nationen sehr bewunderter Schriftsteller. — IV. Als wir Calais vorüber segelten, sahen wir ein ans Ufer getriebenes Schiff mit einem oben im Mastkorbe sitzenden *(sitting)* Matrosen. — V. Den ersten Sonntag, welchen ich in Frankreich zubrachte, war ich sehr erstaunt, die Leute arbeiten zu sehen, den folgenden Sonntag aber hatte ich mich schon daran gewöhnt. — Die englischen, tributzahlenden Provinzen in Indien sind sehr zahlreich.

sehr ergeben, *much devoted.* | Mastkorb, *the cradle of the mast.*
aber auch, *but also.* | zubringen, *to spend.* sehr quite.
Wissenschaft, *science.* | arbeiten, *working.* schon, *already.*
als wir vorüber segelten, *on sailing by.* | mich gewöhnt, *accustomed myself.*
getrieben, *driven.* Matrose, *sailor.* | daran, *to it.*

---

(48) NB. Vor allen obigen und ähnlichen Participien der Vergangenheit entspricht "*much* ob. *very much*" dem deutschen „sehr", vor Adjectiven ob. Adverbien aber "*very*" dem deutschen „sehr", z. B.: *Much beloved.* A *very* kind lady. *Very beautifully executed.*

(48b) NB. 1. Das Adverb *very* wird häufig auch als wirkliches Adjectiv gebraucht und bedeutet dann soviel als: selbst, ächt, recht, sogar, gerade, z. B.:
The *very* heavens resounded. | Der Himmel selbst (sogar der H.) wiederhallte.
He is a *very* knave, coward. | Er ist ein (rechter) Schurke (Feigling).
He is the *very* devil himself. | Er ist der (leibhafte) Teufel selber.
Our *very* grief (itself) is selfish. | Unser Kummer sogar ist selbstsüchtig (eigennützig).
NB. 2. Ueber „aller", "*very*", siehe Anmerk. 17, Seite 430:
She is my *very* best and dearest friend. | Sie ist meine allerbeste und theuerste Freundin.

Regel VI.—IX. Seite 428—429.

36. Sie ist so leichtgläubig (*credulous*), daß sie Alles glaubt, was man ihr sagt. — Bei der Hinrichtung der Anna Boleyn war Heinrich der Achte so bewegt, daß er Thränen vergoß. — Die Königin war so gütig, mir eine Pension zu geben. — Die Königin Victoria ist so liebenswürdig, daß Jedermann sie liebt. — VII. Abb-el-Kader ist ein höchst unerschrockener (*intrepid*) Mann. — VIII. Mein Töchterchen ist um vieles kleiner als das Ihrige, aber Ihr Töchterchen ist um zwei Jahre älter als das meinige. — Ihre Durchlaucht (*Grace*), ich glaube, daß der Mann, den Sie zum Tode verurtheilt haben, unschuldig ist. Gut, wenn es so ist, desto (um so) besser für ihn.

glaubt, *to believe.*	Töchterchen, *little daughter.*
was man ihr sagt, *that is told her.*	zum Tode verurtheilt, *condemned to death.*
bei, *on.* Hinrichtung, *execution.*	unschuldig, *innocent.*
bewegt, *moved.* vergoß, *shed.*	gut, wenn es so ist, *well, if that's the*
geben, *to give.* sie liebt, *she is loved by.*	*case.*

Regel X.—XIII. Seite 429—430.

37. Von den zwei Büchern, die Sie mir schickten, ist das englische das unterhaltendste. — Fräulein Sweetman ist viel schöner als Fräulein Loveday, aber von den drei Fräulein (*ladies*) ist Fräulein Modesty die schönste. — Ich habe zwei Schwestern, die jüngste ist die talentvollste und die älteste aber die liebenswürdigste. — XI. Ich versichere Ihnen, in der ganzen Stadt werden Sie keine schönere, wohlfeilere und passendere Wohnung finden. — Gestern Abend waren wir eher traurig als lustig. — XII. Eine blinde Frau und ein blindes Kind standen an der Thüre, als ich ausging. — Mein guter Onkel, meine gute Tante und meine gute Cousine kommen heute Abend zum Thee. — Mein Freund Sir Walter Wabble hat ein sehr schönes Haus und schöne Gärten. — (Anm. 17, S. 430). Ich möchte gern Ihre allerfeinste Leinwand sehen. — XIII. Sokrates war der weiseste Mann. — Semiramis war die berühmteste Königin. — Buonaparte war der außerordentlichste Mann unsers Jahrhunderts (*century*).

schicken, *to send.* *	standen an, *were standing at.* als, *when*
unterhaltend, *entertaining.*	ausging, *was going out.* zum, *to.*
talentvoll. *talented.* Wohnung, *lodgings.*	kommen, *are coming.*
versichern, *to assure.* passend, *suitable.*	außerordentlich, *extraordinary.*

Regel XIV., XV. Seite 431—432.

38. Wenn ich meine K l e i n e n um mich sah, war ich glücklich. — Hier ist ein Vogelnest mit (*full of*) J u n g e n, und siehe, da sind die A l t e n. — [Die] Liebe ist der jetzigen S c h ö n e n Scherz. — So, mein holdes [Mädchen], wollte ich, daß du mich liebtest. — Ich muß etwas Wein, Thee und Leinwand kaufen, aber sie müßten gut sein. — Die Reichen sowohl wie die Armen sind den Krankheiten und dem Tode unterworfen. — Ich möchte gern ein Buch haben, es muß aber ein e n g l i s c h e s und ein m o r a l i s c h e s sein. — Zeigen Sie mir Handschuhe! Was für welche wollen Sie? Ich möchte w e i ß e, g e l b e, s c h w a r z e und b r a u n e haben. — Der ärmste Mann ist vielleicht eben so glücklich als der reichste. — Gestern rauchte ich sechs Cigarren, heute aber nur (*only*) v i e r.

um mich, *about me.* Vogel, *bird's.*	holdes, *sweet one.* wollte, *would.*
jetzigen, *modern.* Scherz, *jest.*	daß du liebtest, *have you love.*

kaufen, *to buy.* etwas, *some.*
Leinwand, *linen.* unterworfen, *subject.*
Krankheiten, *(Sing.) disease.*
Tod, *death.* moralisches, *moral.*

zeigen *show.* Handschuhe, *some gloves.*
was für welche, *what sort.*
wollen Sie, *would you like.*
eben so, *quite as.* rauchen, *to smoke.*

Regel XVI.—XVIII. Seite 434—436.

39. Die Guten sind auf Erden nicht immer glücklich. — Es sind (siehe §. 70, S. 183) nicht immer die Muthigen (*courageous*), welche den Sieg erringen, noch die Schwachen, die unterdrückt werden. — XVII. Die Neueren verdanken den Alten manche schöne Lehre der Weisheit (*wisdom*) und Tugend. — Man sagt, (s. Reg. XIV. S. 453) daß das Auge des Arztes die Wahnsinnigen einschüchtern könne. — Diesseits des Grabes ist keine Hoffnung für die Unheilbaren. — Der Mann (*husband*) liebt feste (*solids*), die Frau aber flüssige Speisen (*fluids*). — Es war eine Fülle von Getränken und Eßwaaren [da]. — Hoffentlich (*I trust*) werde ich die meinen Obern schuldige (*due*) Achtung nie aus den Augen setzen. — Er erzeigt seinen Untergebenen eben so viele Achtung als seinen Obern. — Die Schwarzen sowohl die Weißen, die Protestanten wie die Katholiken sind Kinder Gottes. — XVIII. Tausenderlei Arten Grün spiegelten sich auf der Oberfläche (*bosom*) des Sees. — Gesundheit ist das höchste Gut. — Lord Byron war ein Bewunderer des Erhabenen und Schönen, aber auch zugleich des Niedern (*low*) und Verächtlichen.

auf Erden, *on earth.*
erringen, *gain.* Sieg, *day.*
Schwachen, *weak.* werden, *are.*
unterdrückt, *oppressed.*
verdanken, *are indebted to.*
manche schöne Lehre, *for many an excellent lesson.* der, *in.*
einschüchtern, *intimidate.*

diesseits, *on this side.*
ist keine, *there is no.*
Fülle von, *superfluity of.*
nie aus den Augen setzen, *never lose sight of.* Achtung, *respect.*
tausenderlei Arten, *a thousand different.*
spiegelten sich, *were reflected.*
Verächtlichen, *despicable.* erzeigt, *show.*

Regel XIX.—XXI. Seite 436.

40. Die (der) Alte, die (der) Häßliche stand an der Thüre, als ich vorbei ging. — Ach mein Lieber (lieber Freund), sind Sie da? — Die Schelmische lächelte und spielte weiter. — XX. Heute ist es etwas kalt; wie haben Sie das Wetter gern? Ich habe es gern etwas warm. — Solche Wege, solche Gasthäuser wie in England findet man nirgends. — Ein so schlechtes Gasthaus habe ich in meinem Leben nicht getroffen. — XXI. [Das] Englische zu lernen ist sehr leicht, [das] Lateinische aber ist sehr schwer. — Federn sind sehr leicht, Gold aber ist sehr schwer. — Voriges (*last*) Jahr haben wir einen sehr (harten) strengen Winter gehabt. — Ein leichter Beutel macht ein schweres Herz, nicht wahr? (§. 173, S. 298). Ohne Zweifel (*without doubt*). — Es ist schwer glücklich zu sein, wenn die schwere Hand des Schicksals auf uns liegt. — Ein starker Herr (*master*) ist nicht immer ein (harter) strenger Herr. — Der größte Mann in der englischen Armee ist sechs Schuh, sechs Zoll hoch. — Napoleon war eher (*more*) ein großer als ein guter Mann. — London ist die größte Stadt in der Welt. — Ein großer Kopf deutet nicht immer auf (*does not always denote*) einen großen Geist (*mind*).

stand an, *was standing at.*
vorbei ging, *passed by.*

spielte weiter, *played on.*
wie haben Sie gern, *how do you like.*

Weg, *road.* Gasthaus, *hotel.*	nicht getroffen, *not met with.*
findet man nirgends, *are no where to*	Feder, *feather.* Schreibfeder, *pen.*
be found. es sei, *that is it.*	stark, *strong.*

Regel XXII. Seite 438.

41. Herr Linguist spricht sehr gut französisch, aber seine Schwester spricht es weder [gut] noch schreibt [sie] es gut — Wie ist die Glyptothek in München gebaut? (Reg. XI. Seite 376). Oh, sie ist sehr gut, sehr schön gebaut. — Das Buch scheint mir nicht gut geschrieben zu sein, und doch (*yet*), sagt man es sei ein sehr gutes Buch. — Ein schweres (*great*) Verbrechen verdient eine strenge Strafe. — Mein Freund X. ist zu streng bestraft worden. — Der Herzog von Wellington soll sehr geizig (*avaricious*) gewesen sein. — Der Herzog von Wellington soll sehr geizig gesinnt gewesen sein. — XXIV. Die Königin Viktoria wird von ihren Unterthanen (*subjects*) sehr geliebt. — Sie ist sehr (*greatly*) betrübt über die Gräuelthaten in Indien. (⁴⁹)

weder — noch, *neither — nor.*	Verbrechen, *crime.* verdient, *deserves.*
soll gewesen sein, *is said to have been.*	Gräuelthat, *horrible massacre.*

V. Kapitel.
Syntax. Von den Fürwörtern.

A. Von den persönlichen Fürwörtern.
B. Vom deutschen Fürwort „man", one, they, etc.
C. Von den zueignenden Fürwörtern.
D. Von den zurückführenden Fürwörtern.
E. Von den anzeigenden Fürwörtern.
F. Von den beziehenden Fürwörtern.
G. Von der Weglassung der beziehenden Fürwörter.
H. Von den fragenden Fürwörtern.
I. Bemerkungen über die beziehenden Fürwörter.
K. Von den bestimmenden und unbestimmten Fürwörtern.

A. Von den persönlichen Fürwörtern.

§. 15. Nebst dem, was Kap. IX. Seite 178 xc. über die Fürwörter gesagt worden ist, ist hier noch Folgendes zu bemerken (¹):

I. Regel. Das persönliche Fürwort im Nominativ nicht wiederholt.

Das persönliche Fürwort in einem Satze, wo mehrere Zeitwörter in derselben Person, von demselben Geschlechte und in derselben Zahl auf einander folgen, braucht nicht jedesmal wiederholt zu werden, z. B.:

He eats, drinks, and sleeps.	Er ißt, (er) trinkt und (er) schläft.
They dance, sing, play music, and tell stories. (¹ᵇ)	Man tanzt, singt, spielt Musik und erzählt Geschichten.

NB. In diesen Fällen stimmt das Englische mit dem Deutschen überein. Wie im Deutschen darf man auch im Englischen, wenn es der Nachdruck erheischt, das Fürwort wiederholen.

---

(49) Ausführliche Aufgaben und Anmerkungen über die Regierung der Adjective findet man in dem zu dieser Grammatik geschriebenen Uebersetzungsbuch, welches nebst den Aufgaben auch die Prosodie, Briefe u. s. w. enthält. Bei Julius Grubert in München.

(1) Ueber das Geschlecht der Fürwörter und deren Anwendung siehe §. 69, Seite 181.

(1b) Es ist hier zu bemerken, daß man im Englischen die persönlichen Fürwörter „Sie und die"

II. Das Fürwort im Accusativ weggelassen.

In einem Satze, in dem zwei oder mehrere Zeitwörter, wovon jedes denselben Casus regiert, vorkommen, braucht das Fürwort nur nach dem letzten gesetzt zu werden, z. B.:

I saw (him), loved (him), and admired him.	Ich sah (ihn), liebte (ihn), und bewunderte ihn.
I spoke (to him) and wrote *to him* about it.	Ich sprach mit ihm und schrieb ihm darüber.

NB. Wenn das erste Zeitwort den Gegenstand ohne, und das zweite mit einer Präposition regiert, so kann er nach dem ersten ausgelassen werden, z. B.:

I saw (her) and spoke *to* her.	Ich sah sie und sprach mit ihr.
I saw (the palace), admired (the palace), and went *into* the palace.	Ich sah und bewunderte den Palast und ging (in den Palast) hinein.
After I had seen and admired the palace, I went *into it*.	Nachdem ich den Palast gesehen und bewundert hatte, ging ich in denselben hinein.

III. Fälle, in denen das Fürwort nicht ausgelassen werden darf.

Ist das erste Zeitwort mit, und das zweite ohne Präposition, so darf der Gegenstand oder das Fürwort nicht weggelassen werden, z. B.:

I wrote *to him*, and blamed *him*.	Ich schrieb ihm und tadelte ihn.
I went *into the Palace* and admired it.	Ich ging in den Palast und bewunderte ihn.

NB. Folgen auf die Zeitwörter verschiedene Präpositionen, so darf der Gegenstand oder das Fürwort nicht weniger ausgelassen werden, z. B.:

I went *to him*, spoke *with him*, and demanded it *from him*. (²)	Ich ging zu ihm, sprach mit ihm und forderte es von ihm. (²b)

IV. Von dem Gebrauche des it, es.

Ueber den Gebrauch des *it* (es), als Stellvertreter eines Hauptwortes ꝛc., siehe §. 69. 70, S. 181—183; siehe auch Anm. 10, S. 180.

V. Das deutsche es mit so gegeben.

1. Vertritt das deutsche es die Stelle eines Adjectivs, so wird es mit *so* ausgedrückt, weil *it* nur immer einen wirklichen sächlichen Gegenstand vertreten kann, z. B.:

The husband is good, but the wife is *not so*.	Der Mann ist gut, die Frau aber ist es nicht.

---

am Schlusse eines Briefes, nie wie im Deutschen, nach den zueignenden Fürwörtern Ihr und Dein setzen darf, z. B.: der Schlußsatz: ich verbleibe „Ihr, Sie (dein, dich)" liebender Freund, muß mit "I remain *your* affectionate (loving) friend" übersetzt werden.

(2) NB. 1. Man hüte sich daher, die Fürwörter "he, she", im Nominativ als Hauptwörter anstatt des Wortes "man, woman", etc, zu gebrauchen. Sätze wie folgender, den ein Stuttgarter Grammatiker anführt, darf höchstens des Reimes halber als *licentia poetarum* gebraucht werden, z. B.:
  I am proud enough to dare the proudest *he, she*, etc.,
  Statt: The proudest *man, woman, person*.
    NB. 2. Im Accusativ ist es ebenfalls unrichtig, wird aber bisweilen von Schriftstellern gebraucht, z. B.:
  I detest *him* of rank that does such things,
  Statt: I detest *the man (any man)* of rank *who*, etc.
    NB 3. Man vermeide ja einen Nominativ statt eines Accusativ und umgekehrt einen Accusativ statt eines Nominativ der persönlichen Fürwörter, wie man es häufig findet, zu gebrauchen, z. B.:
  I know it better than *him* or *her*; statt: I know it better than *he* or *she*.
  I'll *lay me* down and die; statt: I'll *lie* down and die.
  None can less have said, or more have done than *thee* statt: *thou* Mazeppa.
  And Azo found another bride, and goodly sons grew by his side.
  But none so lovely and so brave as *him* statt *he* who withered in his grave. *Byron*.

(2b) Bei guten englischen Schriftstellern findet man Beispiele, wo diese Regeln nicht beobachtet werden, und sogar einige, welche nichts Anstößiges zu haben scheinen; aber Anfänger oder Ungeübte mögen sich wohl hüten, so etwas nachzuahmen.

You are very *diligent* to-day.	Sie sind heute sehr fleißig.
Am I not always *so* (diligent)?	Bin ich e s (fleißig) nicht immer?
The King of Bavaria is a learned man, but the Crown Prince is not less *so* (learned).	Der König von Bayern ist ein gelehr Mann, aber der Kronprinz ist es nicht weniger (gelehrt).
The Seine is a fine river, but the Thames is not *less so* (fine).	Die Seine ist ein schöner Fluß, aber die Themse ist es nicht weniger (schön).
She is happy and deserves *to be so* (happy).	Sie ist glücklich und verdient es (glücklich) zu sein.

2. Wenn das deutsche es die Art und Weise ausdrückt, wie eine Handlung geschieht, so wird es ebenfalls mit *so* übersetzt, z. B.:

Pray, take care of your health.	Bitte nehmen Sie Ihre Gesundheit in Ach
I will not fail *to do so.*	Ich werde nicht verfehlen es zu thun.
I told you to come to me yesterday, why did you *not do so?*	Ich sagte Ihnen, daß Sie gestern zu mir kommen sollten, warum haben Sie es nicht gethan?
I did *so,* but found no one at home.	Ich that es, fand aber Niemand zu Hau
The Turks are an indolent people, and the Egyptians *are so too.*	Die Türken sind ein träges Voll, und die Egyptier sind es auch.
The Turks were barbarians, said I. They were *so,* replied he.	Die Türken waren Barbaren, sagte ich Das waren sie, erwiederte er.

NB. Das "*it*" wird öfters im komischen Styl in Verbindung mit den Zeit wörtern "*to foot, run, dash, out, etc.*," eigenthümlich statt des Hauptworts ge braucht, z. B.:

How shall you go to N.? I shall *foot* *it* (run *it*).	Wie gehen Sie nach N.? Ich gehe zu Fuß (ich laufe).

VI. Das deutsche „es ist, es sind" nicht in der Bedeutung „es gibt" x. durch he is, she is, they are und it is (³) ausgedrückt.

Will man mittelst „es ist" das Subject des Satzes auf eine ganz allgemeine, unbestimmte Weise bezeichnen (aber ohne die Bedeutung von „es gibt"), so wird „es ist" durch *it is* gegeben, z. B.:

Wer ist da? (Es ist) ein Armer.	Who is there? (*It is*) a poor man
Wer sprach da? Es war mein Bruder.	Who spoke there? *It was* my brother.
Wer hat das gethan? Ich war es.	Who did that? *It was* I.
Es ist ein Feiertag, eine böse Sache.	*It is* a holiday. *It is* a bad affair.
Es sind jetzt 6 Wochen her.	*It is* (⁴) now 6 *weeks* since.
Es sind nicht immer die Bösen, die be= straft werden.	*It is* not always the bad who are punished.

(3) NB. 1 Es ist hier zu bemerken, daß "*it is*", *it was*" als Einleitung gebraucht werden, und als solches irgend einen Casus außer dem Accusativ nach sich haben kann, z. B. anstatt:
It was not I, *whom* he was displeased *with,* kann man sagen:
It was not *with* me that he was so displeased (es war nicht mit mir, daß er, x.)
Is it *with* me that you wish to speak? oder: Is it I *whom* you wish to speak with?
Yes, *it is with* you that I wish to speak. oder: It is *you* whom I wish to speak to.
Is it *of* me you speak? No, *it is* not *of* you, *it is of* him that I speak.
NB 2 Das "*it is*" aber duldet keinen Accusativ nach sich, man darf nicht sagen:
It is him, her, them, we saw, sondern: *it is he, she, they whom* we saw
Siehe hierüber § 70, 71, Seite 183 der Etymologie.

(4) NB. 1. Es ist hier wohl zu merken, daß, so oft das deutsche „es sind" Bezug auf Orts Entfernung oder auf eine Zeitbestimmung in der Mehrzahl hat, so muß man es im Eng lischen mit "*it is*" und nicht mit "*they are*" geben, z. B.:
I owe you 50 *pounds,* there *it is.* | Ich schulde Ihnen 50 Pfund, da sind sie.
It is ten *miles* from here to London. | Es sind zehn Meilen von hier nach London.
NB. 2. Es ist auch wohl zu merken, daß so oft das „es sind" den Artikel „die" nach sich hat, wie z. B.: „es sind die Franzosen, es sind die Leidenschaften, x.", so muß man es ebenfalls mit "*it is*" wie §. 70, Seite 183, geben, z. B.:
It is *the French* who have done it. | Es sind die Franzosen, die es gethan haben.
It is *the passions* which make us un= | Es sind die Leidenschaften, ob. die Leidenschaft
happy (Ce sont les passions qui, etc.) | sind es, die uns unglücklich machen.

NB. Bezeichnet aber das Subject des Satzes eine Eigenschaft oder einen Beruf, so muß man das „es ist" durch *he is, she is, it is* und „es sind" durch *they are,* je nachdem es sich auf eine Person oder Sache bezieht, übersetzen; z. B.:

Wer ist jener Herr? Es ist ein Arzt.	Who is that gentleman? *He is* a physician.
Jene Frau? Es ist eine Schauspielerin.	And that lady? *She is* an actress.
Wessen Haus ist das? Es ist des Königs.	Whose house is that? *It is* the King's.
Es ist ein guter Knabe, ein gutes Mädchen.	*He is* a good boy, *she is* a good girl.
Wer sind diese Herren? Es sind Offiziere.	Who are those gentlemen? *They are* officers.

VII. Das deutsche „es ist, es sind" in der Bedeutung „es gibt" mit there is, there are [5] gegeben.

Vermittelst des Adverbiums *there,* da, und des Zeitworts *to be,* sein, drückt man im Englischen das deutsche „es gibt" aus; zu bemerken ist aber, daß dieses nie unpersönlich gebraucht werden kann, wie das deutsche es gibt, welches in der Ein= und Mehrzahl gebraucht werden darf, sondern das Zeitwort *to be* muß sich in der Zahl immer nach dem nachfolgenden Subjecte richten, wie es bei allen Zeitwörtern, welche mit *there* (da), gebraucht werden, der Fall ist [5], z. B.:

There is a man at the door, and *there are women* in the street.	Es ist ein Mann an der Thür und es sind Frauen auf der Straße.
There are many people who despise virtue. (§. 169, S. 291.)	Es sind (gibt) viele Leute, die die Tugend verachten.
There is nothing that I would not do for you.	Es gibt Nichts, was ich für Sie nicht thun würde.

VIII. Das deutsche es war, es liegt, es muß rc. nicht in der Bedeutung es gibt rc. mit there is, there are, etc. gegeben.

Wenn das deutsche „es" nicht Subject des Satzes ist, sondern nur dazu dient, das nachfolgende Subject anzukünden, so muß es mit *there* (da), übersetzt werden. Dieses findet man leicht, wenn man versucht, das nachfolgende Hauptwort an die Spitze des Satzes zu stellen. Macht dieses einen vollkommenen Sinn, so fällt natürlich im Deutschen das unbestimmte „es" weg, und so ist das Hauptwort Subject des Satzes, z. B.:

Es stand vor unserm Haus ein schwarzer Mann, als ich hinaus ging, ob.	*There was* a black man standing before our door as I went out.
Ein schwarzer Mann stand vor unserm Haus, als ich hinaus ging.	*A black man* stood before our door as I went out.
Es war niemand zu Hause, als ich kam, ob.	*There was no one* at home when I came.
Niemand war zu Hause als ich kam.	*No one* was at home when I came.
Es muß immer Armuth sein, ob.	*There must be* always poverty [6].

NB. 3. Das deutsche „das sind" aber gibt man mit *"they are, those are, these are".*

Those are the Frenchmen who have done it.	Das sind die Franzosen, die es gethan haben.
These are the passions which ruin us.	Das sind die Leidenschaften, die uns ruiniren.
I have debts — *They (those)* are bad things.	Ich habe Schulden. — Das sind böse Sachen.

(5) Es ist hier wohl zu merken, daß, wenn das Deutsche es ist, nicht in der Bedeutung es gibt, gebraucht wird, sondern sich auf einen Gegenstand im Singular bezieht, man es im Englischen mit *it* geben muß, z. B.:

Es ist ein schönes Haus	*It is* a fine house.
Es ist ein schöner Tag　Es ist eine schöne Uhr.	*It is* a fine day. *It is* a fine *watch.*

Bezieht sich aber das es ist, rc., auf Personen, so muß man es, wie oben Reg. VI. geben.

(6) Diese Form mit *(there)* ist die gebräuchlichste und beste.

Rothwell, große Grammatik.

Armuth muß immer sein.	Poverty must *be* always. (⁷)
Es läutet Jemand.	Somebody *rings* the bell.
Es wünscht Sie Jemand zu sprechen.	Somebody *wishes to speak* with you.

IX. Fälle, in denen das deutsche „es" nicht übersetzt wird.

1. Nach den Hülfszeitwörtern be, have, do, shall, will, may, can, must, wenn das deutsche „es" die Stelle eines zu wiederholenden Zeitwortes vertritt, in Fällen, wo man im Deutschen häufig nur mit Ja oder Nein antwortet, wird dasselbe im Englischen nicht übersetzt, als:

Essen Sie morgen mit mir zu Mittag?	Will you *dine* with me to-morrow?
Nein, ich danke; ich kann es nicht.	No, thank you; I *cannot* (*dine with you*).
Ja, ich will es.	Yes, I *will* (*dine with you*).
Darf ich in's Theater gehen?	May I go to the theatre?
Du darfst es. Nein, du darfst es nicht.	Yes, you *may*; no, you *may not*.

2. Wenn das „es" auf einen nachfolgenden Substantivsatz hinweist, z. B.:

I allow *that you have been badly treated*.	Ich gestehe es, daß Sie schlecht behandelt worden sind.

X. Das deutsche „darauf, darein, darüber" ꝛc. mit "at it, upon it, to it", etc. gegeben.

1. Die deutschen Ausdrücke: „davon, davor, dafür, dagegen, darauf, darein, darin, darüber, darum, damit, daran, dazu" ꝛc., werden, wenn sie sich auf einen sächlichen Gegenstand im Singular, oder auf einen Satz beziehen, oder auf einen nachfolgenden Satz deuten, in der Regel durch it und eine Präposition übersetzt, z. B.:

I will come to-morrow, you may depend *upon it*.	Ich werde Morgen kommen, Sie können sich darauf verlassen.
What fine bread; give me some *of it*.	Was für schönes Brod; geben Sie mir davon.
If you'll sell your dog, I'll give you 5 pounds *for it*.	Wenn Sie Ihren Hund verkaufen wollen, so gebe ich Ihnen 5 Pfund dafür.
What are you *laughing at*?	Worüber lachen Sie? (⁸)
What will he do *with it*? I don't know.	Was wird er damit thun? Ich weiß nicht.

(7) NB. 1. Es ist wohl zu merken, daß die obige Form mit "there" nur beim Präsent und Imperfectum des Zeitworts 'to be (sein)', als: "there is, there are; there was, there were there must be", etc., zulässig ist; bei den andern Zeitwörtern aber, wie 'come, go, appear, arrive", etc., darf man das "there" nicht brauchen, weil es einen doppelten Nominativ gäbe, ; ?
Some people arrived; nicht: "there arrived some people (es kamen einige Leute an)"
Her heart broke; nicht: there broke her heart (es brach ihr das Herz).
No one believes it; nicht: there believes no one (es glaubt kein Mensch).
Nothing more has been heard for some time; nicht there has been nothing more, etc.
Man kann aber sagen: There is no one, who believes it.
Somebody (ob. some one) knocks; nicht: there knocks some one (es klopft Jemand).
NB. 2. Im poetischen und leidenschaftlichen Styl braucht man jedoch "there" vor andern Zeitwörtern, ; B.:
There needs no stone to tell, 'tis nothing that I loved so well. (*Byron*)
Exists (lives) there a soul who can deny the existence of God?
(8) Folgendes wird die Anwendung des *of it, to it*, etc leicht machen:

dafür,	by it.	Was wird mir dafür?
	for it.	What shall I earn by it?
	about it.	Ich gebe 100 Gulden dafür.
		I'll give 100 florins for it.
dagegen,	against it.	Er ist sehr dagegen.
	to it.	He is quite against it.
		Ich habe nichts dagegen.
		I have no objection to it.

. NB. 2. Beziehen sich jedoch solche Ausdrücke auf einen sächlichen Gegenstand im Plural, so muß statt *it* natürlich *them* gebraucht werden, z. B.:

have some excellent books, but I have seldom time to read (*in*) *them*.	Ich habe einige vorzügliche Bücher, habe aber selten Zeit d a r i n zu lesen.
have some fine pears, will you have some *of them?*	Ich habe einige schöne Birnen, wollen Sie davon haben?

Vom deutschen Fürwort „man", one, they, we, people, etc.

XI. Das deutsche unbestimmte Fürwort „man" wird im Englischen auf zehnerlei Art ausgedrückt, nämlich:

ns durch *a man* ([9]) (ein Mensch),
ns durch *one*, ([9b]) (einer),
ns durch *men*, ([10]) (Menschen),
ns durch *a body*, ([9]) (Jemand, ein Mensch), } welche einen allgemeinen Begriff ausdrücken.
ns durch *people*, (die Leute),
ns durch *we*, ([10]) (wir),

darauf,	upon it. / on it. / at it.	Er fiel darauf. / He fell on (upon) it. / Darauf war er sehr böse. / He was very angry at it.
dabei,	with it. / at it. / by it.	Dabei befindet er sich ganz wohl. / He is quite well with it. / Er ist jetzt dabei. / He is now at it. / Ich gewinne Nichts dabei. / I gain nothing by it.
daran,	at it. / in it.	Ich bin gerade daran. / I am just at it. / Er fand Gefallen daran. / He took pleasure in it.
darein,	to it.	Er willigte nicht darein. / He did not consent to it.
darin,	in it.	Es ist nicht darin zu finden. / It is not to be found in it.
darüber,	at it. / with it. / upon it.	Er ist ganz böse darüber / He is quite angry at it. / Er ist darüber ganz zufrieden. / He is quite content with it. / Er fiel darüber her, 2c. / He fell upon it.
damit, daburch,	with it. / by it.	Damit (dabei) gewinnt er nichts. / He gains nothing by it. / Er wird sich dadurch ruiniren. / He will ruin himself by it.
darum,	about it. / for it.	Ich bekümmere mich nicht darum. / I do not care about it / Er ist darum sehr betrübt / He is very sorry for it.
davon,	of it. / by it.	Geben Sie mir einen Beweis davon. / Give me some proof of it. / Was habe ich davon. / What do I get by it?
davor,	of it. / from it.	Ich warnte ihn davor. / I warned him of it. / Gott behüte mich davor. / God preserve me from it (from that).
dazu,	to it. for it. / with it	Wir fügten mehr dazu. / We added more to it.
deren, dessen,	of it.	Ich habe deren (dessen) zu viel. / I have too much of it, of them (Plural).

([9]) *A man* und *a body* werden seltener gebraucht, doch können sie oft angewandt werden, z. B.:

A man is not always at liberty to do what he pleases.	Man ist nicht immer frei, zu thun, was man will.
Love is like the dizziness, it never lets *a body* go about *his* business.	Die Liebe ist dem Schwindel gleich, sie läßt einen nie seinem Geschäfte nachgehen

29*

7tens durch *they*, (fie),
8tens durch *you*, (ihr, Sie),   } welche einen beschränkteren Begriff ausdrücken.

9tens durch Verwandlung eines thätigen Satzes in einen leidenden.

10tens durch das Hauptwort, auf welches das Wort man hindeutet. (¹⁰ᵇ)

„Man" durch a man, men, people, we, one übersetzt.

Wird „man" sprichwörtlich gebraucht, so daß alle Menschen, der Redende selbst nicht ausgeschlossen, darunter begriffen werden, so braucht man im Englischen: *a man, men, people, we* (¹⁰), *one*, z. B.:

When *a man is* hungry, *he likes* to eat.
When *men are* hungry, *they like* to eat.
When *people are* hungry, *they like* to eat.
When *we are* hungry, *we like* to eat.
When *one is* hungry, *one likes* to eat.

} Wenn man hungrig ist, ißt man gern.

Hier ist kein Unterschied im Sinne, wohl aber in der Construction. — *One* ist einfacher Zahl und wird vor dem zweiten Zeitwort wiederholt. *We* ist vielfacher Zahl und wird ebenfalls wiederholt. *A man* ist einfacher Zahl, und *men* und *people* vielfacher Zahl und dürfen nie wiederholt werden, z. B.:

One sleeps when *one is* sleepy, and (*one*) *drinks* when *one is* thirsty.
We sleep when *we* are sleepy, and (*we*) *drink* when *we are* thirsty.
A man sleeps when *he is* sleepy, and (*he*) *drinks* when *he is* thirsty.
Men sleep when *they are* sleepy, and *drink* when *they are* thirsty.
People sleep when *they are* sleepy, and *drink* when *they are* thirsty.

Man schläft, wenn man schläfrig ist, und (man) trinkt, wenn man durstig ist.

Hieraus ersieht man, daß, welches von diesen Wörtern man auch wählen mag, man doch nicht vergessen darf, die folgenden Für- und Zeitwörter in gehörige Uebereinstimmung zu setzen:

A man often *blames* others, though *he does* not like to hear *himself* blamed.
Men (people) often *blame* others, though *they do* not like to hear *themselves* blamed.
We often *blame* others, though *we do* not like to hear *ourselves* blamed.
One often *blames* others, though *one does* not like to hear *one's self* blamed.
Man tadelt oft andere, ob man gleich sich nicht gern tadeln hört.

XII. Fälle, in denen one, des Uebellauts wegen, zu vermeiden ist.

Es ist hier zu bemerken, daß in Phrasen, wo das „man", *one*, öfters vorkommt, die Wiederholung dieses Wortes sehr schlecht klingt, deßwegen braucht man lieber *we, men, people, you*, welche dasselbe weit eleganter und zierlicher ausdrücken, z. B.: (¹⁰ᶜ)

(9b) Das 'one' wird auch im Genitiv gebraucht, z. B:
Is there a more disagreeable condition than to have spent *one's* last shilling, without the least prospect of getting another?

(10) *One* und *we* schließt den Redenden immer mit ein, was bei *people* nicht immer der Fall ist. In solchen allgemeinen Sätzen brauchen die Engländer häufig *the world* (die Welt) für *man*, z. B: But what will *the world* say, if I do it? | Aber was wird man (die Welt) sagen, wenn ich es thue?

(10h) Oefters braucht man im Deutschen das Wort „man" anstatt eines Hauptwortes, in solchen Fällen muß es im Englischen durch das betreffende Hauptwort gegeben werden, z. B:
Jetzt, da der Krieg gegen China vorüber ist, was thut man (was thun die Engländer?) | Now that the war with China is finished, what will *the English* do?

(10c) NB. 1. Es ist hier zu bemerken, daß man im Englischen das „one (man)", in der Regel nur dann braucht, wenn kein anderes der oben Reg. XI. angeführten Wörter gut anwendbar ist, z. B.:
One would imagine that he had spoken in jest. | Man würde meinen, daß er scherzte (daß er es nur aus Scherz sagte)
People say much that *one* cannot believe. | Man sagt vieles, was man nicht glauben kann.
NB. 2. Das 'one' wird auch häufig in dem Sinne von „einer" gebraucht, z. B.:
The cold, gloomy weather makes *one* feel so uncomfortable. | Das kalte, düstere Wetter macht Einem so behaglich.
It would make *one's* hair stand on end to see it. | Es machte einem das Haar zu Berge stehen, es anzusehen.

When *one* is placed high in the world, *one* should not behave *one's self* towards *one's* inferiors in a manner, which *one* would not *self* like to experience from *one's* equals or *one's* superiors.

Wenn man hoch in der Welt gestellt ist, so sollte man sich nicht gegen seine Untergebenen auf eine Art betragen, die man selbst von seines Gleichen, oder von seinen Obern ungerne ertragen möchte.

Die Unbeholfenheit dieses Styles ist offenbar, wie die Vergleichung zeigen wird:

When *we* are placed high in the world, *we* should not behave *ourselves* towards our inferiors in a manner, which *we* would not like to experience *ourselves* from *our* equals or *our* superiors. Oder:

When *people* (*men*) are placed high in the world, *they* should not behave *themselves* towards their inferiors in a manner, which *they* would not like to experience *themselves* from *their* equals or *their* superiors, etc.

XIII. Das Wort "one" muß in dem Satze wiederholt werden.

Ist das Wort „man" von dem zueignenden Fürworte „sein" begleitet, so muß man sich bei der Uebersetzung des letzteren nach folgenden Mustern richten:

Man liebt seine Eltern.
$$\left.\begin{array}{l}\text{\textit{People} love \textit{their} parents.}\\\text{\textit{Men} love \textit{their} parents.}\\\text{\textit{A man} loves \textit{his} parents.}\\\text{\textit{We} love \textit{our} parents.}\\\text{\textit{One} loves \textit{one's} parents. (11)}\end{array}\right\}$$

XIV. Das deutsche „man sagt" durch "they, people", oder durch die leidende Form des Zeitworts gegeben.

Spricht man von einem Gerücht, einer allgemeinen Meinung u. s. w., so wird „man" durch *they*, *people*, oder durch die leidende Form des Zeitworts übersetzt, z. B.:

Praesens.

They say (think) etc.	Man sagt, denkt.	So *they* say.	So sagt man.
People say (think).	On dit, croit.	So *people* say.	On le dit.
It is said (thought).	Si dice, crede.	So 'tis said.	Cosi si dice.

Fragend.

What do *they* say of it?	Was sagt man davon (darüber)?
What do *people* say of it?	Qu'en dit-on?
What *is* said of it?	Che ne dicesi?

Antwort.

They (*people*) say nothing of it.	Man sagt nichts davon, (darüber). (12)
There is nothing (ob. *nothing is*) *said about it.*	
People (*they*) say that, (*it is said that*), etc. (12)	Man sagt 2c., daß 2c.

(11) Nach people, men, a man und we wird man sich kaum irren können; nach one aber ist es ein sehr gewöhnlicher Fehler, sogar bei den Engländern selbst, das Fürwort sein durch his zu übersetzen oder zu geben, welches den Sinn gänzlich verändert, z. B.:
One loves *his parents*, bedeutet nicht seine eigenen *parents*, sondern die *parents* (Eltern) eines Andern.
Ueber den Gebrauch des one bei den Adjectiven, als: a good one, s. Reg. XIV. S. 431.

(12) Man merke folgende Ausdrücke:

Was sagt man heute Neues?	What's the news to-day?
Was gibts Neues in der Stadt?	What's the news in town?
Was bringen Sie Neues mit von der Stadt?	What news from town? (from England, etc.)
(von England?)	

Imperfect.

They said yesterday, that the King was come (had arrived).	Man fagte geſtern, daß der König gekommen ſei.
People said yesterday, that etc.	*On disait hier, que,* etc.
It was said yesterday, that, etc.	*Si diceva jeri, che,* etc.
They (people) pretend that they know nothing of it. *It is pretended* that nothing *is known* of it. (¹³)	Man behauptet, nichts davon zu wiſſen.

XV. Das deutſche „man" durch "they" überſetzt.

They wird gebraucht in Bezug auf die Einwohner eines Ortes, ſo wie jedes Mal, wo ſich der Begriff auf beſtimmte Individuen beſchränkt, z. B.:

In Gloucester (gloßt'r) *they* make excellent cheese.	In Gloucester macht man vortrefflichen Käſe.
In England *they (we)* seldom eat soup.	In England iſt man ſelten Suppe.
They have constructed a Tunnel under the Thames (¹⁴) in London.	Man hat einen Tunnel unter der Themſe in London gebaut.

XVI. Das deutſche „man" durch "you" überſetzt.

In beſchreibender Rede bedient man ſich hauptſächlich des Fürworts *you* (Ihr, Sie), um das deutſche m a n auszudrücken (¹⁵), z. B.:

As *you* approach London, *you* see heavy clouds of smoke hanging over the city.	So wie man ſich London nähert, ſo ſieht man ſchwere Rauchwolken über der Stadt ſchweben.
At a distance, Constantinople looks like a beautiful city, but when *you* enter the town, *you* soon find the contrary.	In der Entfernung ſieht Conſtantinopel wie eine ſchöne Stadt aus, aber wenn man in die Stadt hineingeht, ſo findet man bald das Gegentheil.
What are *you* doing there? Nothing.	Was macht m a n da? Nichts.

XVII. Das deutſche „man" durch die paſſive Form ausgedrückt.

Die engliſche Sprache iſt der leidenden Form ſehr geneigt. Man wendet ſie in den verſchiedenſten Fällen, welche von keiner andern Sprache geduldet wird, an, z. B.:

Wie heißt m a n das?	What do you call that? oder What's the name of that?
Wie heißt m a n das auf Engliſch?	What do you call that in English? oder What's the name of that in English?
Wie gibt (überſetzt) man dieſes im Engliſchen?	How do you express that in English? oder How is that to be translated in English?

(13) Dieſe Art des Ausdruckes iſt nicht ſo gebräuchlich

(14) Hier beſchränkt ſich der Begriff auf die Einwohner von Gloucester, auf diejenigen, die den Themſe-Tunnel gebaut haben, 2c; folglich könnte man weder *people* noch *we* gebrauchen. Das obwohl anwendbar, würde nicht ſo richtig ſein, weil die Bedeutung durch dieſes Wort einen zu allgemeinen Sinn erlangen würde. Sagt man, z. B·

    In Gloucester one makes excellent cheese.

ſo könnte der Satz bedeuten, daß ein jeder Menſch, der in Gloucester wohnt, vortrefflichen Käſe machen kann Sagt man:

    In England one seldom eats soup,

ſo könnte es heißen, nicht nur daß die Engländer dieſe Gewohnheit haben, ſondern daß ein jeder, ſobald er nach England kommt, ſich eine Pflicht daraus macht, keine Suppe zu eſſen, u.ſ.w.

(15) Im Gebrauche des *you* und *we, (vous, nous),* ſtatt „man" ſtimmt die engliſche mit der franzöſiſchen Sprache ziemlich überein, z. B·:

    Quand *vous êtes* sur la tour à Londres, *vous* voyez une bien jolie vue de la villa

    L'art partage avec la philosophie l honneur de décorer Munich, et quand *nous visitons* tour à tour la demeure de Schelling et la Glyptothèque, *nous* sentions comme des affinités secrètes entre les marbres d'Egine et le génie de ce moderne Platon.

You are ([16]) *expected* this evening.	Man erwartet Sie biesen Abend.
I have been told that your father is sick (ob. ill).	Man hat mir gesagt, baß Ihr Vater krank sei (wörtlich: Ich bin gesagt worden).
He has been advised to go to Italy.	Man hat ihm gerathen, nach Italien zu gehen, (er ist gerathen worden).
Love is said to be a tender passion.	Man sagt, baß die Liebe eine zarte Leibenschaft sei.
Charles XII. of Sweden is said to have never loved.	Man sagt von Karl XII. von Schweben, baß er nie verliebt gewesen sei.
The celebrated quarrel, *we are told,* originated in Paris.	Der berühmte Streit, wie man erzählt (uns sagt), hatte seinen Ursprung in Paris.
A toad, *it is said,* will live in a stone 100 years.	Eine Kröte, sagt man, wirb 100 Jahre in einem Stein leben.
It is said to be very hot in India.	Man sagt, baß es in Inbien sehr heiß sei. Es soll in Inbien sehr heiß sein.
You are said to be appointed professor at the University of Oxford.	Man sagt, baß Sie als Professor an ber Universität zu Oxforb ernannt seien.
That will be easily understood.	Das wirb man leicht verstehen.
Am I to be told such nonsense?	Soll man mir einen solchen Unsinn sagen?
She must be scolded.	Man muß sie schelten.

XVIII. Das deutsche „man" burch die leibende Form ober die Fürwörter "I, thou, he, she, we, you, they" gegeben.

Oft wirb im Deutschen „man" gebraucht, wenn man bas Subject nicht nennen will, z. B.:

Hätte man ihn sehen wollen, so hätte man ihn einlaben müssen. — Will man im Englischen bieses unbestimmte nicht, so muß man natürlich bas persönliche Fürwort brauchen, welches für bas Subject paßt. Also in ber letzten Phrase: Wer müßte ihn einlaben?

Das kann ben Umständen nach irgend eine ber brei Personen sein, sowohl im Singular als im Plural. Demzufolge wirb bas „man" burch *I, he, she, we, you, they* übersetzt, z. B.:

Hätte ich (er, sie) ihn sehen wollen, so hätte ich (er, sie) ihn einlaben müssen.	If *I* (*he, she, we, you, they*) had wished to see him, I (*he, she, we, you, they*) should have invited him.
Hätten wir (Sie) ihn sehen wollen, so hätten wir (Sie) ihn einlaben müssen.	Ober burch die leibende Form:
Hätte man ihn sehen wollen, so hätte man ihn einlaben sollen.	If *he* (*she, you, they*) had wished to see *him, he should have been invited.*

XIX. Das deutsche „man" burch die leibende Form ober burch "they, people" gegeben.

Die passive Form ist bei ben Engländern so beliebt unb so geläufig, baß sie solche auch bei Zeitwörtern mit irgend einer Präposition, welche bann am Enbe bes Satzes zu stehen kommt, sehr häufig brauchen, z. B.:

The revolution in Greece *is much spoken of* ([16b]), ob. *They (people) speak* much of the revolution in Greece.	Man spricht viel von ber Revolution in Griechenlanb.

(16) Für Jemanb, ber mit ber italienischen Sprache vertraut ist, wirb biese Art bes Ausbruckes sehr leicht, weil sie mit berselben viel ähnliches hat, z. B:

Egli è lodalo.	Man lobt ihn.	Voi non siete amato.	Man liebt Sie nicht.
He is praised.	On le loue.	You are not loved.	On ne vous aime pas.

Auch im Passiv brauchen bie Italiener wie bie Engländer viele Worte, um bas beutsche man, bas französische on auszubrücken, z. B:

Uno, l'uomo, taluno, alcuno, altri, alcuni, taluni, molti unb noi.

(16b) NB. Es mag hier bemerkt werben, baß biese Wendungen bem beutschen: „es wirb, es würbe" zc., entsprechen, z. B.:

Es wirb von ber Revolution in Griechenlanb viel gesprochen. — Es würbe über seinen Anzug gelacht. — Es muß ihm sein Sohn bezahlt werben. — Es sollte ihr ihre Bitte gewährt werben.

His ridiculous dress *was laughed at* (16c) ob. *They (people) laughed at his* ridiculous dress.	Man lachte über seinen einfältigen Kopf.
Her request was *complied with.* *They (people) complied with* her request.	Man gewährte ihre Bitte.

NB. Noch weiter geht die englische Sprache im Gebrauch der leidenden Form, indem sie sogar Phrasen, wo das thätige Zeitwort zwei Gegenstände in verschiedenen Casus nach sich hat, (im Französischen *régime direct* und *régime indirect*), als den Dativ der Person und den Accusativ des Dinges, in die leidende Form wirft; z. B.:

He must be paid his wages, oder *His wages must be paid* him.	Man muß ihm seinen Lohn bezahlen.
He must be given a reward, oder *A reward must be* given him.	Man muß ihm Belohnung geben.
She should be granted her petition, *Her petition should be granted* her. (17)	Man solle ihr ihre Bitte gewähren.

Aufgaben über die persönlichen Fürwörter.
Regel I., II., III. Seite 447.

42. Wie bringen Sie Ihre Zeit in London [wohl] zu? Ich lese, schreibe, gehe spazieren, besuche das Theater und das Haus der Gemeinen, (*House of Commons*), wenn etwas Wichtiges debattirt wird. — Maria Stuart, Königin der Schotten (*of Scots*), berühmt wegen i h r e r Schönheit, ihres Witzes, i h r e r Gelehrsamkeit (*learning*) und i h r e s Unglücks, war die Tochter Jakobs des V., Königs von Schottland, (s. Reg. XXVIII. S. 429) und folgte ihrem Vater auf (on) dem Throne im Jahre 1542, acht Tage nach ihrer Geburt. Sie ward (was) geliebt, bewundert und gelobt von Jedermann, außer (except) von ihrer Nebenbuhlerin (rival) der hartherzigen Elisabeth. — II. Gestern sah und sprach ich den Dr. Smith. — Nachdem wir eine Zeit lang die Pyramiden angesehen (viewed) und bewundert hatten, gingen wir in dieselben hinein. — III. Heute Morgen schrieb ich meinem Bruder und tadelte ihn wegen des unbesonnenen Schrittes, den er gethan hatte. — Gestern kam der Mensch zu mir, sprach mit mir einige Zeit, und dann forderte er Geld von mir, welches ich ihm nicht schulde.

zubringen. *to spend.*
etwas Wichtiges, *any thing of impor-* *tance.* debattiren, *to debate upon.*
berühmt wegen, *famous for.*
Unglück, *misfortune.* folgte, *succeeded.*
Geburt, *birth.* bewundern, *to admire.*
loben, *to praise.* dieselben, *them.*

von Jedermann, *by every one.*
hartherzig, *hard-hearted.*
tadeln, *to reproach.* wegen, *for.*
unbesonnen, *inconsiderate.*
Schritt, *step.* gethan hat, *had taken.*
Mensch, *fellow.* fordern, *to demand.*
nicht schulde, *do not owe.*

Regel IV., V., VI. Seite 448.

43. Wer hat mein Buch weggenommen? Ich war es, weil ich es hatte lesen wollen (wished), aber hier haben Sie es wieder (again). — Wir sind es gewiß nicht, die (who) gegen (to) die Armen hart sind; Sie sind es auch nicht (s. Reg. XXII. S. 381), nicht wahr? denn (for) wer könnte gegen die Elenden unbarmherzig sein? — V. Die Königin von England ist eine sehr kluge (prudent) Frau, die Königin von Spanien ist es aber nicht. — Heute ist es ein sehr gutes Mädchen, es thut mir aber leid, daß sie es nicht immer ist. — Sie haben mir schon längst versprochen,

---

(16c) Hierüber siehe Regel XXIX. Seite 497.
(17) In der Regel ist diese letzte Wendung vorzuziehen, weil die erste bisweilen schlecht klingt.

Englische zu studiren, wann werden Sie es thun? Ich möchte es gerne
n, ich habe aber keine Zeit dazu. — VI. Es klopft Jemand (Anm. 7
450) an der Thüre; wer ist da? Ach es ist der Herr Doctor. — Was
's da? (§. 172, S. 293). O es ist nur eine arme Frau mit einem
be auf dem Arm, die überfahren worden ist. — Kennen Sie jenen
rn? O ja, es ist ein Schriftsteller — Und jene Dame? Es ist seine
u. — Wer sind diese Leute? Es sind herumwandernde Nebel-Insulaner
ggy-Islanders), nämlich Engländer.

iß, *certainly*. nicht wahr, *are you?*	schon längst, *long ago.*
armherzig, *pitiless.*	studiren, *to study.* dazu, *for it.*
Elenden, *the miserable.*	auf dem, *on her.* überfahren, *run over.*
prechen, *to promise.* (*Imperfect.*)	herumwandernde, *wandering.*

Regel VII. — IX. Seite 449.

44. Es ist (Anmerk. 26, S. 491) ein Mann und eine Frau da,
mit Ihnen zu sprechen wünschen. — Für die Bösen (*wicked*) gibt es
ne Ruhe (auf Erden). — Gibt es etwas in der Welt, was (*that*) ich
meinen Freund nicht thun würde? Nein, gar nichts, außer meiner Ehre
fopfern, aber der, welcher von mir dieses (*that*) verlangt, ist kein Freund. —
II. Es muß zwischen England und Deutschland ein großer Unterschied
n, sowohl im Lande (*country*) selbst, als in der Lebensweise. Das ist
wohl. — Es lebt in London ein guter Freund von mir, den (*whom*)
bald besuchen will. — IX. Können Sie mir sagen, wo die Post ist?
thut mir leid, daß ich es nicht kann (*I cannot*), aber ich weiß es wirklich
ht. — Darf ich jetzt [wohl] ausgehen? Ja, Sie dürfen es; nein, Sie
rfen es nicht. — Möchten Sie (siehe Anm. 68, S. 248) mit mir nach
r] Westminster-Abtei gehen, [um] die Grabmäler (*monuments*) des
sterblichen (*immortal*) Shakespeare, Milton, Newton 2c. zu sehen? Ich
chte es wohl (*very much*), ich kann es aber nicht.

vas, *any thing*. gar nichts, *nothing.*	selbst, *itself*. Lebensweise, *mode of life.*
fer, *except*. aufopfern, *to sacrifice.*	das ist es wohl. *that there is.*
re, *honor*. verlangen, *to demand.*	bald, *soon*. besuchen, *to visit.*
terschied, *difference.* sowohl, *as well.*	weiß wirklich nicht, *really do not know.*

Regel X. Seite 450.

45. Haben Sie die Romane (*novel*) von (*of*) Sir Walter Scott ge-
en? O ja, einige davon habe ich gelesen. — Hier ist eine sehr schöne
elone, möchten Sie etwas davon? Ich danke, ich gebe nichts dafür.
Jetzt haben Sie Ihre Uebersetzung (*translation*) sehr gut gemacht, ich
bamit sehr zufrieden. — Möchten Sie etwas von dieser Pastete, von
sen Birnen, von diesem Weine haben? Nein, danke, ich habe (genug)
ren, dessen, genug, wenn Sie mir aber etwas Käse geben möchten,
habe ich nichts dagegen, und dazu⁵ esse² (Anm. 10. 3), S. 224) ich¹
Bischen (*a little*)³ Butterbrod⁴ (im Engl. Brod und Butter).

stete, *pie*. danke, *thank you.*	geben möchten, *will have the kindness*
e nichts, *don't care.*	to give. etwas, *a little.*

Regel XI. — XIII. Seite 451.

46. Wenn man glücklich ist (*happy*), [so] vergißt² man leicht (*easily*)¹
n früheres Unglück (*misfortunes*). — Wenn man einen zufriedenen

Menschen *(man)* findet, mag man seinem Sterne danken. — Man kann nicht erwarten zu ernbten *(to reap)*, was man nicht gesäet hat. — Man ist immer mehr geneigt guten Rath zu geben, als ihn[3] zu[1] nehmen[2]. — Wenn man nicht Alles haben kann, was man wünscht, [so] sollte man mit [dem], was man hat, zufrieden sein. — Wenn man sich[4] nichts *(nothing)*[2] vorzuwerfen[3] hat[1], so lacht man über *(at)* die Lügen der Boshaften. — XII. Wenn man sich immer *(always)* seinen Fähigkeiten gemäß anstrengte, [so] hätte man sich nichts vorzuwerfen, wenn man seine Bemühungen erfolglos sähe. · XIII. Man muß Gott lieben, den König ehren *(honor)*.

früher, *former.*	zufrieden, *contented.*	anstrengen, *to exert.*
Stern, *stars.*	erwarten, *to expect.*	gemäß, *according to.*
nicht gesäet hat, *did not sow.*		Fähigkeit, *ability.* hätte, *would have*
geneigt, *inclined.* Rath, *advice.*		sehen, *to see.*
vorzuwerfen, *to reproach*[3] — *with*[5].		Bemühungen, *endeavours.*
Lügen, *lies.* Boshaften, *malicious.*		erfolglos, *without success.*

Regel XIV. – XVI. Seite 453.

47. Was sagt man heute von dem marroffanischen *(Moroccan)* Kriege? Man sagt, daß er schon zu Ende ist. — Wie ist das [wohl] möglich, denn gestern sagte man, daß die Franzosen Mogabor in Besitz genommen hätten Man sagt Manches, was man nicht wohl *(well)* glauben kann. — Man vermuthet, daß die Königin Victoria dieses Jahr nicht nach Irland gehen werde. — XV. In Paris macht man sehr schöne Damenhüte *(bonnet)* und Handschuhe. — Man hat die ganze Stadt Paris mit Mauern und Bastionen *(bastions)* umringt. — XVI. Wenn man sich Paris von Neuilly nähert, [so] hat man einen herrlichen Anblick; denn zuerst hat man den Triumphbogen de l'Etoile, den schönsten *(finest)* der Erde *(on the earth)*, und dann hat man die schönen elysäischen Felder *(Elysian Fields)*, mit ihren üppigen Bäumen, den Platz de la Concorde und den Tuillerien-Garten *(Plur.)* mit seinen prächtigen *(beautiful)* Alleen, angefüllt von *(filled with)* lieblichen *(lovely)* Kindern, [die] um ihre glücklichen Mütter herum spielen.

Kriege, *war.* zu Ende, *terminated.*		herrlicher Anblick, *splendid view.*
in Besitz nehmen, *to take possession of.*		denn zuerst, *for, first of all.*
Manches, *much.*		Triumphbogen, *Triumphal-Arch.*
umringen, *to surround.*		üppig, *luxuriant.* Platz, *Place.*
Mauer, *wall.* nähern, *to approach*		spielen, *playing.* um herum, *about.*

Regel XVII. – XIX. Seite 454.

48. Man sagt von [der] Liebe, daß sie sogar Thiere veredeln und bezähmen könne. — Man hat mir meiner Gesundheit wegen gerathen, einige Monate in Italien zuzubringen *(to spend)*. Was hilft es aber wenn man mir rathet, wenn ich keine Zeit dazu (s. Reg. X.) habe. — Man wird leicht begreifen, warum die Engländer so sehr ihre Freiheit lieben — Man erwartet den König mit Ungeduld. — XVIII. Hätte man das Schauspiel *(play)* sehen wollen, so hätte man eher *(sooner)* hingehen sollen, jetzt aber ist es zu spät, und will man morgen den Pallast sehen, so muß man um *(at)* vier Uhr im schwarzen Saale *(salon)* sein. — XIX. Jetzt bin ich glücklich, denn man hat mir meine Bitte gewährt. —

ın ſpricht von Sir Robert Peel mit vieler Achtung (*respect*). —
ın ſollte dem König die ganze Sache erzählen (*to tell*).

:hmen, *tame.* veredeln, *ennoble.*	leicht begreifen, *easily imagine.*
ır, *oven.* Thier, *animal.*	ſo ſehr, *so much.*
en, *to advise.* einige, *a few.*	erwarten, *to expect.*
en, *on account of.*	Ungeduld, *impatience.*
hilft es aber was, *but what's the*	hingehen, *to go there.*
ɛe *of what.*	ganze Sache, *whole affair.*

C. Zueignende Fürwörter. (Siehe §. 73, Seite 184.)

XX. Vom Weglaſſen der zueignenden Fürwörter.

Da das zueignende Fürwort ſich nur nach dem Beſitzer und nicht
h dem Gegenſtand, den man beſitzt, richtet (ſ. §. 74, Anm. 25,
185), ſo folgt es denſelben Regeln und Grundſätzen, die ſchon für
Auslaſſung des Artikels gegeben worden ſind (ſiehe Reg. IX.,
391), z. B.:

books, pictures, carriage, and *horses,*	Wörtlich: Seine Bücher, Gemälde, Wagen
ʋere sold. (18)	und Pferde wurden verkauft.
' *father, mother, sisters,* and *brothers,*	Wörtlich: Ihr Vater, Mutter, Schweſtern
ʋere all ill. (18b)	und Brüder waren alle krank.
ɔ nicht wie im Deutſchen: Ihr Vater, ihre Mutter, ihre Schweſtern ꝛc. Weiter:	
ɔve lost *both* my pen and (*my*) pen-	Ich habe beide, meine Feder und mein
nife. (18c)	Federmeſſer verloren. (18d)

XXI. Vom doppelten Genitiv bei den zueignenden Fürwörtern.

So wie man oft Hauptwörter mit dem 's findet, die auch das
ıchen des Genitivs, die Präpoſition *of* haben, ſo werden auch häufig
:t der zueignenden Fürwörter *my, thy, his, etc.* (verbundene Für-
rter, *Pronomina Conjunctiva*), die Fürwörter *mine, thine, his, etc.*
ſeinſtehende Fürwörter, *Pronomina absoluta*), mit *of* gebraucht, z. B.:

---

8) NB. Unter Geſchwiſtern wird, bei Benennung der Eltern und Verwandten, das zueignende
Fürwort häufig ganz weggelaſſen, z. B:

Father and *mother* wish *grandfather* to	Mein Vater und meine Mutter wünſchen, daß
come and live with us.	Großvater komme mit uns zu wohnen.
Uncle is not at home, but *aunt* is.	Der Onkel iſt nicht zu Hauſe, aber die Tante iſt
	zu Hauſe.

b) NB. Wie beim Artikel aber, iſt das eine Object eine Perſon, das andere ein Thier, ꝛc.,
ſo muß man das Fürwort wiederholen, z. B.:

He has lost *his father,* and *his horse.*	Er hat ſeinen Vater und ſein Pferd verloren.

c) NB 1. Das zueignende Fürwort kann auch in Verbindung mit einem nachfolgenden Hauptwort im Genitiv gebraucht werden, z. B.:

I am happy, that you remember my	Es freut mich, daß du dich meiner und deiner
and *your* mother's precepts.	Mutter Lehren erinnerſt.

NB. 2. Wenn aber dieſe Conſtruction zu Zweideutigkeiten führen könnte, muß man eine
andere Form wählen, z. B.:

"I shall be happy if I can contribute *to your* and *my country's* glory" iſt zweideutig,
und kann heißen: "To *our* country's glory"; oder "To *your* glory and *that* of *my* country".

d) NB. 1. Will man aber beſondern Nachdruck auf jedes Wort legen, ſo muß das Fürwort
wiederholt werden, z. B.:

Not only my father, but even *my* aunt, and *my* two cousins were at the ball.

NB. 2. Wenn durch das Weglaſſen des Fürworts eine Zweideutigkeit entſtehen könnte,
muß man natürlich daſſelbe wiederholen, z. B. in dem Ausdruck:

"I have seen *your* lady and *sister*"; weiß man nicht weſſen Schweſter gemeint iſt, folglich
muß man ſagen: "I have seen *your* lady and *your* sister, oder *her* sister," demnach es
der Sinn verlangt.

A friend *of mine*, (¹⁹) statt:	Ein Freund von den meinigen.
One *of my friends*.	Einer von meinen Freunden.
A letter *of his*, (²⁰) st. One *of his letters*.	Einer von seinen Briefen.
A plan *of ours*, st. One *of our plans*.	Einer unserer Pläne. (²⁰)

NB. Ueber *own*, *people*, die Seinigen 2c s. Anmerk. 27b. 27c. S. 185. (²¹)

XXII. Das deutsche Fürwort „sein‘ durch one's 2c. übersetzt.

Wenn das deutsche Fürwort „sein" auf keine bestimmte Person Bezug nimmt, sondern im allgemeinen Sinn gebraucht wird, so muß es entweder mit *one's*, *our* (unser), oder *their* (ihre), übersetzt werden, z. B.:

Man sollte seine Freunde kennen.	*One* should know *one's* friends.
	We should know *our* friends. (²²)
	People should know *their* friends.

Aufgaben über die zueignenden Fürwörter.
Regel XX. — XXII. Seite 459.

49. Meine Schwester kam heute Morgen mit ihrem Sohne, ihrer Tochter und ihren Bedienten (*servants*) hier an, und Morgen beabsichtigt sie, ihre Pferde und Wagen zu verkaufen und ihre Bedienten zu entlassen, um sich der Ruhe, der Tugend und der Erziehung ihrer Kinder besto besser widmen zu können. — England breitet seinen Handel über (*over*) die ganze Erde aus und schickt seine Flotten nach allen Theilen des Oceans. Seine ungeheuren Hülfsquellen (*resources*) sind unerschöpflich. Es ist durch seine Lage, seine (¹⁸ᵇ) Regierung (*government*), seinen unermüdlichen Fleiß (*industry*) und seine Freiheitsliebe, daß es solcher ungeheuren Vortheile sich erfreut. — XXI. Welche von seinen Plänen gelangen [ihm] nicht? Die erste. — Zwei von seinen Kindern leben jetzt in London mit einem Onkel von ihm, und ein anderes Kind lebt mit einem Freund von mir in Paris. — XXII. Man sollte seine Pflichten (*duty*) gegen (*to*) Gott und [die] Menschen (*man*) kennen und dieselben (*them*) unaufhörlich üben (*practice*).

beabsichtigen, *to intend*.	Flotte, *fleet*. Theil, *part*.
verkaufen, *to sell*. Wagen, *carriage*.	ungeheuern, *immense*.
Pferd, *horse*. entlassen, *to dismiss*.	unerschöpflich, *inexhaustible*.
um zu können, *in order to be able*.	durch, *by means of*. Lage, *situation*.
widmen, *to dedicate*. sich, *herself*.	unermüdlich, *indefatigable*.
besto besser, *so much the better*.	Freiheitsliebe, *love of liberty*.
Ruhe, *peace*. Erziehung, *education*.	sich erfreut, *enjoys*.
ausbreiten, *extends*.	Vortheil, *advantage*.
seine, *her* (Reg. IX. NB. S. 122).	gelingen, *to succeed*. s. §. 177. S. 296
Handel, *commerce*. schicken, *to send*.	unaufhörlich, *incessantly*.

D. Zurückführende Fürwörter. Reflective pronouns.

§. 16. Diese Fürwörter sind schon Kapitel IX., §. 83. 84. 85, Seite 192 der Etymologie ausführlich erklärt worden, so daß hier nur noch Folgendes bemerkt zu werden braucht:

---

(19) Wie schon Anmerk. 34, Seite 188 bemerkt, darf man nie den Artikel den alleinstehenden zueignenden Fürwörtern vorsetzen, wie im Französischen und Deutschen, z. B.:

This is mine, that is yours	Dieses ist das Meinige, jenes ist das Ihrige.
Ours are better than theirs.	Die unsrigen sind besser als die übrigen.

(20) Diese Redensart kommt sehr häufig vor und verdient besondere Aufmerksamkeit. Ueber den doppelten Genitiv siehe Reg XI. S 411; auch §. 79, Seite 188.

(21) NB. Ueber den Gebrauch der zueignenden Fürwörter in Verbindung mit den Sammelnamen siehe Reg. XXV. Seite 493.
Die Ausdrücke mit we oder people sind dem mit one vorzuziehen.

XXIII. Das deutsche „sich" mit one's, self, ꝛc. gegeben.

Hat das zurückführende „sich" im Deutschen auf keine bestimmte Person Bezug, sondern nur im Allgemeinen, so wird es durch *one's self*, *ourselves* oder *themselves* gegeben, z. B.:

Man sollte sich in Acht nehmen. (22b)	*One* should take care of *one's self.* *We* should take care of *ourselves.* (23) *People* should take care of *themselves.* *Men* should take care of *themselves.*

XXIV. Das deutsche „sich" durch den Accusativ der persönlichen Fürwörter gegeben.

Im Deutschen setzt man das zurückführende „sich" sehr oft nach einer Präposition, wo der zurückführende Begriff nur sehr dunkel geahnet wird; in solchen Fällen bedient man sich im Englischen immer des einfachen persönlichen Fürwortes; dies ist besonders der Fall nach den Zeitwörtern *to take*, nehmen; *to bring*, bringen; *to come*, kommen, *to go*, gehen, z. B.:

Er ging weg und nahm mein Buch mit sich.	*He* went away and took my book *with him.*
Sie wickelte ihren Mantel fest um sich.	*She* wrapped her mantle close *about her.*
Die Königin hatte Niemand bei sich, als ich in den Salon eintrat.	*The Queen* had no one *with her*, as I entered the saloon.
Sie ließen das Kind mit sich gehen, (kommen).	*They* let the child go (come) with *them.*

XXV. Das deutsche „sich" durch himself, ꝛc. gegeben.

Will man ein inniges Verhältniß ausdrücken, oder besondern Nachdruck auf das sich legen, so muß man im Englischen das zurückführende *himself, herself, etc.* brauchen, z. B.:

Er schämte sich.	He was ashamed *of himself.*
Sie antwortete nur für sich.	She answered only *for herself.*
Sie behielten die Bücher für sich.	They kept the books *for themselves.*
Ihr Versprechen war an sich hinreichend.	Her promise was sufficient *in itself.*
Er bekannte sich zum Vater des Kindes, oder: Er bekannte, daß er der Vater des Kindes sei.	He confessed *himself* to be the father of the child, ob. He confessed *that he was* the father of the child.

Aufgaben über die zurückführenden Zeitwörter.
Regel XXIII. — XXV. Seite 460.

50. Man sollte eine gute Meinung (*opinion*) von sich (selbst) haben, man sollte aber nie zu viel von sich (selbst) sprechen. — Man sollte sich nie durch die Schmeichelei Anderer verblenden lassen, denn die Schmeichelei ist das Verderben des jugendlichen (*youthful*) Herzens. — XXIV. Der neue Mond hat schönes Wetter mit sich gebracht. — Lord Elgin hat viele (*several*) schöne Denkmäler griechischer Kunst, aus dem Zeitalter des Phidias, mit sich von Athen nach England gebracht. — Viele von den armen Polen, die sich nach England geflüchtet haben, brachten ihre Frauen und Kinder mit sich. — XXV. Sie sollten sich wirklich schämen, mir so etwas zu erzählen (*to tell*). Er möchte gerne

---

22b) NB. Das deutsche „sich oder selbst" muß immer mit *himself, herself, etc.*, übersetzt werden. Siehe Anmerkung (41c) Seite 193.

(23) Siehe die Conjugation des Zeitworts sich kleiden, *to dress one's self*; sich lieben, *to love each other, etc.*, §. 164, Seite 286; siehe auch §. 85, Seite 198 und Reg. XXXI. Seite 505.

das ganze Land (*country*) für sich haben, und wenn er es auch hätte, [so] wäre er doch mit sich nicht zufrieden. — Die Unvorsichtigen (*incautious*) verrathen sich oft. — Das Laster ist häßlich in sich.

verblenden lassen, *let — be blinded.*	flüchten, *to flee*. schämen, *be ashamed.*
durch, *by*. Schmeichelei, *flattery.*	so etwas, *such a thing.*
Anderer, *of others*. Verderben, *ruin.*	wenn auch, *even if*. doch, *yet.*
Denkmäler, *monuments.* Kunst, *art.*	zufrieden, *be satisfied.*
aus dem Zeitalter, *from the time.*	verrathen, *to betray.* häßlich, *hateful*

E. Von den anzeigenden Fürwörtern this, that, dieser ꝛc.

XXVI. Die anzeigenden Fürwörter this und that, these und those, dieser, jener, wie im Deutschen. §. 86, Seite 195.

Die anzeigenden oder hinweisenden Fürwörter stimmen in der Regel mit den deutschen überein. *This*, dieser, diese, dieses ꝛc. bezeichnet ein nahes, ein figürliches, auch ein gegenwärtiges Subject; und *that*, jener, jene, jenes ꝛc., eine entfernte Sache, sowohl dem Orte als der Zeit nach, z. B.:

This child is greater than *that*. (²³b)	Dieses Kind ist größer als jenes.
These books are better than *those*.	Diese Bücher sind besser als jene.
This instant. *That* time.	Diesen Augenblick. Jene Zeit.
Who has done *this*? — *That* man.	Wer hat dieß gethan? — Dieser Mann ꝛc.
What lady is *that*? (²⁴)	Wer ist (jene) diese Dame da?
I don't know *that* lady, but I know *this*.	Jene Dame kenne ich nicht, diese aber kenne ich.
That is what I told him, and *this* is what I will tell him.	Das ist, was ich ihm sagte und dieß ist, was ich ihm sagen will.

XXVII. Das deutsche „der, die, das und dies", durch this, that, these, those gegeben.

Nach einer Eigenheit der deutschen Sprache bezieht sich oft der Singular das, dies in Verbindung mit dem Zeitworte sein, auf Gegenstände sowohl im Singular, als im Plural. Im Englischen darf dieses nicht nachgeahmt werden, hier muß sich das Fürwort this, that in der Zahl nach dem folgenden Hauptwort richten, z. B.:

This is a good *child*.	Das ist ein gutes Kind.
These are good *children*.	Das sind gute Kinder.
That is a beautiful *woman*.	Das oder dies ist eine schöne Frau.
These (those) are beautiful *women*.	Das oder dies sind schöne Frauen.
This is bad, but *that* is horrible.	Der ist schlecht, aber die ist schrecklich. (²⁵)

(23b) NB. "*And that*" als Conjunction entspricht dem Deutschen „und zwar" in den Fällen, wo das „zwar" soviel als „das auch" bedeutet, z. B.:
I have done it, *and that* (too) without difficulty.   Ich habe es gethan, und zwar ohne Schwierigkeit.

NB. 2. Wenn „zwar" aber „es ist wahr" bedeutet, so gibt man es mit "*'tis true*", z. B.:
'*Tis true*, he is an amiable man, but not talented.   Er ist zwar ein liebenswürdiger Mann, aber nicht talentvoll.

(24) Im Deutschen braucht man oft das Fürwort dieser, ꝛc., mit dem Adverb da, z. B.:
Wollen Sie mir dieses Buch da geben. Im Englischen muß man jenes Buch sagen, z. B.:
Will you give me *that* book? Siehe Anmerk. 49, Seite 195.
Es ist überhaupt zu merken, daß, wenn die Sache nicht so nahe ist, daß man sie mit der Hand erreichen kann, man nicht *this* sondern *that* gebrauchen muß, welches im Deutschen gewöhnlich durch „der, dem" ausgedrückt wird, z. B.:
Tell *that* lady (*that gentleman*) that I have a letter for her (*him*).   Sagen Sie der Dame (dem Herrn) da, daß ich einen Brief für sie (ihn) habe.
That's a good child; don't cry.   Du bist (das ist) ein gutes Kind; weine nicht.

(25) Kann man im Deutschen die Artikel der, die, das mit dieser, e, s; jener, e, s, vertauschen, so muß man es im Englischen durch *this* und *that* geben, z. B.:

XXVIII. Das deutsche „seit, während, innerhalb, hindurch ꝛc." durch this und that gegeben.

This und *that*, *these* und *those* vor Zeitbestimmungen drücken das deutsche feit, während, innerhalb, hindurch ꝛc. aus, z. B.:

: have not seen my sister *this* month or more.	Ich habe meine Schwester feit einem Monate oder noch mehr nicht gesehen.
He has lived in London *these* ten years.	Er hat während (feit) zehn Jahren in London gelebt.
My aunt will stay with us *this* week, and then she will go to L.	Meine Tante will diese Woche über bei uns bleiben und dann geht sie nach L.
: have been up *this* hour.	Ich bin schon eine ganze Stunde auf.

XXIX. Der Gebrauch von this und that in Bezug auf einen vorhergehenden Satz.

Wenn *this* oder *these*, *that*, oder *those* sich auf einen vorhergehenden Satz beziehen, so geht *this* oder *these* auf das letztere, *that* oder *those* auf das erstere Glied oder Wort, z. B.:

Wilberforce was eminent in both respects as a philanthropist and a Christian; *this* gained him the hearts of his friends, *that* the love of all mankind.	Wilberforce war ausgezeichnet in beiderlei Hinsichten, als Menschenfreund und als Christ; dieses gewann ihm die Herzen seiner Freunde und jenes die Liebe aller Menschen.
Some place their bliss in action, *some* in ease:	Einige finden ihre Seligkeit in Thätigkeit, Andere in Ruhe:
These call it pleasure, and contentment *these*. ([26])	Jene nennen sie Vergnügen, diese Zufriedenheit. (*Pope's Essay on Man.*)

XXX. Das deutsche „dieser, e, es, solcher, der-, die-, dasselbe", durch die persönlichen Fürwörter he, she, it, they ausgedrückt.

Die deutschen Fürwörter, dieser, e, s, solcher, solche, solches, wenn das eine gleichgültig für das andere, und anstatt eines persönlichen Fürworts gesetzt werden kann, müssen im Englischen stets mit dem persönlichen Fürwort gegeben werden, z. B.:

I spoke to the general, but as *he* did not answer me, I went away.	Ich redete den General an; da derselbe aber nicht antwortete, ging ich weg.

Will you take some of *this?*	Wollen Sie etwas von dem (diesem) nehmen?
No. I shall take some of *that.*	Nein, ich werde von dem da (jenem) nehmen.
Of *these* I have only three, but of *those* I have four.	Von diesen (denen) habe ich nur drei, von jenen (denen) aber habe ich vier.

([26]) *The former*, etc. ift schon Anmerk. 50, Seite 196 erklärt worden, und es ift nur hier in Bezug auf den Unterschied zwischen *this* und *that*, und *the former*, *the latter* zu bemerken, daß die letteren weit häufiger gebraucht werden, als die ersteren. *The former*, *the latter*, können von Personen eben so gut gebraucht werden, als von Sachen, während *this* und *that* nur äußerst selten in Bezug auf Personen angewendet werden, z. B.:

The woman and her child were both found dead, *the former* in the snow, *the latter* under a tree. — Die Frau und das Kind wurden beide todt gefunden, jene (die erftere) im Schnee, dieses (das lettere) unter einem Baume.

I have bought a book and stick, *that* in a shop, *this* at the fair — Ich habe ein Buch und einen Stock gekauft, jenes in einem Laden, dieses auf der Messe.

NB. 1. Folgendes Beispiel, wo das beziehende „dieser, jener, erfterer letterer" mehrfach vorkommt, wird diese Regel klar machen, z. B.:

Corneille forces us to yield to his characters and ideas; *Racine* conforms to our own; *the former* (Corneille) paints man as he should be, *the latter* (Racine) paints him as he is. In *the first*, there is more of that which we admire, in *the second*, more of what we feel ourselves. *The one* elevates, astonishes, *the other* pleases, moves. *Corneille* is more moral, *Racine* more natural. It appears that *the one* imitates Sophocles, and that *the other* owes more to Euripides.

NB. 2. Statt "*this*, *that*, *the former*, *the latter*' kann man auch *the one*, *the other* brauchen, z. B.:

"Virtue and vice are different in their nature and consequences, *the one* leads to happiness, *the other* to misery".

He showed me his garden, as I had not yet seen *it*.	Er zeigte mir seinen Garten, da ich (denselben) ihn noch nicht gesehen hatte.
I have not yet seen *them*.	Ich habe dieselben noch nicht gesehen.
We went to the judge, but *he* had no time to speak to us.	Wir gingen zum Richter, aber (solcher dieser, der) er hatte keine Zeit mit uns zu sprechen.
The Queen of England is perhaps not so beautiful as the Queen of Portugal, but she is much more amiable than *she*.	Die Königin von England ist vielleicht nicht so schön als die Königin von Portugal, aber sie ist viel liebenswürdiger als diese.

XXXI. Fälle, in denen this und that nicht allein stehen darf.

Man sollte es sich zur Regel machen, nie die anzeigenden Fürwörter *this* und *that*, *these* und *those* alleinstehend mit Bezug auf Personen zu gebrauchen; folglich wenn das Demonstrativum:

Jener, Jene, Der, Die,

in einem solchen Verhältnisse vorkommt, so muß man entweder ein passendes Hauptwort hinzufügen, oder sich des persönlichen Fürworts *he, she, him, her, his, they, them, theirs* bedienen, z. B.:

Kennen Sie Jenen (diesen Mann)?	Do you know *that man?* — him!
Haben Sie Die (jene Dame) bemerkt?	Did you remark *that lady?* — her?
Der ist ein Spitzbube.	He is a rogue.
Die ist sehr schön.	She ob. *that lady* is very handsome.
Die da sind noch schöner.	*Those ladies* are still handsomer.
Wem gehört es? — Dem da.	To whom does it belong? To that man — to that person — to him.
Wessen Garten ist dieß? — Dessen da.	Whose garden is this? *That man's* — that person's — his.
Wessen Häuser sind diese? — Deren da.	Whose houses are these? *Those men's* — person's — women's — theirs.
Jener (Mann) hat es mir gesagt.	*That gentleman* has told it me. (26b)

Aufgaben über die anzeigenden Fürwörter.

Regel XXVI. — XXIX. Seite 462.

51. Dieser Mann hat nichts gemein mit jenem Helden. — Diese Dame ist meine Cousine und jener Herr (ist auch) mein Vetter (s. Reg. IV. S. 119). — Wer hat das gethan? Ich nicht (nicht ich), meine Schwester auch nicht (*nor my sister either*). — Sage dem Manne da, daß ich mit ihm sprechen möchte. — Wo waren Sie im Jahre 1837? Jene Zeit [damals] war ich in Paris. — XXVII. Das sind schöne Kinder, und sie sind eben so gut wie sie schön sind, aber ihre Vettern (*cousin*), was das für böse Buben sind, [davon] haben Sie gar keinen Begriff. — Dieses Buch ist sehr schön (*good*), jenes aber ist sehr schlecht. — XXVIII. Wie lange leben Sie schon in Deutschland? Ich lebe jetzt in Deutschland seit vier Jahren. — Weil ich Sie erwartete, bin ich schon zwei Stunden auf. — XXIX. Da sind zwei sehr schöne (*fine*) Bücher; dieses kaufte ich beim

---

(26b) Daß nach den anzeigenden Fürwörtern *this, that* kein zueignendes Fürwort stehen darf, ist schon Anmerk 19, Reg. XI. Seite 411 erklärt worden.
 NB. Ueber die Stellung des *all, both* und *half* bei den zueignenden Fürwörtern siehe Anmerkung 28, Seite 186, und Regel IX. Seite 375.

ngman (§. 20, S. 111), jenes bei Murray. — Wenn Sie für die
anzel bestimmt sind, [so] müssen Sie Bourdaloue und Masillon wieder=
lt lesen: sie sind beide beredt; aber das Ziel des Ersteren ist zu über=
gen (*to convince*), das des Letzteren zu überreden (*to persuade*).

nein, *in common.* Held, *hero.*	gar keinen Begriff, *no idea.*
n so gut wie, *just as good as.*	bestimmt, *intended.* Kanzel, *pulpit.*
s das für böse Buben sind, *what bold*	wiederholt, *repeatedly.*
(ob. *naughty*) *boys they are.*	beredt, *eloquent.* Ziel, *aim;*

Regel XXX.—XXXI. Seite 183.

52. Die Elisabeth von England war eine viel (*much*) größere Königin
s die Anna, sie war aber bei Weitem nicht so liebenswürdig (*amiable*)
s diese. — Als ich in Paris war, ging ich mehrere Male um den
errn Thiers zu besuchen, da aber derselbe nie (*never*) zu Hause war,
] hatte ich die Stadt verlassen (*to leave*) müssen, ohne selbigen ge=
en zu haben. — XXXI. Kennen Sie Jene? Nein, die kenne ich
ht, den da aber kenne ich wohl. — Haben Sie etwas von dem Herrn
bocq gehört? O ja wohl, der ist ein Spitzbube, der die ganze Welt
trügt. — Wer hat Ihnen von dem Anti=Newtonian=Weltsystem erzählt?
ner, [der] da, hat es mir erzählt.

i Weitem, *by far.*	gesehen zu haben, *having seen.*
hrere Male, *several times.*	betrügen, *to cheat.* erzählen, *to tell.*
aber, *but as.* Stadt, *town.*	Weltsystem, *system of the world.*

F. Beziehende Fürwörter who, which, that, what.

§. 17. Außer dem, was ich schon §. 87, S. 197 der Etymologie
er die beziehenden Fürwörter gesagt habe, bleibt hier noch Folgen=
s zu bemerken (27).

---

27) NB. 1. In dem folgenden Satz hat man alle Casus des Fürworts "*who*":
"God, *who* preserves me, *to whom* I owe my being, *whose* I am, *whom* I serve, and
from whom I have all that I possess, is eternal".
NB. Im Deutschen wird der Genitiv welches, welcher gebraucht, wenn das Relativum
als adjectivisches Fürwort mit einem den Gegenstand der Beziehung näher erklärenden Substantiv
verbunden wird, z. B.: Cicero, welches großen Redners Schriften ich kenne, wurde er=
mordet. — Die englische Sprache duldet diese Wortfolge nicht, deßhalb muß man sagen: Cicero,
the great orator, whose works I know, was murdered.
NB. 2. Da "*who*" sich unverändert auf das männliche und weibliche Geschlecht, auf den
Singular und Plural bezieht, so muß man, um Zweideutigkeiten zu vermeiden, auf dessen
Stellung sehr Acht zu geben, z. B.:
"The wife of your friend, *who* is very charitable, has adopted the child".
Hier weiß man nicht ob das *who* sich auf "*wife* oder *friend*" bezieht, folglich sagt man:
"Your *friend's wife, who* is very charitable, has adopted the child".
NB. 3. '*Who*' darf nicht statt "*whose*" gebraucht werden, z. B.:
"Queen Elizabeth, *who* was only another name for prudence", etc., muß heißen:
"Queen Elizabeth, *whose* name was only another term for prudence', etc.
Mr. King, *of whose* twelve children, ten are dead, is very unhappy.
Thunder and lightning may be very agreeable *for you, whose* nerves are strong, but
not *for me, whose* nerves are weak.
NB 4. "*Who* und *that*" können gleichgültig in Bezug auf Personen angewendet werden,
man darf aber die beiden abwechselungsweise in demselben Satz nicht brauchen, z. B.:
"I am the father who *loves* you, *that* cherishes you, *that* provides for you";
statt: "I am the father *who* loves you, *who* cherishes you, *who* provides for you".
NB. 5. Um dem Lernenden den richtigen Gebrauch von *who* und *which* klar zu machen,
führe ich folgende Stelle aus H B. Smart's philosophischer Grammatik hier an; nicht allein
weil dieselbe in England von allen Sachkundigen als ausgezeichnet anerkannt ist, sondern weil
sie im Einklang mit dem Geist der Sprache und mit dem Sprachgebrauch aller Gebildeten über=
einstimmt, z. B.:

XXXII. Versetzung des beziehenden Fürworts *who, which.*

Wenn immer die Fürwörter *who* und *which* von einer Präposition regiert werden, so kann die Präposition gleich vorn oder an das Ende des Satzes gestellt werden, z. B.:

The lady *to whom* I spoke, ob. *whom* I spoke *to.* (²⁸)	Die Dame, zu der ich sprach.
The man *of whom* we heard, ob. *whom* we heard *of.*	Der Mann, von dem wir hörten.
The gentleman *with whom* she was walking, ob. *whom* she was walking *with.*	Der Herr, mit dem sie spazieren ging.
The horse *on which* he rode, ob. *which* he rode *on.*	Das Pferd, auf welchem er ritt.
The sword *with which* he killed the man, ob. *which* he killed the man *with.*	Das Schwert, womit er den Mann tödtete.
The tree *under which* we sat, ob. *which* we sat *under.* (²⁹)	Der Baum, unter welchem wir saßen.

XXXIII. Fälle, in denen das persönliche Fürwort im Deutschen wiederholt wird, im Englischen aber nicht.

Wenn im Deutschen das persönliche Fürwort der ersten und zweiten Person mit Nachdruck an die Spitze eines Satzes gestellt wird, so muß nach dem darauf folgenden beziehenden Fürworte das persönliche Fürwort wiederholt werden; im Englischen geschieht dieses aber nicht, z. B.:

I, who am so unhappy.	Ich, der ich so unglücklich bin.
Thou, who lovest (³⁰) wisdom.	Du, der Du (³⁰) die Weisheit liebst.
Toi, qui aimes la sagesse.	
We, who are mortal.	Wir, die wir sterblich sind.

„Im reinen modernen Englisch bezieht sich "*who*" nur auf Personen, oder auf persönlich als redend und denkend dargestellte Wesen, z. B.:
"I *who*; the man *who*; the people *who*; the eagle, *who* had just been paying a visit to the owl, etc."
"*Which*" bezieht sich auf Thiere und Sachen im Allgemeinen, z. B.:
"The dog or dogs *which*, the house or houses *which*; the virtue *which*".
"*That*" bezieht sich auf Personen und Sachen zugleich, z. B.:
I *that*; the man *that*, the dog or dogs *that*, the virtue *that*, etc.
Ueber "*who, which, that*", siehe §. 88—90c, S. 197—199 über "*which*" Reg. XXXV. S. 467.

(28) In der Umgangssprache braucht man häufig die letzte Form; die erstere aber ist vorzuziehen.

(29) NB 1. Wenn ein Hauptwort, mit einer Präposition begleitet, vorhergeht, so muß *of which* nachstehen. Dasselbe ist auch meistens der Fall mit *of whom, of which* nach den unbestimmten Fürwörtern *all, both, much, many, most, several,* etc., z. B.:

The book *upon the sale of which* his support depends.	Das Buch, von dessen Absatz er lebt.
He has many friends, *most of whom* (ob. *of which friends*) are rich.	Er hat viele Freunde, von welchen die Meisten reich sind.
I have ten houses, *nine of which* are new.	Ich habe zehn Häuser, von welchen neun u. s. w.

Man könnte aber auch *of whom most, of whom twenty, of which nine* sagen.
NB. 2. In der Regel braucht man "*of whom*" in obigen und ähnlichen Sätzen, "*of which*" jedoch wäre logisch richtiger, indem ein Hauptwort zugedacht werden muß. Wenn aber kein Hauptwort zugedacht werden kann, muß man nothwendig "*of whom*" brauchen, z. B.:
"The man *of whom* you speak. The people, the French, etc., *of whom* he is afraid".
"*Which*" als Adjektiv oder anzeigendes Fürwort wird in Bezug auf Personen gebraucht
I told it to a man, *which* very man I again saw only yesterday.
I told it to one of the sisters, but I don't recollect *to which* (sister).

(30) NB. 1. Es ist wohl zu merken, daß, verschieden vom Deutschen, das beziehende Fürwort *who* stets das Zeitwort in derselben Person als das Fürwort, worauf es sich bezieht, verlangt, z. B.:

It is *you, who have* told it me.	Sie sind es, der es mir gesagt hat.
It is *I, who have* done it	Ich bin es, der es gethan hat.
Thou, who wast ever dear to me.	Du, der mir immer theuer war.

NB. 2. Wenn im Satze zwei Subjekte von verschiedener Zahl oder Person sich befinden, stimmt das beziehende Fürwort "*who*" und folglich das Zeitwort, in der Regel, mit dem letzten Subject überein (s. Reg. XVIII.—XXIII. Seite 489), z. B.:

I am the captain, *who commands* you.	Ich bin der Hauptmann, der Sie befehligt.
You are the friend, *who has often assisted me.*	Sie sind der Freund, der mir oft geholfen hat.

XXXIV. Fälle, in denen man im Deutschen das Fürwort im Dativ oder Genitiv, im Englischen aber nur den Genitiv des beziehenden Fürworts braucht.

Wie man im Englischen nicht sagt: sie banden dem Diebe die Hände, sondern mit dem Genitiv: sie banden des Diebes Hände, so steht auch, wenn der Satz relativ ausgedrückt wird (der Dieb, dem sie die Hände banden), das relative oder beziehende Fürwort nicht im Dativ, sondern im Genitiv, z. B.:

The thief whose hands they bound. (31)	Der Dieb, dessen Hände man band.
Cicero was assassinated by Popilius Laenas, whose life he had one day saved by means of his eloquence (siehe Reg. XLV. S. 413).	Cicero ward von Popilius Länas, (dessen Leben) welchem (dem) er einst durch seine Beredsamkeit das Leben gerettet hatte, ermordet.

XXXV. Which (32) mit dem Hauptworte verbunden in which.

Which kann mit einem Hauptworte verbunden werden und wird in diesem Falle auch von Personen gebraucht, z. B.:

I know not to which (32b) town to go.	Ich weiß nicht, nach welcher Stadt ich gehen soll.
I care not to which (32c) man (woman) you give the money. (32d)	Ich kümmere mich nicht, welchem Manne (welcher Frau) Sie das Geld geben.

NB. a. Der Sinn der obigen Beispiele ist, daß von einer Anzahl Hauptleute, 2c., „ich, derjenige bin, der befehligt"; will man aber sagen: „Ich, der Hauptmann, befehlige, 2c.", muß das Zeitwort mit dem ersteren Subject übereinstimmen, z. B.:
I am the captain, who command you, d. h. I who command you, am the captain.

NB. b. In der Bibelsprache und in der Anrede stimmt das "who" meistens mit dem ersten Subject überein, z. B.:
"Thou art the Lord, who seest in all our ways, and hearest when we call unto thee".
Aber: "I am the Lord that maketh all things, that stretcheth forth the heavens above".
Aber wieder: I am the Lord thy God that make all things by myself, etc.

NB. 3. So oft die zwei Subjecte Fürwörter sind, stimmt das Zeitwort mit dem letzteren überein, z. B.:
You are he, who has said it. — I am he, who was here yesterday.
It is I, who was in London. It is you, who have ruined us.
It is I, who tell it to you, who am your grandfather.
Believe me, my friend, who know you better than you do yourself.

NB. 4. In Fragesätzen der zweiten Person, obwohl analogisch unrichtig, lassen einige Schriftsteller das Zeitwort mit dem "is" übereinstimmen, z. B.:
Is it you that has broken the glass? b. h Is the person who has broken the glass you?
Besser: Is it you who have broken the glass?

(31) Besondere Bemerkungen über who. Die Conjunctionen than und as (als) haben denselben Casus vor als nach sich, z. B.:

She is prettier than he (is).	Sie ist hübscher als er (ist).
You are older than I (am).	Sie sind älter als ich (bin).
He is as rich as you (are).	Er ist eben so reich als Sie (sind).
He loves him more than me.	Er liebt ihn mehr als mich.

NB. Die meisten Schriftsteller Englands begehen einen grammatikalischen Fehler, indem sie "than whom" anstatt "than he, she, you, they" brauchen, z. B.:
Beelzebub than whom, Satan expect, none higher sate. Milton.
Hier muß es "than he (als er)" heißen: "Beelzebub, none sate higher than he, except Satan".
"The English, than whom, no nation is more enterprising", muß heißen: The English, and no nation is more enterprising than they (are).
In alten Schriften findet man which statt who auf Personen angewendet, z. B.:
Our Father, which art in heaven. Vater unser, der Du im Himmel bist, 2c.

(32) Ueber which siehe Reg I Seite 199, auch Anmerk. 66, Seite 198 u. Reg. XXXII. Seite 466.

(32b) Wie man im Deutschen nie „wer" vor ein Hauptwort setzen darf, so darf man im Englischen ebenfalls nie "who" einem Hauptworte vorsetzen. Man kann nicht sagen, "wer Mann, wer Haus, who man, who house", sondern „welcher Mann, welches Haus, which man, which house", etc.

(32c) NB. 1. Es ist auch zu merken, daß "which" ebenfalls (statt who) in Bezug auf Collectiv-Namen, wenn auch Menschen darunter verstanden werden, gebraucht wird, z. B.:

The nations which lived at that time.	Die Nationen, die damals existirten.
The governments which do such things.	Die Regierungen, die solche Sachen thun.

NB. 2. Früher brauchte man und bisweilen noch braucht man "the which" als Stellvertreter eines Hauptwortes, z. B.:

He has lost some estate, the which I do not know; richtiger:	
He has lost some estate, but which I do not know.	Er hat ein Gut verloren, aber welches weiß ich nicht.

30*

Anglizism: *which is which, what is what*, etc.

He knows *what's what* (b. h. his business).	Er versteht seine sieben Sachen.
The children resemble each other so much, that I scarcely know *which is which*. (³²)	Die Kinder sind einander so ähnlich, daß ich kaum das eine von dem andern unterscheiden kann. (³²b)

XXXVI. *That* dem *who, whom* und *which* vorzuziehen (³²c).

That wird den beziehenden Fürwörtern *who* und *which* vorgezogen:

1. Wenn sich das Relativ auf Personen und Sachen zugleich bezieht, z. B.:

The *woman* and the *estate that* became his portion. (³³d)	Die Frau und das Vermögen, welche ihm zu Theil wurden.

2. Wenn ein Superlativ, oder das Wort *the same* (derselbe) ꝛc. vorhergeht, z. B.:

Charles XII., King of Sweden, was one of the *greatest* madmen (*that*) the world ever saw.	Karl XII., König von Schweden, war einer der größten Tollhäusler, welche die Welt je sah.
This is *the same* man *that* (ob. *whom*) I saw yesterday.	Dieser (der) ist derselbe Mann, den ich gestern sah.

3. Nach dem fragenden Fürwort *who?* auch nach *all*, alles; *nothing*, nichts (³⁴) ꝛc., z. B.:

Who that is a Christian, could be hard to the poor? (³³d)	Wer, der ein Christ ist, könnte gegen die Armen hart sein?
All that I could say. *All* the money *that*.	Alles was ich sagen könnte. Alles Geld, was.
Nothing that she could do.	Nichts was sie thun könnte.

XXXVII. Wo man *that* statt *who* und *which* nicht brauchen darf.

That statt *who* und *which* darf nicht gebraucht werden:

1. Sobald eine Präposition dabei steht, außer wenn man dieselbe an das Ende des Satzes stellt, z. B.:

(32d) Im Deutschen und Französischen braucht man sehr häufig das Adverb "wo, où" statt des Fürworts in welchem, in welcher, im Englischen aber muß man stets das Fürwort in which, on which, etc. brauchen, z. B.:

In his letter there is a passage, *in which* he says, etc.	In seinem Briefe ist eine Stelle, wo (worin, in welcher) er sagt, ꝛc.
Dans sa lettre il y a une passage où *(dans laquelle)* il dit, etc.	
During the time (*in which*) I was in London, oder:	Während der Zeit, wo ich in London war.
The time *that* I was in London.	Die Zeit, wo ich in London war.

NB 1. Im letztern Satz könnte man *in which* weglassen. S. Reg. XLII. Seite 470.

NB. 2. Kann man das "wo" mit "in welcher", ꝛc., vertauschen, so muß man es im Englischen mit *in which*, etc. übersetzen. — Verletzungen dieser Regel findet man hier sogar bei den besten Schriftstellern, z. B.:

The love *where* (on which) death hath set his seal, etc. *Byron*.	Die Liebe, wo (worauf, auf welche) der Tod sein Siegel gedrückt hat, ꝛc.

(33) NB. *Which is which* ist gut; *what's what, who's who* ist Volkssprache.

(33b) NB. Im erzählenden Styl braucht man öfters "*which*" in dem Sinne von „und dieses", z. B.:

Then take that, you dirty wretch; *Voci(ferating which* (und indem sie dieses ausrief) she gave him a violent box on the ear.

Do it, you little monster! Saying *which*, (und indem sie dieses sagte) she pursued him out of the house

The actions of Napoleon, *than which*, nothing (richtiger: *and nothing*) can be more extraordinary, were applauded by some, feared by others.

(33c) Der Gebrauch des *that* statt der allzuhäufigen Wiederholung von *who* und *which* macht die Rede fließender und beugt einer pedantischen Steifheit des Styls vor. Daß *that* statt who, whom und which gebraucht wird, ist schon §. 90c Seite 199 gesagt worden.

(33d) NB In obigen und ähnlichen Fällen (1 und 3) darf man nie "*who* oder *which*" brauchen.

(34) Ueber "*all, nothing, much*", etc., siehe Anmerkung 57, Seite 198.

The affair *that* I spoke to you *of*, u. nicht (The affair *of that* I spoke to you).	Die Angelegenheit, wovon ich mit Ihnen sprach.
The book *that* I read *in*, und nicht (The book *in that* I read).	Das Buch, in welchem ich lese (ob. las.)

NB. Hier könnte man besser sagen: "The affair *of which* I spoke to you."
The book *in which* I read ob. the book I am (*was*) reading.

2. Wenn in dem Satz ein zweiter unabhängiger Begriff beabsichtigt wird, z. B.:

I went to Miss Gay, *whom* I found in tears.	Ich ging zu Fräulein *Gay*, die ich in Thränen fand.
I want some good books, *which*, (34b) I am told, are very cheap at Mr. Palm's.	Ich brauche einige gute Bücher, die, wie man mir sagt, beim Herrn Palm sehr wohlfeil sind.

XXXVIII. What, (das, was). Siehe §. 91, Seite 200.

What wird wie *which* mit einem Hauptworte verbunden, z. B.:

I gave him *what money* I had.	Ich gab ihm alles Geld, was ich hatte.

What darf nicht gesetzt werden:

1. Nach *all* (alles), und *nothing* (nichts) 2c., sondern dann muß *that* stehen:
All that I have, I will give you. (34) | Ich gebe Ihnen alles, was ich habe.

2. Auf einen bestimmten Gegenstand kann sich *what* nicht beziehen. Man darf nicht sagen:
The house *what* I sold, sondern: The house *that* oder *which* I sold.

At this compliment he bowed, *which* she returned with a courtesy.	Bei diesem Compliment verbeugte er sich, was (welches) (34c) sie mit einem Knix erwiederte.

NB. Statt *what* kann man *that which* gebrauchen, aber niemals *that what*, weil *what* diese beiden Wörter in sich vereinigt, z. B.:

I gave him part of *what* (d. h. of *that which*) I had. (35)	Ich gab ihm einen Theil von dem, was ich hatte.

XXXIX. Wo man im Deutschen entweder welcher oder was für ein, im Englischen aber nur what brauchen darf.

Im Deutschen braucht man häufig welch', welche, welches, statt was für oder was für ein, besonders ist dies bei Ausrufungen der Fall, im Englischen aber muß man stets *what* oder *what a* brauchen, weil *which* sich lediglich auf welche von mehreren Gegenständen, welches von beiden 2c. bezieht (35b), z. B.:

What a (36) great honor for so good a father!	Welch' (was für eine) große Ehre für einen so guten Vater!

(34b) NB. "*Which*" ist das einzige Fürwort, welches sich auf einen vorhergehenden Satz beziehen kann, z. B.:
The boy eat all the bread and butter, and left me none; *which* was wrong.
He paid twenty guineas; *which* was too high a price for so bad a horse.

(34c) Es ist hier zu merken, daß, wenn man im Deutschen „was" mit „welches" vertauschen kann, man im Englischen stets "*which* (welches)" brauchen muß.

(35) NB. Obwohl man "*what*" als Adjektiv und Fragewort in beiden Zahlen braucht, so darf man es doch nicht in Bezug auf ein vorhergehendes Hauptwort im Plural anwenden, sondern "*those which*", z. B.:
All books, except *those which* (nicht *what*) | Alle Bücher, außer denen, welche gut sind, sollten
are good, should be burned | verbrannt werden.

(35b) So oft man im Deutschen das welch', welcher, welches, mit was für 2c. vertauschen kann, muß man im Englischen "*what a*" bei Ausrufungen in der Einzahl in Bezug auf Sachen, die man zählen kann, und *what*, bei Sachen, die man nicht zählen kann, und in der Mehrzahl, brauchen. Siehe NB 1 2. Regel XLVI. Seite 474.

(36) *What a wie few* (Anmerk. 89, Seite 213) kann sich nur auf Sachen, die man zählen kann,

What fine honey, rice, sugar, etc.!	Was für schöner Honig, Reis, Zucker!
What lovely children, women, etc.!	Welch' liebliche Kinder, Frauen ꝛc.

NB. Im Deutschen braucht man häufig „welche" statt „etwas". Kann man aber das „welche, welches" mit dem „etwas" vertauschen, so muß man es mit „some" übersetzen, z. B.:

Here are apples, will you have *some?*	Da sind Aepfel, wollen Sie welche?
Thank you, I have *some* already.	Danke Ihnen, ich habe schon welche.

XL. Das wiederholte what durch theils—theils ausgedrückt.

What—what gibt man im Deutschen mit theils—theils, z. B.:

What with money, *what* with flattery, he gained her heart.	Theils durch Gold, theils durch Schmeichelei gewann er ihr Herz.

Man kann dieses aber auch durch die Adverbien *partly — partly*, wörtlich theils — theils, wie im Deutschen geben, z. B.:

Partly by force, *partly* by policy, he attained his aim.	Theils durch Gewalt, theils durch List erreichte er seinen Zweck.

NB. Häufig braucht man *what, and* statt: *what — what*, z. B.:

What with travelling *and* (*what* with) watching night and day, I am quite worn out. (36b)	Theils durch Reisen, theils durch Wachen Tag und Nacht bin ich ganz erschöpft.

XLI. Whichsoever, whatsoever, welches auch immer ꝛc.

In dem höheren Styl können diese Fürwörter getrennt und das Hauptwort dazwischen gestellt werden, wodurch die Phrase an Schönheit bedeutend gewinnt, z. B.:

On *which* side *soever* Adam cast his eyes, he saw that all was beautiful.	Auf welche Seite auch immer Adam seine Augen richtete, sah er, daß alles schön war.
In *what* situation *soever* you may be placed in this life, learn therewith to be content. (36c)	In welche Lage auch immer Sie in diesem Leben gestellt sein mögen, lernen Sie damit zufrieden zu sein.

G. Von der Weglassung und Nichtweglassung der beziehenden Fürwörter.

XLII. Alle beziehenden Fürwörter werden im Englischen sehr häufig weggelassen. Dieses darf in den folgenden Fällen stattfinden, z. B.:

1. Wenn sie im Accusativ stehen, z. B.:

The money I received, statt: They money *which* I received.	Das Geld, welches ich empfing.
The lady (*whom*) I saw yesterday.	Die Dame, die ich gestern sah.
The description (*which*) you gave me in your last letter.	Die Beschreibung, die Sie mir in Ihrem letzten Briefe gaben.
I give you all (*that*) I have.	Ich gebe Ihnen Alles was ich habe.

beziehen, und dann nur auf die Einzahl. Man darf nicht *what a fine honey*, etc. sagen.
Die Ausnahmen hievon s. Anm. 40, Seite 474.

(36b) NB. So oft das "and" gebraucht wird, bleibt das zweite "what" weg, z. B.:
"*What* with smoking *and* drinking, he has ruined his health".
Oder: *What* with smoking, *what* with drinking, he has ruined his health.
NB. *What* (etwas): I will tell you *what*, my friend. Ich will Ihnen etwas sagen, mein Freund.

(36c) *Whosoever* kann nicht getrennt werden. Ueber "whichsoever", etc., siehe §. 92, Seite 200.

2. Wenn die im Dativ oder Ablativ mit den beziehenden Fürwörtern verbundenen Präpositionen an das Ende des Satzes treten, z. B.:

The gentleman (*whom*) you were walking *with*.	Der Herr, mit dem Sie spazieren gingen.
The lady (*whom*) you spoke *of*.	Die Dame, von der Sie sprachen.
The merchant (*whom*) you received the money *from*.	Der Kaufmann, von dem Sie das Geld bekommen haben.
The carriage (*which*) I was driving *in*.	Der Wagen, in welchem ich fuhr.
The author (*whom*) this book was written *by*. (³⁶ᵈ)	Der Schriftsteller, von dem dieses Buch geschrieben ist.

XLIII. Fälle, in denen die beziehenden Fürwörter nicht weggelassen werden dürfen.

Die Fälle, in denen die beziehenden Fürwörter nicht weggelassen werden dürfen, sind:

1. Wenn sie im Nominativ stehen, z. B.:

The man *who* says that, is a liar.	Der Mensch, der das sagt, ist ein Lügner.
They *who* are rich, are not always happy.	Diejenigen, die reich sind, sind nicht immer glücklich.

2. Wenn die mit ihnen verbundene Präposition vor ihnen hergeht, z. B.:

The King *of whom* you speak, is dead.	Der König, von dem Sie sprechen, ist todt.
The matter *of which* you speak, doesn't concern me.	Die Sache, von der Sie sprechen, geht mich nichts an.

3. Wenn sie sich auf einen ganzen Satz beziehen, z. B.:

The general ordered the troops to advance, *which* they immediately did.	Der General befahl den Truppen vorzurücken, was sie sogleich thaten.

4. Der Genitiv darf nie weggelassen werden, z. B.:

The lady *whose* child died yesterday, is inconsolable. (³⁷)	Die Dame, deren Kind gestern starb, ist untröstlich.

Aufgaben über die beziehenden Fürwörter.

Regel XXXII.—XXXV. Seite 466.

53. Die arme unschuldige (*innocent*) Maus, mit welcher die Katze spielte (*was playing*), ist todt. — Das Pferd, auf dem ich gestern ritt, habe ich heute verkauft. — Als ein Herr einst die Merkwürdigkeiten (*curiosities*) Orfords besah, zeigte man ihm unter andern das Schwert (*sword*), mit welchem (womit) Bileam (*Balaam*) seinen Esel tödtete. Was! sagte der Herr ganz erstaunt, Bileam² hatte ja¹ kein Schwert. Ganz recht, erwiederte sein Führer (*conductor*), aber das ist gerade (*just*) das Schwert, welches er zu haben wünschte. — Er hatte nur zwei Freunde auf der Welt, von welchen der eine gestern gestorben ist. — XXXIII. Ich, der

---

(36d) Obwohl, wie oben angezeigt ist, die beziehenden Fürwörter "*who, which, that*", häufig weggelassen werden, so ist es doch besser, stets dieselben zu gebrauchen, außer wenn der Wohlklang dadurch leiden würde, z. B.:
Henry the Sixth of England was unfitted for the times *he lived in* (besser als: *in which* he lived); *which* was the immediate cause of the wars of the Roses.

(37) Es versteht sich von selbst, daß, wenn Zweideutigkeiten durch das Weglassen des beziehenden Fürwortes entstehen können, man es nicht weglassen darf, z. B.:

The documents, he found, were of importance.	Die Dokumente, fand er, waren von Wichtigkeit.
The documents *which* he found, were of importance.	Die Dokumente, welche er fand, waren von Wichtigkeit.

What fine honey, rice, sugar, etc.!	Was für schöner Honig,
What lovely children, women, etc.!	Welch' liebliche Kinder,

NB. Im Deutschen braucht man häufig „welche" statt „et aber das „welche, welches" mit dem „etwas" vertauschen, f "*some*" übersetzen, z. B.:

Here are apples, will you have *some*?	Da sind Aepfel, r
Thank you, I have *some* already.	Danke Ihnen, i

XL. Das wiederholte what durch theils—t'

What—what gibt man im Deutschen

What with money, *what* with flattery, he gained her heart.	Theils bu gewa

Man kann dieses aber auch durch die Abw theils — theils, wie im Deutschen geben, z.

Partly by force, *partly* by policy, he attained his aim.	Th

NB. Häufig braucht man *what*, and

What with travelling *and* (*what* with) watching night and day, I am quite worn out. (36b)	

XLI. Whichsoever, what

In dem höheren Styl h Hauptwort dazwischen gestell heit bedeutend gewinnt, z.

On *which* side *soever* Adam
eyes, he saw that all was
In *what* situation *soever* y
placed in this life, lear
to be content. (36c)

G. Von der

XLII.
weggelassen.

1. We

The money
They mone
The lady (
The descr
in your
I give yo

(36b) N

(36c)

b, sollten wir
.ern trafen, sind
. ich gestern Abend
..terblichen Wellington,
.mit[4] ich[1] es[3] schrieb[2]. —
[uns] am ärgsten beklagen,
.n angeht. — Die einzigen
(*itself*) immer noch dem Ver=
, welche er dem Stubium (*study*)
'en Haus gestern Abend abgebrannt
.) baburch (*by it*) verloren, benn (*for*)
.war er nicht versichert (*insured*).

	angehen, *to concern.*
	Augenblick, *moment.* immer noch, *still.*
.nt.	hingeben, *to resign.*
erly.	abbrennen, *to burn down.*

:agenden Fürwörtern *who, which, what?*

bem, was §. 93, Seite 203 über bie fragenden
.worben ist, bemerke ich hier noch Folgenbes:

nen man im Deutschen wer (*who*) statt welcher (*which*)
braucht.

. Fürwort *who* hat nie einen Genitiv nach sich;
im Englischen nicht sagen:

er von Ihnen, wer von seinen Freunden? (**376**)
~~of you, who of his friends~~ sondern:

elcher von Ihnen, ꝛc. *Which of us, which of you, etc.*

im Deutschen das wer mit welcher vertauschen, so muß
.s *which* brauchen, z. B.:

| — Ich. | *Who* has done that? I have done it. |
| .en hat bas gethan? | *Which* of you has done that? |

h in Berbinbung mit ben zueignenden Fürwörtern.

.rch *which* einen einzelnen Gegenstand aus mehreren
.orheben, so kann man entweber wie im Deutschen
.in verbinbet *which* mit dem hervorzuhebenben Gegen=

.rs is ill? ob.	Welcher Ihrer Brüber ist krank?
.rs is ill? (**38**)	Welcher von Ihren Brübern ist krank?
.rs did you give	Welcher von Ihren Schwestern gaben
	Sie das Buch?

Fragewort „welches", als: „Welches ist der Weg? Welches ist Ihr Bruder?
Stäbte, die Sie gesehen haben?" muß stets mit "*which*" übersetzt werden.
Ihr Bruber? muß man mit "*who is your brother*"; unb „Was" ist Ihr
.s your *brother*', geben
.orm *which brother of yours, etc.*, ist nicht gut, siehe Anm. 19, S. 411.

ich jetzt so glücklich bin, sollte ich nicht der Vorsehung (*Providence*) sehr dankbar sein? — Wir, die wir reich sind, sollten wir nicht unsern armen Nebenmenschen (*fellow-creatures*) helfen? — Der Straßenräuber (*highwayman*), dem man die Hände band, fand Mittel (*means*) sich loszureißen und zu entkommen. — XXXV. Welche Stadt in Europa ziehen Sie vor? Welche Stadt oder welches Land ich vorziehe, ist schwer (*hard*) zu sagen, denn die eine Stadt hat einen Vorzug (*advantage*), die andere einen andern. — Meine Zwillings=Schwestern sind einander so ähnlich, daß ich die eine von der andern kaum (*scarcely*) kenne.

reiten, *to ride.* * verkaufen, *to sell.* *	ja, *why.* erwiedern, *to reply.*
einst besah, *was once viewing.*	sterben, *to die* (Imperfect).
zeigte man ihm, *he was shown.*	dankbar, *grateful.*
unter anderen, *among other things.*	sich losreißen, *to break loose.*
tödten, *to kill.*	entkommen, *to escape.*
ganz erstaunt, *quite astonished.*	vorziehen, *to prefer.* (37b)

Regel XXXVI., XXXVII. Seite 468.

54. Der Mann und das Vermögen, die sie durch ihre Heirath (*marriage*) an sich brachte, sind beide verloren (*lost*); der eine ist todt, das andere verbraucht (*spent*). — Die Scene (*scene*) war die schönste, die Sie sich nur denken können. — Wer, der ein Herz hat, könnte gegen (*to*) die Unglücklichen unbarmherzig (*merciless*) sein? Ich gewiß nicht (*certainly not I*), Sie auch nicht (§. 175, S. 295), nicht wahr? XXXVII. Das Geld, von dem ich gestern mit Ihnen sprach, muß morgen bezahlt werden. — Ich ging zu meinem Freunde, den ich krank im Bette fand. — Das Buch, in dem ich lese, ist von Samuel Warren und ist sehr interessant.

Mann, *husband* Vermögen, *fortune.*	Unglücklichen, *unfortunate.*
an sich brachte, *acquired.*	nicht wahr, *could you.* (s. §. 173. 293.)
sich nur denken können, *can imagine.*	krank, *sick.*

Regel XXXVIII. -XLI. Seite 469—470.

55. Was für sonderbare Leute es auf (in) der Welt gibt; ich gab dem Menschen mehr als die Hälfte des Geldes, welches ich bei mir hatte, und doch (*yet*) war er nicht damit zufrieden. — XXXIX. Welche (was für) herrliche Gebäude man in München sieht, und welche Ehre für die Stadt, solche Kunstschätze zu besitzen. — Welch' schönen Honig man (*they*) in Norwegen und Lappland hat, und welchen vorzüglichen Thee man (*one*) in England bekommt (*gets*). — XL. Theils durch Drohungen, theils durch [wirklichen] Krieg haben die Franzosen ihr Ziel in Afrika erreicht. — Theils durch zu viel Anstrengung, theils durch schlaflose Nächte, bin ich ganz erschöpft. — XLI. Auf welche Seite auch immer der Pilger seine Augen richtete, sah er nur Trümmer und Verwüstungen (*devastation*).

sonderbare Leute, *curious people.*	Drohung, *threat.* Krieg, *war.*
Menschen, *fellow.* zufrieden, *satisfied.*	erreicht, *attained.* Ziel, *aim.*
herrlich, *splendid.*	Anstrengung, *exertion.*
Gebäude, *buildings.*	schlaflos, *sleepless.*
besitzen, *to possess.*	erschöpfen, *to exhaust.*
Kunstschätze, *treasures of works of art.*	Pilger, *Pilgrim.* richten, *to turn.*
vorzüglich, *excellent.*	nur, *nothing but.* Trümmer, *ruin.*

(37b) Man erinnere sich, daß bei Fragen man stets do brauchen muß; s. Regel. V. Seite 479.

Regel XLII., XLIII. Seite 469.

56. Die Güte, die uns von unsern Eltern erzeigt wird, sollten wir nie vergessen. — Der Herr und die Dame, die wir gestern trafen, sind Freunde von mir aus London, und der Herr, mit dem ich gestern Abend spazieren ging, ist ein Irländer, ein Anhänger des unsterblichen Wellington, des Helden von Waterloo. — Hier ist die Feder womit[4] ich[1] es[3] schrieb[2]. — **XLIII.** Dasjenige, worüber (*of which*) wir [uns] am ärgsten beklagen, ist nicht immer das, welches uns am meisten angeht. — Die einzigen Augenblicke, in welchen seine Seele sich (*itself*) immer noch dem Vergnügen (*pleasure*) hingibt, sind die (*those*), welche er dem Studium (*study*) widmet (*dedicate*). — Der Herr, dessen Haus gestern Abend abgebrannt ist, hat sein ganzes Vermögen (*fortune*) dadurch (*by it*) verloren, denn (*for*) unglücklicher Weise (*unfortunately*) war er nicht versichert (*insured*).

Güte, *kindness.* erzeigt wird, *shown.*	angehen, *to concern.*
Eltern, *parents.* treffen, *to meet.*[*]	Augenblick, *moment.* immer noch, *still.*
Anhänger, *adherent.* dasjenige, *that.*	hingeben, *to resign.*
beklagen, *to complain.* arg, *bitterly.*	abbrennen, *to burn down.*

H. Von den fragenden Fürwörtern who, which, what?

§. 18. Nebst dem, was §. 93, Seite 203 über die fragenden Fürwörter gesagt worden ist, bemerke ich hier noch Folgendes:

XLIV. Fälle, in denen man im Deutschen wer (who) statt welcher (which) braucht.

Das fragende Fürwort *who* hat nie einen Genitiv nach sich; folglich darf man im Englischen nicht sagen:

Wer von uns, wer von Ihnen, wer von seinen Freunden? (37c)

~~Who of us, who of you, who of his friends?~~ sondern:

Welcher von uns, welcher von Ihnen, ꝛc. *Which of us, which of you, etc.*

NB. Kann man im Deutschen das **wer** mit **welcher** vertauschen, so muß man im Englischen stets *which* brauchen, z. B.:

Wer hat das gethan? — Ich.	*Who* has done that? I have done it.
Welcher (wer) von Ihnen hat das gethan?	*Which* of you has done that?

XLV. Which in Verbindung mit den zeigenden Fürwörtern.

Will man durch *which* einen einzelnen Gegenstand aus mehreren Gegenständen hervorheben, so kann man entweder wie im Deutschen verfahren, oder man verbindet *which* mit dem hervorzuhebenden Gegenstande, z. B.:

Which of your brothers is ill? ob.	Welcher Ihrer Brüder ist krank?
Which brother of yours is ill? (38)	Welcher von Ihren Brüdern ist krank?
To which of your sisters did you give the book?	Welcher von Ihren Schwestern gaben Sie das Buch?

(37c) **NB.** Das sächliche Fragewort „welches", als: „Welches ist der Weg? Welches ist Ihr Bruder? Welches sind die Städte, die Sie gesehen haben?" muß stets mit "*which*" übersetzt werden. Aber: „Wer" ist Ihr Bruder? muß man mit "*who is your brother*"; und „Was" ist Ihr Bruder? mit "*what is your brother*", geben.

(38) **NB.** Die letztere Form *which brother of yours, etc.,* ist nicht gut, siehe Anm. 19, S. 411.

Will man aber durch *which* mehrere Gegenstände hervorheben, so kann man die erste Verbindungsart nur dann gebrauchen, wenn sie durch ein nachfolgendes Für= oder Zeitwort deutlich gemacht wird; ist dieß nicht der Fall, so muß man *which* unabänderlich ist, und deßwegen keine Mehrzahl bezeichnen kann, die zweite Verbindungsart brauchen; z. B.:

Which of your brothers *are* ill?	Welche von Ihren Brüdern sind krank?
Which of your cousins *have* set out?	Welche von Ihren Vettern sind abgereist?
Which of the girls shall go to *their* uncle's?	Welche von den Mädchen sollen zu ihrem Onkel gehen?

In den zwei ersten Sätzen zeigen die Zeitwörter *are* und *have*, und in le letzten das Fürwort *their*, die Mehrzahl an.

XLVI. What und which.

Die fragenden Fürwörter *what* und *which* unterscheiden sich dadurch von einander, daß das erstere nach der Art, Gattung oder Beschaffenheit, das letztere nach dem Individuum fragt, z. B.:

What officer fought the duel?	Was für ein Offizier focht das Duell?
An officer of the fifth regiment.	Ein Offizier vom fünften Regiment.
Which officer has fought the duel?	Welcher Offizier focht das Duell?
Captain Kill'emall. (39)	Der Hauptmann *Kill'emall*.

NB. 1. *What a* (40) was für ein, wird nur bei Ausrufungen angewendet, z. B.:

What a fine day!	Was für ein schöner Tag!
What a lovely woman!	Was für eine schöne Frau!

NB. 2. *What*, was für, wird auch bei Ausrufungen gebraucht, aber nur im Plural, oder bei Sachen, die man nicht zählen kann, z. B.:

What fine sentiments!	Was für schöne Gefühle!
What happy days and years!	Welche glückliche Tage und Jahre.
What beautiful weather! *How* warm!	Was für schönes Wetter! Wie warm!

NB. 3. *What* heißt auch ~~wie groß, was für eine Art, wie~~", z. B.:

What was my *delight* on seeing the girl of my heart!	Wie groß war mein Entzücken, das Mädchen meines Herzens zu sehen!
What woman is that?	Was für eine Frau ist das?
What (sort of a) book are you reading?	Was für ein (Art) Buch lesen Sie?
What do you call that in German?	Wie heißt das auf Deutsch?

---

(39) Obiges ist schon §. 97, Seite 205 ausführlich erklärt worden.

(40) Es ist hier wohl zu merken, daß man "*what a* (und *such a*)" nur bei Sachen, die man zählen kann, anwenden darf; bei abstrakten Begriffsnamen wie *surprise*, das Erstaunen, *love*, die Liebe, ꝛc., kann man bei Ausrufungen nur *what* brauchen:

> *What* (*such*) love! *what* (*such*) happiness! *what* (*such*) surprise!

NB. Die folgenden Ausdrücke kann man als Ausnahmen von dieser Regel betrachten:

What a conscience! *What* an appetite!	Was für ein Gewissen! Was für ein Appetit!
What (an) injustice! *What* an honour!	Welche Ungerechtigkeit! Welche Ehre!
What a (*such* a) bad humour!	Was für eine üble Laune!
What a good memory he has!	Was hat er für ein vortreffliches Gedächtniß!
What a terrible passion!	Was für eine schreckliche Wuth!
What a pity! *What* (*much*) a rage!	Wie schade! Was für eine Raserei!
What a shame! *What* a scandal!	Was für eine Schande (Skandal)!
What a temper! *What* (a) weakness!	Was für eine Laune! Welche Schwachheit!
To *what* a state of misery we are reduced!	In was für einen elenden Zustand sind wir geriet.

Besondere Bemerkungen über die beziehenden und fragenden Fürwörter in Verbindung mit Präpositionen.

XLVII. Die deutschen Fürwörter „woran, worauf, wo=
rach" ꝛc., das französische *à quoi, par quoi, par où, etc.*, werden
Englischen durch *in which, in what, etc.*, ausgedrückt, z. B.:

ofür,	*for what.*	{	Wofür wollte er es haben?
			For what did he want it?
	by what.	{	Woburch ist er so reich geworden?
oburch,	*by what.*		*By what means has he become so rich?*
	means.		Es ist das Mittel, woburch sie glücklich wurde.
	by which.		*It is the means by which she became happy.* (41)

K. Von den bestimmenden und unbestimmten Fürwörtern (42).

XLVIII. Im Deutschen wird das bestimmende Fürwort der=
nige welcher, diejenigen welche öfters in wer verschmolzen,
sselbe geschieht im Englischen, indem man zu den entsprechenden
llen statt *he who, he that; they who, they that; those who,*

---

41) Folgendes wird die Anwendung dieser Fürwörter leicht machen:

womit,	*with which.* *with what.*	Die Feber womit ich schreibe. *The pen with which I write.* Womit ist er getödtet worden? *With what has he been killed?*
woran,	*of what.* *on what.*	Woran starb der Napoleon? *Of what did Napoleon die?* Woran hat sie so viel Geld verschwendet? *On what has she spent so much money?*
worauf,	*on which.* *to which.* *on (to) what.*	Worauf er aufstand, ꝛc. *On which he stood up, etc.* Worauf sie erwiederte *To which she replied.*
wovon, woraus,	*of which.* *from which.* *of what; in what.* *from what.*	Das Metall, woraus (wovon) meine Uhr gemacht ist, ist Gold. *The metal of which my watch is made, is gold.* Die Gefahr, wovon Sie mich retteten. *The danger from which you saved me.* *Of what (wovon) were you speaking?*
worin,	*in which.* *in what.*	Da ist ein Buch, worin manches Schöne ist. *There is a book, in which there is much that is beautiful.* Worin besteht die Schwierigkeit? *In what consists the difficulty?*
wovor,	*of what.* *for which.*	Wovor fürchten Sie sich? *What are you afraid of?*
worüber,	*about what.* *of what.* *of which.*	Worüber ist er so traurig? *What is he so melancholy about?* Worüber schreibt er? *Of what does he write?* Er schreibt von Sachen, worüber ich nichts weiß. *He writes of matters, of which I know nothing*
wozu,	*for what.* *for which.*	Wozu brauchen Sie das Geld? *What do you want the money for?*
wonach, *)	*to which.* *for which.* *to what.*	Das Glück, wonach ich mich sehne. *The happiness for which I long.*

*) Im Englischen hat man auch ähnliche Wörter mit der oben angeführten deutschen Bedeutung,
die aus einer Präposition und einem Abverb des Ortes zusammengeschmolzen sind. Von dieser
Art sind *whereat* (worüber), *wherein* (worin), *whereof* (wovon), *whereon* (worauf), ꝛc.; heut
zu Tage aber ist die Anwendung derselben viel beschränkter als im Deutschen und als unrichtig
zu betrachten.

2) Ausführliches hierüber findet man §. 98., Seite 206.

those that, mit Auslaffung von *he, they, those,* blos *who* oder *that* setzt, z. B.:

(He) [43] *who* loves God, loves his neighbour. [44]	Der, der (ob. wer) Gott liebt, liebt auch seinen Nächsten.
(They, those) *who* love God, love their neighbours. [45]	Diejenigen, welche Gott lieben, lieben auch ihre Nächsten.
Handsome is (*he*) *that* handsome does.	Derjenige ist schön, der schön thut. [46]

XLIX. Von dem unbestimmten Fürwort "any".

In Sätzen, wo auf ein Verneinungswort, wie „nicht, ohne" x. ein Adverb oder Adjectiv von einem Infinitiv begleitet, folgt, muß man in der Regel im Englischen das Wort "*any*" dem Adverb oder Adjectiv vorsetzen, z. B.:

Ich kann nicht länger bleiben.	I cannot remain *any longer.* [47]
Ich darf nicht mehr dort hingehen.	I must not go there *any more.*
Er kann nicht mehr essen.	He cannot eat *any more.* [48]
Ohne weiteres zu sagen, ging er weg.	Without saying *any more,* he went away.

NB. In allen mit „nicht" zusammengesetzten Phrasen könnte man aber den Sätze eine andere Wendung geben dadurch, daß man das "*not*" in "*no*" verwandt und selbiges nach dem Zeitworte und vor dem Adverb oder Adjectiv setzt, und dann bleibt das "*any*" weg, z. B.:

I can remain *no longer.* I must go there *no more,* etc.

Aufgaben über die fragenden Fürwörter.

Regel XLIV.—XLIX. Seite 473—476.

57. Wer von Ihnen hat mein Buch weggenommen (*taken away*)! — Wer hat mein Buch weggenommen? Ich nicht. — Ich auch nicht. — Wer von uns würde das gethan haben? Ich (er) gewiß nicht, Sie auch nicht, nicht wahr (*would you*)? O gewiß nicht. — Welche von Ihren Freunden sind jetzt hier? Peter und Paulus. — Welcher Ihrer Onkel ist krank? Der Onkel Johann. — XLVI. Was für ein Banquier ist beraubt worden? Ein Londoner Banquier. — Welcher? Herr Coutts. — Welche eingebildete Menschen (*men*)! — Welche glückliche Zeiten! — Wie groß war meine Freude, als ich meine liebe Schwester wieder sah. — XLVII. Wofür ist der Wellington so sehr belohnt worden? Für seine Dienste um sein Vaterland (*country*). — Woraus entstehen alle diese Irrthümer (*error*)? — Worin besteht die Schönheit des Gedichtes (*poem*)?

---

(43) NB. In Sätzen wie die obigen ist es für Anfänger nicht rathsam, das persönliche Fürwort *he, they, those* auszulassen, wenigstens bis sie mit der Sprache vertraut sind.

(44) Es ist schon Anmerk. 74, Seite 207 gesagt worden, daß "*the one*" öfters statt "*that which*" gebraucht wird:
Is not this book preferable *to the one* | Ist dieses Buch nicht jenem, *welches* Sie gestern (statt *that which*) you had yesterday? | hatten, vorzuziehen?

(45) NB. Die Ausdrücke '*these are they whom, these are they whose,* etc.", welche von den Schriftstellern gebraucht wurden, werden heut zu Tage von Niemanden von Geschmack oder höherer Bildung gebraucht. Statt dessen sagt man:
"*These are the persons, whom we saw at the ball last night*".
"*These are the men,* etc., *whose conduct has ruined our cause.*"

(46) Ausführliche Aufgaben über alle Fürwörter findet man in dem Uebersetzungs-Buche, welches bei demselben Verleger zu haben ist.

(47) Wenn auf „kaum" das Fürwort „anderer" folgt, so muß man ebenfalls „anderer" mit *any other* übersetzen, z. B.:
You will hardly find *any other* books | Sie werden kaum andere Bücher finden, die so so good as these | gut sind als diese.

(48) NB. Statt "*any thing else than that*", braucht man häufig "*but that*", z. B.:
"He would not believe but *that* (statt: *any thing else than that*) I was guilty".

ben frischen, kräftigen, naturgetreuen Schönheiten (*natural beauties*) der
een. — XLIX. Ich muß gehen; ich kann hier nicht länger bleiben.

gebildet, *conceiled.* Zeiten, *times.*	Dienste, *services.* entstehen, *originate.*
ich sah, *on seeing.* wieder, *again.*	besteht, *consists.* Frische, *freshness.*
sehr belohnt, *so highly rewarded.*	Kraft, *power.* Idee, *idea.*

VI. Kapitel.
Syntax. Vom Zeitworte.

- Von den Hülfszeitwörtern to have, be, do, etc.
- Von dem deutschen l a f f e n, let, order, etc.
- Von der Uebereinstimmung des Zeitwortes mit seinem Subjecte.
- Sammelnamen in Uebereinstimmung mit dem Zeitworte.
- Von der Regierung der Zeitwörter.
- Von den zurückführenden Zeitwörtern.
- Vom Indicativ. — H. Vom Conjunctiv.
- Vom Imperativ und Infinitiv.
- Besondere Bemerkungen über den Infinitiv.
- Vom Gebrauche der Participien.
- Vom Gebrauch und Folge der Zeiten.

A. Von den Hülfszeitwörtern To have ([1]), be, do, etc.

Regel 1. Von To be, werden.

To be drückt das deutsche w e r d e n nur dann aus, wenn es zur
Übung der passiven Form der Zeitwörter gebraucht wird; in allen
rigen Fällen wird das deutsche „werden" durch andere Zeitwörter,
l *to grow, to become, to turn* ausgedrückt, z. B.:

e *is loved* by all.	Sie w i r d von allen geliebt.
l *has turned* Mahomedan.	Er ist Mahomedaner geworden.
l *has* (is) *become* very rich.	Er ist sehr reich geworden.
am *growing* old. (§. 190. S. 314.)	Ich werde alt.

Das Zeitwort To be (sein) durch sollen, werden, wollen, müssen, können ausgedrückt.

I am to, he is to, I was, she was to; they, we were to, etc.
gen meistentheils s o l l e n, zuweilen aber w e r d e n, w o l l e n, m ü s s e n
und k ö n n e n; dieß ist hauptsächlich der Fall, wenn von etwas, das
immt geschehen soll, gesprochen wird, und wo weder von dem
l l e n des Sprechenden, noch von seiner Meinung die Rede ist,
dern von seiner Kenntniß einer Sache, worüber er selbst nicht
immen kann, z. B.:

ere *is your brother to go to?*	Wo soll Ihr Bruder hingehen?
is *to go* to Paris to-morrow.	Er soll morgen nach Paris gehen.

[1] Ueber das Zeitwort *to have* in der Bedeutung machen lassen, siehe Regel XIV. Seite 484;
siehe auch §. 110, Seite 222; als „müssen" Anmerk. 79b, Seite 261; als wollen, wünschen, 2c.
beim Infinitiv, Regel XLI. Seite 616.

What *am I to* pay? (2)	Was muß (habe) ich (zu) bezahlen?
We *are to have* an audience to-morrow.	Wir sollen morgen Audienz haben.
What *am I to* (2b) think of him?	Was kann ich von ihm denken?
I *am to be* married.	Ich soll verheirathet werden.
Were I *to go*, what would he do?	Sollte ich gehen, was thäte er?

NB. Oft bedeutet sollen so viel als: man sagt, daß 2c. Kann man sollen mit man sagt vertauschen, so muß man es im Englischen mit *it is said* he, she, *is said*, etc., geben, z. B.:

It *is said* to be true; he *is said* to be rich.	Es soll wahr sein. Er soll reich sein.
It *is said*, that Louis Philip was a clever man, ob. Louis Philip *is said* to *have been* a clever man, etc.	Der Ludwig Philipp soll ein gescheiter Mann gewesen sein.
This portrait *is said* to be a Raphael.	Dieses Porträt soll ein Raphael sein.
He *is said* to know fifty languages.	Er soll fünfzig Sprachen kennen.
She *is said* to have confessed it before she died.	Sie soll es vor ihrem Tode eingestanden haben.
Julius Caesar *may be said to have* dis- covered England. (2c)	Man kann sagen, daß Julius Cäsar England entdeckt hat.

III. Vom Gebrauch des Zeitworts To be (sein) nach dem Infinitiv, und das deutsche „wie ist dies zu thun" 2c. mit how is this to be done, ec gegeben.

Im Deutschen braucht man häufig das Hülfszeitwort sein in Verbindung mit einem Infinitiv, um anzuzeigen, daß Etwas geschehen könne, solle oder müsse, in welchem Falle, wenn man den Satz durch können, sollen oder müssen auflöset, das Subject immer leidend erscheint, z. B.:

Dieses Haus ist zu verkaufen, (dieses Haus soll verkauft werden).
This house *is to be sold*. Wörtlich: Dieses Haus ist zu sein verkauft.

Auf gleiche Weise gebraucht man im Englischen das Zeitwort to be in Verbindung mit einem nachfolgenden Infinitiv, nur mit dem Unterschiede, daß man im Englischen nicht den Infinitiv der activen, sondern der passiven Form von sein, to be, folgen läßt, und darauf das Particip des thätigen (activen) Zeitworts setzt, z. B.:

How is this *to be done?* (3) (Wie läßt sich dieses thun?)	Wie ist dieses zu thun? (wörtlich: wie ist dieses zu sein gethan?)
Where are such books *to be had?*	Wo sind solche Bücher zu haben? (wie sind solche Bücher zu sein gehabt?)

---

(2) NB. Wie man im Französischen "j'ai, été le voir, etc." braucht, so braucht man auch "to be" bisweilen im Englischen, z. B.:

Has he *been to see* you lately?	Hat er Sie neulich besucht?
No, he *has not been to see* me lately.	Nein, er hat mich nicht neulich besucht!
We *have been to visit* Mrs N.	Wir haben Madame N. besucht.
The barber who *had been to shave* the Admiral, had just left.	Der Barbier, der gekommen war, den Admiral zu rasiren, war so eben fort gegangen.

(2b) Der Unterschied zwischen dieser Redensart und den Wörtern, shall, will, etc., ist bald groß bald klein. Shall drückt einen ganz positiven Befehl aus; I *am to* hingegen eine verdeckte Verordnung, z. B.:

You *shall* go, I *will* not be refused.	Du sollst gehen, ich will nicht widersprochen 2c.
I *am to go* to the theatre this evening.	Ich werde (soll) heute Abend ins Theater gehen.

Will man einem Andern einen höflichen Befehl ertheilen, so kann man nicht sagen: you *shall*, sondern *you are* to do this or that, z. B.:

Sister, you *are to* mend my gloves.	Schwester, Du wirst meine Handschuhe ausbessern.

So auch muß *was to* statt *should*, um eine vergangene Verordnung auszudrücken, gebraucht werden, z. B.:

My brother *was* to have come to-day.	Mein Bruder sollte heute kommen.
My brother *should* have come to-day.	Mein Bruder hätte heute kommen sollen.

(2c) "Aineas went in search of an empire, which *was*, one day, *to command* the world"

(3) Bei den Zeitwörtern "to blame (tadeln), to lose (verlieren)" kann man die obige oder die deutsche Form brauchen, z. B.:

You *are much to blame* (to be blamed).	Sie sind sehr zu tadeln.
There *is no time to lose* (to be lost).	Es ist keine Zeit zu verlieren.

Ie is not *to be persuaded*.	Er ist nicht zu überreden, (er ist nicht zu sein überredet).
It *must be done* to-morrow.	Morgen muß es geschehen.

Man kann aber diesen Phrasen mittelst des Fürworts **man** (*one*) eine andere Wendung geben, z. B.:

How can *one* do this? etc.	Wie kann man dieses thun? 2c.

Diese Form ist jedoch nicht so gebräuchlich. (3b)

IV. To be mit dem Fürwort *it*, um das Hauptwort herauszuheben.

Um das Haupt= oder Fürwort mehr herauszuheben, setzt man im Englischen öfters das Fürwort *it* vor dem Zeitwort *to be*, in der dritten Person im Singular, z. B.:

It *is* the Queen who has ordered it.	Die Königin hat es befohlen.
It *was* the King; *was it*?	O, der König war es? so! ja!
It *was* Napoleon's ambition that ruined him and many others.	Napoleons Ehrgeiz hat ihn und viele Andere ruinirt.

V. Bom Zeitwort To do, thun (4).

To do (thun), wie man §. 113, Seite 230 (4b) gesehen haben wird, ist ein vollständiges Zeitwort und wird blos im Präsens und Imperfectum als Hülfszeitwort gebraucht. Im Englischen bedient man sich desselben, wenn man mit besonderem Nachdruck sprechen will (5) und hauptsächlich in allen fragenden, verneinenden, bittenden und in negativen imperativen Sätzen, z. B.:

Do but see these beautiful pictures!	Sehen Sie nur diese schönen Gemälde an!
I am sure you *do not* love your brother.	Ich bin gewiß, daß Sie Ihren Bruder nicht lieben.
I assure you, *I do* love him tenderly.	Ich versichere Sie, ich liebe ihn zärtlich.
Do you know the King of France?	Kennen Sie den König von Frankreich?
No, I *do not* know him. (6)	Nein, ich kenne ihn nicht.
Give me your promise! *do* now!	Versprechen Sie mir's! ich bitte darum!
Nor *does* her beauty go for *nothing* with me. — *Do* not *go* there.	Ihre Schönheit auch gilt etwas bei mir. — Gehen Sie nicht dahin.
Do not *do* that (ob. *don't* do that.)	Thun Sie das nicht.

(3b) NB. Die beste Regel überhaupt für Anfänger hier zu befolgen ist, daß wenn im Satze das Zeitwort sein, worauf ein Infinitiv folgt, sich befindet, dasselbe stets mit „ist zu sein (*is to be*)" und dem Particip des betreffenden Zeitworts ins Englische zu übersetzen, z. B.:

It *is* to be done.	Es ist zu thun (es ist zu sein gethan).
It *is* not to be read.	Es ist nicht zu lesen (es ist nicht zu sein gelesen).
What *is* to be done now?	Was ist jetzt zu (machen) thun? (was ist jetzt zu sein gethan)
We were not *to be comforted*.	Wir waren nicht zu trösten (wir waren nicht zu sein getröstet)

Die einzige Ausnahme von dieser Regel ist, wenn das Subject (Nominativ) als selbst thätig (handelnd) gedacht werden kann, dann bleibt die Construction wie im Deutschen, z. B.:

Was kann man thun?	*What can* (one, a man) people do?
Man kann dieses nicht lesen.	*One cannot read this* ob. *this is illegible*.
Was kann (soll) man jetzt thun?	*What can we* do now? oder: *What can be* done now? *What is* now to be done?
Was ist jetzt zu thun, zu machen?	

„Ueber den Gebrauch des deutschen Fürworts „man" s. Reg. XI. — XIX. Seite 451.

(4) Siehe die Anglizismen mit *to do* §. 119, Seite 236.
(4b) Siehe auch "*to love*" in fragender, verneinender und bejahender Form. §. 157, Seite 275.
(5) NB. Im poetischen und leidenschaftlichen Styl wird das "*do*" häufig weggelassen, wodurch dem Ausdruck viel Kraft verliehen wird, z. B.:

Begone, base man! I *know* you not.	Fort, böser Mensch! ich kenne dich nicht.
He called, and called again for help; but alas! we *heard* him not! we *saw* him not!	Er rief, und rief wieder um Hülfe; aber ach! wir hörten ihn nicht! wir sahen ihn nicht!

(6) NB. 1. Um die Anwendung des "*to do*" leicht zu machen, hat man sich nur zu erinnern, daß "*to do*" in fragenden und verneinenden Sätzen bei allen Zeitwörtern in der ganzen Sprache gebraucht werden muß, außer:

VI. Die Vollendung einer Handlung durch do bezeichnet.

Das Perfectum, Plusquamperfectum und das erste Futurum von *to do* dienen, in Verbindung mit einem Particip auf *ing*, oft um die Vollendung einer Handlung zu bezeichnen, z. B.:

1stens. a) Bei den folgenden Hülfszeitwörtern:

"To have; to be;	Should und would;	May und might;
Shall und will;	Can und could;	Must und ought; z. B.

Have you bread? — Are you ill?	Haben Sie Brod? — Sind Sie krank?
No, I have no bread. — I am not ill.	Nein, ich habe kein Brod. — Ich bin nicht krank
Shall (should, will, would, may, might, can, could, must, ought) I go?	Soll (sollte, will, wollte, darf, dürfte, kann, kann, muß, sollte) ich gehen?
No, you shall (should, will, would, may, might, can, could, must, ought) not go	Nein, Sie sollen (sollten, wollen, wollten, können, könnten, müssen) nicht gehen.

2tens. b) Bei den folgenden drei Zeitwörtern, welche meistens sowohl fragend als verneinend ohne "do" gebraucht werden: "To dare (dürfen, wagen); to need (brauchen, nöthig haben); to signify (bedeuten, helfen)", z. B.:

He dare not say so.	Er darf das nicht sagen.
But, dare you do that?	Dürfen Sie (trauen Sie sich) aber das thun?
Need I (must I) make haste?	Brauche ich mich zu beeilen?
No, you need not.	Nein, Sie brauchen sich nicht zu beeilen.
What signifies all the beauty in the world without money?	Was hilft alle Schönheit von der Welt ohne Geld?

NB. 2. Wenn ein Accusativ dem Worte "need" nachfolgt, so muß man "to do" bei ihm gebrauchen, z. B.:

Does he need my help?	Hat er meine Hülfe nöthig?
Do the horses need hay?	Brauchen die Pferde Heu?

NB. 3. Als Hülfszeitwort schreibt man need, dare ohne das "s" in der dritten Person Singular, als Zeitwort aber man needs, dares schreiben, z. B.:

He dares much; he needs our help.	Er wagt viel; er braucht unsere Hülfe.
He need not, dare not come to me.	Er braucht nicht, darf nicht zu mir kommen.

3tens. c) Bei den folgenden vier Zeitwörtern, wenn sie blos verneinend — nicht fragend — gebraucht werden und wenn sie beschränkt sind, bleibt "do" ebenfalls weg. — To believe (glauben); to know (kennen); to imagine (glauben); to think (denken, meinen)", z. B.

Will Mr. Wilson come to-day?	Wird Herr Wilson heute kommen?
I believe not. I know not. I think not.	Ich glaube nicht. Ich weiß nicht. Ich denke nicht.
I imagine not.	Ich vermuthe nicht.

NB. 4. Wenn aber ein Satz mit den obigen Wörtern eng verbunden ist, so muß man "to do" brauchen, z. B.:

I do not believe (know) what you say.	Ich glaube (weiß) das, was Sie sagen, nicht.
He does not think of the danger.	Er denkt nicht an die Gefahr.
She did not imagine that I knew her.	Sie dachte nicht, daß ich sie kannte.

NB. 5. Es ist wohl zu merken, daß man das deutsche "ich glaube, meine, denke nicht", wie oben (c) geben muß, denn "I do not believe; I do not think; I do not imagine" ohne Fürwort oder Nachsatz hieße: "ich glaube, meine, denke überhaupt gar nicht". I do not believe it; I do not think so, wäre richtig. Man sagt aber "I do not know (ich weiß nicht)".

Wo "to do" gebraucht werden muß.

NB. 6. Bei allen anderen Fällen (außer in den obigen und außer in der Poesie) muß man "to do" stets brauchen; z. B.: das deutsche "Lieben Sie? fürchten Sie?" etc. muß man mit "thun Sie lieben, thun Sie fürchten", und das "ich liebe nicht, ich fürchte nicht" etc., mit "ich thue nicht lieben", etc. geben, z. B.:

Have you books? Go there.	Do you like books? Do not go there.
Nein, ich habe die Bücher nicht gern.	No, I do not like books.
Derjenige, der lasterhaft ist, verdient unsere Achtung nicht.	He that is vicious does not deserve our esteem.

NB. 7. Als Stellvertreter eines Zeit-, Haupt- oder Fürworts braucht man "to do" im Englischen, da wo man im Deutschen häufig mit "Ja oder Nein" antwortet, z. B.:

Do you know me? — Yes, I do; no, I do not (know you)	Kennen Sie mich? Ja (ich kenne Sie); nein, (ich kenne Sie nicht.)
Do you know French, Latin, Greek? Yes, I do (know French, Latin, Greek).	Kennen Sie Französisch, Lateinisch, Griechisch? Ja, (ich kenne Französisch, Lateinisch, x.)
If he had liked music as I did.	Hätte er die Musik geliebt wie ich.

NB. 8. Schließlich wird, um Zweideutigkeiten zu vermeiden, to do bei einer Vergleichung, wenn das Zeitwort ein transitives ist, angewendet, weil man wegen der gleichen Form des Nominativs und Accusativs sonst nicht wissen kann, ob der zweite Gegenstand Subject oder Object ist; sage ich z. B.:

I esteem my niece as much as my uncle, so könnte dies heißen:
    Ich achte meine Nichte ebenso sehr als meinen Onkel (Object), oder
    Ich achte meine Nichte ebenso sehr als mein Onkel (Subject).
Um diese Zweideutigkeit zu vermeiden, sagt daher der Engländer:
    I esteem my niece as much as I do my uncle, im ersten, und
    I esteem my niece as much as my uncle does im zweiten Falle.

☞ Ueber "do" siehe Anmerk. 30o, S. 234; bei den Fürwörtern oben §. 117, S. 225.

...ave *done reading*.	Ich bin mit dem Lesen fertig.
...ad *done reading*.	Ich war mit dem Lesen fertig.
...hall have *done reading*.	Ich werde mit dem Lesen fertig sein.

NB. Wie schon §. 116, Seite 235 bemerkt worden ist, kann *do* mit einem ...ern Hülfszeitwort nicht verbunden werden.

VII. Von dem Hülfszeitwort may, mögen, können, dürfen.

Wie schon gesagt, drückt *may* Freiheit, Möglichkeit, auch Zweifel ...b Wahrscheinlichkeit aus und wird im Deutschen bald mit mögen ([7]), ...b mit dürfen, bald mit können übersetzt, z. B.:

...*may do* what I please.	Ich kann (darf) thun, was ich will.
...*may*, or it *may not* be true.	Es kann (mag) wahr ob. nicht wahr sein.
...*y I* go to the play to-day? ([8])	Darf ich heute in's Schauspiel gehen?
...s, you *may*. No you *may not* go ...this evening.	Ja, Sie dürfen es. Nein, Sie dürfen heute Abend nicht gehen.
...joy while you *may*.	Erfreue dich so lang du kannst.
...matter what they *may say*.	Thut nichts, was sie sagen mögen.

NB. 1. Mit "*may*" drückt man auch einen Wunsch aus, z. B.:

...y you be happy!	Mögen Sie glücklich sein!

NB. 2. *May* und *might* braucht man auch, um den Conjunctiv zu bilden, und ...ar in den Fällen, wo die deutsche Conjunction daß so viel heißt, als: zu dem ...be, daß (*afin que*); in der Absicht, daß; damit, z. B.:

...me near me, that *I may* hear you.	Kommen Sie mir nahe, damit ich Sie höre.
...t it on the table, that *he may* find it.	Stellen Sie es auf den Tisch, damit er es finde.
...valked very fast, that *they might* ...ot catch me.	Ich ging sehr schnell, damit sie mich nicht fingen.

VIII. Can, können.

Can drückt das Vermögen, die Fähigkeit, etwas zu thun, aus; ...t *may* räumt man ein, mit *can* verneint man, z. B.:

...*may* be true. It *cannot* be true.	Es mag wahr, (es kann nicht wahr) sein.
...a you speak English?	Können Sie englisch sprechen?
..., but once I *could*. ([9b])	Nein, aber einst konnte ich es. ([9b])

[7) Ueber *may* s. Anm. 43, Seite 241, mögen s. §. 127, S. 246, lassen Anm. 66 S. 247.

8) In Fragesätzen braucht man im Deutschen häufig sollen statt dürfen; so oft aber sollen mit dürfen verwechselt werden kann, muß man im Englischen *may* brauchen, z. B.:

Soll ich (darf ich) das Buch haben?	*May I have (take) the book?*
Soll ich (darf ich) heute ausgehen?	*May I go out to-day?*

Es ist hier zu bemerken, daß, wenn man eine Frage mit dürfen stellt, man es, wie schon bemerkt, mit *may* im Englischen stellen muß; wenn man aber in bestimmten positiven Sätzen das deutsche dürfen mit dem verneinenden Adverbium nicht (*not*) verbindet, so muß man es im Englischen mit *dare* (dürfen, wagen) übersetzen, z. B.:

He *dare not* vex the King.	Er darf den König nicht ärgern.
Let him do it if he *dare*.	Laß ihn es thun, wenn er es darf (wagt).

NB. In der Bedeutung „nöthig haben, nicht brauchen" übersetzt man „dürfen" mit *to need*, in bestimmten, befehlenden, verneinenden Sätzen mit *must*, z. B.:

You *need not* trouble yourself about it.	Sie dürfen sich darum nicht bemühen.
He *must* never do so again.	Er darf es nie wieder thun.

In der Bedeutung „wollen" übersetzt man „mögen" mit *will*, z. B.:

Will you have the kindness to lend me your penknife?	Möchten (wollen) Sie wohl die Güte haben, mir Ihr Federmesser zu leihen?
He begged (*that*) I *would* help him, oder He begged me to help him.	Er bat, daß ich ihm helfen möchte (wollte). (Er bat mich ihm zu helfen).

9b) Im Ganzen stimmt "*can*" mit dem deutschen „können" überein, es ist aber wohl zu merken, daß, so oft das deutsche „können" etwas von der Bedeutung von „dürfen" hat, so muß es durch "*may*" und nicht durch "*can*" übersetzt werden, z. B.:

He *may* go if he likes.	Er kann (darf) gehen, wenn er es mag.

Ausführliches hierüber findet man Seite 154 des Uebersetzungsbuchs.]

IX. Shall, must, ought, sollen, müssen, sollen.

Ueber *shall* (⁹), *will*, *must* und *ought* ist schon das Nöthige S. 250 - 255 gesagt worden, und hier habe ich nur noch den Unterschied zwischen *should* und *ought* zu bemerken.

Should und *ought* drücken beide Pflicht oder Verbindlichkeit aus, als:

I *should* (ob. *ought* to) love God and my neighbour.	Ich sollte Gott und meinen Nächsten lieben.
I think I *ought* to (ob. *should*) know better than you.	Ich denke, ich sollte es besser wissen, als Sie.

NB. Mit *should* aber drückt man einen Befehl aus, was man mit *ought*, weil es lediglich auf Pflicht sich bezieht, nie ausdrücken kann, z. B.:

The King swore that I *should* suffer for my misdeeds.	Der König schwor, daß ich für meine Missethaten leiden sollte.
I told him he *should* (⁹c) learn more, but he has not obeyed me.	Ich sagte ihm, daß er mehr lernen sollte, er hat mir aber nicht gehorcht.

NB. In solchen Fällen könnte man "*ought*" nicht brauchen.

X. Das deutsche „Wollen", als Vorhaben, durch to intend, to want, etc. ausgedrückt.

Wollen, als einfaches Vorhaben, oder im Begriffe sein, drückt man durch *to intend*, *to mean*, *to be going*, *to be about*, *to want* aus, z. B.:

He *intends* going to London to-morrow.	Morgen will er nach London abreisen.
I *was just going* to tell the story when Mrs. Gossip entered the room.	Ich wollte (war im Begriff) gerade die Geschichte (zu) erzählen, als Madam *Gossip* in das Zimmer eintrat.
He *was about* to go out when I came.	Er wollte gerade ausgehen, als ich kam.
He *wanted* to kill me.	Er wollte mich tödten (er beabsichtigte x.)

XI. Das deutsche „Wollen" in der Bedeutung „nöthig haben, verlangen" mit want, wish übersetzt.

Will man durch „wollen" ein Nöthig haben, ein Erforderniß, eine Nothwendigkeit oder ein Verlangen ausdrücken, so muß man es im Englischen mit *to want* (bedürfen) geben, z. B.:

What do you *want*? — I *want* a hat.	Was wollen (befehlen) Sie? = Ich will (wollte) (möchte) einen Hut haben.

---

(9) NB. 1. In Fragesätzen scheint es oft schwer zu wissen, ob man "*shall*" oder "*will*" brauchen muß. Hierbei hat man zu merken, daß die Frage mit demselben Wort gestellt werden muß, welches man bei der Antwort erwartet, z. B.:
Will you go to walk to-day? Yes, I *will*. No, I will not go to-day.
Shall you have finished in an hour? Yes, I *shall*, No, I *shall* not.
Will (would) he be angry, if I do (did) it? Yes, he *will* (would). No, he *will* (would) not.
NB. 2. Die erste Person des *Singulars* und *Plurals* machen hiervon eine Ausnahme, z. B.:
Shall I (we) have much to pay? Yes, you *will*. No, you *will* not
NB. 3. Bei einer Gemüthsbewegung braucht man stets "*shall*, *should*", z. B.:
Do you think you *shall* (should) be happy? I think I *shall* (should).

(9b) NB. Ueber das deutsche „können" in der Bedeutung wissen oder verstehen, s. Kap. x. Seite 243.

(9c) NB. "*Should*" drückt bisweilen eine Art Zweifel, eine schwache Behauptung seitens des Redenden aus, z. B.:
I *should* (d. h. *am inclined to*) think it would be better to decline it. | Ich meine (sollte meinen) es wäre besser sie zu verweigern.

He *wanted me* (*wished me*) to lend him (some) money.	Er wollte, daß (9d) ich ihm Geld liehe (leihen sollte).
He *wants* (wishes) to sell his house.	Er will (wünscht) sein Haus (zu) verkaufen.

XII. "Will (10) und would" in der Bedeutung pflegen.

Bisweilen trifft man *will* und *would* auf eine ganz besondere Art angewendet, um eine oft wiederholte Handlung, eine Gewohnheit auszudrücken. In diesem Sinne kann man es durch pflegen (to use) übersetzen, z. B.:

Sometimes he *will* sit and sing for a whole hour.	Manchmal pflegt er eine ganze Stunde zu sitzen und zu singen.
And then my uncle Toby *would* say, that life was nothing.	Und dann pflegte mein Onkel Tobias zu sagen, daß das Leben Nichts sei.
He *would* call the children round him, and relate them his adventures.	Er pflegte die Kinder um sich zu rufen und ihnen seine Abenteuer zu erzählen.

NB. 1. In allen solchen Fällen kann man im Präsens dasselbe Verhältniß ausdrücken, daß man das *will* wegläßt und das Zeitwort selbst in's Präsens setzt, z. B.: Sometimes he *sits* and *sings*, and *dances*, etc., a whole hour, day, etc.

NB. 2. Im Imperfectum bedient man sich des Zeitworts *to use*, pflegen, um dasselbe auszudrücken, z. B.: And then he *used* to say, to walk, to call the children about him, etc.

NB. Alle Anfänger sollten es sich zur Regel machen, das deutsche pflegen auf letztere Art zu übersetzen.

B. Das deutsche lassen, let, suffer, permit, allow, get, have, bid, command, etc.

§. 19. Das deutsche lassen macht dem Deutschen, wenn er es in's Englische übersetzen soll, eine bedeutende Schwierigkeit, weil es auf sehr verschiedene Weise in dieser Sprache ausgedrückt werden muß.

Im Deutschen bezeichnet lassen den dreifachen Begriff 1) des Zulassens, 2) des Veranlassens und 3) des Befehlens (11). Für einen jeden dieser Begriffe hat man im Englischen besondere Wörter, und neben dem kann man es häufig auch durch die passive Form geben.

(9d) Im Englischen darf man nie die Conjunction "daß (*that*)" nach "*will*, wollen", setzen, hierüber siehe den Infinitiv des Zeitworts *to have*, Regel XLI. Seite 515. Siehe auch die Conjugation von *will*, wollen. §. 133, Seite 253.

(10) NB. 1. Als thätiges Zeitwort ist *will* regelmäßig, (f. Anm 85, Seite 253) z. B.: You must do it, for *the King wills* it. | Sie müssen es thun, denn der König will es.

NB. 2. Es ist wohl zu merken, daß, wo man im Deutschen das "wollen" elliptisch braucht, man im Englischen das fehlende Zeitwort stets ergänzen muß, z. B.: Wollen Sie Wein? b *h.* haben, (nehmen)? | *Will* you *have* (take) some wine?

NB. 3. Das deutsche "ich will", zc. muß immer durch "*will have*", worauf der Accusativ mit Infinitiv folgt, gegeben werden, z. B.:
Ich will, daß er mehr lese. | I *will have* him read more
Was wollte er, daß Sie thäten? | What *would* he *have* you do?
Er wollte (haben), daß ich ginge. | He *would have* me go.
Hierüber siehe Reg XLI Seite 514 und Reg. XLIV. Seite 515.

NB. 4. So oft das deutsche "wollen" in der Bedeutung von "behaupten, aussagen daß ....", gebraucht wird, muß man es im Englischen mit "*to say*, *to pretend*", geben, z. B.:
He *says* he knows you well. | Er will Sie gut kennen.
She *pretends* she has seen the devil. | Sie will den Teufel gesehen haben.
Ausführliches hierüber findet man Seite 155 des Uebersetzungsbuches.

(11) Neben diesen drei Bedeutungen hat das deutsche "lassen" auch viele andere. Siehe Regel XVII. Seite 486. — NB. Ueber die 30 Bedeutungen des "lassen" siehe das XXVIII. Gespräch, Seite 169 *Rothwell's* Gesprächbuch.

XIII. „Laffen" als zulassen, to suffer, to permit, to allow, to let.

1. Der Begriff des Zulassens wird durch *suffer, permit, allow* und *let* gegeben, z. B.:

a) He would not *suffer* me *to pass.*	Er wollte mich nicht passiren lassen.
b) She would not *permit* me *to speak.*	Sie wollte mich nicht sprechen lassen.
c) The physician *allowed* ([12]) him *to drink* wine.	Der Arzt ließ ihn Wein trinken.
d) Will you *let* me *go* with you? ([13])	Wollen Sie mich mitgehen lassen?

NB. *Suffer* und *allow* haben im Allgemeinen die Bedeutung von nicht hindern, dulden; *permit* von einwilligen, zugeben; *let* von beiden.

XIV. „Laffen" als veranlassen, to cause, to get, to have, to make.

2. Der Begriff des Veranlassens wird durch *cause, get, have* und *make* ausgedrückt, z. B.:

a) **Cause.** The King *caused* the old palace *to be* ([14]) *pulled down.*	Der König ließ den alten Palast niederreißen.
The general *caused* the army *to advance* ([14]) in order of battle.	Der General ließ die Armee in Schlachtordnung anrücken.

NB. 1. Auf *cause* folgt im Englischen das Object, und dann das Zeitwort im Infinitiv mit der Präposition *to*, wie oben.

b) **Get.** I must *get* ([15]) my books *bound.*	Ich muß meine Bücher binden lassen.
Where do you *get* them *bound?*	Wo lassen Sie sie binden?
Whatever you please, I shall *get done* for you.	Was Sie nur wollen, werde ich für Sie thun lassen.

NB. 2. Man muß hier wohl merken, daß auf *get* das Object (Accusativ) und dann das Particip der Vergangenheit folgt, obwohl man im Deutschen den Infinitiv braucht. Siehe NB. zu c.

c) **Have.** I *had* her *punished.*	Ich ließ sie strafen.
The general *had* all the houses *demolished.*	Der General ließ alle Häuser demoliren.
I must *have* my hair *cut* to-morrow.	Morgen muß ich mir das Haar schneiden lassen.

NB. 3. Beim Gebrauche des Zeitworts *have* muß man sich sehr in Acht nehmen, daß das Object (Accusativ) mit seinem ganzen Anhang ([16]) (wenn er

---

(12) In allen diesen Fällen könnte man nöthigen Falls *let* brauchen. Der Engländer macht des Wohlklangs wegen einen Unterschied zwischen diesen Wörtern; allein der Fremde kann sie als synonym behandeln.

(13) Man sieht hieraus, daß nach den drei ersten (*suffer, permit, allow*) der Accusativ wie im Deutschen folgt, und dann der Infinitiv mit *to*; nach dem letzten (*let*) folgt indeß der Infinitiv ohne *to.*

(14) Es ist hier wohl zu merken, daß, wenn das Object (Accusativ) eine Sache, folglich nicht handelnd, sondern leidend ist, man stets das Zeitwort *to be* (sein) nach dem Objecte und dann das zweite Particip (past Participle) setzen muß, z. B.: im ersten Satz ist *the old palace* (der alte Palast) Object; der Palast kann aber sich selbst nicht niederreißen, folglich muß man die passive Form mit *to be* (sein) gebrauchen. Im zweiten Satz ist *the army* (die Armee) handelnd, kann von selbst anrücken, folglich darf man *to be* nicht gebrauchen, sondern das Zeitwort im Infinitiv. Der obige Satz heißt wörtlich: Der König veranlaßte den alten Palast zu sein niedergeworfen.

(15) Siehe die Conjugation des Zeitworts *to get*, bekommen, erlangen, 2c. §. 184, Seite 308.

(16) Es ist hier zu bemerken, daß, wenn nach dem Object (Accusativ) ein beziehendes Fürwort zu einem erklärenden Satz folgt, so muß ebenfalls das zweite Particip am Ende gesetzt werden, z. B.: Henry VIII. *had* his wife Anne Boleyn, | Heinrich VIII. ließ seine Gemahlin Anna Boleyn, *whom* he tenderly loved, *beheaded.* | welche er zärtlich liebte, enthaupten.

Wenn aber kein beziehendes Fürwort da ist, hauptsächlich wenn der Satz lang ist, so kann öfters das zweite Particip zwischen dem Object (Accusativ) und seinem Anhange stehen, z. B.:
The general *had had* the criminal *shot,* | Der General hatte den Angeklagten todt schießen before his innocence was discovered. | lassen, bevor seine Unschuld entdeckt wurde.

NB. Dieses bietet keine Schwierigkeiten, da es mit dem Deutschen übereinstimmt.

solcher ba ist) unmittelbar nach *have* (haben) zu stehen kommt, und daß das Particip der Vergangenheit an das Ende gesetzt wird, sonst würde *have* den Sinn von lassen gänzlich verlieren und bloß den von haben beibehalten, z. B.:

Thun lassen.	Selbst thun.
I *have had (got)* (¹⁷) a watch *made.*	I *have made* a watch.
Ich habe eine Uhr machen lassen. (¹⁷b)	Ich habe eine Uhr gemacht.
I *had* a watch *made.*	I *had made* a watch.
Ich ließ eine Uhr machen	Ich hatte eine Uhr gemacht.
I *shall have* a watch *made.*	I *shall have made* a watch.
Ich werde eine Uhr machen lassen.	Ich werde eine Uhr gemacht haben.
Und so weiter in den übrigen Zeiten.	

d) **Make.** *To make* muß man brauchen, wenn „lassen" den Begriff von zwingen, fordern oder unwiderstehlich verleiten in sich faßt, und muß stets von einem thätigen (activen) Zeitwort, im Infinitiv aber ohne die Präposition *to* (¹⁸) begleitet werden, z. B.:

He would not do it, but I *made* him *do it.*	Er wollte es nicht thun, ich ließ ihn es aber thun.
He *made* me *pay* £ 500 (pounds).	Er ließ mich 500 Pfund bezahlen.
She *makes* her children *get up* at 5 o'clock.	Sie läßt ihre Kinder um 5 Uhr aufstehen.

XV. „Lassen" als **Befehlen,** to command, to order, to desire, to request, to bid, to tell.

3. Drückt lassen den Begriff des Befehlens aus, so wird es mit *to command, to order* (¹⁹), *to desire, to request* (²⁰), *to bid, to tell* (²¹) gegeben, z. B.:

The Duke of Wellington *commanded* the troops *to prepare* for battle.	Der Herzog von *Wellington* ließ die Truppen zur Schlacht vorbereiten.
The banker *ordered* his cashier *to pay* me.	Der Banquier ließ mich von seinem Kassier bezahlen.
My father *desires* (ob. *requests*) *to know* your opinion.	Mein Vater läßt um ihre Meinung bitten.
Desire (ob. *request*) the ladies *to walk* in.	Lasset die Damen hereinspazieren.
Bid (ob. *tell*) the tailor *to wait* till I have time to speak to him.	Laß den Schneider warten, bis ich Zeit habe, mit ihm zu sprechen.
Go and *tell* the servant to give you a piece of bread.	Gehe und laß dir von der Magd ein Stück Brod geben.
I *ordered* the things *to be shown* to me.	Ich ließ mir die Sachen vorlegen (zeigen).

NB. 1. *Desire, request, bid* und *tell* setzen eine mündliche Mittheilung voraus. (²²c)

NB. 2. Bei *command* und *order,* wie beim Befehlen im Deutschen, ist wohl zu merken, daß sie einigermaßen unbestimmt sind, denn man kann einen Befehl geben, ohne daß er nachher ausgeführt wird; durch *have* und *cause* vermeidet man diese Ungewißheit, z. B.:

---

(17) In der Bedeutung „lassen" kann der Richtengländer *get* und *have* als synonym behandeln.

(17b) NB. 1. Im Präsens drückt man das „lassen" durch *to be* und dem Particip von "*to have* oder *to get*" aus, z. B.:

I am *having (getting)* a coat made. | Ich lasse mir einen Rock machen.

NB. 2. In Verbindung mit einem Particip hat "*have*" öfters die Bedeutung von „werden", z. B.:

He *had* his house burned down. | Es wurde ihm das Haus in Brand gesteckt.
She *has had* nothing *left* her. | Es ist ihr nichts hinterlassen worden.
He *had* much money *left* him by his uncle. | Es wurde ihm von seinem Onkel viel Geld hinterlassen.

(18) Siehe die Zeitwörter, welche *to* vor dem Infinitiv nicht zulassen. § 214. Seite 336.

(19) *To command* und *to order* haben einen überhaupt entscheidenden, befehlenden Sinn, während *to desire, to request, to bid, to tell,* diesen Begriff mit weniger Nachdruck, mit Höflichkeit oder Gleichgültigkeit ausdrücken. Siehe *to let* § 210, Seite 322. Auch „es läßt sich ze." §. 170. Seite 292; mit mögen gegeben Anm. 70, Seite 514.

(20) *To desire* drückt eine Art Wunsch mit dem Befehl verbunden aus, *to request* drückt dasselbe aber etwas bestimmter aus, beide werden bisweilen statt *bid* und *tell* gebraucht.

(21) *To bid* und *to tell* stehen dem deutschen sagen zur Seite und sind gleichbedeutend.

The Duke of Wellington *commanded* (oder *ordered*) a soldier *to be* ([22]) *hanged*, for having taken a loaf of bread.	Der Herzog von *Wellington* befahl, daß ein Soldat gehängt werde, weil er einen Laib Brod weggenommen hatte.

NB. Hier könnte man hinzusetzen „aber sein Befehl war nicht vollführt," wenn ich aber *have* oder *cause* brauche, so ist kein Zweifel mehr, daß die Sache vollbracht worden ist, z. B.:

The Duke of W. *had* a soldier *hanged*, for, etc., oder: The Duke of W. *caused* a soldier *to be* ([22]) *hanged*, etc.	Der Herzog von *W.* ließ einen Soldaten hängen. Wörtl.: Der H. von *W.* verursachte einen Soldaten zu sein gehängt.

Beispiel über die vorhergehenden Regeln.

At first the King was *suffered* to try his prerogative — he was then *allowed* to form a guard — at a later period they *caused* him to be arrested, and finally they *had* him beheaded.   (*Lingard.*)

XVI. „Laffen" durch die passive Form gegeben.

Im Englischen wie im Lateinischen kann man häufig das deutsche „lassen" durch das bloße Passiv übersetzen, z. B.:

I *have been told* that, etc.	Ich habe mir erzählen lassen, daß x.
That is not *to be believed*.	Es läßt sich nicht glauben. ([22]b)
The Doctor *was sent for*.	Man ließ den Doctor holen. ([22]c)

XVII. „Laffen" als verlaffen, hinterlaffen, laffen, to leave, to let.

Der Fremde irrt sich sehr häufig, indem er das deutsche „laffen", wenn es die Bedeutung verlassen, hinterlassen zc. hat, mit *to let* übersetzt. In solchen Fällen muß man das Zeitwort *to leave* brauchen, z. B.:

You *leave* every thing in disorder.	Sie laffen Alles in Unordnung.
He takes the worst and *leaves* the best.	Er nimmt das Schlechtefte und läßt das Beste.
Where did you *leave* my book?	Wo haben Sie mein Buch gelaffen?
I *left* it on the table.	Ich ließ es auf dem Tische.
My only friend has gone and *left* me.	Mein einziger Freund hat mich verlaffen.
He went away and *left* his wife behind. ([23])	Er ging weg und ließ seine Frau zurück.

(22) NB. Wenn das Object, welches nach *cause*, *command*, *etc.* zu stehen kommt, nicht felbst handelnd, sondern leidend ist, so muß man *to be* vor das Particip setzen, ist das Object das handelnd, so bleibt *to be* weg. Siehe Anm. 14, Seite 484; auch Anm. 24, Seite 311.

(22b) Ueber das unperfönliche „es läßt sich, zc." siehe §. 170, Seite 292.

(22c) NB. Das Deutsche „sagen, kommen lassen, schriftlich wissen lassen", gibt man wie folgt:

Ich werde Ihrem Vater sagen lassen.	I will *send* your father *word*.
Er ließ mich gestern schriftlich wissen	He *wrote me word* yesterday.
Sie werden mir wohl zuvor sagen lassen	You will *let me know* before-hand.
Er ließ mir sagen. Ich ließ ihm sagen	He *sent me word*. I *sent him word*.

NB Im Gebrauch von Lassen merke man folgende Ausdrücke:

Wir haben den König hoch leben lassen.	*We drank* the king's health, three times three.
Er läßt sich theuer bezahlen.	He is very dear.
Ich muß mir das Buch von London kommen lassen.	I *must order* the book from London.
So habe ich es mir erzählen lassen.	I have been told so.
Er ließ mir eine Flasche Wein kommen.	He *ordered* a bottle of wine (for me).
Sie ließ den Arzt gleich kommen.	She *sent* for the Doctor immediately.

(23) Es verdient hier bemerkt zu werden, daß „*to let alone* und *to leave alone*" zwei ganz verschiedene Bedeutungen haben. Ersteres heißt „nicht anrühren", letzteres „allein laffen", z.

Let me alone.	Laß mich in Ruhe. Rühre mich nicht an.
Leave me alone. We must leave it so.	Laß mich allein. Wir müssen es so lassen.
Let the child alone.	Laß das Kind (in Ruhe) zufrieden.
Let that fruit alone.	Rühr' das Obst nicht an.

Aufgaben über die Hülfszeitwörter.

Regel I.—IV. Seite 477—479.

58. Der Rothschild ist sehr reich geworden. — Der berühmte Gibbon war zuerst Katholik, nachher aber wurde er Skeptiker *(sceptic)*. — Soll ich morgen in's Theater gehen? Nein, morgen sollen Sie in's Concert gehen. — Der König soll sehr krank sein und die Königin soll darüber (s. Reg. X. S. 450) sehr betrübt sein. — III. Können Sie mir wohl sagen, wo solche Seide zu h a b e n ist, oder wo die Kleidermacherin *(dress-maker)* zu f i n d e n ist? Solche Seide ist nicht in München zu haben; die Kleidermacherin ist in der Ludwigsstraße Nr. 4 zu finden. — Wie ist dieses zu thun — zu schreiben — zu verstehen? Es ist sehr leicht zu thun, zu machen. — Wo kann man solches Papier bekommen? O, überall können Sie es bekommen. — IV. Der König befehligte die Armee selbst. — Die Königin hat es gesagt, und die Königin soll es am besten wissen.

sehr betrübt, *quite afflicted.*	bekommen, *to have.*
verstehen, *to understand.*	überall, *everywhere.* soll, *ought.*

Regel V., VI. u. Anmerk. 3b. Seite 479.

59. Betrachten Sie nur diese herrlichen *(beautiful)* Blumen! — Kennen Sie die Herren Professoren Thiersch und Schubert in München? Nein, ich kenne Sie nicht, aber Fräulein Thiersch kenne ich sehr gut; es ist ein sehr liebenswürdiges Mädchen. — Sie thaten nicht (thun), was ich Ihnen sagte. O ja, ich versichere Sie, ich habe es [wohl] gethan. — VI. Jetzt, Gott sei Dank, bin ich beinahe mit meiner Arbeit *(work)* fertig. — Haben Sie meine Hilfe nöthig? Nein, ich danke Ihnen, ich brauche sie nicht.

betrachten, *to look at.*	Gott sei Dank, *thank God.*

Regel VII., VIII., IX. Seite 481.

60. Darf ich nächsten Sommer London besuchen? Nein, nächsten Sommer dürfen Sie es nicht, Sie dürfen aber Paris besuchen. — Mögen Sie nie wissen, was es ist, ohne (einen Freund) Freunde in der Welt zu sein! — Komme näher, damit ich meine alten Hände auf dein Haupt lege und dir meinen Segen *(blessing)* gebe. — VIII. Können Sie morgen mit mir nach der Pinakothek gehen? Nein, morgen kann ich [es] nicht, obgleich ich es wohl möchte. — Als ich jung war, konnte ich sieben Sprachen sprechen, jetzt aber kann ich nur drei gut *(well)* sprechen. — IX. Er muß gewiß krank sein, sonst würde er kommen. — Was s o l l t en wir nicht für unsere Eltern und für diejenigen Männer thun, die so viel Zeit und Mühe angewandt haben, um aus uns gute und warmherzige Freunde, getreue Unterthanen und dankbare *(grateful)* Kinder zu machen! — Sir Robert Peel schwor, daß O'Connel für seine aufrührerischen Reden *(speech)* büßen sollte.

besuchen, *to visit.* Haupt, *head.*	anwenden, *to employ.*
es wohl möchte, *I should like it very*	Mühe, *trouble.* getreu, *faithful.*
much. Sprache, *language.*	warmherzig, *warm-hearted.* büßen, *suffer.*
sonst, *otherwise.* Eltern, *parents.*	aufrührerisch, *inflammatory.*

Regel X., XI., XII. Seite 482.

61. Morgen will ich auf's Land gehen, das heißt *(is)*, wenn das Wetter schön ist (schön sein sollte). — Ich war gerade im Begriff aus-

zugehen, als mein Freund Jones herein trat. — Er wollte, daß ich morgen mit ihm nach Paris ginge, und ich wollte, daß er mit mir nach London ginge. — XII. Warum, pflegte er zu sagen, wohnen Sie und Fräulein Caroline nicht in einem großen Hause, gleich dem meines Vaters? Und wohl erinnere ich mich (*I well remember*), daß, als ich antwortete, weil wir nicht reich sind, mein Lieber, ihm die Thränen in die Augen traten (die Thränen pflegten in seine Augen zu kommen).

herein trat, *came in.*	daß ich, *me.*
wohnen, *to live.* (Anmerk. 6. S. 479).	als, *when.* Lieber, *dear.*
	Thräne, *tear.*

Regel XIII. Seite 484. (Laſſen, to suffer, etc.)

62. Ich will mich (*myself*) nicht länger wie ein Kind behandeln laſſen. — Der, der (*he that*) ſich (*himself*) von Schmeichlern (*flatterer*) bethören läßt, muß ein ſchwacher (*weak-minded*) Menſch ſein. — Wollen Sie meinen letzten Wunſch nicht in Erfüllung gehen laſſen? Wenn es die Umſtände (*circumstance*) mir zulaſſen, ſo werde ich es gewiß thun. — Laßt mich ſterben, wo ich ſo lange in Freuden und Leiden gelebt habe, und laßt meinen Körper ruhen, wo die glänzenden Strahlen der Sonne und das Silberlicht des Mondes auf mein Grab (*grave*) ſcheinen können.

behandeln, *to be treated.* wie, *as.*	Freuden, *joy.* Leiden, *sorrow.*
bethören, *to delude.* (Anm. 22, S. 486).	Körper, *body.* glänzend, *bright.*
in Erfüllung gehen, *to be fulfilled.*	Strahl, *ray.* auf, *upon.*

Regel XIV. Seite 484. (Laſſen, to cause, etc.)

63. Die Bourbonen (*Bourbons*) ließen ein Entſchädigungsgeſetz (*law of indemnity*) durchſetzen. — Sie müſſen Ihre Bücher einbinden laſſen, ſonſt werden ſie ganz verdorben. O, ich habe ſie ſchon einbinden laſſen. — Ich mag nicht gern (*I do not like*) meine Kindsmagd des Nachts aufſtehen laſſen. — Wollen Sie nicht Ihre Zimmer mit Bildern verzieren (*decorate*) laſſen? — Ich habe mir ſelbſt eine ſchöne Uhr gemacht und jetzt muß ich mir eine Kette dazu machen laſſen. — Ich wollte das Haus wohlfeil haben, er hat mich aber theuer dafür bezahlen laſſen. — Ein Unglück nach dem andern läßt mich faſt verzagen (*despair*).

durchſetzen, *to be passed.*	des Nachts, *by night.* Kette, *chain.*
verdorben, *destroyed.*	wohlfeil, *cheap.* theuer, *dear.*
Kindsmagd, *children's-maid.*	Unglück, *misfortune.*

Regel XV. Seite 485. (Laſſen.)

64. Buonaparte ließ ſeine Truppen über den Simplon marſchiren, was ſie auch ausführten (*did*). — Der Richter (*judge*) ließ den Verbrecher vor ſich (*him*) führen. — Mein Onkel läßt um Ihre Antwort (*answer*) bitten. Nun dann (*well then*), laßt ihn ſelbſt zu mir kommen und er ſoll ſie haben. — Der Schuſter, mein Herr, iſt da (*come*). Gut, dann laßt ihn warten, bis ich mich angekleidet habe. — Der General ließ die Truppen in die Stadt marſchiren, ließ ſie aber nichts anrühren (*to touch*) und ließ dem Bürgermeiſter (*mayor*) ſagen (Anm. 22c, S. 486), daß er zu ihm kommen möchte (*to come to him*).

was, *which.* Verbrecher, *criminal.*	vorführen, *to be brought before.*

Regel XVI., XVII. Seite 486. (Laffen.)

65. Ich habe mir sagen lassen, daß die Königin von England sehr schön sei (ist). — Sie haben sich wohl eine Unwahrheit (*untruth*) sagen lassen, denn (*for*) sie ist nicht sehr schön, aber sie ist hübsch. — Ungefähr eine Stunde, bevor ich ankam, hat man den Arzt holen lassen, er aber hat sagen lassen, daß er vor zwei Stunden nicht kommen könnte. — Falls ich morgen nicht kommen kann, [so] werde ich es Ihnen im Voraus wissen [sagen] lassen. — XVII. Jetzt bin ich in der That allein in der Welt gelassen; keinen (*not a*) Freund, keine Seele habe ich mehr, die sich um mich bekümmert; Alle, Alle haben mich verlassen. — Laß mich um Gottes= willen in Ruhe, denn ich habe schreckliches (*shocking*) Zahnweh. — Er nimmt immer die besten, die schlechtesten aber läßt er für mich.

hübsch, *pretty*. ungefähr, *about*.	falls, *in case*. in der That, *indeed*.
vor, *for*. ankommen, *to arrive*.	sich bekümmern, *to care for*.

C. Von der Uebereinstimmung (Concord) des Zeitwortes mit seinem Subjecte.

XVIII. Wie im Deutschen, so im Englischen muß das Zeitwort sich in der Person und der Zahl nach dem Subjecte oder Nominativ richten, z. B.:

This young lady *is* beautiful.	Diese junge Dame ist schön.
These young ladies *are* beautiful. (23b)	Diese jungen Damen sind schön.
Your Majesty (highness, etc.) *has* told me so.	Eure Majestät (Hoheit ꝛc.) haben (23c) es mir gesagt. (23d)
Mine and thine have been the cause of much enmity.	Das Meinige und das Deinige sind Ur= sache vieler Feindschaft gewesen.

XIX. Der Nominativ nur vor dem ersten Zeitwort ꝛc.

In Phrasen, wo mehrere durch Conjunctionen verbundene Zeit= wörter sich auf das nämliche Subject beziehen, braucht man dieses nur vor das erste Zeitwort zu setzen, falls die Zeitwörter in der= selben Zeit gebraucht werden; ist dieses aber nicht der Fall, so muß man das Subject oder den Nominativ vor jedem Zeitwort wieder= holen, z. B.:

He eats and drinks much.	Er ißt und trinkt viel.
My brother *has written* very much, and *he will* write still more.	Mein Bruder hat viel geschrieben und wird (er wird) noch mehr schreiben.
He *must resign* his situation, or I mine. (24)	Er muß seine Stelle aufgeben oder ich die meinige.

(23b) Ueber die Sammelnamen, als *crowd*, Menge, ꝛc., siehe Reg. XXIII., XXIV., Seite 417.

(23c) Bei Titeln in der Anrede setzt man im Deutschen häufig, auch wenn das Subject in der Einheit steht, das Zeitwort in der Mehrzahl, wie beim oben angeführten Beispiel; allein in solchen Fällen steht im Englischen das Zeitwort immer in der Einheit.

(23d) Die Wörter, welche im Englischen Plural und im Deutschen Singular sind, und umgekehrt, (Regel XL., XLI. Seite 86), müssen mit Zeit= und Fürwörtern im Singular oder Plural, demnach es ihre Bedeutung verlangt, verbunden werden, z. B.:
His hair was white as snow. | Seine Haare waren weiß wie Schnee.

(24) NB. Will man die Sache deutlicher ausdrücken, so muß man das Zeitwort wiederholen, z. B.: *Either he must resign his situation, or I must resign mine.*

XX. Subjecte, durch "and" ꝛc. verbunden, fordern das Zeitwort im Plural.

Wenn mehrere Haupt= oder Fürwörter durch eine vereinigende Conjunction verbunden sind, oder bei welchen die Conjunction verstanden werden muß, so muß das Zeitwort in der Mehrzahl stehen, z. B.:

Alexander *and* Charles XII. *were* both madmen.	Alexander und Karl XII. waren beide Tollhäusler.
Their *folly*, their *love*, their *hatred*, and [25] their *envy*, are now forgotten.	Ihre Thorheit, ihre Liebe, ihr Haß und ihr Neid s i n d jetzt vergessen.
Her *youth*, *health*, and *innocence*, *were* [25b] admired by all	Ihre Jugend, ihre Gesundheit und ihre Unschuld w u r d e n von Allen bewundert
You and I have the same fate.	Du und ich haben gleiche Schicksale.
You and he do not believe it.	Du und er g l a u b t es nicht. (Heyse.)

XXI. Subjecte, durch "or (oder)" ꝛc. verbunden, fordern das Zeitwort im Singular.

Bezieht sich das Zeitwort auf zwei oder mehrere Subjecte im Singular, welche durch die trennenden Conjunctionen "*or* (oder); *either — or* (entweder — oder); *neither — nor* (weder — noch); *whether — or* (ob — oder)" verbunden sind, so muß man das Zeitwort im Singular setzen, z. B.:

Death, or some worse *misfortune*, soon *divides* them. [25c]	Der Tod, oder irgend ein schlimmeres Unglück t r e n n t sie bald.
Either the father *or* the son *has* done it.	E n t w e d e r der Vater, oder der Sohn hat es gethan.
Neither the sister *nor* the brother was there.	W e d e r die Schwester, n o ch der Bruder war da.
Either John, James, *or* Joseph, *intends* to accompany me.	Entweder Johann, Jakob, oder Joseph beabsichtigt mich zu begleiten.

NB. 1. Dasselbe ist der Fall, wenn mehrere Subjecte durch "*too* (auch); *also* (auch); oder *as well as* (sowohl — als auch); *every* (jeder)" verbunden sind, z. B.:

Not only the King, the Queen *too*, *is* ill.	Nicht allein der König, sondern auch die Königin ist krank.
My aunt, *as well as* my uncle, *is* in London.	Meine Tante s o w o h l , als mein Onkel ist in London.

(25) NB 1. Natürlich wenn die Subjecte, welche durch "*and*" verbunden sind, sich auf eine einzige Person, ꝛc., beziehen, muß das Zeitwort im Singular stehen, d. B.:
That scholar, critic, and antiquarian, *has* written an excellent work.
Moore's "Paradise and the Peri" *is* a fine poem.
Eugène Sue's "*Mystères de Paris*" *is* a bad *work.*
NB. 2. Ebenfalls, wenn ein Trennungswort, wie "*not, etc.*" dem *and* nachfolgt, muß das Zeitwort im *Singular* sein, d B.:
Good order in housekeeping, and *not* mean savings, *produces* profit.
Nothing but vain and foolish pursuits *delights* some persons.
NB. 3 Wenn in einem Satze mehrere Infinitive als Subjecte gebraucht werden zu das Prädikat in der Mehrheit steht, muß das Zeitwort im *Plural* stehen, d. B.:
To fear God, honour the king, and *love* our neighbours, *are duties* enjoined on u.
To read too much, and *to* read too little, *are* two *faults.*
Ist aber das Prädikat im *Singular*, so steht das Zeitwort ebenfalls im *Singular*, z. B.
To listen well and *to* reply well, *is* a great perfection in conversation.
To steal with one hand, and *give* largely with the other, *does not deserve* to be called generosity.
(25b) Im Deutschen braucht man wohl das Zeitwort in solchen Fällen im Singular, im Englischen aber darf man dieß nicht thun außer bei einer Herzählung, wo bei Weglassung des "*and*." man alle Subjecte mittelst "*all, everything*" zusammenfaßt, z. B.:

Love, hatred, envy, all *is* forgotten.	Liebe, Haß, Neid, alles ist vergessen.

(25c) NB. Wenn der Satz einen collectiven und nicht einen alternativen auf das Einzelwesen bezüglichen Sinn in sich schließt, steht das Zeitwort im Plural, z. B.:

Time or death *are* our *remedies.*	Die Zeit oder der Tod s i n d unser Heilmittel

Not only most of *the generals* but the King *also was* taken prisoner.	Nicht allein die meisten Generäle, sondern auch der König waren gefangen worden.
Every town and village *was* burnt.	Jede Stadt u. jedes Dorf wurde verbrannt.

NB. 2. So oft eine Vergleichung und nicht eine Vereinigung beabsichtigt wird, **muß** das Zeitwort im Singular stehen, z. B.:

Caesar, *as well as* Cicero, *was* celebrated for eloquence. (²⁵d)	Cäsar sowohl, als Cicero, war der Beredsamkeit wegen berühmt.

XXII. Subjecte, im Singular und Plural durch "or" ꝛc. verbunden, fordern das Zeitwort im Plural.

Wenn die durch die trennenden Conjunctionen verbundenen Subjecte hinsichtlich der Zahl verschieden sind, so muß man das Zeitwort in die Mehrzahl setzen, in diesem Fall aber ist es besser, das Subject, welches im Plural steht, dem Zeitworte unmittelbar vorzusetzen, z. B.:

Neither *my brother* nor his *children were* there.	Weder mein Bruder, noch seine Kinder waren da.
Either the *general* or the *captains have* given the orders. (²⁶)	Entweder der General, oder die Hauptleute haben die Befehle gegeben.
Neither *poverty* nor *riches* were injurious to him. (²⁶)	Weder Armuth noch Reichthümer waren ihm schädlich.

NB. Wenn ein oder mehrere Gegenstände mit dem Subjecte durch die Präposition *with* (mit) verbunden sind, so richtet sich das Zeitwort in der Person und Zahl nach dem Subjecte, z. B.:

The *Queen*, *with* her *ladies* of honor, *has* just passed by.	Die Königin, mit allen ihren Ehrendamen ist gerade vorbei gegangen.
The *ship*, *with* (²⁶b) all her crew, *was* lost.	Das Schiff, sammt seiner Mannschaft ging zu Grunde.

XXIII. Bei Fürwörtern, als Subjecte durch "or" ꝛc. verbunden, muß das Zeitwort mit dem nächststehenden übereinstimmen.

Wenn die Subjecte des Zeitwortes aus Fürwörtern verschiedener Personen bestehen, so richtet sich das Zeitwort, wie im Deutschen, nach dem nächststehenden, z. B.:

Neither he *nor* you *are* invited.	Weder er, noch Sie sind eingeladen.
Either you *or* I *am* deceived.	Entweder Sie, oder ich bin getäuscht.

(²⁵d) NB. So oft man aber beide Subjecte zusammenfaßt und dieselben eher mit einander verbindet als vergleicht, muß das Zeitwort im Plural stehen, z. B.:

In Egypt, Asia, and Greece, Bacchus as well as Hercules *were* considered as demi-gods.	In Egypten, Asien und Griechenland wurden sowohl Bacchus als Herkules als Halbgötter betrachtet.

(26) NB. 1. Wenn man mit besonderem Nachdruck sprechen will, so muß das Zeitwort vor jedem Subject wiederholt werden, z. B.:
Either the *general has* given the orders, or the captains *have* done so.
Neither *was* poverty, nor *were riches* injurious to him. — Neither *was* he nor *was* she here.
NB 2. In Fragesätzen jedoch wird das Zeitwort der Kürze halber selten wiederholt, z. B.:
Has neither the Prince, nor his *attendants* arrived? *They have* not yet arrived.
NB. 3. Ausdrücke wie das Deutsche „hier kommt ein Mann und eine Frau; da ist ein Hund und eine Katze", ꝛc., fordern im Englischen das Zeitwort im Plural, z. B.:
Here come a man and woman, there are a dog and cat.

(26b) NB. 1. Da nur ein Nominativ Subject sein kann, so ist es klar, daß wenn eine Präposition vor dem Hauptwort ꝛc. steht, dasselbe nicht als Subject betrachtet werden darf, z. B.:
In virtue and piety consists the happiness of man.
NB. 2. Der Ausdruck *as follows* (wie folgt)" bezieht sich auf ein Hauptwort im Singular; *as follow* auf ein Subject im Plural, z. B.:

His *argument was as follows.*	Sein Beweisgrund war wie folgt.
His words were *as follow.*	Seine Worte waren wie folgt.

NB. 3. As appears ist stets Singular: His *arguments* were, *as* (it) *appears*, incontrovertible.

I, *or you, or he is* the author.	Ich, oder Sie, oder er ist der Verfasser.
He, *or I, or you are* the author.	Er, oder ich, oder Sie sind der Verfasser.
You, *or he, or I am* the author. (26c)	Sie, oder er, oder ich bin der Verfasser.

NB. 1. Befindet sich ein Haupt= oder Fürwort von großer Wichtigkeit neben denen, welche den Nominativ oder das Subject bilden, so richtet sich das Zeitwort nach dem wichtigsten, z. B.:

The horses, and *even the postillion was* drowned.	Die Pferde und sogar der Postillon (ü) sind ertrunken (ertranken).
A great number of soldiers, and even *the general* himself *was killed.*	Eine große Zahl Soldaten und sogar der General selbst wurde getödtet.

NB. 2. So oft der zweite Nominativ nur eine Erklärung des ersteren ist, stimmt das Zeitwort mit dem ersteren überein, z. B.:

The *Decalogue,* or Ten Commandments, *is* in two parts. (26d)	Das Dekalog, oder zehn Gebote, ist in zwei Theile getheilt.

XXIV. Hauptwörter mit dem Zeitworte to be verbunden.

Wenn das Zeitwort *to be* (sein) zwischen zwei Hauptwörtern von verschiedener Zahl steht, so richtet es sich in der Zahl nach dem, welches das Subject des Satzes ist, z. B.:

The wages of sin *is* death. (27)	Der Tod ist der Sünden Lohn.

§. 20. NB. Oft scheint es schwer, das wirkliche Subject oder den Nominativ zu erkennen und zwar bei solchen Sätzen, in welchen sowohl das Subject, als auch das Prädicat ein Hauptwort ist; allein wenn man weiß, daß, falls das Subject und Prädicat nicht Wechselbegriffe sind, der Prädicatbegriff der höhere von dem Subjectbegriffe sein muß, so braucht man nur zu untersuchen, welcher von beiden Begriffen dem andern subordinirt ist; der subordinirte ist jedesmal das Subject. Man kann mit Wahrheit sagen „Elephanten sind vierfüßige Thiere,“ aber man kann nicht mit Wahrheit in demselben Sinne behaupten, daß „vierfüßige Thiere Elephanten sind.“ Wenn man z. B. bei dem Satze "and his meat *were* locusts and wild honey," (seine Speise waren Heuschrecken und wilder Honig) zweifelhaft wäre, welches das Subject ist, so braucht man nur zu untersuchen, welcher von den beiden Begriffen: die Speise oder Heuschrecken und wilder Honig der subordinirte sei. Da nun die Heuschrecken und wilder Honig eine Art von Speise, aber nicht die Speise eine Art von Heuschrecken und wilder Honig ist, so ist offenbar die Heuschrecken und wilder Honig der subordinirte Begriff und folglich das Subject oder der wirkliche Nominativ; (27b) z. B.:

(26c) NB. 1. Wenn die Sache gemeinschaftlich ist, d. h. beide zugleich trifft, so setzt man das zueignende Fürwort *"our, your, their",* welches auf *"neither, he, nor, I"*, etc. folgt, in die Mehrzahl, z. B.:

Neither you nor I *was satisfied* at our reception.	Weder Sie noch ich war mit unserm Empfang zufrieden.
Either he or *she must* have received *their* money.	Entweder er oder sie muß ihr Geld erhalten haben.

NB. 2. Wenn in einem Satze zwei Fürwörter oder ein Für= und Hauptwort, welche sich auf dieselbe Person beziehen, und auf welche das beziehende Fürwort *"who"* sich bezieht, sich befinden, so stimmt das Zeitwort in der Regel mit dem letzteren Für= oder Hauptwort überein. (s. Anmerk. 30, Seite 466) z B.:

I am he who has said it. You are he who has told it me.
It is I who have said it. It is you who have told it me.

(26d) NB Der Ausdruck *"more than one* (mehr als ein)' fordert das Zeitwort im Einzahl; *one of those* (einer von diesen) verlangt es im Plural, z. B.:

More than one kingdom has been ruined; besser: more *kingdoms than one have been ruined.*
I am not one of those grammarians, of whom there are so many in the world, or *write* more than they know!

(27) NB. In den Ausdrücken *"it is I, it is we* (ich bin es)" ist das *"it"* stets das logische Subject, und das Zeitwort muß immer damit übereinstimmen, (s. §. 70, Seite 183), z. B.:

Is it we, whom you suspect? No, it is not you — it is they.
It was the Phoenicians who invented writing, was it not? Yes, it was they.
Is it the sounds of the organ which have moved you so much? No, it is not.
What corrupted and ruined the Roman Republic, if it was not the spoils of the conquered nations?

(27b) Gegen diese Regel finden sich zahlreiche Verstöße sowohl im Englischen, als im Deutschen und

The only wealth of this nation *are their flocks and herds.* (27b)	Der einzige Reichthum dieser Nation sind ihre Schafheerden und ihr Vieh.
Mathematics *are* his chief study.	Die Mathematik ist sein Hauptstudium.
His son and daughter *were* his greatest delight.	Sein Sohn und seine Tochter waren sein großes Entzücken.
Her virtues *are a subject* of general praise.	Ihre Tugenden sind ein Gegenstand des allgemeinen Lobes.

D. Von den Sammelnamen. (Nouns of multitude.)

XXV. Hinsichtlich der Sammelnamen ist schon Reg. XXIII.— XXIV., S. 417 gesagt worden, daß, wenn der Sammelname einen Gedanken von Einheit in sich schließt, so müssen Zeit= und Fürwort im Singular, wenn einen Gedanken von Mehrheit, diese Wörter im Plural gesetzt werden; es ist hierüber aber noch Folgendes zu bemerken, nämlich:

Wenn auf einen Satz, dessen Subject ein Sammelname ist, ein Fürwort folgt, welches sich auf den Sammelnamen bezieht, so ist es Regel, das Fürwort, und wenn dieses von einem Zeitworte begleitet ist, auch dieses in der Mehrzahl zu setzen, wenn auch das Zeitwort des ersten Satzes in der Einzahl steht; der Grund hiervon liegt in Folgendem:

He (er) kann sich im Englischen nur auf eine einzelne männliche, *she* (sie) nur auf eine einzelne weibliche Person, *it* (es) nur auf einen einzelnen sächlichen Gegenstand beziehen. Nun ist ein Sammelname, welcher Personen unter sich vereinigt, weder eine einzelne männliche, noch eine einzelne weibliche Person, noch ist er ein einzelner sächlicher Gegenstand; es bleibt daher nichts Anderes übrig, als das Fürwort, welches sich auf den Sammelnamen bezieht, in die Mehrzahl, (27c) und ist es von einem Zeitworte begleitet, auch dieses in die Mehrzahl zu setzen, z. B.:

The committee *have made their* report. The committee *is* unanimous.	Der Ausschuß h a t s e i n e n Bericht abgestattet. Der Ausschuß ist einig.
The parliament *has* met, and *they* (27d) *have* debated on the American war.	Das Parlament hat sich versammelt, und es hat über den amerikanischen Krieg debattirt.
The whole *house of Lords* rose from *their* seats, on the entrance of the Queen, and took off *their* hats.	Das ganze Haus der Lords e r h o b sich (von seinem Sitze), beim Eintreten der Königin, und nahm den Hut ab.
After the peace of Paris, *the English army* returned to *their* country. (27e)	Nach dem pariser Frieden kehrte die englische Armee nach ihrem Vaterlande zurück.

---

anderen Sprachen, indem das Prädikat bald als Merkmal des Subjects, bald umgekehrt das Subject als Merkmal des Prädikats gefaßt wird. Sogar bei *Murray*, *Crombie*, *Maunders* und andern findet man diese Fehler.

NB. 1 Da es in solchen Fällen für Anfänger häufig ziemlich schwierig ist, das wirkliche Subject oder den Nominativ auszumitteln, so thäte man am besten, das Wort, worauf der größte Nachdruck liegt, als Subject zu betrachten, kann aber sollte man dasselbe vor das Zeitwort, welches mit demselben übereinstimmen muß, stellen, z B.:

Physics *are* his chief study. | Die Physik ist sein Hauptstudium.

NB. 2. Uebrigens bei allen Sätzen, wie die obigen, hat man nur zu fragen, ob: Reichthum eine Art Vieh und Heerden ist? Nun, da Vieh und Schafheerden eine Art Reichthum ist, nicht aber umgekehrt, so ist letzteres Subject und das Zeitwort muß mit demselben übereinstimmen.

(27c) NB. In Widerspruch mit der obigen Regel, braucht man doch bisweilen "*its*" in Bezug auf einen Sammelnamen, z. B.:

The committee, after a long debate, *has* pronounced *its* decision.
The nation *is* determined on the war, and it will force the government to submit to *its* will.

(27d) NB. Sätze wie der obige lassen sich durch die Ellipse erklären, z. B.:

The parliament *has* met, and *the members* (statt *they*) have debated on the American war.

(27e) NB. 1. Im Allgemeinen werden diejenigen Sammelnamen, die nur eine Form haben, als Plural gebraucht, als:

NB. Wird zu den Sammelnamén die Benennung der Einzelwesen von welchen die Rede ist, noch besonders hinzugefügt, so steht das Zeitwort im Singular, wenn sich das Prädicat auf den Sammelnamen, aber im Plural, wenn es sich auf die Einzelwesen bezieht, z. B.:

The *number of people* in London *is* greater than that in Paris.	Die Einwohnerzahl in London ist größer als die in Paris.
A great *number* ([28]) of my *sheep have been* killed by the dogs. ([28b])	Eine große Anzahl meiner Schafe ist von den Hunden getödtet worden.

Aufgaben über die Uebereinstimmung des Zeitworts.

Regel XVIII.—XX. Seite 489.

66. Ich möchte gern wissen, sagte der Sultan, was diese zwei Eulen einander sagen (*are saying*). — Sind der Herr Graf zu Hause? Nein, der Herr Graf sind [wirklich] nicht zu Hause. — Bulwer hat viele ausgezeichnete (*excellent*) Romane geschrieben und wird wahrscheinlich noch mehr schreiben. Er reist, schreibt und studirt sehr viel. — Georg der IV. von England, Thomas Moore und der berühmte Schauspieler Kean waren eine Zeit lang große Freunde, nachher jedoch wurden (*became*) sie Feinde, und jetzt ist alle ihre Feindschaft und Freundschaft im Grabe vergessen (*forgotten*).

der Herr Graf, *his Lordship.*	eine Zeit lang, *for some time.*
Roman, *novel.* reisen, *to travel.*	große, *great.* jedoch, *however.*
Schauspieler, *play-actor.*	Feind, *enemy.* Feindschaft, *enmity.*

Regel XXI.—XXIII. Seite 490.

67. Er fürchtet weder Gott, noch den Teufel. — Die Franzosen oder die Engländer werden gewiß eines Tages Tahaiti (*Otaheite*) in Besitz nehmen. Es ist schon von den Franzosen in Besitz genommen worden. — Die Deutschen sowohl, als die Engländer sind heut zu Tage Frieden liebende Nationen. — Entweder der Mann, oder seine Frau muß die Bücher gestohlen haben. — XXII. Weder der Mensch, noch sein Bild (*looks*) gefällt mir. — Entweder mein Onkel, oder meine Cousinen werden kommen. — Der König ist so eben mit seiner Leibwache durch das Dorf passirt. — XXIII. Entweder Sie, oder ich muß bezahlen. — Weder er, noch Sie, noch irgend Jemand von der Familie ist eingeladen (*invited*).

fürchtet, *is afraid of.*	heut zu Tage, *now a days.*
eines Tages, *one day.*	Frieden liebend, *pacific.*
Besitz nehmen, *take possession of.*	so eben, *just.* Dorf, *village.*

Mankind, people, public, nobility, aristocracy, gentry, clergy, laity, peasantry, soldiery, generality, auditory, commonality.

Diejenige, welche zwei Formen haben (Ein- und Mehrzahl), werden gewöhnlich als Einzahl gebraucht, als: Court, army, meeting, parliament, remnant, church. Doch nur so, daß sie nicht gegen obige Regel XXV. verstoßen, z. B.:

Mankind *have* arisen from one head. Mankind *stands* alone above all other animals.

(28) NB. *A number* sagt man von Sachen, welche man leicht zählen kann, z. B.:
A number (eine Anzahl) of men, women, children, horses, wild beasts, people, etc.
Quantity (Menge) dagegen sagt man von Korn, Sand, Blätter, ꝛc., z. B.:
A quantity of corn, fruit, grapes, apples, potatoes, leaves, etc.

(28b) A flock of sheep *is* a pleasing sight. The flock of sheep *were* seen coming, one after another, to the shepherd.
The pack of dogs *are* running after the hare.

Regel XXIV., XXV. Seite 492.

68. Die gewöhnliche Strafe des Diebstahls (*theft*) in Frankreich
~~~b die Galeeren (*galleys*). — Die Optik ist die Lehre vom Licht, die
~~~athematik die Lehre von der Größe (*magnitude*). — Häufige Täuschungen
~~~b die einzige Arznei wider den Ehrgeiz. XXV. In den meisten Län=
~~~n ist das Landvolk (*peasantry*) in seinen Vergnügungen (*pleasure*)
~~~schwenderisch (*expensive*) und künstlich geworden. — Die Armee hat
~~~ren Anführer verloren. — Das Regiment konnte seinen Marsch nicht
~~~tsetzen, weil es Gegenbefehl bekam (*got*).

~~öhnliche Strafe, *common punishment*.	wider, *for*. Ehrgeiz, *ambition*.
~~re, *science*.	künstlich, *artificial*. Anführer, *leader*.
~~ufige Täuschung, *frequent disappoint-*	fortsetzen, *to continue*.
~~ment. Arznei, *physic*.	Gegenbefehl, *counter-orders*.

E. Von der Regierung (Goverment) der Zeitwörter.

§. 21. Eine der größten Schwierigkeiten der englischen Sprache
~~~, zu wissen, welche Präpositionen von den verschiedenen Zeitwörtern
~~~ziert werden. Im Deutschen ist es oft schwer, zu wissen, welcher
~~~ll oder Casus von den verschiedenen Präpositionen regiert wird, im
~~~glischen aber ist dieses leicht zu finden; die Präposition aber, deren
~~~n sich bedienen muß, ist nicht so leicht zu erkennen. Ich hoffe je=
~~~ch, mittelst folgender Bemerkung und der beigegebenen Verzeichnisse,
~~~sen Theil der Sprache dem Lernenden leicht zu machen ([28c]).

XXVI. Vom Nominativ, Accusativ und Dativ.

Wie schon bemerkt, Kap. III. Reg. XVI. Seite 415 steht das Subject oder der
~~~zenstand der Rede im Nominativ, und das Object, oder der Gegenstand, auf den
~~~ transitive oder thätige (active) Zeitwort unmittelbar einwirkt, im Accusativ;
~~~rdieß bezieht sich das Zeitwort oft noch auf einen zweiten Gegenstand im Dativ,
~~~cher mit dem Accusativ in Verbindung steht. Da der Accusativ in den meisten
~~~llen eine Sache und der Dativ eine Person ist, so regieren diese Zeitwörter einen
~~~usativ der Sache und einen Dativ der Person, z. B. in der Phrase:

~~~ Mutter gab der Tochter einen Kuß. | The *mother* gave the *daughter* a *kiss*,
~~~b die Mutter das Subject oder der Nominativ, gab das regierende Zeitwort,
~~~en Kuß der Accusativ der Sache, und der Tochter der Dativ der Person.

XXVII. Zeitwörter, welche stets einen Nominativ nach sich haben.

Die Zeitwörter: to be (sein), to become (werden), to remain
~~~eiben) und to seem (scheinen) sind die einzigen, welche einen No=
~~~nativ vor und nach sich haben können, z. B.:

~~~c) Um das Gesagte zu beweisen, stelle ich die folgende Phrase auf, und bilde mir ein, daß Jemand,
~~~der noch nicht mit dem richtigen Gebrauch der Präpositionen bekannt ist, dieselbe übersetzen will.
~~~I have cast *up* my accounts, and find that I fall *short*; therefore I shall *give up* my
~~~business, and *make it over to* my partner.
~~~Der Lernende, wenn er es noch nicht weiß, findet in seinem Wörterbuche, daß cast, wer=
~~~fen, fall, fallen, give, geben und make, machen, bedeutet. Er findet auch, daß up
~~~hinauf (auf), short, kurz und over über bedeutet. Folglich steht seine Uebersetzung ungefähr
~~~wie folgt:
~~~„Ich habe meine Rechnungen hinaufgeworfen, und ich finde, daß ich kurz falle, deswegen
~~~gebe ich mein Geschäft hinauf, und mache es über zu meinem Compagnon".
~~~Der Lernende (nachdem er seine Uebersetzung und das Original ein paar Mal durchgelesen)

You *are* my friend. (*Who* are you?)	Sie sind mein Freund. (Wer sind Sie?)
He *became* a rich man.	Er wurde ein reicher Mann.
She *remained* his lover.	Sie blieb seine Geliebte.
He *seemed* (*to be*) an honest man.	Er schien ein ehrlicher Mann (zu sein).

NB. *To be* kann aber auch einen Accusativ vor und nach sich haben, z. B.:

He took *me* to be *her*. ([28d])	Er hielt mich für sie.

XXVIII. Zeitwörter, welche im Englischen den Accusativ, im Deutschen den Dativ nach sich haben.

Die meisten thätigen oder transitiven Zeitwörter der englischen Sprache entsprechen denen der deutschen, und umgekehrt. Da diese Uebereinstimmung beider Sprachen aber nicht vollkommen ist, gebe ich hier einige Verzeichnisse solcher Zeitwörter, bei denen der Anfänger Schwierigkeiten findet.

A. Verzeichniß solcher Zeitwörter, welche im Englischen thätig (transitiv), im Deutschen aber unthätig (intransitiv) sind; oder, um es für den Nichteingeweihten noch deutlicher zu machen, die Zeitwörter, welche im Englischen den Accusativ, im Deutschen aber den Dativ nach sich verlangen.

To advise one, ([29]) einem rathen.	To defy one, einem trotzen.
- allow one, einem erlauben.	- dissuade one from a thing, einen von etwas abrathen.
- answer one, einem antworten.	- emulate one, einem nacheifern.
- answer a purpose, einem Zweck entsprechen.	- enter the room, in das Zimmer treten.
- approach one, einem nähern.	- escape one, einem entgehen.
- assist one, einem beistehen.	- flatter one, einem schmeicheln.
- assure one, ([29b]) einem versichern.	- follow one, einem folgen.
- believe one, einem glauben.	- forgive one, einem vergeben.
- brave one, einem trotzen.	- give ([30]) one, einem geben.
- command one, einem befehlen.	- grant one, einem willfahren.
- counsel one, einem rathen.	- help ([30b]) one, einem helfen.
- contradict one, einem widersprechen.	- hurt one, einem schaden.
- curse one, einem fluchen.	- imitate (ape) one, einem nachahmen

wird wohl glauben, daß der Verfasser nicht bei Verstand gewesen sei. Aber nachdem er das folgende Verzeichniß ein Bischen studirt hat, wird er finden, daß die obige Phrase lautet, wie folgt: „Ich habe meine Rechnungen geordnet, und finde, daß ich verloren habe, deßwegen gebe ich mein Geschäft auf, und trete es meinem Compagnon ab".

([28d]) NB. 1. Es ist nur beim Infinitiv, daß man einen Accusativ vor und nach dem Zeitwort "to be" haben kann. Man merke folgende Beispiele:
I know *it* could not have *been she*; but whether *it was they* or not, I am not able to declare. *Was it* possible *to be* they?
Who do the people say that *we are*? They say that *we are spies.*
Ask him, *who* he has been thought *to be* I should not like *to be he.*
To be *we,* the accusers, is surely much better than to be *they,* the accused.
NB. Ueber den "Case absolute", der stets Nominativ ist, siehe Anmerk. 1, Seite 465.

([29]) Zu den obigen Wörtern gehören auch "to command, to order":
He advised me, allowed me, commanded (ordered) me to go, to come, etc. / Er rieth mir, erlaubte mir, befahl mir zu gehen, zu kommen ꝛc.
I often tell him to do it, but *I* am never obeyed. / Ich sage ihm oft es zu thun, (ich bin aber nie gehorcht), er gehorcht mir aber nie

([29b]) NB. Anfänger verwechseln häufig "to assure (versichern)" mit "to assert (behaupten)". "To assure" aber fordert stets ein Fürs oder Hauptwort nach sich, wogegen "to assert" immer "das" nach sich hat, z. B.:
He assured me (the man) that he would come. / Er versicherte mir (dem Manne), daß er kommen würde.
He asserted that it was not true. / Er behauptete (versicherte), daß es nicht wahr sei.

([30]) Ueber "give, pardon, tell, trust", siehe Reg. XVI. Seite 415.

([30b]) To help braucht man sehr häufig in der Bedeutung umhin, dafür ꝛc., z. B.:
Now it's done, I cannot help it. / Jetzt ist es geschehen, ich kann nichts dafür.
I cannot help going. / Ich kann nicht umhin zu gehen.

To light one, einem leuchten.
- meet (with) one, einem begegnen.
- mimic one, einem nachäffen.
- obey one, einem gehorchen.
- obviate a thing, einer Sache vorbeugen.
- oppose one, sich einem widersetzen.
- order one, einem befehlen.
- pardon (30) one, einem verzeihen.
- pass one, bei einem vorbeigehen.
- please one, einem gefallen.
- precede one, einem vorangehen.
- put in mind of (31), erinnern an.
- refuse one, einem etwas abschlagen.
- rejoin one, wieder mit einem zusammen kommen.
- remember one (31), sich erinnern.

To renounce happiness, dem Glück entsagen.
- reproach one, einem etwas vorwerfen.
- resemble one, einem gleichen.
- resign a thing, verzichten auf etwas.
- resist one, einem widerstehen.
- reward one, einem lohnen.
- secure one, einem sichern vor.
- serve one, einem dienen.
- succeed one, nachfolgen (auf Thron).
- suit one, einem passen.
- tell (30) one, einem sagen, erzählen.
- thank one, einem danken.
- threaten one, einem drohen.
- trust (30) one with, einem etwas anvertrauen.
- waylay one, einem auflauern.

XXIX. NB. Im Deutschen können die oben angeführten und ähnlichen Wörter höchstens ein unpersönliches Passiv bilden, wogegen sie im Englischen ihr volles Passiv haben, z. B.:

I am *followed, thanked*, etc. — Man folgt, dankt mir, ob. es wird mir gefolgt, gedankt ꝛc. (ich bin gefolgt, gedankt).

I am *imitated, obeyed*, etc. — Man ahmt mir nach, man gehorcht mir, ob. es wird mir nachgeahmt.

B. Folgendes Verzeichniß enthält die Zeitwörter dieser Classe, welche am häufigsten vorkommen:

I am *gazed on* (upon), ich werde angestarrt.
Am I *gazed on?* starrt man mich an?
I am *heard of*, man hört von mir.
I am *hoped for*, man hofft auf mich.
Am I *hoped for?* hofft man auf mich?
I am *imposed upon*, ich werde betrogen.
Am I *imposed upon?* bin ich betrogen?
I am *informed against*, ich werde angeklagt.
I was *laughed at*, ich wurde verlacht.
I am *listened to*, man lauscht mir.
I am *looked upon*, man blickt auf mich.
I am *looked up to* by all my fellow citizens, alle meine Mitbürger erheben ihre Augen zu mir.
I am *prevailed upon*, ich werde veranlaßt.

We *were asked*, wir wurden gefragt (31b).
I was *seized upon*, ich wurde erfaßt.
I am *sent for*, man sendet nach mir.
I am *spoken of (to)*, man spricht von (zu) mir.
I am *stared at*, man starrt mich an.
I am *stayed (waited) for*, man wartet auf mich.
I am *taken notice of*, man bemerkt mich.
I am *talked to*, ich werde angeredet.
I am *wished for*, ich werde herbei gewünscht.
I am *welcome to* (32), es steht mir zu Diensten, es ist für mich gern geschehen.
I am *applied to*, man hat sich an mich gewendet (32).

The matter is *accounted for*, man legt Rechenschaft ab von der Sache.
The measure is *acquiesced in*, man fügt sich in die Maßregel.
The crime is *atoned for*, das Verbrechen wird gesühnt.
The request is *complied with*, man gewährt die Bitte.

---

(31) NB. "*To remember, to recollect*" heißt sich einer Person oder Sache erinnern; "*to remind* oder to put in mind*" heißt „Jemanden an etwas erinnern", z. B.:
Do you *remember* me; Mr. N.? — Erinnern Sie sich meiner; des Herrn N.?
Oh, yes, I *remember* you (him) well. — O ja, ich erinnere mich Ihrer (seiner) gut.
This child *puts me in mind* (ob. *reminds me) of* my little sister. — Dieses Kind erinnert mich an meine kleine Schwester.

(31b) NB. Die Ausdrücke mit der passiven Form: They were *asked* a question. He was *offered* a pardon. He was *promised* her, etc., gehören zur Umgangssprache; im höheren Styl ist es besser zu sagen:
"A pardon was *offered* to him. A question was *asked* of them. She was *promised* to him".
Man sagt: He is *to blame* ob. he is *to be blamed* (es ist seine Schuld). A house *to let* ober a house *to be let* (ein Haus zu vermiethen).

(32) Hierüber siehe Anmerk. 51, Seite 296; siehe auch Reg. XVII. — XIX. Seite 454.

It is *concluded upon*, es ist beschloffen.
The place is difficult *to be come at* (by), es ist schwer, den Ort zu erreichen.
The signal is *agreed upon*, man einigt sich über das Signal.
Did I not hear him *spoken of?* habe ich nicht von ihm sprechen hören?

XXX. Verzeichniß der Zeitwörter, die im Englischen andere Präpositionen als im Deutschen nach sich fordern.

Die Fälle, wo im Englischen das Zeitwort eine andere Präposition als im Deutschen nach sich erfordert, weichen sehr von dem Deutschen ab. Das folgende Verzeichniß enthält die meisten englischen Zeitwörter mit vom Deutschen abweichenden Präpositionen (*).

To abide (³³) *by*, beharren, sich fügen.
abide *with* (³⁴), sich aufhalten, bleiben.
abound *with (in)*, Ueberfluß an etwas haben.
abscond *from*, sich verbergen vor.
absent *from*, sich entfernen von.
absolve *from* (³⁵), los-, freisprechen von.
abstain *from*, sich enthalten.
accede *to*, beitreten (Dativ).
accept *of* (³⁵b), etwas annehmen.
accommodate *one's self to* (³⁶), sich fügen, sich bequemen.
accord *with*, mit Jemand übereinstimmen.
account *for* (³⁷), den Grund angeben von, sich etwas erklären.
accrue *from*, erwachsen aus.
accuse *of*, anklagen (Genitiv).
accustom *to*, gewöhnen an.
acquaint *with*, bekannt machen mit.
acquiesce *in*, beipflichten.
acquit *of*, freisprechen von.
act *upon*, einwirken auf.
adapt *to*, anpassen.
add *to*, hinzufügen, vermehren.
addict *one's self to*, sich ergeben.
address *one's self to*, sich richten, wenden an.

To adhere *to*, anhängen.
adjoin *to*, angränzen.
adjudge *to*, zuerkennen.
adjust *to*, anpassen.
admit *of*, zulassen, zugeben.
admonish *one*, ermahnen, warnen.
affix *to*, haften an.
agree *for, on, about*, eins werden über.
agree *to (with)*, einwilligen in (zusagen).
aim *at*, zielen nach, streben nach.
alienate *from*, entfremden.
alight *from*, aus- absteigen (vom Pferde).
alight *on*, niederlassen, setzen.
allot *to*, zuertheilen.
allow *of*, zugestehen.
allude *to*, anspielen auf.
amount *to*, sich belaufen auf.
amplify *on*, sich auslassen über.
annex *to*, knüpfen an.
answer *to*, entsprechen.
answer *for*, bürgen.
apologize *for*, sich entschuldigen.
appeal *to*, sich berufen, appelliren.
appear *by*, hervorgehen aus.
appertain *to* (me), gehören (zu) mir.
apply *to* (³⁶), legen auf, anwenden auf, sich wenden an.

(*) NB. Es ist hier bei diesem Verzeichnisse zu bemerken, daß sämmtliche angeführte Zeitwörter *to* vor sich haben müssen, und nur wegen Raumersparniß das erste Wort jeder Columne bezeichnet wurde.
(33) Ich halte es für überflüssig, die Aussprache hier beizufügen, weil ich voraussetze, daß man durch die im ersten Theil dieser Grammatik angegebenen Regeln und durch die Aussprache, welche allen Wörtern im etymologischen Theil beigefügt ist, selbst im Stande sein wird, diese Zeitwörter richtig auszusprechen.
(34) I'll *abide by* what I say.   Ich werde auf dem, was ich sage, beharren.
   He must *abide by* the consequences.   Er muß sich in die Folgen fügen.
   He *abode with* us two days.   Er blieb zwei Tage bei uns.
(35) The criminal *has been absolved* by the priest.   Der Verbrecher ist von dem Priester absolvirt worden.
(35b) NB "*To accept, approve, admit*" werden besser ohne "*of*" gebraucht, z. B.:
   "*To accept, approve, admit* a thing" ist besser als: "*To accept, approve, admit* of a thing".
(36) We must *accommodate ourselves* to our situation.   Wir müssen uns in unsere Lage fügen.
   Siehe *to dress one's self* Seite 286; auch das „sich" Regel XXIII. Seite 461.
(37) How is that *to be accounted for?* ob. }   Wie läßt sich dieses erklären?
   How do you *account for* that? ob. }   Wie kann man dieses erklären?
   How can that *be accounted for?* }
   He could not *account for* his strange conduct.   Er konnte für sein sonderbares Benehmen keinen Grund angeben.
(38) He *applies* himself very diligently to the study of the English language.   Er legt sich fleißig auf das Studium der englischen Sprache.
   He *applied* to the prime minister for the place.   Er wandte sich an den Minister um die Stelle.

|prove **ᵉ**, billigen.

from, entstehen, entspringen aus.

ze for, aufstellen zu.

ite to, in Anspruch nehmen für.

e to (me), zuschreiben (mir).

or, bitten um.

to (after), streben nach.

to, beistimmen, willigen.

late to, vergleichen.

for, abbüßen, vergüten.

to (me), attachiren (mir).

to, hören auf, merken auf.

on, begleiten, dienen.

ite to, zuschreiben.

to, in Einklang bringen mit.

ne's self of, sich zu Nutzen machen.

one's self, sich rächen. **on** 3.0.

from, abwenden von.

from, erwachen aus, von.

to, einschüchtern zu.

n for, handeln (marken) um.

t, anbellen.

hun. What is he at? Was thut er?

Passive Zeitwörter.

accompanied, by, with, begleitet v.

uated by, angetrieben werden von.

ised on, sich rathen lassen über.

cted at, gerührt sein wegen, über.

icted at, betrübt sein über.

onted at, beleidigt sein über.

rmed at, sich beunruhigen über.

ired by, gelockt werden von.

ized at, erstaunen über.

ised with (²⁹), hingehalten von, mit, belustigen mit.

gry with, (böse sein über).

iiled by, angefallen werden von.

nished at, erstaunt sein über.

nded by, begleitet werden von.

re of, wissen, kennen.

nd in, verpflichtet sein zu.

nd for, bestimmt sein nach.

i a, erzogen werden zu.

tivated by, gefesselt werden von.

rmed with, bezaubert sein von.

cked by, zurückgescheucht w. von.

cerned at, besorgt sein wegen.

To be dazzled at, geblendet werden von.

be disappointed of (⁴⁰), vereitelt, getäuscht in.

be disappointed in (⁴⁰), getäuscht in.

be discomposed at, außer Fassung gerathen über.

be disgusted at, Ueberdruß, Ekel empfinden an.

be disgusted with, Verdruß empfind. an.

be distracted with, außer sich sein vor.

be elated with, aufgeblasen sein vor.

be enervated with, entkräftet sein von.

be enraged at, wüthend werden über.

be environed by, umgeben werden von.

be exasperated at, aufgebracht sein über.

be excited by, erweckt, gereizt v. durch.

be favoured with, beglückt werden mit.

be favoured by, begünstigt werden von.

be frightened at, erschrecken über.

be flushed with, trunken sein von.

be fraught with, beladen, gefüllt sein von.

be impelled by, angetrieben werden von.

be impregnated with, geschwängert sein v.

be inflamed with, entbrannt sein von.

be influenced by, sich leiten lassen von.

be intoxicated with, berauscht sein von.

be inured to, gewöhnt sein an (etwas Hartes).

be irritated at, aufgebracht sein über.

be moved at, gerührt sein über.

be offended at, beleidigt über.

be overcome by, sich überwält. lassen v.

be penetrated with, durchdrungen sein v.

be petrified with, erstarren vor.

be pleased with, sich freuen über.

be prompted by, veranlaßt werden von.

be proud of, stolz sein auf.

be provoked at, aufgebracht sein über.

be rapt in, entzückt sein durch, in.

be respected by, geachtet werden von.

be sequestered from, ausgeschlossen s. v.

be shocked at, erschrecken über.

be smitten with (⁴¹), hingerissen w. s. v.

be struck with, überrascht sein von.

be stupified with, betäubt sein von.

be suffocated with, ersticken vor.

be surprised at, überrascht sein von.

be touched with, at, gerührt sein von.

---

was much amused with her playing. Ich wurde durch ihr Spiel sehr amüsirt.

e amused his followers with idle promises. Er hielt seine Anhänger mit eitlen Versprechungen hin.

o be disappointed of, sagt man, wenn man eine Sache (einen Endzweck) nicht erreicht, to be sappointed in, sagt man, wenn unser Endzweck zwar erreicht ist, wir uns aber in unseren rwartungen getäuscht oder betrogen fühlen, z. B.:

was long disappointed of receiving my books from London, and now that I have them, I am quite disappointed in them. Lange wurde ich in meiner Hoffnung, meine Bücher von London zu bekommen, getäuscht, und jetzt, da ich sie habe, finde ich mich in meiner Erwartung getäuscht.

he Doctor promised to come, but he has disappointed me. Der Doctor versprach zu kommen, aber er hat mich getäuscht (warten lassen).

e is quite smitten with the charms of Miss N. Er ist ganz verliebt in die Reize des Fräuleins R.

To be translated *from*, übersetzt werden v.
be transported *with*, entzückt sein über.
be uneasy *at*, beunruhigt über.
be visited *by*, heimgesucht werden von.
be wasted *by*, aufgezehrt werden von.
be worn *with*, abgenutzt sein von.

bear *with*, Geduld haben mit.
beckon *to*, winken.
become of (42), werden aus.
beg *for* (43), bitten um.
beg *one* (43), Jemand bitten um.
believe *in*, glauben an.
belong *to* (me), gehören (mir).
bereave *of*, berauben (Genitiv).
bestow *on* one, einem etwas ertheilen.
bet *on*, wetten auf.
betake *one's self to*, sich machen an.
bethink *one's self of*, sich besinnen auf.
beware *of*, sich hüten vor.
blame *for*, tadeln wegen.
blush *at*, erröthen über.
blush *for* one, vor einem erröthen.
board *with* one, bei Jemand Kost haben.
boast *of* (43b), sich rühmen (Genitiv).
boil *with* (rage), kochen vor (Zorn) ꝛc.
border *on*, grenzen an.
bow *to*, sich beugen gegen, vor.
brag *of*, prahlen mit.
break *forth* ob. *out into*, ausbrechen in.
break *in upon*, unterbrechen.
breakfast *on*, zum Frühstück haben.
build *on*, bauen auf.
burn *with* (rage), erglühen vor (Zorn).
burst *with*, bersten vor.
burst *from*, hervorbrechen aus.
burst *(forth) into*, ausbrechen in.
call *at*, einsprechen in.
call *for*, verlangen nach, abholen.
call *on*, anflehen, besuchen, vorsprechen bei.
call *to* one, einem zurufen.
call *to* mind, in's Gedächtniß rufen.
care *for*, geneigt s. zu, sich bekümmern um.
catch *at*, haschen nach.
caution *against*, warnen vor.
cavil *at*, bekritteln.
cease *from*, abstehen, ablassen von.
chance *upon*, gerathen auf.
change *for*, austauschen gegen.
change *into*, verwandeln in.
charge *with*, belasten mit, beauftragen mit, anklagen.

To cheat *of*, betrügen um.
cleave *to*, kleben an, anhängen.
cling *to*, ankleben.
close *with*, einwilligen in ꝛc.
coincide *with*, übereinstimmen mit.
combat *for*, kämpfen für, um.
come *at*, *by*, erlangen.
come *of* (44), geworden aus.
comment *on*, erläutern.
commit *to* (44b), überliefern ꝛc.
commune *with*, verkehren mit.
communicate *with*, in Verbind. sein mit.
compare *to*, vergleichen mit, als (einand. ähnlich darstellen). (Anm. 20. S. 541)
compare *with*, vergleichen mit (Aehnlichkeit und Unähnlichkeit aufsuchen zwischen)
complain *of*, sich beklagen über.
comply *with*, willfahren.
compound *with*, ein Abkommen treffen m.
compound *of*, zusammensetzen aus.
conceal *from*, verbergen vor.
conclude *from*, schließen aus.
condole *with*, kondoliren.
conduce *to*, beitragen zu.
confer *with*, berathen mit.
confer *on*, übertragen.
confide *in*, sich verlassen auf.
confine *to* (45), beschränken auf ꝛc.
to be confined, in die Wochen kommen.
conform *to*, sich richten nach.
confront *with*, gegenüberstellen.
congratulate *on*, Glück wünschen zu.
connect *with*, verknüpfen mit.
connive *at*, durch die Finger sehen bei.
consent *to*, einwilligen in.
consider *of*, überlegen.
consign *to*, überweisen.
consist *of* (in), bestehen in, aus.
consult *with*, *about*, berathschlag. mit, üb.
contend *for*, streiten um.
contract *with*, verloben.
contract *for*, Vertrag machen um.
contrast *with*, abstechen gegen.
contribute *to*, beitragen zu.
converse *about* (*on*), sprechen über.
convert *into*, umwandeln in, nach, zu.
convey *to*, hinbring. nach, übertrag. auf
convict *of*, überführen.
cope *with*, es aufnehmen mit.
copy *from* (life), kopir. n. (dem Leben)
correspond *to*, entsprechen (Dativ).
correspond *with*, in Briefwechsel stehen

(42) What has *become of* your brother? | Was ist aus Ihrem Bruder geworden?
(43) He *begged me for* money, but I had none. | Er bat mich um Geld, aber ich hatte keins.
(43b) NB. Bei "*boast*" lassen die Dichter bisweilen das "*of*" weg, z. B.:
  "In vain Circassia *boasts* (of) her spicy groves;
  In vain she *boasts* (of) her fairest of the fair".
(44) What *came of* the Chinese war? | Was ist aus dem chinesischen Krieg geworden?
(44b) You must *commit* that *to* memory. | Sie müssen das auswendig lernen.
(45) He has been *confined to* his room. | Er hat das Zimmer hüten müssen.

unt *on*, zählen auf.
from, verbergen vor.
with, bedecken mit.
(for), flehen um.
, crouch *to*, kriechen vor.
, *(at, for)*, anrufen, (weinen, um).
f, heilen von.
. *of*, verkürzen um.
in, sich oberflächlich beschäft. mit.
with, kosen mit.
about, after, herumschwänzen um.
, *on*, herfallen über.
-*om*, hervorschießen aus.
-*om*, sich herschreiben von, aus.
,, handeln mit.
ith, umgehen mit, kaufen von.
from, ausschließen von.
on, berathschlagen über.
on, entscheiden über.
, *on*, feierlich reden über.
from, abweichen von.
e in, abnehmen an.
e to, weihen (Dativ).
from, ableiten aus.
from, abziehen von.
from, bewahren vor.
of, betrügen um.
ate into, ausarten in.
ate on, berathschlagen über, nach-
*t über.
in, sich ergötzen an.
from, befreien von.
out of, befreien aus.
into, überliefern in.
, *from*, fordern von.
from (46), ausgehen, abgehen von.
for, abreisen nach.
on, abhängig von, sich verlass. auf.
of, berauben.
from, ableit. von, abstamm. von.
e from, entarten von.
on, besprechen.
from, abstammen von.
from, desertiren von.
for, to, bestimmen zu.
rom, ablassen von.
of, verzweifeln an.
of, berauben.
from, loslösen von.
om, zurückschrecken von.

To deviate *from*, abweichen von.
devolve *on*, anheimfallen.
devote *to*, weihen.
dictate *to*, vorschreiben.
die *by, for, of*, sterben aus, vor, an. (47)
die *with*, sterben vor, (48).
differ *from*, abweichen von.
differ *with*, streiten mit.
diffuse *over*, verbreiten über.
digress *from*, abschweifen von.
dilate *on*, sich auslassen über.
dine *on* (fish) (Fisch) zu Mittag essen.
disagree *with*, nicht übereinstimmen mit.
disappoint *of*, täuschen in, } s. Anm. 40
disappoint *in*, betrogen in. } Seite 499.
disapprove *of*, mißbilligen.
disburden *of*, entlasten.
discharge *of*, entlasten.
discourage *from*, abschrecken von.
discourse *on, about*, sprechen über.
disencumber *of*, befreien von.
disengage *from*, losmachen von.
disentangle *from*, loswickeln aus.
dislodge *from*, vertreiben von, aus.
dispense *with*, verzichten auf.
dispose *for, to*, einrichten für, zu.
dispose *of*, verfügen über.
dispossess *of*, bringen um (Besitz).
dispute *for, about*, streiten um, über.
disqualify *for*, untauglich machen zu.
dissent *from*, abweich. i. d. Meinung v.
dissever *from*, trennen von.
dissuade *from*, abrathen von.
distinguish *from*, unterscheiden von.
distribute *to*, vertheilen an.
dive *into*, eindringen in.
divert *from*, ableiten von.
divert *with*, unterhalten, belustigen mit.
divest *of*, entkleiden, berauben.
divorce *from*, scheiden von.
domineer *over*, herrschen über.
dote *on*, übermäßig lieben.
doubt *of*, zweifeln an.
dream *of*, träumen von.
drink *to*, trinken auf.
dwell *on*, sich auslassen über.
ease *of*, befreien von (Schmerz).
eat *into*, sich einfressen in.
echo *with*, wiederhallen von.
eject *from*, vertreiben aus.
elevate *to*, erheben auf.

---

e Zeitwörter "to depart, to expel", werden bisweilen ohne Präposition gebraucht, z. B.:
was expelled the kingdom. | Er wurde aus dem Königreich vertrieben.
departed (from) the kingdom. | Er verließ das Königreich.
died by the sword, *for his country*, | Er starb durch das Schwert, für sein Vaterland,
f a fever. | an einem Fieber.
lmost died *with* confusion. | Ich starb beinahe vor Beschämung.

NB. Einige unthätige Zeitwörter, wie "to die, to live", regieren den Accusativ sinn-
wandter Wörter, z. B.
lived a bad life, and died a miserable | Er führte ein schlechtes Leben und starb eines elen-
death. | den Todes.

To elope *from, with,* entlaufen.
emanate *from,* ausgeben von.
emancipate *from,* befreien von.
embark *for,* sich einschiffen nach.
embark *in,* sich einlassen in.
emerge *from,* hervortauchen aus.
emigrate *to,* auswandern nach.
encroach *on,* eingreifen in.
endow *with,* begaben mit.
engage *in,* sich einlassen in.
engage *with,* sich einlassen mit.
engage *to,* (sich) verpflichten zu.
enlarge *on,* sich auslassen über.
enrich *with,* bereichern mit.
enroll *for,* anwerben zu
entail *on,* vererben auf.
enter *into,* sich einlassen in.
entitle *to,* berechtigen zu.
espouse *to, with,* verloben mit.
estrange *from,* entfremden.
exact *from (of),* fordern von.
examine *into,* untersuchen.
exchange *for,* austauschen gegen.
excite *to,* aufreizen zu.
exclude *from,* ausschließen von.
exculpate *from,* lossprechen.
excuse *from,* entheben.
excuse *for,* entschuldigen.
expatiate *on,* sich auslassen über.
expel *from* (46), vertreiben von, aus.
expend *on,* verwenden auf.
expose *to,* aussetzen.
expostulate *with,* rechten, streiten mit.
extort *from,* erpressen von.
extract *from,* herausziehen aus.
extricate *from,* herauswickeln aus.
exult *at,* frohlocken über.
exult *in,* frohlocken über.
fail *of,* nicht erlangen.
fall *in, into,* verfallen in, sich ergießen in.
fall *to,* zufallen, anfangen.
fall *on,* befallen, fallen auf.
fall in *with,* zusammentreffen.
familiarize *to,* vertraut machen mit.
fasten *to,* befestigen an.
fasten *on,* sich verbeißen in ꝛc.
fatten *with,* mästen mit.
fatten *on,* sich satt essen an.
fawn *on,* kriechen vor.
feed *on,* sich nähren von.
felicitate *on,* Glück wünschen zu.
fence *with,* umzaunen, fechten mit.
fight *with,* sich schlagen mit.
find fault *with,* tadeln.
fire *at, on,* feuern nach, auf.
fish *for,* fischen nach.
fit *for,* ausrüsten für.
fit *with,* versehen mit.
fix *on,* bestimmen, sich entscheiden für.

To flinch *from,* ausweichen.
fly *at,* herfallen über.
foam *with,* schäumen vor.
follow *from,* sich ergeben aus.
force *to,* zwingen zu.
force *from,* vertreiben aus.
force *into,* hineintreiben in.
found *on,* begründen auf.
free *from, of,* befreien von.
frown *at, on,* die Stirn runzeln über.
furnish *with,* ausstatten mit.
gain *on,* für sich gewinnen, einholen
gape *at, for,* angaffen, lechzen nach.
gaze *at (on),* anschauen.
give *in,* zugeben.
give *up,* verzichten auf.
glance *at,* blicken auf.
glare *at,* anglotzen.
glory *in,* sich rühmen, prahlen.
go *to,* gehen nach.
grasp *at,* haschen nach.
grieve *at, for,* sich betrüben über.
grow *into,* übergehen in, zu.
grumble *at,* murren über.
guard *against,* (sich) hüten vor.
gush *from,* hervorstürzen aus.
hanker *after,* trachten nach.
hang *on,* lästig sein.
harp *on,* wiederholt sprechen über.
have compassion (pity) *on,* Mitl. h. m
have occasion *for,* nöthig haben.
hear *of, from,* hören über, von.
hearken *to,* lauschen auf.
help *to,* verhelfen, vorlegen.
hesitate *at,* zögern.
hide *from,* verbergen vor, verhindern zu
hinder *from,* abhalten von.
hint *at,* hindeuten auf.
hope *for,* hoffen auf.
hoot *after, at,* verspotten.
hunt *after, for,* jagen nach.
hurl *at,* schleudern nach.
identify *with,* identifiziren mit.
impart *to,* mittheilen.
(impatient *for,* kaum erwarten können)
impel *to,* zwingen zu.
impose *on,* betrügen, auferlegen.
impress *on, with,* einprägen.
improve *in,* Fortschritte machen in.
impute *to,* beimessen.
incite *to,* anreizen zu.
incline *to,* sich neigen zu.
incorporate *with,* amalgamiren mit
inculcate *on,* einprägen.
induce *to,* verleiten zu.
infer *from,* schließen aus.
infest *with,* heimsuchen von.
inflame *with,* entflammen mit, ꝛc.
inflict *on,* auferlegen.

To inform *of*, in Kenntniß setzen von.
inform *against*, anklagen.
infringe *on*, Eingriffe machen in.
infuse *into*, einflößen in.
ingraft *on*, pfropfen auf.
ingratiate *with*, sich beliebt machen bei.
initiate *into*, einweihen in.
innovate *on*, Neuerungen machen in.
inquire *after, for*, sich erkundigen nach.
inquire *into*, untersuchen.
inquire *of*, befragen.
inscribe *to*, widmen.
inscribe *with*, bezeichnen mit.
insinuate one's self *into*, einbringen in, sich einschmeicheln bei.
insist *on*, bestehen auf.
inspire *with*, begeistern, erfüllen mit.
instigate *to*, stacheln, treiben zu.
instil *into*, einflößen in.
interest one's self *in, for*, theilnehmen an, sich interessiren für.
interfere *in*, sich mischen in.
intrench *on*, Eingriffe machen in.
introduce *into*, einführen in.
introduce *to*, vorstellen.
intrude *on*, sich aufdringen, einbringen in.
inure *to*, gewöhnen an (etwas Hartes).
invest *with*, bekleiden mit.
involve *in*, verwickeln in.
issue *from*, entspringen aus.
jeer *at*, Jemand aufziehen.
jest *at*, scherzen über.
join *in, with*, sich verbinden mit, in.
join *to*, verbinden mit.
judge *by, of, from* (⁴⁸ᵇ), urtheilen nach.
judge *of*, urtheilen über.
jump *with* joy, vor Freude springen.
kneel *to*, knieen vor.
knock *at*, klopfen vor.
labour *under*, leiden an.
languish *for*, schmachten nach.
laugh *at*, lachen über.
lavish *on*, verschwenden an.
lead *to*, führen zu, nach.
lean *on, against*, sich stützen auf, gegen.
lean *to*, sich neigen zu, inkliniren.
learn *from*, ersehen aus.
learn *of*, lernen von.
leave *by*, verlassen von.
leer *at*, schielen nach.
level *at*, zielen nach.
level *with*, gleichmachen mit.
listen *to*, horchen, achten auf.

To live *on* (⁴⁸ᶜ), leben von.
long *for*, sich sehnen nach.
look *for*, sich umsehen nach.
look *at*, ansehen, besehen.
look *into*, untersuchen, hineinsehen.
look *to*, acht geben auf.
look *on*, zuschauen, betrachten.
make *of*, machen aus.
make *for*, zu erreichen suchen.
make up *for*, ersetzen.
meddle *with*, sich mischen in.
meditate *on*, nachdenken über.
meet *with*, begegnen.
mould *from*, bilden nach.
moralize *upon*, moralisiren über.
mourn *for*, trauern über.
murmur *at*, murren über.
muse *on*, nachsinnen über.
nod *at*, zunicken.
object *to*, einwenden gegen.
ordain *for, to*, weihen zu.
palpitate *with*, zittern vor.
pant *with* (heat), schnaufen vor (Hitze).
part *from*, sich trennen von.
part *with*, weggeben.
partake *of, in, with*, Theil haben an.
participate *in (of)*, Theil haben an.
pause *on*, in Erwägung ziehen.
pay *for* a thing, pay *a* person, bezahlen.
peep *at*, gucken nach.
penetrate *into*, eindringen in.
persevere *in*, ausharren bei.
persist *in*, bleiben bei.
pine *at*, sich betrüben über.
pine *for*, schmachten nach.
pique one's self *on*, sich brüsten mit.
play (*at*) cards, etc., Karten ꝛc. spielen.
play *on* the piano, etc., ob. } Klavier ꝛc.
play *the* piano, etc. } spielen.
play *on* words, Wortspiele machen.
ply *to*, steuern nach.
point *at*, weisen nach, auf.
ponder *on*, erwägen.
possess one's self *of*, in Besitz nehmen.
preclude *from*, ausschließen aus.
prefer *to*, vorziehen.
prepare *for*, (sich) vorbereiten auf.
present *to*, vorstellen.
present *with*, beschenken mit.
preserve *from*, bewahren vor.
preside *over*, präsidiren, vorsitzen.
press *on*, aufnöthigen.
presume *on*, sich erdreisten wegen.

(48b) NB. *To judge from* (schließen aus); *to judge by* (schließen nach, durch); *to judge of* (urtheilen über), ꝛ. B:
    To judge from this book, his other works must be fine. — What can I *judge by* (wonach, wodurch)? — I cannot *judge of* it, because I have not seen it.

(48c) NB. "*To live in, at, upon, with, among, by*"; als: "*To live in* a house, *at* a place, *on* (oder *upon*) vegetables, *with* his friends, *among* the mountains, *by* labour".

To pretend *to*, (48) Anspruch machen auf.
prevail *on*, überreden.
prevent *from*, abhalten von.
prey *on, upon*, vom Raube leben.
proceed *with*, fortsetzen (Rede).
proceed *to*, gehen an, nach.
proceed *from*, entstehen aus.
profit *by*, Nutzen ziehen von.
pronounce sentence *on*, das Urtheil sprechen über.
proportion *to*, in Verhältniß bringen mit.
protest *to*, feierlich erklären.
provide *for*, sorgen für.
pry *into*, ausspioniren.
purge one's self *of, from*, sich reinigen v.
quarrel *about*, zanken um, über.
quarter *on*, einquartieren bei.
quit *from, of*, befreien, entledigen.
quote *from*, anführen aus.
rail *at*, schimpfen über.
rap *at*, klopfen an.
rate *at*, anschlagen auf.
read *to, for*, vor= fürlesen.
receive *from*, empfangen von.
reckon *on*, zählen auf.
reclaim *from*, zum Guten zurückbringen.
recline *on*, liegen auf.
reconcile *to*, aussöhnen mit.
recover *from, of*, genesen von.
redden *at*, roth werden über.
redeem *from*, loskaufen von.
reduce *to*, bringen, treiben zu.
refer *to*, verweisen auf, sich beziehen auf.
refine *on*, fortschreiten in, verbessern.
reflect *on*, nachdenken über, zurückwerfen auf, zurückfallen auf.
refrain *from*, sich enthalten.
rejoice *at*, sich freuen über.
relate *to*, (sich) beziehen auf.
relieve *from*, befreien aus (Noth).
rely *on*, sich verlassen auf.
remind *of*, erinnern an.
repair *to*, eilen zu, nach.
repent *of*, bereuen.
repine *at*, murren über (wider).
reply *to*, erwiedern auf.
repose *in, on*, sich verlassen auf.
reproach *with*, vorwerfen.
reprove *for*, tadeln wegen.
request *of*, verlangen von.
require *of*, verlangen von.

To requite *for*, vergelten.
rescue *from*, erlösen aus.
resign *to*, überlassen.
resolve *into*, sich auflösen in (committee)
resolve *on*, beschließen.
resort *to*, seine Zuflucht nehmen zu.
rest *on*, ruhen auf.
restore *to*, wiedergeben.
restrain *from*, abhalten von.
result *from*, hervorgehen aus.
retaliate *on*, wiedervergelten gegen.
retire *from*, sich zurückziehen von.
reveal *to*, offenbaren.
revenge *on*, rächen an.
rid *of*, befreien von.
ride *on, in*, reiten auf, fahren in.
ride *at* anchor, vor Anker liegen.
ring *with*, erschallen von.
ring *for* (49b), klingeln.
rob *of*, berauben.
rouse *from*, wecken aus.
rule *over*, herrschen über.
ruminate *on*, nachdenken über.
satiate *with*, sättigen mit.
save *from*, retten von, bewahren vor.
savour *of*, schmecken nach.
scoff *at*, spotten über.
scold (*at*), schmähen über, schelten.
screen *from*, beschirmen vor.
scruple *at*, Bedenken tragen über.
search *for*, suchen nach.
seclude *from*, ausschließen von.
secure *against, from*, schützen vor.
seek *for*, suchen nach.
seize *on*, ergreifen.
send *for*, holen lassen, schicken nach.
settle *on*, zu eigen geben (Dativ).
shiver *with*, zittern vor.
shoot *at*, schießen nach.
shrink *at*, zusammenschaudern bei.
shrink *from*, zurückweichen vor.
shudder *at*, schaudern vor.
shun *by*, vermieden von.
sigh *after, for*, seufzen nach.
smell *of* (*at, to*), riechen nach (an) (49c).
smile *at*, lächeln über.
smile *on*, zulächeln.
snap *at*, schnappen nach.
sneer *at*, hohnlächeln, grinsen über.
speak *of*, sprechen von (Anm. 22, S. 550).
speak *to, with*, sprechen (mit). (49d)

---

(49) He *pretends* to know every thing. — Er gibt vor, Alles zu wissen.
He *pretends* to the throne of England. — Er macht Anspruch auf den Thron von England.
(49b) *Ring for* my servant. — Klingeln Sie meinem Diener.
(49c) Das deutsche „anriechen, beriechen", gibt man im Allgemeinen im Englischen mit "smell", oder die Präpositionen "at, to", z. B.:
Take this bottle and *smell* it. — Nehmen Sie diese Flasche und riechen Sie daran.
After he had *smelled* it. — Nachdem er daran gerochen (es berochen) hatte.
(49d) Es ist wohl zu merken, daß man im Englischen nie das Zeitwort „sprechen" ohne die Präposition to oder with brauchen darf, z. B.:
I *spoke to* (*with*) him yesterday. — Ich sprach ihn gestern.

pend *on*, verwenden auf.
t, on, speien an, auf.
g *from*, entspringen aus.
. *to*, beharren bei.
at, anstarren.
from, out of, aufschrecken aus.
e *at*, aufschrecken über.
e *with*, umkommen vor.
for, warten auf.
upon one, Jemand beschleichen.
to, halten an, beharren bei.
t, Bedenken tragen vor.
to, sich erniedrigen vor.
, *with*, versorgen mit.
with, versehen mit.
from, abirren von.
at, schlagen nach.
of, entkleiden, berauben.
from, entkleiden, berauben.
for, ringen nach.
ribe *to*, subscribiren auf, beistimmen.
t, on, leben von.
ed *to*, folgen auf.
or, ansuchen um.
y *with*, versehen mit.
und *by, with* ([49]), umgeben von.
n *with*, wimmeln von.
to, schwören auf, beschwören.
into, anschwellen zu.
to, sich legen auf.
ffence at, sich beleidigt fühlen über.
are of, besorgen, sich in Acht nehmen.
notice *of*, Notiz nehmen von.
bout, of, sprechen über, von.
for, warten auf.
of, kosten von, schmecken nach.
vith, anschuldigen.
with, voll sein von, wimmeln von.

To tend *to*, dienen zu.
terminate *in*, enden mit.
thicken *into*, verdichten zu.
think, *of, on*, denken an, daran.
thirst *for*, dürsten nach.
throw *at, on*, werfen nach, auf.
totter *with* (age), schwanken vor (Alter).
touch *on*, berühren einen Gegenstand des
    Gespräches.
trade *in*, handeln mit.
transfer *to*, übertragen auf.
transform *into*, verwandeln in.
translate *into*, übersetzen in.
transmute *into*, verwandeln in.
tread *on*, treten auf.
treat *of*, handeln von, über.
tremble *at, with*, zittern bei, vor.
trust *to, with*, Jemand anvertrauen.
turn *into*, verwandeln in.
turn *to*, Zuflucht nehmen zu.
upbraid *one with*, vorwerfen.
upbraid *for*, tadeln wegen.
usher *into*, einführen in.
value *at*, schätzen auf.
vanish *from*, entschwinden.
venture *at, upon*, sich einlassen auf.
wait *for*, warten auf.
wait *on*, dienen, Aufwartung machen.
warn *from, of* ([50]), warnen vor. *against*
weep *at*, weinen über.
wish *for*, wünschen.
wish joy *of*, Glück wünschen zu.
withdraw *from*, sich entziehen.
wonder *at*, sich wundern über.
wrench, *from*, entreißen.
wrest *from*, entwinden.
yearn *for*, sich sehnen nach.
yield *to*, nachgeben ([51]).

F. Von den reflectiven oder zurückführenden Zeitwörtern.

XXXI. Eigentliche zurückführende Zeitwörter, wie man im
schen hat, z. B.: **sich erinnern, sich zanken,** welche von
m andern Zeitwort gebildet sind, findet man im Englischen nicht,
sie werden in dieser Sprache alle mittelst eines thätigen Zeit-
s gebildet, an welches man, wie schon §. 164, Seite 286 gesagt
en ist, die zurückführenden Fürwörter *one's self, myself, our-
s, etc.* fügt.

NB. To *surround by* bezeichnet mehr einen thätigen, "to *surround with*", mehr einen ruhigen
Zustand, z. B.:
He is *surrounded by* enemies. The town *is surrounded with gardens* and trees.
He was *warned from* going to China.   Er ward davor gewarnt, nach China zu gehen.
He was *warned of* the danger.   Er ward vor der Gefahr gewarnt.
Ausführliche Uebersetzungen über die Anwendung der vorhergehenden Wörter findet man Kap. VI.
des Uebersetzungsbuches, welches in jeder guten Buchhandlung zu haben ist.

§. 22. Da viele Zeitwörter im Deutschen zurückführend gebraucht werden, im Englischen aber nicht, so führe ich ein alphabetisches deutsch-englisches Verzeichniß derselben hier an, das ich dem Lernenden zum fleißigen Studium sehr empfehle.

Verzeichniß der Zeitwörter, die im Deutschen zurückführend sind, im Englischen aber nicht.

Sich abgeben, to meddle *with* ([52]).
„ ärgern, to be vexed, to fret, to be angry.
„ ändern, to change.
„ anhängen, to stick *to*, to hang *to*.
„ anhalten, to stop.
„ annehmen, to advocate, to take care *of*, to adopt.
„ anmaßen, to boast, to usurp.
„ anstrengen, to work, etc. ([52b])
„ aufhalten (spotten), to rail *at*.
„ aufhalten (wohnen), to reside *at, in*.
„ auflösen (in Wasser), to dissolve.
„ auslassen über, to enlarge *upon*.
„ ausschiffen, to disembark.
„ baden, to bathe ([53]).
„ balgen, to wrestle, to jostle.
„ bedanken, to thank, to decline.
„ bedienen, to make use *of*.
„ beeifern, befleißigen, bemühen, to endeavour.
„ beeilen, to hasten.
„ begeben (sich zutragen), to happen.
„ begeben (wohin), to repair *to*.
„ begnügen, to be contented *with*.
„ behelfen, to make shift *with*.
„ bekennen, to profess.
„ beklagen, to complain, to lament.
„ bekümmern, to care *for*.
„ belaufen, to amount *to*.
„ bemächtigen, to seize, to take possession *of*.
„ bemeistern, to master, to subdue.
„ benehmen, betragen, to behave, to act
„ berathen über, to consult *about*.
„ berechnen, to be calculated ([54]).
„ bescheiden, to be contented.
„ beschweren bei, to complain *to*.
„ besinnen, to think, to consider.
„ bestreben, to strive, to endeavour.
„ beugen, to bend, to bow.

Sich bewegen, to move.
„ bewerben um, to apply *for*, make interest *for* ([55]).
„ beziehen, to refer *to*, to relate *to*.
„ bücken, to stoop.
„ brechen, erbrechen, to vomit ([56]).
„ drängen (nach), to press, to crowd
„ einbilden, to imagine.
„ einlassen (auf), to engage in.
„ einschiffen, to embark.
„ ekeln, to loathe, to be disgusted *at*
„ empfehlen, Anm. 27 NB. 3, S. 313
„ entblöden, to dare, to be so bold
„ entbrechen,) to abstain *from*, to
„ enthalten,) forbear.
„ entfärben, to lose colour, to fade.
„ entfernen, to go away, leave.
„ entleiben, to commit suicide.
„ entschließen, to resolve, determine
„ entschuldigen, to apologize.
„ entsetzen (über), to shudder *at*
„ entziehen, to forsake, to avoid.
„ entzünden, to take fire, to fester
„ erbarmen, to pity, to commiserate. to take pity *on*.
„ erbieten, to offer, to promise.
„ erbitten lassen, to be prevailed *on*
„ erbosen, to grow angry.
„ ergeben, to surrender.
„ darein ergeben, to consent *to*, to submit
„ etwas ergeben, to be addicted *to*.
„ ergötzen, to be delighted *with*.
„ erheben, to rise, to stand *up*.
„ erholen, to recover.
„ erinnern, to recollect, to remember
„ erkälten, to take od. catch. cold.
„ erklären, to be explained.
„ erkühnen, to make bold.
„ erkundigen, to inquire *for*, *after*.
„ erstrecken, to extend.
„ freuen, to be happy, to rejoice.

(52) In der Bedeutung „sich mit etwas beschäftigen" muß man das „sich abgeben" mit *to occupy one's self* geben.
(52b) Don't work too hard. — Strengen Sie sich nicht zu sehr an.
       Don't study too much — Strengen Sie sich den Kopf nicht zu sehr an.
(53) *To bathe* wird bisweilen zurückführend gebraucht, z. B..
       He bathed *himself* in cold water yesterday.
(54) Die Kosten des Werkes lassen sich nicht berechnen. | The expences of the work *are not to be* calculated.
(55) Er bewirbt sich um Fräulein Mills. | He is paying his addresses *to* Miss Mills.
(56) Die Woge bricht sich. | The wave breaks.
       Die Krankheit bricht sich. | The disease diminishes.

Sich fügen, to conform, to suit.
  „ müde, sanft fühlen, to feel tired, soft.
  „ fürchten, to be afraid, to fear.
  „ geberden, to behave, to act.
    so gehört und gebührt es sich, so it
    should and ought to be [57].
  „ getrauen, to presume, to dare.
  „ grämen, härmen, to grieve.
  „ halten, to keep.
  „ herablassen, to condescend to.
  „ herausnehmen, to take too much
    liberty, to presume.
  „ hingeben, to indulge in.
  „ irren, to be mistaken. to mistake.
  „ kleiden, to dress.
  „ knieen, to kneel.
  „ kümmern, to care for.
  „ lehnen, legen auf, to recline on.
  „ legen, to abate, to lie (down).
  „ mischen in, to meddle with.
  „ nähern, to approach.
  „ neigen (zu), to incline.
  „ niederlassen in, to settle in.
  „ öffnen, to open.
  „ richten, to conform to.
  „ rühmen, to boast of.
  „ schämen, to be ashamed of.
  „ schlagen, to fight.
  „ sehnen nach, to long for.
  „ streiten, to dispute.
  „ trennen von, to part with.
  „ trennen, to separate.
  „ übergeben, to vomit, to surrender.
  „ umkehren, umdrehen, umwinden, to
    turn, to turn about.
  „ unterfangen, to presume, to dare.
  „ unterhalten, to converse with.

Sich unterstehen, to dare, to attempt.
  „ unterwerfen, to submit.
  „ umwälzen, to revolve, to roll round.
  „ verbergen, verstecken, to abscond.
  „ verbinden, to combine, to join.
  „ verbeugen, to bow.
  „ verbittern, to embitter.
  „ vereinigen, to join.
  „ verhalten, to stand [57b], to behave.
  „ verirren, to go astray.
  „ verkaufen, to sell [58].
  „ verlassen auf, to depend, to rely on.
  „ verheirathen, to marry.
  „ vermehren, to increase.
  „ vermindern, to diminish.
  „ vermischen, to mix, to mingle.
  „ verrechnen, to miscalculate.
  „ versammeln, to assemble.
  „ verschwören, to plot.
  „ versehen, irren, to make a mistake.
  „ verstellen, to dissemble.
  „ vertragen, to agree.
  „ verwundern, to wonder at.
  „ verzehren, to consume.
  „ vorbereiten zu, to prepare for.
  „ vornehmen, to intend, to resolve.
  „ vorstellen, to imagine.
  „ weigern, to refuse.
  „ wenden, to turn.
  „ wenden an Jemand, to apply to one.
  „ widersetzen, to resist.
  „ wundern, to wonder, to be astonished.
  „ zeigen, to appear.
  „ zugesellen, to join.
  „ zurückziehen, to retire, to withdraw.
  „ zutragen, to happen [58b].

Beispiele.

Sie fürchtet sich vor dem Donner.	She's *afraid of* thunder.
Herr N. hat sich nach Ihnen erkundigt.	Mr. N. *has been inquiring* for you.
Bitte, besinnen Sie sich.	Pray, *consider* for a moment.
Wir schiffen uns Morgen nach L. ein.	We *embark* for London to-morrow.
Ihr vertraget Euch nicht.	You *don't* agree (together).

XXXII. Allgemeine Regel über die zurückführenden Zeitwörter.

Bei der Uebersetzung der deutschen zurückführenden Zeitwörter in's Englische muß man zuerst fragen: könnte man dieß oder jenes einem Andern thun? oder könnte das Zeitwort sich auf eine Sache oder eine Person im Accusativ beziehen? Ist dieß der Fall, so ist das Zeitwort im Englischen zurückführend, z. B.:

---

(57) Siehe die unpersönlichen Zeitwörter §. 167, Seite 289 — 297.
(57b) The affair *stands* (*is*) bad. | Die Sache verhält sich schlecht.
(58) Diese Bücher verkaufen sich gut. | These books *sell* well.
(58b) In dem Uebersetzungsbuch Seite 164 findet man ein alphabetisches englisch-deutsches Verzeichniß der Zeitwörter, die im Deutschen zurückführend sind, im Englischen aber nicht.

Ich wasche mich; könnte ich einen andern waschen? Ja. Dann heißt es im Englischen: *I wash myself*, wörtlich: ich wasche mich selbst [59].

Ich sehne mich; könnte ich einen Andern sehnen? Nein; dann heißt es *I long*, ich sehne, z. B.:

Ich sehne mich England wieder zu sehen. | *I long to see England once more.*

Ich widme mich; könnte man sich einer Sache widmen? Ja; dann heißt es: *I apply myself*, z. B.:

Ich widme mich meinem Studium. | *I apply myself to my studies* [59b].

Aufgaben über die vorhergehenden Zeitwörter.

Regel XXXI. Seite 505.

69. Diejenigen, die sich ohne Grund (*reason*) ärgern und beklagen, bekommen (*get*) in der Regel Ursache (*cause*) sich zu ärgern und zu beklagen. — Die Königin Pomare von Taheiti beschwerte sich bei (*to*) der Königin von England über (*of*) die ihr von den Franzosen angethane Beleidigung (*offence*) und ihre Schwester-Königin nahm sich ihrer Sache (*cause*) an. — Sir Robert Peel begab sich nach Windsor, um (*to*) der Königin aufzuwarten (*to wait upon*). — Bei Abfassung (*in compiling*) meiner vorliegenden (*present*) Arbeit habe ich mich bestrebt (*to endeavour*), den Beifall des Publikums (*public*) zu verdienen (*to merit*). — Carl der Zehnte hat sich bei (in) der französischen Revolution von 1830 nicht mit gehöriger Klugheit benommen (*to act*), und als er in Schottland war, erinnerte er sich mit Betrübniß der Glückseligkeit (*happiness*) früherer Tage. — Es kann nicht wahr (*true*) sein, Sie irren sich gewiß. — Jetzt sind wir in der That unglücklich, doch da wir das Unglück nicht abwenden können, [so] wollen wir uns als Christen darein ergeben (*to submit*).

in der Regel, *generally.*	Betrübniß, *regret.* früher, *former.*
angethan, *offered.* ihr, *(to) her.*	jetzt, *now.* in der That, *indeed.*
Arbeit, *work.* Beifall, *applause.*	doch, *yet.* abwenden, *to avert.*
mit gehöriger Klugheit, *with the proper prudence.*	Unglück, *misfortune.*

G. Vom Indicativ (Indicative mood).

XXXIII. Fälle, in denen man im Englischen den Indicativ, im Deutschen den Conjunctiv brauchen muß.

Im Allgemeinen stimmt der Indicativ im Englischen mit dem Deutschen überein, jedoch ist folgender Unterschied zu bemerken. Nach den Zeitwörtern:

(59) So oft man im Deutschen das Fürwort „selbst" dem zurückführenden Fürwort „mich, dich, sich, uns, euch" hinzufügen kann, so muß man sich des zurückführenden Fürworts im Englischen bedienen, z. B.:
May I keep this book for myself? | Darf ich dieses Buch für mich (selbst) behalten?

(59b) NB. Von dieser Regel gibt es nur wenige Ausnahmen und die entstehen hauptsächlich dadurch, daß man im Englischen bisweilen, um dieselbe Sache auszudrücken, sich eines Zeitworts bedient welches von der ursprünglichen Bedeutung des deutschen Zeitworts abweicht, und umgekehrt, z. B.: Im Englischen sagt man nicht „sie schlugen sich im Duell", welches bloß heißen würde "they *struck one another* in a duel", sondern "sie fochten ein Duell, they *fought a* duel". Siehe das vorhergehende Verzeichniß

NB. Das Nöthige über die unpersönlichen und unregelmäßigen Zeitwörter findet man § 167.–174, Seite 289—297 und § 181–211, Seite 301—323.

Antworten, to answer, to reply.	Fragen, to ask.
Berichten, benachrichten, to inform.	Gestehen, to own.
Behaupten, *to assert.*	Glauben, to believe, to think.
Denken, to think.	Melden, to inform.
Erklären, to declare.	Sagen, to say, tell.
Erwiedern, to reply.	Schwören, to swear.
Erzählen, to say, to tell.	Versichern, to assure (60).

und ähnlichen Verben, wodurch man seine eigenen oder eines Andern Worte, Meinungen und Gedanken anführt, und welche im Deutschen stets den Conjunctiv nach sich verlangen, muß im Englischen wie im Französischen der Indicativ stehen, z. B.:

Er antwortete, er habe es gethan.	He *answered*, that he *had done* it.
Er benachrichtigt mich, daß die Königin nicht mehr in London sei.	He *informs* me, that the Queen *is* no longer in London.
Sie fragte mich, wie ich mich befände.	She *asked* me how I *was* (how I *did*).
Man sagt, daß der König krank sei.	It *is* said that the King *is* ill.
Man sagte gestern, daß der König krank sei.	It *was said* yesterday, that the King *was* ill (60b).
Er dachte, daß ich sein Freund sei (61).	He *thought* that I *was* his friend, etc. (60b)

H. Vom Conjunctiv (Subjunctive mood).

XXXIV. Der Conjunctiv wird im Englischen nur dann gebraucht, wenn das Zeitwort auf eine ungewisse, zweifelhafte Art von dem Subjecte Etwas aussagt, z. B.:

If she *were* as good as she is beautiful, how happy I *should be* (61).	Wenn sie so gut wäre, wie sie schön ist, wie glücklich wäre (63) ich.
Could he do it, he would.	Könnte er es thun, so thäte er es.
Had I seen him, I would have told him.	Hätte ich ihn gesehen, so hätte ich es gesagt.
If I *see* him, I will tell him.	Falls ich ihn sähe, werde ich es ihm sagen.
I will respect him, *though* he *chide* me.	Und wenn er mich auch schelte (schelten sollte), so werde ich ihn doch achten.

XXXV. Nach lest (damit nicht) und that steht der Conjunctiv.

Nach den Conjunctionen *lest* (damit nicht) und *that* (daß), wenn ein Wort vorausgeht, welches einen Befehl, oder eine Ermahnung ausdrückt, steht der Conjunctiv, z. B.:

---

(60) NB. Folgendes Verzeichniß enthält die meisten Zeitwörter dieser Art, die, wie im Französischen den *Indicativ*, im Deutschen den Conjunctiv nach sich verlangen:

To add.	To avow.	To inform.	To protest.	To support.
- affirm.	- believe.	- judge.	- publish.	- swear.
- announce.	- bet.	- learn.	- perceive.	- tell.
- answer.	- cry.	- maintain.	- recount.	- think.
- ask.	- certify.	- own.	- remark.	- write.
- assure.	- declare.	- pretend.	- reply.	- wager.
- assert.	- demand.	- presume.	- say.	- bring news, Nachricht bringen.
- avert.	- imagine.	- prove.	- signify.	

The last Indian mail *brings the news*, that Delhi *has been taken.* | Die letzte indische Post bringt die Nachricht, daß Delhi eingenommen worden sei.

(60b) Siehe die Fälle, wo man im Deutschen das Präsens da setzt, wo man im Englischen das erste Futurum braucht. Anmerk. 10, Seite 224. Siehe auch „Folge der Zeiten" Reg. LXX. Seite 533.

(60c) Im Englischen braucht man in obigen und in allen ähnlichen Fällen stets den Indicativ.

(61) Siehe die Fälle, wo man im Deutschen das Imperfectum des Conjunctivs da setzt, wo man im Englischen den ersten Conditional braucht. Regel LXVIII. Seite 532.

Love not sleep, *lest* (61b) you *come* to poverty.	Liebe den Schlaf nicht, damit du nicht in Armuth gerathest.
Take heed that thou *speak* not *to* Jacob.	Hüte dich, daß du nicht mit Jakob sprich
Take care that (61c) the glass *be* not broken.	Gib Acht, daß das Glas nicht gebrechen werde.

XXXVI. Nach den Conjunctionen if, though, except, etc., wenn das Zeitwort eine Zukunft ausdrückt, steht der Conjunctiv.

Nach den folgenden Conjunctionen, wenn der Satz, welcher durch dieselben eingeleitet wird, die Zukunft ausdrückt, oder sich auf dieselbe bezieht, also hauptsächlich in allen Fällen, wo das Futurum entweder vorhergeht oder nachfolgt, steht der Conjunctiv:

Except, wenn nicht, außer.	Provided (that), wenn nur.
If, wenn — If—but (61c), wenn—nur.	On condition that, unter der Bedingung daß.
That, daß, damit nicht (62).	
So that, so daß, wenn nur.	However, wie auch.
Though, obgleich, wenn auch.	Whether—or, ob, oder; entweder, oder.
Unless, wenn nicht.	Till, bis, z. B.:
1) *Unless* he *come* to morrow, all *will* be lost.	Wenn er nicht morgen kommt, so wird Alles verloren sein.
2) *If* thou *be* afflicted, repine not.	Wenn du betrübt bist, so murre doch nicht.
If he *be but* discreet, he will succeed.	Wenn er nur klug ist, so wird es ihm gelingen.
Take care *that* he *do* not deceive you.	Gib Acht, daß er dich nicht täusche.
So that she *be* but good, *in future,* I care not for the rest.	Wenn sie nur in der Zukunft gut ist, so kümmere ich mich nicht weiter.
Provided my friend *come* to-day, I shall go.	Wenn mein Freund heute kommt, so gehe ich.
Though he *slay* me, yet will I trust him.	Und wenn er mich auch tödten sollte, so werde ich ihm doch trauen.
Unless he *wash* himself, he cannot be clean.	Wenn er sich nicht wäscht, so kann er nicht rein werden.
3) *However* (62) difficult it *be* yet I will persevere.	Wie schwierig es auch sei, so werde ich doch beharren.
On condition that she *come*, I will stay.	Unter der Bedingung, daß sie komme, will ich bleiben.
Whether he or she *come*, 'tis the same to me.	Ob er oder sie kommt, mir ist es gleich.
I shall remain in London *till* all shall be quiet.	Ich werde in London bleiben, bis Alles ruhig ist.

(61b) NB. "Lest" nach einem Befehl oder einer Ermahnung" hat stets die Conjunctivform nach sich, weil es sich immer auf die Zukunft bezieht.

(61c) NB. Es wird von den besten englischen Grammatikern als fest angenommen, daß "that" zu einem „Befehl, einer Ermahnung", und "if" von "but" gefolgt, die Conjunctivform verlangen, z. B.
Take care that he come early.   Achte darauf, daß er früh komme.
If he do but promise to go.   Wenn er nur verspreche zu gehen.
      Dieses ist jedoch nur dann richtig, wenn, wie oben, die Zukunft angedeutet ist; beziehen sie sich auf die Gegenwart, muß man die Indicativform brauchen, z. B.:
Take care that he does not deceive you   Gib Acht, daß er dich nicht (wirklich) täuscht
If he does but jest, no matter.   Wenn er nur spaßt, thut es nichts.

(62) Ueber „daß, damit" in der Bedeutung „zu dem Ende daß" s. Reg. VII. NB. 2 S. 481

(62b) NB. "However" als Adverb, in der Bedeutung „in wie hohem Grad auch immer", weil es in der Regel etwas Ungewisses, Unbestimmtes bezeichnet, fordert meistens den Conjunctiv, z. B.
However rich a man may be, without   Wie reich auch immer ein Mann sein mag, ohne
virtue, he cannot be happy.   Tugend kann er nicht glücklich sein.
      Wenn die Sache bestimmt ist und "however" soviel als „obgleich" bedeutet, so steht es den Indicativ, z. B.:
However beautiful these houses are, yet they do not please me, d. h. although these houses are beautiful.

XXXVII. Allgemeine Regel über das Brauchen und Nichtbrauchen des Conjunctivs.

NB. 1. Wenn obige (Reg. XXXVI. angeführten) Conjunctionen die Zukunft ausdrücken, so steht der Conjunctiv. Drückt das Zeitwort indessen nicht die Zukunft aus, so muß nach obigen Conjunctionen der Indicativ stehen, z. B.:

Though I *am* poor, I am honest.	Obwohl ich arm bin, so bin ich doch ehrlich.
If he really *does but* jest, no matter.	Wenn er wirklich nur spaßt, so macht es nichts.
Unless he *deceives* me, he must be honest. (63)	Wenn er mich nicht täuscht, so muß er ehrlich sein.
So that she *is* good, I don't care about her beauty.	Wenn sie nur gut ist, kümmere ich mich nicht um ihre Schönheit.

NB. 2. Eine allgemeine Regel, wodurch alle Fremde wissen können, ob man den Conjunctiv brauchen darf, oder nicht, ist folgende:

Kann man vor das Zeitwort im Conjunctiv (ohne den Sinn zu stören) ein Hülfszeitwort, wie "*may, might, can, could, do, shall, should,*" etc. setzen, so muß der Conjunctiv gebraucht werden, denn das Präsens des Conjunctivs im Englischen ist im Allgemeinen bloß eine Ellipse (Weglassung) eines Hülfszeitwortes, (63b) z. B.:

Unless he (*should*) come to-morrow, all will be lost.	Wenn er Morgen nicht kommen sollte, so wird alles verloren sein.
If thou (*shouldst*) *be* afflicted, repine not.	Wenn du betrübt sein solltest, murre doch nicht.
If it (*should*) *be* fine to-morrow.	Wenn es morgen schön ist.
However difficult it (*may*) *be*. (64)	Wie schwierig es auch sein mag. (65b)

(63) Die Dichter brauchen öfters den *Conjunctiv* statt des *Indicativs*, in der Prosa aber ist dieses nicht zulässig, z. B.:
"Brothers and sisters, little maid, how many *may you be*"? statt how many *are you?*

63b) NB Die einzige Ausnahme von der obigen Regel ist das Zeitwort "*to do*", z. B.:
If he do but come to-morrow, good. | Wenn er nur Morgen kommt, gut.
Hier kann man kein "*shall, will,* etc" vor das "*do*" einschalten, bei allen andern Zeitwörtern aber kann man "If he (*shall, can, may,* etc.) come, love", etc. sagen.

(64) NB. 1. *Praesens.* Es ist wohl zu merken, daß das *Praesens* des *Conjunctivs* im Englischen stets auf die Zukunft deutet, und kann nicht, wie im Deutschen, als wirkliches *Praesens* gebraucht werden, z. B.:
If I *be* in time, I will tell him. | Wenn ich zeitig ankomme, werde ich es ihm sagen.
If he *see* her, he will tell her. | Wenn er sie sieht, wird er es ihr sagen.
If she should have (ob. *has*) time to-morrow, she will do it. | Wenn sie Morgen Zeit hat, wird sie es thun.

NB. 2. Ist die Zeit aber wirklich eine gegenwärtige, so muß man den *Indicativ* brauchen, z. B.:
If, as you say, I *am* in time, why find fault? | Wenn, wie Sie sagen, ich zu rechter Zeit gekommen bin, warum tadeln Sie?
If he *sees* her, he pretends not to know her. | Wenn er sie sieht, thut er als wenn er sie nicht kennt.
If she *has* time, why does she not do it? | Wenn sie Zeit hat, warum thut sie es nicht?

NB. 3. In Verbindung mit "*when, till, before, as soon as, after*", braucht man das *Praesens* des *Indicativs* statt des *Conjunctivs* oder *Futurums*, z. B.:
When he *comes* to-morrow, he will be surprised to see you here. | Wenn er morgen kommt, wird er überrascht sein, Sie hier zu sehen.

NB. 4. In Sätzen wie der folgende, braucht man häufig das *Praesens* des *Indicativs* statt des *Conjunctivs* oder *Conditionals*, z. B.:
If he should *have* time (ob. if he *has* time) to-morrow, he will do it. He *has* time.
Well, if he *has* time let him do it.

☞ NB. 5. Man hüte sich aber vor Barbarismen, wie die, welche ein gewisser Grammatiker anführt, ▲ B: Merkwürdig, sagt er, daß in der direkten Anrede man den *Conjunctiv* brauchen muß, z. B.:
Pray, Sir, *be* this letter for you? | Bitte, mein Herr, sei dieser Brief für Sie?
Dieser Grammatiker ist so bewandert in der Kenntniß der englischen Sprache, daß er nicht merkt, daß *Bulwer*, von dem er obigen Satz citirt, einen gewöhnlichen Kellner, in einem gewöhnlichen Wirthshaus sprechen läßt. Richtig muß es heißen:
Pray, Sir, *is* this letter for you? | Bitte, mein Herr, ist dieser Brief für Sie?

XXXVIII. Fälle, in denen die Conjunctionen ausgelassen werden.

Im Englischen kann man bei den Wörtern *were*, *had* und *should* wie im Deutschen, die Conjunction weglassen, dann aber müssen die Wörter umgesetzt werden, z. B.:

Were (65) the King here, statt: *If the King* were *here, this would not happen.*	Wäre der König hier, statt: Wenn der König hier wäre, so geschähe dieses nicht.
Had the King *been* here, (statt: *if the King* had been (65) *here*) *this would not have happened.*	Wäre der König hier gewesen, statt: wenn der König hier gewesen wäre, so wäre dieses nicht geschehen.
Were (66) *I Alexander*, statt: *If I* were *Alexander.*	Wäre ich Alexander, statt: Wenn ich Alexander wäre.
Should you see my friend, statt: *If you* should see *my friend.*	Sollten Sie meinen Freund sehen, statt: Wenn Sie meinen Freund sehen sollten.
Had (66b) *I seen you*, statt: *If I* had *seen you.*	Hätte ich Sie gesehen, statt: Wenn ich Sie gesehen hätte.

NB. 1. *Were* wird oft für *would be*, und *had* für *would* und *would have* gebraucht, z. B.:

It *were* (66c) (it would be) madness to deny that he *would* succeed. (67)	Es wäre Tollheit, zu verläugnen, daß es ihm gelingen würde.
I *had* (would) rather go than stay.	Ich ginge lieber, als daß ich bliebe.
Such an act *had* (68) (would have) been folly.	Eine solche Handlung wäre Thorheit gewesen.

(65) NB. 1. *Imperfectum* Es ist auch wohl zu merken, daß das *Imperfectum* des Conjunctivs immer sich auf die Gegenwart bezieht, z. B.:
If I *were* in London (now), I might see my old friend again. — Wenn ich (jetzt) in London wäre, könnte ich meinen alten Freund wiedersehen.
If he *had* it, he would give it you. — Wenn er es hätte, so gäbe er es Ihnen.
   NB. 2. Ist die Zeit eine vergangene, muß man die *Indicativ*-Form brauchen, z. B.
If I *was* in London *last year*, I have forgotten it. — Wenn ich voriges Jahr in London gewesen bin, ... habe ich es vergessen.
If I *wrote* (Indicativ) to him last month, he must have received my letter. — Wenn ich ihm vorigen Monat schrieb, ... meinen Brief erhalten haben.
If I *wrote* (Conjunctiv) to him (now), he would not regard my letter. — Wenn ich ihm (jetzt) schriebe, er würde ... Brief nicht beachten.
   NB 3. Das *Imperfectum* des Conjunctivs wird bisweilen statt des *Conditionals* gebraucht, z. B.
If I *died* now, if I *died* (*should die*) soon, if I *died* in a year, what *would* become of my family? — Wenn ich jetzt stürbe, wenn ich bald stürbe, wenn ich in einem Jahre stürbe, was würde aus meiner Familie werden?
Aber: If I *die* now (of this disease), what *shall* become of my family?
   NB. Da, mit Ausnahme des "*were*", alle anderen Zeitwörter, im *Perfectum* und *Plusquamperfectum* für alle Personen gleich sind, so findet der Lernende hierbei keine Schwierigkeit.

(65b) *Perfectum.* Das Perfectum, wie man Anmerk 6c, Seite 224 gesehen hat, ist im *Indicativ* und *Conjunctiv* ganz gleich. In der Umgangssprache braucht man häufig, wie im Deutschen, gegen die Regel der Grammatik, das Perfectum statt des 2. *Futurums*, z. B.:
When he *has had* it some time, statt: — Wenn er es eine Zeit lang gehabt hat.
When he *shall have had* it some time: — Wenn er es einige Zeit gehabt haben wird.
I should like to know whether he *has had* it. — Ich möchte gern wissen, ob er es gehabt hat.

(65c) *Plusquamperfectum.* Es ist auch zu merken, daß das *Plusquamperfectum* des Conjunctivs dem Imperfectum des *Indicativs* hinsichtlich der Zeit entspricht, z. B.:
I *was* there yesterday, and saw the Emperor. — Ich bin gestern dort gewesen und habe den Kaiser gesehen.
If I *had been* there yesterday, I *might have seen* the Emperor — Wenn ich gestern dort gewesen wäre, hätte ich den Kaiser sehen können.

(66) Beim Fragen darf diese Versetzung nicht stattfinden, wie im Deutschen geschieht, z. B.:
Wäre das nicht schade? — Would not that be a pity?
Wären Sie damit zufrieden? — Would you be satisfied with it?

(66b) Diese Versetzung des *if* kann nicht, wie bei anderen Zeitwörtern, als: *were*, *had*, *could* und *should* (wenigstens nicht im vertrauten Styl), gestattet werden, z. B.:
If he *gave* me double so much. — Gäbe er mir zweimal so viel.
If she *called* ever so loud. — Riefe sie noch so laut.

(66c) NB. "*Were*" mit darauf folgendem Infinitiv entspricht öfters dem deutschen "sollte", z. B.:
Were I *to go*, he would be angry. — Sollte ich gehen (wenn ich ginge), er würde böse.
"*Were I to enumerate all her virtues, it would look like flattery*".

(67) Aber: It *is* madness to deny, that *he has acted* with prudence.
(68) Diese Art des Ausdrucks ist dem Fremden nicht zu empfehlen. Siehe Anmerk. 10, Seite ..

NB. 2. Anstatt *if* findet man oft im Englischen *do* und *did* im Anfange von zweifelnden Fällen, z. B.:

Does he really *suspect* his servant, he should discharge him at once.	Hat er wirklich auf seinen Diener Verdacht, so sollte er ihn sogleich entlassen.
Did she truly love her husband, would she have acted as she has done? (69)	Liebte sie wirklich ihren Mann, würde sie so gehandelt haben, wie sie es gethan hat?

NB. Hier könnte man auch sagen: *if he* really *suspects, if* she truly *loved.* (69b)

Aufgaben über den Indicativ und Conjunctiv.

Regel XXXIII. Seite 508.

70. Seneca versichert uns, daß Didymus, der Grammatiker, nicht weniger als viertausend Bücher geschrieben habe (schriebe). — Man sagt (*we are told*), daß Epicurus dreihundert Bände seiner eigenen (*own*) Werke hinterlassen habe. — Locke glaubt (*thinks*), daß es nicht so viele Irrthümer (*error*) und unrechte Meinungen (*opinion*) in der Welt seien, als man (*is*) gewöhnlich vermuthet. — Der arme Mann erzählte mir, daß er nun zufrieden sein könnte zu sterben, da alle seine Wünsche (*wish*) in Erfüllung gegangen seien. — Wir sagten [aus], daß wir Offiziere seien; aber der französische Oberst erwiederte, er habe bessere Nachricht, und (daß) wir Röcke trügen, welche uns nicht gehörten (*to belong*).

hinterlassen habe, *left behind him.*	in Erfüllung gegangen wären, *had been accomplished.*
Band, *volume.* unrechte, *wrong.*	
vermuthet, *imagined.* nun, *now.*	Nachricht, *information.*
zufrieden sein, *to be contented.* da, *as.*	tragen, *to wear.* * Rock, *coat.*

Regel XXXIV. — XXXVI. Seite 509.

71. Wenn ich an Ihrer Stelle wäre, [so] ginge ich gewiß nicht. — Wir müssen leise sprechen, damit der Mann da uns nicht höre. — Gib Acht (*take care*), daß der Mensch (*fellow*) dich nicht betrügt. — XXVI. Dann kam die Frage, ob er nicht selbst der glückliche (Mann) sein möchte. — Wie reich er auch sein mag, [so] beneide ich ihn doch nicht. — Nur hierum bitte ich, daß du einwilligest, uns heute zu verheirathen (*to marry*). — Wenn das Mädchen nur gut ist, so ist es mir gleich, ob sie hübsch ist oder nicht; denn (*for*) der ist schön, der schön thut.

ging nicht, *would not go.*	nur hierum, *but this.* bitten, *to beg.*
betrügen, *to cheat.* Frage, *question.*	einwilligen, *to consent.*
glücklich, *happy.* selbst, *himself.*	mir gleich, *the same to me.*
doch, *yet.* beneiden, *to envy.*	der ist schön, *handsome is.*

Regel XXXVII. — XXXVIII. NB. 1. 2. Seite 511.

72 Es ist passend, daß es verschiedene Stände (*stations*) in der Welt gebe; daß einige im Leben hoch, andere niedrig (*low*) gestellt seien. — Wenn mein Freund nicht heute (*this*) Abend kommt, [so] bin ich verloren. — Es ist zum Erstaunen (*astonishing*), daß [man] in einigen Ländern so wenig Werth (*value*) auf die Erziehung der Jugend legt. — NB. 1, S. 511.) Wenn der Mann, wie Sie sagen, wirklich arm ist,

---

(69) Die Fälle, wo man im Englischen den Indicativ da anwendet, wo man im Deutschen den Conjunctiv braucht, findet man Regel XXXIII. Seite 508.

69b) Die Fälle, wo man im Deutschen den Conjunctiv, im Englischen den Conditional (*should*) braucht, siehe Regel LXX. Seite 533, siehe auch Anmerk. 10, Seite 134.

[so] verdient er unsere Hülfe. — Wenn mein Freund in Paris mich nicht sehr täuscht, [so] kann (*may*) ich erwarten (*expect*), daß sein Prozeß bald zu Ende geht. — XXXVIII. Wäre ich ein sehr reicher Mann, [so] wäre (*Conditional*) (es) mein größtes Vergnügen (*pleasure*), die unverdiente (*deserving*) Armuth aufzusuchen, um (*in order to*) dieselbe zu erleichtern. — Wäre Napoleon im russischen Feldzuge (*campaign*) glücklich gewesen, [so] hätte er (er würde haben gewesen) als der größte Held in alten oder neuern (*modern*) Zeiten gegolten, da (*as*) er aber unglücklich gewesen ist, [so] wirft man ihm seine Thorheit (*folly*) und Unbesonnenheit (*temerity*) vor. — O! daß sein Herz zärtlich (*tender*) wäre.

passend, *right*. verschiedene, *different*.	aufsuchen, *to seek out*.
auf, *on*. Jugend, *youth*.	erleichtern. *to relieve*. dieselbe, *it*.
verdienen, *to deserve*.	glücklich, *successful*.
stellen, *to place*. legt, *is laid*.	gegolten, *esteemed*. alten, *ancient*.
Hülfe, *assistance*. Proceß, *law-suit*.	wirft man ihm vor, *he has been re-*
zu Ende, *be terminated*.	*proached with*.

I. Vom Infinitiv (Infinitive mood).

☞ **Ueber den Imperativ** (70) (siehe §. 210, Seite 322).

XXXIX. Im Englischen wird in der Regel der Infinitiv durch die Präposition to (zu) bezeichnet, welche viel seltener, als das deutsche zu weggelassen wird, z. B.:

Would you like *to see* London? | Möchten Sie gern London sehen?

Wenn mehrere durch Conjunctionen verbundene Infinitive auf einander folgen, so wird das to nur vor dem ersten gesetzt, z. B.:

I must go *to taste* (70b) and *buy some* wine. | Ich muß gehen, um etwas Wein zu kosten und zu kaufen.

NB. Ein Verzeichniß der Zeitwörter (nebst Erklärungen), welche die Präposition to (zu) vor dem Infinitiv, den sie regieren, nicht fordern, findet man §. 214, Seite 336.

XL. **Wo die Präposition vor dem Infinitiv nicht gebraucht wird.**

Nebst den, §. 214, Seite 336 angegebenen Zeitwörtern, gibt es noch folgende Fälle, wo die Präposition vor dem Infinitiv nicht gebraucht wird:

---

(70) Vom Imperativ ist hier blos zu bemerken, daß da, wo man im Deutschen denselben mit „mögen" ausdrückt, man es im Englischen meistens mit "let" geben muß, z. B.:

Let her be young or old, she is pretty. | Sie mag jung oder alt sein, sie ist doch hübsch.
Let him remain where he is, we do not want him. | Er mag nur bleiben wo er ist, wir brauchen ihn nicht.
Come (happen) what may, we are lost now. | Es mag kommen was da will, wir sind verloren.
Do what I could, I could not escape. | Ich mochte thun was ich wollte, ich konnte nicht entkommen.

You will please wait a moment. | Sie mögen gefälligst einen Augenblick warten.
Let the servant bring in the things. | Der Bediente möge die Sachen hereinbringen.

(70b) NB. Gegen alle Regel lassen einige der neuern Schriftsteller, besonders die amerikanischen das Zeitwort ganz weg und brauchen nur das Hülfezeitwort und die Präposition "to", wobei aber der Sinn des Satzes ganz unklar wird, z. B.:

I have not done it, although I ought to (have done it).
When I have drunk a little, you may always know it by my quoting Shakspeare — when I am sober I don't remember a word of him, nor do I want to (do so that I remember any thing of him).

1. Nach *had* (siehe unten Reg. XLI.) (das Imperfectum von *have*), wenn es mit *good, better, best, rather* ([71]) verbunden ist, z. B.:

If that's the case, I *had* as *good* go back again. — besser: If that's the case, I *would* do as *well* to go back again.	Ist dieß der Fall, so wäre es eben so gut, wenn ich zurückginge.
You *had better* ([72]) come with me.	Sie thäten besser, mitzukommen.
You *had best* do it yourself I think.	Es wäre am besten, wenn Sie es selbst thäten, denke ich.
I *had rather* be a kitten and cry mew, than such a queen.	Lieber möchte ich ein Kätzchen sein und Miau schreien, als so eine Königin.

2. Bei Ausrufungen braucht man bisweilen *to* vor dem Infinitiv, bisweilen läßt man es weg, z. B.:

What you wretch, thus *to deceive* me!	Was, du Elender, mich so zu täuschen!
How, cried she, *rob* me of my child!	Wie, rief sie, mich meines Kindes zu berauben!

NB. Beim Fragen bleibt *to* immer weg, z. B.:

Why *insult* me in such a manner?	Warum mich auf eine solche Weise beleidigen?

XLI. To have, worauf der Accusativ folgt.

NB. 1. *To have* hat auch den Accusativ mit dem Infinitiv ohne *to* nach sich, wenn es so viel bedeutet als **wünschen, verlangen, erfahren, erleben, rathen**, z. B.:

I *would have* him *do* it by all means.	Ich möchte, daß er es auf jeden Fall thäte.
We often *had* him *come* to dinner.	Er kam oft zu uns zum Mittagsessen.
I say, I *will have* ([73]) you *write* more.	Ich sage, ich verlange (ich will haben), daß ([73]) Sie mehr schreiben.

NB. 2. Bedeutet *to have* aber so viel als **müssen, können, brauchen**, so hat es den Infinitiv mit *to* nach sich, z. B.:

You *have* only *to pay* the money.	Sie brauchen nur das Geld zu bezahlen.
I *had* often *to get* up at 4 o'clock.	Ich mußte öfters um 4 Uhr aufstehen.
This is all I *have to say* about your son.	Dieß ist Alles, was ich Ihnen über Ihren Sohn sagen kann.

XLII. Der Infinitiv (wie im Deutschen) als Hauptwort.

Der Infinitiv wird häufig, wie im Deutschen, im Nominativ und Accusativ als Hauptwort gebraucht, z. B.:

To be contented with our station in life, *to moderate* our excessive desires, not *to let* ourselves be transported with	Mit unserer Lage im Leben zufrieden zu sein, unsere übertriebenen Wünsche zu mäßigen, uns im Glück von

[71] NB Zu den obigen Wörtern werden auch das Wort "lief (lieb)" und "fain (gern)", ein Lieblingswort des Herrn Gantier, gezählt. Keines von beiden wird jetzt in guter Gesellschaft gebraucht. Statt "lief" sagt man "rather" und statt "fain" sagt man "I should, would like", z. B.: I had as lief be whipped as to hear your speech. I would fain know what they say. Richtig: I would rather be whipped than hear your speech. I should like to know what they say.

[72] NB. Dieses had ist als ein grammatikalischer Fehler zu betrachten, welcher durch die Abkürzungen von would entstanden ist, z. B.: I'd, he'd, she'd, we'd, you'd, they'd bedeuten sowohl I had als I would, etc., und es ist immer richtiger und besser sich des Wortes "would" zu bedienen, z. B.: You would do better to come with me, etc. You would do best to do it yourself. Siehe Anmerk. 100, Seite 528.

[73] Es ist hier wohl zu merken, daß die Conjunction that (daß) niemals nach will stehen darf. I will that you go und ähnliche Wendungen sind im Englischen durchaus nicht erträglich, sondern I will have him come, etc. Siehe Anmerk. 10, Seite 483.

35*

too great joy in prosperity, nor (*to be*) ([74]) too *dejected* with grief in adversity *form* the character of a wise man.	übermäßiger Freude nicht hinreißen, noch im Unglück uns von Kummer zu sehr niederschlagen zu lassen, bildet den Charakter eines weisen Mannes.
To live on a little, *is* better than *to outlive* a great deal.	Vom Weniglebe ist besser als Vieles zu überleben.
To love our *neighbour as ourselves*, *is* our duty.	Unsern Nächsten wie uns selbst zu lieben ist unsere Pflicht.
To see, *is* to believe, oder *seeing is believing*.	Sehen ist Glauben (zu sehen ist zu glauben).
I like *to read, to write, to ride*, etc. ([75])	Ich liebe das Lesen, Schreiben, Reiten ꝛc.

XLIII. Das „um" durch "to" oder "in order to" ausgedrückt.

Das deutsche u m liegt schon in der englischen Präposition to, z. B.:

He is too old *to walk* so far.	Er ist zu alt, u m so weit gehen zu können.
She is too amiable *to offend* any one.	Sie ist zu liebenswürdig, u m jemand zu beleidigen. Ich lese, um zu lernen.
I read (in order) *to learn*.	

NB. Drückt aber der Infinitiv eine Absicht mit Nachdruck aus, so wird *in order* vor die Präposition *to* gesetzt, z. B.:

I come *in order to explain* the matter.	Ich komme, um die Sache zu erklären.
The troops marched out *in order to quell* the riots.	Die Truppen rückten aus, um ([76]) den Aufruhr zu unterdrücken.

XLIV. Der Infinitiv mit Accusativ im Englischen, was im Deutschen die Conjunction daß, oder als daß mit dem Nominativ steht.

1. Nach den Zeitwörtern, welche ein „Denken, Empfinden, Wahrnehmen, Befehlen, Zugestehen, Glauben, Beweisen, Wissen, Begreifen, Zugeben", auch "wish, desire, beg, request, will", und ähnliche Begriffe bezeichnen, braucht man im Englischen den Infinitiv in Verbindung mit einem Accusativ, um einen abhängigen Satz auszudrücken, da, wo man im Deutschen die Conjunction daß, oder als daß mit dem Nominativ brauchen muß, z. B.:

I think *him to be* ([76]) an honest man,	(Ich glaube i h n z u s e i n ([76]) einen ehrlichen Mann).
(statt: *that he is* an honest man). ([77])	Ich glaube, daß er ein ehrlicher Mann.
I knew *him to be* my friend,	(Ich wußte i h n z u s e i n mein Freund).
(statt: *that he was* my friend).	Ich wußte, daß er mein Freund war.
We believed *him to be* a soldier,	(Wir glaubten i h n z u s e i n Soldat).
(statt: *that he was* a soldier).	Wir glaubten, daß er Soldat sei.

([74]) Sehr oft, wo der Zusammenhang es nur irgend gestattet und die Verständlichkeit nicht darunter leidet, wird das Zeitwort to be (sein) ausgelassen.

([75]) Der Infinitiv wird auch, wie im Deutschen, oft im Anfange eines Satzes absolut, d. h. von den andern Theilen desselben unabhängig, gebraucht, z. B.:
To tell you the naked truth, I don't like the man — Ihnen die nackte Wahrheit zu sagen, der Mensch gefällt mir nicht.

([75b]) Man hüte sich wohl in diesen und ähnlichen Fällen das gegenwärtige Particip zu gebrauchen, was bei Anfängern im Allgemeinen der Fall ist, denn häufig hört man:
I must go out *for buying*, statt *to buy* some books, etc. — Ich muß ausgehen, u m einige Bücher zu kaufen.
NB. Man kann als allgemeine Regel annehmen, daß, wenn im deutschen Satze u m vorkommt, man im Englischen stets den Infinitiv gebrauchen muß, z. B.:
I am come *to visit* you. — Ich komme u m Sie zu besuchen.
He gave me one florin, *to get* two. — Er gab mir einen Gulden, u m zwei zu bekommen.

([76]) Man sieht hieraus, daß, um diese Form zu bilden, man die Conjunction that (daß) nebst dem Subject, welches darauf folgt, in den Accusativ setzt, und das Zeitwort in den Infinitiv.

([77]) Diese Form mit der Conjunction that, wie im Deutschen, wird von den besten der Philologen der andern auch mit Recht vorgezogen.

They suppose *her to have been* drowned, (ftatt: that *she has been* drowned).

(Sie vermuthen fie fei ertrunken.) Sie vermuthen, daß fie ertrunken fei.

I would have you (him) *go* by all means.

Ich möchte, daß Sie (er) auf jeden Fall gingen (ginge).

Mr. Nott *begs* you *to come*.

Der Herr Nott bittet, daß Sie kommen.

They sent *him* word *to go*.

Sie ließen ihm fagen, daß er gehe.

Politeness did not *allow me* to leave them.

Die Höflichkeit erlaubte nicht, daß ich fie verließ.

2. Nach dem Adverbium *too*, zu, muß die Präpofition *for* mit dem Accufativ und Infinitiv folgen, wo man im Deutfchen häufig a l s **d a ß** mit dem Nominativ fetzt, z. B.:

It was *too warm for* me *to walk* so far.

Es war zu heiß, als daß ich fo weit gehen könnte.

He is *too rich for* me *to be* his friend.

Er ift zu reich, als daß ich fein Freund fein könnte.

3. Nach dem Adverb *so—as* fteht ebenfalls der Infinitiv, wo man im Deutfchen einen vollftändigen Satz gebrauchen muß, z. B.:

The King was *so* condescending *as to speak* to me. (S. Reg. VI. S. 428.)

Der König war fo herablaffend, daß er mit mir fprach.

He was *so* good *as to give* me the money.

Er war fo gütig, daß er mir das Geld gab.

NB. Wenn das Subject der Rede verändert wird, fo muß man das deutfche **d a ß** mit *that* überfetzen, z. B.:

The children spoke *so* loud, *that I* could hear nothing.

Die Kinder fprachen fo laut, daß ich Nichts hören konnte.

XLV. Der Infinitiv im Englifchen elliptifch gebraucht, wo man im Deutfchen den Indicativ von follen, müffen, können braucht.

Sehr oft wird der Infinitiv elliptifch gebraucht; dieß ift hauptfächlich der Fall nach *who, which, what, how, where* und *whither*, z. B.:

I know not *which* way *to go* (ftatt: which way I shall go).

(Ich weiß nicht welchen Weg zu gehen), ftatt: welchen Weg ich gehen foll.

She did not know *what* to do (ftatt: what *she should do*).

(Sie wußte nicht was zu thun), ftatt: was fie thun follte.

They told him how to do it (ftatt: how he *should do it*).

Sie fagten ihm, wie er es thun müßte.

He taught her *how to make* herself beloved (ftatt: *how she could make herself beloved*).

Er lehrte fie, wie fie fich beliebt machen könnte.

XLVI. Der Infinitiv im Englifchen ebenfalls elliptifch (mit Auslaffung des beziehenden Fürworts which, 2c.).

Im Deutfchen bildet man oft fehr lange Sätze, wo das Hauptwort am Ende zu ftehen kommt und die ganze übrige Phrafe als Attribut vor ihm fteht, z. B.:

Ein nicht zu befchreibendes Vergnügen. Ein in diefem Land nicht zu findendes Thier, 2c.

NB. Diefe Conftruction erlaubt die englifche Sprache nicht, denn es darf nie ein fo langer Satz zwifchen dem Artifel und feinem Hauptwort ftehen. Solche Phrafen werden im Englifchen (mit Weglaffung des beziehenden Fürworts) mittelft des Zeitworts *to be* (fein), auf folgende Weife gegeben, z. B.:

A pleasure (78) *not to be* described (statt: *which is* not to be described).	(Ein Vergnügen nicht zu sein beschrieben) Ein Vergnügen, welches nicht beschrieben werden kann.
An animal (animals), *not to be* found in this country (statt: *which is* (are) not to be found, etc.)	Ein Thier (Thiere), nicht zu finden in diesem Lande ꝛc.

XLVII. Der Infinitiv mit Particip in Fällen, wo man im Deutschen zwei Infinitive nach einander braucht.

Die Zeitwörter **dürfen, heißen (befehlen), helfen, hören, können, lassen, mögen, müssen, sollen, sehen** und **wollen** werden im Deutschen, statt in das Particip der Vergangenheit, meistens in den Infinitiv gesetzt. Dieß ist hauptsächlich der Fall, wenn sie neben einem andern Infinitiv als Hülfszeitwörter gebraucht werden, z. B.:

Er hat nicht kommen dürfen (statt: gedurft); ich habe ihn sprechen hören, (statt: gehört); ich habe ihm schreiben helfen (statt: geholfen) ꝛc.;

in diesen und ähnlichen Fällen aber muß man im Englischen das Particip der Vergangenheit brauchen, z. B.:

Er hat nicht kommen dürfen.	He *was not allowed* * to come, or: he *durst not* come.
Ich habe ihn sprechen hören.	I *have heard* him speak.
Ich habe ihm schreiben helfen.	I *have helped* him to write.
Wir haben ihn malen gesehen.	We *have seen* him paint.
Sie haben mich gesehen, als ich es that.	You have seen *me do* it.

*NB. Bei dem Zeitwort *dare*, dürfen, sowohl, als auch bei den mangelhaften Zeitwörtern, die keine Participien haben, braucht man statt desselben das Imperfectum, z. B.:

Ich habe gestern nicht kommen können.	I *could* not *come* yesterday.
Sie hat es thun müssen. (79)	She *was obliged* (79) to do it.
Ich hätte den König sehen mögen.	I *should have liked* (80) to see the King.
Er hat mich glauben machen wollen.	He *would make* me *believe*.
Er hätte zu mir kommen sollen.	He *should have* (81) *have come* to me.

K. Besondere Bemerkungen über einige Zeitwörter im Infinitiv.

XLVIII. Das Zeitwort to come in der Bedeutung geschehen ꝛc.

Das Zeitwort *to come* vor einem Infinitiv drückt oft die deutschen Zeitwörter **geschehen, zugehen, in Erfahrung bringen, sich zutragen** aus; dieß ist hauptsächlich der Fall, wenn die dadurch gebildeten Sätze sich durch **dazu kommen** auflösen lassen, z. B.:

(78) Diese Construction ist im Englischen sehr einfach und leicht, denn man hat nur immer zu fragen: „was ist der wirkliche Nominativ?" Ist dieser ein Wort oder eine Phrase, so muß man es unmittelbar nach dem Artikel, wie oben, stellen. Hierüber Anmerk. 8, Seite 372, auch Reg. II Seite 426.
(79) Siehe die Conjugation von *must*, müssen. §. 129, Seite 250.
(80) Siehe die Conjugation von mögen, *to like*. §. 127, Seite 246.
(81) Wenn sollen und müssen eine Pflicht ausdrücken, so übersetzt man es im Englischen durch den zweiten Conditional, z. B.:

Er hätte gestern gehen sollen, (müssen) und nicht heute.	He *should have gone* (he ought to have gone) yesterday, and not to-day.

But should my father *come to know* it	Aber geschähe es, daß mein Vater es er-
	fahre (käme es dazu, daß mein Vater).
How did you *come to know* that I was here?	Wie ging es zu, daß Sie wußten, daß ich hier sei. (wie kamen Sie dazu, zu wissen 2c.)?
It *came to pass*, that when I was in France, my father died.	Es geschah, daß als ich in Frankreich war, mein Vater starb.

XLIX. Die Zeitwörter to chance, to happen mit „geschehen, zufällig, vielleicht" 2c. übersetzt.

Folgt auf die Zeitwörter *to chance* und *to happen* ein Infinitiv, so drücken sie Zufälligkeit aus; in diesem Falle (obgleich sie im Deutschen unpersönlich sind) werden sie in allen Personen gebraucht, und bald mit zufällig, bald mit geschehen, sich zutragen, sich treffen, sich weigern, bald mit vielleicht übersetzt, z. B.:

I *happened* (82) *not to be* at home.	Ich war zufällig nicht zu Hause.
We *chanced to meet* with an Irish soldier.	Es traf sich, daß uns ein irländischer Soldat begegnete.
Should *I chance to get* money, I will pay you.	Geschieht es, daß ich Geld bekomme, so werde ich Sie bezahlen.
Should you *chance* (ob. *happen*) to see my brother in Paris, tell him, if you please, that we expect him home.	Sollten Sie zufällig meinen Bruder in Paris sehen, sagen Sie ihm gefälligst, daß wir ihn zu Hause erwarten.

NB. In der Regel wird *to happen* häufiger als *to chance* angewendet.

L. Das Zeitwort to offer (anbieten) durch „im Begriff sein, wollen" übersetzt.

Das Zeitwort *to offer* vor einem Infinitiv bedeutet so viel als im Begriff sein, wollen, z. B.:

The robber *offered to strike* the officer.	Der Räuber war im Begriff (wollte) den Offizier zu schlagen.
If you *offer to stir*, I'll shoot you.	Wenn Sie sich rühren, so erschieße ich Sie.
He stood up and *offered to take* leave.	Er stand auf und (war im Begriff) wollte Abschied nehmen.

LI. Die Zeitwörter to know, etc. fordern how nach sich.

Die Zeitwörter *to know*, *to learn* und *to understand* und das Wort *loss* (nicht wissen) verlangen, daß, wenn ein Infinitiv auf dieselben folgt, das Adverb *how* zwischen diese Verben und den Infinitiv gesetzt wird, z. B.:

Do you *know how* to speak English?	Können Sie Englisch sprechen?
He does not *understand how* to live. (83)	Er versteht nicht zu leben.
She is at a *loss how* to write it.	Sie versteht es nicht zu schreiben.
He will never *learn how* to behave himself properly. (83)	Er wird nie lernen, sich ordentlich zu benehmen.
They do not *know how* to make it.	Sie wissen es nicht zu machen.

LII. Der Infinitiv in vielen Redensarten.

Im Englischen braucht man sehr häufig den Infinitiv der Kürze wegen in vielen Redensarten:

---

(82) Siehe die unpersönlichen Zeitwörter Anmerk. 40, Seite 290.
(83) Man sagt aber: He *knows* English, he *understands* French, and he *learns* German. (Ueber "how" s. Anmerk. 26, Seite 347.)

To hear him speak, one should take him for (ob. *to be*) a man of sense.	Wenn man ihn sprechen hört, so sollte man ihn für einen Mann von Verstand halten.

Auch bisweilen, wenn das Fürwort *one* (man), nicht im Satze ist, z. B.:

To ([84]) *have loved her*, would have been his ruin.	Wenn er sie geliebt hätte, wäre es sein Verderben gewesen.

LIII. Zeitwörter, welche stets den Infinitiv nach sich verlangen.

Alle Zeitwörter, welche *hope*, Hoffnung, *desire*, Wunsch, *expectation*, Erwartung, *intention*, Absicht, *command*, Befehl und ähnliche Begriffe ausdrücken, fordern immer den Infinitiv oder den ersten Conditional nach sich, z. B.:

I *expected to find* him well.	Ich erwartete ihn wohl zu finden.
It was my *wish to visit* London.	Es war mein Wunsch London zu besuchen.
We *intended to write* to you.	Wir beabsichtigten Ihnen zu schreiben.
But when the first came, they *supposed* they *should receive* more.	Aber als die ersten kamen vermutheten Sie, daß sie mehr bekommen sollten. ([85])

Aufgaben über den Infinitiv.

Regel XXXIX.—XLII. Seite 514.

73. Morgen muß ich nach der Stadt (*town*) gehen, um meinen Freund zu besuchen (*to visit*) und einzuladen (*to invite*). — **XL.** Eher möchte ich sterben (*to die*), als meine Ehre auf eine solche Weise verlieren (*to lose*). — Ich denke doch, Sie thäten besser, es zu überlegen (*to consider*). — Was, du Elender, mir so etwas zu rathen! — Warum willst Du mich [denn] so beleidigen? Ich will Sie [ja] nicht beleidigen, ich theile Ihnen nur meinen Rath mit. — **XLI.** Ich will diese Schauspieler (*players*) etwas der Ermordung meines Vaters Aehnliches spielen lassen (*have*). — Napoleon hat gewollt, daß die ganze Welt ihm gehorche, die ganze Welt aber wollte den Napoleon zum Weltherrscher nicht haben. — NB. 2. Wenn Sie die preußische Vase zerbrochen haben, [so] brauchen Sie es nur zu gestehen (*to confess*) und dann habe ich es nur dem König zu berichten. — **XLII.** Rath zu geben ist leicht; denselben (*it*) zu befolgen (*to follow*) aber ist öfters schwer. — Brüder mit einander vereinigt zu sehen, erfreut (*rejoices*) die Welt eben so sehr, als sie in Zwietracht (*discord*) zu sehen, dieselbe (*it*) peinigt (*pains*).

doch, *yet.* rathen, *to advise.*	gehorchen, *to obey.*
so etwas, *to such a thing.*	zum Weltherrscher, *for its master.*
ich will nicht, *I do not intend.*	brechen, *to break.* *
mittheilen, *to give.* Rath, *advice.*	berichten, *to report.*
spielen, *to play.* etwas, *something.*	mit einander vereinigt, *well united together.*
Aehnliches, *like.* Ermordung, *murder.*	eben so sehr als, *as much as.*

([84]) Die Präposition to darf nicht von dem Infinitiv getrennt werden, z. B.:
I beg you *not to go*, nicht: *to not go.* | Ich bitte Sie nicht zu gehen.

([85]) Diese Regel ist für den Deutschen sehr leicht, und es wäre kaum nöthig sie hier anzuführen, wenn man bei einigen berühmten Schriftstellern Englands nicht häufige Verstöße dagegen fände.

Regel XLIII.—XLV. Seite 516.

74. Der Pascha von Egypten, der jetzt ein und achtzig Jahr alt ist, ist beinahe zu alt, um zu regieren. — Um gelehrt (*learned*) zu werden, muß man die Mitternachts=Lampe oft in Anspruch nehmen — Ich komme, um Sie vor (*of*) Ihrem Verderben (*ruin*) zu warnen. — XLIV. 1. Ich glaubte[2] einst (*once*)[1], daß Ludwig Philipp von Frankreich ein sehr kluger Mann sei. — Die Königin Pomare erklärte (*declared herself*), daß sie von den Franzosen sehr schlecht behandelt worden sei, und ich glaube, nur wenige rechtdenkende Menschen werden anderer Meinung sein. — 2. Sein Benehmen war zu schlecht, als daß ich es länger ertragen konnte. — 3. Doctor Anderson war so gütig, daß er mir von Rom [aus] schrieb. — XLV. Nicht zu wissen, wo [man sich] hinwenden sollte, noch wo [man] einen Freund in [der] Noth finden könnte, ist in der That eine traurige Lage. — Jetzt weiß ich nicht, was ich thun, noch wohin ich gehen soll.

muß man, *we must.*	länger, *any other.*
in Anspruch nehmen, *make use of.*	hinwenden, *to turn to.* noch, *nor.*
Mitternacht, *midnight.*	vertragen, *to support.*
klug, *prudent.* behandeln, *to treat.*	Noth, *need.* in der That, *indeed.*
anderer Meinung, *of any other opinion.*	traurig, *melancholy.* Lage, *condition.*

Regel XLVI., XLVII. Seite 517.

75. Der Gedanke, daß man der Gründer (*founder, Pl*) seines eigenen Vermögens gewesen ist, daß man seinem Könige und seinem Vaterlande treu gedient hat, muß ein nicht zu beschreibendes Vergnügen sein. — Bären (*bears*) sind Thiere, die in England nicht zu finden sind; wilde Ochsen, Dachse (*badger*) und Fischottern (*otters*) aber sind in ziemlicher Anzahl dort zu finden. — XLVII. Manchmal habe ich den berühmten Kean spielen sehen. — Er hat mir schreiben helfen, und ich habe ihn dafür (*in return*) meine Bücher brauchen lassen. — Glauben Sie, daß die Engländer die armen Otahaiter (*Otaheitans*) von den Franzosen als Rebellen behandeln lassen wollen? oder werden sie nicht eher (*rather*) ihre Schwerter zu Gunsten der Gerechtigkeit (*justice*) und Menschlichkeit (*humanity*) zu gebrauchen wissen? Entschuldigen Sie gütigst (*pray, pardon me*), es ist mir (ich bin) nicht erlaubt, politische Fragen zu beantworten. — Warum haben Sie das gethan? Weil ich es habe thun müssen. — Schon lange (*this long time*) habe ich London sehen mögen (*to wish*), jetzt aber befürchte ich, daß ich vor mehreren Jahren nicht werde hingehen können.

Gedanke, *thought.* man, *we.*	gebrauchen wissen, *know how to make use of.*
Vermögen, *fortune.* treu, *faithfully.*	
dienen, *to serve.* Vaterland, *country.*	Schwert, *sword.* Gunsten, *in favor of.*
in ziemlicher Anzahl, *in considerable number.* manchmal, *many a time.*	politisch, *political.* Frage, *question.*
berühmt, *celebrated.* brauchen, *to use.*	befürchte ich, *I am afraid.*
glauben, *to think.* behandeln, *to treat.*	hingehen, *to go there.*
	vor mehreren, *for some.*

Regel XLVIII.—LIII. Seite 518.

76. Wie wäre es aber, wenn der König es in Erfahrung brächte (bringen sollte)? O, er wird es nie in Erfahrung bringen. — Und es geschah, daß zu (*at*) der Zeit, als (*that*) Jesus Christus geboren wurde,

Auguſtus in Rom regierte. — XLIX. Zur Zeit der Krönung der Königin
Victoria, im Jahre 1837, war ich zufällig in London und es traf
ſich, daß ich dort die Bekanntſchaft des Dichters Thomas Moore machte. —
L. Man ſagt, daß die Regierung dem Herrn Layard eine gute Stelle (place)
geben wollte, wenn er auf ihre Seite treten würde; ich glaube es aber
nicht. — Der Taſchendieb (*pickpocket*) war im Begriff den Polizeidiener
(*police-man*) zu ſchlagen, als man ihn von hinten ergriff. — LI. Verſtehen
Sie dieſe Stelle (*passage*) im Livius zu überſetzen? Nein, jetzt weiß
ich es nicht zu überſetzen, früher aber habe ich es gekonnt. — LII. Den
Lord Brougham ſprechen zu hören, könnte man (*wo*) wohl glauben,
daß man einen Burke oder einen Grattan vor ſich hätte. — Kinder ihrer
Fehler wegen (*for*) zu beſtrafen, iſt nicht immer gut; ſie derſelben aber
bewußt zu machen, iſt nothwendig (*necessary*). — LIII. Als ich zuerſt
(*first*) nach Deutſchland kam, beabſichtigte ich nur einige Monate zu
bleiben (*to remain*); denn (*for*) ich erwartete nicht im Geiſte des
Volkes ſo viel Anſprechendes zu finden.

wie wäre es aber, *but what would be the consequence*. Chriſtus, *Christ*.	als man ihn ergriff, *as he was seized*. früher, *formerly*.
regieren, *to govern*.	habe ich's gekonnt, *I know how well I did*, oder *I could*. Fehler, *fault*.
Krönung, *coronation*.	
Bekanntſchaft machte, *to make the acquaintance*. Dichter, *Poet*.	bewußt, *sensible*. derſelben, *of them*.
auf ihre Seite treten, *join their party*.	Anſprechendes, *congeniality*. im Geiſte, *in the spirit*.

L. Vom Gebrauche der Participien (Participles).

I. Vom Gebrauche des Particips der Gegenwart.

§. 23. Das engliſche Particip der Gegenwart, welches ſtets auf
ing endet, ſpielt eine weit bedeutendere und mannigfaltigere Rolle, als
das entſprechende deutſche Particip. Die folgenden Regeln, hoffe ich,
werden dieſen ſchwierigen Theil der Sprache leicht machen.

LIV. Das Particip als Hauptwort.

So wie der Infinitiv im Nominativ und Accuſativ als Hauptwort gebraucht
werden kann, eben ſo kann man, und zwar in allen Caſus, das erſte Particip anwenden. Die meiſten Benennungen der Künſte, Gewerbe und Beſchäftigungen werden
durch das Particip der entſprechenden Zeitwörter gegeben, beſonders in den Fällen,
wo der deutſche Infinitiv als Hauptwort erſcheint, z. B.: *painting*, die Malerei, das
Malen; *engraving*, Gravirkunſt; *fishing*, das Fiſchen; *reading*, das Leſen ꝛc. Das
Particip als Hauptwort, nimmt auch den Artikel *the* vor und die Präpoſitionen
nach ſich, und kann, wie folgt, declinirt werden:

Nom. *Painting is* a fine art.	Das Malen iſt eine ſchöne Kunſt.
Gen. The pleasure *of painting*.	Das Vergnügen des Malens.
Dat. He owes his fame *to painting*.	Er verdankt ſeinen Ruhm dem Malen.
Acc. I am very fond *of painting*.	Ich liebe das Malen ſehr.
Abl. He gains his bread *by painting*.	Er nährt ſich vom Malen.
The *reading of* [66] good books is very instructive.	Das Leſen guter Bücher iſt ſehr be-lehrend.
By *reading* [66] *good* books he has improved his mind.	Durch das Leſen von guten Büchern hat er ſeinen Geiſt ausgebildet.

---

[66] **NB. 1.** Die Participien regieren den Genitiv des Für- und Hauptworts, und wenn ſie von
thätigen Zeitwörtern herrühren, verlangen ſie einen Accuſativ nach dem Genitiv, z. B.:

LV. Das Particip der Gegenwart als Hauptwort mit dem zueignenden Fürworte ꝛc.

1. Das Particip auf *ing* vertritt die Stelle des Indicativs und
Conjunctivs nach thätigen Zeitwörtern, in Verbindung mit einem
zueignenden Fürworte, oder dem sächsischen Genitiv, da, wo man im
Deutschen die Conjunction **daß** und den Nominativ brauchen muß, z. B.:

cannot help *his not writing*.	Ich kann nichts dafür, daß er nicht schreibt.
(cannot help *that he does not write*.)	
excuse *my not calling* on you.	Entschuldige, daß ich Dich nicht besuchte.
You will *excuse my speaking* English to you.	Sie wollen entschuldigen, daß ich Sie im Englischen anrede.
Mary could not prevent *her brother's going*.	Maria konnte nicht verhindern, daß ihr Bruder fortging.
I am delighted at *my friend's coming*.	Ich bin entzückt, daß mein Freund kommt.
's coming was the cause of *my not going*.	Daß er kam, war Ursache, warum ich nicht ging.
Lady *Macbeth's* ([67]) *walking in her sleep*, is a scene full of tragic horror.	Das im Schlafe gehen der *Lady Macbeth* ist eine Scene voll von tragischem Schrecken.
This bread *is my own making*.	Dieses Brod habe ich selbst gemacht.
is your own *doing*, my friend.	Es ist Ihre eigene That, mein Freund.
The duenna told me *laughing*, that she had often deceived her master.	Die Duenna lachte, und sagte mir, daß sie öfters ihren Herrn hintergangen habe.
What would you say to *my accompanying* you?	Was würden Sie dazu sagen, wenn ich Sie begleite?

2. Ebenso braucht man das Particip mit dem zueignenden Fürwort in solchen Sätzen, die im Deutschen mit **daß, dadurch daß,
ohne daß, damit daß, darin, daran daß, anstatt daß** ꝛc.
anfangen, z. B.:

She went away *without my discovering* which way she took.	Sie ging weg, ohne daß ich bemerkte, welchen Weg sie nahm.
He wrote *instead of coming*.	Er schrieb, anstatt daß er kam.
He lost his money by (*his*) *playing* cards.	Er verlor sein Geld dadurch, daß er Karten spielte.

VI. Das Particip der Gegenwart statt des beziehenden Fürworts who, which, that gebraucht.

Das Particip in *ing* kann auch statt der bezeichnenden Fürwörter
who, which, that, welcher, e, s, oder der, die, das gebraucht

---

"Much will depend on *Richard's observing* the rule, and error will be the consequence
of *his neglecting* it

NB. 2. Es ist aber wohl zu merken, daß wenn das Particip einen Genitiv nach sich hat,
es eine Schlußfolgerung verlangt, und daß, wenn es als Nominativ steht, das Subject des
Satzes nicht verändert wird, z. B.:
"The *king's not knowing* the danger, *was the cause* of the misfortune".
"The *king not knowing* the danger, (*he*) drove into the town".

NB. 3. Man merke auf folgende Beispiele:
"It is not so much the *not being possessed of* great virtues, but the *not possessing* any,
which renders a man despicable".
"Grief is lovely; and the *breaking in* upon it (is) barbarous".
"The *robbing* a man of his good name, is worse than *murdering* him".

NB. 4. Das Particip wird doch wie der Infinitiv häufig absolut gebraucht, z. B.:
"*Properly speaking*, there is no such thing as chance".
Granting this to be true, what then? *Supposing* he has left London, what shall we do?

87) Diese Regel wird von Schriftstellern sehr häufig verletzt und statt zu schreiben *Lady Macbeth's
walking*, etc. schreibt man *Lady Macbeth walking*, etc. Dieß ist aber als falsch zu betrachten,
denn es ist nicht *Lady Macbeth* selbst, die schrecklich ist, sondern die Handlung des Gehens im
Schlafe.

werden, wenn sie sich auf den vorhergehenden Nominativ beziehen, oder wenn zwei Sätze mit **und** verbunden sind, z. B.:

The lady, *not knowing* (*who did not know*) the danger, went on.	Die Dame, welche die Gefahr nicht kannte, ging zu.
A man, *residing* (*who resides*) near London, told me.	Ein Mann, der in der Nähe von London wohnt, sagte es mir.
The King, *perceiving* (*who perceived*) the general, introduced him to the Queen.	Der König, der den General bemerkte, stellte ihn der Königin vor.
Advertisements were put in the newspapers, *offering* a large reward for the discovery of the thief.	Anzeigen wurden in die Zeitungen gerückt, einen großen Lohn anbietend für die Entdeckung des Diebes.

LVII. Das Particip der Gegenwart als Adjectiv.

Wenn das Particip auf *ing* als Adjectiv gebraucht wird, so entspricht es als solches in den meisten Fällen dem ersten deutschen Participe mit dem Unterschiede, daß es nicht wie dieses gebeugt wird, z. B.:

An *amusing* story.	Eine unterhaltende Geschichte.
A *loving* (57b) mother.	Eine liebende Mutter.
The most *enchanting* (88) view.	Die reizendste Aussicht.
A sweet-*sounding* (89) instrument.	Ein süß tönendes Instrument.

LVIII. Das Particip der Gegenwart gebraucht, um etwas fortdauernd auszudrücken.

Das Particip auf *ing* gebraucht man in allen Zeiten, wenn die Handlung des Zeitworts als unvollendet fortdauernd dargestellt werden soll, wo man oft im Deutschen die Wörter jetzt, eben gebraucht, z. B.:

I am reading — I was reading — I shall be reading, to be reading, etc.

I saw him *running* away *shouting*.	Ich sah ihn jauchzend weglaufen.
The boy comes *running*.	Der Knabe kommt gelaufen. (90)
I heard her *coming, crying, laughing*.	Ich hörte sie kommen, schreien, lachen.
They were just *sitting down* to dinner when I arrived.	Sie waren eben im Begriff, sich zu Tische zu setzen, als ich ankam.

NB. Das Particip auf "*ing*" ist zugleich gegenwärtige und vergangene Zeit, z. B.:

Being in London last winter.	Als ich letzten Winter in London war.
Being now here (90b), *he* can do it.	Da er jetzt hier ist, kann er es thun.

(87b) Bisweilen findet man jedoch den Infinitiv statt des Particips; z. B.: *A bake-house* (ein Backhaus); *a brew-house* (ein Brauhaus): *a saw-mill* (eine Sägmühle); *drink-money* (Trinkgeld).

(88) NB. Im Deutschen braucht man sehr häufig das Particip in end mit der Präposition zu in sehr langen erklärenden Sätzen, wo das Hauptwort jedesmal am Ende zu stehen kommt, z. B.: ein sehr zu bedauerndes Unglück. Im Englischen kann man in solchen Fällen das Particip nicht gebrauchen, sondern bedient sich statt desselben des Infinitivs des Passivs, z. B. *A misfortune* (*which is*) much to be deplored.
Siehe Regel XLVI. Seite 517; auch Reg. V. Anmerk. 8, Seite 372.

(89) In der Regel muß das adjectivisch gebrauchte Particip dem Hauptworte, mit welchem es verbunden ist, vorausgesetzt werden; wenn aber noch Etwas folgt, was von demselben abhängt, so stellt man es wie jedes andere Adjectiv dem Hauptworte nach, z. B.:

A gentleman *going to Paris*, took my letter. (Regel I. — V. Seite 425).	Ein nach Paris gehender Herr nahm meinen Brief mit.

(90) Nach dem Zeitworte „kommen" setzt man im Deutschen häufig das zweite Particip derjenigen unthätigen Zeitwörter, welche eine Bewegung bezeichnen; im diesem Fall muß man im Englischen stets das Particip in ing wie oben brauchen.
NB. Das Weitere über diese Regel siehe Anmerk. 39, Seite 316.

(90b) NB. Das Particip in "*ing*" kann sich auf alle 6 Personen gleichzeitig beziehen, z. B. "*Being* unwell to-day, I, (*he, she, we, you, they*), cannot go out. Da ich, (er, sie, wir, x) unwohl, bin, ꝛc."

LIX. Allgemeine Regel über die Fälle, in denen man das Particip der Gegenwart brauchen muß.

§. 24. Eine der größten Schwierigkeiten beim Particip der Gegenwart ist, zu wissen, wann man es brauchen muß, und wann nicht. Die folgenden Regeln nebst dem, was schon oben hierüber gesagt worden ist, werden dieses klar machen.

1. Das Particip in *ing* wird sehr häufig statt des Infinitivs gebraucht: Nach allen Hauptwörtern, wo man „was für?" fragen kann, nach welchen man im Deutschen den Infinitiv mit „zu" braucht (mit andern Worten, wenn der deutsche Infinitiv von einem Hauptwort regiert wird), z. B.:

The desire *of pleasing*.	Das Verlangen zu gefallen.
The pleasure *of seeing her*.	Das Vergnügen sie zu sehen.
The power *of doing* good.	Die Macht Gutes zu thun.
My surprise *at* (91) *seeing* him.	Meine Ueberraschung ihn zu sehen.
For fear *of troubling* you. (92)	Aus Furcht sie zu stören.

2. Wenn der deutsche Infinitiv mit „zu" indirect von einem Zeitworte oder Adjectiv regiert wird, so muß (in der Regel) das Particip in *ing* gebraucht werden, z. B.:

He is determined *on going to* England.	Er ist entschlossen nach England zu gehen.
I was *rejoiced at* (92) *seeing him* again.	Ich war erfreut ihn wieder zu sehen.
She could not *help seeing* him, for he addressed her.	Sie konnte nicht umhin ihn zu sehen, denn er redete sie an.
Without saying a word, he left the room.	Ohne ein Wort zu sagen verließ er das Zimmer.
I could *not avoid caressing* the child.	Ich konnte nicht umhin das Kind zu liebkosen.

NB. Das Particip in *ing* kann nach allen Präpositionen gebraucht werden, nur ist zu bemerken, daß nach der Präposition *"about"* gewöhnlich der Infinitiv steht, z. B.:

Schelling is *about to publish* his works, (od. is *about publishing*, etc.)	Schelling ist im Begriff seine Werke herauszugeben.
He was *about to go out* when I came.	Er war im Begriff auszugehen als ich kam.

LX. Das Particip auf ing in Fällen, in denen man im Deutschen den Satz mit da, als, weil, ꝛc. anfängt.

Redensarten im Deutschen, welche mit da, als, weil, indem, nachdem und während anfangen, werden beinahe immer mit dem Particip in *ing*, wobei der Nominativ vor dasselbe gesetzt wird, gegeben, z. B.:

The general *seeing* no hopes *of gaining* the victory (93), drew off his men.	Weil der General keine Hoffnung sah, den Sieg zu gewinnen, so zog er seine Soldaten weg.
The soldier *having finished* his work, the colonel paid him the promised reward.	Nachdem der Soldat seine Arbeit beendigt hatte, zahlte ihm der Oberst die versprochene Belohnung.

---

(91) In den meisten Fällen braucht man die Präposition *of* bei dem Particip, jedoch beim Uebersetzen muß man wohl Acht geben, um zu sehen, ob das Hauptwort von einem Zeitworte, welches eine andere Präposition regiert, herstammt. Im obigen Satz dürfte man my surprise *of seeing* him nicht sagen, weil das Zeitwort to *surprise* die Präposition *at* regiert. Siehe das Verzeichniß der Zeitwörter, welche die verschiedenen Präpositionen regieren. Regel XXX. Seite 498.

(92) In allen diesen Fällen könnte man den Infinitiv brauchen, z. B.: The desire *to please*, my surprise *to see him*, etc., mit dem Particip ist es aber besser.

The Queen, *having prorogued* (93) the parliament, set off for Windsor.	Als (93b) die Königin das Parlament vertagt hatte, reiste sie nach Windsor ꝛc.
I met an old man, who, *being* a native of the place, *showed* me the way.	Ich traf einen alten Mann, der, indem er ein Eingeborner des Orts ꝛc. mir den Weg zeigte.

NB. Ist das Subject der Rede schon in einem vorhergehenden Satze vorgekommen, so darf der Nominativ entweder vor oder nach dem Particip stehen, z. B.:

His curiosity *being* (93c) satisfied, *he* returned home, oder: *He* returned home, his curiosity *being* satisfied.	Da seine Neugierde befriedigt war, kehrte er nach Hause zurück.
My son, *after* (94) *having taken* leave of his mother, came to me, etc. *After having taken leave* of his mother, *my son* came to me.	Nachdem mein Sohn von seiner Mutter Abschied genommen hatte, kam er zu mir ꝛc.
Being convinced of his honesty, *I will* write to him.	Da ich von seiner Ehrlichkeit überzeugt bin, so werde ich ihm schreiben.

LXI. Mit dem Particip in *ing* kann man im Englischen alle Sätze anfangen, welche man im Deutschen mit „da er, da sie, da wir ꝛc., nachdem, weil, als er, als sie, als wir ꝛc." anfängt; in solchen Fällen wird der Nominativ nachgesetzt, z. B.:

Having dined, I took a walk.	Da ich zu Mittag gegessen hatte, ging ich spazieren.
Having given these orders, the King left London. (94b)	Da der König diese Befehle gegeben hatte, verließ er London.
Not being at home yesterday, I had not the pleasure *of seeing* you.	Da ich gestern nicht zu Hause war, hatte ich nicht das Vergnügen Sie zu sehen.
Wishing to see you, we came to Munich.	Da wir Sie zu sehen wünschten, kamen wir nach München.
Wishing to see me, he (she, they) (94c) came to my lodgings.	Da er (sie, sie) mich zu sehen wünschte, kam er (sie, sie) in mein Logis.

(93) Wenn, wie in obiger Phrase, das Subject der Rede unverändert bleibt, d. h. wo das Particip in *ing* ein persönliches Fürwort in sich schließt, so darf das im Deutschen folgende persönliche Fürwort nicht übersetzt werden, z. B.: The queen, *having prorogued*, the parliament, set off for Windsor (nicht *she* set off, etc. wie im Deutschen).

(93b) "The servant, *on entering* (beim Eintreten) the room, found the child *lying dead*". His joy, *on meeting* (beim Zusammentreffen) his lover, may be easily imagined'. — It occurred to me, while *dressing* (während dem ich mich ankleidete) this morning. — And *taking* the little boy in her arms, she pressed him to her bosom, *crying*: It is he! it is my lost child!

(93c) NB. Der Ausdruck "*as being*", welchen man in Büchern und Grammatiken findet, ist unrichtig, z. B.: "General N. was chosen to command the troops, *as being* (muß heißen: *being* ꝛc. oder *he was*) the ablest officer in the army".

(94) NB. 1. "*After*" findet man häufig unrichtig in Verbindung mit dem Particip der Gegenwart, z. B.: "*After dining; after seeing* Paris; *after waiting* an hour, etc."
"*After*" aber verlangt stets das zusammengesetzte Particip, z. B.:
After having dined; after having seen Paris; *after having waited* an hour; oder: after I had dined.
NB. 2. Es ist überhaupt hier zu bemerken, daß die Ausdrücke "*being apprised, being informed, being answered*", in so fern sie eine Handlung bezeichnen sollen, welche schon zu der Zeit geschehen ist, als eine andere Handlung statt fand, falsch sind, gleichgiltig ob man dieselben in den Werken Bulwers, Byrons. Goldsmiths, ꝛc. findet oder nicht, z. B.:
Being apprised of our approach, they all came out to meet us.
The doctors, all previous *ceremonies being complied with*, attended the patient.
In allen solchen Fällen muß man das zusammengesetzte Particip mit "*having*", brauchen, z. B.:
"*Having been apprised* of our approach, they all came to meet us".
The doctors, all previous *ceremonies having been complied with*, attended the patient.

(94b) NB. In der Regel bleibt das Subject der Rede in den Participialsätzen unverändert, man kann aber in den zweiten Theil des Satzes ein anderes Subject setzen, z. B.:

Being officers, they treated us with much respect (ob *we were treated* with much respect).	Da wir Offiziere waren, behandelte man uns mit vieler Achtung (ob. wurden wir mit vieler Achtung behandelt).

(94c) Man sieht hieraus, daß das Particip bei allen Personen des Fürworts gebraucht werden kann, *he, she, I, we, you, they being sick*, etc.

...eing tired of England, I (he, she, we, you, they) (94c) set off for the continent. | Da ich (er, sie, wir, Sie) Englands müde war, so reiste ich, (er, sie, wir, Sie) nach dem Festlande.

LXII. Nach den meisten thätigen Zeitwörtern, und besonders nach ...en folgenden, kann man das Particip sehr passend gebrauchen:

o abhor, verabscheuen.
· attempt, versuchen, wagen.
· avoid, vermeiden.
· cease, aufhören.
· continue, fortfahren, fortsetzen.
· decline, ablehnen.
· defer, aufschieben.
delay, verzögern.
detest, verabscheuen.
dread, scheuen, fürchten.
endure, aushalten.
enjoy, genießen, sich freuen.
escape, entkommen.
fail, versäumen.
fear, fürchten.
· finish, endigen, beenden.
· forbear, sich enthalten, umhin.
· forbid, verbieten.

To help, helfen, umhin können.
- hinder, hindern.
- intend, beabsichtigen, vorhaben.
- interrupt, unterbrechen.
- lament, bedauern, beklagen.
- miss, vermissen.
- neglect, vernachlässigen.
- omit, versäumen, auslassen.
- oppose, sich widersetzen.
- prefer, vorziehen.
- prevent, (94d) verhindern.
- propose, sich vornehmen.
- purpose, beabsichtigen.
- refuse, sich weigern.
- regret, bedauern.
- repent, bereuen.
- risk, Gefahr laufen.
- scruple, Bedenken tragen, z. B.:

...must *cease writing*. | Ich muß mit dem Schreiben aufhören.
...e declined *going, coming, etc.* | Er lehnte es ab, zu gehen, zu kommen ꝛc.
...hat do you *intend doing* to-morrow? | Was haben Sie für Morgen vor?

XIII. Das Particip in Verbindung mit to be, was man im Deutschen „werden" mit dem Particip der Vergangenheit braucht.

Um den Zustand des fortdauernden Leidens auszudrücken, gebraucht man sehr häufig das Particip *being* (seiend), vereinigt mit dem Particip der Vergangenheit des betreffenden Zeitworts, z. B.:

...new Royal Exchange *is being* erected. | Eine neue königliche Börse wird gebaut.
...he streets *are being paved* with wood. | Die Straßen werden mit Holz gepflastert.

NB. Da diese Art des Ausdruckes oft sehr steif und schleppend ist, so wird sie ...t nicht so häufig gebraucht, dagegen aber bedient man sich des Zeitworts *to be* ...nd des ersten Particips des betreffenden Zeitworts, z. B.:

...inner *was preparing* when I left the house. | Das Mittagessen wurde zubereitet, als ich das Haus verließ.
...ur church *is repairing*. (95) | Unsere Kirche wird wieder hergestellt.
...re my boots made? No, but they *are making*. | Sind meine Stiefel fertig? Nein, aber sie sind in Arbeit (werden gemacht).
...ly brother *is writing, dressing*, (96) *breakfasting*, etc. | Mein Bruder ist beim Schreiben, Ankleiden, Frühstück ꝛc.

94d) The rain *prevented us from continuing* our journey. I cannot *help his going* | Der Regen verhindert uns, unsere Reise fortzusetzen. Ich kann nichts dafür, daß er geht.

(95) NB. Anstatt der obigen Form brauchen mehrere der neuern Schriftsteller *"is being, was being"* mit dem Particip der Vergangenheit, z. B.:
"Our church *is being repaired*. My boots *are being made*", etc.
Diese letztere Form wird von den besten Grammatikern Englands, als eine unnöthige Neuerung getadelt. Beide Formen sind jedoch gebräuchlich, und es gibt Fälle, wo die letztere Form zur Deutlichkeit beiträgt, z. B.:
As I came by two murderers *"were being hanged"*, ist viel klarer als: "two murderers *were hanging*, ob. *were hanged*". I saw two murderers *hanging* a man; oder *hanging on a gallows"* ist klar.

(96) NB. Wenn das Subject der Rede eine Person ist und bei der Handlung sowohl activ als passiv sein kann, braucht man der Deutlichkeit halber, das Particip der Vergangenheit, ꝛ. B.:

LXIV. Das Particip auf ing, als Bestimmungs= und Grundwort.

Schließlich wird das Particip in *ing* mit Hauptwörtern zu=
sammengesetzt und tritt dabei bisweilen als Bestimmungs=, bisweilen
als Grundwort auf.

1) Als Bestimmungswort, z. B.: *A speaking-trumpet*, ein Sprachrohr; *writing
paper*, Schreibpapier; *marking-ink*, Zeichentinte. (96b)

2) Als Grundwort in allen Fällen, wo der Infinitiv nicht als Hauptwort
gebraucht werden kann, z. B.: *Letter-writing*, das Briefschreiben; *book-keeping*, das
Buchhalten re.

II. Vom Particip der Vergangenheit (Past Participle).

LXV. Das Particip der Vergangenheit braucht man in der
Regel wie das deutsche Particip, nur weicht es von dem Deutschen
darin ab, daß es ganz unveränderlich ist, z. B.: (97)

A highly *esteemed man*.	Ein sehr geachteter Mann.
A highly *esteemed woman*, etc.	Eine sehr geachtete Frau.

NB. Als Adjectiv ist es denselben Regeln wie alle anderen Adjective unter=
worfen. Man darf nie das Adverb *very* (sehr) vor dasselbe setzen, weil das nur
von einem ächten Adjectiv oder einem andern Adverb stets begleitet werden muß, z. B.:

She is a *much* (98) *beloved* woman.	Sie ist eine vielgeliebte Frau.
She is *quite* (99) *delighted*.	Sie ist sehr (ganz) entzückt.
He *is very much pleased* with his horse.	Er ist sehr vergnügt mit seinem Pferd.
An *over-to-be-lamented* friend.	Ein ewig zu bejammernder Freund.

LXVI. Particip mit Ellipse der Wörter "which is, are", etc.

Das Particip der Vergangenheit wird häufig, der Kürze halber,
mit Weglassung eines beziehenden Fürworts und des Zeitworts *to be*
oder eines Particips der Gegenwart im Englischen gebraucht, z. B.:

Persons *born* (*who are born*) deaf and dumb.	Personen, die taubstumm zur Welt kommen.
Supper *ended* (*being ended*), they left us.	Als das Abendessen vorbei war, verließen sie uns.
Hope *deferred* (*which is deferred*) makes the heart sick. (100)	Die aufgeschobene Hoffnung macht das Herz krank.
Encouraged by success, he perseveres.	Durch Erfolg aufgemuntert, beharrt er.

"I heard the *king flattering* (der König schmeichelte Jemand); I heard the *king flattered*
(der König wurde von Jemand geschmeichelt)"
Young men *educating* for the army, muß heißen: Young men *preparing*, *studying* for the
army.
Auch: Money *was wanting*, muß heißen: Money *was wanted* to defray the expense.
I want my coat *mending*, muß heißen: I want my coat (to be) *mended*, ob. to have it mended.
I heard him *tried* (nicht *trying*) for the crime.
Ausdrücke wie: "The markets *are looking up, down*", gehören zur Börsensprache; auch
The prices *are rising, falling*, etc.

(96b) Durch Anhängung der Sylbe *ly* zu den Participien bildet man Adverbien, z. B.:
The lady is *bewitchingly* beautiful. | Die Dame ist bezaubernd schön.
(97) Ueber die Stellung des Particips siehe Reg. XIV. Seite 377.
(98) Vor allen Participien entspricht much dem deutschen sehr, vor Adjectiven oder Adverbien aber
entspricht *very* dem deutschen sehr, z. B.:
Much pleased. A very good man. | Sehr vergnügt. Ein sehr guter Mann.
A very well written letter. | Ein sehr gut geschriebener Brief.
Hierüber siehe Anmerk 19, Seite 345, auch Reg. XXIII. Seite 442.
(99) Quite entspricht dem deutschen „ganz". Siehe Anmerk 19, Seite 345.
(100) NB. 1. Im höhern, poetischen Styl hat man im Deutschen eine ähnliche Ausdrucksweise, z. B.:
    „Den Tell gefangen abgeführt nach Küßnacht,
    Der beste Mann im Land, der bravste Arm,
    Wenn's einmal gelten sollte für die Freiheit". (Schiller).
NB. 2. In Sätzen, wie oben Reg. LXVI, steht natürlich das Particip nach dem Hauptwort

Aufgaben über die Participien.

Regel LIV.—LVI. Seite 522.

77. [Das] Borgen (*borrowing*) ist nicht stehlen (*stealing*). — Das Jagen und Fischen sind seine Lieblings-Zeitvertreibe (*pastime*); ich für meine Person aber ziehe das Lesen und Schreiben vor; denn wie groß ist das Vergnügen des Lesens! — LV. Ich zweifle [daran], daß mein Freund heute kommen wird, und doch wundert's mich, daß er es mir nicht sagen ließ (s. Anmerk. 22c, S. 486). — Durch das Nichtachten auf die Stimme seines Volkes (*people*), verlor Karl der Erste von England sein Haupt. — 2. Gestern erwartete (*expected*) ich Dr. Johnson, aber anstatt daß er kam, schrieb er. — Lehrer vervollkommnen (*improve*) sich dadurch, daß sie ihre Schüler lehren (*to teach*); und die Schüler durch's Studiren ('to study*). — LVI. Ein Mann, der gegen sein Unglück (*adversities*) kämpft, ist ein Schauspiel (*spectacle*), [welches] Gott würdig ist. — Als Napoleon bemerkte, daß er nicht nach Amerika entfliehen (*to escape*) konnte, und da er befürchtete (*to fear*) in die Hände der Preußen zu fallen, übergab er sich den Engländern.

Jagen, *hunting*. Lieblings, *favorite*.	durch das Nichtachten auf, *by not attend-*
für meine Person aber, *for my part*.	*ing to*. verlieren, *to lose*.
vorziehen, *to prefer*.	Haupt, *head*. Lehrer, *masters*.
zweifeln, *doubt*. doch, *yet*.	kämpfen, *to struggle*.
wundert's mich, daß er es nicht, *I am*	würdig, *worthy of*. bemerken, *to see*.
astonished at his not (Particip).	übergeben, *to surrender*.

Regel LVII.—LIX. Seite 524.

78. Als ich in (*into*) das Innere des Waldes eindrang, wurde ich überrascht durch eine rührende (*touchingly*), süße und melancholische Stimme (*voice*), welche aus einer unterirdischen Grotte hervorkam (*proceeded*). — Der sterbende Vater rief seine Kinder um sich, um ihnen seinen Segen zu geben; „Gott segne euch, Gott erhalte euch in Eintracht und Liebe", sagte er; er sprach nicht mehr, denn seine reine Seele entschlief in den Armen seines Schöpfers. — LVIII. Gestern las ich gerade, als das Gewitter (*thunder-storm*) losbrach (*commenced*). — Als (*when*) ich in dem Regents-Park wohnte, sah ich die Königin öfters vorbeireiten (*to ride by*), denn (*for*) sie liebt das Reiten sehr. — Als ich vorbeiging (*on passing by*), hörte ich die unglückliche (*unhappy*) Frau weinen und jammern (*to wail*). — LIX. Was kann einem gefühlvollen, rechtdenkenden (*right-thinking*) Menschen angenehmer (*agreeable*) sein, als das Vergnügen, seine Pflicht (*duty*) gethan zu haben. — Meine Freude! meine Ueberraschung (*sur-prise at*)! meinen alten Freund, nach einer Trennung von sieben Jahren, wieder zu sehen, kann ich Ihnen nicht beschreiben (*to describe*). — Ich war gerade im Begriff (*just about*) nach London abzureisen (*to set off*), als ich hörte, daß die Cholera dort sei (*was there*).

NB. 3. *"To have* und *to get"* in der Bedeutung „lassen" aber sind die einzigen Zeit-wörter, wo das Particip dem Objecte mit seinem ganzen Anhange nachfolgt, z. B.:

Bonaparte had the Duke d'Enghien *shot* at Vincennes	Bonaparte ließ den Herzog d'Enghien zu Vin-cennes todtschießen.
I shall *get* my house *rebuilt*.	Ich werde mein Haus wieder aufbauen lassen.

NB. 4. Man merke auch folgende Beispiele über die obige Regel:

„The last mail from India brought us news of towns *burned* (*which were burned*), of women and children barbarously *slaughtered* (*who were slaughtered*), of military sub-ordination *destroyed* (*which is destroyed*).

Honour lost (*being lost*), all is lost. My resolution formed (*being formed*), I departed immediately.

als ich einbrang, *on penetrating.*
Innere, *interior.* aus, *from.*
unterirdisch, *subterraneous.*
rufen, *to call.* um sich, *about him.*
Segen, *blessing.*

erhalten, *to preserve.*
Eintracht, *harmony.* denn, *for.*
rein, *pure.* entschlief, *slept.*
Schöpfer, *Maker.* Freude, *joy.*
Trennung, *separation.*

Regel LX., LXI., LXII. Seite 525.

79. [Nachdem] Dr. Radcliffe, der Gründer (*founder*) der Radcliff-Bibliothek (*library*) zu (*at*) Orford, seinen Freunden erklärt hatte, daß er in zehn Tagen sterben müßte, was auch geschah, verließ er die Gesellschaft (*society*). — Da die Franzosen die Maroccaner geschlagen hatten, kehrten sie nach Frankreich zurück. — Indem er [so] alle Scham bei Seite legte, zeigte er sich [als] den offenbaren (*open*) verhärteten (*hard*) Schurken (*villain*). — LXI. Da ich heute unwohl bin, [so] kann ich mit Ihnen nicht ausgehen. — Als Caractacus, König von Britannien, als Gefangener (*a prisoner*) durch die Straßen von Rom geführt wurde, „ach, rief er aus, wie ist es möglich, daß ein Volk (*people*), welches solche Pracht (*magnificence*) zu Hause (*at home*) besitzt, mich [um] eine demüthige (*humble*) Hütte in Britannien beneiden könnte?" — LXII. Ich kann nicht umhin, das liebliche (*sweet*) Kind zu umarmen (*to embrace*). — Er konnte mich (*my*) nicht hindern, nach Paris zu gehen. — Was haben Sie für morgen vor? Ich habe vor, Tom Telescope's Newtonische Philosophie zu lesen. — Eine Mutter, die sechs erwachsene Töchter und sieben Söhne hat, sollte aufhören (*cease*) an (*of*) ihre Gesundheit zu denken.

erklären, *to declare.*
sterben müßte, *must die.*
was auch geschah, *which also happened.*
schlagen, *to beat.*
zurückkehren, *to return.*
bei Seite legen, *to lay—aside.*

zeigte er sich, *he appeared.*
geführt wurde, *being led.*
ach, rief er aus, *cried out, Ah!*
welches besitzt, *possessed of.*
beneiden, *to envy.* Hütte, *cottage.*
erwachsen, *grown-up.*

Regel LXIII., LXIV. Seite 527.

80. Als ich zuletzt (*last*) in London war, wurden die Straßen mit Holz gepflastert. — Gerade als ich durch (*through*) die Straße kam, wurden alle Läden geschlossen (*to close*). — Kommen Sie? (sind Sie kommend). — Sie müssen aufhören Schach zu spielen, denn (*for*) der Thee wird [schon] gemacht. — Der Herr Taylor hat sehr viel Druckpapier, Schreibpapier und Druckschwärze in seiner Druckerei (*printing-office*). — Verstehen Sie das Briefschreiben und Buchhalten? O, ja wohl; ich verstehe auch die Schnellschreibekunst (*shorthand writing*) und das Federschneiden (*pen-making*).

pflastern, *to pave.*
Laden, *shop.* aufhören, *to leave off.*

spielen, *to play.* Schach, *chess.*
Druck, *printing.* Schwärze, *ink.*

Regel LXV., LXVI. Seite 528.

81. Lord Byron wurde von (*by*) den Griechen sehr geachtet. — Sie ist eine (*Frau*) von ihrem Manne sehr geliebte Frau. — Die Königin Elisabeth von England ist eine von Becker sehr herabgewürdigte (*abused*) [Königin], als Königin jedoch (*however*) darf man sie nicht herab-

ürbigen, als Frau kann man zwar mit Wahrheit von ihr sagen, daß
: nicht [eine] sehr liebenswürdige war. — LXVI. Kinder, die taubstumm
r Welt kommen, empfinden ihr Unglück nicht. — (Anm. 100, NB 3.)
ie Königin Elisabeth hat den Grafen von Essex hinrichten lassen, und
r tyrannischer Vater, Heinrich der VIII., hat zwei von seinen sechs Frauen,
nne Boleyn und Catharine Howard, auf das Schaffot führen lassen.

rf man sie nicht herabwürdigen, *she is not to be abused*.	empfinden, *to feel*.
	hinrichten, *to execute*.
nn man zwar sagen, *it may be said*.	führen, *to lead*. auf, *to*.

M. Vom Gebrauch und von der Folge der Zeiten.

1. Vom Gebrauch der Zeiten.

§. 25. Es ist schon §. 191—210, Seite 316 das Wichtigste über
n Gebrauch der Zeiten gesagt worden, so daß es hier nur nöthig
, einige Unterschiede zwischen dem Gebrauch derselben im Englischen
nd Deutschen zu erklären.

XVII. Fälle, in denen man im Deutschen öfters das Präsens(101), im Englischen aber das erste Futurum braucht.

Im Deutschen braucht man sehr häufig das Präsens statt des
:sten Futurums, um eine verabredete oder vorhabende Sache
uszudrücken, in solchen Fällen muß man im Englischen das erste
uturum anwenden, z. B.:

orgen gehen wir in's Theater. Rorgen werden wir in's Theater gehen).	We *shall go* to the theatre to-morrow, ob. we *are going* to the theatre.
:ute Abend komme ich zu Ihnen. :ute Abend werde ich kommen :c.)	This evening *I shall come* to you. (101b)
wird reichlich belohnt (werden).	He *will be* well *paid*. (102)

01) Es ist hier kaum nöthig zu erwähnen, daß man im Englischen wie im Deutschen das Präsens
braucht, um Sätze aufzustellen, die allgemein wahr sind, z. B.:

When I *look* upon the tombs of the great, every emotion of envy *dies* within me, etc.	Wenn ich die Grabmäler der Großen ansehe, so erstirbt in mir jede Regung des Neides :c.
He *goes* to France every Winter.	Jeden Winter geht er nach Frankreich.

NB. 1. Das Präsens wird auch von längst verstorbenen Personen gebraucht, von denen
sich Schriften erhalten haben, in denen sie gleichsam noch fortleben, z. B.:

How beautifully Shakspeare *describes* the human heart.	Wie schön Shakspeare des Menschen Herz beschreibt.
Job *speaks* feelingly of his afflictions.	Hiob spricht mit Gefühl von seinen Leiden.

NB. 2. Ebenfalls, wie im Deutschen, wenn man etwas sehr lebhaft erzählt, geht man
von dem Imperfectum zu dem Präsens über, z B.:

We had waited a long time, when lo! down he *comes* in slippers.	Wir hatten schon lange gewartet, aber sieh! da kommt er in Pantoffeln herunter.
Five minutes more, and we *are* lost for ever.	Noch fünf Minuten mehr und wir sind auf immer verloren.

NB. 3. Wird aber eine bestimmte vergangene Zeit erwähnt, so darf man das Präsens,
wie es im Deutschen geschieht, nicht brauchen, z. B.:

Imagine my fright! I *went* to walk yesterday with my child . got into a crowd with it, and *lost* sight of it.	Denkt Euch meinen Schrecken! ich gehe gestern mit meinem Kinde spazieren, komme mit ihm ins Gedränge und verliere es aus meinen Augen. (Heyse)

1b) Die Anwendung aller dieser Regeln ist sehr leicht, denn man hat sich hier nur zu fragen,
ob man das erste Futurum statt des Präsens, ohne den Sinn zu stören, brauchen könnte;
wenn es so ist, so muß man im Englischen das erste Futurum brauchen.

02) NB. 1. Nach den Adverbien "when, till, before, as soon as, after", braucht man das *Praesens
des Indicativs* in Bezug auf eine relative zukünftige Zeit, z B.:

When he arrives, he shall be welcome.	Wenn er ankommt, wird er willkommen sein.
I shall remain here, *till my sister writes*.	Ich will hier bleiben, bis meine Schwester schreibt.

34*

LXVIII. Fälle, in denen man im Deutschen das Präsens, im Englischen aber das Perfectum braucht.

Im Deutschen braucht man das Präsens, um ein dauerndes Dasein, ein Kennen 2c., welches sich bis zu der noch fortlaufenden Zeit erstreckt, zu bezeichnen, in solchen Fällen aber muß man im Englischen das Perfectum anwenden, z. B.:

Jetzt lebe ich (habe ich gelebt) vier Jahre in London.	Now, *I have lived* four years in London.
Ich kenne Ihren Bruder seit (diesen) zehn Jahren. (103)	*I have known* your brother *these ten* years. (104)
Ich befinde mich viel besser, seitdem ich hier bin.	I feel myself much better, *since I have been* here.

LXIX. Fälle, in denen man im Deutschen das Perfectum oder Imperfectum, im Englischen aber das Imperfectum brauchen muß.

a) Im Deutschen und Französischen braucht man häufig das Perfectum, wenn man von einer völlig vergangenen Zeit spricht. Unter einer völlig vergangenen Zeit meine ich eine Zeit, von der Nichts mehr übrig ist, z. B.: „Gestern, vorgestern, vergangene Woche, vergangenen Monat, voriges Jahr, voriges Jahrhundert" 2c.; in solchen Fällen aber muß man im Englischen stets das Imperfect anwenden, z.B.:

I *saw* your sister *yesterday*.	Gestern habe ich Ihre Schwester gesehen.
Did you see my brother pass by about *an hour ago?* (104b)	Haben Sie meinen Bruder vor ungefähr einer Stunde vorbeigehen sehen?
Yes; I *saw* him *two minutes ago.* (104c)	Ja, ich habe ihn vor zwei Minuten gesehen.

b) Wenn man von Personen oder Dingen spricht, die nicht mehr existiren (105), so muß man ebenfalls das Imperfectum im Englischen gebrauchen, z. B.:

The *late* Napoleon Buonaparte *was a* great general. (106)	Der verstorbene Napoleon Buonaparte ist ein großer General gewesen.
Where *did* he die? He *died* in St. Helena. (107)	Wo ist er gestorben? Er ist in St. Helena gestorben.

NB 2. Will man die Vollziehung einer Handlung bezeichnen, so muß man in Verbindung mit den obengenannten Wörtern das Perfectum des Indicativs brauchen, z. B.:

He will never be better, *till he has felt* the pangs of poverty.	Er wird nie besser werden, bis er die Qualen der Armuth empfunden hat.

(103) Im Deutschen braucht man bisweilen das Präsens statt des Imperativs, um einem Befehl mehr Nachdruck zu geben, im Englischen aber darf man dieses nicht, und „du bleibst da 2c", als Befehl, kann daher nicht übersetzt werden durch "thou remainest there" sondern nur "remain there (bleib da)".

(104) NB. Ist der Bruder aber todt, so darf man nicht, wie im Deutschen, das *Perfectum* sondern das *Imperfectum* brauchen, z. B.:

I *knew* your brother (who is now dead) ten years	Ich habe Ihren Bruder (der jetzt todt ist) zehn Jahre gekannt.

(104b) NB. 1. Setzt man aber keine Zeit hinzu, so muß man das *Perfectum* brauchen, z. B.:
Have you *seen* my brother pass by? No, I *have* not *seen* him.
Aber: *Did* you *see* my brother, when you were in Paris? Yes, I *saw* him.
NB. 2. In Verbindung mit dem Wort "lately (neulich, letzthin)" braucht man in der Regel das *Perfectum*, z. B.:
Have you *seen* our friend *lately?* No, I have not *seen* him lately.
He *has* not *been* here *lately*. Aber: He *was* here *lately*.

(104c) Das Wort *ago* muß stets nachgesetzt werden. Siehe Regel XIX. c. Seite 379.

(105) Daher wird das Imperfectum auch im historischen Style zur Darstellung von vergangenen Begebenheiten gebraucht, wenn man auf die begleitenden Umstände keine Rücksicht nimmt.

(106) Aber: Napoleon *has done* much good, and much bad in the world. Die Wirkungen der Thaten existiren immer noch fort.

(107) Um diese Regel noch deutlicher zu machen, führe ich Folgendes hier an. Spricht man von

LXX. Fälle, in denen man im Deutschen das Imperfectum des Conjunctivs, im Englischen aber den Conditional braucht.

Im Deutschen braucht man sehr häufig, der Kürze wegen, das Imperfectum und Plusquamperfectum des Conjunctivs statt des 1sten und 2ten Conditionals; so oft dies der Fall ist, muß man im Englischen den entsprechenden Conditional anwenden, z. B.:

How *would it be* if the King *should die.*	Wie wäre es (würde es sein), wenn (falls) der König stürbe (sterben sollte).
If I had been in your place, I *would have* done it.	Wäre ich an Ihrer Stelle gewesen, so hätte ich es gethan (so würde ich es gethan haben). (¹⁰⁶)

LXXI. Das Perfectum ungefähr wie im Deutschen. (Französisch: Parfait indéfini. Griechisch: Aorist.)

Das Perfectum entspricht dem französischen *Parfait indéfini*, und im Ganzen dem griechischen „Aorist", und wird gebraucht:

1. Um eine zwar völlig vergangene, aber in einer nicht bestimmten Zeit geschehene Handlung auszudrücken, z. B.:

Have you *seen* the Thames Tunnel?	Haben Sie den Themse-Tunnel gesehen?
Yes, I *have seen* it.	Ja, ich habe ihn gesehen.

(Hier ist keine Zeit bestimmt, sondern im Allgemeinen gefragt.)

2. Um eine Handlung zu bezeichnen, die zwar in einer bestimmten, aber noch nicht verflossenen Zeit stattfand. Unter einer nicht verflossenen Zeit meine ich eine noch fortlaufende Zeit, z. B.: Heute, heute Morgen, diesen Abend, diese Woche, in diesem Jahre, in dem gegenwärtigen Jahrhundert ꝛc., z. B.:

I *have seen* the King to-day.	Heute habe ich den König gesehen.

(Heute gehört zu der noch verfließenden Zeit.)

I *have not been* out of the house *this week.* (¹⁰⁶b)	Ich bin diese Woche nicht außer dem Hause gewesen.
The steam-engine *has been brought to perfection this century.*	Die Dampfmaschine ist in diesem Jahrhundert vervollkommnet worden.

Thaten oder Handlungen, welche entweder durch das Dasein des Urhebers oder Berfassers, oder durch seine Werke, (wenn sie auch vor mehreren Jahrhunderten vollführt wurden) mit der gegenwärtigen Zeit verbunden sind, so kann man das Perfectum brauchen, existiren aber weder der Urheber noch seine Werke mehr, so muß man das Imperfectum anwenden, z. B.:

Cicero *has written* orations	Cicero hat Reden geschrieben.
(man hat seine Reden noch); man darf aber nicht sagen:	
Cicero *has written* poems.	Cicero hat Gedichte geschrieben.
sondern man muß sagen: Cicero *wrote* poems, weil seine Gedichte nicht mehr existiren.	
Priests have in all ages *claimed* great power. (Priests exist still).	Die Priester in allen Zeitaltern haben Anspruch auf große Macht gemacht.
The Druid priests *claimed* great power. (They exist no longer).	Die Druiden-Priester machten Anspruch auf große Macht.

(¹⁰⁶) In allen Fällen wie die obigen, hat man nur zu sehen, ob das Imperfectum und Plusquamperfectum des Conjunctivs mit dem ersten oder zweiten Conditional vertauscht werden kann; ist dieß der Fall, so muß man es im Englischen mit dem Conditional geben.
NB. Bisweilen findet man zwar das Plusquamperfectum statt des Conditionals, z. B.:

That *had (would have)* been a joyful meeting; were it not, that sad thoughts of the past, intermixed with fears for the future, alloyed the pleasure.	Das wäre ein freudiges Zusammentreffen gewesen, wäre es nicht, daß traurige Gedanken an das Vergangene, vermischt mit Furcht für die Zukunft, das Vergnügen verminderten. (S. Reg. XXXVIII. NB. 1 Seite 512).

(¹⁰⁶b) Bisweilen findet man das Imperfectum falsch statt des Perfectums in Bezug auf eine noch nicht völlig verflossene Zeit gebraucht, z. B.: I *wrote* to-day, statt I *have written* to-day. Man kann aber sagen: I *wrote this morning,* vorausgesetzt, daß man am Mittag oder Nachmittag spricht.

NB. 1. Wenn ein verflossener Theil der noch nicht verflossenen Zeit bestimmt wird, so braucht man das Imperfectum statt des Perfectums, z. B.:

My friend *arrived* from London *early this morning.*	Mein Freund ist diesen Morgen früh von London angekommen.
I *was* at your lodgings *at six o'clock this afternoon.*	Ich war diesen Nachmittag um sechs Uhr bei Ihnen.

NB. 2. Wenn die noch nicht verflossene Zeit durch ein Bestimmungswort, als *the beginning*, am Anfang; *in the middle*, in der Mitte 2c., bezeichnet wird, so muß man das Imperfectum brauchen, z. B.:

He *died* in the *beginning of this week.* (Diese Woche ist zwar nicht verflossen, der Anfang ist aber verflossen.)	Er ist zu Anfang dieser Woche gestorben.
The King *was* here in *the middle* of this month. (109)	Der König ist Mitte des Monats hier gewesen.

NB. 3. Um dieses noch deutlicher zu machen, gebe ich noch die folgenden Beispiele:

I *have been* in London and *have seen* the Queen (keine Zeit-Angabe).	Ich bin in London gewesen und habe die Königin gesehen.
I *was* in London *last year* and *saw* the Queen (bestimmte vergangene Zeit).	Ich war voriges Jahr in London und sah die Königin.
I *have been often* at the theatre.	Ich bin öfters im Theater gewesen.
I *was* at the theatre *yesterday evening* and *saw* Madame Taglioni.	Ich war gestern Abend im Theater und sah die Madame Taglioni.

NB. Die übrigen Zeiten stimmen mit dem Deutschen überein. (110)

II. Von der Folge der Zeiten.

LXXII. Wo im Deutschen das Präsens nach dem Imperfectum 2c., im Englischen aber Imperfectum auf Imperfectum folgt.

Fängt man im Englischen einen Satz mit einem Imperfectum an, so muß das darauf folgende Zeitwort im zweiten Theil des Satzes auch im Imperfectum stehen, z. B.:

He *told* me that the King *was* dead.	Er sagte mir, daß der König todt sei.
She *said* that her husband *was* in London.	Sie sagte, daß ihr Mann in London sei.
I *asked* him what *was* the matter.	Ich fragte ihn, was es gibt (gebe).

LXXIII. Wo im Deutschen das Perfectum nach dem Imperfectum, im Englischen aber das Plusquamperfect stehen muß.

Im Deutschen setzt man gewöhnlich das Perfectum des Conjunctivs nach dem Imperfectum im zweiten Theil des Satzes, im Englischen aber in solchen Sätzen, wenn der erste Theil des Satzes mit einem Imperfectum anfängt, muß ein Plusquamperfectum im zweiten darauf folgen, z. B.:

He *demanded* whether I *had received* the money.	Er fragte, ob ich das Geld empfangen habe.
She *said* that I *had come* too early.	Sie sagte, daß ich zu früh gekommen sei. (111)

---

(109) NB. Man hüte sich aber zu sagen, wie man es in so vielen Grammatiken in Deutschland falsch angegeben findet:
Have you been (statt: *were you*) at the theatre *yesterday?* No, I *have not been* (statt: I *was not*) at the theatre *yesterday.*
Were you ever (statt: *have you ever been*) in London? No, I *was never* in London.
When *has* Columbus *discovered* America? (statt: When *did* Columbus *discover* America, 2c.
NB. Man merke auch den folgenden Satz, wo das Perfectum falsch statt des Imperfectums steht: General Lloyd *has been* (statt: *was*) a good soldier in his day, but he is now an old man.
(110) Den Unterschied des Conjunctivs im Englischen und Deutschen s Reg. XXXIII. Seite 508.
(111) In unmittelbaren Antworten muß, wie auch im Deutschen, die Zeit der Frage beibehalten

LXXIV. Allgemeine Regel über die Uebereinstimmung der Zeiten.

Man kann es als allgemeine Regel betrachten, daß, wenn die Hülfszeitwörter "*may, can, shall, will, etc.*" im 1sten Theil des Satzes gebraucht werden, um die gegenwärtige, vergangene oder zukünftige Zeit zu bezeichnen, so muß das Zeitwort im 2ten Theil in der Zeit mit übereinstimmen, z. B.:

I *may* write if he *pleases*.	Er darf schreiben, wenn er es will.
I *might* write if he *pleased*.	Er durfte schreiben, wenn er es wollte.
I *would* come if he *could*. (¹¹²)	Er würde kommen, wenn er es könnte.

NB. 1. *Conjunctiv.* So oft im Conjunctiv eine Art Verneinung angedeutet braucht man das *Imperfectum*, um die gegenwärtige und das *Plusquamperfectum*, die vergangene Zeit zu bezeichnen, z. B.:

I *had* the book, I *would send* it, (bedeutet, daß ich es nicht habe.)	Wenn ich das Buch hätte, so schickte ich es.
I *had had* the book, I *would have sent* it. (¹¹³)	Wenn ich das Buch gehabt hätte, so hätte ich es geschickt.

NB. 2. Dasselbe ist der Fall, wenn das Zeitwort im zweiten Theil des Satzes mittelbar nach den Wörtern "*as if* (als ob)" steht, z. B.:

He fights *as if* he contended (ob. *were contending*) for life. (¹¹⁴)	Er kämpft, als wenn (ob) er ums Leben kämpfte.
He fought *as if* he *had contended* (ob. *had been contending*) for life. (¹¹⁵)	Er kämpfte, als wenn (ob) er ums Leben gekämpft hätte.

---

werden, d. h. wenn im Perfect gefragt wurde, muß auch im Perfect geantwortet werden, u. s. w., z. B.:

Who *has* spilled the ink?	Wer hat die Tinte verschüttet?
I *have* spilled it (nicht: I spilled it).	Ich habe sie verschüttet?

NB. Man kann aber auch sagen: Who *spilled* the ink? I *spilled* it.

12) Man sagt auch He *would have* come if he *could* (mit Weglassung von *have come*)

NB. Die folgenden Beispiele werden obiges klar machen:

Indic. Pres. I *write* . . . . when I can, may, must write.
Past. I *wrote* . . . . . . when I could, might, should, would write.
Futur. I *shall* or *will* write . when I can, may, must write.
He *can, may ask* . . . . . if he can, may, will write.
He *can, may ask* . . . . if he *has written* (Vollzug der Handlung).
He *might, could ask* . . . if he could, might, would write.
He *might, could ask* . . . . if he had written (vergangene Zeit).
He *might have asked* . . . . if he had (ob. could have) written.
If he *is* disposed, he *may* write ... If he *were* disposed, he *might* write.
It *is* my desire that you *shall* come ... It *was* my desire that you *should* come.
I *shall* feel obliged if you *can* grant it ... I *should* feel obliged if you *could* grant it.
I *hope* that you *will* come ... I *hoped* that you *would* come to-day
It *would afford* me great satisfaction, if I *could* perform it for you.
It *would have afforded* me satisfaction, if I *could have* performed it for you.

13) NB. Da das *Imperfect* des Conjunctivs die gegenwärtige Zeit bezeichnet, so kann man ein *Praesens* oder ein Imperfectum darauf folgen lassen, z. B.:

If he only *knew* how much we *love* (ob *loved*) him.	Wenn er nur wüßte, wie sehr wir ihn lieben (liebten)
If I *could* but find out where he *is*.	Wenn ich nur herausfinden könnte, wo er ist.

14) *Particip.* Das Particip der Gegenwart, "*having, being, etc.*", kann von irgend einer Zeit gefolgt werden, z. B.:
Being unwell, I *cannot* go out. Being unwell yesterday, I *could* not go out.
Being unwell, I *shall not be able* to go out for some time
NB. Das Adverb "*after*" fordert stets das zusammengesetzte Particip "*having seen*", rc. und das *Plusquamperfectum* des Zeitworts nach sich, z. B.:
After having visited Paris, I *went* to London and Edinburgh.
After I *had spent* some time in Europe, I *returned* to America.

15) *Infinitiv.* Der Infinitiv stimmt mit dem Infinitiv im Deutschen überein, z. B.:
From the little conversation which I *had* (*have had*) with him, he *appeared* (*appears*) *to be* a man of learning.
It *would afford* me pleasure *to do* it (*now* or at a *future* period).
It *would afford* me pleasure *to have done* it (at a past time).
It *would have afforded* me great pleasure *to have been* the messenger.
Rome *appears to have been* formerly much more extensive than it *is* now.
NB Alle Zeitwörter, wie: "*hope, intention, desire, command*", fordern den *Infinitiv* der Gegenwart, z. B.:
I *hope to see* him. He *intended to go*. She *commanded* him *to leave* the house.

Aufgaben über den Gebrauch und die Folge der Zeiten.

Regel LXVII.—LXXI. Seite 531.

82. Morgen Abend gehen wir ins Theater, möchten Sie uns vielleicht begleiten? Ich danke recht sehr (*I am much obliged to you*), aber morgen Abend gehe ich auf den Ball (Anmerk. 20, S. 402). Kommen Sie vielleicht auf den Ball, nachdem das Theater geschlossen (*over*) ist? Nein; ich fürchte es wäre (würde sein) zu spät. — LXVIII. Wie lange leben Sie [schon] in London? Jetzt lebe ich [schon] zehn Jahre in London; ja sogar in dieser Straße und in diesem Hause. — LXIX. Gestern haben wir den Vauxhall-Garten und das Feuerwerk (*fire-work*) auf (*on*) der Themse gesehen, und heute Abend sehen wir beides noch einmal (*once more*). — Haben (*did*) Sie vielleicht (*happen*) meine Schwester vor Kurzem vorbeigehen sehen? (Reg. XLVII. S. 518). — O ja; ich habe sie vor ungefähr einer halben Stunde mit ihrer Tante vorbeigehen sehen. — Ich versichere (*assure*) Ihnen, ich habe in meinem Leben nie so viel gelacht. — Nero ist ein großer Tyrann und Julius Cäsar ein großer Feldherr gewesen. — LXX. Wäre ich in London gewesen, als (*when*) Sie dort (*there*) waren, [so] hätten Sie einen Freund an (*in*) mir gefunden. — Wie wäre es wohl, wenn die Franzosen Marocco eroberten? Für die allgemeine (*general*) Bildung der Mauren und Araber wäre es eine große Wohlthat. — LXXI. Im Jahr 1852 bin ich in Paris gewesen und habe den Kaiser Ludwig Napoleon und die Kaiserin gesehen. — Sind Sie je (*ever*) in London gewesen? O ja, ich bin oft da gewesen und habe die Königin und den Prinz Albert mehrere Male gesehen. — Heute Morgen bin ich bei Ihnen gewesen, Sie waren aber nicht zu Hause. Es thut mir sehr leid (§. 177, Seite 296), aber ein Freund aus Deutschland ist heute Morgen angekommen, und ich hatte ihn auf das Zollhaus begleiten müssen.

möchten Sie uns vielleicht begleiten, *perhaps you would accompany us.*	Bildung, *civilisation.*
ja sogar, *even in this very.*	Wohlthat, *benefit.*
lachen, *to laugh.* Feldherr, *general.*	mehrere Male, *several times.*
erobern, *to conquer.*	bei Ihnen (Anmerk. 6. S. 541.)
	Zollhaus, *Custom-House.*

Regel LXXII.—LXXIII. Seite 534.

83. Ich dachte, daß Ihr Bruder in Ostindien sei? O ja, er ist dort gewesen, jetzt aber ist er in London; er schrieb mir aber vor Kurzem, daß das Klima ihm nicht zusage. Er meinte (*thought*), daß ich krank sei; aber ich bin nicht krank. — Gil Blas versicherte mir, daß er in seinem Leben nie so viel gelacht habe, als in der Gesellschaft der Donna Leonora. — Gestern gingen zwei Pferde mit einem Wagen (*carriage*) durch, und unglücklicher Weise ist der Kutscher (*coachman*) [dabei] getödtet worden. — Ich fragte, was es gebe, und man sagte mir, daß ein Kind im Kanal ertrunken (*to drown*) sei. — LXXIII. Als ich ihn fragte, wie es ihm ginge, erklärte er, daß, obgleich in einem Gefängniß (*prison*), er nie besser aufgelegt (*disposed*) gewesen sei, lustig und vergnügt zu sein. — Er fragte mich, ob ich meine Bücher bekommen habe; und ich erwiederte (*replied*), daß ich sie [schon] gestern bekommen habe. — Pompejus (*Pompey*), auf seiner Flucht von Pharsalia, war gezwungen zu gestehen,

daß er zu viel auf seine Hoffnungen vertraut habe; und daß Cicero besser geurtheilt und weiter in die Dinge gesehen habe, als er.

vor Kurzem, *a short time ago.*	lustig, *gay.* vergnügt, *contented.*
zusagen, *to agree,* (daß nicht zusagen).	Flucht, *flight.* gezwungen, *obliged.*
durchgehen, *to run away.*	gestehen, *to confess.*
unglücklicher Weise, *unfortunately.*	vertrauen, *to depend.*
wie es ihm ginge, *how he was,* oder	urtheilen, *to judge.* weiter, *farther.*
how he did. erklären, *to declare.*	in die Dinge, *into things.*

VII. Kapitel.
Syntax. Vom Adverb.

§. 26. Das Adverb ist schon Kap. XIII. S. 339 der Etymologie, Reg. XV.—XX. S. 378 und Reg. XX. S. 436, in Bezug auf seine Anwendung, Ableitung und Steigerung hinlänglich dargestellt worden.

VIII. Kapitel.

A. Syntax. Von den Präpositionen oder Vorwörtern.
B. Deutsches Verzeichniß der Präpositionen.

A. Von den Präpositionen oder Vorwörtern.

§. 27. Wie schon Kap. XIV. §. 227, S. 354 bemerkt worden ist, regieren alle die ächten Präpositionen den Accusativ und bieten in dieser Hinsicht keine Schwierigkeiten dar; um so schwerer aber und von großer Wichtigkeit ist die richtige Anwendung derselben. Im Deutschen besteht die Hauptschwierigkeit darin, zu wissen, welchen Casus die Präposition regiert, im Englischen aber besteht die Schwierigkeit nur darin, zu wissen, welche Präposition man brauchen muß. Dieses ist um so schwerer, da es mehrere Präpositionen gibt, über deren richtigen Gebrauch man immer noch nicht einig ist (1). Folgendes nebst dem, was ich schon Kap. XIV. Seite 354 gesagt habe, wird dieses klar machen.

---

(1) Im Gebrauche der Präpositionen *of* und *from* ist man hauptsächlich uneinig, denn der Eine sagt, z. B.:

1. He bought the house *of* me, der Andere *from* me.	Er kaufte das Haus v o n mir.
2. He borrowed money *of* me, ob. *from* me.	Er borgte Geld v o n mir.
3. I received it *of* him, ob. *from* him.	Ich empfing es v o n ihm.
4. I heard the story *of* the Dean oder *from* the Dean.	Ich hörte die Geschichte v o n dem Dechant.
5. I have had a letter (news) *of* him oder *from* him.	Ich habe einen Brief (Nachricht) v o n ihm erhalten.

Dieses ist jedoch leicht, denn wenn der Satz den Begriff eines Ausgangs, Uebergangs oder einer Entfernung in sich schließt, so sollte man *from*, wenn es aber nur ein Betreffen bezeichnet, so sollte man *of* gebrauchen, folglich müßte man bei dem Satze 1 *from*, weil das Kaufen eine Idee von Entfernung oder Ausgang, Uebergang von einer Person zur andern in sich schließt anwenden; in dem Satze 2 und 3 aber müßte es *from* heißen, weil das B o r g e n

Regel I. About.

About hat eine mannigfaltige Bedeutung. Es bedeutet:

a) um, herum, rund herum, im Umfange, z. B.:

The country *about* London is beautiful.	Die Gegend um London (herum) ist sehr
Every thing *about* him is in order.	Alles um ihn her ist in Ordnung.

b) um, gegen, nahe daran, ungefähr, etwa, z. B.:

It was *about* 9 o'clock.	Es war ungefähr 9 Uhr.
We live *about* a mile from town.	Wir wohnen ungefähr 1 Meile v. d. Stadt.
She died *about* a year ago.	Sie starb vor etwa einem Jahre.
He has *about* a thousand pounds.	Er hat ungefähr ein Tausend Pfund.

c) bei, das französische *sur*, wenn von Dingen die Rede ist, die man bei sich trägt, z. B.:

I have no money *about* me. (¹ᵇ)	Ich habe kein Geld bei mir (*sur moi*).

d) über, wegen, um (bekümmert, erfreut, 2c.), z. B.:

She is concerned *about* her child.	Sie ist ihres Kindes wegen bekümmert.
Come tell me all *about* her.	Komm, erzähle mir alles über sie.

e) in Verbindung mit *to be*, im Begriff oder bereit sein, am, z. B.:

I *am about* to go to Paris.	Ich bin im Begriff nach Paris zu gehen.
He *is about* to die.	Er liegt in den letzten Zügen.
	Er ist am Sterben.

II. Above, Gegensatz: below. — Over (¹ᶜ).

a) *Above*, über, vor, drückt einen Zustand der Ruhe oder Bewegung, in der Höhe oder auf der Oberfläche, im Gegensatz zu *below* aus, z. B.:

This is *above* my comprehension.	Das geht über meinen Begriff.
The parliament house will cost *above* a million.	Das Parlaments-Haus wird über eine Million (Pfund) kosten.
He lodges a story *above* me.	Er wohnt ein Stockwerk über mir.

b) Figürlich — Ueberlegenheit — mehr als, z. B.:

He is *above* me in every thing.	Er ist mir in Allem überlegen.
Virtue is *above* all price.	Die Tugend ist über jeden Preis erhaben.
He has been *above* a year abroad.	Er ist mehr als ein Jahr im Auslande.
Above all things bring me a bottle of wine.	Vor allen Dingen bringen Sie mir eine Flasche Wein.

III. At, an, zu, bei 2c.

At drückt die mannigfaltigsten Verhältnisse aus. Es bedeutet im Allgemeinen eine Nähe oder Gegenwart.

---

und Empfangen ebenfalls einen Uebergang von einer Person zur andern in sich schließt; u
ben Sätzen 4 und 5 aber hat of eine ganz verschiedene Bedeutung von *from*, denn *"the story of
the dean"* heißt die Geschichte den Dechant betreffend, wogegen *"from the dean"* bedeutet ich
habe die Geschichte von dem Dechant selbst gehört; *"news of him"* bedeutet „Nachricht über ihn",
"news from him" dagegen heißt „Nachricht von ihm selbst direkt".

NB. Es ist jedoch zu bemerken, daß bem gewöhnlichen Gebrauch nach, man "of" statt "from"
nach den Zeitwörtern "to buy, to borrow, to learn" braucht, es ist aber entschieden richtiger
"from" hier anzuwenden. "Receive of" braucht man ebenfalls, "to receive from" ist jedoch richtiger.

(1b) Man sagt auch: I have no money by ob. *with* me; *about* me aber ist richtiger.
(1c) NB. "Above" bedeutet „höher hinauf als, mehr als, überlegen, über;" "over" dagegen be-
deutet „wesentlich und figürlich über, hinüber, als Abverb: vorbei, vorüber", z. B.:
He is *above* me (höher als) in the class. The king reigns (herrscht) *over* his people.
In heaven *above*. Heaven is *over* our heads.
The house *above* the bridge. We crossed *over* the bridge.

a) Es bezeichnet den Ort auf die Frage wo? und wird dann mit „in, an, auf, zu" gegeben, z. B.:

She is *at* church, *at* the ball.	Sie ist in der Kirche, auf dem Ball.
He lives *at* Stuttgart. (²)	Er wohnt in (zu) Stuttgart.
We sat *at* the same table.	Wir saßen an demselben Tische.
We arrived *at* the village.	Wir kamen in dem (im) Dorfe an.
I was *at* your lodgings. (Anm. 6 S. 541.)	Ich war bei Ihnen (in Ihrem Logis).
The criminal fell *at* the King's feet.	Der Verbrecher fiel dem König zu Füßen.

b) die Zeit, auf die Frage wann? und heißt dann, „um, zu, in, bei", z. B.:

At 1 o'clock *at* (ob. in the) night.	Um ein Uhr in der Nacht.
He arrived *at* day-break. (³b)	Er kam bei Tagesanbruch an.

c) den Gegenstand einer Gemüthsbewegung auf die Frage worauf, worüber? z. B.:

She wept *at* the death of her dog.	Sie weinte über den Tod ihres Hundes.
They laughed *at* my cost.	Sie lachten auf meine Kosten.
I am happy *at* (³) your having come.	Ich freue mich, daß Sie gekommen sind.
I shall come *at* all events. *At* war. (⁴)	Ich komme auf jeden Fall. Im Kriege.

d) um Geschicklichkeit oder Gewandtheit auszudrücken, z. B.:

He is very clever *at* weaving, turning, etc.	Er ist sehr geschickt im Weben, Drechseln ꝛc.

IV. Below, beneath, (under) unter.

I. *Below* bedeutet *a)* niedriger an Platz, nicht so hoch, z. B.:

He lives *below* the church.	Er wohnt unterhalb der Kirche.
He cut himself *below* the knee.	Er schnitt sich unter dem Knie.
His brother is *below* him in the class.	Sein Bruder steht unter ihm in der Classe.

b) Niedriger im Range, Stand, Reichthum, z. B.:

A colonel is *below* a general.	Ein Oberst steht unter einem General.
I am *below* him in (pride and) riches.	Ich stehe ihm im Reichthum nach.

II. *Beneath* bedeutet *a)* weiter unter als "*below*" und *b)* niedriger, unziemlich in moralischer Hinsicht, z. B.:

---

(2) Vor den Namen der Länder darf man *at* nicht setzen, sondern *in*, vor den Namen sehr großer Städte braucht man ebenfalls *in*, vor denen kleinerer Städte *at*, z. B.:

We live *at* Ulm *in* Wurtemberg.	Wir wohnen in Ulm in Würtemberg.
We live *in* London, Paris, Berlin, etc.	Wir wohnen in London, Paris, Berlin ꝛc.

NB. 1. So oft der Ort die Idee einer Spitze oder eines Punktes darbietet, so muß man stets "*at*" brauchen, z. B.:

At the Cape of Good Hope.	Auf dem Vorgebirg der guten Hoffnung.
At the North Pole.	Am Nordpol.

NB 2. Bei Anfängern ist es ein allgemeiner Fehler „auf" mit "*on*" in folgenden Fällen zu übersetzen, z. B.:

Er saß am Tische (um zu essen).	He sat *on* the table.
Er ist auf dem Ball, auf der Hochzeit.	He is on the ball, on the wedding, etc.
Er ist auf der Universität.	He is on the university

Ersterer dieser Sätze bedeutet, daß man sich den Tisch zum Sitz bedient, die letztern haben keinen Sinn. Sie müssen heißen: *at* table, *at* the ball, *at* the wedding, *at* the university.

(3) NB In einigen Grammatiken findet man "I am angry (delighted) *at* you". Dieses darf man aber nicht sagen, sondern "I am angry (delighted) *with* you". Wenn es auf die Person Bezug hat, so muß es stets *with*, wenn bloß auf das Betragen, muß es *at* heißen, z. B.: I am angry *at* what you have done.

(3b) Bei der Zeitbestimmung darf man *at* nur dann gebrauchen, wenn es ein bestimmter Zeitpunkt ist, sonst muß man *in* gebrauchen, z. B.: *At* midnight, *at* noon, *at* day break, aber *in* the morning, *in* the evening, *in* the afternoon, *in* the forenoon, *in* the day, *in* the night, als Ausnahme sagt man *at* night.

(4) Man sagt "*at* peace, *at* war", aber "*leave* me *in* peace". "We are engaged *in* a ruinous war". "*In* times of peace, of war".

a) Just below the surface.	Dicht unter der Oberfläche.
Far beneath the surface of the earth.	Weit unter der Oberfläche der Erde.
b) Such an action is *beneath* a man of his rank. (4b)	Eine solche Handlung ist unter der Würde eines Mannes seines Ranges.

c) In dem Sinne eines Druckes oder Unterdrückung, z. B.:

The horse fell *beneath* (*under*) his load.	Das Pferd fiel u n t e r seiner Last.
England groans *beneath* the weight of her national debt.	England stöhnt u n t e r dem Drucke seiner National-Schuld.

NB. 1. In den vorhergehenden Fällen ist *beneath* mit dem *under* ganz synonym.

NB. 2. Es ist hier wohl zu merken, daß man *"below"* nie mit der Bedeutung der Unterdrückung oder Unterwürfigkeit brauchen darf, in diesen Fällen muß man *beneath* oder *under* gebrauchen, mit dem Unterschiede, daß *beneath* eher zum gewähltesten Style gehört, z. B.:

Beneath (*under*) the influence of an Italian sky. (4c)	Unter dem Einflusse eines italienischen Himmels.
Under the English government all are free.	Unter der englischen Regierung sind Alle frei.

NB. Da man meistens *under* statt *beneath* schicklich brauchen kann, allein nicht umgekehrt, so thäten Anfänger wohl sich immer der Präposition *under* zu bedienen.

V. Beside, besides, nebst.

Besides entspricht in den meisten Fällen dem deutschen „nebst, außer, außerdem, überdieß, übrigens, hinzu", und wird öfters irrigerweise mit *"beside"* verwechselt, welches meistens neben, dicht bei und in Verbindung mit dem zurückführenden Fürworte auch außer bedeutet (*besides* ist meistens Abverb), z. B.:

My father lived *beside* the Tyne.	Mein Vater wohnte an der Tyne.
I sat *beside* him *at* table.	Ich saß neben ihm bei Tische.
She is *beside* herself *with* joy.	Sie ist außer sich vor Freude.
Besides being beautiful, she was rich.	Außer ihrer Schönheit war sie auch reich.
Besides these two books I have no others.	Außer diesen zwei Büchern habe ich keine andern.
There were two frigates *besides* the brig.	Es waren zwei Fregatten nebst der Brigantine.

VI. Between, betwixt, among.

Between und *betwixt*, wovon das letztere selten gebraucht wird, entsprechen dem deutschen „zwischen" und dem französischen *"entre"*, und können folglich nur da angewendet werden, wo von zwei Gegenständen oder zwei Theilen die Rede ist, z. B.:

The town lay *between* two mountains.	Die Stadt lag z w i s c h e n zwei Bergen.
I distinguish *between* friends and foes. (5)	Ich mache einen Unterschied zwischen Freunden und Feinden. Unter der Menge.
Among the crowd.	

(4b) NB. Man kann sagen: "He considers it *below* his rank, oder *beneath* his rank", mit dem Unterschied daß *"below"* nur das bezeichnet, was „weiter unter" uns steht, *"beneath"* dagegen „was unser unwürdig, unschicklich" ist. "One man may be *below* another (*in rank, etc.*) without being *beneath* him (*in character*)", etc.

(4c) Es ist aber hierbei zu bemerken, daß *"under"* nie die Bedeutung der „Unwürdigkeit, zu ziemlichkeit" hat.

(5) Wie oben gesagt, *"between"* wird nur in Bezug auf zwei Personen oder Sachen gebraucht. *"among"* seltener *"amongst"* wird angewendet, wenn man von einer größern Zahl spricht, z. B. I sat *between* two friends. | Ich saß zwischen zwei Freunden.
Here I am *among* my friends. | Hier bin ich unter Freunden.
"Divide it *between* your two brothers. Divide it *among* your brothers and sisters".
The old man begged his deliverer to | Der alte Mann bat seinen Befreier, zwischen seinen
choose *between* his two daughters. | zwei Töchtern zu wählen.
Wären es mehrere Töchter, so hätte man sagen müssen: to choose *among* them.

VII. By.

By hat sehr viele Bedeutungen und vertritt die Stelle beinahe aller deutschen Vorwörter, besonders aber heißt es von und durch, z. B.:

a) By bezeichnet einen Zustand, eine Handlung in der Nähe eines Ortes, und wird dann mit „bei, neben, an, vorüber" übersetzt, z. B.:

I have no money *by* (ob. *about*) me.	Ich habe kein Geld bei mir.
The garden is *by* the house.	Der Garten ist bei dem Hause.
She sat *by* me.	Sie saß neben mir.
She stood *by* his bed.	Sie stand an seinem Bette.
Sit down *by* me (6) till the crowd has passed *by*.	Setzen Sie sich bei mir nieder, (6) bis die Menge vorüber gegangen ist.
I went to London *by* Rotterdam.	Ich ging nach London über Rotterdam.

b) Die Ursache oder Veranlassung einer Handlung angebend, und wird dann meistens mit „durch oder von" gegeben, z. B.:

This grammar has been written *by* me.	Diese Grammatik ist von mir geschrieben.
Loved *by*. Said *by*. Abused *by*.	Geliebt von. Gesagt von. Beschimpft von.
Surrounded *by*. Destroyed *by*.	Umringt von. Zerstört durch.
He fell *by* the sword.	Er fiel durch's Schwert.
He took it *by* force.	Er nahm es mit (durch) Gewalt.
By name. *By* birth. *By* trade, etc.	Von Namen. Von Geburt, Handwerk.

c) Die Art und Weise einer Handlung andeutend, durch „bei, mit, unter, durch und weise" gegeben, z. B.:

By chance. *By* good luck.	Durch Zufall. Durch gutes Glück.
By night. *By* wholesale. *By* retail.	Bei Nacht. Im Großen. Im Kleinen.
By the bulk. *By* diligence and care.	Im Ganzen. Durch Fleiß und Sorgfalt.
By the favour of heaven.	Unter Begünstigung des Himmels.
By the pound. *By* dozens.	Pfundweise. Dutzendweise.
I came *by* the railway.	Ich bin mit der Eisenbahn gekommen.

d) Eine Ordnung, Folge bestimmend, durch „nach, für" gegeben, z. B.:

One *by* one. Day *by* day.	Einer nach dem Andern. Tag für Tag.

e) Die Zeit einer Handlung anzudeuten, durch „bei, um, in, gegen, zu, bis" gegeben, z B.:

I shall be back *by* one o'clock.	Ich werde um (bis) ein Uhr zurück sein.
By the time you came, all shall be ready. How did you come *by* it?	Zu der Zeit, zu der Sie kommen, soll Alles fertig sein. Wie kamen Sie dazu?

---

(6) NB. 1. Es ist ein allgemeiner Fehler, bei Anfängern das deutsche „bei" in der Bedeutung des französischen "chez" durch "by" ins Englische zu übersetzen. Das englische "by" entspricht nie dem französischen "chez". Wo das deutsche „bei" diese Bedeutung hat, muß es stets durch "at, in, among, with", und häufig in Verbindung mit dem Worte *house, etc.* übersetzt werden, z. B.:

Heute war ich bei Ihnen.	I was *at* your *house* (lodgings) to-day.
Er wohnt bei uns.	He lodges *in* our *house*.
Er war bei mir gestern, aber ich war nicht zu Hause.	He was *at* my *lodgings* yesterday, but I was not at home.
Vor einer Stunde war er bei mir.	He was *with* me an hour ago.
Ich war bei ihm und er war bei mir.	I was *at his house*, and he was *at mine*.
Bei den Chinesen ist es sehr gebräuchlich.	It is very customary *among* the Chinese.

NB. 2. Wenn das deutsche „bei, von, zu (das französische "chez") sich auf Wohnung, Laden, Kirche ꝛc., wobei der Name der Person erwähnt wird, beziehen, so drückt man sie im Englischen mittelst des sächlichen Genitivs aus, wobei die Wörter „Wohnung, Laden ꝛc." nur zugedacht werden, z. B.:

I was at *Mr Nott's* yesterday.	Ich bin gestern beim Herrn N. gewesen.
Have you been at *your brother's*?	Sind Sie bei Ihrem Herrn Bruder gewesen?
No, I have been at *Lord Talbot's*.	Nein, ich bin beim Grafen Talbot gewesen.
I must go to *Murray's* to buy some books.	Ich muß zum Murray gehen, um einige Bücher zu kaufen.
(S. Reg. VI. S. 111).	

f) Die Summe des Unterschiedes zwischen verglichenen Dingen auszudrücken durch „u m", z. B.:

Older *by* ten years. Richer *by* far.	Um 10 Jahre älter. Um Vieles reich.

g) Zeigt eine Gemäßheit an und wird mit „n a ch" gegeben, z. B.:

It is five *by* my watch.	Nach meiner Uhr ist es fünf.
By his description, he makes London beautiful.	Nach seiner Beschreibung ist London so schön.

h) Bei Ausrufungen und Eiden durch „bei", z. B.:

By Jove! *By* all that's lovely! (⁷)	Beim Zeus! Bei Allem was schön ist!

VIII. During (while) (⁸).

Als Präposition stimmt *"during"* mit dem deutschen „während" völlig überein, z. B.:

During his younger years, etc. (⁸)	Während seiner jüngeren Jahre x.

IX. For, *pro*, πρό.

Das deutsche „für" kann man stets mit *for* übersetzen, nicht aber umgekehrt, denn das englische *"for"* wird auf sehr verschiedene Weise in's Deutsche übersetzt.

a) For bezeichnet „U r s a ch e, B e w e g g r u n d, A b s i ch t, Z w e ck und Z e i t r a u m" und wird durch „für, wegen, um, um willen, auf, vor, aus, nach, zu" gegeben, z. B.:

He died *for* his country. (⁸ᵇ)	Er starb f ü r sein Vaterland.
You may go, *for* what I care.	Meinetwegen können Sie gehen.
The poor man begged *for* alms.	Der Arme bat u m Almosen.
I did it *for* my amusement.	Ich that es z u meinem Vergnügen.
I cannot wait *for* you any longer.	Ich kann nicht länger a u f Sie warten.
I could weep *for* joy!	Ich könnte v o r Freude weinen!
Louis Philip set *out for* England.	Ludwig Philipp reiste n a ch England ab.
He could not go *for* want of time.	A u s Mangel an Zeit konnte er nicht gehen.

b) For, mit einem Worte verbunden, welches eine Zeit bedeutet, muß mit „während, lang, auf" übersetzt werden, z. B.:

I was obliged to keep my bed *for a week.*	Ich mußte eine Woche l a n g mein Bett hüten.
Mr. Johns was deaf *for some years* (⁹) before he died.	Herr Johns war (während) mehrere Jahre vor seinem Tode taub.
Can you lend me this book *for some days?*	Können Sie mir dieses Buch a u f einige Tage leihen?

---

(7) Als Adverb. *By and by*, sogleich x. *Bystander*, Zuschauer. Siehe auch Anmerk. 1. *of, from by* Seite 106.

(8) Es ist hier wohl zu merken, daß *during* nur eine Präposition ist, und folglich nie mit *while* und *whilst*, welche blos Adverbien sind, verwechselt werden darf, z. B.:
While I was sick, my doctor came every | Während dem ich krank war, kam mein Arzt jeden day. | Tag.
Man könnte hier auch sagen: *During my illness*, my doctor, etc.
NB. Der Unterschied zwischen diesen beiden Wörtern ist leicht zu erkennen, denn bei *"during"* verlangt stets ein Hauptwort nach sich, wogegen *while, whilst* nur ein Zeitwort nach sich haben können. *"During"* entspricht dem französischen *"durant, pendant".*

(8b) "At Sparta men learned *to die for* their country, at Athens *to live for* it".
NB. *"For"*, in Verbindung mit *"not"* und dem Conjunctiv, bedeutet „wegen" x., z. B.:
He would be handsome, were it *not for* | Er wäre schön, wäre es nicht wegen seiner häß- his ugly nose. | lichen Nase.
Had it not been *for* you. | Wäre es nicht Ihretwegen. (Ohne Sie).

(9) *For* zeigt im Englischen eine Fortdauer der Zeit an, folglich wenn man es in obiger Weise

c) NB. Mit *"as"* verbunden bedeutet *for* „was anbetrifft", ıb mit *all* „ungeachtet", z. B.:

for me, I prefer wine.	Was mich betrifft, ich ziehe Wein vor.
for his wife and children, etc.	Was seine Frau und Kinder betrifft 2c.
r *all* his seeming generosity, he's	Ungeachtet seiner scheinbaren Groß=
a miser.	muth ist er ein Geizhals.

d) Mit *"good"* verbunden entspricht es häufig dem deutschen ʻgen, hauptsächlich wenn es sich auf Krankheiten bezieht, z. B.:

.sting is *good for* the head-ache.	Das Fasten ist gut gegen Kopfweh.
ıis medicine is *good for* the fever.	Diese Arznei ist gut gegen das Fieber.

X. From (Gegensatz to).

Es ist schon Anmerk. 1, S. 105 und Anmerk. 1, S. 537 erklärt ›rben, daß *from* eine Entfernung oder eine sich entfernende Richtung, ıe Trennung, einen Aus= oder Uebergang von einer Sache oder ːrson zur andern andeutet, und alsdann mit „von" übersetzt wird, daß es hier nur nöthig ist, noch Folgendes zu bemerken.

ʻ*a)* Nach den Zeitwörtern, die ein „verhindern, verbergen, cherstellen" bedeuten, muß die Präposition *"from"* durch „an, ːgen, vor", 2c. übersetzt werden, z. B.:

ː hindered me *from* going to Paris.	Er hinderte mich nach Paris zu gehen.
ː concealed the affair *from* me.	Sie verbarg (verheiml.) die Sache vor mir.
ıe King saved me *from* my enemy.	Der König schützte mich vor meinem Feinde.
ːe prevented me *from* writing.	Sie hinderte mich am Schreiben.

b) Als Ursache und Ausgang wird *"from"* durch „aus, von" ːgeben, z. B.:

hether *from* cold or hunger, I know	Ob aus (vor) Hunger oder Kälte weiß
not, but the child died.	ich nicht, aber das Kind starb.
ː comes *from* India.	Er kommt aus (von) Indien.
ıis book has been translated *from*	Dieses Buch ist aus dem Spanischen
the Spanish.	übersetzt worden.

c) From wird auch in Verbindung mit andern Präpositionen bis‹ ːilen auch pleonastisch in Verbindung mit Adverbien gebraucht, z. B.:

ʻom *above*, von oben.	From *on high*, von oben, d. h. v. Himmel.
ʻom *below*, von unten. (10)	From *where*, from *whence*, woher, 2c.

XI. In.

In wie das deutsche „in", bezeichnet hauptsächlich den „innern ʻaum eines Dinges"; es wird aber überdieß in „Bezug auf ːit, Zustand, Umstand, Verhältniß und Beweggrund" ʻbraucht, z. B.:

a) In entspricht dem deutschen „in", mit dem Dativ auf die ʻage wo? worin? wann? z. B.:

---

wegließe, so bekäme sie einen andern Sinn, z. B.: Mit *"for"* bedeutet es, daß Herr J— mehrere Jahre vor seinem Tode taub wurde und es blieb; läßt man *"for"* weg, so würde es nicht gewiß sein, ob die Taubheit bis zum Tode fortgedauert habe.

10) Diese Zusammensetzungen stimmen mit dem Deutschen im Ganzen überein. Ueber die Anwendung des *of* und *from* siehe Anmerk. 1, Seite 106.

I live *in* Munich, *in* Bavaria.	Ich wohne in München, in Bayern. (wo?)
He was walking *in* the garden.	Er spazierte i m Garten. (worin?)
I shall return *in* a month.	In einem Monate komme ich wieder zu= rück. (wann?)

b) *In* wird ferner mit „auf, an, bei, zu, nach, aus, unter, von“ ([11]) gegeben, z. B.:

In the country, in town.	Auf dem Lande, i n der Stadt.
In this place the murder was com- mitted.	An diesem Orte wurde die Mordthat be= gangen.
Time shall make no change *in* me.	Die Zeit soll b e i mir keine Veränderung bewirken.
He is *in* good health and spirits.	Er ist bei guter Gesundheit und guter Laune.
You are just come *in* time.	Sie sind zu rechter Zeit gekommen.
In all likelihood it is true.	In aller Wahrscheinlichkeit ist es wahr.
His guardian angel spoke *in* him.	Sein Schutzengel sprach a u s ihm.
In the reign of Victoria I. (the first.)	Unter der Regierung Victoria I. ([11a])
I find nothing good *in* him.	Ich finde nichts Gutes an ihm.

XII. Into.

Into entspricht dem deutschen „in“ mit dem Accusativ auf die Frage „wohin?“ z. B.:

He fell *into* the water.	Er fiel in das Wasser. (Wohin)? ([11b])
His house looks *into* my garden, *into* the street.	Sein Haus hat die Aussicht in meinen Garten, auf die Straße.
He fell *into* a terrible passion.	Er gerieth in heftigen Zorn. (figürlich)
She fell *into* a swoon.	Sie fiel in Ohnmacht.
Christ changed water *into* wine.	Christus verwandelte Wasser in Wein.

XII. b. Nach, after, about, etc.

NB. Da das deutsche „nach“ unter so mannigfaltigen Bedeu= tungen gebraucht wird, so halte ich es für nöthig, dasselbe hier näher zu erklären.

a) So oft „nach“ sich auf die Zeit, die Mode, eine Reihen= folge ⁊c. bezieht, gibt man es im Englischen mit "*after*", z. B.:

After dinner. *Afternoon.*	Nach dem Mittagessen. Nachmittag.
He died a year *after* his wife.	Er starb im Jahr nach seiner Frau.
She ran *after* me in the street.	Sie lief mir auf der Straße nach.
He paints *after* Vandyck.	Er malt nach Van Dyck.
She dresses *after*([11c]) the French fashion.	Sie kleidet sich n a c h der französischen Mode.
The entered the room one *after* the other.	Sie traten nach einander in das Zimmer.

b) So oft „nach“ eine Richtung wohin bezeichnet, muß man es im Englischen mit "*to*" geben, z. B.:

([11]) NB. In dem Ausdruck: „der beste Mensch v o n der Welt“ und in ähnlichen, wird das „von“ durch „in“ gegeben, z. B.:

The best man *in* the world.	Der beste Mensch v o n der Welt.
The finest city *in* Europe, *in* France, etc.	Die schönste Stadt von Europa, Frankreich's

([11b]) Anfänger verwechseln sehr häufig die Präpositionen "*in*" und "*into*"; der Unterschied ist jedoch nicht sehr schwer zu erkennen, denn *in* bedeutet stets Ruhe, *into* dagegen Richtung und Be= wegung; und so oft man im Deutschen das Wort „hinein“ nach der Präposition „in“ setzen kann, so muß man im Englischen *into* gebrauchen, z. B.:

He fell *into* the well.	Er fiel in den Brunnen (hinein).
She went *into* the garden.	Sie ging in den Garten (von Außen hinein)

She walked *in* the garden, bedeutet, daß sie schon da gewesen ist, und darin auf= und abging. Man muß sagen: "She looked up *in* his face, nicht *into* his face"

([11c]) NB. Man sagt aber auch "she was dressed *in* the French fashion".

She is gone *to* India.	Sie ist nach Indien gegangen.
Is this the way *to* London?	Ist dieß der Weg nach London?

c) So oft „nach" sich auf Geruch, Geschmack 2c. bezieht, muß man es mit "*of*" geben, z. B.:

He smells *of* tobacco.	Er riecht nach Tabak.
It tastes *of* citron.	Es schmeckt nach Citronen.

d) So oft „nach" so viel als „gemäß laut" bedeutet, muß es mit "*according to*" oder "*in conformity with*" übersetzt werden, z. B.:

According to the last news, Captain Hay has destroyed the Pirate-fleet in China.	Nach (gemäß, laut) den letzten Nachrichten, hat Kapitän Hay die Seeräuberflotte in China zerstört.
In conformity with your orders, I send you the money.	Ihrem Befehle nach, schicke ich Ihnen das Geld.

e) So oft „nach" in der Bedeutung „aus" oder „so viel" gebraucht wird, muß man es mit "*from*" geben, z. B.:

From what I know, the king is dead.	Nach dem, was (so viel) ich weiß, ist der König todt.

f) In Verbindung mit den Zeitwörtern „schicken, holen, sich erkundigen", muß man „nach" mit "*for*" geben, z. B.:

You have been *sent for*.	Man hat nach Ihnen geschickt (um Sie zu holen).
You have been *sent after*.	Man hat nach Ihnen geschickt (um Sie zu fangen, einzuholen).
Mr. N. has been *inquiring for you*.	Herr N. hat sich nach Ihnen erkundigt.
I must go and *look for* him.	Ich muß mich nach ihm umsehen.

g) NB. Man merke folgende Ausdrücke, wo das „nach" mit "*by, in und to*" übersetzt wird, z. B.:

It is one o'clock *by* my watch.	Nach meiner Uhr ist's ein Uhr.
You must do it *by turns*.	Sie müssen es nach der Reihe thun.
He learned Persian *by degrees* (ob. *by little and little*).	Nach und nach lernte er Persisch.
In my opinion you are wrong.	Meiner Meinung nach haben Sie Unrecht.
In all probability he will come.	Aller Wahrscheinlichkeit nach wird er kommen.
That house is just *to my taste*.	Dieses Haus ist nach meinem Geschmacke.
We must *go home*.	Wir müssen nach Hause gehen.

XIII. Of.

Ueber "*of*" ist schon Anmerk. 1, S. 105 und Anmerk. 1, S. 537 gegenwärtigen Kapitels, auch Reg. III. S. 407 der Syntaxis so viel gesagt worden, daß hier nur Folgendes zu bemerken ist (12):

Vermittelst "*of*" drückt man im Englischen öfters folgende deutsche Präposition aus:

a) „auf", wenn diese Präposition „eine Ursache oder Grund warum" bezeichnet, z. B.:

He is proud *of* his title.	Er ist stolz auf seinen Titel.
She is jealous *of* her husband.	Sie ist auf ihren Mann eifersüchtig.
She is conceited *of* her pretty face.	Sie ist eingebildet auf ihr hübsches Gesicht.

---

(12) Ueber den Unterschied zwischen *of* und *from* siehe Anmerk. 1, S. 105, und Anmerk. 1, S. 537.

b) „An", ebenfalls um eine Ursache auszudrücken, z. B.:

The King died *of* apoplexy.	Der König ist am Schlage gestorben.
My sister is ill *of* a fever.	Meine Schwester ist krank am Fieber.

c) „Vor", ebenfalls um eine Ursache auszudrücken, z. B.:

The Queen has died *of* grief.	Die Königin ist vor Gram gestorben.
He is afraid *of* ghosts.	Er fürchtet sich vor Gespenstern.

d) Durch „über" in folgenden und ähnlichen Fällen, z. B.:

Buonaparte complained *of* his hard treatment in St. Helena.	Bonaparte beklagte sich über seine harte Behandlung auf St. Helena.

e) Durch „aus", wenn es den Bestandtheil, woraus etwas gemacht wird, oder besteht, bezeichnet, z. B.:

This watch is "*of* gold".	Diese Uhr ist aus Gold gemacht.
What is it *made of*? *Of* wood.	Woraus ist es gemacht? Aus Holz.
Atmospheric air consists *of* hydrogen and oxigen.	Die Atmosphäre besteht aus Wasser und Sauerstoff.

f) Durch „nach", wenn es in Verbindung mit den Wörtern „riechen, schmecken" steht, z. B.:

The room *smells of* smoke.	Das Zimmer riecht nach Rauch.
This wine *tastes of* medicine.	Dieser Wein schmeckt nach Arznei.

XIV. Off (Gegensatz on).

Die Präposition "*off*" hat eine doppelte Bedeutung; sie bedeutet entweder *a)* „entfernt" überhaupt, oder *b)* „entfernt in Bezug auf die Oberfläche des Gegenstandes", z. B.:

a) The time is not far *off*, when I shall see England again.	Die Zeit ist nicht mehr ferne, wenn ich England wieder sehen werde.
The English ships lay *off* Gibraltar.	Die englischen Schiffe lagen auf der Höhe von Gibraltar. (Seespr.)
b) He bowed and rode *off*.	Er verbeugte sich und ritt weg.
Take *off* your hat, my child.	Nimm deinen Hut ab, mein Kind.
Take *off* (od. pull *off*) your coat.	Ziehen Sie den Rock aus.
Take the books *off* the table.	Nimm die Bücher vom Tische weg.
You are never *off* your guard.	Sie sind nie unvorsichtig. (¹³)

XV. On und upon.

On und *upon* entsprechen im Ganzen dem deutschen „auf". Sie sind ganz synonym, und können sowohl im wirklichen als figürlichen Sinne mit einander verwechselt werden (¹⁴). Sie bezeichnen in wirk-

---

(13) Sehr häufig trifft man die Präposition *from* falsch vor die Präposition *off* gesetzt, und die Herren Professoren Wagner und Fahrenkrüger führen es sogar als Regel auf. Nach *off* bei man es wohl setzen, nie aber vor, z. B.: He fell *from off* the coach, kann eigentlich gar nicht sein, weil *off* ab oder entfernt bedeutet, folglich kann man nicht von einem Platz fallen, wo man nicht ist. He fell *off* from the coach, wäre richtig, doch könnte man entweder das eine oder das andere hier weglassen ohne den Sinn zu stören.

NB. From out of ist eine Phrase ähnlicher Art mit der obigen, z. B.:
He called *from out of* the house. | Er rief aus dem Hause.
Dieses könnte man ebenfalls nicht sagen, weil *out of the house* „außerhalb des Hauses" bedeutet, folglich muß es „*from the house*" heißen. S. *out of*, Reg. XVI.

(14) NB. Bei Kraft-Äußerungen, Schwüren und Betheuerungen setzt man gewöhnlich *upon* (in anderen Fällen ist on gebräuchlicher), z. B:
Upon my honor. *Upon* my soul. | Auf meine Ehre. Bei meiner Seele.
Einige Grammatiker suchen einen Unterschied in der Bedeutung des "on und upon" festzustellen, die aber weder im Sprachgebrauch noch in der Wirklichkeit existirt. Wohlklang und Nachdruck allein entscheiden. Ueber das getrennte "up on" sieh. Anm. W., Seite 240.

Bedeutung die Lage eines Körpers a) auf ober an einem an=
so wie auch die Bewegung eines Körpers, um in diese Lage zu
...n, z. B.:

...ook lies *on* the table.	Das Buch liegt auf dem Tische.
...n is situated *on* the Thames.	London liegt an der Themse.
...earth. *On* the road to Prague.	Auf der Erde. An der Straße nach Prag.
...nt *upon* the ice.	Wir gingen auf das Eis.

...) Im figürlichen Sinne entsprechen *on* und *upon* meistens dem
...en „auf, über, von", z. B.:

...nd *on* you, my friend.	Ich verlasse mich auf Sie, mein Freund.
...eneral insisted *on* my going.	Der General bestand darauf, daß ich ginge.
...s *on* Italy. Boyle *on* Colours.	*Rogers* über Italien. *B.* von den Farben.
...right *upon* the whole.	Im Ganzen hat er Recht.
...! *on* him yesterday.	Gestern sprach ich bei ihm vor.
...! *to* him but without effect.	Ich rief ihm zu aber ohne Wirkung.
...urse of Moses *on* him.	Der Fluch Moses über ihn.

...) Bei einer Zeitbestimmung drückt *on* das deutsche „an" aus, z. B.:

...day. *On* the first of May.	Am Sonntag. Am 1sten Mai.
...following day I saw her.	Am folgenden Tag sah ich sie.

...) *On* bezeichnet ebenfalls die Art und Weise, wie etwas ge=
..., z. B.:

...mith travelled *on* foot.	Goldsmith reiste zu Fuß.
...u do that *on* purpose?	Thaten Sie das absichtlich?
...ived *on* horseback.	Er kam zu Pferde an.

...) Außerdem bezeichnet *on* Beweggrund und Gelegenheit, z. B.:

...r account I will do it.	Ihretwegen will ich es thun.
...eeing me, he ran away.	Als er mich sah, lief er davon.
...h solemn occasions, etc.	Bei solchen feierlichen Gelegenheiten rc.
...eipt of your letter.	Beim Empfang Ihres Briefes.
...es *on* bread and water. (14b).	Er lebt bei (von) Wasser und Brod.

XVI. Out of.

...) *Out of* bezeichnet eine Bewegung aus dem Innern einer Sache
...ntspricht dem deutschen aus, z. B.:

...him come *out of* the church.	Ich sah ihn aus der Kirche kommen.
...of my way.	Gehen Sie mir aus dem Wege.
...Horace.	Aus dem Horaz.
...it *out of* love, *out of* spite.	Er that es aus Liebe, aus Groll.

...) Eine Ausschließung aus dem Orte rc., ein nicht Vorhanden=
...anzudeuten, „außer, bei" rc., z. B.:

...doors. *Out of* breath. *Out of*	Draußen. Außer Athem. Nicht mehr
It is *out of* my power.	üblich. Es ist außer meiner Macht.
...debt, *out of* danger.	Außer Schuld, außer Gefahr.
...sight, *out of* mind.	Aus den Augen, aus dem Sinn.
...*out of* her mind (wits).	Sie ist nicht bei Verstand.
...*out of* humor, *out of* cash.	Er ist übler Laune, nicht bei Kasse.
...ook is *out of* print.	Das Buch ist vergriffen. (15)

NB. Der deutsche Ausdruck: „Er klopfte ihm auf die Schulter", muß man mit: 'He tapped
...m on the shoulder", und nicht: "He tapped his shoulder", wie man es falsch in vielen
Grammatiken findet.
...ut ohne *of* ist Adverb, z. B.:

...y dream is *out*.	Mein Traum ist zu Ende.

XVII. Over (Gegensatz: under).

Over entspricht dem deutschen „über", bisweilen auch „durch, bei," und bezeichnet a) den Ort, z. B.:

It is known all *over* the town.	Es ist durch die ganze Stadt bekannt.
We went *over* London Bridge.	Wir gingen über die Londoner Brücke.
The sword of fate hangs *over* us.	Das Schwert des Schicksals schwebt über uns.

b) Macht, Würde ꝛc., z. B.:

Wellington triumphed *over* Napoleon.	Wellington siegte über Napoleon.
The King reigns *over* the people.	Der König regiert über das Volk.

c) Eine Gemüthsbewegung und eine Zeitdauer andeutend, z. B.:

She mourned long *over* her child.	Sie trauerte lang über ihr Kind.
We talked much *over* the bottle.	Wir sprachen viel bei der Flasche.
I stopped in a village *over* night.	Ich blieb in einem Dorfe über Nacht.

XVIII. Round (around) (16), round about.

Round (around) entspricht dem deutschen „rund, herum, um, umher", und bezieht sich bloß auf den Umkreis einer Sache, sowohl in Bezug auf Ruhe als Bewegung, z. B.:

The children sat *round* the fire.	Die Kinder saßen um das Feuer herum.
I walked *round about* the town.	Ich ging um die Stadt herum.
He went *round* and *round* to no purpose.	Er ging um und um, ohne Erfolg.

XIX. Through.

a) *Through*, „durch, aus" ꝛc. bezeichnet eine Bewegung zwischen den Theilen eines Körpers hin, von einem Ende zum andern, oder von einer Seite zur andern, z. B.:

I walked *through* the town.	Ich ging durch die Stadt.
He threw a stone *through* the window.	Er warf einen Stein durch's Fenster.

b) Figürlich bezieht sich *through* auf Zeitdauer, und bezeichnet außerdem Veranlassung und wirkende Ursache, z. B.:

In our passage *through* life.	Auf unserer Lebensbahn.
Through our senses we learn all.	Durch unsere Sinne lernen wir Alles.
Through mistake he did it.	Aus Irrthum that er es.
Through his uncle's interest, he got the place.	Durch das Interesse seines Onkels bekam er die Stelle.

XX. To (Gegensatz: from) (17).

Ueber *to* ist schon beim Dativ, Regel XII. — XVII. S. 412 das Wichtigste gesagt worden. Hier ist nur noch nöthig hinzuzufügen, daß *to* in seinen verschiedenen Bedeutungen im Deutschen mit „zu, nach, für, gegen, auf, an, in, mit, bis, vor" ꝛc. ausgedrückt wird (18).

a) Die Gränze einer Bewegung, Handlung oder eines Zustandes, auch um einen hohen Grad der Handlung oder eines Zustandes anzudeuten, „bis", z. B.:

To the height of ten feet.	Bis zur Höhe von zehn Schuh.
From top *to* toe.	Von Kopf bis zu Fuß.
I see *to* the bottom.	Ich sehe bis auf den Grund.

b) Die Richtung eines Vortrags, „vor, zu", z. B.:

He preached *to* the winds.	Er predigte (vor) zu den Winden.

---

(16) *Around* ist gleichbedeutend mit *round*, wird aber mehr im höhern Styl gebraucht, z. B.: All the world *around* him was desolate. | Die ganze Welt um ihn her war verödet.
(17) Ueber *till*, *until*, *to this*, *to hers*, etc. siehe Anmerkt. 14, Seite 357.
(18) Der Gebrauch des *to* auf die Frage „wem? wohin?" ꝛc. Siehe Reg. XIX. XXX. Seite 412.

c) Eine ungefähre Zahl zu bezeichnen, „an, bis, zu", z. B.:

There were *to* the number of 300 horse.	Es waren dort an die 300 (Pferde) Reiter.
He cannot count *to* a hundred.	Er kann nicht einmal bis Hundert zählen.

d) Eine gewisse Ordnung, ein gewisses Verhältniß andeutend, „zu, gegen", z. B.:

It is ten *to* one but you will lose.	Es gilt zehn gegen eins, daß Sie verlieren.
As two *to* ten, so is ten *to* fifty.	Wie zwei zu zehn, so ist zehn zu fünfzig.

e) Bei Vergleichungen durch „gegen, im Vergleich", z. B.:

You are but an ass *to* him.	Ihr seid nur ein Esel gegen ihn.

f) Um Neigung, Abneigung, Pflicht, Schicklichkeit oder das Gegentheil zu bezeichnen, „gegen, was anbetrifft", z. B.:

She has proved false *to* me.	Sie hat sich falsch gegen mich bewiesen.
My duty *to* ([19]) God and my neighbour.	Meine Pflicht gegen Gott und meinen Nächsten.
He is deaf *to* the voice of conscience.	Er ist taub gegen die Stimme des Gewissens.
To-morrow-come-never I shall be obedient *to* you.	Am Nimmermehrtag werde ich gegen Sie gehorsam sein.
As to the King, he is an excellent man.	Was den König betrifft, so ist er ein vortrefflicher Mann.

g) Um eine Richtung wohin anzudeuten und muß dann mit „nach" und „in" gegeben werden, z. B.:

He is gone *to* London, *to the* theatre, *to* church, etc. ([20])	Er ist nach London, ins Theater, in die Kirche 2c. gegangen.

XXI. Under (Gegensatz: over, on).

Under ist dem *over* und *on* entgegengesetzt (wie *beneath* dem *above*), und bezeichnet die niedere Lage eines Gegenstandes in Bezug auf einen darüber befindlichen. Es stimmt so sehr mit dem Deutschen überein daß hier nicht nöthig ist, mehr als ein paar Beispiele anzuführen.

The dog lies *under* the table, the book *on* it, and the lamp hangs *over* it.	Der Hund liegt unter dem Tische, das Buch darauf, und die Lampe hängt darüber.
I am *under* the necessity of writing to you *on* the subject.	Ich bin in der Nothwendigkeit, Ihnen über die Sache zu schreiben.

XXII. Up. — Down.

Up ist der Gegensatz von *"down"*; alle beide entsprechen dem deutschen „auf und ab — hinauf, hinab — herauf, herab", z. B.:

He walked *up* and down the street.	Er ging in der Straße auf und ab.
She is gone *up, down* the street.	Sie ist die Gasse hinauf, hinab gegangen.
Won't you walk *up* stairs?	Wollen Sie nicht hinauf spazieren?
The child fell *down* stairs.	Das Kind fiel die Treppe hinunter.

---

(19) In diesen und ähnlichen Fällen könnte man *towards* setzen, s. Anmerk. 4, Seite 355.

(20) NB. Man darf nicht *"different to"* wie man es öfters hört, sagen, sondern *"different from"*, z. B.: This book is *different from* that. | Dieses Buch ist verschieden von jenem. Wenn das Zeitwort *"to differ"*, uneinig bedeutet, braucht man öfters *"with"*, z. B.: I *differ with* you on this point. | Ich bin nicht einig mit Ihnen über diesen Punkt. Aber: *"My opinion is different from* yours on this point".

NB. 2. *"To compare with"*, wird wie im Französischen gebraucht, wenn man eine Sache gegen eine andere hält, welcher Unterschied immer stattfinden mag, z. B.: *"We must not compare* virtue *with* vice, nor good *with* bad". *"We must not compare* the lot of the just *with* that of the unjust".

NB. 3. *"To compare to"*, wird gebraucht, wenn man Aehnlichkeit zwischen beiden bemerkt, so daß „vergleichen" beinahe so viel bedeutet als „gleich achten", z. B.: *"Napoleon has been compared to* Caesar. Tartuffe has been *compared to* the Pharisees".

XXIII. With. By.

a) I.   *With* entſpricht im Ganzen dem deutſchen „mit", z. B.:

God be *with* you.	Gott ſei mit Ihnen.
It is drawn *with* a pencil.	Es iſt mit einer Bleifeder gezeichnet.

b) Bei Vergleichungen ꝛc. entſpricht *with* dem deutſchen „bei", z. B.:

It is a rule *with* me.	Es iſt Regel bei mir.
It is *with* us as *with* the French.	Es iſt bei uns wie bei den Franzoſen.

c) Die Urſache eines Zuſtandes ꝛc. durch „vor, von" gegeben, z. B.:

Stiff *with* frost. Faint *with* fatigue.	Steif vor Froſt. Schwach vor Müdigkeit.
I am tired *with* (from) reading.	Ich bin vom Leſen müde.

d) Eine Gemüthsſtimmung zu bezeichnen, „mit, von, auf", z. B.:

He is angry *with* you.	Er iſt auf Sie böſe.
With all my heart.	Von ganzem Herzen.
She is delighted *with* him.	Sie iſt von ihm entzückt.
I am satisfied *with* you. ([21])	Ich bin mit Ihnen zufrieden.

e) Eine Entfernung, Trennung ꝛc. durch „von", z. B.:

The poor man parted *with* ([22]) all he had.	Der Arme trennte ſich von Allem, was er hatte.

II. NB. *With* und *by* ſind oft faſt ſynonym, ſo daß es oft ſehr ſchwer zu unterſcheiden iſt, welches man brauchen muß. Um dieſes zu wiſſen, hat man ſich nur zu merken, daß "with" entweder die Art und Weiſe, oder das unmittelbare Inſtrument der Handlung bezeichnet (womit) — "by" aber die handelnde Perſon oder Sache, die Urſache oder das Mittel (woburch), z. B.:

Mary, Queen of Scots, was beheaded *by* Davis (woburch) *with* an axe (womit).	Maria, Königin der Schotten, ward von Davis mit einer Art enthauptet.
I came *from* London *with* my friend, *by* the coach, *by* the steam-boat, etc.	Ich kam von L. mit meinem Freunde, mit dem Eilwagen, mit dem Dampfboote. ([23])

XXIV. Within.

Within, in Bezug auf den Ort, ſowohl im wirklichen als figürlichen Sinne, entſpricht dem deutſchen „innerhalb", in Bezug auf die Zeit „binnen". Man kann es auch mit „zu, in, bei" überſetzen, z. B.:

Within the walls of the town.	Innerhalb der Mauern der Stadt.
It is not *within* my reach.	Es iſt nicht in meinem Bereich.
Within ten years I shall be rich.	Binnen zehn Jahren werde ich reich ſein.
Within the memory of man.	Seit Menſchengedenken.
I live *within* 5 miles of London.	Ich wohne innerhalb 5 Meilen von L.

XXV. Without.

Without, „außer, außerhalb, ohne" ([24]), iſt dem *within* entgegengeſetzt, z. B.:

---

(21) NB. In Verbindung mit dem Zeitworte *stand*, entſpricht *with* dem deutſchen „wider", z. B.:

I could not *withstand* her charms. | Ich konnte ihren Reizen nicht widerſtehen.

In Verbindung mit *hold* entſpricht es dem deutſchen „zurück", in Verbindung mit dem deutſchen „mit oder zurück", z. B.:

It is time to *withdraw.* | Es iſt Zeit ſich zurückzuziehen.
Withhold (beſſer *keep back*) your hand. | Haltet die Hand zurück.

(22) In der oben angeführten Stelle iſt *with* richtig, weil ſeine Sachen, von denen er ſich trennt, nicht thätig, ſondern leidend ſind; iſt dieß nicht der Fall, oder wenn nicht ein Zwang dabei iſt, ſo muß man nach dem Zeitwort *to part* (trennen), die Präpoſition *from* gebrauchen, z. B:

He parted *from* me yesterday evening.

(23) In Verbindung mit dem Zeitworte *to speak* (ſprechen), kann man entweder *to* (zu) oder *with* (mit) brauchen, mit dem Unterſchiede, daß ich ſage:

I spoke *to* Mr. Parley (ich ſprach den Herrn Parley), ſo folgt nicht daraus, daß er geantwortet hat, wogegen, wenn ich ſage: I spoke *with* Mr. Parley (ich ſprach mit dem Herrn Parley), ſo folgt daraus, daß es ein Zwiegeſpräch geweſen iſt.

(24) NB. Man hüte ſich die Präpoſition "*without, except*" und die Conjunction "*unless*" mit einander zu verwechſeln, z. B.:

Without punishment. *Without* a law.	Ohne Strafe. Ohne ein Gesetz.
Without loss of time. *Without* money.	Ohne Zeitverlust. Ohne Geld.
The house stands *without* (25) the city.	Das Haus steht außerhalb der Stadt. (25)
'Tis very cold *without* (out of doors).	Außer dem Hause ist es sehr kalt. (26)

B. Alphabetisch-deutsch-englisches Verzeichniß

der Präposition, nebst Angabe der Regel und Pagina, wo die Erklärungen darüber zu finden sind.

Ab, *of*, S. (27) 357 u. Reg. XIV. S. 546.

Als, *before*, Anmerkung 9. S. 356.

Am, *about*, S. 354; Reg I. S. 538; — *of*, Reg. XIII. b. S. 546.

An, *about*, S. 354; — *at*, Reg. III.; — *beside*, Reg. V.; — *by*, Reg. VII.; — *from*, Reg. X.; — *in*, Reg. XI.; — *of*, Reg. XIII. b.; on, upon, Reg. XV. und *to*, Reg. XX S. 538—548.

Anstatt, *instead of*, S. 359.

Auf, *at*, Reg. III.; — *for*, Reg. IX.; — *in*, Reg. XI.: — *of*, Reg. XIII.; — *on*, *upon*, Reg. XV.; — *to*, Reg. XX. und *with*, Reg. XXIII. S. 538—550.

Auf und ab, *up and down*, Reg. XXII. S. 549.

Aufwärts, *up*, S. 358.

Aus, *for*, Reg. IX.; — *from*, Reg. X.; — *in*, Reg. XI.; — *of*, Reg. XIV.; — *on*, Reg. XV.; — *out of*, Reg. XVI.; — *through*, Reg. XIX. S. 542—548.

Außer, *beside*, *besides*, Reg. V.; — *out of*, Reg. XVI.; *without*, Reg. XXV. S. 540—550.

Außerdem, *besides*, S. 356 und Reg. V. S. 540.

Ausgenommen, *except*, *save*, S. 356.

Außerhalb, *without*, S. 358 und Reg. XXV. S. 550.

Bei, *of*, *from*, *by*, Anmerk. 1. S. 105; — *by*, S. 356; — *about*, Reg. I.; — *by*, Reg. VII.; — *in*, Reg. XI ; — *on*, Reg. XV.; — *out of*, Reg. XVI.; — *over*, Reg. XVII.; *with*, Reg. XXIII.

In Begriff, *about*, Reg. I. S. 538.

Betreffend, *concerning*, S. 356.

In Betracht, *because of*, *on account of*, S. 359.

In Betreff, *in regard of*, S. 359.

Was betrifft, *as for*, Reg. XI. c. S 542; — *to*, Reg. XX. S. 548.

Bezüglich, *regarding*, S. 357; — *with respect to*, S. 358.

Binnen, *within*, S. 358 u. Reg. XXIV. S. 550.

Bis, *against*, S. 355; — *before*, Anm. 4. S. 355; — *by*, Reg. VII. e, S. 541; *to*, Reg. XX. S. 548; — *till*, *to*, Anmerk. 14. S. 357.

Bis zu, *to*, Reg. XX. S. 548.

Daß nicht, *since*, S. 357; *lest*, S. 362.

Durch, *by*, *through*, S. 356; — *by dint of*, Anmerk. 19. S. 359; — *by*, Reg. VII. S. 541; — *over*, Reg. XVII. S. 548; — *through*, Reg. XIX. S. 548; — *with*, S. 358.

He cannot go *without* me, you.	Er kann ohne mich, Sie, nicht gehen.
He cannot go, *unless* you'll go with him.	Er kann nicht gehen, wenn Sie nicht mitgehen.
All came *except* one or two.	Alle kamen außer einem oder zwei.

"*Except*" bedeutet „ausgenommen, außer", "*without*" bedeutet „außerhalb, ohne" und "*unless*" bedeutet „wenn nicht, es sei denn".

(25) In diesen und ähnlichen Fällen sagt man lieber *outside* (the town).

(26) NB 1. Ueber die Wiederholung der Präpositionen ist zu bemerken, daß die englische Sprache mit der deutschen hierin im Ganzen übereinstimmt, z B.:

I should like to go *to* London and (*to*) Paris.	Ich möchte gern nach London und (nach) Paris gehen.
He arrived yesterday *with* his uncle and (*with his*) aunt.	Er ist gestern mit seinem Onkel und (mit) seiner Tante angekommen.

NB. 2. Will man besonderen Nachdruck auf den Satz legen, so kann man die Präposition, wie im Deutschen, wiederholen, z. B.:

With an amiable wife, *with* good children, and *with* good books, we can pass our lives agreeably	Mit einer liebenswürdigen Frau, mit guten Kindern und mit guten Büchern kann man das Leben angenehm zubringen.

oder mit weniger Nachdruck:

"*With* an amiable wife, *good children, and good books*, we can pass our lives agreeably".

NB. 3. Es ist besonders zu merken, daß, wo man im Deutschen den Artikel „der, dem" im Genitiv oder Dativ vor mehreren Hauptwörtern braucht, man im Englischen nur vor das erste Hauptwort eine Präposition setzt, z. B.:

She dedicates herself *to* peace, virtue, and *the* education of her children.	Sie widmet sich der Ruhe, der Tugend und der Erziehung ihrer Kinder.

(27) NB. Das "S" bedeutet Seite (Pagina) und „Reg." bedeutet Regel.

Durch und burch, ganz durch, *throughout,*
S. 357.
Eher als, *before,* S. 356.
Entfernt von, *off,* S. 357.
Entlang, *along,* S. 355.
Entgegen, *in opposition to,* S. 358.
Etwa, *about,* Reg. I. b. S. 538.
Für, *for,* S. 357 u. Reg. IX. S. 542;
— *by,* Reg. VII. d. S. 541.
Gegen, *against, towards,* Anmerk. 4.
S. 355; — *contrary to,* S. 358; —
about, Reg. I.; — *by,* Reg. VII.; —
for, Reg IX.; — *from,* Reg. X.; —
to, Reg. XX. S. 538—548.
Gegenüber, *opposite, over against, over
the way,* S. 357.
Gerade über, *right over,* S. 357.
Gemäß, nach, laut, *according to,* S. 358.
Herab: hinab, hinunter, *down,* S. 356.
und Reg. XXII S. 549.
Herum, *about,* S. 354 u. Reg. I. S. 538.
Hinauf, herauf, *up,* S. 358 u. Reg. XXII.
S. 549.
Hinaus, *beyond,* S. 356; — *out of,* (28)
S. 357.
Hindurch, *throughout,* S. 357.
Hinter, *behind,* S. 356.
Hinunter, *below,* S. 356 u. Reg. IV. S. 535.
Hinsichtlich, *respecting, regarding, concer-
ning,* S. 357; — *with respect to,*
S. 358.
In, *in,* S. 357; — *at,* Reg. III.; —
in, Reg. XI.; — *into,* Reg. XII.; —
under, Reg. XXI.; — *within,* Reg.
XXIV. S. 538—550.
Im, *at,* Reg. III. S. 538.
Innerhalb, *within,* S. 358 u. Reg. XXIV.
S. 550.
In Absicht auf, *with a view to,* S. 358.
In Ansehung, *respecting,* S. 357.
In Bezug auf, *concerning,* S. 356.
In Betreff, *respecting, etc.,* S. 357.
In der Quer, *across, athwart,* S. 354.
Jenseit, *beyond,* S. 356.
Kraft, *in virtue of,* S. 359.
Laut, *according to,* S. 358.
Längs, *along,* S. 355.

Lang, *for,* Reg. IX. b. S. 542.
Mit, *along, with,* S. 355; — *with,*
S. 358; — *by,* Reg. VII. b. S. 541;
— *with,* Reg. XXIII. S. 550.
Mitten in, *amid, amidst,* S. 355.
In der Mitte, *in the middle of,* An-
merkung 5. S. 355.
Nach, *after,* S. 354; — *by,* Reg. VII.;
— *for,* Reg. IX.; — *after, to, of,
according to, in conformity with, from,
for, by, in, etc.,* Reg. XII. b. S. 541;
— *to,* Reg. XX. S. 548.
Nahe bei, *near,* S. 357.
Nahe daran, *near,* S. 357; — *about,*
Reg. I. S. 538.
Neben, *beside,* S. 356; — *by,* Reg. VII.
S. 541.
Nebst, daneben, *beside, besides,* S. 356.
Ohne, *without,* S. 358 u. Reg. XXIV.
S. 550.
Rings um, rund herum, *round, around,*
S. 357 u. Reg. XVIII. S. 548.
Rücksichtlich, *in behalf of,* S. 359.
Mit Rücksicht auf, *with respect to, with
regard to,* S. 358.
Sammt, *along with,* S. 355.
Seit, *since,* S. 357; — *within,* Reg.
XXIV. S. 550.
Trotz, *in spite of,* S. 359.
Ueber, *about, above,* S. 354 und Reg.
I. II. S. 538; — *at,* Reg. III.; —
by, Reg. VII.; — *of,* Reg. XIII.; —
on, upon, Reg. XV.; — *over,* Reg.
XVII. S. 538—548.
Um, *about,* S. 354 u. Reg. I.; — *at,*
Reg. III.; — *by,* Reg. VII.; — *for,*
Reg. IX.; — *round,* Reg. XVIII. S.
538—548; — *in order to,* Anmerk. 17.
S. 359; — wird nicht übersetzt, Anmerk.
75 b. S. 516.
Um — herum, *about,* S. 354; — *round,*
Reg. XVIII. S. 548.
Um — willen, *for the sake of,* Anm. 19.
S. 359.
Ungeachtet, *for all,* Reg. IX. c. S. 543.
Ungefähr, *about,* Reg. I. S. 538.
Unter, *amid, among,* Anm. 5, 6. S. 355.

---

(28) NB. 1. Im Englischen wie im Deutschen hat man doppelte Präpositionen. Die häufigst vorkommenden sind: "From *under*; from *beneath*; from *before*; over *against*; *of* from; out *of*; ¾ B.
He pitched him *out of* the door. | Er warf ihn zur Thür hinaus.
The Princess was taken *from under* the care of her mother. — I sat *over against* him. —
He peered *from beneath* a pair of bushy eyebrows. — The troops withdrew *from be-
fore* the fortress. — The deer were seen in troops *of from* ten to fifteen. — The peo-
ple were taxed *with from* 2 to 10 percent.
NB. 2. Man hüte sich vor Pleonasmen oder Tautologie, z. B.:
Statt: "They sat *over against* each other, *face to face*", muß man sagen: "They sat *face to face*".
Statt: "An affair, *of* and concerning which he knew nothing", sage: "An affair concerning
which, etc.".
Statt: "Independent *of,* and incompatible *with* the sentiment of affection", besser: "Indepen-
dent *of* the sentiment of affection and incompatible *with it*".
Statt: "A suspension *of,* or deviation *from,* the known laws of nature, muß heißen:
"A suspension *of* the known laws of nature, or a deviation *from them*".

Unter, unterhalb, *below, beneath, under,* S. 356 u. Reg. IV.; — *by,* Reg. VII.; — *in,* Reg. IX.; — *under,* Reg. XXI. S. 539—549.

Unweit, *nigh,* S. 357.

Vermöge, *by dint of,* Anm. 19. S. 356.

Von, *of, from, by,* Anm. 1. S. 105; — *of, from,* Anm. 1. S. 537; — *by,* Reg. VII.; — *from,* Reg. X.; — *in,* Reg. XI.; — *on, upon,* Reg. XV.; *with,* Reg. XXIII. S. 541—550.

Vor, *before,* S. 356; — *above,* Reg. II.; — *for,* Reg. IX.; — *from,* Reg. X.; — *of,* Reg. XIII. c.; — *to,* Reg. XX.; — *with,* Reg. XXIII. S. 538—550.

Vorüber, *by,* Reg. VII. S. 541.

Während, *during,* S. 356 u. Reg. VIII.; — *for,* Reg. IX. S. 542.

Weg, *of,* S. 357 u. Reg. XIV. S. 546.

Wegen, *for,* S. 357; — *because of, on account of, owing to, in consequence of,* S. 359; — *for,* Reg. IX. S. 542; — *about,* Reg. I. S. 538.

Weise, *by,* Reg. VII. c. S. 541.

Wider, *against,* S. 355; — *contrary to,* S. 358.

Zu, *to, unto,* S. 358; — *at,* Reg. III.; — *by,* Reg. VII.; — *for,* Reg. IX.; — *in,* Reg. XI.; — *on,* Reg. XV.; — *to,* Reg. XX. S. 538—548.

Zu Pferd ꝛc., *on horseback,* Reg. V. S. 346.

Zu Gunsten, *in behalf of,* S. 859.

Zuvor, *before,* Anmerk. 9. b. S. 350.

Zwischen, *between, betwixt,* S. 356 und Reg. VI. S. 539.

Aufgaben über die Präpositionen.
Regel I. About, a. b. c. d. e. Seite 538.

84. Ich bin den ganzen Tag um die Stadt herum gelaufen, und bin sehr ermüdet (*tired.*) — b. Das große Feuer in London im Jahre 1666, wodurch (*by which*) 13,200 Häuser in Asche (*ashes*) gelegt wurden, brannte ungefähr drei Tage, bevor man Anstalt traf, es zu löschen (*to extinguish*). — Vor etwa zwanzig Jahren ist die große Eisenbahn (*railway*) von London nach Liverpool, welche ungefähr 96 Millionen Gulden kostete, eröffnet (*opened*) worden. — Wie weit ist es von London nach Liverpool, und wie lange braucht man, um dort hinzukommen? Es ist gegen 210 englische Meilen; |um dorthin zu gelangen (*to get there*)|, verläßt man London um (*at*) sechs Uhr Morgens und kommt (*arrive*) in Liverpool ungefähr um sechs Uhr Abends an. — c. Haben Sie [vielleicht] etwas Geld bei sich, [um] diesem armen alten Mann etwas (*something*) zu geben? Es thut mir leid, aber ich habe keinen Heller bei mir. — d. Barry O'Meara hat Vieles über den Aufenthalt (*life*) Napoleons in St. Helena geschrieben. — Ich, meines Theils, bekümmere mich nie über die Angelegenheiten (*affairs*) Anderer (*other people's*). — e. Am 5. November 1605 war Guy Fawkes im Begriff das Parlaments-Haus mit Schießpulver (*gun-powder*) in die Luft zu sprengen, als er ertappt (*to detect*) wurde.

bin gelaufen, *have been running.*	verläßt man, *you leave.*
man Anstalt traf, *any measures were taken.*	keinen Heller, *not a farthing.*
braucht man, *does it take.*	meines Theils, *for my part.*
dort hinzukommen, *to go there.*	bekümmern, *to trouble.*
	in die Luft sprengen, *to blow up.*

Regel II. Above, a. b. Seite 538.

85. Der Tod und sein Bruder Schlaf, wie wundervoll sind sie, und wie weit über unsere Begriffe (*conception*)! — Das Zollhaus in Liverpool hat über drei Millionen sechs Mal hundert tausend Gulden gekostet. — Wissen Sie vielleicht (*pray, do you know*), wo Dr. Gallypot wohnt? Ja wohl, er wohnt über mir. — b. Wie lange braucht man (thut es brauchen) von London nach Ostindien? [Wohl] über vier Monate, wenn man nicht

über *(by)* Egypten geht. — Die Tugend und Bescheidenheit *(modesty)* stehen weit über alle Schönheiten der *(in the)* Welt.

Zollhaus, *Custom-house.*	stehen, *are.* weit, *far.*
wenn man nicht geht, *unless you go.*	Schönheit *(Singular).*

Regel III. At, a b. c. d. Seite 538.

86. Wo wohnen Sie? Ich wohne beim Herrn Wilson am Ende der Regent=Straße. — Gestern bin ich bei Ihnen gewesen, Sie waren aber nicht zu Hause. Nein, ich war in der Kirche, im Theater, auf dem Ball. — Shakspeare wurde (in) 1564 zu Stratford am *(- upon -)* Avon geboren, und starb in dieser *(that)* Stadt *(town)* an seinem 52sten Geburtstage, den 23. April 1616. — Die Gräfin Laniska fiel zu Friedrich des Großen Füßen, [um] Verzeihung *(pardon)* für ihren Sohn zu er=bitten. — b. Um 11 Uhr Nachts ertönten *(to ring*)* alle Feuer=Glocken *(fire-bells)*, und bei Tages=Anbruch sah man nicht weniger als zwölf Häuser in Flammen *(flames).* — c. Das Mädchen, wie es viele Mädchen gibt *(like most girls)*, konnte weinen *(cry)* und lachen zu gleicher Zeit. — Es freut mich herzlich, daß Sie eine so ehrenvolle Stelle erhalten haben. — d. Der bewunderungswürdige *(admirable)* Crichton war in Allem sehr geschickt. — Die Wilden *(savages)* sind beinahe fortwährend im Krieg *(war).*

Geburtstage, *birth-day.*	gleicher, *the same.* herzlich, *extremely.*
Großen, (Anmerk. 20, S. 411).	erhalten, *got.* ehrenvolle, *honorable.*
Nachts, *at night.*	Stelle, *office.* geschickt, *clever.*
sah man, *there were — to be seen.*	in Allem, *every thing.*

Regel IV. Below, beneath, under. Seite 539.

87. Der Baron wohnt oben und ich unten. — Greenwich liegt an der Themse, etwas *(a little)* unterhalb London. — b. Ein König ist unter einem Kaiser, und ein Hauptmann unter einem Major. — Es ist unter der Würde *(dignity)* eines Grafen, Kaufmann zu sein. c. Unter dem milden Einfluß *(influence)* eines italienischen Himmels *(sky)* erhielt er seine Gesundheit wieder. — Unter solchen schrecklichen Umständen *(circumstances)* war es kein Wunder, daß die arme Frau ihren Verstand *(reason)* verlor. — Unter der Last der Sorge *(care)* und des Kummers *(sorrow)* sank er in ein frühzeitiges *(premature)* Grab.

liegt an, *lies on.* erhalten, *to recover.* | schrecklichen, *appaling.* Last, *weight.*

Regel V. Beside, besides. — VI. Between, etc. Seite 540.

88. Sie setzte sich zu mir hin *(down)*, und erzählte *(told)* mir von ihren vielen Unglücksfällen. — [Die] Portia in Shakspeare's Kaufmann von Venedig war sehr schön, sehr tugendhaft und sie war außerdem sehr reich. — Außer O'Connel waren [noch] vier Andere wegen Staats=verbrechen *(state-offences)* eingekerkert *(to imprison)*, jetzt aber sind sie alle wieder frei und überdieß sehr glücklich. — Die Kaiserin Josephine war ganz außer sich vor Freude, als sie durch *(by)* einen unerwarteten *(unexpected)* Besuch von ihrem Sohne Eugen, dem Vicekönig *(Viceroy)* von Italien überrascht wurde. — VI. Zwischen Freunden sollten keine Geheimnisse *(secrets)* sein, und viel weniger zwischen Mann und Frau. — Der Canal zwischen England und Frankreich ist nur ein und zwanzig englische Meilen breit.

ſich ſetzen, *to sit.* waren, *there were.*	überraſchten, *to surprise.* Beſuch, *visit.*
wegen, *on account of.*	ſollten, *there should be.*
frei, *at liberty.* wieder, *again.*	viel weniger, *still less.*

Regel VII. By, a. b. c. etc. Seite 541.

89. Wann gehen Sie (*do you intend going*) nach London, und welchen Weg nehmen Sie? Ich gehe (*am going*) [die] nächſte Woche, und reiſe (*shall go*) über Hamburg. — Als ich geſtern n e b e n meinem Freund Dickens auf der Königſtraße ſtand (war ſtehend), ſprengte ein Pferd im ſchnellſten Lauf an uns vorbei (vorüber). — Er ſtand betrübt a n ihrem Bette, und betrachtete die Verheerung (*ravages*), welche ſeine ſchlechte Behandlung hervorgebracht hatte. — (Anmerk. 6, S. 541). Heute Morgen bin ich b e i Ihnen geweſen, Sie waren aber nicht zu Hauſe. — Wollen Sie heute b e i uns eſſen? Ich danke ſehr, ich kann [es] aber nicht, denn ich eſſe (*am to dine*) b e i m (Anm. 6, S. 541) Grafen Dubley. — b. Hamlet, eines der ſchönſten Trauerſpiele (*tragedy*), iſt v o n Shakſpeare geſchrieben worden. — Von Geburt iſt er Engländer, v o n Namen Johnſon und v o n Beruf ein Arzt. — Die Kirche ward d u r c h den Blitz zerſtört (*destroyed*). — c. Mehr d u r c h Zufall als d u r c h gutes Glück fand ich was ich wollte. — In Eng= land verkauft man das Korn gewichtweiſe, in Deutſchland aber maaßweiſe. — d. Da ſie ihre Kinder eins n a c h d e m a n d e r n verloren hatte, [ſo] bat ſie Gott Tag für Tag, daß er ſie ſterben laſſen möchte (*that she might die*). — e. Das neue Parlamentshaus wird b i s Juni fertig (*ready*) ſein. f. Er iſt (reicher) u m Vieles reicher, aber auch (älter) u m zwanzig Jahre älter als ich. — g. N a c h ſeinem eigenen Berichte (*account*) hat er Unrecht (§. 178 Seite 297). — h. Ich werde es gewiß thun; ich ſchwöre es Ihnen b e i Jupiter! b e i allen Heiligen!

ſprengen, *to dart.*	Beruf, *profession.* Zufall, *chance.*
ſchnellſten Lauf; *full gallop.*	Glück, *luck.* wollte, *wanted.*
betrachten, *to contemplate.*	verkauft man das Korn, *corn is sold.*
Behandlung, *treatment.*	Gewicht, *weight.* Maaß, *measure.*
hervorbringen, *to produce.*	da ſie hatte, *having.* bitten, *to pray.*
danke ſehr, *am much obliged to you.*	allen Heiligen, *all the saints.*

Regel VIII. During. — IX. For. — X. From. Seite 542.

90. Während unſeres Aufenthalts (*stay*) zu Epheſus hörten wir Nichts (*nothing*) von dem Bettler und ſeinem Hunde. — IX. a. Als ich mein liebes Kindchen wieder ſah, weinte ich vor Freude. — Mein Freund Wilſon iſt n a c h China gereiſt, wo er a u f einige Zeit bleiben (*to remain*) wird. — Sie ſchickte (*sent*) n a c h dem Arzte und machte ſich auf das Schlimmſte gefaßt. — Seien Sie nicht böſe, ich ſagte es nur (*only*) a u s Spaß (*fun*). — b. Der berühmte Milton war mehrere (*for several*) Jahre vor ſeinem Tode blind. — Ich kann Ihnen das Geld a u f ſechs Wochen leihen, aber nicht (*no*) länger. — c. Was mich b e t r i f f t, muß ich Ihnen ſagen, daß ich nie einwilligen (*consent*) werde. — Was die Braut b e t r i f f t, [ſo] war ſie ſehr ſchön. — d. In England wird Kajeput=Oel (wird, *is*) [als] ſehr gut gegen die Cholera betrachtet (*considered*). — X. a. Jetzt bin ich d a r a n verhindert (*hindered*), mein Werk zu rechter Zeit fertig zu haben (*having*). — Mehr als Einmal (*once*) bin ich vor [dem] Ertrinken gerettet worden. — b. Woher kommen Sie? Ich komme von unten, von oben, aber nicht vom Himmel (*heaven*).

liebes Kindchen, *dear little child.*	seien Sie nicht, *don't be,* böse, *angry.*
ist gereist, *has set out.*	Kajeput, *cajeput* (kabschepött).
sich gefaßt machte, *prepared herself.*	fertig, *ready.* zu rechter, *in right.*
das Schlimmste, *the worst.*	retten, *to save.* Ertrinken, *drowning.*

Regel XI. In. — XII. Into. Seite 543.

91. Wo ist jetzt Ihr Freund, Herr Barlow? Er ist gegenwärtig (*at present*) in Spanien, in der Stadt, auf dem Land. Er ist der beste Mensch von der Welt. — Gestern sah ich die Königin in [der] St. Pauls-Kirche, und sie war in tiefer Trauer (*deep mourning*). — b. Habe ich das Vergnügen Sie bei guter Gesundheit und [guter] Laune zu sehen? Bei guter Gesundheit wohl (*Oh yes*), nicht aber bei guter Laune. — Es kann kaum Jemand geben (s. §. 168, S. 290; auch Anmerk. 6, S. 479), der nicht an einen Gott glaubt. — XII. Ich glaube, mein Geld ist in schlechte (*bad*) Hände gefallen. — Er brach in die schrecklichste (*a terrible*) Wuth aus, als ich ihm sagte, daß er binnen vierundzwanzig Stunden das Haus verlassen müßte (*must*). — Das Kind ging allein in den Garten und fiel in den Brunnen.

Wuth, *passion.* binnen, *within.*	Brunnen, *well.*

Regel XIII. Of. — XIV. Off. Seite 545.

92. Wer ist so stolz (*proud*) auf sein Vaterland als der Engländer, und doch ist er nie eifersüchtig auf die Macht anderer Nationen. Er reist viel, und ist überall zu treffen (*to be met with*), wird (*becomes*) aber nie ein Kosmopolit. — Da ist ein Mann, der viel stolzer auf seinen Titel „der Mann des Volkes" ist, als wenn er alle Adelstitel von der Welt besäße (*possessed*). — b. Wann und woran ist Napoleon der Erste gestorben? Napoleon ist am 5. Mai 1821 am Magenkrebs gestorben. c. Und woran ist die unglückliche Josephine gestorben? Josephine ist vor Kummer (*grief*) über (*for*) das Unglück (*misfortune*) ihres ehemaligen Gemahles gestorben. — Ich beklage (*to complain*) [mich] nicht über meine Behandlung (*treatment*), ich sage nur, daß man mich besser behandelt haben könnte. — XIV. Wir sahen das Kriegsschiff (*man-of-war*) auf der Höhe von Portsmouth. — Nehmen Sie den Hut ab und ziehen Sie den Rock aus. — Nehmen Sie die Bücher vom Tische [weg], ich muß darauf schreiben.

der Adelstitel, *title of nobility.*	ehemaligen, *former.* Gemahl, *husband.*
ist — gestorben, *did — die.*	man mich haben könnte, *I might have*
Magenkrebs, *cancer in the stomach.*	*been.* behandeln, *to treat.*

Regel XV. On, upon. — XVI. Out of. Seite 546.

93. Das Buch lag (*was lying*) gestern Abend auf dem Tische. — Paris liegt an der Seine. — b. Haben Sie Milton über die Ehe-scheidung (*divorce*) gelesen? Nein, aber Walker über die Frauen habe ich gelesen. — c. Napoleon Buonaparte ward am 15. August 1769 zu Ajaccio in Corsica geboren. — d. Wie gehen Sie nach Richmond? Ich gehe zu Fuß, zu Pferde. — e. Weßwegen haben Sie das gethan? Ich habe es meines Freundes wegen gethan. — Bei solchen lustigen (*merry*) Gelegenheiten (*occasions*) war er immer der heiterste unter den heitern. — XVI. Gerade (*just*) als ich aus dem Hause kam, fing es an zu donnern und zu blitzen. — b. Wenn man (*one*) nicht bei Kasse ist, [so] ist man gewöhnlich übler Laune (*humour*).

Frauen, *woman.*	heiter, *gay.* unter den, *of the.*

Regel XVII. Over. — XVIII. Round. — XIX. Through. Seite 548.

94. Wir ruderten (*rowed*) über die Themse. — Wer kann sagen, was für ein Schicksal über seinem Haupte schwebt! — b. Napoleon regierte (*reigned*) über Frankreich, Italien und Spanien. — c. Die Königin Elisabeth trauerte lang über den Tod ihres Lieblings, des Grafen Esser. — Auf meinem Wege von London nach Liverpool übernachtete ich in Birmingham. — XVIII. Haben Sie Cook's Reise um die Welt gelesen? Ja wohl (*Oh, yes*), und Anson's auch. — Nichts ist entzückender (*delightful*), feenhafter, als in der Dämmerung um ein englisches Kaminfeuer zu sitzen (*sitting*). — XIX. Können Sie mir sagen, welcher Weg nach Westminster-Abtei führt? Sie müssen durch Whitehall und die Königsstraße gehen. — b. Einige (*some*) haben aus Ehrgeiz oder aus Durst nach Gold, ihre Brüder ermordet und ihr Vaterland verrathen.

was für ein Schicksal, *what fate*.	Kaminfeuer, *fire*.
schweben, *to hang*. Haupt, *head*.	Dämmerung, *in the dusk of the evening*.
trauerte, *mourned*. Liebling, *favorite*.	Ehrgeiz, *ambition*.
des Grafen, *the Earl of*.	Durst, *a thirst*. nach, *after*.
feenhafter, *more fairy-like*.	verrathen, *to betray*.

Regel XX. To. — XXI. Under. — XXII. Up, down. Seite 548.

95. Der berühmte Ballon, in welchem die Herrn (*Messrs*) Green und Mason am 7. November 1836 von London nach Nassau segelten, stieg (*ascended*) bis zur Höhe von 6,000 Schuh. — Können Sie bis auf den Grund sehen? Nein, aber bis auf den Gipfel (*top*) kann ich [wohl] sehen. — b. c. Lassen Sie ihm Zeit, zu sich zu kommen. — Bei (*at*) der Lord Mayor's Prozession am 9. November waren (*there were*) an die 200,000 Zuschauer zugegen. — d. e. Es ist hundert gegen eins, daß (*that*) Sie nie Ihr Geld wieder bekommen werden. — Was Sie da erzählen, ist nichts im Vergleich mit dem, was ich in Madras (sah) gesehen habe. — f. Die Chinesen und Japanesen sind sehr unhöflich (*unpolite*) gegen Fremde. — Er ist gegen mich ein Vater, Bruder und Freund. — Was den Kaiser von China betrifft, so glaube ich, er ist in seiner Art (*way*) ein sehr kluger (*prudent*) Mann. — XXI. Unter der Regierung der Elisabeth war England mächtig (*powerful*). — Herculanum und Pompeji liegen unter der Erde. — Ich bin in der Nothwendigkeit Ihnen zu sagen, daß ich mein Geld haben muß. — XXII. Spazieren Sie mit mir hinauf und ich werde Ihnen Murphy's Ansichten (*views*) von Spanien zeigen. — Ich sah den Menschen (*fellow*) ein paar Mal (*a couple of times*) die Straße auf- und abgehen, und dann versteckte er sich in einem Thorweg (*door-way*), um seine Gelegenheit abzuwarten (*to await*).

lassen Sie, *give*. sich, *himself*.	da erzählen, *relate*.
Zuschauer, *spectator*.	Herculanum, *Herculaneum*.
zugegen, *present*. nie, *never*.	er versteckte sich, *he hid himself*.
bekommen, *to get*. wieder, *again*.	Gelegenheit, *opportunity*.

Regel XXIII. With, by. — XXIV. Within. — XXV. Without. Seite 550.

96. Lassen Sie [es] mir wissen, wenn Sie nach Paris gehen wollen, und ich werde mit (Ihnen) gehen. — b. Bei mir ist es (eine) Regel, niemals Geld zu leihen (s. Anmerk. 81b, S. 328). — c. Schwach vor Hunger und steif vor Kälte, fand ich die arme Frau und ihre drei kleinen Kinder. — d. Die Athener waren böse über Simonides, weil er zu laut

sprach (*talked*). — Ich war ganz entzückt von der Aussicht (*view*), die ich von dem Rigi hatte. — e. Der arme Mann weinte (*wept*), als er [sich] von seinem einzigen Sohne trennte. — II. Diesen Brief habe ich mit eigener (*my own*) Hand geschrieben, und schicke (werde schicken) ihn jetzt mit der Post nach London. — XXIV. Seit Menschengedenken stand die allgemeine Bildung nie so hoch als jetzt. — Das Windsor=Schloß liegt innerhalb 20 englischer Meilen von London. — Binnen einer Stunde bin ich (ich werde sein) wieder da (hier). — XXV. Können Sie nicht ohne mich gehen? Nein; denn ohne Sie zu gehen hilft mir nichts. — Jetzt verstehe ich den Shakspeare ohne Wörterbuch. — Heute ist es schrecklich kalt draußen, ich denke wir bekommen (*shall have*) Schnee.

gehen wollen, *intend going.*	stand nie so hoch, *has not reached so*
schwach, *weak.* steif, *stiff.*	*high a pitch.* jetzt, *at present.*
allgemeine Bildung, *cultivation of the*	hilft mir nichts, *is of no use to me.*
mind in general. böse, *displeased.*	

IX. Kapitel.

A.   **Syntax. Von den Conjunctionen.**
B.   **Von der Auslassung der Conjunctionen.**

A. Von den Conjunctionen.

§. 28. Das Wichtigste über die Conjunctionen im Allgemeinen ist schon Kapitel XV. Seite 361 und über die Stellung derselben Regel XXI. Seite 382 gesagt worden und es bleibt mir hier nur übrig, einige besondere Bemerkungen hinzuzufügen.

Regel 1. Unterschied zwischen as, when, while und since.

a) *As*, da, als, wie, wird zur Einleitung von Erklärungssätzen, welche sich zum Hauptsatze verhalten, wie der Grund zur Folge, gebraucht, und in dieser Hinsicht entspricht es ganz der deutschen Conjunction „da", z. B.:

As my friend was not at home, I went away.	Da mein Freund nicht zu Hause war, so ging ich weg.
I did not like to mention the story, *as* I knew it would vex him.	Ich mochte die Geschichte nicht erwähnen, da ich wußte, daß es ihn ärgern würde.
He lived with me *as* coachman.	Er lebte bei mir als Kutscher.
I'll do just *as* you please. (1)	Ich werde thun, wie Sie wollen.

---

(1) NB. 1 Ueber "*as; as if; as for; as — as; as — so; so; so — as*", ist hier Folgendes zu bemerken:
1. In folgenden und ähnlichen Fällen entspricht das "*as*" dem deutschen „so wahr", z. B.:
As you value life, don't speak of it. | So wahr Du das Leben schätzest, sprich nicht davon.
2. "*As*" statt "*if*" gebraucht, entspricht dem deutschen „wenn", z. B.:
Do it *as* (if) you love me. | Wenn Sie mich lieben, thun Sie es.
3. Mit "*if*" verbunden, entspricht "*as*" dem deutschen „als wenn", z. B.:
Do *as if* you were in my place. | Thun Sie als wenn Sie an meiner Stelle wären.
4. Mit for und to verbunden, entspricht "*as*" dem deutschen „hinsichtlich, was — betrifft."
As for me, I will never consent. | Was mich betrifft, willige ich nie ein.
As to the queen, she is a good lady. | Was die Königin anbelangt, sie ist eine gute Dame.
NB. 2. "*As — as*" (Reg XIII S. 157) entspricht dem deutschen „sobald als; so auch", z. B.:
As soon as I heard the noise, I ran away. | Sobald ich den Lärm hörte, lief ich davon.
As well as I like France, I like England more. | So sehr ich auch Frankreich liebe, so liebe ich England noch mehr.

NB. *b)* In der Bedeutung von „als" und „während" braucht man *as* oft an der Stelle von *when* und *while*, z. B.:

The King came by, *as (when* oder *while)* (1b) the band was playing.	Der König kam vorbei, als (da, während) das Mufikchor spielte.

II. When (1b).

When, als, nachdem, wenn, braucht man nur zur Einleitung von zeitbestimmenden Sätzen, z. B.:

When I was in London, I was happy.	Als ich in London war, war ich glücklich.
When *(after)* the Doctor was gone, she began to weep.	Nachdem der Arzt fort war, fing sie zu weinen an.
When he speaks, all the others are silent.	Wenn er spricht, sind alle andern stumm.
When shall you return? — To-morrow.	Wann kommen Sie zurück? — Morgen.

III. While (1b).

While (1c) zeigt eine Dauer der Zeit an und entspricht dem deutschen „während, so lange, (indessen, indeß, indem)". While braucht man sehr häufig mit dem Particip auf *ing*, z. B.:

While I was *writing*, he was *reading*.	Während dem ich schrieb, las er.
While I was in Paris, I was very well.	Während dem ich in Paris war, war es mir wohl.

IV. Since, da, seitdem.

Since (2), da, drückt die Folgen der Handlung aus, z. B.:

Since you have sent me the books, I shall keep them.	Da Sie mir die Bücher geschickt haben, so werde ich sie behalten.

NB. Als Adverb bedeutet *since* „seit, seitdem", z. B.:

I have been ill *since* yesterday.	Seit gestern bin ich krank.
I have not seen your friend *since*.	Seitdem habe ich Ihren Freund nicht mehr gesehen.

V. Unterschied zwischen if und when.

If, wenn, bezeichnet eine Bedingung, und wird gebraucht, so oft das deutsche „wenn" so viel heißt, als: wofern, im Falle daß, vorausgesetzt daß; *when*, „wenn, wann" wird von der Zeit gebraucht, d. h. so oft das „wenn" so viel heißt als „zu der Zeit wo, in dem Augenblicke wo", z. B.:

If I were in your place, I would go.	Wenn (im Falle daß) ich an Ihrer Stelle wäre, so würde ich gehen.

In Fällen wie letzterer bleibt das erste *as* meistens weg, z. B.:

Poor as he is, he is richer than I.	So arm wie er ist, ist er doch reicher als ich.

NB. 3. "As — so" entspricht dem deutschen „wie — so", z. B.:

As two is to four, so is four to eight.	Wie sich 2 zu 4 verhält, so verhält sich 4 zu 8.
As you brew, so you must drink.	Wie man braut, so muß man trinken.

NB. 4. "So" entspricht dem deutschen „so, also, denn", z. B.:

I am tired, so let us go	Ich bin müde, so (also) laßt uns gehen.
So you think we shall have war.	Sie meinen denn, daß wir Krieg bekommen.

"So as" vor einem Infinitiv entspricht dem deutschen „so — und", z. B.:

Be so kind as to give me the book.	Sei so gut und gib mir das Buch.

"So that" statt "if" gebraucht, entspricht dem deutschen „wenn nur", z. B.:

So that it be good, no matter.	Wenn es nur gut ist, thut nichts.

1b) Ueber den richtigen Gebrauch dieser Wörter ist sehr viel gestritten worden. Ihre richtige Anwendung im Allgemeinen ist jedoch nicht schwer, *as* bezieht sich auf die Handlung, *when* auf die Zeit und *while* auf die Dauer der Zeit, z. B:

As I passed by your house this morning, I saw your daughter. Eine Handlung „da".
When I was at your house this morning, I saw your daughter. Eine gewisse Zeit. „als".
While I was at your house this morning, my daughter died. Eine Zeitdauer. „während dem".

1c) NB. Statt "while" findet man bisweilen "whilst"; letzteres, welches höchst selten gebraucht wird, bezeichnet eine längere Dauer der Zeit als "while", z. B.:

I shall write while you work. — You are merry whilst (ob. while) I bear my misery.

(2) Ueber "since" im Sinne von „daß nicht", 2c. siehe §. 21, Seite 587.

We must learn *when* we are young.	Wir müffen lernen, wenn (zu der Zeit wo) wir jung find.
If you can come, say *when*, (beffer: *at what time*).	Wenn Sie kommen können, fo fagen Sie wann. (Anmerk. 4. c. S. 362).

VI. But, aber, allein, nur, als, außer, erst, ohne, daß ꝛc.

Vermittelst *but* drückt man im Englifchen die mannigfaltigften Beziehungen aus. Es entspricht dem deutschen:

a) Aber, allein, fondern und (wie Reg. **XXII.** S. 383 fchon gefagt) kann in diefer Bedeutung einem Worte nie nachgefetzt werden, fondern muß immer am Anfange des Satzes ftehen, z. B.:

She is ugly, *but* she is rich.	Sie ift häßlich, (aber) allein fie ift reich.
He did not go to London, *but* to Paris.	Er ging nicht nach London fondern nach Paris.

b) Nur, und hat gewöhnlich die nämliche Stelle als das „nur“, z. B.:

The thing is *but* too true.	Die Sache ift nur zu wahr.
Ah! it is *but* (only) a report.	Ah, es ift nur ein Gerücht.
Do *but* hear how it thunders.	Hören Sie nur, wie es bonnert. (2b).

c) Als, wenn man es mit „außer, ausgenommen“ nach einer Verneinung vertaufchen kann, z. B.:

We did nothing *but* laugh.	Wir thaten nichts als lachen.

NB. Nach Fragen wird „als“ ebenfalls mit "*but*" gegeben, z. B.:

What have I *but* torment?	Was habe ich als Plage?
What is friendship *but* a name!	Was ift die Freundfchaft als ein Name!

d) Außer, ausgenommen, z. B.:

He has lost all *but* one.	Er hat alle verloren, außer eins.

e) Erst, fo eben, wenn *but* auf die Zeit Bezug hat, z. B.:

The King is *but* just arrived.	Der König ift eben erst angekommen.

f) Ohne, ohne daß, nach verneinenden Sätzen, z. B.:

She can see no tears, *but* she must weep herself.	Sie kann keine Thränen fehen, ohne felbst zu weinen.
I never see you, *but* I think of my friend.	Nie fehe ich Sie, ohne daß ich an meinen Freund denke.

g) Wenn — nicht, ob — nicht, z. B.:

May I be a bishop, *but* this wine is excellent.	Ich will ein Bifchof fein, wenn diefer Wein nicht vortrefflich ift.
Who knows *but* it may *be* a lie.	Wer weiß, ob es nicht eine Lüge ift.

h) *But,* in Verbindung mit *cannot,* wird im Deutfchen durch müffen, nicht umhin, nicht anders können — als, gegeben, z. B.:

You cannot *but* know Mr. *S.*	Sie müffen nothwendig den Hrn. S. kennen.

i) *But,* in Verbindung mit "*that*" wird mit „wenn — nicht, wenn es nicht — daß“ gegeben, z. B.:

I would tell her, *but that* I fear to vex her. (3)	Ich würde es ihr fagen, wenn ich nicht fürchtete, fie zu ärgern.

(2b) In der Bedeutung „nur“ kann man *only* ftatt *but* brauchen, aber nur in der Regel in Verbindung mit einem thätigen Zeitwort, z. B.:

I have taken (seen) *but* (only) one.	Ich habe nur eins (gefehen) genommen.

In anderen Fällen muß man *only* und nicht *but* gebrauchen, z. B.:

I *only* laughed und nicht I *but* laughed.	Ich lachte nur.

Man fagt zwar: "Born *but* (only) to die. — I come *only* (*but*) *for a moment.*"

(3) NB. Nach einem Verneinungswort gibt man "*but that*" mit „daß nicht“, z. B.: "The arrangements are excellent, and it is *impossible but that* (unmöglich, daß — nicht) good fhall result from them"

k) But, in Verbindung mit *"for"* bedeutet *"if it were not for"*
b muß im Deutschen mit „ohne, wäre es nicht wegen, wenn
cht gewesen wäre", gegeben werden, z. B.:

t for the English, Napoleon would lave conquered the world.	Wären die Engländer nicht da gewesen, so hätte Napoleon die ganze Welt erobert
t for me, you would have lost your money.	Ohne mich, hätten Sie Ihr Geld verloren.

l) Wer nicht, der nicht, die nicht, das nicht, statt: *who
(hich) — not*, z. B.:

ere is no one *but* knows him. ob.: ere is no one *who does not* know aim. (3b).	Es ist Niemand, der ihn nicht kennt.

VII. Neither—nor, weder—noch (4).

Neither und *nor* werden auch unabhängig gebraucht, und bedeuten
dann „auch nicht", z. B.:

ie weather is bad, *nor* is there much hope of its being fine.	Das Wetter ist schlecht, es ist auch nicht viel Hoffnung, daß es schön wird.
know it not, *neither* did I ever know it.	Ich weiß es nicht, auch habe ich es nie gewußt.
could *not* eat, *nor* could I drink (*either*).	Ich konnte nicht essen, auch konnte ich nicht trinken.
r is he richer than I.	Auch ist er nicht reicher als ich.
r have I *any* hopes left.	Auch habe ich keine Hoffnung mehr. (4b)

3b) Es ist hier noch zu bemerken, daß *but* statt *that* nach Zeitwörtern, welcher Zweifel oder Furcht
ausdrücken, (wie man es in vielen Grammatiken angegeben findet), falsch ist, z. B.:
I doubt not *but* I shall be able, sollte heißen. I doubt not *that* I shall be able.

(4) NB. 1. Um das viel gebrauchte *either — or*, entweder — oder; *neither — nor*, weder — noch,
noch deutlicher zu machen, führe ich folgende Beispiele hier an:

The Queen of England is *neither* small nor large.	Die Königin von England ist weder klein noch groß.
Either the King or the Queen must be ill.	Entweder der König oder die Königin muß krank sein.
She can *either* read or write.	Sie kann entweder lesen oder schreiben.
She can *neither* read nor write.	Sie kann weder lesen noch schreiben.

NB. *Neither — nor* kann statt *either — or* gebraucht werden, um eine Verneinung auszudrücken, wo das Zeitwort in der bejahenden Form steht, z. B.:

I can *neither* eat nor sleep. I can't *either* eat or sleep.	Ich kann weder essen noch schlafen.
He has *neither* money nor credit. He has *not either* money or credit.	Er hat weder Geld noch Credit.
She *neither* sings nor plays.	Sie singt weder, noch spielt sie.
She does *not either* ging or play. She does *not* sing or play.	Sie singt nicht, spielt auch nicht.

NB. 2. *"No — or; not — or". "No* und *not"* fordern *"or"* nach sich, so oft sie statt
"neither — nor; not either — or" gebraucht werden, z. B.:
"Have you *not* seen (*either*) my brother or sister? d. h. Have you seen *neither* my
brother nor sister? — No, I have *not* seen (*either*) your brother or sister; d. h.
I have seen *neither* your brother nor sister.
He is no friend (*either*) to me or my family, or to you (*either*).
In der Regel ist *"neither — nor* dem *no — or*; *no — or"* vorzuziehen.
NB. 3. Steht aber in dem zweiten Glied des Satzes ein anderes Subject, so braucht man
"no — nor, not — nor", z. B.:
I have *no* meat, nor have you (*either*). I have no bread, nor you *either*.
NB. 4. Auch des Nachdrucks halber *"not — nor; not — neither"* — gegen die strenge Regel
der Grammatik — wenn das im ersten Theil des Satzes stehende Subject im zweiten Theil
wiederholt wird, z. B.:
I have *not* (besser *neither*) done it, nor do I intend to do it.
NB. In solchen Fällen klingt das *neither — nor* besser und ist deßwegen dem *either — or*
vorzuziehen. Siehe § 176, Seite 296. (Siehe auch Anmerk. 7, Seite 191 Uebersetzungsbuch).

4b) Das deutsche „ich auch" ec. drückt man im Englischen gewöhnlich durch Wiederholung des
Inhalts der vorhergehenden Aussage und mit Beifügung der Conjunction so aus, z. B.:

B. Ueber die Auslassung der Conjunctionen.

VIII. Einige Conjunctionen werden im Englischen häufig aus-gelassen:

a) As in der Bedeutung von „wie" vor einem Zwischensatze, z. B.:

My elder brother, *(as)* you know, is a captain in the army.	Mein ältester Bruder, wie Sie wissen, ist Hauptmann in der Armee.

b) If, in allen Fällen, wo das deutsche „wenn" weggelassen werden darf, z. B.:

Should I meet him, I'll tell him, st.: *if I should* meet him, etc.	Sollte ich ihn sehen, so werde ich es ihm sagen.
Did he know how much I love him, he would come, statt: *if he know.*	Wüßte er, wie sehr ich ihn liebe, so würde er kommen.

c) So wird ausgelassen, so oft der deutsche Satz mit „da, weil, wenn" anfängt, z. B.:

Because I am ill, I cannot go out.	Da ich krank bin, so kann ich nicht ausgehen.
If he come, I shall go.	Wenn er kommt, so werde ich gehen.

d) That in solchen Sätzen, wo man auch im Deutschen „daß" weglassen darf, z. B.:

I fear *(that)* he must be ill. (⁵)	Ich befürchte (daß) er muß krank sein.
He assured me *(that)* it was the case.	Er versicherte mich (daß) es sei der Fall.

e) When kann ausgelassen werden, so oft es sich auf einen in demselben Satze vorhergehenden Zeitpunkt bezieht, z. B.:

The very hour I was born, fortune seemed to smile. (⁶)	Zur selben Stunde, als ich geboren war, schien das Glück zu lächeln.

NB. Ausführliches hierüber findet man Seite 192 — 201 des Uebersetzungs-buchs. — Ueber die Auslassung des *"yet"* siehe Reg. XXII. Seite 383.

Aufgaben über die Conjunctionen.

Regel I. As. — II. When, after. — III. While. — IV. Since. Seite 558.

97. Da Sie nicht zur bestimmten Stunde kamen, dachte ich, daß Sie gar *(at all)* nicht kommen würden. — Ich mag Ihnen die Sache [gar] nicht erzählen *(to tell)*, da ich weiß, daß es Ihnen unangenehm *(disagreable)* sein würde. Und doch möchte ich es gern hören. — 5. Gerade als ich das [Parlament] Haus verließ, sprach (war sprechend) Sir Robert Peel. -

---

Sie sind schläfrig und ich auch.	You are sleepy and so am I (ob. I also).*
Er ging zu Bette und wir auch.	He went to bed and so did we ob. and we too
Sie werden morgen ins Theater gehen und wir auch. (Siehe §. 174, S. 294).	You will go to the theatre to-morrow, and we (shall go) too.

*NB Es ist hier wohl zu merken, daß das *"also"* (auch)" stets bejahend ist, und dem verneinenden Partikel *"not* (nicht)" nie in Berbhrung stehen kann, z. B.:

I also not (ich auch nicht), wie man es von Ausländern öfters hört, ist gar nicht Englisch hier müßte es *nor I either* heißen, z. B.:

Ich mag das Reisen nicht.	Ich auch nicht.	Sie auch nicht?	Wir auch nicht
I don't like travelling.	Nor I either.	Nor you either?	Nor we either

(⁵) NB. Bisweilen braucht man *"that"* statt *"because* (weil)", z. B.:
"It is not *that* (weil) I like Italy less than some people, but I like France and Germany more"

(⁶) NB. Nach den Conjunctionen *if, however, though, till, unless, when, where, whether, while*, findet öfters eine Ellipse oder Auslassung des Zeit-, Fürs und Bindeworts statt, die Ellipse muß jedoch im Deutschen ergänzt werden, z. B.:

"If (it is) good, *(it will)* keep it. — *However* kind *(it may be)* I cannot accept his offer. — *Though (he is)* a rich man, he gives nothing to the poor. — *Till (I was)* out of reach of the cannon, I feared for my life. — *Unless (except when he is)* excited, the dog is very docile. — *When (he was)* in Paris, he led a bad life. — *Where (he is)* in doubt he must ask me. — *Whether (it is)* a turkey or a peacock, *(yet)* it makes a devil of a noise. — *While (she was)* sleeping in her chair, the house was robbed".

II. Als ich in Paris war, besuchte ich fleißig (*often*) die königliche Bibliothek (*library*), welche die größte von Europa ist, (denn sie) und nicht weniger als 900,000 Bände und 80,000 Manuscripte enthält. — Nachdem mein Herr, der Canonicus, todt war, bot mir der Doctor Sangrabo an, mich in seinen Dienst zu nehmen. — Wann kehren Sie von Italien zurück? Das weiß ich nicht genau (*exactly*); Sie können sich aber darauf·verlassen (*you may depend upon it*), daß, wenn ich komme, [so] soll mein erster Besuch bei (*to*) Ihnen sein. — III. So lang (während) ich in London lebte, war ich stets (*continually*) von meinen Freunden umringt. — IV. Da Sie wünschen, das Englische zu studiren, [so] sollen Sie einen ausgezeichneten (*excellent*) Lehrer (*master*) haben. — Da die Sache [einmal] so ist, [so] müssen wir es so lassen. (Siehe Anmerk. 23. Seite 486).

zur bestimmten, *at the fixed*.	zurückkehren, *to return*.
mag nicht, *do not like*. Sache, *affair*.	wenn, *whenever*.
bot mir an, *offered*.	umringen, *to surround*.

Regel V. If, when. — VI. But. Seite 559.

98. Viele (*many*) Menschen leben, als wenn sie niemals sterben müßten (*should*), und deswegen, wenn [der] Tod kommt, [so] findet er sie unvorbereitet (*unprepared*) und sehr unwillig, mit ihm zu gehen. — VI. Es ist wahr, ich bin nicht reich, ich bin aber redlich, und Jedermann weiß, daß Redlichkeit am längsten währt. — b. Du hast nur den Namen der Tugend im (in deinem) Munde; was sie (*it*) wirklich ist, weißt Du nicht. — Sehen Sie nur, wie schön diese Blumen sind! — c. Den ganzen lieben Tag (*the live-long day*) thut er nichts als rauchen und schlafen. — d. Die arme Frau, wie ist sie zu bedauern, sie hat alle ihre Kinder verloren außer zwei. — e. Wie lange sind Sie in der Stadt? Ich bin eben erst (so eben) angekommen. — f. So schwach sind meine Nerven, daß ich nie Musik höre, ohne zu (ich muß) weinen. — Ich gehe nie aus, ohne dem Herrn Dolittle zu begegnen. — g. Möge ich sterben, wenn ich mich nicht räche! — Wer weiß, ob er sein Verbrechen nicht gesteht (*may confess*)? — h. Sie müssen nothwendig die Werke des unsterblichen Shakspeare's, des größten dramatischen (*dramatic*) Dichters (*poet*) der Welt kennen. O ja, ich kenne sie alle wohl, außer zwei Stücken (*pieces*). — l. Wer kennt nicht die sieben Wunder der Welt und die sieben Weisen (*wise men*) von Griechenland? — Es ist wohl Niemand, der die Iliade von Homer und die Aeneide von Virgil nicht kennt.

niemals, *never*. deswegen, *therefore*.	wie ist sie, *how she is*.
unwillig, *unwilling*. redlich, *honest*.	zu bedauern, *to be pitied*.
Redlichkeit währt am längsten, *honesty is the best policy*.	ich mich nicht räche, *I'll be revenged*.
	wohl Niemand, *hardly any one*.

Regel VII. Neither—nor. — VIII. Seite 561.

99. Das Kind ist gefährlich krank, es ist auch keine Hoffnung zu seiner Wiederherstellung (*recovery*). — Der Plan war gut, auch hätte nicht viel Gefahr (*danger*) dabei (*in it*) sein können. — Ich habe Ihr Buch nicht, auch habe ich es nie gehabt. — VIII. a. Der Onkel der Königin von England ist, wie Sie wissen, König von Hannover. O ja, ich weiß [es]. — Er war so ungeduldig (*impatient*) wie ein Adler in einem Käfig (*cage*). — b. Sollte ich um neun Uhr nicht hier sein, so warten Sie nicht auf mich mit dem Frühstück (*do not wait breakfast for me*). —

Wüßten Sie nur, wie gerne wir Sie sehen, so kämen Sie öfter zu uns. — e. Ich versicherte ihm, daß Sie wohl wären, er sagte aber, daß er es kaum (*scarcely*) glauben könnte, denn (*for*) wenn Sie [es] wären, so hätten Sie (würden haben) ihm gewiß geschrieben.

gefährlich, *dangerously*.	glauben, *to believe*.	gewiß, *certainly*.

Schluß-Stücke: I. Der Schulmeister in Paris.

100. Ein Schulmeister in Paris wollte beweisen, daß er die schönste Person auf dem Erdboden sei. Er schloß also: „Europa ist der schönste Theil der Welt, Frankreich ist das schönste Land in Europa, Paris ist die schönste Stadt in Frankreich, die Universität ist das schönste Quartier in Paris, mein Zimmer ist das schönste in der Universität, ich bin das Schönste in meinem Zimmer, *ergo*, bin ich der schönste Mensch in der Welt".

wollte beweisen, *wished to prove*.	Earth. er schloß also, *he concluded as*
schön, *handsome*.	*follows*. Quartier, *quarter*.
auf d. Erdboden, *on the face of the*	Mensch, *man*.

II. Es ist gut allenthalben Freunde zu haben.

101. Eine gute alte Frau, welche in [der] Kirche war, nahm zwei Wachskerzen, (eine) von welchen sie eine vor dem Bilde des (*of*) heiligen (St.) Michael und die andere argloser Weise vor dem Teufel, welcher unter seinen Füßen stand, ansteckte. Der Priester, welcher es bemerkte, sagte zu ihr: „Ach, gute Frau, was macht Ihr? Seht Ihr nicht, daß Ihr dem Teufel eine Kerze opfert?" Die Frau antwortete: „Was hat das auf sich, guter Herr? Es ist gut, allenthalben Freunde zu haben, im Paradies sowohl als in der Hölle, denn man weiß nicht, wohin man kommen kann".

Wachskerze, *wax-candle*.	opfern, *to offer*.
anstecken, *to light*. Bild, *picture*.	was hat das auf sich, *what does this*
argloser Weise, *inadvertently*.	*signify*. Herr, *Sir*.
bemerken, *to remark*.	allenthalben, *every where*. denn, *for*.
was macht Ihr, *what are you doing*.	man, *we*. kann, *may*.

III. Der Dichter Waller und Karl II. von England.

102. Waller, ein englischer Dichter (*poet*), machte in sehr guten lateinischen Versen (*verse*) ein vorzügliches Lobgedicht auf Cromwell, während derselbe Protector war. Als Karl II. 1660 wieder auf den Thron gelangte, überreichte ihm Waller einige Verse, die er zu seinem Lobe gemacht hatte. — Nachdem der König dieselben (*them*) gelesen, machte er ihm den Vorwurf, daß er auf Oliver viel bessere gemacht hätte. Waller erwiederte: Eure Majestät (*Sire*), es gelingt uns Dichtern viel besser in Erdichtungen als in Wahrheiten (*truth*) (7).

Lobgedicht, *panegyric*. auf, *on*.	machte er ihm den Vorwurf, daß, *he*
während derselbe, *while he*.	*reproached him with*. (Particip).
als — gelangte, *being re-established*.	es gelingt uns Dichtern, *we poets suc-*
überreichen, *presented*. Lobe, *praise*.	*ceed*. Erdichtung, *fiction*.

(7) Es gibt keinen Kopf, wenn er auch ein Mezzofanti ist, der im Stande wäre, die Feinheiten und Einzelnheiten einer geistreichen Sprache auf ein Mal zu fassen und beizubehalten, deswegen kann er Denjenigen, welche die Sprache wirklich gründlich erlernen und lebenslänglich beibehalten wollen, das Uebersetzungsbuch, welches eigens zu diesem Lehrbuch geschrieben ist und welches nebst den Aufgaben über alle Theile der Sprache, mit steter Hinweisung auf die § und Regeln der Grammatik, auch die Prosodie, Erzählungen, Muster zu allerlei Art Documenten, Briefe ꝛc. ꝛc. enthält, nicht zu sehr anempfohlen werden.

I. Anhang.

A. Sammlung der gebräuchlichsten Wörter.
B. Familiar Dialogues. Vertrauliche Gespräche.

A. Vocabulary of the most usual words. Sammlung der gebräuchlichsten Wörter.

I. Of the Universe (juniwerß). Vom Weltall.

God (gobb), Gott.
The Creator (krihehr'r), der Schöpfer.
The Creature (krihtjerr), das Geschöpf.
Jesus Christ (dschihses kreist), Christus.
The Redeemer (redihm'r), der Erlöser.
The Holy Ghost, der heilige Geist.
The Trinity, die Dreieinigkeit.
The angels (ehndsch'ls), die Engel.
Heaven (heww'n), der Himmel.
Hell, die Hölle.
The sky (skei), der Luftraum.
Paradise (parebeis), das Paradies.
Purgatory (porrget'ri), das Fegfeuer.
The world (uorld), die Welt.
The sun (sonn), die Sonne.

The sunbeams (sonnbihms), die Sonnenstrahlen.
The moon (muhn), der Mond.
New (nju) moon, der Neumond.
Full moon, der Vollmond.
Moonlight (muhnleit), das Mondlicht.
An eclipse (eklipps), eine Mond- oder Sonnenfinsterniß.
The stars (starrs'), die Sterne.
The planets (plann-etts), die Planeten.
A comet (komm-ett), ein Komet.
The North (norrdth), Norden.
The South (sauth), Süden.
The East (ihst), Osten.
The West (uest), Westen.

II. Of the Elements. Von den Elementen.

Water (uoat'r), das Wasser.
Fire (fei'r), das Feuer.
The earth (errth), die Erde.
The air (ehr), die Luft.
Light (leit), das Licht.
Darkness, die Dunkelheit.
Day (deh), der Tag.
Night (neit), die Nacht.
Heat (hiht), die Wärme, Hitze.
Cold (kold), die Kälte.
A cloud (klaud), eine Wolke.
A vapour (wehp'r), ein Dunst.
A fog (fogg), ein Nebel.
A mist, ein naßmachender Nebel.
Rain (rehn), der Regen.
A rainbow (rehnbo), ein Regenbogen.

A shower (schaur), ein Regenguß.
Hail (hehl), der Hagel.
Snow (sno), der Schnee.
Frost (frost), der Frost.
Ice (eis), das Eis.
Dew (bju), der Thau.
The wind (uind), der Wind.
A whirlwind (huörl-uind), ein Wirbelwind.
A blast of wind, ein Windstoß.
A storm (stoarm), ein Sturm.
A tempest, der Windsturm.
A hurricane (horrikehn), ein Orkan.
A calm (kahm), eine Windstille.
Thunder (thonnb'r), der Donner.
Lightning (leitning), der Blitz.

III. Of the Earth (errth). Von der Erde.

The globe (glohb), die Erdkugel.
The hemisphere (hemmisfihr), die Hemisphäre.
The horizon (horr-eifn), der Horizont.
The longitude (lonnbschitjub), die Länge.
The latitude (latitjub), die Breite.
An earthquake (errthkuehk), ein Erdbeben.
The climate (kleimet), das Klima.
A region (rihbsch'n), eine Region.
A continent, das Festland, Continent.
An island (eilenb), eine Insel.
A peninsula (penninfjulä), die Halbinsel.
An isthmus, eine Landenge.
A cape (kehp), ein Kap, ein Vorgebirge.
An empire (empeir), ein Kaiserthum.
A kingdom (kingd'm), ein Königreich.
A republic (ripobblikk), eine Republik.
A colony (koloni), eine Kolonie.

A country (konntri), ein Land.
A province (proww'ns), eine Provinz.
A county (kaunti), eine Grafschaft.
A precipice (prehßipiß), ein Abgrund.
A mountain (maunt'n), ein Berg.
A rock (rokk), ein Felsen.
A stone (stohn), ein Stein.
A hill, ein Hügel.
A valley (walli), ein Thal.
A plain (plehn), eine Ebene.
A desert (deff'rt), eine Wüste.
A cavern (kaww'rn), eine Höhle.
A grotto, eine Grotte.

The soil (soeil), der Boden.
Clay (kleh), der Thon, Lehm.
Sand, der Sand.
Gravel (graww'l), der Kies.

IV. Of Water. Vom Wasser.

The ocean (ohsch'n), der Ocean.
The sea (sih), das Meer, die See.
An arm of the sea, ein Meerarm.
A gulf (gollf), ein Golf.
A bay (beh), ein Meerbusen.
A road (rohb) (for ships), eine Rhede.
A channel (tschann'l), ein Canal.
A strait (streht), eine Meerenge.
The tide (teib), die Ebbe und Fluth. (1)
The flow (floh) and ebb, die Fluth und
  die Ebbe.
High water (hei uoat'r), die Fluth.
Low (loh) water, die Ebbe.
The current (korr'nt), die Strömung.

A wave (uehw), eine Welle.
The billows (billohß), die Wogen.
A harbour (harb'r), ein Hafen.
A lake (lehk), ein See.
A river (riww'r), ein Fluß.
A great river, ein Strom.
A brook (bruff), ein Bach.
A pond (ponnd), ein Teich.
A fountain (faunt'n), eine Fontäne.
A well (uell), ein Brunnen.
A waterfall (uoatrfoall), ein Wasserfall.
A torrent (torr'nt), ein Regenbach.
The source (sorß), die Quelle.
A spring, eine Quelle.

V. Of Time (teim). Von der Zeit.

Eternity, die Ewigkeit.
A century (sentjerri), ein Jahrhundert.
A year (jihr), ein Jahr.
Half (hahf) a year, ein halbes Jahr.
A quarter (kuorrt'r) of a year, ein Vierteljahr.
Leap (lihp)-year, das Schaltjahr.
A month (monnth), ein Monat.
A week (uihk), eine Woche.
A day (beh), ein Tag.
An hour (aur), eine Stunde.
Half an hour, eine halbe Stunde

A quarter of an hour, eine Viertelstunde.
A minute (minnet), a moment, eine
  Minute, (minute (minjuht), genau).
A second (seff'nb), eine Sekunde.
The dawn (boahn), das Tagen, Grau.
The break of day, der Tagesanbruch.
The twilight (tuelleit), das Zwielicht.
Morning (morr-ning), der Morgen.
Sunrise (sonn-reif), der Sonnenaufgang.
The forenoon (fohr-nuhn), der Vormittag.
Noon (nuhn), der Mittag.

---

(1) Im Englischen bedeutet tide eigentlich nur Zeit, z. B.:
Evening-tide, die Abendzeit; Shrove-tide, die Fastenzeit ꝛc.; es wird aber meist als
allgemeiner Begriff für das Wasser des Meeres, worunter beide ebb (Ebbe) und flow (Fluth)
verstanden werden, denn man sagt z. B.:
The tide is in, the tide is out.   Es ist Fluth, es ist Ebbe, (das Wasser ist da-
                                                          aus).
Time and tide wait for no man.   Zeit und Fluth warten auf Niemand.

The afternoon (aftr-nuhn), der Nachmittag. | Midnight (mibb-neit), Mitternacht.
The evening (ihw'ning), der Abend. | Yesterday (jeſt'rdä), geſtern.
Sunset (ſonn-ſett), der Sonnenuntergang. | To-day (t' beh), heute.
Night (neit), die Nacht. | To-morrow (t' morro), morgen.

VI. Of the Seasons (ſihſ'nß) and Months. Von den Jahreszeiten und Monaten.

Spring, der Frühling. | August (oageſt), Auguſt.
Summer (ſomm'r), der Sommer. | September (ſeptemb'r), September.
Autumn, (oaht'm), der Herbſt. | October, Oktober.
Winter (uint'r), der Winter. | November, November.
January (bſchenn-ju-erri), Januar. | December (beßemb'r), December.
February (febb-ru erri), Februar. | *Thirty days hath September,*
March (mahrtſch), März. | *April, June, and November;*
April (ehprl), April. | *February has twenty-eight alone,*
May (meh), Mai. | *And all the rest have thirty-one.*
June (bſchuhn), Juni. | But Leap-year coming once in four,
July (ſchulei), Juli. | Gives *February one day more.*

Of the Days of the Week. Von den Tagen der Woche.

Sunday (ſonn-bä), Sonntag. | Wednesday (uenn-bä), Mittwoch.
The Sabbath (ſabb-eth), der Sabbat. | Thursday (thorr-bä), Donnerſtag.
Monday (monnbä), Montag. | Friday (freibä), Freitag.
Tuesday (tjuhſbä), Dienstag. | Saturday (ſatt'rbä), Samstag.

VII. Of Remarkable Days. Von merkwürdigen Tagen.

New-year's (njujihrß) Day, Neujahrstag. | Christmas (krißm'ß), Weihnachten.
Twelfth (tuelſth)-Day, der Dreikönigstag. | Christmas-Day, Chriſttag.
Shrove (ſchrohw)-Tuesday, der Faſten- | The holidays,
  dienstag. | The vacation (weff-ehſch'n), } die Ferien.
Ash (aſch)-Wednesday, Aſchermittwoch. | A fast-day, ein Faſttag.
Lent (lennt), die Faſtenzeit. | A feast (fihßt)-day, ein Feſttag.
Palm (pahm)-Sunday, der Palmsonntag. | A holiday, ein Feiertag.
Lady (lehbi)-Day, Maria Verkündigung. | A work-day, ein Werktag.
Good (gubb)-Friday, der Charfreitag. | A birth (berrth)-day, ein Geburtstag.
Easter (ihſt'r), Oſtern. | A patron Saint's-Day, ein Namenstag.
Whitsuntide (huittß'nteib), Pfingſten. | All Saints'-Day, aller Heiligen Tag.
Midsummer, Johannistag. | Corpus-Christi-Day (*Fête-Dieu*), Frohn-
The Dog-days, die Hundstage. | leichnam.
Michaelmas (mikkln'ß), Michaelis. |

Of Mankind (mannkeinb). Von Menschen.

A man (mann), ein Mann. | A widower (uib-boh'r), ein Wittwer.
An old man, ein Greis. | A widow (uibbo), eine Wittwe.
A woman (uum'n), eine Frau. | An orphan (orrff'n), eine Waiſe.
A bachelor (batſchel'r), ein Junggeſelle. | An heir (ehr), ein Erbe.
A maid (mehb), eine Jungfrau. | An heiress (ehreß), eine Erbin.
 | An heir-at-law, geſetzmäßiger Erbe.
A boy (boai), ein Knabe. | The people (pihp'l), das Volk.
A girl (gerrl), ein Mädchen. | The fair (ſehr)-sex, das ſchöne Geſchlecht.
A child (tſcheilb), ein Kind. |

VIII. Of Kindred. Von der Verwandtschaft.

The great-grandfather, der Urgroßvater. | The grandfather, der Großvater.
The great-grandmother, d. Urgroßmutter. | The grandmother, die Großmutter.

The grandson, der Enkel.

The granddaughter (boaht'r), die Enkelin.
The father (fahbth'r), der Vater.
The mother (mobth'r), die Mutter.
Parent (pehrnt), der Vater oder die Mutter.
Parents (pehrnts), die Eltern.
Relations (relehschns), die Verwandten.
A son (sonn), ein Sohn.

A daughter (boaht'r), eine Tochter.
A brother (brobth'r), ein Bruder.
A sister (fißt'r), eine Schwester.
Brothers and sisters, Geschwister.
An uncle, (onnk'l), ein Onkel.
An aunt (annt), eine Tante.
A nephew (neww-jü), ein Neffe.
A niece (nihß), eine Nichte.
A cousin (koss'n), ein Vetter, eine Cousine.
A first cousin, ein Geschwister-Kind.

The bridegroom (breibgruhm), der Bräutigam.
The bride (breib), die Braut.
The husband (hoßb'nd), der Ehemann.
The wife (ueif), die Ehefrau.

The father-in-law (loah), Schwiegervater.
The mother-in-law, die Schwiegermutter.
The son-in-law, der Schwiegersohn.
The daughter-in-law, b. Schwiegertochter.
The brother-in-law, der Schwager.
The sister-in-law, die Schwägerin.
The stepfather, der Stiefvater.
The stepmother, die Stiefmutter.
The stepson, der Stiefsohn.
The stepdaughter, die Stieftochter.
The god-father, der Pathe.
The god-mother, die Pathe.
The god-child (tscheilb), das Pathchen.
A twin (tuinn), ein Zwilling.

IX. Of the Human Body. Von dem menschlichen Körper.

A limb (limm), ein Glied.
A bone (bohn), ein Knochen.
The nerves (nerrwß), die Nerven.
A vein (wehn), eine Ader.
The blood (blobb), das Blut.
The heart (harrt), das Herz.
The liver (liww'r), die Leber.
The lungs (lonngß), die Lungen.
The skin, die Haut.
The head (hebb), der Kopf, das Haupt. [2]
The scull (sloll), der Hirnschädel.
The brain (brehn), das Gehirn.
The hair (hehr), das Haar.
The forehead (forrhebb), die Stirn.
The temples (temmpls), die Schläfe.
The face (fehß), das Gesicht.
The eye (ei), das Auge.
The eyebrow (eibrau), die Augenbraue.

The eyeball (eiboall), der Augapfel.
The eyelid (eilibb), das Augenlid.
The eyelashes, die Augenwimpern.
The cheeks (tschihks), die Wangen.
The nose (nohß), die Nase.
The ear (ihr), das Ohr.
The mouth (mauth), der Mund.
The lips (lipps), die Lippen.

The jaws (bschoahß), die Kinnbacken.
The gums (gommß), das Zahnfleisch.
A tooth (tuhth), ein Zahn.
The teeth (tihth), die Zähne.
The tongue (tonng), die Zunge.
The chin (tschinn), das Kinn.
The beard (bihrb) od. (berrb), der Bart.
The neck (neck), der Hals.
The bosom (buhß'm), der Busen.
The breast (breßt), die Brust.
The stomach (stomm-eck), der Magen.
The back (back), der Rücken.
The belly (belli), der Bauch.
The shoulder (scholb'r), die Schulter.
The arm, der Arm.
The elbow (ellbo), der Ellbogen.
The hand (hannb), die Hand.
The wrist (rißt), das Handgelenk.
The thumb (thomm), der Daumen.
The finger (finn-g'r), der Finger.
The nails (uehlß'), die Nägel.
The toes (tohß'), die Zehen.
The foot (futt), der Fuß.
The feet (fiht), die Füße.
The leg (legg), das Bein.
The knee (nih), das Knie.

X. Of the Faculties of the Soul. Von den Kräften der Seele.

The memory (memm'ri), das Gedächtniß.
The understanding, der Verstand.
Jugdment (bschobbschment), das Urtheil.

Imagination (imm-absch-i-nehsch'n), die Einbildungskraft.
Reflection (reflekksch'n), die Ueberlegung.

---

[2] Hinsichtlich der Schmerzen, die man an verschiedenen Theilen des Körpers hat, ist Folgendes zu bemerken, z. B.:
Head-ache (ehk), Kopfweh, tooth-ache, Zahnweh, belly-ache, Bauchweh, heart-ache, Herzweh. Bei den andern Theilen des Körpers braucht man nicht ache (Weh), sondern pain (Schmerz), z. B.:

n (rihß'n), die Vernunft.
s (bschihnjeff'), das Genie.
uitt), der Witz.
lea (ei=bi=e), der Begriff.
vill (uill), der Wille.
ght (thoaht), der Gedanke.
e (beseir), das Verlangen.
(grihf), der Kummer.
(hohp), die Hoffnung.

Hatred (hehtredd), der Haß.
Jealousy (bschell=eßi), die Eifersucht.
Joy (bschoai), die Freude.
Love (loww), die Liebe.
Pride (preib), der Stolz.
Vanity (wann=iti), die Eitelkeit.
Anger (anng'r), der Zorn.
Common sense (sennß), der gesunde
   Menschenverstand.

The five Senses. Die fünf Sinne.

ight (seit), das Gesicht (Sehen).
hearing (hihring), das Gehör
ren).

The smell, der Geruch.
The taste (tehßt), der Geschmack.
The feeling (fihling), das Gefühl.

Of Meals and Beverages. Von Mahlzeiten und Getränken.

fast (brekkfßt), das Frühstück.
heon (londsch'n), b. zweite Frühstück.
r (dinn'r), Mittagessen.
ine (dein), zu Mittagessen.
r (sopp'r), das Abendessen.
p (sop), zu Abendessen.
quet (banktett), ein Gastmahl.
(koffi), der Kaffee.
tih), der Thee.

Chocolate (bschokk'lett), die Chocolade.
Wine (uein), der Wein.
Beer (bihr), das Bier.
Brandy, Branntwein, Cognac.
Rum (romm), der Rum.
Arrack, der Arrack.
Lemonade (lem'n=ehb), die Limonade.
Punch (ponntsch), der Punsch.
Cider (seib'r), der Aepfelwein.

Of Secular and Ecclesiastical Dignities. Von den weltlichen und geistlichen Würden.

Pope (pohp), der Papst.
dinal (karb'n'l), ein Kardinal.
chbishop (artschbischepp), ein Erz=
of.
hop (bischepp), ein Bischof.
con (bihk'n), ein Diaconus.
n (bihn), ein Dechant.
son (2b) (parrß'n), ein Pfarrer.
ion (kann'n), ein Canonicus.
ioneß, eine Stiftsfrau.
ar (wikk'r), ein Vicarius.
tor (rekkt'r), ein Oberpfarrer.
rate (kjuhret) ein Pfarrverweser.
nk (monnk), ein Mönch.
n (nonn), eine Nonne.
nperor (emmp'rer), ein Kaiser.
npress (emmpreß), eine Kaiserin.
g (kinng), ein König.
en (kuihn'), eine Königin.
ch-duke (ahrtsch=bjuhk), ein Erz=
og.
ch-duchess (ahrtsch=bottscheß), eine
herzogin.

A grand-duke, ein Großherzog.
A grand-duchess, eine Großherzogin.
A duke (bjuhk), ein Herzog.
A duchess (bottscheß), eine Herzogin.
An elector (ilekt'r), ein Kurfürst.
An electress (ilekt'reß), eine Kurfürstin.
A prince (prinnß), ein Fürst.
A princess (prinn=ßeß), eine Fürstin.
A marquis (marrkuis), ein Marquis.
A marchioness (marrsch'neß), eine Mar=
   quisin.
An earl (errl), ein Graf (in England).
A countess (kaunteß), eine Gräfin.
A lord (loarb), ein Lord (Graf).
A lady (lehbi), eine Lady (Gräfin).
A baron (barr'n), ein Baron.
A baroness (barr'neß), eine Baronin.
A nobleman (nohblm'n), ein Edelmann.
A gentleman (3) (bschennt'lm'n), ein
   Herr, ein fein gebildeter Mann.
A lady, eine Dame.
A baronet (barr'nett), ein Baronet.

Magenweh, a pain in the stomach.
Augenweh, a pain in the eye.
ein weher Finger, Fuß ꝛc. a sore finger, foot, eye, ear, etc.

Brustweh, a pain in the breast ob. chest.
Halsweh heißt a sore throat;

NB. Man könnte auch sagen: I have a pain in my head, stomach, etc.
Statt "parson" braucht man "parish clergyman". Parson ist geringschätzig.
Das Wort gentleman ober lady in seinem ganzen Sinne läßt sich nicht übersetzen, denn wenn

A knight (neit), ein Ritter.
An ambassador (embaßeb'r), ein Gesandter.

A consul (konns'l) ein Consul.
A professor (profeß'r), ein Professor.
A doctor (bokkt'r) ein Doktor.

XII. The King's Household, etc.   Hofämter oder Hofchargen. ꝛc.

Prime (preim) minister, erster (dirigirender) Minister.
First Lord of the Treasury (trescherri), Finanzminister.
President of the Board of Trade, Handelsminister.
Secretary (sekrterri) of State for the War department, Kriegsminister.
Secretary of State for the Home department, Minister des Innern, Polizeiminister.
Secretary of State for Foreign affairs, Minister des Auswärtigen.
Chancellor of the Exchequer (ekkstscheff'r), Kanzler der Schatzkammer.
Lord High Chancellor (tschanßel'r), Großkanzler, Lordkanzler.
Lord Chief Justice (tschihf dschoßtiß), Justizminister.
Attorney - general, Solicitor - general, Generalanwalt.
The Lord Chamberlain, der Oberkammerherr.
A Chamberlain (tschämmb'rl'n), ein Kammerherr.
A private secretary, ein Privat-Sekretär.
A Lord of the Bedchamber, ein Kammerjunker.
A Lady of the Bedchamber, eine Kammerfrau.
A maid (lady) of Honor, eine Ehrendame.
A groom of the Bedchamber, ein Kammerdiener.
The master of the Wardrobe, der erste Garderobeaufseher.
The Lord - Steward of the King's household, der Oberſthofmeiſter.
The Treasurer (tresch'rer), der Zahlmeister (Schatzmeister).
The master of the Ceremonies, der Ceremonienmeiſter.
The master of the Household, der erste Hausmeiſter.

The Master of the Revels, der Intendant der kleinen Ausgaben.
The Master of the Horse, der Oberstallmeister.
An Equerry (ikuerri), ein Stallmeister.
A King at Arms, ein Wappenkönig.
A Herald (herr'ld), ein Herold.
The Commissioner of Woods and Forests, der Generalinſpector der Forſten und Wälder.
A Chief Justice in Eyre (ehr), ein Oberforſtmeiſter.
The Grand - Falconer (foakna'r), der Großfalconier.
The Master of the Buck-hounds, der Oberjägermeiſter.
Master General of the Ordnance, der Generalfeldzeugmeiſter.
The King's Physician (fißisch'n), des Königs Leibarzt.
The King's Surgeon (sorrtsch'n), des Königs Wundarzt.
A Captain of the Guards, ein Hauptmann der Leibwache.
War-office, Kriegsminiſterium.
Treasury-office. Exchequer-office. Finanz = oder Schatzminiſterium.
Chancery - office, Court of Chancery. Juſtizminiſterium, Kanzleihof.
Home-Department office, Miniſterium des Innern.
Foreign-office (forr'n offiß), Miniſterium des Auswärtigen.
The Board of trade, Handelsminiſterium.
The university (juniverßiti), die Univerſität.
The town-hall, das Stadthaus.
The post-office, das Poſtamt.
The mint, die Münze.
The bank, die Bank.
The Royal - Military Academy, das königliche Cadetten=Corps.
The main guard (gard), die Hauptwache

man von Jemand ſagt: "He is quite the gentleman; she is quite the lady", ſo bedeutet es mehr, als wenn man ganze Bände zu ihrem Lobe ſchriebe; übrigens wendet man es bei allen Perſonen von Bildung und feinen Sitten, welchen Rang ſie auch immer haben mögen, mit Recht an.

B. Familiar Dialogues. Vertrauliche Gespräche.

Dialogue (deialogg) I.

Salutations and Compliments. | **Begrüßungen und Complimente.**

Good morning, ladies, gentlemen. (¹) | Guten Morgen, meine Damen, Herren.
Good morning, Sir (ßorr), Madam. | Guten Morgen, mein Herr, Madame.
How do you do, Sir, Madam? | Wie befinden Sie sich, mein Herr, Madame?

Very well, thank you, (much obliged to you); and how do you do? | Ganz wohl, ich danke Ihnen, und wie befinden Sie sich?
So, so. Not very well Quite well. | So, so. Nicht sehr wohl. Ganz wohl.
How is Mrs. (mißis) N. to day? (²) | Wie befindet sich Ihre Frau Gemahlin?
She is (not) very well, thank you. | Sie befindet sich (nicht) sehr wohl, danke.
Pray (preh), Sir, take a chair (tschehr). | Bitte, nehmen Sie Platz.
Thank you; but I can't stay (steh). | Danke, aber ich kann nicht bleiben.
I come only to inquire (infueir) how you all were. | Ich komme nur, um mich zu erkundigen, wie es Ihnen Allen ginge.
I thank you for your kind visit. | Ich danke Ihnen für ihren gütigen Besuch.
Give my respects to your mother. (³) | Meine Empfehlung an Ihre Frau Mutter.
Remember me to your sister. | Einen Gruß an Ihre Fräulein Schwester.
Good morning. Good evening. Good night (neit). | Guten Morgen. Guten Abend. Gute Nacht.
Good bye (bei), Sir. Good day, Sir. | Ich empfehle mich Ihnen.
I have the honor to wish you good morning, good evening. | Ich habe die Ehre Ihnen guten Morgen, guten Abend zu wünschen (mich zu empfehlen).

Good bye, Sir, till we meet again. | Leben Sie wohl. — Auf Wiedersehen.
Farewell (fehruell). — Adieu (ädju). | Leben Sie wohl. Adieu.
I wish you safe (sehf) home (hohm). | Kommen Sie gut nach Hause.

Dialogue II.

To ask a Favour (fehwr). | **Um eine Gefälligkeit zu bitten.**

Somebody knocks at the door. | Jemand klopft (es ist geklingelt worden).
See who knocks. Who is there? | Siehe wer klopft. — Wer ist da?
A friend. — Sir, it is a gentleman. | Ein Freund. — Es ist ein Herr da.
Whom does he inquire for? — For you. | Nach wem fragt er? — Nach Ihnen.
Show (scho) him in. | Führen Sie ihn herein.
Good morning (to you), Mr. Wilson. | Guten Morgen, Herr Wilson.
Good morning, Mr. Johnson. | Guten Morgen, Herr Johnson.
I come to solicit (to beg) a favor. | Ich komme, von Ihnen eine Gunst zu erbitten.

You may command me. | Ich stehe Ihnen zu Befehl.
Could you favour me, by lending me five pounds (paunds) (£ 5)? | Könnten Sie mir wohl die Gefälligkeit erweisen, mir 5 Pfund zu leihen?
Oh! with much pleasure (plesch'r). | O, mit dem größten Vergnügen.

(1) Wenn Herren und Damen in einer Gesellschaft zusammen sind, so fordert es die englische Höflichkeit, daß man die Damen zuerst nennt, z. B.: How do you do, *ladies* and *gentlemen?*

(2) Wenn man nach der Frau eines vornehmen Mannes fragt, so sagt man immer: How is Mrs. N. oder your lady (wie ist Madame N. oder Ihre Dame (Frau Gemahlin)? ausgenommen wenn sie eine Baronin oder Gräfin ꝛc. ist, dann fragt man: How is Lady N? fragt man nach dem Manne, so fragt man: How is Mr. N. — wenn Graf ꝛc How is Lord B.; Baron B., etc.? siehe das XII. Gespräch, Seite 576.

(3) Im Englischen darf man nie Herr Bruder, Frau Mutter ꝛc. sagen, wie es im Deutschen und andern Sprachen der Fall ist, sondern bloß: How is your brother, sister, mother, etc.? will man aber sehr höflich sein, so kann man den Titel und Familiennamen statt der Wörter Bruder, Schwester ꝛc. sagen, z. B.: How is Mrs. (Miss, Mr.) Wilson? Thank you, my mother, (sister, brother) is quite well.

Sir, I am much obliged (obleibschd) to you.	Mein Herr, ich bin Ihnen sehr verbunden.
You are very welcome, Sir.	Mein Herr, es ist gerne geschehen.

Dialogue III.

The Time of the Day. Von der Zeit.

What o'clock is it?	Wie viel Uhr ist es?
Do me the favor (fehwr) to tell me (ob. please tell me) what o'clock it is?	Sagen Sie mir gefälligst, wie viel die Uhr ist?
It is very near twelve.	Es ist beinahe zwölf Uhr.
It is one o'clock. Really! Yes, it is.	Es ist 1 Uhr. Wirklich? Ja, es ist Eins
Has it struck (stroff) two? Not yet.	Hat es 2 Uhr geschlagen? Noch nicht.
It is a quarter after three.	Es ist ein Viertel nach drei.
Half past four. A quarter to six.	Halb fünf. Drei Viertel auf sechs.
Twenty minutes after eight.	Zwanzig Minuten nach acht.
Twenty five minutes to nine.	Fünf und zwanzig Minuten vor neun.
It struck ten just now. Indeed! Yes.	Es schlug gerade 10. In der That! Ja.
It is striking ten. So late! is it?	Es schlägt 10. So spät ist es schon!
Look (luff) at your watch.	Sehen Sie auf Ihre Uhr.
It goes (gohs) too fast, — too slow (sloh).	Sie geht zu schnell, zu langsam.
It does not go. It is down (daun).	Sie geht nicht. Sie ist abgelaufen.
Wind (ueind) it up, and let us go.	Ziehen Sie sie auf, und lassen Sie uns gehen (4).

Dialogue IV.

The State of the Weather. Vom Wetter.

What sort of weather have we?	Was für Wetter haben wir?
The morning is very fine (fein).	Der Morgen ist sehr schön.
How is the weather this morning?	Wie ist das Wetter heute?
The weather is very bad, very good.	Das Wetter ist sehr schlecht, sehr gut.
Very bad, is it?	Sehr schlecht ist es?
Yes, it snows fast, and is very cold.	Ja, es schneit stark und ist sehr kalt.
Why (huei), it was warm yesterday.	Nun, gestern war es warm.
True, but yet it freezes to-day.	Das ist wahr, aber heute friert es.
Do you think it will rain (rehn)?	Glauben Sie, daß es regnen wird?
No; I rather think it will snow (snoh).	Nein, ich glaube eher, daß es schneien wird.
You mistake; 'tis pouring rain.	Sie irren sich; es regnet stark.
It thaws. The frost is going.	Es thaut. Der Frost läßt nach.
A fog is rising. 'Tis foggy.	Ein Nebel steigt auf. Es ist neblig.
The wind (uind) is high (hei).	Es geht ein starker Wind.
The wind blows cold and hard.	Der Wind weht kalt und stark.
It is very sultry, I think we shall have a thunder-storm.	Es ist sehr schwül, ich glaube wir bekommen ein Gewitter.
Do but hear how it thunders!	Hören Sie nur, wie es donnert!
How terribly it lightens (leit'ns)!	Wie schrecklich es blitzt!
The storm is over, the moon shines.	Der Sturm ist vorbei, der Mond scheint.
How suddenly the weather has changed.	Wie plötzlich sich das Wetter geändert hat.
Yes; yesterday 'twas cold, but to-day 'tis warm.	Ja; gestern war es kalt, heute aber ist es warm.
Thank God; the winter is past.	Gott sei Dank, der Winter ist vorbei.
I like (the) spring and autumn.	Ich liebe den Frühling und den Herbst.
And I; I like extremes. Summer and winter for me.	Und ich; ich liebe die Extreme. Sommer und Winter für mich.

(4) Ueber die Zeitbestimmung sehe §. 62, Seite 174.

Dialogue V.

On Going to Bed.   Beim Schlafengehen.

It is very late (leßt).	Es ist sehr spät.
By the bye (bei), so it is. It is time to go to bed.	Ah ja, das ist wahr. Es ist Zeit, zu Bette zu gehen.
I do not like sitting up late.	Ich bleibe nicht gerne lange (spät) auf.
Nor I either. I am very sleepy.	Ich auch nicht. Ich bin sehr schläfrig.
What time do you generally go to bed?	Welche Zeit gehen Sie gewöhnlich zu Bette?
I generally go to bed at eleven.	Ich gehe gewöhnlich um 11 Uhr zu Bette.
And I, seldom before one (uonn).	Und ich selten vor Eins.
John, bring chamber-candlesticks, and a pair of slippers for Mr. Wilson.	Johann, bringe Nachtlichter und ein Paar Pantoffeln für Herrn *Wilson*.
Pray (preß), have the kindness to tell me what is your breakfast hour?	Bitte, sagen Sie mir gefälligst, zu welcher Zeit frühstücken Sie?
We generally breakfast at 9 (o'clock).	Gewöhnlich frühstücken wir um 9 Uhr.
Well, I shall appear at your breakfast-table at nine.	Gut, ich werde um 9 Uhr beim Frühstück erscheinen.
Good night, Madam, Sir (ßörr).	Gute Nacht, Madame, mein Herr.
Good night, Mr., Mrs. Thompson.	Gute Nacht, Herr, Madame *Thompson*.
Good night, Miss Thompson.	Gute Nacht, Fräulein *Thompson*.
Good night, ladies and gentlemen.	Gute Nacht, meine Herren und Damen.
I wish you a good night's rest.	Ich wünsche Ihnen wohl zu ruhen.
Thank you; I wish you the same.	Danke; ich wünsche Ihnen dasselbe.

Dialogue VI.

On Getting up and meeting at Breakfast.   Beim Aufstehen und Zusammentreffen beim Frühstück.

Good morning, Mr. Wilson. I hope you have slept well?	Guten Morgen, Herr *Wilson*. Ich hoffe, Sie haben gut geschlafen?
Oh, thank you, Sir; extremely well indeed. How do you do this morning?	Ich danke Ihnen; sehr gut. Wie befinden Sie sich heute?
Much obliged to you; quite (kueit) well.	Ich danke Ihnen; sehr wohl.
Ladies, I have the honor to wish you good morning.	Meine Damen, ich habe die Ehre Ihnen guten Morgen zu wünschen.
Good morning, Mr. Wilson.	Guten Morgen, Herr *Wilson*.
I hope, I have not kept you waiting breakfast for me.	Ich hoffe, Sie haben nicht auf mich mit dem Frühstück gewartet.
Oh, not at all; it is not yet nine, and we seldom breakfast before.	O keineswegs; es ist noch nicht neun Uhr, und wir frühstücken selten früher.
What will you take, Mr. Wilson?	Was belieben Sie, Herr *Wilson*?
Thank you, Mrs. Thompson, I shall take a cup of tea (tih).	Ich danke Ihnen, Madame *Thompson*, ich werde eine Tasse Thee zu mir nehmen.
Do you take sugar and cream (krihm)?	Nehmen Sie Zucker und Rahm?
If you please (plihß).	Wenn es Ihnen gefällig ist.
Allow (ellau) me to help you to a slice (ßleiß) of cold beef (bihf)?	Erlauben Sie, daß ich Ihnen einen Schnitt kaltes Rindfleisch gebe?
Much obliged to you; I prefer eggs.	Ich danke Ihnen sehr; ich ziehe Eier vor.
Perhaps you'd like a little ham or a beefsteak?	Möchten Sie vielleicht etwas Schinken oder Beefsteak?
You are very kind (keind). No, I shall take a little buttered toast (tohßt).	Sie sind sehr gütig. Nein, ich nehme etwas geröstetes Brod mit Butter.
You have not made a good breakfast?	Sie haben nicht gut gefrühstückt (⁵).

(⁵) "To make a good breakfast" braucht man im Englischen in dem Sinne von „gut frühstücken", man kann aber auch sagen: "To breakfast well". Das deutsche „Frühstück machen" giebt man mit "To prepare breakfast". Siehe Anmerk. 28, Seite 313.

A most excellent one, I assure you.	Vortrefflich, ich verfichere Sie.
Now, Sir, if you have no objection, I'll shew (schoh) you our garden.	Nun, mein Herr, wenn Sie nichts da gegen haben, so werde ich Ihnen unfern Garten zeigen.

Dialogue VII.

The Garden. Der Garten.

What beautiful (bjutifull) flowers (flaur's) you have in your garden!	Was für schöne Blumen Sie in Ihrem Garten haben!
Yes, we have some very fine ones.	Ja, wir haben einige sehr schöne.
What do you call this flower?	Wie nennen Sie diese Blume?
Oh that's the lily of the Nile (neil).	O das ist eine Nil-Lilie.
What fine tulips (tjulipps)! I've never seen any so fine before.	Welche schöne Tulpen! Ich habe nie zuvor solche schöne gesehen.
Yes, those are beautiful indeed. I received the roots from Holland.	Ja, diese sind in der That schön. Die Zwiebeln habe ich aus Holland bekommen.
Are you fond of pinks?	Sie sind ein Liebhaber von Nelken?
Oh yes. But I don't like their smell.	O ja. Aber der Geruch gefällt mir nicht.
I prefer the moss rose to all other flowers.	Ich ziehe die Moosrose allen andern Blumen vor.
And I prefer the modest violet (weielet).	Und ich das bescheidene Veilchen.
How strange (strehnbsch) that in England you have flowers the whole year in the open air.	Wie sonderbar, daß man in England das ganze Jahr hindurch Blumen im Freien hat.
Oh yes; the monthly rose and several other shrubs bloom at Christmas.	O ja; die Monatrose und verschiedene andere Gesträuche blühen zu Weihnachten.

Dialogue VIII.

The Theatre (thih-ettr). Das Theater.

Will you accompany me to the theatre this evening (ihwning)?	Wollen Sie mich heute Abend in's Theater begleiten?
What is the piece (pihß) this evening?	Was für ein Stück gibt man heute Abend?
"Woman's Life" by Webster.	"Woman's Life" von Webster.
I should prefer going to Drury-Lane.	Ich möchte eher nach Drury-Lane gehen.
I wish to see Macready in the character of the Irish Schoolmaster.	Ich wünsche Macready in der Rolle des irländischen Schullehrers zu sehen.
What is the box-price at the Covent-Garden theatre (thi-ettr)?	Wie viel kostet ein Logenplatz im Covent-Garden Theater?
I believe, five shillings.	Ich glaube fünf Schillings (3 Gulden).
The theatres are much (mottsch) dearer in England than on the continent.	Das Theater ist viel theurer in England als auf dem Festlande.
In proportion to the value of money, I believe not.	Im Verhältniß zu dem Werthe des Geldes, glaube ich nicht.
But the concerts are much dearer.	Aber die Concerte sind viel theurer.
That's true. The Italian opera and the concerts are very dear (bihr).	Das ist wahr. Die italienische Oper und die Concerte sind sehr theuer.
Have you ever heard Mdme. Malibran?	Haben Sie je Madame Malibran gehört?
Oh yes; I heard her in Manchester three days before she died (bei'b).	O ja; drei Tage vor ihrem Tode habe ich sie in Manchester gehört.
It is said that the Italian opera at London and Paris, is the best in the world. How does that happen?	Man sagt, daß die italienische Oper in London und Paris die beste in der Welt sei. Wie kommt das?
Because the singers are best paid in London and Paris.	Weil die Sänger in London und Paris am besten bezahlt werden.

Dialogue IX.

The Picture Gallery. Die Gemälde-Gallerie.

Are you fond of paintings (pehntings)?	Sind Sie Liebhaber von Gemälden?
Oh yes; I admire the paintings of the old school (skuhl).	O ja, ich liebe sehr die Malerei der alten Schule.
Raphael, Correggio, Poussin, da Vinci, Murillo and Albrecht Durer are my favorites.	Raphael, Correggio, Poussin, da Vinci, Murillo und Albrecht Dürer sind meine Lieblinge.
What a splendid collection of paintings there is in Munich.	Was für eine prächtige Gemäldesammlung man in München hat.
Yes, very fine indeed. However, the collection at Paris is much greater.	Ja, sehr schön in der That. Jedoch ist die Sammlung in Paris viel größer.
Have you seen Kaulbach's Destruction of Jerusalem?	Haben Sie Kaulbach's Zerstörung von Jerusalem gesehen?
Yes, I have seen it. The wandering Jew (dschuh) is excellent.	Ja, ich habe sie gesehen. Der ewige Jude darin ist vortrefflich.
Just look (luff) at this portrait. How beautiful!	Sehen Sie nur dieses Porträt an. Wie schön!
That portrait is by Raphael.	Das Porträt ist von Raphael.
Oh no; I mean this.	O nein, ich meine dieses hier.
Oh that's by Sir Joshua Reynolds.	O das ist von Sir Josua Reynolds.
Here is an excellent family piece by Goodall.	Hier ist ein vortreffliches Familienbild, von Goodall.
Yes. The English school has improved very much of late (leht).	Ja. Die englische Schule hat sich seit Kurzem sehr hervorgethan.

Dialogue X.

The Reading-Room. Die Lese-Anstalt.

Let us go to the Reading-room?	Lassen Sie uns in die Lese-Anstalt gehen.
With all my heart (harrt). I wish to see what news from China (tscheine).	Von Herzen gern. Ich möchte die neuesten Nachrichten von China wissen.
What Newspapers have they here?	Was für Zeitungen hat man hier?
They have the Times (teims), the Herald, the Journal des Débats, the Universal Gazette and several other papers.	Man hat die Times, den Herald, das Journal des Debats, die Allgemeine Zeitung und mehrere andere Blätter.
Which Newspaper (njuhspehpr) do you consider the best?	Welche Zeitung halten Sie für die vorzüglichste?
I consider the "Times" as the greatest and most influential newspaper in Europe (juhrop).	Ich betrachte die "Times" als die größte und einflußreichste Zeitung von Europa.
What do you think of the Magazines?	Was halten Sie von den Zeitschriften?
I think them very good for the literature of the day (deh).	Ich denke, daß sie für die Tages-Literatur sehr gut sind.
Which do you prefer, Walter Scott or Bulwer?	Welchen ziehen Sie vor, Walter Scott oder Bulwer?
I prefer Bulwer for the truth and beauty (bjuti) of his characters, and Walter Scott for the graphic simplicity of his descriptions.	Ich ziehe Bulwer wegen der Wahrheit und Schönheit seiner Charactere und Walter Scott wegen der Deutlichkeit und Einfachheit seiner Beschreibungen vor.

Dialogue XI.

A Journey (dschörni). Eine Reise.

In a few (ffu) days (dehs), I intend going to Paris. Will you accompany me?	In einigen Tagen beabsichtige ich nach Paris zu gehen? Wollen Sie mich begleiten?

I'm sorry I cannot leave (lihw) home (hohm) at present. How long do you intend to remain (remehn) there?

I should think a month or five weeks.

How do you intend to go?

By the Rail-road to Dover, and thence by steam-boat to Calais.

What inn do you intend to stop at?

I think at the Hôtel d'Angleterre.

Perhaps we may meet in France.

Good bye. I wish you a pleasant journey (bschorrni).

Pray, tell me, where is the Hôtel d'Angleterre?

Here it is, Sir. — Thank you.

Can I have a bed here?

Yes, Sir, and a very comfortable room.

Have you a *table d'hôte?*

Yes, Sir, at five o'clock.

Very well; I shall appear at that time.

When does the coach leave for Paris?

At ten o'clock to-morrow morning, Sir.

Very well; take an inside place for me, and ask what time we shall arrive in Paris.

Es thut mir leid, daß ich in diesem Augenblicke nicht fort kann. Wie lange beabsichtigen Sie dort zu bleiben?

Ich denke vier bis fünf Wochen.

Wie wollen Sie gehen?

Mit der Eisenbahn nach Dover, und von dort mit dem Dampfschiff nach Calais.

In welchen Gasthof gehen Sie?

Ich denke in das *Hôtel d'Angleterre.*

Vielleicht treffen wir uns in Frankreich.

Leben Sie wohl. Ich wünsche Ihnen eine glückliche Reise.

Bitte, sagen Sie mir, wo ist das *Hôtel d'Angleterre?*

Hier ist es, mein Herr. Ich danke Ihnen.

Kann ich hier ein Zimmer bekommen?

O ja, mein Herr, und ein sehr gemüthliches.

Haben Sie eine *table d'hôte?*

Ja, mein Herr, um fünf Uhr.

Gut; zu dieser Zeit werde ich erscheinen.

Wann geht der Eilwagen nach Paris ab?

Um zehn Uhr morgen früh, mein Herr.

Gut; bestellen Sie mir einen Platz, und fragen Sie, zu welcher Zeit man in Paris ankommt.

☞ NB. Hat man so weit gelernt, so wäre Rothwell's Englisch-deutsches Gesprächsbuch sehr zu empfehlen.

Dialogue XII.

The Manner of Addressing Persons of all Ranks in English. Die Art Personen aus allen Ständen im Englischen anzureden.

Now I should like to know how persons of the different ranks are addressed in English?

1. All persons of the middle classes, as: *merchants, professors, civil-officers;* all *military officers* under the rank of Captain, and all *gentlemen,* without titles of Nobility, are addressed with "*Sir,*" without the family name, or "*Mr.*"with it, and their *wives* (ladies) with "*Madam*" or "*Ma'am*" without, and „*Mrs.*" with the family name; for instance:

Good morning, *Mr. Black*, or good morning, *Sir.*

Good morning, *Mrs. Black*, or good morning, *Madam*, or *Ma'am.*

The sons and daughters are addressed as follows:

Good morning *Miss Black*, or, good morning, *Madam*, or, *Ma'am*, or good morning, *Miss Mary*, *Miss Jane*, etc. (²)

Nun möchte ich gern wissen, wie Personen von verschiedenem Rang im Englischen angeredet werden?

1. Alle Personen vom Mittelstand, als: Kaufleute, Professoren, Civilbeamte, alle Offiziere unter dem Range eines Hauptmannes, und alle Herren ohne Adelstitel, mit "*Sir*" ohne den Familiennamen oder "*Mr.*" mit demselben, und ihre Frauen mit "*Madam*" od. "*Ma'am*" ohne Familiennamen und "*Mrs.*" mit demselben angeredet, z. B.:

Guten Morgen, Herr *Black*, od. guten Morgen, mein Herr (¹).

Guten Morgen, *Madam Black*, od. guten Morgen, *Madam* (gnädige Frau).

Die Söhne und Töchter werden wie folgt angeredet:

Guten Morgen, Fräulein *Black*, oder guten Morgen, (*Madam*), mein Fräulein, oder guten Morgen, Fräulein Marie, Johanna.

---

(1) Dieser Herr Black kann im Englischen ein Professor, ein Lieutenant, ein Sekretär 2c. sein, so redet man ihn doch bloß mit *Mr.* oder *Sir* an.

(2) Hierüber siehe die Anmerk. 16, 17, 18, 19, 20, Seite 118 der Etymologie.

Good morning, *Master Black*, or, good morning, *Master John, James*, etc.

In speaking of the above named persons, how are they distinguished?

In speaking of them each receives his or her title, as follows:

Yesterday, I saw *Mr. Black, Lieutenant Black, Professor Black*, etc. *Mrs., Miss, Master Black*, etc. (³)

2. And how are *Doctors, Captains, Majors, Colonels* and *Generals* addressed?

Doctors, Captains, etc., are addressed by their titles either with or without the family name (⁴), *but always without the word Mr.*, as:

Good morning, *Captain, Doctor, General (Johnson)*, etc. (⁵)

And how are their ladies (wives) addressed?

In speaking to them, simply with "*Mrs.*" with the family name, or "*Madam* or *Ma'am*" without it, as:

Good morning, *Mrs. Johnson*, or *Madam*, etc. In speaking of them, should there be more than one family of the same name, the title or Christian name of the husband is generally added to prevent mistakes; for instance:

Mrs. Dr. Johnson; *Mrs. Captain* Wilson; *Mrs. General* Hill; *Mrs. John* Lane, etc. is very ill. (⁶)

3. And how are *Knights* and their *wives* addressed?

A Knight is always addressed with "*Sir*" and the baptismal name; for instance:

Good morning, *Sir John, Sir Francis*, etc.

Their *wives* are addressed with "*My Lady*" or "*your Ladyship*" without the family name, or "*Lady*" with it, as:

Good morning, *Lady Burdett*, or *My Lady*, or good morning, *to your Ladyship*. In speaking of them, one says; I saw *Sir Francis Burdett, Lady Burdett* this morning.

Guten Morgen, Herr *Black*, oder guten Morgen, Herr Johann, Jakob ꝛc.

Wenn man von den oben genannten Personen spricht, wie werden sie bezeichnet?

Wenn man von ihnen spricht, so bekommt Jeder seinen Titel, wie folgt:

Gestern habe ich den (Herrn) *Black*, den (Herrn) Lieutenant, den (Herrn) Professor *Black* ꝛc., die *Madam*, das Fräulein, den jungen Herrn *Black* ꝛc. gesehen.

2. Und wie werden Doctoren, Hauptleute, Majors, Obersten und Generale angeredet?

Doctoren, Hauptleute ꝛc. werden mit ihrem Titel, entweder mit oder ohne den Familiennamen, aber stets ohne das Wort "*Mr.*" angeredet, z. B.:

Guten Morgen, (Herr) Hauptmann, Doctor, General (*Johnson*) ꝛc.

Und wie werden ihre Frauen angeredet?

Wenn man mit ihnen spricht, bloß mit "*Mrs.*" mit dem Familiennamen, oder "*Madam*" ob. "*Maa'm*" ohne denselben, z. B.:

Guten Morgen, *Madam Johnson* oder *Madam* ꝛc. Sollte es, wenn man von ihnen spricht, mehr als eine Familie von demselben Namen geben, so wird gewöhnlich, um Irrthümer zu vermeiden, der Titel oder Taufname des Gemahles hinzugefügt, z. B.:

Die Frau Doctor *Johnson*, Frau Hauptmann *Wilson*, Frau General *Hill*, Frau Johann *Lane* ꝛc. ist sehr krank.

3. Und wie werden Ritter und ihre Gemahlinnen angeredet?

Ein Ritter wird immer mit "*Sir*" mit dem Taufnamen angeredet, z. B.:

Guten Morgen, *Sir* Johann, *Sir* Franz ꝛc.

Ihre Gemahlinnen werden mit "*My Lady*" oder "*your Ladyship*" ohne den Familiennamen, oder "*Lady*" mit demselben angeredet, z. B.:

Guten Morgen, "*Lady Burdett*" oder "*My Lady*", oder guten Morgen "*to your Ladyship*". Wenn man von ihnen spricht, so sagt man: Heute Morgen habe ich *Sir Francis* und *Lady Burdett* gesehen.

---

(3) Ueber die Ausdrücke: dieser Herr hier, jener Herr da ꝛc. siehe Anmerk. 52, Seite 196.

(4) *Captains*, etc. können auch mit *Mr.* oder *Sir* angeredet werden, und hauptsächlich im Sprechen braucht man *Sir* eher als den Titel.

(5) *Clergymen* (Geistliche) werden bisweilen *your Reverence* (Ihr Hochwürden) meistens aber nur *Mr.* oder *Sir* angeredet.

(6) Wenn man einen Herrn nach seiner Frau fragt, so darf man nicht "How is your *wife* oder *Madam* your *wife*", sondern: "How is Mrs. *Wilson*" oder vertraulich "How is your good *lady*" sagen; ebenso wenn man die Frau nach ihrem Gemahl fragt, so sagt man nicht "your *husband* ob. your *Mr. husband*", sondern "How is Mr. *Black*, Dr. *Johnson*, Captain *Wilson*, das demnach sein Titel ist.

Their children are addressed with *Mr.* and *Miss* with the family name, and *Sir* and *Madam* (*Ma'am*) without it.

4. And how are *Barons, Lords, Viscounts, Earls, Marquises, Bishops* (⁷) and *Judges* (⁷) addressed?

In speaking *to them*, they are all addressed with *My Lord*, or, *your Lordship*, as:

Good morning, *My Lord*, or, good morning *to your Lordship*, I hope I have the honor of seeing your *Lordship* well this morning?

And how are their *wives* addressed?

The *wives* of the foregoing Nobles are all addressed with "*My Lady*," or, "*your Ladyship*," or "*Lady*" with the family title, as:

Good morning *My Lady*, (⁸) or, good morning *to your Ladyship*, or, good morning, *Lady Douglas*, etc.

In speaking *of them*, each must have *his* or her separate title; for instance:

This morning I had the honor of seeing *Baron, Lord, Viscount* Sidmouth etc., *the Earl of Derby, the Marquis of Westminster*, etc.

This morning I met the *Baroness, Lady, the Viscountess Sidmouth, the Countess of Derby, the Marchioness of Westminster*, etc.

And how are the sons and daughters of these noblemen addressed?

All the sons of *Marquises* and the *eldest sons* of *Earls* and *Viscounts*, are addressed, "*My Lord*," or "*Your Lordship*, or, *Lord George, John*" etc. and the daughters are addressed, "*My Lady* or *Your Ladyship*, or *Lady Mary, Jane*," etc.; but the sons and daughters of *Barons* and Lords and the younger sons of *Earls* and *Viscounts* are addressed simply, with *Mr.* and *Miss*, or "*Sir*" and "*Madam or Ma'am*." In speaking of them, or in the address of a letter, they receive, by courtesy, the title of "*The Honorable*."

Ihre Kinder werden mit *Mr.* und *Miss* mit dem Familiennamen angeredet, u. mit *Sir* und *Madam* (*Ma'am*) ohne denselben.

4. Und wie werden Barone, Grafen, Vicomtes, *Earls*, Marquise, Bischöfe und Richter angeredet?

Wenn man mit ihnen spricht, so werden sie alle mit "*My Lord*" oder "*your Lordship*" angeredet, z. B.:

Guten Morgen, "*My Lord*", oder guten Morgen "*to your Lordship*", ich hoffe ich habe die Ehre "*your Lordship*" (Ihre Herrlichkeit) wohl zu sehen!

Und wie werden ihre Gemahlinnen angeredet?

Die Gemahlinnen der vorhergehenden Adeligen werden alle mit "*My Lady*" oder "*your Ladyship*" oder "*Lady*" mit dem Familiennamen angeredet. z. B.:

Guten Morgen, "*My Lady*", oder guten Morgen, "*to your Ladyship*", oder guten Morgen, "*Lady Douglas* 2c."

Wenn man von ihnen spricht, so muß jeder seinen eigenen Titel bekommen. z. B.:

Heute Morgen hatte ich die Ehre, den (Herrn) *Baron, Lord, Viscount Sidmouth* 2c., den *Earl* (Graf) von *Derby*, den *Marquis* von *Westminster* 2c. zu sehen.

Heute Morgen traf ich die (Frau) *Baroness, Lady* (Gräfin), *Viscountess Sidmouth*, die *Countess* von *Derby*, die *Marchioness* (Marquisin) von *Westminster* 2c.

Und wie werden die Söhne und Töchter dieser Edelleute angeredet?

Alle Söhne von Marquisen, und die ältesten Söhne von *Earls* (Grafen und *Viscounts*) werden mit "*My Lord*" 2c. "*Your Lordship*" oder *Lord George*, Johann 2c. und die Töchter werden mit "*My Lady*" oder "*Your Ladyship*" oder *Lady Maria*, Johanna 2c., aber die Söhne und Töchter von Baronen und Lords und die jüngeren Söhne von Earls und Viscounts werden bloß mit *Mr.* und *Miss* oder "*Sir*" und "*Madam*" (*Ma'am*) angeredet. Wenn man von ihnen spricht oder in der Adresse eines Briefes bekommen sie, der Höflichkeit halber, den Titel "*The Honorable*" (der ehrenwerthen).

---

(7) Die Frauen von Bischöfen und Richtern bekommen keinen Titel von ihren Männern und werden nur mit Madam oder Mrs mit dem Familiennamen ihrer Männer, ehe sie zu diesen Stellen erhoben wurden, angeredet.

(8) Man muß sich hüten den Titel "My Lady" bei Personen unter dem Rang von knight (Ritter) und "My Lord" bei Personen unter dem Rang von Baron zu gebrauchen, da in England Jemandem einen Titel beizulegen, auf den er keinen Anspruch hat, eher als ein Zeichen des Mangels an Bildung als der Höflichkeit angesehen würde.

5. And how are *Dukes* addressed?

Dukes and *Duchesses* — not of the Royal blood — are addressed with, "*Your Grace*", for instance:

I hope I have the honor of seeing *Your Grace* well this morning?

In speaking *of them*, one says: I had the honor of seeing "*his Grace, her Grace*" the *Duke*, the *Duchess* of Devonshire this morning.

The eldest sons of *Dukes* are *Marquises* and their daughters are addressed, "*My Lady* or *Your Ladyship*" (9).

6. And how are the *Royal Dukes* and *Princes* addressed?

The *Princes* and *Princesses* of the *Blood Royal* are the *King's Sons* and *Daughters*, *Brothers* and *Sisters*, *Uncles* and *Aunts*, and are addressed "*Your Royal Highness*", and the *Nephews* and Cousins of the King as well as all other Princes are addressed, "*Your Highness*", as:

I have the honor to wish "*Your Highness*", *Your Royal Highness* good morning, etc.

In speaking *of them*, one says: I saw *his* (*her*) *Highness*, *his* (*her*) *Royal Highness*" this morning.

And how are the King and Queen addressed?

The King is addressed with "*Sire*", or "*Your Majesty*", or "(*may it*) *please Your Majesty*", and the Queen with "*Your Majesty*", or (*may it*) *please your Majesty*", as:

I have the honour to wish "*Your Majesty*" good morning.

Have you spoken with my Minister?

Yes, "*Sire*", *or please* ."*Your Majesty*".

---

5. Und wie werden Herzoge angeredet?

Herzoge und Herzoginnen — von nicht kgl. Geblüte — werden mit "*Your Grace*" (Ihre Durchlaucht) angeredet, z. B.:

Ich hoffe ich habe die Ehre (*Your Grace*) Ihre Durchlaucht wohl zu sehen?

Wenn man von ihnen spricht, so sagt man: Ich hatte die Ehre "*His Grace, Her Grace*" (Seine, Ihre Durchlaucht) den Herzog, die Herzogin von *Devonshire* heute Morgen zu sehen.

Die ältesten Söhne von Herzogen sind Marquise, und ihre Töchter werden "*My Lady* oder *Your Ladyship*" angeredet.

6. Und wie werden Herzoge und Prinzen von königl. Geblüte angeredet?

Die Prinzen und Prinzessinnen vom kgl. Geblüte sind die Söhne und Töchter, Brüder und Schwestern, Onkel und Tanten des Königs, und werden mit "*Your Royal Highness*" (Ihre königl. Hoheit), und die Neffen und Vettern desselben, so wie alle andern Prinzen werden mit "*Your Highness*" (Ihre Hoheit) angeredet, z. B.:

Ich habe die Ehre "Ihrer Hoheit Ihrer königlichen Hoheit" guten Morgen zu wünschen ꝛc.

Wenn man von ihnen spricht, so sagt man: Heute Morgen habe ich Seine, Ihre Hoheit; Seine, Ihre kgl. Hoheit gesehen.

Und wie werden der König und die Königin angeredet?

Der König wird mit "*Sire*" (seir) oder "*Your Majesty*" oder möge es Euer Majestät gefallen und die Königin mit "*Your Majesty*" oder möge es Ihrer Majestät gefallen, angeredet, z. B.:

Ich habe die Ehre Ihrer Majestät guten Morgen zu wünschen.

Haben Sie mit meinem Minister gesprochen?

Ja "*Sire*" oder gefällt Euer Majestät. (10)

---

(9) Ganz verschieden von Deutschland können in England nie zwei Personen denselben bezeichnenden Titel führen. Ein Herzog kann zu gleicher Zeit *Marquis, Earl, Viscount* und *Baron* sein; er wird aber stets mit seinem höhern Titel bezeichnet. Sein ältester Sohn, so lange der Vater lebt, führt den zweiten Familientitel, wird aber nur *Marquis* aus Höflichkeit genannt, und hat folglich keinen Sitz im Hause der Lords.

(10) Hiezu siehe die Formel zu den brieflichen Adressen ꝛc. Anhang V. Seite 600.

II. Anhang.

A. Sprichwörter. B. Idioms. C. Synonymen.

A. Adages, Sayings. Sprichwörter.

Many men, many minds.	Biele Köpfe, viele Sinne.
Necessity has no law.	Noth bricht Eisen.
He's a chip of the old block.	Der Apfel fällt nicht weit vom Stamm.
Out of sight, out of mind.	Aus den Augen, aus dem Sinn.
Silence gives consent.	Schweigen gilt für Einwilligung.
'Tis all Greek to me.	Das sind mir böhmische Dörfer.
Walls have ears.	Die Wände haben Ohren.
Little pitchers have large ears.	Kinder sind aufmerksamer, als man glaubt.
Ill weeds grow apace.	Unkraut vergeht nicht.
Light got, light gone.	Wie gewonnen, so zerronnen.
Bought wit is best.	Durch Schaden wird man klug.
Better late than never.	Besser spät, als gar nicht.
It's labour in vain to wash a black-a-moor white.	An dem ist Hopfen und Malz verloren.
They agree like cat and dog.	Sie leben mit einander wie Hund und Katze.
Birds of a feather flock together.	Gleich und gleich gesellt sich gern.
Fine feathers make fine birds.	Kleider machen Leute.
One bird in the hand is worth two in the bush.	Ein Sperling in der Hand ist besser als eine Taube auf dem Dache.
A burnt child dreads the fire.	Ein gebranntes Kind fürchtet das Feuer.
Opportunity makes the thief.	Gelegenheit macht Diebe.
Possession is nine points of the law.	Der Besitzer behält meistens Recht.
Fools build houses, and wise men live in them.	Narren bereiten Feste, und kluge Leute genießen sie.
Drunkenness shows a man's mind, as a looking-glass does his person.	Trunkenheit zeigt den Geist, wie der Spiegel die Person.
Drunkards speak truth. In vino veritas.	Im Wein liegt Wahrheit.
Faint heart never won fair lady.	Wer nicht wagt, gewinnt nicht.
Exchange is no robbery.	Tauschen ist nicht stehlen.
All's well that ends well.	Ende gut, Alles gut.
Envy is better than pity.	Neider sind besser als Mitleider.
A friend in need is a friend indeed.	Der ist Freund, der sich in der Noth zeigt.
Early to bed and early to rise, makes a man healthy, wealthy, and wise.	Morgenstunde hat Gold im Munde. Früh in's Bett und früh wieder auf Gibt den besten Lebenslauf.
He is gone to the dogs.	Er ist auf dem Hund.
Enough is as good as a feast.	Wer genug hat, ist reich.
Children and fools speak truth.	Kinder und Narren sagen die Wahrheit.
Charity begins at home.	Jeder ist sich selbst der Nächste.
Hunger is the best cook (sauce).	Hunger ist der beste Koch.
Man proposes, God disposes.	Der Mensch denkt, Gott lenkt.
Love me, love my dog.	Wer mich mag, mag auch meinen Hund.
Honesty is the best policy.	Ehrlich (die Ehrlichkeit) währt am längsten.
Listeners hear no good of themselves.	Der Horcher an der Wand hört seine eigene Schand'.
It's a long lane that has no turn.	Es ist nicht aller Tage Abend.
After labour repose is sweet. Labour sleeps sound.	Nach der Arbeit ist gut ruhen.

n's mind is a kingdom to him. | Des Menschen Wille ist sein Himmelreich.
nakes master. Practice makes | Uebung macht den Meister.
fect.
can't be cured must be endured. | Muß ist eine harte Nuß.
t my money to my friend; } | Ich lieh mein Geld an einen Freund;
, my money and my friend. } | Ich verlor mein Geld und auch mein Freund.
) is the charm. | Aller guten Dinge sind drei.
brings counsel and trouble too. | Die Zeit bringt Rath und Plage mit.
ace comes grace. | Kommt Zeit, kommt Rath.
e *caught a Tartar.* | Ich bin bös' angekommen.

B. Idioms.

I.

Sie wollen's nicht thun? Ja gewiß! | But you won't do it?   Yes, *that* I
doch! | will! — But I will *though.*
ein! | O *dear* no!
nur das nicht. | Any thing *but* that.
enn es sagen wollte. | As much as to say.
htig gesagt. | To tell the plain truth.
ommen — zugegeben. | Admitting — Supposing —.
Essen. | At dinner, supper, breakfast, tea, etc.
re! Gott bewahre! | Not at all!   God forbid! 。
ben Sie einen General! | There's a general for you!
ich Sie bitten um —? | May I trouble you for —?
jebt nicht. | That won't do.
heißt. | That is to say, etc.
st eine schöne Geschichte! | That's a pretty piece of business!
st zum (todt) lachen. | That's (highly) ridiculous.
äßt sich (wohl) denken. | That I can well imagine.
Stück ist durchgefallen. | The piece was hissed (was badly
 | received).
Anschein nach. | To all appearance.
sei wie ihm wolle. | Be that as it may.
vievielten haben wir heute? | What day of the month is to-day?
ungeachtet. | In spite of that.
um so schlimmer, besser. | So much the better, the worse.
eihe ist an Ihnen. | It's your turn.
Schuld liegt an Dir. | It's your fault. — You're to blame.
nes Zeug! | (Fudge!) Nonsense!
ich das thun? Meinetwegen. | May I do that? Yes, for what I care.
 | For any thing I care. — Yes, if you
 | like. — I've no objection.

II.

Tag um den andern. | Every other day.
: und 30 Soldaten. | Some 80 odd soldiers.
rlor den Kopf. | He lost his *presence of mind.*
oben (unten). | He's above (below) *stairs.*
unter die Advokaten aufgenommen | He has been called to the bar.
den.
ein Mann von Wort. | He is a man *of his* word.
nmt, ja? | He's to come, *is he?*
U nicht kommen, nein? | He *won't* come, *won't he?*
wer er wolle. | Be he who he may.
llt mir ein. | By the bye —.
mir jetzt einfällt. | Now that I think of it.
ht ein starker Wind. | The wind is very high.

Es hat nichts zu sagen, zu bedeuten.	It's of no consequence.
Es ist gut reden.	It is easy to talk.
Er hat gut reden.	He may easily talk.
Er hat es in zwei (in Stücken) gemacht.	He has *broken* it in two ob. (into pieces)
Er läßt lange auf sich warten.	He *keeps one* long waiting.
Er kommt lange nicht.	'Twill be long before he comes.
Er besitzt (hat) nichts.	He has nothing *in the world*.
Es ist ihm recht geschehen.	It *serves* him right. He is rightly *servd*
Es ist mir recht. Ich habe nichts dagegen.	I've no objection.
Es ist (nicht) der Mühe werth.	It's (not) *worth while* (the trouble).
Es ist wohl der Mühe werth. }	It's well *worth while*.
Es lohnt wohl die Mühe.	
Es ist nicht der Rede werth.	It's not worth mentioning.
Es ist um ihn geschehen.	It's *all over* with him.
Es ist um uns (allen) geschehen.	We're (all) done for, etc.
Es ist schade — sehr schade.	It's a pity — a great pity.
Es ist sehr begreiflich.	It's very (quite) natural.
Es kommt auf Eins heraus.	It comes (amounts) to the same thing
Es kommt darauf an.	It depends on circumstances.
Es kommt mir vor. Es scheint mir.	It strikes me. It seems (appears) to me
Es läßt sich leicht denken.	One can easily imagine.
Es lebe die Königin Victoria!	Victoria for ever!
Es lebe England!	Old England for ever!
Es macht sich nicht gut.	It doesn't look well.
Es pressirt nicht.	There's no hurry. — I'm in no hurry.
Es schmeckt mir nicht.	I don't *like* it.
Es taugt nichts.	It's good for nothing.
Es versteht sich (von selbst).	Of course. That's a matter of course
Es wird immer schlimmer.	It gets worse and worse.
Es wundert mich!	I am astonished!

III.

Finden Sie das recht?	Do you think that right?
Wie finden Sie die Musik? — Wie gefällt Ihnen die Musik?	What do you think of the music? — How do you like the music?
Ich finde sie sehr schön.	I think it very fine.
Sie gefällt mir sehr.	I like it very much.
Ich finde es theuer; Sie auch, nicht wahr?	I think it dear; you too, do you *not* (don't you)?
Irgendwie verlor ich es.	Somehow or another I lost it.
Glauben Sie? Meinen Sie?	Do you think so?
Glaube wohl. — Ich glaube.	I think so. — I should think so.
Gar nicht. Gar nichts.	Not at all. Nothing at all.
Gesagt, gethan.	No *sooner* said *than* done.
Gleichviel.	That's all one.
Gott segne den, dem es gilt.	God bless the mark!
Hier zu Lande.	In this country.
Hoffentlich sind Sie wohl?	You are well, *I hope?*
Ich bin dabei. — Ich bin so frei.	I agree to it. — I take the liberty.
Ich bin geneigt, es zu glauben.	I rather think so.
Ich bin begierig darauf zu —	I am very *curious* to —.
Ich bin in Verlegenheit, was ich thun soll.	I'm *at a loss* what to do.
Ich denke ja. — Nein.	I think *so*. I think *not*.
Ich empfehle mich.	Good morning. Good evening. Farewell
Ich habe es mir wohl gedacht.	I thought *so*. That's just what I thought
Ich habe Heimweh.	I am longing for home.
Ich habe mich entschlossen.	I have *made up my mind*.
Ich kann nichts dafür.	I cannot *help it*.
Was kann ich dafür?	What can I *help it?*

Jch kann nicht umhin zu gehen. — I can't help going.

Jch komme in Geld-Verlegenheit. — I shall want money. I shall *be at a loss* for money.

Jch mache mir nichts daraus. — I care nothing about it.

Jch möchte lieber. — I had (would) rather.

Jch nehm' es auf mit Jhnen. — Have at you.

Jch setzte es mir in den Kopf. — I *took it into* my head.

Jch stelle es dir frei. — I leave it to your own option.

Jch war eben im Begriff zu —. — I was just going to —.

Jch werde zu kurz kommen. — I shall be the *loser*.

Jch weiß wahrhaftig nicht. — I'm sure I don't know.

Jch weiß mich wohl zu erinnern. — I can well remember.

Jch wette 10 gegen 1. Jch nehm' es an. — I bet you ten to one. — *Done.*

Jch will es nicht hoffen. — I hope not.

Jch will (werde) mein Möglichstes thun. — I will (shall) do *my best.*

Jch wollte gerade zu Jhnen. — I was just going *to your house.*

Jm Gegentheil. Jn jeder Hinsicht. — On the contrary. In every respect.

Jch zweifle, daß er kommt. — I doubt his coming.

Jst Herr N. zu sprechen? — Is Mr. N. disengaged? Is Mr. N. at home?

IV.

Kurz. — Kurz und gut. — In short. In a word.

Laffen Sie mich machen! — Let me alone for that!

Leben Sie wohl. — Good bye (verborb. aus *God be with you*).

Machen Sie! Machen Sie! — Make haste, make haste!

Man denke sich meinen Schrecken. — Imagine my fright.

Meines Wiffens nicht. — Not that I know (of).

Mir ist es gleich. — It's all one (it's all the same) to me.

Mit Namen —. — *By name.* — *Of* the name *of.*

Nach Belieben. Wie Sie wollen. — As you like. As you please.

Nach meiner Meinung. — *In* my opinion.

Nehmen Sie's nicht übel. — Don't take it *amiss.*

Nehmen Sie's mir nicht übel. — Don't be offended with me.

Nicht'n mal —. — Not even —.

Nichts weniger als das. — Any thing but that.

Sagen Sie mal! Sehen Sie mal! — Hören Sie mal! — Tell me! Look (see) here! — I say! Do you hear?

Schadet nichts —. Thut nichts. — It's no matter. — That's no matter.

Schweig, ich bitte dich! — *Do* hold your tongue (your peace).

Sei für dich. Kümmere Dich um Dich. — Mind your own business.

Sie haben wahrscheinlich recht. — I *dare say* you are right.

Jst er arm? — Ja, wahrscheinlich. — Is he poor? — Yes, I dare say he is.

Sie sind Engländer; nicht wahr? — You are an Englishman; *ar'n't you?*

Sie trinken Wein, nicht wahr? — You drink wine; *don't you?*

Sie haben einen Wagen; nicht wahr? — You have a carriage, *haven't you?*

Sie haben Eile; nicht wahr? — You're in a hurry, *aren't you?*

Haben Sie wohl solche Eile? — Are you *in such* a hurry?

Sie haben es mit Fleiß gethan. — You did it *on purpose.*

Sie ist nichts weniger als schön. — She is far from being handsome oder

Elle n'est rien moins que belle. — She is any thing but handsome.

Elle n'est rien de moins *que belle.* — She is *nothing less* than beautiful.

Sie können sich darauf verlaffen. — You may depend *upon it.*

Sogar in diesem Hause. — *Even* in this very house, etc.

Spaß bei Seite. — To be serious.

V.

Um so beffer (mehr). — So much the better (more).

Unter uns gesagt. — Between ourselves.

Versteht sich.	To be sure.
Verzeihen Sie mir!	Excuse me. Pardon me. I beg pardon
A. Verzeihen Sie mir. — *B.* Bitte, bitte! — Bitte recht sehr!	*A.* Do excuse me. *B.* Pray, don't mention it.
Vor Kurzem.	The other day. — Lately.
Was gibt's Neues?	What news is there, etc.?
Was soll denn das?	What's the meaning of that?
Was treibst Du? — Was machst Du? — Was machen Sie?	What are you *at*? — What are you about? — What are you doing?
Wenn ich bitten darf.	If you please.
Wenn Sie sich die Mühe geben wollen.	If you will take the trouble.
Weit gefehlt. Ganz anders.	Far from it. Quite another thing.
Wer kann es ihm verdenken.	Who can *blame* him.
Wie befinden Sie sich?	How *do* you *do*? How *are* you?
Wie befindet sich Ihr Herr Gemahl?	How is Mr. N.?
Wie befindet sich Ihre Frau Gemahlin?	How is Mrs. N.?
Wie befindet sich Ihre Fräulein Schwester?	How is Miss N.?
Wie meinen Sie? — Wie beliebt?	Sir? — Ma'am? *I beg your pardon.*
Willst Du mich zum Besten haben?	Do you want to make a fool of me? (*)

C. Einige von Nichtengländern am häufigsten in ihrem Gebrauch verwechselten Synonymen und Wörter.

§. 1. To beat, strike, schlagen.

Bei *strike* braucht man nur ein**en** Schlag zu geben, dagegen setzt *beat* voraus, daß man die Schläge wiederhole. Außerdem bezeichnet *beat* immer schlagen mit Absicht, während *strike* auch zufällig sein kann.

§. 2. Before, ago, (1) vor.

In Hinsicht auf Zeit ist *before* von *ago* darin zu unterscheiden, daß es auf die Zukunft geht, und ist meistens von einem Fürwort oder von einem Satze gefolgt (wie das französische *avant*); *ago* dagegen drückt die Vergangenheit aus (wie: *il y a*); *ago* muß aber immer am Ende des Satzes stehen, z. B.:

He had arrived two days *before* me.	
Il était arrivé deux jours *avant* moi.	Er war zwei Tage **v o r** mir angekommen.
He was here two days *ago*. (2)	
Il était ici *il y a* deux jours.	Er war hier **v o r** zwei Tagen.

§. 3. To cease, aufhören; to leave off, einhalten; to finish, endigen; to end, beendigen, beenden; to complete, vollenden, to conclude, beschließen; z. B.:

We *cease* a pursuit; we *finish* a work; we *leave off* speaking, we *end* a lawsuit; we *complete* a piece of mechanism; we *conclude* an oration. (3)

§. 4. To cry, weep, weinen.

Beide unterscheiden sich dadurch, daß *to cry* den Nebenbegriff des Hörbaren hat, welcher dem andern fehlt. (3b)

(*) Nebst den oben angeführten eigenthümlichen Redensarten, siehe §. 167 — 178, S. 289 — 297.
(1) Der Unterschied zwischen *since* und *ago* ist schon Anmerk. 14, Seite 343 erklärt worden.
(2) Der Unterschied zwischen *against* und *towards* (gegen), siehe Anmerk. 4, Seite 355.
(3) Der Unterschied zwischen *to do* und *to make* ist Seite 311 erklärt worden.
(3b) NB. "A *disease*" ist eine längere Krankheit, oder Zustand des Krankseins, "*an illness* oder *sickness*" ist eine kürzere Krankheit, z. B.
    "What is his *disease*? He has long suffered from *disease* of the lungs".
    "What is his *illness*? He is *ill* (sick) of the yellow fever".
    "A man is *unhealthy* (sickly, kränklich), food is *unwholesome*".
    NB. "*Sick*" bedeutet auch "übel", eine Bedeutung, die "*ill*" nicht hat.

§. 5. Face, visage, countenance, Gesicht.

Face bezeichnet das äußere Ansehen des Gesichtes, *visage* die Gesammtheit der Gesichtsformen, *countenance* den Ausdruck des Gesichts. (3c)

§. 6. Great, groß; big, groß, dick; large, groß, weit.

Von diesen hat *great* die allgemeinste Bedeutung und bezeichnet Alles, was durch Maß, Ausdehnung, Eigenschaft, Zahl ꝛc. ausgezeichnet ist; *big* bezieht sich auf die Maaße, und *large* bezeichnet Größe der Ausdehnung, z. B.:

A *great* house; a *large* room; a *big* (*large*) (4) dog, man, etc.

§. 7. Ground, bottom, floor, earth, soil, Boden.

Ground bedeutet „Grund, Boden", *bottom* bedeutet der unterste Grund, *floor* bedeutet Fußboden, *earth* Erde, und *soil* fetter Erdboden, z. B.:

Have you seen my book? — Yes, I saw it lying on the *ground*.	Haben Sie mein Buch gesehen? — Ja, ich sah es auf dem Boden liegen.
It is lying on the *floor*.	Es liegt auf dem Boden (Fußboden).
How much treasure lies at the *bottom* of the sea!	Wie viele Schätze liegen auf dem Boden (Grund) des Meeres!
I see the *earth* at the *bottom* of the well.	Ich sehe die Erde auf dem Grunde des Brunnens.
The *soil* here is very good.	Der Boden ist sehr gut hier.

§. 8. Handsome, schön; pretty, hübsch; beautiful, sehr schön; lovely, reizend.

Unter a *handsome* woman versteht man eine schlanke, graziöse und wohlgestaltete Frau, mit regelmäßigen Gesichtszügen; a *pretty* woman ist eine zart gebaute Frau, mit gefälligen Zügen; a *beautiful* (4b) woman vereinigt beides in sich; a *lovely* woman vereinigt in sich Schönheit der Gestalt mit Liebenswürdigkeit des Charakters. Von Dingen sagt man: a *beautiful* palace; a *handsome* house. *Beautiful* bezieht sich auf eine vollkommene und bedeutendere, *pretty* auf eine heitere und kleine Sache, z. B.:

A *beautiful* cathedral; A *pretty* chapel; A *pretty* cottage.

§. 9. Happy, fortunate, lucky, glücklich. Unhappy, unfortunate, unlucky, unglücklich.

Happy bedeutet innere Glückseligkeit, *fortunate* und *lucky* bedeuten Glück in unseren Unternehmungen in Geschäften ꝛc., z. B.:

Although poor, he's the *happiest* man in the world.	Obschon arm, ist er doch der glücklichste Mensch von der Welt.
Although he has been *fortunate* (*lucky*) in all his speculations, yet he is *unhappy* (4c).	Obwohl in allen seinen Unternehmungen glücklich, so ist er doch nicht glücklich.

§. 10. Here and there, hier und da.

Im Deutschen braucht man sehr häufig „da" statt „hier", im Englischen aber darf man dieses nicht, denn „da" bedeutet etwas Entferntes, „hier" etwas Nahes, z. B.:

Sind Sie da, Johann? — Ja, ich bin da.	Are you *there*, John? — Yes, I am *here*.
Da bin ich. — Ich bin da. — Da ist er.	*Here* I am. — I am *here*. — *There* he is.

(3c) NB. *"Fault"* ist ein Fehler, *mistake"* ist ein Irrthum.
"You have committed a *fault* in not doing your duty".
"You have made a *mistake* in writing p instead of q."

(4) Man kann meistens *large* statt *big* gebrauchen, nicht aber umgekehrt.

(4b) Es ist wohl zu merken, daß die Wörter *pretty* und *beautiful* nie bei Männern angewendet werden; von Männern sagt man: He is a *handsome* (oder a *fine-looking*) man.

(4c) NB *Healthy — wholesome"* Dasjenige, was unsere Körperkraft thätig vermehrt, ist *"healthy* (gesund)"; dasjenige, welches unserer physischen Constitution nicht schadet, ist *wholesome* gesund)", z. B.:
"*Pure air, exercise, occupations*, etc. are *healthy*; *plain food, diet*, etc., are *wholesome*".

§. 11. **How, as, wie, als, (**f. Anmerk. 26, S. 346.)

§. 12. Occasion, opportunity, Gelegenheit (5).

Diese zwei Wörter verwechseln die Nichtengländer sehr häufig, benn öfters ge: man folgende und ähnliche Ausbrücke:

Why do you not speak English? | Warum sprechen Sie nicht Englisch?

Because I have no *occasion;* welches im Englischen bebeutet „weil ich es nicht nöthig habe." Hier muß es heißen: Because I have no *opportunity* (Gelegenheit). *Occasion* bebeutet „Gelegenheit" mit dem Nebenbegriff der Veranlassung der Nothwendigkeit, wogegen *opportunity* blos „Gelegenheit" bebeutet, z. B.:

I have given you *no occasion* to complain.	Ich habe Ihnen keine Gelegenheit (Veranlassung) gegeben, sich zu beklagen.
I have *occasion* to go to London.	Ich habe Veranlassung. nach London zu gehen.
I have an *opportunity* to go to London.	Ich habe Gelegenheit, nach London zu gehen.

§. 13. Object, subject, Gegenstand, Zweck.

Das Wort *"object"* bebeutet jebes Ding außer uns, *"subject"* bebeutet alles was wir zum Gegenstand unserer Beschäftigungen, unseres Studiums ꝛc. machen, z. B.:

A pleasant *object* to the eight.	Ein angenehmer Gegenstand für's Aug.
A pleasant *subject* for study.	Ein angenehmer Gegenstand für's Studium.
She is the *object* of his love (6).	Sie ist der Gegenstand seiner Liebe.
She is the *subject* (6b) of his poem.	Sie ist der Gegenstand seines Gedichts.

§. 14. Quite, whole, ganz.

Quite entspricht dem beutschen „ganz" nur bann, wenn man basselbe mit „sehr" ober „völlig" vertauschen kann; wogegen *whole* bem beutschen "ganz" entspricht, wenn es nicht mit „sehr" vertauscht werden kann, z. B.:

Quite good, *quite* different.	Ganz (sehr) gut, ganz (völlig) anbers.
You are *quite* right.	Sie haben ganz (sehr, völlig) recht.
The *whole* day. Upon the *whole.*	Den ganzen Tag. Im Ganzen.

§. 15. Reign, government, Regierung.

Reign bezieht sich blos auf bie Herrschaft bes Monarchen selbst, *government* bagegen bezieht sich auf ben gesetzgebenben Körper, bie Minister ꝛc., z. B.:

During the *Reign* of Elizabeth, the English *government* was highly respected at home and abroad.	Während der Herrschaft ber Elisabeth war bie englische Regierung im Jn- und Auslanbe sehr geachtet.

§. 16. **Remember** unb **put in Mind.** Siehe Anmerk. 31, S 497.

§. 17. **Sample, pattern, Muster.** Siehe Anmerk. 4, S. 390.

§. 18. Some, something, etwas.

"Some" entspricht bem alleinstehenben beutschen etwas ober einige, wenn biese auf ein vorhergenanntes Substantiv hinbeuten. z. B.:

Wenn Sie kommen, bringen Sie etwas von Ihren Noten mit.	When you come, bring *some* (nicht *something*) of your music with you.
Ich habe guten Wein, wollen Sie etwas bavon?	I have good wine, will you have *some?* (6c)

---

(5) *New* unb *news* verwechseln Anfänger beim Gebrauche sehr häufig, unb es ist nur zu merken, baß new stets Abjectiv ist unb neu, hingegen *news* stets Hauptwort ist unb Nachricht, Neuigkeit bebeutet.

(6) *"Pride, Vanity".* "Pride makes us esteem ourselves; *vanity* makes us desire the esteem of others. Pride is applicable to every object, good or bad, high or low, small or great. Vanity is generally confined to small objects".

(6b) NB. *"Object"* bebeutet auch „Zweck" was *"subject"* nie bebeutet, z. B.:
What's the *object* of his studies? | Was ist ber Zweck seines Stubiums?
What's the *subject* of his studies? | Was ist ber Gegenstand seines Stubiums?

Something dagegen entſpricht dem **etwas**, wenn es ſubſtantiviſch gebraucht wird, z. B.:

I have *something* to say to you.	Ich habe Ihnen etwas zu ſagen.
Something is better than nothing (6d).	Etwas iſt beſſer als nichts.

§. 19. Stranger, Fremder; foreigner, Ausländer.

Foreigner bezieht ſich immer auf alle Perſonen, die nicht zum Vaterland gehören, dagegen *stranger* auf ein Verhältniß zu andern Perſonen oder Sachen: (7)

A Parisian is a *stranger* in Lyons, but he is a *foreigner* in England.

§. 20. Stunde, hour, lesson, mile.

An hour iſt eine Stunde Zeit; *"a lesson"* eine Lehrſtunde, und *"a mile"* eine Stunde Wegs.

§. 21. That, since, daß, seit.

Als Conjunction ſtimmt *that* mit dem deutſchen **daß** überein, z. B.:
He thinks *that* I am his friend. | Er meint, daß ich ſein Freund ſei.

In folgenden und ähnlichen Redensarten aber in welchen „**daß nicht**" im Sinne „**von ſeitdem nicht**" gebraucht wird, muß man daſſelbe mit *since* überſetzen, z. B.:

It is very long *since* we have seen each other.	Es iſt ſehr lange her, daß (ſeitdem) wir uns nicht geſehen haben.
It is now a year *since* he wrote to me (7b).	Es iſt jetzt ein Jahr her daß (ſeitdem) er mir nicht mehr ſchrieb.

§. 22. Trade, business, profession, Geschäft.

Trade bezieht ſich auf das Geſchäft der Handwerker, *business* auf das der Kaufleute und *profession* auf das der Gelehrten.

§. 23. Voyage, journey, travelling, eine Reise.

A voyage iſt eine Seereiſe; *a journey* eine Landreiſe, und das Reiſen ſelbſt heißt *travelling*, z. B.:

He is very fond of *travelling*, for he has made *a voyage* to India, and from India he took a long *journey* to Persia.	Er liebt das Reiſen ſehr, denn er hat eine Seereiſe nach Indien gemacht und von dort aus machte er eine lange Reiſe nach Perſien.

Er reiſt viel. He *travels* much. Er iſt nach London gereiſt. He is *gone* to London. Jetzt iſt er auf ſeiner Reiſe nach Rom. He is now *on his journey* to Rome.

§. 24. To wait for, warten; to expect, erwarten.

I am *waited for*, man wartet auf mich. I am *expected*, ich bin erwartet. I shall *wait for* you till ten o'clock, ich werde bis zehn Uhr auf Sie warten. I shall *expect* you to-morrow, ich werde Sie Morgen erwarten.

§. 25. To win, to gain, gewinnen.

. *To win* iſt gewinnen durch Zufall, wie im Spiele ꝛc., *to gain* gewinnen durch Arbeit, Geſchäft (8) ꝛc., z. B.:

(6c) NB. *Some* entſpricht dem Pronomen welcher, welche, welches, wenn etwas oder einige an die Stelle deſſelben treten kann, z. B.:
Here are *apples*, will you have *some*? | Hier ſind Aepfel, wollen Sie welche?
Here is *bread (wine)*, will you have *some*? | Hier iſt Brod (Wein), wollen Sie welches (welchen)?
(6d) Der Gebrauch des *some, any, nobody*, etc. iſt Anmerk. 82, Seite 210 erklärt worden.
(7) *"Shade, shadow, reflection"*. *"Shade"* iſt der Schuß, welchen Bäume ꝛc. vor der Sonne ꝛc. gewähren; *"shadow"* iſt die Form oder Figur eines Körpers, einer Perſon, welche durch die Sonne, Licht ꝛc. gebildet wird, und *"reflection"* iſt der Wiederſchein eines Körpers ꝛc. im Waſſer, z. B.:
"The shade of the trees, the shadow of a man, and the reflection of trees, houses, ships, etc. in the *water"*.
(7b) Der Unterſchied zwiſchen *till, to, as far as*, etc. iſt Anmerk. 14, Seite 357 erklärt worden.

"He has *won* much money at a *horse-race, at cards*".
He has *gained* much money *by his talents*, business, etc.

§. 25b. Work, labour, Arbeit.

To work heißt die Arbeit im Allgemeinen, *"to labour"* dagegen heißt fortgesetzt und angestrengt arbeiten, z. B.:
"He *works* with diligence and care. — He *labours* hard to support his family"

§. 26. Yet, still, noch, immer noch.

Yet bedeutet **d o c h** und **n o c h**, und wird mit dem Verneinungswort *not* häufig verbunden; *still* bedeutet „**i m m e r n o c h**" und darf nie mit *not* verbunden werden, z. B.

Is he come? *Not yet*.	Ist er gekommen? Noch nicht.
He is rich, *but yet* he is avaricious.	Er ist reich, aber er ist doch geizig.
Pygmies are pygmies *still*, though perched on Alps.	Zwerge bleiben **i m m e r n o c h** Zwerge, und wenn sie auch auf Alpen sitzen.
Is the King *still* here?	Ist der König **i m m e r n o c h** hier?

III. Anhang.

A. Einige Lesestücke. **B.** Geschichte der englischen Sprache.
C. Verzeichniß der berühmtesten englischen Schriftsteller.

A. Einige Lesestücke.

1. A Turkish Tale.

We are told that the Sultan Mahmoud, by his perpetual wars abroad, and his tyranny at home, had filled his dominions with ruin and desolation, and half unpeopled the Persian empire. The vizier to this great sultan (whether a humourist or an enthusiast, we are not informed) pretended to have learnt of a certain Dervise to understand the language of birds, so that there was not a bird that could open his mouth, but the vizier knew what it was he said. As he was one evening with the emperor on their return from hunting, they saw a couple of owls upon a tree, that grew near an old wall out of a heap of rubbish. I would fain know, says the sultan, what those two owls are saying to one another; listen to their discourse, and give me an account of it. The vizier approached the tree, pretending to be very attentive to the two owls. Upon his return to the sultan, Sir, says he, I have heard part of their conversation, but dare not tell you what it is. The sultan would not be satisfied with such an answer, but forced him to repeat, word for word, every thing the owls had said. You must know then, said the vizier, that one of these owls has a son, and the other a daughter, between whom they are now upon a treaty of marriage. The father of the son said to the father of the daughter, in my hearing, Brother, I consent to this marriage, provided you will settle upon your daughter fifty ruined villages for her portion. To which the father of the daughter replied, Instead of fifty I will give her five hundred, if you please. God grant a long life to Sultan Mahmoud; whilst he reigns over us, we shall never want ruined villages.

The story says, the sultan was so touched with the fable, that he rebuilt the towns and villages which had been destroyed, and from that time forward consulted the good of his people. *Spectator.*

---

(8) Der Unterschied zwischen *woman* und *wife* ist Anmerk. 13, Seite 117 schon erklärt worden.

II. The Dervise.

A Dervise, travelling through Tartary, being arrived at the town of Balk, went into the king's palace by mistake, thinking it to be a public inn or caravansary. Having looked about him for some time, he entered into a long gallery, where he laid down his wallet, and spread his carpet, in order to repose himself upon it after the manner of the eastern nations. He had not been long in this posture, before he was discovered by some of the guards, who asked him what was his business in that place? The Dervise told them he intended to take up his night's lodging in that caravansary. The guards let him know, in a very angry manner, that the house he was in was not a caravansary, but the king's palace. It happened that the king himself passed through the gallery during this debate, and smiling at the mistake of the Dervise, asked him how he could possibly be so dull as not to distinguish a palace from a caravansary? Sir, says the Dervise, give me leave to ask your majesty a question or two. Who were the persons that lodged in this house when it was first built? The king replied, His ancestors. And who, says the Dervise, was the last person that lodged here? The king replied, His father. And who is it, says the Dervise, that lodges here at present? The king told him, That it was he himself. And who, says the Dervise, will be here after you? The king answered, The young prince his son. 'Ah, Sir,' said the Dervise, 'a house that changes its inhabitants so often, and receives such a perpetual succession of guests, is not a palace, but a caravansary.' *Spectator.*

III. Labour.

Labour, the offspring of Want, and the mother of Health and Contentment, lived with her two daughters in a little cottage, by the side of a hill, at a great distance from town. They were totally unacquainted with the great, and kept no better company than the neighbouring villagers; but having a desire of seeing the world, they forsook their companions and habitation, and determined to travel. Labour went soberly along the road with Health on the right hand, who, by the sprightliness of her conservation, and songs of cheerfulness and joy, softened the toils of the way; while Contentment went smiling on the left, supporting the steps of her mother, and by her perpetual good-humour increasing the vivacity of her sister.

In this manner they travelled over forests and through towns and villages, till at last they arrived at the capital of the kingdom. At their entrance into the great city, the mother conjured her daughters never to lose sight of her, for it was the will of Jupiter, she said, that their separation should be attended with the utter ruin of all three. But Health was of too gay a disposition to regard the counsels of Labour: she suffered herself to be seduced by Intemperance, and at last died miserably, leaving behind her, her daughter Disease. Contentment, in the absence of her sister, gave herself up to the enticements of Sloth, and was never heard of after: while Labour, who could have no enjoyment without her daughters, went every where in search of them, till she was at last seized by Lassitude in her way, and died in misery. *World.*

IV. Why must we learn by heart? (Warum muß man auswendig lernen?)

"Pray father, may I ask you a question?" "Certainly; for should I not think proper to answer it, I shall tell you so." "I wish to know father, why I must get things by heart, which I can find in my books whenever I want them? I do not mean poetry, for I like learning that very much; but other things, which are stupid and tiresome." "Such things, I suppose, as the multiplication table and pence table, and columns of spelling?" "Yes, father; those are the things I mean; and Latin grammar, and names of countries and chief towns. Surely, I might as well look for them when I want them?

"*You might* do so, no doubt; but whether you *might as well* do so, is quite another question, which we shall talk over by and by: now, if you like it I will tell you a story." "O yes! I always like a story; what is it about?" It is a true story of an absent man (zerstreuten Mann); that is a man who instead of attending to what he is doing, or to the people and things before his eyes, has the foolish habit of letting his thoughts run upon something else; so that he does not know where he is, or what he is about, but goes on like a man in a dream, neglecting and forgetting, and making all sorts of blunders (Schnitzern)."

"A gentleman of this turn, set out one evening, with two or three companions, to walk from a friend's house, where he had been paying a visit, to his own home, about a mile off. He was always a little lame; but he now hobbled along (humpelte fort), more awkwardly (ungeschickt) than usual, stumbling at every step; at length, he suddenly recollected what was the matter. "I have forgotten my stick," said he, and he turned back to fetch it."

"After he had walked on a good way, the second time, he found himself very cold; "Bless me!" cried he, "where is my great coat?" It was left behind and he had to return again." "Well!" said one of his companions, "I hope you are warmer now!" "Yes, excepting my hands; but they are quite numbed; — I declare (wahrhaftig) — I have left my gloves!" Another journey back for them. This time, he was quite sure he had got every thing he wanted, and he had nearly reached his home, when, at a narrow turn of the road, where it was quite dark, he knocked his nose against a post. "How stupid!" cried he; "I quite forgot my lantern."

"What a strange man, father! he must have wasted half his time in going back for things which he had left behind." "Yes, and what would a schoolboy do, who, instead of having ready in his head the things which he wants to do his lessons with, should be obliged to stop continually to look for them in his grammar, or his book of arithmetic, or his spelling dictionary?"

"He would lose his time too: I see it now, father; we must learn by heart to save ourselves trouble." "You are right, my dear; it is much the shorter way."

B. Geschichte der englischen Sprache.

The sarcastic Voltaire observes, "*The Englishman gains upon us two hours a-day, by swallowing half of all his words.*"

English is the language spoken by the people of England, and their descendants in India, North America, and the British Colonies. The ancient language of Britain is generally allowed to have been the same as that of the Gauls; England, in all probability, having been first peopled from Gallia (France), as both Caesar and Tacitus prove by many strong and conclusive arguments. Julius Caesar, some time before the birth of our Saviour, made a descent upon Britain, though he may be said rather to have discovered than conquered it: but, about the year 45, in the time of Claudius, Aulus Plautius was sent over with some Roman forces, by whom two Kings of the Britons, Codigunus and Caractacus, were both signally defeated: whereupon a Roman colony was planted at Malden in Essex, and the southern parts of the island were reduced to the form of a Roman province. Britain was subsequently conquered as far north as the friths of Dumbarton and Edinburgh, by Agricola in the time of Domitian; and a great number of the Britons, in the conquered part of the island, retired to the western part, called Wales, where their language continued to be spoken without any mixture. The greatest part of Britain being thus become a Roman province, the Roman legions, who resided in Britain for above two hundred years, undoubtedly disseminated the Latin tongue; and the people being afterwards governed by laws written in Latin, it must have necessarily followed that the language would undergo a considerable change. In fact, the British tongue continued, for some time, mixed with the provincial Latin, but at length, the declining state of the Roman empire rendered the aid of the Roman legions necessary at home, and on their abandonning the island, the Scots and Picts took the opportunity to attack and harass South Britain: upon which, Vortigen, the King, about the year 440, called the Saxons to his assistance, who, coming over with several of their neighbouring tribes, repulsed the Scots and Picts, and were rewarded for their services with the isle of Thanet, and the whole county of Kent. Growing at length too powerful and not being contented with their allotment, they dispossessed the inhabitants of all the country on the east side of the Severn; and thus the British language was in a great measure destroyed, and that of the Saxons introduced in its place.

What the Saxon tongue was long before the Conquest, viz. about the year 700, may be seen in the most ancient manuscript of that language, which is a gloss on the Evangelists, by Bishop Eadfride, in which the three first articles of the Lord's Prayer run thus:

"Uren Fader thic arth in Heofnas, sie gehalgud thin Noma, so symeth thin ric. Sie thin Willa sue in Heofnas, and in eortho, etc."

In the beginning of the ninth century, the Danes invaded England, and getting a footing in the northern and eastern parts of the country, their power gradually increased, and in about two hundred years they became its sole masters. By this means the ancient English obtained a tincture of the Danish language: but their government being of no long continuance, did not make so great an alteration in the Anglo-Saxon, as the next revolution; when the whole land, A. D. 1067, was subdued by William the Conqueror, Duke of Normandy, in France: for the Normans, as a monument of their conquest, endeavoured to make their language as generally received as their commands: and thereby the English language became an entire medley.

About the year 900, the Lord's Prayer in the ancient Anglo-Saxon, read as follows:

"Thu urn Fader the eart on Heofenum, si thin nama gehalgod; cume thin rice si thin Willa on earthan swa, swa on Hoefenum, etc."

And about the year 1160, Pope Adrian, an Englishman, thus rendered it in rhyme:

"Ure fader in heaven rich,
Thy name be hapled ever lich,
Thou bring us thy michell blisse:
Als hit in heaven y-doe,
Evar in nearth beene it also, etc."

It continued to undergo various mutations, till the year 1537, when the Lord's Prayer was thus printed:

"O oure father which arte in heven, halowed be thy name: let thy Kingdome come, thy will be fulfiled as well in erth as it is in heven; geve us this daye in dayly bred, etc." Here, it may be observed, the diction is brought almost to the present standard, the chief variations beeing only in the orthography viz.

"Our Father, *which art* in *heaven*, Hallowed by the Name. Thy kingdom come. Thy will be done in *earth*, As it is in heaven. Give us this day our daily bread, And forgive us our trespasses, As we forgive them that trespass against us. And lead us not into temptation; But deliver us from evil: For thine is the kingdom, the power, and the glory, For ever and ever. Amen."

By these instances, and many others that might be given, it appears, that the Anglo-Saxon language, which the Normans in a great measure despoiled and rendered obsolete, had its beauties, was significant and emphatical, and preferable to what they substituted for it. "Great, verily," says Camden, "was the glory of our tongue, before the Norman Conquest, in this, that the old English could express, most aptly, all the conceptions of the mind in their own tongue, without borrowing from any." Of this he gives several examples.

After the Conquest, it was ordained that all law proceedings should be in the Norman language; and hence the early records and reports of law cases came to be written in Norman. But neither royal authority, nor the influence of courts, could absolutely change the vernacular language. After an experiment of three hundred years, the law was repealed; and since that period, the English has been, for the most part, the official as well as the common language of the nation. Since the Norman invasion, the English has not suffered any shock from the intermixture of conquerors with the natives of England; but the language has undergone great alterations, by the disuse of a large portion of Saxon words, and the introduction of words from the Latin and Greek languages, with some French, Italian, and Spanish words. These words have, in some instances, been borrowed by authors directly from the Latin and Greek; but most of the Latin words have been received through the medium of the French and Italian. For terms in the sciences, authors have generally resorted to the Greek; and from this source, as discoveries in science demand new terms, the vocabulary of the English tongue, which at present contains nearly 100,000 words, is receiving continual augmentation. We have also a few words from the German and Swedish, mostly terms in mineralogy; and commerce has introduced new commodities of foreign growth or manufacture, with their foreign names, which now make a part of our language. It may then be stated, that the English is composed of, 1st, Saxon and Danish words of Teutonic and Gothic origin. 2nd, British or Welsh, which may be considered as of Celtic origin. 3rd, Norman, a mixture of French and Gothic. 4th, Latin. 5th, French. 6th, Greek. 7th, a few words directly from the Italian, Spanish, German, Hebrew, Persian, Hindoo and Arabic. 8th, a few foreign words, introduced by commerce, by travellers, or by political or literary intercourse. Of these the Saxon words constitute our mother tongue. The Danish and Welsh also are primitive words, and may be considered as part of our vernacular language.[1]

---

(1) Sir John Mandeville, who is generally considered as the first good English prose writer (1300 — 1372), shows us what the language was in his time:

A Mohommedan's Lecture on Christian Vices.

"And therefore I *shalle telle* you what the *Soudan tolde* me upon a day, in his *chambre.* He *leet voyden* out of his *chambre alle* manner of *men, lordes* and *othere*; for be *wold* *spake* with me in *conseille.* And there he asked me, how the *Christene* men governed *hem* in *owre contree.* And I *seyde* him, *righte wel, thonked* be God. And he *seyde, trewly.* nay; for ye *Christene* men *ne rechten noghte* how *untrewly* to serve God. Ye *scholde gere* *ensample,* to the lewd people for to *don wel* and ye *geven ensample to don* evil. For the commons upon festival days, when they *scholden* go to church to serve God then *gon* they to taverns, and *ben* there in gluttony all the day and all night, and *eten* and *drinken,* as beasts that have no reason. And they *ben* so covetous, that for a little *silver* they *sellen* 'eir daughters, 'eir sisters, and 'eir own wives, to *putten em* to lechery."

From the foregoing we may see that the people in the so-called good old "Times" were not much better than they are in our own days, etc."

At a period a little later (1328 — 1400), Geoffry Chaucer, who is considered the father of English Poetry, shows that the language had been making progress:

"A knight there was, and that a worthy man,
That *for* the time that he first began
To *riden* out, he loved *chevalrie,*
Trouthe and honour, and freedom and *curtesie.*
Ful worthy was he in his *lordes werre*;
And, there to *hadde* he ridden. none more *ferre,*
As *wel* in Christendom as in *Hethenesse,*
And ever honoured for his *worthinesse.*"

C. Verzeichniß der berühmtesten englischen Schriftsteller.

Alphabetisches Verzeichniß der berühmtesten englischen Schriftsteller vom Jahre 560 bis 1800, mit Angabe der Zeit, wann sie starben.

Jahreszahl.

Addisson (*Joseph*); Spectator, Poems, Politics, etc. 1719
Adrian IV., whose family name was *Breakspear*, was the only Englishman who ever attained the Papal Dignity; Theology, etc. . 1159
Alfred the Great; History, philosophy and poetry 901
Arbuthnot (*Dr. John*); Medecine, coins, Politics 1734
Bacon (*Roger*), Natural philosophy 1292
Bacon (*Lord chancellor*); Literature in general; philosophy 1626
Barrow (*Isaac, D. D.*); Theology and Mathematics 1677
Baxter (*Andrew*); Methaphysics, and Natural philosophy 1750
Beaumont (*Francis*); in conjunction with his friend *Fletcher*, wrote 53 dramatic pieces 1625
Bede, a priest, was celebrated over all Europe for his learning and literary productions 760
Bentley (*Dr. Richard*); Classical learning, criticism 1742
Berkeley (*Bishop of Cloyne*); the Theory of Vision, Metaphysics . . 1753
Blacklock (*Dr. Thomas*); Poems, Consolations from natural and revealed Religion 1701
Blackstone (*Sir W.*); Commentaries on the Laws of England . . . 1780
Bolingbroke (*Henry St. John, Lord*); Philosophy, metaphysics, and politics 1751
Boswell (*James*); "The life of Dr. Sam. Johnson" (excellent) . . . 1795
Boyle (*Robert, Earl of Orrery*); Philosophy (celebrated) 1691
Buchanan (*George*); History of Scotland, Psalms of David, etc. . . 1582
Bunyan (*John*); "Pilgrims Progress" (a verry popular Allegory) . . 1688
Burke (*Edmund*); the celebrated orator; wrote on Politics, etc. . . . 1796
Burnett (*Gilbert, Bishop of Salisbury*), "Hist. of the Reformation," etc. 1715
Butler (*Samuel*); "Hudibras," a burlesque Poem 1680
Caedmon, Religious Poetry, etc. 760
Camden (*William*); History and antiquities 1623
Caxton (*William*); the celebrated printer, having translated a French book styled, "*The Recuyell of the Histories of Troye*," printed it at Ghent in 1471, being — with the exception of a work printed at Oxford in 1468 — the first book ever printed in the English language. Afterwards he established a printing-office at Westminster, and in 1474, produced "*The Game of Chess*," which was the first work printed in Britain. Caxton translated or wrote about sixty different books, all of which, went through his own press before his death in (*) 1491
Chaucer (*Geofry*); the *Father of English Poetry*, born 1328, † . . . 1400
Chesterfield (*Philip Dormer Stanhope, Earl of*); Letters 1773
Cibber (*Colley*); 25 tragedies and comedies 1757
Clarendon (*Earl of*); "History of the Civil Wars in England," etc. . 1674
Coke (*Lord Chief Justice*); "Laws of England," etc. 1634
Congreve (*William*); 7 Dramatic pieces 1729
Cowley (*Abraham*); Poems, etc. 1667
Cullen (*Dr. William*); Practice of Physic, Materia Medica, etc. . . 1789

(*) The first complete translation of the Bible was printed in England in the year 1535. In the year 1604, James I. appointed 54 of the most learned Greek and Hebrew Scholars to make a correct translation of the Bible. In the year 1607, forty seven of the number met in six parties at Oxford, Cambridge, and Westminster, and proceeded to their task, a certain portion of Scripture being assigned to each. After the whole had been completed, they met together and compared their different translations, the best of which was selected and published in the year 1611. This translation has ever since been reputed as a generally faithful one, and an excellent specimen of the language of the time. — The first printed book was a Latin Bible 1450 — 1455, known as the "Mazarin Bible".

2. Alphabetisches Verzeichniß der berühmtesten Schriftsteller vom Jahr 1800 bis heutigen Tages.

Bury (*Lady*); Novels: "Trevelyn; The Devoted; The Ensnared," etc. (good).

Byron (*Lord*); Childe Harold's Pilgrimage, Prisoners of Chillon, etc. etc. . . . . 15.

Campbell (*Thomas*); Pleasures of Hope, National Songs (beautiful) 13.

Carleton (—) "Traits & Stories of the Irish Peasantry," (very good).

Carlyle (*Thomas*); Criticism, Life of Cromwell, etc.

Chalmers (*George*); History of the United Colonies, etc. . . . 12.

Clarke (*Dr. Edward Daniel*); "Travels through Denmark, Sweden, Lapland, Finland, Russia, Tartary, Circassia, Asia Minor, Syria, Palestine, Egypt, Greece and Turkey, in 1802." . . . . . . 13.

Cobbet (*William*); "The Gridiron," Parliamentary Debates, etc. . . 18.

Coleridge (*Samuel Taylor*); Christabel, Ode to Mount Blanc, etc. . 15.

Combe (*Dr. Andrew*); Phrenology . . . . 18.

Cooper (*Fennimore*); (the American Novel writer) "The Spy," "the Last of the Mohicans," etc. . . . . 18.

Cowper (*William*); Poems: "The Task," "Hope," etc. "John Gilpin" 15.

Crabbe (*George*); Poems: "Tales of the Hall," "the Village," etc. (good). , . , ... 18.

Croker (*Crofton*); Fairy Legends of the South of Ireland . . . . 18.

Croly (*Rev. Mr.*); "Salathiel the Wandering Jew" (excellent).

Cunningham (*Allan*); Beautiful old ballad Poetry . . . . 18.

D'Arblay (*Miss Frances Burney*); Evelina, Cecilia, Camilla (excellent) 18.

Davy (*Sir Humphrey*); "Chymical and Philosophical Researches," etc. 18.

Derby (*Earl of*); Homer's Iliad in English Blank Verse.

Dickens (*Charles*) (*Boz*); "Pickwick Club, Oliver Twist," etc. (very good).

D'Israeli (*J.*); "Curiosities of Literature," etc. (excellent) . . . . 18.

Edgeworth (*Maria*); "Castle Rackrent," Moral Tales, etc. (excellent) 18.

Elliot (*Ebenezer*); Poems on political subjects . . . . 18.

Faraday (*M.*); "Researches in Electricity."

Forsyth (*Joseph*); "Classical Tour in Italy in 1802." . . . . . . 18.

Fowler (*George*); "Three years in Persia and Koordistan."

Froude (*James Anthony*); History of England from the Fall of Wolsey to the death of Elizabeth; History of Mary Stuart etc.

Grahame (*James*); Religious Poetry: "The Sabbath," etc. 1811

Gifford (*William*); "The *Baviad* and *Maeviad* satirical poems," (good) 18.

Godwin (*William*); "Caleb Williams." A History of the Common wealth, etc. (good) . . . . 18.

Grattan (*J. C.*); "Agnes de Mansfeld," etc. (very interesting).

Hall (*Mrs.*); "History, Tales for youth," (extremely good).

Hall (*Captain Basil*); Voyages, Travels, etc. (highly interesting). . . 18.

Hallam (*Henry*); "The State of Europe during the Middle ages," etc. 18.

Hazlitt (*William*); "Life of Bonaparte," Character of Shakspeare, etc. 18.

Head (*Sir Francis*); "Bubbles from the Brunnens of Nassau," etc.

Hemans (*Felicia Dorothea*); "Records of Woman," Forest Sanctuary, etc. (beautiful) . . . . 18.

Hogg (*James, the Ettrick Shepherd*); "The Mountain Bard," etc. . . 18.

Hood (*Thomas*); "Up the Rhine" (a highly amusing poem), etc. etc. 18.

Hook (*Theodor*); "Cousin Geoffry," etc. etc. (highly interesting) . . 18.

Hope (*Thomas*); "Anastasius." (A good novel descriptive of Foreign manners). . . . . 18.

Howitt (*William and his wife, Mary*); "Domestic Life of the English," poems, etc. (good).

Hudson (*J. C.*); "The Parent's Hand-book," etc. (excellent).

Hughes (*Rev. J. S.*); "Continuation of Hume's History of England," etc.

Hunt (*Leigh*); "The Feast of the Poets," "the story of the Rimini," etc. . . . . 18.

Jahreszahl.

Inchbald (*Mrs.*); "Nature and Art," "A Simple Story" (good). . . 1821
Irving (*Washington, an American*); "The Sketch Book, Life of Colum-
bus," etc. 1859
James (*R. P.*); Several excellent novels: "Richelieu, Corse de
Leon," etc.
Jameson (*Mrs.*); "Shakspeare's Beauties," etc. etc. 1862
Joyce (*Revd. J.*); "Scientific Dialogues," etc. 1816
Kavanagh (*Miss*); "Nathalie, Daisy Burns," etc. (good).
Keats (*John*); Poems: his Eve of St. Agnes is highly interesting . 1820
Knowles (*James Sheridan*); Dramas: "Virginius, William Tell," etc. . 1860
Lamb (*Charles*); Stories from Shakspeare, "Elia," etc. (extremely in-
teresting). 1835
Landon (*Letitia Elizabeth, the late Mrs. Maclean*); Poems: "The Trou-
badour," etc. 1839
Lander (*Richard*); "Travels in search of the Source of the Niger,"
(interesting) 1845
Landor (*Walter Savage*); "Imaginary Conversations of Literary Men
and Statesmen," Poems, etc. 1864
Laing (*Malcolm*); History of Scotland 1824
Lardner (*Dr.*); Electricity, Magnetism, Geometry, etc. etc. 1858
Lee (*Hariet and Sophia*); "Canterbury Tales," "the Recess," etc. . 1824
Lever (*Charles*); "Tom Burke, Arthur O'Leary," etc. (good).
Leyden (*John*); "Scenes of Infancy" 1811
Lyell (*Sir Charles*); "Geology, or Changes of the Earth," etc.
Lindly (*Dr. John P R. S.*); "Ladies Botany," etc.
Lingard (*Dr. John*); History of England till 1688 1851
Lockhard (*John Gibson*); "Adam Blair," etc. (very interesting) . . 1854
Macaulay (*Lord T. Babington*); "Lays of Ancient Rome," The History
of England from the Accession of James the Second, etc. (ex-
cellent) 1859
Macay (*Charles*); "The Lump of Gold." *Macay* is acknowledged by
the critics to be the best writer of ballads of the present day.
Even superior to Beranger, and decidedly more moral.
Macfarlane (*Charles*); "History of Japan, India," etc. etc. (good).
Mahon (*Lord*); "History of England," etc.
Mayhew (—) "Whom to Marry, and how to get married," etc.
M'Cullogh (*J. R.*); "A Dictionary, Geographical, Statistical," etc.
(works of great research and merit). 1864
Mackenzie (*Henry*); "The Man of Feeling," "The White Hypocrite,"
etc. (excellent) 1831
Mackintosh (*Sir James*); "The Progress of Ethical and Political
Science," etc. 1832
Malcolm (*Sir John*); "History of Persia and political Sketch of In-
dia," etc. 1833
Marryat (*Capt.*); "The King's own; Travels," etc. etc. (geod) . . 1848
Maturin (*Rev. Robt.*); "The Wild Irish Boy," Tragedies, Sermons, etc. 1825
Maunders (*Saml.*); "The Treasure of Knowledge," etc. (excellent) . 1856
Mill (*James*); "The History of India," etc. 1836
Milman (*Sir Francis*); "A Treatise on the Scurvy, and Putrid Fe-
ver," etc. 1821
Mitford (*Mary*); "Our Village," etc. (good) 1855
Montgomery (*Robert*); beautiful and touching poems 1854
Moore (*Dr. John*); Novels: "*Zeluco, Edward*," etc. (good) 1802
Moore (*John M. D.*); Tourist, novelist, and medical writer . . . 1802
Moore (*Thomas*); "Lallah Rookh," etc., history, biography, etc. . 1852
More (*Hannah*); "Moral Tales," of which 1,000,000 copies are said
to have been sold, Tragedies, etc. 1833
Morgan (*Lady*); Novels: "Woman and her Master," The Princess, etc. 1859
Morier (*James*); "Hajji Baba," The Maid of Kars (excellent) . . . 1848

Jahrzahl

Morrison (*Dr.*); Chinese and English Dictionary, etc. . . . . . 15..

Motherwell (*William*); Beautiful Poems . . . . 18..

Napier (*General*); "History of the Peninsular War" (good) . . . 15..

Norton (*The honorable Mrs.*); Poems, etc. . . . . , . . 15..

Paley (*Dr. William*); Divinity and ethics . . . . 18..

Palgrave (*Sir Francis*); "The History of the *Anglo-Saxons*," etc.

Percy (*Rev. Thomas*); "The Reliques of old English Poetry," etc. . 181..

Pereira (*Jonathan, M. D.*); "Materia Medica," etc. . . . . . 18..

Pinkerton (*John*); "Essay on Medals" and about 50 other works . 18..

Porter (*Jane* (*) *and Anna Maria* †); "Scottish Chiefs," "Octavia"
    (good) . . . . †18..

Porter (*Sir Robert Ker*); "Travels in Georgia, Persia, etc. in 1822." 18..

Prescot (*William H.*); "History of Philipp II. Peru, Mexico," etc. etc.
    (excellent) . . . . 18..

Procter (*Bryan William*); writes beautiful poetry under the fictitious
    name of *Barry Cornwall;* also Tragedy, etc.

Radcliff (*Mrs.*); "The Sicilian Romance," "The Italian" (interesting) 18..

Read (*Charles*); "Tis never too late To mend," etc. (excellent).

Rogers (*Samuel*); "The Pleasures of Memory and other beautiful
    poems" . . . . 18..

Ross (*Capt. Sir John*); "Voyage and 8 years Residence at the North
    Pole." . . . . 18..

Roscoe (*William*); The Life of Lorenzo de Medici, and of Leo X. . 18..

Sandford (*Mrs.*); "Woman in her Social and Domestic Character".

Scott (*Sir Walter*); Novels, poems, biography, etc. . . . . . . 18..

Shelly (*Percy Bishe*); Poems: Queen Mab," "The Cenci" (mystic.) . 18..

Shelly (*Mrs.*); Novels: "Lodore, Frankenstein," (excellent).

Sheridan (*Richard Brinsley*); Comedies: "The School for Scandal," etc. 18..

Shiel (*Richard Lalor*); "The Apostate," "Evadne," (dramas) . , . 18..

Smith (*Horace*); Novels: "The Green Forest," etc. (good) . . . 18..

Sotheby (*William*); Poems, translation of Wieland's Oberon, etc.

Southey (*Robert, late Poet Laureat*); History of Brazil, etc., Poems . 18..

Stewart (*Dugald*); "The Philosophy of the Human Mind," etc. . . 18..

Stowe (*Mrs. Beecher*); "Uncle Tom's Cabin," etc. (excellent).

Tennent (*William*); "Auster Fair," (a comic Poem), etc. . . . . 18..

Tennyson (*Albert, Poet Laureat*); "Lady Godavia," etc. etc.

Thackerey (*William Makepeace*); "Vanity Fair, Pendennis," etc. (excell.) 18..

Thirlwall (*Bishop*); History of Greece, etc.

Trollope (*Mrs.*); "The Widow Barnaby," etc. (not very good) . . 18..

Tupper (*Martin*); "Proverbial Philosophy," etc. (excellent).

Turner (*Sharon*); Sacred History of the World, etc. . . . . . 15..

Tytler (*P. Fraser*); A Complete History of Scotland, Biographies, etc. 18..

Walker (*Alexander*); "Woman," and other philosophical works.

Walker (*John*); "Pronouncing Dictionary," "Rhetorical grammar," etc. 180..

Ward (*James*); "The Life of Man," De Here, etc. . . . . . . 18..

Warren (*Samuel*); "The Diary of a Physican," etc. (excellent).

Watts (*Alexander Alaric*); Lyrical poetry.

Webster (*Dr. Noah*); Complete Dictionary of the English language, etc. 18..

White (*Henry Kirk*); Clifton Grove and other poems . . . . . 18..

Wilson (*Professor*); "The City of the Plague, Tom Cringle's Log," etc. 18..

Wordsworth (*William*); (late Poet Laureate). His "Excursion," is
    one of the noblest philosophical poems in the English language (**) 18..

(*) Jane Porter died at Bristol in 1850, aged 74.

(**) It would be impossible, within the limits of this work, to cite the names of all the
    writers of greater or less degree of merit of the present day, for their name is Legen.

IV. Anhang.

cichniß von Eigennamen, von welchen die meisten abweichend
von der Regel ausgesprochen werden. (¹)

ıs (abb'ms).	Ferguson (ferrg'ſn).	Newcastle (njukaßT).
son (abbiſn).	Fitzgerald (fitz=bſcherrld).	Newton (njjuht'n).
leckne (artſch=diht'n).	Fitzjames (fitz=bſchehm's).	O'Neil (o_nihl).
le (arrgheil).	Fitzroy (fitzroi).	Ossian (oſſch'n ob. oßjenn).
ough (ebsfoff).	Fitzowen (fit=oh'n).	Palmerston (pahmerſt'n).
y (chli).	Fitzwilliam (fitz=uillj'm).	Peel (pihl).
ı (behf'n).	Frazer (frehſ'r).	Pellew (pellu).
(baſ'l).	Geoffry (bſcheffri).	Pembroke (pembr'f).
ie (bißti).	Gibbon (gibb'n).	Pottinger (pottindſch'r).
champ (biltſch'm).	Gloucester (gloßt'r).	Raleigh (ralih).
fort (bohforrt).	Glover (gloww'r).	Ralph (rehf). Ralf (rallff).
ly (berrfli).	Gough (goff).	Reynolds (renn'lbs).
(boil).	Grey (greh).	Richardson (riitſch'rbſ'n).
ton (breir'n).	Grosvenor (groww'n'r).	Richmond (ritſchm'nb).
gham (bruh'm).	Hardinge (harbing),	Richelieu (ritſchelju).
er (bull'uerr).	Haslewood (hehſl=uub).	Rowland (rohl'nb).
e (börrf).	Havreford (harrfr'b).	Rowley (rohli).
ı (beir'n).	Houghton (hoat'n).	Saint-John (ßenbſch'n).
ridge (fehmbribſch).	Howard (hau'rb).	Salisbury (ſallßb'ri).
bell (fämm'l).	Howe (hau).	Sandwich (ſanbuitſch).
v (fehru u. fehrju).	Hughes (hjuhß).Hugh(hju).	Saumarez (ſohmareſ).
ele (farrleil).	Hume (hjuhm).	Saunders (ſanb'rs).
ereagh (faß'lreh).	Ivanhoe (eiw'nhoh) ober	Seymour (ßihm'r).
iam (tſchatt'm).	(ihw'nhoh).	Shaftsbury (ſchaftsb'ri).
ester (tſchitſch'ſtr).	Jenkins (bſchennt'ns).	Shakspeare (ſchehfſpihr).
ıondely (tſchommli).	Jervis (bſcherrw's).	Sheridan (ſcherrib'n).
hill (tſchörtſchill).	Jones (bſchohns).	Shrewsbury (ſchruhßb'ri).
ane (foffr'n).	Johnson (bſchonnſ'n).	
urn (fo=borrn).	Keith (fihth).	Strachan (ſtroahn).
an (fogl'n).	Knowles (nohlß).	Stanhope (ſtannep).
ester (foll=tſcheßt'r).	Lear (lihr).	Steward (ſtjuerb).
ough (fohfli).	Leicester (lißt'r).	St. Leger (ſellinbtſch'r).
houn (fo=huhn).	Leith (lihth).	Talbot (toalb't).
e (fuhm).	Leigh (lih).	Townshend (launſennb).
enay (forrtni).	Le Fever (l'fihwr).	Uxbridge (öffsbribſch).
(fuhts).	Llewellin (le=uell'n).	Vane (wehn).
(fauli).	Lloyd (loib).	
er (faup'r u. fuhp'r).	Lewson, Levison (ljuſ'n).	Vaughan (woahn).
er (fuhp'r).	Locke (loff).	Vavasor (waweß'r.)
well (fromm'l).	Lowe (loh).	Vernon (wern'n).
usie (balhuſi).	Macdonald (mäfbonn'lb).	Walker (uoahf'r).
ıshire (beww'nſchihr).	M'Leod (mäfloib).	Walpole (uoallpohl).
ton (deiht'n).	Mainwaring (man'ring).	Warren (uoarr'n).
(drehf).	Marlborough (malb'rö).	Wellesley (uell'sli).
n (dreib'n).	Mason (mehſ'n).	Whewell (hjuel).
(bei'r).	Middleton (mibbſt'n).	Wilberforce(uilb'r=fohrß).
(iht'n).	Milton (milt'n).	Willoughby (uillobi).
ne (errſf'n).	Monmouth (monnmuth).	Wolsey (uollſi).
n (juhst'n).	Moore (muhr auch mohr).	Wright (reit).
ı (ihw'ns).	Montague (monntegie).	Wycomb (ueif'm).
ner (ſoahtn'r).	Molyneaux (mollinu).	Xerxes (ſerfſis).
har (farrfuhr).	Neale (nihl).	Young (jonng).
		Yea (joa).

Ein Verzeichniß der Länder-, Völker- und Taufnamen findet man Seite 132 — 140.

V. Anhang.

A. Muster=Billeten, Einladungskarten ꝛc.
B. Formel zu brieflichen Adressen. C. Vorrangstafel.

A. Muster = Billeten, Einladungskarten ꝛc.

Familiar Form. (Freundschaftliche Form.)

Mr. Wilson's kind compliments to Mr. Johnson, and (¹) if not better engaged, he will be happy to have the pleasure of his company to dinner on Wednesday next.
Monday Morning.

Answer.

Mr. Johnson's very kind compliments to Mr. Wilson, and accepts with pleasure his kind invitation, as he could not possibly be better engaged than in the society of his friend.
Tuesday Morning.

Dr. Bright's best compliments to Professor Philips, and will be happy to have the honor and pleasure of his company to tea and supper to-morrow evening.
Monday Morning.

Answer.

Professor Philips' very best respects to Dr. Bright, and accepts his kind invitation with much pleasure.
Monday Evening.

Mr. and Mrs. Dane's kind regards to Mr. and Mrs. Gore, and hope for the pleasure of their company to dinner on Saturday next.
21 King-Street.
Wednesday Morning.

Answer.

Mr. and Mrs. Gore's very kind compliments to Mr. and Mrs. Dane, and will do themselves the pleasure (ob. honour) of accepting their kind invitation.
26 Queen-St.
Thursday Morning.

Ceremonial Form. (Ceremonielle Form.)

Miss Williams presents her most (very) respectful compliments to (the Right Honorable) Lady Douglas, and begs the honor of her Ladyship's company this evening to tea and cards.
Tuesday Morning.

Answer.

Lady Douglas presents her compliments to Miss Williams, and regrets that a previous engagement deprives her of the pleasure of spending the evening with her.
Tuesday Morning.

Mr. Jacob presents his respectful compliments to Miss Mitford, (¹) solicits (requests, begs) the honor of her hand for the ball to-morrow evening.
Friday Morning.

Answer.

Miss Mitford thanks Mr. Jacob for his politeness, is sorry she cannot accept his kind offer, being already engaged. (²)
Friday Evening.

Notes on business, etc. (Geschäftsbilleten ꝛc.)

Miss (*Lady, Baroness, Countess*) Opie's compliments to Professor (oder *Mr.*) Levizac, and regrets that she is prevented from taking her French lesson to-morrow morning. Miss O — requests Mr. L — will have the kindness to come on Friday as usual.
20 John-St.
Tuesday Morning.

---

(1) In dieser Art von Billeten darf man das *and* (unb) weglassen.
(2) Obwohl diese Art von Billeten einem Deutschen sonderbar vorkommen mögen, so sind sie doch im Englischen allgemein gebräuchlich.

Mr. (*Baron*, *Lord*, *Count*) Carew requests Professor (ob. *Mr.*) Philips will have the kindness to call on him to-morrow morning at any hour before 12, as he wishes, to speak with him about English lessons for his daughter.
24 High-St.
Monday Morning.

Answer.

Professor (ob. *Mr.*) Philips' (respectful) compliments *(to the Right Honorable Baron, Lord, Count)* Carew, and regrets that it is not in his power to wait on him *(on his Lordship)* to-morrow morning, but, should it suit, he will do himself the honor of waiting on him *(on his Lordship)* on Wednesday morning.
25 Gram^mar-St.
Monday Morning.

Monday Morning,
My Dear Sir (Mr. Thompson).
If not particularly engaged for to-morrow, I shall be happy to have the pleasure of your company to dinner at 5 o'clock, after which I purpose going to Drury-Lane to see Kean in Othello.
Yours ever,
John Wilson.
James Thompson, Esqr.

Answer.

(My) Dear (Mr.) Wilson.
The pleasure of your agreeable society supercedes all others, so that I accept your kind invitation with much pleasure. I shall be with you at the appointed time. Yours sincerely,
· J. Thompson.

———

Mrs. Allison requests Mrs. Cotton to send by bearer the bonnet and gown which she promised her for this evening.
Monday Evening.

Mr. Dunn wishes Mr. Cullen to call on Friday morning, at any hour before eleven, and to bring patterns of his best cloth, etc. with him.

Models of promissory Notes, bills of parcels, and receipts. Muster von Verschreibungen, Rechnungen und Quittungen.

Two months after date, I promise to pay Mr. Longwood, or order, (the sum of) fifty-five pounds fifteen shillings and five pence, for value received.
London, January 2nd 1865.   John Thompson.

Mr. (Professor, Dr., etc.) Lockwood.   Munich, Jan. 10th, 1865.
B^t (Bought) of John Palm, Bookseller to His Majesty.

	£	s.	d.
2 Copies of Hume's History of England at £ 2. 10. 0.	5	0	0
1 Copy of Warren's "Ten Thousand a Year" . . .	1	11	6
2 Copies of Valpy's Shakspeare, £ 5. 0. 0. . . .	10	0	0
	£ 16	11	6

Received with many thanks, for J. Palm,
Thomas Cash.

Received from (of) (f. Anmerk. 1. S. 537) Henry Wilson, Esq., the sum of one hundred and fifty pounds five shillings and sixpence, for goods delivered as per bill dated November 10th. 1865.
Liverpool, Jany. 1st, 1865.   John Thompson.

———

B. Formel zu brieflichen Adressen.

I. An die königliche Familie. (To the Royal Family.)

An den König (die Königin).
Aufschrift: To the King's *(Queen's)* Most Excellent Majesty.

Anrede: Sire *(Madam)*; (¹) Most Gracious Sovereign; May it please your Majesty.

---

(1) Es ist wohl zu merken, daß das im Deutschen gebräuchliche Ausrufungszeichen nach der Anrede im Englischen nie (außer in sehr leidenschaftlichen Fällen) gesetzt wird, sondern nur ein Komma.

Schluß: I remain, with the profoundest veneration, Sire, (*I remain, Madam*), your Majesty's most faithful Subject, and dutiful (*most dutiful, most humble, and most devoted*) Servant.

An königliche Prinzen, Herzoge, Prinzefsinnen. ([2])

Aufschr.: To his (*Her*) Royal Highness

the Duke (*Duchess*) of Ca (*Princess Augusta*).

Anr.: Sir (*Madam*).

Schl.: I remain, with the grea spect, Sir (*I have the honor Madam*), your Royal Highnes dutiful and most obedient (, dient and devoted*) Servant.

II. An den Adel und Personen von vornehmem Stand (To the N and Gentry.)

An einen Herzog (eine Herzogin).

Aufschr.: To his Grace the Duke (*Her Grace the Duchess*) of Buckingham.

Anr.: My Lord Duke (*Madam*).

Schl.: I have the honour to be, My Lord Duke (*Madam*), Your Grace's most devoted and obedient (*most obedient and most humble*) Servant.

An einen Marquis (Markgraf), Marquisin (Marquis, Marchioness).

Aufschr.: To the Most Honorable (*Noble*) the Marquis (*Marchioness*) of ([3]) Lansdowne.

Anr.: My Lord Marquis (*Madam*). ([4])

Schluß: I have the honour to be, My Lord Marquis, Your Lordship's (*Madam, Your Ladyship's*) most obedient and most humble Servant. ([5])

An einen Graf (eine Gräfin).
(*Earl, Countess*).

Aufschr.: To the Right Honorable the Earl (*Countess*) of Derby.

Anr.: My Lord (*Madam, My*
Schluß: I have the honour to Lord, Your Lordship's (*Mad Ladyship's*) most obedient a humble Servant. ([6])

An einen *Viscount* (eine *Viscou*

Aufschr.: To the Right Ho Lord Viscount (*Lady Visc* Sidmouth.

Anrede u. Schluß: wie bei (*Earls*).

An einen Baron (eine Baronin) Baroness)

Aufschr.: To the Right Honorab (*Lady*) Grantham.

Anr. u. Schl: wie bei den Gr

NB. Die jüngeren Söhne vo und alle die Söhne von *Viscou Barons* werden *Esquire* und *He* und die Töchter *Honorable* titulir Gemahlinnen bekommen den Tite *rable*, ([7]) z. B.:

---

(2) Ueber die königlichen Prinzen siehe Anmerk. 6 Dialog XII. Seite 579.
(3) Wenn der Titel von dem Namen eines Ortes, als: Harewood, etc. herstammt, so br die Präposition *of* vor dem Titel, als: The Earl of Harewood, The Marquis of E der Titel aber von einem Familiennamen, als: Townsend, Stanhope, etc. her, so ble weg, z. B.: *The Marquis Townsend, The Earl Stanhope*
(4) In der Anrede an alle Damen von Adel, unter dem Rang einer Herzogin, sollten Kau der Wörter "My Lady", und Bedienten und andere Personen von niedrigem Range "May *your Ladyship*" bedienen.
(5) Der älteste Sohn eines *Marquis* wird Earl titulirt.
(6) Der älteste Sohn eines *Earl* wird *Viscount* titulirt
    NB 1. Alle Söhne von Herzogen und Marquisen und die ältesten Söhne von Ea ben Titel Lord und *Right Honorable* (recht ehrenwerthen) und ihre Gemahlinnen we nach adressirt.
    NB. 2. Die Töchter von Herzögen, Marquisen und Grafen werden *Ladies* titulirt "The Right Honorable Lady", mit Hinzufügung des Taufnamen adressirt, und im Fa mit einer Person von niedrigerem Range (die nicht ein Reichsbaron ist) vermählen, s sie ihren Titel und Vorrang, und ändern blos ihren Familiennamen; wenn aber der G Reichsbaron und doch nicht ebenbürtig ist, so verschwinden ihre Titel und Vorran seinigen, ungeachtet sie vor der Ehe höher als ihr Gemahl gestanden hat.
    NB. 3. Die jüngeren Söhne von Herzogen und Marquisen werden *Lords* titulirt, 'The Right Honorable Lord", mit Hinzufügung des Taufnamens, adressirt. Ihre Ge haben den Titel Lady, und wenn sie im Range nicht höher stehen, als ihre Männer, s sie einen Taufnamen statt ihres eigenen an.
(7) Wenn die Tochter eines *Viscount* oder Baron sich vermählt, so nimmt sie den Rang Gemahls an und behält ihren Titel "Honorable", so daß, wenn sie einen Ritter heirat sie mit "The Honorable Lady", wenn aber der Gemahl keinen Titel hat "The honora adressiren muß.

Auffchr.: To the Honorable Henry Grey *(Mrs.)* Bennett, M. P. (f. Abre= viaturen S. 56).
Anr.: Sir *(Madam)*.
Schl.: I have the honor to be, Sir, *(Madam)*, Your most obedient and very humble Servant.

An einen Baronet und seine Gemahlin *(Baronet and his Wife).*

Auffchr.: To Sir John Beckett, Bart. *(Lady Beckett).*
Anr.: Sir *(Madam)*.
Schl.: I have the honor to be, Sir, Your most humble and obedient *(Madam, Your Ladyship's most obedient and very humble)* Servant.

An einen Ritter und seine Gemahlin. *(Knight and his Wife).*

Auffchr.: To Sir Edward Lytton Bul- wer *(To Lady Bulwer).*
Anr. u. Schl.: wie oben. (8)

An Herren und Damen, die keine Titel haben.

NB. Wenn mehrere Personen von demselben Namen in einer Stadt 2c. woh= nen, so bekommen die Frauen die Tauf= namen ihrer Ehemänner, z. B.:

Auffchr.: (To) John Wilson, Esqr. (9) (Esquire, etc. etc. etc.) (To) Mrs. John Wilson. (10)
Anr.: Sir; Dear Sir; My Dear Sir *(Madam; Dear Madam; My Dear Ma- dam)*, demnach man mit der Person, an die man schreibt, vertraut ist oder nicht.
Schl.: I remain *(I have the honor to remain)*, Sir; Dear Sir; My Dear Sir *(Madam, etc.)*, Your most obdt. and very humbl. Servant *(Yours truly; Yours affectionately; Yours sin- cerely; Your much obliged, etc.)*

☞ **NB** Eine Gesellschaft, oder Handlungs=Firma wird mit *Messrs* abbressirt. Auffchr.: (The) Messrs Stone, Martin and Stone. Anr. Gentlemen. Schl.: I have the honor to be, Gentlemen, yours, etc.

III. Die Geistlichkeit. (The Clergy.)

An einen Erzbischof.

Auffchr.: To his Grace the Archbis- hop of Canterbury.

Anr.: My Lord.
Schl.: I remain, My Lord, Your Gra- ce's most devoted obedient Servant.

An einen Bischof

Auffchr.: To the Right Reverend the Lord Bishop of Durham.
Anr.: My Lord.

Schl.: I remain, My Lord, Your Lordship's most devoted humble Servant.

An einen Doctor der Theologie.

Auffchr.: To the Revd Charles King, D. D., oder To the Revd Dr. King.
Anr.: Reverend Sir.

Schl.: I have the honor to be, Re- verend Sir, Yours etc.

IV. See=Officiere. (Naval Officers.)

Bei den Admiralen wird der Rang ihrer Fahne ihrem eigenen Namen und Titel, wie folgt, hinzugefügt:

Auffchr.: To the Right Honorable Lord Viscount Exmouth, *Admiral of the Blue.*

---

(8) Wenn man mit einem Baronet oder Ritter sehr vertraut ist, so redet man ihn "*Dear Sir John* oder *My Dear Sir John*", etc. an.
   NB Wenn die Wittwe von irgend Jemand vom Range, vom Prinzen bis zum Ritter einschließlich, sich mit einer Person ohne Titel vermählt, so behält sie den Titel und den Namen ihres früheren Gemahls; aber wenn sie sich mit Jemanden von gleichem oder höherem Range, als dem ihres vormaligen Gemahls, vermählt, so nimmt sie seinen Namen und Titel an

(9) Der Titel Esqr. (*Esquire*) ist eine Art Mittelding zwischen dem deutschen Wohlgeboren und Hochwohlgeboren; heut zu Tage gibt man ihn Beamten, Professoren, Rentiers, Kaufleuten, welche nebst ihrem Geschäftslokal ein Landhaus besitzen, und überhaupt wendet man ihn bei ansehnlichen und gebildeten Personen an; gebührt aber der Person besondere Hochachtung, so fügt man "*etc. etc. etc.*" dem Worte Esqr. hinzu.

(10) Alle anderen Personen ohne Adelstitel werden gleichfalls mit Mr. vor dem Namen oder Esquire nach demselben abressirt, d. B. : *Mr. John Wilson, Professor Wilson*, oder *John Wilson, Esqr., Professor*, etc. etc. Die Anrede: *Sir; Dear Sir, etc.*
   NB. In den Adressen an Personen ohne Adelstitel bleibt das "*To*" weg; ebenfalls bleibt das deutsche "dahier hier" weg, dagegen muß man die Straße und Hausnummer, wo der Adressat wohnt, angeben.

NB. Wenn die Admirale keinen Adelstitel besitzen, so werden sie bloß *"Sir"* oder vertraulich *"Dear Admiral,"* angeredet.

Hauptleute werden entweder "To Capt. (Captain) John Thornton, R. N.," oder wenn im thätigen Dienste "To John Thornton, Esquire, Commander of H. M. S. Invincible" abressirt.

Lieutenants (Lieutenants).
"To Charles Gould, Esquire, R. N." oder wenn im Dienste "To Charles Gould, Esquire, Lieutenant of H. M. S. Dreadnought."

V. Land=Officiere. (Military Officers.)

Bei allen Officieren in der Armee, über den Rang von Lieutenant und Fähnrich, setzt man ihren militärischen Rang ihrem Namen und Titel vor, z. B.:

Aufschr.: To the Right Honorable *General* Lord Hutchinson.

Aufschr.: To Lieutenant *General* Sir Thomas Blomefield, Bart.

NB. Alle Officiere unter dem Rang eines Hauptmanns werden mit *Mr.* oder *Esquire*, und dem Namen des Regiments, welchem sie angehören, abressirt, z. B.:

Aufschr.: James Johnson, Esqr., Lieutenant, etc., in H. M. 78th Reg.

Die vertrauliche Adresse an alle Officiere über den Rang eines Hauptmanns ist: *Dear Captain*, *Dear Major*, *Dear Colonel*, etc.

VI. Gesandten. (Ambassadors, etc.)

Bei Gesandten wird das Wort *Excellency* ihrem andern Titel und ihrem beglaubigten Range vorgesetzt.

Aufschr.: To His *Excellency* The Prince Esterhazy, Ambassador Extraordinary and Plenipotentiary, from H. I. M. (His Imperial Majesty), the Emperor of Austria.

Aufschr.: To his *Excellency* The Honorable Lord Viscount Strangford, G. C. B. (Knight Grand Cross of the Bath) H. B. M. (His Britannic Majesty's) Ambassador Extraordinary and Plenipotentiary to the Sublime Ottoman Porte.

Anr.: My Lord (ob. *your Excellency*).

Schl.: I have the honor to be, My Lord, Your Excellency's most obedient Servant.

NB. Die Frauen von Gesandten bekommen auch das Wort *Excellency* zu ihren anderen Titeln.

NB. Formeln zu Bittschriften 2c. und eine vergleichende Uebersicht über die 7 Hauptsprachen Europa's findet man im Uebersetzungsbuch.

Vergleichender Rang und Vorrang bei der Armee und Marine.

Die Armee.	Die Marine.	Gouverneurs.
Field-Marshall.	Admiral, or Commander-in-Chief of His Majesty's Fleet.	Commander-in-Chief of the Forces in America
General of Horse. / General of Foot	Admiral with a flag at the Maintop-mast head.	Captain-General of Provinces.
Lieutenant-General.	Vice-Admiral	Lieuten.-General of Provinces
Major-General.	Rear-Admiral.	Lieutenant-Governors and Presidents.
Brigadier-General.	Commodore, with broad pendants.	
Colonel.	Post-Captain of three years.	Lieutenant-Governors not commanding.
Lieutenant-Colonel	Post-Captain.	Governors of Charter Colonies.
Major.	Captain.	Deputy-Governors.
Captain.	Lieutenant.	

Von Herrn Professor **Rothwell** sind im Verlage von **Jul. Grubert** in **München** folgende Hilfsmittel zur Erlernung der englischen Sprache erschienen:

Vollständige, theoretisch-praktische Grammatik der englischen Sprache. Nach dem gegenwärtigen Standpunkte der Wissenschaft. Mit vielen, das gründliche Studium außerordentlich erleichternden praktischen Beispielen, erklärenden Anmerkungen und Aufgaben versehen, nebst durchgehends beigefügter englischer Aussprache. Für Lehranstalten und zum Selbststudium. Nach einem neuen Systeme bearbeitet. Neunte vermehrte und verbesserte Auflage. 1866. 40 Bogen. gr. 8. geh. 2 fl. 24 kr. oder 1 Thlr. 15 Sgr.

Schlüssel zu den Aufgaben in der vollständigen theoretisch-praktischen —● Grammatik der englischen Sprache. Wissenschaftlich bearbeitet. 1855. 6 Bogen. gr. 8. geh. 36 kr. oder 12 Sgr.

Vereinfachte, theoretisch-praktische Schulgrammatik der englischen Sprache. Mit zahlreichen Aufgaben, Beispielen und durchgehends beigefügter Aussprache. Für das Privatstudium, besonders aber für Gymnasien, höhere Mädchenschulen und andere Lehranstalten. Fünfte verbesserte Auflage. 1864. 19¼ Bogen. gr. 8. geh. 1 fl. 21 kr. oder 24 Sgr.

Erstes Lehrbuch der englischen Sprache. Nach einer verbesserten, leichten Methode, mit Berücksichtigung der Grundlage der Grammatik und beigefügter Aussprache. Zum Schul- und Privatunterricht. 1858. 8. geh. 48 kr. oder 15 Sgr.

Englisches Uebersetzungsbuch und Briefsteller. Enthaltend stufenmäßige Aufgaben über alle Theile der Sprache, vertrauliche, kaufmännische und Original-Briefe, Muster zu Wechseln, Verschreibungen. gerichtlichen Dokumenten ꝛc.; nebst Anekdoten, Biographieen, der Prosodie, fehlerhaften Sätzen zum Corrigiren. Mit vielen erläuternden Anmerkungen und Beispielen unter steter Hinweisung auf die Regeln der vollständigen theoretisch-praktischen Grammatik des Verfassers. Zweite verbesserte Auflage. 1855. 21 Bogen. gr. 8. geh. 1 fl. 36 kr. oder 1 Thlr.

New English and German Dialogues. Neue engl. und deutsche Gespräche, mit besonderer Rücksicht auf die Eigenthümlichkeiten beider Sprachen und steter Hinweisung auf die Regeln der Grammatik bearbeitet; nebst beigefügter Aussprache nach den besten Orthoepisten Englands, einer vergleichenden Tabelle englischen und deutschen Geldes ꝛc. ꝛc. Zur Erleichterung des Studiums beider Sprachen. Sechste verbesserte Auflage. 1864. 22¼ Bogen. 8. geh. 1 fl. 12 kr. oder 22½ Sgr.

The **English Reader:** A Key to the English Language and Literature. A choice Miscellany of Anecdotes, Moral Tales, Narratives, Travels, Historical Pieces, Biographies, Fables, Letters, etc., selected from the best modern Authors. Eighth Edition. 1863. 14½ Bogen. gr. 8. geh. 48 kr. oder 15 Sgr.

A select Collection of the Beauties of Modern English Poetry, with a Biography and Copious German Notes, Critical and Explanatory. 1844. 8 Bogen. 12. geh 1 fl. oder 20 Sgr.

My own Story-Book. Pretty little Stories, Tales, Fables, and Rhymes for the instruction and amusement of good little children of 5 to 9 years of age. Original and select. Elegant cart. 1 fl. 12 kr. oder 22 Sgr. In engl. Einband 1 fl. 36 kr. oder 28 Sgr.

Pearls of English Literature. Selected by a female hand. With a preface by Professor Rothwell. Elegant geh. 1 fl. oder 18 Sgr. In engl. Einband 1 fl. 36 kr. oder 28 Sgr.

Diese Anthologie eignet sich zu einem sinnigen Geschenke für junge Damen und zur Einführung in höheren Mädchen-Instituten

Trade is odious, or the Woman who was ashamed of her Profession. A Comedy in five Acts, by Mariano Jose de Larra. Translated from the Spanish and elucidated with notes for the use of Germans by J. S. S. Rothwell. 1854. 5 Bogen. 8. geh. 24 kr. oder 7½ Sgr.

The Parasite, or the Art to make one's Fortune. A Comedy in five
Acts. Translated from Schiller's imitation of the French by J. S. S.
Rothwell. 1858. 8. geh. 24 kr. oder 7½ Sgr.

The Abbé de L'Épée. A historical Comedy in five Acts. By M. J. N.
Bouilly. Translated from the French, and supplied with idiomatic notes
for the use of learners, desiring to retranslate it into the original, by
J. S. S. Rothwell. 1858. 8. geh. 24 kr. oder 7½ Sgr.

L'Abbé de L'Épée. Comédie-historique en cinq actes par M. J. N. Bouilly.
Mit englischer Phraseologie und Anmerkungen versehen; zum Uebersetzen
aus dem Französischen in's Englische, von J. S. S. Rothwell. 1858. 8.
geh. 24 kr. oder 7½ Sgr.

Nach Professor **Rothwell's System** bearbeitet sind im gleichen Verlage
folgende neue **Lehrbücher der französischen Sprache** erschienen und durch
alle Buchhandlungen zu beziehen:

Thorville, S. S., wissenschaftliche, vollständige, theoretisch = praktische **Grammatik der französischen Sprache.** Nach dem Rothwell'schen interlocutorischen System und nach den besten Autoritäten bearbeitet, mit vielen Aufgaben
versehen, durch zahlreiche Beispiele erläutert und von mehr als 1200 erklärenden
Anmerkungen begleitet, wodurch das gründliche Studium dieser Sprache einem
Jeden außerordentlich erleichtert wird. Für Gelehrte und Nicht=Gelehrte, besonders aber für Gymnasien, höhere Mädchenschulen und für die, welche die Sprache
ohne Lehrer studiren wollen. 1853. 42 Bogen. gr. 8. geh. 2 fl. 42 kr. oder
1 Thlr. 18 Sgr.

**Thorville, S. S., Nouveau manuel de la conversation française
et allemande.** — **Neues Handbuch der französischen und deutschen
Conversationssprache**, enthaltend eine reiche Sammlung der gebräuchlichsten
Wörter, Gespräche zur Erläuterung aller Redetheile mit steter Hinweisung auf die
Regeln der Grammatik, nach der Rothwell'schen Methode, vertrauliche Gespräche
über alle Verhältnisse des Lebens, Sprüchwörter, Germanismen und Gallicismen.
Zur Erleichterung des Studiums beider Sprachen und der vertraulichen Umgangssprache bestimmt, auch als treuer Dolmetscher für Reisende. Zweite verbesserte
Auflage. 1865. 29 Bogen. 8. gebunden. 1 fl. 21 kr. oder 24 Sgr.

Thorville, S. S., le Lecteur-Français ou introduction à la langue et
à la littérature françaises. — **Der französische Leser,** oder Einleitung zu
der französischen Sprache und Literatur. Enthaltend eine Auswahl Anecdoten,
moralische Erzählungen, Fabeln, Reise-Beschreibungen, historische Stücke, Briefe x.,
sämmtlich den besten Schriftstellern der neuern Zeit entlehnt, von erklärenden
deutschen Anmerkungen und Fragen zur Uebung nach der Rothwell'schen Methode
begleitet und für Schulen, Gymnasien und besonders für die bestimmt, welche die
Sprache ohne Lehrer studiren wollen. 1853. gr. 8. geh. 1 fl. 12 kr. oder
22½ Sgr.

Die Rothwell'schen Lehrbücher der englischen Sprache haben so allgemeine Anerkennung
gefunden und sich beim Unterricht so praktisch bewährt, daß dadurch vielfach der Wunsch erregt wurde,
dergleichen Hilfsmittel auch zur Erlernung der französischen Sprache zu besitzen. Wir freuen uns,
diesem Wunsche jetzt entsprechen zu können und hoffen, daß sich diese, mit außerordentlichem Fleiß bearbeiteten Bücher eben so günstiger Aufnahme zu erfreuen haben werden wie jene.

Im gleichen Verlage ist ferner erschienen:

Bihn, A. Paul, praktisch-theoretischer **Lehrgang der englischen Handels=
korrespondenz** nach Robertson's Methode. Für den Schul=, Privat= und Selbstunterricht bearbeitet. Erster Theil. Mit einer (lithographirten) Schriftafel 1865.
8½ Bogen. gr. 8. geh. 42 kr. oder 12 Sgr.

Druck von Ph. J. Pfeiffer in Augsburg.

CPSIA information can be obtained
at www.ICGtesting.com
Printed in the USA
BVHW08*1336210918
528171BV00009B/169/P